Herausgegeben
von Manfred Engel
und Bernd Auerochs

Kafka-Handbuch

Leben – Werk – Wirkung

Verlag J. B. Metzler
Stuttgart · Weimar

Die Herausgeber

Manfred Engel, geb. 1953, ist Professor für Neuere
deutsche Literaturwissenschaft an der Universität
des Saarlandes; 2006–2009 Taylor Chair an der
Universität Oxford.
Bernd Auerochs, geb. 1960, ist Privatdozent für
Neuere deutsche Literaturwissenschaft an der
Universität Jena.

Bibliografische Information der Deutschen Nationalbibliothek
Die Deutsche Nationalbibliothek verzeichnet diese
Publikation in der Deutschen Nationalbibliografie;
detaillierte bibliografische Daten sind im Internet über
http://dnb.d-nb.de abrufbar.

Gedruckt auf säure- und chlorfreiem, alterungs-
beständigem Papier

ISBN 978-3-476-02167-0

© 2010 J. B. Metzler'sche Verlagsbuchhandlung
und Carl Ernst Poeschel Verlag GmbH in Stuttgart

www.metzlerverlag.de
info@metzlerverlag.de

Einbandgestaltung: Willy Löffelhardt/Melanie Frasch –
unter Verwendung einer Abbildung aus dem
© Archiv Klaus Wagenbach, Berlin
Satz: Typomedia GmbH, Ostfildern
Druck und Bindung: Kösel, Krugzell
www.koeselbuch.de
Printed in Germany
September 2010

Verlag J. B. Metzler Stuttgart · Weimar

Für Ulrich Fülleborn

Inhaltsübersicht

Inhaltsverzeichnis VIII
Vorwort XIII
Hinweise zur Benutzung XVII

1. Leben und Persönlichkeit 1

2. Einflüsse und Kontexte 29

2.1 Kafkas Lektüren 29
2.2 Der ›Prager Kreis‹ und die deutsche Literatur im Prag zu Kafkas Zeit 37
2.3 Judentum/Zionismus 50
2.4 Philosophie 59
2.5 Psychoanalyse 65
2.6 Film und Fotografie 72

3. Dichtungen und Schriften 81

3.0 Drei Werkphasen 81

3.1 Das frühe Werk (bis September 1912) 91
3.1.1 *Beschreibung eines Kampfes* 91
3.1.2 *Hochzeitsvorbereitungen auf dem Lande* 102
3.1.3 *Betrachtung* 111
3.1.4 *Die Aeroplane in Brescia* 127
3.1.5 *Richard und Samuel* 130
3.1.6 Literaturkritische und literaturtheoretische Schriften 134
3.1.7 Kleine nachgelassene Schriften und Fragmente 1 143

3.2 Das mittlere Werk (September 1912–September 1917) 152
3.2.1 *Das Urteil* 152
3.2.2 *Die Verwandlung* 164
3.2.3 *Der Verschollene* 175
3.2.4 *Der Process* 192
3.2.5 *In der Strafkolonie* 207
3.2.6 *Ein Landarzt. Kleine Erzählungen* 218
3.2.7 *<Der Gruftwächter>* 240
3.2.8 *Der Kübelreiter* 246
3.2.9 *Beim Bau der chinesischen Mauer* 250
3.2.10 Kleine nachgelassene Schriften und Fragmente 2 260

3.3 Das späte Werk (ab September 1917) 281
3.3.1 Zürauer Aphorismen 281
3.3.2 *<Brief an den Vater>* 293
3.3.3 *Das Schloss* 301
3.3.4 *Ein Hungerkünstler. Vier Geschichten* 318
3.3.5 *<Forschungen eines Hundes>* 330
3.3.6 *<Der Bau>* 337
3.3.7 Kleine nachgelassene Schriften und Fragmente 3 343

3.4 Werkgruppen 371
3.4.1 Gedichte 371
3.4.2 Die Tagebücher 378
3.4.3 Das Briefwerk 390
3.4.4 Amtliche Schriften 402

4. Strukturen, Schreibweisen, Themen 411

4.1 Kafka lesen – Verstehensprobleme und Forschungsparadigmen 411
4.2 Schaffensprozess 428
4.3 Kafka als Erzähler 438
4.4 Kleine Formen: Denkbilder, Parabeln, Aphorismen 449
4.5 Figurenkonstellationen: Väter/Söhne – Alter Egos – Frauen und das Weibliche 467
4.6 Zu Kafkas Kunst- und Literaturtheorie: Kunst und Künstler im literarischen Werk 483
4.7 Kafka und die moderne Welt 498

Anhang 517

Ausgaben und Hilfsmittel 517

Siglen und Abkürzungen 528

Literaturverzeichnis 532

Register 549

Die Autorinnen und Autoren 561

Inhaltsverzeichnis

Vorwort XIII
Hinweise zur Benutzung XVII
Aufbau der Artikel XVII – Zitierweise XVII –
Registerteil XVIII

1. Leben und Persönlichkeit   1
(Ekkehard W. Haring)

Herkunft und Kindheit 1 – Schule und Autoritäten 3 – Die
Jahre des frühen Werkes: Studium und erste Berufsjahre;
Größere Reisen; Eine Jargonbühne in Prag 6 – Die Jahre
des mittleren Werkes: Der Durchbruch; Im Krieg 16 –
Die Jahre des späten Werkes: Krankheit und Neubeginn;
Berlin, Kierling – die letzten Monate 21 – Forschung 26

2. Einflüsse und Kontexte   29

2.1 Kafkas Lektüren (Dieter Lamping)   29
Vorüberlegungen 29 – Der empirische Leser: Kafkas
Bibliothek; Interessen des Lesers Kafka; Lektüre-Zeiten;
Motive des Lesers Kafka 30 – Produktive Lektüren:
Produktive Rezeptionen; Zwei Vorbilder (Goethe;
Flaubert); Ein Beispieltext: Produktive Rezeptionen in
Der Verschollene 32 – Forschung 36

2.2 Der ›Prager Kreis‹ und die deutsche Literatur
im Prag zu Kafkas Zeit (Andreas B. Kilcher)   37
Prag als narrativer Raum 37 – Literatur im Prag der
Jahrhundertwende: Ghettoliteratur, Concordia, Jung-Prag
38 – Der ›Prager Kreis‹: Literatursoziologische Perspektive;
Literaturhistorische Perspektive; Ein Kapitel der deutsch-
jüdischen Literatur? 42 – Forschung 47

2.3 Judentum/Zionismus (Gerhard Lauer)   50
Biographisches: Assimilation und Zionismus; Das
jiddische Theater; Hebräischstudium 50 – Lektüren 52
– Jüdische Stoffe, Motive und Themen 53 – Forschung 54

2.4 Philosophie (Dirk Oschmann)   59
Friedrich Nietzsche 60 – Søren Kierkegaard 62 – Arthur
Schopenhauer 63 – Franz Brentano 63 – Forschung 63

2.5 Psychoanalyse (Thomas Anz)   65
Kafkas Psychoanalyse-Rezeption bis 1912 65 – Kafka und
der Psychoanalytiker Otto Gross 67 – Forschung 70

2.6 Film und Fotografie (Carolin Duttlinger)   72
Kafka und der Stummfilm 72 – Filmische Schreibweisen
73 – Das Kaiserpanorama: Abwendung vom Kino 74 – Das
Wahrnehmungsmodell der Fotografie 75 – Die Porträtfotografie: das uniformierte Subjekt 76 – Die Momentaufnahme: Ambivalenz und Manipulation 77 – Film
und Fotografie: das Modell einer Vereinigung? 78 – Forschung 78

3. Dichtungen und Schriften   81

3.0 Drei Werkphasen (Manfred Engel)   81

Das frühe Werk (bis September 1912): Überblick;
Charakteristika 82 – Das mittlere Werk (September 1912
bis September 1917): Überblick; Charakteristika 85 –
Das späte Werk (ab September 1917): Überblick; Charakteristika 88 – Forschung 89

3.1 Das frühe Werk (bis September 1912)   91

3.1.1 *Beschreibung eines Kampfes*
(Barbara Neymeyr)   91
Entstehung und Veröffentlichung 91 – Textbeschreibung
92 – Forschung 93 – Deutungsaspekte: Konstruktion des
Phantastischen; Die Thematik des Kampfes vor dem
Horizont der modernen Identitätskrise; E.T.A. Hoffmanns
Erzählung *Die Abenteuer der Sylvester-Nacht* als Modell für
Kafkas *Beschreibung eines Kampfes*; Fragmentierung als
moderne Erzählstrategie; Krisenhafte Interaktion 94
– Vergleich der Fassungen A und B 100

3.1.2 *Hochzeitsvorbereitungen auf dem Lande*
(Jutta Heinz)   102
Entstehung 102 – Textbeschreibung 102 – Forschung 103
– Deutungsaspekte: Fassung A (Lakonischer Beginn: »Es
regnete wenig«; Vollständigkeit der Beschreibung: »Alles
rund herum zu sehn«; Innerer Monolog: »Die Gestalt eines
großen Käfers«; Misslingende Dialoge: »Ich habe Augen
niemals schön gefunden«; Das zweite Kapitel: Totenland-
schaften und Tribunal); Fassung B (Polarität und Personalisierung des Erzählens: »ohne Absicht fremd, wie durch
ein Gesetz«; Kommunikative Sackgassen: »Nun, es ist nicht
so wichtig«); Fassung C – Beobachterdominanz und
Monumentalisierung: »Wie jeder sehen konnte«; Fortgesetzte Beobachtung: Zwei Tagebucheinträge vom
26. Februar 1912 und 12. März 1912; Zusammenfassung:
Wechselwirkungen von Stabilisierung und Destabilisierung 104

3.1.3 *Betrachtung* (Barbara Neymeyr)   111

Entstehung und Veröffentlichung 111 – Textbeschreibung: Implikationen des Werktitels; Erzählerinstanzen; Motivische Korrelationen; Gattungsproblematik; Logische Konstruktionen und Strategien der Verfremdung; Perspektivische Experimente 112 – Forschung 115 – Deutungsaspekte: Psychologische Konstellationen; Kontrastive Figurationen; Instabile Wirklichkeiten: Phantastik versus Realismus; Fluchtreflexe und Vermittlungsversuche 116 – Exemplarische Textanalysen: *Die Bäume*; *Der plötzliche Spaziergang*; *Entschlüsse*; *Die Vorüberlaufenden*; *Kinder auf der Landstraße* 118

3.1.4 *Die Aeroplane in Brescia*
(Ronald Perlwitz)   127

Entstehung und Veröffentlichung 127 – Textbeschreibung 127 – Forschung 128 – Deutungsaspekte 128

3.1.5 *Richard und Samuel* (Ronald Perlwitz)   130

Entstehung und Veröffentlichung 130 – Textbeschreibung 130 – Forschung 131 – Deutungsaspekte 131

3.1.6 Literaturkritische und literaturtheoretische Schriften (Jutta Heinz)   134

Kafka und die Theorie 134 – Die Rezensionen: *Ein Damenbrevier* (Franz Blei: *Die Puderquaste*); *Ein Roman der Jugend* (Felix Sternheim: *Die Geschichte des jungen Oswald*); *Eine entschlafene Zeitschrift*; »Das ist ein Anblick« – (<*Über Kleists Anekdoten*>); Fazit 134 – Literatur- und sprachtheoretische Beiträge: <*Über ästhetische Apperception*> (»Man darf nicht sagen«); <*Über kleine Litteraturen*> (Rechtfertigung der Literatenexistenz; Literatur und nationale Identität; Verstärkende Wirkungen im Literatursystem; Weiterführung und Schematisierung; Reflexion der Schreiberfahrung); *Einleitungsvortrag über Jargon* 137 – Forschung und Deutungsaspekte 141

3.1.7 Kleine nachgelassene Schriften und Fragmente 1 (Jutta Heinz)   143

Überblick: Werkartige Teile im Nachlass 1–12 und in den Tagebuchheften 1–6 143 – Fiktionalisierte Jugend: <*Unter meinen Mitschülern*>: Welteroberung durch Urteil; *Der kleine Ruinenbewohner*: Die Unmöglichkeit von Vorwürfen (Der Erzählkern: Analytische Anlage und bildlicher Gegenentwurf (I); Das Erziehungskartell: »einige Schriftsteller, ein Schwimmeister, ein Billeteur« (II und III); Dialektik des Vorwurfs: »aber zu meiner Zeit jetzt sind nur die Vorwürfe richtig« (IV); Variation des Vorwurfs: Körperliche Unvollkommenheit (V)); Urteil und Vorwurf: Zum Verhältnis der beiden Jugend-Fragmente; Forschung 143 – Der Junggesellen-Komplex: Einsiedler vs. »vollendete Bürger«; Junggeselle und »vollendeter Bürger«: Grund vs. Mittelpunkt; Das Doppelgesicht des Junggesellen: Einsiedler oder Schmarotzer?; Eine Junggesellen-Poetik 148

3.2 Das mittlere Werk (September 1912–September 1917)   152

3.2.1 *Das Urteil* (Monika Ritzer)   152

Entstehung und Veröffentlichung: Vom Tagebuch zur Dichtung; Prätext: *Die städtische Welt*; Biographische Motive; Publikation 152 – Textbeschreibung 154 – Forschung 155 – Deutungsaspekte: Lebensmuster: Nachfolge contra Ausbruch; Beziehungen: Interesse, Taktik, Besitz; Vater und Sohn: Spiegelungen – Verdrängungen; Parabel menschlicher Verschuldung 156

3.2.2 *Die Verwandlung* (Sandra Poppe)   164

Entstehung und Veröffentlichung: Entstehungsgeschichte; Mögliche Quellen; Veröffentlichung 164 – Textbeschreibung: Erzählsituation und fiktionale Welt; Inhaltliche Entwicklung 165 – Forschung: Anti-Märchen oder Tragödie – Traum oder Wirklichkeit; Erkenntnislosigkeit und Schuld; Ausbeutung und Verdrängung; Vater-Sohn-Konflikt; Das Rätsel als Lösung 167 – Deutungsaspekte: Entfremdung und Entindividualisierung; Das Motiv des Hungerns; Das »ungeheure Ungeziefer«; Die Verwandlung der Familie: Vater-Sohn- und Bruder-Schwester-Verhältnis 169

3.2.3 *Der Verschollene* (Manfred Engel)   175

Entstehung und Veröffentlichung: Entstehungs- und Druckgeschichte; Quellen und Vorlagen 175 – Textbeschreibung: Aufbau und Figurenkonstellation; Erzählperspektive 178 – Forschung 183 – Deutungsaspekte: Amerika und Europa; Karl Roßmann; Das »Teater von Oklahoma« 184

3.2.4 *Der Process* (Manfred Engel)   192

Entstehung und Veröffentlichung 192 – Textbeschreibung: Bauprinzipien; Die zwei Textwelten und ihre Verbindungen; Erzählperspektive 193 – Forschung 198 – Deutungsaspekte: Wirklichkeitsebenen des Romans und Prozess/Gerichts-Metapher; Josef K.; Die Türhüterlegende 201

3.2.5 *In der Strafkolonie* (Bernd Auerochs)   207

Entstehung und Veröffentlichung 207 – Quellen 208 – Textbeschreibung 209 – Forschung 211 – Deutungsaspekte 214

3.2.6 *Ein Landarzt. Kleine Erzählungen* (Juliane Blank)   218

Entstehung und Veröffentlichung 218 – Textbeschreibung: Motivliche Querverbindungen; Erzählform und Erzählverhalten; Antirealistisches Erzählen; Reihenfolge der Texte 219 – Forschung 222 – Deutungsaspekte: Verantwortung?; Unbestimmtheit und Verallgemeinerung; Die beunruhigende Frage der Identität; ›Wirklichkeit‹ und ›Täuschung‹; Erkenntnis 223 – Einzelanalysen: *Ein Landarzt*; *Schakale und Araber*; *Ein Bericht für eine Akademie* 227

3.2.7 *<Der Gruftwächter>* (Bernard Dieterle) 240

Entstehung und Veröffentlichung 240 – Textbeschreibung 240 – Forschung 242 – Deutungsaspekte: Paradoxien; Motive; Shakespeares *Hamlet* als Prätext?; Das Problem des Dramatischen 242

3.2.8 *Der Kübelreiter* (Hans Helmut Hiebel) 246

Entstehung und Veröffentlichung 246 – Textbeschreibung 246 – Forschung 247 – Deutungsaspekte 248

3.2.9 *Beim Bau der chinesischen Mauer* (Benno Wagner) 250

Entstehung und Veröffentlichung 250 – Textbeschreibung 250 – Forschung 252 – Deutungsaspekte: Aktualhistorische Intervention; Narrative Struktur: Kafkas Poetik des Unfalls; Transtextuelle Dimension: Kafkas Kulturversicherung; Selbstreferenz als Gebrauchsanweisung 253

3.2.10 Kleine nachgelassene Schriften und Fragmente 2 (Bernard Dieterle) 260

Überblick 260 – Textbeschreibung 261 – Gliederung: Fragmente in Er-Form; Fragmente in Ich-Form 262 – Deutungsaspekte 265 – Einzelanalysen: *<Ernst Liman>*; *Erinnerungen an die Kaldabahn*; *Der Dorfschullehrer* (*<Der Riesenmaulwurf>*); *Der Unterstaatsanwalt*; *<Elberfeld>*-Fragment; *<Blumfeld, ein älterer Junggeselle>*; *<Monderry>*; *<Die Brücke>*; *<Jäger Gracchus>*-Fragmente (Textkorpus; Deutungsaspekte); *<Der Schlag ans Hoftor>*; *Der Quälgeist*; *Eine Kreuzung* 265 – Forschung 278

3.3 Das späte Werk (ab September 1917) 281

3.3.1 Zürauer Aphorismen (Manfred Engel) 281

Entstehung und Veröffentlichung: Zürauer Aphorismen; Die Reihe *<Er>* als zweites Aphorismenkonvolut? 281 – Textbeschreibung: Textkorpus; Aphorismen? Zur Gattungsfrage; Schreibweisen und Leseprobleme 283 – Forschung 286 – Deutungsaspekte: Die Zürauer Aphorismen als Kryptotheologie?; Zentrale Themen und Motive (Das ›Unzerstörbare‹; ›Sinnliche‹ und ›geistige Welt‹; Der Sündenfall; Die Kunst; Zusammenfassung) 287

3.3.2 *<Brief an den Vater>* (Daniel Weidner) 293

Entstehung und Veröffentlichung 293 – Textbeschreibung 293 – Forschung: Biographische Interpretationen; Psychoanalytische Interpretationen; Literarische Interpretationen; Sozialgeschichtliche Interpretationen 294 – Deutungsaspekte: Der kindliche Blick; Die Väter des *<Brief>*; Prozess, Kampf, Schuld; Schwellen im Text; Der jüdische Vater; Schrift und Brief 296

3.3.3 *Das Schloss* (Waldemar Fromm) 301

Entstehung und Veröffentlichung 301 – Textbeschreibung: Gliederung; Bildlichkeit und Erzähltechnik; Was ist das ›Schloss‹? (Ankunft; Klamm; Die Dorfbewohner; Be-

hörden-Logik); Mögliche Einflüsse und Paralleltexte 303 – Zur Forschung: Allegorie, Parabel oder Symbol?; Judentum; Schreiben, Subjekt und Geschlecht; Biographie, Verwaltung und Medien 308 – Deutungsaspekte: Vorbemerkung (Ambivalenz/Unbestimmtheit; Täuschung; Akausalität, Paradoxie; Verschleppung, Verschiebung); Der soziale Raum und seine Medien; Subjektivität und Liebe; Schreiben und Judentum; Komik und Humor 311

3.3.4 *Ein Hungerkünstler. Vier Geschichten* (Bernd Auerochs) 318

Entstehung und Veröffentlichung 318 – Textbeschreibung: Künstlergeschichten; Motive 319 – Einzelanalysen: *Ein Hungerkünstler* (Forschung; Deutungsaspekte); *Josefine, die Sängerin oder Das Volk der Mäuse* (Forschung; Deutungsaspekte) 322

3.3.5 *<Forschungen eines Hundes>* (Nicolas Berg) 330

Entstehung und Veröffentlichung 330 – Textbeschreibung 330 – Forschung: Vorbilder und Intertextualität; Ästhetik und Kunsttheorie; Jüdische Existenz 331 – Deutungsaspekte 334

3.3.6 *<Der Bau>* (Vivian Liska) 337

Entstehung und Veröffentlichung 337 – Textbeschreibung 337 – Forschung 339 – Deutungsaspekte: Rationalität und Moderne; Formale Aporien; Das Bau-Motiv; Ende und Unendlichkeit 340

3.3.7 Kleine nachgelassene Schriften und Fragmente 3 (Manfred Engel) 343

Überblick 343 – Textbeschreibung: Vier Schreibphasen: (1) Zürau; (2) ›Konvolut 1920‹ (Schreibprozesse; Parabolisches und aphoristisches Schreiben versus ›selbstbiographische Untersuchungen‹: Zum werkgeschichtlichen Ort des ›Konvolut 1920‹); (3) Schloss-Jahr 1922; (4) Berlin (und Prag) 344 – Einzelanalysen: Mythenkontrafakturen im Umfeld der Zürauer Aphorismen (*<Die Wahrheit über Sancho Pansa>*; *<Das Schweigen der Sirenen>*; *<Prometheus>*); Aus dem ›Konvolut 1920‹ (*<Poseidon>*; *<Kleine Fabel>*); Schloss-Jahr 1922 (*Das Ehepaar*; *Ein Kommentar* (*<Gibs auf!>*); *<Von den Gleichnissen>*) 354 – Forschung 365

3.4 Werkgruppen 371

3.4.1 Gedichte (Jutta Heinz) 371

Kafka und die Lyrik: Kafkas Gedichtlektüre: »Den Kopf wie von Dampf erfüllt«; Kafkas Lieblingsgedichte: »Die Tanne war wie lebend« 371 – Das Textkorpus: Frühe Texte in Poesiealben, Briefen und im Nachlass; Lyrik im Erzählwerk; Gedichte aus den Tagebüchern mit biographischem Kontext; Sentenziöse Gedichte der Spätzeit; Tendenz zur Abstraktion; Funktionen der Lyrik bei Kafka 372 – Forschung und Wirkung 377

3.4.2 Die Tagebücher (Philipp Theisohn) 378

Zur Textgruppe 378 – Veröffentlichung 380 – Strukturierung des Materials 380 – Deutungsaspekte: Judentum;
Familie; Körperlichkeit 383 – Forschung 389

3.4.3 Das Briefwerk (Ekkehard W. Haring) 390

Kafka und die Briefkultur 390 – Briefe 1900 bis 1912 391
– Briefe 1912 bis 1917 393 – Briefe 1918 bis 1924 396 –
Editionsgeschichte und Bestände 398 – Forschung 400

3.4.4 Amtliche Schriften (Benno Wagner) 402

Überblick zum Textkorpus 402 – Deutungsaspekte:
Probezeit (1908–1910); Hauptamtliche Tätigkeit
(1910–1918) (Unfallverhütung; Gefahrenklassifikation
der Betriebe; Öffentlichkeitsarbeit); Schriften aus der Zeit
der Tschechoslowakischen Republik (1918–1922) 403 –
Forschung 408

4. Strukturen, Schreibweisen, Themen 411

4.1 Kafka lesen – Verstehensprobleme und
Forschungsparadigmen (Manfred Engel) 411

Verstehensprobleme: (1) Anti-realistisches Erzählen – absolute Bildwelten; (2) Vertrackte Details – Weh denen, die
Zeichen sehen?; (3) Aufhebungen und Umlenkungen –
subvertierte Reflexion; (4) »Gibs auf!«? – Autoreflexivität
und textinterne Deutungsversuche in perspektivischer
Begrenzung; (5) Werk oder Schrift?; (6) Meta-Texte und
Kontexte? 411 – Leseparadigmen/Forschungsparadigmen:
(1) Biographische Interpretationen; (2) Psychoanalytische
Interpretationen; (3) Sozialgeschichtliche Interpretationen;
(4) Poststrukturalistische/dekonstruktivistische Interpretationen; (5) Religiöse/existenzialistische Interpretationen;
(6) Jüdische Interpretationen 419 – Die Textoberfläche
und ihre Codes 424

4.2 Schaffensprozess (Waldemar Fromm) 428

Kafkas Literaturbegriff 428 – Das Konzept der ›kleinen
Literaturen‹: Eine Sprache für die ›kleinen Literaturen‹;
Darstellungsweisen einer ›kleinen Literatur‹ 429 – Das
Urteil – traumhafter Durchbruch des Autors und Scheitern
der Figuren 431 – Schreiben als Existenzform (Selbstre-
flexion) 431 – Erkundungen einer höheren, ästhetischen
Art der Beobachtung 432 – Selbstreflexivität der Prosa 433
– Forschung 434

4.3 Kafka als Erzähler (Dirk Oschmann) 438

Vorüberlegungen: ›Modernes‹ Erzählen; Erzählpoetolo-
gische Reflexionen 438 – Poetik der Reduktion 439 –
Formale Innovationen: ›Einsinniges Erzählen‹; ›Gleitendes
Paradox‹ 441 – Zur Entwicklung der Erzählverfahren 443
– Unanschauliche Moderne 446 – Forschung 447

4.4 Kleine Formen: Denkbilder, Parabeln,
Aphorismen (Rüdiger Zymner) 449

Zum systematischen und historischen Zusammenhang
von Denkbild, Parabel und Aphorismus 450 – Kafkas
Denkbilder 452 – Kafkas Parabeln 456 – Kafkas Aphorismen 460 – Forschung 462

4.5 Figurenkonstellationen: Väter/Söhne –
Alter Egos – Frauen und das Weibliche
(Elizabeth Boa) 467

Fragestellungen: Exemplarische Textanalyse: <Kleine
Fabel> (Charakteranalyse – Leseridentifikation; Komik
– Biographie und Diskursanalyse) 467 – Väter und Söhne:
Der ewige Sohn oder der unglückliche Junggeselle?; Das
Urteil: Die imaginäre Macht des Vaters; Die Verwandlung:
Vater und Sohn, Schwester und Bruder 469 – Alter Egos
und Doppelgänger: Der Process – Machtstrukturen und
Männlichkeitsmuster; Das Schloss: Wie man aus Helfern
Feinde macht 472 – Frauen und das Weibliche: Der
Verschollene: Geschlechterkampf in der Neuen Welt; Der
Process: Imaginierte Weiblichkeit; Das Schloss: Die Macht
der Imagination; Frauen und andere weibliche Tiere 477

4.6 Zu Kafkas Kunst- und Literaturtheorie:
Kunst und Künstler im literarischen Werk
(Manfred Engel) 483

Vorüberlegungen 483 – Der ›Gerichtsmaler‹ Titorelli:
Ambivalenzen in Kafkas Kunstauffassung 484 – Erstes Leid
und Ein Hungerkünstler: Kunst versus Leben 486 –
<Forschungen eines Hundes>: »Wahrheit« versus »Lüge«
489 – Josefine, die Sängerin oder Das Volk der Mäuse: Die
Kunst aus der Sicht des Nicht-Künstlers 493 – »Versunken
in die Nacht«: Statt eines Fazits 496 – Forschung 497

4.7 Kafka und die moderne Welt
(Manfred Engel) 498

Ästhetische versus soziale Moderne 498 – Kafkas ›westjüdische‹ Moderne 499 – Die Moderne und die »alten
großen Zeiten« – Kafkas historische Doppel- und
Hybrid-Welten: ›Europa‹ vs. ›Amerika‹ in Der Verschollene; Alte und neue Ordnung in der Strafkolonie; Gemeinschaft und symbolische Ordnung in den China-Texten;
Spuren eines anderen Anfanges: <Das Stadtwappen> 502
– Pathographien des modernen Ich: Die Angst vor dem
›fremden‹ Leben und das Scheitern von Berechnung
und Verdrängung: <Der Bau>; Die letzte Grenze aller
Verdrängungen: <Der Jäger Gracchus> 508 – Statt eines
Fazits 512 – Forschung 514

Anhang 517

Ausgaben und Hilfsmittel (Manfred Engel) 517

Werkausgaben und Editionsgeschichte: Publikationen zu
Lebzeiten und Nachlass; Postume Editionen; Exkurs zum

Editionenstreit; Synopsen zwischen GW, KA und FKA;
Editionen des Briefwerkes 517 – Biographien, Bildbände,
Lebenszeugnisse 523 – Hilfsmittel 524 – Institutionen der
Kafka-Forschung – Kafka im Internet 525

Siglen und Abkürzungen   528

1. Werk- und Briefausgaben 528 – 2. Sekundärliteratur 531
– 3. Zeitungen und Zeitschriften 531

Literaturverzeichnis   532

1. Ausgaben: 1.1 Werk- und Sammelausgaben (Auswahl in
chronologischer Folge), kritische Editionen; 1.2 Briefe;
1.3 Werkauswahl; 1.4 Das zeichnerische Werk 532 –
2. Biographien, Bildbände, Lebenszeugnisse 535 –

3. Hilfsmittel: 3.1 Selbstdeutungen; 3.2. Kafkas Bibliothek;
3.3 Konkordanzen; 3.4 Kommentare; 3.5 Bibliographien
und Forschungsberichte; 3.6. Handbücher und Nach-
schlagewerke; 3.7 Ausgewählte Einführungen 536 –
4. Forschungsliteratur: 4.1 Sammelbände; 4.2 Ausgewählte
Monographien und Aufsätze 537 – 5. Zur Rezeptions- und
Wirkungsgeschichte: 5.1. Bibliographie; 5.2 Rezeption in
Regionen und bei Autoren; 5.3 Verfilmungen; 5.4
Illustrationen, Rezeption in der Bildenden Kunst 546

Register   549

Personen   549
Werke Kafkas   555

Die Autorinnen und Autoren   561

Vorwort

Kafka ist ohne Zweifel der heute weltweit meistgelesene Autor deutscher Sprache – und sicher der meistumrätselte. Von seinem Nachruhm und seiner bleibenden Aktualität zeugen zahllose Übersetzungen ebenso wie Umgestaltungen seiner Erzähltexte in die verschiedensten Genres und Medien: Hörspiel, Drama, Film, Oper, Musik, Tanztheater, Malerei, Zeichnung, Comic, Zeichentrickfilm und Youtube-Video. Aus der langen Reihe von Literaten, die von Kafka zeitweise beeinflusst waren oder ihn sich intertextuell anverwandelt haben, seien hier nur einige besonders bekannte genannt: Ilse Aichinger, Jürg Amann, Paul Auster, Ingeborg Bachmann, Samuel Beckett, Saul Bellow, Thomas Bernhard, Maurice Blanchot, Jorge Luis Borges, Bertolt Brecht, André Breton, Hermann Broch, Dino Buzzati, Albert Camus, Elias Canetti, Paul Celan, John M. Coetzee, Friedrich Dürrenmatt, Peter Handke, Joseph Heller, Eckhard Henscheid, Eugène Ionesco, Tommaso Landolfi, Bernard Malamud, Haruki Murakami, Harold Pinter, Thomas Pynchon, Alain Robbe-Grillet, Philip Roth, Tadeusz Rózewicz, Jerome D. Salinger, Eduardo Sanguinetti, Jean-Paul Sartre, Manuel Vargas Llosa, Martin Walser, Peter Weiss und Ror Wolf.

Zudem reicht die Kafka-Rezeption längst in unser Alltagsleben hinein. Auch wer nie einen Text des Autors gelesen hat, mag (in vielen Städten) durch ›Kafkastraßen‹ gegangen sein, sich einen Edelfüller der Marke ›Franz Kafka‹ oder den Krimi *Die Signatur des Mörders. Ein Serienkiller auf Kafkas Spuren* (von Krystyna Kuhn; 2008) gekauft haben, den Font »Mister K« zu Designzwecken verwenden (der Kafkas Handschrift nachgebildet ist), CDs mit dem Titel »Kafka« der japanischen Band Deadman oder des englischen Violinisten Nigel Kennedy hören, die Homepage der schottischen Band Josef K besuchen (www.josefk.net), sich eine Suppe à la Kafka kochen (Mark Crick: *Kafka's Soup. A Complete History of World Literature in 14 Recipes*; 2006) oder eine kritische Auseinandersetzung mit der Bush-Regierung lesen, die den Titel trägt: *Kafka Comes to America. Fighting for Justice in the War on Terror* (von Stephen T. Wax; 2008). Kafka ist zu einem Markenartikel der deutschsprachigen Literatur und Kultur geworden, mit dem sich gut für alles Mögliche werben lässt; äl-

tere Germanisten werden sich vielleicht noch mit leichtem Schaudern an Anzeigen der späten 1970er Jahre erinnern, aus denen ihnen mit der Unterschrift »Ich trinke Jägermeister, weil ich Kafkas Schloß nicht geknackt habe« fröhlich zugeprostet wurde. Der Höhepunkt dieser Breitenwirkung liegt sicher darin, dass der Autor es sogar zu eponymischen Ehren gebracht hat, indem er zum Stammvater für ein in vielen Sprachen verwendetes Adjektiv wurde: ›kafkaesk‹ (dt. u. poln.), ›kafkaesque‹ (engl.), ›kafkaïen‹ (franz.), ›kafkiano‹ (ital., span. u. port.), ›Kafkastämning‹ (schwed.), ›Ka-fu-ka-es-ku-su‹ (jap.).

Hinter all dem steht eine stabile (und natürlich durch Kanonisierung und Schulbuchlektüre stabilisierte) Erfolgsgeschichte des Autors Kafka bei einer breiten Lesergemeinde, die im angloamerikanischen und französischen Sprachraum schon in den späten 1930er und 1940er Jahren, in Deutschland und Österreich bald nach 1945, in den Staaten des Ostblocks erst ab den 1980er Jahren einsetzte und seitdem nicht abgerissen ist. Sucht man nach Indizien für die fortdauernde Aktualität Kafkas bei zeitgenössischen Lesern, so kann man im Internet leicht fündig werden: Google bietet bei der Eingabe von »Kafka« fast 7 Millionen Treffer an!

Wer sich die Mühe macht, auch nur einige dieser Seiten zu besuchen (oder einige Texte aus der ebenfalls gewaltigen Bibliothek der Kafka-Sekundärliteratur zu lesen), wird allerdings bald daran zweifeln, dass sich all seine Lektüren wirklich auf den gleichen Autor beziehen. Einer der Kafkas, die er so kennenlernt, war ein scharfsinniger Zeitkritiker, der in seinem Werk die Strukturen und Übel der Seins- und Todesvergessenheit/ des Kapitalismus/ der verwalteten Welt/ der Moderne/ der Familie/ des Kolonialismus/ der ›Machtapparate‹ im Allgemeinen oder der ›Biopolitik‹ im Besonderen bloßgelegt – oder gar prophetisch den Holocaust/ die totalitären Systeme/ alle Katastrophen des 20. Jahrhunderts vorweggenommen hat. Ein anderer Kafka scheint dagegen in völliger Weltlosigkeit immer nur mit sich selbst beschäftigt gewesen zu sein: ein ›ewiger Sohn‹ im Schatten eines übermächtigen Vaters/ ein vom Ödipuskomplex/ von einer schizoiden Persönlichkeitsstruktur/ von abgrundtiefer Misogynie/ von Ess-

und Schlafstörungen geplagter Psychotiker und Neurotiker. Ein dritter Kafka muss ein asketischer Gottessucher gewesen sein, ein heroischer Märtyrer seines Glaubens und seiner hohen ethischen Maßstäbe. Dieser Kafka lässt sich durchaus in Verbindung bringen mit demjenigen, der die jüdische Religion erneuern wollte/ den Irrweg der Assimilation kritisierte/ ein hervorragender Kenner der jiddischen Literatur, der Tora und Kabbala, des Talmud, der Haskala, Halacha, Haggada und/oder auch noch der entlegensten Schriften des Chassidismus war – wesentlich schwerer aber mit dessen Stiefbruder, der unter seinem Judentum in ›jüdischem Selbsthass‹ litt und eben deswegen zum großen Hypochonder wurde. Vielleicht aber war der wahre Kafka auch Kafka Nr. 6, der sich eigentlich nur für den Schreibvorgang/ die Literatur/ das endlos ›differante‹ Spiel der Zeichen interessiert hat und vollauf damit zufrieden war, eben dieses in seinem Schreiben in endloser Meta-Reflexivität immer wieder neu zu thematisieren. Relativ selten wird unser nun wohl schon reichlich desorientierter Kafka-Sucher allerdings auf den Kafka stoßen, ohne dessen Existenz all die anderen sicher zeitlebens unbekannt geblieben wären: den Literaten, der die Formensprache der ästhetischen Moderne bereichert hat, den genialen Finder und Erfinder einprägsamer Bilder und Geschichten von quasi-mythischer Allgemeinheit und Sinntiefe, den Hochspezialisten der Literatur, der abstrakte Reflexionen nur mit literarischen Mitteln und nie in direkter Begriffssprache ausdrückte.

Dass bei solch reichem Nachruhm des Autors die Publikation eines *Kafka*-Handbuches ein sinnvolles Unterfangen darstellt, wird man wohl nicht umständlich begründen müssen. Wohl aber sind Zweifel erlaubt, ob es ein Kafka-*Handbuch* überhaupt geben kann. Schließlich erwartet man von diesem Genre die Präsentation solider Informationen und gesicherten Wissens. Was aber könnte im Falle Kafkas und im Lichte einer notorisch zerstrittenen Kafka-Forschung ›sicheres Wissen‹ sein – außer vielleicht die Daten der Biographie und der Publikationen? Jedes Kafka-Handbuch gerät so in die Gefahr, zu einer relativ beliebig zusammengestellten Sammlung unterschiedlichster Meinungen und Meinungsbilder zu werden. In gewissen Grenzen ist eine solche Pluralität natürlich durchaus wünschenswert – und jedenfalls eindeutig besser als das gegenteilige Extrem eines monolithischen, damit aber auch notwendigerweise partikularen Kafka-Bildes. Die Herausgeber haben deswegen nach einem Mittelweg gesucht zwischen gebotener Pluralität und dem nicht minder gebotenen Bemühen um den Nutz- und Gebrauchswert, den der Leser eines Handbuchs mit Recht erwarten kann.

Daher wurde für den Aufbau der Werkartikel ein Schema festgelegt, das in vier Abschnitten sozusagen vom ›Objektiveren‹ zum ›Subjektiveren‹ fortschreitet: (1) Am Anfang stehen jeweils Basisinformationen zu *Entstehung und Veröffentlichung*. (2) Es folgt ein Abschnitt *Textbeschreibung*, der zentralen thematischen wie formalen Aspekten gewidmet ist, zugleich aber auch schon die wichtigsten Deutungsprobleme benennt. (3) Das Kapitel *Forschung* soll möglichst nicht einfach ein chronologisch geordnetes Referat von Einzelinterpretationen bieten, sondern zeigen, wie bestimmte Interpretenschulen die im Vorabschnitt benannten Interpretationsprobleme zu lösen suchten. (4) Erst im Schlussteil *Deutungsaspekte* findet sich dann der jeweils eigene Deutungsversuch des Artikelautors.

Eine zweite Eigenheit des vorliegenden Kafka-Handbuches ist der Versuch, die Entstehungschronologie des Werkes (soweit sie sich aus den Schriftträgern ablesen oder doch wenigstens erschließen lässt) erstmals wirklich ernstzunehmen. Zwar herrscht in der Forschung schon lange Konsens darüber, dass das in der Nacht vom 22. zum 23. September 1912 geschriebene *Urteil* einen signifikanten Einschnitt bildet, der das ›frühe‹ vom ›reifen‹ Werk trennt. Über weitere Werkeinschnitte gibt es aber keine Einigkeit – und es ist allgemeiner Brauch, interpretationsleitende Parallelstellen einigermaßen wahllos aus allen Werkabschnitten heranzuziehen. So wird beispielsweise selbst die ›frühe‹ *Beschreibung eines Kampfes* (Fassung A: 1904–1907) oft mit Zitaten aus den ›späten‹ Zürauer Aphorismen (zumeist: 1917/18) erschlossen.

Trotz seiner kurzen Lebens- und Schreibzeit ist Kafka aber alles andere als ein monolithischer Autor: Der angeblich so zentrale Vater-Sohn-Konflikt bestimmt in Wahrheit nur die Schriften aus der ersten Phase des mittleren Werks; weltanschauliche Grundsatzreflexionen sind auf die Jahre zwischen 1917 und 1920 konzentriert; nach einer Tendenz zu zunehmender parabolischer Verallgemeinerung greifen die spätesten Texte wieder stärker auf die persönliche Existenz- und Künstlerproblematik zurück, etc. Um solche formalen wie thematischen Entwicklungen stärker als bisher zu berücksichtigen, wurde der Werkteil des Handbuches in drei Werkphasen unterteilt. Am Ende jedes dieser Abschnitte findet sich eine zusammenfassende Abhandlung zu den nicht bereits in Einzelartikeln behandelten Nachlasstexten, die auch die Schreibzeiten und Entwicklungstendenzen der Werkphase herauszuarbeiten sucht.

Der Aufbau des Handbuches folgt dem bewährten Muster der Metzler Personen-Handbücher, allerdings mit einer gewichtigen Ausnahme. Auf einen eigenen Teil ›Wirkung‹, wie er im Serientitel der Reihe vorgegeben ist, wurde bewusst verzichtet. Kafkas multimediale Wirkungsgeschichte ist einfach zu umfassend, um im Rahmen eines einbändigen Handbuchs angemessen behandelt zu werden. Selbst das zweibändige Kafka-Handbuch von 1979 (KHb 1979), das über ein Drittel seines rund 900-seitigen zweiten Bandes auf die »Wirkung« des Autors verwendet, ist dabei selten über bloßes ›name-dropping‹ hinausgekommen. Ohne mindestens exemplarische Einzelinterpretationen lässt sich über die Wirkung eines Autors wenig Substantielles aussagen. Außerdem bringt eine Wirkungsgeschichte im Regelfall ohnehin mehr Erkenntnisgewinne für die Ziel- als für die Ursprungstexte. Daher hoffen die Herausgeber, dass ihre Entscheidung, den knappen Textraum dieses Buches ganz auf Kafka selbst zu konzentrieren, die Zustimmung der Benutzer finden wird. Im Literaturverzeichnis am Ende des Bandes finden sich zahlreiche Einträge, die eigene weiterführende Lektüren zur Wirkungsgeschichte ermöglichen.

Das Handbuch ist in vier Abteilungen gegliedert: (1) *Leben und Persönlichkeit* bietet einen biographischen Abriss und zugleich eine Vorstellung der wichtigsten Bezugspersonen. (2) *Einflüsse und Kontakte* untersucht Kafkas Lektüren, sein literarisches Umfeld in Prag, sein Verhältnis zum Judentum, seine Beziehungen zur Philosophie und Psychoanalyse sowie zu den neuen Medien von Film und Fotografie. (3) Die Abteilung *Dichtungen und Schriften* bildet das Zentrum des Bandes. Die Herausgeber haben sich bemüht, das Gesamtwerk so umfassend wie möglich vorzustellen und dabei auch längere der Fragment gebliebenen Texte in Einzelartikeln berücksichtigt (wobei zur Bezeichnung auf die in Rezeption wie Forschung etablierten Herausgebertitel Max Brods zurückgegriffen wurde ↗XVII f.). Wie bereits erwähnt, sind die Werkartikel auf drei Werkphasen verteilt und innerhalb dieser, soweit möglich, chronologisch angeordnet. Die zahllosen Kurztexte und Kurzfragmente werden im Überblick (und in

ausgewählten Einzelinterpretationen) in drei Sammelartikeln zu den »kleinen nachgelassenen Schriften und Fragmenten« vorgestellt. Zur überblicksweisen Charakteristik der Werkentwicklung dient auch der vorangestellte Abriss zu den »drei Werkphasen«. Den Abschluss bilden Werkgruppenartikel zu den Textsorten, die das Gesamtwerk durchziehen: den Gedichten, Tagebüchern, Briefen und den ›amtlichen Schriften‹ aus Kafkas Berufstätigkeit. (4) Im Abschnitt *Themen, Strukturen, Schreibweisen* werden zunächst die besonderen Verstehensprobleme Kafkascher Texte diskutiert und dann die wichtigsten Ansätze der Forschung kritisch vorgestellt. Anschließend finden sich Artikel zum »Schaffensprozess« – Kafkas persönlicher Variante inspirationsorientierten, ›automatischen‹ Schreibens –, zu formalen Aspekten von Kafkas Erzählen und zu den ›kleinen Formen‹ ›Denkbild‹, ›Parabel‹ und ›Aphorismus‹. Den Abschluss bilden drei thematisch orientierte Untersuchungen zu Figurenkonstellationen und Geschlechterrollen, zur im literarischen Werk entfalteten Kunst- und Literaturtheorie und zu der Kafkas Gesamtwerk prägenden kritischen Auseinandersetzung mit Problemen der sozialen Moderne.

Dem Leser, der eine erste Orientierung zum Autor sucht, wird vorgeschlagen, seine Lektüre mit den Artikeln *Leben und Persönlichkeit*, *Drei Werkphasen* und *Kafka lesen* zu beginnen.

Im Anhang werden die wichtigsten Ausgaben und Hilfsmittel der Kafka-Forschung vorgestellt. Es folgt ein Literaturverzeichnis, das – zusammen mit den Bibliographien der Beiträge – einen repräsentativen Überblick über Ausgaben; Biographien, Bildbände und Lebenszeugnisse; Hilfsmittel; Forschungsliteratur; Rezeptions- und Wirkungsgeschichte zu bieten versucht. Die Beiträge des Handbuchs werden durch ein Personen- und ein Werkregister erschlossen, wobei Letzteres zugleich helfen soll, Kafka-Texte in der *Kritischen Ausgabe* (KA) aufzufinden.

Es ist eine angenehme Pflicht, all denen zu danken, die das Erscheinen dieses Buches ermöglicht haben: Unserer Lektorin Ute Hechtfischer, die den langen Entstehungsprozess mit großer Geduld und kompetenter Hilfe begleitet hat; den Autoren, die ihre Artikel den Zwängen des Gesamtkonzeptes angepasst haben; Sylvester Bubel, Gesche Roy, Mareike Voigt, Lisa Wagner, Kathrin Weishaar und vor allem Caroline Frank, die mithalfen beim Redigieren und Korrigieren der Beiträge und bei der Erstellung von Literaturverzeichnis und Registern.

Die Herausgeber widmen dieses Handbuch ihrem gemeinsamen Lehrer und Mentor Ulrich Fülleborn zum 90. Geburtstag. Seine Aufsätze *Zum Verhältnis von Perspektivismus und Parabolik in der Dichtung Kafkas* (1969), *»Veränderung«. Zu Rilkes »Malte« und Kafkas »Schloß«* (1975), *Der Einzelne und die* *»geistige Welt«. Zu Kafkas Romanen* (1980) und das Kafka-Kapitel in seiner Studie *Besitzen als besäße man nicht. Besitzdenken und seine Alternativen in der Literatur* (1995; ↗541) gehören zu den Meilensteinen der Kafka-Forschung.

Manfred Engel / Bernd Auerochs

Hinweise zur Benutzung

Aufbau der Artikel

Das Schema für Werkartikel wurde bereits im Vorwort erläutert (↗XIV). Artikel zu Sammelbänden und Nachlassgruppen, Kontexten und Themen/Strukturen folgen diesem Schema in bedarfsgemäß modifizierter Form. Jedem Beitrag ist ein bibliographischer Nachspann angefügt, der die folgenden Rubriken (bzw., je nach Artikelthema, eine Auswahl daraus) enthält:

Ausgaben: Genannt werden in der Regel der Erstdruck und Abdrucke in den Brodschen Ausgaben (GS u. GW), sowie in der *Kritischen Ausgabe* (KA) und, soweit bereits erschienen, in den Bänden der *Historisch-Kritischen Franz Kafka-Ausgabe* (FKA); Nachweise erfolgen mit Hilfe von Siglen, die durch das Siglenverzeichnis (↗528–531) aufgeschlüsselt werden können. Weitere Drucke werden nur angeführt, wenn sie editorisch oder durch Materialerschließung und Kommentar besonders wichtig sind.

Bibliographien/ Materialien/ Quellen/ Kontexte: In diesen (nur in Einzelfällen verwendeten) Abteilungen finden sich Spezialbibliographien zum Artikelthema, Sammlungen von Primärzitaten, von Kafka gelesene Prätexte bzw. vom Artikelautor herangezogenes Kontextmaterial.

Forschung: Ohne Anspruch auf Vollständigkeit werden wichtige Forschungsbeiträge aufgelistet und (1) entweder mit vollen bibliographischen Angaben (2) oder – im Falle der beiden bereits erschienen Kafka-Handbücher – mit Siglen (3) oder mit Autor/ Herausgebername(n) und Erscheinungsjahr nachgewiesen. Im letzteren Fall ist der Volltitel über das Literaturverzeichnis am Ende des Bandes zu ermitteln.

Querverweise innerhalb des Bandes erfolgen mit dem Zeichen ↗.

Zitierweise

Von den beiden neuen, heute allein zitierfähigen Kafka-Ausgaben (↗519–523) – der *Kritischen Ausgabe* (KA) und der *Historisch-Kritischen Franz Kafka-Ausgabe* (FKA) – ist zurzeit nur die KA (im Wesentlichen) abgeschlossen. Daher ist sie Textgrundlage für alle Primärzitate in diesem Handbuch. Die einzige Ausnahme von dieser Grundregel bilden die Briefzitate, da die Briefbände der KA bei der Drucklegung dieses Handbuches erst bis 1917 reichen. Für später geschriebene Briefe mussten daher die älteren Standardausgaben herangezogen werden (Siglen: Briefe [/GW], BE, BM, BMB, BO[/GW]). Da die KA die einzige Textgrundlage ist, konnte bei Zitatnachweisen auf das Ausgabenkürzel verzichtet werden (es steht also z. B. DzL, statt: DzL/KA); auch die Siglen ›Briefe‹ und ›BO‹ werden ohne Ausgabenkürzel verwendet.

Bei Zitaten folgt das Handbuch der *Kritischen Ausgabe* in allen Details der Schreibweise. Eine Ausnahme bilden die Werktitel, bei denen die KA (wie auch sonst immer im Textteil) Kafkas ss-Schreibung zu ss/ß normalisiert hat. Um Hybridbildungen wie »Proceß« wenigstens hier zu vermeiden, wurde die ursprüngliche ss-Schreibung wiederhergestellt (also: *Process*, *Schloss*).

Wegen der werkgeschichtlichen Orientierung des Handbuches (↗XIV f.) sind alle Brief- und Tagebuchzitate mit Datumsangaben versehen. Bei diesen Datierungen – wie auch bei der Angabe von Entstehungsdaten – folgen wir den Angaben bzw. Rekonstruktionsversuchen in der KA, wenn dies nicht ausdrücklich anders vermerkt ist. Bei Tagebucheinträgen ist jedoch zu beachten, dass die exakte Datierung eines Einzeleintrages oft nicht möglich ist. In solchen Fällen wurde – der Einfachheit und der Kürze der Nachweise wegen – das letzte gesicherte dem Zitat vorausgehende Datum genannt, wenn dieses mit hoher Wahrscheinlichkeit zeitnah zum Eintrag ist. Wer an taggenauen Datierungen interessiert ist, wird sich so immer im Tagebuch-Band der KA (T) rückversichern müssen. Bei Briefdatierungen wäre zu bedenken, dass es bei den nach 1918 geschriebenen Kafka-Briefen in den ausstehenden Briefbänden der KA sicher noch einige Umdatierungen geben wird (vor allem bei den Briefen an Milena Jesenská).

Ein Sonderproblem stellen die in Kafka-Editionen und Kafka-Forschung lange verwendeten Herausgebertitel dar, die zumeist von Max Brod stammen (↗519). KA und FKA haben diese durchgängig getilgt. Dafür kann man aus philologischen Gründen Verständnis haben, wird aber zugleich beklagen müssen, dass diese Entscheidung die Orientierung in den Ausgaben und die Verständigung über die

Texte nicht eben erleichtert hat. Wer wird schon wirklich der FKA folgen und die (im Manuskript titellose) Fassung B der *Beschreibung eines Kampfes* als *Gegen zwölf Uhr [...]* zitieren wollen – und wer würde den Text unter diesem Titel wiedererkennen?

Zum Missvergnügen editorischer Fundamentalisten haben sich Brods ›Werk‹-Titel bei Lesern wie Forschern inzwischen nun einmal eingebürgert. Und zumeist stellen sie ja auch ein durchaus sinnvolles Kurzverfahren dar, um sich auf titellose Texte zu beziehen. Daher werden die Herausgebertitel im vorliegenden Handbuch weiter verwendet, aber mit Spitzklammern markiert. Das gilt natürlich nicht, wenn diese Herausgebertitel eindeutig falsch sind – wie im Falle von <*Gibs auf*> (*Ein Kommentar*) und <*Der Riesenmaulwurf*> (*Der Dorfschullehrer*). Wer von titellosen Textfunden in der KA oder FKA ausgeht, kann den zugehörigen Herausgebertitel leicht über das Werkregister ermitteln.

Allerdings muss man zugestehen, dass in einer Reihe von Fällen eine exakte Unterscheidung von Autor- und Herausgebertitulierungen ohnehin nicht möglich ist. Natürlich gibt es Titel, die eindeutig von Kafka und solche die eindeutig von Max Brod stammen. Dazwischen liegt aber eine weite Grauzone von unsicheren Problemfällen: Etwa wenn Brod sich auf – angeblich – ›eindeutige‹ mündliche Aussagen Kafkas beruft (wie im Fall der *Hochzeitsvorbereitungen auf dem Lande*), oder wenn Kafka den Titel zwar nicht der Textniederschrift vorangestellt, aber an anderer Stelle genannt hat (wie bei *Der Verschollene*). Ein gutes Beispiel für die dabei entstehenden Probleme ist die titellose Fragmentenfolge, die im vorliegenden Handbuch als <*Der kleine Ruinenbewohner*> zitiert wird (T 17–28). Diesen Titel nennt Kafka aber an ganz anderer Stelle (T 112), und in den sechs vorliegenden Fragmenten kommt die titelgebende Figur des »kleinen Ruinenbewohners« nur zweimal vor (in Nr. 1 u. 3). Letztlich beruhen so Wahl und Auszeichnung der Nicht-Autorentitel auf zwar begründeten, aber natürlich immer anfechtbaren Einzelentscheidungen.

Um die Nutzung des Handbuches zu erleichtern, seien die Grundregeln der Zitat- und Literaturnachweise noch einmal kurz zusammengefasst:

(1) Bei Nachweis über *Siglen* erfolgt die Aufschlüsselung über das *Verzeichnis der Siglen und Abkürzungen* (↗528–531). Dabei weicht das Handbuch in einigen Fällen von der bisher gängigen Siglierungspraxis ab. Das Siglenverzeichnis ist daher auch als Vorschlag an die Kafka-Forschung zu verstehen, nach einem systematischen und möglichst einfachen Verfahren aus den unterschiedlichen Ausgaben zu zitieren.

(2) Bei Nachweis über *Autorenname* (bei Verwechslungsgefahr ergänzt um das *Erscheinungsjahr*) und gegebenenfalls Seitenzahl: So wird auf Forschungsliteratur und auf Primärtexte, die nicht von Kafka stammen, verwiesen. Zumeist findet sich der vollständige Nachweis zu diesen Kurzangaben in der Artikelbibliographie. Nur bei häufiger zitierten (Forschungs-)Publikationen wird durch Autorennachname und Erscheinungsjahr weiter verwiesen auf das Literaturverzeichnis am Ende des Bandes: Sammelbände finden sich hier im Regelfall im Abschnitt 4.1, Monographien und Aufsätze in 4.2. Häufiger zitierte Werke aus anderen Abteilungen der Gesamtbibliographie wurden in Abteilung 4 ein zweites Mal aufgelistet, um das Nachschlagen zu erleichtern.

(3) Die *Gesamtbibliographie* am Ende des Bandes sammelt (neben Ausgaben, Hilfsmitteln und einem Abschnitt zur Rezeptions- und Wirkungsgeschichte) all die Sekundärliteratur, die nicht eindeutig der Bibliographie eines einzelnen Artikels zuzuordnen ist und/oder von mehreren Artikel-Autoren zitiert wurde. Wer Literatur zu einem bestimmten Themenbereich sucht, sollte also zunächst in der entsprechenden *Artikelbibliographie* nachschlagen.

Registerteil

Autoren von Sekundärliteratur werden im *Personenregister* nicht nachgewiesen. Lebensdaten sind im Regelfall bei der ersten Nennung angegeben. Nähere Informationen zu Personen aus Kafkas Lebensumfeld findet der Leser zumeist im Beitrag *Leben und Persönlichkeit*.

Das *Werkregister* erschließt nicht nur das vorliegende Handbuch, sondern erfüllt auch zwei zusätzliche Aufgaben: (1) Es soll dem Leser ermöglichen, Texte mit (zumeist Brodschen) Herausgebertiteln (in Spitzklammern gesetzt) in der *Kritischen Ausgabe* (KA) aufzufinden. Daher sind titellose Texte im Werkregister auch mit ihren Anfangsworten aufgeführt; von dort aus wird dann auf den jeweiligen Herausgebertitel verwiesen. (2) Da die KA für den Benutzer sehr unübersichtlich ist (ein Gesamtregister fehlt noch), wird nach den Titeln jeweils auch – mit Hilfe der in diesem Handbuch verwendeten Bandsiglen – die Fundstelle in der KA angegeben. Das dürfte besonders dort hilfreich sein, wo ein Text in der KA mehrfach abgedruckt ist.

Manfred Engel / Bernd Auerochs

1. Leben und Persönlichkeit

Herkunft und Kindheit

»Wie sich mein Leben verändert hat und wie es sich doch nicht verändert hat im Grunde!«, schreibt am Ende seines Lebens der Schriftsteller Kafka in seiner autobiografisch grundierten Erzählung <Forschungen eines Hundes> (NSF II, 485). Tatsächlich scheint die Vita des Dichters von außen betrachtet wenig spektakulär und ist in ihrem lokalen Aktionsradius auffallend begrenzt. Der enge Kreis, in dem Kafka von 1883 bis 1924 – abgesehen von den wenigen gescheiterten Fluchtversuchen – sein Leben verbrachte, heißt Prag und ist Ende des 19. und Anfang des 20. Jahrhunderts Schauplatz tiefgreifender gesellschaftlicher Umbrüche und Konflikte. Die Stadt, die noch 100 Jahre zuvor ihrem äußeren Erscheinungsbild nach den Eindruck einer ›deutschen‹ Stadt erwecken konnte, war am Ende des Jahrhunderts zu einem Brennpunkt erbitterter nationaler Grabenkämpfe geworden. Wenn die österreichische Monarchie es als ihre Regierungskunst bezeichnete, die Völker in ›wohltemperierter Unzufriedenheit‹ zu regieren, so fand dies im Zusammenleben der Prager Deutschen, Tschechen und Juden einen symptomatischen Ausdruck.

Die Vorfahren Franz Kafkas stammen aus der böhmischen Provinz. Beide Elternteile sind jüdischer Herkunft, wuchsen aber unter sehr unterschiedlichen sozialen Bedingungen auf. Julie Kafka, geb. Löwy (23.3.1856–27.9.1934), wurde in Podiebrad geboren. Ihre Familie galt als wohlhabend und konnte auf eine ansehnliche Ahnenreihe aus Gelehrten, Talmudisten, Ärzten, Kaufleuten und einigen Sonderlingen verweisen. Hermann Kafka (14.9.1852–6.6.1931) dagegen, der in dem Dorf Wossek in Südböhmen geboren wurde, wuchs als viertes von sechs Kindern eines jüdischen Fleischhauers unter ärmsten Verhältnissen auf. Als 14-jähriger verließ er das Zuhause, um als Wanderhändler sein Glück zu versuchen. Ausgestattet mit einem starken »Lebens-, Geschäfts- [und] Eroberungswillen« (NSF II, 146) sowie den leidvollen Erfahrungen seines Dorfgeher-Gewerbes hatte er es schließlich dreißigjährig geschafft, in Prag eine eigene Existenz zu gründen. Die Ehe mit Julie Löwy wurde am 3. September 1882 geschlossen; sie bildete den vorläufigen Höhepunkt seiner Aufstiegsbemühungen.

Die Kafkas dürfen als exemplarische Vertreter einer jüdischen Übergangsgeneration angesehen werden; sie blieben ihrer jüdischen Herkunft auf Lebenszeit verbunden, fanden jedoch auch Anschluss an die neuen liberalen Werte und Entwicklungen ihrer Epoche. Wie für die meisten führte bei ihnen der Kampf um sozialen Aufstieg aus dem Ghetto in die Freiheit – somit aber auch in den Zustand einer ungewissen Schwebe zwischen Observanz und Assimilation.

Sowohl Hermann Kafka als auch die Löwys hatten sich Mitte der 1870er Jahre in Prag angesiedelt, in einer Phase, da die Stadt noch am Anfang ihrer Entwicklung zur modernen Metropole stand. Für aufstrebende, assimilationswillige Juden boten sich hier gute Chancen, die freilich auch ihren Preis hatten. Persönliche soziale oder religiöse Rücksichten mussten zugunsten gesellschaftlich vielversprechender Perspektiven zurückgestellt werden. Bei aller Gegensätzlichkeit im Wesen von Hermann und Julie entsprachen beide den Anforderungen dieser Aufbruchsära auf geradezu mustergültige Weise: Fleiß, Ausdauer, Zielstreben und Beständigkeit unter den Bedingungen eines rücksichtslosen Existenzkampfes, die Fähigkeit zur Anpassung an ein komplexes politisches Umfeld, genügend Pragmatismus, um lebensnotwendige Entscheidungen zu treffen – Eigenschaften, die vielleicht nicht gerade die tiefere Ausbildung eines Selbstbewusstseins, wohl aber die Gewissheit eigenverantwortlichen Handelns ausprägen halfen.

Hermann Kafka, bekannt für sein impulsives und nicht zuletzt zielstrebiges Auftreten, repräsentierte das typische Ethos eines Aufsteigers, der aus eigener Kraft die Bedrängnisse seiner Zeit und Herkunft überwindet. (Noch Jahrzehnte später beruft er sich darauf in fortgesetzten Litaneien – freilich ohne von seinem Sohn die erhoffte Anerkennung dafür zu finden.) Ergänzend dazu verkörperte Julie, entschlossen zwar, aber ebenso nachgiebig und zweifellos die Gebildetere von beiden, die sozialen Tugenden und inneren Werte.

Am 3. Juli 1883 kommt Franz Kafka in Prag als erstgeborener Sohn Hermann und Julie Kafkas zur

Welt und wird nach jüdischem Brauch am darauf folgenden achten Tag beschnitten. Die Eltern, inzwischen zehn Monate verheiratet, haben eine Wohnung am Rande des alten Ghettos in erträglicher Lage am Kleinen Ring bezogen. Bezeichnenderweise steht das Geburtshaus an der Ecke Karpfengasse/Engegasse (Konskriptions-Nr. 1/27, das Haus wird um 1900 abgerissen), eine Adresse, die auf beengte Wohnverhältnisse schließen lässt – zudem in unmittelbarer Nachbarschaft zu einer Reihe von Bordellen, welche entlang der Engegasse in die alte Judenstadt führen. Das Geschäft des Vaters, nur wenige Meter entfernt an der Nordseite des Altstädter Rings, ist zweifellos günstiger gelegen; seinen Eingang ziert das Emblem einer Dohle (tschechisch: kavka) auf einem deutschen Eichenzweig.

In den ersten Jahren nach Franz Kafkas Geburt wechselt die Familie einige Male den Wohnsitz innerhalb des eng begrenzten Altstadt-Areals (Mai 1885 Wenzelsplatz 56; Dezember 1885 Geistgasse 27; 1887 Niklasstraße 6; 1888 *Sixt*-Haus Zeltnergasse 2; 1889 Haus *Minutá* Altstädter Ring 2; 1896 Haus *Zu den drei Königen* Zeltnergasse 3; 1907 Niklasstraße 36) – gewiss auch ein Hinweis auf die merkantilen Fähigkeiten des Vaters, der es mit seinem Galanteriewaren-Handel im Laufe weniger Jahre zu bescheidenem Wohlstand gebracht hat. Doch die stationären Wohnsitze und temporären Geschäftsniederlassungen fassen auch eine Atmosphäre der Rastlosigkeit ins Bild. Der unruhige soziale Aufstieg des Hermann Kafka vollzieht sich in kleinen Schritten, indes die Sorge eines möglichen Rückfalls stets präsent bleibt. Aus der Sicht des Kindes Franz bringt dieser Aufstieg nicht nur die Segnungen mittelständischen Lebenskomforts mit sich, sondern nährt ebenso eine Vielzahl latenter Unsicherheitsgefühle. Die unvorhersehbare Gereiztheit des Vaters, ungelöste Spannungen, häufiger Adressenwechsel, fehlende engere Bezugspersonen – die Mutter ist dem Vater tagsüber im Geschäft und abends beim Kartenspiel unentbehrlich –, mangelnde Außenkontakte und nicht zuletzt ein Regime wechselnder Betreuerinnen führen für Kafka zu einer Isolation, die früh schon seine Selbstentwürfe beherrscht. In den Augenblicken der Zurückgezogenheit sucht das introvertierte Kind Schutz vor den Wechselfällen des Alltags und entwickelt eigene Stärken.

So erlebt Kafka zunächst weniger die Spannungen seiner tschechisch-deutschen Umwelt als quälend, als vielmehr die soziale Kälte seines Elternhauses. Hinzu treten familiäre Katastrophen: 1886 stirbt Kafkas zweitgeborener Bruder Georg (11.9.1885–15.12.1886) an Masern, 1888 stirbt der drittgeborene Heinrich (27.9.1887–10.4.1888) an den Folgen einer Meningitis. Erlebnisse, die für den Knaben Kafka einschneidende Spuren hinterlassen und das Gefühl des Alleinseins vertiefen. Seine Schwestern Gabriele (Elli; 22.9.1889–1942), Valerie (Valli; 25.9.1890–1942) und Ottilie (Ottla; 29.10.1892–1943) rücken erst später in die Position ebenbürtiger Vertrauenspersonen auf, ohne dabei seinen Erfahrungshorizont zu teilen.

Im Hause der Kafkas wird vor allem deutsch, aber auch tschechisch gesprochen, ebenso im Geschäft; Anklänge an die jüdisch-tschechische bzw. jüdisch-deutsche Herkunft der Eltern im Jargon werden aus Prestigegründen weitestgehend vermieden, schlagen aber zuweilen in der Redediktion Hermann Kafkas durch. Zur Familie gehören im Weiteren eine Amme (Anna Čuchalová, *1868), eine Köchin (Františka Nedvědová, *1855), wechselnde Dienstmädchen und Erzieherinnen (u.a. Marie Zemanová, *1870; Anežka Ungrová; Elvira Sterk; Anna Pouzarová), eine Französisch-Gouvernante aus Belgien (Louise Bailly) und später noch die Wirtschafterin Marie Wernerová (1884–1942).

Die Kindheit Kafkas, so wie sie sich aus Dokumenten und Erinnerungen erschließen lässt, steht ganz im Zeichen einer für den Prager jüdischen Mittelstand typischen Sozialisation. Entsprechend den beachtlichen Erfolgen des Unternehmers Hermann Kafka werden Mittel bereitgestellt und vorausblickend in die Erziehung und Ausbildung des Heranwachsenden investiert. Bereits hier zeigen sich Risse: Der introvertierte, scheue Sohn, der spärlich isst, wenig lacht und meist schweigt, ist ein erster Selbstentwurf in Reaktion auf »die dumpfe, giftreiche, kinderauszehrende Luft des schön eingerichteten Familienzimmers« (An E. Hermann, Herbst 1921; Briefe 347). Bei aller Skepsis, die man den späten, oftmals belastenden Erinnerungen Kafkas entgegenhalten muss, lässt sich die Atmosphäre des Elternhauses kaum als harmonisch bezeichnen. Das ohnehin stark eingeschränkte Familienleben blieb selbstverständlich den Anforderungen des Geschäfts untergeordnet, und der Vater erhielt sich sehr wachsam sein Misstrauen gegen innere und äußere Rivalen. Angestellte wurden mitunter als »Vieh«, »Hund« oder »bezahlte Feinde« bezeichnet (NSF II, 155 u. 173), gleichwohl sie doch Aufgaben der Buchführung wie auch der Kinderbetreuung übernahmen. Und auch Familienmitglieder waren dem Diktat täglichen

Drangsalierens unterworfen. Im Hause Kafka wurde nicht geschlagen, dafür aber, in Ermangelung eines erzieherischen Konzepts, mit wirksamen Redemitteln gedroht, verspottet und beklagt. Im äußersten Falle – Kafka erinnert sich an dieses Schlüsselerlebnis noch 1919 – wurde das störende Kind zur Beruhigung nachts vor die Tür, auf die Pawlatsche gesperrt (NSF II, 149).

Schule und Autoritäten

Der Eintritt in die *Deutsche Knabenschule am Fleischmarkt* im September 1889 stellte für Kafka eine spürbare Erweiterung seines Gesichtskreises dar. Die Schule fand insbesondere bei Prager Juden starken Zulauf und galt trotz deutscher Namengebung als gemäßigt nationale, liberale Bildungsstätte. Für Kafka hielt bereits der Weg vom neuen Familiendomizil *Haus Minutá* zur Volksschule so manche Entdeckung bereit. Das Altstädter Interieur, die augenfälligen Details und Schauplätze der Prager Innenstadt, regten die Fantasie des träumerischen Kindes zweifellos an, während die Schule als nüchtern zweckdienliche Bildungsanstalt eher Angst und Schrecken auslöste. Natürlich standen auf dem Schulweg auch Prügeleien zwischen den Schülern der deutschen Knabenschule und der vis-à-vis gelegenen tschechischen Elementarschule auf der Tagesordnung, und so bot es sich an, dass Kafka den Weg im ersten Jahr in Begleitung der Köchin zurücklegte – eine Beschützerin, die ihm freilich als despotische Repräsentantin der Macht erschien und immer wieder mit Drohungen und Mahnungen zu Gehorsamkeit anhielt. Auch diese Eindrücke werden im Rückblick als prägend festgehalten. Angstbesetzt wie alle Rituale der Ordnung und Maßregelung war erst recht der schulische Unterricht. Bereits das Klingelzeichen löste Beklemmungen aus. Die Lehrer, eindrucksvolle, aber insgesamt gutmütige Autoritäten, vermochten es nicht, den Knaben aus seiner Isolation zu befreien. Die auffällige Scheu des Kindes, seine »Ängstlichkeit und totenaugenhafte Ernsthaftigkeit« (An M. Jesenská, 21.6.1920; BM 71), wurde als die Eigenart eines sympathischen, stillen, bescheidenen Schülers mit überdurchschnittlichen Leistungen gedeutet (vgl. Koch 1995, 33).

Obgleich der Klassenlehrer Matthias Beck den Eltern am Ende der Volksschulzeit nahelegt, den Sohn wegen Schwäche und möglicher Überforderung ein fünftes Jahr auf die Volksschule gehen zu lassen, ab-

solviert Kafka im Mai die Aufnahmeprüfungen für das Gymnasium – mit Erfolg. Von September 1893 bis Juli 1901 besucht er das *Altstädter Deutsche Gymnasium* im Kinsky-Palais. Auch diese Schule wird von Juden gern besucht, gilt aber nebenher auch als strengstes Prager Gymnasium mit einer Abbrecherquote von 72 %. Der hier waltende Geist konservativer Bildungstradition zeigt sich in Gestalt von Kathedergehorsam, Prüfungsangst und sinnloser Paukerei und hätte nicht besser repräsentiert werden können als durch seine steinerne Barockfassade: Kafka durchläuft das Programm ›humanistischer‹ Exerzitien, d. h. in erster Linie klassische Altsprachen und Geschichte des Altertums; weniger zeitintensiv werden bereits das Fach Deutsch sowie die naturwissenschaftlichen Gegenstände und Kafkas Problemfach Mathematik behandelt. Neben den Haupt-Fremdsprachen Latein und Griechisch werden in geringerem Umfang jedoch auch Tschechisch und Französisch gelernt.

Unter den Lehrern ragen besonders zwei Gestalten heraus: der Klassenordinarius Emil Gschwind, »ein ausgezeichneter, aber strenger Lehrer« der Altsprachen (Wagenbach 2006, 39) und Verfechter mustergültigen deutschen Ausdrucks, bei dem Kafka sechs Semester lang das Privileg des Vorzeigeschülers genießt. In den zwei letzten Gymnasialjahren unterrichtet er zudem Philosophie mit interdisziplinär angelegten Ausflügen in Forschungsbereiche der neuesten Psychologie und Wahrnehmungstheorie. Gschwind, der gleichzeitig Priester und Gelehrter im Prager Piaristenorden ist, hinterlässt bei dem Schüler großen Eindruck, nicht zuletzt wegen seiner arbeitsintensiven Zurückgezogenheit in einer Klosterzelle. Adolf Gottwald, die zweite prägende Lehrerpersönlichkeit des Gymnasiums, ragt besonders durch seinen vergleichsweise unkonventionellen Naturkundeunterricht sowie die von ihm gepflegte Methode genauer Beschreibung hervor. Ihm verdankt Kafka auch die Heranführung an Darwins Lehren und an Ernst Haeckels *Welträtsel* (1899).

Der Deutschunterricht hält für den Gymnasiasten wenig schöpferische Beschäftigungen bereit; im Wesentlichen wird der klassizistische Bildungskanon abgearbeitet – wobei nicht so sehr der Inhalt, sondern das jährliche Quantum auswendig gelernter Dichtungen entscheidend ist. Kafka begegnet hier einem Literaturbegriff, der vor allem normativ und in politischer Hinsicht national getönt erscheint; andererseits wird eine breite literarische Basis an Texten (Goethe, Schiller, Hebel, Kleist, Mörike, Eichendorff, Grillparzer, Stifter u. a.) gelegt, die auch für die Folgejahre von Bedeutung sind. So veranlassen gerade die Klassiker-Lektüren der Gymnasialzeit zu späteren selbständig kritischen Auseinandersetzungen mit »Goethes entsetzlichem Wesen« (31.1.1912; T 367) oder dem Konzept großer und kleiner Literaturen. Unabhängig davon bleibt die »Angst vor Schule und Autoritäten« (NSF II, 10) bestehen und löst immer wieder Blockaden aus: »Oft sah ich im Geist die schreckliche Versammlung der Professoren [...], um diesen einzigartigen himmelschreienden Fall zu untersuchen, wie es mir, dem Unfähigsten [...] gelungen war, mich bis hinauf in diese Klasse zu schleichen« (196 f.).

Literarische Inspirationen holt sich Kafka zunächst *außerhalb* der Schule: vorrangig sind es Theaterbesuche, die ihn – wie viele Gymnasiasten – begeistern und zu eigenen Darbietungen im Familienkreis treiben. An den Geburtstagen der Mutter kommen kleinere adaptierte oder selbstverfasste Stücke wie *Der Gaukler*, *Georg von Podiebrad* und *Photographien reden* (alle nicht überliefert) zur Aufführung. Mit etwa 14 Jahren unternimmt Kafka seine ersten dichterischen Versuche – Arbeiten und Entwürfe, die später zwar seinen literarischen Ansprüchen nicht mehr genügen und daher vernichtet werden, die aber erste Problemkonstellationen seines Schreibens andeuten. So plant er u. a. einen Roman, »in dem zwei Brüder gegeneinander kämpften, von denen einer nach Amerika fuhr, während der andere in einem europäischen Gefängnis blieb« (19.1.1911; T 146). Die früheste erhaltene literarische Eintragung stammt aus dem Jahr 1897 und findet sich im Freundschaftsbuch Hugo Bergmanns (1883–1975): »Es gibt ein Kommen und ein Gehn/ Ein Scheiden und oft kein – Wiedersehn« (NSF I, 7).

Am 13. Juni 1896 findet in der Zigeuner-Synagoge Kafkas Bar-Mizwa statt. Der Vater inseriert die Feier öffentlich als ›Confirmation‹ und deutet damit gleichsam den zwiespältigen Charakter der Veranstaltung an: Kafka »mußte im Tempel ein mühselig eingelerntes Stück vorbeten, oben beim Altar, dann zuhause eine kleine (auch eingelernte) Rede halten. Ich bekam auch viele Geschenke« (An M. Jesenská, 10.8.1920; BM 207). Eine tiefere Beziehung zur Religion der Väter konnte für den 13-jährigen ›Sohn des Gebots‹ daraus nicht entstehen.

Auf seine Mitschüler wirkt Kafka zurückhaltend. Nur zögerlich entstehen Freundschaften wie mit Hugo Bergmann (1883–1975), mit dem er bereits gemeinsam in die Volksschule gegangen war. In den Augen der meisten jedoch erscheint er als unauffällig. »Wir alle hatten ihn sehr gern und verehrten ihn auch«, erinnert sich sein Klassenkamerad Emil Utitz (1883–1956), »aber wir waren mit ihm nie richtig vertraut: eine dünne Glaswand umgab ihn« (Koch 1995, 50). Trotz gläserner Abkapselung ist Kafka kein ausgesprochener Einzelgänger. Engere Beziehungen entwickeln sich im Lauf der Gymnasialzeit zu einigen Mitschülern: Hugo Hecht (1883–1970), Karl Feigl (1882–1942), Camill Gibian (1883–1907), Paul Kisch (1883–1944), Rudolf Illový (1881–1943), später dann zu Oskar Pollak (1883–1915) und Ewald Přibram (1883–1940). Mit Hugo Bergmann disputiert man gern und heftig in der »talmudischen Weise über Gott und seine Möglichkeit« (31.12.1911; T 333), mit Paul Kisch werden vornehmlich literarische und mit Rudolf Illový soziale Fragen erörtert. Nicht zuletzt erweisen sich diese intellektuellen Erkundungen als befreiender Schritt aus dem Bannkreis der Familie und Schule. Gemeinsam unternimmt man erste Exkursionen in die politischen Lager Prags. In Opposition zu seinem Umfeld und im Gegensatz zu seinem Freund Hugo Bergmann, der sich mehr und mehr für die erwachende zionistische Bewegung engagiert, fühlt sich Kafka besonders von der Idee des Sozialismus angezogen, deren Wahrzeichen – die rote Nelke – er zeitweise trägt. Auch einem antiklerikalen (Wagenbach 2006, 60) bzw. völkisch-nationalen (Binder 1979, 241) Verein *Freie Schule* und einer Farben tragenden, deutsch-nationalen Schülerverbindung *Altstädter Kollegientag* gehört Kafka vorübergehend 1898/99 an, kann freilich zu diesen Vereinigungen keine tragfähige Bindung aufbauen.

Die Sozialisation des jungen Kafka unter den binationalen assimilatorischen Verhältnissen in Prag verlief widerspruchsvoll und entbehrte nicht gewisser temporärer Tendenzen: Wechselnde Mitgliedschaften, Besuche von politischen Versammlungen und gelegentliche Visiten in verrufenen Etablissements zeigen lediglich seine Suche nach Orientierungen. Die ›Entdeckungen‹ Kafkas in antibürgerlichen Kreisen und Dimensionen entsprachen dabei ganz dem intellektuellen Milieu seiner Altersgenossen. Auf gemeinsamen Streifzügen wurde so nicht nur die sozialpolitische Karte Prags erkundet, sondern auch an den Grenzen einer streng behüteten Ordnung gerüttelt.

Kafka ist trotz Aufbegehrens ein unsicherer, gehemmter Jugendlicher. Die Berührungen mit Zionismus, Sozialismus und nationalen Bewegungen mögen flüchtig und widersprüchlich sein, ziehen nun jedoch erste weltanschauliche Orientierungen nach sich. Während Kafkas Freundschaft zu Bergmann unter den Stimmungen seiner »atheistischen und pantheistischen Periode« (vgl. Koch, 27) abklingt, verbindet ihn seit den letzten beiden Jahren des Obergymnasiums mit Oskar Pollak eine umso engere Freundschaft. Ganz offensichtlich eine Allianz zweier Non-Konformisten: Zusammen abonniert man die von Ferdinand Avenarius (1856–1923) herausgegebene Zeitschrift *Kunstwart* und liest die Schriften Darwins, Spinozas und Nietzsches, insbesondere *Also sprach Zarathustra*. Kafkas Nietzsche-Begeisterung schlägt sich fortan in Briefen und Reflexionen nieder, in denen der angehende Schriftsteller an Sprache, Themen und Denkfiguren des Philosophen anzuknüpfen sucht – so auch in einem Poesiealbumeintrag für die 17-jährige Selma Robitschek (geb. Kohn, *8.9.1883), die er in den Sommerferien 1900 im nordböhmischen Roztok kennenlernt und mit Lektüren des Philosophen unterhält (4.9.1900; NSF I, 8). Nietzsche, der skeptisch unzeitgemäße Betrachter, stiftet die Basis einer exklusiven Weltanschauung. Das Vertrauen, das auf dieser Basis der vielseitige Freund und Ratgeber Oskar Pollak für einige Jahre genießt, zeigt sich nicht zuletzt in dem Umstand, dass Kafka ihm seine Manuskripte zur Beurteilung vorlegt (6.9.1903; B00–12 26). Ihm erklärt sich Kafka als Schriftsteller. Bereits in Briefform schickt er ihm im Dezember 1902 die *Geschichte vom schamhaften Langen und vom Unredlichen in seinem Herzen* – die frühest überlieferte Prosa-Skizze des Schriftstellers Kafka (20.12.1902; B00–12 17–19). Auch eine kleine Produktion eigener Gedichte wird vorgelegt. Zweifellos übernimmt Pollak die Rolle des Welt-Vermittlers für den auftrittsscheuen Dichter. Doch noch etwas anderes verbindet die beiden Freunde: der nüchterne, teils distanzierte, teils konstruierte Blick auf Prag als unentrinnbarer Bannkreis bzw. ›Mütterchen mit Krallen‹ – ein Motiv, das sich wie ein roter Faden durch Leben und Schreiben Franz Kafkas zieht.

Die Jahre des frühen Werkes

Studium und erste Berufsjahre

Als Kafka im Mai 1901 in Prag die schriftlichen Maturaprüfungen ablegte, schien die österreichisch-ungarische Monarchie noch ein organisch intakter Bestandteil dieser Welt. Das Thema seines Deutschaufsatzes heißt: *Welche Vorteile erwachsen Österreich aus seiner Weltlage und seinen Bodenverhältnissen?* Es ist kaum anzunehmen, dass der Maturant mit seinen Darlegungen die offizielle Rhetorik sprengte – bescheinigte ihm doch das Abschlusszeugnis insgesamt lobenswerte bis befriedigende Leistungen –, obgleich er bereits über Ausdrucksmöglichkeiten von subtiler Schärfe verfügte, wie Briefe und andere Zeugnisse belegen.

Der für die Zeit nach der Matura vorgeschriebene ›Einjährigfreiwilligen‹-Militärdienst bleibt Kafka erspart. Ein ärztliches Gutachten attestiert ihm »Schwäche« (Wagenbach 2006, 258) und sorgt so für seine einstweilige Verschonung vor einer weiteren Schule der Autoritäten. Befreit von dieser Last reist Kafka am 27. Juli 1901 allein mit dem Zug nach Cuxhaven, um die Sommerferien mit seinem Onkel aus Triesch, dem Arzt Dr. Siegfried Löwy (11.3.1867–20.10.1942), für einen Monat auf Helgoland und Norderney zu verbringen. Es ist die erste größere selbständige Reise, die ihn über die Grenzen Böhmens und Mährens hinausführt, die ihm gleichzeitig aber auch eine Entscheidung über die Zukunftspläne abverlangt. Ins Gästebuch auf Norderney trägt man bereits die Titulierung »stud. chem.« ein (Heintel, 20) – ein Hinweis, dass der für Kafka stets sehr maßgebliche Onkel während der Reise an der Entscheidung mitgewirkt hat. Hinsichtlich des Aufschwungs der chemischen Industrie in der näheren Umgebung Prags und den daraus erwachsenden weltweiten Perspektiven, erscheint ein Chemie-Studium tatsächlich als aussichtsreiche Investition in die Zukunft und kommt den träumerischen Berufsvorstellungen Kafkas weit mehr entgegen als die ›jüdisch‹ prädestinierten Fächer Jura und Medizin.

Dennoch zeigt sich bei der Wahl des richtigen Studiums sehr bald schon seine Entscheidungsschwäche: Wie vorgesehen schreibt sich Kafka im Oktober 1901, gemeinsam mit Oskar Pollak und Hugo Bergmann, an der *Deutschen k.k. Carl-Ferdinand-Universität* in Prag für Chemie ein. Bereits nach den ersten zwei Wochen im Labor revidiert er seine Entscheidung und wechselt zu Jura. Dass diese Orientierung pragmatische Gründe hat und beiläufig auch den Erwartungen der Familie genügt, steht außer Frage. Die Möglichkeit, nach dem Studium einen freien Beruf als Anwalt zu ergreifen, entspricht freilich nur bedingt Kafkas Lebensentwürfen. So ist es kaum verwunderlich, dass er im Sommersemester 1902 statt Jura Vorlesungen in Germanistik und Kunstgeschichte (Niederländische Malerei, Christliche Bildhauerei) besucht. Die Alternative ›Germanistik‹ an der Prager Universität erweist sich jedoch in anderer Hinsicht als problematisch. Geprägt durch die Persönlichkeit August Sauers (1855–1926) und dessen nationalistische Fixierung auf deutschstämmige Literatur, lässt der Lehrstoff bei Kafka keine weittragenden Illusionen aufkommen. Statt dessen wird erwogen, ob er nicht lieber – wie Paul Kisch – das Germanistikstudium in München fortsetzen sollte (An O. Pollak, vor oder am 24.8.1902; B00–12 14).

Dazu allerdings kam es nicht. Kafka studierte im Wintersemester 1902/03 wieder regulär Jura: Römisches Zivilrecht, Pandekten II, Obligationenrecht und Zwangsvollstreckung in unbeweglichen Vermögen – ein trockenes Studium, dem er sich ohne innere Beteiligung widmet und das lediglich verlangte, »daß ich mich in den paar Monaten vor den Prüfungen unter reichlicher Mitnahme der Nerven geistig förmlich von Holzmehl nährte, das mir überdies schon von tausenden Mäulern vorgekaut war« (NSF II, 198).

Verpflichtender Bestandteil des Jura-Studiums im 2. Semester ist u. a. auch ein halbes Jahr Philosophie. Die Übergangsprüfung ›Deskriptive und genetische Psychologie‹ bei dem bekannten Brentano-Schüler Anton Marty kann Kafka nicht bestehen. Allerdings nimmt er gemeinsam mit Pollak, Utitz und Bergmann (später auch Brod und Weltsch) an den philosophischen Runden des Salons Fanta teil, die von Berta Fanta (1865–1918) und Ida Freund veranstaltet werden. Auch an den Zusammenkünften des sog. Louvre-Zirkels, einer akademischen Filiale der Brentanisten in Prag, ist Kafka vorübergehend beteiligt – zumeist als stiller Zuhörer. Sein Interesse an theoretisch abstraktem Denken ist eher gering, wenngleich das Spiel mit Begriffen, konkrete Fragestellungen und die distanzierte Sicht auf alltägliche Handlungsabläufe auch ihm nicht fremd sind.

Unter den Professoren an der Universität wecken nur wenige Kafkas Interesse. Eine Ausnahmeerscheinung ist der exzentrische Ordinarius Christian von Ehrenfels (1859–1932), der neben seiner Vorlesung in ›Praktischer Philosophie‹ auch als Autor wissenschaftlicher Schriften und philosophisch inspirierter Stücke und Gedichte (*Die Sternenbraut; Kosmogonie*) in Erscheinung tritt. Noch 1913 besucht Kafka eine Seminarveranstaltung des bekannten Begründers der Gestaltpsychologie. Ebenso nachhaltige Eindrücke nimmt er auch aus den Vorlesungen des Grazer Strafrechtlers Hans Gross (1847–1915) mit. Gross gilt als einer der Pioniere der modernen wis-

senschaftlichen Kriminologie. Seine Vorlesungen Strafrecht, Strafprozess, Rechtsphilosophie und nicht zuletzt sein mehrfach aufgelegtes *Handbuch für Untersuchungsrichter, Polizeibeamte, Gendarmen* (1893), in dem er besonders die psychologischen Ursachen von Verbrechen hervorhebt, haben ausnahmsweise auch Kafkas Aufmerksamkeit gefunden. Im Übrigen durchläuft der Student die acht Semester Jurastudium, indem er sich auf die notwendigsten Verpflichtungen beschränkt.

Die weitaus attraktiveren Angebote der Studienzeit bieten die Prager deutschen und tschechischen Bühnen sowie die *Lese- und Redehalle deutscher Studenten*. Als ein Tempel deutscher Kultur mit reichhaltig ausgestatteter Bibliothek (vor allem zeitgenössischer Autoren und Zeitschriften) und anspruchsvollem Veranstaltungsprogramm findet die ›Halle‹ besonders unter jüdischen Studenten hohe Beteiligung. Von den Aktivitäten des zionistischen *Vereins jüdischer Hochschüler Bar-Kochba* grenzt man sich bewusst und entschieden ab. Insbesondere die Darbietungen namhafter Autoren (Friedrich Adler, von Liliencron, Wiener, Salus, Meyrink, Leppin, u. a.) machen die Halle zu einem beliebten Anlaufpunkt. Von ihr gehen maßgeblich Impulse auf die Aktivitäten der Mitglieder aus. Kafka ist von Studienbeginn an Mitglied und wird als Nachfolger Oskar Pollaks 1904 Kunst- und schließlich Literaturberichterstatter. Ende Oktober 1902 lernt er hier auch den um ein Jahr jüngeren Jurastudenten und Kunstberichterstatter Max Brod (27.5.1884–20.12.1968) kennen: Der 18-jährige Brod referiert in einem leidenschaftlichen Vortrag über die Vorrangstellung von Schopenhauers Philosophie. Nach dem Vortrag verteidigt Kafka im Gespräch auf dem Heimweg umso eindringlicher Nietzsches Positionen, den Brod kurzerhand als »Schwindler« bezeichnet hatte (Brod 1969, 159; vgl. NSF I, 9–11). Es ist der Beginn einer ambivalenten Freundschaft, die, trotz Entfremdungen in den späteren Jahren und trotz anhaltender Missverständnisse, bis ans Lebensende für beide Seiten produktiv bleibt. Die bis dahin prägende Freundschaft mit Oskar Pollak verliert hingegen zunehmend an Gewicht. Als Pollak 1903 Prag verlässt, resümiert Kafka in einem Brief an den Freund:

> Unter allen den jungen Leuten habe ich eigentlich nur mit Dir gesprochen, und wenn ich schon mit andern sprach, so war es nur nebenbei oder Deinetwegen oder durch Dich oder in Beziehung auf Dich. Du warst, neben vielem andern, auch etwas wie ein Fenster für mich, durch das ich auf die Gassen sehen konnte. Allein konnte ich das nicht (8.11.1903; B00–12 28).

Mit dem agilen Max Brod, der bereits erste musikalische und literarische Erfolge verbuchen kann, erschließen sich Kafka neue Horizonte. Gemeinsam besucht man Kaffeehäuser der Stadt und andere einschlägige Adressen der Boheme und Intelligentsia Prags. Auch der literarische Kanon wird systematisch erweitert: Flauberts *L'Éducation sentimentale*, Hofmannsthals *Gespräch über Gedichte* und Thomas Manns *Tonio Kröger* werden als Offenbarungen gelesen und diskutiert, überdies beschäftigt sich Kafka eingehend mit Tagebüchern (Amiel, Hebbel und Grillparzer) Briefen (Goethe, Grabbe und du Barry), Biographien (Schopenhauer, Goethe und Dostojewski), Eckermanns Gesprächen, Marc Aurels Selbstbetrachtungen und Kügelgens Lebenserinnerungen. Die jedoch wichtigste Entwicklung zeigt sich in Kafkas sozialen Kontakten: »ich bin stärker geworden, ich war viel unter Menschen, ich kann mit Frauen reden« vermeldet er stolz im Sommer 1903 nach einer Sanatorienreise nach Dresden/Weißer Hirsch und einem Ferienaufenthalt in Salesel bei Aussig (An O. Pollak 6.9.1903; B00–12 25). Ausflüge wie diese – weg von Prag – bestärken Kafkas Selbstvertrauen. Allmählich durchbricht er selbständig die Isolation und geht auch Beziehungen mit dem anderen Geschlecht ein. Seine Liebschaften sind freilich nur von kurzer Dauer und rufen die stets vorhandenen Gefühle von Scham und Reue, Lust und Abscheu wach. So auch nach einer Liebesnacht – seiner sexuellen Initiation – mit einem tschechischen Ladenmädchen (An M. Jesenská, 8./9.8.1920; BM 196–199). Der auf diesem Gebiet weit erfahrenere Max Brod gibt Kafka praktische Ratschläge und erweist sich nicht zuletzt bei gemeinsamen Bordellbesuchen als vertrauenswürdiger Begleiter.

Brod ist es auch, der anlässlich einer Lesung seiner Novelle *Ausflüge ins Dunkelrote* die Begegnung mit dem blinden Dichter Oskar Baum (21.1.1883–1.3.1941) arrangiert. Ähnlich erfolgreich hatte er bereits 1903 im ›Louvre‹ Kafkas Freundschaft mit dem Philosophiestudenten Felix Weltsch (6.10.1884–9.11.1964) gestiftet. Die daraus resultierenden Leserunden des sog. ›Prager Kreises‹ werden ab Ende 1905 abgehalten und in den folgenden Jahren im Quartett regelmäßig fortgesetzt. Kafka verschweigt zunächst bis 1906 seine eigenen literarischen Ambitionen. Bei den Zusammenkünften mit Brod, Weltsch und Baum rezitiert er andere Autoren. Erst ab 1910 wird er gelegentlich Proben aus eigenen Manuskripten lesen. Angefeuert von Brod widmet er sich jedoch in der zweiten Studienhälfte verstärkt

seinen literarischen Entwürfen, die in ihren qualitativen Ansprüchen gestiegen sind.

Das Studium der Rechte, das Kafka nebenher betreibt, bedeutet in den Prüfungszeiten eine Qual. Für die Vorbereitungen auf das Examen muss er auf Brods Mitschriften zurückgreifen. Die nach dem Promotionsrecht erforderlichen drei Rigorosa einschließlich Staatsexamen legt Kafka am 7. November 1905, am 16. März 1906 und am 13. Juni 1906 ab und wird schließlich – mit schwächstmöglicher Note – am 18. Juni im Prager Carolinum von Alfred Weber (1868–1958) feierlich zum Doktor der Rechte promoviert.

Wie schon 1903, nach bestandener erster Staatsprüfung (Rechtsgeschichte) in Lahmanns Sanatorium Dresden/Weißer Hirsch, erholt sich Kafka auch 1905 und 1906 in einer Naturheilanstalt. Augenscheinlich liegen hier die Anfänge seiner Karriere als nervöser Patient wie auch die seines ausgeprägten Interesses für Naturheilkunde. Am 2. August 1905 trägt sich »Herr Franz Kafka, cand. ingr.« aus Prag für einen vierwöchigen Aufenthalt in die Kurliste der Wasserheilanstalt Dr. Ludwig Schweinburgs in Zuckmantel/Schlesien ein (Kur-Liste Nr. 9). Neben der Behandlung seiner nervösen Beschwerden ist es vor allem die abgelegen behütete Atmosphäre, die ihn neue Kräfte sammeln lässt. Ein episodisches Erlebnis besonderer Art, die erste Liebe zu einer Frau – »sie eine Frau und ich ein Junge« (An M. Brod, 12./14.7.1916; B14–17 173) –, veranlasst den Studenten im Sommer 1906 für ein zweites Mal auf das vertraute Arrangement von Zuckmantel zurückzukommen (Eintrag 21.7.1906, Kur-Liste Nr. 9). Kafka bewahrt über diese Episode Schweigen und deutet erst Jahre später im Tagebuch seine nachhaltigen Eindrücke an: »Ich war noch niemals außer in Zuckmantel mit einer Frau vertraut« (6.7.1916; T 795).

Zurückgekehrt nach Prag, beendet er am 30. September 1906 das im April begonnene Praktikum als Advocaturconcipient bei seinem Onkel Dr. Richard Löwy (1857–1938) am Altstädter Ring und beginnt am 1. Oktober das für den Staatsdienst obligatorisch vorgeschriebene Gerichtsjahr beim Prager Landes- bzw. Strafgericht. Während dieser Zeit schließt Kafka die erste Fassung seiner *Beschreibung eines Kampfes* ab – ein Erzählfragment, das konkrete Prager Lokalitäten benennt – und arbeitet an Entwürfen zu *Hochzeitsvorbereitungen auf dem Lande*. Gemeinsam mit Max Brod und Bekannten unternimmt man ausgedehnte Streifzüge durch Nachtlokale und besucht Weinstuben, Cafés, Seancen und Variétés. Das bunte

Treiben erscheint Kafka im Nachhinein als »Bummelzeit« (An F. Bauer, 3./4.1.1913; B13–14 17). Max Brod hingegen arbeitet bereits zu diesem Zeitpunkt darauf hin, den Freund in literarischen Kreisen publik zu machen. In der Zeitschrift *Gegenwart* erwähnt er Kafkas Namen in einer Reihe mit Heinrich Mann, Wedekind und Meyrink (*Gegenwart* 71 [1906] 6, 93). Der auf diese Weise wohlwollend angesprochene Dichter hat bis dahin noch keine Zeile veröffentlicht.

Das Gerichtsjahr ist für Kafka in mehrfacher Hinsicht nur ein Aufschub. Mit Beginn des Jahres 1907 stehen neue Entscheidungen an – und die Sorge, literarisch noch »nichts fertig gebracht« zu haben (An M. Brod, Mitte August 1907; B00–12 52). Hinsichtlich der beruflichen Zukunft existieren zwar vage Pläne – Spanisch lernen, Auswandern nach Südamerika –, die aber alles andere als realistisch erscheinen und nur den Wunsch verraten, Prag den Rücken zu kehren.

Die Familie hat im Juni ein neues, mondänes Domizil im Obergeschoss der Niklasstraße 39 bezogen. Bei Kafka lässt der Anblick der nahe gelegenen Svatopluk-Čech-Brücke (erbaut 1906–08) zuweilen Selbstmordgedanken aufkommen. Die Wohnung empfindet der störungsempfindliche Dichter als »Hauptquartier des Lärms« (DzL 441), sie wird in den folgenden Jahren zum Ausgangspunkt zahlreicher literarischer Einfälle.

Wie schon oft verbringt er die Sommerferien 1907 bei seinem Lieblingsonkel in Triesch. Siegfried Löwy, der eingefleischte Junggeselle auf dem Lande, mit Neigungen zu Vegetarismus, Naturheilkunde und Motorsport, repräsentiert für Kafka einen Lebensentwurf, dem er von Kindheit an Bewunderung zollt. »Ich fahre viel auf dem Motorrad, ich bade viel, ich liege lange nackt im Gras am Teiche«, berichtet er Max Brod (Mitte Aug. 1907; B00–12 53). Die meiste Zeit verbringt er mit der aus Wien stammenden Hedwig Weiler (1888–1953) und deren Freundin Agathe Stern – beide »sehr gescheidte Mädchen, Studentinnen, sehr socialdemokratisch« (ebd.). Zu Hedwig Weiler entsteht in den folgenden Monaten eine engere Beziehung, aus der u. a. literarische Miniaturen für das erste Buch *Betrachtung* (1912) und einige nie veröffentlichte Gedichte hervorgehen. In Briefen wird sogar der Plan entwickelt, zum Studium an die Exportakademie nach Wien zu gehen bzw. für Hedwig eine Anstellung in Prag zu finden. Mit dem Scheitern dieser Pläne findet auch die Beziehung im Januar 1909 ihr frühzeitiges Ende (An H. Weiler, 7.1.1909; B00–12 95 f.).

Erwartungsgemäß schwierig gestalten sich die Berufspläne Kafkas. Doch wieder einmal zeigt das Netz der Löwyschen Verwandtschaft seine soziale Funktion. Dank der Vermittlung des Onkels Alfred Löwy aus Madrid (1852–1923) gelingt es, Kafka aushilfsweise bei der Triester Versicherungsgesellschaft *Assicurazioni Generali* in Prag unterzubringen. Er tritt seine erste Stellung als Aushilfskraft in der Lebensversicherungsabteilung an, »mit winzigen 80 K Gehalt und unermeßlichen 8–9 Arbeitsstunden« (An H. Weiler, 8.10.1907; B00–12 72). Die unnachgiebigen Regelungen des Arbeitsvertrags erlegen ihm zahlreiche Zusatzverpflichtungen auf und gestatten nur 14 Tage Urlaub in jedem zweiten Jahr. Für literarische Nebenbeschäftigungen bleibt keine Zeit. Kafka versucht anfangs die Situation mit naivem Zweckoptimismus zu überspielen: »Ich bin bei der Assecuraconi Generali und habe immerhin Hoffnung selbst auf den Sesseln sehr entfernter Länder einmal zu sitzen, aus den Bureaufenstern Zuckerrohrfelder oder mohamedanische Friedhöfe zu sehn und das Versicherungswesen selbst interessiert mich sehr, aber meine vorläufige Arbeit ist traurig« (ebd.).

Obgleich ihn mit dem Direktor der Filiale, Ernst Eisner (1882–1929), ein gemeinsames literarisches Interesse verbindet, bemüht sich Kafka bald schon um eine neue Arbeit mit gemäßigten Zeiten. Von Februar bis Mai 1908 besucht er einen Abendkurs der Handelsakademie über Arbeiterversicherung, um sich für eine Tätigkeit in einer staatlichen Einrichtung zu qualifizieren. Mit der persönlichen Fürsprache des Anstaltspräsidenten Dr. Otto Přibram (1844–1917), dem Vater des Schulfreundes Ewald Felix, gelingt es Kafka schließlich, eine Stelle bei der *Arbeiter-Unfall-Versicherungs-Anstalt für das Königreich Böhmen in Prag* (AUVA) zu erhalten: ein Posten mit hohem gesellschaftlichen Prestige in einer für Juden fast unzugänglichen Institution. Er kündigt alsbald bei der *Assicurazioni Generali* – zur Begründung legt er ein ärztliches Attest vor über gesundheitliche Probleme, insbesondere Nervosität und Herzbeschwerden – und tritt, nach einem Kurzurlaub im Böhmerwald, am 30. Juli 1908 seinen Dienst als Aushilfsbeamter der AUVA an.

Seine neuen Vorgesetzten, Dr. Robert Marschner (1865–1934), Eugen Pfohl (1867–1919) und Dr. Siegmund Fleischmann, hatte Kafka bereits im Frühjahr 1908 im Kursus an der Prager Handelsakademie kennengelernt. Der neue Posten bringt ihm zwar zunächst keine finanzielle Verbesserung, wohl aber eine spürbare zeitliche Entlastung. Bei einer Dienstzeit mit »einfacher Frequenz«, d.h. sechs Stunden (8–14 Uhr) von Montag bis Samstag sowie einigen Zusatzstunden, verrichtet Kafka die Arbeit eines Versicherungsbeamten: Korrespondenzen, Berichte, Gutachten, Einreihungsrekurse. Darüber hinaus verfasst er für die AUVA Artikel und übernimmt Dienstreisen in die nordböhmischen Verwaltungsbezirke Gablonz, Friedland, Reichenberg, Rumburg und andere Orte. Das Vertrauen, das er sich bei seinen Vorgesetzten schon bald als »vorzügliche Konzeptionskraft« erwirbt, zahlt sich aus (Qualifikationsliste 16.4.1909; Wagenbach 2006, 149). Kafka wird schon nach wenigen Monaten von der versicherungstechnischen in die Unfallabteilung versetzt, erhält mehr Eigenverantwortung und wird gelegentlich auch als wortgewandter Gebrauchsschriftsteller und Festredner geschätzt.

Trotz der bald sich einstellenden Klagen über kräftezehrende dienstliche Beanspruchungen, war Kafka durchaus nicht unambitioniert bei seiner Arbeit. Seine Kollegen zeichnen das Bild eines initiativreichen Sachwalters für Unfallverhütung: »Dr. Kafka ist ein eminent fleissiger Arbeiter von hervorragender Begabung und hervorragender Pflichttreue«, heißt es in der Qualifikationsliste vom 10. September 1909 (AS:CD-ROM 860). In den Jahren seiner Tätigkeit für die AUVA durchläuft Kafka eine erstaunliche Karriere vom Aushilfsbeamten mit einem Tagesgeld von 3 Kronen zum Referatsleiter mit beamtengleichem Status und Jahresgrundgehalt von 12.900 Kronen: 1909 noch Praktikant, 1910 bereits Aufstieg zum Konzipisten, 1913 Vizesekretär, 1920 Sekretär, 1922 Obersekretär (AS:CD-Rom 870–873).

Die noch junge Versicherungsanstalt (gegründet 1889) versicherte ca. ein Drittel aller gewerblichen Arbeitnehmer Österreich-Ungarns und war für knapp 47% aller Unternehmen zuständig. Für das – oft einkalkulierte – Risiko eines Arbeitsunfalls mussten die Unternehmer einen Beitrag an die AUVA entrichten, der sich nach den Gefahrenklassen der jeweiligen Betriebe richtete. Da die Unternehmen in der Regel kein Interesse an hohen Beiträgen hatten, versuchten sie auf verschiedenen, nicht immer legalen Wegen, die Beitragssätze zu verringern. Kafka hatte somit die Aufgabe, nicht nur die korrekten Gefahrenklassen und Zahlungseingänge zu überprüfen bzw. neu einzureihen, er musste auch die Vielzahl anfallender Klagen und Eingaben bearbeiten und an den potentiell gefährdeten Arbeitsplätzen für ausreichend Unfallschutz sorgen (↗404–406). Seine Artikel zur ›Unfallverhütung‹ – ein im Versicherungswe-

sen jener Jahre noch nicht etablierter Begriff – beweisen ungewöhnliches Engagement für einen literarisch ambitionierten AUVA-Beamten und nicht zuletzt auch ein geschultes realistisches Einschätzungsvermögen für Gefährdungen aller Art. Mit ironisch gemildertem Entsetzen berichtet er Max Brod:

> In meinen vier Bezirkshauptmannschaften fallen […] wie betrunken die Leute von den Gerüsten herunter, in die Maschinen hinein, alle Balken kippen um, alle Böschungen lockern sich, alle Leitern rutschen aus, was man hinauf gibt, das stürzt hinunter, was man herunter gibt, darüber stürzt man selbst. Und man bekommt Kopfschmerzen von diesen jungen Mädchen in den Porzellanfabriken, die unaufhörlich mit Türmen von Geschirr sich auf die Treppen werfen (Sommer 1909; B00–12 108).

Als Anlaufstelle für die ›Verunfallten‹ hat Kafka die katastrophale Situation der Arbeiter sehr deutlich vor Augen: »Wie bescheiden diese Menschen sind«, berichtet er Max Brod, »sie kommen zu uns bitten. Statt die Anstalt zu stürmen und alles kurz und klein zu schlagen« (Wagenbach 2006, 317). Im Laufe seiner Einsätze als Versicherungsexperte überträgt man ihm auch prekäre Missionen, die Diplomatie und Verhandlungsgeschick erfordern. So hält er 1910 in Gablonz einen Vortrag vor einer aufgebrachten Versammlung von Unternehmern und Gewerbetreibenden. Im täglichen Interessenkonflikt, der von den existentiellen Bedürfnissen der Arbeiter, den kostensenkenden Ansprüchen der Unternehmer und dem schadensbegrenzenden Auftrag der AUVA geleitet wird, spielt Kafka eine erstaunlich souveräne Rolle, zieht man seine persönliche Zerrissenheit zwischen Brotberuf und Schriftstellerei in Betracht. Die Anerkennung, die ihm in seiner Laufbahn als Beamter zuteil wird, bleibt jedenfalls dem Dichter versagt.

Zweifellos durchkreuzten die neuen beruflichen Verpflichtungen seine eigentlichen literarischen Pläne. Schon während seines kurzen Gastspiels an der *Assicurazioni Generali* hatte Kafka sein Debüt als Schriftsteller in der Öffentlichkeit vollzogen. Die von Franz Blei (1871–1942) herausgegebene Zweimonatsschrift *Hyperion* druckte in ihrer ersten Ausgabe im März 1908 unter dem Titel *Betrachtung* acht kurze Prosastücke: *Die Bäume, Kleider, Die Abweisung, Der Kaufmann, Zerstreutes Hinausschaun, Der Nachhauseweg, Die Vorüberlaufenden* und *Der Fahrgast*. Kafka kannte den Herausgeber über Brod, der mit Blei zusammenarbeitete. Auch hatte man in den Vorjahren bereits Bleis frühere Zeitschriften abonniert (*Amethyst* 1905/06; *Opale* 1907). Die Kurzlebigkeit dieser Zeitschriften hinderte den wendigen

Herausgeber Blei nicht, neue literarische Wege, selbst unter erheblichen finanziellen Belastungen, einzuschlagen. So wurde *Hyperion* für kurze Zeit eine der ambitioniertesten deutschsprachigen Zeitschriften, die Avantgarde in bibliophilem Gewand vertrat.

Kafka steuert für die Ausgabe vom Mai 1909 zwei weitere Stücke bei – *Gespräch mit dem Beter* und *Gespräch mit dem Betrunkenen* (Ausschnitte aus *Beschreibung eines Kampfes*) und provoziert damit die von Willy Haas (1891–1973) überlieferte Bemerkung Franz Werfels: »Das kommt niemals über Bodenbach hinaus« (Koch, 82). Als der exklusive *Hyperion* nach zwei Jahren sein Erscheinen einstellen muss, schreibt Kafka in der Prager Tageszeitung *Bohemia* einen Nachruf, in welchem er die Bedeutung für randständige Autoren betont (DzL 416–418).

Über den Redakteur der *Bohemia*, Paul Wiegler (1878–1949), kann Kafka einige Rezensionen und weitere *Betrachtungen* veröffentlichen. Damit ist ein wichtiger Schritt getan. Wenn die Veröffentlichung seiner Kurzprosa auch kein durchschlagender Erfolg war, so bringt sie Kafka doch in Tuchfühlung mit anderen Autoren Prags. In den ersten Jahren der Berufstätigkeit besucht er mit Brod regelmäßig Caféhäuser und Künstlerzirkel. Zu den neuen Bekanntschaften gehören Otto Pick (1887–1940), Rudolf Fuchs (1890–1942), Paul Kornfeld (1889–1942), Alfred Kubin (1877–1959) und die im Café *Arco* residierenden ›Arconauten‹ Franz Werfel (1890–1945) und Willy Haas (1891–1973). Das literarische Leben dieser Kreise zeigt seine Vielfalt in Lesungen, Diskussionen, Rezitationen und zuweilen auch in Werfels Gesangseinlagen oder in spiritistischen Sitzungen, die man spätabends im Caféhauskeller improvisiert. Zu den gern besuchten Attraktionen gehören aber auch große Theaterereignisse wie Arthur Schnitzlers *Der Ruf des Lebens* sowie die von Angelo Neumann ins Leben gerufenen Maifestspiele, mit Auftritten der gefeierten russischen Tänzerin Jewgenja Eduardowa (1882–1960).

Literarische Inspiration sucht man nicht zuletzt durch die Flucht aus der Stadt in die ländliche Umgebung Prags zu erlangen. Zusammen mit Brod und Werfel bildet Kafka einen »Geheimbund froher Naturanbeter«, der die bewusst physische Wahrnehmung von Natur zur Grundlage literarischer Aneignung macht. Die drei Naturfreunde trafen sich, Brods Erinnerungen zufolge, an den Flussufern der Sazawa, entkleideten sich im Wald und »hörten als nackte Fluß- und Baumgötter die klingenden neuen Verse des ›Weltfreunds‹ an, schwammen dann viele Stunden in den Fluten« (Brod 1969, 23).

Kafka hat zu diesem Zeitpunkt bereits ein breites Programm an naturnahen Eigenaktivitäten entwickelt, die er vor allem als Maßnahmen zur körperlichen Abhärtung versteht: Wandern, kalte Waschungen, ›Müllern‹ (eine Gymnastikmethode nach dem dänischen Arzt Jens Peder Müller), Nacktkultur, Reiten, Rudern, Schwimmen, Tennis. Nach 1910, unter dem wachsenden Einfluss der Naturheilbewegung, kommen hinzu: vegetarische Ernährung, alkoholische Abstinenz, ›Fletschern‹ (Kauen nach Anleitungen der Fletscher-Methode, benannt nach dem englischen Ernährungsreformer Horace Fletcher, 1849–1919).

Trotz sichtlicher Bemühungen um eine gesunde Lebensweise wird Kafka immer wieder von nervösen Stimmungen eingeholt. So auch im Sommer 1909. Dank eines ärztlichen Gutachtens bewilligt ihm die AUVA ausnahmsweise einen 8-tägigen Urlaub, woraufhin Kafka die erste Septemberhälfte zusammen mit Max Brod und dessen Bruder Otto in Riva am Gardasee verbringt. Man wandelt auf Goethes Spuren, badet und trifft sich mit Carl Dallago (1869–1949), dem bekannten Naturphilosophen und Vegetarier. Selbstverständlich wird auch die im nahegelegenen Brescia veranstaltete Flugschau besucht. Auf diese Weise werden Kafka und seine beiden Begleiter am 11. September 1909 Zeugen einer Vorführung modernster Flugtechnik, inszeniert unter der Regie namhafter Piloten (Louis Blériot, Henri Rougier, Glenn Curtiss, Alessandro Anzani, Mario Calderara) und anderer Prominenz (Giacomo Puccini, Gabriele D'Annunzio). Unter dem Eindruck des Gesehenen beschließen Kafka und Brod eigene Reportagen zu verfassen. Der daraus hervorgehende Artikel Kafkas *Die Aeroplane in Brescia* erscheint bereits am 29. September 1909 in der Prager *Bohemia* und ist die erste Schilderung einer Flugschau in der deutschsprachigen Literatur (DzL 401–412).

Nach seiner Rückkehr aus Riva wird Kafka – nun offiziell als Praktikant der AUVA – zurück in die versicherungstechnische Abteilung versetzt. Auf sein Gesuch hin bewilligt die Anstalt ihm den Besuch einer Vorlesung, die Prof. Karl Mikolaschek (1850–1920) im Wintersemester an der *Deutschen Technischen Hochschule* über mechanische Technologie hält. Kafkas Interesse für die Innovationen seiner Epoche wird zweifellos durch seinen Beruf vertieft, einen greifbaren Ausdruck findet es aber auch in seinen Freizeitbeschäftigungen – Motorsport und regelmäßige Kinobesuche.

Größere Reisen

In den Jahren 1909 bis 1911 hat Kafka einige größere, teilweise ausgedehnte Reisen durch Europa unternommen – vorwiegend in Begleitung Max Brods. Die Freundschaft erreichte hier zweifellos ihren Zenit. Brod war für Kafka nicht nur das Fenster (wie vormals O. Pollak), sondern eine weit geöffnete Tür zur Welt. Ihm war es zu danken, dass Kafkas literarische Anlagen nicht im Glasgehäuse artifizieller Selbstbetrachtungen steckenblieben oder in den Schubläden des scheuen Versicherungsbeamten verschwanden. Zeitweise bekannte Kafka, »fast ganz unter Maxens Einfluß« zu stehen (26.10.1911; T 198). Mit Max Brod öffnete sich ihm eine Welt, die er freilich mit anderen Augen betrachtete als der Freund. 1909 begann Kafka auch seiner politischen Umwelt größere Aufmerksamkeit zu schenken: Eine – wenn auch umstrittene – Bekanntschaft mit Michal Mareš (1893–1971) und dessen tschechischen Radikalenkreis *Klub mladých* führte zu Beschäftigungen mit der einschlägigen Literatur russischer Anarchisten wie Pjotr Alexejewitsch Kropotkin (1842–1921) und Alexander Herzen (1812–1870). Darüber hinaus nahm Kafka an Kundgebungen tschechischer Parteien mit Volksrednern wie Soukup, Klofáč und Kramář teil, informierte sich in der tschechischen Tageszeitung *Čas* und besuchte Versammlungen der von Tomáš Garrigue Masaryk (1850–1937) und Jan Herben (1857–1936) vertretenen Realistenpartei.

Am 8. Oktober 1910 tritt Kafka, abermals mit Max und Otto Brod, eine 14-tägige Parisfahrt an. Gut präpariert mit Französischkenntnissen, die in den Wochen zuvor mit Konversationsstunden und Flaubert-Lektüren aufgefrischt wurden, macht man sich auf den Weg nach Nürnberg, um anderntags weiterzureisen. In der französischen Metropole erwartet die drei Touristen ein dicht gedrängtes Pensum an Unterhaltung und Sehenswürdigkeiten: Tuilerien, Louvre, Montmartre, Jardin du Luxembourg, Arc de Triomphe, Eiffelturm, Museen, Theater, Warenhäuser, Varieté, Pferderennen, Vaudeville, Lokale, Bars und die unvermeidlichen Rotlicht-Etablissements von Montmartre. Kafka kann an den umfangreichen Vergnügungen aufgrund eines Rückenabszesses nur bedingt teilhaben und beendet den Aufenthalt vorzeitig, um den Brod-Brüdern nicht zur Last zu fallen und sich in Prag behandeln zu lassen.

Wie so oft nach seinen Reisen erfährt Kafka hier neue Schreibimpulse. Unter anderem entsteht in diesem Herbst das Stück *Unglücklichsein*. Doch der Schreibstrom reißt wieder ab mit den Vorbereitungen der Hochzeit seiner Schwester: Am 27. November 1910 heiratet Elli den aus Zürau stammenden Handelsagenten Karl Hermann (1883–1939).

Wenige Tage danach entschädigt Kafka sich für den missglückten Paris-Aufenthalt mit sechs Tagen in Berlin, die vor allem dem Theaterleben gewidmet werden. Im Programm stehen: *Heirat wider Willen* (Molière), *Anatol* (Schnitzler), *Komödie der Irrungen* (Shakespeare). Von Shakespeares *Hamlet*-Aufführung ist Kafka überwältigt: Der Hauptdarsteller Albert Bassermann (1869–1952) ergreift ihn förmlich und Gertrud Eysoldts (1870–1955) Stimme und Wesen beherrschen ihn nachhaltig (An F. Bauer, 16.1. 1913; B13–14 43).

In Prag erwarten ihn neue Aufgaben in der Versicherungsanstalt. Ausgestattet mit der Vollmacht eines gesetzlichen Vertreters der AUVA reist er in den folgenden Monaten mehrere Male in die nordböhmischen Verwaltungsbezirke Friedland, Grottau, Kratzau, Reichenberg. Während einer Dienstreise nach Warnsdorf begegnet er dem Industriellen und Naturheilkundigen Moriz Schnitzer (1861–1939), den er als Autorität bezüglich Lebensreform und Vegetarismus und nicht zuletzt als eingeschworenen Gegner von Arznei und Impfbehandlung schätzen lernte. Begeistert berichtete er seinem Freund Max Brod von dieser Begegnung, der am 4./5. Mai 1911 irritiert in seinem Tagebuch vermerkt:

> Kafka erzählt sehr hübsche Dinge von der Gartenstadt Warnsdorf, einem »Zauberer«, Naturheilmenschen, reichen Fabrikanten, der ihn untersucht, nur den Hals im Profil und von vorn, dann von Giften im Rückenmark und fast schon im Gehirn spricht, die infolge verkehrter Lebensweise entstanden seien. Als Heilmittel empfiehlt er: bei offenem Fenster schlafen, Sonnenbad, Gartenarbeit, Tätigkeit in einem Naturheil-Verein und Abonnement der von diesem Verein, respektive dem Fabrikanten selbst, herausgegebenen Zeitschrift. Spricht gegen Ärzte, Medizinen, Impfen. Erklärt die Bibel vegetarisch: Moses führt die Juden durch die Wüste, damit sie in vierzig Jahren Vegetarianer werden (Brod 1966, 97 f.).

Trotz dieser eigenwilligen Empfehlungen und Auslegungen erhält sich die Bewunderung für den »Zauberer« aus Warnsdorf über lange Jahre. »Hätte ich doch die Kraft«, heißt es im Tagebuch März 1912, »einen Naturheilverein zu gründen« (5.3.1912; T 395). Nicht weniger nimmt ihn das Prager Kulturleben in Anspruch: Aufführungen von Grillparzer, Karl Schönherr und (dem inzwischen weniger geschätzten) Schnitzler werden besucht. Ebenso die

Vorträge von Émile Jaques-Dalcroze (1865–1950; *Musik und Rhythmus*, 7.3.1911), Karl Kraus (*Heine und die Folgen* u. a., 15.3.1911), Adolf Loos (*Ornament und Verbrechen*, 17.3.1911), Rudolf Steiner (Vortragszyklus zur Theosophie und Audienz, 19.–29.3.1911), Albert Einstein (Relativitätstheorie, 24.5.1911), ergänzt durch Lektüren Gerhart Hauptmanns, von Herbert Eulenbergs *Brief eines Vaters unserer Zeit* (1911), Goethes *Tagebücher* und Kleists *Biographie in Selbstzeugnissen*. Unter der Wirkung dieser vielfältigen Eindrücke entstehen im Frühjahr Entwürfe wie *Der kleine Ruinenbewohner* und *Die städtische Welt*, die allerdings Fragment bleiben (19.10.1910; T 17–28 u. 21.2.1911; T 151–158).

Am Ende des Sommers, vom 26. 8. bis 13. 9. reisen Kafka und Brod gemeinsam nach Lugano. Auf Zwischenstationen entdeckt man die Reize Münchens, Zürichs und erkundet das Spielcasino von Luzern. Angesichts des florierenden Tourismus wird der Gedanke einer Reform der Reiseführer unter dem Namen »Billig« erwogen (T:K 233 f.). Auch der Vorschlag einer gemeinsamen Reisearbeit, den man bereits in Riva in Form eines literarischen Wettbewerbs angeregt hatte, wird diskutiert – und 1912 mit dem Romanprojekt *Richard und Samuel – eine kleine Reise durch mitteleuropäische Gegenden* umgesetzt (DzL 419–440).

Zunächst aber führen beide Freunde nur Paralleltagebücher. Der Aufenthalt in Lugano, Mailand, Stresa und am Lago Maggiore wird getrübt, als vermehrt Meldungen einer in Norditalien grassierenden Cholera-Epidemie eintreffen. Man beschließt daher, die verbleibende Zeit in Paris zu verbringen. Am 8. September treffen Brod und Kafka, über Montreux und Dijon kommend, im Pariser Gare de Lyon ein. In dichter Folge absolviert man Louvre, Versailles, Opéra Comique, Metrosystem, Kino, Varieté und badet in der Seine. Ein Besuch in einem von Brod geschätzten Bordell endet auch diesmal demütigend für Kafka. Schließlich beobachtet man noch einen Verkehrsunfall in der Rue de Louvre, dessen Szenografie Kafka slapstickartig im Reisejournal festhält (11.9.1911; T 1012–1017).

Am 13. September trennen sich die Freunde. Während Brod nach Prag zurück fährt, begibt Kafka sich auf eine 6-tägige Kur ins Natursanatorium Fellenberg in Erlenbach/Zürich, um sich bei nervenaufbauendem Tagesprogramm dem Tagebuchroman zu widmen. Die literarische Ausbeute ist gering. *Richard und Samuel* kommt über einige Skizzen nicht hinaus und wird schließlich, nach Veröffentlichung

eines Eingangskapitels (*Erste lange Eisenbahnfahrt*) in den *Herder-Blättern* im Mai 1912 (DzL 419–440), unvollendet ad acta gelegt.

Nachträglich sollte Erlenbach dennoch Spuren in Kafkas Schreiben hinterlassen. Auf der Fahrt trifft der Kurgast einen jungen jüdischen Goldarbeiter aus Krakau, der zweieinhalb Jahre lang in Amerika war und von seinen denkwürdigen Erlebnissen in New York erzählt: Kafka skizziert ihn in seinem Reisetagebuch (ca. 14.9.1911; T 978–980) als Vorlage für Karl Roßmann, den naiven Helden des Romans *Der Verschollene* (<*Amerika*>, erschienen 1927*)*.

Eine Jargonbühne in Prag

In den Jahren 1910 bis 1912 schürzt sich der Knoten, der in der Folgezeit Kafkas Lebenssituation bestimmt: Eine Zuspitzung der beruflichen Probleme im Zusammenhang mit seinen literarischen Ambitionen, zunehmende Entfremdung in der Familie, die drängende Aktualität der Junggesellenfrage, die Konfrontation mit grundlegend neuen Erfahrungswelten und Identitätsmustern, vertiefte Einsichten in die eigene Lebensproblematik, sowie fortgesetzte Selbstbefragungen bilden die Voraussetzungen dafür.

Die Engführung aller dieser Bereiche drückt sich immer wieder in Kafkas empfindlicher Schreibverfassung aus: Schreib-Blockaden und -Öffnungen resultieren daraus in oftmals dicht aufeinander folgenden Phasen.

Aber auch körperliche Beschwerden sowie neurasthenische Zustände sind die häufigen Begleiterscheinungen dieser Verfassung: »Ich will schreiben mit einem ständigen Zittern auf der Stirn«, protokolliert Kafka in sein drittes Tagebuchheft (5./6.11. 1911; T 225) – und fügt einige Zeilen weiter hinzu:

> Würde ich einmal ein größeres Ganzes schreiben können wohlgebildet vom Anfang bis zum Ende, dann könnte sich auch die Geschichte niemals endgiltig von mir loslösen und ich dürfte ruhig und mit offenen Augen als Blutsverwandter einer gesunden Geschichte ihrer Vorlesung zuhören, so aber läuft jedes Stückchen der Geschichte heimatlos herum und treibt mich in die entgegengesetzte Richtung (T 227).

Im Ganzen hat Kafka von Herbst 1911 bis Herbst 1912 nur wenige kleinere Stücke fertiggebracht – nebenher aber entstanden rund 200 Seiten eines Romanentwurfs: die erste (verlorene) Fassung des *Verschollenen*.

Mit den Reflexionen über das Schreiben formuliert Kafka nicht nur seine idealisierte Vorstellung, sondern deutet gleichsam auch sein dichterisches Finalisierungstrauma an. Das Problem Kafkas beim Schreiben sind nicht die mangelnden Ideen, sondern ihre Verarbeitung in einem abgeschlossenen ›größeren Ganzen‹. Statt Autorschaft, wie sie Max Brod anstrebt, sucht er nach Authentizität im Schreibprozess.

Kafkas Überlegungen fallen zeitlich zusammen mit Ereignissen, die seit Anfang Oktober des Jahres einen neuen Akzent in seinem Leben setzen: die Beziehung zum ostjüdischen Jargontheater. Vom 24. September 1911 bis zum 21. Januar 1912 gastiert eine jüdische Theatertruppe aus Lemberg in Prag. Kafka besucht ab Oktober regelmäßig die Vorstellungen und lernt die Schauspieler kennen. Zu dem Hauptakteur Jizchak Löwy (1887–1942) entsteht eine über Jahre währende, freundschaftliche Beziehung, und zu der Aktrice Amalie Tschissik (auch: Tschisik; *ca. 1881) entwickelt sich bald eine erotisch gefärbte, schwärmerische Verehrung. Das Erlebnis Jargonbühne überrollt Kafka mit einer Intensität, dass seine Schilderungen den engen Rahmen des Tagebuchs zu sprengen drohen. Die Jiddisch (Jargon) sprechenden Schauspieler führen ein buntes, teilweise bizarres Repertoire aus Rührstücken, Operetten, Komödien, religiösen Legenden und eigenwilligen Adaptionen der Weltliteratur auf. Mindestens 12 Stücke davon sieht auch Kafka: Jakob Gordins *Der wilde Mensch* und *Gott, Mensch und Teufel*, Josef Lateiners *Sejdernacht*, *Davids Geige*, *Die Perle von Warschau*, Abraham Goldfadens *Bar-Kochba*, *Sulamit*, Abraham M. Scharkanskys *Meschumed*, *Kol nidre*, Moses Richters *Moijsche Chajet*, *Herzele Mejiches* und Sigmund Feinmanns *Der Vicekönig*. Wie schon in der Berliner *Hamlet*-Aufführung zeigt sich Kafka von den Darbietungen in einer Weise fasziniert, die über das bloße Theatererlebnis hinausgeht und auf ein physisches Erleben zielt.

Unter Löwys Einfluss liest er »gierig und glücklich« Heinrich Graetz' *Geschichte des Judentums* (1.11.1911; T 215), Meyer Isser Pinès' *Histoire de la littérature judéo-allemande* (1911) und Jakob Fromers *Der Organismus des Judentums* (1909). Für den ostjüdischen Schauspieler organisiert er am 18. Dezember 1912 einen Rezitationsabend und hält den *Einleitungsvortrag über Jargon* (NSF I, 188–193; ↗140 f.). Doch Löwy steht auch für die Unmöglichkeit dieses Vermittlungsversuches unter den westjüdischen Bedingungen in Prag. »Wer sich mit Hunden zu Bett legt steht mit Wanzen auf« (3./4.11.1911; T 223), kommentiert der Vater zy-

nisch die ostjüdischen Neigungen des Sohnes (und antizipiert damit gleichsam eine Verwandlung, die Kafka wörtlich nimmt). Die ›Lemberger Gesellschaft‹ findet in Prag wie schon in Berlin keine wirkliche Aufnahme. Auch Kafka überkommen zuweilen Zweifel an den eigenen Annäherungsversuchen:

> Die Eindrucksfähigkeit für das Jüdische in diesen Stücken verläßt mich […]. Bei den ersten Stücken konnte ich denken, an ein Judentum geraten zu sein, in dem die Anfänge des meinigen ruhen und die sich zu mir hin entwickeln und dadurch in meinem schwerfälligen Judentum mich aufklären und weiterbringen werden, statt dessen entfernen sie sich, je mehr ich höre, von mir weg (6.1.1912; T 349).

Löwy öffnet Kafkas Blick auf ein authentisches Judentum, das in anderer Hinsicht auch der Prager Kulturzionismus anstrebt. Freilich betrachten Zionisten wie Martin Buber (1878–1965) oder Hugo Bergmann das Judentum aus einer eher intellektuellen Perspektive. In den Vorjahren hatte man im handverlesenen Kreis des Hochschüler-Vereins *Bar-Kochba* das Programm einer jüdischen Renaissance erörtert und damit eine brisante gesellschaftliche Diskussion entfacht. Die Mehrzahl der Vorträge, die Kafka im ersten Halbjahr 1912 besucht, stehen in diesem Kontext: Sie sind auf die jüdische Frage gerichtet und beleuchten aus unterschiedlichen Blickwinkeln Probleme der Assimilation, Emanzipation, Tradition und Auswanderung. So hört er den Mitinitiator der Czernowitzer Jiddischkonferenz Nathan Birnbaum (Einleitungsvortrag zum jiddischen Volksliederabend), den jüdischen Arzt und Soziologen Felix Theilhaber (*Untergang der deutschen Juden*), den Münchener Rabbiner Chanoch Heinrich Ehrentreu (*Afike Jehuda*), den zionistischen Herausgeber und Wirtschaftsexperten Davis Trietsch (1870–1935; *Palästina als Kolonisationsland*), den tschechischen Sozialdemokraten František Soukup (1871–1940; *Amerika und seine Beamtenschaft*) und den Generalsekretär des zionistischen Weltverbandes Kurt Blumenfeld (1884–1963; *Die Juden im akademischen Leben*) in jeweils eigenen Vortragsveranstaltungen.

In diesen Monaten beginnt sich Kafka auch mit Fragen seiner jüdischen Identität – nicht zuletzt als einer Quelle seines Schreibens – zu beschäftigen – eine Beschäftigung, die bis an sein Lebensende nicht abreißen wird. Der Zionismus, dem Kafka in Gestalt vieler seiner Bekannten noch begegnen und sich annähern wird, hält auf seine Fragen letztlich nur unzureichende Antworten bereit.

Noch während der eindrücklichen Begegnungen mit der ›Lemberger Gesellschaft‹ vollzogen sich in der Familie Kafkas neue, folgenreiche Entwicklungen. Der Schwager Karl Hermann hatte die Geschäftsidee einer – für Prag konkurrenzlosen – Asbestfabrik vorgebracht. Eine überzeugende zukunftsträchtige Idee, die auch bei Hermann Kafka auf Resonanz stieß. Um das in Form einer beträchtlichen Mitgift einfließende Familienkapital gut, aber kontrolliert zu investieren, wurde Franz Kafka als stiller Teilhaber der Firma eingesetzt. So wurde am 8. November 1911 im Büro des Notars Dr. Robert Kafka (1881–1922) der Vertrag für die *Prager Asbestwerke Hermann & Co* verlesen und unterschrieben (B00–12 147–149). Das Unternehmen, eine eher bescheidene Produktion von Asbestisoliermaterialien (vor allem Stopfbüchsenpackungen), lag im tschechischen Stadtteil Žižkov im Hinterhof der Boriwogasse 27 und erforderte weitaus mehr Engagement als Kafka einzubringen bereit oder fähig war. Die zu erwartenden Vorwürfe des Vaters wurden schon Mitte Dezember laut, Kafkas Selbstvorwürfe folgten alsbald: »Die Qual, die mir die Fabrik macht. Warum habe ich es hingehen lassen als man mich verpflichtete, daß ich nachmittags dort arbeiten werde« (28.12.1911; T 327). Als die ersten alarmierenden Geschäftsbilanzen eintrafen, suchte er bei seinem Madrider Onkel Alfred Löwy um Rat und finanzielle Hilfe an. Schließlich wurde Karl Hermanns Bruder Paul – ohne Wissen des alten Kafka – in der Funktion des Kompagnons eingesetzt, was die Lage nur noch verschlimmerte. Die Gründung der Firma, der rasche Verlust der wirtschaftlichen Kontrolle und der persönlich mitverschuldete Ruin in den ersten Kriegsmonaten konnten im Spannungsfeld Kafkas nicht ohne Folgen bleiben. Seitens der Familie wird der Druck zeitweise so stark, dass Kafka sich im März und Oktober 1912 mit Selbstmordgedanken trug und eine Intervention Max Brods bei der Mutter nötig wurde (An M. Brod, 7./8.10.1912; B00–12 177–180).

Die Faszination am Erlebnis Jargonbühne bringt es mit sich, dass Kafka sein Theaterpensum an Prager deutschen und tschechischen Bühnen seit Winter 1911 deutlich einschränkt. Als drei der wenigen Ausnahmen mögen die Aufführungen von Arthur Schnitzler, Jaroslav Vrchlický und Gerhart Hauptmann gelten: Zu Vrchlickýs *Hippodamie* heißt es: »Elendes Stück. Ein Herumirren in der griechischen Mythologie ohne Sinn und Grund« (18.12.1911; T 298). Zu Gerhart Hauptmanns am Neuen deut-

schen Theater inszenierten *Biberpelz*, dessen Sujet durchaus Anknüpfungsmöglichkeiten an die Stücke der Wanderbühne bietet, konstatiert Kafka beiläufig: »Lückenhaftes, ohne Steigerung abflauendes Stück« (13.12.1911; T 289). Auch Hofmannsthal, der am 16. Februar 1912 (zwei Tage vor Kafkas Jargonvortrag) im *Herder-Verein* Gedichte vorträgt, »liest mit falschem Klang in der Stimme« (25.11.1912; T 379). Und selbst der berühmte Rezitator Alexander Moissi (1879–1935) überzeugt bei seiner Lesung deutscher Gegenwartsautoren im *Rudolfinum* nur mäßig.

Unter der Wirkungsmacht der jiddischen Literatur können in diesen Monaten für Kafka nur wenige deutschsprachige Autoren bestehen. So ist es bezeichnend, dass er seine Lektüren vorwiegend auf den wirksamsten Exponenten – den Klassiker Goethe konzentriert. Die *Tagebücher* sowie *Dichtung und Wahrheit* werden Ende 1911, *Goethes Gespräche* (hg. v. W. v. Biedermann), *Goethes Studentenjahre 1765–1771. Novellistische Schilderungen aus dem Leben des Dichters* und *Stunden mit Goethe* (hg. v. W. Bode) Anfang 1912 gelesen und teilweise im Tagebuch ausgewertet. *Dichtung und Wahrheit* enthält für Kafka »eine durch keinen Zufall zu überbietende Lebendigkeit« (26.12.1911; T 323). Zeitweise wähnt er sich »ganz und gar von Goethe beeinflußt« (Jan. 1912; T 358). Keineswegs jedoch entsprechen diese Lektüren einem konventionellen Umgang mit dem Weimarer Klassiker, wenn es heißt: »Goethe hält durch die Macht seiner Werke die Entwicklung der deutschen Sprache wahrscheinlich zurück« (25.12.1911; T 318). Aus diesen Bemühungen um die Wirkungen einer durch Goethe geprägten großen Literatur im Vergleich zur jiddischen bzw. tschechischen Literatur gehen auch Kafkas Skizzen zu den ‹Kleinen Litteraturen› vom Dezember 1911 hervor (25.-27.12. 1911; T 312–326; ↗ 138–140).

Die Bannkraft der nationalen Ikone Goethe holt Kafka abermals ein, als er sich am 28. Juni 1912 mit Brod auf eine Urlaubsreise begibt. Bereits die Stationen Leipzig – Weimar – Harz deuten die literarische Topografie des Dichterfürsten an. Kafka hatte sich aufgrund eines neuen ärztlichen Attestes über seine »krankhaften nervösen Zustände« bei der AUVA verlängerten Urlaub für vier Wochen genehmigen lassen (An die AUVA, 17.6.1912; B00–12 154).

Auf der ersten Etappe in Leipzig bewältigen Brod und er zunächst das obligatorische touristische Programm – Spaziergang, Auerbachskeller, Bordell, Caféhaus, Buchgewerbemuseum, Verlagsviertel. Für den zweiten Tag hat Max Brod, nach eigenen Verlagsverhandlungen, ein Treffen mit Ernst Rowohlt (1887–1960), Kurt Pinthus (1886–1975), Walter Hasenclever (1890–1940) und Gerdt von Bassewitz (1878–1923) in *Wilhelms Weinstube* arrangiert. Der junge Verlagsleiter Rowohlt kennt Kafkas Arbeiten aus *Hyperion* und versucht, ihn als Autor zu gewinnen: »R. will ziemlich ernsthaft ein Buch von mir«, vermerkt Kafka überrascht, aber nicht ohne Stolz im Reisetagebuch (29.6.1912; T 1023). Später trifft man im Verlag auch Kurt Wolff (1887–1963), der in den Folgejahren die Verlagsleitung übernehmen wird.

Nach der erfolgreichen Expedition wird die literarische Tendenz der Reise in Weimar fortgesetzt. Die Freunde besichtigen Schillerarchiv, Goethe-Gartenhaus, Liszt-Haus, Fürstengruft, Schloss Belvedere und treffen sich mit Kurt Hiller (1885–1972), Paul Ernst (1866–1933) und Johannes Schlaf (1862–1941). Das für Kafka weitaus einprägsamere Ereignis ist jedoch die Bekanntschaft mit Margarethe Kirchner (1896–1954) im Goethe-Haus. »Kafka kokettiert erfolgreich mit der schönen Tochter des Hausmeisters«, notiert Max Brod (RMB 226). »Grete«, wie es bald schon vertraulicher heißt, verschafft den Prager Gästen Zugang zu sonst verschlossenen Orten des Dichterdomizils. Gemeinsam unternimmt man mit Gretes Familie einen Ausflug nach Schloss Tiefurt und trifft sich am 3. Juli – Kafkas Geburtstag – im Garten, um ein Erinnerungsfoto aufzunehmen. Weitere Rendezvous folgen, werden von Grete aber nicht immer eingehalten. Die Erscheinung des Mädchens und die suggestive Wirkung des Genius loci sorgen bei Kafka für anhaltende Irritationen und nehmen ihn noch für mehrere Wochen, in Form eines kleinen Briefwechsels, in Anspruch: »Wenn es wahr wäre, daß man Mädchen mit der Schrift binden kann!«, klagt er dem Freund in Prag (An M. Brod, 13.7.1912; B00–12 160).

Über Halberstadt, wo er das Gleimhaus besichtigt, fährt Kafka am 7. Juli allein weiter ins Naturheilsanatorium bei Stapelburg im Harz. Der Leiter Adolf Just (1859–1936) vertritt mit seiner *Musteranstalt für reines Naturleben* konsequent die Idee der ›heilenden Kraft der Erde‹ – Nacktkultur, natürliches Sonnenlicht, Lehmpackungen, streng überwachte gesunde Ernährung. Kafka findet hier eine Gesellschaft vor, die mit religiösem Eifer die Empfehlungen der Naturheilkunde umsetzt. Dem skeptischen Max Brod schreibt er:

Sag nichts gegen Geselligkeit! Ich bin der Menschen wegen auch hergekommen und bin zufrieden, daß ich mich wenigstens darin nicht getäuscht habe. Wie lebe ich denn in Prag! Dieses Verlangen nach Menschen, das ich habe und das sich in Angst verwandelt, wenn es erfüllt wird, findet sich erst in den Ferien zurecht; ich bin gewiß ein wenig verwandelt (22.7.1912; B00–12 164).

Wie immer, wenn Kafka unterwegs ist, knüpft er eine Reihe von Bekanntschaften, außerdem liest er regelmäßig in der Bibel und in Flauberts *L'Éducation sentimentale*, beteiligt sich an geselligen Unternehmungen der Kurgäste und steht einem Hobbymaler, Dr. Friedrich Schiller, nackt Modell. In Jungborn wird die Arbeit am Manuskript des *Verschollenen* weitergebracht. Aber neue grundsätzliche Zweifel an der Qualität seines Schreibens holen ihn ein, so dass bald auch das geplante Buch bei Rowohlt in weite Ferne gerückt ist.

Die Jahre des mittleren Werkes

Der Durchbruch

Die Buchveröffentlichung bei Rowohlt erweist sich weitaus schwieriger als angenommen. Zurückgekehrt nach Prag beginnt Kafka zunächst mit der Auswahl geeigneter Texte für die Sammlung *Betrachtung*. Offenbar genügen selbst die bereits fertigen Stücke seinen hohen Ansprüchen einer Neuveröffentlichung nicht mehr. Resigniert erklärt er dem Freund Max Brod, dass er »das Buch nicht heraus geben werde« (7.8.1912; T 427). Dieser kann ihn schließlich dazu überreden, eine Auswahl von wenigen Seiten Kurzprosa vorzulegen.

Als Kafka am 13. August 1912 in die Wohnung der Familie Brod am Kohlenmarkt kommt, um mit dem Freund das endgültige Manuskript vor der Absendung zu besprechen, begegnet er dort der 24-jährigen Felice Bauer (18.11.1887–15.10.1960) aus Berlin, einer weitläufigen Verwandten der Brods. Gemeinsam verbringt man den Abend und legt die Reihenfolge der Stücke endlich fest. Doch schon am folgenden Tag bittet Kafka den Freund, noch einmal zu überprüfen, ob »unter dem Einfluß des Fräuleins« eine »vielleicht nur im Geheimen komische Aufeinanderfolge« seiner Texte entstanden sein könnte (B00–12 166). Brod geht der Bitte nach und sendet das Manuskript am gleichen Tag an den Rowohlt-Verlag, wo es noch im selben Jahr mit Widmung »Für M. B.« erscheint. Als Kafka im Dezember 1912 die bibliophile Druckfassung seiner *Betrachtung* in den Händen hält, steht er bereits ganz unter dem ›Einfluss‹ des Berliner Fräuleins.

Die Motive, die Kafka bewogen haben, nach fünf Wochen, am 20. September 1912 (am Vorabend des jüdischen Versöhnungstags Jom Kippur) einen Brief an Felice Bauer zu schreiben, sind vielfältig und widersprüchlich. Seinen eigenen, dem Tagebuch anvertrauten Eindrücken zufolge, erschien ihm Felice als eine selbstbewusste junge Frau, »lustig, lebendig, sicher und gesund« (An F. Bauer, vermutl. 8. u. 16.6.1913; B13–14 209). Ihre physische Gegenwart ließ ihn freilich nüchtern bemerken: »Knochiges leeres Gesicht, das seine Leere offen trug. Freier Hals. Überworfene Bluse. Sah ganz häuslich angezogen aus, trotzdem sie es, wie sich später zeigte, gar nicht war. […] Fast zerbrochene Nase. Blondes, etwas steifes reizloses Haar, starkes Kinn«. – »Allerdings in was für einem Zustand bin ich jetzt«, notiert sich Kafka mit sichtlicher Verwirrung über die junge Berlinerin (20.8.1912; T 432).

Felice Bauer war tatsächlich eine ungewöhnliche Erscheinung. Als Frau ihrer Zeit weit voraus, hatte sie zunächst als Stenotypistin gearbeitet und war innerhalb weniger Jahre zur Prokuristin in einer Produktionsfirma für Grammophone und Parlographen (Diktiergeräte) aufgestiegen – einer von Männern klar dominierten technischen Branche. Als Kafka sie kennenlernte, war Felice bereits Direktrice der Carl Lindström A.G. mit eigenverantwortlichen Arbeitsressorts. Sie interessierte sich – wie Kafka – für das Hebräische, sympathisierte mit der zionistischen Bewegung und war belesen genug, um sich ein eigenes literarisches Urteil zu bilden. Im Gespräch mit Kafka am 13. August hatte Felice ihr Interesse an Palästina erwähnt und seinem Vorschlag zugestimmt, sie im nächsten Jahr auf eine Reise dorthin zu begleiten.

Jedenfalls hilft diese Begegnung, wie sich herausstellt, dem Schriftsteller aus einer tiefen Schreibkrise und markiert in seiner Biographie einen Wendepunkt: In der Nacht vom 22. zum 23. September 1922, zwei Tage nach seiner Brief-Initiative nach Berlin, schreibt Kafka die Geschichte Das Urteil (T 442–460). Die in einem Zuge fertig gestellte Niederschrift erlebt er als Durchbruch zum eigentlichen Schreiben: »Nur so kann geschrieben werden, nur in einem solchen Zusammenhang, mit solcher vollständigen Öffnung des Leibes und der Seele« (23.9.1912; T 461), und noch Monate später umschreibt er diesen Vorgang als »eine regelrechte Geburt« (11.2.1913; T 491). Auch die Lesungen, die Kafka nun etwas selbstbewusster vor seinen Schwestern und Freunden (25.9.1912) und schließlich öffentlich im Herder-Verein im Hotel Erzherzog Stephan (4.12.1912) hält, bestätigen den Eindruck von der »Zweifellosigkeit der Geschichte« (25.9.1912; T 463).

Das so gewonnene Selbstvertrauen sorgt in den folgenden Wochen für einen nie gekannten literarischen Schaffensrausch, der u. a. einen neuen Anfang des Romans Der Verschollene (erstes Kap. Der Heizer) sowie das Fragment <Gustav Blenkelt> (T 432, 462 f.) hervorbringt. Zeitweise hält sich Kafka gewaltsam vom Schreiben zurück, um weitere eruptive Schreib-Durchbrüche zu forcieren (T 463). »Kafka in unglaublicher Ekstase« notiert Brod am 1. Oktober in sein Tagebuch (Hermes 1999, 90). Doch nicht weniger nehmen ihn auch äußere Störungen – vor allem Felicens Schweigen sowie die familiären Auseinandersetzungen um die Asbestfabrik – in Anspruch. Kafka reagiert zwischenzeitlich mit Selbstmordgedanken und unterstreicht damit gleichsam die extrem empfindliche Balance seiner inneren Verfassung.

Bis Mitte November sind sechs Romankapitel des Verschollenen abgeschlossen. Auch der Briefwechsel mit Felice Bauer lässt nun wieder deutlich Fortschritte erkennen. Seit dem neuerlichen Zuspruch Felicens ist man rasch zum ›Du‹ übergegangen und schreibt bereits Liebesbriefe. Der neue Kurs bricht sich auch im Schreiben eine Bahn. Am 17. November wird die Arbeit am Amerika-Roman durch eine »kleine Geschichte« unterbrochen, die Kafka »innerlichst bedrängt« und ihn, da sie sich mehr und mehr auswächst, bis zum 6. Dezember beschäftigt: Die Verwandlung (An F. Bauer, 17.11.1912; B00–12 241). Der Verschollene wird zwar noch im Dezember fortgesetzt, doch nach einer Dienstreise und weiteren Unterbrechungen stellt Kafka die Arbeit am 24. Januar 1913 vorläufig ein, in der Hoffnung, später noch daran anknüpfen zu können. Neben kleineren Skizzen entsteht allerdings bis Ende 1914 nur noch ein letztes Kapitel – der Roman bleibt somit Fragment.

Das literarische Echo auf Kafkas Lesungen und auf das erste Buch Betrachtung ist durchaus positiv: Besprechungen von Paul Wiegler (Bohemia), Hans Kohn (Selbstwehr), Kurt Tucholsky (Prager Tagblatt), Max Brod (März, Neue Rundschau), Albert Ehrenstein (Berliner Tageblatt) und Otto Pick (Bohemia, Pester Lloyd, Aktion) – aus Kafkas engerem Bekanntenkreis – etablieren ihn als Prager Dichter.

Das Vorkriegsjahr 1913 beginnt mit zwei Hochzeiten. Am 12. Januar wird die zweitälteste Schwester Valli mit Josef Pollak (1882–1942) nach jüdischer Zeremonie in der Synagoge Geistgasse getraut. Kafka hält die Begrüßungsansprache und flieht abends ins Caféhaus. Auch der Intimus Max Brod nimmt Abschied vom Junggesellenleben. Dessen Hochzeit mit Elsa Taussig (1883–1942) am 2. Februar ruft Kafka schmerzlich die eigene Lebenssituation mit ihren drängenden Fragen ins Bewusstsein. Die Korrespondenz mit Felice Bauer erhält daraus neue, freilich auch selbstquälerische Impulse. So erscheint ihm die Verbindung bereits als eine Fessel; einerseits spürt er eine starke literarische Abhängigkeit der Freundin gegenüber, andererseits weicht er einem realen Treffen aus.

Mit dem Versiegen der schöpferisch-literarischen Kräfte beginnt für Kafka im Frühjahr 1913 eine lang anhaltende Phase unbefriedigender Schreibversuche. Im Rückblick werden die Ekstasen von 1912 immer wieder als einmalige und verpasste Gelegenheiten betrachtet. Noch 1915 bemerkt Kafka, damals, 1912, hätte er Prag im Vollbesitz seiner Kräfte verlassen sollen, um sich eine eigene Existenz aufzubauen (25.12.1915; T 776). Mittlerweile überzeugt von den Möglichkeiten seines Schreibens und der Qualität der Arbeiten *Das Urteil*, *Der Heizer* und *Die Verwandlung* hat Kafka gegen eine Veröffentlichung nun keine größeren Einwände mehr. *Das Urteil* erscheint mit einer Widmung »Für Fräulein Felice B.« in Max Brods im Mai 1913 herausgegebenen Jahrbuch *Arkadia* im neu firmierten Kurt-Wolff-Verlag. Im selben Verlag erscheint zeitgleich im Mai *Der Heizer* als dritter Band der Reihe *Der jüngste Tag*. Kafkas »kleine Geschichte« *Die Verwandlung* wird 1915 in den *Weißen Blättern* veröffentlicht.

Zum ersten Wiedersehen mit Felice kommt es erst Ostern 1913 in Berlin. Kafka stößt hier auch auf eine gelegentliche »Vollversammlung« der Kurt-Wolff-Autoren Albert und Carl Ehrenstein, Paul Zech und Else Lasker-Schüler (An K. Wolff, 24.3.1913; B13–14 143) und fährt gemeinsam mit Otto Pick und Franti-šek Khol (1877–1930) über Leipzig, wo er sich mit Franz Werfel, Kurt Wolff und Jizchak Löwy trifft, zurück nach Prag.

Eine zweite Begegnung mit der Freundin und diesmal auch mit ihrer Familie in Berlin findet über Pfingsten statt. Kafka möchte sich erklären, da er glaubt, das Verhältnis leide unter seiner Briefflut an Ungleichgewicht, doch die erhoffte Aussprache misslingt angesichts der gleichzeitig stattfindenden Verlobungsfeier von Felicens Bruder Ferry (Ferdinand) mit Lydia Heilborn und muss der Einsicht weichen: »Ohne sie kann ich nicht leben und mit ihr auch nicht« (An F. Bauer, 12./13.5.1913; B13–14 186).

Um sich »von der Selbstquälerei zu befreien« (An F. Bauer, 7.4.1913; B13–14 158), arbeitet Kafka seit April an freien Nachmittagen in der Gärtnerei Dvorsky in Nusle. Unter Hinweis auf seine körperlich labile Verfassung stellt er Felice nun erstmals

eine Ehe in Aussicht. Der offizielle Heiratsantrag Mitte Juni – »Willst Du unter der obigen leider nicht zu beseitigenden Voraussetzung überlegen, ob Du meine Frau werden willst? Willst Du das?« (vermutl. 8. u. 16.6.1913; B13–14 208) – und dessen positive Aufnahme in Berlin läutet für Kafka ein neues Stadium der Sorgen und Ängstigungen ein: »Der Coitus als Bestrafung des Glückes des Beisammenseins. Möglichst asketisch leben, asketischer als ein Junggeselle, das ist die einzige Möglichkeit für mich, die Ehe zu ertragen«, notiert er wenig später ins Tagebuch (14.8.1913; T 574 f.).

Statt des gemeinsamen Sommerurlaubs mit Felice fährt der inzwischen zum Vizesekretär avancierte Kafka nach Wien, um mit Eugen Pfohl und Robert Marschner am II. Internationalen Kongress für Rettungswesen und Unfallverhütung teilzunehmen. Nebenher trifft er mit Bekannten zusammen, u.a. mit Albert Ehrenstein (1886–1950), mit dem Arzt und Schriftsteller Ernst Weiß (1882–1940), den er im Juni kennengelernt hat, sowie mit Lise Weltsch (1889–1974), die er auf den XI. Internationalen Zionistenkongress begleitet. Nach den ermüdenden Empfängen, Vorträgen und Veranstaltungen in Wien setzt Kafka die Reise allein in Richtung Oberitalien fort. Jedoch schon in Venedig holen ihn stärkste Zweifel an seinen Eheplänen ein. Ratlos schreibt er seiner Braut: »Wir müssen Abschied nehmen« (16.9.1913; B13–14 282). In diesem trostlosen Zustand, unerreichbar für Felicens Briefe, reist er nach Riva am Nordufer des Gardasees, wo er vom 22.9. bis 12.10. in der bekannten *Wasserheilanstalt Dr. von Hartungen* Nervenberuhigung sucht. Das Naturheilsanatorium wird besonders von wohlhabenden Neurasthenikern, nicht zuletzt in Literatenkreisen geschätzt und bietet seinen Gästen ein breites Spektrum an Heilbehelfen an. Hier lernt er in der 18-jährigen Schweizerin »G.W.« (Gertrud Wasner) »zum ersten Mal ein christliches Mädchen« verstehen und geht mit ihr während der Kur eine innige Beziehung ein (15.10.1913; T 582). Außerdem wird er Zeuge des Selbstmordes seines Tischnachbarn. Später hat Kafka diese Eindrücke in die <*Jäger-Gracchus*>-Fragmente (↗273–276) einfließen lassen.

Nach seiner Rückkehr nach Prag schaltet Felice ihre Freundin Grete Bloch (1892–1944) als Vermittlerin ein. Mit der rührigen Emissärin entwickelt sich, ausgehend von einem Treffen in Prag Ende Oktober, bald ein intensiver Briefwechsel. Immerhin kommt es auch wieder zu einer Annäherung zwischen Kafka

und Felice, so dass im Frühjahr 1914 erneut Hoch-
zeitspläne geschmiedet werden und im Mai die offizielle Verlobung in Berlin gefeiert wird.

Seit November 1913 wohnt die Familie Kafka im
Oppelt-Haus am Altstädter Ring Nr. 6. Kafka trägt
sich mit dem Gedanken, seine Stellung zu kündigen,
um sich mit seinen Ersparnissen als freier Schriftsteller in Berlin anzusiedeln. Die Stadt lockt wegen
des kulturellen Lebens und der erwachenden jungen
expressionistischen Bewegung, aber auch in Gestalt
Felicens, Ernst Weiß', Martin Bubers, den er inzwischen persönlich kennengelernt hat, und Robert
Musils (1880–1942), der ihn zur Mitarbeit an der
Neuen Rundschau eingeladen hat.

Eine leichte Entfremdung stellt sich hingegen im
Verhältnis zu Max Brod ein, dessen wachsendes zio-
nistisches Engagement den Freund zu mehr Gemeinschaftssinn drängt. Bereits in einem Aufsatz im Sammelband *Vom Judentum* (1913) hatte Brod die Frage
nach echter jüdischer Dichtung zur Kardinalfrage
seiner Epoche erhoben. Kafka zeigt sich um derartige
Identitäts-Lizenzen wenig bemüht, wenngleich auch
er die Vorträge Bubers (*Mythos der Juden*) und Bergmanns (*Moses und die Gegenwart*) besucht und Richard Lichtheims *Programm des Zionismus* (1913)
kennt. Weitaus größeres Interesse bringt er den Re-
formbemühungen von Émile Jaques-Dalcroze (1868–
1950) entgegen, dessen ganzheitliche Schule er im
Juni 1914 zusammen mit den *Deutschen Werkstätten*
in der Gartenstadt Dresden-Hellerau besucht.

Die im September geplante Hochzeit mit Felice
bedeutete ein Äußerstes an Kompromissen, die
Kafka zu denken fähig war. Bereits die Verlobungsfeier in Berlin empfand er als »Folterung« (An Max
Brod, 12.7.1916; B14–17 173). Für die gemeinsame
Zukunft mussten die literarischen Berlin-Pläne
einstweilen zurückgestellt, Trauung, Wohnungsein-
richtung und soziale Absicherung besprochen werden. Die unvermeidlichen Zweifel Kafkas stellten
sich rasch ein und wurden vor allem in Briefen an
Grete Bloch laut.

Am 12. Juli 1914 kam es im Berliner Hotel *Askanischer Hof* zu einer Aussprache der Verlobten in Anwesenheit von Ernst Weiß, Grete Bloch und Felicens
Schwester Erna (1885–1978), in deren Verlauf über
Kafkas vermeintlich kompromittierende Briefe an
Grete Bloch Gericht gehalten wurde. Die Verlobung
wurde gelöst; anstatt des gemeinsamen Sommerurlaubs mit Felice und Grete an der Kieler Bucht, fuhr
Kafka allein nach Lübeck/Travemünde und verbrachte einige Tage mit Ernst Weiß und dessen

Freundin, der Tänzerin, Schauspielerin und Schrift-
stellerin Rahel Sanzara (i.e. Johanna Bleschke; 1894–
1936), im dänischen Kurbad Marielyst an der Ostsee. Am 26. Juli, wenige Tage nach Österreich-Ungarns Ultimatum an Serbien, reiste er über Berlin
zurück nach Prag.

Im Krieg

Im Sommer 1914 bricht der Erste Weltkrieg aus.
Kafka bleibt wegen konstitutioneller Schwäche und
Unabkömmlichkeit in einem wichtigen Staatsbetrieb
vorläufig vom Militärdienst freigestellt. Die in Prag
einsetzende Kriegsbegeisterung der Massen betrachtet er distanziert mit einem »bösen Blick« (6.8.1914;
T 547), auch von den literarischen ›Epiphanien des
Kriegsgottes‹, denen Brod, Buber, Pick und Rilke in
den ersten Tagen erliegen, bleibt er unberührt. Gegenüber seiner ehemaligen Nachbarin Anna [Feigl]
Lichtenstern bescheinigt er den kriegerischen Ge-
sängen dieser Tage Verlogenheit und »falsches Pathos« (Koch 1995, 81). Dennoch zeichnet auch Kafka
Kriegsanleihen und glaubt an einen Sieg der deutschen Truppen.

Da der Schwager Karl Hermann eingezogen
wurde, zieht die Schwester mit ihrer Familie in die
elterliche Wohnung. Kafka entflieht der Enge: zunächst in die leerstehende Wohnung Vallis (Bílek-
gasse 10), dann, von September 1914 bis Februar
1915, in Ellis Wohnung in die Nerudagasse 48 und
ab März 1915 findet er in der Langen Gasse 18 Asyl.
Auch die Asbest-Fabrik fordert nun, mit Karl Hermanns (und wenig später auch Paul Hermanns) Ein-
berufung, verstärkt Kafkas Mithilfe. Schließlich stellt
auch die AUVA ihre Arbeit auf die Erfordernisse der
Kriegssituation um, was für die Mitarbeiter einschneidende Veränderungen mit sich bringt.

»Unannehmlichkeiten stärken mich merkwürdi-
ger Weise« hatte er Grete Bloch versichert (3.7.1914;
B14–17 96). So setzt für Kafka gerade im Sommer
ein intensiver Schreibschub ein. Schon Ende Juli begann er unter der Einwirkung der traumatischen Erlebnisse am »askanischen Gerichtshof« mit der Niederschrift des Romans *Der Process*. Gleichzeitig arbeitete er an dem Erzählversuch *Erinnerungen an die
Kaldabahn* (T 549–553 u. 684–694; ↗266). »Um den
Roman vorwärtszutreiben«, nimmt Kafka im Herbst
zwei Wochen Urlaub (7.10.1914; T 678). In dieser
Zeit entstehen weitere Texte, nicht zuletzt *In der
Strafkolonie* (kriegsbedingt erst 1919 gedruckt) und
das Naturtheater-Kapitel des *Verschollenen*. Das pro-

duktive Schaffen hält – mit Unterbrechungen – an bis Januar 1915 und bringt einige wesentliche Abschnitte des *Process* voran. So auch die (später noch isoliert veröffentlichte) Türhüterlegende *Vor dem Gesetz*, die Kafka ein außerordentliches »Zufriedenheits- und Glücksgefühl« vermittelt (13.12.1914; T 707), sowie eine Reihe weiterer Fragment gebliebener Erzählversuche. Schließlich stagniert im Frühjahr der Schreibstrom. <*Blumfeld, ein älterer Junggeselle*> ist der letzte literarische Versuch auf lange Zeit (NSF I, 229–266).

Bereits im zurückliegenden Oktober hatten Grete Bloch und kurz darauf Felice die Korrespondenz wieder aufgenommen und ihr Entgegenkommen signalisiert. Das Verhältnis begann sich in der Folge zu normalisieren, freilich ohne die grundlegenden Differenzen ausräumen und die Intensität von 1913 wieder erreichen zu können. Auch die nervösen Beschwerden, Schlaflosigkeit, Kopfschmerzen, stellten sich wieder ein. Kafka traf Felice im Januar in der österreichischen Grenzstadt Bodenbach. Über Pfingsten fährt man bereits zu viert, mit Grete Bloch und deren Freundin Erna Steinitz, in die Böhmische Schweiz, und auch seinen Geburtstag verbringt Kafka mit Felice in Karlsbad. Zuvor hatte Kafka seine Schwester Elli, deren Mann in Ungarn als Offizier einer Versorgungseinheit stationiert war, auf eine Zugreise über Wien – Budapest in einen vorgelagerten Frontabschnitt der ungarischen Karpaten begleitet.

Im Juni erreicht ihn die Nachricht, dass sein Jugendfreund Oskar Pollak gefallen sei. Kafka selbst wird infolge einer Musterung für den Landsturmdienst mit der Waffe als geeignet befunden. Doch auf Antrag der AUVA stellt man ihn für unbestimmte Zeit zurück. Auch eine Einteilung in die III. Ersatzkompanie des 28. Infanterieregiments kann durch die AUVA verhindert werden, obgleich Kafka nun selbst mit dem Gedanken spielt, sich »freiwillig zu melden« (An F. Bauer, 4.4.1915; B14–17 127). Unter den angespannten Lebensverhältnissen und in der verbreiteten Rhetorik des Krieges als ›Stahlbad für Nervenschwächlinge‹ sieht auch er im Militärdienst ein Heilmittel. Als sich 1916 die persönlichen Probleme zuspitzen, fordert er nach einer neuerlichen Musterung die AUVA dazu auf, seine Zurückstellung aufzuheben – ohne Erfolg.

Vorläufig jedoch begibt sich Kafka am 20. Juli 1915 für zehn Tage in das Naturheilsanatorium Frankenstein bei Rumburg in Nordböhmen. Sein Vertrauen in die bewährten Naturheilbehelfe weicht hier der Skepsis an der Heilbarkeit seines Zustandes: »Jetzt, wo ich wirklich krank zu werden anfange« (An F. Weltsch, vermutl. 26.7.1915; B14–17 138). Möglicherweise ist Kafka aber nicht nur Patient, sondern auch ›Testinsasse‹ der Anstalt. Im Rahmen seiner AUVA-Tätigkeit für die *Staatliche Landeszentrale zur Fürsorge für heimkehrende Krieger* hat er 1915 zusammen mit seinem Vorgesetzten Eugen Pfohl die Verantwortung für das Projekt einer ›deutschen Volksnervenheilanstalt‹ zur Behandlung der heimkehrenden ›Kriegsneurotiker‹ übernommen (AS 80). Zu diesem Zweck schreibt er eine Reihe von Zeitungsartikeln und Aufrufen und beteiligt sich an den Sitzungen des Komitees zur Auswahl einer geeigneten Einrichtung. Nach langwieriger Suche fällt die Wahl schließlich auf Frankenstein, und im Verlaufe des Weltkriegs wird aus dem privaten Sanatorium eine staatliche Anstalt mit ›nationalem Auftrag‹.

Die Realität des Krieges holt Kafka in Prag nicht zuletzt in Begegnungen mit ostjüdischen Flüchtlingen ein. Er nimmt Teil an Max Brods Literaturunterricht für galizische Flüchtlingskinder, unternimmt häufige Ausflüge mit der Lemberger Schülerin Fanny Reiß, die ihn als ostjüdisches Mädchen in besonderer Weise anzieht, und besucht gemeinsam mit Brod und dem chassidischen Freund Georg Mordechai Langer (1894–1943) zum ersten Mal einen galizischen Wunderrabbi (Rabbi von Grodeck) in der Prager Vorstadt Žižkov. Der Rabbi beeindruckt ihn wegen seines starken väterlichen Wesens und der äußerlich exotischen Erscheinung (14.9.1915; T 751 f.).

In literarischer Hinsicht erfährt Kafka nun eine breitere öffentliche Wirkung als Autor. So wird ihm im Dezember – auf Empfehlung Franz Bleis – die Prämie des Fontane-Preisträgers Carl Sternheim in der Höhe von 800 Reichsmark zugesprochen, was ihn nicht zuletzt im Kurt-Wolff-Verlag zu einem Autor von Rang und Namen macht. Neben der *Verwandlung* (veröffentlicht in *Die weißen Blätter* und der Buchreihe *Der jüngste Tag*) erscheint, wieder auf Betreiben Max Brods, die vom Ostjudentum inspirierte Legende *Vor dem Gesetz* in der zionistischen *Selbstwehr*. Im Weiteren veröffentlicht er das ursprünglich für die Zeitschrift *Der Jude* bestimmte Stück *Ein Traum* in der Selbstwehr-Sammelschrift *Das jüdische Prag*. Max Brod erwähnt in einem kontroversen Aufsatz *Unsere Literaten und die Gemeinschaft* Kafkas Sonderstellung unter den jüdischen Dichtern. Als Martin Buber Kafka im November zur Mitarbeit an der neuen Zeitschrift *Der Jude* ermutigt, lehnt dieser wegen seiner fehlenden Verankerung in der jüdischen Gemeinschaft ab. In München, begleitet von Felice, hält er am 10. November 1916 seine zweite (und letzte) öffentliche Lesung in der Galerie *Neue Kunst Hans Goltz*. Die neben einigen Brod-Gedichten vorgetragene Erzählung *In der Strafkolonie* löst unter den Zuhörern eher verstörte Reaktionen aus. Dafür macht Kafka die Bekanntschaft des Lyrikers Gottfried Kölwel (1889–1958) und des schweizerischen Schriftstellers und Rilke-Protegés Max Pulver (1889–1956).

Aufgrund seiner anhaltend schlechten Verfassung hatte Kafka schon im April 1916 einen Nervenarzt aufgesucht. Die Diagnose einer ›Herzneurose‹ wurde im August bei einer Konsultation des Internisten Dr. Gustav Mühlstein bestätigt. Statt des probaten Sanatorienaufenthaltes war Kafka im Juli in den Kurort Marienbad gefahren, um mit Felice den ersten gemeinsamen Urlaub zu verbringen. Trotz vorhersehbarer Spannungen entschließen sich die beiden zu einer zweiten Verlobung. Man plant, nach dem Krieg zu heiraten und in Berlin eine Wohnung zu nehmen. Bald holen Kafka aber neue Zweifel ein. Skrupulös wägt er nach seiner Konsultation bei Dr. Mühlstein die Argumente ab: »Reinbleiben – verheiratetsein« (20.8.1916; NSF II, 24).

Von Ende November 1916 bis April 1917 nutzt Kafka ein von Ottla angemietetes Häuschen in der Alchimistengasse auf dem Hradschin, um in Ruhe schreiben zu können. In dieser »Klosterzelle eines wirklichen Dichters«, wie Max Brod nach seinem Besuch im Tagebuch anmerkt (Hermes 1999, 141), entsteht bis weit in den Frühling 1917 hinein ein Großteil jener Erzählungen, die Kafka 1919 unter dem Titel *Ein Landarzt* veröffentlicht: u. a. *Ein Landarzt, Schakale und Araber, Ein altes Blatt, Auf der Galerie, Ein Brudermord* und *Das nächste Dorf*. Ab April gelingt es ihm, zusätzlich im Schönborn-Palais, unterhalb des Strahov-Klosters, Zimmer anzumieten. Neben ausgedehnten Schopenhauer-Lektüren lernt er im Frühjahr intensiv Hebräisch und bringt es bis September im Lehrbuch von Moses Rath auf 45 Lektionen. Auf Martin Bubers Bitte hin sendet er zwölf Texte für *Der Jude* ein, von denen schließlich *Schakale und Araber* sowie *Ein Bericht für eine Akademie* ausgewählt werden.

Die lang geplante Verlobung mit Felice findet im August statt. Anschließend an erste Besorgungen für den gemeinsamen Hausstand tritt das Paar eine Reise über Budapest nach Arad an, wo Felicens verheiratete Schwester Erna lebt. In Budapest trifft Kafka seinen ostjüdischen Freund Jizchak Löwy in sichtlich schlechter Verfassung wieder und ermutigt ihn, eine autobio-

grafische Darstellung für die Zeitschrift *Der Jude* zu schreiben. Auf der Rückfahrt begegnet Kafka im Zug dem Feuilletonisten Anton Kuh (1891–1941), Marianne (›Mizzi‹) Kuh (1894–1948) und deren Lebensgefährten Otto Gross (1877–1920) – dem rebellischen Sohn des Strafrechtlers Hans Gross. Letzterer plant eine gesamteuropäische Zeitschrift *Blätter zur Bekämpfung des Machtwillens* und kann nach weiteren Treffen in Prag auch Kafka und Franz Werfel dafür gewinnen. Es bleibt bei der Idee, die im Wesentlichen auf Gross' starker persönlicher Ausstrahlung beruht.

Die Jahre des späten Werkes
Krankheit und Neubeginn

In der Nacht vom 12./13. August 1917 und in der darauf folgenden erleidet Kafka einen Blutsturz. Als nach mehreren Arztkonsultationen der Verdacht auf Lungentuberkulose bestätigt wird, kündigt er seine Zimmer im Schönbornpalais und zieht zunächst in die elterliche Wohnung am Ring. Mit dem Ausbruch der Krankheit sieht Kafka sich entbunden von allen drängenden Fragen und Zweifeln: Unter Hinweis auf die ärztliche Diagnose bittet er am 6. September seinen Vorgesetzten Dr. Robert Marschner um Pensionierung, erreicht jedoch nur einen Erholungsurlaub von der AUVA. Auf Anraten der Ärzte übersiedelt Kafka am 12. September 1917 aufs Land, ins nordböhmische Zürau, wo Ottla einen kleinen Bauernhof ihres Schwagers Karl Hermann bewirtschaftete. Zuvor, am 9. September – nach vierwöchigem Schweigen – weiht er Felice in die neue Situation ein und verwirft nun endgültig alle Heiratsabsichten.

Abgesehen von gelegentlich notwendigen Visiten in Prag, zieht Kafka sich, umsorgt von Ottla, im Herbst völlig zurück in die ländliche Abgeschiedenheit Züraus. Ottla trägt ihn »förmlich auf ihren Flügeln durch die schwierige Welt« (An M. Brod, 14.9.1917; B14–17 319). Kafka ist glücklich in der ländlichen Einsamkeit und möchte als Kleinbauer auf dem Lande leben. Das Tagebuch wird für die folgenden zwei Jahre abgebrochen (10.11.1917–27.6.1919), Freunde werden gebeten, von Besuchen abzusehen, die Mitarbeit an Zeitschriften wird eingestellt. Sogar einen Rezitationsabend seiner Texte durch eine Frankfurter Schauspielerin lehnt Kafka ab: »Die Stücke […] bedeuten für mich wesentlich gar nichts, ich respektiere nur den Augenblick, in dem ich sie geschrieben habe« (An M. Brod, 6.11.1917; B14–17 358 f.).

Die empfindliche, auf Wesentliches beschränkte Zurückgezogenheit spiegelt sich in Reflexionen und Notizen, die er in seinen Oktavheften einträgt. Nicht zuletzt entstehen hier Fragmente wie <Das Schweigen der Sirenen> (NSF II, 40–42) und eine Reihe von Eintragungen aphoristisch meditativen Charakters. In Zürau liest Kafka vorwiegend Kierkegaard (*Entweder-Oder*, *Furcht und Zittern*) und Tolstois *Tagebuch*. Nach einem letzten Rettungsversuch Felicens in Prag wird das Verlöbnis Ende Dezember zum zweiten Mal gelöst. Gegenüber Max Brod heißt es: »Was ich zu tun habe, kann ich nur allein tun. Über die letzten Dinge klar werden. Der Westjude ist darüber nicht klar und hat daher kein Recht zu heiraten« (Brod 1966, 147).

Das Züräuer Landleben endet am 30. April 1918. Kafka hatte bereits in Briefen angedeutet, die Umrisse seines Lebens nun »mit voller Entschiedenheit nachzuziehen« (An M. Brod, 14.11.1917 B14–17 363). In Prag versucht er, in seiner Lebensführung daran anzuknüpfen. Er arbeitet nun in den freien Stunden im *Institut für Pomologie, Wein- und Gartenbau* in Troja. Daneben lernt er Hebräisch – nach der Balfour-Erklärung 1917 gewinnt für ihn die Idee, nach Palästina auszuwandern, zunehmend an Bedeutung. Beides, Hebräisch und Gartenbau, bezeichnet er »als die Positiva seines Lebens«, wie Brod im Tagebuch vermerkt (Hermes 1999, 155). Für den Dichter beginnt eine anderthalbjährige Phase des Schweigens.

Am 2. Mai 1918 tritt Kafka seinen Dienst bei der AUVA wieder an. Vorübergehend, wie sich bald zeigt: Bis zu seiner definitiven Pensionierung am 1. Juli 1922 häufen sich die Anträge und Gesuche auf vorläufigen oder verlängerten Krankenurlaub, wie auch die ärztlichen Gutachten, Entscheide und Neubewilligungen in fast monatlicher Frequenz. Bereits im Oktober 1918 erkrankt Kafka an der weltweit grassierenden ›Spanischen Grippe‹ und erleidet nach kurzer Besserung Ende November einen fieberartigen Rückfall. Die einschneidenden politischen Ereignisse – Sturz der österreichisch-ungarischen Monarchie, Proklamation der Tschechoslowakei als Republik – vollziehen sich buchstäblich vor dem Fenster des Kranken.

Zur Rekonvaleszenz verbringt Kafka einen viermonatigen Aufenthalt in der Pension Stüdl in Schelesen bei Liboch. Hier lernt er die 27-jährige Julie Wohryzek (28.2.1891–26.8.1944) kennen. Julie, die Tochter eines tschechisch-jüdischen Synagogendieners, fasziniert Kafka als vitale Erscheinung:

Nicht Jüdin und nicht Nicht-Jüdin, insbesondere nicht Nichtjüdin, nicht Deutsche, nicht Nicht-Deutsche, verliebt in das Kino, in Operetten und Lustspiele, in Puder und Schleier, Besitzerin einer unerschöpflichen und unaufhaltbaren Menge der frechsten Jargonausdrücke, im ganzen sehr unwissend, mehr lustig als traurig – so etwa ist sie (An M. Brod, 8.2.1919; BMB 263).

Im Sommer 1919 verloben sich Kafka und Julie und planen die Hochzeit für November. Die Eheschließung scheitert schließlich nicht am Widerstand der Eltern, die aufgrund von kompromittierenden Gerüchten über Julies sexuelle Freizügigkeit dem Sohn das Abenteuer auszureden versuchen, sondern aus trivialem Anlass: Als dem Paar zwei Tage vor der Trauung eine schon zugesicherte gemeinsame Wohnung in Wrschowitz abgesagt wird, beschließt man die Hochzeit auszusetzen.

Wie schon bei Felice lösen die gescheiterten Ehepläne auch hier einen literarischen Produktionsschub aus. Aus der angstbesetzten Bindung wird eine Befreiung, deren Impuls sich bis Anfang 1920 in den <Er>-Aphorismen und kleineren Erzählversuchen erhält. Noch im November fährt Kafka ein zweites Mal in die Pension Stüdl und schreibt seinen 103-seitigen <Brief an den Vater>, eine Abrechnung in der Tradition der »selbstbiographischen Untersuchungen« (NSF II, 373), in der er über seine Erziehung und das Scheitern seiner Lebensentwürfe unter dem Einfluss eines übermächtigen Vaters berichtet. Während des Aufenthaltes schließt er Freundschaft mit der jungen Minze Eisner (1901–1972), die er auch in späteren Briefen bei ihren Selbständigkeitsbemühungen unterstützt. Im November kehrt Kafka nach Prag zurück, um den Dienst – für diesmal vier Wochen – anzutreten. Weiterhin mit Julie Wohryzek »in Treue und Liebe« verbunden, plant er einen gemeinsamen Erholungsurlaub in München bzw. Karlsbad (Born 1965, 52). Doch die Beziehung lockert sich und scheitert schließlich unter dem Einfluss Milena Jesenskás (10.8.1896–17.5.1944).

Kafka hatte die junge Tschechin als Übersetzerin seiner Erzählungen im Frühjahr 1920 kennengelernt. Milena, die Tochter des nationaltschechischen Arztes Prof. Jan Jesenský und Absolventin des Prager Elitegymnasiums *Minerva*, lebte gegen den Willen ihres Vaters in einer Ehe mit dem Deutschjuden Ernst Pollak (1886–1947) in Wien. Bereits im April erscheint ihre erste tschechische Übertragung, *Der Heizer*, in der Zeitschrift *Kmen*. Als Kafka vom 2. April bis 28. Juni auf Kur nach Meran/Südtirol fährt, entwickelt sich ein intensiver Briefwechsel, der

bald zu einem von Leidenschaft und Offenheit geprägten Zwiegespräch wird: »Sie ist ein lebendiges
Feuer, wie ich es noch nie gesehen habe […]. Dabei
äußerst zart, mutig, klug«, bekennt er Max Brod
(Mai 1920; BMB 276). Die dreimonatige Kur in Meran, die er im Kreise einer christlich deutschnatio-
nalen Tischgesellschaft verbringt, bewirkt im Übrigen
keine sichtbare Erholung. Viel mehr aber beschäftigt
ihn die Wiener Freundin. Um Milena zu sehen,
macht Kafka auf der Heimreise Zwischenstation in
Wien und erlebt mit ihr vier glückliche Tage. In der
Folge übersendet er der neuen Geliebten seinen
<Brief an den Vater>. Obwohl Milena nun auch eine
klärende Korrespondenz mit Julie Wohryzek aufnimmt und Ernst Pollak über ihr Verhältnis ins Bild
setzt, zeichnet sich ab, dass es für ein Zusammenleben mit Kafka keine Perspektive gibt. Schon im
Herbst schleicht sich die Ahnung ein, »daß wir niemals zusammenleben werden« (An M. Jesenská,
Sept. 1920; BM 276). Dennoch sucht man nach Lösungen, knüpft Kontakte mit Bekannten und nimmt
Anteil am Fall ›Reiner‹, einer ähnlich gelagerten
Dreiecksbeziehung aus dem engeren Freundeskreis,
die mit Selbstmord endet. Nach einer zweiten Zusammenkunft mit Milena im Grenzort Gmünd beginnt sich Kafka innerlich von der Geliebten zu lösen. Sein Vorschlag, den Briefwechsel einzustellen,
findet zwar vorerst kein Gehör, setzt aber ein klares
Signal. Wieder einmal folgt darauf eine größere literarische Initiative, aus der Stücke wie *<Das Stadt-
wappen>*, *<Heimkehr>*, *<Gemeinschaft>*, *<Nachts>*
oder *<Die Prüfung>* hervorgehen.

Gleichzeitig verrichtet Kafka für nahezu sechs zusammenhängende Monate seinen Dienst bei der
AUVA, wo inzwischen radikale Umstrukturierun-
gen eingesetzt haben. In dieser Zeit erlebt er die familiären Streitereien um Ottlas Hochzeit mit dem
mittellosen tschechischen Juristen Josef David
(1891–1962), trifft sich gelegentlich mit Otto Pick,
Rudolf Fuchs, Arne Laurin (1889–1945) und dem
Gymnasiasten Gustav Janouch (1903–1968). Im November wird er in der Innenstadt Zeuge von Aus-
schreitungen tschechischer Chauvinisten gegen
Deutsche und Juden. An Milena schreibt er: »Die
ganzen Nachmittage bin ich jetzt auf den Gassen
und bade im Judenhaß. ›Prašivé plemeno‹ [räudige
Rasse] habe ich jetzt einmal die Juden nennen hören. Ist es nicht das Selbstverständliche, daß man
von dort weggeht, wo man so gehaßt wird (Zionismus oder Volksgefühl ist dafür gar nicht nötig)?«
(Mitte Nov. 1920; BM 288).

Da sich sein Gesundheitszustand nicht gebessert
hat – der Anstaltsarzt Dr. Kodym konstatierte eine
Infiltration beider Lungenflügel –, reist Kafka am
18. Dezember ins Lungenheilsanatorium Matliary in
die Hohe Tatra. Zum ersten Mal wird ihm hier, angesichts der anderen Lungenpatienten, die Bedeutung
des eigenen Krankheitsbildes bewusst. Seine Über-
empfindlichkeit sorgt von Beginn an für innere Unruhe und drückt sich zuzeiten größerer Störungen in
Hilflosigkeit aus. Auch glaubt er, »abgesehen von der
Lunge und der Hypochondrie«, innerhalb der ersten
vier Monate »nicht zwei Tage hintereinander« vollständig gesund gewesen zu sein (An M. Brod, Ende
April 1921; BMB 341).

Wie stets auf seinen Kuraufenthalten schließt er
aber auch in Matliary neue Bekanntschaften. Besonderes Vertrauen fasst er zu dem 21-jährigen Medizinstudenten Robert Klopstock (1899–1972): »Bu-
dapester Jude, sehr strebend, klug, auch sehr literarisch, äußerlich übrigens trotz gröberen Gesamtbildes
Werfel ähnlich, menschenbedürftig in der Art eines
geborenen Arztes, antizionistisch, Jesus und Dostojewski sind seine Führer« (An M. Brod, Anf. Februar
1921; BMB 315). Klopstock vermittelt zwischen Kafkas Rückzugsbedürfnissen und seiner Umgebung.
Gemeinsam liest und diskutiert man Kierkegaard
und rezensiert spaßeshalber in einer Lokalzeitung
die Tatra-Bilder eines Mitpatienten (DzL 443).

Daneben beschäftigt sich Kafka, angeregt durch
Swifts *Gullivers Reisen*, eingehend mit Erziehungsfragen und versucht, seine Schwester Elli in mehreren Briefen davon zu überzeugen, ihren Sohn Felix
(1911–1940) auf die Hellerauer Schule zu geben.
Sehr interessiert verfolgt er auch die zwischen Karl
Kraus (1874–1936) und Franz Werfel entbrannte Po-
lemik, in der es nicht zuletzt um den Vorwurf des
›jüdischen Mauschelns‹ geht. Bezug nehmend auf
Kraus' Parodie *Literatur oder Man wird doch da sehn*
schreibt Kafka einen denkwürdigen Brief an seinen
Freund Max Brod, in dem er das Verhältnis der jungen jüdischen Schriftsteller zur deutschen Literatur
zu skizzieren versucht und von »der schrecklichen
inneren Lage dieser Generation« meint: »Weg vom
Judentum, meist mit unklarer Zustimmung der Väter (diese Unklarheit war das Empörende), wollten
die meisten, die deutsch zu schreiben anfingen, sie
wollten es, aber mit den Hinterbeinchen klebten sie
noch am Judentum des Vaters und mit den Vorderbeinchen fanden sie keinen neuen Boden. Die Verzweiflung darüber war ihre Inspiration« (Juni 1921;
BMB 359 f.).

Für Unruhe sorgt auch Milena mit der Nachricht, ihr Lungenleiden habe sich verschlechtert, so dass der Vater ihr in einer überraschenden Versöhnungsgeste vorgeschlagen habe, in die Hohe Tatra zu fahren. Um eine Begegnung auszuschließen, bittet Kafka Max Brod, ihn auf dem Laufenden zu halten und – »Wenn Du zu ihr über mich sprichst, sprich wie über einen Toten« (Anf. Mai 1921; BMB 342).

Aus der ursprünglich geplanten dreimonatigen Kur wird am Ende ein neunmonatiger Daueraufenthalt in Matliary. Als Kafka am 26. August nach Prag zurückkehrt, versucht er, die alten Kontakte wiederzubeleben, trifft Otto Pick, Minze Eisner, Gustav Janouch, Ernst Weiß und den Rezitator Ludwig Hardt (1886–1947), der in Berlin, München und Prag Lesungen mit Kafka-Texten veranstaltet. Nach den Kursen in Althebräisch bei Friedrich Thieberger (1888–1958) im Herbst 1919 nimmt Kafka jetzt gemeinsam mit Max Brod seinen Unterricht bei Georg M. Langer, der ihn mit Kabbala und Chassidismus vertraut macht. Nicht zuletzt trifft er sich wieder mit Milena, die jetzt zeitweilig in Prag lebt. Kafka bringt ihr noch immer soviel Vertrauen entgegen, ihr seine Tagebücher und wenig später auch das Manuskript des *Verschollenen* zu überlassen.

Für seinen Freund Max Brod verfertigt er in dieser Zeit eine testamentarische Verfügung mit der Bitte, nach seinem Tode alle Tagebücher, Briefe und Manuskripte zu verbrennen (vermutl. Herbst/Winter 1921; BMB 365).

Indes erlaubte sein Gesundheitszustand Kafka kaum mehr, soziale Kontakte zu pflegen. Die Tuberkulose bestimmte den äußeren Ablauf des Lebens. Auch den beruflichen Anforderungen fühlte er sich nur noch bedingt gewachsen. Auf Betreiben der Eltern wurde ihm im Dezember von der Anstalt eine Kur in Prag zugestanden. Doch schon im Januar erleidet Kafka nervöse Zustände von bislang nicht gekanntem Ausmaß. Seine über Wochen anhaltende Schlaflosigkeit macht eine umgehende Veränderung erforderlich.

Am 27. Januar 1922 fährt Kafka, begleitet von Dr. Otto Hermann, nach Spindlermühle im Riesengebirge. Tagsüber wandert und rodelt er, in der Nacht ›wartet‹ er auf die Lungenentzündung: »Jedem Kranken sein Hausgott, dem Lungenkranken der Gott des Erstickens« (31.2.1922; T 899). Die Luft- und Ortsveränderung bringt keine wesentliche Besserung. Immerhin gelingt es ihm trotz der Beeinträchtigungen, eine neue literarische Arbeit anzufangen, deren Plan er schon in Prag gefasst hatte. In Spindlermühle beginnt Kafka seinen letzten großen Romanversuch *Das Schloss*.

Am 17. Februar kehrt er zurück nach Prag, wo ihm die AUVA nicht nur eine weitere Urlaubsverlängerung gewährt, sondern ihn in Abwesenheit zum Obersekretär befördert hatte. So kann er die angefangene literarische Arbeit am *Schloss* fortsetzen und parallele Schreibvorhaben ausführen. Seine »selbstbiographischen Untersuchungen«, für die er seit einem Jahr ein Notizheft angelegt hat, inspirieren ihn zur Niederschrift von *Erstes Leid* und *Ein Hungerkünstler* (beide 1922 veröffentlicht) und weiteren Erzählversuchen.

Auch im ländlichen Planá an der Luschnitz, wo er sich ab Ende Juni zusammen mit Ottla und deren einjähriger Tochter Věra einlogiert, hält der literarische Impuls an. Bis Juli sind neun Kapitel des Romans geschrieben und es entstehen die ‹Forschungen eines Hundes› – eine weitere literarische Lebensbilanz aus der Sicht seines Judentums und Schreibens.

Nach neuerlichen Gutachten über die unveränderte Berufsunfähigkeit Kafkas hat die AUVA im Juni seine Pensionierung in die Wege geleitet. Zwei Tage vor seinem 39. Geburtstag, am 1. Juli, tritt Kafka offiziell in den vorläufigen Ruhestand. Er kann sich nun als freier Schriftsteller betätigen, aber schon bald holen ihn neue Nervenzusammenbrüche und Angstzustände ein. Im Brief an Max Brod spricht er von »Todesangst«. Als Schriftsteller habe er die Lust am Sterben bislang imaginativ ausgekostet: »Mein Leben lang bin ich gestorben und nun werde ich wirklich sterben« (5.7.1922; Briefe 385).

Berlin, Kierling – die letzten Monate

Nach seiner Rückkehr nach Prag im September ist Kafka gänzlich auf die Fürsorge der Familie angewiesen. Nur sporadisch gelingen ihm noch vereinzelte Erzählversuche wie *Das Ehepaar*, ‹Gibs auf!› oder ‹Von den Gleichnissen›. In einer neuen testamentarischen Verfügung vom November 1922 bekräftigt Kafka seinen Wunsch, den gesamten Nachlass post mortem zu verbrennen (An M. Brod, 29.11.1922; BMB 421 f.). Jetzt, am Ende der knapp einjährigen Schreibphase, erreicht seine Isolation ihren Höhepunkt. Gelegentliche Besuche von Freunden und Bekannten – u. a. Alfred Wolfenstein (1883–1945), Otto Pick, Franz Werfel und Georg Kaiser (1878–1945) – belasten ihn aufs Äußerste.

Erst im Frühjahr 1923 erlaubt sein Zustand wieder eine Öffnung nach außen. Nach einem Vortrag seines Jugendfreundes Hugo Bergmann, der seit 1920 in Eretz Israel Aufbauarbeit leistet, erwägt Kafka den Plan, nach Palästina auszuwandern, um dort unter klimatisch günstigeren Bedingungen zu leben. In diesem Zusammenhang nimmt er Stunden bei Puah Ben-Tovim (1904–1991), einer jungen Studentin aus Jerusalem, die ihm lebendiges Hebräisch vermittelt.

Um seine Transportfähigkeit nach den Strapazen des letzten Jahres zu prüfen, fährt Kafka im Mai einige Tage nach Dobřichovice und Anfang Juli mit seiner Schwester Elli und ihren Kindern nach Müritz an die Ostsee. Auf der Zwischenstation in Berlin spricht er im neugegründeten Verlag *Die Schmiede* wegen eines Vertragsangebotes vor und trifft mit Max Brods Berliner Geliebter Emmy Salveter zusammen. Während der vier Wochen in Müritz lernt er in der benachbarten Ferienkolonie des Berliner jüdischen Volksheims die 25-jährige Helferin Dora Diamant (4.3.1898–15.8.1952) kennen. Dora, die Tochter eines ostjüdischen Chassid aus Polen, ist Anhängerin einer zionistischen Vereinigung, die sich neben sozialem Engagement auch der Vermittlung der hebräischen Sprache widmet. Für Kafka verkörpert sie ein authentisch sinnliches Judentum, das ihn anzieht. Ähnlich wie Jizchak Löwy ist auch sie vor dem strengen Vater geflohen, ohne ihre Herkunft zu verleugnen.

Dora wird die Begleiterin Kafkas in seinem letzten Lebensabschnitt. Mit ihr fasst er den Plan, gemeinsam nach Berlin zu gehen – und verwirklicht ihn im Herbst. Die Auswanderung nach Eretz Israel ist durch die neu gewonnene Aussicht vorläufig in die Ferne gerückt: »es wäre keine Palästinafahrt geworden«, schreibt er an Else Bergmann, »sondern im geistigen Sinne etwas wie eine Amerikafahrt eines Kassierers, der viel Geld veruntreut hat« (Juli 1923; Briefe 437 f.). Nachdem er sich bei seiner Lieblingsschwester Ottla in Schelesen genügend Zuspruch und Bestärkung in seinen Plänen geholt hat, verlässt er am 22. September Prag und begibt sich auf eine Berlin-Reise, »für welche man etwas Vergleichbares nur finden kann, wenn man in der Geschichte zurückblättert, etwa zu dem Zug Napoleons nach Rußland« (An O. Baum, 26.9.1923; Briefe 447).

Die Lebensumstände, unter denen Dora Diamant und Kafka in der deutschen Reichshauptstadt leben, sind denkbar problematisch, und werden von Wirtschaftskrise und Inflation noch erschwert. Regelmä-ßige Überweisungen der stündlich sich entwertenden Pension, Zuwendungen und Lebensmittelpakete aus Prag sind daher unverzichtbar. Nach einer ersten Unterkunft in Steglitz (Miquelstr. 8) wechselt man aus Kostengründen im November in die Grunewaldstr. 13 und – als zahlungsunfähiger Ausländer – im Februar in die Zehlendorfer Heidestr. 25/26.

Trotz der materiellen Not und gesundheitlicher Schwächung entfaltet Kafka in Berlin eine ungeahnte Produktivität. So entstehen *Eine kleine Frau* und das Fragment <*Der Bau*>, sowie eine Geschichte über den Ritualmordprozess und ein umfangreiches Dramenkonvolut (beide Texte verloren).

Berlin ermögliche »auch einen stärkeren Ausblick nach Palästina als Prag«, hatte Kafka 1922 behauptet (An R. Klopstock, Sept. 1922; Briefe 417). Tatsächlich besucht er im Winter häufig Kurse an der *Hochschule für Wissenschaft des Judentums*, benutzt ihre gut geheizte Bibliothek und liest mit Dora das *Alte Testament*, den Raschi-Kommentar und sogar einen hebräischen Roman *Schechól wechischalón* (dt. *Unfruchtbarkeit und Scheitern*, 1920) von J. C. Brenner. Kafka und Dora träumen davon, später in Tel Aviv ein kleines Restaurant zu betreiben.

Krankheitsbedingt engt sich Kafkas Aktionsradius weiter ein, Besuche, u. a. von Emmy Salveter, Puah Ben-Tovim, Rudolf Kayser (1889–1964), Willy Haas, Ernst Weiß, Max Brod, Franz Werfel, Siegmund und Lise [Weltsch] Kaznelson, Ludwig Hardt und seiner Schwester Ottla, kann Kafka nur noch in seiner Wohnung empfangen. Als im Februar 1924 der Triescher Onkel Siegfried Löwy auf Visite kommt und angesichts des schlechten Gesundheitszustandes Alarm schlägt, muss die Berliner Eskapade endgültig aufgegeben werden.

Am 17. März 1924 begleitet Max Brod den Freund zurück nach Prag. Für die kurze Zeit seines Aufenthaltes in der elterlichen Wohnung betreut ihn Robert Klopstock, der inzwischen in Prag studiert. Obwohl Kafka teilweise das Bett nicht verlassen kann, schreibt er an seiner Erzählung *Josefine, die Sängerin oder Das Volk der Mäuse*, die er Klopstock gegenüber als seine »Untersuchung des tierischen Piepsens« bezeichnet (Briefe 521) und die noch im selben Jahr in der Osterbeilage der *Prager Presse* (20.4.1924) erscheint.

Nach anfänglichen Überlegungen, den Schwerkranken in ein Sanatorium in Davos oder Innsbruck zu verschicken, entscheidet man sich schließlich für die Anstalt *Wiener Wald* in Niederösterreich, die von zwei jüdischen, ehemals Prager Ärzten, Hugo Kraus und Arthur Baer, geleitet wird. Am 5. April begleitet Dora Kafka über Wien nach Ortmann ins Sanatorium. Dort angelangt, wird der geschwächte Patient bald schon wegen Verdachts auf Kehlkopftuberkulose an die laryngologische Klinik der Wiener Universität überstellt, wo sich die Diagnose bestätigt. Um die Schmerzen durch den angeschwollenen Kehlkopf zu lindern, wird Menthol-Öl gespritzt. Bis zum 19. April bleibt Kafka in der renommierten Klinik des Prof. Markus Hajek, eines Schwagers Arthur Schnitzlers.

Wegen des rauen Umgangstones und der wenig aufbauenden Atmosphäre bringt Dora den Freund schließlich ins ländlich gelegene Sanatorium Dr. Hoffmann in Kierling bei Klosterneuburg. Hier scheint sich zunächst eine Besserung einzustellen, die zu gemeinsamen Ausflügen ins Grüne berechtigt. Bald aber verschlechtert sich Kafkas Zustand wieder. Der fortschreitende tuberkulöse Prozess, der den Kehldeckel erreicht hat, macht das Sprechen, wie auch das Schlucken und Atmen zu einer Tortur, gegen die nur noch betäubende Morphiuminjektionen helfen. Im Mai verabreicht der behandelnde Arzt Dr. Oscar Beck ihm Alkoholinjektionen in den *nervus laryngeus superior*. Längst haben die Ärzte den Patienten aufgegeben und schätzen seine Lebenserwartung auf maximal drei Monate. Robert Klopstock betreut Kafka nun an der Seite Dora Diamants, statt der Unterhaltungen werden Gesprächszettel gereicht. Kafka erhält in diesen Tagen den Besuch Max Brods, Ottlas, des Schwagers Karl Hermann und seines Onkels Siegfried Löwy. Seine Eltern bittet er, von einem Besuch vorerst abzusehen. Von Doras Vater, den er in einem Brief um die Hand der Tochter gebeten hatte, erhält Kafka in den ersten Maitagen die Antwort, in welcher ihm die Zustimmung verweigert wird.

Nach einer leichten Besserung seines Gesundheitszustandes Ende Mai kommt es schließlich zu Komplikationen. Am 3. Juni atmet Kafka so schwer, dass er Klopstock um Morphium bittet: »Töten Sie mich, sonst sind Sie ein Mörder« (Brod 1966, 185). Gegen Mittag stirbt Kafka. Am 11. Juni 1924 wird er auf dem jüdischen Friedhof in Prag Straschnitz beigesetzt.

Forschung

Es ist ein weit verbreiteter Irrtum, dass am Anfang der problematischen Bemühungen um Kafkas Biographie Max Brods umstrittener Versuch *Franz* *Kafka. Eine Biographie* (1937) stehe. Den Plan, eine »Selbstbiographie« zu schreiben, hatte Kafka selbst gefasst (17.12.1911; T 298) – und dabei ein fragmentarisches Werk hinterlassen. Mit Folgen: Das Genre ›Biographie‹ – für den Leser Kafka eine Königsdisziplin, für den Schriftsteller ein fortgesetztes Scheitern – musste schon aufgrund dieser besonderen Affinität für seine Biografen zum Problem erwachsen. In besonderer Weise gilt dies für Max Brod, der gleich mehrfach zu Lebensbeschreibungen ansetzte: Zunächst, aus der Perspektive des Dichter-Freundes, mit seinem Roman *Zauberreich der Liebe* (1928), in welchem er Kafka in der Gestalt von Richard Garta zu neuem Leben erweckte, dann, als Supplement zur ersten Kafka-Gesamtausgabe, mit der oben genannten Biographie, die tatsächlich ihre Wirkung nicht verfehlte, aber ebenso unter dem Eindruck Kafkas stand, und später mit weiteren Versuchen.

Der Vorwurf, dass Brod seinen privilegierten Zugriff auf den Nachlass des Freundes in den Dienst einer eigenwilligen Hagiografie stellte, wurde mehr als einmal laut und rief schon bei Walter Benjamin Protest hervor. Übersehen wird dabei allerdings, dass Ende der 20er Jahre bereits eine Legendenbildung eingesetzt hatte, die nach einem Korrektiv verlangte: Kafka galt, in psychologisch-existenzialistischer Lesart, als der große Unglückliche und Hoffnungslose, der sein Leben in selbstauferlegter Isolation fristete (Müller 2006, 28). Max Brod schuf demgegenüber einen lebensbejahenden Denker und Erneuerer altjüdischer Religiosität und schreckte auch nicht davor zurück, den Freund wider besseres Wissen zum glühenden Zionisten zu machen. Dank des zweifellosen Näheverhältnisses und flankiert von weiteren Augenzeugenberichten des Prager Umfeldes, nicht zuletzt den teils authentischen, teils dubiosen Erinnerungsprotokollen Gustav Janouchs, hatte Brods Darstellung auf lange Zeit das letzte Wort. Dass ihm damals zahlreiche Quellen noch nicht zur Verfügung standen und seine intime Kenntnis sich nur auf wenige Jahre Kafkas beschränkte, fiel dabei weniger ins Gewicht.

Aus Forschungssicht ist Klaus Wagenbachs 1958 erschienene Monographie *Franz Kafka. Eine Biographie seiner Jugend* (2006 neu bearbeitet und um 4 Artikel erweitert) ein seltener Glücksfall. Sie bildete das Fundament einer jeden weiteren wissenschaftlichen Beschäftigung mit dem Prager Autor und setzte Maßstäbe sowohl im Umfang des recherchierten Quellenmaterials als auch in der Qualität der Aufbereitung. Nicht zuletzt bot Wagenbach ein überzeugendes Kafka-Bild, an das faktisch anzuknüpfen war.

Zahlreiche Studien fokussierten biografische Ausschnitte und Aspekte sowie das weitere Umfeld Kafkas – wie z. B. Anthony Northeys *Kafkas Mischpoche* (1988), Evelyn Torton Becks *Kafka and the Jewish Theatre* (1971), Alena Wagnerovás Recherchen zur *Familie Kafka aus Prag* (1997), Rotraut Hackermüllers *Kafkas letzte Jahre* (1990), Giuliano Baionis *Kafka – Literatur und Judentum* (1994) oder Joachim Unselds *Franz Kafka. Ein Schriftstellerleben. Die Geschichte seiner Veröffentlichungen* (1982). Marthe Robert rückte 1979 in *Einsam wie Franz Kafka* die Identitätssuche Kafkas ins Zentrum und akzentuierte damit eine bis heute anhaltende Diskussion.

Einen weiteren Meilenstein in der Biografik Kafkas setzte Hartmut Binder, ebenfalls 1979, mit seinem *Kafka-Handbuch* (Teil 1), eine aufgrund ihrer faktischen Datendichte noch heute unverzichtbare Dokumentation. Binder erschloss akribisch alle zur Verfügung stehenden und teilweise auch neue Quellen über die gesamte Lebensdauer Kafkas. Seine Darlegungen sind exakt und informativ; mit seinen psychologischen Deutungsmustern prägte er aber auch das Bild von einem Autor, der sich lebenslang an denselben frühkindlichen Verhaltensmustern aufrieb. Bleibt zu fragen: Gab es tatsächlich keine Entwicklung in Kafkas Biographie? Dessen ungeachtet konnte Binder in weiterer Studien die Lebenswelt Kafkas immer wieder mit neuen Facetten erhellen, so zuletzt in der reich illustrierten Lebenschronik *Kafkas Welt*.

Berufsbiographen wie Ernst Pawel (1990), Ronald Hayman (1983), Pietro Citati (1987) konnten auf diesen Fundus zurückgreifen, fügten mit ihren populären Lebensdarstellungen jedoch keine neuen biografischen Details hinzu. Ähnliches gilt für die als Überblick angelegten Monographien von Thomas Anz (1989), Peter U. Beicken (1995), Ludwig Dietz (1975/90) und Detlev Arens (2001). Die von Chris Bezzel 1975 zusammengestellte *Kafka-Chronik* mit Lebensdaten ist inzwischen durch die von Roger Hermes u. a. herausgegebene, an der *Kritischen Ausgabe* orientierte *Kafka-Chronik* ersetzt worden (1999).

Mit Peter-André Alts *Franz Kafka. Der ewige Sohn* liegt seit 2005 eine opulente Monographie vor, die sich nicht nur biografisch auf dem neuesten Stand der Forschung zeigt, sondern auch im Gebrauch der interpretatorischen Methoden. In der von Peter Handke angeregten Formel vom ›ewigen Sohn‹ wird

ein »Lebensprinzip« herausgearbeitet, das Kafkas künstlerische Identität ebenso wie sein Scheitern an der Wirklichkeit bestimmt (Alt, 15).

Den gegenwärtig umfassendsten und gleichzeitig fundiertesten Versuch, Kafkas Biographie zu schreiben, unternimmt Reiner Stach. Instruktiv ist bereits sein Einführungskapitel, in welchem er auf die Problematik biografischer Synthesen eingeht und die Disproportionen zwischen wissenschaftlichem Interesse und gesamtbiografischer Abstinenz hervorhebt. Der erste Band seines als Trilogie konzipierten Werkes beschränkt sich auf die Zeitspanne 1910–1915: »Die Jahre der Entscheidungen« – sicher auch weil hier die Quellenlage (nicht zuletzt dank Stachs eigener Recherchen zum Nachlass der Felice Bauer) eine fast lückenlose biografische Erschließung zulässt. Im zweiten Band »Die Jahre der Erkenntnis« werden die letzten Jahre des Dichters beschrieben, insbesondere die Berliner Zeit und die Leiden der letzten Monate erhalten hier eine ausführliche Darstellung, wobei Stach teilweise auch auf familieninterne Briefe zurückgreifen kann.

Biografische Entdeckungen werden in den kommenden Jahren vorrangig der späten Lebensphase Kafkas – u. a. mit der stärkeren Einbeziehung der Amtlichen Schriften, der Aufarbeitung der Hebräischstudien und des zurzeit noch nicht zugänglichen Nachlasses Max Brods – vorbehalten bleiben. Die eingangs aufgeworfene Frage nach Wenden, Brüchen und Kontinua könnte dabei unverhofft neue Belebung finden.

Peter-André Alt: F.K. Der ewige Sohn. München 2005. – Mark Anderson: K.'s Clothes. Oxford 1992. – Thomas Anz: F.K. München 1989. – Detlev Arens: F.K. München 2001. – Giuliano Baioni: K. Literatur und Judentum. Stuttgart 1994. – E. Torton Beck (1971). – Peter U. Beicken: F.K. Leben und Werk. Stuttgart 1995. – Walter Benjamin: F.K. Zur zehnten Wiederkehr seines Todestages. In: Ders.: Gesammelte Schriften. Hg. v. Rolf Tiedemann u. Hermann Schweppenhäuser. Bd. II/2. Frankfurt/M. 1977. 409–438. – Samuel Hugo Bergmann: Erinnerungen an F.K. In: Universitas 27 (1972), 746f. – Chris Bezzel: K.-Chronik. Daten zu Leben und Werk. München 1975 (Reihe Hanser 178). – Hartmut Binder: Leben und Persönlichkeit F.K.s. In: KHb (1979) I, 103–584. – Ders.: K. in Paris. Historische Spaziergänge mit alten Photographien. München 1999. – Ders.: Mit K. in den Süden. Eine historische Bilderreise in die Schweiz und zu den oberitalienischen Seen. Prag 2007. – Ders.: K.s Welt. Eine Lebenschronik in Bildern. Reinbek 2008. – Jürgen Born u. a. (1965). – Ders. (Hg.): F.K. Kritik und

Rezeption 1912–1924. Frankfurt/M. 1979. – Max Brod (Hg.): Unsere Literaten und die Gemeinschaft. In: Der Jude 1 (1916) 7, 457–464. – Ders.: Zauberreich der Liebe. Roman. Berlin, Wien 1928. – Ders.: F.K. Eine Biographie. Erinnerungen und Dokumente. Prag 1937. – Ders.: Über F.K. [F.K. Eine Biographie; F.K.s Glauben und Lehre; Verzweiflung und Erlösung im Werk F.K.s]. Frankfurt/M., Hamburg 1966 (Fischer Bücherei 735). – Ders.: Streitbares Leben 1884–1968. München, Wien 1969 [1960]. – Ders.: Der Prager Kreis. Frankfurt/M. 1979 [1966]. – Elias Canetti: Der andere Prozeß. K.s Briefe an Felice. München 5. Aufl. 1977 (Reihe Hanser 23). – Pietro Citati: F.K. Mailand 1987; dt.: K. Verwandlungen eines Dichters. Übers. v. Sabina Kienlechner. München 1990. – Kathi Diamant: K.'s Last Love. The Mystery of Dora Diamant. New York 2003. – Ludwig Dietz: F.K. 2., erw. u. verb. Aufl. Stuttgart 1990 (Sammlung Metzler 138). – Sander Gilman: K. und Krankheit. In: KHb (2008), 114–120. – Georg Gimpl: Weil der Boden selbst hier brennt… Aus dem Prager Salon der Berta Fanta (1865–1918). Prag 2000. – Nahum N. Glatzer: Frauen in K.s Leben. Zürich 1987. – Rotraut Hackermüller: K.s letzte Jahre. 1917–1924. München 1990. – Ekkehard W. Haring: Auf dieses Messers Schneide leben wir… Das Spätwerk F.K.s im Kontext jüdischen Schreibens. Wien 2004. – Ders.: Heillose Schreibbefunde. K.s Sanatorien im Spiegel des Nervösen Charakters. In: WB 2 (2007), 188–200. – Ronald Hayman: F.K. Nichts fehlt mir, außer ich selbst. Bern, München 1983. – Brigitte u. Helmut Heintel: F.K. 1901 allein auf Norderney und Helgoland. In: Freibeuter 17 (1983), 20–25. – Roger Hermes/Waltraud John/Hans-Gerd Koch/Anita Widera: F.K. Eine Chronik. Berlin 1999. – Gustav Janouch: Gespräche mit K. Frankfurt/M. 1961. – Ders.: F.K. und seine Welt. Wien 1965. – Christian Klein: K.s Biographie und Biographien K.s. In: KHb (2008), 17–36. – Hans-Gerd Koch (Hg.): »Als K. mir entgegenkam…«. Erinnerungen an F.K. Berlin 1995, erw. Neuausg. 2005. – Kur-Liste Nr. 9 u. 10, Dr. Ludwig Schweinburgs Sanatorium & Wasserheilanstalt-A-G., Zuckmantel, österr. Schlesien, 1900–1906. – Michael Müller: So viele Meinungen! Ausdruck der Verzweiflung? Zur K.-Forschung. In: H.L. Arnold (2006 [1994]), 8–41. – Ders.: K. und sein Vater: Der Brief an den Vater. In: KHb (2008), 37–44. – Marek Nekula (Hg): F.K. im sprachnationalen Kontext seiner Zeit. Weimar, Wien 2007. – Bernd Neumann: F.K. Gesellschaftskrieger. Eine Biographie. München 2008. – Anthony Northey: K.s Mischpoche. Berlin 1988. – Ders.: F.K.s Selbstmörder. In: Europäische Kulturzeitschrift Sudetenland. Vierteljahreszeitschrift für Kunst, Literatur, Wissenschaft und Volkskultur 49 (2007), 267–294. – Ulrich Ott (Hg.): K.s Fabriken. Bearb. v. H.-G. Koch u. K. Wagenbach. Marbach 2002 (Marbacher Magazin 100). – Ernst Pawel: Das Leben F.K.s. Eine Biographie. Reinbek 1990. – M. Robert (1985). – R. Robertson (1988). – Hannelore Rodlauer: K. und Wien. Ein Briefkommentar. Wien 1986. – Dies.: Hedwig Weiler. F.K.s Ferienfreundin. In: Freibeuter 71 (1997), 2–11. – Harald Salfellner: F.K. und Prag. Prag 1996, 6. neubearb. Aufl. 2007. – Carsten Schmidt: K.s fast unbekannter Freund. Leben und Werk von Felix Weltsch. Philosoph, Journalist und Zionist. Würzburg 2010. – Galili Shahar/Michael Ben-Horin: F.K. und Max Brod. In: KHb (2008), 85–96. – Scott Spector: Prague Territories. National Conflict and Cultural Innovation in F.K.'s Fin de siècle. Berkeley 2000. – Reiner Stach: K. Die Jahre der Entscheidungen. Frankfurt/M. 2002. – Ders.: K. Die Jahre der Erkenntnis. Frankfurt/M. 2008. – Christoph Stölzl: K.s böses Böhmen. Zur Sozialgeschichte eines Prager Juden. München 1975. – Joachim Unseld: F.K. Ein Schriftstellerleben. Die Geschichte seiner Veröffentlichungen. München, Wien 1982. – Johannes Urzidil: Da geht K. Zürich 1965; Neuaufl. München 2004. – Klaus Wagenbach: F.K. Eine Biographie seiner Jugend 1883–1912. Bern 1958, Neuaufl. Berlin 2006. – Ders.: F.K. Bilder aus seinem Leben. Berlin 1994 [1983]. – Ders.: F.K. Reinbek 36. Aufl. 2002 (romono). – Alena Wagnerová: Im Hauptquartier des Lärms. Die Familie K. aus Prag. Berlin 1997. – Felix Weltsch: Religion und Humor im Leben und Werk F.K.s. Berlin 1957, wieder: Düsseldorf 2008. – Hugo Wetscherek (Hg.): K.s letzter Freund. Der Nachlass Robert Klopstock (1899–1972). Mit kommentierter Erstveröffentlichung v. 38 teils ungedruckten Briefen F.K.s. Wien 2003. – Hans Dieter Zimmermann (2004). – Ders.: K. und seine Geschwister. In: KHb (2008), 45–60. – Hanns Zischler: K. geht ins Kino. Reinbek 1996.

Ekkehard W. Haring

2. Einflüsse und Kontexte

2.1 Kafkas Lektüren

Vorüberlegungen

Dass Lektüren für einen Autor besondere Bedeutung haben, versteht sich von selbst. Bei Kafka ist das nicht anders – auch wenn es auf den ersten Blick vielleicht nicht den Anschein hat. Explizite Bezugnahmen auf andere Schriftsteller sucht man in seinen Erzählungen und Romanen vergebens. Dass es gleichwohl solche Referenzen gibt, ja Kafka mit einigen Autoren geradezu einen literarischen Dialog führte, teilweise sogar über einen längeren Zeitraum, hat die Forschung inzwischen vielfach nachgewiesen. Durch diese Nachweise ist es gelungen, Kafkas Ort in der Weltliteratur genauer zu bestimmen, über die gängigen und naheliegenden Einordnungen etwa als Prager deutscher Schriftsteller hinaus (Lamping 2006).

Kafkas Lektüren haben schon früh das Interesse von Literaturwissenschaftlern gefunden, zunächst das seiner Biographen. Von Max Brod (Brod 1976 [1966]) über Hartmut Binder (Binder 1979) bis zu Reiner Stach (Stach 2002 u. 2008) haben sie zu ermitteln versucht, was der Autor zu welcher Zeit gelesen hat, um so seinen Bildungsgang nachvollziehen zu können. Aber auch die Interpreten seiner Schriften (Politzer 1965; Anz 1989, 20–22) haben sich für Kafkas Lektüren interessiert, zumindest soweit er sie in seinem Werk verarbeitet hat. Dabei war ihnen daran gelegen, über intertextuelle Bezüge Aufschluss über die literarische Tradition zu bekommen, in die er gehört.

Der Nachweis intertextueller Bezüge in Kafkas Werk hat insgesamt die Einschätzung seiner Arbeitsweise verändert. Vor ihrem Hintergrund schwer aufrechtzuerhalten ist die Annahme, er habe mehr oder weniger voraussetzungslos, ohne Vorbilder und im Wesentlichen ganz aus seiner Subjektivität heraus, ja unbewusst geschrieben. So hat etwa Malcolm Pasley behauptet, dass etwaige Lektüren Kafkas »schon längst vor dem Anfang der Werkentstehung auf den verschiedensten, gar nicht mehr genau aufzuspüren-

den Wegen in jenen inneren See gemündet waren, aus dem dann die Geschichte entfloß« (Pasley, 107). Deshalb hat Pasley auch bezweifelt, ob bei Kafka »überhaupt noch im herkömmlichen Sinn von ›literarischen Quellen‹« (107) die Rede sein könne.

Was Pasley beschreibt, ist jedoch allenfalls ein Typus literarischer Produktion bei Kafka, nicht jedoch der einzige. Auf den anderen hat Kafka selbst hingewiesen – wenn er etwa über seine Erzählung <Blumfeld, ein älterer Junggeselle> schreibt: »Ich schreibe Bouvard und Pecuchet sehr frühzeitig« (9.2.1915; T 726) oder über den Heizer bemerkt: »glatte Dickensnachahmung« (8.10.1917; T 841). Und nachdem er in der Nacht vom 22. auf den 23. September 1912 in einem Zug Das Urteil geschrieben hatte, notierte er sich in sein Tagebuch Ähnlichkeiten u. a. mit einem Roman Max Brods und einem Sketch Franz Werfels: »Gedanken an Freud natürlich, an einer Stelle an Arnold Beer, an einer andern an Wassermann, an einer (zerschmettern) an Werfels Riesin« (23.9.1912; T 461). Kafka ist offenbar auch ein durchaus bewusst arbeitender, Lektüren verarbeitender Autor gewesen, dessen Texte in vielerlei literarischen Beziehungen stehen. Auch sein Werk ist wesentlich Literatur aus Literatur.

Allerdings hat Kafka über die Bücher und die Autoren, mit denen er sich beschäftigt hat, zumeist nicht viel verlauten lassen. Bedeutende literarische Essays hat er nicht geschrieben, auch kaum Rezensionen. In seinen Notizheften gibt es zumeist bloß verstreute, zudem oft nur kurze Äußerungen über einzelne Werke oder Autoren. Diesen Umstand darf man aber nicht falsch deuten als Beleg für die geringe Bedeutung, die er dem Lesen für sich als Autor beigemessen hätte. Denn dass Lesen für Kafka vielmehr ein Vorgang von großer existenzieller Bedeutung war, verraten viele emphatische Bemerkungen über Literatur und Lektüren: »ein Buch muß die Axt sein für das gefrorene Meer in uns«, schreibt er etwa in einem Brief vom 27. Januar 1904 an Oskar Pollak (B00–12 36), der noch weitere prägnante Charakterisierungen von Lektüren enthält. »Ich habe kein litterarisches Interesse sondern bestehe aus Litteratur, ich bin nichts anderes und kann nichts anderes sein«, teilt er am 14. August 1913 Felice Bauer mit (B13–14 261). Und im Tagebuch erwähnt er 1911, nachdem er »eine ziemliche Zeit in oft über mir zusammenschlagender Litteratur gestanden« habe, sein dieses Mal fehlendes »ursprüngliches Verlangen nach Litteratur« (13.12.1911; T 292).

Der empirische Leser

Kafkas Bibliothek

Im Mittelpunkt der Forschung über den empirischen Leser Kafka steht die Rekonstruktion seiner Bibliothek. Sie erlaubt manche Aufschlüsse über seine literarischen Interessen; sie sind allerdings zu verrechnen mit den Lektürezeugnissen, die sich vor allem in Kafkas Briefen und Tagebüchern finden. Das eine zusammen mit dem anderen gestattet erst eine Einschätzung seiner literarischen Bildung.

Es gibt zwei große Versuche, Kafkas Bibliothek zu rekonstruieren, die letztlich nur geringfügig voneinander abweichen. Beide sind notwendig lückenhaft, aufgrund des Schicksals der Bibliothek, die schon vor dem Krieg durch verschiedene Hände gegangen ist. Außerdem ist anzunehmen, dass Kafka auch mehr Bücher gekannt hat, als in seiner Handbibliothek noch aufzufinden sind. So oder so scheint seine Bibliothek nicht groß gewesen zu sein. Wenn man zu den ungefähr 300 Büchern aus seinem Besitz, die erhalten geblieben sind, die Titel hinzunimmt, die er in seinen Briefen und Tagebüchern erwähnt, kommt man auf nicht mehr als die doppelte Zahl.

Klaus Wagenbach hat als erster 1958 im Dokumenten-Anhang seiner Biographie ein 297 Titel umfassendes *Verzeichnis der Handbibliothek Kafkas* aufgenommen. Sie basiert auf einer Zusammenstellung, die »erst ein Jahrzehnt nach Kafkas Tode« gemacht worden und ausdrücklich als »fragmentarisch« gekennzeichnet ist (Wagenbach, 251). Als ihr Verfasser gilt Karel Projsa, ein Freund der Familie von Kafkas Lieblingsschwester Ottla, den Wagenbach bei den Recherchen zu seinem Buch in Prag kennengelernt hatte. Allerdings gibt es Hinweise darauf, dass die Liste später entstanden ist, als Wagenbach vermutet (Born, 9). Dass sie notwendig lückenhaft ist, gilt dagegen als sicher. Manche Autoren, die Kafka nachweislich gelesen hat, wie etwa Homer oder Charles Dickens, fehlen in ihr.

1990 hat Jürgen Born unter dem Titel *Kafkas Bibliothek* ein »beschreibendes Verzeichnis« veröffentlicht. Es erfasst den erhaltenen Teil von Kafkas Bibliothek, den die Wuppertaler Forschungsstelle für Prager deutsche Literatur 1982 von einem Münchener Antiquar erworben hatte, insgesamt 274 Bände, von denen sechs in der von Wagenbach publizierten Liste fehlen. Das Verzeichnis wird ergänzt durch die insgesamt 10 *Bücher-Listen*, die Kafka »aus unterschiedlichen Anlässen« (174) zwischen 1912 und 1922 zusammengestellt hat, und um einen *Index der in Kafkas Schriften erwähnten Bücher, Almanache, Zeitschriften und Zeitschriftenbeiträge*.

Die Bedeutung dieses Indexes ist nicht schwer zu erkennen. Über Kafkas Lektüren geben neben den – offensichtlich – gelesenen Bänden seiner kleinen Bibliothek auch die Erwähnungen von Autoren und Texten in seinen Briefen und Tagebüchern Auskunft. Nur aus ihnen zu rekonstruieren sind etwa seine Beschäftigung mit manchen jiddischen Autoren wie Schalom Asch, Chajim Nachman Bialik, Josef Chajim Brenner, David Frischmann, Abraham Goldfaden, Jakob Gordin, Morris Rosenfeld oder Schomer (d.i. Nahum Meir Schaikewitsch). Werke von ihnen sind in seiner Bibliothek, soweit sie erhalten ist, nicht aufzufinden.

Reiner Stach hat Kafkas kleine, im Ganzen durchaus heterogene Bibliothek prägnant so beschrieben und gekennzeichnet:

> Ein paar deutsche Klassiker standen da, Goethe, Kleist, Hebbel, Grillparzer, nichts davon vollständig, außerdem Flaubert, Dostojewski und Strindberg, Tagebücher und Lebensbeschreibungen ohne erkennbare Ordnung, einige philosophische und juristische Werke aus den Studienjahren, natürlich Reiseführer, vielleicht auch noch Jugendbücher und einige von ›Schaffsteins Grünen Bändchen‹ mit Abenteuern aus exotischen Gegenden. Und, nicht zu vergessen, vereinzelte Bücher, die Freunde verfasst hatten, Geschenkexemplare mit Widmungen (Stach, 29–30).

Nicht mehr lückenlos zu rekonstruieren ist die Geschichte der Bibliothek. Nach Kafkas Tod ist sie offenbar im Besitz der Familie geblieben. Bei Kriegsende gehörte sie wahrscheinlich Josef David, dem Mann Ottlas, die nach Theresienstadt deportiert worden ist, nachdem er sich von ihr getrennt hatte. Er starb 1962. »Ein Teil der Bücher muß allerdings schon vor diesem Zeitpunkt in den Besitz Karel Projsas übergegangen sein« (Born, 9). Die »Geschichte dieser Bibliothek ist so«, wie Jürgen Born bemerkt hat, »aufs engste mit der leidvollen Geschichte der Familie Kafka während des Zweiten Weltkriegs verbunden« (8).

Interessen des Lesers Kafka

Anhand seines Verzeichnisses hat Jürgen Born *Kafka als Leser* zu charakterisieren versucht. Dabei betont er vor allem »die Bedeutung, die die Lektüre erzählender Dichtung in deutscher Sprache für Kafka hatte« (Born, 225); die »Vielzahl der Brief-, Tagebuch- und Memoirenbände, biographischer oder autobiographischer Schriften« (226); »Kafkas Desinteresse, zumindest seine Zurückhaltung, gegenüber der literarischen Moderne« (231), zumal der expressionistischen Avantgarde; schließlich seine »Vorliebe« für die »volkstümlich geschriebenen Bändchen« des Schaffstein Verlags, zumeist »Kriegsberichte«, »Reise- und Abenteuerberichte« (228).

Nicht alle Charakteristiken des Lesers Kafka, die Born versucht hat, sind jedoch überzeugend (Lamping 2006, 16 f.). So hat er zwar Kafkas Lektüren »Goethes, Kleists, Grillparzers und Stifters« (Born, 226), schließlich auch Hebels betont, nicht jedoch die europäischer Autoren. Tatsächlich hat Kafka auch viele nicht-deutsche Autoren eingehend studiert, insbesondere Charles Dickens, Fedor M. Dostojewski, Gustave Flaubert, Knut Hamsun, August Strindberg und Leo Tolstoi. Inzwischen intensiv erforscht ist auch seine Beschäftigung mit jiddischem Theater (Beck; Baioni; Grözinger; Lamping 1998) und jiddischer Literatur, schließlich sein Interesse an der tschechischen Literatur seiner Zeit. Die entsprechenden Lektüren haben sich meist über Jahre erstreckt. Hinzu kommt noch seine durchweg kürzere Beschäftigung mit Autoren wie Dante Alighieri oder mit chinesischer Lyrik. Kafkas literarischer Horizont ging deutlich über die deutsche Literatur hinaus.

Auch der Hinweis auf sein »Desinteresse« an der literarischen Moderne (Born, 231) bedarf der Differenzierung. Aus Kafkas Distanz zum deutschen Expressionismus und besonders zu manchen Expressionisten, auf die sich diese Charakterisierung gründet, lässt sich kaum folgern, dass er die moderne Literatur ignoriert hätte, ja ein anti-moderner Schriftsteller gewesen sei. Die europäischen Autoren, die Kafka intensiv gelesen hat, sind wie Hamsun und Strindberg moderne oder wie Dostojewski und Tolstoi auf der Schwelle zur Moderne stehende und aus seiner Sicht, bis auf Flaubert, auch noch zeitgenössische Erzähler. Kafka hat darüber hinaus aber z. B. auch Gedichtbände von Arthur Rimbaud, Paul Verlaine und Stefan George besessen, Prosabände von Carl Sternheim und Peter Altenberg, er hat Gabriele D'Annunzio und Paul Claudel, Maxim Gorki und Robert Musil, Upton Sinclair und Émile Verhaeren gekannt. Auch sein Interesse an der Literatur seiner Zeit ging über die deutsche und erst recht die Prager deutsche Literatur hinaus.

Alles in allem ist W.H. Audens Behauptung: »there is no modern writer who stands so firmly and directly in the European tradition« (Auden, 110), von der Kafka-Forschung vielfach bestätigt worden. Dass er ein moderner Autor, vergleichbar mit Marcel Proust oder James Joyce (Gillespie) – wenn vielleicht auch kein »radikaler Modernist« (Corngold) – gewesen sei, ist nicht ohne Grund oft behauptet worden. Dass Kafka gleichwohl in der Tradition »des modernen realistischen Romans, besonders des von ihm hochverehrten Flaubert« (Schillemeit, 354) geschrieben hat, ist allerdings auch nicht zu übersehen. Wie viele Autoren im ersten Drittel des 20. Jahrhunderts steht er zwischen Moderne und Tradition.

Lektüre-Zeiten

Die Geschichte des Lesers Kafka wird in der Abfolge seiner Lektüren fassbar. Auch wenn er manche Autoren ungefähr gleichzeitig gelesen hat, manche auch über Jahre hinweg oder immer wieder, so gibt es doch im Großen gewisse Schwerpunkte und bezeichnende Wechsel der Lektüren. Schon früh, als Schüler, hat Kafka zuerst Goethe gelesen, wie er als Student mit seiner Flaubert-Lektüre begonnen hat. »In den Jahren 1904 und 1905 ist die Lektüre von Tagebüchern und Erinnerungen« nach Wagenbach »besonders auffallend« (Wagenbach, 118). Zeiten intensiver Dostojewski-Lektüren sind die Jahre 1913 bis 1919 (Binder 1979, 370), Strindberg hat Kafka seit 1914 gelesen (Robertson 2006, 151–160). Wichtige Lektüren der späten Jahre sind Tolstoi, dem er sich besonders ab 1914 zuwendet (Schillemeit, 164–180), und Kierkegaard, der ihn erneut 1918 beschäftigt (Anz 2006).

Diese Lektüren sind nicht nur mit bestimmten Lebenssituationen Kafkas eng verbunden, etwa mit seinen Verlobungen und Entlobungen und dem Ausbruch der tödlichen Krankheit, sondern auch mit seinen literarischen Arbeiten. So hat Binder etwa zwischen Kafkas Lektüre von Octave Mirbeaus *Le jardin des supplices* (1899) und der Arbeit an *In der Strafkolonie* eine Verbindung hergestellt (Binder 1977, 174–175), Schillemeit etwa zwischen Kafkas später Tolstoi-Lektüre und seinen Züräuer Aphorismen (Schillemeit, 165), Robertson, wie andere vor ihm, zwischen der Dostojewski-Lektüre der Jahre 1913 und 1914 und dem *Process* (Robertson 1988, 124).

Motive des Lesers Kafka

Nicht nur was, sondern auch wie Kafka gelesen hat, hat die Forschung zu ermitteln versucht. So hat Born etwa »Kafkas Interesse an Selbstzeugnissen« (Born, 227) hervorgehoben: »Nicht zu verkennen ist die untrennbare Verbindung, die für Kafka zwischen dem Buch und dem Menschen bestand, der es hervorgebracht hatte« (227). Außerdem hat Born bei Kafka eine »Unmittelbarkeit seiner Lektüre-Erlebnisse« erkannt: »Er liest immer auf sich bezogen, stellt Vergleiche an zwischen dem geschilderten und dem eigenen Leben« (229). Ein solches existenzielles, oft identifikatorisches Lesen ist für Kafka tatsächlich typisch. Es ist vor allem in seine Lektüren der Biographien, Autobiographien, Briefe und Tagebücher von Schriftstellern eingegangen. Bekannt ist seine Äußerung in einem Brief an Felice Bauer vom 2. September 1913, in dem er die Autoren nennt, denen er sich verwandt fühlte:

> von den vier Menschen, die ich (ohne an Kraft und Umfassung mich ihnen nahe zu stellen) als meine eigentlichen Blutsverwandten fühle, von Grillparzer, Dostojewski, Kleist und Flaubert, hat nur Dostojewski geheiratet und vielleicht nur Kleist, als er sich im Gedränge äußerer und innerer Not am Wannsee erschoß, den richtigen Ausweg gefunden (B13–14 275).

Aus einem solchen Bedürfnis nach ›Blutsverwandten‹ heraus hat Kafka Kierkegaard 1918 erneut gelesen, weil auch dessen Verlobung mit Regine Olsen (1822–1904) gescheitert war, so wie eben erst seine eigene mit Felice Bauer (Anz 2006).

Kafkas Interesse an den Lebensumständen und Krankheiten anderer Autoren war allerdings nicht *nur* psychologisch motiviert. Zwar suchte er immer wieder in den Biographien großer Autoren nach Analogien zu seinem eigenen Leben. Doch manche vorderhand bloß psychologisch aufschlussreichen Lektüren von Biographien und Autobiographien sind bei Kafka von einem poetologischen Interesse geleitet. Kennzeichnend für ihn ist, dass er »den literarischen Text ganz eng an die Existenz seines Autors gebunden« sah (Anz 1989, 20). Insbesondere in seinen Goethe- und Flaubert-Lektüren ist das Interesse am Zusammenhang zwischen Kreativität und Persönlichkeit deutlich.

Neben den psychologisch interessierten gibt es bei Kafka durchaus auch professionelle Lektüren (zur Unterscheidung: Lamping 2006, 12–14). Sie sind zumeist einzelnen Werken wie Shakespeares *Hamlet* (29.9.1915; T 756), Dostojewski (20.12.1914; T 711)

oder Gerhart Hauptmanns *Biberpelz* (13.12.1911; T 289 f.) gewidmet, die er mit literarischem Sachverstand und Scharfsinn analysiert und diskutiert hat. Das bekannteste Beispiel für solche literarischen Analysen ist sein Entwurf einer Kritik von Brods Roman *Jüdinnen*: die einlässlichste Auseinandersetzung mit dem Text eines anderen Autors, die von Kafka überliefert ist (26.3.1911; T 159 f.).

Allerdings haben keineswegs alle Lektüre-Zeugnisse Kafkas diskursiven Charakter. Durchaus typisch für ihn sind, neben knappen Hinweisen, metaphorische Beschreibungen von Lektüren. So notiert er etwa, nachdem er Gedichte Werfels gelesen hat: »Durch Werfels Gedichte hatte ich den ganzen gestrigen Vormittag den Kopf wie von Dampf erfüllt« (23.12.1911; T 308). Goethes Tagebücher hat Kafka gleichfalls mit einem literarischen Vergleich charakterisiert: »Die Klarheit aller Vorgänge macht sie geheimnisvoll, so wie ein Parkgitter dem Auge Ruhe gibt, bei Betrachtung weiter Rasenflächen und uns doch in unebenbürtigen Respekt setzt« (19.12.1910; T 135). Seine Strindberg-Lektüre beschreibt Kafka am 4. Mai 1915 in einem ausgearbeiteten poetischen Gleichnis:

> Besserer Zustand weil ich Strindberg (Entzweit) gelesen habe. Ich lese ihn nicht um ihn zu lesen sondern um an seiner Brust zu liegen. Er hält mich wie ein Kind auf seinem linken Arm. Ich sitze dort wie ein Mensch auf einer Statue. Bin zehnmal in Gefahr abzugleiten, beim elften Versuch sitze ich aber fest, habe Sicherheit und große Übersicht (T 742).

Solche metaphorischen Darstellungen von Lektüren zeigen, wie Kafka Lektüre in Literatur verwandelt hat: Das Lesen regt das Schreiben an.

Produktive Lektüren
Produktive Rezeptionen

Poetische Beschreibungen von Lektüren sind von ihrer produktiven Rezeption innerhalb einzelner Texte zu unterscheiden. Diese produktiven Rezeptionen sind jedoch in Kafkas Fall nicht immer leicht aufzuspüren. Denn nur selten hat er Bezüge auf andere Texte und Autoren markiert. Zu diesen wenigen Ausnahmen gehören seine Parabeln über Odysseus und die Sirenen (NSF II, 40 f.), der Max Brod den Titel ‹Das Schweigen der Sirenen› gegeben hat, und die über Don Quijote und Sancho Pansa, die Brod ‹Die Wahrheit über Sancho Pansa› genannt hat (NSF II, 38). Ansonsten sind die Bezüge in der Regel unmarkiert. Kafka hat sich alles in allem auch nicht oft zu seinen produktiven Lektüren geäußert (vgl. etwa die einschlägigen Bemerkungen und Hinweise in der Sammlung der Selbstdeutungen, s. u. ›Materialien‹). Charakteristisch für ihn sind versteckte oder verdeckte Rezeptionen, weniger Zitate oder einfache Übernahmen als ästhetische Transformationen.

Produktive Rezeptionen dieser Art zu ermitteln ist methodisch schwierig. Viele einschlägige Arbeiten, die ihnen gewidmet sind, sind mehr oder weniger spekulativ, wie es etwa häufig gegen Bert Nagels Monographie vorgebracht worden ist (Nagel 1983). Oft fehlen Beweise und Belege für angebliche intertextuelle Bezugnahmen. Die Behauptung solcher Bezüge kann dann nur mehr oder weniger große Plausibilität für sich beanspruchen. In einigen Fällen ist jedoch der Abgleich mit Kafkas Bibliothek und den Erwähnungen von ihm offenbar bekannten Autoren und Werken hilfreich.

Zwei Vorbilder

Die Reihe der Autoren, die Kafka produktiv rezipiert hat, ist insgesamt überschaubar (vgl. dazu die Auswahlbibliographie von Kraus). Aus der deutschen Literatur sind vor allem Johann Wolfgang Goethe, Franz Grillparzer, E.T.A. Hoffmann und Heinrich von Kleist zu nennen, aus der französischen vor allem Gustave Flaubert, aus der englischen Jonathan Swift und Charles Dickens, aus der spanischen Miguel de Cervantes, aus der skandinavischen Søren Kierkegaard, August Strindberg und Knut Hamsun, aus der tschechischen Božena Němcová, aus der russischen Nikolai Gogol, Fedor M. Dostojewski und Leo Tolstoi.

Kafkas Lektüren einzelner Autoren lassen sich an zwei Beispielen verdeutlichen, denen er selbst besondere Bedeutung beigemessen hat: Goethe und Flaubert. Sie gehören zu seinen erklärten »Vorbildern«, wie Stach festgestellt hat: »Goethes universelle Produktivität und Flauberts raffinierte Schlichtheit, das war das Maß aller Dinge« (Stach, 72). Dennoch ist sein Verhältnis zu ihnen von unterschiedlicher, dabei aber für ihn kennzeichnender Art gewesen.

Goethe

Nach dem immer wieder zitierten Max Brod ist der von Kafka am häufigsten in Briefen oder Tagebuch-Aufzeichnungen erwähnte Autor tatsächlich Goethe.

Welche Bedeutung er für Kafka erlangt hat, ist seit langem bekannt (vgl. etwa Nagel 1977). Seit seiner Schulzeit hat Kafka ihn immer wieder gelesen. Er besaß verschiedene Werke Goethes, darunter drei Bände der von Karl Goedeke bei Cotta verantworteten *Sämtlichen Werke*, die sechsbändige im Insel Verlag erschienene Ausgabe *Der junge Goethe*, vier Bände der von Eduard von der Hellen besorgten Edition *Goethes Briefe*, schließlich wohl auch die vierbändige, von Biedermann herausgegebene Ausgabe *Goethes Gespräche* sowie Eckermanns *Gespräche mit Goethe*. Durch Aufzeichnungen dokumentiert sind, neben den Lektüren der Tagebücher und Briefe, insbesondere die verschiedener Gedichte und Epen wie *Hermann und Dorothea*, der Romane, zumal des *Werther*, der *Iphigenie*, des *Faust* und von *Dichtung und Wahrheit*.

Bedeutsam sind die Goethe-Lektüren nicht nur durch ihre große Zahl und Dauer. Kafka hat bezeichnenderweise auch in Krisenzeiten Goethe gelesen. »1911 und 1912, die Jahre seiner Selbstfindung als Schriftsteller, waren zugleich Jahre intensiven Goethestudiums« (Nagel 1983, 170). Das ist kein Zufall; denn Kafka hat Goethe vor allem als Inbegriff des kreativen Künstlers verehrt. In diesem Sinn zitierte er ihn etwa am 8. November 1912 in seinem Tagebuch: »Goethe: meine Lust am Hervorbringen war grenzenlos« (T 374).

Ausdruck von Kafkas Goethe-Verehrung waren auch die beiden Reisen, die er auf dessen Spuren unternommen hat: 1909 zum Gardasee und 1912 nach Weimar, jeweils zusammen mit Brod. Vor allem über die Reise nach Weimar hat Brod ausführlich berichtet: »Kafka mit Andacht über Goethe sprechen zu hören, – das war etwas ganz Besonderes; es war als spreche ein Kind von seinem Ahnherrn, der in glücklicheren, reineren Zeiten und in unmittelbarer Berührung mit dem Göttlichen gelebt habe« (Brod, 108).

Bei aller Verehrung war Kafkas Verhältnis zu Goethe nicht unkritisch. 1912 erwähnt er im Tagebuch einmal den »Plan eines Aufsatzes ›Goethes entsetzliches Wesen‹« (31.1.1912; T 367), der allerdings nie zustande gekommen ist. Kafkas Kritik an Goethe ist aus einzelnen Aufzeichnungen zu rekonstruieren. So hat er etwa die »offen fehlerhaften Stellen« (16.11.1910; T 126 f.) in der *Iphigenie* erwähnt und sich am 25. Dezember 1911 notiert: »Goethe hält durch die Macht seiner Werke die Entwicklung der deutschen Sprache wahrscheinlich zurück« (T 318). Diese viel beachtete Bemerkung, die man auch als

Ausdruck eines Modernitäts-Bewusstseins lesen kann, das den Bruch mit der Tradition sucht, hat Ritchie Robertson so interpretiert:

> [Kafka] hielt Goethes Bedeutung für so überragend, daß sie die weitere Entwicklung der deutschen Literatur zum Stillstand brachte. Das schließt selbstverständlich ein, daß Kafkas eigene literarische Arbeiten von Goethe schon vorweggenommen waren und daß er sich als Schriftsteller nur in einer literarischen Tradition entwickeln konnte, in der es keinen Goethe gab (Robertson 1988, 40).

Mit dieser Einschätzung mag zusammenhängen, dass sich in seinem Werk kaum Spuren einer produktiven Rezeption Goethes finden. Die Ähnlichkeiten, auf die gelegentlich hingewiesen worden ist, etwa zwischen K. und Faust – »Beide erstreben ein unerreichbares Ziel, beide lassen gefühllos die Frauen im Stich (Frieda, Gretchen)« (Robertson 1988, 306) – sind durchweg typologischer Art. Dazu gehört auch die oft zu findende Charakterisierung des *Verschollenen* als Bildungsroman in der Nachfolge von *Wilhelm Meisters Lehrjahre* (vgl. etwa Neumann). Dass Kafkas lange und intensive Goethe-Lektüre nicht so viele Spuren in seinen Texten hinterlassen hat, wie man annehmen könnte, mag vor allem einen Grund haben: So sehr Kafka Goethe verehrte, so sehr war er offenbar auch bemüht, ihn aus dem eigenen Werk herauszulassen, aus Angst, von diesem großen Vorbild gleichfalls gelähmt zu werden.

Flaubert

Komplexer noch als Kafkas Verhältnis zu Goethe stellt sich das zu Gustave Flaubert dar, das von einer ähnlich tiefen Verehrung bestimmt war, die auch von einigen Freunden, allen voran Max Brod, bestätigt worden ist. Wann Kafka begonnen hat, Flaubert zu lesen, ist allerdings nicht mehr genau festzustellen. Klaus Wagenbach hat die Anfänge dieser Beschäftigung in die Studienzeit verlegt, als Teil der französischen Lektüren, die Kafka während dieser Jahre mit Max Brod pflegte (Wagenbach, 159). In seinen Tagebüchern erwähnt Kafka Flaubert das erste Mal 1912: »Flaubert zufrieden vorgelesen« (16.3.1912; T 409). Das erste Zeugnis einer Flaubert-Lektüre ist jedoch ein Brief von 1904 an Max Brod, in dem im Übrigen auch Goethes *Werther* Erwähnung findet (vermutl. vor 28.8.1904; B00–12 38).

Vor allem in seinen Briefen an Felice Bauer kommt Kafka immer wieder auf Flaubert zu sprechen. Er ermuntert, ja drängt sie geradezu, den Franzosen zu

lesen, und schenkt ihr die *Éducation sentimentale*. In den Tagebüchern finden sich nach 1912 Aufzeichnungen zu Flauberts *Briefe über seine Werke, Bouvard et Pécuchet* und der *Éducation sentimentale*. Besessen hat Kafka außerdem *Madame Bovary* in der Übersetzung von René Schickele. Dass er zudem die *Drei Erzählungen* in der Übersetzung Ernst Hardts, *Salammbô, La tentation du St. Antoine* und schließlich die *Tagebücher* gekannt hat, lässt sich aus verschiedenen Briefen, etwa an Felice Bauer, schließen.

Das Interesse, das Kafka an den Lebensumständen Flauberts nahm, ist immer wieder betont worden, seit Max Brod berichtet hat, dass sie beide sich »in das Studium der Werke und der Briefe Flauberts, der Memoiren seiner Nichte und alles Biographischen vertieften, das mit dem verehrten Mann zusammenhing« (Brod 1976, 232). So hat etwa Hartmut Binder über René Dumesnils Flaubert-Biographie (*Flaubert. Son hérédité – son milieu – sa méthode*. Paris 1906), die Kafka intensiv gelesen und später Max Brod geschenkt hat, gesagt, dass sie Kafkas Eigenart entgegengekommen sei, »eigene und fremde Werke stets autobiographisch« zu verstehen, »also als Ausdruck der Lebensprobleme, mit denen der jeweilige Schriftsteller zu kämpfen hatte« (Binder 1984, 282). Kafka hat bei Flaubert tatsächlich einige vergleichbare Lebensprobleme erkannt, insbesondere die Junggesellenexistenz und die damit verbundene Einstellung zur Schriftstellerei als Beruf und zur Ehe.

Nach Monika Kühne gibt es zwei Phasen intensiver Flaubert-Lektüren bei Kafka. Die eine ist die Zeit von Kafkas Verlobung mit Felice Bauer, der er die *Éducation sentimentale* zur Lektüre empfiehlt und ihr bedeutet, wie sehr er sich die »ambivalente Haltung des Flaubertschen Protagonisten gegenüber der Geliebten« (Kühne, 299) zu eigen gemacht habe. Später führt Felice diese Kommunikation »ambivalenter Botschaften« (313) ihrerseits mit *Salammbô* fort, die sie Kafka im Mai 1915 schenkt. Kühne betrachtet dabei Flauberts Korrespondenz mit Louis Colet als »Modell, wenn nicht gar als Anregung für Kafkas Briefwechsel mit Felice« (313).

Die zweite Phase einer intensiven Flaubert-Lektüre fällt in den Winter 1916/17, in dem Kafka sich selbst in einer Schreibkrise sah. Bei seinem Versuch, sie zu überwinden, orientierte er sich an Flaubert, der seine eigene Schreibkrise dadurch bewältigt hatte, dass er sich eine Novelle statt des Romans vornahm: *La légende de Saint Julien l'hospitalier*. Nach Kühne folgte Kafka diesem Vorbild, indem er die Erzählungen schrieb, die er in dem Band *Ein Landarzt* sammelte.

Spuren einer produktiven Rezeption Flauberts im Werk Kafkas sind nicht leicht zu identifizieren, aber gleichwohl vorhanden, wenn auch an keiner Stelle markiert. Mit Recht ist jedoch darauf hingewiesen worden, dass die Junggesellen-Thematik etwa in *Das Unglück des Junggesellen* oder in <*Blumfeld, ein älterer Junggeselle*> auch – wenngleich sicher nicht nur – mit Kafkas Flaubert-Lektüre in Verbindung gebracht werden kann (Schmeling, 15). Das gilt noch mehr für das Fragment <*Forschungen eines Hundes*>, das einige Motiv-Parallelen zu *Bouvard et Pécuchet* aufweist und sich gleichfalls als Kritik moderner Wissenschaftsgläubigkeit lesen lässt.

Nachdem zunächst Kafkas produktive Flaubert-Rezeption nur für das frühe Werk, etwa für *Hochzeitsvorbereitungen auf dem Lande* nachgewiesen worden ist (vgl. etwa Bernheimer), hat Monika Kühne solche Aneignungen auch im späten Werk aufgespürt. »Die entscheidende Auseinandersetzung mit dem französischen Autor«, behauptet sie, »hat ihren Niederschlag in den Texten des Prosabandes *Ein Landarzt* gefunden« (Kühne, 294), außer in der Titelgeschichte etwa in *Schakale und Araber*. Dabei handelt es sich zumeist um Motive wie die Wunde in *Ein Landarzt* oder die Tiere in *Schakale und Araber*, die die Tötung anderer Tiere rächen wollen. Bezugstext ist dabei jeweils *La légende de Saint Julien l'hospitalier*.

Doch nicht nur thematische und motivische, auch stilistische Übernahmen Kafkas sind von der Forschung herausgearbeitet worden. So hat Ritchie Robertson, eine Argumentation Malcolm Pasleys aufgreifend, darauf hingewiesen, dass Kafka das »Ideal der präzisen, genauen Beschreibung von Flaubert übernommen« habe, »insbesondere von dessen frühen Reisebeschreibungen« (Robertson 1988, 80), und ihm nicht nur im *Verschollenen*, sondern auch in den Tagebüchern nachgeeifert habe.

Manfred Schmeling hat schließlich Verbindungen zwischen der »Erzählhaltung« (Schmeling, 120) der beiden Autoren hergestellt: »Die Modernität Flauberts, die Kafkas Romane formal – und was die Leidenssituation und Ausweglosigkeit der Helden betrifft auch konzeptuell – fortschreiben, versteht sich auch vor dem Hintergrund der Überwindung der Auffassung, der Erzähler sei dazu aufgerufen, die erzählte Wirklichkeit reflektierend zu überspannen« (123). Kafka habe diese Haltung »auf noch konsequentere Weise im *Process* und im *Schloss* fortgesetzt: Verengung der Perspektive, Abbildung der Außenwelt in den Augen des Helden« (123).

Ein Beispieltext: Produktive Rezeptionen in *Der Verschollene*

Dass Kafka nicht nur in seinen Erzählungen, sondern auch in seinen Romanen Lektüren verarbeitet hat, ist Konsens der Forschung. Allerdings gibt es manchen Dissens darüber, welche Texte er jeweils produktiv rezipiert hat. So hat Robertson etwa Kafkas Lektüre von Dostojewskis *Schuld und Sühne* eine ähnliche Bedeutung für die Entstehung des *Process* zugeschrieben, wie sie die Beschäftigung mit Dickens für den *Verschollenen* gehabt hat: Kafkas »Antwort« auf Dostojewski habe darin gelegen, »einen Roman derselben Art zu schreiben, wie er ja auch Dickens eine Antwort gegeben hatte, indem er einen ›Dickens-Roman‹ schrieb – eben *Der Verschollene*« (Robertson 1988, 124).

Für *Das Schloss* sind gleich unterschiedliche literarische Bezüge diskutiert worden. Malcolm Pasley hat als ›Inspirationsquellen‹ für Kafkas »Schloß-Bild« Schriften u. a. von Schopenhauer, Comenius und Salomon Maimon, die von Micha Josef bin Gorion bearbeiteten *Sagen der Juden* (5 Bde., Frankfurt/M. 1913–27) und Heinrich von Kleists Novelle *Michael Kohlhaas* genannt (Pasley, 7–20). Peter-André Alt hat auf Bezüge zur zeitgenössischen Literatur verwiesen, etwa zu Ernst Weiß' Roman *Tiere in Ketten* oder zu Božena Němcovàs Roman *Babička* (Alt, 591 ff.). Robertson hat auf die zahlreichen Verbindungen zur jüdischen Literatur, vom *Hohenlied* Salomonis bis zu Joseph Lateiners *Der Meschumed*, aufmerksam gemacht (Robertson 1988, 344). Dass das Schloss ein prominentes Motiv der europäischen Schauerliteratur von Horace Walpoles *The Castle of Otranto* bis zu Bram Stokers *Dracula* ist, hat Michael Müller (Müller, 253–259) nachgewiesen.

Besonders aufschlussreich in ihrer Komplexität sind jedoch die produktiven Rezeptionen in Kafkas erstem Roman *Der Verschollene*. Wenn man ihn vor dem Hintergrund von Kafkas Lektüren betrachtet, erscheint er nicht nur, wie die beiden anderen Romane auch, als ein dichtes Gewebe intertextueller Bezüge. Er lässt auch unterschiedliche Arten der Lektüre-Verarbeitung erkennen, die gleichermaßen literarischen wie nicht-literarischen Texten gelten und die in ihrer Gesamtheit typisch für die produktiven Rezeptionen Kafkas sind.

Schon Heinz Politzer hat behauptet, dass die »Empirie« im *Verschollenen* »eine Wirklichkeit zweiter Hand« sei (Politzer, 185). Er hat dabei gleich mehrere literarische Quellen benannt:

Neben Dickens' *David Copperfield* kommen Benjamin Franklins *Autobiography*, der Anfang von Edgar Allan Poes *The Narrative of Arthur Gordon Pym* und Kapitel aus Ferdinand Kürnbergers *Der Amerikamüde* als Quellen in Betracht. Auch Arthur Holitschers Reiseerlebnisse *Amerika – heute und morgen* mögen Stimmungswerte beigetragen haben, zumal das Buch im Jahre 1912 erschienen war (185).

Diese Liste hat Ritchie Robertson als spekulativ kritisiert (Robertson 1988, 66). Sicher ist lediglich, dass Kafka *David Copperfield*, und wahrscheinlich, dass er Arthur Holitschers Reisebericht gekannt hat, ebenso wie Franklins Jugenderinnerungen, die er wohl einmal besessen hat, allerdings erst in späteren Jahren. Für seine Beschäftigung mit Poe und Kürnberger hingegen gibt es keine Zeugnisse.

Viel Aufmerksamkeit gefunden hat Kafkas Tagebuch-Aufzeichnung vom 8. Oktober 1917, in der es heißt:

>»Der Heizer« glatte Dickensnachahmung, noch mehr der geplante Roman. Koffergeschichte, der Beglückende und Bezaubernde, die niedrigen Arbeiten, die Geliebte auf dem Landgut die schmutzigen Häuser u. a. vor allem aber die Methode. Meine Absicht war wie ich jetzt sehe einen Dickensroman zu schreiben, nur bereichert um die schärferen Lichter, die ich der Zeit entnommen und die mattern, die ich aus mir selbst aufgesteckt hätte (T 841).

Dies ist eine der wenigen Bemerkungen Kafkas, die belegen, wie sehr er selbst literarischen Mustern folgte, ohne dies allerdings in den Texten zu markieren.

Die »Abhängigkeit des *Verschollenen* von Dickens« über das Motiv des verlorenen Koffers hinaus hat Binder auch noch für weitere Motive und »Erzählelemente« (Binder 1977, 56) behauptet. Die Dickens-Bezüge sind nicht die einzigen, die er erkannt hat. Neben Werken von Moses Richter und Morris Rosenfeld, deren »Thematik sich ebenfalls mit dem *Amerika*-Roman berührt« (55), hat Binder auch deutliche Parallelen zwischen dem 8. Kapitel von Kafkas Roman-Fragment und dem 8. von *Madame Bovary*, der berühmten Beschreibung der Landwirtschaftsmesse, gesehen.

Bedenkenswert ist dieser Hinweis auch deshalb, weil die literarische Reihe, in der *Der Verschollene* steht, mit den Kafka bekannten und von ihm gelesenen Amerika-Büchern allein nicht vollständig ist. Dass neben Dickens insbesondere Flaubert als stilistische und strukturelle Referenz auch in diesem Fall in Frage kommt, hat Peter-André Alt behauptet. »Die Erzähldiktion des *Verschollenen* folgt« nach Alt »dem von Kafka bewunderten Modell der *Éducation senti-*

mentale Flauberts«. Von der »Handlungsführung« her sei *Der Verschollene* schließlich eine »Kontrafaktur des klassischen Bildungsromans« (Alt, 357) nach dem Modell von Goethes *Wilhelm Meisters Lehrjahre*. Auf diese Verbindung hat vor Alt bereits Gerhard Neumann hingewiesen (Neumann 1985). Der Begriff der Kontrafaktur ist hier allerdings nicht glücklich gewählt; doch von einer »negativen Bildungsgeschichte« (Alt, 359) zu sprechen, wie Alt das an anderer Stelle tut, ist inzwischen geradezu üblich geworden.

Unabhängig davon, welche Lektüre im Einzelnen nachweisbar ist, hat sich in der Forschung die Ansicht durchgesetzt, Kafkas Amerika sei ein »erlesenes Amerika« (Alt, 347; vgl. außerdem Frick). Das mag insofern schwer zu widerlegen sein, als Kafka die Vereinigten Staaten nie selbst kennengelernt hat. Robertson hat jedoch behauptet, dass Kafkas »Interesse an Amerika« bloß »zu einem geringen Teil aus der Beschäftigung mit fiktiver Literatur« herrührte, vielmehr »im wesentlichen« zurückgehe »auf persönliche Kontakte und Sachberichte« (Robertson 1988, 67). Auch Alt hat ähnlich bemerkt, dass Kafka ebenfalls aus dem »Familienmythos« als Quelle geschöpft habe: »Mehrere Cousins der väterlichen Linie hatten um die Jahrhundertwende Europa verlassen und sich in den Vereinigten Staaten etabliert« (Alt, 354).

Forschung

Eine theoretisch und methodisch überzeugende Gesamtdarstellung der Lektüren Kafkas steht noch aus. Bert Nagels 1983 publizierte umfangreiche Monographie *Kafka und die Weltliteratur* ist trotz zahlreicher Hinweise durch ihren Hang zu insbesondere psychologischen Spekulationen grundsätzlicher Kritik ausgesetzt. Einen neuen Versuch, Kafkas Lektüren wie die Rezeption seines Werks durch andere Autoren auf der Grundlage eines stärker philologischen Begriffs von Intertextualität zu beschreiben, stellt der 2006 erschienene, von Manfred Engel und Dieter Lamping herausgegebene Sammelband *Franz Kafka und die Weltliteratur* dar, der auch eine Auswahlbibliographie neuerer Forschungsarbeiten zu einzelnen Bezügen enthält.

Materialien: Franz Kafka: Der Dichter über sein Werk. Hg. v. Erich Heller u. Joachim Beug. München 1977. – Herbert Blank (Hg.): »In K.s Bibliothek«. Werke der Weltliteratur und Geschichte in der Edition, wie K. sie besaß oder kannte, kommentiert mit Zitaten aus seinen Briefen und Tagebüchern. Stuttgart 2001.

Bibliographie: Esther Kraus: Auswahlbibliographie. In: Engel/Lamping (2006), 351–378.

Forschung allgemein: P.-A. Alt (2005). – T. Anz (1989). – H.L. Arnold (1994). – W.H. Auden: The Wandering Jew. In. Ders.: Prose and Travel Books in Prose and Verse. 2: 1939–1949. Princeton 2002, 110–113. – G. Baioni (1994). – Evelyn Torton Beck: K.s ›Durchbruch‹. Der Einfluß des jiddischen Theaters auf sein Schaffen. In: Basis 1 (1970), 204–223. – H. Binder (1976). – H. Binder (1977 [1975]). – Ders.: Leben und Persönlichkeit F.K.s. In: KHb (1979) I, 103–584. – Ders.: Zu K.s Flaubert-Lektüre. In: Hans-Henrik Krummacher/Fritz Martini/Walter Müller-Seidel (Hg.): Zeit der Moderne. Zur deutschen Literatur von der Jahrhundertwende bis zur Gegenwart. Stuttgart 1984, 281–299. – J. Born (1990). – M. Brod (1976 [1966]). – Stanley Corngold: K.: The Radical Modernist. In: Graham Bartram (Hg.): The Cambridge Companion to the Modern German Novel. Cambridge u. a. 2004, 62–76. – Manfred Engel/Dieter Lamping (Hg.): F.K. und die Weltliteratur. Göttingen 2006. – Werner Frick: K.s New York. In: Ders. u. a. (Hg.): Orte der Literatur. Göttingen 2002, 266–294. – Gerald Gillespie: Proust, Mann, Joyce in the Modernist Context. Washington 2003. – K.-E. Grözinger (1987). – D. Lamping (1998). – Ders.: F.K. als Autor der Weltliteratur. Einführung. In: Engel/Lamping (2006), 9–23. – Michael Müller: *Das Schloß*. In: M. Müller (1994), 253–283. – Bert Nagel: K. und die Weltliteratur. Zusammenhänge und Wechselwirkungen. München 1983. – Gerhard Neumann: Der Wanderer und der Verschollene. Zum Problem der Identität in Goethes *Wilhelm Meister* und K.s *Amerika*-Roman. In: Stern/White (1985), 43–65. – M. Pasley (1995). – H. Politzer (1965). – R. Robertson (1988). – Ders.: *Der Prozeß*. In: M. Müller (1994), 98–145. – Ders.: K. und die skandinavische Moderne. In: Engel/Lamping (2006), 144–165. – J. Schillemeit (2004). – R. Stach (2002). – R. Stach (2008). – K. Wagenbach (1958).

Zu einzelnen Autoren: *Flaubert*: Charles Bernheimer: Flaubert and K. Studies in Psychopoetic Structure. New Haven, London 1982. – Monika Kühne: »Es geht in einen über, sei man wie man sei«. K. als Leser Flauberts. In: Archiv 149 (1997) 234, 293–313. – Klaus Pape: Sprachkunst und Kunstsprache bei Flaubert und K. St. Ingbert 1996. – Manfred Schmeling: K. und Flaubert. Perspektive, Wirklichkeit, Welterzeugung. In: Engel/Lamping (2006), 109–124. –– *Goethe*: Bert Nagel: K. und Goethe. Stufen der Wandlung von der Klassik zur Moderne. Berlin 1977. –– *Kierkegaard*: Thomas Anz: Identifikation und Abscheu. K. liest Kierkegaard. In: Engel/Lamping (2006), 83–91.

Dieter Lamping

2.2 Der ›Prager Kreis‹ und die deutsche Literatur in Prag zu Kafkas Zeit

Prag als narrativer Raum

Auch daß wir keinen Lehrer und kein Programm hatten, habe ich schon hervorgehoben. Es sei denn, daß man Prag selber, die Stadt, ihre Menschen, ihre Geschichte, ihre schöne nahe und fernere Umgebung, die Wälder die Dörfer, die wir eifrig in Fußmärschen durchwanderten, als unseren Lehrer und unser Programm ansehen will. Die Stadt mit ihren Kämpfen, ihren drei Völkern, ihren messianischen Hoffnungen in vielen Herzen (Brod 1966, 137).

In Max Brods Portrait jener literarischen Gruppierung, die er als den ›Prager Kreis‹ bezeichnet und zu dessen innerstem Kern er die Treffen der vier Freunde Kafka, Brod, Felix Weltsch und Oskar Baum rechnet, wird erwähnt, was für die gesamte Prager deutsche Literatur der Moderne als charakteristisch angesehen werden kann: die Inselsituation der Dreivölkerstadt Prag – Zentrum der böhmischen Provinz der alten österreichischen Donaumonarchie – im nationalen, kulturhistorischen und literaturgeschichtlichen Kontext. Diese bedingte wesentlich, dass Prag zu einem narrativen Raum werden konnte, zu einer Matrix für literarische Produktion und Interaktion zwischen den Kulturen.

Insular war die deutsche Literatur in Prag schon in soziokultureller Hinsicht. Sie wurde es im Zuge der aufkommenden tschechischen Nationalisierung seit der Mitte des 19. Jahrhunderts, verstärkt noch durch die industrielle Revolution, in deren Zuge sich tschechische Arbeiter vor allem in den Vororten Prags ansiedelten, während der Stadtkern deutsch bzw. deutsch-jüdisch war. So wurde im Zentrum Prags bis zu Kafkas Jugend mehrheitlich deutsch gesprochen, in der übrigen Stadt sowie in der böhmischen Provinz (ausgenommen die sudetendeutschen Gebiete) vorwiegend tschechisch. Diese für die Prager deutsche Literatur charakteristische Inselsituation wurde mit dem Durchbruch der tschechischen Nationalisierungsbewegung um den Ersten Weltkrieg noch weiter radikalisiert. Aus einer überwiegend deutschen Stadt (1850 betrug der Anteil der Deutschen zwei Drittel) wurde eine tschechische: Nach dem Krieg und der Gründung der tschechoslowakischen Republik 1919 bildeten die Deutschsprechenden eine Minderheit von etwa 32.000 Personen, wovon mehr als die Hälfte Juden waren. Es war dies eine Lage, die die deutschen Schriftsteller Prags von Fritz Mauthner (1849–1923) über Rilke bis hin zu Brod, Franz Werfel (1890–1945) und Kafka unmittelbar bestimmte und die sie auch vielfach und kontrovers thematisierten. Im Spannungsfeld von nationalen, sozialen und religiösen Beziehungen innerhalb der Monarchie entwickelte sich in Prag eine deutsche bzw. vorzugsweise deutsch-jüdische Literatur und Kunst von Weltgeltung.

Ausgehend von Kafkas Charakteristik ›kleiner Literaturen‹ (T 312–315, 321 f., 326; ↗ 138–140) haben Gilles Deleuze und Félix Guattari in ihrer wegweisenden Schrift *Kafka. Pour une littérature mineure* (1975; dt. 1976) Bedingungen für eine Literatur formuliert, die in einer kleinen isolierten Sprachgemeinschaft entsteht und in der im Gegensatz zu ihrer Umwelt die gesprochene Sprache nicht zugleich auch offizielle Landessprache ist:

> Ihr enger Raum bewirkt, daß sich jede individuelle Angelegenheit unmittelbar mit der Politik verknüpft. Das individuelle Ereignis wird um so notwendiger und unverzichtbarer, um so mehr unterm Mikroskop vergrößert, je mehr sich in ihm eine ganze Geschichte abspielt. So verbindet sich das ödipale Dreieck der Familie mit anderen, mit den geschäftlichen, ökonomischen, bürokratischen, justiziären Dreiecken, die seine Werte bestimmen (Deleuze/Guattari, 25).

Für diese Involvierung des literarischen Schreibens in den kulturpolitischen Kontext, wie ihn Prag bildet, kann die Literatur Kafkas als paradigmatisch angesehen werden, da seine Texte einen permanenten subtextuellen Diskurs mit jener spezifischen Prager Matrix führen (Kilcher 2008).

An eine textuelle Oberfläche gebracht ist diese auch konfliktuöse Spannung unter anderem in Kafkas kurzem Text ‹*Das Stadtwappen*› (ca. 15.9.1920; NSF II, 318 f., 323). Dieser Text ist mit seinen mythischen und biblischen Anspielungen als eine allegorische Erzählung der Geschichte der Stadt Prag und ihrer spezifischen kulturellen Disposition zur Zeit Kafkas zu lesen, wobei das transkulturelle Narrativ Prags mit anderen Narrativen wie dem des babylonischen Turmbaus verbunden wird. In Kafkas Text, in dem zunächst der babylonische Turmbau verhandelt wird, geht es um den großen Plan eines idealen Gemeinwesens, in dem »jede Landsmannschaft [...] das schönste Quartier« haben wollte, weswegen sich auch »Streitigkeiten [ergaben], die sich bis zu blutigen Kämpfen steigerten« (NSF II, 319). Förmlich als

Substitut des großen, menschenverbindenden Bauwerks entsteht so bei Kafka eine in sich zerstrittene Stadt, eine disharmonische Gemeinschaft von gegeneinander intrigierenden ›Landsmannschaften‹. Das universale, kosmopolitische Projekt (wie es gerade auch in Prag seine Apologeten hatte, ↗ 40) scheitert in Kafkas Text an partikularen, individuellen Interessen. So entsteht hier eine Stadt gerade auch durch das Gegeneinander-Arbeiten der einzelnen Landsmannschaften. Im kollektiven literarischen Unterbewusstsein jedoch dämmert der Wunsch nach einer alles bereinigenden Vernichtungstat:

> Alles was in dieser Stadt an Sagen und Liedern entstanden ist, ist erfüllt von der Sehnsucht nach einem prophezeiten Tag, an welchem die Stadt von einer Riesenfaust in fünf kurz aufeinander folgenden Schlägen zerschmettert werden wird. Deshalb hat auch die Stadt die Faust im Wappen (NSF II, 323).

Als eigentliche Faust hat sich im Nachhinein die Geschichte erwiesen. Sie gibt Kafkas literarischer Vernichtungsvision insofern Recht, als die Besetzung Prags durch die Nazis 1938 und die nachfolgende Vertreibung und Ermordung der jüdischen Bevölkerung sowie die Vertreibung der übrigen deutschen Bevölkerung nach dem Krieg das alte vielsprachige Prag der drei Völker endgültig auslöschten.

Literatur im Prag der Jahrhundertwende: Ghettoliteratur, Concordia, Jung-Prag

Die moderne Prager deutsche Literatur des späten 19. und frühen 20. Jahrhunderts ist auch in ihrem insularen und transkulturellen Status keineswegs homogen. Vielmehr lassen sich höchst unterschiedliche Gruppierungen unterscheiden, die im Vor- und Umfeld jener Exponenten der Moderne liegen, die Brod als ›Prager Kreis‹ bezeichnete: namentlich die sogenannte Ghettoliteratur um die Mitte des 19. Jahrhunderts, die Schriftsteller im Kontext des Concordia-Vereins gegen Ende des 19. Jahrhunderts sowie die auf diese folgende jüngere Generation um 1900, die sich ›Jung-Prag‹ nannte. Literaturgeschichtlich gehen dem sogenannten ›Prager Kreis‹ zu Kafkas Zeit damit mehrere Gruppierungen voran, die auf sehr unterschiedliche Weise der speziellen Prager (nämlich eben transkulturellen und zugleich insularen) Disposition von Literatur und Kultur angehören.

(1) Zuerst zu nennen sind die in Prag und Böhmen sehr präsenten Vertreter der sogenannten *Ghettoliteratur*. Dieses literarische Paradigma ist ein entscheidender Indikator dafür, dass im 19. Jahrhundert das Deutsche zur wichtigsten Umgangs- und Literatursprache der liberalen Juden Mittel- und Osteuropas wurde, insbesondere (wenn auch nicht ausschließlich) in Metropolen wie Prag. Auch eine dem Inhalt nach klar ›jüdische‹ Themen ansprechende Literatur wie die Ghettoliteratur wurde in deutscher Sprache verfasst. Historisch wie poetologisch im literarischen Realismus zwischen ca. 1840 und 1900 angesiedelt, ist ihr hauptsächlicher Handlungsort allerdings das jüdische ›Shtetl‹, also die Provinz, und weniger die westeuropäische Stadt mit ihren jüdischen Quartieren wie der Josephstadt in Prag, in deren unmittelbarer Nachbarschaft Kafka aufwuchs. In deren ›Assanation‹ (1893–1917) – einer prägenden Erfahrung von Kafkas Generation – wurde das alte jüdische Ghetto, angeblich aus hygienischen Gründen, abgerissen und durch moderne Geschäftshäuser und breite Straßen ersetzt. Gustav Janouch (1903–1968), ein junger Prager Bewunderer Kafkas, insinuiert in einem Gesprächsbericht, dass auch Kafka das alte Ghetto vor Augen hatte:

> In uns leben noch immer die dunklen Winkel, geheimnisvollen Gänge, blinden Fenster, schmutzigen Höfe, lärmenden Kneipen und verschlossenen Gasthäuser. Wir gehen durch die breiten Straßen der neuerbauten Stadt. Doch unsere Schritte und Blicke sind unsicher. Innerlich zittern wir noch so wie in den alten Gassen des Elends. Unser Herz weiß nichts von der durchgeführten Assanierung. Die ungesunde alte Judenstadt in uns ist viel wirklicher als die hygienische Stadt um uns (Janouch 1968, 116).

In den Texten der Ghettoliteratur wird – zwischen realistischer Milieuschilderung, kritischer Darstellung und elegischer Idealisierung – das jüdische Leben in seiner konfliktreichen Schwellenlage zwischen Tradition und Moderne, zwischen Osteuropa und Westeuropa, zwischen Abgeschlossenheit und Bildungsoptimismus durchgespielt. Böhmen bzw. Prag war, neben Galizien, ein Zentrum dieser Literatur.

Zu den ersten und maßgeblichen Autoren des Genres gehörten der böhmische Schriftsteller Leopold Kompert (1822–1886), der in Prag studierte, und der in Prag geborene Siegfried Kapper (1821–1879), ein Vermittler zwischen jüdischer, deutscher und tschechischer Literatur und – neben Salomon Kohn (1873–1945), Joseph Samuel Tauber (1822–1879) und Georg Leopold Weisel (1804–1873) – der

wichtigste Ghettoautor im Prager Kontext. Insbesondere mit seiner Sammlung *Prager Ghettosagen* (1876), die das alte jüdische Prag thematisiert, stellte sich Kapper vor eine ganze Gruppe von Prager Ghettoschriftstellern.

Getragen wurde diese Prager Ghettoliteratur nicht zuletzt durch zwei Verleger: Wolf Pascheles (1814–1857) und Jakob Brandeis (1835–1912). Nicht nur Kappers Ghettosagen erschienen in der von ihnen begründeten *Jüdischen Universal-Bibliothek*. Die beiden Prager Verleger verhalfen diesem deutsch-jüdischen Literaturparadigma mit einer von Pascheles herausgegebenen zweibändigen Sammlung zu nachhaltiger Wirkung, die auch in Kafkas Bibliothek stand: *Sippurim. Eine Sammlung jüdischer Volkssagen, Erzählungen, Mythen, Chroniken, Denkwürdigkeiten und Biographien berühmter Juden* (1854–70).

(2) Von dieser Gruppe von Ghettoschriftstellern unterscheiden sich die Schriftsteller um den 1871 gegründeten Verein ›Concordia‹ – mit vollem Namen *Verein deutscher Schriftsteller und Künstler in Böhmen Concordia* – grundlegend. Wenn auch vielfach von jüdischen Schriftstellern getragen, war doch diese Literatur sehr fern vom Judentum. Der Verein gehörte zum Zentralverein der Prager Deutschen mit dem Namen *Deutsches Casino* (1862–1943). Schon diese Zugehörigkeit macht seine Stellung im böhmischen Nationalitätenkampf deutlich: Im Deutschen Casino trafen sich die deutsch-böhmischen Politiker und Intellektuellen, darunter etwa David Kuh (1818–1879), der Verleger des *Tagesboten aus Böhmen*, nach Fritz Mauthner, der dem Verein ebenfalls nahestand, einer der größten Verfechter der ›deutschen Sache in Böhmen‹ (Mauthner, 189). Der Concordia-Verein transportierte diese Haltung in Literatur und Kunst. Im Zentrum stand die deutsche literarische Klassik seit Goethe und Schiller, die zur unverrückbaren Norm wurde. Entsprechend kritisch charakterisierte Brod diese Autoren als »Epigonen der Klassik«, mit Blick auf den ›Prager Kreis‹ aber auch als »älteren Kreis« (Brod 1966, 43).

Eine zentrale Gestalt dieses Vereins war Alfred Klaar (1848–1927), Organisator der Concordia von 1871 bis 1899, Theaterkritiker der *Deutschen Zeitung Bohemia* und der eigentliche ›Prager Literaturpapst‹, wie ihn Mauthner keineswegs ironisch nannte (Mauthner, 188). 1900 charakterisierte Klaar in dem Aufsatz *Das deutsche Prag* die Programmatik der Concordia im kulturpolitischen Umfeld: Die jahrhundertealte deutsche Kultur in Böhmen, die durch den tschechischen Nationalisierungsprozess seit

1848 bedroht und marginalisiert werde, solle durch ein weitverzweigtes Netz deutscher Institutionalisierungen gerettet werden, auch und gerade durch einen Verein deutscher Schriftsteller und Künstler.

Als Zweiter zu nennen ist Heinrich Teweles (1856–1928), Chefredaktor des *Prager Tagblatts* von 1900 bis 1920 und Direktor des Prager deutschen Theaters. Den epigonalen Neoklassizismus brachte er auf Formeln wie: »Goethe bedeutet die deutsche Kultur« (Teweles, 7). Von besonderer Bedeutung für die Concordia war seine Herausgabe des *Prager Dichterbuchs* (1894). Es kann als repräsentativer Einblick in das Schaffen der hier vereinten Schriftsteller gelten. Der Band versammelt Lyrik und Prosa u. a. von Alfred Klaar, Heinrich Teweles, Josef Willomitzer (1849–1900), Hugo Salus und Friedrich Adler.

Friedrich Adler (1857–1938) war eine der prägenden Gestalten im kulturellen Leben des deutschsprachigen Prag um 1900. Wie Kafka ein promovierter Jurist (und mit ihm bekannt), verlegte er sein Hauptinteresse in Richtung romanischer und japanischer Sprache und Literatur. An seiner Tätigkeit als Lehrbeauftragter für romanische Studien an der Deutschen Universität in Prag und als Dolmetscher für die tschechoslowakische Nationalversammlung 1918 zeigt sich nicht zuletzt auch ein verändertes Verhältnis zur tschechischen Kultur. Durch zahlreiche Übertragungen aus dem Tschechischen, darunter die Werke des mit ihm befreundeten Jaroslav Vrchlický (1853–1912), kam Adler die Rolle eines Literaturvermittlers zu. Unter seinen Lyrik-Bänden ist insbesondere *Vom goldenen Kragen* (1907) hervorzuheben, in dem er auch in (selbst-)ironischer Form die klassizistischen Ideale thematisierte und die Frage der Rolle des Dichters als »Weltverbesserer« (Adler, 32) stellte.

Der als Antipode Adlers wahrgenommene Arzt und Dichter Hugo Salus (1866–1929) nahm im böhmischen Nationalitätenkampf ebenso wie im Zionismus dagegen kompromisslos die deutsche Position ein. Brod zitiert im *Prager Kreis* ein polemisches Gedicht, das Salus in einer Prager Zeitung veröffentlichte, nachdem die Zionisten mit einer eigenen Liste in die Stadtratswahlen gingen:

> Heute gibt es nur Deutsche!
> Wer nicht deutsch wählt,
> Verdient die Peitsche. (Brod 1966, 69)

Dieser hypertrophe, deutsch-assimilatorische Nationalismus ist jedoch in Salus' Lyrik wenig prominent. Gerade ästhetische Norm und Einfachheit werden zu seinem lyrischen Programm, das dem Jugendstil nahe war. Im Übrigen machte Salus auch biographische Realien zum literarischen Gegenstand, etwa seine Ehe in der Lyriksammlung *Ehefrühling* (1900) oder auch das auf dieses Glück folgende Warten auf die Geburt eines Sohnes im *Trostbüchlein für Kinderlose* (1909).

An Adler und Salus wird beispielhaft deutlich, wie das Schreiben der Concordia-Schriftsteller auf die deutsch-tschechisch-jüdische Konstellation Prags bezogen ist. Denn die hypertrophe Akkulturation an Paradigmen der deutschen Kultur erweist sich nicht zuletzt als Strategie einer spezifisch jüdischen Moderne zwischen zwei Konfliktparteien. So wurden im böhmischen Nationalitätenkonflikt insbesondere jüdische Intellektuelle zu Apologeten der deutschen Kultur in einem mehr und mehr slawisch bzw. tschechisch dominierten Umfeld. Nicht zufällig wird dann auch die zunehmende Infragestellung der Autorität der deutschen Kultur durch die jungtschechische Bewegung für diese Gruppe zur Infragestellung des Projekts der jüdischen Moderne überhaupt. Programmatisch heißt es deshalb in Adlers Gedicht *Der deutsche Jude*: »Zu sehr an Dir mit allen Ranken, hängt meine Seele, deutsches Heim« (Adler, 96). Auf andere Weise stellt Salus die deutsche und die jüdische Kultur unvermittelbar nebeneinander, wenn er sein vorbehaltloses Bekenntnis zur Norm der deutschen Klassik durch ein partielles Spiel mit dem Paradigma der Ghettoliteratur konterkariert, so etwa in Gedichten wie *Altes Ghettoliedchen* und *Vom hohen Rabbi Löw* (beide in *Ernte*, 1903) oder in der ›Ghettogeschichte‹ *Die Beschau* (1920) – Texte, die sich offenkundig von der Programmatik der Concordia entfernten.

(3) Solche Texte rücken in die Nähe einer dritten literarischen Gruppierung der Jahre zwischen ca. 1898 und 1910: des sogenannten *Jung-Prag*, einer Gruppe, die das alte Prag – auch und gerade mit seinem jüdischen Ghetto und seinen vormodernen Mythen – idealisierte. Gegen den Neoklassizismus der Concordia-Schriftsteller stellte sie eine antibürgerliche Neoromantik. Zu dieser Gruppe gehören Oskar Wiener (1873–1944) und Paul Leppin (1878–1945), die hier die wichtigste Rolle spielten, sowie u. a. Viktor Hadwiger (1878–1911), Leo Heller (1876–1949), Ottokar Winicky (1872–1943), Camill Hoffmann (1878–1944), Oskar Schürer (1892–1949), aber auch Künstler wie Richard Teschner (1879–1948), Hugo Steiner-Prag (1880–1945) sowie Alfred Kubin (1877–1959), die wiederholt auch die

Bücher der genannten Autoren – oft in bibliophiler Ausfertigung – gestalteten.

Die literarischen Vorbilder der Jung-Prager waren zwei etwas ältere Prager, die allerdings die Stadt schon um 1900 verlassen hatten: der junge Rilke sowie »der geniale Gustav Meyrink« (Brod 1966, 43). Rilkes literarische Anfänge in Prag dokumentieren sein erster Gedichtband *Larenopfer* (1896), der in einem emphatischen Sinn Prager Stadt-Gedichte enthält, sowie seine *Zwei Prager Geschichten* (1899), die Rilke nach seinem Weggang aus Prag 1897/98 in Berlin verfasste und die die Prager Geschichte zu ihrem Gegenstand machen.

Von noch größerer Vorbildfunktion für das junge Prag war der in allen okkulten Wissenschaften experimentierende Gustav Meyrink (i.e. Gustav Meyer; 1868–1932), *der* Prager-Bürgerschreck des letzten Jahrzehnts des 19. Jahrhunderts, der wegen Betrugsverdachtes Prag 1902 verließ und ebenfalls nach München ging. Mit seinem Kultroman *Der Golem* (1915) kanonisierte Meyrink die Mythisierung des alten Prag und seines jüdischen Ghettos, als es schon nicht mehr bestand. Nicht nur für die Neuromantiker, sondern noch für Kafkas Generation galt Meyrink als großes Vorbild einer antibürgerlichen Bohème-Literatur. Besonders Brod sah bei seinem ›Lieblingsschriftsteller‹ Meyrink seine Anfänge, aber auch in Kafkas Briefen werden dessen Texte erwähnt (so seine Sammlung von sieben Geschichten mit dem Titel *Fledermäuse* von 1916; An G.H. Meyer [Kurt Wolff Verlag], 10.8.1916; B14–17 199 u. An den Kurt Wolff Verlag, 19.8.1916; B14–17 208).

Symptomatisch für die nachhaltige Bedeutung Meyrinks und der Jung-Prager ist nicht zuletzt auch, dass die ›Lese- und Redehalle der deutschen Studenten‹ bzw. ihre literarische Sektion, deren Berichterstatter Kafka war, in dessen Studienjahren (1902–1906) Lesungen eben dieser Prager deutschen Autoren abhielt (darunter Texte von Meyrink, Leppin, Salus, Wiener).

Die Jung-Prager formierten sich als Gruppierung von Schriftstellern und Künstlern kurz vor der Jahrhundertwende. Zwischen März 1900 und April 1901 erschien ihr erstes literarisches Organ: die am Jugendstil orientierten ›modernen Flugblätter‹ *Frühling*, als deren Herausgeber Paul Leppin firmierte und in denen Autoren wie Camill Hoffmann, Oskar Wiener und Ottokar Winicky vornehmlich Lyrik publizierten. Dabei unterstreicht eine Sondernummer zu Rilke dessen Bedeutung für die junge Prager Generation. 1906 ließ Leppin die nächste literarische

Zeitschrift *Wir. Deutsche Blätter der Künste* folgen, die er gemeinsam mit dem Künstler Richard Teschner herausgab. Hier publizierten nicht nur Hadwiger, Wiener, Hoffmann und Rilke, sondern bereits der junge Brod, dessen erste Publikation *Spargel* (1903) auf Vermittlung von Meyrink zustande kam.

Neben diesen Zeitschriften formierten auch Sammelbände das soziale und literarische Profil dieser Gruppe, die auf die Initiative Oskar Wieners zurückgingen, allerdings teils schon im Rückblick und mit idealisierendem Gestus erschienen. 1914 edierte Wiener gemeinsam mit Johann Pilz einen ›Almanach deutscher Dichtung und Kunst aus Böhmen‹ unter dem Titel *Der Heimat zum Gruss* sowie 1919 die wohl bedeutendste Anthologie dieser Art: *Deutsche Dichter aus Prag*. Beide gehen jedoch auch über die Generation der Jung-Prager hinaus und enthalten Texte sowohl der Concordia-Schriftsteller Mauthner und Adler als auch einer seit ca. 1910 auftretenden jüngeren Generation: Brod, Oskar Baum, Paul Kornfeld (1889–1942), Franz Werfel und Johannes Urzidil (1896–1970). Sie vermittelten so einen übergreifenden Überblick über die deutsche Literatur Prags der Moderne bis hin zum Ende der Donaumonarchie bzw. zur Gründung der tschechoslowakischen Republik. Kurz darauf fügte Wiener noch die Bände *Böhmische Sagen* (1919) sowie *Alt-Prager Guckkasten* (1922) hinzu, die eine späte Idealisierung des alten ›romantischen Prag‹ durch einen ehemaligen Jung-Prager leisten. Ähnlich generationenübergreifend und rückblickend waren auch die beiden 1926 und 1927 erschienenen *Alt-Prager Almanache* von Paul Nettl (1889–1972), die ebenfalls Texte dreier Generationen versammelten: der Concordia-Gruppe, der Neuromantiker und der Brod/Werfel-Generation (Brod, Baum, Werfel, Kornfeld). Dass allerdings Kafka in all diesen Sammelbänden fehlte, zeigt, dass er kaum als ›Prager Autor‹ wahrgenommen wurde.

Das charakteristische ästhetische und intellektuelle Profil der Jung-Prager war hauptsächlich durch eine Reihe individueller Publikationen markiert: Bestimmend waren neben Meyrinks phantastischen und satirischen Texten vor allem Schriften von Leppin und Wiener. Leppins Romane *Daniel Jesus* (1905), in buchkünstlerischer Ausstattung von Richard Teschner (bzw. 1919 in neuer Ausstattung von Alfred Kubin), sowie *Severins Gang in die Finsternis* (1914) mit dem Untertitel ein *Prager Gespensterroman* gehören zu den aufstörendsten Texten der Jung-Prager, mehr noch als Wieners Gedichte und seine das Prager Nachtleben zelebrierenden *Verstiegene Novellen* (1907) oder sein Roman *Im Prager Dunstkreis* (1919).

Diese Texte machen den Willen der Jung-Prager zum Neuanfang deutlich: Sie wollten keine Epigonen von Schiller und Goethe mehr sein. Neben den Romantikern waren vor allem Nietzsche, Baudelaire und Freud die Heroen dieser jungen Generation. Sie besangen nicht mehr den bürgerlichen Hafen der Ehe, sondern thematisierten eine tabuisierte Sexualität, sie versammelten sich nicht mehr in gesellschaftlichen Vereinen, sondern in esoterischen Subkulturen, in theosophischen und spiritistischen Zirkeln (namentlich um Meyrink und Leppin). Ihre Texte führen in die Zone des Phantastischen, Grotesken und Okkulten und zelebrieren Esoterik und Erotik. Sie zeigen nicht mehr die schönen Prager Kirchen und Burgen (wie bei Rilke), sondern verfallene Hinterhöfe und modrige Gassen, und nicht mehr Ärzte und Advokaten, sondern jüdische Trödler, verführerische Zigeunermädchen und dekadente Dandys. Das alte Prag wurde so zur Kulisse eines in Mythos und Magie verhüllten Eros. Außerdem grenzten sich die Jung-Prager auch im Nationalitätenkonflikt von ihren Vorgängern ab: Sie provozierten mit einer demonstrativen Annäherung an die tschechischen Kollegen.

Der ›Prager Kreis‹

Anders als etwa bei ›Jung-Prag‹ handelt es sich bei der Bezeichnung ›Prager Kreis‹ um keine historische Selbstbezeichnung einer literarischen Gruppe. Vielmehr ist der Begriff wesentlich auf das retrospektive Buch *Der Prager Kreis* (1966) von Max Brod zurückzuführen, wo er auch den älteren Begriff der ›Prager Schule‹ zurückweist. Brod entwirft dort kein unbestreitbares konzentrisches Raster der Klassifizierung der Prager deutschen Literatur: Während ihm sämtliche vorangehenden Gruppierungen als eine Art Vorläufer erscheinen (als ›Generationen vor dem engeren Prager Kreis‹), gilt ihm als ›der engere Kreis‹ nur jene Gruppe deutscher, genauer deutsch-jüdischer Schriftsteller (die um ca. 1908 die Neuromantiker des ›Jung-Prag‹ ablöste), in der er selbst als Mentor eine entscheidende Funktion hatte und der Kafka – wenn auch nicht zu Lebzeiten, so doch ex post – geradezu weltliterarische Bedeutung verlieh. Den Begriff ›Prager Kreis‹ verwendet Brod also ganz konkret für die »innige freundschaftliche Verbin-

dung von vier Autoren, zu der dann später noch ein fünfter trat. Diese vier waren: Franz Kafka, Felix Weltsch, Oskar Baum und ich. Nach Kafkas Tod kam Ludwig Winder hinzu« (Brod 1966, 39).

Damit wird nicht nur die vergleichsweise quantitative Marginalität von Brods ›Prager Kreis‹ deutlich, sondern auch, dass mit seiner Zentralisierung noch wenig Aufschluss über die tatsächlichen strukturellen, historischen und programmatischen Komponenten der Prager deutschen Literatur in der Zeit von Kafkas Wirken gegeben ist; dieser Kontext ist zweifellos größer und disparater, als Brods enger Begriff des ›Prager Kreises‹ suggeriert. Aufschluss über diese Literatur ergibt sich in dreifacher Hinsicht: erstens über die personelle und soziale Zusammensetzung einschlägiger literarischer und intellektueller Gruppierungen, zweitens über deren literaturhistorische Kontextualisierung, drittens über die kulturelle Stellung dieser Literatur in einer spezifischen, deutsch-jüdischen Moderne.

Literatursoziologische Perspektive

Für die personelle und soziale Struktur ist entscheidend, dass der von Brod ›Prager Kreis‹ genannte Freundeszirkel keineswegs singulär war, sondern neben weiteren Gruppierungen stand. Die Problematik dieser selbstbezogenen Wahrnehmung lässt sich auch an dem Versuch absehen, die Gruppe um Brod und Kafka mit dem Namen ›Arconauten‹ zu versehen – mit der Begründung, diese habe sich ab 1908 im Café Arco getroffen, wo es gemäß einem Bonmot der Zeit ›brodelt und werfelt und kafkat und kischt‹. In Wahrheit aber trafen sich die vier Freunde Brod, Kafka, Baum und Weltsch, die seit 1901 Studenten der deutschen Universität Prags waren und sich 1902 bis 1904 nach und nach kennenlernten, in diesem Café nur selten. Vielmehr versammelten sie sich mehrheitlich in den Wohnungen von Baum oder Brod, wo sie ihre Texte vorlasen und diskutierten, wie Felix Weltsch in seinen Erinnerungen beschreibt:

> Wir bildeten damals mit Oskar Baum eine kleine Gruppe, die viele Jahre hindurch mindestens alle vierzehn Tage zusammenkam, wobei Oskar Baum, Max Brod und seltener Kafka vorlasen, was sie in dieser Zeit geschrieben hatten. Kafka war ein wunderbarer Vorleser, aber auch ein nicht minder guter Zuhörer (Weltsch, 76).

Weitaus öfter traf sich im Café Arco dagegen ein anderer, mit dem ersten verbundener Kreis von Schriftstellern, die wie Brod das Neustädter deutsche Gymnasium besucht hatten – darunter Franz Werfel, Paul Kornfeld, Willy Haas (1891–1973), die Brüder Franz (1892–1917) und Hans Janowitz (1890–1954), Norbert Eisler, Rudolf Fuchs (1890–1942), Otto Pick (1882–1945) und Ernst Pollak (1886–1947). Werfel war der wichtigste Kopf der Gruppe im Arco; als er Prag 1912 nach Leipzig verließ, übernahm Pollak, der charismatische ›Dichter ohne Werk‹, diese Position. Auch in diesem Kreis wirkte Brod gleichermaßen als Mentor, indem er insbesondere jenen ersten Gedichtband lancierte, mit dem Werfel 1911 zum wichtigsten Protagonisten des entstehenden Expressionismus avancierte: *Der Weltfreund*. Mit diesem sowie den nachfolgenden Gedichtbänden *Wir sind* (1913) und *Einander* (1915) formulierte Werfel den expressionistischen Appell für eine kulturelle und nationale Grenzen überschreitende Menschheitsverbrüderung.

Mit dieser Gruppe verbunden war auch der von Willy Haas geleitete ›Herder-Verein in Prag‹, die Jugendabteilung der jüdischen Loge des B'nai-Brith in Prag. Der auf Haas' Vorschlag nach Herder, dem Liebhaber der ›hebräischen Poesie‹, benannte Verein veranstaltete Lesungen mit Autoren wie Werfel, Brod, Baum und Kafka, aber auch mit Hugo von Hofmannsthal. Und er präsentierte sich mit den *Herder-Blättern* (1911/12), in denen u. a. auch Brods und Kafkas gemeinsames Romanfragment *Richard und Samuel* erschien – dies neben Beiträgen der zeitgenössischen Prager Autoren Werfel, Brod, Baum, Hugo Bergmann, Haas, Franz und Hans Janowitz, aber auch (über Prag hinaus) von Albert Ehrenstein (1886–1950), Berthold Viertel (1885–1953), Ernst Blass (1890–1939) und Kurt Hiller (1885–1972).

Die *Herder-Blätter* sind nicht die einzige Publikation geblieben, in der sich der ›Prager Kreis‹ präsentierte. Von weitreichender Bedeutung war auch das von Max Brod herausgegebene ›Jahrbuch für Dichtkunst‹ *Arkadia*, das er gemeinsam mit Kafka im Juni 1912 in Leipzig dem Verleger Kurt Wolff vorgeschlagen hatte. Kurz darauf begann zudem Franz Werfel als Lektor bei eben diesem Verlag, was auch zur Folge hatte, dass dort nicht wenige Prager Autoren publizierten. Brods *Arkadia* ist die einzige Sammelpublikation von Prager deutschen Autoren, in der Kafka vertreten war; hier erschien der Erstdruck von *Das Urteil* – neben Beiträgen von Werfel, Baum, Brod, den Brüdern Janowitz und Pick.

Zwei entscheidende Faktoren veränderten das soziale Gefüge des ›Prager Kreises‹ deutlich: zum einen

der Weggang Werfels aus Prag im Herbst 1912, zum anderen der Ausbruch des Ersten Weltkriegs. Nicht wenige Autoren gingen an die Front, kamen (wie Franz Janowitz) gar dort um, so dass die Gruppe immer kleiner wurde und sich zuletzt im Wesentlichen auf die vier Freunde Brod, Kafka, Baum und Weltsch beschränkte.

Mit diesen ineinander verwobenen Gruppierungen um Brod und Werfel sind aber noch nicht alle literarischen Kreise Prags zu Kafkas Zeit aufgezählt. Zum einen wären auch jene Schriftsteller zu nennen, die zwar in Prag wirkten und mit den Prager Kollegen bekannt waren, jedoch aus Mähren stammten – etwa Max Zweig (1892–1992), Walter Seidl (1905–1937), Hermann Grab (1903–1949), Auguste Hauschner (1850–1924) und Ernst Weiß (1882–1940), mit dem Kafka zeitweise eine Freundschaft verband.

Zum anderen veränderte sich nach dem Ersten Weltkrieg und der Gründung der tschechoslowakischen Republik die soziale Rolle der Deutschschreibenden erneut, indem sie sich nun unversehens in einem Land befanden, das Tschechisch zur Nationalsprache erhoben hatte und das Deutsche marginalisierte. Dass etwa Kafka seine Position in der Versicherung halten und gar verbessern konnte, lag wesentlich auch daran, dass er das Tschechische sehr gut beherrschte und die amtlichen Schriften recht mühelos in der neuen Sprache verfassen konnte. Dennoch restituierte sich in dieser verschärften Randlage ein Kreis deutschschreibender Schriftsteller, als u. a. Haas und Pick aus dem Militärdienst zurückkehrten, sowie jüngere Kollegen dazustießen – namentlich Johannes Urzidil (1896–1970), Hermann Ungar (1893–1929), Ludwig Winder (1889–1946) und Franz Carl Weiskopf (1900–1950).

Neben diesen literarischen Zirkeln der Prager deutschen Schriftsteller zur Zeit von Kafkas Wirken sind zudem noch einige nicht primär literarische Kreise zu nennen, an denen dennoch viele dieser deutschen und deutsch-jüdischen Intellektuellen partizipierten: der philosophische Louvre-Zirkel, der theosophische Kreis um Berta Fanta (1865–1918) sowie die zionistische Studentenvereinigung ›Bar-Kochba‹.

Im Louvre-Zirkel, benannt nach dem Treffpunkt im Café Louvre, trafen sich zu Kafkas Studienzeit ehemalige Klassenkameraden wie Hugo Bergmann (1883–1975) und Oskar Pollak (1883–1915). In den Treffen, die Kafka selbst zwischen 1903 und 1906 nur unregelmäßig besuchte, ging es in erster Linie um Franz Brentano (1838–1917), der die Prager Philosophie zu der Zeit dominierte. Als Brentano-Apologeten galten namentlich die Philosophieprofessoren Anton Marty (1847–1914) und Christian von Ehrenfels (1859–1932), bei denen Kafka als Student Veranstaltungen besuchte. Der Louvre-Kreis wurde von Martys Assistenten Oskar Kraus (1872–1942), Alfred Kastil (1874–1950) und Josef Eisenmeier (1871–1926) dominiert. Zu ihm stießen 1903 neben Kafka auch weitere junge deutsch-jüdische Intellektuelle: Bergmann, Brod, Weltsch sowie die philosophische Autodidaktin Berta Fanta (1866–1918), bei der die Treffen teils auch stattfanden. Sie begründete zudem einen eigenen Salon in ihrem Haus, der die Interessen über die Philosophie hinaus auch in Richtung Parapsychologie und Theosophie (Rudolf Steiner, 1861–1925) thematisch ausweitete. Kafka, Brod, Weltsch, Baum und insbesondere Bergmann (der die Tochter des Hauses heiraten sollte) fanden sich auch hier ein. Der streng brentanistische Louvre-Zirkel hingegen war weniger auf ihrer intellektuellen Wellenlänge, zumal Brod im Oktober 1905 wegen Verdachts einer Brentano-Kritik ausgeschlossen wurde. Das nahmen auch Weltsch und Kafka zum Anlass, sich in der Folge zu absentieren.

Diese Gruppe fand sich dagegen nach 1910 umso mehr in dem Prager zionistischen Kreis, der zu Kafkas Zeit vor allem eine Studentenbewegung war. Bereits 1893 wurde in Prag unter dem Namen ›Makabäa‹ der erste jüdisch-nationale Studentenverein gegründet, aus dem 1899 der Verein *Bar-Kochba* hervorging, die wichtigste zionistische Institution im Prag zu Kafkas Zeit. Kafkas engste Freunde spielten hier die größte Rolle, allen voran sein langjähriger Schulfreund Bergmann (der 1903 Präsident des Bar-Kochba wurde und sein führender Kopf war), Hans Kohn (1891–1971), der Kafkas Texte rezensierte, Friedrich Thieberger (1888–1958) (bei dem Kafka zeitweise Hebräisch lernte), sowie Siegmund Kaznelson (1893–1959), Viktor Kellner (1887–1970) und Oskar Epstein (1888–1940). Diese zionistische Studentenbewegung war nicht bloß in politischer, sondern auch und vor allem in kultureller Hinsicht von Bedeutung; sie war wesentlich auch für die Formation eines Literaturbegriffs der Prager deutsch-jüdischen Schriftsteller verantwortlich. Sie folgten darin – freilich auf sehr unterschiedliche Weise – zu wesentlichen Teilen Martin Bubers (1878–1965) kulturzionistischem Programm, das dieser in drei berühmten Reden um 1910 in Prag vorgetragen hatte; Buber forderte, dass eine neue jüdische Nationalität

sich auf kulturellem und literarischem Weg mitkonstituieren müsse (↗ 46).

Literaturhistorische Perspektive

In der Terminologie der deutschen und österreichischen Literaturgeschichte lässt sich die Prager deutsche Literatur zur Zeit von Kafkas schriftstellerischem Wirken (1907–1924) mit einiger Berechtigung dem Expressionismus zuordnen. Das gilt sowohl für den Kreis um Werfel – die Brüder Janowitz, Eisler, Fuchs und Pick – als auch für den Kreis um Brod mit Kafka, Baum und Weltsch.

Dafür spricht zunächst die historische Lokalisierung im Vor- und Umfeld des Ersten Weltkriegs, also in jenem Jahrzehnt, das gemeinhin als das expressionistische bezeichnet wird. Dafür spricht im Weiteren auch, dass, wie angesprochen, u. a. mit Werfels *Wir sind* (1913) epochemachende expressionistische Texte aus Prag kamen und dass Werfel auch vom Leipziger Kurt Wolff Verlag aus – besonders mit der Reihe *Der jüngste Tag* (einer der wichtigsten expressionistischen Buchreihen, in der auch Kafkas große Erzählungen erschienen) – das intellektuelle und literarische Profil des Expressionismus wesentlich mitformte. Die Texte dieser kleinformatigen Serie wurden von Werfel sowie von Walter Hasenclever (1890–1940) und Kurt Pinthus (1886–1975) ausgewählt.

Für die Verbindung mit dem Expressionismus spricht sodann auch die inhaltliche und programmatische Orientierung der Prager deutschen Literatur zu Kafkas Zeit. Diese Literatur ist – in aller Kürze gefasst – gezeichnet von einer teilweise geradezu apokalyptischen Infragestellung des Projektes Moderne, das konkret Phänomenen wie Großstadt, Kapitalismus, Staat, Familie und Krieg galt (die noch bis zum Ende des 19. Jahrhunderts meist apologetisch verteidigt wurden). Dieser Moderne hält der Expressionismus – teils ausgehend von kritischen Theorien wie Psychoanalyse, Marxismus und Zionismus – mit idealistischer, wenn nicht utopischer Geste eine neue, universale Brüderlichkeit entgegen, eine ›Weltfreundschaft‹, um Werfels programmatischen Titel aufzugreifen, jenseits der familiären, sozialen, ökonomischen und politischen Machtordnungen.

Die Prager Literatur zu Kafkas Zeit, nicht zuletzt auch seine eigenen Texte, lassen sich in der Tat zu einem beträchtlichen Teil, wenn auch keinesfalls ausschließlich, mit solchen expressionistischen Parametern beschreiben. Abgesehen von Werfels Texten ist dies etwa bei Kafka namentlich durch die Thematisierung von Familienkonstellationen sowie der Position des Einzelnen in gesellschaftlichen Machtkonstellationen zu erkennen. Das zeigen insbesondere jene Texte Kafkas, die in der Reihe ›Der jüngste Tag‹ erschienen, so *Der Heizer* (1912), *Die Verwandlung* (1915) und *Das Urteil* (1916) sowie, auch in Kurt Wolffs Reihe ›Neue Drugulin-Drucke‹, *In der Strafkolonie* (1919); in derselben Reihe erschienen übrigens auch die im Schützengraben entstandenen Antikriegsgedichte von Franz Janowitz *Auf der Erde* (1919). Die Problemstellungen, die Kafka in diesen frühen Erzählungen entwickelte, lassen sich auf die höchst unsichere Stellung von Söhnen in familiären wie ökonomisch-gesellschaftlichen Konstellationen zusammenfassen: Vater-Mutter-Geschwister-Beziehungen, Freundschaften, Sexualität und Ehe, Berufsverhältnisse, gesellschaftliche Machtordnungen. Diese Fragen haben auch eine historische Signatur, die den frühen Expressionismus wesentlich leitet (ohne damit Kafka dieser Strömung eindeutig zuordnen zu wollen). Zwei Titelvorschläge Kafkas für einen Band, der diese Erzählungen vereinen sollte, unterstreichen dies: *Die Söhne* und *Strafen*. Dass es sich hierbei um Konstellationen aus der Perspektive von ›Söhnen‹ handelt bzw. um Vater-Sohn-Konfliktlagen, kann Kafkas erster Vorschlag *Die Söhne* bestätigen. Mitte Oktober 1915 und noch im Sommer 1916 erwog Kafka sodann auch *Das Urteil*, *Die Verwandlung* und *In der Strafkolonie* unter dem Titel *Strafen* in einem Band zusammenzufassen. Auch wenn diese beiden Erzählbände nie zustande gekommen sind, wird doch in Kafkas Stichworten ›Söhne‹ und ›Strafen‹ ein markanter thematischer und zugleich epochaler Zusammenhang erkennbar.

Die zeitgeschichtliche expressionistische Signatur eben dieser Stichworte ›Söhne‹, ›Strafen‹ bestätigt ein Fall, der wie kein anderer die expressionistische Generation, auch in Prag, aufstörte: der Fall Otto Gross (1877–1920; ↗67–70). Kafka lernte den Psychoanalytiker und sozialrevolutionären Denker Gross im Sommer 1917 kennen, und zwar auf einer Bahnfahrt zusammen mit dessen Schwager, dem zwischen Prag und Wien lebenden Schriftsteller und Journalisten (u. a. des *Prager Tagblatts*) Anton Kuh (1891–1941), der Gross' sozialutopische Vorstellungen auf das Judentum übertrug (Kilcher 2006). Von Nietzsche, Bachofen und Freud her argumentierend, weisen Gross und mit ihm Kuh die Ehe bzw. jegliche vaterrechtliche Moral- und Machtstrukturen zurück. Wie sehr Gross' Vorstellung die Prager Schriftsteller

um Brod und Kafka angesprochen hatte, zeigt sich daran, dass Brod, Weltsch, Kuh, Gross und Kafka nach dieser Bahnfahrt in Brods Wohnung zusammentrafen, wobei Gross den Plan zu einer Zeitschrift namens *Blätter zur Bekämpfung des Machtwillens* vorstellte, an der nicht nur Kuh und Werfel, sondern auch Kafka mitarbeiten sollte; Letzterem erschien dieses Projekt sehr »verlockend« (An M. Brod, 14.11.1917; B14–17 364; vgl. auch Brod 1974, 140). Kurz darauf machte auch Anton Kuh in Prag Schlagzeilen, indem er 1919 in einer Reihe von höchst Aufsehen erregenden Vorträgen mit dem Titel *Juden und Deutsche* Gross' anarchistische Mutterrechtsvorstellung und Vaterrechtskritik auf das Judentum übertrug und – gegen die zionistischen Vorstellungen von Nation und Familie und mit anarchistischem Gestus – das Judentum als eine transnationale, genuin staatenlose und diasporische Gemeinschaft forderte. Für diese provozierende Position zeigten Felix Weltsch und Max Brod, die sich in mehreren Artikeln zu Kuh äußerten, viel Verständnis (vgl. Kuh 2003).

Fasst man die Prager Literatur zu Kafkas Zeit unter dem Stichwort des Expressionismus, so erhellt dies nicht zuletzt auch die Position dieser Schriftsteller im böhmischen Nationalitätenkonflikt. So gewannen etwa Werfels Appell »Dir, oh Mensch, verwandt zu sein« (*An den Leser*; Werfel 1953, 10) sowie Gross' und Kuhs anarchistische Aufrufe gegen Familie und Staat und für eine universalistische Menschheitsverbrüderung angesichts des nachhaltigen Nationalitätenkonflikts in Prag eine sehr konkrete Bedeutung als Überschreitung der Grenzen zwischen Juden, Deutschen und Tschechen. In der Tat versuchten einige der ›Arconauten‹ – im Gegensatz zu den früheren Generationen – eine Annäherung zwischen den Konfliktparteien auch literarisch umzusetzen, indem sie etwa als Vermittler und Förderer der tschechischen Literatur auftraten und dabei ihr eigenes Schreiben in den Hintergrund stellten. Vermittler zwischen der deutschen und tschechischen Literatur wurden etwa der sozialrevolutionäre expressionistische Lyriker Rudolf Fuchs oder der Redakteur der *Prager Presse* Otto Pick, der 1920 den Band *Tschechische Erzähler* und 1922 die Sammlung *Deutsche Erzähler aus der Tschechoslowakei* edierte (mit Beiträgen von Adler, Brod, Baum, Fuchs, Egon Erwin Kisch, Leppin, Musil, Perutz, Rilke, Ungar, Urzidil, Ernst Weiß, Werfel, Winder).

Dieser literarhistorischen Verortung des Prager Kreises im Expressionismus muss nicht widersprechen, dass sich ihr wichtigster Mentor Max Brod bald davon distanzierte; dies beruhte auch auf persönlichen Gründen, da Brods Kritik des Expressionismus hauptsächlich gegen Paul Kornfeld gerichtet war (vgl. Brod 1966, 207).

Der literaturhistorischen Fokussierung auf den Expressionismus muss auch nicht widersprechen, dass zwischen dem Expressionismus und der vorangehenden neuromantischen Generation um Meyrink und Leppin engere programmatische wie persönliche Beziehungen bestanden und dass die Prager Neuromantik durch die Expressionisten intensiv rezipiert wurde. Ein Beispiel dafür ist die Veröffentlichung von Leppins *Daniel Jesus* als erster Roman (in Fortsetzungen) in der 1910 gegründeten Zeitschrift *Sturm* – bekanntlich zusammen mit der *Aktion* eines der wichtigsten expressionistischen Organe. Der *Sturm*-Herausgeber Herwarth Walden (i.e. Georg Lewin; 1874–1941) präsentierte so einen Roman der Prager Neuromantik als Beispiel der neuen, expressionistischen Denk- und Ausdrucksweise.

Ein Kapitel der deutsch-jüdischen Literatur?

Als drittes strukturelles Moment ist die kulturelle Disposition des Prager Kreises zu nennen. Denn die Autoren von Kafkas Generation waren nicht nur als Vermittler zwischen den Konfliktparteien im böhmischen Kulturkonflikt aufgetreten. Sie taten dies zum weitaus größten Teil auch als deutsch-jüdische Schriftsteller. Es waren dies meist (mit Ausnahme von Oskar Baum, der aus einer orthodoxen Familie stammte) Söhne assimilierter jüdischer Familien, die just in der Zeit, in der sie sich als Schriftsteller etablierten, also um 1910, in unterschiedlichem Maße auch gegen die assimilierte Elterngeneration, zum Judentum bzw. genauer zu einem kulturell geleiteten Zionismus fanden. Deutsch-jüdische Söhne waren Brod, Baum, Weltsch und Kafka ebenso wie Werfel, Kuh, Haas, Kornfeld, Fuchs, Kisch und die Brüder Janowitz.

Dabei war das Auftreten Martin Bubers in Prag wegweisend. Buber traf sich zum ersten Mal 1903 mit Vertretern des Bar-Kochba in Prag, um dann 1909/10 seine berühmten drei Prager *Reden über das Judentum* zu halten (Jan. 1909, Apr. u. Dez. 1910). Sie waren aufstörende Ereignisse für die deutsch-jüdischen Söhne assimilierter Familien. Mit ihnen gewann die junge zionistische Jugendbewegung eine Richtung, die sie wesentlich auch für die Literatur

relevant machte: die Fundierung der politischen auf eine kulturelle, vitalistische Erneuerung des Judentums. Kultur und Literatur erhalten hier eine entscheidende Funktion. So verstand Buber den Zionismus als eine kämpferisch-schöpferische Bewegung, die gegen das seiner Meinung nach unoriginelle, unkreative, bürgerlich-assimilierte Buch-Judentum des 19. Jahrhunderts ein neues, vitales, gemeinschaftliches, durch das ›Blut‹ zusammengehaltenes Boden-und-Schwert-Judentum hielt. Die hebräische Sprache sollte die Einheit auf geistiger Ebene stiften, und eine neue jüdische Kunst und Literatur sollte dies auf ästhetischem Weg umsetzen und im Dienst jener neu zu bildenden jüdischen Gemeinschaft stehen.

Die elektrisierende Wirkung von Bubers Reden auf die jungen jüdischen Intellektuellen Prags wie Kafka war außerordentlich. Sie ist etwa in dem vom Bar-Kochba herausgegebenen, weit über Prag hinaus wichtig gewordenen Sammelband *Vom Judentum* erkennbar, der 1913 im Kurt Wolff Verlag erschien. Im Vorwort beschwor Hans Kohn diese Wirkung mit dem Selbstbewusstsein, in Prag am Puls der Zeit zu sein:

> Seit Martin Buber, der seine drei Reden über das Judentum in unserem Verein gehalten hat und von dessen Einfluß dieses Buch so vielfach Zeugnis ablegt und dessen werktätiger Mitarbeit es sein Zustandekommen verdankt, wissen wir, daß der Zionismus, tief verwurzelt in dem urjüdischen Geisteskampfe der Wollenden wider die Geschehenlassenden, die sittliche Bewegung derer ist, die es mit ihrem Judentum und ihrem Menschentum ernst nehmen (Vom Judentum 1913, VIII).

Freilich war die Wirkung von Bubers Reden nicht in allen deutsch-jüdischen Kreisen gleich stark. Im Kreis um Werfel etwa spielte sie eine deutlich kleinere Rolle als im Kreis um Brod, der als der wichtigste Mentor der Prager deutschen Literatur um 1910 zum Zionismus fand und einer seiner vehementesten Verteidiger auch weit über Prag hinaus wurde. Brod folgte diesem Wechsel von einem ›Indifferentismus‹, wie er ihn in seinem Roman *Schloss Nornepygge* (1908) vertrat, zu einer bewusst ›jüdischen Literatur‹ im Dienst der ›jüdischen Gemeinschaft‹ zuerst in dem Roman *Jüdinnen* (1911). Zwar unterstellten nicht alle deutsch-jüdischen Schriftsteller ihr Schreiben gleichermaßen zionistischen Zielen wie Brod. Dennoch war die Frage der jüdischen Gemeinschaft – auch vor dem Horizont des böhmischen Kulturkonflikts – unvermeidlich, und zwar auch für diejenigen, die darauf nicht oder nur verhalten die Antwort des Zionismus gaben (wie etwa Kafka).

Zudem wurde schon von den Zeitgenossen auch ein geradezu programmatischer Zusammenhang von Expressionismus und Zionismus hergestellt. Ein solcher Zusammenhang bedeutet eine gewisse Interpretationsleistung und mag gar als bestreitbar erscheinen. Dennoch kann er auf die Verknüpfung von literarischen mit kulturellen, sozialen und politischen Fragen hinweisen, ohne die die Prager deutsche Literatur nicht angemessen verständlich wird. So sah beispielsweise Brod nicht nur in Buber einen expressionistischen Zionisten, der im Zionismus eine neue Gemeinschaft und eine neue Menschheit, ein neues Judentum forderte. Auch in einem so unkonventionellen Zeitgenossen wie Anton Kuh sah er einen jüdischen Expressionisten, der aus einer Kritik der bürgerlich-assimilierten Elterngeneration zu einem ebenso kontroversen wie aufstörenden anarchistischen Judentum fand. Der Zionismus erscheine bei Kuh als revolutionäre, expressionistische Bewegung (Brod 1921).

Die These vom Zusammenhang zwischen Zionismus und Expressionismus formulierte 1958 auch der Historiker der ›Dreivölkerstadt Prag‹ Hans Tramer in einem bedeutenden Aufsatz über den Expressionismus, mit dem Untertitel *Bemerkungen zum Anteil der Juden an einer Kunstepoche*. Tramer sah im Expressionismus eine literarische und künstlerische Bewegung, die wie kaum eine andere maßgeblich von Juden getragen war. Für dieses Phänomen gab er auch eine strukturelle, ›morphologische‹ Begründung: das Muster des Vater-Sohn-Konflikts. In diesem für den Expressionismus grundlegenden soziokulturellen Dispositiv befanden sich nach Tramer die jüdischen Intellektuellen einer jüngeren Moderne seit ca. 1910. Ihre Väter waren noch geleitet vom optimistischen, bürgerlichen Liberalismus und forderten deshalb eine kompromisslose Assimilation, während sie das Beharren auf das Judentum nicht nur als vormodernen Rückschritt, sondern auch als eine den Antisemitismus heraufbeschwörende Gefahr sahen. Ihre Söhne aber – die expressionistische Jugend (wie Brod, Kafka, Werfel, Kuh etc.) – stellten sich nach Tramer gegen diese Generation assimilierter, deutschtreuer Väter. Sie provozierten mit einem neuen jüdischen Selbstbewusstsein, das sich politisch entweder in einem revolutionären Diaspora-Kosmopolitismus, oder aber – und hierauf legt Tramer den Akzent – in einem ebenso revolutionär gedachten Zionismus wiedererkannte. Der Expressionismus erscheint hier als jungjüdische Morgendämmerung nach den Verirrungen der Assimilation, oder schär-

fer formuliert: als antibürgerliche, revolutionäre Absage an das verfehlte Programm der deutsch-jüdischen Symbiose, wie es Tramer formulierte:

> Im Grunde waren sie [die jungen jüdischen Autoren um 1910] in der gleichen Lage [wie die Expressionisten]: das Vater-Sohn-Problem bestand auch für sie und vielleicht sogar in einer doppelten und dreifachen Hinsicht. Auch ihre Väter gehörten zu den satten Bürgern, zugleich aber waren sie Vertreter einer völlig entseelten, assimilatorisch-verwässerten Religionsidee oder Anhänger einer starren Gesetzesreligion, die in vielen Fällen den Konflikt nur verschärfte. Daß die Umgestaltung der gesellschaftlichen und politischen Verhältnisse auch ein Fortschritt für das jüdische Schicksal darstellen müßte, davon waren sie überzeugt. Es liegt auf derselben Linie, wenn einige der jüdischen Expressionisten jener Jahre (Max Brod, Ludwig Strauss, Arnold Zweig) aus den gleichen Gründen der Opposition gegen Vaterhaus, Gesellschaft und politische Engstirnigkeit die zionistische Konsequenz zogen (Tramer 1958, 34 f.).

Demnach dokumentiert die expressionistische Generation, namentlich diejenige Prags, nach Tramer beides: Untergang und Übergang – Untergang des deutschen Judentums und Übergang zu einem nationaljüdischen Judentum außerhalb von Deutschland. Sie repräsentiert die letzte Blüte und zugleich das nahe Ende des kulturellen Miteinanders von Juden und Deutschen.

Forschung

Die Anfänge der Forschung zur Prager deutschen Literatur liegen bei ihren Vertretern. Es sind dies Darstellungen mit einer Innensicht, d. h. aus der Perspektive intimer Kenntnis, die gleichermaßen historisch wertvoll wie subjektiv ist. Die Anthologien etwa von Otto Pick und Oskar Wiener in den 1920er Jahren hatten bereits einen rückblickenden, zusammenfassenden, interpretierenden Charakter.

Die wichtigste Arbeit in der Hinsicht ist jedoch Max Brods Monographie *Der Prager Kreis* (1966). Indem er den älteren Begriff der ›Prager Schule‹ zurückwies, legte er unter dem Begriff des ›Kreises‹ eine Geschichte der Prager deutschen Literatur der Moderne vor, deren subjektive Perspektive, wie angesprochen, auf den ›engeren Kreis‹ fokussiert blieb. Brod war jedoch nicht der einzige Prager Chronist der Prager deutschen Literatur. Das gilt namentlich auch für Egon Erwin Kisch (1952), Gustav Janouch (1965), Johannes Urzidil (1965), Felix Weltsch (1956), Hans G. Adler (1976) und Willy Haas (1960), um nur einige Beispiele zu nennen.

Eine Nähe zum Gegenstand hatten sodann auch die ersten Arbeiten von Literaturhistorikern, die nicht unmittelbar zum Kreis gehörten. Das gilt etwa für Hans Tramers Pionierarbeit *Die Dreivölkerstadt Prag* (1961), auf die sich selbst Brod stützte. Tramer war in seiner Studienzeit in den 1930er Jahren in Prag, bevor er 1933 nach Palästina auswanderte. Die Nähe zum Ort hatte sodann auch die historisch wichtige ›Konferenz über die Prager deutsche Literatur‹ im November 1965 auf dem Schloss Liblice unter der Leitung des Prager Germanisten Eduard Goldstücker, aus der der Band *Weltfreunde* (1967) hervorgegangen ist.

Schon in dieser frühen Phase der Forschung zur Prager deutschen Literatur in den 1960er Jahren wird deutlich, dass Franz Kafka eine leitende Perspektive bildet. Diese Tendenz verstärkte sich in der Folge. Das gilt etwa für Ruediger Engerths Sammelband *Im Schatten des Hradschin* (1965), Christoph Stölzls Essay *Kafkas böses Böhmen* (1975), namentlich aber für die biographisch angelegten Arbeiten von Hartmut Binder (1988, 1991, 1993). Unter den zahlreichen Arbeiten, die Kafka in den Prager Kontext stellen, sind auch die beiden Sammelbände *Kafka und Prag* (Krolop/Zimmermann 1994) und *Prager deutschsprachige Literatur zur Zeit Kafkas* (1991) zu nennen. Ausführliches Bildmaterial auch zu Prag bietet sodann die neueste Ausgabe von Wagenbachs *Franz Kafka. Bilder aus seinem Leben* (2008)

Eine zweite Perspektive auf die Prager deutsche Literatur bildete die des jüdischen Prag und damit das Verständnis der Prager deutschen Literatur als ein Kapitel der deutsch-jüdischen Literatur. Vorschub auf diese Perspektive leisten schon die genannten Arbeiten von Brod (1966), Weltsch (1956) und Urzidil (1967). Nach Otto Muneles' *Bibliographical Survey of Jewish Prague* (1952), der allerdings vor der Moderne ansetzt und auch die hebräische und jiddische Literatur verzeichnet, setzten namentlich die Arbeiten von Hans Tramer (1958, 1961) und sodann von Margarita Pazi diesen Akzent (1978, 2001). Vor allem auf die Frage der Kultur- und Sprachpolitik in Prag und Böhmen ausgerichtet sind sodann die Sammelbände von Nekula/Kaschmal (2006) und Nekula/Fleischmann/Greule (2007, darin speziell Kilcher 2007).

Unter den neueren, literaturbezogenen Forschungsarbeiten ist die Bibliographie von Born/Krywalski (1991) zu nennen. An der Seite dieser Grundlagenforschung liegen einerseits Anthologien wie der Reclam-Band *Prager deutsche Erzählungen* (Sud-

hoff/Schardt, 1992), andererseits literaturgeschichtliche Darstellungen wie der Ausstellungsband des Literaturhauses Berlin: *Prager deutsche Literatur vom Expressionismus bis zu Exil und Verfolgung* (Wichner/Wiesner 1995), der auch Bildmaterial enthält, oder die Arbeiten von Kurt Krolop (zusammengefasst in: Krolop, 2005) sowie der Sammelband von K.-H. Ehlers (2000).

Texte und Materialien zur Prager deutschsprachigen/jüdischen Literatur: Sammlungen: Das jüdische Prag. Eine Sammelschrift. Hg. v. der Redaktion der Zeitschrift *Selbstwehr*. Prag 1917; Neudruck, hg. v. Robert Weltsch. Kronberg 1978. – Siegfried Kapper: Prager Ghettosagen. Prag 1876. – Paul Nettl (Hg.): Alt-Prager Almanach. Prag 1926 u. 1927. – Wolf Pascheles (Hg.): Sippurim. Eine Sammlung jüdischer Volkssagen, Erzählungen, Mythen, Chroniken, Denkwürdigkeiten und Biographien berühmter Juden aller Jahrhunderte, besonders des Mittelalters. Prag 1854–70; Repr. Hildesheim 1976. – Otto Pick (Hg.): Tschechische Erzähler. Potsdam 1920. – Ders. (Hg.): Deutsche Erzähler aus der Tschechoslowakei. Ein Sammelbuch. Reichenberg 1922. – Dieter Sudhoff/Michael Schardt (Hg.): Prager deutsche Erzählungen. Stuttgart 1992. – Heinrich Teweles (Hg.): Prager Dichterbuch. Prag 1894. – Vom Judentum. Ein Sammelbuch. Hg. v. Verein jüdischer Hochschüler Bar Kochba in Prag. Leipzig 1913. – Oskar Wiener/Johann Pilz (Hg.): Der Heimat zum Gruss. Ein Almanach deutscher Dichtung und Kunst aus Böhmen. Berlin 1914. – Oskar Wiener (Hg.): Deutsche Dichter aus Prag. Wien, Leipzig 1919. –– *Einzelpublikationen*: Friedrich Adler: Der deutsche Jude. In: Julius Moses (Hg.): Die Lösung der Judenfrage. Eine Rundfrage. Berlin, Leipzig 1907, 93–97. – Ders.: Der goldene Kragen. Prag 1907. – Max Brod: Der Nietzsche-Liberale. Bemerkungen zu einem Buch von Anton Kuh *Juden und Deutsche*. In: Selbstwehr 15 (1921) 13, 1 f. u. 14, 1–3. – Ders.: Der Prager Kreis. Stuttgart 1966. – Ders.: Über F.K. Frankfurt/M., Hamburg 1974 [1966]. – Martin Buber: Drei Reden über das Judentum. Frankfurt/M. 1911. – Rudolf Fuchs: K. und die Prager literarischen Kreise. In: Hans-Gerd Koch (Hg.): »Als K. mir entgegenkam…«. Erinnerungen an F.K. Berlin 2005 [1995], 108–111. – Willy Haas: Die literarische Welt. Lebenserinnerungen. München 1960, wieder: Frankfurt/M. 1983. – Gustav Janouch: F.K. und seine Welt. Eine Bildbiographie. Wien 1965. – Ders.: Gespräche mit K. Aufzeichnungen und Erinnerungen. Erweiterte Ausgabe. Frankfurt/M. 1968. – Egon Erwin Kisch: Prager Pitaval. Berlin [Ost] 1952. – Alfred Klaar: Das deutsche Prag. In: Hermann Bachmann (Hg.): Deutsche Arbeit in Böhmen. Berlin 1900, 447–466. – Anton Kuh: Juden und Deutsche. Ein Resumé. Berlin 1921; Neuausgabe hg. v. Andreas B. Kilcher. Wien 2003. – Ulrike Lehner: Anton Kuh (1890–1941). In: John M. Spalek u. a. (Hg.): Deutschsprachige Exilliteratur seit 1933. Bd. 4: Bibliographien, Schriftsteller, Publizisten und Literaturwissenschaftler in den USA. Bern, München 1994, 1019–1049. – Fritz Mauthner: Erinnerungen I: Prager Jugendjahre. München 1918; wieder Frankfurt/M. 1969. – Hugo Salus: Ernte. München 1903. – Ders.: Die Beschau. Eine Ghettogeschichte. Wien 1920. – Heinrich Teweles: Goethe und die Juden. Hamburg 1925. – Johannes Urzidil: Der lebendige Anteil des jüdischen Prag an der neueren deutschen Literatur. In: Bulletin des Leo Baeck Instituts 10 (1967), 276–297. – Felix Weltsch: The Rise and Fall of Jewish-German Symbiosis. The Case of F.K. In: Year Book of the Leo Baeck Institute 1 (1956), 255–276. – Ders: K. als Freund. Erinnerungen von Felix Weltsch. In: H.-G. Koch (2005 [1995]), 76–78. – Franz Werfel: Gedichte aus den Jahren 1908–1945. Frankfurt/M. 1953.

Forschung: Hans G. Adler: Die Dichtung der Prager Schule. In: Manfred Wagner (Hg.): Im Brennpunkt. Ein Österreich. Wien 1976, 67–98. – Mark Anderson: Reading K. Prague, Politics, and the fin de siècle. New York 1989. – Johann Bauer: K. and Prague. New York 1971. – Hartmut Binder (Hg.): F.K. und die Prager deutsche Literatur. Deutungen und Wirkungen. Bonn 1988. – Ders. (Hg.): Prager Profile. Vergessene Autoren im Schatten K.s. Berlin 1991. – Ders./Jan Parik: K. Ein Leben in Prag. Essen, München 1993. – Jürgen Born/Diether Krywalski (Hg.): Deutschsprachige Literatur aus Prag und den böhmischen Ländern 1900–1925. Chronologische Übersicht und Bibliographie. München u. a. 1991. – Jürgen Born: Judentum und Prager deutsche Literatur. Brod, K., Werfel, Kisch. In: Hans Hecker (Hg.): Symbiose und Traditionsbruch. Deutsch-jüdische Wechselbeziehungen in Ostmittel- und Südeuropa. Essen 2003, 191–200. – Josef Čermák: K. in Prag – Prag in K. In: Haller-Nevermann/Rehwinkel (2008), 37–46. – Jean-Pierre Danès: Situation de la littérature allemande à Prague à l'époque de K. In: Études Germaniques 39 (1984), 119–139. – Deleuze/Guattari (1976). – Klaas-Hinrich Ehlers (Hg.): Brücken nach Prag. Deutschsprachige Literatur im kulturellen Kontext der Donaumonarchie und der Tschechoslowakei. Frankfurt/M. 2000. – Rüdiger Engerth (Hg.): Im Schatten des Hradschin. K. und sein Kreis. Graz 1965. – Ingeborg Fialla-Fürst: Der Beitrag der Prager deutschen Literatur zum deutschen literarischen Expressionismus. Relevante Topoi ausgewählter Werke. St. Ingbert 1996. – Susanne Fritz: Die Entstehung des »Prager Textes«. Prager deutschsprachige Literatur von 1895 bis 1934. Dresden 2005. – Arno A. Gassmann: Lieber Vater, Lieber Gott? Der Vater-Sohn-Konflikt bei den Autoren des engeren Prager Kreises (Max Brod, Oskar Baum, Ludwig

Winder). Oldenburg 2002. – Eduard Goldstücker (Hg.): Weltfreunde. Konferenz über die Prager deutsche Literatur. Prag 1967. – Peter Hilsch: Böhmen in der österreichisch-ungarischen Monarchie und den Anfängen der tschechoslowakischen Republik. In: KHb (1979) I, 3–39. – Christian Jäger: Minoritäre Literatur. Das Konzept der kleinen Literatur am Beispiel prager- und sudetendeutscher Werke. Wiesbaden 2005. – Helena Kanyar-Becker: Eine verhängnisvolle Liebe. Zur Pragerdeutschen Literatur. In: Richard Faber/Barbara Naumann (Hg.): Literatur der Grenze – Theorie der Grenze. Würzburg 1997, 67–86. – Andreas B. Kilcher: Der Nietzsche-Liberale in Prag. Die Debatte um Anton Kuhs *Juden und Deutsche*. In: Nekula/Koschmal (2006, s. u.), 103–118. – Ders.: Sprachendiskurse im jüdischen Prag um 1900. In: Nekula/Fleischmann/Greule (2007, s. u.) 61–86. – Ders.: Das Theater der Assimilation. K. und der jüdische Nietzscheanismus. In: Balke/Vogl/Wagner (2009), 201–229. – Erhard Joseph Knobloch: Kleines Handlexikon deutsche Literatur in Böhmen, Mähren, Schlesien. Von den Anfängen bis heute. München 2. Aufl. 1976. – Kurt Krolop: Studien zur Prager deutschen Literatur. Eine Festschrift für Kurt Krolop zum 75. Geb. Hg. v. Klaas-Hinrich Ehlers u. a. Wien 2005. – Ders./Hans-Dieter Zimmermann (Hg.): K. und Prag. Berlin 1994. – Otto Muneles: Bibliographical Survey of Jewish Prague. Prag 1952. – Marek Nekula/Walter Koschmal (Hg.): Juden zwischen Deutschen und Tschechen. Sprachliche und kulturelle Identität in Böhmen 1800–1945. München 2006. – Marek Nekula/Ingrid Fleischmann/Albrecht Greule (Hg.): F.K. im sprachnationalen Kontext seiner Zeit. Sprache und nationale Identität in öffentlichen Institutionen der böhmischen Länder. Wien 2007. – Österreichische F.-K.-Gesellschaft (Hg.): Prager deutschsprachige Literatur zur Zeit K.s. Wien 1991. – Margarita Pazi: Max Brod. Werk und Persönlichkeit. Bonn 1970. – Dies.: Fünf Autoren des Prager Kreises. Frankfurt/M. 1978. – Dies.: Staub und Sterne. Aufsätze zur deutsch-jüdischen Literatur. Göttingen 2001. – Christoph Stölzl: K.s böses Böhmen. Zur Sozialgeschichte eines Prager Juden. München 1975. – Ders.: Prag. In: KHb (1979) I, 40–100, bes. 85–95. – Hans Tramer: Der Expressionismus. Bemerkungen zum Anteil der Juden an einer Kunstepoche. In: Bulletin 1 (1958) 5, 33–46. – Ders.: Die Dreivölkerstadt Prag. In: Ders. (Hg.): Robert Weltsch zum 70. Geb. von seinen Freunden. Tel Aviv 1961, 138–203. – Klaus Wagenbach: F.K. Bilder aus seinem Leben. Berlin 2008 [1983]. – Ders.: K.s Prag. Ein Reiselesebuch. Berlin 1993. – Ernest Wichner/Herbert Wiesner (Hg.): Prager deutsche Literatur vom Expressionismus bis zu Exil und Verfolgung. Berlin 1995. – Hans Zimmermann: K.s Prag und die Kleinen Literaturen. In: KHb (2008), 165–180.

Andreas B. Kilcher

2.3 Judentum/ Zionismus

Franz Kafka war Schriftsteller in Zeiten ›weltanschaulicher‹ Kontroversen um Judentum, Zionismus und die jiddischsprachige Welt des Ostjudentums. Es ist dieser Kontext, der die Interpretation von Werk und Biographie wesentlich mitbestimmt – und das von Anfang an: Welches biographische Selbstverständnis Kafka anleitet, wie sein Selbstbild als Autor im Feld konkurrierender Autorschaftskonzepte zu verstehen ist, welcher Auffassung vom Schreiben er folgt, welche Wirkung er der Literatur zuschreibt und welche seine Leser ihrerseits zu erwarten haben, wird immer auch in diesem Zusammenhang gesehen. Als interpretationsrelevant wird dieser Kontext im Lauf der Lesegeschichte aber mit unterschiedlicher Intensität herangezogen und konkurriert mit anderen Kontexten seiner Werkbiographie. Kafka gilt daher nicht durchgängig als ein ›jüdischer‹ Autor, sein Werk gilt mal mehr, mal weniger als ›jüdisch‹. Biographie, Werk und Forschungs- wie Lesegeschichte lassen deutliche Unterschiede in Hinsicht darauf erkennen, welche jüdischen Themen aufgegriffen werden, wie explizit das getan wird und welche Funktionen mit dieser Kontextualisierung jeweils verbunden sind.

Um hier Übersicht zu gewinnen, sind Unterscheidungen nützlich: Welche Themen, die im weitesten Sinne als jüdisch gelten können, werden in Kafkas Werkbiographie explizit wie implizit aufgegriffen? Das umfasst Motive, Begriffe, Themen, aber auch Schreib- und Erzählweisen. Wie manifest ist dieses Judentum in seiner Werkbiographie? Gemeint ist damit die für eine Interpretation wesentliche Einschätzung, wie konturiert ein Wissen in einem Text sein muss, um als Ko- und Kontext genutzt werden zu können (Jannidis 2003). Und welche Funktionen haben diese Themen, Kontexte und Schreibweisen für das Verständnis der Werkbiographie Kafkas? Mit solchen Unterscheidungen sieht man sehr schnell, dass Judentum, Zionismus und das jiddischsprachige Ostjudentum unterschiedlich manifest und mit variierenden Funktionen für die Erschließung der Werkbiographie Kafkas auszumachen sind.

Biographisches
Assimilation und Zionismus

Franz Kafka wuchs in einer bürgerlichen Familie Prags um 1900 auf. Wie in den meisten Familien dieser Jahre meinte Verbürgerlichung auch in seiner: den Weg vom Land in die Stadt, Herauslösung aus ständisch geprägten Lebensformen in urbane Angestelltenverhältnisse und Loslösung aus tradierten Mustern der Religion und Frömmigkeit.

Kafkas Großvater Jakob Kafka (1814–1899) war noch Schächter in der jüdischen Gemeinde aus dem südböhmischen Wossek gewesen. Sein Vater Hermann Kafka konnte durch die Aussteuer seiner Braut Julie Löwy 1882 ein Galanteriewarengeschäft im bürgerlichen Prag eröffnen, das sie beide mehr als drei Jahrzehnte erfolgreich betreiben sollten. Wie in den meisten bürgerlichen Familien der Zeit waren Kafkas Eltern die religiösen Traditionen ihrer eigenen Elterngeneration kaum noch gegenwärtig. Der Vater hatte zwar noch neben dem Wenigen, was er als früh arbeitendes Kind überhaupt lernen durfte, etwas das Lesen des hebräischen Gebetbuchs für die Teilnahme am Gottesdienst in der Synagoge beigebracht bekommen, wusste neben der Umgangssprache, dem Tschechischen, und der Schulsprache, dem Deutschen, auch das Jiddische noch etwas, hatte außerdem seine aus bürgerlicher Familie stammende Frau über einen traditionellen Heiratsvermittler kennengelernt (Alt, 68–73). Auch hielt man in der Familie Kafka an Festtagen wie Pessach, Jom Kippur und Neujahr die Koschervorschriften ein. Aber in der Summe war die jüdische Tradition beiden Eltern kaum von Bedeutung, so dass der Sohn mit den religiösen Vorstellungen des Judentums unvertraut aufwuchs und auch die Lebenswelt der in den zaristischen Ansiedlungsrayons lebenden Ghettojuden selbst nicht kannte. Auf dieses ›Fehlen‹ des Judentums wird Franz Kafka in seinen autobiographischen Texten und in seinen Briefen immer wieder zu sprechen kommen. Als Mangel ist es das Thema vieler seiner nicht öffentlichen Aufzeichnungen.

Das Judentum war Kafka daher nicht als selbstverständlich überlieferte religiöse Tradition gegenwärtig. Gegenwärtig war es für ihn dagegen in den gesellschaftlichen Ausgrenzungen und in der weltanschaulichen Radikalisierung des Nationalismus und Antisemitismus in Prag wie in den aufkommenden zionistischen und neureligiösen Bewegungen um die Jahrhundertwende.

Zum Thema wird das Judentum in Kafkas Werkbiographie zunächst in der Zeit am Altstädter Gymnasium. Hier, in der privilegierten, hochgebildeten Umgebung, traf Franz Kafka auf Mitschüler wie Hugo Bergmann (1883–1975), den späteren Gründer der Hebräischen Nationalbibliothek in Jerusalem und Gründungsrektor der Hebräischen Universität. Bergmann vermittelte Kafka eine überzeugende, erste Vorstellung vom Zionismus, der für diesen zu einem lebenslangen Thema werden sollte (Gelber 2008, 294 f.). In seinen späteren Tagebüchern erinnert sich Kafka an die Diskussionen mit dem gläubigen Hugo Bergmann, als sie in einer »entweder innerlich vorgefundenen oder [...] nachgeahmten talmudischen Weise« über letzte Fragen wie den Gottesbeweis oder die Schöpfung disputiert hatten (T 333). Das sind freilich stilisierte Rückerinnerungen, die kaum erkennen lassen, wie gängig solche Debatten unter Gymnasiasten damals waren. Andere Freundschaften, wie etwa die zu Oskar Pollak, brachten deutschnationale und Nietzscheanistische Themen auf, die ebenso leidenschaftlich und altklug diskutiert wurden wie dann auch sozialistische oder lebensreformerische Ideen. Auch die Erinnerung Bergmanns, Kafka habe als Gymnasiast die ernsthafte Absicht geäußert, Schriftsteller werden zu wollen (Koch, 18), verläuft noch in den Bahnen des damals unter Gymnasiasten Üblichen.

Erst die Freundschaft mit Max Brod, beginnend am 23. Oktober 1902, hat die Auseinandersetzung mit jüdischen Themen und ästhetische Debatten zusammengeführt (vgl. Shahar/Ben-Horin). Durch Brod lernte Kafka weitere Autoren wie Felix Weltsch, Oskar Baum, Franz Werfel und Paul Kornfeld kennen, die ihre künstlerischen und intellektuellen Interessen mit dem Zionismus verbunden hatten. Durch Brod war Kafka auch auf die Vorträge des jüdischen Vereins ›Bar-Kochba‹ aufmerksam geworden. Hier hatte er sehr wahrscheinlich 1910 auch zwei Vorträge Martin Bubers gehört (An F. Bauer, 16.1.1913; B13–14 42), der auf Einladung Hugo Bergmanns gekommen war. Bubers Prager Vorträge, die 1911 unter dem Titel *Drei Reden über das Judentum* erscheinen sollten, verleihen den kulturzionistischen Überzeugungen der Prager intellektuellen Zirkel wortmächtigen Ausdruck, wenn sie das Ostjudentum, den Chassidismus und das ›einfache‹ Leben auf dem Lande dem Westjudentum, der Assimilation und Großstadt entgegensetzen (↗ 46 f.). Auch diese thematische Konstellation kehrt in den Tagebüchern und Briefen Kafkas wieder. Weitere zionistische Vorträge durch Felix Theilhaber, Adolf Böhm, Berthold Feiwel, Morris Rosenfeld und Davis Trietsch hatte Kafka besucht und die Reaktionen darauf in der Prager Presse aufmerksam verfolgt, wie seine Aufzeichnungen wiederholt belegen; besonders haben ihn die dort diskutierten politischen Ideen bis hin zu einer zionistischen Familienpolitik beschäftigt (Voigts 2007; Wagner 1998).

Das jiddische Theater

Der Zionismus ist der eine biographisch greifbare Kontext, andere, damit keineswegs deckungsgleiche, sind das jiddische Theater und die jiddische Sprache. Wiederum war es Brod, der Kafkas Interesse auf das jiddische Theater und damit auch auf die jiddische Sprache gelenkt hatte – zunächst einfach dadurch, dass beide bei ihren nächtlichen Streifzügen durch die Vergnügungscafés 1910 zum ersten Mal auf eine jiddische Gastspielgruppe getroffen waren (Lauer, 125 f.). Ein halbes Jahr, zwischen Herbst 1911 und Frühjahr 1912, war Kafka dann, wie seine Briefe und Tagebücher belegen, intensiv mit dem »Jargontheater« (An F. Bauer, 3.11.1912; B00–12 210) beschäftigt. Mehr als 30 Aufführungen dürfte er besucht haben.

Das Interesse Kafkas war mehrfach motiviert. Zum einen trug er einer der verheirateten Schauspielerinnen seine Liebe an, zum anderen sah er in dem Schauspieler Jizchak Löwy sein anderes Selbst, hatte dieser doch auch mit der Welt der Väter gebrochen, um sich einer Kunst zu verschreiben, die keine größere Anerkennung des Publikums fand (Stach 2002, 59–65). Und drittens schien dieses wilde Theater in der Sprache des ›Jargons‹ alles Unbürgerliche zu vereinen, das zugleich mit der verlorenen jüdischen Tradition eins zu sein schien. Auch wenn tatsächlich das jiddische Theater eine bürgerliche Erfindung des 19. Jahrhunderts ist, das gerade gegen die Orthodoxie entstanden war, so glaubte Kafka, hier jenes Judentum wiederzufinden, das ihm seine Eltern nicht gegeben hatten. Die Jiddischisten wie Nathan Birnbaum (1864–1937), die das Jiddische als die Sprache der jüdischen Erneuerung propagierten, lieferten Kafka dafür die kulturphilosophischen Begründungen. Eine seiner wenigen öffentlichen Reden ist dann auch dem Jiddischen gewidmet (NSF I, 188–193; ↗ 53).

Hebräischstudium

Schließlich hatte Kafka im Spätherbst 1914 begonnen, bei dem fünf Jahre jüngeren Friedrich Thieberger (1888–1958) Hebräischunterricht zu nehmen. Auch Thieberger war Mitglied des kulturzionistischen ›Bar-Kochba‹-Kreises. 1915 lernte Kafka Georg Mordechaj Langer (1894–1943) kennen, der 1913 im Bruch mit seiner Familie zum Chassidismus übergetreten war und als orthodoxer Ostjude Kafka mit den Grundbegriffen der chassidischen Gebräuche und der talmudisch geprägten Lebenswelt des orthodoxen Judentums vertraut gemacht hat. Durch Langer angeregt, hörte Kafka im Juni 1915 einen Vortrag über die Mischna (die religionsgesetzliche Sammlung, die im Zentrum des Talmuds steht) in der Altneusynagoge in Prag (T 774). Im September 1915 besucht er zusammen mit Brod und Langer den Hof des als Flüchtling nach Prag gelangten Grodeker Wunderrabbis (Stach 2008, 122–124). Wie andere in seinem Kreis hatte sich auch Kafka das Hebräisch-Lehrbuch von Moses Rath gekauft und die Lektionen durchgearbeitet, war es doch Programm des Kulturzionismus, Hebräisch als Vorbereitung für die Auswanderung nach Palästina zu lernen (ein Gegenprogramm zu dem der Jiddischisten, ohne dass diese Gegensätze für Kafka wesentlich geworden wären).

Kafka hat das Hebräisch-Lernen bis fast zu seinem Tode weiterbetrieben, besonders intensiv im Sommer 1923, als er ernsthaft Pläne einer Auswanderung verfolgte. Noch als schwer Erkrankter hat er zusammen mit seiner letzten Lebensgefährtin Dora Diamant an der Berliner Hochschule für die Wissenschaft des Judentums Hebräisch- und Talmudkurse belegt, ohne jedoch in der hebräischen Sprache oder in der Kenntnis der orthodoxen Welt über Anfangsgründe hinausgekommen zu sein.

An Kafkas nachhaltigem, zugleich sprunghaftem Interesse an Judentum, Zionismus und der jiddischen Welt des Ostjudentums kann kein Zweifel bestehen. Als Thema kehrt es in seinen Briefen und unveröffentlichten Aufzeichnungen beständig wieder. Noch sein letzter Versuch, gegen den Willen Dora Diamants bei deren orthodoxen Vater um ihre Hand anzuhalten und sich damit die sichere Ablehnung einzuhandeln (Sokel, 854), zeugen von der Faszination Kafkas für ein Judentum, das für ihn gerade keine Selbstverständlichkeit besaß.

Lektüren

Kafka las die verschiedensten und heterogensten Judaica, um sich eine Vorstellung vom Judentum zu verschaffen (vgl. Kilcher). Es handelt sich dabei um Bücher wie Heinrich Graetz' *Volkstümliche Geschichte der Juden*, die Kafka 1911 »gierig und glücklich« gelesen haben will (T 215), Simon Dubnows *Neueste Geschichte des jüdischen Volkes* oder auch Meyer Isser Pinès' französische *Histoire de la littérature Judéo-Allemande* (1911), die er »mit solcher Gründlichkeit, Eile und Freude« studiert haben soll wie sonst nur selten ähnliche Bücher (T 360). Den Talmud dürfte er in einer Übersetzung von Moses Ephraim Pinner vorliegen gehabt haben. Die Lektüre von Jakob Fromers hoch umstrittener, weil radikal talmudkritischer Darstellung *Der Organismus des Judentums* von 1909 ist ebenfalls bezeugt (ebd.).

Literaturkritische Darstellungen wie Gustav Krojankers Sammelband *Juden in der deutschen Literatur* von 1922 oder auch die jüdische Themen aufgreifende Literatur von Jakob Wassermann oder Arnold Zweig zählten zu Kafkas Lesestoffen. Brods erfolgreiche Romane *Jüdinnen* (1911) und *Arnold Beer* (1912) und seine kulturzionistischen Essays hatte Kafka ebenfalls gelesen. Die zionistische Literatur, angefangen bei Moses Hess' *Rom und Jerusalem* und Theodor Herzls *Altneuland*, auch dessen Tagebücher, Hugo Bergmanns geschichtsphilosophische Abhandlung *Jawne und Jerusalem* (1919), Samuel Lublinskis *Die Entstehung des Judentums* (1903), Richard Lichtheims *Das Programm des Zionismus* (1913), Adolf Böhms Darstellung *Die zionistische Bewegung* (1920/21), oder Publikationen des Bar-Kochba-Kreises *Vom Judentum* (1913) werden neben der Lektüre von Hans Blühers antisemitischer Schrift *Secessio Judaica* (1922) von ihm verzeichnet.

Schließlich finden sich in Kafkas Bibliothek noch eine ganze Reihe Bücher der um die Jahrhundertwende aufblühenden jüdischen Volkskunde. Deren Sammlungen von Erzählungen und Wundergeschichten wie die von Micha Josef Bin Gorion, Martin Buber, Alexander Eliasberg, Wolf Pascheles oder Jizchak Leib Perez, dazu auch Abhandlungen wie Fritz Mordechai Kaufmanns *Essais über ostjüdische Dichtung und Kultur*, stehen in Kafkas Regalen. Seit 1911 hat Kafka die zionistische Zeitschrift *Selbstwehr* gelesen, sie seit 1917 sogar abonniert (Binder 1967a).

Schon diese keineswegs vollständige Auflistung nur der Judaica zeigt, was auch die biographischen

Daten belegt haben: Der Kontext von Judentum, Zionismus und ostjüdischer Welt ist nicht homogen, sondern in sich widersprüchlich. Die Schriften der Zionisten, die für das Hebräisch-Lernen eintraten, und die der Jiddischisten, die im Jiddischen die wahre Sprache der Juden sahen, stehen in diametralem Gegensatz zueinander. Die Verklärung des orthodoxen Schtetls hat ihr Widerlager in den zionistisch-sozialistischen Kolonieplänen. Das Lob des Ostjudentums ist nur das Ergebnis einer kultivierten und assimilierten Lebensweise und ihrer lebensreformerischen Sehnsüchte. Ein gemeinsamer Nenner für diese widersprüchlichen Kontexte für Kafkas Werk kann über einen sehr allgemeinen Begriff von ›jüdisch‹ und ›Judentum‹ hinaus nicht angegeben werden. Auch der Prager Kulturzionismus ist mit seiner Integration heterogener Traditionen nicht ausreichend, um diese Unterschiede zu integrieren, so dass es den *einen* ›jüdischen‹ Kontext für das Verständnis von Kafkas Werkbiographie nicht gibt.

Jüdische Stoffe, Motive und Themen

Der Befund, dass Judentum, Zionismus und Jiddisches einen biographisch erst mühsam angeeigneten und in sich heterogen Hintergrund für Kafkas Werk bilden, wird auch durch die Suche nach jüdischen Stoffen, Motiven und Themen im Werk nicht verändert.

Zunächst fällt deren fast vollständiges Fehlen in Kafkas zu Lebzeiten veröffentlichten Texten auf. Weder im Roman-Fragment *Der Heizer*, das 1913 als selbständige Erzählung bei Kurt Wolff erschienen war, noch in den ab 1908 erscheinenden Erzählungen oder in den späten, 1924 publizierten Erzählungen wie *Ein Hungerkünstler* oder *Josefine, die Sängerin* finden sich Motive oder auch nur Vokabeln, die einem jüdischen Kontext sicher zuzuordnen wären. Und auch die Prosa aus dem Nachlass kennt keine eindeutig identifizierbaren Stoffe oder Motive.

Öffentlich geworden sind solche Ausführungen nur an einer Stelle, in Kafkas kleiner <*Rede über die jiddische Sprache*>, gehalten im Festsaal des Jüdischen Rathauses in Prag am 18. Februar 1912 (NSF I, 188–193; ↗140f.). Anlass war eine Lesung seines Freundes Jizchak Löwy. In seiner einleitenden Rede entwirft Kafka ein Bild des Jiddischen als einer ›unverregelten‹ Sprache: einem »verwirrten Jargon« (188), der nur aus Fremdwörtern bestehe. Missach-

tet sei dieser ›Jargon‹, zusammengehalten von den ihn umgebenden Sprachen, verwandt mit keiner Sprache so sehr wie mit der deutschen und doch wechselseitig nicht in sie zu übersetzen. Kafka entwirft in seiner Rede eine romantische Vorstellung vom Jiddischen, das geradezu magische Kräfte verleihe, die den Zuhörer aus den bürgerlichen Sekuritäten freisetze:

> Wenn Sie aber einmal Jargon ergriffen hat – und Jargon ist alles, Wort, chassidische Melodie und das Wesen dieses ostjüdischen Schauspielers selbst, – dann werden Sie Ihre frühere Ruhe nicht mehr wiedererkennen. Dann werden Sie die wahre Einheit des Jargon zu spüren bekommen, so stark, daß Sie sich fürchten werden, aber nicht mehr vor dem Jargon, sondern vor sich (193).

Diese Rede ist das einzige öffentliche Bekenntnis Kafkas zu einem jüdischen Thema, ohne dass ein für die Zeitgenossen erkennbarer Werkanspruch für diese Rede erhoben worden wäre.

Im Unterschied zum veröffentlichten Werk sind Kafkas Tagebücher, Briefe und autobiographische oder scheinbar autobiographische Zeugnisse bedrängend übervoll von Ausführungen über das Judentum und den behaupteten Typus ›Jude‹, den Zionismus und den Chassidismus – auch über ihre Opponenten, die Antisemiten oder die Christen. Kafka dokumentiert und stilisiert hier seine Begegnungen und Leseerfahrungen, diskutiert die poetischen (Un-)Möglichkeiten, in deutscher Sprache schreiben zu müssen, führt wiederholt Religion und Sexualität eng und stellt seine eigenen Lebensentwürfe immer wieder zur Disposition. Dabei kehren typisierte Gegenüberstellungen aus den zionistischen und jiddischistischen Debatten wieder: hier das glaubenssichere Ostjudentum, dort das von Selbstzweifel geplagte Westjudentum, hier Stereotypen über vorgeblich jüdisches Verhalten, dort Bilder von der kalten, christlichen Mehrheit, hier Traditionsgewissheit, dort der Verlust jeder Gemeinschaft.

In seinem <*Brief an den Vater*> hat Kafka diese Typisierungen im Umgang mit dem Judentum aufgerufen und damit zugleich für seine Werkbiographie reklamiert, wenn dieser Brief denn als Teil seines Werkes aufzufassen ist:

> Du hattest aus der kleinen ghettoartigen Dorfgemeinde wirklich noch etwas Judentum mitgebracht, es war nicht viel und verlor sich noch ein wenig in der Stadt und beim Militär, immerhin reichten noch die Eindrücke und Erinnerungen der Jugend knapp zu einer Art jüdischen Lebens aus, […] aber zum Weiter-überliefert-werden war es gegenüber dem Kind zu wenig, es vertropfte zur Gänze während Du es weitergabst (NSF II, 188f.).

Solche und verwandte Stellen finden sich in den nicht veröffentlichten Schriften Kafkas so vielfach, dass sie geradezu ein Muster seiner Selbstdeutung bilden. Weitgehend folgen sie lebensphilosophischen Typisierungen, wie sie im Prag dieser Jahrzehnte allenthalben zu finden sind, ohne dass sich Kafka mit ihnen auf eine der damals kurrenten Positionen verpflichten lassen würde. In ihnen stilisieren sich die Söhne gegen die Väter als Übergangsgeneration zu einem neuen, irgendwie befreiten Leben – ein Versprechen auf Befreiung, das nicht nur bei Kafka das eigene Scheitern schon mitbedenkt. »Wir kennen doch beide«, schreibt Kafka 1920 an Milena Jesenská, seine tschechische Übersetzerin und Freundin,

> ausgiebig charakteristische Exemplare von Westjuden, ich bin, soviel ich weiß, der westjüdischeste von ihnen, das bedeutet, übertrieben ausgedrückt, daß mir keine ruhige Sekunde geschenkt ist, nichts ist mir geschenkt, alles muß erworben werden, nicht nur die Gegenwart und Zukunft, auch noch die Vergangenheit (Nov. 1920; BM 294).

Beschreibungen der Entfremdung sind das wiederkehrende Thema dieser Zeugnisse, die die eigenen Erfahrungen immer als prototypische Erfahrungen der jüdischen Intellektuellen seiner Zeit hochrechnen: »Weg vom Judentum«, schreibt Kafka im Juni 1921 an Max Brod, »wollten die meisten, die deutsch zu schreiben anfingen, sie wollten es, aber mit den Hinterbeinchen klebten sie noch am Judentum des Vaters und mit den Vorderbeinchen fanden sie keinen neuen Boden« (Briefe 337).

Die Reihe solcher und ähnlicher Formulierungen ließe sich fortsetzen. Sie finden sich alle in nicht zu Lebzeiten veröffentlichen und kaum zur Veröffentlichung vorgesehenen Texten. An der Frage, ob diese Aufzeichnungen zu Kafkas Werk zu zählen sind, hängt allein die Entscheidung darüber, ob Judentum, Zionismus und ostjüdische Erneuerung Kontexte für Kafkas Werk sind oder nicht. Eben darüber aber schweigt sich das Werk selbst aus.

Kafkas Auseinandersetzung mit dem Judentum ist so ein für sein Werk nur schwach manifester Kontext. An Prägnanz gewinnt er, wenn man die Publikationsorte der Texte mit einbezieht. Dass die Erzählungen *Vor dem Gesetz*, *Eine kaiserliche Botschaft* und *Die Sorge des Hausvaters* in der zionistischen Wochenschrift *Selbstwehr* zwischen 1915 und 1919 erschienen sind, gehört zu dem Kotext, den Leser mitlesen. Hier bezieht, mindestens verrätselt, Kafka allein durch den Ort der Veröffentlichung Position in den Debatten um Assimilation und kulturelle Erneuerung.

Schakale und Araber und *Ein Bericht für eine Akademie*, beide 1917 in Bubers Monatsschrift *Der Jude* erschienen, wären außerdem noch zu nennen – auch sie sind an einem Ort gedruckt, der eine Auseinandersetzung mit jüdischen Themen nahelegt. Zusammengezählt sind es dennoch nicht viele Texte Kafkas, die in einem solchen vereindeutigenden Kontext publiziert worden sind. Und doch sind sie ein Hinweis, dass sich Kafka bei aller Distanz gegen weltanschauliche Festlegungen nicht strikt abseits eines solchen Umfeldes gehalten hat. Während also die biographischen Daten und autobiographischen Texte vielfach Zeugnis von Kafkas intensiver Auseinandersetzung mit Judentum, Zionismus und dem Ostjudentum – und damit immer auch mit dem Antisemitismus und Nationalismus seiner Jahre – ablegen, sind solche präzisen Kontexte für sein literarisches Werk nicht auszumachen. Sie sind mit vergleichsweise geringen skalierenden Varianzen nur schwach manifest.

Forschung

Das hat weder die Leser noch die Forschung abgehalten, nach stärkeren Vereindeutigungen zu suchen. Zu Lebzeiten Kafkas blieb der jüdische Kontext seines Werkes allerdings auf seine näheren Leser beschränkt, die ihn und seine Biographie kannten. Die Frage, ob Kafkas Erzählen Kleists Texten ähnele oder die Verwechselung mit der Prosa Robert Walsers, die Einordnung als Vertreter der expressionistischen Autorengenerationen und allgemein gehaltene religiöse Grundfragen sind weit zahlreicher in der zeitgenössischen Kritik zu finden als etwa die wenigen Bemerkungen Kasimir Edschmids zur jüdisch-intellektuellen Geistigkeit Kafkas, Karl Storcks literaturhistorische Einordnungen der Prager deutschen Literatur oder Anton Kuhs literaturkritische Anmerkungen zur jungen Generation jüdischer Schriftsteller (vgl. Born 1979). Kontextualisierungen, die auf eine allgemeine religiöse Thematik in Kafkas Werk abheben, betonen, wie etwa Benno Wiese, nicht das Judentum, sondern eher die Widersprüchlichkeit und Mehrdeutigkeit der religiösen Suche Kafkas (Wiese 1928).

Es ist oft bemerkt worden, dass es Max Brod war, der schon zu Lebzeiten Kafkas den Freund zu einem religiösen Autor erhoben hat, für den der Zionismus ein säkularer Glaube gewesen sei (Shahar/Ben Horin). Aber auch Brods Deutung – wie er sie erstmals

1921 in einer Würdigung in der *Neuen Rundschau* herausgestellt hat, dann 1937 in seiner Biographie Kafkas und in seinem Essay *Franz Kafkas Glauben und Lehre* von 1948 – entfaltet erst nach Krieg und Judenvernichtung ihre Wirkung, und es hat nicht wenig Widerspruch – prominent durch Walter Benjamin und Gershom Scholem – erfahren, wenn Brod schreibt: »Kafka ist als Erneuerer der altjüdischen Religiosität aufzufassen, die den ganzen Menschen, die sittliche Tat und Entscheidung des Einzelnen im Geheimsten seiner Seele verlangt« (Brod 1974, 279). Als ein solcher jüdischer Autor galt Kafka jahrzehntelang gerade nicht. Das Judentum fungierte nicht als der Kontext für sein Werk, den Brod postuliert hat, ja fehlt in den Besprechungen zu Lebzeiten Kafkas. Noch zwischen 1924 und 1938 findet das Judentum Kafkas nur vereinzelt Erwähnung, etwa in allegorischen Deutungen Kafkas als religiöser Autor (Born 1983).

Während also Kafka für die wenigen Leser, die er zu Lebzeiten über seine Prager Kreise hinaus gefunden hatte, kein Werk geschrieben hat, das einen prägnanteren jüdischen Kontext zum Verständnis bräuchte, hat Brod die Möglichkeiten einer Kontextualisierung in den Grundzügen formuliert, die bei allen Unterschieden in Details und Wertungen bis heute Wirkung zeitigen. So folgt Brod dem expressionistischen Aufbruch, den Weg in die Verbürgerlichung, wie ihn das 19. Jahrhundert gegangen ist, als Entfremdung von einer positiv gesetzten, älteren Tradition aufzufassen und Kafkas Suche nach Gemeinschaft im Judentum als Rückkehr zu begreifen. Selbst neuere Biographien Kafkas bleiben diesem Grundverständnis verpflichtet. Für sie ist Kafkas Biographie Muster einer gegen die Einsargungen des säkularen bürgerlichen Lebens aufbegehrenden Generation. Spiegelbildlich werden dann die jüdischen Kontroversen der Zeit auf einen positiven Kollektivsingular zusammengezogen, den sie zur Zeit Kafkas gar nicht gebildet haben. Die Opposition von quälender Vereinzelung, Heimatlosigkeit und Grenzgängerei versus leidenschaftlicher Suche nach Gemeinschaft und Heimat im realen wie übertragenen Sinne, die Kafkas Werk bestimme, findet sich ebenfalls schon bei Brod.

Schließlich tut Brod das, was bis heute die Kafka-Forschung nicht losgelassen hat (vgl. Kraus, 351–354): Er versteht Kafkas private Notate als gleichwertigen Teil des öffentlichen Werkes, unterstellt damit Kafkas Schreiben eine romantische Einheit von Leben und Werk, in der der Autor nur ohnmächtiges Sprachrohr einer ihn übersteigenden, rätselhaften Wahrheit ist, die durch ihn in allen seinen Äußerungen spricht. Kafka, der Autor und seine Texte, sind in dieser Interpretation Allegorien des modernen Menschen – und das wirkt lange nach. Jede Äußerung Kafkas ist dann von einem solchen Gewicht, dass sich die Frage nach Werk und Kontext nicht eigentlich mehr stellt. Entsprechend übergangslos zieht die Forschung Kafkas Selbstdeutungen für die Interpretation seines Werkes heran, ohne den Zwischenschritt – warum Judentum, Zionismus und Ostjudentum denn ein für das Werk bestimmender Kontext seien – explizit zu diskutieren. Die Unterlassung einer Unterscheidung zwischen dem Werk als Objekt und der Untersuchung eben dieses Werkes führt denn auch dazu, in ganz unterschiedlichen Motiven, Schreibweisen und Figuren Anspielungen und Chiffrierungen, wenn nicht sogar Allegorien für einen eigentlich ja kaum verborgenen jüdischen Kontext anzunehmen. Das Gesetz, aber auch Figuren wie der Hund, der Affe, die Schakale und Mäuse, Räume wie die unterirdischen Bauten oder die Diktion werden als (zwar paradoxe) Verschiebungen aus einem sehr viel konkreteren Kontext der damaligen Debatten um Judentum, Zionismus und Ostjudentum interpretiert. Die Unbestimmtheit und damit Mehrdeutigkeit, wenn nicht Unverständlichkeit gerade des jüdischen Kontextes ist damit aber weitgehend verlorengegangen (vgl. Zimmermann 1985). Und das umso mehr, als die Forschung seit den 1980er Jahren (Grözinger/Mosès/Zimmermann) verstärkt auf die werkbiographische Nähe von Kafkas Durchbruch als Schriftsteller zu seinen intensiven Auseinandersetzungen mit dem Zionismus und dem jiddischen Theater um 1911/12 hingewiesen hat (vgl. Beck 1971). Kafka gilt daher als ein jüdischer Autor, sein Werk als verständlich erst vor diesem Hintergrund. Judentum, Zionismus und Ostjudentum scheinen einen zwingenden Kontext für sein Werk zu bilden. Aber genau das sind sie nicht.

Kafka selbst hat möglicherweise diesen Interpretationsansatz vorbereitet, weil er zwischen sich und seinem Werk nicht unterschieden zu haben scheint – ob aus dem Misserfolg heraus, seine Literatur als Werk in der Öffentlichkeit platzieren zu können (Unseld 2008), oder aus neoromantischem Autorenselbstverständnis, oder aus beiden Gründen. Das lässt sich heute nicht mehr abschließend klären. Auch unterliegt die kalkulierte Polyvalenz seiner Prosa unvermeidlich dem Funktionswandel von Kontexten, die sich mit den Lesern wandeln und die kein Autor regulieren kann. Waren Kafkas zeitgenössische Leser noch vor allem an den literaturkritischen Debatten um die junge Literatur ihrer Zeit interessiert, so hat die Philologisierung des Umgangs mit Kafkas Texten ›jüdische‹ Motive, Themen und Schreibweisen erst identifizieren können, weil sie den Kontext weniger im Werk selbst sieht als eben in den Aufzeichnungen und Briefen Kafkas. Ob Kafka das mitbedacht haben sollte, wird man nicht ganz ausschließen, aber auch nicht sicher bejahen können. Kafkas Werkästhetik ist hier offener, kalkuliert verrätselter und scheint auf Anderes gezielt zu haben, als es die gegenwärtige Forschungssituation erkennen lässt. Erst in Abwägung gegenüber anderen Kontexten kann abgeschätzt werden, wie sehr Kafka eine für die Moderne um 1900 nicht untypische negative Kunstreligion für sich und sein Schreiben gesucht haben dürfte, die nicht mit dem Judentum zusammenfällt und die in der Unbedingtheit dieser Suchbewegung gerade ihre Besonderheit gewinnt.

Judentum, Zionismus und das Ostjudentum sind daher ein, aber kein zwingender Kontext für ein angemessenes Verständnis von Kafkas Werk, noch gar der allein bestimmende. Indem man andere Kontexte heranzieht, ob Kafkas intensive Leseerlebnisse (Engel/Lamping), andere weltanschauliche und ästhetische Debatten seiner Zeit oder auch die im Werk manifesteren christlichen Motive und Figuren – in jedem Fall wird jene eigenwillige Mehrdeutigkeit erkennbar, auf die Kafkas Texte zuerst angelegt sind und die auf einen verrätselten Sinn abzuzielen scheint, der sich schon im Aussprechen als Unmöglichkeit erweisen will. Diesen Anspruch an sich selbst und sein Werk zu verstehen und dafür Kontexte zu finden, ist die Aufgabe einer gelingenden Interpretation.

Judaica I – in Kafkas Bibliothek (Auswahl): [Anon.:] Moaus zur. Ein Chanukkahbuch. Berlin 1918. – Bar Kochba: Vom Judentum. Ein Sammelbuch. Hg. v. Verein jüdischer Hochschüler Bar Kochba. Prag 1913. – Immanuel Benzinger: Wie wurden die Juden das Volk des Gesetzes? Tübingen 1908 (Religionsgeschichtliche Volksbücher für die deutsche christliche Gegenwart. Hg. v. Friedrich Michael Schiele. 2. Reihe, 15. Heft). – Adolf Böhm: Zionistische Palästinaarbeit. Wien 1909 (Publikationen des Zionistischen Zentralbureaus Wien IX., Heft I.). – Ders.: Die zionistische Bewegung. 2 Bde. Berlin 1920/21. – Max Brod: Jüdinnen. Berlin 1911. – Ders.: Arnold Beer. Das Schicksal eines Juden. Berlin-Charlottenburg 1912. – Ders.: Sozialismus im Zionismus. Wien, Berlin 1920. – Ders.: Heidentum, Christen-

tum, Judentum. Ein Bekenntnisbuch. 2 Bde. München 1921. – David Cassel: Lehrbuch der jüdischen Geschichte und Literatur. Leipzig 1879. – Otto Eißfeldt: Israels Geschichte. Tübingen 1914 (Religionsgeschichtliche Volksbücher für die deutsche christliche Gegenwart. VI. Reihe. Begr. v. Friedrich Michael Schiele. Hg. v. Karl Aner. 4. Heft). – Alexander Eliasberg: Sagen polnischer Juden. Ausgewählt u. übertragen v. Alexander Eliasberg. München 1916. – Paul Fiebig: Das Judentum von Jesus bis zur Gegenwart. Tübingen 1916 (Religionsgeschichtliche Volksbücher für die deutsche christliche Gegenwart. Begr. v. Friedrich Michael Schiele. 2. Reihe, 21./22. Heft). – Flugschrift des Kartells zionistischer Verbindungen (K. Z. V.): Der zionistische Student. Berlin 1912. – Moritz Friedländer: Die religiösen Bewegungen innerhalb des Judentums im Zeitalter Jesu. Berlin 1905. – Samuel Loeb Gordon: Halaschon [»Die Sprache«, Hebräisch-Lehrbuch]. Warschau 1919. – Micha Josef bin Gorion: Die Sagen der Juden. Gesammelt u. bearb. v. Micha Josef bin Gorion. Frankfurt/M. 1913. – Ders.: Der Born Judas. Legenden, Märchen und Erzählungen. Gesammelt u. bearb. v. Micha Josef bin Gorion. Bd. 1 u. 3. Leipzig 1916 u. 1919. – Georg Hollmann: Welche Religion hatten die Juden, als Jesus auftrat? Tübingen 2. Aufl. 1910 (Religionsgeschichtliche Volksbücher für die deutsche christliche Gegenwart. Hg. v. Friedrich Michael Schiele. 1. Reihe, 7. Heft). – Mordechai Kaufmann: Vier Essais über ostjüdische Dichtung und Kultur. Berlin 1919. – Karl Kautzsch: Die Philosophie des Alten Testaments. Tübingen 1914 (Religionsgeschichtliche Volksbücher für die deutsche christliche Gegenwart. Begr. v. Friedrich Michael Schiele, hg. v. Karl Aner, 6. Reihe, 6. Heft). – Walther Köhler: Die Gnosis. Tübingen 1911 (Religionsgeschichtliche Volksbücher für die deutsche christliche Gegenwart. Hg. v. Friedrich Michael Schiele. 4. Reihe, 16. Heft). – Gustav Krojanker: Juden in der deutschen Literatur. Berlin 1922. – Friedrich Küchler: Hebräische Volkskunde. Tübingen 1906 (Religionsgeschichtliche Volksbücher für die deutsche christliche Gegenwart. Hg. v. Friedrich Michael Schiele. 2. Reihe, 2. Heft). – Richard Lichtheim: Das Programm des Zionismus. Hg. v. der Zionistischen Vereinigung für Deutschland. Berlin-Wilmersdorf 2. Aufl. 1913. – Max Mandelstamm: Eine Ghettostimme über den Zionismus. In: Ost und West. Illustrierte Monatsschrift für modernes Judentum (1901) August-Heft. – Karl Marx: Zur Judenfrage. Hg. u. eingel. v. Stefan Grossmann. Berlin 1919 (Umsturz und Aufbau, vierte Flugschrift). – Adalbert Merx: Die Bücher Moses und Josua. Eine Einführung für Laien. Tübingen 1907 (Religionsgeschichtliche Volksbücher für die deutsche christliche Gegenwart. Hg. v. Friedrich Michael Schiele. 2. Reihe, 3. I.-II. Doppelheft). – Wilhelm Nowack: Amos und Hosea. Tübingen 1908 (Religionsgeschichtliche Volksbücher für die deutsche christliche Gegenwart. Hg. v. Friedrich Michael Schiele. 2. Reihe, 9. Heft). – Wolf Pascheles (Hg.): Sippurim. Eine Sammlung jüdischer Volkssagen, Erzählungen, Mythen, Chroniken, Denkwürdigkeiten und Biographien berühmter Juden aller Jahrhunderte, besonders des Mittelalters. Prag 1853–70. Bd. I u. VII. – Moses Rath: Schlüssel zum Lehrbuch der hebr. Sprache. Preßburg 2. verb. Aufl. 1917. – Jaroslav Sedláček: Lešon Hassefarim. Zákldové hebrejského jazyka biblického [Die Sprache der Bücher. Grundrisse der hebräischen Bibelsprache]. Prag 1892. – Ignaz Ziegler: Die Geistesreligion und das jüdische Religionsgesetz. Ein Beitrag zur Erneuerung des Judentums. Berlin 1912.

Judaica II – in Tagebüchern/Briefen erwähnt (Auswahl): Hugo Bergmann: Jawne und Jerusalem. Berlin 1919. – Hans Blüher: Secessio Judaica. Berlin 1922. – Martin Buber (Hg.): Die Geschichten des Rabbi Nachman, ihm nacherzählt. Frankfurt/M. 1906. – Ders. (Hg.): Die Legende des Baalschem. Frankfurt/M. 1908. – Ders. (Hg.): Der große Maggid und seine Nachfolge. Frankfurt/M. 1921. – Simon Dubnow: Die neueste Geschichte des jüdischen Volkes (1789–1914). Deutsch v. Alexander Eliasberg. Berlin 1920, Bd. I [ursprünglich wohl auch in K.s Bibliothek]. – Jacob Fromer: Der Organismus des Judentums. Charlottenburg 1909. – Heinrich Graetz: Volkstümliche Geschichte der Juden. Wien, Berlin 1918 [Bd. II 7. Aufl.] u. 1923 [Bd. III]. – Theodor Herzl: Theodor Herzls Tagebücher. 1895–1904. Berlin 1922, Bd. I. – Arthur Holitscher: Reise durch das jüdische Palästina. Berlin 1922. – Samuel Lublinski: Die Entstehung des Judentums. Eine Skizze. Berlin 1903. – Sigmund Mayer: Die Wiener Juden. Kommerz, Kultur, Politik 1700–1900. Wien, Berlin 1917. – Jizchok Leib Perez: Volkstümliche Erzählungen. Berlin 1913. – Meyer Isser Pinès: Histoire de la littérature Judéo-Allemande. Paris 1911. – Selbstwehr. Unabhängige jüdische Wochenschrift [Untertitel ab 1922 (XVI. Jg.): Jüdisches Volksblatt]. Prag [abonniert seit 1917]. – Talmud. Übers. u. hg. v. Moses Ephraim Pinner. Berlin 1842.

Judaica III – Sonstiges: Moses Hess: Rom und Jerusalem. Die letzte Nationalitätsfrage. Eingel. v. Hugo Bergmann. Wien, Berlin 1919.

Forschung: Ulf Abraham: »Die strafenden Blicke eines vergehenden Glaubens«. K. und die Thora. In: Ortwin Beisbart (Hg.): Einige werden bleiben – und mit ihnen das Vermächtnis. Der Beitrag jüdischer Schriftsteller zur deutschsprachigen Literatur des 20. Jahrhunderts. Bamberg 1992, 33–55. – P.-A. Alt (2005). – Hana Arie-Gaifman: Milena, K. und das Judentum. Wie tief wirkt die intellektuelle Toleranz? In: Stéphane Mosès/Al-

brecht Schöne (Hg.): Juden in der deutschen Literatur. Ein deutsch-israelisches Symposion. Frankfurt/M. 1986, 257–268. – Giuliano Baioni: K. – Literatur und Judentum. Stuttgart 1994. – Hilel Barzel: K.s Jewish Identity. A Contemplative World-View. In: Hans-Jürgen Schrader u. a. (Hg.): The Jewish Self-Portrait in European and American Literature. Tübingen 1996, 95–107. – Evelyn Torton Beck: K. and the Yiddish Theater. Its Impact on His Work. Madison, London 1971. – Hartmut Binder: F.K. und die Wochenschrift *Selbstwehr*. In: DVjs 41 (1967), 283–394 [1967a]. – Ders.: K.s Hebräischstudien. Ein biographisch-interpretatorischer Versuch. In: JDSG 11 (1967), 527–556 [1967b]. – Jürgen Born (Hg.): F.K. Kritik und Rezeption zu seinen Lebzeiten 1912–1924. Frankfurt/M. 1979. – Ders.: K.s Bibliothek. Ein beschreibendes Verzeichnis. Frankfurt/M. 1990. – David A. Brenner: German-Jewish Popular Culture Before the Holocaust. K.s Kitsch. London 2008. – Max Brod: Der Dichter F.K. In: Die neue Rundschau 32 (1921), 1210–1216. – Ders.: Über F.K. Frankfurt/M. 1974 [enthält: F.K. Eine Biographie/F.K.s Glauben und Lehre/ Verzweiflung und Erlösung im Werk F.K.s.]. – Iris Bruce: K. and the Jewish Folklore. In: J. Preece (2002), 150–168. – Dies.: K. and Cultural Zionism. Dates in Palestine. Madison 2007. – Klara Carmely: Noch einmal: War K. Zionist? In: GQ 52 (1979), 351–363. – Kasimir Edschmid: Deutsche Erzählungsliteratur. In: Frankfurter Zeitung, 19.12.1915; wiederabgedruckt mit ergänzendem Vorspann in: Masken. Düsseldorfer Halbmonatsschrift, Nov. 1916 u. in: Der Falke Jan./Feb. 1917. In: Born (1979), 61–64. – Engel/Lamping (2006). – Amir Eshel: Von K. bis Celan. Deutsch-jüdische Schriftsteller und ihr Verhältnis zum Hebräischen und Jiddischen. In: Michael Brenner (Hg.): Jüdische Sprachen in deutscher Umwelt. Hebräisch und Jiddisch von der Aufklärung bis ins 20. Jahrhundert. Göttingen 2002, 96–109. – Mark H. Gelber (Hg.): K., Zionism, and Beyond. Tübingen 2004. – Ders.: K. und zionistische Deutungen. In: KHb (2008), 293–304. – Sander Gilman: F.K. The Jewish Patient. New York 1995. – Rolf J. Goebel: Kritik und Revision. K.s Rezeption mythologischer, biblischer und historischer Traditionen. Frankfurt/M. 1986. – Karl Erich Grözinger/Stéphane Mosès/Hans Dieter Zimmermann (Hg.): K. und das Judentum. Frankfurt/M. 1987. – Karl Erich Grözinger: K. und die Kabbala. Das Jüdische im Werk und Denken von F.K. Frankfurt/M. 1994. – Ekkehard W. Haring: »Auf dieses Messers Schneide leben wir…«. Das Spätwerk F.K.s im Kontext jüdischen Schreibens. Wien 2004. – Ders.: Wege jüdischer K.-Deutung. Versuch einer kritischen Bilanz. www.kafka.org/index.php?id=194,243,0,0,1,0 (20. 1. 2009). – Ursula Homann: F.K. und das Judentum. In: Tribüne. Zeitschrift zum Verständnis des Judentums

43 (2004), 101–105. – Fotis Jannidis: Polyvalenz – Konvention – Autonomie. In: Ders. u. a. (Hg.): Regeln der Bedeutung. Zur Theorie der Bedeutung literarischer Texte. Berlin, New York 2003, 305–328. – Andreas Kilcher: K. und das Judentum. In: KHb (2008), 194–211. – Hans-Gerd Koch (Hg.): »Als K. mir entgegenkam…«. Erinnerungen an F.K. Berlin 1995. – Esther Kraus: Auswahlbibliographie. In: Engel/Lamping (2006), 351–378. – Gerhard Lauer: Die Erfindung einer kleinen Literatur. K. und die jiddische Literatur. In: Engel/Lamping (2006), 125–143. – Vivian Liska: Neighbors, Foes, and Other Communities. K. and Zionism. In: The Yale Journal of Criticism 13 (2000), 343–360. – Guido Massino: Fuoco inestinguibile. F.K., Jizchak Löwy e il teatro yiddish polacco. Rom 2002; dt.: K., Löwy und das Jiddische Theater. »Dieses nicht niederzudrückende Feuer des Löwy«. Übers. v. Norbert Bickert. Frankfurt/M. 2007. – Helen Milfull: »Weder Katze noch Lamm?«. F.K.s Kritik des »Westjüdischen«. In: Gunter E. Grimm/ Hans-Peter Bayerdörfer (Hg.): Im Zeichen Hiobs. Jüdische Schriftsteller und jüdische Literatur im 20. Jahrhundert. Frankfurt/M. 1986, 178–192. – Bernd Neumann: F.K.: Aporien der Assimilation. Eine Rekonstruktion seines Romanwerks. München 2007. – Ritchie Robertson: The Problem of »Jewish Self-Hatred« in Herzl, Kraus and K. In: Oxford German Studies 16 (1985), 81–108 [1985a]. – Ders.: »Antizionismus, Zionismus«. K.'s Responses to Jewish Nationalism. In: Stern/White (1985), 25–42 [1985b]. – Ders.: K. Judaism, Politics, and Literature. Oxford 1985 [1985c]; dt.: K. Judentum Gesellschaft Literatur. Übers. v. Josef Billen. Stuttgart 1988. – Ders.: K. und das Christentum. In: DU 50 (1998) 5, 60–69. – Ders.: K. als religiöser Denker. In: Lothe/Sandberg (2002), 135–149. – Ders.: Fritz Mauthner, the Myth of Prague German, and the Hidden Language of the Jew. In: Jörg Thunecke/Elisabeth Leinfellner (Hg.): Brückenschlag zwischen den Disziplinen: Fritz Mauthner als Schriftsteller, Kritiker und Kulturtheoretiker. Wuppertal 2004, 63–77. – Ders.: K.'s Encounter with the Yiddish Theatre. In: Joseph Sherman/ Ritchie Robertson (Hg.): The Yiddish Presence in European Literature. Oxford 2005, 34–44. – Bertram Rohde: »und blätterte ein wenig in der Bibel«. Studien zu F.K.s Bibellektüre und ihren Auswirkungen auf sein Werk. Würzburg 2002. – Marisa Romano: F.K. als Kritiker und Kenner des jiddischen Theaters und der ostjüdischen Kultur. In: Arnim Eichherr/Karl Müller (Hg.): Jiddische Kultur und Literatur aus Österreich. Klagenfurt 2003, 115–130. – Nahma Sandrow: A World History of Yiddish Theatre. New York 1977. – Hans-Joachim Schoeps (Hg.): Im Streit um K. und das Judentum. Der Briefwechsel zwischen Max Brod und Hans-Joachim Schoeps. Königstein 1985. – Ders.: Der vergessene Gott.

F.K. und die tragische Position des modernen Juden. Hg. u. eingel. v. Andreas Krause Landt. Berlin 2006. – Galili Shahar/Michael Ben-Horin: F.K. und Max Brod. In: KHb (2008), 85–96. – Bernhard Siegert: Kartographien der Zerstreuung. Jargon und die Schrift der jüdischen Traditionsbewegung bei K. In: Neumann/Kittler (1990), 222–247. – Miriam Singer: Hebräischstunden mit K. In: H.G. Koch (1995), 151–154. – Walter H. Sokel: K. as a Jew. In: Year Book of the Leo Baeck Institute 18 (1973), 233–238. – Ders.: K. as a Jew. In: New Literary History 30 (1999), 837–853. – Peter Sprengel: K. und der »wilde Mensch«. Neues von Jizchak Löwy und dem jüdischen Theater. In: JDSG 39 (1995), 305–323. – R. Stach (2002). – R. Stach (2008). – Kazuo Ueda: Transkription der jiddischen Texte, die K. sah, in die lateinische Schrift mit Anmerkungen. Grundlage zur Erläuterung des Einflusses des jiddischen Theaters auf K. Bd. 2: Transkriptionsteil. Kochi-shi 1992. – Joachim Unseld: K.s Publikationen zu Lebzeiten. In: KHb (2008), 123–136. – Manfred Voigts: K. und die jüdische Frau. Diskussionen um Erotik und Sexualität im Prager Zionismus. Mit Textmaterialien. Würzburg 2007. – Ders.: Geburt und Teufelsdienst. F.K. als Schriftsteller und als Jude. Würzburg 2008. – Benno Wagner: »… und könnte Dolmetscher sein zwischen den Vorfahren und den Heutigen«. Zum Verhältnis von Bio-Macht, Kunst und Kanonizität bei K. In: Renate Heydebrand (Hg.): Kanon Macht Kultur. Stuttgart 1998, 396–415. – Ders.: »Ende oder Anfang?« K. und der Judenstaat. In: M.H. Gelber (2004), 219–238. – Lovis M. Wambach: Ahasver und K. Zur Bedeutung der Judenfeindschaft in dessen Leben und Werk. Heidelberg 1993. – Felix Weltsch: Religion und Humor im Leben und Werk F.K.s. Berlin 1957, bes. 35–39. – Ders.: The Rise and Fall of the Jewish-German Symbiosis. The Case of F.K. In: Leo Baeck Institute Yearbook 10 (1965), 255–276. – Benno Wiese: Denker der Zeit, F.K. In: Vossische Zeitung 180 (29. Juli 1928). – Bernd Witte: Jüdische Tradition und literarische Moderne. Heine, Buber, K., Benjamin. München 2007. – Hans Dieter Zimmermann: F.K. und das Judentum: In: Herbert Strauss/Christhard Hoffmann (Hg.): Juden und Judentum in der Literatur. München 1985, 237–253. – Ders.: Die endlose Suche nach Sinn. K. und die jüdische Moderne. In: Ders. (Hg.): Nach erneuter Lektüre: F.K.s *Der Proceß*. Würzburg 1992, 211–222.

Gerhard Lauer

2.4 Philosophie

Kafka – um sogleich einem gelegentlich auftretenden Missverständnis vorzubeugen – war selbst kein Philosoph, hat sich aber mit einigen wenigen Philosophen auseinandergesetzt, etwa mit Blaise Pascal, Søren Kierkegaard und Arthur Schopenhauer, mit Friedrich Nietzsche und Franz Brentano. Betrachtet man umgekehrt die Bedeutung von Kafkas Werk für die Philosophie, so zeigt sich im Gegenzug seine schier unendliche Ausstrahlungskraft. Fast zahllos sind die Theoretiker und Philosophen, denen sein Œuvre als kontinuierliche Inspirationsquelle und als wiederkehrender Reflexionsraum gedient hat und weiterhin dient: Adorno, Günther Anders, Benjamin, Bloch, Camus, Deleuze, Derrida, Rorty, Sartre etc. (vgl. Kim 2004). Doch nicht davon soll hier die Rede sein, sondern ausschließlich von Kafkas eigenen Lektüren philosophischer Texte.

Inwiefern diese Lektüren freilich als gesichert gelten können und in einem zweiten Schritt womöglich Eingang in Kafkas Texte gefunden haben, darüber besteht erhebliche Unklarheit (vgl. Binder 1984). Die Tagebücher und Briefe des Autors liefern nur selten explizite Anhaltspunkte für eine tatsächliche Rezeption bestimmter philosophischer Positionen. Konkret dokumentierbar ist nur die Kenntnisnahme von Pascal und Kierkegaard. Der wahrscheinliche Bezug zu Brentano verdankt sich dem biographischen Umstand, dass Kafka bis zum Jahr 1906 regelmäßig an den philosophischen Diskussionsrunden im *Café Louvre* teilnahm, wo Brentanos Philosophie im Mittelpunkt stand (vgl. Neesen 1972, 17–35; Wagenbach 2006, 107–118; Alt, 107–112). Doch bereits zu Kafkas Beschäftigung mit Nietzsche existieren nur Zeugnisse aus zweiter und dritter Hand sowie ein scharfer Kommentar Max Brods, der jede Verbindung in Abrede gestellt hat:

> Denn Nietzsche ist ja in der Geschichte des letzten Jahrhunderts der fast mathematisch genaue Gegenpol Kafkas. Es zeigt die Instinktlosigkeit mancher Kafka-Erklärer, daß sie sich nicht scheuen, Kafka und Nietzsche [...] auf einer Ebene zusammenzubringen, – als ob es hier irgendwelche noch so vage Bindungen, Vergleichsmöglichkeiten und nicht den puren Gegensatz gäbe (Brod 1966, 259).

Der Rekurs auf Schopenhauer schließlich stützt sich auf den Nachweis, dass sich in Kafkas Handbibliothek neun Bände einer zwölfbändigen Schopenhauer-Ausgabe befanden (Reed, 162).

Darüber hinaus hat Kafka Anfang 1912, allerdings in der für seine Selbstcharakteristiken typischen Übertreibung, das existentielle Interesse an Schreiben und Literatur als Grund für die weitgehende Vernachlässigung anderer Gegenstände angeführt:

> Als es in meinem Organismus klar geworden war, daß das Schreiben die ergiebigste Richtung meines Wesens sei, drängte sich alles hin und ließ alle Fähigkeiten leer stehn, die sich auf die Freuden des Geschlechtes, des Essens, des Trinkens, des philosophischen Nachdenkens der Musik zu allererst richteten. Ich magerte nach allen diesen Richtungen ab (3.1.1912; T 341).

Zu dieser ›Abmagerung‹ kommt eine prinzipielle Skepsis gegenüber den an der Wirklichkeit offenbar meist scheiternden Erkenntnisverfahren und Systematisierungsansprüchen philosophischer Reflexion hinzu, wie sie zum Beispiel ein Denkbild aus dem Jahr 1920 zu verstehen gibt:

> Ein Philosoph trieb sich immer dort herum wo Kinder spielten. Und sah er einen Jungen, der einen Kreisel hatte lauerte er schon. Kaum war der Kreisel in Drehung, verfolgte ihn der Philosoph um ihn zu fangen. Daß die Kinder lärmten und ihn von ihrem Spielzeug abzuhalten suchten kümmerte ihn nicht, hatte er den Kreisel, solange er sich noch drehte, gefangen, war er glücklich, aber nur einen Augenblick, dann warf er ihn zu Boden und ging fort. Er glaubte nämlich, die Erkenntnis jeder Kleinigkeit, also z. B. auch eines sich drehenden Kreisels genüge zur Erkenntnis des Allgemeinen. Darum beschäftigte er sich nicht mit den großen Problemen, das schien ihm unökonomisch, war die kleinste Kleinigkeit wirklich erkannt, dann war alles erkannt, deshalb beschäftigte er sich nur mit dem sich drehenden Kreisel. Und immer wenn die Vorbereitungen zum Drehen des Kreisels gemacht wurden, hatte er Hoffnung, nun werde es gelingen und drehte sich der Kreisel, wurde ihm im atemlosen Laufen nach ihm die Hoffnung zur Gewißheit, hielt er aber dann das dumme Holzstück in der Hand, wurde ihm übel und das Geschrei der Kinder, das er bisher nicht gehört hatte und das ihm jetzt plötzlich in die Ohren fuhr, jagte ihn fort, er taumelte wie ein Kreisel unter einer ungeschickten Peitsche (<Der Kreisel>; NSF II, 361 f.).

Der hier erkennbaren Skepsis entsprechen auch die offenen, unsystematischen, *aphoristischen* Formen in Kafkas Werk, mit denen sich der Autor gelegentlich selbst auf der Grenze zwischen Philosophie und Literatur bewegt. Das betrifft vor allem die von Max Brod zunächst so genannten Aphorismen-Konvolute <*Betrachtungen über Sünde, Leid, Hoffnung und den wahren Weg*> (NSF II, 113–140), die in gleichermaßen dialektischer wie bildhafter Form Grundfragen menschlicher Existenz verhandeln (vgl. Gray 1987), aber auch Tagebuchnotate und andere, vorwiegend

zum Nachlass gehörige Fragmente und Prosaminiaturen (NSF II, 29–112). Mit Ausnahme von Brentano sind es also nicht zufällig prominente Aphoris-
tiker unter den Philosophen, die Kafka näher in Augenschein genommen hat.

Trotz der unabweislichen inneren Distanz zum
philosophischen Diskurs im engeren Sinne und der
eher prekären Quellenlage gibt es an Kafkas produk-
tiver Aufnahme insbesondere von Nietzsches und
Kierkegaards Schriften keinen Zweifel. Um und nach
1900 gerät bekanntlich nicht nur eine ganze Generation heute kanonischer Autoren in den Bannkreis
Nietzsches – darunter Thomas Mann, Gottfried
Benn und Hugo von Hofmannsthal –, sondern es
setzt auch die breite Rezeption Kierkegaards im
deutschen Sprachraum ein (Anz 1977, 4–7). Dass
diese übergreifende Entwicklung nicht spurlos an
Kafkas wachem Bewusstsein vorübergegangen sein
wird, leuchtet unmittelbar ein. Allerdings ist hier
Differenzierung geboten. Im Falle Kierkegaards sind
es in erster Linie biographische Parallelen und Konstellationen, die Kafkas Interesse wecken (Anz 2006),
auch vereinzelte theologische Motive, im Falle Nietzsches dagegen spezifische Formulierungen, Argu-
mentationsmuster und Sprachbilder, die sich häufig
nur in sehr vermittelter Form identifizieren lassen.

Friedrich Nietzsche

Gleichwohl soll zunächst das »Ereignis Nietzsche« in
den Blick genommen werden, weil es, erstens, bereits den jungen Kafka betrifft (Nagel, 301; Kurz,
17 f.; Alt, 92 f.), zweitens eine ganze Zeitströmung
charakterisiert und weil, drittens, beide Autoren lange
Zeit wesentlich als Nihilisten galten (Emrich 1958,
199; Ries 1973, 265–268; Lauterbach 2006, 306).

In Kafkas Auseinandersetzung mit Nietzsche lassen sich zwei Phasen unterscheiden: In der ersten,
im Umfeld der *Beschreibung eines Kampfes* anzusie-
delnden Phase stehen *Also sprach Zarathustra, Die
Geburt der Tragödie* sowie der 1903 erstmals publizierte Aufsatz *Über Wahrheit und Lüge im außermoralischen Sinne* im Mittelpunkt und hier wiederum
Reflexionen auf die Potentiale und Grenzen der
Sprache. Damit partizipiert Kafka an dem von Nietzsche, Fritz Mauthner und Hofmannsthal geprägten
sprachkritischen Diskurs der Jahrhundertwende,
ohne freilich in ihm aufzugehen. Denn trotz direkter
und indirekter Bezugnahmen auf Nietzsches wirkungsmächtigen Aufsatz (Trabert 1987; Neymeyr

2004, 167 f.) kann man im Falle der *Beschreibung eines Kampfes* nicht von literarisch inszenierter
Sprachskepsis reden, allenfalls von »Sprachexperi-
menten« (Neymeyr, 167), die bisweilen geradezu
eine Lust an der sprachlichen Selbstermächtigung
des Subjekts zelebrieren (z. B. NSF I, 141 f.).

Der zweiten, mit Kriegsbeginn einsetzenden Phase
liegen vornehmlich *Jenseits von Gut und Böse*, die
*Unzeitgemäßen Betrachtungen, Menschliches, Allzu-
menschliches* sowie *Zur Genealogie der Moral* zugrunde. Zwar vermag die Behauptung, dass nach
1914 die Welt von Nietzsches Ideen zur Gänze Kafkas
Welt geworden sei (Bridgwater, 15), nicht zu überzeugen, aber dass für Kafkas Spätwerk *Zur Genealogie
der Moral* ein »›sourcebook‹ in one later work after
another« bildet (Bridgwater, 11), erscheint in mehreren, noch zu erläuternden Hinsichten plausibel.

Der Hauptgrund für Brods gegenteilige Einschätzung liegt zweifellos darin, dass Kafka sich Nietzsches Visionen des Dionysisch-Rauschhaften sowie
den mannigfaltigen Postulaten der Lebenssteigerung
verweigert, die seinerzeit eine ungeheure Wirkung
entfaltet haben. Weder teilt er die lebensphilosophischen Grundannahmen, wie sie von Nietzsche, Simmel, Bergson und Dilthey formuliert worden sind,
noch lässt er sich maßgeblich von der vitalistischen
Ausrichtung der Epoche beeindrucken. Folglich
spielt für ihn Authentizität als Kunstprogramm auch
keine Rolle.

Es sind vielmehr einzelne Texte, die konkrete Bezugnahmen auf Nietzsche erkennen lassen, so vor
allem die Erzählungen *In der Strafkolonie* und *Ein
Landarzt*, die bis in die Wort- und Metaphernwahl
hinein auf Denkfiguren und Problemstellungen
Nietzsches aus der *Genealogie der Moral* und *Menschliches, Allzumenschliches* reagieren, indem sie diese
narrativ entfalten. Für die *Strafkolonie* betrifft es sowohl den Zusammenhang von Strafe und Gedächtnis, ebenso aber die Genealogie und suggerierte
Ebenbürtigkeit verschiedener Moralvorstellungen,
mit denen sich der Protagonist im Text konfrontiert
sieht, während im *Landarzt* Nietzsches Überlegungen zu Arzt und Priester als modernen, aber wir-
kungslosen Inkarnationen des Heilands ebenso eine
Rolle spielen wie das Bild einer von Würmern zer-
fressenen Wunde, die zwar hässlich sein mag, jedoch
immerhin als Indiz des Lebendigen aufgefasst werden kann (*Menschliches, Allzumenschliches*; KS 2,
203 f.).

Darüber hinaus lassen sich natürlich gemeinsame
Überzeugungen oder auch Strukturanalogien entde-

cken, die sich allerdings nicht notwendig einem unmittelbaren Rekurs Kafkas auf Nietzsche verdanken, sondern eher dem grundsätzlich skeptischen Milieu der Moderne. Darauf hat auch die neuere Forschung punktuell verwiesen (Ries 2007, 13–18; Alt 2005, 574–576), wie sie überhaupt vorsichtigere Urteile über eine mögliche Korrelation der zwei Autoren fällt.

Sowohl Nietzsche als auch Kafka begreifen die Moderne in der Tradition Rousseaus als Zeitalter der Vermittelmäßigung und Verkleinerung des Menschen (vgl. etwa *Der neue Advokat*), beide üben vehement Erkenntniskritik, beide sind vom unhintergehbaren Perspektivismus des Lebens sowie von der Welt als permanentem Auslegungsgeschehen überzeugt und beide widmen sich mit großer Intensität dem, was Nietzsche die »Stufen der Scheinbarkeit« nennt (*Jenseits von Gut und Böse*; KS 5, 53), die er für realer hält als alle Begriffe von wahr und falsch (Meese 1999, 174–178). Auffällig ist schließlich auch, dass Kafka zunehmend die Erinnerung als Darstellungselement aus dem Erzählprozess ausschließt – als habe er sich die zweite *Unzeitgemäße Betrachtung* über *Nutzen und Nachteil der Historie für das Leben* zueigen gemacht und in der Folge seinen Protagonisten die Last der Vergangenheit ersparen wollen (vgl. ↗442).

Eine weitere, nicht minder relevante Übereinstimmung besteht in der *skeptischen Anthropologie*, der beide Autoren verpflichtet sind. Mit einer berühmten Formulierung kennzeichnet Nietzsche den Menschen als das »noch nicht festgestellte Thier« (*Jenseits von Gut und Böse*; KS 5, 81) und zieht damit gleichsam die Konsequenz aus Darwins Evolutionslehre. Diese Formulierung hat Nietzsche selbst so sehr überzeugt, dass er sich fortan kontinuierlich darauf bezieht, insbesondere in der *Genealogie der Moral*, wobei seine Ausführungen keinen Zweifel lassen an der Depotenzierung des Menschen als vermeintlicher Krone der Schöpfung.

Kaum anders geht es bei Kafka zu. Auch er behandelt den Menschen im Grunde als das noch nicht festgestellte Tier. Sein Werk umfasst bekanntlich eine Reihe von Tiergeschichten, zum Beispiel *Schakale und Araber*, <*Der Bau*>, <*Forschungen eines Hundes*> oder auch *Josefine, die Sängerin oder Das Volk der Mäuse*. In all diesen Texten agieren Tiere als Protagonisten. Außerdem begegnet man im gesamten Werk einer Fülle an Tiervergleichen und Tiermetaphern, oftmals an exponierter Stelle, beispielsweise am Ende des *Process*-Romans, wo es von Josef

K. heißt, er sei gestorben »wie ein Hund« (P 312). Daneben trifft man auf Akteure, die sich tatsächlich wie Tiere verhalten, so zum Beispiel der Verurteilte in der *Strafkolonie*. Drittens schließlich bietet das Werk ein Panoptikum grotesker Kreaturen, da es mit einer Vielzahl an Mischwesen und Kreuzungen aufwartet. Man begegnet Kreuzungen zwischen Menschen und Tier (wie im Falle der mit Schwimmhäuten zwischen den Fingern ausgestatteten Figur Leni im Roman *Der Process*), man trifft auf Kreuzungen zwischen Tieren verschiedener Gattungen (etwa in dem Text *Eine Kreuzung*, in der »ein eigentümliches Tier, halb Kätzchen, halb Lamm« im Vordergrund steht; NSF I, 372), aber auch zwischen belebten Wesen und unbelebten Objekten – wie bei Odradek in *Die Sorge des Hausvaters*: Odradek sieht aus wie eine Zwirnspule auf zwei Beinen, aber wer oder was er *ist*, bleibt völlig offen. Als Figur der kategorialen Verweigerung, an der jedes Sinnbegehren scheitert, repräsentiert er die Unbestimmbarkeit selbst. Doch auch der Mensch weist ein hohes Maß an Unbestimmbarkeit auf, sofern er sich offenbar auf dem schmalen Grat zwischen Mensch und Tier bewegt. Kafkas Texte erzählen ja nicht nur von Mischwesen und Kreuzungen aller Art, sie erkunden darüber hinaus die Grauzonen im Übergang von Mensch und Tier, von Natur und Zivilisation – nicht zuletzt indem sie von Transformationen und Substitutionen als Veranschaulichungen fließender Übergänge berichten (*Die Verwandlung*, *Ein Hungerkünstler*).

Neben den Erzählungen *In der Strafkolonie* und *Ein Landarzt* ist freilich *Ein Bericht für eine Akademie* derjenige von Kafkas Texten, in dem das stärkste Echo von Nietzsches in der *Genealogie der Moral* und in *Menschliches, Allzumenschliches* entwickelter skeptischer Anthropologie zu vernehmen ist. Nietzsche redet hier nämlich nicht nur allgemein vom Menschen *als* Tier und im Verhältnis *zum* Tier, sondern wiederholt in konkreter Hinsicht auf den Affen. Und ein Affe namens Rotpeter ist bekanntlich der Protagonist in Kafkas Erzählung. Vom »Kreislauf des Menschenthums« hatte Nietzsche behauptet:

> Vielleicht ist das ganze Menschenthum nur eine Entwickelungsphase einer bestimmten Thierart von begränzter Dauer: so dass der Mensch aus dem Affen geworden ist und wieder zum Affen werden wird, während niemand da ist, der an diesem verwunderlichen Komödienausgang irgend ein Interesse nehme (*Menschliches, Allzumenschliches*; KS 2, 205 f.).

Kafkas Erzählung nun spielt die reziproken Möglichkeiten zwar nicht als *Komödie*, wohl aber als *Sa-

tire durch, in welcher der Punkt des Umschlags präzise markiert werden soll, wo Natur in Kultur übergeht, wo das Tier endet und der Mensch beginnt – *und umgekehrt*. In mancher Hinsicht erscheint der Text dabei so eng an Nietzsches Wort- und Bildfeldern orientiert, dass man diese förmlich als Kern der Narration begreifen kann.

Søren Kierkegaard

Nietzsches christlicher Antipode im 19. Jahrhundert war bekanntlich Søren Kierkegaard, dessen umfangreiche Schriften ab 1909 in einer deutschen Gesamtausgabe beim Eugen Diederichs Verlag erscheinen und damit das allgemein wachsende Interesse am dänischen Philosophen und Theologen im deutschen Sprachraum dokumentieren. Wie Pascal ist Kierkegaard ein religiöser Denker der Innerlichkeit, insofern besteht hier von vornherein eine grundlegende Affinität des zur Selbstbeobachtung neigenden Kafka zu beiden Autoren (Nagel 1983, 291 f.). Während aber die Bezüge zu Nietzsche der skrupulösen Rekonstruktion bedürfen und jene zu Pascal spärlich bleiben (6.1.1914; T 622 und 2.8.1917; T 816), spielt Kierkegaard ab etwa Ende 1917 eine explizite, wenngleich äußerst ambivalente Rolle (Anz 2006). »Kierkegaard ist ein Stern, aber über einer mir fast unzugänglichen Gegend« (An O. Baum, Ende März/Anf. April 1918; Briefe 190, dort noch falsch datiert); oder ganz ähnlich: »Aus dem Zimmernachbar ist irgendein Stern geworden, sowohl was meine Bewunderung, als eine gewisse Kälte meines Mitgefühls betrifft« (An M. Brod, Anf. März 1918; Briefe 235).

Dabei hat Kafka vor allem einzelne, theologischen Fragen zugewandte Werke wie *Furcht und Zittern* und *Der Augenblick* zur Kenntnis genommen (An M. Brod, Anf. 1918; Briefe 235), Auszüge aus den Tagebüchern – das sogenannte *Buch des Richters* (21.8.1913; T 578) – sowie von den pseudonymen ästhetischen Schriften *Die Wiederholung, Stadien auf des Lebens Weg* (An M. Brod, Anf. März 1918; Briefe 235) und *Entweder-Oder*, das er als »abscheuliches, widerwärtiges« Buch bezeichnet, geschrieben »mit allerspitzigster Feder« (An M. Brod, Mitte/Ende Januar 1918; Briefe 224 f.).

Solchen distanzierenden bis negativen Urteilen stehen freilich auch positive, oft mit biographischen Umständen zusammenhängende Einschätzungen gegenüber (Nagel 1983, 280–285; Anz 2006, 83):

»Ich habe heute Kierkegaard Buch des Richters bekommen. Wie ich es ahnte, ist sein Fall trotz wesentlicher Unterschiede dem meinen sehr ähnlich zumindest liegt er auf der gleichen Seite der Welt. Er bestätigt mich wie ein Freund« (21.8.1913; T 578). In Kierkegaards schwierigem Verhältnis zu Regine Olsen schien sich Kafkas mehrjährige, von Anziehung und Abstoßung geprägte Beziehung zu Felice Bauer zu spiegeln (Anz 2006, 86).

Über die lebensgeschichtlichen Parallelen hinaus hat Kafka eine Reihe grundlegender Aspekte an Kierkegaard gefesselt, wie sie insbesondere zwei Briefe an Max Brod vom März 1918 artikulieren (Anf. März 1918, Briefe 234–236; Ende März 1918, Briefe 237–240). Das betrifft zum einen die verführerische stilistische Leichtigkeit des Dänen, seine Differenzierung zwischen Sagen und Mitteilen (Briefe 234), also Kierkegaards Modell der »indirekten Mitteilung« (vgl. *Abschließende unwissenschaftliche Nachschrift*, 65–72), die »Macht seiner Terminologie, seiner Begriffsentdeckungen«, denen man sich »nicht entziehen kann« (Briefe 238), namentlich Begriffen wie jenen des ›Dialektischen‹ oder der ›Bewegung‹. Von letzterem heißt es an Brod: »Von diesem Begriff kann man geradewegs ins Glück des Erkennens getragen werden und noch einen Flügelschlag weiter« (ebd.).

Kafka ist beeindruckt von Kierkegaards Radikalität in religiösen Fragen, erblickt in ihr aber dennoch eine Art »Vergewaltigung« der für diese unbedingte Form der Religiosität nicht gemachten Welt (Briefe 239). Damit geht auch eine Kritik an Kierkegaards Deutung von Abraham in *Furcht und Zittern* einher, über welcher der »gewöhnliche Mensch« vergessen werde (Briefe 236; NSF II, 103).

Die Sympathie für Kierkegaards von Ironie, Paradoxien und dialektischen Volten getragenes Darstellungsverfahren, für die Doppelbödigkeiten und Abgründe seines Witzes, kann angesichts von Kafkas eigenen Erzähltechniken nicht überraschen (Neumann 1968, 704–714; Lange 1986, 300 f.) – Techniken freilich, die sich bereits vor der Kierkegaard-Rezeption ausgebildet haben, in ihr jedoch eine willkommene Bestätigung erhalten. Auch das Changieren Kierkegaards zwischen literarischen, philosophischen und religiösen Formen und Perspektiven, seine virtuose Fähigkeit, »dieses Leben nach vorwärts oder rückwärts und natürlich auch nach beiden Richtungen zugleich untersuchen« zu können (Briefe 235), bewundert er und findet dies im selben Augenblick ein wenig unheimlich.

Kafkas Nähe zu Kierkegaard gründet demnach hauptsächlich auf einer biographischen und einer im weitesten Sinne methodisch-darstellungstechnischen Verwandtschaft. Versuche im Horizont von Existenzphilosophie und Existenzialismus, Kafkas Spätwerk als literarische Umsetzung oder gar Einlösung von Kierkegaards Philosophie zu deuten, vermögen nur bedingt zu überzeugen. Das zeigt der historische Abstand ebenso wie das inzwischen vielfach detailliertere und komplexere Verständnis von Kafkas Texten.

Arthur Schopenhauer

Im Falle Schopenhauers ist nicht nur wie bei Nietzsche die Quellenlage dürftig, auch die Forschung hat dieser Korrelation bisher nur geringen Wert beigemessen. Am ehesten darf in den ab 1917 entstehenden Aphorismen-Konvoluten ein Echo der ein Jahr zuvor beginnenden intensiveren Schopenhauer-Lektüre erblickt werden (Reed 1965, 168; Alt 2005, 465 f.). Doch muss man wohl von einem fernen Echo sprechen, wie Kafka fast stets, als Virtuose der Vermitteltheit, direkte Bezugnahmen vermeidet. Das gilt auch für die Rezeption Schopenhauers: »was er mitnahm, war eine starke Anregung; was er übernahm, waren Bilder und Terminologie« (Reed, 168). Dennoch kann der skeptische Grundzug der Aphorismen nicht allein der Auseinandersetzung mit Schopenhauer zugeschrieben werden (Alt, 466), weil Skepsis die *conditio sine qua non* von Kafkas Schreiben überhaupt darstellt.

Franz Brentano

Die Beschäftigung mit der Bewusstseinstheorie Franz Brentanos gehört in Kafkas Studienzeit, während der er regelmäßig an philosophischen Diskussionsrunden im Hause Fanta und im *Café Louvre* teilnimmt (Neesen 1972, 17–35; Wagenbach 2006, 174–176; Alt 2005, 107–112); sie liegt also zu einem Zeitpunkt, da der Autor erst zu schreiben beginnt. Inwiefern er Brentanos auf der Grenze zwischen Psychologie und Philosophie angesiedelte Arbeiten gelesen hat, muss offen bleiben; dessen Grundüberlegungen zur Urteilsbildung und Bewusstseinskonstruktion dürften ihm aber vertraut gewesen sein. Wenngleich hier Spuren in seinen Texten kaum nachweisbar sind (vgl. dagegen Neesen, 157–194;

Jordan 1980, 335–342), lässt sich die Begrenzung auf den figuralen, allererst die Wirklichkeit konstituierenden Wahrnehmungs-, Erfahrungs-, Reflexions- und Sprachhorizont, die Kafkas Erzähltexte auszeichnet, vielleicht als darstellungstechnische Konsequenz von Brentanos Lehre von der Intentionalität des Bewusstseins verstehen.

Forschung

Der Gang der Forschung im Blick auf Kafkas Verhältnis zur Philosophie gleicht einer Ausnüchterungskur. Aufgrund der stark religiösen Kafka-Deutung durch Max Brod sowie aufgrund der bereits bei Kierkegaard dominanten Verknüpfung theologischer und philosophischer Motive hat sich die Forschung zunächst vielfach auf theologisch-philosophischem Grenzgebiet bewegt, wo sie mit geradezu metaphysischem Pathos in den Schriften des Autors Antworten auf die letzten Fragen zu finden meint (vgl. Beicken, 188–193). Das gilt auch für die bis in die 1970er Jahre reichenden Interpretationen im Banne von Existenzphilosophie und Existenzialismus, die Kafkas Werk als Veranschaulichung von Weltangst, Nihilismus, Absurdität, Entfremdung und Isolation zu begreifen suchen (Lauterbach 2006, 306). Diese Analysen sind nicht nur oft durch eine Neigung zur Allegorese geprägt, sondern auch durch eine erhebliche Ferne gegenüber Kafkas Texten.

In der neueren Forschung dagegen sind die Fragestellungen versachlicht und die Texte wesentlich präziseren, die jeweilige ästhetische Faktur integrierenden Lektüren unterzogen worden. Überdies lässt sich hier eine adäquate Skepsis gegenüber Bestrebungen beobachten, Kafkas Werk als bloße Illustration philosophischer Denkmuster und Einsichten zu verrechnen.

Ein Forschungsdesiderat bildet trotz der vorhandenen Studien weiterhin die Klärung der mehr als nur ideengeschichtlichen Konstellation Kafka – Nietzsche, die wohl erst unter der Voraussetzung zu leisten ist, dass man sich genauer auf die *Bildwelten* beider Autoren einlässt.

Philosophische Kontexte: Søren Kierkegaard: Abschließende unwissenschaftliche Nachschrift zu den Philosophischen Brocken. Erster Teil. In: Ders.: Gesammelte Werke. Hg. v. Emanuel Hirsch u. a. 16. Abteilung. Gütersloh 1988. – Friedrich Nietzsche: Sämtliche Werke. Kritische Studienausgabe in 15 Einzelbänden [KS]. Hg.

v. Giorgio Colli und Mazzino Montinari. München 1988. −− Zu Büchern in Kafkas Bibliothek vgl. Born (1990), 114–116 (Kierkegaard), 119 (Nietzsche), 128–130 (Schopenhauer).

Forschung allgemein: P.-A. Alt (2005). − Thomas Anz: Literatur der Existenz. Literarische Psychopathographie und ihre soziale Bedeutung im Frühexpressionismus. Stuttgart 1977. − P.U. Beicken (1974). − Hartmut Binder: Jugendliche Verkennung. K. und die Philosophie. In: WW 34 (1984), 411–421. − Ders.: Der Prager Fanta-Kreis. K.s Interesse an Rudolf Steiner. In: Sudetenland 38 (1996), 106–150. − Max Brod: Über F.K. Frankfurt/M. 1966. − Ralph P. Crimmann: F.K. − Versuch einer kulturphilosophischen Interpretation. Hamburg 2004. − Wilhelm Emrich: F.K. Bonn 1958. − A. Heidsieck (1994). − Richard T. Gray: Constructive Destruction. K.'s Aphorisms. Literary Tradition and Literary Transformation. Tübingen 1987. − Friedmann Harzer: »Mehr als das, was man sieht, kann ich nicht sagen«. F.K. bei Rudolf Steiner. Prag, Ende März 1911. In: Georg Braungart (Hg.): Bespiegelungskunst. Begegnungen auf den Seitenwegen der Literaturgeschichte. Tübingen 2004, 151–164. − Hyun Kang Kim: Ästhetik der Paradoxie. K. im Kontext der Philosophie der Moderne. Würzburg 2004. − G. Kurz (1984). − Dorothea Lauterbach: »Unbewaffnet ins Gefecht« − K. im Kontext der Existenzphilosophie. In: Engel/Lamping (2006), 305–325. − Bert Nagel: K. und die Weltliteratur. Zusammenhänge und Wechselwirkungen. München 1983. − Gerhard Neumann: Umkehrung und Ablenkung. F.K.s »Gleitendes Paradox«. In: DVjs 42 (1968), 702–744. − Barbara Neymeyr: Konstruktion des Phantastischen. Die Krise der Identität in K.s *Beschreibung eines Kampfes*. Heidelberg 2004. − R. Robertson (1988). − Ritchie Robertson: Fritz Mauthner, the Myth of Prague German, and the Hidden Language of the Jew. In: Jörg Thunecke/Elisabeth Leinfellner (Hg.): Brückenschlag zwischen den Disziplinen: Fritz Mauthner als Schriftsteller, Kritiker und Kulturtheoretiker. Wuppertal 2004, 63–77. − Monika Schmitz-Emans: K. und die Weltliteratur. In: KHb (2008), 272–292. − Gerald Stieg: K. and Weininger. In: Nancy A. Harrowitz (Hg.): Jews & Gender. Responses to Otto Weininger. Philadelphia 1995, 195–206. − Klaus Wagenbach: F.K. Biographie seiner Jugend 1883–1912. Neuausgabe. Berlin 2006 [1958].

Nietzsche: Friedrich Balke/Joseph Vogl/Benno Wagner (Hg.): Für Alle und Keinen. Lektüre, Schrift und Leben bei Nietzsche und K. Zürich 2008. − Patrick Bridgwater: K. and Nietzsche. Bonn 1974, 2. Aufl. 1987. − Reinhold Grimm: Comparing K. and Nietzsche. In: GQ 52 (1979), 339–350. − Andreas Kilcher: Das Theater der Assimilation. K. und der jüdische Nietzscheanismus. In: Balke/Vogl/Wagner (2009), 201–230. − G. Kurz

(1980), 27–43. − Christa Meese: Wirklichkeit als Schein und Deutung im Werke F.K.s und Friedrich Nietzsches. Würzburg 1999. − Ralf R. Nicolai: Nietzschean Thought in K.'s *A Report to an Academy*. In: Literary Review 26 (1983), 551–564. − Ders.: Wahrheit und Lüge bei K. und Nietzsche. In: Literaturwissenschaftliches Jahrbuch 22 (1981), 255–271. − Wiebrecht Ries: K. und Nietzsche. In: Nietzsche Studien: Internationales Jahrbuch für die Nietzsche Forschung 2 (1973), 258–275.− Ders.: Nietzsche/K. Zur ästhetischen Wahrnehmung der Moderne. Freiburg, München 2007. − Lukas Trabert: Erkenntnis- und Sprachproblematik in F.K.s *Beschreibung eines Kampfes* vor dem Hintergrund von Friedrich Nietzsches *Über Wahrheit und Lüge im außermoralischen Sinne*. In: DVjs 61 (1987), 298–324.

Kierkegaard: Thomas Anz: Identifikation und Abscheu. K. liest Kierkegaard. In: Engel/Lamping (2006), 83–91. − Claude David: Die Geschichte Abrahams. Zu K.s Auseinandersetzung mit Kierkegaard. In: Günter Schnitzler u. a. (Hg.): Bild und Gedanke. München 1980, 79–90. − Wolfgang Lange: Über K.s Kierkegaard-Lektüre und einige damit zusammenhängende Gegenstände. In: DVjs 60 (1986), 286–308. − Helge Miethe: Sören Kierkegaards Wirkung auf F.K. Motivische und sprachliche Parallelen. Marburg 2006. − Richard Sheppard: K., Kierkegaard and the K.s. In: Literature and Theology 5 (1991), 277–296.

Schopenhauer: Terence J. Reed: K. und Schopenhauer. Philosophisches Denken und dichterisches Bild. In: Euphorion 59 (1965), 160–172.

Brentano: Robert Welsh Jordan: Das Gesetz, die Anklage und K.s Prozess. F.K. und Franz Brentano. In: JDSG 24 (1980), 332–356. − Peter Neesen: Vom Louvrezirkel zum Prozess. F.K. und die Psychologie Franz Brentanos. Göppingen 1972. − Barry Smith: Brentano and K. In: Axiomathes 8 (1997), 83–104.

Dirk Oschmann

2.5 Psychoanalyse

Kafkas Psychoanalyse-Rezeption bis 1912

Autoren und Autorinnen der literarischen Moderne zeigten sich von der Psychoanalyse fasziniert und provoziert, seit es diese gab, zuerst um 1900 in Wien, spätestens seit 1910 in allen anderen deutschsprachigen Zentren des literarischen Lebens, seit den 1920er Jahren in ganz Europa und in den USA. Es gibt kaum einen bedeutenden Autor im 20. Jahrhundert, der sich nicht mit der Psychoanalyse auseinandergesetzt hat (vgl. Anz 2006). Franz Kafka ist da keine Ausnahme. Wie die gesamte Literaturgeschichte der Moderne lässt sich sein literarisches Werk ohne die zeitgleichen Kontexte der Psychoanalyse kaum angemessen verstehen.

Manche Autoren der Moderne waren durch ihre wissenschaftliche Ausbildung einschlägig auf die Rezeption der Psychoanalyse vorbereitet: Robert Musil, Alfred Döblin und vor allem Arthur Schnitzler. Viele kamen als Patienten mit ihr in Berührung. Das Beispiel Rainer Maria Rilke, der im Winter 1911/12 eine psychoanalytische Behandlung erwog, doch dann davon Abstand nahm, weil er fürchtete, mit seiner Neurose auch seine Kreativität zu verlieren, ist keineswegs typisch. Hugo von Hofmannsthal ließ sich zeitweilig von Wilhelm Fließ behandeln, Hermann Hesse unterzog sich 1916 bei einem Jung-Schüler, nach 1920 bei C.G. Jung selbst einer Therapie. Auch Arnold Zweig, Hermann Broch und sogar einer der heftigsten Kritiker (doch zugleich besten Kenner) Sigmund Freuds, Robert Musil, ließen sich psychoanalytisch behandeln. Die meisten von ihnen litten unter schweren Arbeitsstörungen, und manche, so Hesse und Broch, beschrieben ihre Analyse als Befreiung zu neuer Kreativität.

Für Kafka ist ähnlich wie für Thomas Mann oder Rilke ein anderer, indirekterer Zugang zur Psychoanalyse kennzeichnend: Er verläuft über Gespräche mit Freunden oder Bekannten und über die Lektüre von Zeitungen oder Zeitschriften. Die Wahrnehmung der Psychoanalyse ist dabei häufig vorgeprägt durch die in der literarischen Intelligenz damals intensiv betriebene Auseinandersetzung mit Arthur Schopenhauer und Friedrich Nietzsche (vgl. Kurz, 27–43). Kafkas erste, beiläufige Erwähnung Sigmund Freuds (1856–1939) findet sich in einer Notiz vom 10. Juli

1912. Sie steht auf den losen Blättern seines Reisetagebuchs, das er in diesen Wochen führte, und in einem auch für sein Interesse an der Psychoanalyse durchaus symptomatischen Rahmen. Denn vom 8. bis zum 27. Juli hielt sich der gerade 29 Jahre alt gewordene Autor nach einer Ferienreise mit Max Brod im Naturheilsanatorium »Jungborn« im Harz auf, einem der damaligen Schauplätze jener Lebensreformbewegung, mit der Kafka zeitlebens sympathisierte und in der auch die Psychoanalyse auf positive Resonanz stieß. In dem Tagebucheintrag heißt es: »Nachmittag Spaziergang nach Ilsenburg mit einem ganz jungen Gymnasialprofessor Lutz aus Nauheim; kommt nächstes Jahr vielleicht nach Wickersdorf. Koedukation, Naturheilkunde, Kohen, Freud« (10.7.1912; T 1042).

Neun Tage später antwortete Kafka aus dem Sanatorium auf einen Brief des Prager Freundes Willy Haas, der ihm offensichtlich begeistert über seine Lektüre eines Buches von Freud berichtet hatte:

> Von Freud kann man Unerhörtes lesen, das glaube ich. Ich kenne leider wenig von ihm und viel von seinen Schülern und habe deshalb nur einen großen leeren Respekt vor ihm. Wenn es sich um das Buch von Freud handelt, das Sie in Ihrer Bibliothek hatten, so verdanken Sie eigentlich die Lektüre mir, denn ich hatte, als ich bei Ihnen war, die Hand schon danach ausgestreckt (19.7.1912; B00–12 162).

Unter den Zeitschriften, die Kafka las, hatte schon 1910 die *Neue Rundschau* mit einem Aufsatz des Psychologen und Mediziners Willy Hellpach relativ ausführlich über *Psycho-Analyse* informiert (Bd. 4, 1652–1660). Gesprächsgegenstand war sie nachweislich in dem von Kafka sporadisch besuchten Prager Salon Berta Fantas, in dem vornehmlich über Philosophie und Psychologie debattiert wurde, und nicht zuletzt bei den regelmäßigen Treffen mit seinen Freunden Max Brod und Felix Weltsch. 1913 veröffentlichten diese zusammen ein Buch, das unter dem Titel *Anschauung und Begriff* eine ambitionierte Wahrnehmungspsychologie menschlicher Urteilsbildung entwarf, die sich stellenweise auf Schriften Freuds berief (vgl. Alt, 119).

Zu den Schülern Freuds, von denen Kafka damals viel über die Psychoanalyse erfahren hatte, gehörte Wilhelm Stekel (1868–1940), der seit 1903 und noch 1912 im *Prager Tagblatt* einige Artikel veröffentlicht hatte (hierzu und zum Folgenden: Binder 1966, 92–114; Binder 1979, 410–412). Namentlich genannt wird Stekel aber erst in einem Brief vom 23. September 1917, den Kafka an den Freund Willy Haas schrieb:

Übrigens noch eine Bitte die gut anschließt: Im 2ten Band der »krankhaften Störungen des Trieb- und Affektlebens (Onanie und Homosexualität)« von Dr Wilhelm Stekel oder so ähnlich (Du kennst doch diesen Wiener, der aus Freud kleine Münze macht) stehn 5 Zeilen über die »Verwandlung« Hast Du das Buch, dann sei so freundlich und schreib es mir ab (B14–17 328).

Der Wortlaut der Briefpassage impliziert, dass Kafka schon früher Kenntnisse über Stekel hatte. Symptomatisch für die Psychoanalyse-Rezeption Kafkas und seiner literarischen Zeitgenossen ist er ansonsten in zwei Aspekten: Im Vergleich zum Lehrer wertete man Freuds Schüler häufig ab. Vor allem aber verweist der Brief auf einen typischen Sachverhalt in der Beziehung zwischen Literatur und Psychoanalyse: Die Autoren der literarischen Moderne interessierten sich nicht zuletzt deshalb für die Psychoanalyse, weil diese sich für sie interessierte. Überhaupt hat das intensive Interesse Freuds und seiner Schüler an Literatur erheblich dazu beigetragen, dass sich um und nach 1900 ein publizistischer, brieflicher oder zuweilen sogar mündlicher Dialog zwischen Psychoanalytikern und Schriftstellern entwickelte, an dem auch Kafka teilhatte.

Ein an Literatur besonders interessierter Freud-Schüler war Theodor Reik (1888–1969), der in der von Kafka gelesenen Zeitschrift *Pan* seit dem Herbst 1911 etliche Artikel über Flaubert, Schnitzler und Freud publizierte. 1912 erschien seine Dissertation *Flaubert und seine »Versuchung des heiligen Antonius«. Ein Beitrag zur Künstlerpsychologie*, mit einer Vorrede von Alfred Kerr, dem Reik das Buch gewidmet hatte. Der Verfasser der Rezension dazu im *Prager Tagblatt* vom 22. Dezember 1912 war Max Brod. Kafka hatte seinen Freund schon Jahre vorher für Flaubert begeistert. Mit ihm zusammen las er über viele Monate hinweg den Antonius-Roman. Ob er von Brod schon vor der Veröffentlichung der Rezension und vielleicht sogar schon vor der Niederschrift seiner Erzählung *Das Urteil* über Reiks Buch informiert war, ist nicht zu ermitteln. Etliches von dem, was Reik hier thematisiert – etwa den Hass des Sohnes auf den Vater, Schuldkomplexe oder mit masochistischen Lustkomponenten durchsetzte Bestrafungsphantasien – gehört zu den zentralen Motiven in Kafkas Erzählung. In dem enthusiastischen Rückblick auf den rauschhaften Glückszustand der vorangegangenen Nacht, in der er bei einer »vollständigen Öffnung des Leibes und der Seele« *Das Urteil* in »einem Zug geschrieben« hatte, notierte Kafka am 23. September 1912 in sein Tagebuch: »Gedanken an Freud natürlich« (T 460 f.).

Gedanken an Freud hatten später auch zahllose Kafka-Interpreten. Sie sind in ihre Interpretationen von Kafkas Werken, gerade auch in die der Erzählung *Das Urteil*, eingegangen. Und sie sahen sich durch Kafkas eigene Bemerkung gerechtfertigt. Diese ist jedoch so vage, dass sie fast alle Fragen, die man an sie stellen kann, offen lässt und wie Kafkas gesamtes Werk zu immer neuen Deutungen einlädt. War es eine bestimmte Stelle oder Passage der Erzählung, bei der Kafka an Freud gedacht hat? Etwa, wie Binder (1979, 410) annimmt, bei der Verwendung des Wortes »Verkehr« im letzten Satz, mit dem er nach einer von Max Brods biographischen Erinnerungen (Brod, 114) überlieferten Bemerkung »eine starke Ejakulation« assoziierte? Oder hatte er bei den Gedanken an Freud die gesamte Konzeption des Textes, die Entfaltung der Handlung, die Konstellation der Figuren, die Traumähnlichkeit des erzählten Geschehens oder auch den traumartigen Zustand bei der Niederschrift im Sinn? An welche Bestandteile der psychoanalytischen Theorie könnte er dann gedacht haben? An die Mechanismen der Traumarbeit oder der freien Assoziation, an die Symboldeutung, die Theorie des ödipalen Konfliktes?

Auf alle diese Fragen gibt es wohl nur eine haltbare Antwort: Woran Kafka bei oder nach der Niederschrift seiner Erzählung wirklich dachte, können wir nicht wissen (vgl. Anz 2002). Die Geschichte von Georg Bendemanns Umgang mit seinen ambivalenten Bindungen an den Freund, die Verlobte, die tote Mutter und den Vater, die für diesen und für den Sohn ein tödliches Ende hat, enthält zahlreiche Einladungen zu Vermutungen, was in ihr von der Psychoanalyse angeregt sein könnte. Doch wie leicht man sich mit solchen Vermutungen täuschen kann, hatten schon früh jene Psychoanalytiker erfahren, die sich damals für zeitgenössische Literatur interessierten.

Als man in der von Freud geleiteten Wiener »Psychologischen Mittwoch-Gesellschaft« über Wilhelm Jensens Novelle *Gradiva* (1903) debattierte, erklärten sich manche die erstaunlichen Übereinstimmungen dieser literarischen Krankheits- und Heilungsgeschichte mit den eigenen psychoanalytischen Vorstellungen durch die Annahme, der Autor habe Freuds *Traumdeutung* gelesen und in seinem Text verarbeitet. Sie irrten darin, wie sich schnell herausstellte (vgl. Schönau). Auch wenn im Fall Kafkas Kenntnisse des Autors über die Psychoanalyse zweifelsfrei belegt sind, ist mit ähnlichen Irrtümern bei spezifischeren Aussagen über diese Kenntnisse und ihre Transformation in seine literarischen Texte immer zu rechnen.

Kafka und der Psychoanalytiker Otto Gross

Etwas konkreter als bis 1912 werden die Quellen zu Kafkas Psychoanalyserezeption ab 1917, dem Jahr, in dem er den in den Bohemekreisen Wiens, Prags, Münchens und Berlins berühmt-berüchtigten Psychoanalytiker Otto Gross (1877–1920) kennenlernte, begeistert Hans Blühers (1888–1955) psychoanalytisch orientierte Schrift *Die Rolle der Erotik in der männlichen Gesellschaft* (2 Bde., 1917/19) las und in dem die mit einem Blutsturz zu Tage tretende Lungentuberkulose sein Leben veränderte. Er interpretierte sie als psychosomatisches Phänomen und folgte damit Wahrnehmungsmustern, in die auch seine Auseinandersetzungen mit der Psychoanalyse involviert waren.

Über Otto Gross dürfte Kafka schon vier Jahre vorher einiges gehört und gelesen haben. ›Jemand musste Otto G. verleumdet haben, denn ohne dass er etwas Böses getan hätte, wurde er eines Morgens verhaftet‹. Wie *Der Process* könnte eine Erzählung über jenen aufsehenerregenden Fall beginnen, der sich im November 1913, etwa ein dreiviertel Jahr, bevor Kafka an seinem Roman zu schreiben anfing, in Berlin ereignete (vgl. Anz 1984). Der namhafte und einflussreiche Professor für Strafrecht Hans Gross (1847–1915) ließ seinen aus der bürgerlichen Ordnung ausgebrochenen Sohn Otto mit Hilfe der Polizei aus Berlin in eine österreichische Irrenanstalt verschleppen.

Kafka muss von der Affäre gewusst haben. Mehrere expressionistische Zeitschriften, die hier ein reales und zugleich höchst anschauliches Beispiel für ihr literarisches Leitmotiv des Vater-Sohn-Konflikts vor Augen hatten, initiierten eine Protestkampagne (vgl. Jung/Anz). Sie fand so viel Resonanz, dass die Zwangsinternierung in der Anstalt bald wieder aufgehoben wurde. Kafka war Leser der Zeitschrift *Die Aktion*, die aus Anlass der Verhaftung einige Aufsätze von Otto Gross publizierte und ihm sogar eine Sondernummer widmete. Doch aufmerksam musste Kafka schon deshalb auf den Fall werden, weil er den Vater aus seinem Jurastudium kannte. Drei Semester lang hatte er in Prag, wo Hans Gross lehrte, bevor er 1905 nach Graz berufen wurde, dessen Vorlesungen belegt.

Hans Gross war jahrelang Untersuchungsrichter gewesen. Ein Untersuchungsrichter ist es auch, der im Fall Josef K. Exponent jenes Gerichtswesens ist, das neben anderem vor allem eines mit den autoritä-ren Übergriffen des Vaters und seiner Helfer im wirklichen Fall Otto Gross gemeinsam hat: die Fragwürdigkeit und die Undurchsichtigkeit. Einen Eindruck davon, wie sehr die Affäre von phantasieanregenden Ungewissheiten, dunklen Machenschaften und Gerüchten umrätselt war, vermittelt Arnold Zweigs Beitrag dazu in der *Schaubühne*:

> Warum hat die Polizei den Doktor Groß ausgewiesen? Nicht weil er Morphium nahm, heißt es jetzt, sondern weil er keine Papiere besaß. In der Tat hatte Otto Groß seine Ausweispapiere nicht; sie lagen bei seinem Vater, dem Kriminalisten Professor Hans Groß in Graz, und so oft er ihrethalben an den Vater schrieb, erhielt er den Bescheid, er brauche sie nicht, denn jederzeit könne sich die Berliner Polizei direkt an den Vater nach Graz wenden, so daß der Sohn Unannehmlichkeiten nie haben werde. Denn die Polizei aller Länder ist eine große Familie. Derselbe Vater aber hatte schon im Mai die berliner Polizei gebeten, seinen Sohn zu beaufsichtigen (warum?) – sollten ihr also von Graz keine Papiere, sondern Aufträge, Bitten um eine kleine Gefälligkeit zugegangen sein? Sie leugnet. Sie hat nämlich, sagt sie, Otto Groß gar nicht ausgewiesen; er habe sich selber freiwillig, sagt sie, in Begleitung eines befreundeten Arztes bis an die Grenze und von dort aus, freiwillig, in eine Anstalt begeben, damit man ihm dort das Kokain entziehe – sagt sie. Nun, dem gegenüber gibt es Zeugen, die von der Besetzung der Wohnung durch mehrere Männer wissen (Zweig, 125).

Mit der Besetzung von Josef K.s Zimmer durch fremde Männer beginnt *Der Process*. Und K. kann seine »Legitimationspapiere« (P 12) nicht finden. Doch wichtiger als vielleicht zufällige Übereinstimmungen oder oberflächliche Einflüsse sind die Analogien zwischen dem realen und dem fiktiven Fall, die übereinstimmenden Konfliktkonstellationen zwischen dem ohnmächtigen Einzelnen und den Repräsentanten patriarchalischer Macht, zwischen Boheme und Bürgertum, Psychoanalyse und etablierter Psychiatrie. Sie zeigen, dass Kafkas literarische Straf-, Schuld- und Angstphantasien keineswegs so phantastisch und realitätsentrückt sind, wie uns das manche Interpreten einreden wollen – und dass die Motive und Denkformen dieses Autors keineswegs einzigartig sind, sondern weithin repräsentativ für die Erfahrungen in seiner Zeit und Generation.

Die Allianz von Vaterfiguren, Gerichtsbehörden oder Schlossherren in den fiktiven Textwelten Kafkas hatte ganz ähnlich Arnold Zweig an dem realen Fall Otto Gross im Blick, wenn er »die Synthese von Vaterschaft und Bürokratie« (Zweig, 126) anprangerte. Die Unzulänglichkeit und Unzugänglichkeit, die Ignoranz oder auch banale Lächerlichkeit der gleichwohl mächtigen Behörden in Kafkas Textwelt entspricht der Beschreibung Arnold Zweigs: »Gesetzt den Fall, daß im österreichischen Reichsrat über diesen Otto Groß geredet werden sollte, so wird die Mehrzahl der Abgeordneten frühstücken, der Ministertisch wird leer sein, irgendein Ministerialrat wird strengste und sorgfältige Prüfung zusichern« (Zweig, 127).

Josef K.s Fall ist allerdings über alle mimetischen Realitätsbezüge hinaus auch und vor allem Metapher für einen *inneren* Prozess, Bild eines vielschichtigen Schuldkomplexes, der Kafkas eigener war, den er jedoch nie als ein bloß individuelles Problem gesehen und dargestellt wissen wollte, sondern literarisch mit einem allgemeineren sozialen oder anthropologischen Geltungsanspruch darstellte. Damit entsprach er durchaus Intentionen der Psychoanalyse, zumal einer solchen, wie sie Otto Gross vertrat, insofern diese innere Konflikte und Machtkämpfe als Spiegelung von oder Folgen aus Konflikt- und Machtstrukturen in sozialen Beziehungen begriff. Der »Konflikt zwischen dem Individuum und der Allgemeinheit«, schrieb Gross im November 1913 in der *Aktion*, »verwandelte sich unter dem Druck des sozialen Zusammenlebens naturnotwendig in einen Konflikt im Individuum selbst, weil sich das Individuum sich selbst gegenüber als der Vertreter der Allgemeinheit zu fühlen beginnt«. Die »ins eigene Innere eingedrungene Autorität« führe in der Psyche des Einzelnen zum »Konflikt des Eigenen und Fremden«, der individuellen, insbesondere sexuellen Bedürfnisse einerseits und des »Anerzogenen und Aufgezwungenen« andererseits (Gross, 14).

Während einer nächtlichen Bahnfahrt von Budapest nach Prag lernte Kafka im Juli 1917 Otto Gross zum ersten Mal persönlich kennen. Der Wiener Literat Anton Kuh und dessen Tochter, eine der Geliebten von Gross, waren mit dabei. Kuh, so berichtete Kafka später in einem Brief vom 25. Juni 1920 an Milena Jesenská, »sang und lärmte die halbe Nacht« (BM 78), während Gross ihm seine Lehre darzulegen versuchte.

Noch im selben Monat, in dem Kafka Otto Gross kennenlernte, trafen sich die beiden in der Wohnung von Max Brod wieder. Dieser gab darüber später in seiner Kafka-Biographie einen kurzen Bericht: »Der 23. Juli sieht dann noch eine größere Gesellschaft bei mir, an der außer Kafka der Musiker Adolf Schreiber, Werfel, Otto Groß und dessen Frau teilnahmen. Groß entwickelte einen Zeitschriftenplan, für den sich Kafka sehr interessierte« (Brod, 140).

Kafkas eigene Erinnerung an jenen Abend klang, noch vier Monate später, weit begeisterter. An Brod schrieb er:

> Wenn mir eine Zeitschrift längere Zeit hindurch verlockend schien (augenblicksweise natürlich jede) so war es die von Dr Gross, deshalb weil sie mir, wenigstens an jenem Abend, aus einem Feuer einer gewissen persönlichen Verbundenheit hervorzugehen schien. Zeichen eines persönlich aneinander gebundenen Strebens, mehr kann vielleicht eine Zeitschrift nicht sein (14.11.1917; B14–17 364).

Blätter zur Bekämpfung des Machtwillens sollte sie heißen. Was da bekämpft werden sollte, war nicht zuletzt der Machtwille im eigenen Ich. Das entsprach jener ethischen Maxime, die Gross in der Formulierung zusammenfasste: »sich selbst nicht vergewaltigen lassen und andere nicht vergewaltigen wollen« (Gross, 28).

Die Zeitschrift ist nie erschienen; doch das »Feuer einer gewissen persönlichen Verbundenheit« (B14–17 364) mit Gross hat in Kafkas Werken schon vor der Begegnung mit Gross deutliche Entsprechungen, vor allem in den dargestellten Mechanismen der Verinnerlichung ichfremder Urteilsinstanzen. Gross hatte den Vater-Sohn-Konflikt in der ihm eigenen Terminologie als den »ins Innere verlegten Kampf des Eigenen gegen das Fremde« (Gross, 10) beschrieben. In Kafkas Beschreibungen der Machtkämpfe seiner Protagonisten mit dem Vater und vaterähnlichen Autoritäten entfaltet die patriarchale Macht erst ihre volle, siegreiche Wirksamkeit im Prozess ihrer Verinnerlichung. Georg Bendemann vollstreckt das Todesurteil des Vaters an sich selbst. Josef K. und Gregor Samsa verlieren ihren Kampf und sterben erst, nachdem sie selbst damit einverstanden sind.

Im Spätwerk Kafkas hat die Verbundenheit mit Gross vielleicht sogar noch eindeutigere Spuren hinterlassen: vor allem in dem <*Brief an den Vater*> und in dem Romanfragment *Das Schloss*, in dem Kafka wohl nicht zufällig mit dem »Herrenhof« den Namen jenes Wiener Cafés aufgegriffen hat, in dem sich Anton Kuh, Werfel und Gross zu treffen pflegten. Zwei Begriffe in dem Titel der geplanten Zeitschrift gehören jedenfalls zu den ständig wiederkehrenden Schlüsselwörtern beider Texte: Kampf und Macht. Brief und Roman sind nicht zuletzt subtile Beschreibungen eines Kampfes um und gegen die Macht, in dem der Vater, beziehungsweise die Schlossherren hoffnungslos überlegen sind. Der Antagonismus von Sexualität und Moral, Unbewusstem und Bewusstem, Körper und Geist wird damals allerdings generell in der Literatur wie in der Psychoanalyse immer wieder mit Metaphern des Kampfes dramatisiert (vgl. Anz 2006, 29–38). Zusammen mit »Unterdrückung«, »Widerstand« oder »Abwehr« gehört auch »Kampf« zum festen Inventar des psychoanalytischen Vokabulars. Vom »Kampf mit dem mächtigen Triebe« oder »Kampf gegen die Sinnlichkeit« spricht Freud (1940, VII, 159) etwa in seiner 1908 erschienenen Schrift *Die ›kulturelle‹ Sexualmoral und die moderne Nervosität*.

Die Verbundenheit Kafkas mit Gross hatte noch ein dramatisches Nachspiel, das seine Einschätzung der Psychoanalyse unmittelbar tangierte: in Kafkas nachhaltiger Empörung über ein 1922 erschienenes Drama seines sonst so bewunderten Freundes Franz Werfel. Das Stück mit dem Titel *Schweiger*, so Kafka in einem Briefentwurf an Werfel, sei »ein Verrat an der Generation, eine Verschleierung, eine Anekdotisierung, also eine Entwürdigung ihrer Leiden« (Dez. 1922; Briefe 424; vgl. auch NSF II, 529). Wenn man nach 1920 in Prager Literaturkreisen von ›der Generation‹ sprach, meinte man die eigene, die etwa um 1910 mit Nachdruck in die literarische Öffentlichkeit trat und von einigen schon am Ende des Jahrzehnts als abgeschlossene, historische Angelegenheit betrachtet wurde. Werfels *Schweiger* hatte die Ideen, Aktivitäten und auch die Leiden dieser Generation noch einmal in Szene gesetzt, dabei freilich entstellt zu dümmlichen Heilslehren, psychopathischen Phantastereien und psychiatrischen Einzelfällen.

Werfels Drama degradierte nach Kafkas Einschätzung die leidvolle Krankheitsgeschichte der Titelfigur Franz Schweiger, die früher einmal in einem unvermittelten Wahnsinnsanfall einen Mord begangen hatte, zu einem »Einzelfall« (NSF II, 528), zu einer »psychiatrischen Geschichte« (An M. Brod, Dez. 1922; Briefe 424):

> Sie erfinden die Geschichte von dem Kindermord. Das halte ich für eine Entwürdigung der Leiden einer Generation. Wer hier nicht mehr zu sagen hat als die Psychoanalyse dürfte sich nicht einmischen. Es ist keine Freude sich mit der Psychoanalyse abzugeben und ich halte mich von ihr möglichst fern, aber sie ist zumindest so existent wie die Generation. Das Judentum bringt seit jeher seine Leiden und Freuden fast gleichzeitig mit dem zugehörigen Raschi-Kommentar hervor, so auch hier (NSF II, 529 f.).

Die Psychoanalyse ist nach Kafkas Einschätzung selbst ein Dokument ihrer Zeit, eine Art Begleitkommentar zu den »Leiden einer Generation« (NSF II, 529). Soweit sie jedoch ihren Blick auf individuelle Einzelfälle einengt, muss Literatur über sie hinausgehen und das Zeittypische im Besonderen sichtbar machen. Neben dem Protagonisten Franz Schweiger, dem Werfel nicht nur mit dem gewählten Vornamen Merkmale von Franz Kafka zuschrieb (vgl. Stach 2008, 519 f.), dürfte vor allem eine Figur, so wie der Autor sie auftreten und reden ließ, Kafkas Empörung hervorgerufen haben: der Privatdozent und Anarchist Dr. Ottokar Grund. Nicht nur mit dem Namen spielte Werfel auf Otto Gross an. Dr. Grund wird nicht nur als ein »höchst unangenehmer Mensch« charakterisiert, als »abgerissen und gänzlich verwahrlost«, ja, er ist nicht nur ein gefährlicher Psychopath, der sich von der Autorität befreit, indem er seinen Psychiater erschießt, er ist ein Ungeheuer, das »den grenzenlosen Haß von Millionen Kranken« auf die wohlgeordnete Welt der Gesunden predigt. Und wahrhaft ungeheuerlich sind auch die Pläne, die er andeutet: »Bazillenkulturen in die Wasserleitungen« (Werfel, 48, 116 u. 119).

Die Figuren in dem Stück seien »keine Menschen«, schreibt Kafka an Max Brod (Dez. 1922, Briefe 423). Otto Gross ist hier zum Unmenschen gemacht, der die Humanität als Lüge entlarven will. Das musste den schockieren, der ihn einmal so hoch schätzte wie Kafka. Zumal er eine Eigenschaft des Dr. Grund, auch wenn sie von Werfel wieder maßlos verzerrt wurde, als eigene wiedererkannt haben dürfte: das ambivalente Verhältnis zur Macht und Autorität. Dr. Grund schwankt gegenüber der Autorität seines Psychiaters, der das rassistische und nationalrevolutionäre Gedankengut der Zeit verkörpert, zwischen hündischem Gehorsam und heroischer Auflehnung. Ähnlich zerrissen von einem geradezu masochistischen Verlangen nach Unterwerfung und dem Willen zum Kampf gegen fragwürdige Autoritäten hat Kafka sich wiederholt in seinen literarischen Figuren dargestellt. Als individuelle und therapierbare Krankheitserscheinung mochte er solche Dispositionen jedoch nicht akzeptieren.

In einem Brief an seine Geliebte Milena Jesenská, die ebenfalls Gross kannte und 1920 in einem Feuilleton seinen Tod angezeigt hatte, erklärte Kafka den »terapeutischen Teil der Psychoanalyse« für »einen hilflosen Irrtum« (Nov. 1920; BM 292). Menschliches Leiden habe eine Bedeutung, die über jene »Krankheitserscheinungen, welche die Psychoanalyse aufgedeckt zu haben glaubt« (ebd.), hinausgeht.

Mit Nachdruck hatte dies auch Otto Gross betont. Die Analyse der Leiden seiner Generation mit ihren sozialen, psychischen, existentiellen oder auch religi-

ösen Aspekten zu einer umfassenderen Kulturanalyse ausgeweitet zu haben – darin vor allem bestand
sein theoretisches Verdienst. Auch wenn Kafka nicht,
zumindest nicht so radikal und offen wie er, den revolutionären Kampf »gegen Vergewaltigung in ur-
sprünglichster Form, gegen den Vater und das Vater-
recht« (Gross, 16) propagierte, gibt es zwischen den
literarischen Macht-, Abhängigkeits-, Schuld- und
Ohnmachtsanalysen des einen und den theoretischen des anderen etliche Berührungspunkte. Affinitäten zwischen Kafkas Literatur und der Psychoanalyse seiner Zeit gibt es auch sonst in hohem Ausmaß. Eine davon ist die forcierte Selbstbeobachtung
und Selbstreflexion (vgl. Kurz, 44) – mit der Hoffnung auf eine Befreiung von unbewusst wirkenden
Zwängen. Kafka beendet im <Brief an den Vater> die
Beschreibung seines Kampfes gegen ihn mit einer
versöhnlichen Bemerkung, die Anklänge an eine drei
Jahre vorher veröffentlichte Formulierung Freuds
aufweist. Mit dem Brief sei, so Kafka, »doch etwas
der Wahrheit so sehr Angenähertes erreicht, daß es
uns beide ein wenig beruhigen und Leben und Sterben leichter machen kann« (NSF II, 217). Freud hatte
am Ende seiner Essays Zeitgemäßes über Krieg und
Tod (1915) geschrieben, unsere unbewusste, sorgfältig unterdrückte Einstellung zum Tod bewusst zu
machen, habe »den Vorteil, der Wahrhaftigkeit mehr
Rechnung zu tragen und uns das Leben wieder erträglicher zu machen« (Freud 1940, X, 354).

Ob die Formulierungsähnlichkeiten zufälliger Art
sind und ob Kafka diese Essays überhaupt gelesen
hat, lässt sich jedoch kaum klären. Das ist symptomatisch für manche Schwierigkeiten, die die Kafka-
Forschung mit Aussagen über die Beziehung des Autors und seines Werkes zur Psychoanalyse hat.

Forschung

Wo die Kafka-Forschung auf psychoanalytische Theorien und Begriffe zurückgreift, verstricken sich ihre
Aussagen wiederholt in ähnliche Probleme. Diese
entstehen nicht zuletzt dadurch, dass unterschiedliche Typen solcher Aussagen oft nicht klar unterschieden werden, sondern sich auf nicht ausreichend
reflektierte Weise vermischen: (1) Aussagen über
Kafkas Kenntnisse der Psychoanalyse und deren
Spuren in seinen Werken; (2) Aussagen über historische Ähnlichkeiten oder Differenzen zwischen Kafkas literarischen Texten und denen damaliger Psychoanalytiker; (3) Aussagen, in denen sich Literatur-

wissenschaftler damalige oder später entwickelte
psychoanalytische Deutungsmuster zu eigen machen und mit ihnen Kafkas Werke oder im Zusammenhang damit auch seine Psyche beschreiben.

Einer der umfangreichsten Beiträge, die Das Urteil
im Rückgriff auf die Psychoanalyse deuten, trägt den
Titel Erzählte Psychoanalyse bei Franz Kafka (Kaus
1998). Der Titel deutet die These an, Kafka habe sein
psychoanalytisches Wissen in eine Erzählung umgesetzt. Die Interpretation verwendet dann jedoch psychoanalytische Begriffe, die Kafka noch nicht kennen konnte, weil Freud oder seine Schüler sie erst
Jahre später verwendeten. Soll die Titel-These also,
einer so beliebten wie problematischen Argumenta-
tionsweise folgend, besagen, Kafka habe spätere psychoanalytische Einsichten narrativ vorweggenommen? Oder verdeckt sie nur die häufig anzutreffende
Praxis von Interpreten, bestimmte Erzählinhalte
oder auch erzähltechnische Merkmale in die eigene
psychoanalytische Sprache zu übersetzen und diverse Theorieversionen der Psychoanalyse am Beispiel literarischer Texte zu veranschaulichen?

Jeder der oben unterschiedenen Aussagentypen
ist wiederum mit spezifischen Problemen konfrontiert: (1) Über die Quellen, die zu Kafkas Kenntnis-
sen der Psychoanalyse vorliegen, hat zuerst Hartmut
Binder (1966, 92–114) umfassend informiert. Seither haben sich die Kenntnisse zu den Quellen kaum
verändert, nur die Meinungen über sie. Auch die
jüngeren großen Biographien von Rainer Stach
(Stach 2002, 231 f., 309; 2008, 193–196, 517–520)
und Peter-André Alt (Alt, 308–312, 449 f.) greifen
auf die von Binder präsentierten Materialien zu Kafkas Psychoanalyse-Rezeption zurück, interpretieren
sie aber zum Teil anders. Zuverlässige Indikatoren
für eine literarische Verarbeitung psychoanalytischen Wissens, wie sie etwa in Franz Werfels Novelle
Nicht der Mörder, der Ermordete ist schuldig (1920),
Hermann Hesses Demian (1919) oder Thomas
Manns Der Zauberberg (1924) vorliegen, gibt es in
Kafkas Werken nicht – etwa Zitate aus psychoanalytischen Texten oder deutlich markierte Anspielungen auf sie, die Verwendung einschlägiger psychoanalytischer Termini oder Figuren, die als Therapeu-
ten mit psychoanalytischem Profil konzipiert sind.

Eine Fülle von unzuverlässigen Indikatoren für
Kafkas literarische Adaption psychoanalytischen
Wissens hat die Kafka-Forschung in einem kaum
noch überschaubaren Maß dazu stimuliert, sie im
Rückgriff auf ›frames‹ und ›scripts‹ psychoanalyti-
scher Schemata der Informationsverarbeitung zu er-

gänzen und zu konkretisieren. Wenn sie mit der Frage verbunden sind, ob Kafka selbst diese Schemata zur Zeit der Niederschrift eines Textes kennen konnte, enthalten solche Versuche die Implikation, dass Kafka sie beim Schreiben mehr oder weniger bewusst verwendet und deren Kenntnis zum Teil auch bei seinen Adressaten vorausgesetzt hat. Etlichen Kafka-Interpreten sind zum Beispiel die Analogien zwischen Freuds Versuch in *Totem und Tabu* (1913), eine Urgeschichte des Vatermordes und des Schuldbewusstseins zu rekonstruieren, und der Erzählung *Das Urteil* aufgefallen (vgl. Sokel, 64). Wenn sie darauf hinweisen, dass Teile von Freuds Buch schon vor der Niederschrift der Erzählung in der Zeitschrift *Imago* veröffentlicht wurden, liegt ihnen am Nachweis der Möglichkeit, dass Kafka sie gelesen haben könnte und sich von ihnen hat anregen lassen. Fehlen solche Hinweise, dann sind Feststellungen zu Ähnlichkeiten zwischen Freuds Schrift und Kafkas Erzählung eher dem Aussagentypus (2) zuzuordnen.

(2) Historische Vergleiche zwischen Literatur und Psychoanalyse sind auf philologische Nachweise gegenseitiger Kenntnis nicht angewiesen. Sie sind im Falle Kafkas schon dadurch legitimiert, dass literarische Moderne und Psychoanalyse zeitgleiche Phänomene sind und daher beide an zeittypische, Literatur, Kunst und Wissenschaft übergreifende Interessen, Problemlagen, Denk- und Wahrnehmungsmuster, Normen, Werte, Mentalitäten oder Diskursordnungen gebunden sind. Sie sind partiell differierende Bestandteile der gleichen Kultur. Ob und wie genau Kafka vor der Niederschrift seiner literarischen Texte Freuds *Traumdeutung* (1899), die *Psychopathologie des Alltagslebens* (1904), die *Drei Abhandlungen zur Sexualtheorie* (1905) oder *Totem und Tabu* (1913) kannte oder ob er zum Beispiel Anfang 1913 einen Vortrag von Alfred Adler (1870–1937) in Prag zu seinem Buch *Über den nervösen Charakter* (1912) hörte (vgl. den Bericht im *Prager Tagblatt* vom 4.1.1913), ist in dieser Perspektive gegenüber der vergleichenden Frage nach Ähnlichkeiten und Differenzen sekundär.

In dem berühmten Brief, mit dem Freud am 14. Mai 1922 Arthur Schnitzler zum 60. Geburtstag gratulierte, formulierte er zusammen mit dem Eingeständnis seiner »Doppelgängerscheu« vor dem Autor zutreffend, was Psychoanalyse und literarische Moderne verband: »die nämlichen Voraussetzungen, Interessen und Ergebnisse«, das »Ergriffensein von der Wahrheit des Unbewußten, von der Triebnatur des Menschen« und der »Zersetzung der kul-turell-konventionellen Sicherheiten« (Freud 1955, 97). Kafka und mit ihm die spätere Kafka-Forschung partizipierten an der damaligen, die Psychoanalyse und Literatur verbindenden Gemeinschaft von Interessen an allen Äußerungsformen des Unbewussten (vor allem Träume und Wahnbildungen), sexuellem Handeln und Begehren, symbolischen Verschlüsselungen tabubesetzter Inhalte, an der Genese von Schuldkomplexen, an pathologischen Befindlichkeiten (Nervosität, Angstneurose und Hysterie), an familialen Liebes- und Konfliktkonstellationen oder auch an psychischen Bedingungen künstlerischer Kreativität.

Hob Freud 1907 in seinem Vortrag *Der Dichter und das Phantasieren* die Affinitäten zwischen Literatur und Traum hervor und bemerkte er dabei unter anderem die »Neigung des modernen Dichters, sein Ich durch Selbstbeobachtung in Partial-Ichs zu zerspalten und demzufolge die Konfliktströmungen seines Seelenlebens in mehreren Helden zu personifizieren« (Freud 1940, VII, 211), so ist der literaturwissenschaftlichen Forschung an Kafkas literarischen Texten vielfach Ähnliches aufgefallen. Insbesondere die Traumartigkeit der Erzählung *Ein Landarzt* hat die Forschung immer wieder zu psychoanalytisch inspirierten Deutungen oder zu Vergleichen mit psychoanalytischen Theorien der Phantasiebildung und des Träumens veranlasst (vgl. besonders Hiebel, 83–123; Engel, 251–253; Alt, 501–510).

Relativ selten geworden sind dabei inzwischen Forschungsbeiträge, die sich (dem Aussagentypus 3 entsprechend) damalige oder neuere psychoanalytische Theoreme historisch und theoretisch distanzlos zueigen machen und Kafkas Texte ihnen anzugleichen versuchen. In jeder Hinsicht diffuse Spekulationen über »die Begegnung mit dem lacanschen Wirklichen, die Kafkas Fiktion uns gestattet« (Sussman, 355), wie sie unlängst noch, ganz ohne konkretere Verweise auf das Beziehungsgeflecht zwischen Psychoanalyse und literarischer Moderne, veröffentlicht wurden, fallen jedenfalls hinter den erreichten Stand der Forschung weit zurück. Ihnen entgeht nicht zuletzt die Eigenwilligkeit und Eigenständigkeit, mit der Autoren der Moderne wie Kafka sich das Wissen der Psychoanalyse aneigneten, es kritisierten, modifizierten und in ihre literarischen Konzepte integrierten.

Materialien/Quellen: Thomas Anz/Christina Jung (Hg.): Der Fall Otto Gross. Eine Pressekampagne deutscher Intellektueller im Winter 1913/14. Marburg 2002. – Sigmund Freud: Briefe an Arthur Schnitzler. In: Neue Rundschau 66 (1955), 95–106. – Ders.: Gesammelte Werke. Bd. I-XVIII. London, Frankfurt/M. 1940–52. – Otto Gross: Von geschlechtlicher Not zur sozialen Katastrophe. Hg. von Kurt Kreiler. Frankfurt/M. 1980. – Franz Werfel: Schweiger. Ein Trauerspiel in drei Akten. München 1922. – Arnold Zweig: Zwischenrede über Otto Gross [zuerst in: Die Schaubühne 10 (1914) 9, 235–238 (26.2.1914)]. In: Anz/Jung (s.o.), 124–128.

Forschung: P.-A. Alt (2005). – Thomas Anz: Jemand mußte Otto G. verleumdet haben... K., Werfel, Otto Gross und eine »psychiatrische Geschichte«. In: Akzente 31 (1984) 2, 184–191. – Ders.: Praktiken und Probleme psychoanalytischer Literaturinterpretation – am Beispiel von K.s Erzählung *Das Urteil.* In: Oliver Jahraus/ Stefan Neuhaus (Hg.): K.s *Urteil* und die Literaturtheorie. Zehn Modellanalysen. Stuttgart 2002, 126–151. – Ders.: Psychoanalyse und literarische Moderne. Beschreibungen eines Kampfes. In: Ders./Oliver Pfohlmann (Hg.): Psychoanalyse in der literarischen Moderne. Eine Dokumentation. Bd. I: Einleitung und Wiener Moderne. Marburg 2006, 11–42. – Hartmut Binder: Motiv und Gestaltung bei F.K. Bonn 1966. – Ders.: Leben und Persönlichkeit F.K.s. In: KHb (1979) I, 103–584. – Max Brod: F.K. Eine Biographie. Frankfurt/M. 1974 [1937]. – Manfred Engel: Literarische Träume und traumhaftes Schreiben bei F.K. Ein Beitrag zur Oneiropoetik der Moderne. In: Bernhard Dieterle (Hg.): Träumungen. Traumerzählung in Film und Literatur. St. Augustin 1998, 233–261. – Georg Guntermann: K. und Freud? Grenzen der Sichtbarmachung des Unbewußten. Mit einigen Illustrationen zur *Verwandlung.* In: Michael Braun (Hg.): »Hinauf und Zurück, in die herzhelle Zukunft«. Deutsch-jüdische Literatur im 20. Jahrhundert. Bonn 2000, 189–213. – Hans Helmut Hiebel: F.K. *Ein Landarzt.* Paderborn 1984. – Rainer J. Kaus: Erzählte Psychoanalyse bei F.K. Eine Deutung von K.s Erzählung *Das Urteil.* Heidelberg 1998. – Ders.: K. und Freud. Schuld in den Augen des Dichters und des Analytikers. Heidelberg 2000. – Ders.: Literaturpsychologie und literarische Hermeneutik. Sigmund Freud und F.K. Frankfurt/M. 2004. – Gerhard Kurz: Traum-Schrecken. K.s literarische Existenzanalyse. Stuttgart 1980. – Walter Schönau: Die Bedeutung psychoanalytischen Wissens für den kreativen Prozeß literarischen Schreibens. In: Thomas Anz (Hg.): Psychoanalyse in der modernen Literatur. Kooperation und Konkurrenz. Würzburg 1999, 219–231. – Walter H. Sokel: F.K. Tragik und Ironie. Zur Struktur seiner Kunst. Frankfurt/M. 1976 [1964]. – R. Stach (2002). – R. Stach (2008). – Henry Sussman: K. und die Psychoanalyse. In: KHb (2008), 353–370.

Thomas Anz

2.6　Film und Fotografie

Der Themenbereich Film und Fotografie verweist auf zwei miteinander verbundene Fragestellungen: Zum einen geht es hier um tatsächliche Filme und Fotografien, mit denen Kafka in Berührung kam und die in seinen Texten entweder explizit thematisiert oder implizit reflektiert werden; zum anderen jedoch stellt sich die Frage nach dem allgemeineren Einfluss der beiden Medien auf Kafkas Imagination und literarische Produktion, d. h. nach spezifisch filmischen oder fotografischen Wahrnehmungs- und Schreibweisen im Kafkaschen Werk.

Kafka und der Stummfilm

Kafka war ein enthusiastischer Kinobesucher, dessen Interesse am Medium Film zwischen 1910 und 1913 seinen Höhepunkt erreichte, der jedoch bis in sein letztes Lebensjahr die filmische Entwicklung aufmerksam begleitete (Zischler, 155). In literarischer Hinsicht schlug sich Kafkas Kinobegeisterung explizit nur in den autobiographischen Texten nieder, und auch dort meist nur in elliptischen Bemerkungen. Die einzige Ausnahme stellt der fragmentarische Roman *Richard und Samuel* dar, Kafkas literarische ›Ko-Produktion‹ mit Max Brod, die jedoch wiederum aus Tagebucheinträgen hervorging. Im separat veröffentlichten Kapitel »Die erste lange Eisenbahnfahrt« beschreibt Kafkas Erzähler Richard die Begegnung mit der jungen Dora Lippert, die von den Protagonisten zu einer gemeinsamen Stadtrundfahrt im Taxi genötigt wird:

> Wir steigen ein, mir ist das Ganze peinlich, es erinnert mich auch genau an das Kinematographenstück »Die weiße Sklavin«, in dem die unschuldige Heldin gleich am Bahnhofsausgang im Dunkel von fremden Männern in ein Automobil gedrängt und weggeführt wird (DzL 428).

Die weiße Sklavin war ein erfolgreiches Melodrama über die Entführung einer jungen Frau, die in die Prostitution gezwungen werden soll, in letzter Minute aber von ihrem Verlobten gerettet wird. In Kafkas Erzählung werden Filmhandlung und (literarische) Realität durch eine textuelle Montagetechnik miteinander verschränkt. Tatsächlich basiert jedoch Kafkas Adaption auf einer Fehlerinnerung: Die beiden Männer in der Filmsequenz sind harmlose Statisten, die im fraglichen Moment zufällig das Fahrzeug passieren (Zischler, 56). Kafkas literarische An-verwandlung des Filmmaterials basiert somit auf einer retrospektiven Umschreibung, die die erinnerte Sequenz in die (ebenfalls leicht melodramatische) Romanhandlung einfügt. Im gleichen Textabschnitt findet das Kino jedoch eine zweite, metaphorische Erwähnung. Während der Stadtrundfahrt kommentiert Kafkas Erzähler: »Die Pneumatics rauschen auf dem nassen Asphalt wie der Apparat im Kinematographen« (DzL 429). Das Medium Film fungiert hier nicht mehr als handlungsspezifischer Intertext, sondern als abstrakte Geräuschkulisse. In dieser Funktion wird es zum Vehikel nicht nur der literarischen Reisebeschreibung, sondern auch einer tiefgreifenden Dynamisierung der menschlichen Wahrnehmung im Zuge ihrer medientechnologischen Modernisierung.

Wie aus den Tagebüchern hervorgeht, besteht der Reiz wie auch die Herausforderung des Films für Kafka in der flüchtigen Erscheinung seiner Bilder, die sich einer kontemplativen Rezeption, damit aber auch einer detaillierten und akkuraten literarischen Wiedergabe entziehen. In einem Tagebucheintrag über den Abenteuerfilm *Sklaven des Goldes* aus dem Jahr 1913 notiert Kafka: »Der Millionär auf dem Bild im Kino ›Sklaven des Goldes‹. Ihn festhalten! Die Ruhe, die langsame zielbewußte Bewegung, wenn notwendig rascher Schritt, Zucken des Armes« (1.7.; T 563f.). Während hier die literarische Untergliederung der Filmhandlung in distinkte Einzelbilder und Bewegungsfolgen noch gelingt, betont Kafka an anderer Stelle die grundsätzlichen Probleme der Filmrezeption. Im selben Jahr notiert er:

> Im Kino gewesen. Geweint. »Lolotte«. Der gute Pfarrer. Das kleine Fahrrad. Die Versöhnung der Eltern. Maßlose Unterhaltung. Vorher trauriger Film »Das Unglück im Dock« nachher lustiger »Endlich allein«. Bin ganz leer und sinnlos, die vorüberfahrende Elektrische hat mehr lebendigen Sinn (20.11.1913; T 595).

Hier wie auch in anderen Einträgen thematisiert Kafka das Problem der sensorischen Überladung. Das in disparaten Stichworten skizzierte Filmerlebnis hat keine kathartische Wirkung, sondern resultiert vielmehr in einem Gefühl der Leere, in dem sich der menschliche Betrachter der modernen Technik – vertreten durch die ›Elektrische‹ – nicht über-, sondern rational wie emotional unterlegen fühlt. An anderer Stelle projiziert Kafka diese fragmentarische Wahrnehmungsweise auch auf die Wirklichkeit außerhalb des Kinos:

> wenn ich auch selbst nur sehr selten ins Kinematografenteater gehe, so weiß ich doch meistens fast alle Wochenprogramme aller Kinematographen auswendig. Meine Zerstreutheit, mein Vergnügungsbedürfnis sättigt sich an den Plakaten, von meinem gewöhnlichen innerlichsten Unbehagen, von diesem Gefühl des ewig Provisorischen ruhe ich mich vor den Plakaten aus, immer wenn ich von den Sommerfrischen […] in die Stadt zurückkam, hatte ich eine Gier nach den Plakaten und von der Elektrischen, mit der ich nachhause fuhr, las ich im Fluge, bruchstückweise, angestrengt die Plakate ab, an denen wir vorbeifuhren (An F. Bauer, 13./14.3.1913; B 13–14 132 f.).

Die filmische Fragmentierung der Wahrnehmung wird somit in der allgemeinen Technologisierung der modernen Lebenswelt sowohl widergespiegelt als auch verstärkt, wie denn auch der moderne Betrachter das Kinoerlebnis in die unvermittelte Wirklichkeitswahrnehmung überträgt. Entsprechend wird in Kafkas literarischen Texten die in den persönlichen Schriften mit einem Gefühl der Leere und Unruhe assoziierte Kinoerfahrung für die literarische Produktion fruchtbar gemacht. Dabei rekurriert Kafka mit der oben erwähnten Ausnahme der *Weißen Sklavin* nicht auf spezifische Handlungsmuster oder thematische Vorlagen, sondern mobilisiert in seinen Texten allgemeinere Handlungs-, Stil- und Strukturmerkmale einer Stummfilm-Ästhetik.

Filmische Schreibweisen

Wenn sich also explizite Verweise auf das Medium Film mit der oben genannten Ausnahme auf die nicht-literarischen Schriften beschränken, so reflektieren dennoch vor allem die früheren Prosatexte Kafkas Kinobegeisterung auf thematischer wie stilistischer Ebene. Dies lässt sich vor allem in der Sammlung *Betrachtung* beobachten, deren Aneinanderreihung kurzer und thematisch heterogener Erzählungen an die im frühen Film verbreitete Montagetechnik erinnert. Texten wie *Der Fahrgast* oder *Kleider* liegt eine quasi voyeuristische Beobachtungstechnik zugrunde, die Anleihen an der Optik der Großaufnahme macht, während thematische Verweise auf Pferderennen, Indianer und Amerikaner an das beliebte Genre des Abenteuer- und Wildwestfilms erinnern, das auch von Kafka aktiv rezipiert wurde. Neben dem oben genannten Film *Sklaven des Goldes* erwähnt er in seinem Tagebuch auch *Theodor Körner*, einen »sentimental-reißerischen Film mit deutlich nationalistischer Tendenz« (Zischler, 91), der die Zuschauer vor allem durch seine spektakulären

Reitszenen bestach. In Kafkas Tagebuch folgt auf die Eintragung über diesen Film unmittelbar das erste Kapitel des *Verschollenen*: Kinoerlebnis und literarische Inspiration sind in Kafkas erstem Roman aufs Engste miteinander verknüpft. Zum einen verweisen das amerikanische ›Setting‹ und Handlungselemente wie Verfolgungsjagden und andere slapstickhafte Episoden auf den zeitgenössischen Kinogeschmack. Zum anderen ist auch die Erzählstruktur des Romans durch filmische Einflüsse geprägt. Der häufige Orts-, Personal- und Stimmungswechsel erinnert an die im frühen Film verbreitete Aneinanderreihung kontrastierender Episoden oder Kurzfilme, und dieses Montageprinzip strukturiert den allgemeinen Erzählverlauf wie auch einzelne Episoden, in denen in Anlehnung an die Filmtechnik der ›Zwischenbilder‹ visuelle Tableaus in den Handlungsverlauf eingeschaltet werden. So werden des Heizers Verhandlungen mit dem Kapitän im ersten Kapitel mehrfach durch Beschreibungen des Hafenpanoramas unterbrochen, die gleichzeitig den Gesprächsverlauf implizit reflektieren (Jahn 1965, 55).

Für Theodor W. Adorno sind solche visuellen Elemente Kennzeichen von Kafkas filmischer Seh- und Schreibweise:

> Kafkas Romane sind […] die letzten, verschwindenden Verbindungstexte zum stummen Film (der nicht umsonst fast genau gleichzeitig mit Kafkas Tod verschwand); die Zweideutigkeit der Geste ist die zwischen dem Versinken in Stummheit (mit der Destruktion der Sprache) und dem Sicherheben aus ihr in Musik (Adorno/Benjamin, 95).

In Anlehnung an den Stummfilm wird die explizit verbale Kommunikation Kafkascher Figuren durch eine expressive, gleichzeitig zutiefst ambivalente Semiotik der Körpersprache nicht nur begleitet sondern auch unterminiert und sogar ersetzt. So ist Josef K. im *Process* aus Unkenntnis des vom italienischen Geschäftsfreund gesprochenen Dialekts gezwungen, den Gesprächsverlauf allein aus dessen Gestik und Mimik abzuleiten (P 274 f.). An anderer Stelle wiederum werden Bewegungsabläufe in einem hyperrealistischen Zeitlupenmodus dargestellt, wie z. B. während Karl Roßmanns Kampf mit Delamarche nach seinem Ausbruchsversuch (V 336–338). Während zeitgenössische Filmtheoretiker wie Béla Balázs vor allem den sinn*konstitutiven* Effekt einer solchen, filmisch inspirierten »Wendung zum Visuellen« hervorheben (Balázs, 16), betonen Kafkas Texte gerade den zutiefst ambivalenten und oftmals geradezu hermetischen Charakter einer solcherart in den – me-

dial geprägten – Blick gefassten Wirklichkeit. Tatsächlich konstituieren verbale und visuelle, dialogische und beschreibende Elemente Kafkascher Texte nicht ein homogenes Sinngefüge, sondern unterminieren sich gegenseitig, wie auch der fokussierende Blick auf die Erscheinungen der Außenwelt nicht in einem Gefühl der Kontrolle und Vertrautheit resultiert, sondern vielmehr in einer tiefgreifenden Entfremdung von dem dabei ans Licht gebrachten »Optisch-Unbewußten« (Benjamin 1991b, 371) der modernen Lebenswelt.

Das Kaiserpanorama: Abwendung vom Kino

Insgesamt also liegt die primäre Bedeutung des Mediums Film für Kafka nicht in spezifisch inhaltlichen Bezügen, sondern gründet neben strukturellen Anleihen bei dem filmischen Montageprinzip in einer filmisch inspirierten Veränderung literarischer Wahrnehmungsweisen, deren Erweiterung durch Techniken wie Großaufnahme, Zeitlupe, Schnitt und Standbild jedoch zugleich eine tiefgreifende Distanz von der derart sezierten Realität erzeugt. Diese Ambivalenz wird in Kafkas Schriften nicht nur implizit reflektiert, sondern auch explizit thematisiert.

In seinem Reisetagebuch widmet Kafka einen längeren Abschnitt dem sogenannten Kaiserpanorama, einem 1880 von August Fuhrmann erfundenen Vorläufer des Kinos, in dem Besuchern stereoskopische Reisefotografien und Bilder aktueller Ereignisse vorgeführt wurden. In Kafkas Werk kommt diesem Medium eine wichtige Funktion zu, da es eine grundlegende visuell-literarische Neuorientierung initiiert (Duttlinger 2005, 237–244). Die im Vergleich mit dem Kino veraltete Technik des Kaiserpanoramas bietet für Kafka wesentliche Vorteile gegenüber dem dynamischeren Filmerlebnis: »Die Bilder lebendiger als im Kinematographen, weil sie dem Blick die Ruhe der Wirklichkeit lassen. Der Kinematograph gibt dem Angeschauten die Unruhe ihrer Bewegung, die Ruhe des Blickes scheint wichtiger« (Jan./Febr. 1911; T 937).

Angeregt durch das Kaiserpanorama entwickelt Kafka hier eine programmatische Kritik filmischer Ästhetik, indem er die Fotografie als das aus wahrnehmungspsychologischer Perspektive dem Film überlegene Medium präsentiert. Im Gegensatz zur unruhig bewegten Filmszene, die kaum Spielraum für die kreative Anverwandlung bietet, gewinnt der menschliche Blick in der Begegnung mit dem fotografischen Bild eine imaginativ animierende Funktion. Damit hat der Vergleich von Film und Fotografie auch eine literarische Dimension, da er implizit die Bedingungen für die gelingende literarische Adaption von visueller Wirklichkeit thematisiert. In der Moderne erwächst der Literatur aus den technischen Medien, vor allem aber aus der hyperrealistischen Optik der Filmkamera, eine Konkurrenz, die ihre Vorrangstellung zu unterminieren droht. Die Fotografie hingegen, die im 19. Jahrhundert im Zusammenhang einer ähnlichen Medienkonkurrenz diskutiert wurde (Plumpe, Stiegler), ermöglicht in Kafkas Augen eine ertragreichere Kooperation zwischen Text und Bild. Während Kafkas Texte also Strategien und Strukturen filmischer Ästhetik mobilisieren, thematisieren sie gleichzeitig die Probleme einer solchen Schreib- und Sehweise, der in der ›Ruhe‹ des fotografischen Mediums eine konstruktive Alternative entgegengesetzt wird.

Vor dem Hintergrund von Kafkas Überlegungen zum Kaiserpanorama ist es kein Zufall, dass Kafkas frühe Kinobegeisterung explizit so gut wie keine Spuren im literarischen Werk hinterlassen hat. Im Vergleich dazu spielt die Fotografie in Kafkas Schriften eine ungleich prominentere und, über das Gesamtwerk gesehen, konstantere Rolle. In autobiographischen und literarischen Texten entwickelt Kafka Schreibstrategien, die sich sowohl thematisch wie stilistisch an der Fotografie orientieren. Während jedoch die wiederholte und detaillierte Beschäftigung mit der Fotografie literarisch produktiv ist, bringt diese Auseinandersetzung auch Probleme und Ambivalenzen ans Licht, die wiederum in die literarische Auseinandersetzung miteinfließen.

Das Wahrnehmungsmodell der Fotografie

Das Motiv der Fotografie zieht sich als roter Faden durch Kafkas Schriften, von den Tagebüchern und Briefen über die Erzählungen bis hin zu den drei Romanen.

Bereits in den frühen Texten fungiert die Fotografie als Medium der Wirklichkeitswahrnehmung und -darstellung. So kommentiert Kafka in einer Tagebuchnotiz vom September 1911 über eine Cabaret-Darbietung: »Cabaret Lucerna. Lucie König stellt Photographien mit alten Frisuren aus. [...] Manchmal gelingt ihr etwas mit der von unten her gehobe-

nen Nase, mit dem emporgehaltenem Arm und einer Wendung aller Finger« (29.9.1911; T 43). Kafka appliziert hier die Ästhetik der alten Porträtfotografie auf eine (nicht-fotografische) Varietévorstellung. Ein halbes Jahr später wird dieses fotografische Beschreibungsmodell in einem ähnlichen Zusammenhang wieder aufgegriffen: »Kabaret Lucerna. [...] Liebesszene im Frühling in der Art der Photographphieansichtskarten. Treue, das Publikum rührende und beschämende Darstellung« (16.3.1912; T 407 f.). In beiden Beispielen verwendet Kafka die Fotografie als literarische Metapher, die es dem Betrachter ermöglicht, die flüchtigen Eindrücke einer Cabaret-Vorführung textuell festzuhalten und zu verarbeiten. Jedoch beschränkt sich Kafkas Beschäftigung mit der Fotografie nicht auf metaphorische Anverwandlungen, sondern gründet in einer lebenslangen konkreten Auseinandersetzung mit dem Medium (Duttlinger 2007). Kafka besaß selbst keine Kamera, fotografierte aber gelegentlich mit geliehenen Apparaten; während er in praktischer Hinsicht nur als fotografischer Amateur bezeichnet werden kann, war er zugleich ein leidenschaftlicher Sammler und Betrachter von Fotografien, die er von Freunden und Bekannten erhielt und zum Teil auch aktiv einforderte. Vor allem in den Briefwechseln mit weiblichen Korrespondenten tritt wiederholt eine veritable Foto-Obsession zutage, die die Beziehungsdynamik auf nicht unproblematische Weise beeinflusst.

Kafkas ausführlichste Beschäftigung mit dem Medium Fotografie findet sich in den Briefen an Felice Bauer. Während der fünfjährigen Korrespondenz werden um die vierzig Bilder ausgetauscht, die Hälfte davon in den ersten sechs Monaten. Für Kafka haben diese Fotos eine widersprüchliche Stellvertreterfunktion: Sie kompensieren mangelnde Nähe und Vertrautheit, betonen jedoch gleichzeitig die Abwesenheit – und Unfassbarkeit – der Geliebten. Obwohl Kafka auf die Sendung immer neuer Bilder drängt, ist er zugleich höchst kritisch sowohl Felices wie auch den eigenen Fotografien gegenüber. So betont er wiederholt die entindividualisierende Konventionalität der Porträtfotografie, deren stilisierte Ästhetik die gesellschaftliche Konditionierung des bürgerlichen Subjekts nicht zur Schau stellt, sondern aktiv perpetuiert. Vor diesem Hintergrund stellen denn auch die ausgetauschten Bilder nicht immer ein Gefühl der Nähe und Vertrautheit her; vielmehr konkurrieren Kafkas Briefe in ihrer Detailbesessenheit mit dem fotografischen Blick, indem sie die erhaltenen Bilder in minutiöser Kleinarbeit beschreibend sezieren. Hierbei wird jedoch der von Kafka wiederholt betonte Eindruck eines durch die Fotografie geschaffenen Gefühls der Nähe in der Interpretation sukzessive unterminiert. Kafka unterzieht Felices Bilder einer fetischistischen Lektüre, in der einzelne Details im Sinne des Barthesschen *punctum* (Barthes, 36) als Bedeutungszentrum konstruiert, in der Folge jedoch mit einer grundlegenden, beunruhigenden Ambivalenz aufgeladen und somit entwertet werden. Der analytische Fokus auf Teilobjekte kann letztlich nicht von der für die Fotografie konstitutiven Abwesenheit des Referenten ablenken. Somit inszenieren Kafkas Briefe ein fotografisches ›Fort-Da-Spiel‹ (Freud), das einem tiefliegenden Gefühl der Fremdheit und des Mangels Ausdruck verleiht (Duttlinger 2007, 125–172).

Kafkas Briefwechsel mit Felice Bauer, aber auch mit anderen Korrespondentinnen wie Milena Jesenská und Minze Eisner, kreisen letztlich um dieselbe Frage: um die Übersetzbarkeit der Fotografie in den Text, um Strategien der Versprachlichung und literarischen Anverwandlung des fotografischen Mediums. Obwohl Fotografien Anreiz zur Analyse geben, widersetzen sie sich gleichzeitig diesem Unterfangen. Dieser Widerstand ist jedoch letztlich kein Hindernis, sondern verstärkt vielmehr Kafkas Faszination durch das Medium. So werden in seinen Texten diese elementaren Widerstände, wie auch spezifische medienimmanente Probleme der Fotografie für die literarische Anverwandlung fruchtbar gemacht. Wie in den Briefen oszilliert denn auch die Rolle der Fotografie in den Romanen und Erzählungen zwischen Attraktion und Restriktion. Fotografien üben eine immense Anziehungskraft auf die Kafkaschen Figuren aus, nicht zuletzt weil sie eine theatralisch-ostentative Zurschaustellung von Rang und Status ermöglichen und somit Macht im visuellen Bereich nicht nur repräsentieren, sondern erst eigentlich konstituieren. Vor allem die Porträtfotografie fungiert als Medium bürgerlicher Selbstpräsentation, erweist jedoch gleichzeitig die Brüchigkeit solcher konventionell-artifizieller Identitätsmodelle.

Die Porträtfotografie: das uniformierte Subjekt

Ein Paradebeispiel hierfür ist das Familienporträt im *Verschollenen*, das meistdiskutierte fotografische Motiv in Kafkas Werk. Das Bild von Karl Roßmanns Eltern, das vom Protagonisten einer genauen Untersuchung unterzogen wird, illustriert die auch über die Verstoßung hinweg andauernde Bindung des Sohnes an die Eltern, erweist jedoch gleichzeitig die tiefgreifende Entfremdung, die dieser Kafkaschen Modellfamilie zugrundeliegt. Der in klischeehaft patriarchalischer Pose abgebildete Vater entzieht sich den imaginären Annäherungsversuchen seines Sohnes, während das gezwungene Lächeln der Mutter einen besseren Anlaufpunkt für Karls identifikatorische Lektüre bietet. Diese fragile Annäherung wird jedoch wiederum durch ein zweites Bild der kompletten Kleinfamilie in Frage gestellt, in dem beide Eltern Karl »scharf« ansehen, »während er nach dem Auftrag des Photographen den Apparat hatte anschauen müssen« (V 134). Im Gegensatz zum Porträt der Eltern, das einen Einblick in das Machtgefälle zwischen Vater und Mutter bietet, vereinigen die Eltern in diesem Familienfoto ihren disziplinären Blick mit dem entseelten Auge der Kamera. Im Roman wie auch in Kafkas Texten insgesamt fungiert das Familienfoto gleichsam als Matrize ödipaler Dynamiken, die im Laufe des Textes reproduziert und variiert werden, deren Grundstruktur jedoch fotografisch invariabel bleibt.

Aber auch außerhalb der Familie erweist sich das Subjekt als fotografisch konditioniert. Dies zeigt ein verbreitetes Motiv in Kafkas Texten: das Soldatenbild. So repräsentiert für Karl Roßmann das Bild eines unbekannten jungen Soldaten das unerreichbare Ideal autonomer Männlichkeit, das er in seiner Anstellung als Liftboy zumindest äußerlich zu imitieren sucht. Die desillusionierende Erfahrung der engen, schweißfeuchten Liftboy-Uniform betont jedoch nicht nur die Kluft zwischen Bild und imitativer Wirklichkeit, sondern stellt auch grundsätzlich die Authentizität der fotografischen (Selbst-)Präsentation in Frage.

In *Die Verwandlung* wird diese Fragestellung aufgegriffen und verstärkt, wenn im ersten Kapitel Gregor Samsas von der Tür gerahmter Insektenkörper einer gerahmten Fotografie aus seiner Militärzeit gegenübersteht, die den Protagonisten als »sorglos lächelnden« Leutnant darstellt (DzL 135). Der Text konstruiert hier eine Dichotomie zwischen Bild und Wirklichkeit, die er gleichzeitig auf mehreren Ebenen in Frage stellt. So verweisen Gregors Erinnerungen an seinen Vertreterberuf auf eine alles andere als sorglose Existenz, und wenn der Vater im zweiten Teil durch seine Bankdiener-Uniform eine Aura der Autorität gewinnt, so beruht auch diese Rolle wiederum auf Dienstbarkeit und Unterwerfung. Die auf den ersten Blick charismatischen Tableaus soldatischer Männlichkeit werden somit bei Kafka implizit dekonstruiert, indem seine Texte die Diskrepanz zwischen fotografischer Oberfläche und den sich dahinter verbergenden Strukturen der Ausbeutung und Unterdrückung ans Licht bringen. Exemplarisch für die Porträtfotografie im Allgemeinen betont das Soldatenbild die äußerliche wie innerliche Uniformierung des Subjekts und seine Konditionierung durch soziale und familiale Machtstrukturen.

<Blumfeld, ein älterer Junggeselle> (1915) projiziert diese Problematik in den politischen Bereich. Hier ist der Soldat nicht mehr Hauptmotiv, sondern lediglich Kulisse. In einer französischen Zeitschrift stößt Blumfeld auf die Fotografie eines Staatsbesuches; der russische Zar und der französische Präsident schütteln sich eingerahmt von salutierenden Matrosen die Hand (NSF I:A, 206). In der Moderne ist politische Autorität nur abbildbar vor der Kontrastfolie einer uniformen Masse.

Die für Kafkas Verhältnisse ungewöhnlich spezifische Beschreibung, die auf historische Personen rekurriert, lässt sich historisch genau verorten: Sie verweist auf den Staatsbesuch des französischen Präsidenten Raymond Poincaré bei Zar Nikolaus II. von Russland im Juli 1914, kurz vor der österreichischen Kriegserklärung an Serbien. Kafkas 1915 entstandener Text enthält somit einen Schnappschuss Europas am Rande des Weltkriegs (Duttlinger 2007, 207–219). Gleichzeitig jedoch unterzieht Kafka seine fotografische Vorlage strategischen Veränderungen. Im <Blumfeld>-Fragment folgen Zar und Präsident jeweils zwei ›Begleiter‹, die die Begegnung der beiden Regierenden einrahmen und in eine trianguläre Doppelstruktur einschreiben, damit aber zugleich die charismatische Individualität der beiden Hauptfiguren subtil in Frage stellen. Diese Struktur vernetzt die politische Begegnung mit dem Rest der Erzählung: Wie die beiden Staatshäupter so sieht sich auch Blumfeld im Lauf des Textes mit verschiedenen Doppelgänger-Paaren konfrontiert, die seine Individualität subtil unterminieren. Die Beschreibung dieses politischen Schnappschusses wurde von Kafka im Manuskript nachträglich gestrichen (NSF I:A, 205–207), vielleicht als Reaktion auf den für seine Verhältnisse ungewöhnlich direkten, unverschlüsselten Bezug auf zeitgenössische Ereignisse. Gleichzeitig jedoch repräsentiert diese Passage Kafkas konkreteste literarische Auseinandersetzung mit der Zeit des Ersten Weltkriegs und erweist sein reges Interesse an der damaligen Tagespolitik.

Die Momentaufnahme: Ambivalenz und Manipulation

Während die Mehrzahl Kafkascher Texte sich an der artifiziellen Pose der Porträtfotografie oder des choreographierten Pressefotos abarbeitet, spielt in den beiden Romanen Der Process und Das Schloss die Momentaufnahme eine prominente Rolle. Mehr noch als die Studioaufnahme exemplifiziert der Schnappschuss die Entstellung der Wirklichkeit durch die technischen Medien, welche der menschlichen Wahrnehmung unzugängliche Aspekte und Perspektiven offenlegen. Der nach einem ›Wirbeltanz‹ aufgenommene Schnappschuss von Josef K.s Geliebter Elsa hält zwar deren Lachen fest, aber »wem ihr Lachen galt, konnte man aus dem Bild nicht erkennen« (P 144).

Die grundsätzliche Ambivalenz fotografischer Repräsentation, die nur einen begrenzten – und der Analyse nur bedingt zugänglichen – Wirklichkeitsausschnitt zeigt, wird in Kafkas späten Texten auf die Spitze getrieben. Im Schloss interpretiert K. eine Fotografie, die ihm die Wirtin des Brückenhofs zeigt, als das Bild eines ruhenden Mannes, muss sich jedoch von der Besitzerin eines Besseren belehren lassen: »›Sehen Sie doch genauer hin‹, sagte die Wirtin ärgerlich, ›liegt er denn wirklich?‹ ›Nein‹, sagte nun K., ›er liegt nicht, er schwebt und nun sehe ich es, es ist gar kein Brett, sondern wahrscheinlich eine Schnur und der junge Mann macht einen Hochsprung‹« (S 125). Indem die Fotografie Bewegung arretiert und das zeitliche Kontinuum in statische Einzelbilder zerlegt, unterminiert sie gleichzeitig elementare Kategorien menschlicher Wahrnehmung wie Bewegung und Stillstand, Wachsein und Schlaf und, letztendlich, Leben und Tod. Tatsächlich ist K.s Verwirrung angesichts der Fotografie symptomatisch für eine grundlegende Wahrnehmungs- und Interpretationskrise im Roman, in deren Zuge sich der Protagonist sowohl von seiner Umgebung wie auch von sich selbst zunehmend entfremdet.

Ein ähnlicher Vorgang wird auch in Ein Hungerkünstler thematisiert, wo Fotografien des erschöpften Protagonisten an seinem 40. Fastentag vom Impresario als Beweis für die natürlichen Grenzen seines Hungervermögens präsentiert werden. Der Hungerkünstler selbst sieht die Sache etwas anders: »Was die Folge der vorzeitigen Beendigung des Hungerns war, stellte man hier als die Ursache dar! Gegen diesen Unverstand, gegen diese Welt des Unverstandes zu kämpfen, war unmöglich« (DzL 342). Des

Hungerkünstlers Kampf gegen die zeitliche Begrenzung seiner Kunst wird somit auf das Terrain der Fotografie verlegt: Wie bereits im *Schloss* steht hier die grundsätzliche Ambivalenz des fotografischen Bildes im Mittelpunkt, das nach einer supplementären – aber potentiell fehlgeleiteten – Interpretation verlangt. Im Fall des Hungerkünstlers kommt erschwerend hinzu, dass das fotografische Subjekt nicht nur durch die Auslegung der Fotografie missverstanden und manipuliert wird, sondern dass darüber hinaus sein Körper – des Hungerkünstlers Kunstwerk und Kapital – durch beliebig reproduzierbare Simulakra ersetzt wird, die den Referenten nicht nur von seinem Publikum, sondern auch von sich selbst distanzieren. Wie Walter Benjamin in seinem *Kafka*-Essay anmerkt: »Im Film erkennt der Mensch den eigenen Gang nicht, im Grammophon nicht die eigene Stimme. Experimente beweisen das. Die Lage der Versuchsperson in diesen Experimenten ist Kafkas Lage« (Benjamin 1991a, 436).

Film und Fotografie: das Modell einer Vereinigung?

Kafkas Auseinandersetzung mit Film und Fotografie basiert somit auf einer anhaltenden Faszination, gleichzeitig jedoch auf einer grundlegenden Kritik der technischen Medien. Obwohl Fotografie und Film die Welt zugänglich und verfügbar machen, sind sie zugleich Teil eines tiefgreifenden mediensoziologischen Wandels, der eine kritische Auseinandersetzung mit der Realität weniger ermöglicht denn verhindert. In dieser Hinsicht hat die zur Schau gestellte Verblendung Kafkascher Figuren durch fotografische Identitäts- und Bedeutungskonstruktionen auch eine implizit subversive Funktion, indem sie einer kritischen Lesart Vorschub leistet.

Obwohl Kafkas Texte Fotografie und Film getrennt thematisieren und mitunter auch kontrastieren, gründet seine Beschäftigung mit den technischen Medien immer auch auf einer ganzheitlicheren Vorstellung der Korrelation und Kooperation. So sinniert er im Tagebucheintrag über das Kaiserpanorama: »Warum gibt es keine Vereinigung von Kinema und Stereoskop in dieser Weise?« (Jan./Febr. 1911; T 937). Wenn auch unklar bleibt, was für eine Form der Vereinigung Kafka hier vorschwebte, so zeigt dieser Kommentar, dass die Grenzen zwischen verschiedenen Bildmedien in Kafkas Schriften keineswegs absolut, sondern vielmehr durchlässig

und verschiebbar sind. Repräsentativ für dieses Verfahren ist Kafkas häufige Verwendung des Terminus ›Bild‹, der in vielen Fällen eine genaue Bestimmung der medialen Form verhindert und der bei aller *medienspezifischen* Reflexion auch auf universale, traditionelle wie technologische Medien zugrundeliegende Charakteristika verweist. Wenn also Fotografie und Film in Kafkas Texten sowohl gegeneinander wie auch gegen vortechnische Bildgattungen abgegrenzt werden, so verbindet sie doch die tiefverwurzelte, oftmals prärationale Faszination des Visuellen, die eng mit dessen Widerstand gegen narrativ analytische Durchdringung gekoppelt ist. Tatsächlich arbeiten sich Kafkas Texte und seine Figuren an genau dieser Ambivalenz von Faszination und Undurchdringlichkeit ab, an Bildern, die Interpretation ebenso herausfordern wie zurückweisen. Bei aller Verschiedenheit verbindet diese paradoxe Anziehung die verschiedenen Spielarten des Visuellen in Kafkas Schriften, wo sie die literarische Auseinandersetzung mit Film und Fotografie sowohl erschwert wie auch motiviert.

Forschung

Die Rolle von Film und Fotografie in Kafkas Werk wurde in der Forschung immer wieder gestreift, jedoch erst in jüngerer Zeit systematisch untersucht. Während mehrere Studien die Rolle von Malerei und Bildhauerei thematisieren (Binder 1972, 1985; Ladendorf), oder Kafkas allgemeine Bezüge zum Visuellen ansprechen (Sudaka-Bénazéraf), hat Kafkas Auseinandersetzung mit den technischen Bildmedien – im Gegensatz zu den entsprechenden *Schrift*medien – erst relativ spät Aufmerksamkeit erregt, wenngleich dieser Aspekt schon früh von Theoretikern wie Adorno und Benjamin hervorgehoben wurde. In der Forschung wurde Kafkas Bezug zum Kino immer wieder angesprochen (Jahn 1962; Augustin), jedoch erst von Hanns Zischler in detaillierter Archivrecherche genauer untersucht (vgl. auch Alt 2009). Ähnlich stellt sich die Lage im Fall der Fotografie dar, die in der Forschung immer wieder am Rande erwähnt, nach einigen kürzeren Beiträgen (Collomb, Neumann) aber erst kürzlich zum Gegenstand einer ausführlichen Untersuchung gemacht wurde (Duttlinger 2007).

Theodor W. Adorno: Aufzeichnungen zu K. In: Ders.: Gesammelte Schriften. Hg. v. Rolf Tiedemann.

Frankfurt/M. 1997. Bd. 10, 254–87. – Ders./Walter Benjamin: Briefwechsel 1928–1940. Hg. v. Henri Lonitz. Frankfurt/M. 1994. – Peter-André Alt: K. und der Film. Über kinematographisches Erzählen. München 2009. – Mark Anderson: K.'s Clothes. Ornament and Aestheticism in the Habsburg »Fin-de-Siècle«. Oxford 1992. – Bettina Augustin: Raban im Kino. K. und die zeitgenössische Kinematographie. In: Schriftenreihe der F.-K.-Gesellschaft 2 (1987), 37–69. – Béla Balázs: Der sichtbare Mensch oder die Kultur des Films. Frankfurt/M. 2001. – Roland Barthes: Die helle Kammer. Bemerkung zur Photographie. Frankfurt/M. 1989. – Walter Benjamin: F.K. Zur zehnten Wiederkehr seines Todestages. In: Ders.: Gesammelte Schriften. Hg. v. Rolf Tiedemann u. Hermann Schweppenhäuser. Frankfurt/M. 1991(a). Bd. 2, 409–438. – Ders.: Kleine Geschichte der Photographie. In: Ders.: Gesammelte Schriften. Hg. v. Rolf Tiedemann u. Hermann Schweppenhäuser. Frankfurt/M. 1991(b). Bd. 2, 368–385. – Hartmut Binder: K. und die Skulpturen In: JDSG 16 (1972), 623–647. – Ders.: Anschauung ersehnten Lebens: K.s Verständnis bildender Künstler und ihrer Werke. In: W. Schmidt-Dengler (1985), 17–41. – E. Boa (1996). – Anne Brabandt: F.K. und der Stummfilm. Eine intermediale Studie. München 2009. – Michel Collomb: K. et la photographie. In: Roger Bozzetto/J. Molino/André M. Rousseau (Hg.): Art et littérature. Aix-en-Provence 1988, 151–158. – Uta Degner: K.s ›écriture automatique‹. Zur intermedialen Dimension seines Erzählens. In: N.A. Chmura (2008), 11–23. – Carolin Duttlinger: »Die Ruhe des Blickes«. Brod, K., Benjamin and the *Kaiserpanorama*. In: Christian Emden/David Midgley (Hg.): Science, Technology and the German Cultural Imagination. Bern 2005, 231–255. – Dies.: K. and Photography. Oxford 2007. – Leena Eilittä: K. and Visuality. In: KP 6 (2006), 222–233. – Wolfgang Jahn: K. und die Anfänge des Kinos. In: JDSG 6 (1962), 353–368. – Ders.: K.s Roman *Der Verschollene* (*Amerika*). Stuttgart 1965. – Oliver Jahraus: K. und der Film. In: KHb (2008), 224–236. – Heinz Ladendorf: K. und die Kunstgeschichte. In: Wallraf-Richartz-Jahrbuch 23 (1961), 293–326; 25 (1963), 227–262. – Michael Neumann: Die »Zunge«, die »Ruhe«, das »Bild« und die »Schrift«. F.K.s Phänomenologie des Photographischen. In: DVjs 76 (2002), 672–695. – Dolf Oehler: Jeux narratifs avec la photographie. L'exemple de K. In: Wolfgang Drost/Géraldi Leroy (Hg.): La lettre et la figure. La littérature et les arts visuels à l'époque moderne. Heidelberg 1989, 131–146 – Gerhard Plumpe: Der tote Blick. Zum Diskurs der Photographie in der Zeit des Realismus. München 1990. – Dietmar Schings: F.K. und der Mann ohne Schatten. »Eiserne Fensterläden« – K. und das Kino. Berlin 2004. – Gesa Schneider: Das Andere schreiben. K.s fotografische Poetik. Würzburg 2008. – Bernd Stiegler: Philologie des Auges: Die photographische Entdeckung der Welt im 19. Jahrhundert. München 2001. – Jacqueline Sudaka-Bénazéraf: F.K. Aspects d'une poétique du regard. Louvin 2000. – Barbara Theisen: Simultaneity of Media. K.'s Literary Screen. In: MLN 121 (2006), 543–550. – Hanns Zischler: K. geht ins Kino. Reinbek 1996.

Carolin Duttlinger

3. Dichtungen und Schriften

3.0 Drei Werkphasen

Die allerersten Anfänge von Kafkas Schreiben – »Kindersachen« wird er sie später nennen (An O. Pollak, 6.9.1903; B00–12 26) – mögen um 1896 liegen (Alt, 130). Der früheste erhaltene Text ist die in einem Brief an den Jugendfreund Oskar Pollak überlieferte Kurzprosa *Geschichte vom schamhaften Langen und vom Unredlichen in seinem Herzen* (20.12.1902; B00–12 17–19) – aus den vorausgehenden Jahren kennen wir nur einen unbedeutenden Zweizeiler (NSF I, 7), der 1896 in ein Poesiealbum eingetragen wurde. Um den 9. März 1908 debütiert Kafka in der Zeitschrift *Hyperion* mit acht Texten, die später in den Sammelband *Betrachtung* aufgenommen werden (DzL:A 15); der älteste Text der Sammlung mag 1904, vielleicht auch schon 1902 entstanden sein, die meisten aber wohl erst ab 1907. Auch die Entstehungsgeschichte der *Beschreibung eines Kampfes* dürfte bis mindestens 1904 zurückreichen. Eine halbwegs kontinuierliche Textüberlieferung setzt erst um 1907 ein und reicht dann bis zu Kafkas letztem Werk *Josefine, die Sängerin oder Das Volk der Mäuse*, das zwischen Mitte März und Anfang April 1924 geschrieben wird. Das ergibt, summa summarum, eine Schreibzeit von rund 28 Jahren, von denen allerhöchstens 22 durch überlieferte Texte belegt sind. Bei einer so knapp bemessenen Werkbiographie lässt sich mit Recht fragen, ob deren Unterteilung in Werkphasen überhaupt sinnvoll und heuristisch ertragreich sein kann.

Die bisherige Kafka-Forschung scheint hier eher skeptisch gewesen zu sein. Zwar besteht allgemeiner Konsens darüber, dass die Niederschrift des *Urteil* in der Nacht vom 22. zum 23. September 1912 eine Grenzlinie zwischen ›frühem‹ und ›reifem‹ Werk markiert. Das hat aber Interpreten nie davon abgehalten, auch frühe Texte mit Hilfe von Parallelstellen aus dem späten Werk zu deuten oder Passagen aus der *Beschreibung eines Kampfes* für die Interpretation des Gesamtwerkes in Anspruch zu nehmen.

Natürlich ist das Interesse an Werkgeschichte mit einer gewissen Notwendigkeit an ein ganz allgemein historisches Erkenntnisinteresse gebunden. Je stärker Interpreten von einem fixen Texterklärungsmodell ausgehen – etwa vom psychoanalytischen, das überall den Ödipuskomplex findet, oder vom dekonstruktivistischen, das immer nur eine selbstreferentielle Thematisierung der Nichtverstehbarkeit der Texte entdeckt –, desto weniger Erkenntnisgewinn werden sie, ganz zu Recht, von einer werkgenetischen Betrachtung erwarten. Wer aber gerade am historisch Differenten und Spezifischen interessiert ist, wird aus werkgeschichtlichen Unterteilungen heuristisch ebenso viel Nutzen ziehen wie aus literaturgeschichtlichen. Die kurze Zeitspanne des Kafkaschen Werkes überschneidet sich immerhin mit nicht weniger als drei Subepochen der Moderne – der Jahrhundertwende, dem Expressionismus und der Weimarer Republik. Aber selbst wenn man den Autor – wie Kafka-Interpreten es gerne zu tun pflegen – als literarhistorisch unzurechenbaren Solitär behandelt, lassen sich werkbiographische Veränderungen in Thematik wie Form der Texte kaum übersehen. Sich auf diese Prozesse mehr einzulassen als bisher, könnte der Kafka-Forschung neue Perspektiven auf das Werk eröffnen und neue Grundlagen für formale wie thematische Ausdifferenzierungen, aber auch für Interpretationsentscheidungen im Einzelfall liefern. Schnell würde dabei auch deutlich werden, wie sehr unser Kafka-Bild noch immer von den Texten aus dem mittleren Werk geprägt ist – von *Urteil, Verwandlung, Process* und vielleicht allenfalls noch der *Strafkolonie* – und wie sehr diese Perspektivierung den Blick auf das frühere wie spätere Werk verzerrt.

Jedenfalls sind die Voraussetzungen für werkbiographische Betrachtungen heute so günstig wie nie zuvor. Jahrzehntelang war die Forschung auf die hochverdienstvolle *Datierung sämtlicher Texte Franz Kafkas* angewiesen, die Malcolm Pasley und Klaus Wagenbach 1965 vorgelegt hatten (Pasley/Wagenbach 1969 [1965]). Heute bietet uns die *Kritische Ausgabe* (KA) mit dem Gesamtwerk in einer handschriftennahen Fassung nicht nur ein wesentlich größeres Textkorpus (↗519 f.); dank des detektivischen Scharfsinns der Herausgeber finden sich in den Apparatbänden auch zahlreiche Vorschläge zu Neu- und Umdatierungen im Detail, die noch kaum je konsequent genutzt wurden.

Um zu einem werkgeschichtlichen Blick auf Kafka anzuregen, ist der Werk-Teil dieses Handbuches nicht nur (soweit möglich) chronologisch geordnet, sondern auch in drei Werkphasen untergliedert; drei Artikel zu den »Kleinen nachgelassenen Schriften und Fragmenten« (↗3.1.7; 3.2.10; 3.3.7) versuchen zudem, wenigstens erste Überblicksdarstellungen für die schwer überschaubaren Werkteile anzubieten, die sich in den beiden KA-Bänden mit dem Verlegenheitstitel *Nachgelassene Schriften und Fragmente* (NSF I/II) bzw. in den Tagebuch-Heften finden.

Dabei sei allerdings gleich vorweg eingeräumt, dass die Grobeinteilung in ausgerechnet *drei* Werkphasen sich letztlich eher der traditionsmächtigen Magie der Zahl ›Drei‹ verdankt, als einer sachlich-zwingenden Notwendigkeit. Wie bei den meisten stark inspirationsorientiert arbeitenden Autoren zeigt sich auch in Kafkas Werk ein zyklischer Wechsel zwischen Zeiten intensiver Produktivität und solchen, in denen wenig oder überhaupt nicht geschrieben wird. Diese von Pausen unterbrochenen Schreibphasen (wie sie sich für das mittlere und späte Werk klar nachweisen lassen) sind das Grundgerüst, an dem sich jede werkgeschichtliche Betrachtungsweise orientieren muss. Deren Gruppierung zu drei Werkphasen bleibt dagegen eine heuristisch-hermeneutische Konstruktion, die zwar nicht einfach willkürlich erfolgt ist, aber natürlich auch anders vorgenommen werden könnte.

Als Grenzpunkte zwischen den drei Werkphasen werden im vorliegenden Handbuch angesetzt: (1) die Entstehung des *Urteil* am 22./23. September 1912 – was sicher konsensfähig sein dürfte – und (2) Ausbruch und Diagnose der Lungenkrankheit im August 1917 bzw. der am 12. September 1917 beginnende, fast acht Monate dauernde Erholungsaufenthalt im nordböhmischen Zürau, den Kafka zu einer weltanschaulich weit ausgreifenden Grundsatzreflexion nutzt.

Das frühe Werk (bis September 1912)

Überblick

Über Kafkas frühes Werk wissen wir nur so viel – oder besser gesagt: so wenig –, wie die erhaltenen Schriften aussagen. Den überwältigenden Teil der in dieser Zeit entstandenen Texte (einschließlich der

Korrespondenz) hat Kafka selbst vernichtet – sicher in einer ganzen Serie von Autodafés; noch am 11. März 1912 notiert er im Tagebuch »Heute viele alte widerliche Papiere verbrannt« (T 400).

Von den Werken und Werkplänen vor 1904 ist daher nur wenig bekannt (vgl. Alt, 130–138). Rückblickend berichtet Kafka von einem frühen Romanprojekt, das vermutlich in die Jahre 1898/99 zu datieren ist:

> Einmal hatte ich einen Roman vor, in dem zwei Brüder gegeneinander kämpften, von denen einer nach Amerika fuhr, während der andere in einem europäischen Gefängnis blieb (19.1.1911; T 146).

Um 1903 arbeitet er an einer Prosasammlung *Das Kind und die Stadt*, was natürlich, von Titel wie Genre her, an ein Vorläuferprojekt zum späteren Band *Betrachtung* denken lässt (An O. Pollak, 8.11.1903; B00–12 29). In dieser Zeit hat er dem Jugendfreund Oskar Pollak auch »ein Bündel« mit »allem [...], was ich bis jetzt geschrieben habe«, bis auf die »Kindersachen« (6.9.1903; B00–12 26), geschickt und wenig später folgendermaßen kommentiert:

> Unter den paar tausend Zeilen, die ich dir gebe, könnte ich vielleicht noch zehn duldsam anhören [...]. Der größte Teil ist mir widerlich [...] (z. B. »Der Morgen« und anderes), es ist mir unmöglich, das ganz zu lesen [...]. Du mußt aber daran denken, daß ich in einer Zeit anfing, in der man »Werke schuf«, wenn man Schwulst schrieb; es gibt keine schlimmere Zeit zum Anfang. Und ich war so vertollt in die großen Worte. Unter den Papieren ist ein Blatt, auf dem ungewöhnliche und besonders feierliche Namen aus dem Kalender ausgesucht stehn. Ich brauchte nämlich zwei Namen für einen Roman und wählte endlich die unterstrichenen: Johannes und Beate (Renate war mir schon weggeschnappt) wegen ihres dicken Gloriensscheins [auch von diesem Romanprojekt fehlt jede Spur]. Das ist doch fast lustig (An O. Pollak, vermutl. nach 6.9.1903; B 00–12 27; nur in einem Briefexerpt von Max Brod überliefert).

Von dem hier kritisierten ›hohen Ton‹ in Kafkas Schreibanfängen zeugen heute nur noch die frühen Briefe (vgl. etwa B00–12 32–42), mit bereits deutlicher Distanzierung auch die *Beschreibung eines Kampfes*.

Dass es zwischen 1903 und 1911 noch weitere Textverluste gegeben haben muss, belegt schließlich die verschollene Erzählung *Himmel in engen Gassen*, die Kafka im Winter 1906 (erfolglos) für ein Preisausschreiben der Wiener Zeitung *Die Zeit* eingereicht haben soll (Unseld, 125).

Das *erhaltene* frühe Werk besteht im Wesentlichen aus zwei Projekten, die über längere Zeit verfolgt wurden – der *Beschreibung eines Kampfes* (die Arbeitszeit reicht von mindestens 1904 bis zum Okt./Nov. 1910) und den *Hochzeitsvorbereitungen auf dem Lande* (Frühjahr 1907 bis Sommer 1909) –, sowie dem erst im November 1912 erschienenen Sammelband *Betrachtung*, den Kafka durch eine Auswahl aus seiner bisher verfassten Kurzprosa zusammengestellt hatte. Die frühesten Stücke dürften, wie bereits erwähnt, bis 1902/4 zurückreichen, die beiden jüngsten (*Der plötzliche Spaziergang* und *Entschlüsse*) entstehen erst Januar/Februar 1912. Schon in die erste Fassung der *Beschreibung eines Kampfes* mögen unabhängig von ihr entstandene Prosastücke eingegangen sein – so wie Kafka umgekehrt später wieder Textelemente aus beiden Fassungen herausgelöst und in *Betrachtung* übernommen hat. Schwierigkeiten mit Großprojekten und eine Neigung zu kleinen Formen haben Kafkas Schreiben also von Anfang an begleitet.

Ein wesentlicher Impuls für den Neuansatz des mittleren Werkes geht sicher vom Tagebuchschreiben aus, das Kafka erst von August/September 1911 an mit einiger Regelmäßigkeit betreibt (etwa ab T 37 bzw. 120); die vorangehenden, wohl gegen Ende Mai 1909 einsetzenden Einträge erfolgen nur sporadisch, sind häufig noch nicht datiert und tragen zunächst eher den Charakter von Werknotizen. Selbstreflexion wie Tagebuch erhalten ihrerseits wiederum wichtige Impulse durch das Gastspiel einer Lemberger Theatergruppe in Prag vom 24. September 1911 bis zum 21. Januar 1912 (↗12–14): Kafka besucht die Vorstellungen regelmäßig, freundet sich mit dem Prinzipal und einigen Schauspielern an – und berichtet im Tagebuch darüber ebenso ausführlich wie über das durch den Kontakt mit dem jiddischen Theater in ihm neu erwachte Interesse an jüdischer Kultur und an seiner eigenen jüdischen Identität. Wie in der Forschung vor allem von Glinski (2004) und Rother (2008) gezeigt haben, wird das Tagebuch in der Spätphase des frühen Werkes zum wichtigen ›literarischen Laboratorium‹. Seine eminente Bedeutung ist schon durch die bloße Quantität der Eintragungen belegt: Von den rund 1060 Druckseiten, die die Tagebuchhefte in der KA einnehmen, entfällt ziemlich genau die Hälfte (einschließlich fast aller Reisetagebücher) auf das frühe Werk.

In den als Tagebuch verwendeten ›Quartheften‹ – die bei Kafka von Anfang an auch Werkstattcharakter haben – findet sich ebenfalls der Hauptteil der (erhaltenen) kleineren Fragmente des frühen Werkes. Und hier stößt man auch auf die Texte, die am

deutlichsten den Neuansatz des mittleren Werkes präludieren: die noch unsicher zwischen autobiographischer Reminiszenz und phantastischer Fiktionalisierung schwankende Fragmentenreihe *Der kleine Ruinenbewohner* (ca. Sommer 1910; T 17–28; ↗145–148), das zu Recht als Vorstufe zum *Urteil* geltende Bruchstück *Die städtische Welt* (21.2.-26.3.1911; T 151–158; ↗152 f.) und eine erste Reihe von Texten und Fragmenten zum ›Junggesellen‹ (Ende 1909, T 113–116 u. 118 f.; Anf. Nov. 1910, T 125 f.; 14.11.1911, T 249 f.; Anf. Dez. 1911, T 279 f.; ↗148–151), zu denen auch das später in *Betrachtung* aufgenommene *Unglück des Junggesellen* gehört (14.11.1911; T 249 f.).

Das wichtigste Fragment aus der Spätphase des frühen Werks ist leider verlorengegangen: die erste, bereits recht umfangreiche Fassung des *Verschollenen*, die zwischen Dezember 1911 und Juli 1912 geschrieben wurde. Dies ist umso bedauerlicher, als ein Vergleich mit der zweiten Fassung eine wesentlich präzisere Bestimmung von Kafkas literarischer Entwicklung in der ›Durchbruchs‹-Phase ermöglichen würde.

Angemerkt sei noch, dass sich im frühen Werk auch Gattungen finden, die später keine oder nur noch eine marginale Rolle spielen werden: eine kleine Zahl von Rezensionen – meist vermittelt von Max Brod, der seinen Freund so in die literarische ›Szene‹ einführen wollte –, ›literaturtheoretische‹ Schriften im weiteren Sinne wie die Aufzeichnungen <*Über kleine Litteraturen*> (Anf. Dez. 1911) und der *Einleitungsvortrag über Jargon* (17.2.1912) – sowie eine ganze Reihe von Gedichten.

Am 23. August 1912 begegnet Kafka zum ersten Mal Felice Bauer (↗15 f.), und zwar – in fast schon schicksalhafter Koinzidenz von Autoren- und Werkbiographie – an eben dem Abend, an dem er mit Max Brod die letzten Entscheidungen zur Zusammenstellung der Texte für *Betrachtung* treffen will. Die krisenhafte Beziehung zu Felice wird zum wichtigsten lebensgeschichtlichen Faktor des mittleren Werkes werden.

Charakteristika

Im Werk eines jungen Autors manifestieren sich Zeiteinflüsse meist deutlicher als in den reifen Schriften. Das ist bei Kafka nicht anders – und wäre sicher noch auffälliger, wenn auch die Schreibanfänge erhalten wären. Schon das große Gewicht der Kurzprosa entspricht eben nicht nur Kafkas ganz eigener Schreibpraxis, sondern auch der ungewöhnlichen Hochschätzung dieses Genres in der Jahrhundertwende.

Bei der brüchigen Überlieferungslage wäre es problematisch, für das frühe Werk Entwicklungstendenzen beschreiben zu wollen. Die ungewöhnlich stark ins Weltanschaulich-Philosophische ausgreifende Fassung A der *Beschreibung eines Kampfes* bietet jedoch die Möglichkeit, sowohl die Grundthematik wie auch den Zeitbezug von Kafkas literarischen Anfängen besser zu begreifen.

Zentral ist hier weniger die in der Epoche vielbeschworene ›Sprachkrise‹ oder die der Zeit zugeschriebene Neigung zur ›Ich-Dissoziation‹, auf die sich die Forschung gerne konzentriert hat, sondern eher ein Lebensgefühl, das Kafka im Text als »Seekrankheit auf festem Lande« bezeichnet (NSF I, 89) – Sprachkrise und Ich-Dissoziation sind nur deren Epiphänomene. Was mit dieser ›Seekrankheit‹ gemeint ist, erklärt sich am besten aus der Gegenposition. Veranschaulicht wird sie in der *Beschreibung* mit Hilfe einer Anekdote, die in einer der vielfach verschachtelten Binnenerzählungen des Textes der ›Beter‹ dem ›Dicken‹ mitteilt (bezeichnenderweise handelt es sich dabei um ein Erlebnis von Kafka selbst, das dieser etwa zeitgleich auch Max Brod berichtet):

> als ich als Kind einmal nach einem kurzen Nachmittagsschlaf die Augen öffnete hörte ich noch ganz im Schlaf befangen meine Mutter in natürlichem Ton vom Balkon hinunterfragen: »Was machen Sie meine Liebe. Es ist so heiß.« Eine Frau antwortete aus dem Garten: »Ich jause im Grünen.« Sie sagten es ohne Nachdenken und nicht allzu deutlich, als müßte es jeder erwartet haben (91 f.).

Im Brief an Max Brod schloss die Passage, noch expliziter, mit dem Fazit »Da staunte ich über die Festigkeit mit der die Menschen das Leben zu tragen wissen« (28.8.1904; B00–12 40). Eine solche reflexionslos-naive Selbst- und Weltgewissheit ist den an »Seekrankheit auf festem Lande« laborierenden Figuren des Textes ebenso abhanden gekommen wie ihrem Autor. Sie beruht auf dem naiven Vertrauen in die lebensermöglichenden Alltagskonventionen für Wahrnehmen, Denken und Handeln, dem »Einverständnis«, dank dessen wir »auf unserer Erde eingerichtet« sind (NSF I, 109) – Rilke nannte dies in der *Ersten Duineser Elegie* die »gedeutete Welt«.

So leicht wie sich in den Binnenfiguren des Textes zeitgenössische Positionen erkennen lassen – im Dicken etwa der ›Ästhetizist‹, im ›Beter‹ ein Vertreter der (prä-expressionistischen) grotesken Phantastik

(für Details vgl. Engel 2010) –, so leicht lassen sich auch für das Syndrom ontologischer Bodenlosigkeit zeitgenössische Parallelen finden: Thematisiert wird hier ein Grundgefühl, das – in Jahrhundertwende wie Frühexpressionismus – gleich zwei Autorengenerationen geprägt hat. Schopenhauer und Nietzsche können als seine Cheftheoretiker gelten; niedergeschlagen hat es sich in zahllosen Texten der Zeit, wie etwa (um nur ganz wenige Beispiele zu nennen) in Hofmannsthals Erzähl- und Reflexionstexten *Reitergeschichte* (1899), *Ein Brief* (1902), und *Die Briefe des Zurückgekehrten* (1907), in Musils *Die Verwirrungen des Zöglings Törleß* (1906), Rilkes *Die Aufzeichnungen des Malte Laurids Brigge* (1910) oder Benns Novellenzyklus *Gehirne* (1914–16).

Thematisch hat sich dieses krisenhafte Lebensgefühl in Kafkas Frühwerk vor allem in dem Symptomkomplex niedergeschlagen, den alle Protagonisten teilen: Vitalitäts- und Willensschwäche, Entschlusslosigkeit, Selbstzweifel, Minderwertigkeitsgefühl, Lebensangst und Lebensekel, Einsamkeit aus Beziehungsunfähigkeit bei zugleich tiefer Sehnsucht nach Kontakten und Beziehungen (die jedoch, wenn sie denn überhaupt gelingen, sofort zu Macht- und Selbstbehauptungskämpfen entarten) – ein Symptomenkatalog, den man in der Zeit gern unter dem Oberbegriff der ›Décadence‹ zusammenfasst.

Das formale Pendant zu diesem Lebensgefühl ist ein verunsicherter Realismus: Dem unmittelbaren Erleben zugänglich ist allein die ›Innenwelt‹, deren Erfahrungen allerdings nicht in konventioneller Begriffsprache ausgedrückt werden können; die ›Außenwelt‹ ist, mindestens auf der uns vertrauten Oberfläche der Alltagswahrnehmung, mit diesem Inneren unvermittelbar, kann es daher auch nicht symbolisch repräsentieren. Die drei größeren Werkprojekte in Kafkas Frühwerk lassen sich vor diesem (grob skizzierten) Hintergrund als drei ganz unterschiedliche Versuche begreifen, das Grundproblem eines Erzählens von der ›inneren Welt‹ zu lösen:

(1) *Verabsolutierte Innenwelt*: In der *Beschreibung eines Kampfes* wird die ›innere Welt‹ im Mittelteil als eigener Erzählraum abgespalten und in freier Phantastik behandelt; außerdem teilt sich hier das Ich in mehrere Personen auf, um seine Innenwelt in ihren widersprüchlichen Positionen erzählbar zu machen. Der Text demonstriert freilich auch die Problematik dieser Freisetzung von der Außenwelt: Alle Figuren, die sich vom ›Realitätsprinzip‹ dispensieren wollen, scheitern hoffnungslos.

(2) *Doppelte Buchführung I*: In den *Hochzeitsvorbereitungen* gibt es ein eigentümliches Nebeneinander von ›objektiver‹ Außenweltbeschreibung und ›subjektivem‹ Inneren. Der in der (im Frühwerk seltenen) Er-Form erzählte Text zerfällt geradezu in Beschreibungsprosa von einer in Kafkas Gesamtwerk nie wiederkehrenden Intensität und in Innenwelt-Wiedergabe, die zumeist im ›inneren Monolog‹ präsentiert wird (wodurch sich der Text passagenweise der das Frühwerk prägenden Ich-Form angleicht).

(3) *Doppelte Buchführung II*: In den Texten des Sammelbandes *Betrachtung* gibt es ein ähnliches, aber ganz anders gestaltetes Nebeneinander, das schon die Doppelbedeutung des Titels (›Wahrnehmung‹/›Reflexion‹) signalisiert: Es finden sich Reflexionstexte mit minimaler Narration und starker bildlicher Verdichtung (z. B. *Entschlüsse, Wunsch, Indianer zu werden*) und Außenwahrnehmungstexte, die allerdings – anders als in den *Hochzeitsvorbereitungen* – ›symbolistisch‹ auf den ›Seelenzustand‹ (›état d'âme‹) des Beobachters bezogen bleiben (z. B. *Zerstreutes Hinausschaun, Der Fahrgast*). Daneben gibt es einige wenige ausgeprägt narrative Texte, die, mehr oder minder deutlich, die ›phantastischen‹ Schreibverfahren der *Beschreibung eines Kampfes* fortführen (z. B. *Kinder auf der Landstraße, Unglücklichsein*).

Schon an dieser Kurzcharakteristik dürfte auffallen, dass im (erhaltenen) Frühwerk – trotz sehr ähnlicher ›Protagonisten‹-Figuren – ganz verschiedene Schreibweisen verwendet werden. Kafka experimentiert also, wie das in den Anfängen eines Œuvres ja oft geschieht, mit unterschiedlichen formalen Lösungen, probiert Verfahren aus.

Wie immer, wenn man von der späteren Werkentwicklung auf die Anfänge eines Autors zurückblickt, lassen sich auch in Kafkas Frühwerk retrospektiv die literarischen Themen und Verfahren erkennen, die das meiste Entwicklungspotential hatten. Es sind dies vor allem: (1) das Grundthema der ›Desorientierung‹ durch ein Herausfallen aus bisher fraglos akzeptierten Alltagskonventionen; (2) der zwanghafte Selbstbehauptungskampf der verunsicherten Protagonisten (vor allem in *Beschreibung eines Kampfes*); (3) die ›objektive‹ Phantastik, die nicht mehr, wie die ›subjektive‹, an die phantastische Erlebensperspektive eines Ich gebunden ist (vor allem im letzten Text von *Betrachtung* und in *Beschreibung eines Kampfes*); (4) die Aufspaltung des Ich in selbständige Figuren (besonders in *Beschreibung eines Kampfes*); (5) diverse Ansätze zum Bruch mit realis-

tischen Erzählkonventionen (am stärksten in *Beschreibung eines Kampfes*, am schwächsten in den *Hochzeitsvorbereitungen*); (6) personales Erzählen, hier noch in der Ich-Form (das vor allem in *Beschreibung eines Kampfes* bereits die für das spätere Werk charakteristischen Distanzierungssignale aufweist); (7) erste Ansätze zu ›parabolischem‹ Erzählen in der bildlich verdichteten Reflexionsprosa der *Betrachtung*. Aus der Sicht des reifen Werkes sind all dies Bausteine, die man in den späteren Schreibgebäuden leicht wiedererkennen kann.

Das mittlere Werk (September 1912 bis September 1917)

Überblick

Die Grenzen des mittleren Werkes sind durch die Niederschrift des *Urteil* und durch den Ausbruch der Lungenkrankheit markiert. Aus dieser Epoche stammen, bis auf den *Hungerkünstler*-Band, alle wichtigen Publikationen zu Lebzeiten (auch wenn diese teilweise erst nach 1917 erschienen sind), so dass schon damals (aber auch noch in der späteren Breitenrezeption und weitgehend bis zum heutigen Tag) das Kafka-Bild vor allem durch das mittlere Werk geprägt scheint.

Biographisch ist die Werkphase vor allem bestimmt durch die Beziehung zu Felice Bauer, die für Kafka schon bald zu einem zermürbenden Dauerkonflikt zwischen ›Kunst‹ und ›Leben‹ gerät. Am 12. Juli 1914 wird die Verlobung während des ›Gerichtshofes‹ im Berliner Hotel ›Askanischer Hof‹ (↗18) zum ersten Mal gelöst, aber schon Ende Oktober/Anfang November setzt der Briefwechsel wieder ein; am 23./24. Januar trifft man sich im Grenzort Bodenbach und es beginnt die zweite Phase der Beziehung, die nur deswegen als weniger krisenhaft erscheint, weil die Hoffnungen und Erwartungen geringer geworden sind.

Den zeitgeschichtlichen Kontext für die zweite Hälfte des mittleren Werkes bildet natürlich der Erste Weltkrieg, der Kafka sicher mehr beschäftigt hat, als die lakonische (vielzitierte) Tagebucheintragung vom 2. August 1914 glauben macht: »Deutschland hat Rußland den Krieg erklärt. – Nachmittag Schwimmschule« (T 543). Die aktuellen Biographien von Alt (2005) und Stach (2002 u. bes. 2008) liefern wichtige und zum Teil neue Materialien zu den Einflüssen des Krieges auf Kafkas Leben und Denken.

Verglichen mit den langen Schreibpausen im späten Werk ist die Produktion des mittleren etwas kontinuierlicher. Es lässt sich aber auch hier schon deutlich zwischen Zeiten unterscheiden, in denen geschlossene Werke gelingen oder Großprojekte zügig vorankommen, und solchen, in denen nur stockend und kleinteilig oder gar nicht geschrieben werden kann. Im mittleren Werk gibt es drei Phasen intensiver Produktivität, die jeweils zugleich werkbiographische Entwicklungsstufen markieren.

(1) Die sogenannte ›Durchbruchs‹-Phase (22.9. 1912 bis Anf. März 1913): Fast unmittelbar nach der Niederschrift des *Urteil* beginnt Kafka mit dem *Heizer*-Kapitel eine Neufassung des *Verschollenen*, an der er zunächst bis zum 24. Januar 1913 schreibt. In einer Arbeitspause entsteht die *Verwandlung* (17.11.-6.12.1912). Mit dem <*Ernst Liman*>-Fragment (28.2.-3.3.1913; T 493–499) gerät die Produktion jedoch ins Stocken; auch das Tagebuch wird für zwei Monate unterbrochen. Bis zur ersten Augusthälfte 1914 entstehen nurmehr kurze bis sehr kurze Fragmente; am weitesten entfaltet ist noch die *Verlockung im Dorf* (Ende Juni 1914; T 643–656).

(2) »*Process*«-*Umfeld* (Ende Juli 1914 bis Anfang April 1915): War der erste Produktionsschub an die Euphorie der ersten Liebesmonate gebunden, so speist sich der zweite aus der traumatisch verlaufenen Trennung in Berlin. Hauptprojekt ist nun der *Process* (11.8.1914–20.1.1915). In einer für Kafka neuen Produktionsweise wird der Roman – innerhalb des durch Anfangs- und Schlusskapitel gesetzten Rahmens – diskontinuierlich geschrieben, wobei Kafka mitunter auch an mehreren Kapiteln gleichzeitig arbeitet. Mehr noch: Die Arbeit am Roman wird von der an gleich mehreren parallel verfolgten Projekten begleitet. So entstehen u.a. die *Erinnerungen an die Kaldabahn* (15.8. u. Anf. Nov. 1914; T 549–553 u. 684–694), der Schlussteil des *Verschollenen*-Fragmentes um das ›Teater von Oklahama‹ (Aug./Okt.; V 370–419), *In der Strafkolonie* (5.-18.10.), *Der Dorfschullehrer* (<*Der Riesenmaulwurf*>; 18.12.1914–6.1.1915; NSF I, 194–216), *Der Unterstaatsanwalt* (Ende Dez. bis 6.1.; NSF I, 217–224) und wohl auch noch das <*Elberfeld*>-Fragment (vor 20.1.; NSF I, 225–228). Mit dem Abbruch des *Process* am 20. Januar 1915 (der fast genau mit der ersten Wiederbegegnung mit Felice nach der Trennung zusammenfällt) versiegt auch die übrige Produktion allmählich. Nach dem Fragment <*Blumfeld, ein älterer Junggeselle*> (8.2. bis

Apr. 1915; NSF I, 229–266) setzt das literarische Schreiben fast völlig aus – die wenigen Ausnahmen sind <*Monderry*> (27.5.1915; T 746–748) und einige zwischen 19. April und 30. Oktober 1916 entstandene Fragmente (T 777, 780–784, 790, 793–801, 810). Dann brechen literarische Produktion und Tagebuch gleichzeitig ab.

(3) *Im Alchimistengässchen* (›*Landarzt*-Phase‹; Ende November 1916 bis Mitte Mai 1917): Die letzte Schreibphase des mittleren Werkes ist sowohl an einen neuen Schreib-Ort gebunden – das Häuschen in der Alchimistengasse, das Ottla angemietet und dem Bruder von etwa 24. November 1916 bis Mitte Mai 1917 zur Verfügung gestellt hatte – wie auch an ein neues Schreib-Medium: die kleinformatigeren, daher auch leichter transportablen ›Oktavhefte‹ (von denen mindestens eines verlorengegangen sein muss; DzL:A 320). In dieser überaus produktiven Zeit entstehen u.a.: <*Der Gruftwächter*> (Ende Nov. 1916 bis Anf. 1917; NSF I, 267–303), die meisten der später in den *Landarzt*-Band aufgenommenen Texte (bis auf *Vor dem Gesetz* und *Ein Traum*, die sicher älter sind), <*Die Brücke*> (Dez. 1916 u. Jan. 1917; NSF I, 304 f.), die <*Jäger-Gracchus*>-Fragmente (Mitte Jan. bis Anf. Apr. 1917; NSF I, 305–313, 378–384 u. T 810 f.), *Der Kübelreiter* (Monatswechsel Jan./Febr. 1917; NSF I, 313–316 u. DzL 444–447), *Beim Bau der chinesischen Mauer* (März 1917; NSF I, 337–357) – woraus *Eine Kaiserliche Botschaft* und *Ein altes Blatt* verselbständigt werden –, <*Der Schlag ans Hoftor*> (März 1917; NSF I, 361–363), *Der Quälgeist* (März 1917; 367 f.), <*Der Nachbar*> (März/April 1917; 370–372) und *Eine Kreuzung* (März/April 1917; 372–374). Mit dem Verlassen der Alchimistengasse bricht die Produktion fast komplett ab; von Juni bis August 1917 entstehen wieder nur wenige und meist sehr kurze Fragmente.

Das Tagebuch wird bis zum Ende des ›Zehnten Heftes‹ am 27. Mai 1915 relativ kontinuierlich geführt, tritt allerdings in Zeiten intensiver literarischer Produktion stark in den Hintergrund. Das ›Elfte Heft‹, das erst wieder am 13. September 1915 einsetzt, weist dagegen zwei große Unterbrechungen auf (26.12.1915–18.4.1916 u. 7.4.1917–28.7. 1917) und wird auch ansonsten nur sporadisch geführt. Die Tagebuchhefte des mittleren Werkes enthalten auch einen großen Teil der literarischen Produktion der Zeit, haben also starken Werkstattcharakter. Erst mit den Oktavheften wird die literarische Produktion stärker vom diaristischen Schreiben abgetrennt.

Charakteristika

Entscheidend für die Beschreibung des mittleren Werkes ist natürlich die Frage nach den Innovationen, die das *Urteil* zu einem veritablen Neuansatz werden ließen. Hier ist zunächst der zentrale Vater-Sohn-Konflikt zu nennen, der natürlich, zum einen, die Frucht der intensiven Selbsterforschung im Tagebuch ist; Kafka verlässt damit die sozusagen aus zweiter Hand übernommenen Krisenbegründungen und -modellierungen des frühen Werkes und geht nun von der Deutung eigener (individualbiographischer wie ›westjüdischer‹) Erfahrungen aus. Ebenso wichtig ist aber, zum anderen, dass dieser Konflikt in modellhafter Allgemeinheit dargestellt wird und über nicht offen ›zugestandene‹ »Abstraktionen« (An F. Bauer, 10.6.1913; B13–14 205) an trans-individuelle Problemfelder wie ›Macht‹, ›Familie‹, ›Gesellschaft‹ anschließbar ist. Gerade diese Qualitäten – die Verbindung von biographischer Authentizität, archetypischer Allgemeinheit und zeitkritischem wie anthropologischem Bedeutungspotential – machen den Vater-Sohn-Konflikt ja in dieser Zeit zum neuen Selbsterklärungs-Passepartout der jungen expressionistischen (und häufig auch jüdischen) Autorengeneration. Formal entscheidend für das Gelingen des *Urteil* ist (1) der sparsam dosierte und geschickt funktionalisierte Einsatz der Phantastik – der Leser wird sozusagen von seiner realistischen Erwartungshaltung abgeholt und parallel zum Helden desorientiert. Ebenso wohlfunktionalisiert ist (2) der Gebrauch des personalen Erzählverhaltens, das nun erstmals in der Er-Form (mit geschicktem, in der wenig später entstandenen *Verwandlung* perfektioniertem Einsatz der ›erlebten Rede‹) verwendet wird. Die so entstehende Dialektik von formal erzwungener Identifikation des Lesers mit dem Helden bei gleichzeitigen Distanzierungssignalen gegenüber dessen beschränkter Welt- und Selbstwahrnehmung ist der wohl wichtigste Positionsgewinn für das reife Werk. Schließlich ist auch das neue, inspirationsorientierte Schreibverfahren als Kafkas persönliche Variante ›automatischen Schreibens‹ (↗ 4.2 u. 347–350) zu nennen, das sich im *Urteil* geradezu idealtypisch bewährt: Die Geschichte wird in einer einzigen Nacht in einem Zug ›durchgeschrieben‹ und rundet sich, trotz der Planlosigkeit der Niederschrift, zu einem in sich geschlossenen und zugleich formal kühn innovativem Text.

Die drei Phasen des mittleren Werkes weisen eine durchgängige Entwicklungstendenz auf (die dann in der ersten Phase des späten Werkes zu ihrem formallogischen End- und Extrempunkt geführt werden wird). In nuce lässt sich diese Entwicklung schon an der Reihe nicht realisierter Werktitel für Sammelband-Projekte ablesen: (1) *Die Söhne* – (2) *Strafen* – (3) *Verantwortung*. (1) war gedacht für eine Sammelpublikation von *Das Urteil*, *Der Heizer* und *Die Verwandlung* (An K. Wolff, 11.4.1913, B13–14 166); (2) für eine Sammlung von *Das Urteil*, *Die Verwandlung*, *In der Strafkolonie* (in genau dieser Reihenfolge; An G.H. Meyer 15.10.1915, B14–17 142); (3) als ursprünglicher Titel-Einfall für den *Landarzt*-Band (An M. Buber, 22.4.1917; B14–17 297). Der erste Titel steht kürzelhaft für die Verallgemeinerung des Familienmodells zum Sozialmodell, das die Entwicklungslinie vom *Urteil* über die *Verwandlung* zum *Verschollenen* markiert. Der zweite demonstriert den Übergang vom Familienmodell (und den es fundierenden Größen ›Vater-Sohn-Konflikt‹ und ›Macht-Thematik‹) zu einer allgemeineren Ebene, in der sich Rechtfertigungs-Thematik und ›westjüdische‹ Zeitkritik miteinander verbinden. Dafür stehen vor allem *Der Process* – mit seinem ›vaterlosen‹ Helden – und *In der Strafkolonie*. Der dritte Titel vollendet diese Entwicklung, indem sich, nicht zuletzt unter dem Einfluss des Weltkrieges, Zeitkritik und ›Gemeinschafts‹-Verantwortung miteinander verbinden.

Der so skizzierten thematischen Verschiebung entsprechen formale Veränderungen, die Kafka vor allem in einem Tagebucheintrag vom 9. Februar 1915 reflektiert hat:

> Wenn sich die beiden Elemente – am ausgepägtesten im »Heizer« und »Strafkolonie« – nicht vereinigen, bin ich am Ende. Ist aber für diese Vereinigung Aussicht vorhanden? (T 726).

Diese »beiden Elemente« sind, wie die Textbeispiele verdeutlichen, eine noch rudimentär realistische (*Heizer*) und eine parabolisch geprägte Schreibweise (*Strafkolonie*). Zu ihrer ›Vereinigung‹ kommt es beispielsweise im Zwei-Ebenen-Modell des *Process*, wo die wiedererkennbar ›realistische‹ Welt von K.s Alltags- und Geschäftsleben verschränkt wird mit der ›gleichnishaften‹ Ebene des Gerichts-Bereiches. In den parallel zum *Process* geschriebenen Schlusskapiteln des *Verschollenen*-Fragments hat Kafka offensichtlich versucht, seinem ersten Romanversuch mit dem ›Teater von Oklahama‹ eine ähnlich strukturierte ›zweite Ebene‹ einzuziehen (weiß man dies, wird das natürlich Konsequenzen für eine Interpretation dieser umstrittenen Textpassagen haben – ein gutes Beispiel für den heuristischen Ertrag einer werkgeschichtlichen Betrachtungsweise).

Allerdings lief Kafkas weitere Werkentwicklung nicht auf die (im Tagebucheintrag erhoffte) ›Vereinigung‹ der Elemente hinaus, sondern auf die zunehmende Dominanz, ja Verselbständigung der ›parabolischen‹ Ebene, die die Texte aus dem Alchimistengässchen bestimmt. Hier lässt sich eine weitere Reduktion des Basis-Realismus beobachten, die allein schon an der Ersetzung (individualisierender) Figurennamen durch generische (und bedeutungsträchtige) Bezeichnungen abzulesen ist, wobei diese oft auch noch mit dem unbestimmten Artikel kombiniert sind (etwa ›ein Landarzt‹ in der Titelgeschichte, ›ein Fremder‹/›ein Reisender aus dem Norden‹ in *Schakale und Araber*). Dieser zunehmenden ›Parabolisierung‹ der erzählten Welten entspricht der Übergang zu kürzeren Formen (der sich also keineswegs nur aus dem Scheitern größer angelegter Projekte erklärt).

Das späte Werk (ab September 1917)

Überblick

Der Ausbruch der Lungenkrankheit im August 1917, der fast achtmonatige Erholungsaufenthalt in Zürau und die Auflösung der Beziehung zu Felice Bauer markieren einen unübersehbaren Einschnitt in Kafkas Leben. Werkbiographisch signifikant werden diese Ereignisse, indem sie zunächst eine Phase der weltanschaulich-anthropologischen Grundsatzreflexion in aphoristischer Form, dann eine der kritischen Selbstreflexion einleiten, die – mit Ausnahme des nur halbliterarischen *‹Brief an den Vater›* (Mitte Nov. 1919) – weitestgehend im Medium der Literatur erfolgen. Tagebuch hat Kafka im späten Werk nur noch sporadisch geführt; lediglich das zwölfte der Tagebuchhefte (mit weniger als 10 Prozent des diaristischen Gesamttextes) fällt in diese Phase. Dafür ist hier die Zahl der literarischen Fragmente noch weit größer als in den beiden anderen Werkphasen.

Lebensgeschichtlich steht das späte Werk ganz im Zeichen der Krankheit: Zahlreiche Kur- und Sanatoriumsaufenthalte an verschiedenen Orten wechseln mit Wiederaufnahmen der Berufstätigkeit in Prag (bis zur Frühpensionierung am 30.6.1922). An die Stelle von Felice Bauer treten nun: Julie Wohryzek (Febr. 1919 bis Ende Juli 1920), Milena Jesenská (April bis Ende 1920) und Dora Diamant (15.7.1923 bis zum Tode). Verglichen mit der schon sehr früh in eine Dauerkrise geratenen Beziehung zu Felice beginnen die neuen Liebeserlebnisse viel hoffnungsvoller. Das dritte scheint diese Hoffnungen wohl auch tatsächlich eingelöst zu haben: Mit Dora Diamant gelingt es Kafka, Prag und dem Elternhaus zu entkommen und ein gemeinsames Leben in Berlin zu beginnen (24.9.1923 bis 17.3.1924), das nur die drastische Verschlechterung des Gesundheitszustandes vorzeitig beendet.

Geht man vom Wechsel von Schreibzeiten und Schreibpausen aus, so ergeben sich vier Teilphasen des späten Werkes (zu Details ↗ 3.3.7).

(1) *Zürau* (12.9.1917 bis Anf. Mai 1918): In die ›Oktavhefte G und H‹ trägt Kafka die Zürauer Aphorismen ein; eingelagert sind einige wenige parabolische Kurztexte (*‹Eine alltägliche Verwirrung›*, *‹Die Wahrheit über Sancho Pansa›*, *‹Das Schweigen der Sirenen›*, *‹Prometheus›*), angefügt der sozialutopische Entwurf *Die besitzlose Arbeiterschaft*.

(2) *›Konvolut 1920‹* (ca. 20.8. bis Mitte Dezember 1920): Aus dieser Loseblatt-Sammlung (NSF II, 223–362) hat Max Brod zahlreiche Kurztexte herausgelöst: *‹Nachts›*, *‹Die Abweisung›*, *Zur Frage der Gesetze*, *‹Die Truppenaushebung›*, *‹Poseidon›*, *‹Gemeinschaft›*, *‹Das Stadtwappen›*, *‹Der Steuermann›*, *‹Die Prüfung›*, *‹Der Geier›*, *‹Kleine Fabel›*, *‹Der Kreisel›*.

(3) *»Schloss«-Jahr 1922* (ca. 27.1. bis Mitte Dezember 1922): Im Zentrum der ersten, bis zum 20. August reichenden Arbeitsphase steht Kafkas drittes und umfangreichstes Romanprojekt *Das Schloss*. Parallel dazu entstehen u. a. *Erstes Leid* (vermutl. März), *‹Fürsprecher›* (Frühjahr; NSF II, 377–380) und *Ein Hungerkünstler* (um 23.5.). Nach Abbruch des *Schloss*-Romans schreibt Kafka u. a. die *‹Forschungen eines Hundes›* (ca. 18. Sept. bis Ende Okt.; NSF II, 423–459, 460–482 u. 485–491), *Das Ehepaar* (Okt./Nov.; NSF II, 516–524 u. 534–541), *Ein Kommentar* (Brod: *‹Gibs auf!›*; Nov.; NSF II, 530) und *‹Von den Gleichnissen›* (Nov.; NSF II, 531 f.).

(4) *Berlin* (und Prag; ca. 24. September 1923 bis Anfang April 1924): In dieser Schreibphase dürfte es größere Textverluste gegeben haben (↗ 517 f.). Zu den erhaltenen Texten zählen u. a.: *‹Heimkehr›* (wohl Nov. 1923; NSF II, 572 f.), *Eine kleine Frau* (zwischen Ende Nov. 1923 u. Jan. 1924; NSF II, 634–646, DzL 321–333), *‹Der Bau›* (zwischen 23.11.1923 u. Ende Jan. 1924; NSF II, 576–632), das *‹Menschenfresser›*-Fragment (ca. März 1924; NSF II, 646–

649) und *Josefine, die Sängerin oder Das Volk der Mäuse* (Mitte März bis Anf. April 1924, nach der Rückkehr von Berlin nach Prag; NSF II, 651–678, DzL 350–377).

Zwischen (1) und (2) entsteht mit dem *<Brief an den Vater>* (Mitte Nov. 1919; NSF II, 143–217) außerdem die (nach den Zürauer Aphorismen) zweite, diesmal autobiographische Grundsatzreflexion des späten Werkes. Vom 6. Januar bis zum 29. Februar 1920 schreibt Kafka die Aphorismenreihe *<Er>* (T 847–862), die vor allem das Scheitern der Beziehung zu Julie Wohryzek reflektiert.

Zu Lebzeiten veröffentlicht werden aus diesem Textkorpus nur die vier Erzählungen des *Hungerkünstler*-Bandes (*Erstes Leid*; *Eine kleine Frau*; *Ein Hungerkünstler*; *Josefine, die Sängerin*).

Charakteristika

»Jahre der Erkenntnis« hat Reiner Stach das späte Werk genannt (Stach 2008); vielleicht sollte man etwas vorsichtiger von ›Jahren der Erkenntnissuche‹ sprechen. Zentral ist auf jeden Fall das Thema der – ganz persönlichen wie allgemein menschlichen – ›Rechtfertigung‹.

Die vier Schreibzeiten des späten Werkes lassen sich von ihren thematischen wie formalen Grundtendenzen in Zweiergruppen zu zwei Phasen zusammenzufassen, wobei das ›Konvolut 1920‹ bereits deutliche Übergangstendenzen zur zweiten aufweist. Dieser Zweiteilung entsprechen zwei Schreibweisen, die das späte Werk bestimmen:

(1) Mit der Neuaneignung des aphoristischen Schreibens in Zürau erreicht die Tendenz zu zunehmender formaler Parabolisierung und thematischer Verallgemeinerung, die schon das ganze mittlere Werk bestimmt hatte, ihren Höhepunkt. Auch wenn das genretheoretisch sehr seltsam anmuten mag, ist für Kafka der – bei ihm stark bildgeprägte und oft rudimentär narrative – Aphorismus sozusagen die äußerste Verdichtungsform der Parabel. Die aphoristische Schreibweise reicht von den Zürauer Aphorismen über ihre direkte selbstreflexive Anwendung in der Reihe *<Er>* bis ins ›Konvolut 1920‹. Vielleicht ließe sich in der generell zu beobachtenden Verstärkung des reflexiv-diskursiven Gestus sogar eine noch weiter reichende Prägungswirkung der aphoristischen Phase für das gesamte späte Werk sehen. Das Thema der ›Gemeinschaft‹, nun verstärkt über die Opposition zwischen den »alten großen Zeiten« und der ›modernen‹ Gegenwart (↗502–508) gestaltet,

verschränkt sich mit den abstrakteren ›Rechtfertigungs‹-Überlegungen der Zürauer Aphorismen.

(2) Als Gegentendenz dazu lässt sich eine neue Wendung ins Autobiographische beobachten, die Kafka einmal auf den Begriff der ›selbstbiographischen Untersuchungen‹ gebracht hat (wohl Febr. 1921; NSF II, 373). Deren Anfänge zeigen sich bereits im ›Konvolut 1920‹; in den beiden letzten Schreibphasen, in denen nun auch wieder längere Erzähltexte entstehen, wird sie zur dominanten Tendenz. Das gilt – wenn auch mit Einschränkungen, die sich nicht zuletzt aus der Großform ›Roman‹ ergeben – sogar für *Das Schloss*, das nicht nur in Ich-Form begonnen worden war, sondern sich auch, ganz anders als der *Process*, zur Verschränkung einer Vielzahl von Individualgeschichten gestaltete. Diese späte Konzentration auf ›selbstbiographische Untersuchungen‹ bedeutet keine Rückkehr zur Formensprache der Anfänge des mittleren Werkes, da deren rudimentärer sozialer Realismus im späten Werk keine Entsprechung findet. Und trotz einer Dominanz der Ich-Form (seit dem ›Konvolut 1920‹) fehlen auch unmittelbar lebensgeschichtliche Bezüge oder Reminiszenzen fast völlig. Stattdessen entstehen parabolisch verallgemeinerte Lebensbilanzen. Die Künstlerthematik, die mindestens drei der vier Erzählungen des *Hungerkünstler*-Bandes bestimmt und so ins Zentrum des *veröffentlichten* Spätwerkes getreten ist, bildet vor dem Hintergrund der Gesamtüberlieferung nur einen Sonderfall der allgemeinen ›Rechtfertigungs‹-Thematik.

Forschung

Ausgesprochen werkgeschichtlich angelegte Gesamtdarstellungen von Kafkas Œuvre wird man bis heute vergebens suchen. Sozusagen ihre ›Platzhalter‹ sind die lesenswerten Überblicksversuche von Henel (1979) und Schillemeit (2004 [1995]).

Während Schillemeit nur die Schreibphasen charakterisiert, hat Ingeborg Henel deren Gruppierung zu vier Werkphasen vorgeschlagen: (a) das Frühwerk; (b) Vom *Urteil* zum *Process*; (c) Die *Landarzt*-Phase; (d) Das Spätwerk (Henel 1979). Der den Erzählungen gewidmete Werkteil in Binders *Kafka-Handbuch* (KHb 1979) ist gar in fünf Abschnitte untergliedert: (a) Das Frühwerk (1904–1912); (b) Die Phase des Durchbruchs (1912–1915); (c) Die Arbeit im Alchimistengässchen (1916–1917); (d) Das Schaffen in den ersten Jahren der Krankheit

(1917–1920); (e) Die Spätzeit (1922–1924) (KHb 1979 II, VII-IX). Vergleicht man diese Werkeinheiten miteinander und mit den im vorliegenden Handbuch vorgeschlagenen, so wird man den Eingangsbefund bestätigt sehen: Konsensfähig, da einigermaßen eindeutig belegbar, ist zunächst einmal eine Untergliederung nach Schreibzeiten. Werkphasen als diese Vielzahl zu heuristischen Zwecken vereinfachende Großkonstruktionen müssen dagegen umstritten bleiben. Man könnte beispielsweise durchaus auch an eine Vierteilung denken, sollte dann aber besser die *Landarzt*-Zeit, die Zürauer Schreibphase und vielleicht auch noch das ›Konvolut 1920‹ zu einer dritten Einheit zusammenfassen.

Werkgeschichtliche Betrachtungen liegen heute allenfalls zu einigen Schreibphasen vor. Noch bedauerlicher ist, dass es keine neueren Untersuchungen zu Veränderungen in Kafkas Schreibverfahren gibt. Diese wären ein besonders dringendes Desiderat, da die Arbeiten von Sokel (1967) und Pascal (1982) schon allein durch die neu-edierten Nachlass-Texte überholt sind und Hillmanns Überblick eher typologisch orientiert bleibt (Hillmann 1973 [1964], 161–194).

Forschung: P.-A. Alt (2005). – Manfred Engel: *Beschreibung eines Kampfes*: Narrative Integration und phantastisches Erzählen. In: Engel/Robertson (2010). – Sophie von Glinski: Imaginationsprozesse. Verfahren phantastischen Erzählens in F.K.s Frühwerk. Berlin, New York 2004. – Ingeborg Henel: Periodisierung und Entwicklung. In: KHb (1979) II, 220–241. – Heinz Hillmann: F.K. Dichtungstheorie und Dichtungsgestalt. Bonn 1964, 2. Aufl. 1973. – Roy Pascal: K.'s Narrators. A Study of his Stories and Sketches. Cambridge 1982. – Malcolm Pasley/Klaus Wagenbach: Datierung sämtlicher Texte F.K.s. In: Jürgen Born u. a. (Hg.): K.-Symposion. München 1969 [zuerst 1965], 43–66. – Andrea Rother: »Hier muß ich mich festhalten…«. Die Tagebücher von F.K. – Ein literarisches Laboratorium 1909–1923. Berlin 2008. – Jost Schillemeit: F.K. Werk, Nachlaß, Edition. Versuch eines Überblicks. In: Margit Raders/Luisa Schilling (Hg.): Studien zur deutschen Literatur. Gattungen – Motive – Autoren. Madrid 1995, 73–88; wieder in: J. Schillemeit (2004), 348–364. – Walter H. Sokel: Das Verhältnis der Erzählperspektive zu Erzählgeschehen und Sinngehalt in *Vor dem Gesetz, Schakale und Araber* und *Der Prozess*. In: ZfdPh 86 (1967), 267–300. – R. Stach (2002). – R. Stach (2008). – Joachim Unseld: K.s Publikationen zu Lebzeiten. In: KHb (2008), 123–136.

Manfred Engel

3.1 Das frühe Werk (bis September 1912)

3.1.1 *Beschreibung eines Kampfes*

Entstehung und Veröffentlichung

Die Erzählung *Beschreibung eines Kampfes*, Kafkas frühestes erhaltenes Werk, blieb zu Lebzeiten des Autors unpubliziert. Der Text existiert in zwei verschiedenen Versionen: Die sogenannte »Fassung A« entstand zwischen 1904 und 1907, die erhaltene Reinschrift (NSF I, 54–120) vermutlich zwischen September und Dezember 1907. Ab 1909, wohl nicht vor Anfang Mai, verfasste Kafka eine zweite, titellose Variante des Textes, die laut Brod (Brod, 153, 155) unvollendet gebliebene »Fassung B« (NSF I, 121–169). Die letzten Teile des Manuskripts dürften vor Okt./Nov. 1910 entstanden sein (NSF I:A 55). Kafkas Versuche, die Fassung B in Tagebuchheften fortzuführen, reichen mindestens bis zum 20. August 1911 (zu den Manuskripten und ihrer Entstehungsgeschichte vgl. NSF I:A, 43–56).

In der Forschung gilt die Fassung A, auf die sich auch der vorliegende Artikel primär bezieht, zu Recht als die differenziertere und interessantere Version der Erzählung; schon Kafkas Freund Max Brod bezeichnet sie als das »allein vollständige« Manuskript und hält sie auch für »wesentlich gelungener, farbenreicher« als die später entstandene Fassung B (Brod, 153). Kafkas existenzielles Ringen mit dem Projekt der *Beschreibung eines Kampfes* zeigt eine Tagebuchnotiz vom 15. November 1910: »Ich werde mich nicht müde werden lassen. Ich werde in meine Novelle hineinspringen und wenn es mir das Gesicht zerschneiden sollte« (T 126). Zur Problematik der Datierung sowie zur Text- und Druckgeschichte vgl. Dietz 1973 und NSF I:A, 46–56; zum Vergleich der beiden Fassungen vgl. den Schlussteil dieses Artikels sowie Ryan, 547–552, 564–571 und Schillemeit, 121–127.

Außer der Hermetik der schwer zu erschließenden Erzählung trug auch die problematische Editionsgeschichte dazu bei, dass eine hinreichend differenzierte Analyse dieses Werkes bis vor kurzem als Desiderat der Forschung galt. Bis die *Beschreibung eines Kampfes* 1969 in einer von Ludwig Dietz erarbeiteten textkritischen Parallelausgabe nach den Handschriften erschien, die eine Synopse der Fassungen A und B bietet, existierte allein die von Max Brod 1936 herausgegebene Textversion (BeK/GS; wieder in BeK/GW, 1954). Brod integrierte auch Partien, die der Autor gestrichen hatte, und wollte vor allem »eine lesbare, in sich geschlossene Fassung« herstellen (Brod, 157); allerdings vollzog er in seiner Edition eine eigenmächtige, editionsphilologisch fragwürdige Kontamination der Fassungen (Brod, 155 f.; vgl. dazu Dietz 1973 u. 1973a, sowie NSF I:A, 45).

Zwar wurde der gesamte Text dieses komplexen Frühwerks erst postum publiziert, aber einzelne Partien hatte der Autor selbst zuvor bereits separat veröffentlicht: Die Parabel *Die Bäume*, die sich mit Varianten in beiden Fassungen der *Beschreibung eines Kampfes* findet (NSF I, 110, 166), erschien 1912 in der Buchfassung von Kafkas *Betrachtung* (DzL 33). Zu den achtzehn Prosaminiaturen der *Betrachtung* gehören noch drei weitere Texte (DzL 28 f., 9–14, 20), die ursprünglich dem Konvolut der *Beschreibung eines Kampfes* entstammen: *Kleider* (NSF I, 114 f.) aus der Fassung A, sowie *Kinder auf der Landstraße* (145–150) und *Der Ausflug ins Gebirge* (141 f.) aus der Fassung B. Zwei dieser Texte, nämlich *Die Bäume* und *Kleider*, hatte Kafka schon 1908, noch vor der Veröffentlichung seines ersten Buches *Betrachtung*, in der Zeitschrift *Hyperion* publiziert. Im Jahr 1909 erschienen dort aus dem Komplex der *Beschreibung eines Kampfes* (NSF I, 84–95, 101–107) auch die Texte *Gespräch mit dem Beter* und *Gespräch mit dem Betrunkenen* (DzL 384–394, 395–400).

Aus dieser Textgeschichte sind in der Forschung voreilige Schlüsse gezogen worden: So deutet Glinski die Vorveröffentlichung einzelner Passagen aus der *Beschreibung eines Kampfes* als Indiz für »das Scheitern des ursprünglichen Projekts«, das »anstelle einer Entwicklung eine Art fortgesetztes Auf-der-Stelle-Treten« hervorbringe (Glinski, 29, 87). Diese These radikalisiert die Spekulation Max Brods, Kafka habe aus der Erzählung, die er »später wohl als Ganzes verworfen haben mag«, ausgegliedert und weiterverwendet, was ihm »wert blieb« (Brod, 156).

Zwei Argumente sind dieser Auffassung entgegenzuhalten: Erstens veröffentlichte Kafka auch Teile anderer Werke als Miniaturen separat, ohne dass dadurch ein Negativurteil über den Gesamtkomplex gerechtfertigt wäre (etwa die Parabel *Eine kaiserliche Botschaft* aus der Erzählung *Beim Bau der chinesi-*

schen Mauer und das Gleichnis *Vor dem Gesetz* aus seinem Roman *Der Process*). Zweitens lässt sich zeigen, dass Kafka die *Beschreibung eines Kampfes* kunstvoll komponiert und bis ins Detail durchdacht hat. Durch die Konstruktion phantastischer Imaginationsräume entfaltet er ein psychologisch genau differenziertes Geschehen. Indem er Doppelgänger-Konstellationen inszeniert, gestaltet er die spezifische Symptomatik einer Identitätskrise. Dabei greift er auf einen romantischen Subtext sowie auf zeitgenössische Diskurse der Philosophie und Psychologie zurück (Neymeyr 2004, 9, 14–36). Von Bedeutung ist Kafkas ›Novelle‹ auch insofern, als sie »in thematischer und formaler Hinsicht das Gesamtwerk in nuce« enthält (Sokel 1984, 133).

Textbeschreibung

Die frühe Erzählung *Beschreibung eines Kampfes* gehört zu den »rätselhaftesten« Werken Kafkas und galt bis vor kurzem sogar als »eine Crux der Kafka-Forschung« (Schillemeit, 102). Die besonderen hermeneutischen Schwierigkeiten, mit denen sich der Interpret konfrontiert sieht, lassen sich aus der editionsphilologischen Problematik allein bei weitem nicht hinreichend erklären. Vielmehr sind sie vor allem durch die spezifische Modernität dieses Werkes selbst bedingt: Kafka löst die Identität der Figuren und die Konturen der fiktionalen Wirklichkeit auf und stellt die etablierten Begriffe von Realität, Individualität, Bewusstsein und Sprache vor dem Hintergrund zeitgenössischer Krisenerfahrungen und philosophischer Diskurse radikal in Frage. Spannungsreich verbindet er psychopathologische Symptome mit modernen sprachskeptischen Reflexionen; dem zeitgenössischen Problemniveau trägt er auch formal durch das avantgardistische Erzählverfahren Rechnung.

Die folgende Textbeschreibung bezieht sich auf die Fassung A der *Beschreibung eines Kampfes* (zu Fassung B ↗100 f.). Kafka konzipierte sie dreiteilig und gliederte den mittleren Komplex überdies in acht Abschnitte, die er mit Überschriften versah. Brod, der die Funktion dieser Struktur nicht durchschaute, fühlte sich dadurch an den Typus »Deutsche Hausarbeit« erinnert (Brod, 156). Im Rahmenteil der Erzählung begegnen sich der Ich-Erzähler und ein Bekannter zuerst bei einer Abendgesellschaft, um dann gemeinsam einen nächtlichen Spaziergang auf den Prager Laurenziberg zu unternehmen. Brod

hält die *Beschreibung eines Kampfes* für »die Erzählung Kafkas, die am deutlichsten Prager Lokalkolorit aufweist« (Brod, 158). Der in sich vielfältig differenzierte Binnenteil entfaltet phantasmagorische Innenwelten. Kafka entwarf für seine ›Novelle‹ ein dreistufiges Gliederungsschema:

I.
II. Belustigungen oder Beweis dessen, daß es
    unmöglich ist zu leben
    1. Ritt
    2. Spaziergang
    3. Der Dicke
       a. Ansprache an die Landschaft
       b. Begonnenes Gespräch mit dem Beter
       c. Geschichte des Beters
       d. Fortgesetztes Gespräch zwischen dem
          Dicken und dem Beter
    4. Untergang des Dicken
III.

Das wichtigste Strukturprinzip der *Beschreibung eines Kampfes* ist der Antagonismus. Durch die Darstellung einer Persönlichkeitsspaltung reflektiert Kafka psychologisch differenziert die moderne Identitätsproblematik. Schon der Titel seiner ›Novelle‹ betont die Konfliktkonstellationen (Sokel 1964, 33–45; Beicken, 230), die durch die Fragmentierung eines Ich in antagonistische Bestandteile entstehen. Ein ›Kampf‹ um Vorherrschaft mit wechselnden Kräfteverhältnissen bestimmt das Verhalten der Figuren, die Kafka im Rahmenteil und in den Binnengeschichten miteinander konfrontiert. Dass die vier Hauptgestalten der Fassung A, der Ich-Erzähler, sein Bekannter, der Dicke und der Beter, namenlos bleiben, ist im Hinblick auf die für die *Beschreibung eines Kampfes* konstitutive Identitätsproblematik konsequent (Neymeyr 2004, 142–148, 172–173).

Aus der Psychodynamik, die sich in der Figurenkonstellation entfaltet, ergibt sich ein Prozess, der Selbstbehauptungsstrategien, Dominanzansprüche und aggressive Überwältigungsversuche, Verdrängungsimpulse und Fluchtreflexe ebenso einschließt wie vorübergehende, durch Empathie oder Faszination bestimmte Annäherungen an den jeweils Anderen. Schon geringfügige Irritationen rufen Selbstzweifel, regressive Sehnsüchte, paranoide Phobien und Aggressionen hervor, die sich in der »Ritt«-Episode bis zu gewalttätiger Okkupation des Alter Ego steigern. Oft sind die Figuren, die verschiedene existenzielle Dimensionen repräsentieren, durch kompensatorische Bedürfnisse motiviert, die aus ihrer einseitigen Ausrichtung entspringen. Mit der Dissoziation des Ich geht daher eine unaufhebbare Assoziation seiner Komponenten einher. Daraus ergibt sich die Komplexität der Interaktionen (Neymeyr 2004, 43–220).

Der erste Rahmenteil (I) der *Beschreibung eines Kampfes* konzentriert sich auf das komplementäre Verhältnis zwischen einem Ich-Erzähler, der zur Innerlichkeit tendiert, zugleich aber dem Leben entfremdet, isoliert und daher unglücklich ist, und dem ›Bekannten‹, der sich als realitätsbezogen, lebenslustig, erotisch erfolgreich und glücklich präsentiert (NSF I, 55 f.). Der zweite Rahmenteil (III) stellt diese Konstellation in Frage und lässt die Selbstinszenierung des Bekannten als inauthentisch erscheinen (113–117). In dem umfangreichen Binnenkomplex der »Belustigungen« (II) treten der Dicke und der Beter als derivierte Ich-Komponenten in Erscheinung. Die Grundproblematik prägt sich in den Konfigurationen dieses Mittelteils noch radikaler aus als in der Rahmenerzählung.

Der gesamte Binnenkomplex ist als projektiver Bewusstseinsinhalt des Ich-Erzählers zu verstehen, der aus einer frustrierenden Gegenwartssituation »gleichsam hinter der Szene« (Schillemeit, 110) in phantasmagorische »Belustigungen« (72) flieht. Aufgrund einer Abspaltung bestimmter Persönlichkeitskomponenten erscheint ihm Eigenes wie Fremdes. Das Changieren zwischen Nähe und Distanz zum jeweiligen Alter Ego führt zu einer ambivalenten Interaktion, die zum Indiz tief reichender Selbstentfremdung wird. Die Identitätsproblematik findet in empathischer Verschmelzung mit dem Gegenüber ebenso Ausdruck wie in radikaler Abgrenzung von ihm. Darin liegt die Aporie der Krisensituation begründet, die Kafka in seiner *Beschreibung eines Kampfes* als Antagonismus entfaltet. Ambivalenzen sind nicht nur an den zwischen Größenwahn und Minderwertigkeitsempfindungen oszillierenden Selbstbildern der Figuren zu erkennen, sondern auch an ihrer variablen Einstellung zum jeweiligen Alter Ego und an der Auflösung einer stabilen Grenze zwischen Ich und Welt (Neymeyr 2004).

Kafkas Erzählstrategie erzeugt eine wirkungsästhetische Provokation: Durch die Konstruktion phantastisch verfremdeter Imaginationsräume fordert die *Beschreibung eines Kampfes* dazu heraus, die Textoberfläche zu durchdringen, sie auf einen Sinn jenseits der fiktionalen Realität hin zu befragen und dabei auch vordergründig Inkohärentes in einen Sinnhorizont zu integrieren. Außerdem ist zu untersuchen, welche narrativen Verfahren Kafka zur Gestaltung der für den Text konstitutiven Identitätsproblematik wählt, welchen Stellenwert die zahlreichen Ambivalenzen und perspektivischen Brechungen in diesem Zusammenhang erhalten und welche Funktion der Pluralität der Figuren zukommt.

Forschung

Dass Kafkas anspruchsvolles Frühwerk jahrzehntelang im Schatten seiner späteren Werke stand und von der Forschung in erstaunlichem Maße vernachlässigt wurde, hängt mit der zum Topos gewordenen Einschätzung zusammen, erst die Erzählung *Das Urteil* aus dem Jahre 1912 markiere Kafkas eigentlichen literarischen Durchbruch. Daraus ergaben sich unzureichend fundierte Prämissen literarischer Wertung: Vorschnell disqualifizierte man die vor 1912 entstandenen Werke Kafkas, indem man sie als Ergebnis eines experimentellen Stadiums betrachtete, in dem der junge Autor noch nach adäquaten literarischen Ausdrucksformen gesucht habe. Für seine Prosasammlung *Betrachtung* galt dies ebenso wie für seine ›Novelle‹ *Beschreibung eines Kampfes*, deren hermetischer Charakter den Zugang nachhaltig erschwerte (Cersowsky, 58); zur Forschungssituation vgl. die kritischen Referate bei Beicken (226–234) und Glinski (1–5). Auch die problematische Textsituation (vgl. dazu den Anfangsteil des vorliegenden Artikels) trug zur Vernachlässigung der *Beschreibung eines Kampfes* bei. Editionsphilologisch (nicht hermeneutisch) verdienstvoll sind hier die präzisen Aufsätze von Ludwig Dietz.

Die Ratlosigkeit vieler Interpreten angesichts der *Beschreibung eines Kampfes* kam immer wieder in erstaunlichen Fehlurteilen zum Ausdruck. So hielt es Martin Walser zwar für »bemerkenswert […], daß Kafka hier versucht, verschiedene Gestalten als Ich-Erzähler einzuführen«; dann aber erklärte er apodiktisch: »Dieser Versuch mißglückt völlig« (Walser, 37). Ingeborg Henel kritisierte die »unglückliche Struktur« der Erzählung, »das ungezügelte Phantasieren, das Groteske und die Übertreibungen« und meinte, der Text sei durch sich überstürzende Einfälle »in Verwirrung geraten« und »weder durch Straffung noch durch Konkretisierung zu retten« gewesen (Henel, 223–225, 228). Ähnlich äußerte sich Baumgart: Durch »Wirrnis und Flüchtigkeiten« biete die *Beschreibung eines Kampfes* ein Konglomerat aus heterogenen Elementen: »die Erzähltöne und -ebenen der Einzelstücke passen so wenig zueinander wie die Beliebigkeit ihrer Phantastik zum raunenden Ernst ihrer Reflexionen« (Baumgart, 169).

Im Kafka-Handbuch von 1979 überbot James Rolleston diese negativen Urteile, indem er sogar den Werkstatus der frühen, seit 1904 entstandenen Texte Kafkas, also auch der *Beschreibung eines Kampfes*, in Frage stellte. Er glaubte eine bloße »Werkstatt-Situation« konstatieren zu können und folgerte daraus, man solle »es vermeiden, das Frühwerk herabzusetzen [...], indem man es als nicht realisiert bezeichnet. Kafka macht hier Versuche, experimentiert mit den Möglichkeiten der Sprache, und es ist sinnlos, solche Tätigkeit literarisch beurteilen zu wollen« (Rolleston, 242).

Judith Ryan hingegen, die eine »Zersplitterung der Perspektive in der ersten Fassung« der *Beschreibung eines Kampfes* mit der Beschränkung auf die »Sicht des Einzelnen« in der zweiten Fassung kontrastierte, bezeichnete den Text als »erstes Stadium einer konsequenten Entwicklung« und sah in Kafkas erzähltechnischen Experimenten bereits wesentliche Voraussetzungen für seine spätere Prosa (Ryan, 568–572). Zuvor hatte schon Sokel in seiner psychoanalytisch orientierten Kafka-Monographie von 1964 die *Beschreibung eines Kampfes* als Kafkas »Urmodell des Kampfes« betrachtet, in dem erstmals das »Grundthema seiner Dichtung« erscheine (Sokel 1964, 33). Beicken sah in dieser Erzählung »die wichtigsten Strukturen des Kafkaschen Werkes in thematischer und formaler Hinsicht« vorgegeben (Beicken, 233); Schillemeit bezeichnete sie als »eine poetische Summe des ganz frühen Kafka« und hob die neue Schreibweise hervor, die zum Szenischen, Traumhaft-Phantastischen und Allegorisch-Symbolischen tendiere (Schillemeit, 103, 125). Cersowsky betonte die Bedeutung der Décadence für Kafka und exemplifizierte deren Einflüsse an seiner »Novelle« (Cersowsky, 15–60).

Im Frühjahr 2004 erschien die bislang einzige Monographie, die eine Gesamtanalyse von Kafkas *Beschreibung eines Kampfes* bietet, zeitgenössische Diskurse der Philosophie und Psychologie einbezieht und so auch den kulturhistorischen Horizont erschließt (Neymeyr 2004). Eine wenige Monate später veröffentlichte Dissertation enthält sehr detaillierte, allerdings »ausschließlich immanente« Sprachuntersuchungen zu Kafkas frühen Werken (Glinski, 29): Außer einigen Texten der *Betrachtung* und ausgewählten Tagebuchaufzeichnungen Kafkas behandeln sie exemplarische Partien der *Beschreibung eines Kampfes*.

Deutungsaspekte

Konstruktion des Phantastischen

Kafka entwirft die phantastischen Dimensionen der *Beschreibung eines Kampfes*, indem er psychische Prozesse in physische Bewegungen transformiert (Sokel 1964, 12, 17). So löst er die Grenzen zwischen Innenleben und Außenwelt auf und lässt eine inkohärente, durch groteske Effekte verfremdete Welt entstehen, in der die Gesetze der Wahrscheinlichkeit ebenso wenig gelten wie die Kategorie der Möglichkeit und das Prinzip der Kausalität. Auf diese Weise gestaltet Kafka surreale Seelenlandschaften, in denen das Fluktuieren psychischer Befindlichkeiten auch die physischen Verhältnisse in der Außenwelt dynamisiert. Wunschvorstellungen und Angstprojektionen des Ich treten durch die Konstruktion phantastischer Imaginationsräume konkret in Erscheinung. Mitunter verliert die äußere Realität sogar ihre intertemporale Konstanz und Stabilität; sie erscheint dann wie eine vom Theaterregisseur nach Belieben arrangierbare Bühnenkulisse (Glinski, 41 f.; Neymeyr 2004, 11 f., 80 f.).

Kafka projiziert sein eigenes Verfahren phantastischer Konstruktion auch auf den Ich-Erzähler: In den Kapiteln 1 und 2 »Ritt« und »Spaziergang« lässt er ihn sogar in einen Größenwahn geraten, der sich bis zu rauschhaften, an archaische Magiekonzepte erinnernden Allmachtsphantasien steigert. Mithilfe autosuggestiver Selbstermächtigung geriert sich der Ich-Erzähler als Schöpfer von Szenerien, die er nach seinen persönlichen Vorlieben gestaltet (NSF I, 72–78 u. 140–144). Solchen imaginativen Exzessen folgen radikale Ohnmachtserfahrungen. Sie bilden die Kehrseite der jeweils vorangegangenen Omnipotenz-Anwandlung. Der Selbstgenuss des Ich, das sich in narzisstischer Allmachtspose über seine Leidenssituation erhebt, endet schockartig mit dem Absturz in eine desolate Verfassung.

In den Kapiteln 3 und 4 der Fassung A entwirft der an einer existenziellen Aporie leidende Ich-Erzähler kompensatorische Phantasiewelten, indem er den Dicken und den Beter als projektive Spiegelungsfiguren durch einen eskapistischen »Einfall« (NSF I, 78) aus sich selbst hervorbringt. Als Komponenten des Ich repräsentieren sie seine innere Gespaltenheit. Diese auch poetologisch relevante Methode phantastischer Entgrenzung (Glinski, 48 f.) lässt an eine bekannte Tagebuchnotiz Kafkas denken, in der er seinen literarischen Impuls als »Sinn für die Darstellung meines traumhaften innern Lebens« bezeichnet (6.8.1914; T 546).

Aus der Erkenntnis, dass der äußere Handlungsverlauf innere Vorgänge abbildet und die Figurenkonstellation aus einer Projektion seelischer Dispositionen entspringt, lässt sich ein hermeneutisches Verfahren ableiten. Daraus ergeben sich Möglichkeiten, auch disparate Textelemente auf psychologische Tiefendimensionen hin zu durchleuchten.

Kafkas bildhafte Verfremdungen, die das Obsessive einer problematischen Psychodynamik besonders intensiv zum Ausdruck bringen, weisen Affinitäten zur Literatur des Expressionismus auf, die durch die Kombination heterogener Bildelemente auf die moderne Dissoziation der Wahrnehmung reagiert. Grenzüberschreitungen ergeben sich, wenn Objekte belebt und dynamisiert erscheinen, während das Subjekt in verdinglichenden Beschreibungen gleichsam erstarrt. Die literarische Strategie komplementärer Verfremdung durch Personifizierung von Dingen und Verdinglichung von Personen erzeugt eine doppelte Irritation.

In der *Beschreibung eines Kampfes* zeigt sich die Personifikation der Außenwelt in einer Fülle von Anthropomorphismen – etwa wenn landschaftlichen oder meteorologischen Phänomenen menschliche Gefühle, Eigenschaften und Intentionen zugesprochen werden: So erscheint der Berg als »hinterlistig« (NSF I, 79), »eitel«, »zudringlich« und »rachsüchtig« (80), der Fichtenwald als »verwirrt« (76), der Wind als »unzufrieden« (113), der Mond als »zürnend« (75) und »das Mondlicht« als »ungeschickt« (69). Der Ich-Erzähler hingegen vergleicht sich in entfremdeter Selbstwahrnehmung mit einer »Stange in baumelnder Bewegung auf die ein [...] Schädel ein wenig ungeschickt aufgespießt ist« (62).

Die wechselseitige Durchdringung der Sphären, die sich in der Verdinglichung von Personen und in der Personifizierung von Dingen manifestiert, gehört zu den phantastischen Entgrenzungs- und Auflösungstendenzen, die für die surreale Gestaltung der Identitätsproblematik in Kafkas Erzählung charakteristisch sind. Wenn die Figuren eigene Strukturen auf die Wirklichkeit projizieren, verkennen sie das kategoriale Anderssein der Dinge. In der verzerrten Wahrnehmung des Beters spitzt sich die Identitätsproblematik auf groteske Weise zu. Seiner irrationalen Angst vor dem Selbstverlust entspricht die Irrealität einer verfremdeten, sich ins Phantastische auflösenden Objektsphäre (Neymeyr 2004, 163–185). Im Beter potenzieren sich die Defizite des Ich-Erzählers, der oft außerstande ist, zwischen authentischer Wirklichkeitserfahrung und deren Über-

lagerung durch Angstphantasien oder narzisstisch-magische Omnipotenz-Anwandlungen (Sokel 1984, 133–138, 143) zu unterscheiden. Der Beter, der als Vorstellungsinhalt des Dicken wie dieser zugleich Projektionsfigur des Ich-Erzählers ist (NSF I, 78, 86), repräsentiert ein Extremstadium, in dem die Grenzen zwischen Innen- und Außenwelt völlig verschwimmen. Der Dicke diagnostiziert den Zustand des extrem labilen Beters als »eine Seekrankheit auf festem Lande« (89) und bringt die Situation damit pointiert zum Ausdruck.

Die Thematik des Kampfes vor dem Horizont der modernen Identitätskrise

Die von Kafka inszenierten vielfältigen Destabilisierungssymptome stehen im kulturhistorischen Kontext einer Krise des Subjekts, die vom Fin de Siècle über den Expressionismus bis in die 1920er Jahre reicht und in der zeitgenössischen Philosophie, Psychologie und Literatur eingehend reflektiert wurde (Neymeyr 2004, 14–29). So stellt Nietzsche die Begriffe ›Subjekt‹, ›Seele‹, ›Substanz‹ und ›Wille‹ radikal in Frage; »das Ich« betrachtet er als bloße »Fiktion« (KSA 6, 77, 91), die »Seele als Subjekts-Vielheit« (KSA 5, 27).

Aus der Pluralität der Persönlichkeitskomponenten ergeben sich Konflikte. Die antagonistischen Konstellationen, in die Kafka die unterschiedlichen Ich-Figurationen der *Beschreibung eines Kampfes* geraten lässt, entsprechen Nietzsches These vom »Individuum selbst als Kampf der Theile« (KSA 12, 304). Kafkas Prämisse, es gebe »verschiedene Subjekte im gleichen Menschen« (NSF II, 129), bildet die Ausgangsbasis für den Antagonismus zwischen den Ich-Komponenten in der *Beschreibung eines Kampfes*. Sie stimmt mit Nietzsches Auffassung vom »Subjekt als Vielheit« überein, dessen »Zusammenspiel und Kampf« sich in »unserem Bewußtsein« manifestiere (KSA 11, 650).

Kafka realisiert dieses Konzept in seiner *Beschreibung eines Kampfes*, indem er die Auseinandersetzung zwischen verschiedenen Ich-Komponenten als prozessuale Dynamik psychologisch transformierter Macht-Konstellationen gestaltet. Angesichts der schon von Schopenhauer und Nietzsche exponierten Thematik des Kampfes ist es bezeichnend, dass Kafka, der sich nachweislich mit beiden Philosophen auseinandergesetzt hat, den Begriff des ›Kampfes‹ nicht nur in den Titel seines Erstlingswerks aufnimmt, sondern auch in zahlreichen Notizen Erscheinungsformen des Kampfes zum Thema macht (NSF II, 29 f., 288; 17.1.1920, T 851 f.; 19.10.1921, T 867; 2.12.1921, T 875; An F. Bauer, 1.12.1912, B00–12 287). Die existenzielle Bedeutung der Thematik zeigt eine Tagebuchnotiz vom 31. Juli 1914, in der Kafka das Schreiben als seinen »Kampf um die Selbsterhaltung« bezeichnet (T 543).

Der von Philosophen und Schriftstellern reflektierten Identitätsauflösung und Ich-Dissoziation entspricht der zeitgenössische psychiatrische Diskurs (Morton Prince, Théodule Ribot), der sich auch mit der Symptomatik der sogenannten ›multiplen Persönlichkeit‹ beschäftigt. Sie galt im Fin de Siècle als pathologischer Extremfall, der die prinzipielle Instabilität des Ich bestätige.

E.T.A. Hoffmanns Erzählung *Die Abenteuer der Sylvester-Nacht* als Modell für Kafkas *Beschreibung eines Kampfes*

Psychische Grenzphänomene und die Auflösung des konsistenten Selbst bis hin zur Persönlichkeitsspaltung sind nicht erst seit dem Fin de Siècle relevant, sondern bereits in der Literatur der Romantiker, die mit verschiedenen Identitäten experimentierten, um seelische Konflikte intensiv zu gestalten. Durch Phantasie-Exzesse lassen sie sogar die Grenzen zwischen Innenleben und Außenwelt verschwimmen. Schon der romantische Subjektivismus erhält sein zerstörerisches Potential durch Depersonalisierung und Wirklichkeitsverlust zugleich. Die aus psychopathologischen Alterationen resultierende Instabilität des Ich kommt besonders markant in E.T.A. Hoffmanns Werken zum Ausdruck, die durch zahlreiche Doppelgänger-Figuren auch die Literatur der Jahrhundertwende beeinflussten.

Obwohl die Forschung schon wiederholt darauf hingewiesen hat, dass die Phantastik von E.T.A. Hoffmanns Prosa, die den Leser durch traumhaft-irreale Szenerien irritiert, bereits ›kafkaeske‹ Erzählverfahren antizipiert (Wöllner, 51–53; Nagel, 258–277), blieb ein zentraler intertextueller Bezug bis vor kurzem unentdeckt: E.T.A. Hoffmanns Erzählung *Die Abenteuer der Sylvester-Nacht* fungierte geradezu als literarisches Modell für Kafkas *Beschreibung eines Kampfes*, und zwar sowohl durch die Gesamtkonzeption als auch durch das ihr zugrunde liegende Kompositionsprinzip (Neymeyr 2004, 31–36; 2007, 112–128).

Die Entsprechungen sind ausgeprägt: Eine Rahmengeschichte umgibt kunstvoll ineinander verschachtelte Binnenerzählungen; in ihnen wird die Grundkonstellation des Rahmenteils durch Projektionsfiguren des Ich-Erzählers ausdifferenziert und variiert. Die Multiplikation der personalen Instanzen erlaubt es, die verschiedenen Komponenten einer fragmentierten Persönlichkeit nacheinander als Ich-Erzähler vorzuführen und zugleich den Abspaltungsvorgang immer weiter fortzusetzen.

Schon E.T.A. Hoffmann bringt in den *Abenteuern der Sylvester-Nacht* die strukturbildende Identitätsproblematik auch durch eine Suspendierung zeitlicher Kontinuität und räumlicher Kohärenz zum Ausdruck. Entsprechendes gilt für die narrative Gestaltung der Persönlichkeitsspaltung in Kafkas *Beschreibung eines Kampfes*. Auch hier verbinden sich Symptome psychischer Dissoziation mit einer Auflösung raumzeitlicher Einheit. In der Fassung A verlässt der Beter bei der Begegnung mit einem Betrunkenen (NSF I, 103–107) die Prager Gegenwart und gerät durch einen surrealen Gedankensprung in die Pariser Szenerie des *Ancien Régime*. Infolge wachsender Desorientierung vermag er Hier und Dort, Jetzt und Einst nicht mehr zu unterscheiden.

Außer den zentralen konzeptionellen und kompositorischen Übereinstimmungen fallen analoge Figurenkonstellationen auf, die bis zu polaren physischen Typisierungen reichen: Kafka kontrastiert die stangenartige Statur des Ich-Erzählers (NSF I, 62) mit dem gedrungenen Körperbau des sehr viel kleineren Bekannten (61) und stellt der abnormen Fettleibigkeit des Dicken (78 f.) die Fragilität des extrem mageren, nahezu körperlosen Beters (85, 97, 109) gegenüber; E.T.A. Hoffmann entwirft in seinen Binnengeschichten die Figuren des Großen und des Kleinen als Imaginationen des Ich. Auch die auf Projektion beruhenden Phantasmagorien, die sich in Phänomenen der Entgrenzung und Entwirklichung manifestieren, sind sowohl für E.T.A. Hoffmanns *Abenteuer der Sylvester-Nacht* als auch für Kafkas *Beschreibung eines Kampfes* konstitutiv.

Das in den Jahrzehnten um 1900 für Schriftsteller, Philosophen und Psychologen zentrale Thema der Ich-Dissoziation schrieb Kafka bei der Konzeption seiner *Beschreibung eines Kampfes* dem bereits seit der Romantik etablierten Genre der Doppelgängergeschichte ein. Dabei ließ er sich von der Doppelgänger-Konstellation in E.T.A. Hoffmanns Erzählung *Die Abenteuer der Sylvester-Nacht* inspirieren und benutzte ebenfalls Formen perspektivischen Erzählens und Verfahren surrealer Entgrenzung zur literarischen Vermittlung einer krisenhaften Destabilisierung. Dem in der Moderne intensivierten Interesse am Psychopathologischen entsprechend, überformte Kafka das romantische Modell: Indem er die Gestaltung der Identitätsproblematik mit Nietzsches Konzeption des Willens zur Macht und mit sprachskeptischen Reflexionen seiner Zeit verband, hob er sein Werk auf das anthropologische Problemniveau der Epoche.

Fragmentierung als moderne Erzählstrategie

Kafka entwickelte in seiner ›Novelle‹ innovative Erzählverfahren, die die umfassende Desorientierung auch formal konsequent zum Ausdruck bringen. So folgte er genau dem Postulat, das Hermann Bahr (1863–1934) in seinen Essays formuliert hatte: eine der Identitätsproblematik der Moderne angemessene Prosa, die das dissoziierte Ich und die Vielfalt seiner heterogenen Empfindungen durch »psychologische Mikroskopie« oder »psychologische Monologie« so gestaltet, dass dem »neuen Inhalt der Psychologie auch eine neue Methode« entspricht (Bahr, 82 f., 56 f.).

In der *Beschreibung eines Kampfes* stellt Kafka die Identitätsauflösung dar, indem er die einzelnen Komponenten einer fragmentierten Persönlichkeit nacheinander als Ich-Erzähler auftreten lässt. Die Abfolge der in die Fassung A integrierten Binnengeschichten vervielfältigt nicht nur die personale Perspektive. Diese narrative Strategie eignet sich auch besonders gut dazu, die Ich-Dissoziation als sukzessive fortschreitenden Zerfall der Identität zu gestalten; sie erinnert an Nietzsches Konzept des Perspektivismus und an den ebenfalls von Nietzsche diagnostizierten Verlust der Ganzheit als ein Symptom der Décadence (Cersowsky, 46–49, 53–60).

Eine wichtige Gemeinsamkeit zwischen den vier Hauptfiguren, dem Ich und seinem Bekannten sowie dem Dicken und dem Beter, besteht darin, dass sie bei ihren Bemühungen um Selbstkonstitution auch die Möglichkeit nutzen, im Vollzug des Erzählens ihr labiles Ich zu stabilisieren. Der narrative Prozess wird mithin psychologisch funktionalisiert. Wie die dialogischen Textpartien scheinen auch die monologischen Sequenzen auf Identitätsbildung im Erzählen der eigenen Geschichte abzuzielen – im Sinne einer narrativen Autobiographie, die allerdings wie die Perspektivfiguren selbst nur ausschnittartig dargeboten wird. Dabei spiegeln die bruchstückhaft präsentierten Erlebnisse die Identitätsproblematik des jeweiligen Ich-Erzählers wider (Neymeyr 2004, 148–198). Indem die von Erinnerungsfetzen bestimmten und lediglich durch momentane Assoziationen miteinander verbundenen Episoden fragmentarisch bleiben, signalisieren sie den Vorgang der Depersonalisierung.

Indem Kafka auch Handlungszusammenhänge zerbrechen lässt und die rationale Ordnung logischsemantischer Strukturen in inkohärente Bewusstseinselemente auflöst, schafft er eine suggestive Intensität, die den Leser in die Konfusionen der Figur hineinzieht. Die fragmentarisch dargebotenen Erlebnisse des Dicken und des Beters bringen deren dissoziierte Persönlichkeit zum Ausdruck. Auf der narrativen Ebene entsprechen der Diffusion des Figurenbewusstseins eine Collage von Bewusstseinssplittern und Gedankenfetzen sowie der Zerfall des Textes in immer kleiner werdende Sinneinheiten. Dabei verflüchtigt sich die thematische Kohärenz der ›Geschichte‹ des Beters in dem Maße, wie die logisch-semantischen Relationen ins Diffuse entgleiten.

In diesem Zusammenhang gewinnt auch die Vorliebe des Dicken und des Beters für uneigentliche Äußerungen und für abstruse Sprachexperimente (NSF I, 76, 88–90, 102) ihre spezifische Bedeutung: Die Auflösung klarer Bezüge in vage Assoziationen und kühne Metaphorik bis hin zu einer Autonomie der Sprache (Glinski, 55, 80–83) erscheint als sprachliches Pendant einer psychischen Dissoziation und einer schwindenden Ich-Welt-Beziehung (Neymeyr 2004, 143–147, 156–158, 165–170). Durch phantastische Konstruktionen wird die Realität verfremdet und zugleich poetisch aufgehoben. Wenn der (nur in der Fassung A vorkommende) Dicke ausdrücklich den Wirklichkeitsbezug und Wahrheitsanspruch seiner Aussagen negiert (NSF I, 110), dann droht sich die Kommunikation tendenziell sogar in spielerische Autoreferentialität aufzulösen.

Die narrative Darstellung spiegelt den mentalen Zersetzungsprozess so konsequent wider, dass für den Leser mitunter der Eindruck einer Selbstaufhebung des Erzählflusses *in actu* entsteht. Kafkas Poetologie der Dissoziation ist adäquater Ausdruck einer psycho(patho)logischen Konstellation. Indem er den traditionellen Textbegriff aufgibt und Inkonsistenz passagenweise zum konzeptionellen Prinzip macht, verabschiedet er sich aber keineswegs von sprachlich vermittelten und hermeneutisch zugänglichen Sinnzusammenhängen, wie dekonstruktivistische Interpreten meinen (Lehmann, 214–221, 233–

240). Denn aus übergeordneter Perspektive ist seine Erzählung durch eine Kohärenz des Inkohärenten bestimmt (Neymeyr 2004, 183–185). Die mit der Identitätsauflösung verbundene hermeneutische Problematik hat Kafka sogar eigens thematisiert: Bisweilen vermögen die Figuren im Gespräch einen »Zusammenhang« nicht zu erkennen; ausdrücklich artikulieren sie die Schwierigkeit des Verstehens (NSF I, 90, 96 f.).

Kulturhistorisch relevant sind diese Konstellationen insofern, als sich in der erzählerischen Desintegration die bereits von Ernst Mach (1838–1916) diagnostizierte Problematik des ›unrettbaren Ich‹ abzeichnet. Wenn der unter dem Fehlen unmittelbarer Existenzgewissheit und selbstverständlichen Weltbezugs leidende Beter über Zentralthemen wie Identität, Wirklichkeit, Wahrheit und Sprache nachdenkt (NSF I, 91, 96–98, 102), verbindet sich die psychopathologische Symptomatik mit philosophischer Reflexion, in der ein Bedürfnis nach apriorischer Lebensorientierung zum Ausdruck kommt (Neymeyr 2004, 130–132, 163–165). Hier zeigt Kafkas Erzählung Affinitäten zur Sprachskepsis Nietzsches und Hofmannsthals, dessen ›Chandos-Brief‹ Kafka schätzte (Brod, 152). Außerdem gibt es Indizien für eine kritische Auseinandersetzung Kafkas mit der Psychologie Franz Brentanos (vgl. Neesen, 138, 160, 169–179, 189–194).

Die Suche des Beters nach einer Stabilität und Sinnerfahrung vermittelnden Erkenntnis der Dinge in ihrem Ansichsein bleibt vergeblich; stattdessen lösen sich in seinem labyrinthischen Bewusstsein logische Zusammenhänge und semantische Korrelationen immer weiter auf – bis zur phantastischen Überformung der Wirklichkeit. Die mentale Diffusion, die sich auch in Vergesslichkeit und Verwirrung manifestiert, tritt im Zerfall von Argumentationsstrukturen besonders markant zutage. Gedankliche Brüche spiegeln die fragile Geistesverfassung des Beters wider. Seine inkohärenten Äußerungen sind für die chaotische Psyche einer sich zersetzenden Persönlichkeit symptomatisch, die konfusen Impulsen und Phantasmagorien hilflos ausgeliefert ist. Dass die Substanz von Welt und Ich gleichermaßen ins Diffuse entschwindet, verrät die Angst des Beters vor dem eigenen Unwirklichsein (NSF I, 102).

Analog zu Kafkas narrativem Verfahren charakterisiert Freud den modernen »psychologischen Roman«: In seiner Schrift *Der Dichter und das Phantasieren* von 1908 vertritt er die These, der Dichter tendiere dazu, »sein Ich durch Selbstbeobachtung in

Partial-Ichs zu zerspalten und demzufolge die Konfliktströmungen seines Seelenlebens in mehreren Helden zu personifizieren« (Freud X, 177). Kafkas Tagebuch-Notiz »Gedanken an Freud natürlich« (23.9.1912; T 461) dokumentiert zweifelsfrei, dass auch er mit Freuds Theorien vertraut war.

Krisenhafte Interaktion

Die kommunikativen Sequenzen, aus denen die *Beschreibung eines Kampfes* besteht, hat Kafka in der Fassung A als Reigen von ›Paar‹-Konstellationen zwischen einem Sprecher-Ich und seinem jeweiligen Alter Ego konzipiert. Im Einzelnen kommt es dabei zu folgenden Begegnungen: Bekannter – Ich, Ich – Dicker, Dicker – Beter, Beter – Betrunkener, Beter – Dicker, Dicker – Ich, Ich – Bekannter. Mit einem erneuten Gespräch zwischen dem Ich und dem Bekannten kehrt Kafkas *Beschreibung eines Kampfes* exakt zur Ausgangskonstellation zurück, mit der dann die Rahmenerzählung endet. Die beteiligten Hauptfiguren treten allesamt sowohl in der ersten als auch in der dritten Person in Erscheinung: Einerseits präsentieren sie sich als sprechende Subjekte, andererseits werden sie aber auch zum Gedankeninhalt, Reflexionsgegenstand oder Gesprächsobjekt anderer Figuren.

Zwar unterscheiden sich die vier Hauptakteure schon in ihrer physischen Konstitution, und auch in ihrem Verhalten grenzen sie sich immer wieder entschieden voneinander ab. Doch inszeniert Kafka die Differenzen nur, um sie anschließend kunstvoll aufzuheben, vor allem durch sporadisch eingestreute analoge Charakterisierungen, die sich allmählich summieren und so an Bedeutung gewinnen. Trotz der karikaturistisch pointierten Unterschiedlichkeit geraten die Figuren in analoge Krisensituationen. Sie leiden an auffälligen Schwankungen ihres Selbstbildes, an projektiven Verzerrungen der Perspektive auf das jeweilige Gegenüber und an einem labilen Verhältnis zur Realität.

Indem Kafka den Prozess der Ich-Dissoziation mit psychologischem Kalkül als Auseinandersetzung zwischen den Figuren inszeniert, die vergeblich um Selbststabilisierung ringen, dramatisiert er die Identitätsproblematik. Den gesamten Erzählzusammenhang gestaltet er als kommunikatives Mit- und Gegeneinander, in dem sich nicht einmal die Einzelfiguren selbst als homogen erweisen; denn sie oszillieren immer wieder zwischen konträren Zuständen und Empfindungen. In der Interaktion fungiert Sprache auch als Mittel zum Machterwerb und als Medium der Täuschung (Trabert, 303). Die Phänomene surrealer Entgrenzung in der *Beschreibung eines Kampfes* erscheinen als Signum von Wirklichkeitsverlust und Identitätsauflösung.

Der Ich-Erzähler erlebt seine Labilität geradezu als existenzgefährdend und reagiert darauf mit Selbstheilungsversuchen: Er neigt zu eskapistischer Regression oder zu narzisstischer Ich-Aufblähung bis hin zu Omnipotenz-Vorstellungen (Neymeyr 2004, 53, 69–73, 81 f., 85 f., 94). Diese Tendenzen können in Gestalt seiner Projektionsfiguren sogar als körperliche Deformation manifest werden.

Als plastischer Ausdruck einer dialektischen Psychodynamik erscheint beispielsweise die phantastische Entgrenzung am Ende des Binnenteils. Hier nimmt Kafka den Begriff ›Extremitäten‹ wörtlich, indem er die Gliedmaßen des Ich-Erzählers ins Unermessliche expandieren lässt (NSF I, 111 f.). Szenen wie diese transponieren die psychische Dissoziation in die physische Dimension. Am Beispiel der grotesken Fettleibigkeit des Dicken, der trotz seiner buddhaähnlichen Selbstinszenierung letztlich im Fluss untergeht, wird deutlich, dass sich die Identitätsproblematik durch eine auf Selbstbehauptung zielende Ich-Expansion keineswegs beheben lässt, sondern sich durch die ihr immanente Tendenz zur Maßlosigkeit sogar noch potenziert. Sie führt zur Entgrenzung und trägt daher zu einer weiteren Auflösung der Persönlichkeitsstrukturen bei, statt ihr entgegenzuwirken (Neymeyr 2004, 81, 97–103, 200–204).

Kulturhistorische Bezüge sind hier insofern zu erkennen, als Kafka mit der markanten Opposition von Dickem und Beter den dialektischen Zusammenhang zwischen dem um 1900 ausgeprägten Kult des großen Individuums und der zur gleichen Zeit virulenten Krise des ›unrettbaren Ich‹ reflektiert: Die Deformation des Dicken bildet die Bedrohung der potentenhaft aufgeblähten ›Persönlichkeit‹ durch psychische Entgrenzung in der physischen Dimension ab; mit seiner abnormen Leibesfülle (NSF I, 78 f.) repräsentiert der mit orientalischen Kulturzitaten ausgestattete Dicke (Brod, 157; Goebel, 288 f., 293 f.) in der Fassung A die Überkompensation, mit welcher der Ich-Erzähler auf seine eigene Instabilität reagiert. Das andere Extrem dieser Identitätskrise bringt der nahezu körperlose, das Verschwinden des Subjekts veranschaulichende Beter zum Ausdruck, dessen ›Beten‹ (NSF I, 85, 89) keineswegs religiös motiviert ist, sondern allein dem Zweck dient, im Spiegel fremder Blicke Selbstgewissheit zu erlangen:

Er repräsentiert eine bis zum Verlust der Selbstbestimmung reichende Labilität und Depersonalisierung.

In dem Maße, wie der von Selbstentfremdung und Identitätsverlust bedrohte Ich-Erzähler die Fähigkeit einbüßt, sich souverän in seinem Umfeld zu bewegen, wird seine forcierte Selbstinszenierung auf eine tiefreichende Verunsicherung hin transparent. Haltlos zwischen Omnipotenz-Attitüde und ohnmächtiger Passivität sowie zwischen widersprüchlichen Selbstbildern und Alter-Ego-Imagines oszillierend, verfällt er einer desaströsen Exzentrik.

Wiederholt inszeniert Kafka nicht nur körperliche Deformation und Fragmentierung, sondern auch sprunghafte Bewegungen und Stürze als Symptome seelischer Labilität. Da stabile Wirklichkeitserfahrung eine gefestigte Identität voraussetzt, hat die fortschreitende Ich-Dissoziation auch eine Auflösung der konsistenten Wahrnehmung zur Folge, so dass der krisenhaften Labilität des Subjekts eine Destabilisierung der Objektwelt entspricht. Diese Interdependenz von Depersonalisierung und Realitätsverlust veranschaulichen mehrere Episoden der *Beschreibung eines Kampfes* mit surrealistischer Intensität. Exemplarische Bedeutung hat eine Szene, in deren Zentrum das »Standbild Karl des Vierten« steht (NSF I, 69): Hier versucht der schwankende Ich-Erzähler zunächst, seine Position durch einen fixierenden Blick auf die Statue zu stabilisieren, dann aber bringt seine eigene Labilität groteskerweise auch Karl IV. zu Fall. Die Verantwortung dafür delegiert er anschließend an das Mondlicht (zu dieser Episode vgl. Glinski, 34–38; Neymeyr 2004, 66–68).

Auch das auffällige Bedürfnis der Protagonisten, sich durch Halt bietende Außenweltphänomene wie Mauern, Geländer und Banklehnen (NSF I, 59, 63, 115, 117) oder sogar durch eine sinnstiftende metaphysische Instanz (60) zu stabilisieren, verrät eine krisenhafte Labilität. Die Motive des Fliegens, Fließens, Schwimmens und Schwebens, die sich mit Vorstellungen von Wind, Wolken und Wasser verbinden, signalisieren eine Tendenz zur Entgrenzung und Diffusion. Das zeigt beispielsweise das Bild der »wolkenhaften Berge« (63 f., 70, 117). Besonders intensiv bringt die Szenerie einer nächtlichen Flusslandschaft Konturverlust und Identitätsauflösung der Figuren zum Ausdruck. Als Symbol einer entindividualisierenden universellen Lebensströmung verweist der Fluss zugleich auf den Kontext der lebensphilosophischen Rationalitäts- und Individualitätskritik, die seit Nietzsches *Geburt der Tragödie* das geistige Klima bestimmte (Neymeyr 2004, 97 f., 103).

Insgesamt zeigen die Binnengeschichten der *Beschreibung eines Kampfes*, dass den Figuren auch im Medium von Sprache und Kommunikation keine dauerhafte Selbststabilisierung gelingt. Wenn sie das Erzählen der eigenen Geschichte psychologisch funktionalisieren, um ihr labiles Ich zu festigen, scheitern sie ebenso wie bei der Flucht in Erinnerungen, die eine aktuelle Leidenssituation kompensieren sollen. Letztlich bleibt die Identitätskrise aporetisch. So gewinnt die Titelhypothese des gesamten Binnenkomplexes, »daß es unmöglich ist zu leben« (NSF I, 72), textimmanent vollkommene Evidenz.

Vergleich der Fassungen A und B

Hatte Max Brod 1936 bei der erstmaligen Publikation von Kafkas *Beschreibung eines Kampfes* die beiden Versionen der Erzählung noch auf editionsphilologisch unzulässige Weise kontaminiert, indem er in die Fassung A Textvarianten und Ergänzungen aus der späteren Fassung B integrierte, so bot Ludwig Dietz 1969 in seiner Parallelausgabe nach den Handschriften eine sorgfältig erstellte Synopse beider Versionen, die dem Leser Einblick in die Textgenese gibt.

Festzuhalten ist Folgendes: Über weite Strecken der Erzählung dominieren die inhaltlichen Entsprechungen zwischen den Fassungen A (NSF I, 54–120) und B (NSF I, 121–169), passagenweise gibt es sogar wörtliche Korrespondenzen. Allerdings finden sich in beiden Fassungen auch Textpassagen, die in der jeweils anderen Version nicht vorhanden sind. So existieren die Episoden, die den Dicken betreffen, nur in der Fassung A. Die wichtigste konzeptionelle Differenz besteht darin, dass Kafka das dreistufige Gliederungsprinzip der Fassung A, in deren umfangreichem Mittelteil II »Belustigungen« sämtliche Kapitel (1, 2, 3a, b, c, d, 4) mit Überschriften versehen sind, in der späteren Fassung B durch eine schlichtere Komposition ersetzt hat: durch eine lineare Reihung von fünf titellosen Kapiteln (I, I, II, III, IV).

Dem ersten Abschnitt I, der (wie in Kapitel I der Fassung A) die Begegnung des Ich-Erzählers mit seinem Bekannten darstellt, folgen in der Fassung B die mit römischen Ziffern versehenen Kapitel I bis IV (die Ziffer I kommt hier also zweimal vor). Teil I und II der B-Fassung entsprechen inhaltlich sehr weitge-

hend den beiden Episoden 1 »Ritt« und 2 »Spaziergang« im Mittelteil der A-Fassung; allerdings enthält Teil I der B-Fassung zusätzlich eine Textpartie (NSF I, 141 f.), die Kafka unter dem Titel *Der Ausflug ins Gebirge* in seine Prosasammlung *Betrachtung* integriert hat (DzL 20).

Das Kapitel III der Fassung B hingegen besteht aus einer Textpartie (NSF I, 145–150), die in der Fassung A nicht existiert: Sie ist identisch mit dem Prosastück *Kinder auf der Landstraße* (DzL 9–14), das den Zyklus *Betrachtung* eröffnet. Anders als in der *Betrachtung* wird diese Retrospektive einer Erzählerfigur auf Kindheitserlebnisse in der *Beschreibung eines Kampfes* allerdings durch einen kurzen einleitenden Abschnitt in einen Traumkontext gestellt (NSF I, 145).

Da Kafka in der Fassung B die Gestalt des Dicken eliminiert hat, entfällt hier auch dessen komplexe Interaktion mit dem Beter. Aufgrund dieses tiefreichenden Eingriffs wird die Perspektivenvielfalt der früheren Textversion in der späteren deutlich reduziert. Gestrichen hat Kafka in der Fassung B die Kapitel 3a »Ansprache an die Landschaft«, 3c »Geschichte des Beters«, 4 »Untergang des Dicken« sowie das unbetitelte Kapitel III, den zweiten Rahmenteil der *Beschreibung eines Kampfes*.

Zwar bleibt die Beterfigur auch in der Fassung B erhalten, da Kafka den Stoff der Kapitel 3b und 3d aus der A-Fassung hier weiterverwendet und in Kapitel IV mit einigen Ergänzungen kombiniert, die den Gesamtduktus allerdings nicht wesentlich verändern. Aber abweichend von der Fassung A wird die mehrstufige Komposition gleichsam eingeebnet: Nun tritt nicht mehr der Dicke als projektiver Gesprächspartner des Erzählers in Erscheinung, dem er in der Fassung A noch selbst über seine Erlebnisse mit dem Beter berichtet, vielmehr ist es jetzt der Ich-Erzähler, dessen Begegnung mit dem Beter das Kapitel IV der B-Fassung thematisiert.

Aufgrund der Verflachung des kompositorischen Reliefs findet in der B-Fassung auch die Rückkehr zur Rahmenerzählung nicht mehr statt, die in der früheren A-Fassung (in Gestalt von Kapitel I und III) als ›reale‹ Szenerie die phantastischen Dimensionen der (in Kapitel II präsentierten) Binnenerzählungen umschließt. Anstelle der älteren Version, in welcher der Ich-Erzähler und sein Bekannter ihr in Teil I begonnenes, aber durch die »Belustigungen« im Binnenkomplex unterbrochenes Gespräch auf ihrem nächtlichen Spaziergang in Teil III fortsetzen, hat Kafka für die B-Fassung eine andere Möglichkeit zur

Abrundung gewählt: Durch den Beter an eine bereits vergessene Abendeinladung erinnert, animiert der Ich-Erzähler diesen dazu, ihn dorthin zu begleiten (NSF I, 167). Mit dem Abschied der beiden Figuren vor dem Haus der Gastgeber endet die Fassung B der *Beschreibung eines Kampfes*. Dem Leser wird dadurch der Eindruck nahegelegt, hier deute sich eine zirkuläre Struktur der Erzählung an: Man könnte nämlich den Schluss der B-Fassung mit der Anfangspartie in der Weise vermittelt sehen, dass hier gegen Mitternacht genau die Abendeinladung endet, deren Beginn die Schlusspassage einzuleiten scheint. Zwar bietet der Text keine eindeutigen Indizien für die Identität der in der Anfangs- und Schlusspartie dargestellten Abendeinladungen, aber er schließt sie auch nicht definitiv aus.

Zur Bedeutung, die Kafkas Experimente mit Möglichkeiten perspektivischen Erzählens in der *Beschreibung eines Kampfes* für seine spätere literarische Entwicklung haben, vgl. Ryan (571 f.).

Ausgaben: Teilpublikationen in *Betrachtung* (↗ 112) und in der Zeitschrift *Hyperion*: Gespräch mit dem Beter, Gespräch mit dem Betrunkenen. In: Hyperion. Eine Zweimonatsschrift. 2. Folge, Bd. 1 (1909) H. 8 [März/ April-Heft; erschienen zweite Junihälfte], 126–131 u. 131–133. – ED des Konvolutes in der von Max Brod erstellten Fassung: BeK/GS (1936), 7–66, wieder BeK/ GW (1954), 7–66.– BeK. Die zwei Fassungen. Parallelausg. nach den Handschriften. Hg. u. mit einem Nachwort v. Max Brod. Textedition v. Ludwig Dietz. Frankfurt/M. 1969. – NSF I/KA (1993), 54–120 [Fassung A], 121–169 [Fassung B]; zu Kafkas Versuchen, diese Fassung in den Tagebüchern fortzusetzen: NSF I:A/KA, 55. – BeK/FKA (1999).

Epochenkontexte: Hermann Bahr: Die Überwindung des Naturalismus [1891]. In: Ders.: Zur Überwindung des Naturalismus. Theoretische Schriften 1887–1904. Ausgew., eingel. und erl. v. Gotthart Wunberg. Stuttgart 1968, 33–102. – Sigmund Freud: Der Dichter und das Phantasieren. In: Ders.: Studienausgabe. Hg. v. Alexander Mitscherlich, Angela Richards, James Strachey. Bd. X: Bildende Kunst und Literatur. Frankfurt/M. 1982, 169–179. – Ernst Mach: Beiträge zur Analyse der Empfindungen. Jena 1886; ab der 2. Aufl. (1900) unter dem Titel: Die Analyse der Empfindungen und das Verhältnis des Physischen zum Psychischen; Repr. der 9. Aufl. (1916): Stuttgart 1985. – Friedrich Nietzsche: Sämtliche Werke. Kritische Studienausgabe in 15 Bänden [=KSA]. Hg. von Giorgio Colli u. Mazzino Montinari. München, Berlin, New York 1980. – Morton Prince: The Dissociation of a Personality. A Biographical Study in Abnormal Psychology. New York, London

1905. – Théodule Ribot: Les maladies de la personnalité. Paris 1885; dt.: Die Persönlichkeit. Pathologisch-psychologische Studien. Übers. v. F.Th.F. Pabst nach der 4. Aufl. Berlin 1894.

Forschung: M. Anderson (1992), 36–47. – Reinhard Baumgart: Selbstvergessenheit. Drei Wege zum Werk: Thomas Mann, F.K., Bertolt Brecht. München, Wien 1983, wieder: Frankfurt/M. 1993. – P.U. Beicken (1974), 226–234. – Max Brod: Nachwort zu F.K.: BeK. Die zwei Fassungen [s.o.], 148–159. – P. Cersowsky (1983), 15–60. – Ludwig Dietz: Die Datierung von K.s *BeK* und ihrer vollständigen Handschrift A. In: JDSG 17 (1973), 490–503. – Ders.: Max Brods Hand in K.s Manuskripten der *BeK* und seine Kontamination dieser Novelle. Ein Beitrag zur Textgeschichte und Textkritik. In: GRM 23 (1973a), 187–197. – Ders.: Editionsprobleme bei K. Über einen kritischen Text der *BeK*. In: JDSG 18 (1974), 549–558. – Kurt Druckenthaner: Kommunikation zwischen Masken – K.s *BeK* im Lichte des symbolischen Interaktionismus. In: Aichmayr/Buchmayr (1997), 19–36. – Manfred Engel: *BeK*: Narrative Integration und phantastisches Erzählen. In: Engel/Robertson (2010). – Davide Giuriato: Kleine Randszene. Komische Marginalien in F.K.s *BeK*. In: Christiane Henkes u. a. (Hg.): Schrift – Text – Edition. Fs. für Hans Walter Gabler. Tübingen 2003, 253–264. – Sophie von Glinski: Imaginationsprozesse. Verfahren phantastischen Erzählens in F.K.s Frühwerk. Berlin, New York 2004, 26–83. – Rolf J. Goebel: Constructing China. K.'s Orientalist Discourse. Columbia 1997, 32–51. – Ders.: Orientalismus, Homoerotik und ethnographische Parodie: K.s *BeK*. In: Alexander Honold/Klaus R. Scherpe (Hg.): Das Fremde. Reiseerfahrungen, Schreibformen und kulturelles Wissen. Bern 1999 (Zeitschrift für Germanistik. Beiheft 2), 285–302. – Ingeborg Henel: Periodisierung und Entwicklung. In: KHb (1979) II, 220–241. – Arne Höcker: Literatur durch Verfahren. *BeK*. In: Höcker/Simons (2007), 235–254. – Hans-Thies Lehmann: Der buchstäbliche Körper. Zur Selbstinszenierung der Literatur bei F.K. In: G. Kurz (1984), 213–241. – B. Nagel (1983). – Peter Neesen: Vom Louvrezirkel zum Prozeß. F.K. und die Psychologie Franz Brentanos. Göppingen 1972. – Barbara Neymeyr: Konstruktion des Phantastischen. Die Krise der Identität in K.s *BeK*. Heidelberg 2004. – Dies.: Phantastische Literatur – intertextuell. E.T.A. Hoffmanns *Abenteuer der Sylvester-Nacht* als Modell für K.s *BeK*. In: E.T.A. Hoffmann-Jahrbuch 15 (2007), 112–128. – Markus Rassiler: Schreiben als unmögliche Möglichkeit. Dynamisierte und entgleitende Beobachtungen in F.K.s *BeK*. In: N.A. Chmura (2008), 179–202. – James Rolleston: Das Frühwerk (1904–1912). In: KHb (1979) II, 242–262. – Judith Ryan: Die zwei Fassungen der *BeK*. Zur Entwicklung von K.s Erzähltechnik. In:

JDSG 14 (1970), 546–572. – Shimon Sandbank: The Unity of K.'s *BeK*. In: Archiv 210 (1973), 1–21. – Jost Schillemeit: K.s *BeK*. Ein Beitrag zum Textverständnis und zur Geschichte von K.s Schreiben. In: G. Kurz (1984), 102–132; wieder in Schillemeit (2004), 181–211. – Hans Rainer Sepp: Verschiebungen. F.K.s *BeK*. In: Ders.: Literatur als Phänomenalisierung. Phänomenologische Deutungen literarischer Werke. Wien 2003, 98–115. – W.H. Sokel (1964), bes. 33–45. – Ders.: Narzißmus, Magie und die Funktion des Erzählens in K.s *BeK*. Zur Figurenkonzeption, Geschehensstruktur und Poetologie in K.s Erstlingswerk. In: G. Kurz (1984), 133–153; engl. Fassung in: W.H. Sokel (2002), 166–180. – Lukas Trabert: Erkenntnis- und Sprachproblematik in F.K.s *BeK* vor dem Hintergrund von Friedrich Nietzsches *Über Wahrheit und Lüge im außermoralischen Sinne*. In: DVjs 61 (1987), 298–324. – Benno Wagner: Kampf mit dem Durchschnittsmenschen. Einführung in K.s Welt. In: Károly Csúri u. a. (Hg.): Erzählstrukturen II. Studien zur Literatur der Jahrhundertwende. Szeged 1999, 134–144. – M. Walser (1961). – Günter Wöllner: E.T.A. Hoffmann und F.K. Von der »fortgeführten Metapher« zum »sinnlichen Paradox«. Bern, Stuttgart 1971.

Barbara Neymeyr

3.1.2 *Hochzeitsvorbereitungen auf dem Lande*

Entstehung

Die drei fragmentarischen Textversionen der *Hochzeitsvorbereitungen auf dem Lande* ermöglichen einen guten Einblick in die Werkstatt des Autors Kafka während seiner Frühzeit. Die erste und umfangreichste Fassung A (NSF I, 12–42) aus 33 losen Blättern, überliefert in zwei Teilkonvoluten mit einigen Textlücken, entstand wahrscheinlich im Frühjahr 1907 (terminus post quem: August 1906; ante quem: 20. Juli 1907). Es handelt sich also um einen der ersten erhaltenen Versuche Kafkas, eine längere Erzählung zu schreiben. Danach wandte er sich der Weiterarbeit an *Beschreibung eines Kampfes* zu, bevor er, wohl um Anfang Juli 1909, noch einmal zu einer Überarbeitung des *Hochzeitsvorbereitungen*-Fragmentes ansetzte. Die dabei entstandene Fassung B (NSF I, 43–50) umfasst neun Blätter mit vielen Korrekturen; ein zweiter Neuansatz, die wohl nur wenig später geschriebene Fassung C (NSF I, 51–53), bringt es nur noch auf drei Blätter. Anschließend gibt Kafka das Projekt endgültig auf. Er übersendet die Manuskripte Brod, mit dem er das Vorhaben offensichtlich diskutiert hatte; dieser notiert auf dem Umschlag: »Hochzeitsvorbereitungen auf dem Lande | Franz Kafka« sowie »Anfänge | Titel von mir, nach *sicherer* Erinnerung« (NSF I:A, 37). In seinem Begleitschreiben von Anfang Juli 1909 erklärt Kafka den unvollständigen Text zu einem »Fluch« für ihn; er habe ein »Centrum«, »das ich in sehr unglücklichen Stunden noch irgendwo in mir spüre« (An M. Brod; B00–12 104). Der von Brod überlieferte Hochzeits-Titel legt dabei sehr nahe, dass dieses Textzentrum eng mit Kafkas Ängsten vor einer ehelichen Bindung verknüpft ist.

Textbeschreibung

Die erste Textfassung schildert den Aufbruch des Protagonisten Eduard Raban von seiner Wohnung in Prag an einem regnerischen Nachmittag zu einer Eisenbahnfahrt; Raban will seine Verlobte Betty auf dem Land besuchen. Detailliert werden die Straßeneindrücke auf dem Weg zum Bahnhof beschrieben. In der ersten Fassung trifft Raban außerdem einen Bekannten namens Lement, führt eine Unterhaltung mit ihm und fährt ein Stück mit der Straßenbahn, bevor er sich zum Bahnhof begibt. Dort erwirbt er eine Fahrkarte und setzt sich in den Zug. Seine Mitfahrer im Abteil werden ausführlich beschrieben, ihre Unterhaltungen teilweise wörtlich wiedergegeben. Das erste Kapitel endet mit dem Einschlafen Rabans, der im zweiten Kapitel zur Ankunft auf dem Dorfbahnhof wieder erwacht. Inzwischen ist es Nacht geworden, es regnet immer noch heftig, und Raban muss sich mühsam den Weg zum Omnibus erfragen. Dieser setzt ihn nach kurzer Fahrt vor einem Gasthof ab. Bevor er jedoch seiner Verlobten nun wirklich gegenüber treten kann, endet das Fragment mitten im Satz; Betty, der Fluchtpunkt der Reise, darf den Text nicht einmal mehr betreten.

Die zweite Fassung nimmt die Anfangspassagen mit nur geringen Variationen auf, führt dann aber als neuen Dialogpartner einen älteren Herrn ein, mit dem Raban eine nur bruchstückhaft überlieferte Unterhaltung führt, die ebenfalls abrupt endet. Die dritte Fassung enthält gar nur noch die gestraffte Eingangspassage; schon beim ersten, nur noch indirekt wiedergegebenen Wortwechsel mit dem älteren Herrn endet das letzte und kürzeste Fragment.

Die Textsubstanz ist damit in allen Fassungen äußerst handlungsarm; die im Titel genannten *Hochzeitsvorbereitungen* sind in den überlieferten Fragmenten kaum wiederzufinden, sondern verweisen offenbar auf spätere Entwicklungen, die nicht mehr ausformuliert wurden. Insofern hat eine Interpretation zu klären, warum das Erzählprojekt scheitert, und zwar in jeder Stufe einzeln und insgesamt. Zudem ergibt sich die Frage, wodurch das beinahe völlige Fehlen äußerer Handlung kompensiert wird.

Das verweist auf die verwendeten Darstellungsmittel. In allen drei Fassungen nimmt die Beschreibung der äußeren Wirklichkeit eine dominante Rolle ein. Sie wechselt jeweils mit Dialogpartien in direkter wörtlicher Rede. Allein in der ersten Fassung finden sich zudem eine Reihe innerer Monologe Rabans, in denen dieser seine Wahrnehmungen einer ständigen Deutung unterzieht, seine momentane Situation reflektiert und den weiteren Verlauf der Reise imaginiert. Zentral für die Deutung sind damit die Funktionen der drei unterschiedlichen Erzählweisen für sich sowie darüber hinaus ihr innerer Zusammenhang.

Schließlich ist die Stellung des Textes sowohl im Frühwerk als auch im Blick auf das Gesamtwerk dar-

zulegen. Wegen der langen Entstehungszeit lässt sich hier besonders gut die Entwicklung der Arbeit im Einzelnen verfolgen; die Überarbeitungen könnten zudem einen ersten Erklärungsansatz dafür bieten, warum Kafka mit dem Text in eine Sackgasse gerät.

Forschung

Die Forschung hat sich, von einzelnen Aufsätzen abgesehen, noch nicht intensiv mit dem Text beschäftigt. Wagenbach hat zunächst auf die möglichen biographischen Hintergründe verwiesen: Kafkas Aufenthalt im Sanatorium Dr. Ludwig Schweinburg in Zuckmantel im Jahr 1905, während dessen er sich in eine ältere Frau verliebte (Wagenbach 2006, 283). Alt hat auf die Bedeutung der Eisenbahnfahrt hingewiesen, die ein »ideales Vehikel für den leidenschaftlichen Beobachter Kafka« (Alt 2005, 157) gewesen sei. Binder hat die topographischen Details der Straßenbeschreibungen in Prag lokalisiert (Binder 1975, 64–66).

Einflüsse wurden geltend gemacht: Wagenbach sieht in der zentralen Rolle, die die Beschreibung in diesem Text spielt, eine Nachwirkung der Beschäftigung Kafkas mit den empiriokritizistischen Lehren Ernst Machs, vermittelt durch den Naturgeschichtslehrer Adolf Gottwald am Gymnasium (Wagenbach 2006, 54). Bezüglich der formalen Gestaltung des Textes wurde wiederholt der Einfluss von Gustave Flaubert hervorgehoben (vgl. Binder 1975, 63). Charles Bernheimer hat einzelne Passagen aus den *Hochzeitsvorbereitungen* mit Textstellen aus der *Éducation sentimentale* und *Madame Bovary* verglichen. Er sieht darüber hinaus zwei polare Tendenzen in der Erzählung verkörpert, die er als »self-displacement« und »self-dissolution« bezeichnet (Bernheimer 1986, 9). Entsprechend kontrastiere auch der Versuch einer sprachlichen Beschreibung als Allmachtsphantasie mit den vergeblichen Bemühungen des Protagonisten Raban, den Ereignissen irgendeinen Sinn zu verleihen. Damit liegt eine erste wichtige These zur Verbindung von dargestellter Welt und dem Einsatz verschiedener Darstellungstechniken vor.

Im Einzelnen unterschiedlich bewertet wird die erzählerische Gestaltung im Blick auf das Gesamtwerk. Binder kritisiert, dass äußere Details zwar exakt beschrieben werden, aber noch keine direkten Ausdrucksfunktionen für die Darstellung des Seelischen übernehmen (1975, 64). Für geglückt hingegen hält er die Gestaltung der Dialoge. Demgegenüber befindet Wagenbach: »In *Hochzeitsvorbereitungen auf dem Lande* liegen bereits die wesentlichsten Elemente der späteren Dichtung Kafkas enthalten« (Wagenbach 2006, 115).

Deutungsaspekte

Fassung A

Lakonischer Beginn: »Es regnete wenig«

Man weiß, dass Anfangssätze bei Kafka eine besondere Bedeutung haben. Die *Hochzeitsvorbereitungen* beginnen denkbar lapidar mit zwei Sätzen, die in allen drei Fassungen nur wenig verändert erscheinen und schon deshalb einen Handlungs- und Erzählnukleus enthalten müssen:

> Als Eduard Raban durch den Flurgang kommend, in die Öffnung des Thores trat sah er, daß es regnete. Es regnete wenig (NSF I, 12).

Dass man »Raban« wegen der Vokalfolge als Kryptogramm des Namens »Kafka« lesen kann, ist häufig bemerkt worden, zeigt aber nur, dass diese Art der Autofiktionalisierung nicht erst mit dem *Urteil* erfunden wurde. Bezeichnender ist die beschriebene räumliche Situation, die sich immer wieder im Kafkaschen Frühwerk findet: der Übergang vom Inneren des Hauses auf die Straße; eine Schwellensituation im wörtlichen Sinn, die schon durch die Wortwahl mit der Polarität von ›Offenem‹ (Tor) und ›Geschlossenem‹ verbunden ist. Dazu kommt eine einfache sinnliche Wahrnehmung – es regnete –, der ihre Präzisierung auf dem Fuße folgt: »Es regnete wenig«. Der Regen wird im gesamten Fragment und in allen Fassungen niemals aufhören; er spielt, könnte man überspitzt sagen, streckenweise eine etwas größere Rolle für die Handlung als ihr Protagonist, der im Übrigen seinen Regenschirm ebenso wenig wie seinen Reisekoffer aus der Hand gibt, die ihn beide ikonographisch als archetypischen Reisenden markieren.

Die Tatsache, dass es regnet, markiert dabei auf der Inhaltsebene den ersten, äußeren Widerstand gegen ein Unternehmen, dem Raban sowieso jede Menge innerer Widerstände entgegensetzt. Auf der formalen Ebene stellt die zweifache Erwähnung des Regens einen beinahe subkutanen Übergang von einer allgemeinen auktorialen Wahrnehmung zu einer personalen Präzisierung und Wertung dar; »es regnete wenig« ist eine Aussage in erlebter Rede aus der inneren Perspektive Rabans.

Vollständigkeit der Beschreibung: »Alles rund herum zu sehn«

Das erzählerische Potential des Anfangssatzes wird bereits in den ersten beschreibenden Textpassagen breit entfaltet. Kafka zeichnet hier in großer Detailfülle, gleichwohl nicht realistisch, sondern gestisch-expressiv überhöht eine Straßenszene, die man sich auch gut im bewegten Ausdrucksstil des Expressionismus gemalt vorstellen könnte:

> Auf dem Trottoir gleich vor ihm gab es viele Menschen in verschiedenartigem Schritt. Manchmal trat einer vor und durchquerte die Fahrbahn. Ein kleines Mädchen hielt in den vorgestreckten Händen ein müdes Hündchen. Zwei Herren machten einander Mittheilungen, der eine hielt die Hände mit der innern Fläche nach oben und bewegte sie gleichmäßig als halte er eine Last in Schwebe. Da erblickte man eine Dame, deren Hut viel beladen war mit Bändern, Spangen und Blumen. Und es eilte ein junger Mensch mit dünnem Stock vorüber, die linke Hand als wäre sie gelähmt platt auf der Brust. Ab und zu kamen Männer welche rauchten und kleine aufrechte längliche Wolken vor sich her trugen. Drei Herren – zwei hielten leichte Überröcke auf dem geknickten Unterarm – giengen oft von der Häusermauer zum Rande des Trottoirs vor, betrachteten das was sich dort ereignete und zogen dann sprechend sich wieder zurück (NSF I, 12).

Charakteristisch ist, erstens, die Bewegtheit der Szene, die im häufig wiederholten Hin- und Hergehen der Figuren nachgezeichnet wird. Dabei wird eine räumlich genau abgestufte Matrix von Hauswänden, Trottoir und Fahrbahn entworfen, innerhalb derer sich die Figuren beinahe abgezirkelt bewegen und in der die Fahrbahn die größte Gefahrenzone gegenüber der sicheren Hauswand darstellt. Zweitens ist eine zeitliche Bewegung unterlegt, die von »manchmal« über »ab und zu« bis hin zu »oft« variiert wird. Auffällig ist, drittens, die Gruppierung des Personals. Es gibt Einzelfiguren, die über ein auffälliges Kleidungsstück (wie die Dame mit dem Hut) oder eine besonders charakteristische Geste (wie der »junge Mensch«) beschrieben werden. Es gibt Kleingruppen, deren Beziehung untereinander beschrieben wird: das Mädchen mit dem müden Hündchen (hier erlaubt sich Kafka eine kleine Lautmalerei), die stumm und gestisch miteinander kommunizierenden »zwei Herren«, sowie die »drei Herren« mit den Überziehern. Besonderes Gewicht wird dabei auf die Darstellung der Hände gelegt; sie allein tauchen dreimal auf.

Die auf den ersten Blick unsystematisch und zufällig wirkende Straßenszene wird also durch strenge räumliche, zeitliche und figürliche Kompositionsschemata gegliedert. Die ständige Bewegung im Straßenbild verhindert allerdings, dass die Beschreibung jemals an ihr Ende kommt. In einer späteren Textpassage wird es heißen, dass sich der Platz unter dem Einfluss der in den Pfützen reflektierenden Straßenlampen »unaufhörlich« »änderte«, während Raban ständig bemüht ist, »alles rund herum zu sehn« (19). Gleichwohl ist diese äußerlich so sehr um erzählerische Objektivität und Vollständigkeit der Beschreibung bemühte Darstellung einer Straßenszene natürlich nichts weniger als das Produkt einer auktorialen Erzählinstanz, sondern vielmehr durch die personale Wahrnehmung Rabans gefiltert. Das zeigt sich am stärksten in der ungewöhnlichen Auswahl der dargestellten Gesten sowie in der dabei verwendeten Bildlichkeit. Es ist Raban, dem die äußere Welt trotz sorgfältigster Beobachtung ständig in Bewegung, instabil, unsicher, rätselhaft, verschlüsselt erscheint.

Innerer Monolog: »Die Gestalt eines großen Käfers«

Dass dies ebenso Rabans innerem Zustand entspricht, macht Kafka in Fassung A noch sehr explizit deutlich. Raban wird nicht nur als »müde« beschrieben, sondern auch die Blässe seiner Lippen und das dieser korrespondierende »ausgebleichte Roth« der Krawatte mit dem »maurischen Muster« (NSF I, 13) symbolisieren seinen Seelenzustand, den er in einem daran anschließenden inneren Monolog dann selbst darlegt. Dieser innere Monolog entwickelt sofort eine starke Dynamik – »man« ist müde wegen der Arbeit »im Amt« (13); »man« wird trotzdem nicht geliebt, sondern »ist [...] allen gänzlich fremd« (14) –, die in ihrer Konsequenz sogar zu einem unvermittelten Sprung aus der Geschichte auf die Erzählebene selbst führt:

> Und solange Du »man« sagst an Stelle von »ich«, ist es nichts und man kann diese Geschichte aufsagen, sobald Du aber Dir eingestehst daß Du selbst es bist, dann wirst Du förmlich durchbohrt und bist entsetzt (ebd.).

Hier spricht also in erster Instanz Raban zu sich selbst, und in zweiter Instanz der Erzähler zu sich selbst. Der innere Monolog wendet sich anschließend wieder Rabans momentaner Situation zu, der sich nun alle wahrscheinlichen und unwahrscheinlichen Kränkungen des von ihm geplanten Landaufenthalts einfallsreich imaginiert. Die Reflexion zieht sich, von Beschreibungsszenen immer wieder unter-

brochen, über die nächsten Seiten und mündet in die wahrscheinlich bekannteste Stelle des Textes, die Käferphantasie. Raban erwägt, sich vor den vorgestellten Schrecken des Landaufenthalts durch ein surreales Mittel zu drücken, das er als Kind anwandte: »Ich schicke meinen angekleideten Körper nur« (17). Dieser vom eigentlichen inneren Selbst abgespaltene Körper leidet nun auf dem Lande, während das Ich in der Stadt geschützt in seinem Bett liegt, »glatt zugedeckt mit gelbbrauner Decke, ausgesetzt der Luft, die durch das wenig geöffnete Fenster weht«; es hat dabei »die Gestalt eines großen Käfers, eines Hirschkäfers oder eines Maikäfers glaube ich« (18).

Natürlich liegt hier die Keimzelle für die *Verwandlung*, die zudem den positiven Kern dieser Vorstellung für Kafka klarmacht; es ist eine Fluchtphantasie, die keinesfalls als bedrohlich erlebt wird, sondern das Ich in eine gewohnte Atmosphäre, geschützt vor allzu starken Einflüssen der Außenwelt – das »wenig geöffnete Fenster« (18) – versetzt. In diesem Text bleibt dies jedoch ein unverbundenes Phantasma, da Raban sofort wieder in zermürbende Grübelei wegen seines Landaufenthalts verfällt. Er nimmt dabei regelmäßig das schlechtestmögliche Verhalten der anderen Gäste als gesichertes Faktum vorweg und gerät so letztlich in die Ausweglosigkeit des Paradoxons. So stellt er sich beispielsweise vor, seine Abneigung gegen körperliche Berührung bei der Begrüßung könnte gegen ihn ausgelegt werden; folglich müsse er dann versuchen, die solchermaßen Gekränkten »zu begütigen«. Das allerdings werde sie noch mehr »böse machen«: »Wenn ich sie durchaus böse machen könnte, beim Versuch sie zu begütigen« (19). Ergo: Wenn Raban er selbst ist, macht er andere Menschen böse; wenn er versucht, sie wieder zu versöhnen, macht er sie noch böser; wenn er es lässt, sind sie ja immer noch böse. Es gibt keinen Ausweg – außer dem Käfer oder dem Verbleib in der Stadt.

Misslingende Dialoge: »Ich habe Augen niemals schön gefunden«

Die gleichen Regeln gelten für Rabans Kommunikationsversuche mit seinem Bekannten Lement. Die Unterhaltung beginnt mit Floskeln; man tauscht sich aus über gemeinsame Bekannte, Frauen vor allem: Frau Gillemann, so Lement, habe »die schönsten Augen, die ich je gesehen habe« (24). Raban aber, der selbst in der trivialsten Unterhaltung von einer

Unsicherheit in die nächste fällt, insistiert plötzlich auf den wörtlichen Gehalt der Redewendung: »Ich bitte Dich, wie sehn schöne Augen aus, nicht wahr, das Auge selbst kann doch nicht schön sein. Ist es der Blick? Ich habe Augen niemals schön gefunden« (24). Damit allerdings widerruft er eine Aussage, die er selbst nur wenige Absätze vorher in seinem inneren Monolog bei der insgesamt wenig wohlwollenden Betrachtung eines Fotos seiner Verlobten gemacht hatte: »Aber ihre Augen sind schön, sie sind braun, wenn ich nicht irre. Alle sagen, daß ihre Augen schön sind« (22). Gibt es nun schöne Augen oder nicht? Oder ist Raban – ähnlich wie sich die Umgebung unter der Beschreibung bereits wieder verändert – schon wenige Minuten später in einer anderen äußeren Konstellation selbst womöglich ein anderer? Wie soll man aber miteinander sprechen, wenn doch nichts sicher ist, noch nicht einmal – oder schon gar nicht – die eigene Identität?

Tatsächlich gelingt in der Unterhaltung mit Lement nicht einmal die geringste Verständigung. In Rabans nachträglicher Reflexion der Unterhaltung im inneren Monolog tritt seine fundamentale Unsicherheit gegenüber anderen Menschen offen zutage:

> Denn selbst alter Bekannter ist man gar nicht sicher. War nicht Lement heute freundlich zu mir, er hat mir doch einiges erklärt und er hat alles so dargestellt wie es mir erscheinen wird (28).

Die gesamte Kommunikation ist ständig von der Deutung von Machtverhältnissen innerhalb der Beziehung, von kommunikativen Strategien, von möglichen Bedeutungsvarianten der kleinsten Äußerungen überlagert. Das höchste Entgegenkommen besteht schon darin, dass eine Sache so dargestellt wird, wie sie dem Gesprächspartner »erscheinen wird«, also in einer speziellen Ausrichtung der Kommunikation auf den Empfänger. Alles Weitere, sei es nun ein vermeintlich zu kurzer Abschied oder ein einfaches kommunikatives Missverständnis, ist bereits »Kränkung« (ebd.).

Der Wechsel von beschreibenden Szenen und inneren Monologen Rabans prägt auch den zweiten Teil des ersten Kapitels, die Erzählung von Rabans Zugfahrt. Wiederum werden die Mitreisenden sorgfältig in Gruppen formiert; wiederum werden vor allem die ständige Bewegung und Veränderung der Situation beschrieben. Das Ziel der Beschreibung ist, so macht ein unscheinbares Detail deutlich, die Herstellung einer zuverlässigen Ordnung im alltäglichen Wahrnehmungschaos:

> Ragte ein Stock oder die beschlagene Kante eines Koffers vor, dann wurde der Besitzer darauf aufmerksam gemacht. Er gieng dann hin und stellte die Ordnung wieder her. Auch Raban besann sich und schob seinen Koffer unter seinen Sitz (30).

Im Zug wird die ständige Veränderung der Umwelt durch die Geschwindigkeit noch potenziert. Demgegenüber wird wiederum eine vermeintliche Stabilität einer floskelhaften Alltagskonversation der Mitreisenden beschworen, die sich jedoch immer wieder als trügerisch herausstellt: Alle Annahmen, die Raban aus den ersten Beobachtungen seiner Mitreisenden ganz sicher abgeleitet hatte, erweisen sich als falsch; sein vom Kassierer herausgegebenes Wechselgeld war doch richtig abgezählt, der Handelsreisende, dem er seinen »angenehmen« (ebd.) Beruf zugute gehalten hatte, ist von seiner tatsächlichen beruflichen Erfahrung so frustriert, dass er ins Weinen gerät und so fort.

Das zweite Kapitel: Totenlandschaften und Tribunal

Das erste Kapitel endet mit dem Einschlafen Rabans; das zweite beginnt unvermittelt mit seiner Ankunft im Dorf. In diesem Teil des Fragments wird etwas kontinuierlicher erzählt, da Raban nun aktiver wird. Gleichwohl bleiben bedrohliche Verwandlungsmomente allgegenwärtig. So sieht Raban dem abfahrenden Zug nach; relativ fließend gleitet dabei die Erzählung über ein Bild in die erlebte Rede, die nun als erzählerisches Mittel stärker in den Vordergrund drängt:

> Der Zug fuhr an, verschwand wie eine lange Schiebethür und hinter den Pappeln jenseits der Geleise war die Masse der Gegend daß es den Athem störte. War es ein dunkler Durchblick oder war es ein Wald, war es ein Teich oder ein Haus, in dem die Menschen schon schliefen, war es ein Kirchthurm oder eine Schlucht zwischen den Hügeln; niemand durfte sich dorthin wagen, wer aber konnte sich zurückhalten (NSF I, 36 f.).

Die nächtliche Landschaft wird von Raban als Totenlandschaft wahrgenommen und manifestiert sich körperlich als Alpdruck. Sie stellt eine ungeordnete Masse dar, der verschiedene, sogar gegensätzliche Vorstellungskomplexe (Wald-Teich-Haus; Kirchturm-Schlucht) untergeschoben werden können. Das mindert jedoch ihre bedrohliche Attraktivität nicht, die Verlockung, selbst in dieser amorphen Masse, der Unordnung, der Veränderlichkeit unterzugehen.

In der von allen äußeren Eindrücken isolierten Situation gerät Raban dabei seine Imagination immer mehr außer Kontrolle. Schließlich gipfeln seine inneren Monologe in einem Tribunal:

> Konnte man das alles nicht als Vorwürfe gegen Raban gebrauchen? Viele Pfützen wurden unerwartet erhellt von der an der Deichsel zitternden Laterne, ertrugen den Hufschlag und zertheilten sich Wellen treibend unter dem Rad. Das geschah nur deshalb, weil Raban zu seiner Braut fuhr (40).

Das ›Leiden‹ der brutal erleuchteten Pfützen und das Zittern der Laterne werden gegen Rabans fiktive »Verdienste« (40) aufgerechnet. Das Ergebnis kann kein positives sein; denn sein größtes Verdienst ist es schon, so Raban, dass er Vorwürfe erträgt, die ihm allerdings niemand macht, so dass es auch hier zu keinem Verdienst kommen kann. Und wieder ist das Ende der Sackgasse erreicht. Eine marginale Stabilität kann Raban allein daraus beziehen, dass sein Ellenbogen, als ihm seine Hand unachtsam vom Oberschenkel rutscht, »in dem Winkel zwischen dem Bauch und dem Bein« (41) bleibt, was offensichtlich als tröstliche Ordnungserfahrung auf Minimalniveau gewertet werden kann.

Die Ankunft vor dem Gasthaus schließlich führt noch einmal zu einer sentimentalen Erinnerung an Rabans vertrautes Lebensmilieu in der Stadt, wohingegen der Aufenthalt auf dem Land nicht nur mit fremden Menschen, sondern auch mit »unheimlichen fetten Speisen«, »fremder Zeitung« und einer Lampe »für alle« verbunden wird. Nur logisch bricht das Fragment in einem offenen Satz ab, der von der Bedrängung Bettys durch die »lüsternen Männer« (42) auf dem Lande berichtet; hier ist offenbar das Maximum des Bedrohungspegels erreicht.

Fassung B

Polarität und Personalisierung des Erzählens: »ohne Absicht fremd, wie durch ein Gesetz«

Auch in der zweiten Fassung bleibt der Anfangssatz bis auf eine winzige syntaktische Ergänzung unverändert, die stärker die Perspektive Rabans berücksichtigt: »da konnte er sehn, wie es regnete« (NSF I, 43). Die anschließenden beschreibenden Passagen werden etwas gekürzt bei ungefährer Beibehaltung der Personengruppen, aber unter Einführung neuer Beschreibungselemente. Deren erstes ist eine stärkere Strukturierung durch Polaritäten: Auf dem Trottoir gingen »nicht höher, nicht tiefer« (ebd.) Passanten; die Lücken zwischen den Vorübergehenden

sieht man »einmal flüchtig, dann bequem« (44); die eiligen Geschäftsleute lassen sich von den Leuten »stoßen und stießen auch« (ebd.). Zum zweiten werden neue Bilder verwendet: Der Hut der Dame ist nun nicht mehr beladen mit Spangen und Bändern, sondern »mit unkenntlichen Dingen bis zum Rande« (43); sie erscheint dadurch »ohne Absicht fremd, wie durch ein Gesetz« (ebd.). Und sogar seine hübsche Lautmalerei hat sich der Erzähler verboten: Das Hündchen darf nicht mehr »müde« (12) sein, sondern ist nur noch »grau« (43). Insgesamt ist die Beschreibung damit noch stärker auf Vollständigkeit des Eindrucks ausgerichtet – durch Einbeziehung aller, selbst der gegensätzlichen Möglichkeiten –, gleichzeitig aber weiter entpersönlicht, beispielsweise durch die Vergleiche von Menschen mit Dingen. Schließlich wird schon frühzeitig im Gesetzes-Vergleich eine moralische Ebene von Schuld und Verantwortung eingezogen.

Der sich in der Erstfassung an die beschreibenden Szenen anschließende innere Monolog mit dem ›Sprung‹ in die Erzählebene entfällt völlig; offensichtlich hat sich der Erzähler hier bereits von Anfang an das »man« untersagt. Stattdessen gleitet die Erzählung nun über die erlebte Rede direkt in einen Dialog mit einer neuen Figur, einem »älteren Herrn« (45). Dieser sieht abwechselnd Raban an und die Umgebung:

> Doch tat er dies nur aus dem natürlichen Bedürfnis, da er nun einmal unbeschäftigt war alles in seiner Umgebung wenigstens genau zu beobachten. Die Folge dieses zwecklosen Hin- und Herschauens war, daß er sehr vieles nicht bemerkte. So entging es ihm, daß Rabans Lippen sehr bleich waren und nicht viel dem ganz ausgebleichten Rot seiner Kravate nachstanden, die ein ehemals auffallendes maurisches Muster zeigte (ebd.).

In dieser Passage ist im Vergleich mit der Erstfassung sehr gut der Wechsel in der Erzählperspektive zu beobachten. Zum einen wird dem älteren Herrn das »natürliche Bedürfnis« (natürlich) von Raban unterstellt; aber eben durch das »natürlich« wird diese personale Wahrnehmung vordergründig als vermeintlich objektive und überhaupt nicht zu bezweifelnde Tatsache insinuiert. Zum zweiten wird die Aussage direkt in ein Paradox überführt: Gerade dadurch, dass der Herr alles sehen will, entgeht ihm vieles – nämlich ausgerechnet das sprechende Farbverhältnis zwischen Rabans Lippen und seiner Krawatte, das nun nicht mehr einfach als »Müdigkeit« (vgl. 13) tituliert, sondern in eine komplexe Selbstwahrnehmung Rabans überführt wird: Wie kann einem Beobachter nur entgehen, dass er so unendlich müde ist wie die Farbe seiner ehemals zweifellos durch Farbe und Muster geradezu Exzentrizität signalisierenden Krawatte? Und selbst wenn er es bemerkt hätte – so der Text weiter in sicherer Zielrichtung auf die Sackgasse –, hätte er »sicherlich« doch nur die falschen Schlüsse daraus gezogen, »denn Raban war immer bleich« (45). Daraus folgt: Egal, ob der ältere Herr die Krawatte und die Lippen wahrnimmt, egal, welche Schlüsse er daraus zieht – er wird der komplexen, veränderlichen und widersprüchlichen innerlichen Realität Rabans sowieso nie gerecht.

Kommunikative Sackgassen: »Nun, es ist nicht so wichtig«

Die Fruchtlosigkeit des sich anschließenden Dialogs hat sich gegenüber der Erstfassung eher noch verschärft. Diesmal beginnt sie gar mit einer Floskel über das Wetter, droht nach den ersten beiden Wortwechseln ganz zu versiegen und führt anschließend zu immer längeren monologischen Ausführungen Rabans, der ständig bemüht ist, eingebildete Missverständnisse auszuräumen. Besonders deutlich wird das Nicht-Gelingen dieser Kommunikation durch die Häufung von defensiven Redewendungen wie »Nichts meine ich damit« (46), »nun es ist nicht so wichtig« (48) oder einfach »bitte, bitte« (48). Dabei gibt ein kurzer Passus noch einmal eine rückgewendete Innensicht, die auch wegen ihres beinahe kausal erklärenden Charakters aus dem personalen, gegenwartsorientierten Erzählmuster herausfällt:

> Nun glaubte Raban, seit einiger Zeit könne ihn nichts berühren, was andere über seine Fähigkeiten oder Meinungen sagten; vielmehr habe er eben förmlich jene Stelle verlassen, wo er ganz hingegeben auf alles gehorcht hatte, so daß Leute jetzt doch nur ins Leere redeten, ob sie nun gegen oder für ihn waren (47).

Diese Stelle ist in mehrfacher Hinsicht verräterisch. Sie demonstriert, dass Raban geradezu manichäisch zwei Kategorien von Menschen unterscheidet, nämlich solche, die für, und solche, die gegen ihn sind. Dabei ist es gleichgültig, welcher Kategorie sein Gesprächspartner zuzuordnen ist; sein verzweifeltes Bemühen, sich selbst als unabhängiges Ich von beiden Gruppen abzugrenzen, war ganz offensichtlich erfolglos. Nicht nur, dass er auch in diesem Gespräch (das Wort ist ein spezieller Verräter) »gehorcht« hat im doppelten Sinn und jederzeit bereit ist, beim geringsten Widerspruch seine Stelle zu verlassen; er wird auch immer noch – hier kann man wiederum

die Zweideutigkeit ruhig beim Wort nehmen – »berührt« durch alles, was ein Gesprächspartner sagt. Zwar fehlen im weiteren Dialogverlauf mehrfach Blätter im Text, aber der Dialog endet im offenen Machtstreit, bei dem Raban sinnigerweise gleich beide Positionen selbst führt: »Sie würden mir Vorwürfe machen daß ich Sie jetzt nicht besser widerlegt habe« (50). Bis zu diesem Punkt ist im Übrigen von Betty niemals, von den Reiseabsichten Rabans nur sehr kurz und andeutungsweise die Rede gewesen.

Fassung C – Beobachterdominanz und Monumentalisierung: »Wie jeder sehen konnte«

Die dritte Fassung strafft die beschreibenden Anfangspassagen noch weiter und verstärkt die Tendenz zur Vollständigkeit der Beschreibung. Ein neues Beschreibungselement gleich im zweiten Absatz ist der Blick Rabans auf einen Kirchturm, der zum einen die Zeitknappheit schon zu Beginn des Textes stärker in den Fokus rückt. Zum zweiten wird hier die erste der endlosen Reihe von Polaritäten eröffnet, die den kurzen Text nun beinahe manisch prägen: Der »ziemlich hohe Turm« steht in einer »tiefer gelegenen Gasse« (NSF I, 51); die vorbeifliegenden Vögel sind gleichzeitig »fest aneinander geschlossen und auseinander gespannt« (ebd.); Raban denkt »das Gesicht bald gesenkt, bald gehoben« (ebd.) an gar nichts. Die Reihe ließe sich fortsetzen bis zum letzten Satz, in dem der alte Herr über Jugend und Alter reflektiert (53).

Bei der Beschreibung der Passanten wird in dieser Fassung jeder beschriebenen Gruppe ein eigener Absatz zugeteilt. Dadurch entsteht eine beinahe statuarische Aneinanderreihung von gegeneinander abgeschlossenen Einzelbildern, die mit der dargestellten Bewegung kontrastiert. Zudem wird Raban als souveräner eingeführt: Das befriedigte Stellen der Uhr, seine Freude darüber, dass er noch Zeit für den Weg zum Bahnhof hat, das Grüßen vorbeieilender Bekannter zeigen ihn gleichzeitig stärker eingebunden in die Straßenszene und distanziert in deren Betrachtung. Schließlich kommt es sogar zu einem Lachen, das keinem der Rabans der zwei vorigen Fassungen vergönnt war. Es geht aus von einer Miniaturskizze, die in den ersten Fassungen nur angedeutet war, nun aber breiter gezeichnet wird:

> Von der Gouvernante gezogen lief mit kurzen Schritten den freien Arm ausgebreitet ein Kind vorüber, dessen Hut, wie jeder sehen konnte, aus rotgefärbtem Stroh ge-

flochten auf dem gewellten Rande ein grünes Kränzchen trug.

> Raban zeigte ihn mit beiden Händen einem alten Herrn [...].

> Raban lachte. Kindern passe alles, er habe Kinder gerne. (53)

Auch diese Szene ist geprägt von den allgegenwärtigen Polaritäten – einmal fällt der Regen »gesammelt«, dann »unsicher« (53); die Analogie zu möglichen menschlichen Verhaltensweisen ist im Übrigen naheliegend. Als Gegenpol zur diffusen Anfangsfarbigkeit von Rabans Überzieher werden die starken Komplementärfarben rot und grün eingeführt. Das Kind bewegt sich »frei«, obzwar von der Gouvernante gezogen; das entspricht der Ausnahmestellung, die Kindern im Frühwerk, am stärksten in den *Kindern auf der Landstraße* in *Betrachtung*, zugesprochen wird. Am bemerkenswertesten ist schließlich wiederum die untergeschobene Personalisierung: Warum muss eigentlich erwähnt werden, dass jeder den bunten Hut sehen konnte? Doch offensichtlich nur, weil die starke Farbigkeit und der hervorgehobene Schmuckcharakter in Rabans Kopf in einem solch provozierenden Kontrast zur grauen verregneten Geschäftswelt der Erwachsenen stehen, dass sie eigentlich verheimlicht werden müssten. Sie symbolisieren die »Begeisterung« der Jugend, die der alte Herr dann in einer Floskel aufgreift, um sie sogleich abzuwerten: »und es hat, wie man im Alter sieht keinen Gewinn gebracht, darum ist man sogar« (ebd.) – und wieder endet der Text abrupt mitten im Satz.

Fortgesetzte Beobachtung: Zwei Tagebucheinträge vom 26. Februar 1912 und 12. März 1912

Im Februar und März des Jahres 1912 notiert Kafka zwei Tagebucheinträge, die aufgrund vielfältiger thematischer, inhaltlicher und darstellungstechnischer Parallelen als Wiederaufnahme des *Hochzeitsvorbereitungen*-Komplexes gelesen werden können. An ihnen wird besonders deutlich, wie lange Kafka bestimmte Situationen und Erzählkerne innerlich bearbeitet; sie können offensichtlich nicht abgeschlossen werden, bevor sie nicht eine befriedigende Erzählform gefunden haben.

Der erste Eintrag vom 26. Februar 1912 beginnt damit, dass das erzählende Ich seine Haustür öffnet und prüft, »ob das Wetter zu einem Spaziergang verlocke« (T 380); daran schließt sich wiederum die detaillierte Beschreibung einer Straßenszene an. Auch die bekannten Figurengruppen tauchen auf, diesmal

jedoch beinahe choreographisch aufeinander abgestimmt: So bewegen sich beispielsweise die Mädchen nach einer »in ihren Kehlen unterdrückten Melodie« und »im Tanzschritt ihrer Beine« (380 f.); Familien halten trotz Zerstreuungsgefahr »gut zusammen« (381). Ausgenommen von dieser allseitigen Harmonie sind lediglich die »allein gelassenen Männer«. Von ihnen distanziert sich das Ich folgerichtig in erlebter Rede: »Das war kleinliche Narrheit« (ebd.). Als Reaktion darauf verstärkt es seine Beobachterposition und sucht sogar physischen Kontakt mit den Vorübergehenden, indem er die Mädchen anfasst. Das wird ihm jedoch von einem Passanten verwehrt, worauf das Ich beginnt, aus der – bezeichnenderweise wortlosen – Bestrafung des Passanten heraus eine Allmachtsphantasie zu entwickeln: »Von jetzt an rief ich natürlich öfters Leute zu mir her, ein Winken mit dem Finger genügte oder ein rascher, nirgends zögernder Blick« (381). Darauf folgt das abrupte Ende und ein vernichtender Eintrag: »In einer wie mühelosen Schläfrigkeit ich dieses Unnütze, Unfertige geschrieben habe« (ebd.).

Unter dem 12. März 1912 steht ein zweiter Eintrag, der nun die Hochzeitsthematik wieder aufnimmt. Erzählt wird diesmal in Er-Form: Ein »junger Mann in offenem um ihn sich aufbauschendem Überzieher«, gerade verlobt, macht eine Fahrt mit der Elektrischen und erlebt ebenfalls, »gut aufgehoben im Zustand eines Bräutigams« (T 406), eine rauschhafte Einigkeit mit sich und seiner Umgebung, in der ihm alles gelingt. Gleichwohl folgt der Widerruf diesmal bereits auf den ersten Absatz: »Nur der sich aufbauschende Überzieher bleibt bestehn, alles andere ist erdacht« (407).

Das Interessante an diesen ›Fortsetzungen‹ ist, dass der Protagonist in beiden Einträgen das Geschehen um ihn herum nicht nur passiv wahrnimmt, sondern selbst gestaltet; dadurch fällt der Übergang ins Surreale, der in beiden Texten am Ende angedeutet wird, sehr viel fließender aus. Gleichwohl passieren beide Texte die nun sehr viel stärkere innere Selbstzensur nicht.

Zusammenfassung: Wechselwirkungen von Stabilisierung und Destabilisierung

Insgesamt kann man mit einer Formel von Guntermann auch in Bezug auf die *Hochzeitsvorbereitungen* von der »Erzählung einer Verwandlung« sprechen (Guntermann, 307). Kafka greift das ihn in dieser Zeit bereits umtreibende Hochzeits-Thema auf und imaginiert sich in der Figur Eduard Rabans die sich daraus ergebenden konkreten Entwicklungen. Die resultierende fundamentale Verunsicherung über seine Stellung in der Welt und zur Welt findet ihre erzählerische Umsetzung in verschiedenen Stabilisierungsversuchen und -techniken.

So soll die äußere Welt zunächst durch intensivste Beschreibung gleichsam stillgestellt und gezähmt werden. Ihre detaillierte Darstellung, die auf Vollständigkeit und Lückenlosigkeit der Eindrücke bis zur Einbeziehung aller möglichen Polaritäten ausgeht und eine exakte Vermessung von einzelnen Situationen sowohl in räumlicher wie auch zeitlicher Hinsicht vornimmt, soll gleichermaßen die ständige Dynamik beispielsweise einer bewegten Straßenszene zeigen und die Stabilität ihrer sprachlichen Umsetzung verbürgen. Gleiches gilt für den Dialog, in dem zwar die Beweglichkeit und unendliche potentielle Bedeutungsfülle eines mündlichen, situativ verhafteten Gesprächs eingefangen werden, aber gleichzeitig die Beziehung der Gesprächspartner in einem Machtverhältnis stabilisiert werden soll.

Das führt letztendlich jedoch dazu, dass die ersehnte Stabilisierung niemals gelingen kann. Das Ich findet keinen Raum mehr für sich selbst: Im vollständigen Beschreiben der äußeren Welt bleibt es ebenso ausgespart wie im vollständigen Deuten kommunikativer Äußerungen anderer. Je mehr es deutet, desto mehr gelangt es ins Subjektiv-Ungewisse und in die Veränderlichkeit der eigenen Psyche; je mehr es beschreibt, desto stärker wird ihm die von ihm unabhängige Veränderlichkeit der Außenwelt deutlich. Die vermeintliche Allmacht der (objektiven) Beschreibung wird mit dem Verlust der persönlichen Identität bezahlt; die vermeintliche Allmacht der (subjektiven) Deutung im Dialog mit dem Entzug der Gegenstände.

Die fundamentale Unsicherheit des Ich zeigen in der ersten Fassung noch die inneren Monologe, die eine Art Offenlegung des Erzählerbewusstseins darstellen – und eben deshalb in den weiteren Fassungen verschwinden müssen. Der Leser soll in der gleichen Unsicherheit bezüglich der Bewertung äußerer Wahrnehmungen wie kommunikativer Situationen schweben; nur so ist gewährleistet, dass er die gleichen Stabilisierungsprozesse vollziehen muss wie der Protagonist, dass er selbst einer fundamentalen Verunsicherung der Perspektive ausgeliefert ist, aus der er sich entweder in einem distanzierenden Akt befreien kann – oder wie Raban in ausweglosen Paradoxien enden wird.

Die späteren Fassungen vollziehen einige nicht unwesentliche Veränderungen: Die Beschreibung wird erheblich gestrafft und sowohl von der verwendeten Bildlichkeit her wie auch von der dargestellten Welt selbst stärker auf die Innenwelt des Protagonisten bezogen; der Text gewinnt dadurch an Geschlossenheit, er verliert aber an lebendiger impressionistischer Detailfülle. Gleichzeitig werden die Dialoge noch floskelhafter und missverständlicher, ja gehen beinahe nur noch auf die Etablierung und Darstellung von Machtstrukturen aus. Kafka erreicht dadurch das, was seine späteren Texte so besonders auszeichnet: eine engere Verzahnung von Innen und Außen durch die strikte Anwendung des personalen Erzählprinzips, in dem vermeintlich objektive Beobachtungen subjektive Ausdrucksqualitäten gewinnen und vermeintlich subjektive Dialoge für objektive Machtverhältnisse stehen – eine subtile Verwechslung, der der Leser genauso ausgeliefert ist wie die Figur.

Auffällig ist schließlich, dass Raban in den Fassungen von 1909 etwas gestärkt und seiner Umwelt nicht mehr ganz so ausgeliefert erscheint; eine Entwicklung, die die ›Fortsetzungen‹ fortschreiben und die darauf zurückgeführt werden könnte, dass Kafka die Notwendigkeit einer stärkeren fiktionalen Ablösung der Figur von sich selbst erkannt hatte. Das wiederum würde auch das Scheitern der weiteren Versuche erklären: Denn wenn es Kafka wirklich gelungen wäre, die fiktiven Hochzeitsvorbereitungen bis zu einem Punkt zu beschreiben, wo eine Hochzeit tatsächlich stattgefunden hätte – hätte er genauso gut gleich heiraten können. Das zeigt nicht zuletzt diejenige Figur Kafkas, die als nächste dieses Stadium erreicht: Noch vor der Verwirklichung der Käferphantasie wird Georg Bendemann im Urteil – nicht nur, aber auch – an seiner Verlobung zugrundegehen wie die Hochzeitsvorbereitungen auf dem Lande an ihrem aussichtslosen Unterfangen einer Stabilisierung der inneren und äußeren Welt durch vollständige Beschreibung und vollständige Deutung.

Ausgaben: ED: Fassung A und B in: Neue Rundschau 62 (1951), 1–20 [19 f. Auszug aus C]; – *Ausgaben:* Hzv/GW (1953), 7–38. – Fassung A: NSF I/KA (1993), 12–42; Fassung B: 43–50; Fassung C: 51–53.

Forschung: P.-A. Alt (2005), 155–160. – P.U. Beicken (1974), 234–237. – Charles Bernheimer: Psychopoetik. Flaubert und K.s *HadL.* In: G. Kurz (1984), 154–183. – Ders.: The Splitting of the »I« and the Dilemma of Narration: K.s *HadL.* In: Struc/Yardley (1986), 7–24. – H. Binder (1975) II, 62–67. – W. Emrich (1958),

115–118. – S. v. Glinski (2004). – G. Guntermann (1991). – Herbert Kraft: *HadL* als Alltagsgeschichte gelesen. In: Dirk Jürgens (Hg.): Mutual Exchanges. Sheffield-Münster Colloquium II. Frankfurt/M. u. a. 1999, 230–235. – Judith Ryan: K. before K.: The Early Stories. In: J. Rolleston (2002), 61–84. – K. Wagenbach (2006 [1958]).

Jutta Heinz

3.1.3 *Betrachtung*

Entstehung und Veröffentlichung

Die Prosasammlung *Betrachtung*, Kafkas erste Buchpublikation, erschien um den 10. Dezember 1912 (mit der Jahreszahl 1913) im Verlag Ernst Rowohlt (DzL:A 16, 33). Unter demselben Titel hatte Kafka bereits im März 1908 acht der insgesamt achtzehn Prosaminiaturen mit römischen Ziffern, aber noch ohne Überschriften in der von Franz Blei und Carl Sternheim herausgegebenen Zeitschrift *Hyperion* veröffentlicht (DzL:A 15).

In der Buchfassung von 1912 finden sich die folgenden Texte:

(1) *Kinder auf der Landstraße* [zuerst NSF I, 145–150, zwischen 14.3. u. 11.6.1910; ED: Betrachtung];

(2) *Entlarvung eines Bauernfängers* [zwischen Oktober 1910 u. 8.8.1912 (Endredaktion, vgl. T 427); ED: Betrachtung]

(3) *Der plötzliche Spaziergang* [zuerst T 347 f., 5.1.1912; ED: Betrachtung];

(4) *Entschlüsse* [zuerst T 371 f., zwischen 5. u. 7.2.1912; ED: Betrachtung];

(5) *Der Ausflug ins Gebirge* [zuerst NSF I, 141 f., wohl kurz vor 14.3.1910; ED: Betrachtung];

(6) *Das Unglück des Junggesellen* [zuerst T 249 f., 14.11.1911; vgl. auch T 279, 3./8.12.1911; ED: Betrachtung];

(7) *Der Kaufmann* [vermutl. zwischen Juni u. Ende 1907; ED März 1908];

(8) *Zerstreutes Hinausschaun* [Datum der Niederschrift unbekannt, jedenfalls vor Ende 1907; Binder datiert auf Frühjahr 1907; ED März 1908];

(9) *Der Nachhauseweg* [Datum der Niederschrift unbekannt, jedenfalls vor Ende 1907; Binder datiert auf zweite Jahreshälfte 1907; ED März 1908];

(10) *Die Vorüberlaufenden* [Datum der Niederschrift unbekannt, jedenfalls vor Ende 1907; ED März 1908];

(11) *Der Fahrgast* [Datum der Niederschrift unbekannt, jedenfalls vor Ende 1907; ED März 1908];

(12) *Kleider* [zuerst NSF I, 114 f., Sept./Dez. 1907; ED März 1908];

(13) *Die Abweisung* [ca. Ende 1906, vgl. An H. Weiler, nach 9.10.1907, B00–12 74; ED März 1908];

(14) *Zum Nachdenken für Herrenreiter* [vermutl. zwischen Ende 1907 u. Anf. 1910; Binder datiert auf Winter 1909/10; ED 27.3.1910];

(15) *Das Gassenfenster* [vermutl. zwischen Okt. 1910 u. Anf. Aug. 1912, DzL:A 71; ED: Betrachtung];

(16) *Wunsch, Indianer zu werden* [Datum der Niederschrift unbekannt; ED: Betrachtung];

(17) *Die Bäume* [zuerst NSF I, 110, Sept./Dez. 1907; wieder NSF I, 166; ED: März 1908];

(18) *Unglücklichsein* [T 107–112, entstanden über einen längeren Zeitraum, wohl Nov. 1909 bis Ende Febr./ Anf. März 1911; ED: Betrachtung].

Kurzverweise auf die Einzeltexte erfolgen im Artikel durch Angabe der Textnummer nach obiger Durchzählung mit vorangestelltem B.

Nur bei wenigen, dem Tagebuch entstammenden und dort datierten Texten ist es möglich, den Zeitpunkt der Niederschrift genau zu bestimmen (B 3, 4, 6; 1911/12). *Kleider* und *Die Bäume* gehören wie *Kinder auf der Landstraße* und *Der Ausflug ins Gebirge* ursprünglich zum Konvolut der *Beschreibung eines Kampfes*. Das schließt allerdings nicht aus, dass sie bereits deutlich früher entstanden sind. Die oben angegebenen Datierungen beziehen sich mit Sicherheit nur auf die Niederschrift im Manuskript der *Beschreibung eines Kampfes* (die Reinschrift der Fassung A, deren Anfänge bis 1904 zurückreichen, erfolgt Sept./Dez. 1907). Für B 9, 10, 11, 16 gibt es keinerlei Datierungshinweise.

Im Begleitbrief zum Widmungsexemplar der *Betrachtung* an Felice Bauer vom 10./11. Dezember 1912 schreibt Kafka, dass »sich die einzelnen Stückchen im Alter von einander unterscheiden. Eines ist z. B. darunter, das ist gewiß 8–10 Jahre alt« (B00–12 319). Demzufolge wäre der älteste Text der Sammlung noch vor 1902/4 entstanden. Der älteste datierbare Text (B 13) stammt jedenfalls aus dem Jahre 1906. Zur Druckgeschichte der *Betrachtung* vgl. DzL:A 35–47.

Kafkas Widmung »Für M. B.« in der Buchversion der *Betrachtung* gilt seinem Freund Max Brod (DzL:A 33), der ihm den Verlagskontakt vermittelt hatte. Nach Vorgesprächen schickte Kafka das Manuskript am 14. August 1912 an den Verleger Rowohlt und offerierte ihm seine »kleine Prosa« im Begleitbrief mit dem wenig pragmatischen Hinweis, »auch bei größter Übung und größtem Verständnis« sei »das Schlechte in den Sachen nicht auf den ersten Blick zu sehn« (14.8.1912; T 429 u. An E. Rowohlt; B00–12 167). Bereits sechs Tage später scheint Kafka seine Entscheidung zur Veröffentlichung zu bereuen; im Tagebuch formuliert er den Wunsch: »Wenn Rohwolt [sic] es zurückschickte und ich alles wieder einsperren und ungeschehen machen könnte, so daß ich bloß so unglücklich wäre, wie früher« (20.8.1912; T 431). Nachdem Max Brod ihn gleichwohl zur Publikation überredet hatte (DzL:A 37), wurde die *Betrachtung*, deren Texte in der KA nur 32 Seiten umfassen (DzL 9–40), auf Kafkas Wunsch hin durch einen außergewöhnlich großen Schriftgrad (Tertia) auf 99 Seiten gestreckt und mit breitem Rand publiziert (An den E. Rowohlt Verlag, 7.9.1912; B00–12

168 u. DzL:A 33). So nähert sich das Druckbild dieser Miniaturprosa der graphischen Gestaltung von Lyrik an (Kurz 1994, 50). Die Auflage des Buches betrug 800 Exemplare; der Verkaufserfolg war gering (DzL:A 33 f.; Binder, 120, 122).

Die ersten Rezensenten reagierten positiv auf Kafkas erstes Buch und verglichen die in ihm versammelten Texte mit Impressionen von Robert Walser oder Peter Altenberg. Otto Pick würdigte Kafka als eine »neue Art von Betrachter«, der »die Welt als etwas unendlich Rätselhaftes« präsentiere (Born, 22). Kurt Tucholsky sah in der »Melodie« von Kafkas »singender Prosa« zwar »noch Einflüsse«, zugleich aber auch »schon sehr viel Neues« (Born, 19 f.). Robert Musil betonte in einer Sammelrezension Analogien und Differenzen zwischen Kafka und Walser; im Hinblick auf die *Betrachtung* attestierte er Kafka »sehr große künstlerische Herrschaft über sich« (Born, 34). Kafka selbst distanzierte sich später von seinem ersten Buch (vgl. die Belege in: Binder, 122).

Textbeschreibung
Implikationen des Werktitels

Trotz der Unterschiedlichkeit der Einzeltexte legte Kafka Wert auf den singularischen Titel *Betrachtung*; auf die Pluralform *Betrachtungen*, die im März 1910 in der Prager Zeitung *Bohemia* von einem Redakteur als Titel für fünf seiner Prosaminiaturen verwendet wurde, reagierte Kafka verärgert (Brod, 149 f.). Für Max Brod lag die Einheit der *Betrachtung* in »einer innig zusammenhängenden Stimmungswolke, von individuellstem Blickpunkt aus gesehen« (ebd.).

Zu fragen ist, ob der Titel *Betrachtung* (gemäß der vom Verlag produzierten Banderole des Buches: DzL:A 34) eine »innere Einheit« des Differenten betonen oder – ganz im Gegenteil – deren Zerfall inszenieren soll. Fungiert der Titel als Konvergenzpunkt heterogener literarischer Entwürfe, oder entspricht er einem Prisma, das die unterschiedlichen Perspektiven bündelt, um sie zu brechen und diffundieren zu lassen?

Die Diskontinuität von Kafkas Frühwerk *Betrachtung* entspricht der zeitgenössischen Krise der Identität. Ähnlich wie bei der Multiplikation des Ich in der *Beschreibung eines Kampfes* scheint Kafka auch hier an Nietzsches These vom Ich als bloßer Fiktion und an Ernst Machs Diktum anzuschließen, das Ich sei »unrettbar« (Neymeyr, 14–24). So könnte man im Verzicht auf Kohärenz geradezu ein einheitsstiftendes Metaprinzip von Kafkas *Betrachtung* erblicken. Indem der singularische Titel Homogenität inszeniert, weist er zugleich auf den Zerfall traditioneller Einheitskonzepte hin.

Der Begriff ›Betrachtung‹ hat zwei Bedeutungskomponenten. Einerseits bezieht er sich konkret auf die optische Wahrnehmung von Außenwelt, andererseits zielt er auf abstrakte Reflexion oder kontemplative Verinnerlichung (Kurz 1994, 58 f.). Auch in den Texten selbst finden sich wiederholt Wörter aus dem Bereich des Sehens und der Beobachtung, aber auch aus der Sphäre des Nachdenkens. Das gilt schon für die Überschriften der Texte *Zerstreutes Hinausschaun* und *Zum Nachdenken für Herrenreiter*. Vermutet wurde bereits, Kafka habe den Titel *Betrachtung* »programmatisch« mit dem der früher entstandenen *Beschreibung eines Kampfes* kontrastieren wollen (Dietz, 40).

Erzählerinstanzen

Indem Kafka die beiden semantischen Hauptaspekte des Begriffs ›Betrachtung‹ realisiert, kann er in seinem Werk spannungsreiche Konstellationen von Innenleben und Außenwelt gestalten. Den Standpunkt der Erzählerinstanz variiert er dadurch, dass er das als Perspektivfigur auftretende Ich zum Wir erweitert oder in ein diffuses Man auflöst. Aber selbst der Ich-Erzähler ist als Figur kaum konkret zu fassen, weil er in der Anonymität verharrt. Sogar als er sich in *Unglücklichsein* im Gespräch selbst vorstellt, vermeidet er auf artifizielle Weise die konkrete Angabe seiner Identität: »Ich heiße Soundso« (DzL 35). In *Entschlüsse* sind andere Individuen provisorisch durch die Initialen A., B., C. repräsentiert (19). Ausdrücklich negiert wird die individuelle Personalität, wenn in *Der Ausflug ins Gebirge* sogar eine »Gesellschaft von lauter Niemand« erscheint (20). In der *Beschreibung eines Kampfes* macht Kafka die Namensproblematik zum Indikator einer tiefreichenden Identitätskrise (vgl. Neymeyr, 142–148, 172–173).

Motivische Korrelationen

Trotz der Unterschiedlichkeit der Einzeltexte ist eine Vielzahl von thematischen Elementen und Motiven festzustellen, die auf eine zyklische Komposition der *Betrachtung* verweisen (Kurz 1994, 53 f.). Durch ihre Strukturdichte fordern die Prosaminiaturen der *Betrachtung* zu intensiver mikroskopischer Lektüre heraus. Kafka selbst scheint darauf anzuspielen, wenn er die Texte 1912 in einem Brief als »Lichtblicke in eine unendliche Verwirrung« bezeichnet und die Lektürestrategie formuliert: »man muß schon sehr nahe herantreten, um etwas zu sehn« (An F. Bauer, 29./30.12.1912; B00–12 372).

Einige Grundkonstellationen bestimmen die *Betrachtung* durch leitmotivische Wiederholung und Variation. Schauplätze des Geschehens ergeben sich zu Hause (B 4, 6, 8, 15, 18), in der Situation des Aufbruchs (B 3, 5, 18), auf nächtlichen Straßen (B 2, 9, 10) und bei der Heimkehr (B 7, 9). Mehrfach wird die Stadt-Land-Relation zum Thema (bes. in B 1). Auch die Motive des Indianers (B 1, 13, 16), des Reitens und des Pferdes (B 7, 14, 15, 16, 18) kommen in der *Betrachtung* wiederholt vor. Das Erscheinen des Mädchens (B 8, 11, 12) ist mit dem Motiv der Kleider (B 7, 11, 12, 13) und dadurch – wie in *Beschreibung eines Kampfes* – auch mit gesellschaftlicher Konvention sowie mit Rollenspiel und Maskerade verbunden. Nicht zufällig bezeichnet der Ich-Erzähler in der Miniatur *Kleider* das menschliche Gesicht als »einen natürlichen Maskenanzug« (DzL 28 f.).

Spannungsverhältnisse zwischen gesteigerter Aktivität und einem Versinken in Lethargie werden in mehreren Varianten durchgespielt (vgl. B 2, 3, 4, 10). Als Figurationen des Übergangs vermitteln Fenster (B 1, 7, 8, 9, 15, 18), Türen und Tore (B 3, 6, 7, 18) zwischen Innen und Außen; der einsamen Perspektivfigur, die zwischen Hoffnung (B 15) und Resignation (B 18) schwankt, eröffnen sie die Aussicht auf Integration in eine Gemeinschaft. Das Spiegelmotiv (B 7, 12, 18) markiert Chancen und Abgründe der Selbstbegegnung.

Immer wieder treten Momente einer Destabilisierung hervor (B 4, 5, 6, 7, 11, 15, 18). Sie zeigt sich in Verfremdungen der Wahrnehmung (etwa wenn der Erzähler bei der Beobachtung auffliegender Vögel »nicht mehr glaubte, daß sie stiegen, sondern daß ich falle«; DzL 9), im irritierenden Körpergefühl, »die Beine schiefgeweht« (11), »selbst fortgeblasen« zu werden (19), oder in der traumatischen Empfindung fehlender Existenzgewissheit und Daseinslegitimation (B 11, 18). Wenn das durch Einsamkeit verunsicherte Ich die Realität projektiv überformt, kann die Sehnsucht nach Kommunikation sogar gespensterhafte Phänomene generieren (B 18). Mit dem Motiv des Kindes, das in *Unglücklichsein* als Gespenst erscheint, verbinden sich Angstgefühle, Abwehrreflexe und Erinnerungen an die verdrängte Vergangenheit (»Ihre Natur ist meine«; DzL 37).

Über die vielfältigen Vernetzungen einzelner Motive hinaus bildet sich durch das Motiv des Kindes (B 1, 6, 7, 8, 18) sowie der Müdigkeit und des Schlafes (B 1, 2, 10, 15, 18) auch eine Rahmenstruktur: Der erste Text *Kinder auf der Landstraße*, der in der *Betrachtung* als Realität erscheint (DzL 9–14), im Kontext der *Beschreibung eines Kampfes* jedoch in einen Traumkontext gestellt wird (NSF I, 145), ist dadurch mit dem letzten Text *Unglücklichsein* verbunden.

Abgesehen von Angaben zur Tageszeit bleiben die Raum-Zeit-Koordinaten in der *Betrachtung* weitgehend unbestimmt. Obwohl die Korrelation zwischen Dorf und Stadt in den Texten *Kinder auf der Landstraße* und *Entlarvung eines Bauernfängers* hervortritt, verweisen zahlreiche Textelemente auf technische Errungenschaften der Moderne: Eisenbahnzug, Grammophon, Lift, Panzerschiff, Automobil und Straßenbahn (DzL 13, 15, 22, 23, 24, 27, 29).

Gattungsproblematik

Schon Kafkas eigene Begriffswahl zeigt, wie schwierig eine präzise Gattungsbestimmung ist: So bezeichnet er die Texte der *Betrachtung* als »kleine Prosa«, »Stückchen«, »Sachen« (7.8.1912; T 427 u. 14.8.1912; T 429) und »meine kleinen Winkelzüge« (An F. Bauer, 8.11.1912; B00–12 222). Legitim sind die Begriffe ›Prosaminiaturen‹, ›Skizzen‹ oder ›Studien‹, die Distanz zu einem Werkbegriff traditionellen Zuschnitts signalisieren und dem Aspekt des Subjektiv-Impressionistischen oder Vorläufigen in der *Betrachtung* ebenso Rechnung tragen wie der reflexiven Komponente.

Für einige der Texte erscheint auch der Begriff ›Prosagedicht‹ (›poème en prose‹) adäquat, der seit 1900 auf Texte von Baudelaire, Rimbaud, Wilde, Nietzsche, Brecht, Trakl, George, Hofmannsthal, Rilke, Walser, Polgar, Altenberg und Kafka bezogen wurde. Zu den Charakteristika des Genres gehören Kürze und eine elaborierte stilistische Gestaltung mithilfe von Wiederholungen, Allusionen, musikalischer Rhythmisierung und evokativer Metaphorik (Kurz 1994, 50 f.).

Das Kriterium der Kürze erfüllen die Texte in Kafkas *Betrachtung*, da die meisten von ihnen in der KA maximal 1,5 Seiten umfassen. Nicht alle der Prosaminiaturen sind allerdings gleichermaßen kunstvoll komponiert. Den Spezifika eines Prosagedichts entspricht vor allem *Zerstreutes Hinausschaun*; hier fällt im zweiten Absatz sogar ein rhythmisierter, zum Daktylus tendierender Sprachduktus auf (DzL 24).

Allerdings lassen solche lyrisierenden Partien kein poetisches Naturgefühl entstehen (Kurz 1994, 52). Den Charakteristika des Prosagedichts entspricht Kafkas *Betrachtung* schließlich auch durch eine lakonische Sprache, die kaleidoskopische Konfigurationen schafft (Kemp, 55).

Logische Konstruktionen und Strategien der Verfremdung

Im Unterschied zum Typus des Prosagedichts ist die Syntax einiger Texte der *Betrachtung* von logischen Strukturen bestimmt. Mit der markanten wenn-dann-Korrelation in *Der plötzliche Spaziergang* antizipiert Kafka die konditionale Grundstruktur seiner Parabel *Auf der Galerie*.

In anderen Texten der *Betrachtung* wählt er Verfremdungsstrategien, die einen bloßen Schein von Selbstverständlichkeit inszenieren, um ihn durch auffällige Leerstellen zugleich ad absurdum zu führen. Das gilt etwa für die Aussage in der Miniatur *Der Ausflug ins Gebirge*, es verstehe sich von selbst, dass »alle in Frack sind« (DzL 20). Hermetische Elemente finden sich auch in der Parabel *Die Bäume*, die mit einem rätselhaften kausalen Rückbezug einsetzt: »Denn wir sind wie Baumstämme im Schnee« (DzL 33). Indem Kafka Leerstellen inszeniert, verfremdet er die Wirklichkeit. So eröffnet er neue, unerwartete Perspektiven, die sich rational nicht eindeutig fassen lassen. Wenn logische Korrelationen ins Leere laufen, entsteht ein Sinnvakuum.

Perspektivische Experimente

Durch unterschiedliche Gestaltungsprinzipien erscheint Kafkas *Betrachtung* als facettenreiches Experimentierfeld (Kurz 1994, 51). Lyrisch-evokative Elemente (wie in *Zerstreutes Hinausschaun*) wechseln mit narrativen Sequenzen, dialogischen Szenen und monologischen Partien (z. B. in *Kinder auf der Landstraße*, *Entlarvung eines Bauernfängers* sowie *Der Ausflug ins Gebirge*). Während einige Texte der *Betrachtung* monoperspektivisch gestaltet sind (z. B. *Der plötzliche Spaziergang*), kontrastiert Kafka in anderen mehrere Standpunkte, z. B. in *Kinder auf der Landstraße*. Der Status des Selbstgesprächs kann aber selbst dort erhalten bleiben, wo sich der Monolog zum Dialog zu erweitern scheint: etwa wenn dieser als bloße Imagination der Perspektivfigur fiktiven Charakter hat (wie in *Die Abweisung*) oder einer projektiven Phantasie entspringt (wie in *Unglücklichsein*).

Zur Pluralität epischer Verfahren, die Kafka in seiner *Betrachtung* experimentell erprobt, gehört auch ein Wechsel zwischen sinnlich-konkreter Lebendigkeit und abstrakteren Gedankengängen. So folgen auf anschaulich gestaltete Handlungssequenzen mitunter Reflexionen von eher kontemplativem Charakter. Und mit realistischer Darstellung kontrastiert Kafka Verfremdungsstrategien, die surreale Sonderwelten entstehen lassen. Ihnen entspringen projektive Phantasien der Perspektivfigur, die sich – wie in der *Beschreibung eines Kampfes* – sogar zu konkreten Gestalten verdichten können (etwa zur gespensterhaften Erscheinung des Kindes in *Unglücklichsein*). In *Der Ausflug ins Gebirge* steigert sich die surreale Phantastik bis zu einer grotesken Totalität.

Forschung

Die Unterschiedlichkeit der in Kafkas *Betrachtung* versammelten Einzeltexte und die Variabilität der in ihnen inszenierten Perspektiven haben in der Forschung zu konträren Einschätzungen geführt. Abhängig davon, auf welche Aspekte sich der Interpret jeweils konzentriert, ändert sich auch die Gesamteinschätzung. So findet sich in der einschlägigen Sekundärliteratur einerseits die These, die Themenkomplexe und Motive in Kafkas *Betrachtung* seien lediglich »loosely connected« (White, 86), andererseits wird ein dichtes, sorgfältig komponiertes Motivgeflecht festgestellt, durch das Kafka die Prosaminiaturen intensiv miteinander vernetzt habe (Binder, 118 f. u. Kurz 1994, 58). Positivistische Detailinformationen zur Entstehungsgeschichte der *Betrachtung* in der Buchfassung von 1912, zu ihren Vorstufen sowie zu einzelnen Motiven und ihrem biographischen Kontext bietet Binders Kafka-Kommentar (Binder, 57–62, 67–75, 84–88, 108–122).

Trotz der Vielzahl von Publikationen, die sich seit Jahrzehnten mit Kafkas facettenreichem Œuvre auseinandersetzen, ist sein anspruchsvolles Frühwerk bislang erstaunlicherweise nur selten zum Gegenstand wissenschaftlicher Analysen geworden. Das gilt für die *Beschreibung eines Kampfes* ebenso wie für die *Betrachtung*. So konstatiert bereits Gerhard Kurz, die Forschungsliteratur zur *Betrachtung* sei »auffallend schmal« (Kurz 1994, 64). Und noch im Jahr 2004 kann Sophie von Glinski in ihrer Dissertation feststellen, die Anzahl der Arbeiten zu Kafkas Frühwerk sei »gering« (von Glinski, 2).

Diese auffällige Forschungslücke lässt sich damit erklären, dass Kafkas erste Schaffensphase über lange Zeit im Schatten seiner späteren Werke stand. In der ansonsten oft kontroversen Kafka-Forschung ist die Einschätzung weit verbreitet, die Erzählung *Das Urteil* aus dem Jahre 1912 markiere seinen eigentlichen literarischen Durchbruch. Infolgedessen galt die Aufmerksamkeit zumeist primär den nach dieser Zäsur entstandenen Texten. Kafkas Frühwerk hingegen wurde weitgehend vernachlässigt und in Einzelfällen sogar künstlerisch nicht einmal ernst genommen. Die Ursache dafür liegt in unzureichend fundierten Prämissen literarischer Wertung. Vorschnell wurde behauptet, Kafkas erste Produktionsphase sei lediglich als Stadium einer »verzweifelten Suche« nach adäquaten literarischen Formen zu klassifizieren (so Politzer, 45). Daher betrachtete man die Werke aus dieser Phase noch als bloße Experimente, mithin als unvollkommen oder unreif (vgl. Glinskis kritisches Referat zur Forschungssituation, 1–25, besonders 1–3).

Extremurteile finden sich in dem von Hartmut Binder herausgegebenen Kafka-Handbuch von 1979: Hier reduziert James Rolleston das gesamte »Frühwerk (1904–1912)« auf eine rein experimentelle, künstlerisch jedoch irrelevante »Werkstatt-Situation«, der kein eigentlicher Werkstatus zukomme; er vertritt explizit die These, es sei »sinnlos, solche Tätigkeit literarisch beurteilen zu wollen« (Rolleston 1979, 242). Und Ingeborg Henel meint, die vor dem *Urteil* entstandenen Werke Kafkas seien, »als Kunstwerke betrachtet, bloße Versuche und nicht einmal besonders geglückte«; sie konzediert ihnen lediglich, dass sie »entwicklungsgeschichtlich [...] auf die folgenden Werke« vorbereiten (Henel, 221).

Reinhard Baumgart hingegen betont in einer 1989 erschienenen Monographie über Thomas Mann, Kafka und Brecht mit Nachdruck das künstlerische Potential des jungen Kafka und verwendet den Begriff ›Meisterschaft‹ auch für seine frühen Werke. Deren spezifischen Charakter umschreibt er mit dem Oxymoron »vorsichtige Kühnheit« (Baumgart, 170). Schon in der *Betrachtung* habe Kafka ein »meisterhaft beherrschtes Erzählmodell« entwickelt; mit ihm führe er »in immer neuer Variation [...] die unendliche, doch in sich abgeschlossene Bewegung« im Spannungsfeld von »aufschwellender Sprachphantastik und trostloser Alltagsernüchterung« vor (Baumgart, 173, 175). Zuvor hatte bereits Gerhard Kurz mit einem 1984 publizierten Sammelband das von der Forschung vernachlässigte Frühwerk Kafkas stärker in den Fokus des Interesses zu rücken versucht. Kurz beschreibt die »Jahre zwischen 1909 und 1912« als eine für Kafka »literarisch produktive Phase« (Kurz 1984, 7) und betont die Kontinuität in seinem Werk, die man an der Weiterführung früher Motive und Erzählmuster in der späteren Prosa erkenne (Kurz 1984, 8). Die in Kafkas *Betrachtung* zentralen Erfahrungen von Entfremdung und Verlorenheit korreliert er mit Paradigmen des expressionistischen Jahrzehnts (Kurz 1984, 24).

Auch die literarische Selbstreflexion reicht bis in Kafkas früheste Werke zurück. Hans-Thies Lehmann formuliert die dekonstruktivistische These, »Kafkas Schreiben« ziele auf den »*Entzug der Referenz*« und konzentriere sich dabei so sehr »auf die Sprach*bewegung*«, dass sich »der dem Leser suggerierte Gegenstand« sukzessive auflöse (Lehmann, 214). Exemplarisch erprobt Lehmann seine These, die sich allerdings schwerlich generalisieren und auf Kafkas gesamtes Œuvre beziehen lässt, u. a. an den Texten *Wunsch, Indianer zu werden* und *Der Ausflug ins Gebirge*. Die hier vorgestellte »Gesellschaft von lauter Niemand« (DzL 20) deutet er als Schriftsymbolik: als »eine kaum verhüllte Allegorie der Buchstaben«, die auf eine Autoreferentialität der Zeichen verweise (Lehmann, 216, 236).

Bernhard Böschenstein vergleicht Kafkas *Betrachtung* mit Robert Walsers Berliner Skizzen, sieht Analogien in einer »Rollenparadigmatik«, die das Erzählkontinuum aufhebe, betont zugleich aber Kafkas größere Radikalität bei der Darstellung maskenhafter Inszenierungen (Böschenstein, 203, 209 f.).

Sophie von Glinski konzentriert sich in ihrer 2004 erschienenen Dissertation auf die spezifischen Verschränkungen von Traum und Realität, die das Phantastische in Kafkas Frühwerk sowie in seinen experimentellen Tagebuch-Skizzen kennzeichnet. Ausgehend von der These, das Phantastische sei »ein Rezeptionseffekt, der durch Kafkas Schreibweise bewirkt« werde, analysiert sie präzise die »Mikrostrukturen einzelner Sätze«, um die Erzähltechniken zu erschließen, durch die Kafka »Irrealisierungseffekte« entstehen lasse (von Glinski, 14, 18, 15). Durch die Entscheidung für eine »mikrologische Lektüre« (21) ist es bedingt, dass von Glinski von den achtzehn Texten der *Betrachtung* lediglich vier analysiert: *Kleider*, *Der Kaufmann*, *Der Fahrgast* und *Die Vorüberlaufenden* (von Glinski, 92–161).

Während von Glinski Kafkas Texte auf Kosten der für ihre moderne Signatur wesentlichen kulturhistorischen Horizonte »ausschließlich immanent« liest (20), zeigt eine andere Dissertation, die sich weitgehend darauf beschränkt, Textparaphrasen zur *Betrachtung* mit Ergebnissen der bisherigen Forschung zu korrelieren, passagenweise auch Affinitäten zum Expressionismus auf (Kübler-Jung, 47–61).

Das Gesamtkorpus der *Betrachtung* ist Gegenstand eines Sammelbandes mit dekonstruktivistischer Tendenz, der 2003 aus einem Münsteraner Oberseminar hervorgegangen ist. Die Aufsätze reflektieren die innere Dynamik der in den Texten repräsentierten Imaginationsprozesse unter drei Prämissen: Sie gehen von einer »Intensivierung der Wahrnehmung« sowie von der »Monumentalisierung der Schrift« und von der Auflösung einer sujetbezogenen Schreibweise bei Kafka aus (H.-J. Scheuer u. a., XIII).

Deutungsaspekte
Psychologische Konstellationen

Der formalen Heterogenität von Kafkas *Betrachtung* steht eine weitreichende Homogenität auf der Inhaltsebene gegenüber. Immer wieder wird das spannungsvolle Verhältnis des Individuums zu seinem sozialen Umfeld evident. Die jeweilige Perspektivfigur, die sich direkt als Ich artikuliert, sich in eine Wir-Gruppe einreiht oder hinter einem diffusen Man verschwindet, erscheint zumeist als einsames Wesen, unglücklich, haltlos, »vollständig unsicher« (DzL 27), von Angst, Scham oder Reue gequält und von Sehnsucht nach Integration in eine Gemeinschaft erfüllt. Mehrfach erhellt diese negative Befindlichkeit bereits aus den Überschriften: In dem Text *Das Unglück des Junggesellen* beschreibt die Perspektivfigur ihre eigene Isolation als demütigende und entwürdigende Erfahrung, die sich in *Unglücklichsein* sogar bis zu klaustrophobischen Anwandlungen steigert. Wenn ein anonymes Man mit Anspruch auf Allgemeingültigkeit inszeniert wird (wie in *Der plötzliche Spaziergang*), erhält der Text exemplarischen Charakter und legt den Lesern Reflexionen über die *conditio humana* nahe.

Die psychologische Dynamik von Kafkas *Betrachtung* ähnelt in mancherlei Hinsicht dem Duktus seiner *Beschreibung eines Kampfes*. Auch hier ringt ein labiles Ich um Selbststabilisierung – mit manischen Größenphantasien, die in Unsicherheit und Resignation umschlagen. Mitunter lässt Kafka die Ambitionen seiner Perspektivfigur noch innerhalb desselben Textes scheitern (so in *Entschlüsse*) oder auf verborgene Unsicherheiten hin transparent werden (wie in *Der Nachhauseweg*). Wenn das forcierte Selbstbewusstsein des Ich kollabiert, wird deutlich, dass Gefühle von Hybris und Inferiorität auf dieselbe Grundproblematik verweisen: auf eine labile Identität. Indem die Figuren Kontakt zu ihrem sozialen Umfeld aufnehmen, entstehen abwechslungsreiche Konstellationen; fiktionale und reflexive Textpartien erhalten hier ihre spezifische Funktion.

Wiederholt schwankt die Perspektivfigur zwischen energischer Aufbruchsbereitschaft und Rückzugstendenzen. Kafka lotet diese Ambivalenzen durch Spannungsfelder zwischen Dynamik und Statik, Energie und Lethargie, Bewegung und Ruhe oder Erstarrung aus. Dem labilen und ängstlichen Ich erscheint mitunter sogar Vertrautes als fremd und irritierend. Motive des Fallens, Schaukelns, Schwebens und Fliegens (DzL 9–12, 16, 23 f., 29, 32, 34) signalisieren eine fundamentale Instabilität, die bis zur Auflösung des Raum-Zeit-Kontinuums reichen kann: etwa dann, wenn sich während eines imaginierten Ritts das Umfeld des Reiters sukzessive zu verflüchtigen scheint (DzL 32 f.), oder wenn es heißt: »Es gab keine Tages- und keine Nachtzeit« (10 f.). Der Text *Zum Nachdenken für Herrenreiter* zeigt, wie sich sogar die positiv konnotierte Vorstellung eines Sieges beim Reitturnier allmählich in die Imagination einer Niederlage verwandeln kann (30 f.).

Kontrastive Figurationen

Immer wieder korreliert Kafka die Einzeltexte seiner *Betrachtung*, indem er unterschiedliche Sichtweisen experimentell erprobt und alternative Lebensentwürfe miteinander konfrontiert. So wird der positive Impuls zum Aufbruch in *Der plötzliche Spaziergang* im folgenden Text *Entschlüsse* mit vergeblichen Anstrengungen kontrastiert, eine Leidenssituation mithilfe purer Willensenergie zu überwinden. Weil daraus eine inauthentische Inszenierung entspringt, endet der Text mit einem resignativen Gestus: Hinter der Fassade forcierten Selbstbewusstseins lauert die Leere.

Wenn die Perspektivfigur ihr Leben sogar als gespensterhaft unwirklich empfindet, werden Affinitäten zum Gespenstermotiv in *Unglücklichsein*, dem letzten und längsten Text des Zyklus, evident: Hier evoziert ein Verzweiflungsanfall die Erscheinung einer nostalgischen Projektionsfigur; als fremd-vertrautes »Gespenst« wird das Kind zum Symbol verfehlten Lebens.

Ähnlich wie in *Entschlüsse* scheitert der Versuch hybrider Selbstermächtigung in *Der Nachhauseweg*. Auch hier gerät das Ich schließlich in eine passiv-resignative Haltung. In *Der Fahrgast* erlebt die Erzählerfigur einen radikalen Absturz in das Gefühl eigener Nichtigkeit. Nur die Beobachtung eines Mädchens in der Straßenbahn ermöglicht eine vorübergehende Ablenkung vom Leiden an der eigenen Unsicherheit.

Wie Kafkas Zyklus *Betrachtung* ist auch seine Erzählung *Beschreibung eines Kampfes* durch ambivalente Grundstrukturen gekennzeichnet. Der psychischen Dynamik der zwischen Aufbruchsimpulsen und Rückzugstendenzen changierenden Perspektivfiguren entsprechen physische Aktionen in der Außenwelt. Kafka exponiert sie in der *Beschreibung eines Kampfes* schon durch die Kapitelüberschriften »Ritt« und »Spaziergang« (NSF I, 72 u. 74), in der *Betrachtung* durch Titel wie *Der plötzliche Spaziergang*, *Der Ausflug ins Gebirge* und *Der Nachhauseweg*.

Instabile Wirklichkeiten: Phantastik versus Realismus

Surreale Inszenierungen bestimmen Kafkas Miniaturtexte *Der Ausflug ins Gebirge* und *Wunsch, Indianer zu werden*. Hier nutzt er Ausdrucksformen des Phantastischen: für »einen Ausflug mit einer Gesellschaft von lauter Niemand« (DzL 20). Ein Paradoxon inszeniert Kafka im Gestus der Negativität: Weil er mathematische Gesetzmäßigkeiten der Addition (0+0=0) auf kurios-provokante Weise aufhebt, entsteht eine phantastische Gruppenformation von »lauter Niemand«. Dass sie eine universelle Beziehungslosigkeit signalisiert, erhellt daraus, dass schon am Anfang des Textes ein isoliertes Ich ratlos in Szene gesetzt wird.

Dieser Grundstruktur von Negativität entspricht im *Wunsch, Indianer zu werden* ein umfassender Gestus der Annihilation: Die projektive Vorstellung eines befreienden Ritts, die sich mit kindlicher Sehnsucht nach Freiheit und Abenteuer in der Lebenswelt der Indianer verbindet, löst sich buchstäblich ins Nichts auf. Diese Konstellation gestaltet Kafka genau invers zur Ritt-Episode in seiner *Beschreibung eines Kampfes*: Hier lässt er den Ich-Erzähler »in das Innere einer großen, aber noch unfertigen Gegend« reiten (NSF I, 73), die er in einer phantastischen *creatio ex nihilo* erschafft und seinen spontanen Wünschen gemäß modifiziert.

Parabolische Verdichtung kennzeichnet die Prosaminiatur *Die Bäume* (DzL 33), in der Kafka zwei gegenläufige Deutungen der Wirklichkeit so korreliert, dass sie einander dementieren – bis zur hermeneutischen Aporie.

Fluchtreflexe und Vermittlungsversuche

Das für die gesamte *Betrachtung* zentrale Spannungsfeld von Individuum und Gesellschaft konkretisiert sich in unterschiedlichen Konfigurationen von Innenleben und Außenwelt. Zumeist entsprechen räumliche Verhältnisse von Enge und Weite der jeweiligen psychischen Befindlichkeit. In Innenräumen kann sich das Unglück des Ich bis zum Extrem steigern (so mit gewissen Differenzen in den Texten *Entschlüsse, Das Unglück des Junggesellen, Der Kaufmann, Das Gassenfenster* und *Unglücklichsein*).

Der Blick aus dem Fenster, den Kafka in der *Betrachtung* immer wieder inszeniert, erhält im Text *Das Gassenfenster* nahezu therapeutischen Charakter: Hier wird dem Ich eine Aussicht auf Integration in die Gemeinschaft eröffnet. Dabei fungiert das Fenster als Medium der Vermittlung zwischen Innen- und Außenwelt. Am Ende von *Der Nachhauseweg* lässt sich der Kollaps eines hybriden Selbstbewusstseins allerdings selbst durch das Öffnen des Fensters nicht verhindern. Auch in *Unglücklichsein* verhilft das Fenster nicht zur Bewältigung einer aporetischen Situation.

Während die Enge von Innenräumen klaustrophobische Anwandlungen begünstigt, schafft die unermessliche Weite der Außenwelt im ersten Text *Kinder auf der Landstraße* immerhin Gelegenheiten, Schranken des Gewohnten spontan zu durchbrechen und authentische Vitalität zu erfahren (Kurz 1994, 54 f. u. Geulen, 5–15). In dem Text *Der plötzliche Spaziergang* führt das Verlassen der Wohnung dazu, dass die Lethargie des Individuums in eine Freiheitseuphorie umschlägt; mit ihr ist das singuläre Erlebnis ›eigentlicher‹ Identität verbunden.

Invers gestaltet Kafka die Innen-Außen-Korrelation allerdings in *Entlarvung eines Bauernfängers* (DzL 14–17). Hier sehnt sich der Ich-Erzähler nachts auf der Straße nach Befreiung von einem aufdringlichen Fremden, den er als lebendiges Hindernis auf dem Weg zu einer Abendgesellschaft empfindet. Mit der Weite der nächtlichen Szenerie korrespondiert das Gefühl seelischer Beengung hier gerade nicht; seine Scham und Beklemmung vermag der Ich-Erzähler erst zu überwinden, als ihm die Ablösung von

dem als »Bauernfänger« (15, 17) bezeichneten Mann gelingt.

Wie in anderen Texten Kafkas ist hier eine enge Korrelation zwischen Eigenem und Fremdem festzustellen, zumal sich die Grenzen zwischen Ich und Welt aufzulösen scheinen: Mehrmals lässt der Ich-Erzähler eine untergründige Identifikation mit dem von ihm verabscheuten Bauernfänger erkennen, etwa dort, wo er ihn als »meinen Begleiter« (15) oder sogar als »meinen Mann« (17) bezeichnet und von seinen »ersten städtischen Bekannten«, den Bauernfängern, spricht (16). Nachdem er den Fremden endlich abgeschüttelt hat, erlebt der Ich-Erzähler gerade den Eintritt in Innenräume als Akt seelischer Befreiung – eine für Kafkas Texte eher untypische Konstellation. Anders als bei den für seine Werke so typischen Junggesellenszenerien handelt es sich hier allerdings nicht um die Rückkehr in die Tristesse der eigenen Wohnung, sondern um die Einladung zur Abendgesellschaft in ein herrschaftliches Haus.

Exemplarische Textanalysen
Die Bäume

Die spezifische Raffinesse dieses Gleichnisses, das auch dem Textkonvolut der *Beschreibung eines Kampfes* angehört und sich dort mit einigen Abweichungen von der Version der *Betrachtung* (DzL 33) sowohl in der Fassung A (NSF I, 110) als auch (erneut variiert) in der Fassung B (166) findet, liegt in der Doppelbödigkeit, mit der Kafka eine Konfusion der Beziehung zwischen Schein und Sein inszeniert. Durch seinen parabolischen Charakter bietet sich dieser Text in besonderer Weise an, um paradigmatische Strukturen der *Betrachtung* aufzuweisen. Kafka spielt hier zwei konträre Deutungsmöglichkeiten durch, die er anschließend jedoch beide revidiert, so dass sich die dargestellte Realität vollends ins Diffuse verflüchtigt. Der äußere Schein täuscht über die tatsächliche Beschaffenheit der Dinge hinweg. Allerdings führt die Diagnose des Irrtums selbst noch keineswegs *via negationis* zur Wahrheit. Denn auch die zweite, gegenläufige Hypothese wird schließlich verworfen, so dass sich die von ihr behauptete Faktizität überraschenderweise nachträglich ebenfalls als bloß scheinbar erweist.

Durch die Rätselhaftigkeit der in der Parabel inszenierten Situation mündet der hermeneutische Prozess in eine für den Leser irritierende Entwirklichung: Die Perspektiven auf die »Baumstämme im

Schnee«, die zwischen einer stabilen Lage und einer labilen Position zu changieren scheinen, lösen sich letztlich in vage Unverbindlichkeit auf. Nicht zufällig endet die nur aus viereinhalb Zeilen bestehende Miniatur mit dem Modaladverb »scheinbar«, das den Realitätsstatus des Ganzen summarisch negiert. In dieser Hinsicht sind Affinitäten zu einer programmatischen Partie in Nietzsches *Götzen-Dämmerung* zu erkennen: »Wie die ›wahre Welt‹ endlich zur Fabel wurde«; hier wird die Dichotomie von Schein und Sein auf analoge Weise aufgelöst: »Die wahre Welt haben wir abgeschafft: welche Welt blieb übrig? die scheinbare vielleicht? … Aber nein! *mit der wahren Welt haben wir auch die scheinbare abgeschafft!*« (KSA 6, 81; vgl. Baker, 188 f.).

Der Uneindeutigkeit des Gegenstandes entspricht der hypothetisch-indefinite Duktus der Darstellung selbst. Sie führt mit subversiver Konsequenz in einen logischen Zirkel, der sich auch in der Rahmenstruktur abbildet: Die Explikation der Anfangsthese beginnt und endet mit »scheinbar«. Indem sich die Grenzen zwischen Möglichkeit und Wirklichkeit auflösen, gerät das Verhältnis zwischen Schein und Sein in eine symptomatische Diffusion. Sie zeigt, dass diese Parabel als Paradox konzipiert ist (Kobs, 12).

Hinzu kommt noch ein weiterer wesentlicher Aspekt: Schon im ersten Satz wird die Position der »Baumstämme im Schnee« durch das Personalpronomen »wir« mit der *conditio humana* analogisiert. Dieser Vergleich überträgt die zwischen Labilität und Stabilität changierende Lage der Bäume auf die Situation des Menschen, so dass die Auflösung der Perspektiven in bloßen Schein dazu Anlass gibt, das Gleichnis auch als Konzentrat einer Identitätsproblematik zu lesen (Neymeyr, 195–197). In besonderem Maße gilt dies für die Funktion des Textstücks innerhalb der *Beschreibung eines Kampfes*: In der Fassung A lässt es sich nicht eindeutig der Figur des Dicken oder der Gestalt des Beters zuordnen; in der Fassung B macht Kafka es zur Äußerung des extrem labilen, an einer fundamentalen Identitätsproblematik leidenden Beters.

Von der in den Kontext der *Beschreibung eines Kampfes* integrierten Miniatur unterscheidet sich die in das Corpus der *Betrachtung* eingeordnete Version durch eine Intensivierung der lapidaren Aussage. Das gilt auch für die Gestaltung des Anfangs: In der Sammlung beginnt der Text – anders als in der Erzählung – mit einem prononcierten »Denn«. Dieser kausale Rückbezug, der in der *Beschreibung eines Kampfes* durch das nachgestellte »nämlich« weniger markant zum Ausdruck kommt, scheint ins Leere zu laufen. Jedenfalls sucht man vergeblich nach einer hermeneutisch ergiebigen Beziehung zum vorangegangenen Text *Wunsch, Indianer zu werden*. Nur der Naturkontext und die Tendenz zur Entwirklichung lassen eine gewisse Affinität entstehen. Indem Kafka hier eine Kausalität suggeriert, deren Bezug opak bleibt, inszeniert er eine Leerstelle.

Der plötzliche Spaziergang

Schon die syntaktische Struktur dieses Textes (DzL 17 f.) ist auffällig: Disproportionalität entsteht durch zwei invers gestaltete Konditionalsätze unterschiedlichen Umfangs. Die erste Satzperiode beginnt mit einer hypertrophen, in einem Gestus kunstvoller Selbstüberbietung immer wieder neu ansetzenden Nebensatzkonstruktion, durch die das Satzende bis kurz vor dem Abschluss des Textes retardiert wird. Erst jetzt folgt doch noch der mit »dann« eingeleitete Hauptsatz. Der zweite, überraschend kurze Satz hingegen fängt mit dem Hauptsatz an, der durch einen ebenfalls konditionalen Nebensatz fortgeführt wird. Indem die konditionale Struktur den Rahmen des gesamten Textes bildet, wird das Moment des Hypothetischen betont. Allerdings gerät die hier angelegte Symmetrie schon durch das quantitative Ungleichgewicht der beiden Sätze aus der Balance.

Mit dem im Titel angekündigten »plötzlichen Spaziergang« verbindet sich die Konnotation des Abrupten und Unerwarteten. Ihr entspricht die dem Text eingeschriebene markante Zäsur. Der Stagnation in häuslicher Enge steht der vorgestellte Aufbruch in eine verheißungsvolle Freiheit diametral gegenüber. Die im familiären Kontext etablierten Verhaltensrituale verraten Adverbien wie »gewohnheitsgemäß« und »selbstverständlich« (17). Sie werden mit »einem plötzlichen Unbehagen« (18) kontrastiert, aus dem sich dann die Motivation zum Aufbruch ergibt.

Trotz dieser Opposition gerät der gesamte Text in einen eigentümlichen Schwebezustand. Schon die insgesamt zehnmal vorkommende Konjunktion »wenn« betont den rein hypothetischen Charakter der Szenerie. Hier zeigt die Prosaminiatur Analogien zu Kafkas später entstandener Parabel *Auf der Galerie* (262 f.), die in zwei extrem ausgedehnten Satzgebilden widersprüchliche Perspektiven auf die Realität einer Zirkusvorstellung entwirft und die vorgeführte Wirklichkeit durch diese kunstvolle

Konfrontation zusehends ins Diffuse geraten lässt. Während dieser Text aber durch eine genau in der Mitte platzierte Zäsur in zwei gleichgroße Komplexe unterteilt ist, erzeugt der Einschnitt in *Der plötzliche Spaziergang* Irritationen, weil semantischer Gehalt und syntaktische Gestaltung divergieren.

Obwohl eigentlich erst am Ende der ausladenden Konditionalperiode der Entschluss zum Aufbruch zu erwarten wäre, beginnt die innere Entwicklung schon vorher umzuschlagen, nämlich bereits nach dem vierten »wenn«: Schon hier leitet eine summarische Retrospektive auf die geschilderten Verhältnisse die Zäsur ein: »und wenn man nun trotz alledem in einem plötzlichen Unbehagen aufsteht« (17 f.). Von dieser Stelle an wird das monotone Gleichmaß des Satzrhythmus innerhalb der parallel geschalteten konditionalen Syntax durch Dynamisierung aufgehoben. Hatte »man« die eigene Lethargie zunächst durch eine mehrgliedrige Argumentation zu legitimieren versucht, so ergibt sich nun »trotz alledem« (18) ein Impuls zum Aufbruch.

Die Vorstellung, den Entschluss »sofort« in die Tat umzusetzen, hat erstaunliche Auswirkungen auf die eigene Befindlichkeit. Denn die Imagination der konkreten Entscheidung stimuliert einen plötzlichen Energieüberschuss, der mit einer grotesk anmutenden Übertreibung beschrieben wird: »wenn man durch diesen einen Entschluß alle Entschlußfähigkeit in sich gesammelt fühlt« (18). Das anonyme Man geriert sich also geradezu als Energiekonzentrat oder als Instanz zur Maximierung von Willenskraft.

Indem der zum Aufbruch Entschlossene in seiner mehrgliedrigen Argumentation die der Aktivität entgegenstehenden Hindernisse, nämlich Verhaltensrituale, schlechte Witterungsverhältnisse und die zu erwartende Verärgerung auf Seiten der Familie, gedanklich beiseite räumt, scheint ihm die Kraft zur »schnellsten Veränderung« zuzuwachsen. Dadurch steigert sich das Selbstgefühl bis zur Grandiosität: »gänzlich aus seiner Familie ausgetreten«, sieht »man« die Verwandten und damit implizit auch die eigene Zugehörigkeit zu ihnen »ins Wesenlose« entgleiten. So verschafft sich der anonyme Erzähler einen im Wortsinn ab-soluten Status. Während der Familienverband aus seiner Perspektive ins Diffuse entschwindet, heißt es über den Aufbrechenden, dass er »selbst, ganz fest, schwarz vor Umrissenheit, [...] sich zu seiner wahren Gestalt erhebt« (18).

Auf den ersten Blick scheint hier geradezu ein optimistisches Autonomiekonzept wirksam zu sein: in der Vorstellung einer Selbstfindung des Individu-

ums, das sich im Erleben seiner Willensenergie der eigenen Möglichkeiten erst bewusst wird, neue Dimensionen an sich entdeckt und auf diese Weise echte Identität gewinnt. Man mag sich hier an Kleists Novelle *Die Marquise von O...* erinnert fühlen, in der die Protagonistin durch ein wahrhaft unerhörtes Ereignis und dessen prekäre Konsequenzen dazu veranlasst wird, sich von konventionellen Verhaltensnormen der Familie entschieden zu emanzipieren. Kleist, dessen Werke zu Kafkas Lektüre zählten, leitet diese biographische Zäsur für die Marquise mit der Formulierung ein: »Durch diese schöne Anstrengung mit sich selbst bekannt gemacht, hob sie sich plötzlich, wie an ihrer eigenen Hand, aus der ganzen Tiefe, in welche das Schicksal sie herabgestürzt hatte, empor« (Kleist, 167).

In Kafkas Text *Der plötzliche Spaziergang* bleiben trotz der markanten Zäsur allerdings Unklarheiten und offene Fragen. Ob der Begriff der ›Freiheit‹ hier uneingeschränkt im Sinne von voluntativer Selbstbestimmung zu verstehen ist, kann bezweifelt werden. Auffälligerweise erscheint ›Freiheit‹ nämlich nur ex negativo und wird zudem auf die physische Dimension reduziert: So ist nicht etwa von der Autonomie der Person die Rede, sondern bloß von der »Beweglichkeit« ihres Körpers (DzL 18).

Das in der Prosaminiatur 14mal auftretende Indefinitpronomen ›man‹ legt überdies die Frage nahe, warum hinter dem neugewonnenen emphatischen Selbstgefühl des anonymen Sprechers – trotz der Erhebung »zu seiner wahren Gestalt« – kein Ich hervortritt und sich selbstbewusst in Szene setzt. So bleibt auch der Subjektstatus der Erzählerinstanz in der Schwebe. An dieser Stelle bietet sich ein Seitenblick auf Kafkas Parabel *Die Sorge des Hausvaters* (DzL 282–284) an, in der eine ambivalente Doppelstrategie des Zeigens und Verbergens dominiert: Der Hausvater, der seine persönliche Betroffenheit und Verunsicherung angesichts der Konfrontation mit der eigenen Endlichkeit zunächst zu kaschieren suchte, indem er sich hinter einem diffusen Man verschanzte, tritt erst ganz am Ende als besorgtes Ich ungeschützt hervor.

Kafkas Text *Der plötzliche Spaziergang* unterläuft die Erwartungshaltung des Lesers dadurch, dass er ein konkretes Individuum als Erzählerfigur verweigert und für das fiktional Dargestellte nicht einmal einen textimmanenten Faktizitätsanspruch erhebt. Was bleibt, ist lediglich das Hypothetische eines konditionalen wenn-dann-Gefüges. Auch die Formulierung »schwarz vor Umrissenheit« (18) erscheint befremdlich, weil sie eher an eine zweidimensionale Fläche als an einen stabilen Körper denken lässt. Bezeichnenderweise wird die extrem labile, fortwährend um Selbststabilisierung ringende Betergestalt in Kafkas *Beschreibung eines Kampfes* durch eine andere Figur folgendermaßen charakterisiert: »Sie sind Ihrer ganzen Länge nach aus Seidenpapier herausgeschnitten [...], so silhouettenartig [sic]« und »müssen sich nach dem Luftzug biegen, der gerade im Zimmer ist« (NSF I, 97).

Noch weitere Irritationen geben Anlass, die Oberflächenstruktur von Kafkas Text *Der plötzliche Spaziergang* zu hinterfragen. So wird der anfängliche Eindruck einer Idylle von häuslicher Gemütlichkeit in Frage gestellt: durch die Erwartung, »das Haustor gesperrt« vorzufinden, und durch die spürbare Ungeduld dessen, der »schon so lange [...] stillgehalten hat« (DzL 17). Problematisch erscheint der globale Rückbezug, mit dem der zweite Satz die im Vorangegangenen beschriebene Konstellation aufnimmt: »Verstärkt wird alles noch, wenn man zu dieser späten Abendzeit einen Freund aufsucht, um nachzusehen, wie es ihm geht« (18). Das Pronomen »alles« erzeugt einen logischen Bruch (Willer, 42). Denn sein Totalitätsanspruch bezieht sich auf die Gesamtheit des zuvor Dargestellten, also auf die Opposition von Lethargie und Entschlusskraft. Demzufolge umfasst es die Reflexion über die Hinderungsgründe ebenso wie die Entscheidung zum Aufbruch »trotz alledem«. Durch den Besuch bei einem Freund kann sich aber nicht »alles« potenzieren, sondern allenfalls der euphorische Aufschwung.

Durch diese Paradoxie unterläuft der Text seine eigene Grundstruktur und beginnt zu oszillieren, bis seine semantischen Bezüge implodieren: Und dies um so mehr, als die Man-Instanz ohnehin »mehr Kraft als Bedürfnis« (18) zur Veränderung in sich verspürt. Der Impuls zum Aufbruch entsteht also *via negationis*: Die Flucht vor dem eigenen »Unbehagen« (18) dominiert über positive Handlungsmotive. Diese Konstellation wird auch durch die im zweiten Satz hypothetisch formulierte Zielrichtung nicht in Frage gestellt, lässt sie doch an die Imago des fernen Freundes in Petersburg denken, dessen Existenz in Kafkas Erzählung *Das Urteil* bis zum Schluss ungesichert bleibt. Bezeichnenderweise betont Kafka in der ursprünglichen Fassung seines Textes *Der plötzliche Spaziergang* das »Erlebnis« der »äussersten Einsamkeit«, das man »nur russisch nennen kann« (DzL:A 56).

Die bloß hypothetische Zielangabe kaschiert, dass ein Spaziergang eigentlich ziellos ist: als selbstzweck-

hafte Bewegung ohne Anspruch auf umfassende »Veränderung« (DzL 18). Da dem Spaziergang die Heimkehr folgen wird, tendiert das gesamte Unternehmen ohnehin zur Zirkularität. Durch diese Kreisbewegung gerät die »Entschlußfähigkeit« (18) und Energie der Man-Instanz in einen teleologischen Leerlauf. In diesem Sinne scheint der Text bereits die resignative Quintessenz der unmittelbar folgenden Miniatur *Entschlüsse* vorwegzunehmen: »ich werde mich im Kreise zurückdrehen müssen« (19). Gleichsam interaktiv aufeinander bezogen, entfalten Kafkas Texte *Der plötzliche Spaziergang* und *Entschlüsse* das Spannungsverhältnis zwischen Lethargie und Willensenergie mit jeweils unterschiedlichem Akzent: als Alternativen, die letztlich aber auf eine ähnliche Grunddisposition verweisen.

Entschlüsse

In mehrfacher Hinsicht lässt die vierte Prosaminiatur (DzL 19) Analogien und Differenzen zum vorangegangenen Text *Der plötzliche Spaziergang* (17 f.) erkennen. Hier wie dort steht die Erhebung über eine negative Befindlichkeit im Zentrum. Dem »plötzlichen Unbehagen« (18) im dritten Text der *Betrachtung* entspricht der Status quo, den der Anfangssatz der *Entschlüsse* als »elenden Zustand« beschreibt (19), mit der zuvor betonten »Entschlußfähigkeit« (18) korrespondiert der Einsatz »gewollter Energie« (19). Auch die Plötzlichkeit des mentalen Aufschwungs, die physische Beweglichkeit und die hypothetische Grundstruktur sind in beiden Texten relevant.

Die Prämisse, die der erste Satz formuliert, besteht in der Annahme, durch Willensenergie und rationale Selbstformierung lasse sich ein Leidenszustand leicht beseitigen. Die beschriebene Strategie ähnelt den vom Postulat der Selbstbeherrschung ausgehenden stoischen Rezepten zur Leidensbewältigung und Affektabwehr: »Arbeite jedem Gefühl entgegen« (19). Die Entscheidung, daraus praktische Konsequenzen abzuleiten, mündet allerdings sofort in den Leerlauf einer grotesken Inszenierung: Der inneren Misere steht ein kraftstrotzender Aktionismus diametral gegenüber, so dass die forcierte Selbstdarstellung des Leidenden als inauthentisches Theater erscheint.

Obwohl Kafka in *Entschlüsse* zweimal eine personale Sprecherinstanz exponiert, bleibt dieses Ich ebenso gesichtslos wie die von ihm imaginierten Gesprächspartner. Bloß durch die Initialen A., B. und

C. voneinander unterschieden, lassen sie an das anonyme Man in *Der plötzliche Spaziergang* und an die »Gesellschaft von lauter Niemand« denken, die *Der Ausflug ins Gebirge* inszeniert (20).

Sobald der Ich-Erzähler in *Entschlüsse* die Künstlichkeit seines theatralischen Gebarens erkennt, stellt er sein Verhaltenskonzept auch selbst in Frage. Das emphatische Selbstgefühl wird ad absurdum geführt, wenn schon der bloße Gedanke an mögliche »Fehler« die innere Dynamik »stocken« lässt und eine aporetische Situation zur Folge hat: »ich werde mich im Kreise zurückdrehen müssen« (19). Die Zäsur in der Textmitte resultiert aus dieser Zirkularität und führt zur Revision der anfänglichen Entscheidung für energische Aktivität. An ihre Stelle tritt der Entschluss, in einer lethargischen Haltung zu verharren, in einer resignativen Apathie ohne Reue. Die Handlungsblockade scheint aus einer kritischen Selbstbeobachtung zu resultieren, die mit der Problematik der Hyperreflexivität verbunden ist. Wiederholt hat Kafka über die ambivalenten Implikationen intensiver Selbstbeobachtung nachgedacht (vgl. z. B. 7.11.1921 u. 16.1.1922, T 874 u. 877; NSF II, 32, 42).

Dem ersten Entschluss, der alle Energien stimulieren sollte, folgt als dessen Negation der zweite Entschluss, der das vorherige Handlungsprinzip gleichsam durchstreicht. Der Versuch, einen emphatischen Aufschwung »mit gewollter Energie« (DzL 19) zu vollziehen, wird schon durch die gedankliche Antizipation möglicher Stagnation gelähmt und mündet in eine imaginative Kreisbewegung. Hier zeichnet sich eine Analogie zu den inkompatiblen Perspektiven auf die Baumstämme im Schnee ab, die Kafka in der Parabel *Die Bäume* entwirft (33).

Die mit »Deshalb« (19) einsetzende Conclusio der *Entschlüsse* blendet das zunächst vorgestellte Modell voluntativer Leidensbewältigung, emphatischer Selbstdarstellung und souveräner Interaktion in kompromissloser Entschiedenheit aus. Die Radikalität des zweiten Entschlusses zeigt sich in seiner Verabsolutierung zum angeblich »besten Rat« (19). Mit rigorosem Allgemeingültigkeitsanspruch wird nun die totale Lethargie empfohlen, der Rückzug in eine Resignation, die von allen vitalen Vollzügen so weit entfernt ist, dass der künstlich inszenierte Energiefluss jäh abreißt.

Der im ersten Absatz geschilderten hektischen Betriebsamkeit folgt nun eine unheimliche Erstarrung. Der vermeintlich »beste Rat« zielt nämlich darauf, »das, was vom Leben als Gespenst noch übrig ist, mit eigener Hand nieder[zu]drücken« und »die letzte grabmäßige Ruhe« bis zur Totalität zu steigern (19). Diese melancholische Aussage lässt an den Euphemismus ›Hand an sich legen‹ denken, mithin an den Suizid (über die autobiographische Relevanz dieses Themas für Kafka selbst gibt ein Brief vom 12. März 1910 an Max Brod Aufschluss; B00–12 118 f.). In der Vorstellung des Todes ist das bipolare Spannungsfeld zwischen manischem Aufschwung und depressiver Erstarrung aufgehoben.

Kafka hat die *Entschlüsse* anders strukturiert als den vorangegangenen Text *Der plötzliche Spaziergang*. Optisch gegliedert und rhythmisiert ist die Prosaminiatur dadurch, dass den längeren Abschnitten 1 und 3 die deutlich kürzeren Absätze 2 und 4 folgen. Dabei ist die Syntax unterschiedlich gestaltet: Während drei Sätze den ersten Abschnitt bilden, bestehen die folgenden drei Absätze aus jeweils einem Satz; von ihnen erweist sich der vorletzte als besonders komplex. Nachdem ein adversatives »Aber« (19) den eingangs geschilderten autotherapeutischen Versuch des Ich in Frage gestellt hat, sich mithilfe von Willenskraft selbst zu stabilisieren, zieht der mit »Deshalb« (19) eingeleitete dritte Absatz das Fazit aus dem plötzlichen Einbruch einer Skepsis, die jede Schwungkraft lähmt.

Die allein durch Skepsis erzeugte mentale Aporie in dieser kontrastiv gestalteten Prosaminiatur wird im letzten Satz mit einer »charakteristischen« (19) Bewegung korreliert, die angesichts der zuvor beschriebenen extremen Turbulenzen durch ihre Dezenz geradezu provozierend unauffällig wirkt. Der Kontrast zur Ausgangskonstellation ist evident: Nach der anfangs beschriebenen Divergenz von Sein und Schein, von psychischer Leidenssituation und theatralisch überanstrengter Gebärdensprache, scheinen Innen und Außen am Ende zu konvergieren: Der geradezu letalen Erstarrung entspricht die reduzierte Geste.

Die Vorüberlaufenden

Der zehnte Text der *Betrachtung* trägt den Titel *Die Vorüberlaufenden* (DzL 26 f.). Er greift auf die bereits in *Der plötzliche Spaziergang* realisierte wenn-dann-Konstellation zurück und ließe sich sogar als narrative Weiterführung des dort beschriebenen abrupten Aufbruchs lesen. Hier wie dort besteht der ganze erste Absatz aus einem ausladenden syntaktischen Gefüge. Der Anfang ist auffälligerweise sogar identisch gestaltet: »Wenn man« (26). Obwohl der Text durch die Konjunktion ›wenn‹ den Status des Hypothetischen erhält, suggeriert er dem Leser eine Faktizität des Erlebnisses. Während das Indefinitpronomen ›man‹ in *Der plötzliche Spaziergang* bis zum Ende dominiert, ist in *Die Vorüberlaufenden* ein rascher Wechsel der Erzählerinstanz vom anonymen »man« zu einem personalen »wir« festzustellen, das vielleicht sogar den impliziten Leser selbst mit einschließen könnte (von Glinski, 145).

In einer mehrgliedrigen Argumentation entwirft der Text Strategien zur Selbstexkulpierung. Zwar wird durch die Bezugnahme auf objektive Gegebenheiten ein Anspruch auf Plausibilität erhoben, aber zugleich lassen bereits auffällige Inkonsequenzen die apologetischen Absichten des Sprechers erkennen. Die einzelnen Argumente ergänzen und überbieten einander nicht nur, sondern erweisen sich mitunter auch als inkompatibel. Indem Kafka den tendenziösen Gesamtduktus durch groteske Zuspitzungen ad absurdum führt, markiert er den Primat subjektiver Interessen.

Zu vermuten ist, dass sich hier ein ängstliches Ich hinter einem Stabilität gewährleistenden Gruppen-Wir versteckt oder sogar eine Allianz mit dem Leser eingeht, um sich der individuellen Verantwortung für das eigene Handeln zu entziehen. Offensichtlich zielt die Intention darauf, sich selbst eine akzeptable Begründung für das Verharren in reiner Passivität zu verschaffen. Verräterisch erscheint am Schluss die unverhohlene Erleichterung darüber, dass die Zeit zur Intervention endlich verstrichen ist und nun keine Gelegenheit mehr besteht, in das beobachtete Geschehen, eine letztlich mysteriös bleibende Verfolgungsjagd, doch noch einzugreifen. So erübrigt sich auch jeder weitere Versuch, über Strategien zur Selbstexkulpierung nachzudenken.

Der Rückzug in die Lethargie hat in der Miniatur *Die Vorüberlaufenden* also eine ganz andere Bedeutung als am Ende der *Entschlüsse*. Dominierte dort eine melancholische Resignation mit suizidaler Tendenz, so wird hier der Verlust jeder Möglichkeit zum Engagement »froh« zur Kenntnis genommen (DzL 27). Trotz des untergründig spürbaren Eindrucks, dass gerade hier eine Intervention gerechtfertigt, ja geboten sein könnte, wurde sie unterlassen. Bis zum Schluss bleibt diese Ambivalenz so präsent, dass ein zweifach gestufter konzessiver Einschub förmlich in die konditionale Satzperiode einbricht und den lapidaren Nachdruck des Satzes stört (»selbst wenn [...], selbst wenn«). Die durch äußere Rahmenbedingungen, das Straßengefälle und die Vollmond-Beleuchtung, verlängerte, ja geradezu optimierte Dauer der

Entscheidungsphase ändert an der passiven Haltung der Wir-Instanz ebenso wenig wie die Vorstellung, dass der Verfolger des zerlumpten Fliehenden im Recht sein könnte.

Durch Überschlagungseffekte von subversiver Komik lässt Kafka die intendierte Logik der Argumentation aus der Balance geraten. Wenn der zweite Absatz mit der schlichten Feststellung der Tageszeit »Denn es ist Nacht« (26) beginnt, bietet er eine zunächst trivial anmutende Wiederholung der Rahmenbedingungen. Diese semantische Oberflächenebene wird allerdings auf die hilflosen Bemühungen der Wir-Instanz hin transparent, sich durch das Insistieren auf unbezweifelbaren Tatsachen wie den lokalen und temporalen Gegebenheiten, die tatsächlich außerhalb seiner Verantwortung liegen, einem Impuls zum Engagement zu entziehen. Die Ernsthaftigkeit dieser Pseudo-Argumentation führt Kafka durch eine geradezu subversive Komik kunstvoll ad absurdum. Angestrengt ringt der Sprecher darum, die ihn durch einen impliziten Handlungsappell herausfordernde Situation aus dem Bewusstsein zu verbannen. Dabei treibt er seine Versuche, die eigene Passivität zu rechtfertigen, bis ins Groteske. So generiert er immer neue Deutungen für das unerklärliche Geschehen auf der nächtlichen Straße, das als Leerstelle des Textes ein Sinnvakuum entstehen lässt. Sieben Spekulationen, die jeweils mit »vielleicht« eingeleitet sind, bieten extrem unterschiedliche Erklärungen für das Rätselhafte: Sie reichen von der Annahme einer harmlosen Koinzidenz, die nur zufällig einer Verfolgungsjagd ähnelt, bis zur Vermutung krimineller Machenschaften, durch die eine Intervention geradezu lebensgefährlich werden könnte.

Da alle Deutungen ins Leere laufen und das Ereignis letztlich unerklärlich bleibt, suspendiert die Wir-Instanz im dritten Absatz sogar jedweden Versuch hermeneutischer Erschließung, indem sie sich nun in das zur Passivität berechtigende Refugium der eigenen Müdigkeit zurückzieht. Da aber selbst diese apologetische Deutung als unzulänglich empfunden wird, soll schließlich auch noch der zur Trägheit disponierende Alkoholkonsum als Argument dienen, um die eigene Lethargie zu rechtfertigen. Ähnliche Strategien finden sich übrigens in Kafkas *Beschreibung eines Kampfes*: Hier versucht sich der Dicke im Gespräch mit dem Beter von der Verantwortung für seine Äußerungen zu dispensieren, indem er feststellt: »Es ist Nacht und niemand wird mir morgen vorhalten, was ich jetzt sagen könnte, denn es kann ja im Schlaf gesprochen sein« (NSF I, 110).

In der Miniatur *Die Vorüberlaufenden* erweist sich die Problematik der Verantwortung letztlich als entscheidendes Stimulans der Reflexion und damit zugleich als Kristallisationszentrum der gesamten Argumentation. Während der hybride Ich-Erzähler in *Der Nachhauseweg* sein Gefühl von Verantwortlichkeit in grotesker Weise expandieren lässt (DzL 25 f.), wird die Thematik der Verantwortung in *Die Vorüberlaufenden* bezeichnenderweise nur im Medium psychischer Verschiebung zugelassen und erscheint durch Umadressierung bis zur Unkenntlichkeit verfremdet: in der Spekulation »vielleicht wissen die zwei nichts von einander, und es läuft nur jeder auf eigene Verantwortung in sein Bett« (26). Müdigkeit als Disposition zum Schlaf, die den Menschen aus allen Verpflichtungen entlässt, ihn von den Anstrengungen des Wachbewusstseins entbindet und ihm die Hoffnung auf Entlastung von jeder Verantwortung im Traum eröffnet, wird auch in anderen Texten aus Kafkas *Betrachtung* zum Thema: Auffälligerweise enden die beiden atmosphärisch sehr unterschiedlichen Rahmentexte *Kinder auf der Landstraße* und *Unglücklichsein* mit dem Motiv des Schlafes.

Kinder auf der Landstraße

Dieser Text, mit dem Kafka seine *Betrachtung* eröffnet (DzL 9–14), bildet zusammen mit *Unglücklichsein* (33–40) einen Rahmen um die übrigen sechzehn Prosaminiaturen, die deutlich kürzer sind. Während sich die Szenerie in *Unglücklichsein* auf die klaustrophobische Enge von Innenräumen beschränkt, entwirft *Kinder auf der Landstraße* einen alternativen Schauplatz: ein weiträumiges Aktionsfeld in dörflichem Ambiente, das vielfältige Unternehmungen unter freiem Himmel ermöglicht. Thematische Korrelationen entstehen durch das Motiv des Kindes, des Abends und des Schlafes. Verglichen mit der aporetischen Situation des an seiner Einsamkeit verzweifelnden Ich-Erzählers, die Kafka in *Unglücklichsein* präsentiert, scheint der Text *Kinder auf der Landstraße* durch die lebendige Schilderung von Gemeinschaftsaktivitäten geradezu eine paradiesische Idylle zu bieten. Durch die ihm immanente Dynamik steht er der Konstellation in *Unglücklichsein* diametral gegenüber.

Eine genauere Betrachtung gibt jedoch Anlass, diese Einschätzung etwas zu relativieren: Obwohl der kindliche Ich-Erzähler phasenweise durchaus im Wir der Gruppe aufgeht, tritt schon in der Anfangspartie des Textes seine einzelgängerische Natur hervor. Deutlich ist zu erkennen, dass er sich Kontaktangeboten notorisch entzieht und sich auch auf den späteren Handlungsimpuls von Seiten der Spielkameraden eher widerstrebend einlässt (DzL 10). Das Kind, das im elterlichen Garten ein Refugium für träumerischen Müßiggang findet, integriert sich nur zögernd und unter Vorbehalt in die Gruppe.

In auffälligem Maße ist die kurze Erzählung von Spannungsfeldern bestimmt: Besonders markant erscheint die Polarität zwischen Bewegung und Ruhe, Erlebnisoffenheit und Lethargie, Isolation und Kommunikation; ergänzt wird sie durch den Kontrast zwischen Beschränkung und Entgrenzung, Gewohnheit und Abenteuer.

Schon der Wechsel der Personalpronomina ist im Hinblick auf die dem Text inhärenten Gegensätze aufschlussreich: Die Korrelation von Ich und Du, Ihr und Wir bestimmt nicht nur die spontanen Wortwechsel zwischen den Kindern, sondern prägt sich auch im Sozialverhalten des Ich-Erzählers aus, der im Verlauf des Textes mehrmals zwischen Rückzugsbedürfnis und Gemeinschaftssinn changiert. Das in auffälliger Weise wiederholte »man« (11 f.) repräsentiert eine Teilgruppe, der offensichtlich auch der Ich-Erzähler angehört.

Schon zu Beginn inszeniert er sich im Refugium seiner Gartenidylle als Individuum: durch die prononcierte Anfangsstellung des Personalpronomens »Ich«, mit dem sowohl der erste als auch der zweite Absatz einsetzt (9). Mit ähnlichem Nachdruck inszeniert Kafka später das »Wir« am Anfang von Absatz 9, 11 und 16. Mit dem »Ich« des ersten und zweiten Absatzes korrespondieren zwei mit »Ich« beginnende Sätze am Ende des Textes, als der kindliche Erzähler seinem Impuls folgt, die dörfliche Szenerie zu verlassen und eine durch das unkonventionelle Verhalten ihrer Einwohner rätselhaft-verlockende »Stadt im Süden« (13) aufzusuchen. Das normwidrige Verhalten der Städter, die nicht schlafen, »weil sie Narren sind« (14), wird gerade für das Kind zum Faszinosum, das die Nacht nicht verschlafen will und daher sogar die Zeitlichkeit negiert: »Es gab keine Tages- und keine Nachtzeit« (10 f.).

Im Gesamtduktus des Textes sind zwei Tendenzen festzustellen. Unter sozialem Aspekt dominiert eine dialektische Struktur: Das Ich, das sich zunächst lethargisch und beziehungslos im Garten aufhält, lässt sich anschließend zu gemeinschaftlichen Unternehmungen überreden, nach deren Ende es sich wieder auf sich selbst zurückzieht. In der räumlichen Dimension wird dieses Konzept unterlaufen und ergänzt durch die Tendenz zu allmählicher Erweiterung des Horizonts: vom beschränkten Raum des elterlichen Gartens über die Aktivitäten im dörflichen Umland bis hin zur Durchbrechung des vertrauten Ambientes durch den Aufbruch in unbekanntes Terrain.

Diese Gesamtdynamik des Textes weist intern einige Modifikationen auf. Das anfangs zurückgezogen hinter dem Gartengitter verharrende Kind vermag das Geschehen in seiner Umgebung zunächst nur phasenweise und ausschnitthaft wahrzunehmen: »durch die schwach bewegten Lücken im Laub« (DzL 9). Den beschränkten akustischen und optischen Sinneseindrücken, aus denen sich schließen lässt, dass die Dorfbewohner gerade eine Getreideernte einbringen, folgen Erfahrungen innerer Destabilisierung: Der in einer Position labiler Balance von der Schaukel aus den Vogelflug beobachtende Ich-Erzähler glaubt selbst zu fallen, während er die Vögel aufsteigen sieht, und ist durch diese verfremdete Wahrnehmung offensichtlich irritiert.

In die gemeinschaftlichen Aktivitäten Lauf, Spiel und Kampf, die der zweite Teil des Textes beschreibt, finden in auffälliger Weise Elemente des Exotischen und Archaisch-Kriegerischen Eingang, die vielleicht von Lektüreeindrücken stimuliert sind. Sie schaffen eine Atmosphäre, die von den Kindern als abenteuerliche Sonderwelt inszeniert und genossen wird: Sie glauben zu laufen »wie Tiere in den Tropen. Wie Kürassiere in alten Kriegen« (11).

Dabei entstehen variable Wir-Konstellationen: So zerfällt das Kollektiv vorübergehend in gegnerische Gruppen, die einander spielerisch bekämpfen; eine Reihe von Kindern macht den Angriff offenbar nur, um sich anschließend besiegt ins warme »Gras des Straßengrabens« legen zu können: »fallend und freiwillig« (11). Aus Lethargie und Müdigkeit entspringt der Wunsch, immer tiefer zu fallen – eine Assoziation, die außer einem latenten Schlafbedürfnis vielleicht sogar Todeskonnotationen einschließt (Kurz 1994, 55). Von einem »indianischen Kriegsruf« animiert, findet sich die Gruppe wieder zusammen (DzL 12). In der geschlossenen Formation des gemeinsamen Galopps stellt sich ein Gemeinschaftserlebnis ein, das sich wenig später im kollektiven Gesang noch intensiviert. Der Gassenhauer, den die Kinder beim Anblick eines vorüberfahrenden Zuges singen, gilt in einer diffusen, möglicherweise zwischen Abwehr und Faszination oszillierenden Gefühlslage »den fernen Reisenden« hinter den erleuchteten Fenstern (13).

Der Zenit eines kollektiven Identitätsgefühls indes kaschiert nur vorübergehend, dass sich der Ich-Erzähler bloß oberflächlich in die Gemeinschaft integriert hat; tatsächlich bleibt er weiterhin seiner einzelgängerischen Mentalität verhaftet. Der Abschied von der Gruppe markiert dann die eigentliche Zäsur: Statt der erwarteten Heimkehr folgt nun ein erneuter Aufbruch, der zugleich den Aktionsradius beträchtlich erweitert. Die Normen der Erwachsenen, ihre Abendrituale und ihre Vorbehalte gegenüber den nonkonformistischen Städtern missachtend, folgt der Ich-Erzähler einem untergründigen Impuls, der ihn »zu der Stadt im Süden hin« (13) zieht, motiviert von Vorstellungen, die jede realistische Erwartung sprengen: Der offene Schluss schildert den Aufbruch in das Phantasma einer märchenhaft verfremdeten Gutenachtgeschichte (Geulen, 12), die jetzt – gegen die Intention der sie erzählenden Erwachsenen im Dorf – plötzlich eine utopische Aura entfaltet.

Ausgaben: Einzelpublikationen vor Erstdruck der Sammlung: Betrachtung. In: Hyperion. Eine Zweimonatsschrift Folge 1, Bd. 1 ([ca. 9. März] 1908), 91–94 [enthält B 7, 8, 9, 10, 12, 11, 13, 17]; Betrachtungen. In: Bohemia 83 ([27. März] 1910) Nr. 86, Osterbeilage, 39 [enthält: B 8 (Titel: *Am Fenster*), 10 (Titel: *In der Nacht*), 12, 11, 14]; Betrachtung. In: Bohemia 85 ([25. Dez.] 1912) Nr. 356, Weihnachtsbeilage, 12 (unpag.) [enthält: B 1]; spätere Einzelpublikationen 1913–24: DzL:A 35. – ED der Sammlung: Franz Kafka: Betrachtung. Leipzig: Ernst Rowohlt Verlag 1913 [erschienen ca. 10.12.1912]; der Band trug eine Banderole, auf deren Vorderseite gedruckt war: »Der durchaus neuartige Ton dieses Buches, eine von Heiterkeit gebändigte Schwermut, verleiht dem Werke, das Leben und Sehnsucht eines jungen Mannes unserer Tage zum Thema hat, einen außergewöhnlichen Reiz. Die seltene Verbindung von Liebenswürdigkeit und tiefem Ernst erhebt die sich durch ihre innere Einheit zu einer einzigen ›Betrachtung‹ zusammenschließenden klangschönen Prosastücke zu einer großen Hymne, die für Viele symbolische Geltung erlangen dürfte« (DzL:A 33 f.). – Franz Kafka: Betrachtung. Leipzig: Kurt Wolff [Herbst] 1915 [Restauflage der Erstausgabe mit neugedrucktem Titelblatt]. – Erz/GS (1935), 25–49. – Erz/GW (1952), 23–50. – DzL/KA (1994), 7–40.

Kontexte: Heinrich von Kleist: Die Marquise von O… In: Ders.: Sämtliche Werke und Briefe in vier Bänden. Bd. 3: Erzählungen, Anekdoten, Gedichte, Schriften. Hg. von Klaus Müller-Salget. Frankfurt/M. 1990, 143–186. – Friedrich Nietzsche: Sämtliche Werke. Kritische

Studienausgabe in 15 Bänden [=KSA]. Hg. v. Giorgio Colli u. Mazzino Montinari. München, Berlin, New York 1980.
Forschung allgemein: P.-A. Alt (2005), bes. 237–261. – M. Anderson (1992), 24–36. – Reinhard Baumgart: Selbstvergessenheit. Drei Wege zum Werk: Thomas Mann, F.K., Bertolt Brecht. München, Wien 1989, Frankfurt/M. 1993. – Hartmut Binder: K.-Kommentar zu sämtlichen Erzählungen. München 3. Aufl. 1982 [1975], 57–62, 67–75, 84–88, 108–122. – Rudolf Boehm: »Es ist nun einmal schon so…«. Philosophische Bemerkungen zu K.s *Betrachtung*. In: Lamberechts/de Vos (1983), 21–26. – Bernhard Böschenstein: Nah und fern zugleich: F.K.s *Betrachtung* und Robert Walsers Berliner Skizzen. In: G. Kurz (1984), 200–212. – Jürgen Born (Hg.): F.K. Kritik und Rezeption zu seinen Lebzeiten 1912–1924. Frankfurt/M. 1979. – Max Brod: Nachwort. In: F.K.: Beschreibung eines Kampfes. Die zwei Fassungen. Parallelausgabe nach den Handschriften. Frankfurt/M. 1969, 148–159. – L. Dietz (1982). – Sophie von Glinski: Imaginationsprozesse. Verfahren phantastischen Erzählens in F.K.s Frühwerk. Berlin, New York 2004. – Ingeborg Henel: Periodisierung und Entwicklung. In: KHb (1979) II, 220–241. – Friedhelm Kemp: Dichtung als Sprache. Wandlungen der modernen Poesie. München 1965, bes. 67 f. – J. Kobs (1970). – Tilly Kübler-Jung: Einblicke in F.K.s *Betrachtung*. Analyse und literaturgeschichtliche Einordnung. Marburg 2005. – Gerhard Kurz: Einleitung: Der junge K. im Kontext. In: G. Kurz (1984), 7–39. – Ders.: Lichtblicke in eine unendliche Verwirrung. Zu K.s *Betrachtung*. In: H.L. Arnold (1994), 49–65. – Hans-Thies Lehmann: Der buchstäbliche Körper. Zur Selbstinszenierung der Literatur bei F.K. In: G. Kurz (1984), 213–241. – Barbara Neymeyr: Konstruktion des Phantastischen. Die Krise der Identität in K.s *Beschreibung eines Kampfes*. Heidelberg 2004. – Heinz Politzer: F.K., der Künstler. Gütersloh 1965, bes. 45–80. – James Rolleston: Temporal Space. A Reading of K.'s *Betrachtung*. In: MAL 11 (1978) 3/4, 123–138. – Ders.: Das Frühwerk (1904–1912). In: KHb (1979) II, 242–262. – Ders: *Betrachtung*: Landschaften der Doppelgänger. In: G. Kurz (1984), 184–199. – Sabine Rothemann: »Kleine Mutter mit Krallen« – F.K. und das alte Prag. Betrachtendes Denken und Raumentwurf in der frühen Prosa. Bonn 2008. – Judith Ryan: K. Before K. The Early Stories. In: J. Rolleston (2002), 61–83. – Shimon Sandbank: Uncertainty as Style. K.'s *Betrachtung*. In: GLL 34 (1981), 385–397. – Hans-Jürgen Scheuer/Justus von Hartlieb/Christina Salmen/Georg Höfner (Hg.): K.s *Betrachtung*. Lektüren. Frankfurt/M. 2003. – John J. White: The Cyclical Aspect of K.'s Short Story Collections. In: Stern/White (1985), 80–97.

Zu einzelnen Texten: *Der plötzliche Spaziergang*: John M. Grandin: K.'s *DpS*. In: MLN 89 (1974), 866–872. – Stefan Willer: Der Lauf der Schrift und das Gefälle des Satzes. In: H.-J. Scheuer u. a. (s.o.), 34–43. –– *Die Bäume*: Eric Baker: Para-belle. Jenseits des Schönen in K.s *DB*. In: H.-J. Scheuer u. a. (s.o.), 184–194. – László Kovács: Noch einmal zu K.s Text (?) *DB*. In: Imre Kurdi u. a. (Hg.): Die Unzulänglichkeit aller Engel. Fs. f. Zsuzsa Széll. Budapest 1996, 203–218. – Gregory B. Triffitt: K., Paradoxy and *DB*. In: Journal of the Australasian Universities Language and Literature Association 63 (1985), 53–64. –– *Kinder auf der Landstraße*: Daniel Berg: F.K., *KadL*. Erschließung und Verständnis. Bochum 1995. – Hans Geulen: Versuch und Risiko einer adäquaten Deutung. In: H.-J. Scheuer u. a. (s.o.), 5–15. – Hans Glinz: Methoden zur Objektivierung des Verstehens von Texten, gezeigt an K.s *KadL*. In: Jb. f. Internationale Germanistik 1 (1969) 1, 75–107. – Frank Hofmann: *KadL*. In: Ders.: F.K.s Technik des Erzählens. Rüsselsheim 1993, 9–24. –– *Unglücklichsein*: Andreas Hetzel: K.s Gespenst. Vom Unglück der Lektüre. In: H.-J. Scheuer u. a. (s.o.), 200–213. – Barry Murnane: »Aber merken Sie sich, ein Gespenst ist ein Gespenst«. Zum Gespenstischen in K.s *Betrachtung*. In: Focus on German Studies 14 (2007), 93–114.

Barbara Neymeyr

3.1.4 *Die Aeroplane in Brescia*

Entstehung und Veröffentlichung

Kafkas Artikel über die Flugschau, die vom 8. bis zum 20. September 1909 in Brescia stattfand, erschien am 29. September in der Morgenausgabe der Prager Tageszeitung *Bohemia*. Zusammen mit den Brüdern Max und Otto Brod hatte Kafka für das Ende des Sommers 1909 eine Reise in den Süden geplant, obwohl ihm nach gerade mal einem Jahr bei der Arbeiter-Unfall-Versicherungsanstalt noch kein Urlaub zustand. Mit Hilfe des Attestes eines befreundeten Arztes war er dann in der Lage, am 4. September seine beiden Freunde nach Riva ans nördliche Ufer des Gardasees zu begleiten. Durch eine Zeitungsnotiz vom 9. September wurde die Gruppe, wie von Kafka selbst erwähnt (vgl. DzL:A 515 f.), auf die Veranstaltung einer Flugwoche im nahe gelegenen Brescia aufmerksam. Max Brod erinnert sich, dass die Freunde besonders auf Betreiben Kafkas beschlossen, ihren Badeurlaub zu unterbrechen, um in Brescia zum ersten Mal in ihrem Leben Aeroplane zu bewundern (Brod 1966, 92). Am 10. September trafen sie in Brescia ein und besuchten am 11. das internationale Flugmeeting.

Dabei beschloss Max Brod, Kafka, der zu diesem Zeitpunkt über seine Unfähigkeit zu schreiben klagte (vgl. T 12 f.), durch einen Wettkampf zu neuer Produktion anzuregen: Beide sollten ihre Eindrücke über die Ereignisse niederschreiben und dann die Ergebnisse vergleichen. Brod, der bereits einige Wochen zuvor über Blériots Querung des Ärmelkanals geschrieben hatte, verfasste einen eher lyrischen Text über die glamoureusen Seiten des gesellschaftlichen Ereignisses, den die Münchner Halbmonatsschrift *März* druckte. Später verarbeitete er in seinem Roman *Arnold Beer* (1912) die Eindrücke des Brescia-Meetings erneut.

Kafkas präziserer, im distanzierten Reportagestil verfasster Text, in dem nicht nur auf das anwesende Publikum und auf die Damenbekleidung (»Das Mieder liegt tief, kaum noch zu fassen; die Taille scheint breiter, als gewöhnlich, weil alles schmal ist; diese Frauen wollen tiefer umarmt sein«; DzL 408), sondern auch auf technische Details geachtet wird (»Der Motor wird von allen Seiten geölt; verborgene Schrauben werden gelockert und zugeschnürt«; 406), erschien zunächst in einer von Paul Wiegler, dem Feuilletonredakteur der *Bohemia*, um ein Fünf-

tel gekürzten Fassung. Die ungekürzte Fassung sollte, mit einem Vorwort von Max Brod versehen, in dessen Buch *Über die Schönheit häßlicher Bilder. Ein Vademecum für Romantiker unserer Zeit* erscheinen (Leipzig: Kurt Wolff 1913). Zwar wurden die *Aeroplane*-Artikel später für die Publikation bei Rowohlt wieder entfernt, eine Typoskriptabschrift der ungekürzten Fassung belegt jedoch die Arbeit an diesem Projekt. Die bedeutendste vorgenommene Kürzung betraf den Anfang des Berichts, in dem Kafka zunächst einige Klischees über Italien bediente (schlechte Organisation von Großereignissen, verspätete Züge, schmutzige Hotels) – die er dann jedoch zum Teil widerlegt –, um dann die schwierige Anfahrt zum Flugplatz zu beschreiben. Der sehr effektive Einsatz des publizierten Textes (»Wir sind angekommen«; DzL 401) ist also der Kürzung zu verdanken.

Textbeschreibung

Die Flugschau, dies sei vorab gesagt, wurde ein bedeutendes Ereignis, selbst für die reiche Stadt Brescia. Wahre Menschenmengen strömten zu dem östlich der Stadt eigens für den Wettbewerb eingerichteten Flugplatz. Der italienische König, Vittorio Emmanuele III. wohnte dem Ereignis ebenso bei wie die gesamte Hautevolée Italiens. Die zunächst wegen ihrer Automobilrennen berühmte Stadt hatte es vermocht, auch für ihre Flugschau einige der größten Fliegernamen der Zeit zu gewinnen: Prominente Piloten wie die Franzosen Louis Blériot (1872–1936) und Henri Rougier (1876–1956) und der Amerikaner Glenn H. Curtiss (1878–1930) waren ebenso am Start wie die italienischen Lokalmatadoren Mario Calderara (1879–1944) und Guido Moncher (1873–1945). Alle werden von Kafka erwähnt, wobei der Umstand, dass er dem Fliegen nur an einem Tag beiwohnen konnte, die Anzahl der beschriebenen Flüge reduziert. So fokussiert Kafka seine etwas über zehn Seiten umfassende Reportage, die auch nach der Kürzung zunächst mit einer Beschreibung der schwierigen Ankunft im Aerodrom und mit einem unfreundlichen Kutscher beginnt, vor allem auf drei Hauptfiguren: Blériot, Rougier und Curtiss.

Blériot wird fast theatralisch in Szene gesetzt: Begeistert gehen die Freunde von einem Hangar zum anderen und suchen doch nur einen: »Und *Blériot*? fragen wir. Blériot, an den wir die ganze Zeit über dachten, wo ist Blériot?« (DzL 403). Ihm kommt dann auch die Ehre zu, dass er – nach zahlreichen Fehlversuchen – als Erster fliegt. Bei Kafka eignet ihm jedoch nichts Übermenschliches – seine junge Frau hat Angst um ihn (406) –, was ihn auszeichnet, ist sein Verständnis für Technik, ja seine Fähigkeit, mit der Maschine eins zu werden: »Blériot ist in der Luft, man sieht seinen geraden Oberkörper über den Flügeln, seine Beine stecken tief als Teil der Maschinerie« (408). Auch die anderen beiden sind nur Menschen; Rougier, der an diesem Tag einen neuen Höhenrekord aufstellte, ist für Kafka nur »ein kleiner Mensch mit auffallender Nase, in Hemdärmeln« (403), und Curtiss, dessen »Siegesflug« Kafka eingehend beschreibt, wirkt auf ihn wie ein einsamer Mensch, dem das Zeitunglesen schwer fällt (404).

Überhaupt beharrt Kafka in seiner Beschreibung durchgehend auf der Inkongruenz zwischen Lust am Fliegen und menschlicher Schwäche. So vermag auch die Zuschauer-Prominenz nur wenig zu beeindrucken. Zwar beschreibt Kafka eingehend »die Gesellschaft des italienischen Adels« (407) auf den Tribünen und zählt gleich mehrere wohlklingende Namen auf, doch weder bei dem gesellschaftlichen Heros Gabriele d'Annunzio (1863–1938) – »klein und schwach, tanzt [er] scheinbar schüchtern vor dem Conte Oldofredi« (407) – noch bei dem damals bereits vergötterten Giacomo Puccini (1858–1924) – »mit einer Nase, die man eine Trinkernase nennen könnte« (408) – macht Kafkas scharfer, die Hinfälligkeiten der Außenwelt schonungslos aufdeckender Blick eine Ausnahme. Einzig die Flüge der Piloten lösen seine wahre Bewunderung aus: Als Curtiss, Rougier und Blériot am späten Nachmittag fliegen, würdigt er ihre »vollkommenen Leistungen« (409), und noch beim Verlassen des Flugfelds blicken die Freunde sehnsüchtig in den Himmel empor.

Forschung

Trotz der Veröffentlichung des kurzen Textes noch zu Lebzeiten Kafkas hat die Forschung bisher nur wenig Notiz von ihm genommen. Dabei liegt den *Aeroplanen*, wie bereits erwähnt, ein gedankliches Muster zugrunde, das in der Gegenüberstellung von menschlicher, materieller Unzulänglichkeit und dem Willen nach Höherem durchaus einer Grundkonstellation von Kafkas Frühwerk entspricht (zu dieser Konstellation beim frühen Kafka vgl. z.B.: Wagenbach 2006 [1958], 48 f.).

Dennoch wurde das Werk bisher eher als Gelegenheitsarbeit gesehen, die lediglich als »erste ästhetisch ambitionierte Schilderung eines Flugmeetings, welche die deutschsprachige Literatur kennt« (Alt 2005, 196), zu würdigen sei. Als müsste Kafkas abschätziges Urteil über seinen Bericht den Blick auch weiterhin verstellen (»Er [M. Brod] will in das Buch auch mein Brescia aufnehmen. Alles Gute in mir wehrt sich dagegen«; T 242, 11.11.1911), spricht sogar noch die heutige Forschung vom »untergeordneten Status der Texte« (von Glinski 2004, 208).

Bedeutende Ausnahmen sind in dieser Hinsicht Felix Philipp Ingold, der die am Himmel kleiner werdenden Aeroplane als ambivalente Metapher des Verschwindens liest (Ingold 1978, 24 f.), Hartmut Binder, der wichtige Informationen zum Flugtag des 11. September liefert (Binder 1982, 75–81), und vor allem Peter Demetz, dessen umfangreiche Dokumentation nicht nur das historische Ereignis der Flugschau detailgetreu beleuchtet, sondern auch Kafkas Bericht in einen intertextuellen Zusammenhang stellt und dabei den Akt der Levitation und des Fliegens als »literarische Angelegenheit« des um Ausdruck ringenden frühen Kafka ausmacht. Mehr noch: Das Fliegen oder besser seine langfristige Unmöglichkeit ist für ihn eine zentrale Metapher des Kafkaschen Œuvres: »Kafkas Charaktere (er selbst inbegriffen) erheben sich nie frei in die Lüfte, immer blockiert jemand oder etwas ihren Weg, sei es der Schnee auf dem Weg zum Schloß, der hermeneutische Türhüter oder die gesamte Hierarchie, die das Gesetz verteidigt« (Demetz 2002, 126).

Deutungsaspekte

Demetz' Bemerkung deutet bereits an, dass Kafkas Bericht allein aufgrund seines metaphorischen Reichtums gesteigerte Aufmerksamkeit verdient. Entscheidend ist hierbei das Oszillieren im Artikel zwischen dem neutralen Scharfblick für physiognomische, technische und gestische Details und der visionären Macht einiger Bilder. Immer wieder wird die Ereignisoberfläche, die der fast unbeteiligte Beobachter präzise schildert, von Bildern durchbrochen, die nicht nur aufgrund ihrer metaphorischen Tiefe das Genre der schlichten Reportage übersteigen: »Ungeheure in ihren Wägelchen fettgewordene Bettler strecken uns ihre Arme in den Weg« (DzL 401) – und dabei wie die Verkörperung jener menschlichen Schwere und Schwäche wirken, die selbst das ganze Flugspektakel mit seinem Höhenrausch nie wird überwinden oder negieren können.

Erstaunlich ist in diesem Zusammenhang auch, dass die *Aeroplane* noch nie in die Nähe jenes Textes gerückt wurden, den sie am ehesten ankündigen und erklären: die als Fortsetzungsstück für den *Verschollenen* konzipierte Passage vom *Teater von Oklahama*. Fast chiastisch sind beide Texte aufeinander bezogen, da das als Rennbahn konzipierte Flugfeld auch von seinen Ausmaßen her auf den »Rennplatz in Clayton« vorausweist (V 387), während dessen theatralischer Charakter (»Es ist das größte Teater der Welt«; V 394) wiederum Kafkas frühen Theater-Vergleich in ein ganz anderes Licht rückt: »Wir kommen an den Hangars vorüber, die mit ihren zusammengezogenen Vorhängen dastehen, wie geschlossene Bühnen wandernder Komödianten« (DzL 403). Rennplatz und Theater gehen in beiden Texten ineinander über; dabei zeigt sich, dass auch in der frühen Reportage jener Grundton vom Absturz der Hoffnung in die Desillusion vorherrscht, der auch das spätere *Verschollenen*-Kapitel bestimmt. Wird dort die Attrappe eines mystischen Welttheaters aufgebaut und mit pathetischen Plakaten eine zukünftige Herrlichkeit angekündigt, die für Karl Roßmann nur im endgültigen Selbstverlust mündet, so kann sich auch in *Aeroplane* der neutrale Berichterstatter am Ende nicht der Vergeblichkeit der Flug-Illusion entziehen und den tiefen Rückfall ins Irdische vermeiden: »Wir hören nicht auf, uns umzudrehen; gerade steigt noch Rougier, mit uns aber geht es endgültig tiefer in die Campagna« (412). Bis ins kleinste Detail, von der Übernahme der Engelsgestalt auf dem Brescia-Plakat, bis zur An- und Abfahrt mit Zügen vom Flugplatz reichen die Parallelen, deren genaue Untersuchung im Besonderen und ihrer Implikationen im Allgemeinen ein Desiderat der Kafka-Forschung bleibt.

Ausgaben: Bohemia 82 (1909) Nr. 269, Morgenausgabe [29. September], 1–3 [ED in stark gekürzter Form]. – Max Brod: F.K. Erinnerungen und Dokumente. Prag 1937, 269–280 [ED des ungekürzten Textes]. – Ders.: F.K. Eine Biographie. 2. Aufl. 1946, 269–280. – Max Brod: Über F.K. Frankfurt/M, Hamburg 1966, 359–367. – Max Brod/Franz Kafka. Eine Freundschaft. Bd. 1: Reiseaufzeichnungen. Frankfurt/M. 1987, 17–26. – DzL/KA (1994), 401–412; DzL:A/KA (1994), 515–518 [im Erstdruck unterdrückter Textanfang]. –– Brods Paralleltext: Max Brod: Flugwoche in Brescia. In: März 3 ([Okt./Dez.] 1909) 4, 219–226; wieder in: Max Brod/ Franz Kafka. Eine Freundschaft. Bd. 1 (s.o.), 9–16.

Forschung: P.-A. Alt (2005), 195–197. – H. Binder (1982 [1975]), 75–81. – Max Brod: Über F.K. Frankfurt/M, Hamburg 1966, 92–95. – Peter Demetz: The Air Show at Brescia, 1909. New York 2002; dt.: Die Flugschau von Brescia. K., d'Annunzio und die Männer, die vom Himmel fielen. Übers. v. Andrea Marenzeller. Wien 2002. – S. v. Glinski (2004). – Felix Philipp Ingold: Literatur und Aviatik: Europäische Flugdichtung 1909–1927. Basel 1978. – Reinhard Lettau: Nachwort. In: F.K.: Die Aeroplane in Brescia und andere Texte. Hg. v. Kurt Beck. Frankfurt/M. 1977, 135–143. – James Rolleston: Das Frühwerk. In: KHb (1979) II, 242–262, bes. 248 f. – K. Wagenbach (2006 [1958]). – Robert Wohl: A Passion for Wings. Aviation and the Western Imagination. New Haven 1994.

Ronald Perlwitz

3.1.5 *Richard und Samuel*

Entstehung und Veröffentlichung

Wie *Die Aeroplane in Brescia* ist auch der Fragment gebliebene gemeinsame Roman *Richard und Samuel* ein literarisches Produkt der von 1909 bis 1912 regelmäßig mit Max Brod unternommenen Ferienreisen. Und wiederum handelt es sich um ein Gemeinschaftsprojekt: Max Brod erinnert sich, dass Kafka bereits am 26. August, also gleich zu Anfang der 1911 unternommenen vierwöchigen Reise über Zürich und Luzern nach Lugano, Mailand, Stresa und Paris, den Vorschlag einer »gemeinsamen Reisearbeit« gemacht habe, einer »gleichzeitigen Beschreibung der Reise, indem man die Stellung des andern zu den Dingen beschreibt« (26.8.1911; Max Brod/ Franz Kafka: Eine Freundschaft, Bd. 1, 73). Angeregt wurde dies möglicherweise durch die von Gustave Flaubert und Maxime Du Camp gemeinsam verfasste Reisebeschreibung *Par les champs et par les grèves* (Erstdruck 1910).

Die Reiseaufzeichnungen Kafkas und Brods zeugen von der anfänglichen Entschlossenheit, das Projekt in die Tat umzusetzen. Kafka hatte bereits während der beiden Dienstreisen nach Reichenberg und Friedland Anfang 1911 begonnen, systematisch Tagebuch zu führen. Zusätzlich zu seinen Reiseaufzeichnungen entstehen also zahlreiche Bemerkungen und ausformulierte Notizen, die, im Hinblick auf das gemeinsame Vorhaben verfasst, gleichzeitig Kafkas Detailgenauigkeit und Beobachtungsgabe zeigen. So bemerkt der Herausgeber der Reisetagebücher Hans-Gerd Koch sehr zutreffend: »Während im Tagebuch die Innenschau des Schreibenden vorherrschend ist, richtet sich in den Reisetagebüchern der Blick auf die jenseits des Gewohnten liegende Außenwelt. Auf Reisen tritt deutlich Kafkas Gabe hervor, sich in der Darstellung des Beobachteten auf das Besondere zu konzentrieren und es in literarischer Ausformung nachvollziehbar zu machen« (Koch 1994, 249).

In den Monaten nach der Rückkehr belegen Kafkas Tagebücher die Beschäftigung mit dem gemeinsamen Projekt, aber auch seine zunehmende Ablehnung des fragwürdigen, da einengenden Verfahrens. Am 20. Oktober 1911 räumt er ein, er habe »schlecht geschrieben, ohne eigentlich in das Freie der eigentlichen Beschreibung zu kommen, die einem den Fuß vom Erlebnis löst« (T 87), und eröffnet Brod folge-

richtig zehn Tage später, »aus ›Robert und Samuel‹ könne nichts werden« (T 211). Dennoch wird die Zusammenarbeit in den nächsten zwei Monaten auf Drängen Brods, der bereits mehrere Gemeinschaftsvorhaben unternommen hatte (Übersetzung von Jules Laforgues *Pierrot* mit Franz Blei; Arbeit mit Felix Weltsch an der philosophischen Studie *Anschauung und Begriff*), aber nur »mit einer widerwilligen Koncession« (19.11.1911; T 258) von Kafkas Seite fortgeführt. Zwar wird Robert aus nicht ersichtlichen Gründen in Richard umgetauft, die Abneigung gegen die literarische Aufarbeitung des jeweils anderen bleibt jedoch bestehen.

Besonders schwierig, gar unmöglich, erweist sich die Zusammenarbeit, da es darum ging, wie Max Brod später berichtet, »daß das Ganze nicht aus Teilen besteht, die A oder B ausgearbeitet hat, sondern an der ganzen Arbeit sind beide, A und B, ununterscheidbar beteiligt« (Brod 1962, VIII). Beide Schriftsteller mögen sich gegenseitig noch so sehr bewundert haben (vgl. 19.11.1911; T 258) – der Versuch des gemeinsamen Schreibens endet leider im Fiasko. Das einzige je fertiggestellte Kapitel erschien im Juni 1912 im Vereinsorgan der Jugendvereinigung der Prager Loge des jüdischen Ordens B'nai Brith, den *Herder-Blättern*, die vom Brod-Freund Willy Haas herausgegeben wurden. Das für den Druck verwendete 8-seitige Manuskript stammt, dem Projekt entsprechend, zum Teil aus Kafkas, zum Teil aus Brods Hand.

Textbeschreibung

Dem einzigen vollendeten Kapitel des *Richard und Samuel*-Romans ist eine kurze Einleitung aus der Feder beider Autoren vorgeschaltet, die das Werk als »parallele Reisetagebücher zweier Freunde verschiedenartigen Charakters« vorstellt und eine kurze Beschreibung jener so unterschiedlichen Persönlichkeiten liefert. Der kunstinteressierte, »weltläufige junge Mann« Samuel trägt die Züge Brods, während der eher schüchterne Richard mit seiner »naiven Selbständigkeit« an Kafka erinnert (DzL 419).

Auch wenn die Tendenz zur Literarisierung eine genaue Zuschreibung verbietet, bleibt das gemeinsame Romanprojekt sehr nahe am Reiseerlebnis der beiden Freunde und an den Materialien aus den Tagebüchern. Literarisch interessant ist das Wechselspiel der Perspektiven, das jede Situation im Spiegel der jeweils individuellen Sichtweise schildert. So bilden die fiktiven Tagebücher von Richard und Samuel auch die stilistischen und atmosphärischen Unterschiede in den Aufzeichnungen Kafkas und Brods ab: »Wo [...] Max Brod bemüht ist, ein getreues Bild des Wahrgenommenen und Erlebten zu liefern, vermag Kafka eine Stimmung wiederzugeben, die im Zusammenhang mit wenigen, präzise beschriebenen Details ein Bild entstehen läßt und es ermöglicht, sich in die Szenerie hineinzuversetzen« (Koch 1994, 249).

Fast wie eine literarische Übung mutet bereits der Anfang des Kapitels an, der sinngemäß mit einer ›mise en abîme‹ einsetzt: Gerade ist der Zug abgefahren, da schlägt Richard seinem Freund vor, ein Paralleltagebuch zu schreiben. Der mit diesem Entschluss verbundene Verlust an Reisekomfort wird gerne hingenommen, und das »sehr große, quadratische« Notizbuch (DzL 420) deutet bereits die Alterität des Tagebuch-führenden Reisenden an, der sich jedoch unmöglich dem Zwang, den fremden Alltag bis ins kleinste Detail schriftlich festzuhalten, entziehen kann: »Unverantwortlich ohne Notizen zu reisen, selbst zu leben« (5.9.1911; T 970).

Die dünne Handlung des kurzen Kapitels ist schnell erzählt: Zentrales Ereignis ist die Begegnung im Zug mit einer hübschen Wagnerianerin, Dora Lippert genannt [i.e. Alice Rehberger], die beide Männer in ihren Bann zieht. Die gemeinsame, zu Verführungszwecken erdachte Stadtrundfahrt durchs nächtliche München verschreckt aber die junge Dame, die kurz darauf in einen anderen Zug steigt und beide Männer unverrichteter Dinge auf dem Bahnsteig zurücklässt.

Während Samuel seine Aufzeichnungen immer wieder mit literarischen Anspielungen versieht – beim Anblick der Schweizer Häuser fühlt er sich z. B. an Robert Walsers Roman *Der Gehülfe* (1908) erinnert (DzL 434) –, herrschen bei Richard eher Innensicht und perspektivische Beobachtung vor, die dann bei der Weiterfahrt von München nach Zürich in eine Erzählung seines Halbschlafs münden. Am Ende des Kapitels stehen beide am Zugfenster und blicken hinaus in die vorbeiziehende Schweizer Landschaft. Dabei taucht in Richard das Bild Doras wieder auf, deren zarte, teilweise mütterlich, teilweise erotisch gefärbte Nähe er herbeisehnt. Sogar die engste männliche Beziehung vermag den Reisenden hier nicht mehr über das Fehlen einer weiblichen Präsenz hinwegzutrösten.

Forschung

Der fragmentarische Charakter, die relative Banalität des überlieferten Romanfragments und die ungenau definierte Überlappung zweier sehr unterschiedlicher Sicht- und Schreibweisen sind genug Gründe dafür, dass *Richard und Samuel* auch heute noch kaum Beachtung gefunden hat. Nicht ganz zu Unrecht weist Peter-André Alt darauf hin, dass »Kafkas spätere Zweifel« an der literarischen Qualität des gemeinsamen Erzeugnisses »fraglos ihre Berechtigung« hatten (Alt 2005, 239). Vor allem die schwierige Genese des Werks wird als Grund für seinen untergeordneten Rang in Kafkas Gesamtwerk angeführt: »Dieses Unternehmen scheiterte deshalb, weil für Kafka die Vorstellung unerträglich war, dass der Fortgang seines Schreibens davon abhängig sein sollte, wie weit sein Freund in seinem Schreibprozess vorangekommen war« (Jahraus 2006, 44).

Allgemein gilt, dass das Fragment bisher meist aus dokumentarischer Sicht wahrgenommen wurde, da es Informationen zur Reise der beiden Freunde liefert (Wagenbach, Dietz). Eine der wenigen Ausnahmen bildet hier Sophie von Glinski, die in *Richard und Samuel* eine entscheidende Etappe auf Kafkas literarischem Weg von der Beschreibung zur Selbstreflexion und zum eigenständigen Erschaffen von Geschichten sieht: »Erst mit dem seit Herbst 1911 verfolgten Plan zu einem Reise-Aufzeichnungs-Roman [...] wird Beschreibung schließlich zum eigenen literarischen Projekt« (von Glinski 2004, 208).

Deutungsaspekte

So zutreffend die Bemerkung ist, dass der schwierige Entstehungsprozess des Werkes sicherlich auch im Endprodukt durchschimmert und dass *Richard und Samuel* zweifelsohne keinen bedeutenden literarischen Rang beanspruchen kann, so falsch erscheint es jedoch, das Fragment zu unterschätzen.

Beeindruckend ist es vor allem deswegen, weil es mit einer entwaffnenden Naivität das in Kafkas späterem Werk vorherrschende Thema aggressiv erlebter weiblicher Sexualität sowie das hiermit zusammenhängende Leiden an der sexuellen Schizophrenie der Zeit behandelt. Die bürgerliche Doppelmoral, die vom Manne einerseits erwartete, dass er sich als honoriger Familienvater verhielt, ihn aber gleichzeitig dazu anhielt, seine Männlichkeit durch zahlreiche Affären unter Beweis zu stellen, wird von Kafka auch in den großen Romanen immer wieder aufgegriffen und als eine der Hauptursachen für die eigene, ambivalente Haltung dem anderen Geschlecht gegenüber ausgewiesen.

Kafkas Tagebücher von der Reise belegen zur Genüge, dass es den beiden Männern auf ihrer Reise auch darum ging, erotische Abenteuer zu erleben. Bordelle wurden regelmäßig besucht, wobei sich Kafkas Haltung darin äußert, dass er sowohl in Mailand als auch in Paris beim Anblick der posierenden Prostituierten die Flucht ergreift. Bezeichnenderweise winkt gleich zu Beginn von *Richard und Samuel* eine von zwei Bäuerinnen aus einem gegenüberstehenden Zugwaggon den beiden Männern zu. Doch während Samuel das Gefühl hat, »als verspotte sie uns, weil wir nicht hinüberkönnen«, ärgert sich Richard über des Freundes »liebedienerischen Gruß« an die Mädchen (DzL 421).

Fast holzschnittartig entwirft der Text die charakterlichen Unterschiede der beiden vor dem Hintergrund des sexuellen Verhaltens. Auf der einen Seite steht Samuel, dem es – man erstaunt fast, dass sich Brod so eindimensional hat zeichnen lassen – ganz einfach darum geht, erotische Abenteuer zu haben. Den Bäuerinnen, die neben den Bediensteten und den Prostituierten für beide Männer zu jener Zielgruppe gehören, die ihnen das Beweisen ihrer Virilität ermöglicht, winkt er gerne zurück. Und die Wagnerianerin Dora Lippert ist für ihn nur so lange von Interesse, als sie für eine Affäre in Frage kommt. Er beschreibt sie schlicht als »hübsch, dicknasig, kleiner Halsausschnitt in weißer Spitzenbluse« (DzL 422); als sich herausstellt, dass sie sich dann doch entzieht, bemerkt er nur noch lakonisch: »ich hatte gar keine Lust auf das fade Frauenzimmer« (DzL 430). Bei Richard hingegen erscheint sie als ›femme fragile‹, deren künstlerische Neigung mit einer schwachen Konstitution einhergeht, wodurch sie der berühmten Wagnerianerin Gabriele Klöterjahn aus Thomas Manns *Tristan* (1903) zum Verwechseln ähnlich wird:

> Dora L. hat runde Wangen mit viel blondem Flaum; sie sind aber so blutleer, daß man sehr lange die Hände in sie drücken müßte, ehe sich eine Röthung zeigte. Das Mieder ist schlecht, über seinem Rande auf der Brust zerknittert sich die Bluse; davon muß man absehn (DzL 424).

Bezeichnend ist auch die weitere Beschreibung des Mädchens, die zwischen erotischer Faszination und intellektueller Bewunderung oszilliert: Richard bewundert sie, weil sie »so musikalisch« ist, versteigt

sich aber auch dazu, sich anhand ihres Beispiels auszumalen, wie Frauenkörper unter der täglichen Büro-Arbeit zu leiden haben: »Und so werden diese runden Popos gedrückt, und zugleich die Brust an der Schreibtischkante« (DzL 427). Bei der Fahrt durch Berlin fühlt sich Richard dann sogar an den Film *Die Weiße Sklavin* (Dänemark, 1910) erinnert, den Kafka 1910 im Kino gesehen hatte (An Max Brod, 25.2.1911; B00–12 134; vgl. Zischler, 47–60). Hier wird die unschuldige Protagonistin von fremden Männern entführt und dann zur Prostitution angehalten. Doras Verklärung durch Richard in der melancholisch-sinnlichen Schlussszene ist jedoch weniger ein Zeichen für sein Verliebtsein als für Kafkas Tendenz zur konsequenten Literarisierung des Geschehens. Dora wird lediglich deswegen zum Brennpunkt der poetischen Reflexion des Dichters, weil sie das »nächste Mädchen meiner Erinnerung« ist (DzL 439). Im Vordergrund steht nicht die konkrete Reisebekanntschaft, sondern der poetologische Aspekt, denn das abschließende Tableau gewinnt erst dadurch an Bedeutung, dass es den Übergang von der Betrachtung der Wirklichkeit – zusammen mit Samuel – zur subjektiven Verarbeitung dieser Wahrnehmung inszeniert. Das Leiden an Liebessehnsucht wird erst dadurch interessant, dass sich an ihm die Trennung von Ich und Welt ablesen lässt.

Besonders eindrücklich ist die Thematisierung des Bezugs, den das Dichter-Ich zu der ihm ungewohnten Umgebung herstellt, in den Landschaftsbeschreibungen, die Richard im Halbschlaf liefert:

> Samuel weckt mich angeblich beim Anblick einer sehenswerten Brücke, die aber schon vorbei ist, ehe ich aufschaue, und verschafft sich durch diesen Griff vielleicht den ersten starken Eindruck von der Schweiz. Ich sehe sie zuerst, viel zu lange Zeit, aus innerer in äußerer Dämmerung an (DzL 435).

Die syntaktische Konstruktion des Satzes ist so angelegt, dass das Verschwinden der Brücke in die Bewegung des Satzes hinein verlegt wird. Langsam, im grammatikalischen Aufbau, geht die Außenwelt unter, zieht am Fenster vorbei; übrig bleibt nur die innere Bewegung, die diffuse Auferstehung der Landschaft als inneres Bild. Wie soft auch in seinen Tagebüchern aus dem Jahre 1911 (vgl. von Glinski, 225 ff.), sondiert Kafka die literarischen Möglichkeiten der Vertauschung von Innen und Außen, prüft die Mittel, nicht nur der künstlerischen Fixierung von Wirklichkeit, sondern auch der Verwandlung von Wirklichkeit aus der Perspektive des Ich heraus.

Richard und Samuel darf also auch in den Kontext jener frühen Schriften Kafkas gestellt werden, die der systematischen Erforschung der literarischen Arbeit und der thematischen Konturierung der imaginierten Welt gewidmet sind. In den Tagebüchern entzündet sich die Reflexion über die Beschreibung der Wirklichkeit an Goethes Reise in die Schweiz (29.9.1911; T 42 f.); seit 1909 beschäftigt sich Kafka intensiv mit Flaubert, dessen anachoretisches Ringen um Kunst ihn restlos fasziniert. Biographisches und Autobiographisches laufen in dieser Zeit parallel, und es steht außer Zweifel, dass auch *Richard und Samuel* diesem Bemühen geschuldet ist, auch wenn hier ansatzweise eine Fabel um die vielschichtige Freundschaft zweier Männer gesponnen wird. Die Wahrnehmung der Außenwelt – vorzugsweise einer fremdartigen Außenwelt – wird zum Anlass genommen, über das beobachtende Ich und sein Ringen um Ausdruck nachzudenken. Weniger die Unfähigkeit zur produktiven Zusammenarbeit mit dem Freund, als die Zentrierung der autobiographischen Arbeit auf die Konstitution des Dichter-Ich und seines subjektiven Bezugs zur Wirklichkeit dürfte also der Grund für das Scheitern des Gemeinschaftsprojekts gewesen sein. Gleichwohl darf aber angemerkt werden, dass einige charakteristische Züge von Kafkas künstlerischer Persönlichkeit wohl selten so klar zum Vorschein gekommen sind wie in dem kurzen Kapitel um die Zugfahrt von Prag nach Zürich.

Ausgaben: ED: Erstes Kapitel des geplanten Buches *Richard und Samuel* von Max Brod und Franz Kafka: Die erste lange Eisenbahnfahrt. In: Herderblätter 1 ([Juni] 1912) 3, 15–25. – Erz/GS (1935), 264–278 [Anhang]. – Erz/GW (1952), 296–312 [Anhang]. – Max Brod/F.K.: Eine Freundschaft. Bd. 1: Reiseaufzeichnungen. Hg. v. Malcolm Pasley u. Hannelore Rodlauer. Frankfurt/M. 1987, 143–188 (Reise Lugano-Mailand-Paris-Erlenbach), 193–208 (Erstes Kapitel des Buches *Richard und Samuel*), 278–292 (Erl. u. Komm. des Hgs.) u. 303–305 (Itinerarium zur Reise 1911). – DzL/KA (1994), 419–440; vgl. auch: NSF I/KA (1993), 183–186 (Skizze zur Einleitung für *Richard und Samuel*); NSF I:A/KA (1993), 64 f. (Brods Skizze zur Einleitung); T/KA (1990), 941–1017 (Reisetagebuch zur Reise August/September 1911). – Texte Max Brods: Max Brod/F.K.: Eine Freundschaft (s.o.), Bd. 1, 73–142 (Reise Lugano-Mailand-Paris).

Forschung: P.-A. Alt (2005), 199–204, 237–239. – Max Brod: Zusammenarbeit mit F.K. In: Herder-Blätter. Faksimile-Ausgabe zum 70. Geburtstag von Willy Haas. Hamburg 1962; wieder in: Tribüne 2 (1963), 527–529. –

Ludwig Dietz: F.K. Stuttgart 1990. – Sophie von Glinski: Imaginationsprozesse. Verfahren phantastischen Erzählens in F.K.s Frühwerk. Berlin, New York 2004. – O. Jahraus (2006), 43 f. – Hans-Gerd Koch: Nachbemerkung. In: F.K.: Reisetagebücher (KA/Tb 12, 1994), 246–250. – Ders.: Brods erlesener K. In: Engel/Lamping (2006), 169–178. – Hannelore Rodlauer-Wenko: Die Paralleltagebücher K.-Brod und das Modell Flaubert. In: Arcadia 20 (1985), 47–60. – James Rolleston: *Die erste lange Eisenbahnfahrt*. In: KHb (1979) II, 405–407. – Klaus Wagenbach: F.K. Eine Biographie seiner Jugend. Berlin 2006 [1958], bes. 169–172. – John Zilcosky: Transcending the Exotic. Nostalgia, Exoticism, and K.'s Early Travel Novel *Richard und Samuel*. In: J. Zilcosky (2003), 19–40. – Hans Dieter Zimmermann: K. für Fortgeschrittene. München 2004, bes. 9–15. – Hanns Zischler: K. geht ins Kino. Reinbek 1996, bes. 47–60.

Ronald Perlwitz

3.1.6 Literaturkritische und literaturtheoretische Schriften

Kafka und die Theorie

Kafka hat sich nur selten zu literaturtheoretischen Fragen geäußert. Aus den Jahren zwischen 1908 und 1911, also der Phase, in der sich Kafka wohl am intensivsten und am umfangreichsten mit dem literarischen Leben in Prag und mit zeitgenössischer Literatur auseinandersetzte, datieren einige Rezensionen, die meisten davon Auftragsarbeiten im Kreis um Max Brod und Franz Blei. Eine eigene Stelle nimmt der *Einleitungsvortrag über Jargon* ein, ein Vortrag über die jiddische Sprache, den Kafka anlässlich einer Gedichtlesung 1912 hielt. Von besonderem Interesse sind darüber hinaus die relativ weit ausformulierten Überlegungen zu den sogenannten »kleinen Literaturen« im Tagebuch aus dem Jahr 1911.

Es ist jedoch müßig, aus diesen wenigen, verstreuten Zeugnissen eine Kafkasche Literaturtheorie im strengen Sinn herauspräparieren zu wollen. Man sollte allerdings auch nicht sofort Kafkas Äußerungen auf den Leim gehen, in denen er sich selbst als schwachen Denker und als zur Theorie von Grund auf unfähig darstellt (so Binder 1982, 12). Natürlich hat Kafka, wie sollte es bei seiner Fixierung auf die Literatur und seiner intensiven Lektüre der Weltliteratur auch anders möglich sein, bestimmte Auffassungen vom Schreiben, von literarischer Qualität, von poetischen Techniken, Verfahren, Wirkungsweisen, die er wohl kaum nur seinem halbjährigen germanistischen Studium im Sommersemester 1902 verdankte. Sie haben unverkennbare Spuren in den genannten Zeugnissen hinterlassen, die zumindest ansatzweise Aufschluss über seine Haltung zu literaturtheoretischen Fragen geben können. Dabei beschränkt sich der Aussagewert jedoch vor allem auf die Frühzeit seines literarischen Schaffens; späterhin verzichtet Kafka vollständig auf eine Tätigkeit als Literaturkritiker, und auch in den Tagebüchern finden sich ›nur‹ noch Äußerungen über die Lebensnotwendigkeit des Schreibens für ihn ganz persönlich.

Die Rezensionen

Kafkas literaturkritische Tätigkeit beginnt im Umfeld der vielfältigen Aktivitäten seines Freundes Max Brod und dessen Freundes Franz Blei (1871–1942). Blei und Brod hatten zusammen Werke des französischen Symbolisten Jules Laforgue (1860–1887) ins Deutsche übertragen; Blei hatte Brods erste Buchveröffentlichung rezensiert und gab eine erotische Zeitschrift mit dem Titel *Der Amethyst* heraus, in der auch Brod veröffentlichte. 1908 kam das erste Heft einer neuen Zeitschrift von Blei mit dem Titel *Hyperion* auf den Markt; in diesem »luxurierenden, überformatigen, zweimonatlich erscheinenden Organ des literarischen Ästhetizismus« (Stach, 6) erschien auch die erste literarische Veröffentlichung Kafkas, die acht Prosastücke der *Betrachtung*. Kafka wiederum rezensierte dafür Bleis *Puderquaste* sowie einen Roman Felix Sternheims, eines Protegés von Blei, und er schrieb nach nur drei Jahren den Abgesang auf den *Hyperion*. Reiner Stach resümiert lakonisch: »es deuten sich da die zarten Umrisse einer literarischen Seilschaft an« (ebd.).

Gleichwohl kann man im Blick auf Kafkas Rezensionen nicht von Gefälligkeitsrezensionen im eigentlichen Sinn sprechen; zu eigenwillig ist ihr sprachlicher Duktus, zu wenig argumentativ ihr kritischer Zugriff. Es handelt sich streckenweise eher um Leseassoziationen denn um Literaturkritik, und der Leser weiß am Schluss wohl kaum, ob ihm das Buch nun eigentlich empfohlen wurde oder nicht. Andererseits sind die Texte auch als äußerlich nicht-fiktionale literarische Werke Kafkas von Interesse. Wie für die Selbstzeugnisse gilt auch hier, dass eine kategoriale Trennung zwischen fiktionalem und nicht-fiktionalem, pragmatischem und poetischem Schreiben kaum existiert, sondern jegliche Texte Kafkas mehr oder weniger literarische Äußerungen – mit einem mal größeren, mal kleineren Fiktionalisierungsanteil – sind.

Ein Damenbrevier (Franz Blei: *Die Puderquaste*)

Als erstes bespricht Kafka Franz Bleis Buch *Die Puderquaste. Ein Damenbrevier. Aus den Papieren des Prinzen Hippolyt*, das Ende 1908 im Münchner Verlag Hans von Weber erschienen war; die Rezension wird in der von Herwarth Walden herausgegebenen Zeitschrift *Der neue Weg* am 6. Februar 1909 veröffentlicht. Bleis Buch enthält eine lockere Folge von

Erzählungen, Skizzen und Betrachtungen über Liebe und Leben im Allgemeinen, auf die der Rezensent mit keinem Wort eingeht. Vielmehr springt der eifrige Schwimmer Kafka sozusagen mit einem Kopfsprung in die Rezension:

> Wenn man sich in die Welt aufatmend entläßt, wie vom hohen Gerüst der Schwimmer in den Fluß, gleich und später manchmal von Gegenstößen wie ein liebes Kind verwirrt, aber immer mit schönen Wellen zur Seite in die Luft der Ferne treibt, dann mag man wie in diesem Buch ziellos mit geheimem Ziel die Blicke über das Wasser richten (DzL 381).

Der lange Satz, der in seiner Syntax die dargestellte Wellenbewegung simuliert, fasst eine mögliche Lektürehaltung in ein bewegtes, ziemlich überladenes Bild. Der unmittelbar daran anschließende Absatz skizziert demgegenüber eine zweite, gegensätzliche Lesehaltung, nämlich eine auf »Erkenntnis« und »Überzeugung« ausgerichtete, die nur derjenige gewinnt, der sich nicht vom Text willenlos überwältigen lässt und in seinem Sog mitschwimmt. Diesem nun offenbaren sich zum einen die »förmlich ungestillte Energie« des Verfassers, zum anderen die »Kanten zum Erschrecken« (ebd.) im Text selbst.

Doch kaum sind die damit angedeuteten Bildkontraste verarbeitet, wechselt Kafka schon wieder die Bildfelder: Die »Materie« des Buches vergleicht er mit den »Versuchungen« (381) der Einsiedler in der Wüste – ein Reflex der Lektüre von Flauberts *Tentation du Saint Antoine* (Wagenbach 2006, 159) –, im nächsten Schritt jedoch schon mit einem »kleinen Ballettcorps« (DzL 381). Nicht nur der Autor des Buches ist offenbar in seinen Text »verstrickt« (382), sondern auch der Rezensent verstrickt den Leser in ein Gewirr von Bildern, die sich gegenseitig aufzuheben scheinen und schließlich in eine ebenso unvermittelte Gattungsreflexion münden: Um einen »Beichtspiegel« für Damen handele es sich nämlich. Gekonnt spielt Kafka dabei mit der Gattungstravestie des ›Beichtspiegels‹ wie auch des ›Breviers‹ durch die erotische Literatur, indem er den Text unvermittelt wiederum in einer Lektüresituation, »in der gewohnten mitternächtlichen Beleuchtung während eines leisen Gespräches (leise, weil es heiß ist) nahe beim Bett!« (382 f.) enden lässt.

Werner Hofmann geht wohl zu Recht davon aus, dass hier ein Ansteckungsphänomen vorliegt, indem sich der lockere Aufbau und die improvisierte Form der Gedankenführung von Bleis Buch auf Kafkas Besprechung überträgt (Hofmann, 472). Kafka vermittelt also keine diskursiv begründete Kritik, sondern ein vergleichbar verwirrendes Lektüreerlebnis.

Ein Roman der Jugend (Felix Sternheim: Die Geschichte des jungen Oswald)

Auch Kafkas zweite Rezension beginnt gleich mit dem Bezug auf die Leser. Es handelt sich um Felix Sternheims *Die Geschichte des jungen Oswald. Ein Roman in Briefen*, veröffentlicht Weihnachten 1909 wiederum im Verlag Hans von Weber; die Rezension erscheint in der deutschsprachigen Prager Zeitung *Bohemia* vom 16. Januar 1910. Kafka schreibt:

> Vielleicht muß der Leser, während er diesen Roman in Briefform zu lesen beginnt, aus Not ein wenig einfältig werden, denn ein Leser kann nicht gedeihen, beugt man seinen Kopf sogleich mit dem ersten Ruck über den unveränderlichen Strom eines Gefühls (DzL 413).

Seine daran anschließenden Reflexionen über die Gattungsform, den Briefroman, entbehren allerdings nicht nur jeglicher Naivität, sondern sind diesmal ungewohnt theoretisch. Die Briefform, so Kafka, überwältige den Autor in gewisser Weise dadurch, dass sie ihre eigenen Gesetze mit sich brächte; diese bestimmt er als ein dialektisch zu fassendes Verhältnis von »raschem Wechsel« im Erleben selbst und distanzierter »Dauer« in der Niederschrift. Wie ein vorweggenommenes Selbstporträt wirkt an dieser Stelle die Beschreibung des nächtlichen Briefschreibers, der »bei Ruhigsein des ganzen Körpers« »gleichmäßig seine Hand über das Briefpapier« schiebt (414). Auf weitere biographische Bezüge der Hauptgestalt zu Kafka hat im übrigen Binder hingewiesen (Binder 1982, 378).

Von den Briefen aus nähert Kafka sich nun dem Schwerpunkt seiner Rezension an, und das ist nicht etwa die kunstvolle, wenn auch ein wenig allzu sehr an Goethes *Werther* gemahnende Machart, sondern die weibliche Hauptfigur: ein Gretchen, das für Kafka in ihrer Einfachheit und Natürlichkeit die »tiefste Stelle des Romans« (DzL 415) markiert. Der Roman entfernt sich zwar wieder von dieser Gestalt, in Richtung auf eben jenen Oswald und dessen durch Werther vorgezeichneten unvermeidlichen Selbstmord; der Rezensent jedoch bleibt bei Gretchen, entscheidet sich eben nicht für »den Ruhm, die Dichtkunst, die Musik« (414), sondern für die »Liebe« und die »Treue« und »alle guten Dinge«, die das Buch durch seine oberflächliche Dichtkunst »geradewegs totschlägt« (415). Am Ende siegt damit das einfache, weibliche, unreflektierte Leben über die kunstvolle, männliche, reflexiv gebrochene Dichtkunst – und letztendlich die Rezension über das damit doch recht grundlegend verurteilte Epigonen-Werk.

Eine entschlafene Zeitschrift

Zwiespältig ist auch der Eindruck, den Kafkas Nachruf auf den Bleischen *Hyperion* unter dem Titel *Eine entschlafene Zeitschrift* (abgedruckt wiederum in der *Bohemia*, Ausgabe vom 19. März 1911) vermittelt. Der erste Absatz nimmt die Beerdigungsmetaphorik auf, indem er die »großen, weißen Hefte« der überdimensionierten Publikation mit zwölf Steinplatten assoziiert und die Almanache der Jahre 1910 und 1911 mit »unterhaltenden Reliquien eines unbequemen Toten« (DzL 416). Danach wird, weiter im Ton der Totenrede, die Genealogie des Blattes aufgerollt; als Vorfahren werden der *Pan* und die *Insel* genannt. Beide hätten jedoch, und nun nimmt der Text eine Kafkasche Wendung, in ihrer Existenz eine zwar unterschiedliche, aber immerhin vorhandene »Notwendigkeit« (417) für das kulturelle Leben ihrer Zeit gehabt, jedoch: »Der ›Hyperion‹ hatte keine« (ebd.). Der Grund dafür ist letztendlich, um einen bekannten Ausspruch von Groucho Marx über die Mitgliedschaft in Clubs zu variieren, dass eine Zeitschrift, die Autoren wie Kafka publiziert, keinen Lebenszweck haben kann; im *Hyperion* waren bekanntermaßen seine *Betrachtung* (↗125) sowie das *Gespräch mit dem Beter* und das *Gespräch mit dem Betrunkenen* (↗101) erschienen. Denn der Autortypus, den Kafka im Folgenden als repräsentativ für den *Hyperion* unterstellt, trägt deutlich seine eigenen Züge: Der *Hyperion* habe »denen, die an den Grenzen der Literatur wohnen, eine große lebendige Repräsentation« (DzL 417) geben wollen; solche Autoren aber, »die ihre Natur von der Gemeinschaft fernhält« (ebd.), würden eine solche Vertretung weder benötigen, noch würde sie ihnen gerecht. Der Autor als prototypischer Junggeselle kann auch in der Zeitschrift die Nachbarschaft anderer Arbeiten nicht ertragen.

»Das ist ein Anblick«
(<Über Kleists Anekdoten>)

Noch näher an Kafkas Überzeugungen über den Wert literarischer Werke führt eine in einem Einzelkonvolut überlieferte, nach Hofmann vielleicht für das *Prager Tagblatt* bestimmte Rezension über einen Anekdoten-Band (Hofmann, 473). *Heinrich von Kleist's Anekdoten*, herausgegeben von Julius Bab (1880–

1950), erschien zu Kleists 100. Todestag am 21. November 1911 im Ernst Rowohlt Verlag (Leipzig); vorausgegangen war im Jahr 1910 eine fünfbändige Kleist-Ausgabe im Leipziger Tempel-Verlag (Hg. Arthur Eloesser, 1870–1938), die Kafka wohl besaß und auf die er sich im Text auch bezieht. Kafkas Rezension ist vermutlich kurz nach dem Erscheinungsdatum des *Anekdoten*-Bandes entstanden.

Kleist war bekanntlich einer von Kafkas Lieblingsautoren (↗32); er war dazu, ebenso wie beispielsweise Flaubert, nicht nur durch sein Werk, sondern zudem durch die Parallelen zu Kafkas Lebensproblematik qualifiziert. Dazu kommt Kafkas besonderes Interesse an autobiographischen Schriften insgesamt, das sich allenthalben in seinen Tagebüchern äußert. Beides zusammen erklärt die enorme Bedeutung und die hohe Wertschätzung, die Kafka in dieser kurzen Rezension einem kleinen Anekdoten-Band zuschreibt. Nicht wenig pathetisch hebt die Rezension an:

> Das ist ein Anblick, wenn die großen Werke, selbst bei willkürlicher Zerteilung, aus ihrem unzerteilbaren Innern immer wieder leben, dann vielleicht ganz besonders in unsere trüben Augen schlagend (NSF I, 187).

Das gestische Bild steht für ein hermeneutisches Argument: Es geht davon aus, dass »großen Werken« eine organische Ganzheit innewohnt, die sich durch die Isolation einzelner Teile nicht aufheben lässt; im Gegenteil, gerade die »Einzelausgabe« (ebd.) – und sei es nur eine von vielleicht sogar schon bekannten Anekdoten – verweist in ihrer Begrenzung unvermeidlich auf das Ganze, dem sie angehört, ja steigert den Eindruck von dessen unzerstörbarer Lebendigkeit noch. Offensichtlich ist Kafkas Werkideal, zumindest in dieser Zeit, klassizistisch geprägt. Das ›große Werk‹ übersteigt damit aber letztendlich die Möglichkeiten des Lesers. Hier zeigt sich einmal mehr Kafkas Grundüberzeugung, dass die Qualität von Büchern sich danach bemisst, wie stark ihre Gewissheiten verstörende, ja geradezu körperlich verletzende Wirkung ist; diese Wirkung formuliert Kafka durch die aggressive Metapher »in unsere trüben Augen schlagend« (ebd.).

In einer Art Anti-Klimax preist Kafka danach vor allem die Ausstattung; Alt hat darauf hingewiesen, dass Kafka den Band als Druckvorlage für seine erste eigene Veröffentlichung, die *Betrachtung*, verwendet hat (Alt, 144).

Fazit

Insgesamt kann über die Rezensionen gesagt werden, dass sie weniger an einer Bewertung der Texte in Begriffen von ästhetischer Qualität als vielmehr an der Herstellung einer den Werken adäquaten Lesehaltung arbeiten. Die Rezension schafft sozusagen das Milieu, in dem die besprochenen Werke ihr ideales Rezeptionspotential – zumindest für Kafka – entfalten. Dieses ist jedoch unabhängig von ihrer Größe, ihrem Bedeutungsanspruch, ihrer Gattungsform und liegt wesentlich in dem Kriterium der Lebenswahrheit und der von ihnen ausgelösten produktiven Verstörung des Lesenden begründet.

Literatur- und sprachtheoretische Beiträge

<Über ästhetische Apperception> (»Man darf nicht sagen«)

Kafkas erste überlieferte literaturtheoretische Schrift in engerem Sinne ist ein Konvolut aus dem Jahr 1906, das sich mit Max Brods Artikel *Zur Ästhetik*, erschienen in der Wochenschrift *Die Gegenwart* in zwei Teilen am 17. und 24. Februar 1906, auseinandersetzt; Kafka bezieht sich in seinen Ausführungen nur auf den ersten Teil des Brod-Textes (vgl. NSF I:A, 36). Die dreiseitige, mit Bleistift notierte Schrift zeigt akademische Züge im verwendeten philosophischen Begriffsarsenal – Kafka reflektiert im Wesentlichen über die »ästhetische Apperzeption« – ebenso wie in der Nummerierung der Paragraphen von a bis e. Gleichwohl ist der Text vor allem im Frageduktus formuliert und richtet sich zeitweilig direkt an Brod als »Du«.

Kafka geht es bei der Auseinandersetzung mit dem seit Leibniz etablierten Terminus der ›Apperzeption‹ – die Ergänzung der sinnlichen Wahrnehmung, der ›Perzeption‹, durch die bewusste Durchdringung des Wahrgenommenen – vor allem um verschiedene Abgrenzungen. Zum einen soll geklärt werden, welche Vorstellungen eine spezifisch ästhetische Lust, die »ästhetische Apperception« (NSF I, 9) erwecken. Als Unterscheidungskriterium fungiert bei Brod die Neuheit; dies allein ist für Kafka jedoch nicht hinreichend, da zum Beispiel auch wissenschaftliche Entdeckungen neu sein können, ohne ästhetisch rezipiert werden zu müssen. In Absatz d heißt es deshalb kategorisch: »giebt es einen Unterschied zwischen ästhetischen und wissenschaftlichen Menschen« (10).

Zum zweiten diskutiert Kafka das Kriterium der physiologischen »Thatsache« der »Ermüdung« (9) beim Kunstgenuss. Abgesehen davon, so Kafka, dass eine solche Ermüdung auch beim Genuss vom Kalbfleisch beim Mittagessen eintreten könne, sei Brods Begriff der Neuheit insgesamt so weit gefasst, dass er sich schließlich selbst aufhebe:

> denn da alle Gegenstände in immer wechselnder Zeit und Beleuchtung stehn und wir Zuschauer nicht anders, so müssen wir ihnen immer an einem andern Orte begegnen (10).

Das Argument ist vor allem deshalb interessant, weil es darauf hinweist, dass Kafka vom Empiriokritizismus seiner Zeit beeinflusst war (vgl. Wagenbach 2006, 54). Kafka verwendet das Argument jedoch nicht weiter, sondern überführt die Diskussion über die Müdigkeit schließlich von einer begrifflichen in eine bildliche: Der Gegenstand »schwebe« in der ästhetischen Apperzeption »über der ästhetischen Kante und Müdigkeit«; er habe »das Gleichgewicht verloren und zwar im üblen Sinn« (NSF I, 10). Das Gleichgewicht muss jedoch, das zeigen die folgenden Zeilen, auf jeden Fall wieder hergestellt werden. Die »ästhetische Apperzeption« sei nämlich kein »Zustand«, sondern »eine Bewegung«; aber eben deshalb »muß sie sich vollenden« (10). Diese Vollendung beschreibt Kafka in einem zwischen Beängstigung und Befriedigung schwebenden Bild: »Es entsteht ein wenig Lärm, dazwischen dieses bedrängte Lustgefühl, aber bald muß alles in seinen gehöhlten Lagern ruhen« (ebd.). Der ästhetischen Erfahrung bleibt damit ein sehr schmaler Zwischenraum zwischen verunsichernder Destabilisierung und Wiederherstellung des geschützten Ruhezustandes vorbehalten.

Kafkas abschließendes Alltagsbeispiel für eine nicht-ästhetische Apperzeption – nämlich das tatsächliche Finden eines nur beschriebenen Wegs in Prag – ist ein schlechtes Beispiel, und das Interessanteste daran ist, dass es in einem Kaffeehaus und mit der Aufgabe des ganzen Versuchs endet. Der Artikel selbst endet mit dem Vorwurf rhetorischer »Kunststückchen« und unzulässiger apriorischer Unterstellungen an Brod: Das argumentative Sprechen zwinge den Leser von vornherein, sich an Begriffe zu halten »wie an ein Geländer« (11). Dem versucht Kafka nicht zuletzt durch seine alltagsweltlichen Beispiele und seine bildliche Beschreibung von Erfahrungszuständen zu entkommen. Hier zeigt sich tatsächlich ein bildhaftes Denken direkt am Werk, das den Begriff selbst zwar eher verunklart, aber bei der Beschreibung von Zwischenzuständen wie der ästhetischen Erfahrung eine größere Plausibilität eben durch Verunsicherung der gewohnten diskursiven Sichtweise erreicht.

\<Über kleine Litteraturen>

Die zwei umfangreichsten literaturtheoretischen Äußerungen Kafkas stehen zeitlich im direkten Zusammenhang seiner intensiven Auseinandersetzung mit ostjüdischer Kultur und jiddischer Sprache, die durch die Begegnung mit dem jiddischen Theater Jizchak Löwys 1911 ausgelöst wurde. Die Einleitung zu seinen Überlegungen über die »kleinen Litteraturen« im dritten Tagebuchheft vom 25. Dezember 1911 (T 312–315) nimmt Bezug sowohl auf den durch Löwy vermittelten Kontakt mit der jiddischen Literatur sowie die eigenen Erfahrungen mit der tschechischen Literatur. Der negative Bezugspunkt, das Exempel einer »großen« Literatur ist, wie ein kurz darauf folgender Eintrag zeigt, die deutsche, insbesondere der Einfluss Goethes, mit dem sich Kafka in den Tagebüchern häufig auseinandersetzt.

Das Problem kleiner Literaturen ist also eng mit dem kleiner Sprachräume und dem Verhältnis verschiedener Literatursprachen verbunden; Wagenbach hat wiederholt auf die Abhängigkeit Kafkas vom Prager Deutsch und dessen Mängeln und Einschränkungen hingewiesen (2006, 83 ff.). Bei Kafkas Behandlung der »kleinen Litteraturen« jedoch stehen vor allem allgemeine politische und kulturelle Phänomene im Vordergrund. Geradezu akribisch sammelt Kafka in einer Art Brainstorming hier mögliche Vorteile »kleiner Litteraturen« zusammen; er spricht gar explizit von der »schöpferischen und beglückenden Kraft einer im einzelnen schlechten Litteratur« (T 314). Dabei verbindet er drei verschiedene Argumentationslinien: (1) eine allgemeine Rechtfertigung der Intellektuellen- und Literatenexistenz – und damit seiner eigenen ersehnten Lebensform –, (2) eine engere Beziehung zwischen Literatur und nationaler Identität sowie (3) eine Reihe diskursinterner Vorteile für das Literatursystem selbst.

Rechtfertigung der Literatenexistenz

Der erste ist naturgemäß der persönlichste Punkt. Kafka geht gleich zu Beginn der Ausführungen von einer verstärkten »Bewegung der Geister« (T 312) als einem allgemeinen Vorteil literarischer Arbeit aus, der zu einer »detaillierten Vergeistigung [sic] des großflächigen öffentlichen Lebens« (313) führen müsse; damit verbunden sei eine erhöhte »Achtung vor literarisch tätigen Personen« und die »nachwirkende Erweckung höheren Strebens unter den Heranwachsenden« (ebd.). Hier skizziert Kafka sich eine Jugend und ein Lebensumfeld, in dem er sein erträumtes Leben in der Literatur nicht nur hätte verwirklichen können, sondern in dem gerade dies sogar ein besonderes Verdienst gewesen wäre. Unübersehbar wird der lebenspraktische Charakter schließlich, als Kafka der kleinen Literatur auch die »Veredlung und Besprechungsmöglichkeit des Gegensatzes zwischen Vätern und Söhnen« zugute hält; im gleichen Atemzug folgen »die Darbietung der nationalen Fehler« sowie die Rechtfertigung der »Gier nach Büchern« (ebd.). All dies bildet offenbar einen relativ geschlossenen Vorstellungskomplex, bei dem ursprünglich schuldbeladene Eigenschaften – der Vaterkonflikt, dessen Einbindung in einen mentalitätsgeschichtlichen und soziokulturellen Hintergrund und die Gegenreaktion des aufbegehrenden Sohnes – nun positiv gewendet werden können; eine Möglichkeit, die gleichzeitig als »besonders schmerzlich, aber verzeihungswürdig und befreiend« empfunden wird (ebd.).

Schließlich, und das ist wohl das ultimative Argument, ist bei kleinen Literaturen das Weiterleben im Andenken der Nachwelt ungleich stärker gesichert. Dabei erlangt nicht der Dichter als Person Unsterblichkeit, sondern er wird immer stärker mit seinen Werken »vertauscht« (315), bis Leben und Werk endlich zur Ununterscheidbarkeit verschmelzen. Wenigstens im Tod ist damit erreicht, was Kafka im Leben vergeblich erstrebte: das vollständige Aufgehen im Werk, das nun als »unveränderlicher vertrauenswürdiger Block« (ebd.) ein Monument für die Ewigkeit bildet.

Literatur und nationale Identität

Damit eng verbunden ist die starke Bindung des Literarischen an die nationale Identität bei den kleinen Literaturen. Kafka geht davon aus, dass das »Nationalbewußtsein« (T 315) des Einzelnen sozusagen umgekehrt proportional zur Größe der politischen Nation ist; in kleinen Nationen, die sich ungleich stärker auf ihre Geschlossenheit besinnen und gegen alles Fremde abgrenzen müssen als große, trage jeder Einzelne deshalb eine größere Verantwortung für das Ganze. Für die Nationalliteratur bedeutet das:

> Es werden zwar weniger Litteraturgeschichtskundige beschäftigt, aber die Litteratur ist weniger eine Angelegenheit der Litteraturgeschichte als Angelegenheit des Volkes und darum ist sie wenn auch nicht rein so doch sicher aufgehoben (315).

Im »nicht rein« macht Kafka natürlich ein Zugeständnis; ein ideales Volk der Leser müsste den »auf ihn entfallenden Teil der Litteratur« nicht nur »jedenfalls […] verfechten«, sondern ihn auch »kennen« und »tragen« (ebd.). Gleichwohl hat die kleine Nationalliteratur als permanentes Reflexionsmedium, als »Tagebuchführen einer Nation« (313), sowohl sozialhygienische als auch ökonomische und politische Vorteile. Sie lenkt die Aufmerksamkeit der Nation auf sich selbst und erlaubt eine »Aufnahme des Fremden nur in der Spiegelung« (313); sie bindet dabei »unzufriedene Elemente« und führt zu einer »Gliederung des Volkes« vor allem durch die Entstehung einer ausdifferenzierten Zeitschriftenlandschaft (ebd.). Dass Kafka hier ebenfalls ein Idealbild zeichnet, ist wohl offensichtlich; interessant daran ist vor allem das damit verbundene Gesellschaftsbild, das auch eine Reihe tendenziell nationalistischer und autoritärer Züge aufweist.

Verstärkende Wirkungen im Literatursystem

Die dritte Argumentationslinie arbeitet eine Reihe systeminterner Effekte heraus, die besonders bezeichnend für Kafkas Literaturauffassung sind. So geht er davon aus, dass in einer »kleinen Litteratur« das literarische Talent gleichmäßiger verteilt ist als in einer großen und »talentreichen« (314): »Die von keiner Begabung durchbrochene Literatur zeigt deshalb auch keine Lücken, durch die sich Gleichgültige drücken können« (ebd.). Es gibt also weder Genies noch Dilettanten – die ja von großen Vorbildern zehren –, sondern eine Reihe gleich begabter, gleich ambitionierter, relativ selbständiger Autoren; es gibt eben deshalb mehr »Lebhaftigkeit« (ebd.) und mehr »litterarischen Streit«. Die Literatur, so wird hier suggeriert, erhält auch dadurch mehr Bedeutung im gesamten Lebenszusammenhang, dass sie Gegenstand einer öffentlichen Auseinandersetzung wird, die nicht auf den ersten Blick durch Machtstrukturen bestimmt wird, sondern eine Art freier Diskurs unter Gleichen ist.

Weiterführung und Schematisierung

Kafka führt seine Überlegungen zu den »kleinen Litteraturen« am folgenden zweiten Weihnachtstag weiter; der Eintrag ist explizit als »Fortsetzung« (T 321) markiert. Zunächst wird der reihende Duktus äußerlich beibehalten; einige Argumente – Deutungsvielfalt im kulturellen Gedächtnis, unschädliche Verbindung der Literatur mit »politischen Schlagworten« (322), Streitwert »kleiner Themen« (322) – werden aufgenommen und weitergeführt. Dabei verliert sich Kafka aber zunehmend in Einzelüberlegungen und Zweifeln, bis hin zu dem Punkt, wo er direkt im Anschluss an einen Satz in Klammern »Falsch« (321) notiert. An anderer Stelle geht die begriffliche Argumentation wieder unvermittelt in eine bildliche über. So heißt es im Anschluss an die Überlegungen zum literarischen Streit in kleinen und großen Literaturen:

> Was innerhalb großer Litteraturen unten sich abspielt und einen nicht unentbehrlichen Keller des Gebäudes bildet, geschieht hier im vollen Licht, was dort einen augenblicksweisen Zusammenlauf entstehen läßt, führt hier nichts weniger als die Entscheidung über Leben und Tod aller herbei (322).

Die freie Diskursgemeinschaft im lebendigen Streit aus dem ersten Eintrag ist hier zu einer Schicksalsgemeinschaft auf Leben und Tod geworden. Bezeichnenderweise endet der Text an dieser Stelle.

Zum Themenkomplex gehört noch eine weitere Aufzeichnung vom 27. Dezember, in der Kafka nachträglich versucht, seine Gedanken in ein »Schema zur Charakteristik kleiner Litteraturen« (326) zu systematisieren. Er stellt dabei auf die Hauptpunkte »Lebhaftigkeit«, »Entlastung« und »Popularität« (ebd.) ab, also eher psychologische Gesichtspunkte. Neu erscheint nur der letzte Punkt unter »Popularität«: »c Glaube an die Litteratur, ihre Gesetzgebung wird ihr überlassen« (326). Die Formulierung kann als eine Variante des Autonomiepostulats gelesen werden; sie wird aber bezeichnenderweise mit dem »Glauben« zusammengebracht, ist also eher ein Ergebnis persönlicher Überzeugungen oder psychologischer Notwendigkeiten denn einer stringenten ästhetisch-philosophischen Argumentation.

Reflexion der Schreiberfahrung

Dies gilt schlussendlich für Kafkas Aufzeichnungen zu den »kleinen Litteraturen« insgesamt. Ihre sachliche ›Richtigkeit‹ oder ihre argumentative Stringenz sind im Einzelnen zweifelhaft; ihr apologetischer Wert für den Verfasser ist demgegenüber relativ klar. Darüber hinaus scheint allein die Niederschrift eine Art therapeutische Wirkung auf ihn gehabt zu haben; das Schema schließt mit dem Satz: »Es ist schwer sich umzustimmen, wenn man dieses nützliche fröhliche Leben in allen Gliedern gefühlt hat« (T 326). Noch am 29. Dezember treibt ihn diese Erfahrung um. Nun reflektiert er das Problem des Endes eines theoretischen Textes, den Übergang vom Schreiben zur »Luft des gewöhnlichen Tages« (328). Der Schlusspunkt wird hier mit einem Zwangsakt gleichgesetzt: Es kommt nicht von sich aus zu einer runden Geschlossenheit, sondern zu einer aktiven, gewaltsamen Beendigung mit Händen, »die nicht nur arbeiten sondern sich auch festhalten müssen« (329). Kafka ist nach seinem Ausflug in die Theorie endgültig wieder bei sich selbst und seinen bekannten Schreibproblemen angekommen.

Einleitungsvortrag über Jargon

Einige Wochen später beschäftigt sich Kafka erneut im Kontext der Auseinandersetzung mit dem jiddischen Theater mit einem theoretischen Thema. Max Brod hatte unter dem Patronat des zionistischen Studentenvereins *Bar-Kochba* einen Rezitationsabend zur Förderung Jizchak Löwys organisiert, der am 18. Februar 1912 im Festsaal des Jüdischen Rathauses stattfand. Der Vortrag jiddischer Gedichte sollte zunächst von Oskar Baum moderiert werden; als dieser absagte, sprang Franz Kafka ein. Zwei Wochen quälte er sich, einer Eintragung im Tagebuch vom 25. Februar zufolge, mit Skrupeln und Zweifeln, entwickelte kompensatorisch ungeahnte organisatorische Talente und war kurz davor, das Ganze abzusagen, bis ihm am Abend vor dem Ereignis der Vortrag plötzlich gelang (vgl. T 377). All dies verzeichnet das Tagebuch neben schlaflosen Nächten unter dem Stichwort »Aufregungen«, um anschließend jedoch den »Nutzen« entgegenzuhalten: »Freude an L. und Vertrauen zu ihm, stolzes, überirdisches Bewußtsein während meines Vortrages« (378). Die persönliche Bilanz ist offensichtlich positiv; die finanzielle war, so Kafka in einem Brief an Felice vom 6. November 1912, trotz erfreulich vielzähligem Besuch »nicht entsprechend unzählig« (B00–12 215).

Der Text ist nur in einer titellosen Abschrift durch Max Brods Frau Elsa überliefert (NSF I, 188–193); im Tagebuch spricht Kafka selbst vom »Einleitungsvortrag über Jargon« (T 376). Brod veröffentlichte

ihn erstmals 1953 unter dem Titel »Rede über die jiddische Sprache« (Hzv/GW).

Kafka hatte sich auf seine Rede durch die Lektüre von Heinrich Graetz' *Volkstümliche Geschichte der Juden* (Leipzig 1888) und Meyer Isser Pinès' *Histoire de la littérature judéo-allemande* (Paris 1911) vorbereitet (vgl. Neumann 1992, 49). In seinem Einleitungsvortrag versucht er, das Publikum – das des Jiddischen, zeitgenössisch auch als ›Jargon‹ bezeichnet, ebenso wenig mächtig war wie Kafka – auf die Rezitation dreier jiddischer Gedichte durch Löwy einzustimmen. Dabei zeigt er sich als durchaus gewandter Rhetoriker. Die Rede wird mit einer geschickt kalkulierten *captatio benevolentiae* eingeleitet, die zunächst unterstellt, dass trotz der Fremdheit des westeuropäischen Judentums im Umgang mit dieser ostjüdischen Sprachform ein Verständnis nicht nur möglich, sondern sogar bereits gewiss sei.

Zur Illustration bedient Kafka sich zunächst einer schroffen Antithese von West- vs. Ostjudentum in den Termini von Ordnung vs. Chaos, Deutlichkeit vs. Verwirrung. Demgegenüber wird der Jargon im Folgenden rehabilitiert, indem Kafka ihn in einem wissenschaftlichen Exkurs als zwar »jüngste europäische Sprache« (NSF I, 189), aber trotzdem historisch gewachsene Form etabliert. Diese wird vor allem negativ charakterisiert: Der Jargon habe keine Grammatik; er bestehe nur aus fremden, eingebürgerten Worten, sei gleichsam das Ergebnis einer sprachlichen »Völkerwanderung« (189); er habe zwar seine Anfänge im Mittelhochdeutschen, werde danach aber nicht zum Neuhochdeutschen weiterentwickelt, sondern verbleibe im »Ghetto« (190). All dies habe zu seiner Missachtung ebenso beigetragen wie seine Nähe zur »Gaunersprache« (189). Kurz: Das Jiddische spiegelt in seinen sprachlichen Eigenheiten letztlich das Schicksal des ewigen Juden in der Sprache.

An dieser Stelle unterbricht Kafka die Argumentation, um kurz den Inhalt der Gedichte zu skizzieren, die Löwy nun vortragen werde, und die sich mit den Themen der jüdischen Emigration nach Amerika, der biblischen Verheißung der Vertreibung und einer Liebesgeschichte befassen. Damit, so Kafka, sei jedoch wenig zu ihrem eigentlichen Verständnis gesagt, das sich unabhängig vom Inhalt erst durch ihre sprachliche Ausdrucksform erschließe. Die Texte könnten nämlich nicht, und zwar gerade wegen der Nähe des Jiddischen zum Deutschen, einfach übersetzt werden, da der Bedeutungsgehalt jiddischer Worte durch die phonetische Nähe zu den entsprechenden deutschen Wörtern überlagert und verdrängt werde. Die Verwandtschaft beider Sprachen muss also vergessen werden, um den Jargon wirklich als eigene Ausdrucksform erleben zu können.

Damit ist Kafka bei seinem eigentlichen Argument angelangt, nämlich der Forderung, den Jargon nicht diskursiv, beispielsweise durch Übersetzung oder Erläuterung, begreifen zu wollen, sondern ihn »fühlend zu verstehen« (193). Das sich dabei einstellende Sprach-Erlebnis beschreibt Kafka analog zu einer Epiphanie-Erfahrung: Sie setzt zunächst Abschalten des bewussten Denkens, der »Klage« über das Unverständnis, und »Stille« (ebd.) voraus; man wird dann vom Erlebnis, dem Jargon selbst, »plötzlich« »ergriffen«; es ist ein Erlebnis einer überwältigenden »wahren Einheit«, das begleitet wird von »Furcht«, aber auch von »Selbstvertrauen«, das »über Sie käme« (193).

Wie alle Epiphanien kann auch diese leider nicht andauern; aber selbst dafür hält der Conferencier einen Trost bereit:

> Genießen Sie es, so gut Sie können! Wenn es sich dann verliert, morgen und später [...] dann wünsche ich Ihnen aber, daß Sie auch die Furcht vergessen haben möchten. Denn strafen wollen wir Sie nicht (193).

Dieses Ende kommt sehr unvermittelt. Es setzt einen verunsichernden Kontrapunkt zu einer Rede, deren apologetischer Charakter bis zu genau diesem Punkt ungebrochen und erfolgreich schien. Dass sie doch wieder in eine Strafphantasie mündet, hängt wohl letztlich mit dem mangelnden Selbstvertrauen des Redners zusammen, der zum »Genuß« zwanghaft die folgende Bestrafung assoziieren muss; nur so kann seine eigene »wahre Einheit« (193) gewahrt bleiben.

Forschung und Deutungsaspekte

Die Forschung ist auf die Rezensionen Kafkas außerhalb ihres biographischen Entstehungskontextes kaum eingegangen; mögliche Gründe dafür nennt Binder (1976, 11), der jedoch ebenfalls hervorhebt, dass die Texte »die einzige direkte und sogar reichlich fließende Quelle für die Erkenntnis seiner poetischen Verfahrensweise« (12) bieten. In seinem Kommentar finden sich ausführlichere Inhaltsangaben der besprochenen Werke sowie weitere Angaben zum Veröffentlichungskontext.

Ebenfalls in Binders Kommentar enthalten sind ausführliche Informationen zu Kafkas Auseinander-

setzung mit dem jiddischen Theater und der jiddischen Literatur im Vorfeld des Einleitungsvortrags. Dort sind auch die Gedichte in transkribierter Fassung abgedruckt, auf die sich Kafka bezieht (Binder 1976, 400–403), sowie die entsprechenden Stellen in Pinès' *Historie de la littérature judéo-allemande* nachgewiesen, die Kafka verwendet.

Bezüglich des *Einleitungsvortrag* sowie des Fragments zu den »kleinen Litteraturen« wurde zu Recht der Projektionscharakter der Texte betont. Das Verhältnis von Ost- und Westjudentum sowie die Bedeutung der damit verbundenen Frage nach der Präferenz des Hebräischen oder Jiddischen für die neue zionistische Identität skizziert Haring in einem informativen Beitrag. Der Jargon sei für Kafka in diesem Zusammenhang eine »Antithese auf die westeuropäische Kultur« schlechthin (Haring, 2). Auch Lauer sieht hier vor allem eine regressive neoromantische Sprachauffassung verkörpert; das Jiddische werde stilisiert zu »einer Sprache des Ganz Anderen, die allen Kategorien romantischer Poesie entspricht« (Lauer, 141). Neumann hingegen akzentuiert den utopisch-projektiven Charakter des Entwurfs; es handele sich um das »Konzept einer neuen, erst zu erfindenden poetischen Sprache« (Neumann 2002, 54).

Auch das Konzept der »kleinen Litteraturen« hat einige Aufmerksamkeit in der Forschung gefunden. Deleuze/Guattari stellen in der gleichnamigen Publikation ihre gesamte Kafka-Deutung unter dieses Motto. Sie isolieren drei »charakteristische Merkmale« einer kleinen Literatur: »Deterritorialisierung der Sprache, Koppelung des Individuellen ans unmittelbar Politische, kollektive Aussageverkettung« (Deleuze/Guattari, 27). Dies jedoch seien nicht nur »revolutionäre Bedingungen *jeder* Literatur« (ebd.), sondern Merkmale, die durchgängig in Kafkas poetischem Werk nachweisbar seien. Demgegenüber betont Lauer auch hier die romantischen Wurzeln der Literaturauffassung Kafkas; es handele sich um das »Wunschbild einer Literatur«, das sich Kafka aus genuin persönlichen Erwägungen zurechtgezimmert habe und mit dem er sich als »Stratege der Autorschaft« erweise (Lauer, 143).

Zweifellos sind die hier behandelten literaturkritischen und literaturtheoretischen Texte für Kafka unmittelbar identitätsrelevant, vielleicht auch von strategischer Bedeutung. Seine Sehnsucht nach einer engeren Verbindung zwischen Literatur und nationaler kultureller Identität, geistigem Schöpfertum und sozialer Anerkennung sowie nach Eingemeindung des

Autors ins Volk seiner Leser teilt er darüber hinaus mit zeitgenössischen Autoren wie Rilke – der sich Vergleichbares in Russland imaginierte.

Die Texte enthalten zudem einige ästhetische Überlegungen Kafkas, die das Bild einer im Grunde klassizistisch orientierten Ästhetik zeichnen. Dazu gehören die Überzeugung von der organischen Geschlossenheit des »großen Werks« und von seinem Überdauern über die Zeit hinweg, seine Verschmelzung mit der Figur des Autors im kulturellen Gedächtnis, ja die Unterscheidung zwischen ›großen‹ und ›kleinen‹ Literaturen überhaupt. Die Vorstellung einer poetischen Ursprache und einer sprachlich vermittelten Epiphanie-Erfahrung hat zwar ebenso wie die Idee einer Verwurzelung der Literatur in der politischen und kulturellen Identität des Volkes romantische Züge; aber beide Aspekte lassen sich relativ mühelos in ein klassizistisches Paradigma integrieren, indem man stärker ihre rationalen denn ihre irrationalen Potentiale betont. Zudem versucht sich Kafka ja selbst nicht etwa in jiddischer Volksdichtung, sondern bemüht sich im Gegenteil in der klassischen deutschen Hochsprache zu einer maximalen Sprachreinheit zu gelangen, arbeitet sich also am Vorbild Goethes oder Kleists ab. Die Kafka-Rezeption hat ihm darin schließlich recht gegeben: Zweifellos gilt Kafkas Werk der Nachwelt nicht als ›kleine‹, sondern als ›große‹ Literatur in dem von ihm selbst definierten Sinn.

Ausgaben: Rezensionen: *Ein Damenbrevier* [Franz Blei: *Die Puderquaste*]: ED: *Der neue Weg* 38 ([6. 2.] 1909), 62. – J. Born (1965), 11 f. – DzL (1966), 381–383. –– *Ein Roman der Jugend* [Felix Sternheim: *Die Geschichte des jungen Oswald*]: ED: *Bohemia* 83 ([16. 1.]1910) Nr. 16, 33. – Erz/GS2 (1946), 279–281. – Erz/GW (1952), 313–315. – DzL/KA (1996), 413–415. –– *Eine entschlafene Zeitschrift* [Max Brods Titel: *Hyperion*]: ED: *Bohemia* 84 ([19. 3.]1911) Nr. 78, 33. – Erz/GS2 (1946), 282–284. – Erz/GW (1952), 316–318. – DzL/KA (1996), 416–418. –– »*Das ist ein Anblick*« <*Über Kleists Anekdoten*>: ED: Erz/GS2 (1946), 281. – Erz/GW (1952), 315 f. – NSF I/KA (1993), 187. – <*Über ästhetische Apperception*> (»*Man darf nicht sagen*«): ED: NSF I/KA (1993), 9–11. –– Schriften: <*Über kleine Litteraturen*>: ED: T/GW (1951), 206–210. – T/KA (1990), 312–315, 321 f., 326 [*Schema zur Charakteristik kleiner Litteraturen*]. –– *Einleitungsvortrag über Jargon*: vorgetragen am 18.2.1912; ED unter dem Titel *Rede über die jiddische Sprache* in: Hzv/GW (1953), 421–426. – NSF I/KA (1993), 188–193.

Forschung allgemein: P.-A. Alt (2005). – Stach (2002). – Wagenbach 2006 [1958]. –– *Zu den Rezensionen*: Hart-

mut Binder: K.s literarische Urteile. Ein Beitrag zu seiner Typologie und Ästhetik. In: ZfdPh 86 (1967), 211–249. – Ders.: K.-Kommentar zu den Romanen, Rezensionen, Aphorismen und zum Brief an den Vater. München 2. Aufl. 1982 [1976], 375–386. – Werner Hofmann: Rezensionen. In: KHb (1979) II, 470–474. – Paul Raabe: F.K. u. Franz Blei. Samt einer wiederentdeckten Buchbesprechung K.s: In: J. Born (1965), 7–20. –– *Einleitungsvortrag über Jargon* [<*Rede über die jiddische Sprache*>]: G. Baioni (1994), 49–53. – Hartmut Binder: *Rede über die jiddische Sprache*. In: KHb (1979) II, 503–505. – H. Binder (1976, s.o.), 387–403. – Ekkehard W. Haring: »alle Sprachen kann ich…«. Evidenzen des Jargon in der Prager deutschen Literatur. In: TRANS. Internet-Zeitschrift für Kulturwissenschaften 16 (2005), www.inst.at/trans/16Nr/06_6/haring16.htm (17.7.2008). – Gerhard Neumann: »Eine höhere Art der Beobachtung«. Wahrnehmung und Medialität in K.s Tagebüchern. In: Sandberg/Lothe (2002), 33–58. – Bernhard Siegert: Kartographien der Zerstreuung. *Jargon* und die Schrift der jüdischen Tradierungsbewegung bei K. In: Kittler/Neumann (1990), 222–247. – Claudia Vitale: F.K.s *Rede über die jiddische Sprache*. Nomadismus und Vitalität der Sprache. In: Brücken. Germanistisches Jb. Tschechien-Slowakei 16 (2008), 209–218. – Vgl. auch ↗ 57 f. –– <*Über kleine Literaturen*>: Réda Bensmaïa: On the Concept of Minor Literature from K. to Kateb Yacine. In: Constantin Boundas/ Dorothea Olkowski (Hg.): Gilles Deleuze and the Theater of Philosophy. New York 1994, 213–20. – Stanley Corngold: K. and the Dialect of Minor Literature. In: Collège Littérature 21 (1994), 89–101. – Gilles Deleuze/ Félix Guattari: K. Pour une littérature mineure. Paris 1975; dt.: Für eine kleine Literatur. Frankfurt/M. 1976. – Gerhard Lauer: Die Erfindung einer kleinen Literatur. K. und die jiddische Literatur. In: Engel/Lamping (2006), 125–143. – M. Nekula (2003), 216–219. – Gerhard Neumann: Hungerkünstler und singende Maus. F.K.s Konzept der »kleinen Literaturen«. In: Gunter E. Grimm (Hg.): Metamorphosen des Dichters. Das Rollenverständnis deutscher Schriftsteller von der Aufklärung bis zur Gegenwart. Frankfurt/M. 1992, 227–247. – Walter H. Sokel: Two Views of Minority Language. K., and the German Enclave of Prague. In: Quarterly World Report 1 (1983), 5–8.

Jutta Heinz

3.1.7 Kleine nachgelassene Schriften und Fragmente 1

Überblick: Werkartige Teile im Nachlass 1–12 und in den Tagebuchheften 1–6

Dass Kafka selbst seine ersten Tagebuchaufzeichnungen samt seinen ersten literarischen Versuchen vernichtet hat, gilt als sicher (vgl. Binder 1976, 41 f.). Überliefert sind aus der frühesten Zeit ab 1897 bis hin zur Niederschrift des *Urteils* lediglich Konvolute von unterschiedlichem Umfang, die im Nachlassband der *Kritischen Ausgabe* unter den Nummern 1–12 abgedruckt wurden (vgl. NSF I:A, 35–67), sowie die Tagebuchhefte 1 bis 6, die wohl im Jahr 1909 einsetzen, aber erst seit August/September 1911 die Form regelmäßiger, datierter Tageseinträge annehmen (vgl. T:A 33–41).

In den Nachlasskonvoluten sind vor allem verschiedene Fassungen von Kafkas frühesten Werken enthalten: die drei Fassungen der *Hochzeitsvorbereitungen auf dem Lande* (Nr. 4; ↗3.1.2), die zwei Fassungen der *Beschreibung eines Kampfes* (Nr. 5; ↗3.1.1) sowie eine Skizze für ein Einleitungskapitel zu *Richard und Samuel* (Nr. 10; ↗3.1.5). Es gibt zwei Gedichte: ein Zweizeiler für ein Poesiealbum (Nr. 1; NSF I, 7; ↗372 f.) und das Gedicht *Kleine Seele* (Nr. 8; ↗374 f.). Ebenso finden sich hier einige literaturkritische und literaturtheoretische Texte: eine Notiz zu einem Artikel von Max Brod über Ästhetik (<*Über ästhetische Apperception*>, Nr. 3; ↗137 f.), eine Rezension zu Kleists Anekdoten (*Das ist ein Anblick*, Nr. 11; ↗136), ein Rezensionsfragment anlässlich eines Besuchs des Kabaretts »Lucerna« (Nr. 9) sowie der *Einleitungsvortrag über Jargon* (Nr. 12; ↗140 f.). Das Konvolut Nr. 7, eine Laudatio zur Wahl eines neuen Vorstandes in der Arbeiter-Unfall-Versicherungs-Anstalt (*Diese Wahl ist sehr begrüßenswert*) gehört zu den Amtlichen Schriften (↗3.4.4). Als eigenständiges Erzählfragment außerhalb anderer Werkkontexte verbleibt damit aus dem Nachlasskonvolut 1–12 einzig eine Skizze über Schulzeit und Jugend (*Unter meinen Mitschülern*, Nr. 6).

Weitere Entwürfe sowohl zu veröffentlichten wie unveröffentlichten literarischen Texten Kafkas aus seiner Frühzeit finden sich in den Tagebuchheften

1–6. In den ersten beiden Heften versucht Kafka noch, Tagebucheinträge und kleine literarische Entwürfe in zwei verschiedenen Heften getrennt zu notieren, weshalb die größtenteils undatierten Einträge in den Heften 1 und 2 der Tagebücher teilweise zeitlich parallel verlaufen (↗379 f.). In den weiteren Heften 3 bis 6, also bis zum ›Durchbruch‹ mit dem *Urteil*, das in Heft 6 niedergeschrieben wird, sind dann wiederum Erstfassungen seiner frühen Publikationen neben autobiographischen Eintragungen zu finden: Teile von *Beschreibung eines Kampfes* und von *Richard und Samuel*; die Niederschrift des *Heizer*-Kapitels, das später in den *Verschollenen* einging, sowie einige der Kurztexte aus der *Betrachtung* (*Unglücklichsein, Das Unglück des Junggesellen, Der plötzliche Spaziergang, Entschlüsse*) und *Großer Lärm* (vgl. DzL 441 f.).

Daneben gibt es in den frühen Tagebüchern nur wenige selbständige Erzählanfänge. Dazu gehören vor allem sechs Fragmente im ersten Heft, die um die Figur des »kleinen Ruinenbewohners« kreisen und eine Art fiktionale Erziehungskritik Kafkas auf autobiographischer Basis bilden. Sie werden im Folgenden gemeinsam mit dem Nachlasskonvolut 6 (<*Unter meinen Mitschülern*>) ausführlich behandelt. Weitere Einträge in verschiedenen Heften kreisen um den Komplex des Junggesellentums, der danach untersucht werden soll.

Fiktionalisierte Jugend

<*Unter meinen Mitschülern*>: Welteroberung durch Urteil

Wohl um die Jahresmitte 1909 entstand ein Konvolut von sechs Blättern (NSF I, 172–176), in dem ein Ich-Erzähler seine Schulzeit reflektiert. Nicht nur in der Art der Niederschrift im Manuskript (vgl. NSF I:A, 57 f.), sondern auch in der Erzählweise teilt es charakteristische Züge mit den ungefähr gleichzeitig entstandenen späteren Fassungen B und C der *Hochzeitsvorbereitungen auf dem Lande* (↗102 f.).

Der Text beginnt mit einer abwertenden Selbsteinschätzung des Ich-Erzählers – er sei unter seinen Mitschülern »dumm, doch nicht der dümmste« gewesen (NSF I, 172) –, die gleich darauf mit den noch negativeren Aussagen der Lehrer und Eltern verglichen wird, um schließlich in eine allgemeine Aussage über Urteile schlechthin überzugehen: Das vernichtende Urteil der anderen über seine Schulzeit entspringe »dem Wahne vieler Leute«, »welche glauben, sie hätten die halbe Welt erobert, wenn sie ein so äußerstes Urteil wagen« (ebd.).

Damit ist das zentrale Thema des Fragments genannt, um das alle folgenden Textpassagen kreisen, die vordergründig einzelne Kindheitserfahrungen erzählen: Es geht um die kommunikative Machtstruktur des Urteilens, die exemplarisch an dem Verhältnis von Kindern und Erwachsenen dargestellt wird. Beurteilt wird das Kind von »fremden Leuten« (173), die es anstarren, und von einem einzelnen Besucher im Elternhaus, mit dem es versucht hatte, einen direkten Blickkontakt aufzunehmen. Beurteilt wird es zudem, noch mit 17 Jahren, von seinem Vater. Die Beschwörung, gerade dieses Urteil habe »nicht im kleinsten« Eindruck auf ihn gemacht, wird dadurch widerrufen, dass es sich »die Worte« (175) im Einzelnen gemerkt hat. Noch im <Brief an den Vater> wird Kafka einzelne wörtliche Äußerungen seines Vaters zitieren, die ihn traumatisch geprägt haben.

Dabei wird das Urteil der Erwachsenen mit einer oberflächlichen Art von Alltagskommunikation verbunden, in der »lächerliche Behauptungen«, »statistische Lügen, geographische Irrthümer« ebenso wie »tüchtige politische Ansichten, achtbare Meinungen über actuelle Ereignisse, lobenswerte Einfälle« (173) vorgebracht werden – eine Aneinanderreihung, deren ironischer Charakter offensichtlich ist und die auch die spätere Einschätzung des Vaters (»ein besonders in der politischen Welt meines Vaterlandes sehr angesehener und erfolgreicher Mann«, 175) zweifelhaft erscheinen lässt. All diese vermeintlichen Machtsprüche der Erwachsenen werden zudem, so der Erzähler, allein durch eine entsprechende Körpersprache, durch physische Gesten der Machtausübung, »bewiesen« (173), während gleichzeitig ihr »Blick« von den Kindern »abgleitet«, »wie ein erhobener Arm niederfällt« (174).

Der Versuch des Kindes, mit dem fremden Mann einen Blickkontakt aufzubauen, scheitert: Es hatte »länger in seine guten blauen Augen zu schauen versucht«, damit jedoch »förmlich die Gesellschaft« (175) – als Gesprächs- und Urteilsgemeinschaft der Erwachsenen – verlassen. Der nicht-sprachliche Blickkontakt wird damit als Merkmal einer ursprünglich menschlichen, nicht durch Herrschaftsstrukturen überlagerten Beziehung beschrieben; er steht im Gegensatz zu der erregten Körpersprache und dem durch vermeintliches Faktenwissen untermauerten Machtanspruch der urteilenden Erwachsenen.

Dieser Gesellschaft entzieht sich das Kind durch Rückzug in seinen »natürlichen Zustand« (174): Am liebsten bleibt es passiv, wartet, legt sich ins Bett. Kinder, so der Erzähler, hätten es sowieso nicht nötig, durch äußere Urteile in ihrem Wesen bestätigt zu werden:

> Denn entweder noch völlig in sich ruhend oder doch immerfort in sich zurückgeworfen fühlen sie ihr Wesen laut und stark, wie eine Regimentsmusik (176).

Der Vergleich mit der »Regimentsmusik« ist nur eines der vielfältigen Bilder, die beinahe jeden Absatz des kurzen Textes schließen und jeweils, nahezu schematisch, eine diskursive Aussage ins Bildliche übersetzen. Das Verhältnis des Kindes gegenüber der Außenwelt wird mit einem Schauspieler verglichen, der in seinem Auftreten »Unsicherheit« und »Leidenschaft« (173) vereinigt; das Scheitern des Blickkontakts mit dem fremden Mann mit dem Ausgleiten »ungeschickter Schlittschuhläufer« (175). Das Fragment schließt mit einem Vergleich, der die allgemeine Urteilskritik des Anfangs aufnimmt:

> Das allgemeine Urteil aber hat ihnen [den Kindern] unbekannte Voraussetzungen, unbekannte Absichten, wodurch es von allen Seiten unzugänglich ist; es gibt sich als Spaziergänger auf der Insel im Teich, wo nicht Boote noch Brücken sind, hört die Musik, wird aber nicht gehört (176).

Die verwendeten Vergleiche sind nicht gerade naheliegend und eben deshalb vielschichtig; sie haben eine Tendenz, sich zu verselbständigen und den diskursiven Gehalt der Aussagen, die sie doch eigentlich »beweisen« sollen – das Wort findet sich immer wieder im Text –, zu verflüssigen, teilweise ihnen sogar zu widersprechen. Untereinander werden die Vergleiche nur vage durch ihre Herkunft aus dem Bereich der künstlerischen Unterhaltung und Freizeitgestaltung verbunden. Letztlich läuft der Text allerdings durch den Kontrast des immer wieder angeschlagenen reflexiven Tons mit seiner ausgeprägten Bildlichkeit ein wenig in zwei Richtungen wie der »ungeschickte Schlittschuhläufer« (175). Er bildet jedoch eine wichtige frühe Quelle zum Komplex des ›Urteils‹, das hier vor allem in seinen gesellschaftlichen und sozialen Kontexten thematisiert wird, sowie zur Verarbeitung von Kindheitserfahrungen in Kafkas Werk überhaupt.

Der kleine Ruinenbewohner:
Die Unmöglichkeit von Vorwürfen

Ein zweiter Textkomplex, der sich mit Kindheit und Jugend beschäftigt, entsteht 1910, wahrscheinlich während eines Sommeraufenthalts auf dem Land. Es handelt sich um sechs Textfragmente im Tagebuchheft 1 (T 17–28; zwischen datierten Einträgen vom 19.6.1910 und vom 19.2.1911). Die ersten beiden umfassen nur jeweils einen Absatz, das dritte, vierte und fünfte erweitern diesen Anfangsabsatz und führen teilweise neue Erzählelemente ein, das sechste ist wiederum sehr kurz (diese Fragmente werden im Folgenden römisch durchnummeriert). Die Überschrift »Der kleine Ruinenbewohner« notiert Kafka getrennt davon in Heft 2 der Tagebücher (T 112).

Der Erzählkern: Analytische Anklage und bildlicher Gegenentwurf (I)

Ähnlich wie bei den *Hochzeitsvorbereitungen auf dem Lande* erprobt Kafka hier wiederum die Tragkraft eines Anfangssatzes, der in allen sechs Fassungen mit nur wenigen Variationen wiederkehrt. Seine ursprüngliche Formulierung ist:

> Wenn ich es bedenke, so muß ich sagen, daß mir meine Erziehung in mancher Richtung sehr geschadet hat (T 17).

In weiteren Fassungen wird dann der Aspekt des »Bedenkens« noch verstärkt: »Oft überlege ich es und immer muß ich dann sagen«, heißt es in III (18); »Oft überlege ich es und lasse den Gedanken ihren Lauf ohne mich einzumischen und immer, wie ich es auch wende, komme ich zum Schluß« in IV (20). Der Text beginnt also wie *Unter meinen Mitschülern* mit einem Urteil des Ich-Erzählers. Dabei wird versucht, dieses Urteil als ein sehr wohl abgewogenes, vielfach bedachtes, quasi-objektives darzustellen: Jeder vernünftige Mensch müsste bei genauer Betrachtung zu diesem Schluss kommen.

Explizit ist damit die »Erziehung« als Thema benannt. Bereits im zweiten Absatz aber wird ihr Gegenteil etabliert, die Nicht-Erziehung nämlich:

> gerne und am liebsten wäre ich jener kleine Ruinenbewohner gewesen, abgebrannt von der Sonne, die da zwischen den Trümmern von allen Seiten auf den lauen Epheu mir geschienen hätte, wenn ich auch im Anfang schwach gewesen wäre unter dem Druck meiner guten Eigenschaften, die mit der Macht des Unkrauts in mir emporgewachsen wären (17).

Direkt nach dem analytischen Beginn führt Kafka also ein eindrucksvolles Bild ein. Die Vorstellung einer quasi-rousseauistischen, unentfremdeten Kindheit wird in einem stark rhythmisierten Satz mit lyrischen Bildqualitäten entfaltet. Im vollständigen Einklang mit der nicht-menschlichen Natur entwickelt sich ein Wesen, dessen Gattungszugehörigkeit – ob Mensch, ob Tier – nicht ganz klar ist, das jedoch seine offensichtlich von Natur aus »guten Eigenschaften« nur unbehindert von jeglichen äußeren erzieherischen Einflüssen hätte entwickeln können.

In Fassung III ergänzt Kafka das Bild noch um einen weiteren Bestandteil: Der kleine Ruinenbewohner lebt »horchend ins Geschrei der Dohlen, von ihren Schatten überflogen, auskühlend unter dem Mond, abgebrannt von der Sonne« (19 f.). Kafka spielt dabei mit dem Bezug der Dohlen (tschechisch: kavka) zu seinem Namen. Das anfangs noch statische Bild gerät hier stärker in Bewegung bzw. wird vervollständigt: Im natürlichen Wechsel von Sonne und Mond, »Ausbrennen« und »Auskühlen« vollzieht sich auch das Leben des kleinen Ruinenbewohners.

Das Erziehungs-Kartell: »einige Schriftsteller, ein Schwimmeister, ein Billeteur« (II und III)

Das Bild vom kleinen Ruinenbewohner und der analytische Eingangssatz bilden in ihrem scharfen Kontrast den Nukleus, um den sich die Ergänzungen der anderen Fassungen anordnen. Den rational formulierbaren Teil der Erziehungskritik verdeutlicht auch eine längere Eintragung in einem späteren Notizheft (NSF II, 7–13, vermutl. Sommer 1916), die wie eine Art verspäteter Kommentar zum *Kleinen Ruinenbewohner* wirkt:

> Jeder Mensch ist eigentümlich und kraft seiner Eigentümlichkeit berufen zu wirken, er muß aber an seiner Eigentümlichkeit Geschmack finden. Soweit ich es erfahren habe, arbeitete man sowohl in der Schule als auch zuhause darauf hin die Eigentümlichkeit zu verwischen (NSF II, 7).

Was Kafka hier geltend macht, ist ein klassisches Konzept von Individualität; ebenso klassisch ist die Anklage gegen die beiden großen Erziehungsinstanzen, Schule und Eltern, alles getan zu haben, um diese Individualität zu unterdrücken.

Im *Kleinen Ruinenbewohner* wird dieser leitmotivische › Vorwurf‹ in den Fragmenten II bis V auf eine ganze Reihe weiterer Schuldiger ausgedehnt, die teilweise biographisch identifiziert werden können. Sie beginnt im häuslichen und familiären Umfeld mit den »Eltern« und »einigen Verwandten«; es folgen »einzelne Besucher unseres Hauses«, »verschiedene Schriftsteller«, »eine ganz bestimmte Köchin«. Erst danach kommt die Schule mit »einem Haufen Lehrer« und »einem Schulinspektor« (T 18). Die Fassungen III und IV nennen weitere Angeklagte aus immer weiter gezogenen Kreisen: »einige Mädchen aus Tanzstunden«, »ein Schwimmeister, ein Billeteur« (19); »Eingeborene der Sommerfrischen, einige Damen im Stadtpark denen man es gar nicht ansehn würde, ein Friseur eine Bettlerin, ein Steuermann der Hausarzt« (20). Schließlich wird der Vorwurf gar universalisiert: »langsam gehende Passanten kurz dieser Vorwurf windet sich wie ein Dolch durch die Gesellschaft« (18).

Schuldig geworden am Erzähler, so wird damit unterstellt, ist jeder, der ihn in irgendeiner Art und Weise daran gehindert hat, er selbst zu sein; jeder, der ein bestimmtes gesellschaftlich angepasstes Verhalten in einer bestimmten Situation erwartet hat; jeder, der in seinem eigenen Verhalten die Anpassung an soziale Normen vorführte; jeder, der über seinen Geist oder seinen Körper geurteilt hat. Kafka übt hier, im weitesten Sinne und bildlich verkleidet, tatsächlich einmal Gesellschaftskritik.

Dialektik des Vorwurfs: »aber zu meiner Zeit jetzt sind nur die Vorwürfe richtig« (IV)

Dabei erkennt der Erzähler jedoch schnell selbst die Absurdität eines solchen ins Unendliche ausgeweiteten Vorwurfs. Er entwickelt verschiedene, sowohl bildliche als auch logische Strategien, um ihn trotzdem aufrechterhalten zu können. In II und III verbittet er sich die »Widerrede« (18 u. 19) der Beschuldigten, indem er auf die unendliche Regression hinweist, die sich durch Widerreden, erneute Widerreden gegen diese Widerreden und so fort ergibt, und bezieht deshalb gleich die Widerreden als neuen Bestandteil des fortgesetzten Erziehungs- und Beeinflussungsprozesses in den Vorwurf ein. Dabei entsteht eine paradoxe Figur, in der Anklage und Gegenanklage zusammenfallen: Der Erzähler erklärt nun, »meine Erziehung und diese Widerlegung haben mir in mancherlei Richtung sehr geschadet« (18).

In Fassung IV hingegen beweist er die Unmöglichkeit eines solchen Vorwurfs schlechthin in einer Art vollständiger Induktion: Zum ersten sei es kaum möglich, dass sich die von ihm Angeklagten überhaupt an die ihnen vorgeworfenen Missetaten erinnern könnten. Seien die Betroffenen inzwischen gar tot, zeige sich sofort die Unsinnigkeit des ganzen Unterfangens:

> Denn solche Vorwürfe sind schon von Mensch zu Mensch unbeweisbar. Weder das Dasein von vergangenen Fehlern in der Erziehung ist zu beweisen wie erst die Urheberschaft (22).

Da die Herstellung kausaler Wirkungszusammenhänge also schon in der gegenwärtigen menschlichen Beziehung kategorisch ausgeschlossen wird, muss ein anderer Weg gefunden werden, um zumindest die Haltung des Vorwurfs aufrechterhalten zu können. Deshalb wendet der Erzähler nun in einer wahrhaft sophistischen Volte den Inhalt des Vorwurfs selbst. Er klagt seine Erzieher nämlich nicht mehr an, dass sie aus ihm einen anderen Menschen gemacht hätten, als er von Natur aus gewesen wäre (nämlich einen »kleinen Ruinenbewohner«, der hier aber gar nicht mehr auftaucht), sondern dass sie nicht einmal den sich selbst entfremdeten Menschen aus ihm gemacht haben, den sie aus ihm doch hätten machen wollen. Anschließend jedoch gesteht er selbst den taktischen Charakter des Manövers: Der ursprüngliche »große« Vorwurf – »daß sie mir doch ein Stück von mir verdorben haben ein gutes schönes Stück verdorben haben« – soll als »ehrlicher Vorwurf« dadurch gerechtfertigt werden, dass er den »Kleinen« – das Versagen der Erzieher gemessen an ihren eigenen Zielen – »bei der Hand« nimmt (22 f.):

> geht der große hüpft der Kleine, ist aber der kleine einmal drüben, zeichnet er sich noch aus, wir haben es immer erwartet und bläst zur Trommel die Trompete. (23)

Beide Vorwürfe sind damit unabhängig von ihrem real unerweisbaren Gehalt ins Bildliche gerettet. Es ist, als habe die ganze dialektische Herleitung eigentlich nur dazu gedient, dieses seltsam anrührende Bild heraufzubeschwören – mit dem das Fragment IV dann auch unvermittelt endet.

Variation des Vorwurfs: Körperliche Unvollkommenheit (V)

In Fassung V wird der Inhalt des Vorwurfs noch einmal in eine neue Richtung präzisiert, indem der Erzähler zwischen seinem »gewöhnlichen« Körper und der dazugehörigen, ebenso gewöhnlichen »körperlichen Erziehung« und seiner »innern Unvollkommenheit« (23) unterscheidet. Diese sei weder »angeboren« (23) noch »verdient« (24). Vielmehr habe jeder Mensch »von Geburt aus [einen] Schwerpunkt« in sich, »den auch die närrischste Erziehung nicht verrücken konnte« (23 f.). In diesem Satz versteckt sich nun der Erzählkern des *Kleinen Ruinenbewohners*: Das ursprüngliche Ich konnte durch Erziehung nicht ganz vernichtet werden; es lebt im Zwiespalt mit seinem hinreichend abgerichteten Körper, der jedoch gerade durch seine Durchschnittlichkeit in besonderem Kontrast zum ursprünglichen »guten Schwerpunkt« des nicht bzw. falsch ausgebildeten Inneren steht.

Aus diesem Widerspruch heraus jedoch bezieht das Erzähler-Ich seine »Kräfte« (24), er allein verschafft ihm noch Zugang zu dem verschütteten inneren Schwerpunkt: »Was ich jetzt noch bin, wird mir am deutlichsten in der Kraft mit der die Vorwürfe aus mir herauswollen« (25). Andererseits setzt an diesem Punkt erneut eine fatale Dialektik der Vorwürfe ein: Das Ich wird nämlich »die beste Hilfskraft meiner Angreifer« (26), indem es versucht, diese unbequemen Vorwürfe zu verdrängen, da sie doch nicht sinnvoll begründet werden können. Es flieht dazu in eine von Kafkas Lieblingstätigkeiten, nämlich die Beobachtung aus der sicheren Distanz des Fensters:

> Wer leugnet es, daß dort in ihren Booten die Angler sitzen, wie Schüler, die man aus der Schule auf den Fluß getragen hat; gut, ihr Stillhalten ist oft unverständlich wie jenes der Fliegen auf der Fensterscheiben. Und über die Brücke fahren natürlich die Elektrischen wie immer mit vergröbertem Windesrauschen und läuten wie verdorbene Uhren, kein Zweifel, daß der Polizeimann schwarz von unten bis hinauf mit dem gelben Licht der Medaille auf der Brust an nichts anderes als an die Hölle erinnert (26).

Der hier dargestellte Flussausschnitt deutet in vielem bereits auf das *Urteil* hin, vor allem in seiner Ambivalenz. Zwar wird anfangs noch an die Selbstverständlichkeit einer quasi objektiven Beobachtung appelliert – »Wer leugnet es?« –, doch schon die Beschreibung der Angler gerät zu einer ganz persönlichen Angelegenheit des Erzählers. Er imaginiert die Angler zunächst als »Schüler«, die zum Stillsitzen gezwungen werden müssen – was sich allein aus dem Kontext der Erziehungskritik erklärt. Dem gleichen Muster folgt die Einführung der Elektrischen mit einem verräterisch appellativen »natürlich«; denn dass ihr Geräusch ein »vergröbertes Windesrauschen« ist und ihr Geläut an »verdorbene Uhren« erinnert, macht nur Sinn, wenn man das verhasste Läuten der

Schulglocken und die nicht-vergröberte Naturszenerie des »kleinen Ruinenbewohners« hinzudenkt. Schließlich ist der Polizist als Höllenwächter bereits ganz und gar eine Ausgeburt der durchgängig personalen Perspektive des Erzählerbewusstseins, das den Polizisten als Vertreter der Urteilsgemeinschaft von Staat und Gesellschaft zwangsläufig mit auf die Anklagebank setzen muss.

An diese Passage schließt sich deshalb nur logisch die bereits bekannte Aufzählung derer an, die dem Ich in seiner Erziehung geschadet haben. Damit endet jedoch auch das fünfte Fragment; das sechste nimmt nur noch einen kurzen Anlauf, um sogleich abzubrechen.

Urteil und Vorwurf: Zum Verhältnis der beiden Jugend-Fragmente

Nimmt man den *Kleinen Ruinenbewohner* zusammen mit dem davor besprochenen Nachlasskonvolut 6 über die Schulzeit in den Blick, so ergeben sich vielfache Parallelen und Ergänzungen. Während das Nachlasskonvolut 6 vor allem die äußerlichen Urteile anderer über den Erzähler behandelt, wehrt sich der Erzähler im *Kleinen Ruinenbewohner* aktiv und von seinem Inneren ausgehend, indem er Vorwürfe gegen die Außenwelt erhebt; ›Urteil‹ und ›Vorwurf‹ stehen also in einem Korrespondenzverhältnis von außen und innen. Beide werden jedoch im Verlauf der jeweiligen Texte als analytische Formen zunehmend in Frage gestellt; beide erheben letztlich im Menschlichen unbegründbare Machtansprüche, da die Außenwelt und ihre Beobachterperspektive mit der Innenwelt und ihrer Darstellungsperspektive nicht vereinbar ist.

Beide Texte arbeiten deshalb kontrastierend zu ihrem analytischen Gehalt mit einer Vielzahl von Vergleichen, die die diskursiven Aussagen illustrieren und vertiefen, aber auch demontieren und widerlegen können. Dabei werden die verwendeten Bilder in beiden Texten noch eher willkürlich gereiht. Eine Ausnahme bildet die relativ konsistente Phantasie vom »kleinen Ruinenbewohner« – die aber bereits in der vierten Fassung verschwindet, weil sie durch ihre Geschlossenheit und Andersartigkeit dem Text relativ eigenständig gegenübersteht. Demgegenüber kann die Beschreibung des Flusses am Ende der fünften Fassung fließend in den Text integriert werden, weil sie konsequent die personale Perspektive aufrecht erhält und die scheinbar objektive Beobachtung nun in das innere Geschehen einbezieht: Der

Blick aus dem Fenster ist zwar als Therapie gegen die »Lust zu Vorwürfen« (T 26) eingesetzt, führt ihre Logik aber letztlich konsequent weiter.

Forschung

Neumann hat bereits auf den Mischcharakter des Komplexes hingewiesen, der erstmals die »Kontamination von autobiographischer Diagnose und literarischer Fiktion« erprobe (Neumann, 45). Dabei werde die Sozialisationserfahrung des Stadtkindes zu einem rousseauistisch geprägten Naturbild in Beziehung gesetzt. Auf die wiederkehrende Präsenz des Stadt-Land-Gegensatzes in Kafkas frühen Erzählungen verweist Kurz (1984, 94).

Guntermann, der die Fragmente in seiner Monographie zu den Tagebüchern ausführlich behandelt, gibt eine detaillierte und instruktive Analyse ihres Aufbaus und ihrer Entwicklung. Ausgehend vom ersten Satz als »archimedischem Punkt« und der im zweiten Satz entworfenen Utopie einer anderen Existenz (Guntermann, 198 f.) schreibe sich der Text in einem ständigen Verwandlungs- und Selbstreflexionsstrom fort. Grundfiguren dieser Entwicklung seien die Sofortkorrektur des Geschriebenen im nächsten Satz (Guntermann, 215), die Verselbständigung der Details (219), die Entstehung von Antithesen (237), die durch die aporetische Bewegung des Widersprechens schließlich zum Paradoxon zugespitzt werden (239). Dieses Verfahren der ständigen »Verwandlung« im Schreiben selbst sieht Guntermann als paradigmatisch für die Tagebücher sowie für das literarische Werk an: »Kafkas Erzählungen sind Erzählungen einer Verwandlung seit der frühesten erhaltenen Fassung der *Beschreibung eines Kampfes*« (Guntermann, 307).

Der Junggesellen-Komplex: Einsiedler vs. »vollendete Bürger«

Wie sich in einem Nebensatz in Fassung V herausstellt, ist auch der Erzähler des *Kleinen Ruinenbewohners* ein »Junggeselle« (T 25). Das Thema zieht sich durch beinahe alle Texte Kafkas; einige tragen es direkt im Titel, so *Das Unglück des Junggesellen* in der *Betrachtung* und die spätere Erzählung <*Blumfeld, ein älterer Junggeselle*> (1915; ↗270–272). Neben seiner biographischen Relevanz – Reiner Stach hat Kafka gar als den prototypischen »Junggesellen der Weltliteratur« (Stach 2002, 32) bezeichnet – ha-

ben Deleuze/Guattari seine poetologische Relevanz behauptet: »Niemand ist weniger Ästhet als der Junggeselle in seiner Mittelmäßigkeit, und doch ist niemand mehr Künstler als er« (Deleuze/Guattari, 98). Schließlich hat Gerhard Kurz darauf hingewiesen, dass das Thema des Junggesellen in der Literatur der Jahrhundertwende generell weit verbreitet ist (Kurz 1979, 116).

Junggeselle und »vollendeter Bürger«: Grund vs. Mittelpunkt

Die ersten Einträge zur Junggesellen-Thematik finden sich in Heft 2 (T 113–116; 118 f.), geschrieben vermutlich Ende 1909, nach der Niederschrift von *Unglücklichsein*, das später als letztes Stück die *Betrachtung* abschließen wird. Hier wird von einem »Ich« erzählt, das mit dem »Junggesellen«, von dem der Text spricht, nicht identisch ist. Vielmehr befindet sich das Ich in einer Phase, in der es um Orientierung noch ringt; das demonstriert der Anfangssatz:

> Ich will ja weg, will die Treppe hinauf, wenn es sein muß unter Purzelbäumen. Von der Gesellschaft verspreche ich mir alles was mir fehlt, die Organisierung meiner Kräfte vor allem (T 113).

Als Gegenmodell zu einer solchen gesellschaftlich nützlichen »Organisierung« individueller Kräfte wird nun der Junggeselle vorgestellt. Gekennzeichnet ist er durch einige Äußerlichkeiten, die, mehr oder weniger variiert, in allen Texten zu diesem Thema wiederkehren werden. Er hat, zum Ersten, eine »allerdings schäbige, aber feste Körperlichkeit« (T 113); besonders hervorgehoben werden die »ausdauernden Beine« (ebd.), die mit seiner Heimatlosigkeit konnotativ verbunden werden. Zum Zweiten sind seine »dünnen Kleider« (ebd.) ebenso schäbig und vernachlässigt wie sein Körper, da sich niemand um sie kümmert. Zum Dritten sind seine Mahlzeiten nicht sorgfältig selbst bereitet, sondern eintönig und freudlos (ebd.). Zum Vierten wohnt er ständig in einer »gefürchteten Mietwohnung« (ebd.), also in einem eingeschränkten Raum ohne sozialen Zusammenhalt und den Tücken der Nachbarn ausgesetzt. All dies zusammengenommen ergibt das Bild eines Menschen, der in seiner alltäglichen Existenz, seinen einfachsten Lebensverrichtungen stark eingeschränkt ist – aber gerade dadurch dem Leben selbst näher und seinen Gefährdungen ausgeliefert.

Die Beschreibungsebene wird in diesem Eintrag überlagert von einer eher abstrakten Ebene, die durch das komplexe Verhältnis der Begriffe ›Eigentum‹, ›Mittelpunkt‹ und ›Grund‹ geprägt ist. So ist der Junggeselle angewiesen auf sein, wie auch immer belangloses, ›Eigentum‹:

> Denn ohne einen Mittelpunkt zu haben, ohne einen Beruf, eine Liebe, eine Familie, eine Rente zu haben d. h. ohne sich im Großen gegenüber der Welt versuchsweise natürlich nur zu halten ohne sie also durch einen großen Komplex an Besitztümern gewissermaßen zu verblüffen kann man sich vor augenblicklich zerstörenden Verlusten nicht bewahren (T 113).

Dem Junggesellen fehlt also der integrierende »Mittelpunkt« seines Lebens; er hat dementsprechend nur ein »gestückeltes« Wesen und ist den schädlichen Einflüssen der »auflösenden Welt« (ebd.) schutzlos ausgeliefert.

Andererseits jedoch führt auch der »vollendete Bürger«, das nun eingeführte Gegenteil des sozial zusammenhanglosen Junggesellen, keine risikolose Existenz:

> Denn wer wirklich als vollendeter Bürger auftritt, also auf dem Meer in einem Schiff reist mit Schaum vor sich und mit Kielwasser hinter sich also mit vieler Wirkung ringsherum ganz anders als der Mann auf seinen paar Holzstückchen in den Wellen, die sich noch selbst gegenseitig stoßen und herunterdrücken, er dieser Herr und Bürger ist in keiner kleineren Gefahr (114).

Die Gefahr, die dem »vollendeten Bürger« droht, ist der Verlust seines viel größeren Eigentums. Ihr ist er umso stärker ausgesetzt, weil er mit seinem Eigentum nicht in der gleichen Weise existentiell verbunden ist wie der Junggeselle, der sich an seinen mageren Besitz klammern muss, da er im Menschlichen nichts hat, an das er sich halten kann.

An diese Überlegungen anschließend versucht das Ich nun, sich selbst in seinem Verhältnis zum Junggesellen – zu dem »kaum ein Unterschied« bestehe (T 114) – zu situieren. Vor allem vereine beide eine Fähigkeit, die dem oberflächlich auf dem Meer reisenden »vollendeten Bürger« gänzlich abgehe: Sie können ihren »Grund« (ebd.) spüren. Wer sich jedoch auf diesen Grund begibt und dort verharrt, so der Ich-Erzähler, dem werde die »giftige Welt […] in den Mund fließen wie das Wasser in den Ertrinkenden« (ebd.).

Am Beispiel des »Grundes« lässt sich besonders gut zeigen, wie sich auch in diesem Eintrag die anfangs noch teilweise begriffliche Argumentation über die Einführung eines Bildes immer widersprüchlicher und komplexer gestaltet. Der »Grund« ergibt sich bildlogisch zunächst aus dem Bildbereich

von Schiff und Meer, steht aber für einen gefährlichen Abstieg von der Oberfläche in die Tiefe. Dadurch ist er verbunden mit einer Wendung vom Äußeren ins Innere, die explizit dem Junggesellen als Merkmal zugeschrieben wird. Dieser muss sich nämlich, in einer Art mythischer Alternative am Scheideweg seiner Existenz, zwischen der Orientierung am Sinnlich-Greifbaren – »die Arbeit unserer Hände […] das Gesehene unserer Augen, […] das Gehörte unserer Ohren« (115) – und dem Abstieg zum »Grund« entscheiden. Entscheidet er sich für den (passiven) Abstieg zum »Grund« und nicht für das (aktive) »Weglaufen« in die Welt, so ist er ein-für allemal verloren: »statt dessen hat er sich hingelegt, wie sich im Winter hie und da Kinder in den Schnee legen, um zu erfrieren« (115). In diesem Moment ist sein weiteres Schicksal als Junggeselle unwiderruflich festgeschrieben.

Nach einem eingeschobenen Fragment aus dem Kontext der *Beschreibung eines Kampfes* folgt ein weiterer Eintrag, der direkt an die Passage mit dem Kinder-Vergleich anschließt (T 118 f.). Noch einmal wird hier die Konzentration des Junggesellen auf den »Augenblick« betont, die sich logisch daraus ergibt, dass er keine Zukunft hat – weshalb ihm auch seine Vergangenheit verloren ist (114). Diese völlige Gegenwärtigkeit ist es, die ihn endgültig aus dem »Volk«, ja aus der »Menschheit« (118) insgesamt ausschließt, in der jeder einzelne – das Erzähler-Ich eingeschlossen – immerfort damit beschäftigt ist, den »Kreis« (119) der eigenen Vergangenheit und Zukunft in der Imagination zu durchlaufen, beides »im Gleichgewicht auf und abschweben zu lassen« (118). Verlässt man jedoch, wie der Junggeselle, diesen Kreis, verlieren sich mit Raum und Zeit alle anderen Gesetze: »Wir sind außerhalb des Gesetzes, keiner weiß es und doch behandelt uns jeder danach« (119). Er ist, so könnte man von hier aus schließen, der ewige Junggeselle, der ›vor dem Gesetz‹ und vor dem Tor steht; und er hatte eben deshalb nie eine Chance, (wieder) eingelassen zu werden.

Das Doppelgesicht des Junggesellen: Einsiedler oder Schmarotzer?

Der nächste Eintrag zum Junggesellen-Thema (»Ich bin ja nahe daran«; T 125 f., Anf. Nov. 1910) nimmt den vorigen Eintrag auf, in dem sich das Ich an seine »Jugend im Dorfe« (114) erinnert hatte, und zeigt es nun in seinen »ersten Tagen« (125) in der Stadt.

Ebenso aufgenommen wird der Begriff der »auflösenden Welt« (113); das Ich beschreibt eine solche Auflösung, die ihm in der Stadt widerfuhr, jedoch nun positiv als »Apotheose, wo alles was uns am Leben erhält uns entfliegt, aber noch im Entfliegen uns mit seinem menschlichen Licht zum letztenmal bestrahlt« (125). Die Loslösung von allen menschlichen Bindungen wird sowohl durch die verwendete Lichtbildlichkeit als auch durch die religiöse Terminologie als mystisches Erlebnis dargestellt. Sie verbindet das Ich nun wiederum mit dem gesellschaftlich und sozial haltlosen Junggesellen.

Allerdings wird dem Junggesellen auch in dieser Hinsicht nur eine Schwundstufe einer solchen losgelösten Existenz zugesprochen: Sobald er nämlich von seinem »Zwang« erlöst würde, als »Einsiedler« zu leben, mutierte er sofort zum »Schmarotzer« (125), der sich von den Lebensenergien der anderen nährt. Das illustriert ein drastisches Schlussbild, das den Bildbereich von Wasser und Ertrinken wieder aufnimmt: Der Junggeselle gleiche einer »Leiche eines Ertrunkenen«, der vom Grund nach oben treibt und dabei auf einen »müden Schwimmer« stößt, sich an ihm festhalten möchte, aber ihn mit seinem toten Gewicht mit in die Tiefe ziehen kann (126).

Der Junggeselle stellt also weiterhin eine permanente und konkrete Bedrohung für das Ich dar. Das zeigt auch der nächste Junggesellen-Eintrag vom 14. November 1911 (T 249 f.), der unter dem Titel *Unglück des Junggesellen* mit kleinen Veränderungen in die *Betrachtung* (DzL 20 f.) eingegangen ist. Der Junggeselle wird hier wiederholt mit den bekannten äußeren Attributen, Lebensumständen und der spezifischen Perspektivlosigkeit versehen; der Text endet jedoch mit einer Wendung, die all dies auf das eigene Erleben bezieht und vielleicht sogar die Möglichkeit einer Lebenswende eröffnet:

> während man doch in Wirklichkeit heute und später selbst dastehen wird, mit einem wirklichen Körper und einem wirklichen Kopf also auch einer Stirn um mit der Hand an sie zu schlagen (T 250).

Der publizierte Text wirkt durch die Konsistenz der Perspektive und die bewegte Syntax am geschlossensten, letztlich aber, trotz der pointierten Schlusswendung, auch am unpersönlichsten.

Doch schon einen halben Monat später, am 3. Dezember 1911, findet sich im Tagebuch der nächste Junggesellen-Eintrag (»Das Unglück des Junggesellen ist ...«, T 279 f.; Anf. Dez. 1911), der nun wörtlich die Formulierung vom »Unglück des Junggesel

len« (279) enthält, die Kafka als Titel für die Veröffentlichung des vorigen Eintrags wählen wird. Wieder wird die äußere Erscheinung beschrieben, diesmal jedoch auf einen Gegensatz von Innen und Außen bezogen: Sie ist die äußere Hälfte eines »Doppelgesichtes«, dessen »traurigere andere Hälfte« in das Innere schaut, wo nichts als »Kühle« (280) herrscht. Und wieder erscheint der Junggeselle als eine Art lebender Toter: Seine soziale Existenz des »unaufhörlichen« Übersiedelns führt zu einer immer stärkeren Verengung des ihm zur Verfügung stehenden Raumes auf Kosten der größeren Raumansprüche der »Lebenden«:

> er, dieser Junggeselle bescheidet sich aus scheinbar eigenem Willen schon mitten im Leben auf einen immer kleineren Raum und stirbt er, ist ihm der Sarg gerade recht (280).

Nachdem der Junggeselle mit einer gewissen Logik und sozusagen zu Recht zu Grabe getragen worden ist, könnte das Thema eigentlich abgeschlossen werden. Ein Dreivierteljahr später und kurz nach Niederschrift des *Urteils* erscheint jedoch unter dem Datum vom 23. September 1912 ein letzter Junggeselle (»Gustav Blenkelt war ein einfacher Mann...«, T 462 f.). Er heißt »Gustav Blenkelt« und unterscheidet sich dadurch schon von seinen namenlosen Vorfahren; er ist zudem offensichtlich der negativen Variante des »Schmarotzers« (125) zuzuordnen. Seine Beschreibung erinnert an die täuschende Selbstgefälligkeit von Georg Bendemann zu Beginn des *Urteils*. Das Fragment endet bereits nach zwei Absätzen; Kafka lenkt seine durch die Niederschrift des *Urteils* geweckten produktiven Energien bald darauf auf den *Heizer*.

Eine Junggesellen-Poetik

Dass das Thema des Junggesellentums lebensgeschichtlich für Kafka nie ganz bedeutungslos wurde, zeigt noch <*Blumfeld, ein älterer Junggeselle*> (↗ 270–272). Die frühen Texte demonstrieren die Genese der Auseinandersetzung mit diesem heiklen Problemkomplex. Anfangs versucht das Ich noch, sich vom Junggesellen, trotz starker Ähnlichkeiten, zu distanzieren; dazu gehört seine Diffamierung als »Schmarotzer« (T 125) oder jämmerliches Abbild des »vollendeten Bürgers« (114). Im *Unglück des Junggesellen* ist es jedoch immerhin möglich geworden, die eigene Identität als Junggeselle zumindest hypothetisch einzugestehen.

Gleichzeitig müssen die potentiell künstlerischen Facetten des Junggesellentums gerettet werden. Die Gemeinsamkeit des Künstlers und des Junggesellen liegt in ihrem gegenüber dem sozial eingegliederten, beruflich engagierten, familiär gebundenen »vollendeten Bürger« ungleich direkteren Verhältnis zum Leben in seiner grundlegendsten und einfachsten Form; deshalb spielt die Beschreibung von Kleidung, Essgewohnheiten und Wohnverhältnissen des Junggesellen eine so große Rolle in den Texten. Der Junggeselle wird nicht »verdeckt« von seinen familiären und beruflichen Verpflichtungen; er hat einen unmittelbareren Zugang zum »Grund« des Menschlichen, den die Kinder noch haben, den die Künstler haben sollten und den der Bürger nicht mehr wahrnehmen kann.

Damit verbunden ist eine Poetik des Entzugs. Auf dem kleinsten Raum der Existenz, so wird immer wieder in verschiedenen Varianten der Raummetaphorik formuliert, muss der Junggeselle sein reduziertes Leben aushalten und gestalten. Das erfordert, so zeigt es besonders der Vergleich mit dem »Trapezkünstler im Variete« im allerersten Eintrag (118; vgl. *Erstes Leid*), eine gewisse Kunst; keine besonders schöne und keine besonders reiche, und eine lebensgefährliche dazu, da im Unterschied zum Trapezkünstler niemand sich die Mühe gemacht hat, ein »Fangnetz« (ebd.) über ihrem Grund aufzuhängen. Aber nur in der Umsetzung des Lebensentzugs in Kunst ist das Leben des Junggesellen gerechtfertigt; im Leben selbst stirbt er verdient schon zu Lebzeiten.

Ausgaben: ED des Gesamtkorpus: NSF I/KA (1993), 7–193 (Nrn. 1–12), T/KA (1990), 7–442 (Heft 1–6 [bis Beginn der Niederschrift des *Urteils*]); in der FKA sind für das Textkorpus bis jetzt relevant OQ 1&2/FKA (2001) [entspricht den ersten beiden Tagebuch/Quartheften in T/KA] und BeK/FKA (1999); in Auswahl erschienen die Nachlassfragmente zuerst in: BBdCM (1931), BeK/GS (1936) u. Hzv/GW (1953), die zu den *Tagebüchern* gerechneten Texte in: T/GS (1937) u. T/GW (1951). – *Einzeltexte*: »*Unter meinen Mitschülern*« ED: NSF I/KA (1993), 172–176. – *Der kleine Ruinenbewohner* ED: T/GS (1937), 14 f. [nur I u. II]. – T/GW (1951), 14–16 [I-III], 685–691 [IV-VI], vgl. auch 695 f. [Anm. Brods zum Titel]. – T/KA (1990), 17–28. – OQ1&2/FKA (2001), H. 1, 23–52. – <*Junggesellen-Komplex*> ED: T/GS (1937), 15 f. (»Aber Vergessen ist hier kein richtiges Wort…«); 87 (»Das Unglück des Junggesellen ist…«). – T/GW (1950), 19–22 (»Ich will ja weg, will die Treppe hinauf…«, enthält auch »Aber

Vergessen ist hier kein richtiges Wort…«); 180 f. (»Das Unglück des Junggesellen ist…«); 294 f. (Gustav Blenkelt-Eintrag). – T/KA (1990), 113–116 (»Ich will ja weg, will die Treppe hinauf…«); 118 f. (»Aber Vergessen ist hier kein richtiges Wort…«); 125 f. (»Ich bin ja nahe daran…«; fehlte in T/GW und in T/GS); 279 f. (»Das Unglück des Junggesellen ist…«); 462 f. (Gustav Blenkelt-Eintrag). – OQ1&2/FKA (2001), H. 2, 18–25 (»Ich will ja weg, ich will die Treppe hinauf…«); 30 f. (»Aber Vergessen ist hier kein richtiges Wort…«); 45 f. (»Ich bin nahe dran…«).

Forschung: Hartmut Binder: K. in neuer Sicht. Mimik, Gestik und Personengefüge als Darstellungsformen des Autobiographischen. Stuttgart 1976. – Peter Cersowsky: *Die Geschichte vom schamhaften Langen und vom Unredlichen in seinem Herzen. Zu Fremdeinflüssen, Originalität und Erzählhaltung beim jungen K.* In: Sprachkunst 7 (1997), 1–19. – Deleuze/Guattari (1976). – S. v. Glinski (2004). – G. Guntermann (1991), bes. Kap. III.A. – M. Kleinwort (2004), bes. 62–106. – G. Kurz: Figuren. In: KHb (1979) II, 108–130. – Ders.: Schnörkel und Schleier und Warzen. Die Briefe K.s an Oskar Pollak und seine literarischen Anfänge. In: G. Kurz (1984), S. 68–101. – Gerhard Neumann: »Eine höhere Art der Beobachtung«. Wahrnehmung und Medialität in K.s Tagebüchern. In: Sandberg/Lothe (2002), S. 33–58. – R. Stach (2002).

Zum Gesamtkorpus der Nachlasstexte der frühen Werkphase vgl. in diesem Handbuch auch die Artikel: 3.1.1 (*Beschreibung eines Kampfes*), 3.1.2 (*Hochzeitsvorbereitungen auf dem Lande*), 3.1.6 (»Literaturkritische und literaturtheoretische Schriften«), 3.2.1 (zu *Die städtische Welt*: 151 f.], 3.4.1 (»Gedichte«) u. 3.4.2 (»Die Tagebücher«, bes. 378 f.).

Jutta Heinz

3.2 Das mittlere Werk (September 1912 – September 1917)

3.2.1 *Das Urteil*

Entstehung und Veröffentlichung

> Diese Geschichte »das Urteil« habe ich in der Nacht vom 22 zum 23 von 10 Uhr abends bis 6 Uhr früh in einem Zug geschrieben. Die vom Sitzen steif gewordenen Beine konnte ich kaum unter dem Schreibtisch hervorziehn. Die fürchterliche Anstrengung und Freude, wie sich die Geschichte vor mir entwickelte wie ich in einem Gewässer vorwärtskam. Mehrmals in dieser Nacht trug ich mein Gewicht auf dem Rücken. [...] Nur so kann geschrieben werden, nur in einem solchen Zusammenhang, mit solcher vollständigen Öffnung des Leibes und der Seele (23.9.1912; T 460 f.).

Kafkas eindringliche Dokumentation seines nächtlichen Dichtens, am Tag nach der Niederschrift notiert, gehört zu den berühmtesten Selbstzeugnissen seines Schaffens. Wie diesen Bericht schreibt er die Erzählung selbst ins Tagebuch (Sechstes Heft); sie folgt, ohne Überschrift, auf eine Eintragung vom 20. September 1912. Entwürfe oder Vorarbeiten gibt es nicht; die Geschlossenheit des Textes entspricht dem Duktus der psychisch andrängenden Schreibhandlung.

Erstmals seiner literarischen Fähigkeiten gewiss, liest Kafka den Text noch am Morgen nach der Niederschrift den Schwestern vor. Wenig später folgen weitere Lesungen im Freundeskreis wie auch, im Rahmen eines Autorenabends, vor Publikum (DzL:A 87).

Vom Tagebuch zur Dichtung

Ende 1911 häufen sich bei Kafka Hinweise auf das Schreiben als Lebensplan. Noch aber zeigt sich dieses Schreiben-Wollen nicht getrennt vom inneren Bedürfnis nach einer Rekapitulation des eigenen Lebens, die das Tagebuch in dieser Zeit so aufschwellen lässt und hier wie in den literarischen Versuchen (*Betrachtung*) zur Zentrierung auf ein ›Ich‹ führt. So dienen alle Notizen zuerst dem Verlangen, »meinen ganzen bangen Zustand ganz aus mir herauszuschreiben und ebenso wie er aus der Tiefe kommt in die Tiefe des Papiers hinein oder es so niederzuschreiben daß ich das Geschriebene vollständig in mich einbeziehen könnte« (8.12.1911; T 286).

Mit dem *Urteil* löst sich Kafkas Schreiben aus dieser Befangenheit des Persönlichen. Es springt, wie der Dichter in einer späten, aber für seine Poetik grundlegenden Tagebuch-Notiz formuliert, »aus der Totschlägerreihe Tat – Beobachtung, Tat – Beobachtung, indem eine höhere Art der Beobachtung geschaffen wird«, und zwar »je unerreichbarer von der ›Reihe‹ aus, [...], desto mehr eigenen Gesetzen der Bewegung folgend« (27.1.1922; T 892). Die konkrete Lebenssituation: das gespannte Verhältnis zum Vater, das im Erzählfragment *Die städtische Welt* (entstanden zwischen 21.2. u. 26.3.1911; T 151–158) noch in Teilen nachgestellt wurde, die Annäherung an Felice, mit der Kafka selbst vitale Hoffnungen verband, fungieren nun als bloße Motive. Sie gehen auf in einem künstlerischen Modell, das jene Situation ›gleichnishaft‹ als Grundfigur entwirft, während die Geschichte selbst mit der Lust am Fabulieren eine eigene Dynamik gewinnt. Wenn man diese Modellbildung als das Charakteristikum von Kafkas Schreiben begreift, kann man von einem Durchbruch zu den eigenen Fähigkeiten sprechen. Gegenstand ist nun nicht mehr die persönliche Welterfahrung, sondern die Reflexion eines Weltverhältnisses.

Nach Kafkas Bekunden war das markante Thema der Erzählung gar nicht geplant. Er habe, wie er am 3. Juni 1913 an Felice schreibt, »nach einem zum Schreien unglücklichen Sonntag« im Familienkreis »einen Krieg beschreiben« wollen, »ein junger Mann sollte aus seinem Fenster eine Menschenmenge über die Brücke herankommen sehn, dann aber drehte sich mir alles unter den Händen« (B13–14 201 f.). Diese ›Drehung‹ betrifft nicht nur die Themenstellung, sondern auch den Protagonisten: Aus dem Beobachter wird mit Beginn der Erzählung ein Akteur und damit mutiert die ›Beschreibung‹ zur Analyse der Interaktion zwischen Konfliktparteien.

Prätext: *Die städtische Welt*

Thematische Parallelen bestehen zu dem im März 1911 im Tagebuch notierten Fragment *Die städtische Welt* (T 151–158), an das sich Kafka während des Schreibens erinnert (23.9.1912; T 461). Im Zentrum steht hier bereits der Konflikt zwischen Sohn und Vater; doch bleibt die Darstellung ohne narrative Raffinesse. Erzählt wird latent auktorial mit Außenperspektive, so dass es in der Figurenzeichnung zu direkten Charakterisierungen kommt (»schweres Fleischgesicht« des Vaters; T 151) und die Konfrontation der Figuren im szenisch vermittelten Dialog weitgehend unrelativiert bleibt. Noch fehlt dem Autor mit der eigenen inneren Distanz jene ›höhere Art der Beobachtung‹, die im Konflikt zugleich die Interdependenz der Konfliktpartner realisieren würde.

Oskar M., »ein älterer Student«, dem der Vater »Lotterleben« vorwirft, ist eben dabei, sich nach einem im Wortsinn lebenswendenden »Einfall« (»Tanzdrehung«) – vielleicht die Besinnung auf die Kunst – gegen die geschäftige und sozialisierte ›städtische‹ Vaterwelt abzugrenzen und auf derart veränderter Basis, doch mit gleicher Leistungsbereitschaft und daher dem Wunschbild des Vaters entsprechend, »zu einem tätigen Menschen« zu werden (151 f.). Die Geschichte zeigt die Unfähigkeit des Protagonisten, diesen sich formierenden ›einsamen‹ Entschluss dem Vater, der Familie, ja ›allen‹ zu vermitteln. Die Mitteilung scheitert zunächst an der »Wut« des zu Hause wartenden Vaters, der seine massiven Vorwürfe gegenüber dem untauglichen Sohn auf seine Autorität als Familienoberhaupt stützt und dies gestisch durch das Verschieben und Besetzen des leeren Tisches versinnbildlicht (151). Verbunden damit ist ein anscheinend aus der »Vergangenheit« (154) resultierendes, jedenfalls aber demonstrativ zur Schau getragenes Misstrauen gegen den Sohn (»Geschwätz«; 152), das diesen fixiert (»ich kenne Dich«; 154) und ihm von daher jede Entfaltungsmöglichkeit, jede »Zukunft« (155) nimmt, ja ihm in verbildlichter Metaphorik die Lebensluft abschnürt. Dieses paradoxe Verhalten ist es denn auch, das dem aufmerksam gewordenen Sohn den leiblichen Vater ›entfremdet‹ und ihn einen »wirklichen« einklagen lässt, der in seiner Zuneigung dem Begriff ›Vater‹ gerecht würde (156).

Getragen wird das Aufbegehren des Sohnes vom Zustrom seiner »Ideen«, deren Distanz zur Vaterwelt ihm zunehmend bewusst wird, ohne dass er sich von dieser jedoch lösen könnte. Denn nur »im Alleinsein« wären die Gedanken zu ordnen. Weil aber das Verlangen nach Anerkennung unabweisbar bleibt, kommt es zur Auseinandersetzung mit der Außenwelt und infolge dessen nicht zur Ausreifung des eigenen »Plans« (154 f.). Dieser Zwiespalt prägt auch den ausgedehnten Schlussteil der *Städtischen Welt*, in dem Oskar den Freund Franz, von Beruf Ingenieur, mit undeutlichen Absichten und einer offensichtlich rücksichtslosen Verhaltensweise aus dem Bett holt (»faßte den schwachen Menschen vorn beim Rock«), die seitens des Protagonisten Dominanz und Egoismus einspielt – also seine bis dahin markante Opferrolle deutlich relativiert –, ohne dass diese Spannung narrativ ausgewertet würde (157). Hier liegt denn auch die Schwäche des Textes, der den im Frühwerk virulenten Themenkomplex ›Söhne‹ um eine Facette ergänzt, aber noch keine Modellsituation auszuprägen vermag.

Biographische Motive

Zwischen der *Städtischen Welt* und dem *Urteil* steht der ›Heiratsversuch‹, der den Autor mit dem Protagonisten des *Urteils* verbindet. Am 13. August war Kafka erstmals Felice Bauer begegnet; am 20. September schreibt er den ersten Brief an das ›verehrte Fräulein‹, dessen bloße Existenz ungeahnte Möglichkeiten zu eröffnen scheint: Verlobung, Heirat, Familiengründung – ein Status, den Kafka als Zeichen der sozialen Konsolidierung ersehnt und mit unverhohlenem Neid an anderen registriert.

Der bevorstehende Statuswechsel ist für Kafka so einschneidend, dass er sich zur Überprüfung des gesamten Lebensplans entschließt. »Bis zu den Heiratsversuchen bin ich aufgewachsen etwa wie ein Geschäftsmann, der […] ohne genaue Buchführung in den Tag hineinlebt«, schreibt Kafka im <*Brief an den Vater*>; jetzt komme »der Zwang zur Bilanz« (NSF II, 213 f.). Diese Bilanzierung führt ihn allerdings zur Einsicht in das Dilemma einer Heirat, die einerseits als Familiengründung »das Äußerste [wäre], das einem Menschen überhaupt gelingen kann« (200), und insofern Bürgschaft für »die schärfste Selbstbefreiung und Unabhängigkeit« gegenüber dem Vater – »ich wäre Dir ebenbürtig« –, die andererseits aber gerade in diesem Streben nach Ebenbürtigkeit »in engster Beziehung« zur Lebenswelt des Vaters bleibt. (209). Im Lebensmuster Georg Bendemanns gestaltet Kafka erstmals diese im Verhältnis zu Felice erkannte Aporie. So verdanke er die Geschichte »auf Umwegen ihr«, wie er im Tagebuch notiert, während Georg – der in der Lebenswelt des Vaters verharrt – an der Braut zugrundegehe (14.8.1913; T 574).

Mit der Dedikation würdigt Kafka diese indirekte Anregung. So berichtet er im Brief an Felice vom 24. Oktober 1912 vom Titel und der Widmung »für Fräulein Felice B.« (später verkürzt zu »Für B.«), die er allerdings als bloße Liebesgabe verstanden wissen will, da »die Geschichte in ihrem Wesen« nicht in Zusammenhang mit ihrer Person stehe, »außer daß ein darin flüchtig erscheinendes Mädchen« namens Frieda Brandenfels ihre Anfangsbuchstaben trage (B00–12 188). Wie sehr die Figuren dennoch die konkrete Situation mit allgemeiner Bedeutung nachspielen, zeigt Kafkas Kommentar:

> Georg hat soviel Buchstaben wie Franz. In Bendemann ist »mann« nur eine für alle noch unbekannten Möglichkeiten der Geschichte vorgenommene Verstärkung von »Bende«. Bende aber hat ebensoviele Buchstaben wie Kafka und der Vokal e wiederholt sich an den gleichen Stellen wie der Vokal a in Kafka (11.2.1913; T 492).

Auch »Frieda« und »Felice« hätten die gleiche Buchstabenzahl, Vor- und Nachnamen die gleichen Initialen. Und vielleicht, sinniert Kafka weiter, hätte in der Wahl des Namens »Brandenfeld« sogar die Erinnerung an die »Mark Brandenburg« eingewirkt (492).

Biographische Motive spielen auch in die Gestaltung des ›Vaters‹ hinein. So erinnert nicht nur die Statur an Hermann Kafka, sondern auch Verhaltensformen wie das Entblößen der »Narbe« (in der Handschrift »Wunde«; T:A 290) an den Beinen (DzL 57), führte dieser seinen Kindern doch, wie es im <Brief an den Vater> heißt, an den »offenen Wunden« seiner Jugend vor Augen, wie sehr sie die Unbeschwertheit ihres Daseins seiner lebenslangen Plage verdankten (NSF II, 169). Im Gegensatz zur Städtischen Welt fehlen im Urteil jedoch die Alltagsreminiszenzen der familiären Existenz. Zu Kafkas Zufriedenheit mit der eigenen Leistung gehört daher gerade, dass die häuslichen Erfahrungen nur noch Motive bilden. Als die Schwester im Blick auf die Zuordnung von Privat- und Hinterzimmer die Familienwohnung identifizieren zu können glaubt, zeigt er sich erstaunt darüber, »wie sie die Örtlichkeit mißverstand« (12.2.1913; T 493).

Die ›Gedanken‹, die die Niederschrift des Urteils nach Kafkas Bekunden begleiteten (23.9.1912; T 461): an Sigmund Freud, an Max Brods Roman Arnold Beer. Das Schicksal eines Juden (1912) – dessen Protagonist im Gegensatz zu Georg Bendemann selbstbewusst aus der Fremde zurückkehrt – oder an eine Textpassage aus Franz Werfels Die Riesin. Ein Augenblick der Seele (Herder-Blätter 1, 1912, 4/5, 41–43), zeigen, wie sehr er das erzählte Sohn-Vater-Verhältnis schon im Schreiben als literarisches Paradigma begriff (461).

Publikation

Bereits während der Niederschrift freut sich Kafka, »daß ich etwas Schönes für Maxens Arcadia haben werde«, Brods ambitioniertes Jahrbuch-Projekt (23.9.1912; T 461). Unmittelbar nach dem Abschluss bereitet er daher die Druckvorlage mit einer (verlorenen) Maschinenabschrift vor, wobei der Titel festzustehen scheint. Mai 1913 erscheint Das Urteil im Jahrbuch Arkadia.

In der Korrespondenz mit Kurt Wolff diskutiert Kafka zugleich eine Publikation in Buchform, die neben dem Urteil auch die kurz danach fertiggestellten Texte Der Heizer und Die Verwandlung enthalten sollte. Zwischen den Texten bestehe, so Kafka, »eine offenbare und noch mehr eine geheime Verbindung, auf deren Darstellung durch Zusammenfassung in einem etwa ›Die Söhne‹ betitelten Buch ich nicht verzichten möchte« (11.4.1913; B13–14 166). Mit dem Aufschub des Projekts verlieren sich allerdings diese thematischen Konturen; 1915 denkt Kafka an eine wesentlich lockerere Zusammenstellung von Urteil, Verwandlung und Strafkolonie »unter dem gemeinsamen Titel ›Strafen‹« (An G. H. Meyer, 15.10.1915; B14–17 142 f.). Schließlich bittet er doch um eine Einzelpublikation, die das ›Gedichtartige‹ der Erzählung herausstellen soll: »Sie ist auch die mir liebste Arbeit und es war daher immer mein Wunsch, daß sie, wenn möglich, einmal selbstständig zur Geltung komme« (An den K. Wolff Verlag, 19.8.1916; B14–17 207). 1916 erscheint das Buch; 1919 folgt eine zweite, leicht revidierte Auflage als Ausgabe letzter Hand.

Textbeschreibung

Georg Bendemann, ein junger Kaufmann, teilt brieflich einem Freund in Russland seine Verlobung mit und geht mit diesem Brief zum Vater, den er seit langem nicht mehr aufgesucht hatte. Während sich Georg um die Pflege des Vaters bemüht zeigt, gewinnt dieser zunehmend an Statur; er macht ihm den Freund streitig, verspottet die Braut und stellt sein berufliches wie familiäres Verhalten als Verrat dar. Schließlich verurteilt er den Sohn zum Tod durch Ertrinken, den dieser eilfertig vollzieht. – Diese in ihrer Abfolge wenig verständliche äußere Handlung stellt Kafka auf eine Weise dar, die die Strukturen der Handlungswelt transparent werden lässt.

Auktorial erzählt, doch bereits mit latenter Wahrnehmungsperspektive, exponiert die Einleitungspassage den Protagonisten in charakteristischer Situation: Privatraum, Blick aus dem Fenster, der Brief an den Freund und der Gestus seiner Handhabung bekunden innere Souveränität; Fluss und Brücke draußen bilden eine zeichenhaft verdichtete Topographie, die den Spannungspol der Handlung markiert und im Vorverweis auf das Ende die Finalität des Verlaufs signalisiert.

Mit dem Übergang zur Introspektion – »Er dachte darüber nach, wie dieser Freund [...]« (DzL 43) – beginnt ein Textteil, der mittels Gedankenbericht, indirekter wie zitierter Rede oder Briefzitat Georgs Wahrnehmungsspektrum erschließt. Im Fokus steht der ›Freund‹, dessen rudimentär gegenständliche Lebensform Kafka so völlig in Georgs Reflexion aufgehen lässt, dass sich auf der Textebene keine konsistente Figur bildet – keine »wirkliche Person«, wie Kafka schreibt (An F. Bauer, 10.6.1913; B13–14 204) –, sondern ein personaler Bezugspunkt entsteht, an dem sich Habitus und Attitüde des Protagonisten auskristallisieren. Es liegt daher kein Widerspruch vor, wenn der Vater später ein gegensätzliches Bild dieses ›Freundes‹ zeichnet, indem er ihn für sich reklamiert: Beide Bilder sind gleichermaßen mentale Funktionen. Derart funktional eingebunden in die Innensphäre der Figuren bleibt auch die mittels zitiertem Dialog dargestellte ›Braut‹ Frieda (DzL 47 f.).

Indem der Text einerseits durch Sachinformationen oder Bericht (»im Laufe dieser drei Jahre hatte sich [...] für Georg vieles verändert«; DzL 45) den Anschein von Objektivität erzeugt, andererseits aber zugleich alles scheinbar Objektive durch die Reflexivität der Figuren relativiert (»wohl«), entsteht eine Spiegelung der Welt im Geist. Charakteristikum dieses für Kafka stilbildenden Erzählens ist die (pseudo-mimetische) Manifestation und zugleich (perspektivisch bedingte) Transzendierung der wahrnehmungstheoretisch fundierten Opposition von Gegenstand und Reflexion. So entsteht keine geschlossene Bewusstseinswelt, aber auch kein artistisch autonomes Bild. Vielmehr wird Subjektivität als Medium des Weltverhältnisses etabliert und damit in ihren Dispositionen und Strategien thematisierbar. *Das Urteil* praktiziert damit erstmals Kafkas Technik einer relativierenden Darstellung, die es ermöglicht, im Entwurf der fiktiven Welt zugleich die vorgängigen mentalen Prozesse der Weltbildung deutlich zu machen – hier konkret Georgs ›Bildung‹

des Freundes – und damit ein Weltverhältnis zu vergegenständlichen, das ›Verurteilbarkeit‹ implizieren kann.

Derart vorbereitet, beginnt nach einer kurzen, stilistisch an die Expositionspassage anschließenden Überleitung – Georg geht zum Vater – als umfangreichste Textpassage die Auseinandersetzung zwischen Sohn und Vater. Dominant ist hier die szenische Darstellung via Dialog in direkter Rede, wobei der Text bereits durch die Art der Redeführung (sprachliche Präsenz, Artikulationsvermögen, Treffsicherheit der Repliken bzw. Sprachverlust) die Position und Interaktion der Kontrahenten demonstriert. Ergänzt wird diese Charakterisierung durch Hinweise zu Erscheinungsbild und Habitus. Sie reichen von einfachen Regieanweisungen (»ohne Bewegung«; DzL 53) über physiognomische Signale (»zog den zahnlosen Mund in die Breite«; 51) bis zu ausführlich dargestellten Handlungen, die in ihrer Zeichenhaftigkeit (Zudecken/Aufdecken) die Intentionalität der Auseinandersetzung verbildlichen. Aufseiten Georgs setzt sich dabei die Perspektivierung fort, während das Gegenüber nur über diese Spiegelung bzw. in Bild und Gesten sichtbar wird, die immer neu zu objektivieren wären. Bedingt durch diese Darstellungsweise bleibt die Figur des Vaters weitgehend opak, sodass das Todesurteil eine von seiner Person abgelöste Geltung erhalten kann.

Stilistisch wiederum der Eingangspassage zugeordnet, berichtet die Schlusspassage vom Vollzug des Urteilsspruchs. Indem der Protagonist in dem eingangs von fern ›gesehenen‹ Fluss leibhaftig untergeht, gewinnt die Erzählung die Dimension einer immanent begründeten Handlung.

Forschung

Kafkas pseudo-mimetisches Erzählen gestattet nicht selten eine direkte Lesart, die sich an den Sachverhalten orientiert. Dieser Lesart kommt *Das Urteil* auf besondere Weise entgegen, thematisiert es doch den für den Autor bekanntlich selbst komplexhaften Vater-Sohn-Konflikt. Die Erzählung verdankt ihre Beliebtheit bei den Lesern bis hin zur Schullektüre daher dieser Nähe zur Biographie, wobei sich die Position der Konfliktpartner meist sehr vereinfacht darstellt (z. B. Scholz 1993).

Das Interesse der Forschung, das über zweihundert Arbeiten dokumentieren, stützt sich vor allem auf die werkbiographische Relevanz der dem Autor

›liebsten Arbeit‹, wobei auch hier dem Vater-Sohn-Konflikt eine Schlüsselstellung zukommt. Da der Generationenkonflikt zugleich zu den Grundstrukturen des menschlichen Lebens gehört, zeichnet sich ein Spektrum interdisziplinär unterschiedlichster Deutungsmuster ab. So könne man *Das Urteil*, wie Fingerhut resümiert, »biographisch als Konflikt zwischen Franz und Hermann Kafka, psychoanalytisch als ödipale Strafphantasie [...], historisch-typologisch als Kampf zweier Zeitalter [...], philosophisch als Kampf zweier Prinzipien (Geist – Leben, Bürgertum – Kunstexistenz)« interpretieren (Fingerhut 1979, 294). Hinzu kommt die soziologische bzw. sozialhistorische Interpretation, die etwa die Krise des Subjekts im Machtapparat der bürgerlichen Familie herausarbeitet (Neumann 1981), oder die theologische, die dem Urteil des Vaters einen religiösen Stellenwert zuschreibt (z. B. Hartwig 1993).

Einen Überblick über die Erkenntnisinteressen und entsprechenden Interpretationsmethoden neuerer und älterer Literaturwissenschaft bietet der ›Modellanalysen‹ zum *Urteil* vorstellende Band von Jahraus/Neuhaus (2002). So erschließt sich etwa systemtheoretisch, im Blick auf die Enigmatik des Urteils, eine Destruktion gesellschaftlicher Ordnungsmodelle. Poststrukturalistische Forschung dekonstruiert (im Rekurs auf Kafkas Aussage, im *Urteil* keinen ›geraden Sinn‹ zu finden) die Thematisierung von Sinnvorstellungen und stößt zu einer Transformation der Ordnungen vor. Die Diskursanalyse lenkt den Blick auf die kulturellen, juristischen oder politischen Facetten des Generationenkonflikts, dem im historischen Diskurs des frühen 20. Jahrhundert variierende Positionen zugewiesen wurden. Für die Geschlechterforschung bilden Kafkas Texte generell einen lohnenden Gegenstand, wobei die Marginalität der Frauenfiguren im *Urteil* zur Konzentration auf die Männerbilder führt, die Vater, Sohn und Freund explizieren.

Desiderat der Forschung wäre demgegenüber eine stärkere Konzentration auf die narratologische Komplexität des Textes, weil hierdurch die Fixierung auf ein vermeintlich Objektives (wie den Freund) aufzuheben wäre, das in seiner Widersprüchlichkeit jedes Textverständnis zu unterminieren scheint. So wären die Grundprobleme des Textes – die Figur des Freundes, der Impuls des Konflikts und die Bewertung der Partner, vor allem aber Georgs Schuld und die Legitimität des Urteils – in diesem Rahmen neu zu diskutieren.

Deutungsaspekte

Lebensmuster: Nachfolge contra Ausbruch

»Es war an einem Sonntagvormittag im schönsten Frühjahr«: Der Beginn der Geschichte zeigt den jungen Kaufmann Georg Bendemann auf dem Höhepunkt seiner bürgerlicher Existenz. In »seinem Privatzimmer« sitzend, beendet er »einen Brief an einen sich im Ausland befindenden Jugendfreund« (DzL 43), in dem er diesem, wie später zu erfahren ist, seine Verlobung mitteilt. Der Protagonist genießt diese Situation beruflicher wie gesellschaftlicher Arriviertheit, denn er zögert den Abschluss des Briefes »in spielerischer Langsamkeit« hinaus, ehe er, die Ellbogen wie sich vergewissernd auf seinen soliden Schreibtisch gestützt, aus dem Fenster auf die Szenerie des äußeren Lebens, Fluss, Brücke und grüne Anhöhen, »sah« (43).

Mit diesem ›Sehen‹, der optischen Distanz zwischen Häuslichkeit und Ferne, spielt der Text nicht nur auf das konträre Ende an – aus dem Haus gejagt, wird Georg im Fluss versinken –, sondern verbildlicht zugleich die Voraussetzungen, die zu diesem Ende führen. Die gleiche Spannung zwischen Häuslichkeit und Ferne prägt nämlich auch Georgs nun in den Fokus rückende ›Korrespondenz‹ – verstanden als ›Briefwechsel‹ wie unterschwelliger ›Zusammenhang‹ – mit dem nach Russland ausgewanderten Freund. Indem der Protagonist diese Korrespondenz in Erinnerungen und Reflexionen umkreist, mit denen er zugleich Erklärungen und Rechtfertigungen verbindet, wird deutlich, wie sehr der ferne Freund als Bezugspunkt zum eigenen Leben fungiert.

Kernpunkt bildet das Exil in Russland: einem Land, mit dem Kafka in einem Tagebuch-Text vom 5. Januar 1912, der unter dem Titel *Der plötzliche Spaziergang* in *Betrachtung* aufgenommen wird, »äußerste Einsamkeit« verbindet (T 348). Er habe, kommentiert er später, »bei der Beschreibung des Freundes in der Fremde« an den Jugendfreund Otto Steuer (*1881) gedacht, dessen Weggang aus Prag sich ihm wohl als Kontrast zum eigenen Verbleiben im Familienkreis eingeprägt hatte (12.2.1913; T 492 f.). Während Kafka allerdings als angehender Dichter mit solcher Einsamkeit vor allem Vorstellungen des Selbstseins verbindet, beschränkt sich sein Protagonist, der als Kaufmann dem Lebensweg des Vaters folgt, auf den Aspekt des Unbehaust-Seins und rechtfertigt damit sein Verharren. »Fremde« meint für Georg eine ›Entfremdung‹ von Haus und Heimat, die den Fernen unabdingbar zum Ausgeschlossenen macht: »Allein – weißt du, was das ist?«, fragt Georg die Braut, wie um das Gewicht dieser Situation wissend (DzL 47). »Verloren im weiten Rußland« sieht er den Petersburger Freund, als der Vater dessen Existenzform zu befürworten scheint (56).

Hinzu kommt die Exponiertheit des Exilanten: das, wie Kafka in einem Tagebuch-Kommentar schreibt, »Revolutionen Ausgesetzte« (11.2.1913; T 492), das auf Zeitungsberichte über den blutigen Petersburger Aufstand gegen den Zaren vom 21. Januar 1905 zurückgehen dürfte. Für den Protagonisten verdichtet sich dieses historische Wissen zur Sorge um die »Unsicherheit der politischen Verhältnisse«, wie sie der Freund zur Begründung seines Verbleibens anführt (DzL 45). Wenn Georg ihn ›sieht‹ im »leeren, ausgeraubten Geschäft« (56), dann sieht er in diesem Schicksal die Lebensgefahren ausgeprägt, die mit der Entfernung von der sicheren Heimat drohen.

Durchgängig legen Georgs Überlegungen den Freund auf das Gegenbild zur eigenen häuslichen Erfolgsgeschichte fest. Dieser habe sich, heißt es, »mit seinem Fortkommen zu Hause unzufrieden«, nach Russland »förmlich geflüchtet«, freilich ohne »in der Fremde« den erhofften Erfolg realisieren zu können (43); sein Geschäft gehe schlecht, so dass er sich nutzlos abarbeite. So betrachtet, gebührt der eigentliche Fortschritt den »zu Hause gebliebenen Freunden«, wogegen der erfolglose Emigrant als »ein altes Kind« stagniert (44).

Den beruflichen Misserfolg komplettieren, wie Georg erkennt, erste Anzeichen einer Krankheit und vor allem eine so weitgehende soziale Isolation (»fast keinen gesellschaftlichen Verkehr«), dass dem Freund »ein endgültiges Junggesellentum« beschieden sein dürfte (43 f.). Damit ist in der bürgerlichen Werteskala der Zeit der Tiefpunkt des Scheiterns erreicht. Denn die Heirat wäre Signum dafür, dass das Leben in jeder Hinsicht gemeistert wurde: Sicherung des familiären Lebensunterhalts und damit die Aufnahme in eine gesellschaftlich wie genealogisch zu verstehende Lebensgemeinschaft, nicht zuletzt die ›Sozialisierung‹ der Sexualität. ›Endgültiges Junggesellentum‹ meint daher mehr als Vereinsamung: Es wäre gleichbedeutend mit dem Herausfallen aus allen Formen des Lebens, wie es Kafka in dem kurzen Tagebuchtext vom 14. November 1911 skizziert (T 249 f.), den er unter dem Titel *Das Unglück des Junggesellen* in *Betrachtung* veröffentlicht.

Er fühlte sich »gut aufgehoben im Zustand eines Bräutigams«, heißt es demgemäß in Kafkas Tagebuch über einen jungen Mann (12.3.1912; T 406),

und so ist auch Georgs Genugtuung über den Brief zu verstehen, in dem er seine bevorstehende Heirat mitteilen kann. Im Vergleich mit dem Ausgewanderten weiß er, der zu Hause blieb und die Firma vom Vater übernahm, sich in allen Bereichen als der Erfolgreichere. Vor allem als der Vater sich nach dem Tod der Mutter zurückzog – als Witwer sozial geschwächt wie ein Junggeselle –, hatte Georg »so wie alles andere, auch sein Geschäft mit größerer Entschlossenheit angepackt« und dabei unbestreitbar kommerzielle Fortschritte erzielt (DzL 46). Und natürlich weiß er sich durch seine vor einem Monat »erfolgte« (48) Verlobung, die schon verbal jenen »geschäftlichen Erfolgen« (46) zugeordnet ist, vor dem traurigen Schicksal des Junggesellen bewahrt. Georg sieht sich also gerade im Vergleich mit dem Freund in seinem Lebensweg bestätigt. Ja, dessen totales Scheitern sollte das Lebensmuster der Nachfolge endgültig absichern.

Beziehungen: Interesse, Taktik, Besitz

Die ›Korrespondenz‹ mit dem fernen Freund zeigt sich für den Protagonisten in zweierlei Weise zweckdienlich: Sie bietet ihm den (für Kafka stets interessanten) sozialen Mehrwert alles ›Gemeinschaftlichen‹ – daher kann der Vater dem Sohn später mit der Aneignung des Freundes soziales Kapital entziehen –, und sie liefert ihm zugleich die nötige Selbstbestätigung. Der Text verdeutlicht diese Funktionalisierung der Beziehung, indem er Georgs Verhalten auf die latente Intentionalität und die daraus resultierende Taktik transparent macht.

So dokumentiert die rhetorisch lückenlose Argumentationskette, in der Georg sein Verhältnis zum Korrespondenzpartner rationalisiert, vor allem das primäre Interesse, den fernen Freund auch tatsächlich fern zu halten. »Was wollte man einem solchen Manne schreiben, der sich offenbar verrannt hatte, den man bedauern, dem man aber nicht helfen konnte« (DzL 44). Der Rat, zurückzukehren und dem Beispiel der häuslichen Karrieren zu folgen, würde ihm seinen Misserfolg vor Augen führen. Derart »niedergedrückt« – »natürlich nicht mit Absicht«, wie es bezeichnenderweise heißt, »aber durch die Tatsachen« –, fände er sich »nicht in seinen Freunden und nicht ohne sie zurecht« und verlöre damit erst recht Heimat und Freunde. Die Logik scheint zwingend: ›Man‹ konnte zweifellos an keine Rückkehr des Freundes denken, und so war es »besser für ihn, er blieb in der Fremde« (45).

Zeichnet sich in dieser Unpersönlichkeit der Formulierung bereits eine erste Störung der Freundschaft ab, so führt die Belastung mit persönlichen Interessen schließlich zur Pervertierung der Kommunikation. »Aus diesen Gründen« folgt nämlich, wie es heißt, die Korruption des Briefwechsels, die der Vater dann als ›Verrat‹ verurteilt: ›Man‹ konnte dem Freund ja »keine eigentlichen Mitteilungen machen« (45). Bestätigt sieht sich Georg durch die nach mehrjähriger Trennung wachsende Entfremdung des Freundes, dem die häusliche Situation »unvorstellbar« zu werden schien (46). Das belegte dessen ›trockenes‹ Kondolenzschreiben zum Tod der Mutter wie der damit verbundene Versuch, Georg zu einer Auswanderung zu überreden, deren geschäftliche Perspektive doch »verschwindend« war im Vergleich mit den Chancen, die sich für Georg mit dem Rückzug des Vaters boten (46). Des Freundes ökonomische Fehleinschätzung korrigierte Georg bewusst nicht. »Er wollte nichts anderes«, heißt es mit latenter Charakterisierung, als des Fernen negative Vorstellungen von den Möglichkeiten in der Heimat »ungestört lassen«, die diesen ja in seiner Entscheidung zur Emigration bestätigen mussten. »Ich will ihn nicht stören«, sinniert Georg wenig später erneut im Zusammenhang mit Überlegungen, die erklären sollen, warum er auch den bisherigen Gipfel seines Erfolgs, die Verlobung, bislang nicht »zugestanden« hat (47). Die Strategie seiner Argumentation dokumentiert, wie selbst solche Fürsorglichkeit den eigenen Interessen dienen kann.

Die Präzision des Vorgehens impliziert Intentionalität und Rationalität, aber nicht notwendigerweise auch Willen und Bewusstheit. Vielmehr agieren Kafkas Figuren in einem Zwischenbereich von Absichtlichkeit und Unwillkürlichkeit, die sie nur bedingt schuldfähig macht (s. u.). Dass der Protagonist die Inszenierung seiner Freundlichkeit ›spielt‹ und also ein »Spaßmacher« ist, wie ihm der Vater später vorwirft (53), ändert daher nichts an dem inneren Automatismus, mit dem diese Funktionalisierung der Freundschaft, ja die Manipulation aller menschlichen Beziehungen – die der Vater später als ›teuflisch‹ verurteilen wird (60) – im Rahmen von Georgs Lebensentwurf geschieht. Der Text verbildlicht diese Inhärenz der Egozentrik in Georgs Bemerkung, er könne aus sich nicht »einen Menschen herausschneiden«, der für die Freundschaft geeigneter wäre (48).

Die Braut »aus wohlhabender Familie«, mit der Georg oft »über diesen Freund und das besondere Korrespondenzverhältnis« sprach (47), beurteilt die Freundschaft – in (formal) zitierter Rede, die die Reflexivität dieser zwischen Außen- und Innensicht changierenden Beurteilung markiert – entsprechend richtig. »Wenn du solche Freunde hast«, sagt Frieda, und spricht damit Georgs mangelnde soziale Kompetenz an, dann »hättest du dich überhaupt nicht verloben sollen« (48). Verbal wie figurativ artikuliert die ›Braut‹ – die, so Kafka, »nur durch die Beziehung zum Freund […] lebt« (11.2.1913; T 491 f.) – den Konnex zwischen Georgs Domestizierung des Freundes und dem Akt der Verlobung, den später auch der Vater entsprechend beurteilt, wenn er die Inbesitznahme des Freundes (»auf ihn setzen«), d. h. die Abqualifizierung seines Lebensmusters, als Voraussetzung für die Heirat bezeichnet (DzL 56). In seiner Entgegnung bestätigt Georg indirekt diese Funktion der Verlobung (»unser beider Schuld«), bekräftigt aber zugleich seine Handlungsweise (»ich wollte es auch jetzt nicht anders haben«; 48). Wie sehr die Verlobte in der Tat seine Position stützt, zeigt der Umstand, dass Georg erst im erotischen Besitz der Braut (»unter seinen Küssen«) die Verlobungsanzeige für »unverfänglich« hält (48). Der zitierte Wortlaut des Briefs resümiert noch einmal seine Strategie, sich dem besiegten Konkurrenten als der ›Glückliche‹ zu präsentieren und dessen Besuch hinauszuzögern (»handle ohne alle Rücksicht«), ohne den Besitz der Freundschaft zu gefährden (48 f.).

So stellt der Text bereits im Vorfeld der Auseinandersetzung mit dem Vater das Lebens- wie die Verhaltensmuster des Protagonisten dar und charakterisiert ihn dadurch in allen nun relevant werdenden Aspekten.

Vater und Sohn: Spiegelungen – Verdrängungen

Der Konflikt mit dem Vater beginnt nicht unvermittelt. Wenn Georg zum Vater kommt, um ihm die Anzeige der Verlobung zu »sagen« (DzL 50), dann impliziert dies bereits eine spannungsgeladene Verschränkung von Anerkennungsbedürfnis und Demonstrationsgestus, auch wenn der damit verbundene doppelte Anspruch auf Abschluss der Nachfolge und Übernahme der väterlichen Position vorerst noch latent bleibt.

Im Privatbereich des Vaters, in dem er »seit Monaten nicht gewesen war«, trifft Georg auf ein anderes Bild, als er es aus dem ›Verkehr‹ im Geschäft oder dem ›gleichzeitigen‹ Aufenthalt im Speisehaus oder Wohnzimmer zu haben glaubt (49). Sein ›Erstaunen‹ über die gedrückten Lebensverhältnisse im ›unerträglich dunklen‹ Hinterzimmer spiegelt zeichenhaft sowohl das vorgängige Ausblenden des Vaters, das dieser in der Schlusspassage verurteilen wird, wie die augenblickliche Irritation über die visuelle Undurchdringlichkeit dieses Privatraums, die dem Vater hingegen durchaus ›lieb‹ ist. Denn gerade hier kann ihm der Vater schon im Moment der Begegnung mit einer ungebrochenen Dominanz entgegentreten, die Kafka im physischen Erscheinungsbild quasi naturalisiert (»mein Vater ist noch immer ein Riese«; 50). Das aber bedeutet, dass der in der Öffentlichkeit bereits entschieden geglaubte Kampf des potentiellen ›Nachfolgers‹ mit der Person des Vaters nun erst beginnt.

Unwillkürlich verfällt Georg sofort wieder der Dominanz des Vaters: Fixiert auf sein Gegenüber, folgt er selbstlos (»ganz verloren«; 50) dessen Bewegungen, der sich der ihm zugedachten Rolle des ›alten Mannes‹ durch seine Massivität widersetzt. Im Geschäft, wo er bereits an Einfluss verloren hat, erschien er Georg »doch ganz anders«, während er hier, im Kreis des innersten Lebens, seinen Platz noch immer behauptet, »breit sitzt und die Arme über der Brust kreuzt« (51). Georgs hilflose Geste – er »zog den Brief ein wenig aus der Tasche und ließ ihn wieder zurückfallen« (50) – lässt erkennen, wie schnell die mitgebrachten Sicherheiten im Umfeld des Vaters an Wert verlieren, der die Situation bereits mit der Umdeutung des geplanten ›Sagens‹ in eine ›Beratung‹ (51) an sich zieht.

Den eigentlichen Impuls für die Verunsicherung des Sohnes aber gewinnt der Vater daraus, dass er dessen Zielsetzung wie Strategie durchschaut. So entkräftet er Georgs Rede durch den sicheren Blick für das ›Täuschende‹ (52), das Intentionale seiner Argumentation. Auf Georgs Erläuterungen zur Revision seiner ursprünglichen Absicht, dem Freund »aus Rücksichtnahme, aus keinem anderen Grunde sonst«, die Verlobung zu verschweigen (51), entgegnet ihm der Vater daher abrupt mit der Forderung nach der »vollen Wahrheit« und einer Frage, die die Freundschaft radikal in Frage stellt: »Hast du wirklich diesen Freund in Petersburg?« (52). Die Frage betrifft nicht die Existenz des Freundes – die Georg dem Vater wortreich in Erinnerung ruft, während er ihm zugleich den imposanten Schlafrock auszuziehen sucht –, sondern den Anspruch, den Georg damit verbinden möchte. »Gerade dort«, in der Ferne

Russlands wäre, wie der Vater im besseren Wissen um Georgs konträren Lebensentwurf sinniert, ein Freund ›unglaubwürdig‹ (53).

Georg reagiert auf dieses In-Frage-Stellen des Freundes »verlegen« (52) – und verlagert sein Interesse nun direkt auf den Vater, wobei sich Stilisierung und Absichtlichkeit seines Handelns überlagern. So zeigt sich vordergründig der besorgte Sohn in den Überlegungen, den Vater zur Verbesserung der Lebensumstände vom »Dunkel« ins »Licht« zu bringen (52 f.) oder in den zukünftigen Hausstand ›mitzunehmen‹ (55). Suspekt aber wird solch ›überzärtliches‹ Verhalten durch die Gesten des Hochhebens, Entkleidens, Niedersetzens: Metaphern des Sich-Bemächtigens, der Entblößung, der Unterordnung, deren Intentionalität der Text durch eine zunehmend zeichenhafte Darstellung lesbar macht. Zum Wendepunkt wird schließlich das Bemühen, den Vater ins Bett, den Ort der Privatheit, zu legen und zuzudecken, das dieser – mit den Spielregeln offensichtlich bestens vertraut – als Versuch der Nivellierung versteht und entsprechend konterkariert: »Du wolltest mich zudecken […], mein Früchtchen, aber zugedeckt bin ich noch nicht« (56).

Auch an diesem Punkt kann der Vater die Absicht des Sohnes ›aufdecken‹, ja ›lauernd‹ erwarten, weil er sein ihm nachkommendes ›Früchtchen‹ kennt. Ihn müsse, wie es heißt, »glücklicherweise niemand lehren, den Sohn zu durchschauen« (56). Dessen Habitus spiegelt ja in jedem Punkt das Weltverhältnis einer ökonomisch orientierten Vaterwelt: Der ›junge Kaufmann‹ teilt mit seinem Vorgänger das Denken in Konkurrenz, Macht und Besitz. Den hierdurch bedingten Kampf aber kann der Vater gerade deshalb für sich entscheiden, weil der Sohn keine eigene Existenz fern dieser Vaterwelt besitzt. Im vieldeutigen Spiel des (wie ein ›altes Kind‹ zum Bett getragenen) Vaters mit Georgs Uhrenkette, dem Symbol bürgerlicher Arriviertheit, zeichnet sich diese Möglichkeit des (für den Sohn ›schrecklichen‹) ›Festhalten-Könnens‹ ab (55).

Das Aufbegehren des Vaters gegen den Usurpationsversuch des Sohns eröffnet daher eine Gegenbewegung, in der er seinem Nachfolger in allen relevanten Positionen die Grundlagen des vermeintlichen Erfolgs entzieht.

Die erste Position ist der ›Freund‹, den der Vater nun seinerseits zu einem Gegenbild des Sohnes aufbaut. Georg habe geglaubt, »den Vater in sich zu haben«, notiert Kafka anlässlich der Korrektur des *Urteils* im Tagebuch. Dann aber zeige die Entwicklung der Geschichte, wie aus dem »Gemeinsamen, dem Freund, der Vater hervorsteigt und sich als Gegensatz Georg gegenüber aufstellt« (11.2.1913; T 491). Indem der Vater nämlich nun den Emigranten seelisch adoptiert – »er wäre ein Sohn nach meinem Herzen« (DzL 56) –, entwertet er Georgs familiär-ökonomisches Lebensmuster und entzieht ihm damit den Anspruch auf eine gebührende Nachfolge. Glaubte der Sohn mit dem Freund erfolgreich jede Konkurrenz seines Lebensmusters ausgeschaltet zu haben, so macht der Vater diese Absicht zunichte, indem er sich als dessen »Vertreter hier am Ort« (57) bezeichnet und als solcher nun Forderungen erhebt, wie sie gerade des Freundes Ausbruch aus dem Lebenskreis der Familie zu repräsentieren scheint: Wagemut, Eigenwille, Selbständigkeit. Mit der so »wechselnden Gestalt« des Freundes, der ja nur einen gemeinsamen Bezugspunkt markiere, vollziehe sich, wie Kafka kommentiert, ein »perspektivischer Wechsel« (An F. Bauer, 10.6.1913; B13–14 205), der das Verhältnis der Generationen in verändertem Licht zeigt: Ins Blickfeld rücken nun plötzlich die Enttäuschung des Vaters über die Kraftlosigkeit des Sohnes, der eigener Lebensbewährung auswich, und die Belastung durch seine Unselbständigkeit.

Demgegenüber bleibt es bloßer Teil des durchgängig wechselseitig geführten Machtkampfes, wenn der Vater als ›wahrer‹ Korrespondenzpartner des Freundes den Wert dieser sozialen Allianz für sich beansprucht oder durch Hyperbeln (»er weiß alles tausendmal besser«; DzL 59) seinen wachsenden Triumph über den Sohn noch zu steigern versucht.

Die zweite Position ist die Verlobung. Indem der Vater die Braut kraft seiner sozialen Autorität auf ihre sexuelle Attraktivität reduziert (»weil sie die Röcke so gehoben hat«; 57) und das Heiratsversprechen als bloßes Mittel Georgs zur Bedürfnisbefriedigung desavouiert, nimmt er der Verlobung die gesellschaftliche Geltung. So betrachtet, bildet sie gerade nicht den erhofften Einstieg in eine konsolidierte bürgerliche Existenz, sondern bleibt pubertäres Surrogat. Der Sohn vermag diesem väterlichen Urteil nichts entgegenzusetzen, weil die Heirat, wie Kafka im <Brief an den Vater> erklärt, trotz der damit verbundenen Selbständigkeit zur Vaterwelt gehört (NSF II, 212 f.). Dass der Protagonist des Urteils dem Vater auf diesem Weg ebenbürtig zu werden hofft, zeigt, wie selbstverständlich er in den Strukturen dieser Welt denkt und agiert.

Die dritte und wichtigste Position ist der Vater selbst, der sich nicht nur als Person dem Zugriff des Sohnes entzieht, sondern ihm nach und nach auch familiär wie geschäftlich alle Errungenschaften streitig macht, auf die dieser seinen Erfolg stützen zu können glaubte. Der Rückzug des mit dem Tod der Mutter vereinsamten Vaters ins Hinterzimmer, Georgs Einzug ins Chefbüro, die Übernahme der vom Vater akquirierten Kundschaft und der Abschluss von Geschäften, »die ich vorbereitet hatte«: In jedem Punkt scheint der Erfolg, ja die Existenz des Sohnes von der Verdrängung dessen zu zehren, »von dem du ausgingst« (58). Es ist diese direkte, nicht durch den Weggang des Sohnes gebrochene Linie des Nachfolgens, wodurch der Vater leichtes Spiel hat – »man hätte von zuhause ausbrechen müssen«, sinniert Kafka im <Brief an den Vater>, um das Beispiel des lebenstüchtigen Vaters recht eigentlich umzusetzen (NSF II, 169). Die Erzählung klammert die Selbstvorwürfe der Entschlusslosigkeit, die Kafka im <Brief> damit verbindet, ebenso aus wie das psychisch belastende Double-Binding, mit dem Hermann Kafka seinen Kindern den Mangel einer Eigenständigkeit vorwarf, die er gleichzeitig als Undankbarkeit, Ungehorsam, ja Verrat brandmarkte (169 f.). Im Protagonisten des Urteils gestaltet Kafka vielmehr ganz den Typus des Sohns, der die Erfolgsgeschichte des Vaters durch ›Folgsamkeit‹ fortzuschreiben gedenkt und gerade deshalb am Vater scheitert.

Dem Zugriff des Sohnes entwunden, »steht« der Vater »vollkommen frei« (DzL 57). Indem er, durch den Tod der Mutter scheinbar ›niedergeschlagen‹ (52), nun deren ›Kraft‹ zurückgewinnt, den Freund für sich reklamiert und Georgs Braut ›wegfegt‹ (58 f.) – also, wie Kafka kommentiert, »Gemeinsames« wieder um sich »auftürmt« (T 492) –, positioniert sich der vermeintlich Geschwächte mit manifester Aggressivität als »noch immer der viel Stärkere« (DzL 58). Und in dem Maß, wie der so zum »Schreckbild« (56) aufwachsende Vater an Terrain gewinnt, weicht der Sohn zurück (»in einem Winkel, möglichst weit vom Vater«; 57) und verliert die zu Beginn noch optisch wie intellektuell intendierte Kontrolle über die Situation. Georgs Versuch, »alles zu fassen«, stockt; schließlich entfällt ihm sogar sein Entschluss, »alles vollkommen genau zu beobachten« (57).

Nicht nur mental zeigt Georg damit die Symptome wachsender Selbstauflösung (»immerfort vergaß er alles«; 59). Auch im Gespräch, das beide Seiten als Rededuell begreifen und führen, verliert der zunehmend ›unmündigere‹ Sohn an Boden, wenn er sich mit einer verbalen Attacke auf den Vater Chancen zu vergeben meint – der Vorwurf des ›Komödiantentums‹ (58) wird von diesem sofort für sich verwendet – oder er vom Vater »mitleidig« (60) auf eine verfehlte Entgegnung hingewiesen werden kann. Georgs ohnmächtige Abwehrgesten, der pauschale Wunsch, den Vater durch eine Bemerkung lächerlich, ja »in der ganzen Welt unmöglich« zu machen (59), die hilflose Hoffnung auf den ›Fall‹, das ›Zerschmettern‹ des übermächtigen Gegners (58) zeigen die beginnende Erschöpfung seiner Reaktionsmöglichkeiten, ohne dass er vom Vater abzulassen vermag. Im ‹Brief an den Vater› spricht Kafka vom »Kampf des Ungeziefers«, das sticht, während es zu seiner Lebenserhaltung noch immer Blut saugt (NSF II, 215). Das Resultat ist eine so umfassende Depotenzierung, dass der Vater dem Sohn das Leben entziehen zu können scheint, das er ihm einst gab: Nur »für den Augenblick der Antwort« sei Georg, wie es heißt, »noch mein lebender Sohn« (DzL 58).

Die Möglichkeit einer Verurteilung resultiert aus dieser Situation. Da der Fokus der Darstellung auf Georg liegt, ist die autogene Problematik des Vaters – sein lauerndes Warten, seine Aggressivität und der unverhohlene Genuss der wiedererrungenen Macht – nur als Zeichen des charakterlichen Erbes präsent. Dass der sich zum »Richter« erhebende Vater selbst »schwache und verblendete Partei« ist, wie Kafka im ‹Brief an den Vater› schreibt (NSF II, 181), wird in der Erzählung nicht thematisiert. Hier zeichnet Kafka das Urteil als Konsequenz einer Entwicklung, die ihre Stringenz aus dem systematischen Verfall einer sich als abhängig erweisenden Lebensform gewinnt.

Parabel menschlicher Verschuldung

Mit Georgs passiver Auflehnung wäre, in der Metaphorik des Textes, der ›Abfall‹ des ›Früchtchens‹ erreicht. Von einem lang hinausgezögerten ›Reif-Werden‹ spricht der Vater (DzL 60) und leitet damit die zum Urteil führende Argumentationsphase ein.

So führt er dem nun potentiell selbständigen Sohn seine lebenslange Selbstbefangenheit vor Augen: das Nicht-Sehen des Freundes wie des Vaters (»Dafür hast du doch Augen!«; 60), die Georg durch die Fixierung auf das väterliche Vorbild (»schau mich an«; 57) und die so bedingte Ausrichtung des Blicks auf die eigenen Interessen verfehlt hatte. In der zunehmend moralisch konnotierten Argumentation des Vaters bedeutet die Reife also das späte ›Wissen‹ von dem, »was es noch außer dir gab« (60): von jenen Le

benszusammenhängen, denen sich Georg im Wortsinn beharrlich entzogen hatte und die er im Paradigma des Freundes zu verdrängen suchte. Indem Kafka den Vorwurf des Vaters auf diese Lebensverfehlung zuspitzt, kann sich dieser als Richter präsentieren, ohne die Rahmenbedingungen der Figur zu verletzen. Sein Vorwurf der Selbstbefangenheit – »bisher wußtest du nur von dir« (60) – gewinnt Geltung daraus, dass er die bereits durchgängig dargestellte Taktik in Georgs Verhalten auf den Begriff bringt.

Des Vaters scheinbar paradoxes Resümee – »Ein unschuldiges Kind warst du ja eigentlich, aber noch eigentlicher warst du ein teuflischer Mensch!« (60) – fasst daher präzise die beiden einander bedingenden Grundtendenzen in Georgs Lebensmuster zusammen: die Treuherzigkeit, mit der der folgsame Sohn den Lebensentwurf des Vaters nachvollzieht, und zugleich die Perfidie, mit der er im Vollzug dieses Lebensentwurfs, aggressiv und rücksichtslos seine Zwecke verfolgend, menschliche Beziehungen korrumpiert. Der Aspekt, dass das ›Teuflische‹ bereits in den Praktiken dieses Lebensentwurfs liegt – der, wie Kafka im ‹Brief› am Modell des geschäftstüchtigen Vaters zeigt, vitale Interessen und ökonomische Zwecksetzungen kombiniert –, ist im *Urteil* aufgehoben in der Kritik an Georgs willfähriger Nachfolge.

Die Synthese von ›eigentlicher‹ Unschuld und ›noch eigentlicherer‹ (60) Schuld umschreibt zugleich eine moralische Ambivalenz, die die Prädisposition der Figur einbezieht, ohne ihre Verantwortlichkeit zu reduzieren. Kafkas Figuren haben keine »Schuld« in jenem im ‹Brief› bezeichneten Sinn, dass sie »etwa mit einer Steuerdrehung das Ganze anders einrichten können« (NSF II, 144); Georgs ›Naivität‹ bezeichnet diese Immanenz der Handlungsprämissen. Gleichwohl fällen Urteil und Tod – für den Protagonisten des *Urteils* wie dann des *Processes* – den legitimen Schuldspruch über eine Lebenspraxis, die den Agierenden in seiner Selbstbefangenheit zum ›teuflischen Menschen‹, zum ›Verworfenen‹ macht. Im Blick auf die Ambivalenz der Schuld wie auf den Begründungszusammenhang von Verfehlung und Untergang zeigen Kafkas Texte tragische Strukturen, wenn auch seinen epischen Figuren jedes tragische Bewusstsein mangelt.

Der Urteilsspruch erfolgt explizit aufgrund von Georgs Verschuldung (»Und darum wisse: Ich verurteile dich jetzt«), und er reflektiert in der Art der Strafe, dem »Tode des Ertrinkens« (DzL 60), sehr ge nau dessen Lebensverfehlung. Des häuslichen Rückhalts beraubt, wird der Sohn jenem ›äußeren Leben‹ ausgesetzt, in dem er sich, wie der Urteilsspruch voraussetzt, nicht wird behaupten können. Aus dem väterlichen Zimmer »gejagt« (60), geht Georg augenblicks unter im Element des Lebens, in dem er sich nicht ›schwimmend‹ über Wasser zu halten vermag. Der berühmte Schlusssatz des *Urteils* – »In diesem Augenblick ging über die Brücke ein geradezu unendlicher Verkehr« (61) – verbildlicht das Herausfallen des ›Selbstmord‹ begehenden, d. h. identitätslos endenden Protagonisten aus den vielfältigen Kommunikationsprozessen, die das menschliche Leben durchziehen.

Der freiwillige Vollzug des Urteils betont die Akzeptanz durch den Verurteilten. Doch gibt es im Text keine Anzeichen dafür, dass der Protagonist die Begründung seiner Verurteilung tatsächlich versteht. Georg absolviert die Vollstreckung vielmehr mit der gleichen bedenkenlosen Eilfertigkeit – berichtet wird von der ›Getriebenheit‹ seines Laufs wie auf »schiefer Fläche« (60), dem Bedürfnis des Vollzugs (»wie ein Hungriger die Nahrung«; 61) –, mit der er lebenslang dem Vorbild des Vaters folgte. Ja, man kann die Sportlichkeit der Bewegung, in der sich Georg noch einmal als der »ausgezeichnete Turner« präsentiert, der er »in seinen Jugendjahren zum Stolz seiner Eltern gewesen war« (61), als Akt der Regression in die Lebensphase der selbstverständlichen Anerkennung durch die Eltern lesen. Auch die Rücksicht, mit der er sich um die Geräuschlosigkeit seines Falls bemüht, schließlich das finale Liebesbekenntnis für die Eltern (»ich habe euch doch immer geliebt«) zeigen, wie sehr der Protagonist bis ans Ende als ›Sohn‹ handelt (61). Nur weil Georg am Ende »selbst nichts mehr hat, als den Blick auf den Vater«, kommentiert Kafka im Tagebuch, »wirkt das Urteil, das ihm den Vater gänzlich verschließt so stark auf ihn« (11.2.1913; T 492).

Mit der Rolle des ›Sohns‹ endet zugleich die des ›Vaters‹: Seines Widerparts beraubt, stürzt dieser aufs Bett (DzL 60). Indem der Text so noch einmal die Interdependenz der Kontrahenten verdeutlicht – die innere Notwendigkeit ihres Konflikts und daher die Relativität ihrer ›Schuld‹ –, bezieht er die Grundstruktur der Konfliktsituation in den Untergang ein. So könnte es sein, dass das Wort, mit dem die Bedienstete auf die Überrumpelung durch den hastig vorbeieilenden Georg reagiert – »›Jesus!‹ rief sie und verdeckte mit der Schürze das Gesicht« (DzL 60) –, als Anspielung auf die quasi religiöse Dimension

einer menschheitsgeschichtlichen Erlösung vom ›Teuflischen‹ gegenseitiger Verschuldung zu lesen wäre. Denn enthebbar wäre diese Verschuldung so wenig wie die Erbsünde. Darauf bezieht sich Kafkas Kommentar, dass er im *Urteil* keinen »verfolgbaren Sinn« fände, der auf Veränderbarkeit ziele (An F. Bauer, 3.6.1913; B13–14 201). Der Text verbindet vielmehr, auch hierin tragischen Strukturen verwandt, die handlungsimmanente Begründbarkeit der Katastrophe mit der Unabdingbarkeit des zugrunde liegenden Problems.

Nur für einen Moment scheint in Kafkas <*Brief an den Vater*> die Vision einer entspannten Beziehung auf: zwischen dem innerlich ›freien‹ Sohn, der als solcher dankbar, schuldlos und aufrecht wäre, und dem ›unbedrückten‹ Vater, der als solcher untyrannisch, zufrieden und mitfühlend wäre. »Aber zu dem Zweck«, heißt es weiter, »müßte eben alles Geschehene ungeschehen gemacht, d. h. wir selbst ausgestrichen werden« (NSF II, 210). Die literarische Gestaltung dokumentiert diese Inhärenz der Konfliktsituation. Indem *Das Urteil* die aktionale als eine wesensmäßige Verstrickung von Vater und Sohn darstellt, wird Kafkas erste gültige Arbeit zur Parabel für eine Grundsituation menschlichen Handelns. Dies zu verstehen, bleibt freilich nur ein erster Schritt, solange ›wir selbst‹ uns nicht ›ausstreichen‹ können.

Ausgaben: ED: Das Urteil. Eine Geschichte von Franz Kafka. In: Arkadia. Ein Jahrbuch für Dichtkunst. Hg. v. Max Brod. Leipzig: Kurt Wolff Verlag [zweite Maihälfte] 1913, 53–65 [mit Widmung: »Für Fräulein Felice B.«]. – Das Urteil. Eine Geschichte von Franz Kafka. Leipzig: Kurt Wolff Verlag [Okt./Nov.] 1916 (Der jüngste Tag 34) [mit Widmung: »für F.«]; 2. Aufl.: Franz Kafka: Das Urteil. Eine Geschichte. München: Kurt Wolff Verlag [Herbst] 1919 [mit einer Reihe von Textänderungen; Druckvorlage für DzL/KA]. – Erz/GS (1935), 53–66. – Erz/GW (1952), 53–68. – DzL/KA (1994), S. 41–61; T/KA (1990), 442–460.

Materialien/Kommentare: Hartmut Binder: K.-Kommentar zu sämtlichen Erzählungen. München 1975, 123–152. – Michael Müller: Erläuterungen und Dokumente: F.K. Das Urteil. Stuttgart 1995 (RUB 16001). – Gerhard Neumann: F.K. Das Urteil. Text, Materialien, Kommentar. München, Wien 1981.

Forschung: P.-A. Alt (2005), 320–329. – Martin Bartels: Der Kampf um den Freund. Die psychoanalytische Sinneinheit in K.s Erzählung Das Urteil. In: DVjs 56 (1982), 225–258. – Frederick J. Beharriel: K., Freud und Das Urteil. In: Manfred Durzak/Eberhard Reichmann/

Ulrich Weisstein (Hg.): Texte und Kontexte. Fs. für Norbert Fuerst. Bern, München 1973, 146–167. – P. U. Beicken (1974), 241–250. – Russell A. Berman: Tradition and Betrayal in *Das Urteil*. In: J. Rolleston (2002), 85–99. – Jürgen Born: K.s Erzählung *Das Urteil*: Schuld oder Schuldgefühle. In: Ders.: »Daß zwei in mir kämpfen...« und andere Aufsätze zu K. Furth i.W., Prag 2001, 123–135. – Peter Brandes: Falsche Freunde. Zu K.s *Urteil*. In: Ulrich Kinzel (Hg.): An den Rändern der Moral. Studien zur literarischen Ethik. Würzburg 2008, 89–102. – Stanley Corngold: The Hermeneutics of *The Judgement*. In: A. Flores (s. u.), 39–62. – Elisabeth Cowen: F.K.'s *Das Urteil*. Kingston 1995. – Jürgen Demmer: F.K., der Dichter der Selbstreflexion. Ein Neuansatz zum Verstehen der Dichtung K.s, dargestellt an der Erzählung *Das Urteil*. München 1973. – Edmund Edel: F.K. *Das Urteil*. In: WW 9 (1959), 216–225. – Rita Falke: Biographisch-literarische Hintergründe von K.s *Urteil*. In: GRM 10 (1960), 164–180. – Karlheinz Fingerhut: Die Phase des Durchbruchs (1912–1915) (*Das Urteil*, *Die Verwandlung*, *In der Strafkolonie* und die Nachlaßfragmente). In: KHb (1979) II, 278–282. – Angel Flores (Hg.): The Problem of *The Judgement*. Eleven Approaches to K.'s Story. New York 1977, 97–113. – Bluma Goldstein: Bachelors and Work. Social and Economic Conditions in *The Judgement*, *The Metamorphosis* and *The Trial*. In: A. Flores (1977), 147–175. – Richard T. Gray: *Das Urteil*. In: M. Müller (2003), 11–41. – Jörg Häntzschel: Zu den Gebärden in F.K.s Erzählung *Das Urteil*. In: Poetica 25 (1993), 153–168. – Wolf-Daniel Hartwich: Böser Trieb, Märtyrer und Sündenbock. Religiöse Metaphorik in F.K.s *Urteil*. In: DVjs 67 (1993), 521–540. – Axel Hecker: An den Rändern des Lesbaren. Dekonstruktive Lektüren zu F.K.: *Die Verwandlung*, *In der Strafkolonie* und *Das Urteil*. Wien 1998, bes. 121–155. – Gunter H. Hertling: Existentielle Berührungen. Grillparzers *Armer Spielmann* und K.s *Urteil*. In: Text & Kontext 25 (2003) 1/2, 65–94. – H.H. Hiebel (1999), bes. 115–123. – Kenneth Hughes: A Psychoanalytic Approach to *The Judgement*. In: R.T. Gray (1995), 84–93. – Oliver Jahraus/Stefan Neuhaus (Hg.): K.s *Urteil* und die Literaturtheorie. Zehn Modellanalysen. Stuttgart 2002 (RUB 17636). – O. Jahraus (2006), 190–214. – Oliver Jahraus: *Das Urteil*. In: KHb (2008), 408–420. – Rainer Kaus: Erzählte Psychoanalyse bei F.K. Eine Deutung von K.s Erzählung *Das Urteil*. Heidelberg 1998. – Helmut Kobligk: »... ohne dass er etwas Böses getan hätte...«. Zum Verständnis der Schuld in K.s Erzählungen *Die Verwandlung* und *Das Urteil*. In: WW 6 (1982), 381–405. – Peter von Matt: Verkommene Söhne, mißratene Töchter. Familiendesaster in der Literatur. München, Wien 1995, 264–275; wieder in: C. Liebrand (2005), 102–115. – V. Murrill/W.S. Marks: K.'s *The Judgement* and *The Interpretation of the Dream*. In: GR 48 (1973), 212–228. – Sonja Nerad: Das teuflische Früchtchen und die widerliche Gans. Wer ist wer in K.s Erzählung *Das Urteil*? In: Literatur für Leser 26 (2003) 2, 63–81. – Christine Palm: »Wir graben den Schacht von Babel« oder K.s *Urteil*. Versuch einer semasiologisch-textlinguistischen Analyse. Uppsala, Stockholm 1989 (Studia Germanistica Upsaliensia 30). – Edgar Piel: Die Schwäche, der Eifer und die Ich-Sucht. K.s Erzählung *Das Urteil* als ›Gesellschaftsroman‹. In: Sprache im technischen Zeitalter 62 (1977), 167–179. – H. Politzer (1965 [1962]), 87–104. – R. Robertson (1988 [1985]), 9–55. – Gert Sautermeister: Sozialpsychologische Textanalyse. F.K.s Erzählung *Das Urteil*. In: Dieter Kimpel/Beate Pinkerneil (Hg.): Methodische Praxis der Literaturwissenschaft. Modelle der Interpretation. Kronberg 1975, 179–221. – Ingeborg Scholz: F.K. *Das Urteil* [u. a.]. Interpretationen und Anregungen zur Unterrichtsgestaltung. Hollfeld 4. Aufl. 1993. – Ingo Seidler: *Das Urteil*: »Freud natürlich«? Zum Problem der Multivalenz bei K. In: Wolfgang Paulsen (Hg.): Psychologie in der Literaturwissenschaft. Heidelberg 1971, 174–190. – W.H. Sokel (1976 [1964]), 46–84. – Ronald Speirs: *Das Urteil* oder die Macht der Schwäche. In: H.L. Arnold (1994), 93–108. – R. Stach (2002), bes. 108–122. – Joseph Peter Stern: F.K.'s *Das Urteil*. An Interpretation. In: GQ 45 (1972), 114–129. – John J. White: F.K.'s *Das Urteil*. An Interpretation. In: DVjs 38 (1964), 208–229. – Rosemarie Zeller: K.s *Urteil* im Widerstreit der Interpretationen. In: Wilhelm Voßkamp/Eberhard Lämmert (Hg.): Historische und aktuelle Konzepte der Literaturgeschichtsschreibung. Tübingen 1986, 174–182.

Monika Ritzer

3.2.2 *Die Verwandlung*

Entstehung und Veröffentlichung

Entstehungsgeschichte

Am 17. November 1912 kündigte Kafka seiner späteren Verlobten Felice Bauer in einem Brief an, dass er später noch »eine kleine Geschichte niederschreiben werde, die mir in dem Jammer im Bett eingefallen ist und mich innerlichst bedrängt« (B00–12 241). Wie angekündigt beginnt er in der gleichen Nacht seine Geschichte, deren Titel er ein paar Tage später ebenfalls in einem Brief an Felice nennt: »*Verwandlung*« (B00–12 256). Diesem Brief vom 23. November lässt sich entnehmen, dass die Geschichte umfangreicher wurde als gedacht und dementsprechend mehr Zeit beanspruchte: »Es ist sehr spät in der Nacht, ich habe meine kleine Geschichte weggelegt, an der ich allerdings schon zwei Abende gar nichts gearbeitet habe und die sich in der Stille zu einer größern Geschichte auszuwachsen beginnt« (B00–12 255). Trotz dieser Verzögerung konnte Kafka bereits am 24. November den ersten Teil seinem Freundeskreis vorlesen (vgl. B00–12 262). Seinem Ideal des Schreibens entsprach der Fortgang der Geschichte dennoch nicht, wie einem weiteren Brief an Felice aus der gleichen Nacht zu entnehmen ist:

> Mit den nicht allzu schlimmen Folgen meine ich, daß die Geschichte schon genug durch meine Arbeitsweise leider geschädigt ist. Eine solche Geschichte müßte man höchstens mit einer Unterbrechung in zweimal 10 Stunden niederschreiben, dann hätte sie ihren natürlichen Zug und Sturm, den sie vorigen Sonntag in meinem Kopfe hatte (B00–12 265).

Eine Dienstreise hinderte ihn zwei Tage lang am Weiterschreiben und als er sich die Geschichte ab dem 27. November wieder vornahm, wurde er immer unzufriedener. In der Nacht vom 29. auf den 30. November schrieb er: »Könnte ich doch die Seiten, die ich seit 4 Tagen geschrieben habe so vernichten, als wären sie niemals da gewesen« (An F. Bauer; B00–12 284). Bereits am 1. Dezember war er jedoch bei dem dritten und letzten Teil angelangt und teilte Felice zwei Tage später mit, dass er »knapp vor dem Ende« (3.12.1912; B00–12 295) sei. Am 6. Dezember, etwa zweieinhalb Wochen nach der ersten Erwähnung der *Verwandlung*, schrieb er:

> Weine, Liebste, weine, jetzt ist die Zeit des Weinens da! Der Held meiner kleinen Geschichte ist vor einer Weile gestorben. Wenn es Dich tröstet, so erfahre, daß er ge-

nug friedlich und mit allen ausgesöhnt gestorben ist. Die Geschichte selbst ist noch nicht ganz fertig, ich habe keine rechte Lust jetzt mehr für sie und lasse den Schluß bis morgen (An F. Bauer, 5./6.12.1912; B00–12 303).

In der folgenden Nacht teilte er Felice dann mit: »Liebste, also höre, meine kleine Geschichte ist beendet, nur macht mich der heutige Schluß gar nicht froh, er hätte schon besser sein dürfen, das ist kein Zweifel« (B00–12 306).

Die handschriftlichen Manuskripte, die der Stroemfeld Verlag 2003 in einer Faksimileausgabe veröffentlicht hat (OQ17 (Vw)/FKA), zeigen, dass Kafka *Die Verwandlung* in chronologischer Reihenfolge der Handlung und Kapitel verfasste und nur wenige Korrekturen während des Schreibens vornahm. Nachdem er die Erzählung abgeschlossen hatte, nahm er die Arbeit an seinem ersten Romanprojekt *Der Verschollene* wieder auf, das er Ende September begonnen hatte.

Mögliche Quellen

In der Forschung wurden verschiedene mögliche Quellen für Kafkas Erzählung angeführt. Die deutlichsten Parallelen sieht Mark Spilka zu Dostojewskis *Der Doppelgänger* und Charles Dickens' *David Copperfield*. Es ist davon auszugehen, dass Kafka beide Werke kannte. Die Gemeinsamkeit zu Dostojewskis Roman liegt in der Materialisierung unbewusster Vorgänge, die ihre Ursache in der Ausübung sozialen Drucks haben (vgl. Spilka, 294). Jedoch auch die Anfänge der Geschichten weisen konkrete Gemeinsamkeiten auf: Beide Helden erwachen aus unruhigen Träumen, fühlen sich krank und stellen eine Veränderung ihrer Realität fest, die mit Einschränkung, Schwäche und Schmerz einhergeht (vgl. Spilka, 295 f.). Sowohl Golyadkin als auch Gregor Samsa fürchten durch ihre Beeinträchtigung ihre Arbeit zu verlieren. Während Dostojewski fortschreitende Geisteskrankheit schildert, sind in Kafkas Erzählung alle Aspekte in der Insektenmetaphorik verdichtet.

Etwas anders gelagert sind die Übereinstimmungen mit Dickens' Roman: Spilka verweist hier auf das vierte Kapitel des *David Copperfield*, in dem der Protagonist von seinem Stiefvater geschlagen und dann fünf Tage in seinem Zimmer eingesperrt wird. Auch hier zeigt Spilka Gemeinsamkeiten auf der inhaltlichen Ebene: Beide Helden werden von ihren Familien verstoßen, beide werden misshandelt, beide sehen sich als verunstaltet, beide bekommen die gleiche Nahrung – Milch und Brot. Die entscheidende Verbindung zwischen beiden Autoren sieht Spilka u. a. in der kindlichen Perspektive und der Behandlung familiärer Verhältnisse (vgl. Spilka, 301 u. 306).

Als weitere Quelle wurde Gogols Erzählung *Die Nase* diskutiert. Spilka vertritt die Auffassung, die Erzählung sei keine Vorlage für Kafkas Werk, sondern viel eher für Dostojewskis Roman gewesen. Dies weist er anhand einiger Textstellen nach und erklärt damit auch die Ähnlichkeiten zwischen Kafka und Gogol, die v. a. in der Eingangssituation aller drei Werke bestehen würde (vgl. Spilka, 291). Hartmut Binder sieht dagegen einen direkten Einfluss Gogols auf Kafkas Erzählung, und zwar in der Selbstverständlichkeit, mit der das Unmögliches und Unwirkliches in die fiktionale Welt integriert wird, wodurch ein »hintergründiger Humor« entsteht (Binder 2004, 77). In Gogols Erzählung besteht die Unwirklichkeit darin, dass die Nase des Kollegienassessors Kowalew eines Morgens verschwunden ist, um in eine Staatsratsuniform gekleidet in St. Petersburg spazierenzugehen. Ob Kafka die Erzählung gelesen hat, ist ungewiss; es lässt sich jedoch nachweisen, dass er Werke von Gogol kannte (ebd., 77).

Binder weist zudem auf die Erzählung *Das Ungeziefer* des dänischen Autors Johannes V. Jensen (1873–1950) hin, in der ein Ich-Erzähler detailliert schildert, wie er in einem Keller sitzend von Bettwanzen gequält wird. Einige Details wie das Von-der-Decke-fallen-Lassen der Insekten stimmen mit den Beschreibungen Kafkas überein (vgl. Binder 2004, 63).

Veröffentlichung

Franz Werfel, der als Lektor im Kurt Wolff Verlag arbeitete, traf in Prag mehrmals mit Kafka zusammen und gab seinem Verleger einen Hinweis auf *Die Verwandlung*. Am 20. März 1913 bat Wolff Kafka brieflich um das Manuskript. Dieser antwortete, er werde eine Abschrift anfertigen lassen und sie ihm zukommen lassen. Anfang April schrieb Wolff nochmals, Kafka solle ihm das erste Kapitel des *Verschollenen*, das im Mai 1913 unter dem Titel *Der Heizer* publiziert wurde, zusenden, und bat zugleich nochmals um das Manuskript und die Handschrift der *Verwandlung*. Kafka vertröstete Wolff zwar, was die Erzählung anbelangte, noch einmal, machte jedoch zugleich den Vorschlag, die Prosastücke *Der Heizer*, *Das Urteil* und *Die Verwandlung* in einem Band unter dem Titel *Die Söhne* herauszubringen. Als Wolff

auf diesen Vorschlag nicht einging, schrieb Kafka am 11. April nochmals:

> Nur eine Bitte habe ich, die ich übrigens schon in meinem letzten Briefe ausgesprochen habe. »Der Heizer«, »die Verwandlung« […] und »das Urteil« gehören äußerlich und innerlich zusammen, es besteht zwischen ihnen eine offenbare und noch mehr eine geheime Verbindung, auf deren Darstellung durch Zusammenfassung in einem etwa »Die Söhne« betitelten Buch ich nicht verzichten möchte (11.4.1913; B13–14 166).

Wolff stimmte diesem Vorschlag zwar grundsätzlich zu, jedoch war die Publikation des *Heizers* bereits in Vorbereitung, während *Die Verwandlung* noch nicht vorlag und somit eine Sammelveröffentlichung auf einen unbestimmten Termin verschoben wurde (vgl. OQ17(Vw)/FKA, Beiheft 4). Kafka brauchte bis Anfang 1914, um ein Manuskript der *Verwandlung* anzufertigen. Aus Tagebuchaufzeichnungen vom Oktober 1913 geht hervor, dass er die Geschichte bei erneuter Lektüre nicht mehr überzeugend fand. Als er das Manuskript dann abgeschlossen hatte, schickte er es jedoch nicht an Kurt Wolff, sondern an Franz Blei, der die Monatsschrift *Die weißen Blätter* herausgab. Zudem interessierte sich Robert Musil, der im Auftrag des S. Fischer Verlags für die *Neue Rundschau* junge Autoren suchen sollte, für die Erzählung. Im April erhielt Kafka dann auch positive Rückmeldung von der *Neuen Rundschau*, sollte den Text allerdings um ein Drittel kürzen. Darauf schlug Kafka vor, entweder nur das erste Kapitel oder eben doch die Erzählung im Ganzen zu veröffentlichen, worauf sich der Verlag aber nicht einließ. Es verging wieder einige Zeit, bis sich die Redaktion der *Weißen Blätter* unter René Schickele im Oktober 1915 schließlich zur Publikation der *Verwandlung* entschloss. Zugleich kam das Angebot, die Erzählung anschließend auch in der Reihe *Der Jüngste Tag* des Kurt Wolff Verlags, der mit den *Weißen Blättern* kooperierte, herauszubringen (vgl. OQ17(Vw)/FKA, Beiheft 7). Damit endete der lange Publikationsvorlauf, und *Die Verwandlung* erschien im Oktober 1915 in den *Weißen Blättern* und Ende 1915 in der Reihe *Der jüngste Tag* als Doppelband.

Textbeschreibung

Die Verwandlung umfasst ungefähr 100 Druckseiten und ist damit das längste vollendete Prosawerk des Autors. Sie ist in drei gleichgroße Teile gegliedert, die eine inhaltliche Entwicklung markieren. Die eigentliche Verwandlung Gregor Samsas in ein »unge-heueres Ungeziefer« (DzL 115), wie es im ersten Satz heißt, ist bereits vor Beginn der Erzählung gesche-hen. *Die Verwandlung* handelt demnach nicht von der Metamorphose in ein nicht näher bestimmtes Ungeziefer, sondern viel eher von dem Umgang der Samsas mit dieser Veränderung.

Erzählsituation und fiktionale Welt

Die Geschehnisse werden von einem personalen Er-zähler aus der Perspektive Gregor Samsas geschil-dert. Mit dieser internen Fokalisierung geht einher, dass keinerlei objektive Kommentierung der Situa-tion stattfindet. Bereits der erste Satz macht die Er-zählperspektive und die mit ihr zusammenhängende Problematik der Deutung sichtbar: »Als Gregor Samsa eines Morgens aus unruhigen Träumen er-wachte, fand er sich in seinem Bett zu einem unge-heueren Ungeziefer verwandelt« (DzL 115). Die For-mulierung »fand er sich« erscheint relativ vage und lässt vorerst offen, ob er sich tatsächlich in ein Unge-ziefer verwandelt hat oder sich nur so fühlt.

Obwohl im Laufe der Handlung deutlich wird, dass Gregor äußerlich tatsächlich zu einem insekten-ähnlichen Tier geworden ist, wurde die Verwand-lung immer wieder als rein mentale interpretiert. Dass Gregor seine menschliche Identität beibehält und sich lediglich körperlich verwandelt, lässt die Frage, ob und wie die Ungeziefergestalt metapho-risch oder allegorisch zu verstehen sei, nur noch deutlicher hervortreten. Auch die äußerliche Er-scheinung Gregors bleibt vage. Es ist nicht klar, ob er sich in einen Käfer, eine Bettwanze, eine Küchen-schabe oder ein anderes Ungeziefer verwandelt hat. Diese Offenheit wird noch dadurch verstärkt, dass sich Kafka in einem Brief an den Verlag strikt gegen eine Illustration des verwandelten Gregors ausge-sprochen hat:

> Das Insekt selbst kann nicht gezeichnet werden. Es kann aber nicht einmal von der Ferne aus gezeigt werden. [...] Wenn ich für eine Illustration selbst Vorschläge machen dürfte, würde ich Szenen wählen, wie: die Eltern und der Prokurist vor der geschlossenen Tür oder noch besser die Eltern und die Schwester im beleuchteten Zimmer, während die Tür zum ganz finstern Nebenzimmer of-fen steht (An G.H. Meyer [Kurt Wolff Verlag], 25.10. 1915; B14–17 145).

Diese Aussage gibt sowohl Spekulationen über Gre-gors tatsächliches Aussehen als auch über den even-tuell doch nur mentalen Charakter der Verwandlung Raum.

Am Ende der Geschichte wird die interne Fokali-sierung aufgegeben, um die Geschehnisse nach Gre-gors Tod berichten zu können (vgl. DzL 194–200). Die Erzählung muss mit dem Tod des Protagonisten sowie dem Bild der befreiten und Hoffnung schöp-fenden Familie formal zwar als abgeschlossen ange-sehen werden, dennoch bleiben wichtige Fragen vollkommen offen. Diese Offenheit kommt dadurch zustande, dass weder Gregor selbst noch seine Fami-lie eine Begründung für die Verwandlung haben, ja noch nicht einmal nach einer Erklärung suchen oder sich zumindest über das Ereignis wundern. Die Ver-wandlung wird von allen Beteiligten als gegeben hin-genommen. Da auch kein Erzähler für eine Einord-nung oder Klärung der Ereignisse zur Verfügung steht, bleibt die Frage nach dem ›Warum‹ vollkom-men dem Leser überlassen und stellt bis heute das größte Interpretationsproblem der Erzählung dar.

Diese Überlegungen führen sogleich zu einer wei-teren Frage: Wie ist die Verwandlung in ein Ungezie-fer zu deuten? Handelt es sich dabei um eine Meta-pher und wenn ja, um was für eine Art von Meta-pher? Wie auch in anderen Werken Kafkas wird die Metapher zur innerfiktionalen Wirklichkeit und kann somit schwerlich als Traum oder reine Einbil-dung des Protagonisten abgetan werden. Das Auf-treten eines überdimensionierten Insekts mit menschlichem Verstand bewirkt einen Einbruch des Unmöglichen und damit Phantastischen in die Rea-lität des Erzählten, denn bis auf den Menschen im Insektenkörper ist die fiktionale Welt nach realisti-schen Regeln gestaltet. Dieses Aufeinandertreffen von realer und phantastischer Welt macht einerseits einen Teil der verstörenden und zugleich humoristi-schen Wirkung der Erzählung aus und lässt anderer-seits die Frage nach ihrem Sinn und ihrer Bedeutung umso dringlicher werden.

Inhaltliche Entwicklung

Die drei Kapitel der Erzählung entsprechen einer Steigerung und Zuspitzung der Situation. Im ersten Teil blickt Gregor auf seine Tätigkeit als Handelsrei-sender zurück, ohne recht zu realisieren, dass er die-sen Beruf in Zukunft nicht mehr ausführen wird. Die erste Begegnung mit der Familie und dem Pro-kuristen der Firma endet mit der gewaltsamen Ein-sperrung Gregors in seinem Zimmer. Der zweite Teil schildert das veränderte Verhältnis und die daraus entstehenden Konfrontationen mit der Schwester und den Eltern, die wiederum in einem Akt der Gewalt gegen Gregor endet (der wieder eingesperrt wird). Im dritten Teil verlässt Gregor abermals, von der Musik der Schwester gelockt, sein Zimmer, woraufhin diese sein Todesurteil ausspricht. Wiederum in seinem Zimmer eingesperrt, stirbt der mittlerweile verwahrloste und verhungernde Gregor freiwillig. Die Geschichte endet mit einer Befreiung der Familie durch Gregors Tod.

Die inhaltlichen Entwicklungen sind eng mit der Zeit- und Raumgestaltung der Erzählung verbunden. Der erste Teil, in dem sich Gregor noch in seiner beruflichen Funktion wahrnimmt, ist zeitlich straff gegliedert und begrenzt: Er dauert nur eine Stunde, nämlich von halb sieben Uhr morgens bis halb acht; innerhalb dieser Stunde werden immer wieder Zeitangaben gemacht, wenn Gregor auf seinen Wecker sieht. Auch räumlich bleibt die Handlung fast ausschließlich auf Gregors von innen verriegeltes Zimmer beschränkt. Ab dem zweiten Teil dehnt sich die Zeit immer mehr, und die Zeitangaben werden diffuser (»manchmal«, »es war wohl schon ein Monat seit«, »über einen Monat«; DzL 153, 157, 172). Auch der Raum, der im ersten Teil noch etwas Vertrautes hatte, wird von Gregor nun als zu groß und zu hoch empfunden. Anstatt von innen wird er jetzt von außen verschlossen. Die Möbel werden entfernt, so dass Gregor besser über die Wände krabbeln kann – die letzten Hinweise auf Gregors menschliche Identität verschwinden damit. Im dritten Teil wird das Zimmer von der Familie schließlich als Rumpelkammer genutzt (180 f.). Der Fensterblick, den Gregor früher als befreiend empfand, wird mehr und mehr zum Zeichen seiner Isolation, da er immer weniger sieht (155 f.). Sowohl die zeitlichen als auch die räumlichen Details geben Hinweise auf Gregors Befindlichkeit sowie auf die sich verändernde Haltung der Familie ihm gegenüber. Hiermit verbunden sind die wichtigen thematischen Aspekte der Isolation und des Verlusts der menschlichen Identität.

Mit Gregors Verwandlung geht auch eine Verwandlung seiner Familie einher. Nachdem Gregor als Ernährer und Verantwortlicher der Familie ausfällt, entwickelt sich seine bis dahin verwöhnte und unreife Schwester Grete zur Verantwortungs- und Hoffnungsträgerin der Familie. Während sie sich anfangs um Gregor kümmert, fordert sie am Ende umso bestimmter sein Verschwinden. Das Verhältnis Bruder-Schwester ist daher ein wichtiger Interpretationsaspekt. Ebenso zentral für die Deutung erscheint das Vater-Sohn-Verhältnis. Der Vater wird

vom altersschwachen Greis zum erneut potenten Berufstätigen. Diese Verkehrung des Verhältnisses lässt sich u. a. im Kontext des Parasiten- und Ungezieferbildes interpretieren.

Inwiefern die Verwandlung Gregors Wesen ändert, bleibt unbestimmt, da man, obwohl aus seiner Perspektive erzählt wird, wenig über seine Gedanken erfährt. Das Violinspiel der Schwester bildet eine Ausnahme. Hier werden Empfindungen Gregors mitgeteilt, weswegen die Szene einer genaueren Interpretation bedarf, um ihre Bedeutung für Gregors Entwicklung zu bestimmen. Die Passage kann als ein Höhepunkt vor dem Endpunkt der familiären Konfrontation verstanden werden, da Gregors Todesurteil hier ausgesprochen wird.

Forschung

Die Verwandlung gehört zu den am häufigsten und am kontroversesten gedeuteten Werken Kafkas. Es lässt sich kaum eine Deutung finden, zu der es keine Gegenposition gibt. Der größte Konsens besteht in der Aussage, dass die Erzählung nicht mit *einem* Deutungsansatz erfasst werden kann, sondern immer von mehreren Standpunkten aus gelesen werden muss. Einige dieser Standpunkte seien hier kurz referiert.

Anti-Märchen oder Tragödie – Traum oder Wirklichkeit

Die Kontroverse beginnt bereits bei der Form der Erzählung: Einige Interpreten haben sie aufgrund der symmetrischen Teilung in drei Abschnitte (vgl. Robertson, 102) sowie des »objektiven Widerspruchs der Lage eines Menschen und seiner Einsicht in sie« (Matz, 75) mit der antiken Tragödie verglichen. Andere sahen in ihr ein Anti-Märchen, das sich v. a. dadurch auszeichnet, dass keine Rückverwandlung und keine Erlösung erfolgen – wie etwa in *Die Schöne und das Biest* (vgl. Angus; Rudloff 1988, 325–328).

Fortgesetzt wird die Kontroverse bei der Frage, ob es sich bei der Verwandlung um eine tatsächlich stattfindende äußerliche oder um eine geträumte, nur mentale handelt. Während ein Großteil der Interpreten davon ausgeht, dass die Verwandlung innerhalb der fiktionalen Welt tatsächlich stattfindet und darin eine Besonderheit der Kafkaschen Kombination aus Realität und Irrealität sieht, gibt es einige Forscher, die das Ungezieferbild als Gregors

Fantasie ansehen (vgl. u. a. Beißner, 138). Das andere Extrem zu dieser Position findet sich in den Versuchen, aus dem Erzählten exakt herzuleiten, um was für eine Art von Ungeziefer es sich bei Gregor handelt. Paul Heller hält es für sehr wahrscheinlich, dass Gregor eine Bettwanze sei, da diese damals zu den lästigsten Ungeziefern gehörte, lange hungern kann und sich zudem gerne von der Zimmerdecke fallen lässt, wie es auch Gregor tut (vgl. Heller, 108 f.).

Erkenntnislosigkeit und Schuld

Der größte Teil der wissenschaftlichen Deutungen beschäftigt sich mit dem Sinn und der Bedeutung der Verwandlung Gregor Samsas in ein Ungeziefer. Dabei wurden immer wieder ähnliche Deutungsansätze verfolgt. Heinz Politzer und Wilhelm Emrich vertreten die Auffassung, dass es bereits in *Die Verwandlung* um die Schuldfrage gehe, die im Roman *Der Process* im Mittelpunkt steht. Ähnlich wie die Schuld Josef K.s bestehe auch die Gregors in seiner Verantwortungslosigkeit und mangelnden Erkenntnisfähigkeit gegenüber sich selbst (vgl. Politzer, 104; Emrich, 121; Robertson, 118). Ingeborg Henel sieht die Schuld in Gregors geheimem Wunsch, seiner Arbeit und der Verantwortung zu entkommen – die Verwandlung wäre dann zugleich Flucht, Schuld und Strafe (vgl. Henel, 72, 83; Sokel 1973 [1956], 277, 283). Gregor Samsa könnte jedoch auch ein Beispiel für die prinzipielle Schuldhaftigkeit des Menschen sein. Nach Helmut Kobligk macht er sich schuldig, da er seine Familie durch seine Fürsorge in die Abhängigkeit treibt; er hätte sich jedoch ebenso schuldig gemacht, wenn er sich seiner Familie nicht durch Fürsorge angenommen hätte (vgl. Kobligk, 395). Da das Schuldproblem wie auch in *Das Urteil* und *Der Process* nicht lösbar sei, enden alle drei Geschichten mit dem Tod des Protagonisten (vgl. ebd., 396). Der Aspekt der Schuld spielt innerhalb der Erzählung jedoch noch in einer anderen Hinsicht eine Rolle: Gregor arbeitet bei seinem Chef die finanzielle Verschuldung ab, die der Vater durch den Konkurs seines Geschäfts verursacht hat. Diese Schuldübertragung scheint allerdings viel weiter zu gehen. Gregor wird zur Personifikation dieser Schuld innerhalb der Familie, die sich durch Distanzierung dann von dieser befreien kann, bis sie nach Gregors Tod vollkommen von ihr erlöst ist (vgl. Michel, 83, 85; Sokel 1985, 159, 164; Walser, 167).

In eine ganz andere Richtung geht die Deutung der Verwandlung als Weg zur Erkenntnis oder zu einer höheren Daseinsstufe. Da sich Gregor in seiner Funktion als Ernährer vollkommen von sich selbst entfremdet hat, erlöst ihn die Verwandlung aus dieser Funktionalität und ermöglicht ihm Erkenntnis und Erfüllung im Zugang zur Musik während des Violinspieles der Schwester (vgl. Edel, 226, 219; Rudloff 1988, 333; Kobligk, 401 f.). Die Auffassung, dass die Verwandlung dem Protagonisten eine Möglichkeit der Reflexion und Erkenntnis geboten hätte, vertreten einige Forscher, die meisten sind jedoch der Auffassung, dass Gregor diese Erkenntnismöglichkeit nicht nutzt, da er zu sehr in seinen alten Strukturen verbleibt (vgl. Eschweiler, 140 f.; Pfeiffer, 301). In diesem Zusammenhang wird der in Gregors Rücken verfaulende Apfel häufig als Zeichen schwindender Erkenntnis interpretiert (vgl. Eschweiler, 139; Politzer, 117).

Ausbeutung und Verdrängung

Es wurde ebenfalls versucht, den Text politisch-ökonomisch und psychoanalytisch zu deuten. Unter politisch-ökonomischen Gesichtspunkten lässt sich feststellen, dass Gregor Samsa von seiner eigenen Familie finanziell ausgenutzt wird, indem sie die Mechanismen ökonomischer Ausbeutung übernimmt (vgl. Abraham, 26 f.). In diesem Zusammenhang soll Gregor den »Warencharakter« des verdinglichten und entfremdeten Menschen verdeutlichen (Doppler, 95, 99). Aus marxistischer Perspektive wäre er ein ausgebeutetes und sich selbst entfremdetes Opfer des Kapitalismus (vgl. Sokel 1985, 159 f.). Psychoanalytisch betrachtet, agiert Gregor v. a. durch Verdrängen und Funktionieren, womit er eine falsche Harmonie und Lebenslüge nährt, an der er letztlich zugrundegeht (vgl. Abraham, 26); seine Verwandlung kann so als psychotischer Ausbruch, der ihn aus dieser Rolle befreit, verstanden werden (vgl. Michel, 84–87).

Vater-Sohn-Konflikt

Die Verwandlung ist immer auch im Kontext der Erzählungen *Der Heizer* und *Das Urteil* gelesen worden, da Kafka den Wunsch hatte, dass alle drei Erzählungen unter dem Titel *Die Söhne* gesammelt veröffentlicht werden. Dabei wird das Augenmerk auf den Vater-Sohn-Konflikt gerichtet, der darin bestehe, dass Gregor den Vater durch seine Ernährerfunktion aus der Vaterrolle drängt und die Verwandlung dieses Ungleichgewicht wieder rückgängig macht (vgl. Öhlschläger, 170 f.; Ruf, 62–65, 70 f., 87 f.). In diesem Zusammenhang ist auch auf die Rolle der Schwester verwiesen worden, die Gregor anfangs versorgt, sich jedoch immer mehr von ihm distanziert und am Ende seinen Tod fordert, um selbst zur Hoffnung der Eltern zu werden (vgl. Eschweiler, 137; Fingerhut, 53 f.; Politzer, 113, 116, 129; Weninger, 274 f.).

Gerade hinsichtlich des Vater-Sohn-Konflikts wurde immer wieder auf Kafkas schwieriges Verhältnis zu seinem Vater verwiesen, in dem Parallelen zu den Figuren der Erzählung gesehen wurden (vgl. u. a. Binder 2004, 78 ff.). Das gilt auch für das Verhältnis zur Schwester. Zur Zeit der Entstehung soll Kafka sich von seiner Lieblingsschwester Ottla in Bezug auf seine Verpflichtungen in der Familie und der Asbestfabrik des Schwagers, an der Kafka Anteile besaß, im Stich gelassen gefühlt haben (vgl. u. a. Binder 2004, 94).

Das Ende der Erzählung wurde in diesem Zusammenhang häufig als sarkastische oder ironische Darstellung eines kleinbürgerlichen Ideals verstanden, in dem Gregor keinen Platz mehr hatte (vgl. Doppler, 98; Nabokov, 38; Politzer, 129).

Das Rätsel als Lösung

Von einigen Interpreten ist betont worden, dass die Verwandlung gar nicht als Metapher oder Symbol aufgelöst werden könne, sondern gerade in ihrer Mehrdeutigkeit und Rätselhaftigkeit belassen werden müsse (vgl. Binder 2004, 8 f.) So formuliert Emrich knapp: »Er [der Käfer] ist interpretierbar nur als das Uninterpretierbare« (Emrich, 127). Der einzig mögliche Weg zum Verständnis wird dabei in der immanenten und biographischen Methode gesehen. Binder sieht in der Verwandlung Kafkas eigene Isolation und Unfähigkeit, sich mitzuteilen, verdichtet (vgl. Binder 2004, 501–515; Weninger, 267–270). Dass das Paradox des Menschen im Ungezieferkörper, der ihm alle Kommunikationsmöglichkeiten mit der Umwelt nimmt, mehr als alles andere ein Bild der Isolation ist, kann sicherlich als der größte Konsens innerhalb der verschiedenen Deutungen gelten (vgl. Henel, Michel, Sokel, Ruf). In diesem Zusammenhang ist auch auf die Bedeutung des tschechischen Wortes ›Samsa‹ verwiesen worden, das mit ›der Einsame‹ übersetzt werden kann (vgl. Doppler, 92; Michel, 83). Im Kontext biographischer Deutung wurde die Verwandlung zudem als eine Erprobung der Ausstoßung aus Familie und Beruf zu-

gunsten eines künstlerischen Lebens verstanden, die Kafka nie gewagt hätte und daher schriftstellerisch durchspielt (vgl. Abraham, 24 f.; Fingerhut, 60 f.; Matz, 80 f.).

Deutungsaspekte

Da die meisten von außen an das Werk herangetragenen Interpretationsansätze schnell zu weit vom Text wegführen, werden im Folgenden einzelne Aspekte noch einmal anhand des Textes diskutiert. Dabei stehen die beiden zentralen Deutungsprobleme der Erzählung im Mittelpunkt: das vieluntersuchte ›Warum‹ der Verwandlung und das Vater-Sohn- sowie das Bruder-Schwester-Verhältnis.

Wenn man nach dem ›Warum‹ von Gregors Verwandlung fragt, fragt man automatisch nach zwei Dingen: (1) Warum nimmt Gregor Samsa eine Tiergestalt an? (2) Warum ist diese Gestalt ein nicht näher bestimmtes Ungeziefer? Zugleich ist zu berücksichtigen, dass die Verwandlung nur äußerlich stattfindet – Gregor also ein Mensch im Insektenkörper ist.

Entfremdung und Entindividualisierung

Bereits im ersten Teil der Erzählung wird Gregor Samsa vor allem als tüchtiger Handlungsreisender beschrieben. Charakterisiert wird er sowohl durch seine Reaktionen auf die neue Situation als auch durch die seines Umfelds. Zunächst ist auffällig, dass er seine neue Gestalt, obwohl sie »kein Traum« (DzL 115) ist, nicht ernstzunehmen scheint und Weiterschlafen als beste Lösung ansieht. Verdrängung ist demnach die erste Reaktion. Sein zweiter Gedanke gilt seinem Beruf als Handelsreisender, den er auf diffuse Art mit seinem neuen Zustand in Verbindung bringt. Er empfindet ihn als strapaziös und ruft sich in Erinnerung, dass er ihn nur angenommen hat, um die finanzielle Schuld der Eltern abzutragen. Dies tut er mit großem Pflichtbewusstsein, denn anstatt sich um seinen Zustand Gedanken zu machen, sorgt er sich um seine Verspätung auf der Arbeit. Er scheint sich dem ungeliebten Berufsleben vollständig hingegeben zu haben, denn von der Mutter erfährt man, dass er »nichts im Kopf als das Geschäft hat« (126). Gregor Samsa stellt sich dem Leser als ein pflichtbewusster Sohn dar, der das eigene Leben opfert, um die Schuld der Eltern abzutragen. Neben dem Handlungsmuster des Verdrängens scheint er demnach auch das des Funktionierens verinnerlicht zu haben. Diese Eigenschaften scheinen die Privatperson Gregor Samsa vollkommen ersetzt zu haben.

So ist das aus einer Illustrierten ausgeschnittene Bild einer Dame im Pelzmantel, für das er einen Holzrahmen geschnitzt hat, der einzige Hinweis auf eine private Beschäftigung. Das Bild wird in der ersten Beschreibung von Gregors Zimmer genannt (115 f.), kurz darauf wird der selbstgeschnitzte Holzrahmen nochmals von der Mutter erwähnt (126). Dieses Bild ist es schließlich, das Gregor bei der Räumung seines Zimmers als letzten Gegenstand, der an seine menschliche Existenz erinnert, retten will (165). Diese Handlung sowie die wiederholte Erwähnung zeigen den besonderen Stellenwert der Dame im Pelz an. Sie ist v. a. als Hinweis auf Gregors junggesellenhafte Erotik (vgl. Politzer), teilweise auch als Ausdruck pervertierter und von Besitzdenken geprägter Sexualität (vgl. Doppler) gedeutet worden. Dabei ist wiederholt auf Leopold von Sacher-Masochs Novelle *Venus im Pelz* (1870) verwiesen worden, in der sich der Protagonist masochistischen Spielen mit einer in Pelz gekleideten Domina hingibt und sich in seiner Rolle als Sklave Gregor nennt (vgl. Robertson, 108). Der Bezug bleibt spekulativ; das Bild in Bezug auf Gregors verdrängte und daher gestörte Sexualität zu deuten, ist naheliegend. Gerade Gregors Rettungsversuch des Bildes, bei dem er seinen heißen Bauch an das kühlende Glas des Bildes drückt, hat etwas von einer erotischen Handlung.

Neben dieser erotischen Konnotation bleibt das Illustriertenbild jedoch v. a. der einzige Verweis auf Gregor als Privatperson. Dieser Mangel an individueller Präsenz zeigt sich auch in den Reaktionen auf seine Verwandlung, die ausschließlich auf sein Berufsleben und seine Familie ausgerichtet sind und jegliche persönliche Involvierung verdrängen:

> er war begierig zu erfahren, was die anderen [...] bei seinem Anblick sagen würden. Würden sie erschrecken, dann hatte Gregor keine Verantwortung mehr und konnte ruhig sein. Würden sie aber alles ruhig hinnehmen, dann hatte auch er keinen Grund sich aufzuregen, und konnte, wenn er sich beeilte, um acht Uhr tatsächlich auf dem Bahnhof sein (DzL 130).

Abgesehen von dem humoristischen Effekt, den die Vorstellung eines mit Tuchwaren ausgestatteten Insekts auf seinem Weg zum Bahnhof hat, zeigt dieser Gedanke Gregor als reagierenden, funktionierenden und die Verantwortung für sich selbst abgebenden Menschen. Gregor Samsa scheint als Individuum

nicht zu existieren, sondern nur in seiner Funktion als Familienernährer und Handelsreisender. Die Verwandlung in eine Tiergestalt ist Zeichen seiner Entfremdung und Entindividualisierung.

Zugleich hat die Verwandlung eine Funktion: Sie soll Gregor auf seine inadäquate persönliche Situation hinweisen. Daher findet sie rein äußerlich statt und lässt ihn zum Menschen im Insektenkörper werden. Ihm bleibt also der menschliche Verstand, um über seine Situation nachzudenken. Es findet jedoch weder ein Nachdenken über die Situation noch eine Gefühlsreaktion gegenüber sich selbst statt. Gregor macht sich über die Reaktionen seines Arbeitgebers und seiner Familie sowie die familiären Geldprobleme Sorgen, jedoch nicht über sein eigenes Schicksal. Ich sehe hier, wie Robertson und Politzer, Parallelen zu Josef K. im *Process*. Ebenso wie die unwirkliche Gerichtswelt mit ihren Dachböden, Aufsehern, dem Prügler und den Henkern in die Realität Josef K.s einbricht, bricht die Unwirklichkeit der Verwandlung über Gregor Samsa ein. In beiden Fällen wird eine ›Metapher‹ zur innerfiktionalen Wirklichkeit und bringt in ihrer Unwirklichkeit die Wahrheit zum Vorschein. Dies geschieht in der *Verwandlung* in viel direkterer Weise als im *Process*, da sich die Veränderung hier am Protagonisten selbst vollzieht, während der Prozessapparat im Roman abstrakter und diffuser bleibt. Der bevorstehende Prozess soll Josef K. zum Nachdenken über sich, sein Leben und seine mögliche Schuldigkeit bringen, genauso wie die Verwandlung Gregor auf sein menschliches Versagen gegenüber sich selbst verweisen soll. Beide Protagonisten sind sich jedoch bereits so entfremdet, dass sie eine Reflexion des eignen Wesens nicht leisten können und daher scheitern müssen. In beiden Texten kann die im Laufe der Handlung abnehmende Seh- und Wahrnehmungsfähigkeit der Protagonisten als Hinweis auf ihre mangelnde Fähigkeit zur Selbsterkenntnis gedeutet werden. Als Lösung bleibt in beiden Fällen nur der Tod.

Das Motiv des Hungerns

Der Tod wird in Gregors Fall durch Hungern und den Willen zum Sterben erreicht. Das Hungern ist ein wiederkehrendes Motiv in Kafkas Werken *Ein Hungerkünstler* und ‹Forschungen eines Hundes›. In diesem Zusammenhang liegt es nahe, auch Gregors Hungern auf das Fehlen der richtigen, d. h. einer ›geistigen‹ Nahrung zurückzuführen. Wie bereits gezeigt wurde, fehlt Gregor in seinem Berufs- und Familienleben eine tiefergehende Beschäftigung mit sich selbst, aber auch prinzipiell mit geistigen oder musischen Gegenständen. Unterstützt wird diese Interpretation durch den kurzfristigen Genuss, den das Violinspiel der Schwester Gregor bereitet. Hier heißt es: »Ihm war, als zeige sich ihm der Weg zu der ersehnten unbekannten Nahrung« (DzL 185). Die Musik wird hier demnach als unbekannte Nahrung beschrieben, die nur geistiger, eventuell sinnlicher und emotionaler Natur sein kann. Sie steht für eben jene zweckfreie, individuelle Beschäftigung, die Gregor so sehr fehlt und mit der er hier zum ersten Mal in Berührung kommt. Bevor er diese ›Nahrung‹ in irgendeiner Weise auskosten kann, fällt er in seine alten Strukturen zurück, die v. a. durch materielles Besitzdenken bestimmt sind. Seine Sehnsucht richtet sich auf die Person der Schwester, die er für sich haben will:

> Er wollte sie nicht mehr aus seinem Zimmer lassen, wenigstens nicht, solange er lebte; seine Schreckgestalt sollte ihm zum erstenmal nützlich werden; an allen Türen seines Zimmers wollte er gleichzeitig sein und den Angreifern entgegenfauchen (186).

Indem er auf seine Schwester zukriecht, wird er von den neuen Untermietern der Samsas, den drei ›Zimmerherren‹, entdeckt; damit ist nicht nur ein Genuss der »ersehnten unbekannten Nahrung« (185) unmöglich geworden, sondern kurz darauf wird Gregor seine Existenzberechtigung durch die Schwester entzogen.

Dieser kurze Moment neuer Sinneswahrnehmung in der Musik zeigt, dass es auch für Gregor Samsa alternative Daseinsformen gegeben hätte, die er jedoch nie in Erwägung gezogen hat und die ihm daher auch nun sofort wieder entgleiten. Damit wird noch einmal deutlich, dass Gregor der Weg zu einer Selbsterkenntnis und Persönlichkeitsentwicklung versperrt bleiben muss. Die Verwandlung zeigt einen Zustand an, für dessen Veränderung es bereits zu spät ist.

Das »ungeheuere Ungeziefer«

Nach diesen ersten Klärungsversuchen stellt sich die Frage, warum Gregor Samsa sich gerade in ein nicht näher bestimmtes Ungeziefer verwandelt. Für das Motiv des Ungeziefers sprechen gleich mehrere Aspekte. Mit einem »ungeheueren Ungeziefer« (DzL 115) wird gemeinhin etwas Lästiges, Ungeliebtes, Ekelhaftes verbunden, dem wenig Positives abzuge-

winnen ist. Innerhalb seiner Familie war Gregor auf seine Funktion als Verdiener reduziert. Das erste Gehalt wurde von einer »erstaunten und beglückten Familie« entgegengenommen, danach »nahm man das Geld dankbar an [...], aber eine besondere Wärme wollte sich nicht mehr ergeben« (152). Bereits hier scheint Gregor von seiner Familie nicht besonders geliebt. Ohne seine Funktion als Ernährer erscheint er vollkommen wertlos.

Ungeziefer sind häufig Parasiten, die sich auf Kosten anderer ernähren. Allerdings ist es vor Gregors Verwandlung seine Familie, die sich parasitär von ihm ernährt. Sein eigenes ›Parasitentum‹ beginnt erst mit der Verwandlung, die ihn dazu bringt, sich von den Abfällen der Familie zu ernähren. Sein Zimmer wird schnell zur Rumpelkammer umfunktioniert und Gregor selbst verwahrlost: »Fäden, Haare, Speiseüberreste schleppte er auf seinem Rücken und an den Seiten mit sich herum« (184). Die Verbindung zwischen Ungeziefer und Parasitentum bleibt demnach zweideutig, bzw. erfährt eine Umkehrung: Der Ernährer wird von den früheren Parasiten seinerseits auf diese Rolle reduziert. Das Bild des im Dreck verkümmernden Ungeziefers steht für das ungeliebte Familienmitglied, das auf die Funktion des Ernährers reduziert ist und ohne das Ausüben dieser Funktion nichts als ein lästiges Insekt zu sein scheint.

Diese Wahrnehmung, die bisher unterschwellig geblieben ist, artikuliert sich nun in der plötzlichen Verwandlung. Bestätigt wird sie nun v. a. durch das grobe Auftreten des Vaters, den Gregor aus seiner Position des Familienoberhaupts verdrängt hatte. Die Schwester, die anfangs noch besorgt und fürsorglich erscheint, nähert sich dieser Haltung im Laufe der Erzählung immer weiter an, worauf im nächsten Abschnitt näher eingegangen wird. Die Mutter erinnert als Einzige noch daran, wer das Ungeziefer eigentlich ist: »Laßt mich doch zu Gregor, er ist ja mein unglücklicher Sohn!« (159). Die kurz darauf stattfindende Begegnung endet jedoch in neuerlichem Entsetzen und der Ohnmacht der Mutter. Gregors Verwandlung in ein Ungeziefer kann demnach als Ausdruck seiner Position in der Familie und der unterschwelligen Wahrnehmung durch diese interpretiert werden.

Die Verwandlung findet nachts während unruhiger Träume statt, d. h. in einer Phase, in der der Mensch offen für Impulse aus dem Unterbewusstsein ist. Daraus könnte man schließen, dass auch Gregor selbst sein entfremdetes verkümmertes Ich unterbewusst spürt und die Verwandlung u. a. eine Artikulation dieser unterbewusst vorhandenen Selbstwahrnehmung ist. Da das Bett mit dem Zustand des Schlafens und damit des Träumens verbunden ist, denkt Gregor zu Beginn auch, seine Befindlichkeit würde sich ändern, wenn er das Bett verlässt:

> Er erinnerte sich, schon öfters im Bett irgendeinen vielleicht durch ungeschicktes Liegen erzeugten, leichten Schmerz empfunden zu haben, der sich dann beim Aufstehen als reine Einbildung herausstellte, und er war gespannt, wie sich seine heutigen Vorstellungen allmählich auflösen würden (120 f.).

Hier erweist sich Gregor einmal mehr als Verdränger, der längst von seinem verdrängten Zustand eingeholt wurde und auf diesen wiederum mit Verdrängung reagiert.

Für die Unbestimmtheit des Ungeziefers, die immer wieder zu verschiedenen Spekulationen über die Insektenart, der Gregor angehören könnte, geführt hat, lassen sich zwei mögliche Erklärungen anführen. Einerseits erscheint Gregor Samsa mehr als arbeitsamer Handelsreisender, dessen Sorgen und Gedanken vollständig nach außen gerichtet sind, denn als Individuum. Zugespitzt könnte man sagen, dass er keine Persönlichkeit oder Individualität besitzt – als Mensch nicht und als Insekt eben auch nicht. Andererseits steigert der Ausdruck »ungeheueres Ungeziefer« (115) die Wirkung dieser monströsen Verwandlung mehr, als wenn von einer Bettwanze oder Kellerassel die Rede wäre. Gemeinhin hat man Gregor auch als Käfer bezeichnet, was nicht korrekt ist, da Kafka nur die Bezeichnung »Ungeziefer« (115) oder »Insekt« (An G.H. Meyer, 25.10.1915; B14–17 145) verwendet und diese Unbestimmtheit gerade auch mit seiner Weigerung gegen eine Illustration offensichtlich gewollt hat.

Gerade weil Ungeziefer so unliebsame und meist als ekelhaft empfundene Tiere sind, möchte man mit ihnen nicht in Kontakt sein, schon gar nicht mit einem überlebensgroßen Insekt – man denke an den Widerwillen mit dem die Schwester Gregor versorgt. Als Ungeziefer lebt Gregor von seiner Umwelt isoliert. Diese Isolation geht mit strikter Kommunikationslosigkeit einher, da Gregor seine Stimme verloren hat, obwohl er seinen menschlichen Verstand behalten hat. Bildlich wird diese vollkommene Isolation durch den Panzer verdeutlicht, der zugleich für Unbeweglichkeit und Erstarrung steht. Gregors »Gefangenschaft« (DzL 151) ist demnach eine zweifache: Die innerhalb seines von außen verschlossenen Zimmers und die in seinem neuen Körper, bzw. Pan-

zer. Damit geht auch eine Hilflosigkeit einher, die ihr treffendes Bild gleich zu Beginn in dem auf dem Rücken liegenden Insekt findet, das die Beinchen wild in der Luft bewegt, ohne etwas ausrichten zu können. In die Monstrosität und Hilflosigkeit mischt sich wiederum Ironie, wenn der strampelnde Gregor selbst lächeln muss bei der Vorstellung, Vater und Dienstmädchen könnten ihm zur Hilfe kommen (124).

Vor allem bewirkt die Verwandlung in ein Ungeziefer Gregors vollständige Isolation. Damit materialisiert sich jedoch nur, was bereits vorher seine seelische Befindlichkeit war. Die Verbindung aus Ekel, Unbestimmtheit, Monstrosität, Isolation und Ironie wäre kaum mit einem anderen Tierbild zu erreichen gewesen. Während Gregor in seinem Panzer feststeckt, verändert sich jedoch um ihn herum einiges: Seine eigene Verwandlung zieht eine Veränderung in seiner Familie nach sich.

Die Verwandlung der Familie: Vater-Sohn- und Bruder-Schwester-Verhältnis

Nachdem Gregor seiner Position als Ernährer und Familienoberhaupt nicht mehr nachkommen kann, ist die vorher von ihm abhängige Familie nun auf sich selbst gestellt – was sie zu neuer Selbstständigkeit bringt. Je länger Gregor in seinem Zustand bleibt und je unwahrscheinlicher eine Rückverwandlung erscheint, desto vitaler wird sein Vater, der vorher von ihm als alter Greis wahrgenommen wurde. Fortan trägt er Tag und Nacht seine Uniform des Bankdieners, als wolle er die Position des arbeitenden Familienvaters nicht eine Sekunde freigeben. Diese Veränderung wird von Gregor deutlich wahrgenommen: »Der gleiche Mann, der müde im Bett vergraben lag […]; der ihn an Abenden der Heimkehr im Schlafrock im Lehnstuhl empfangen hatte« (DzL 168 f.), steht nun »recht gut aufgerichtet […] in einer straffen blauen Uniform« und mit frischen, aufmerksamen Augen und einer »leuchtenden Scheitelfrisur« (169) über ihm, und Gregor staunt aus der Untersicht »über die Riesengröße seiner Stiefelsohlen« (170). Der Vater behandelt Gregor von Beginn an grob, er droht mit der Faust, befördert ihn mit Fußtritten in sein Zimmer und verletzt ihn schließlich durch das Werfen des Apfels. Dies kann als Bestrafung dafür verstanden werden, dass Gregor den Vater aus seiner Rolle als Familienoberhaupt verdrängt hatte, in die dieser nun umso potenter zurückkehrt.

Das Verhältnis zwischen Gregor und seiner Schwester schien früher von gegenseitiger Fürsorge bestimmt zu sein. Im ersten Teil der Erzählung nimmt sie die Veränderungen an Gregor wahr, bevor er das erste Mal sein Zimmer verlässt, und bemüht sich auch danach, für ihn zu sorgen. Das gelingt ihr jedoch immer weniger, da sie Gregor immer mehr als Ungeziefer und immer weniger als Bruder sieht. Gleichzeitig scheint sie, ähnlich wie der Vater, an der neuen Herausforderung zu wachsen. Aus dem naiven, verwöhnten Kind wird eine junge Frau, die einen Beruf erlernt, mit dem sie Geld verdienen wird. Grete nimmt langsam, aber sicher ebenfalls einen Teil von Gregors früherer Position ein. Sie stellt sich immer mehr auf die Seite des Vaters und übernimmt teilweise auch dessen Gestik. So droht sie Gregor nun ebenfalls mit der Faust (166). Zudem wird sie zur Beraterin des Vaters und in dieser Funktion entscheidet sie, nachdem sie Gregor durch das Räumen seines Zimmers bereits den letzten Rest seiner früheren Identität genommen hat, dass Gregor sterben muss. Mit Gregors Hinscheiden scheint sie aufzublühen, um am Ende der Erzählung seine Position als Hoffnungsträgerin der Familie einzunehmen.

Mit diesen Veränderungen in der Familie wird überdeutlich, dass Gregors Aufopferung ganz unnötig gewesen ist und dass er sich längst auf sein eigenes Leben hätte konzentrieren können. Bereits als Gregor an der Tür lauschend von den Rücklagen der Familie erfährt, die diese ohne sein Wissen von seinem Einkommen gemacht hatte, ahnt man, dass er schon früher in der Position gewesen wäre, sich aus der Abhängigkeit seines Berufs zu lösen. Die Familie sah in Gregor jedoch augenscheinlich nur ihren Geldgeber, der mit dem Verlust dieser Funktion auch menschlich nicht mehr existiert. Erst als das Insekt tot vor der Familie liegt, erinnert sich diese wieder daran, dass es sich um ihr verlorenes Familienmitglied handelt. Hatte die Schwester vorher noch gefordert: »Ich will vor diesem Untier nicht den Namen meines Bruders aussprechen, und sage daher bloß: wir müssen versuchen, es loszuwerden« (DzL 189), scheint ihr nach seinem Tod zumindest kurzzeitig klar zu werden, dass es sich hier um ihren Bruder handelt: »Seht nur, wie mager er war. Er hat ja auch schon so lange Zeit nichts gegessen« (195).

Die Veränderungen in der Familie waren Kafka so wichtig, dass er im letzten Teil der Erzählung einen Perspektivwechsel vornimmt, um auch die Geschehnisse nach Gregors Tod erzählen zu können. Die Familie scheint nach kurzer Trauer wie befreit. Gregors Kadaver wird durch die Haushälterin entsorgt, die sogleich entlassen wird; ebenfalls gekündigt werden die drei Zimmerherren, die zur Miete wohnten; die noch von Gregor ausgesuchte Wohnung wird man ebenfalls kündigen – man scheint sich also von allem Ballast zu befreien und einem Neuanfang entgegenzusehen. Gregors freiwilligem Verenden werden ein neuer Lebenswille, eine Vitalität und auch ein Egoismus gegenübergestellt, der sein Schicksal im Nachhinein als einseitige, naive und unnötige Aufopferung zeigt.

Ausgaben: Die Verwandlung. Eine Erzählung. In: Die weißen Blätter. Eine Monatsschrift 2 (1915) 10 [Oktober], 1177–1230. – Die Verwandlung. Leipzig: Kurt Wolff [vermutl. Anf. Dez.] 1915 (Der jüngste Tag 22/23) [Broschurausgabe mit Titelblattillustration von Ottomar Starke]; 2. Aufl. [vermutl. zw. Anf. Sept. u. Ende Nov.] 1918 [ohne Titelblattillustration]; Faksimile der Erstausgabe 1915: Hg. v. Roland Reuß u. Peter Staengle. Frankfurt/M. 2003. – Erz/GS (1935), 69–130. – Erz/GW (1952), 71–142. – DzL/KA (1994), 113–200. – OQ17 (Vw)/FKA (2003).

Illustrationen: Rolf Escher: Die Verwandlung. 7 Radierungen zur gleichnamigen Erzählung F.K.s. Burgdorf 1974. –– Johanna Dahm: Indiskrete Blicke. Die Sprachbilder aus F.K.s *Verwandlung* in der Bildsprache der Illustration. Berlin 2003.

Bühnenadaption: George Tabori: Unruhige Träume. Aufgeführt: Wien, Burgtheater 1992.

Verfilmungen: Carlos Atanes: The Metamorphosis of F.K. 1994; www.carlosatanes.com/metamorphosis_franz_kafka_online.html, 26.3.2010. – Ivo Dvorák: Förwandlingen. Schweden 1976. – Caroline Leaf: The Metamorphosis of Mr. Samsa. Kanada 1977 [Zeichentrick]. – Jan Nemec: Die Verwandlung. Deutschland/ Österreich [ZDF/ORF] 1975. – Jim Goddard: Metamorphosis. Großbritannien 1987.

Forschung: Ulf Abraham: F.K.: *Die Verwandlung*. In: Sabine Schneider (Hg.): Lektüren für das 21. Jahrhundert. Frankfurt/M. 1993, 17–36. – Ders.: F.K.: *Die Verwandlung*. Grundlagen und Gedanken der Interpretation. Frankfurt/M. 1993. – Ders.: *Die Verwandlung*. In: KHb (2008), 421–437. – P.-A. Alt (2005), bes. 329–340. – M.M. Anderson (1992), 123–144. – Douglas Angus: K.s *Metamorphosis* and *The Beauty and the Beast Tale*. In: JEGPh 53 (1954), 69–71. – F. Beißner (1983). – Hartmut Binder: Metamorphosen. K.s *Verwandlung* im Werk anderer Schriftsteller. In: Benjamin Bennet/Anton Kaes/William J. Lillyman (Hg.): Probleme der Moderne. Tübingen 1983, 247–305; in erweiterter Form in: H. Binder (2004), 519–589. – Ders.: K.s *Verwandlung* Entstehung, Deutung, Wirkung. Frankfurt/M., Basel

2004. – Stanley Corngold: The Commentator's Despair. The Interpretation of K.'s *Metamorphosis*. Port Washington 1983. – Alfred Doppler: Entfremdung und Familienstruktur. F.K.s Erzählungen *Das Urteil* und *Die Verwandlung*. In: Ders.: Wirklichkeit im Spiegel der Sprache. Aufsätze zur Literatur des 20. Jhs. in Österreich. Wien 1975, 79–99. – Edmund Edel: F.K.: *Die Verwandlung*. Eine Auslegung. In: WW 8 (1958), 217–226. – W. Emrich (1964 [1957]), bes. 118–127. – C. Eschweiler (1991). – Karlheinz Fingerhut: *Die Verwandlung*. In: M. Müller (1994), 42–74. – Uwe Grund: F.K.s *Die Verwandlung*. Vergleichende Beobachtungen zu Erzähltext und Film. In: Eduard Schaefer (Hg.): Medien und Deutschunterricht. Tübingen 1981, 153–168. – Friedmann Harzer: Erzählte Verwandlung. Eine Poetik epischer Metamorphosen (Ovid, K., Ransmayr). Tübingen 2000. – A. Hecker (1998). – P. Heller (1989), bes. 107–110. – Ingeborg C. Henel: Die Grenzen der Deutbarkeit von K.s Werken: *Die Verwandlung*. In: JEGPh 83 (1984), 67–85. – Uwe Jahnke: F.K.s Erzählung *Die Verwandlung*. Ein literaturdidaktisches Konzept. Frankfurt/M., New York 1990. – O. Jahraus (2006), 215–247. – H. Kaiser (1973 [1931]), bes. 83–93. – Christa Karpenstein-Eßbach: Ein moderner Körper – zum Beispiel Gregor Samsa. In: Dietmar Kamper/Christoph Wulf (Hg.): Transfigurationen des Körpers. Spuren der Gewalt in der Geschichte. Berlin 1989, 228–244. – Helmut Kobligk: »…ohne dass er etwas Böses getan hätte…«. Zum Verständnis der Schuld in K.s Erzählungen *Die Verwandlung* und *Das Urteil*. In: WW 6 (1982), 391–405. – Dorothea Lauterbach: Das befreite und das gefangene Selbst. Zwei Grundfunktionen der Metamorphose in Erzähltexten der Moderne (Einstein, K., Aichinger, Ionesco). In: Monika Schmitz-Emans/Manfred Schmeling (Hg.): Fortgesetzte Metamorphosen. Ovid und die ästhetische Moderne/Continuing Metamorphoses. Ovid and Aesthetic Modernity. Würzburg 2010, 47–61. – Wolfgang Matz: Der Schlaf der Vernunft gebiert Ungeheuer. Motive zu einer Lektüre von K.s *Verwandlung*. In: H.L. Arnold (2006), 73–86. – Gabriele Michel: *Die Verwandlung* von F.K. – psychopathologisch gelesen. Aspekte eines schizophren-psychotischen Zusammenbruchs. In: Jb. für internationale Germanistik 23 (1991) 1, 69–92. – F. Möbus (1994), 52–113. – Richard Murphy: Semiotic Excess, Semantic Vacuity, and the Photograph of the Imaginary. The Interplay of Realism and the Fantastic in K.'s *Die Verwandlung*. In: DVjs 65 (1991), 304–317. – Vladimir Nabokov: K.s Erzählung *Die Verwandlung*. In: Neue Rundschau 93 (1982) 1, 11–39. – Norbert Oellers: Die Bestrafung der Söhne. Zu K.s Erzählungen *Das Urteil*, *Der Heizer* und *Die Verwandlung*. In: ZfdPh 97 (1978), 70–87. – Claudia Öhlschläger: Protokoll einer Passion. Familiale Gewalt und die

tödliche Utopie ihrer Überschreitung. Zu F.K.s *Die Verwandlung*. In: Jb. für internationale Germanistik 332 (2001) 2, 165–185. – Johannes Pfeiffer: Über F.K.s Novelle *Die Verwandlung*. In: Die Sammlung 14 (1959), 297–302. – H. Politzer (1965 [1962]), bes. 104–129. – Thomas Rahner: *Die Verwandlung*. München 1997. – R. Robertson (1988), bes. 56–119. – Holger Rudloff: Zu K.s Erzählung *Die Verwandlung*. Metamorphose-Dichtung zwischen Degradation und Emanzipation. In: WW 38 (1988), 321–336. – Ders.: Gregor Samsa und seine Brüder. K. – Sacher-Masoch – Thomas Mann. Würzburg 1997. – U. Ruf (1974). – Simon Ryan: F.K.'s *Die Verwandlung*. Transformation, Metaphor, and the Perils of Assimilation. In: Seminar 43 (2007), 1–18. – Walter Safarschik: F.K.: *Die Verwandlung*. Stuttgart 2004. – Jürgen Schubiger: F.K., *Die Verwandlung*. Eine Interpretation. Zürich, Freiburg 1969. – Margit M. Sinka: K.'s *Metamorphosis* and the Search for Meaning in 20th-Century German Literature. In: R.T. Gray (1995), 105–113. – Walter H. Sokel: K.s *Verwandlung*: Auflehnung und Bestrafung. In: Monatshefte 48 (1956), 203–214; wieder in: H. Politzer (1973), 267–285. – Ders.: From Marx to Myth. The Structure and Function of Self-Alienation in K.'s *Metamorphosis*. In: Literary Review 26 (1983), 485–495; wieder in: Elling (1985), 153–167. – Mark Spilka: K.'s Sources for *The Metamorphosis*. In: CL 11 (1959), 289–307. – J. Unseld (1982), 93–109. – Igor Trost: Erzählen und Besprechen. Zum Stil von F.K.s Erzählung *Die Verwandlung*. In: Thomas A. Fritz (Hg.): Literaturstil – sprachwissenschaftlich. Heidelberg 2008, 143–169. – Martin Walser: Selbstbewußtsein und Ironie. Frankfurter Vorlesungen. Frankfurt/M. 1981. – Andrew Webber: K.s Verwandlungskunst. In: N.A. Chmura (2008), 275–289. – Robert Weninger: Sounding Out the Silence of Gregor Samsa. K.'s Rhetoric of Dys-Communication. In: Studies in Twentieth Century Literature 17 (1993), 263–286. – Marlies Whitehouse-Furrer: Japanische Lesarten von F.K.s *Die Verwandlung*. München 2004.

Zur Rezeptions- und Wirkungsgeschichte: Vgl. die umfassende Darstellung bei H. Binder (2004), 519–589.

Sandra Poppe

3.2.3 *Der Verschollene*

Entstehung und Veröffentlichung

Entstehungs- und Druckgeschichte

Amerika als Romansujet hat Kafka schon früh beschäftigt. Im Tagebuch berichtet er von einem Projekt, das vermutlich in die Jahre 1898/99 zu datieren ist (Binder 1976, 54 f.):

> Einmal hatte ich einen Roman vor, in dem zwei Brüder gegeneinander kämpften, von denen einer nach Amerika fuhr, während der andere in einem europäischen Gefängnis blieb (19.1.1911; T 146).

Nicht viel mehr als über diesen frühen Plan – in dem amerikanische Freiheit gegen das ›europäische Gefängnis‹ zu stehen schien – wissen wir über die erste Arbeitsphase am *Verschollenen* (vgl. Binder 1983, 93–106). Sie fällt vermutlich in die Zeit zwischen Dezember 1911 und Juli 1912, wobei die Hauptphase zwischen März und Mai gelegen haben dürfte (Binder 1983, 93–100). In einem Brief vom 9./10. März 1913 schreibt Kafka rückblickend von »etwa 200 [Manuskriptseiten] einer gänzlich unbrauchbaren im vorigen Winter und Frühjahr geschriebenen Fassung der Geschichte« (An F. Bauer; B13–14 128) – das entspräche vom Umfang her immerhin weit mehr als einem Drittel der Endfassung. Das Manuskript hat Kafka offensichtlich vernichtet; Spuren hat es nur in einigen Tagebucheinträgen (z. B. 9.5.1912, T 421; 23.9.1912, T 461) und Briefen hinterlassen (An M. Brod, 10.7.1912; B00–12 158; vgl. auch 163). Das ist umso bedauerlicher, als ein Vergleich der Fassungen wesentliche Einsichten in die Unterschiede zwischen dem frühen und dem mittleren Werk hätte vermitteln können.

Denn die Arbeit an der zweiten, allein erhaltenen Fassung beginnt um den 25. September 1912 (präludiert durch ein Traumnotat, das in das »Heizer«-Kapitel einging; 11.9.1912, T 436), also unmittelbar nach der das mittlere Werk eröffnenden Niederschrift des *Urteil*. Diese löst eine intensive Schaffensphase aus: In das schon für das *Urteil* verwendete Tagebuchheft (6. Quartheft) schreibt Kafka, offensichtlich in einem völligen Neubeginn seines Romanprojekts, den ersten Teil des ersten Kapitels »Der Heizer« (T 464–488); da das Heft nicht ausreicht, fährt er im zuletzt im Oktober 1911 benutzten Quartheft 2 fort, schließt das Kapitel ab und beginnt ein zweites (T 168–191). Dessen Fortsetzung und alle folgenden Kapitel werden dann in eigenen, nur

für den Roman bestimmten Heften und Konvoluten notiert (zur Beschreibung der Handschrift vgl. V:A 31–50).

Die erste, stürmische Arbeitsphase reicht bis zum 12. November, als Kafka das 6. Kapitel »Der Fall Robinson« »mit Gewalt und deshalb roh und schlecht beendet« (An M. Brod, 13.11.1912; B00–12 229; zu Details des Schreibfortschritts vgl. V:A 56–67). In einem Brief an Felice Bauer bilanziert Kafka:

> Die Geschichte, die ich schreibe und die allerdings ins Endlose angelegt ist, heißt, um Ihnen einen vorläufigen Begriff zu geben »Der Verschollene« und handelt ausschließlich in den Vereinigten Staaten von Nordamerika. Vorläufig sind 5 Kapitel fertig, das 6te fast. Die einzelnen Kapitel heißen: I Der Heizer II Der Onkel III Ein Landhaus bei New York IV Der Marsch nach Ramses V Im Hotel occidental VI Der Fall Robinson [leicht abweichende Titelformulierungen: V:A 65]. – Ich habe diese Titel genannt als ob man sich etwas dabei vorstellen könnte, das geht natürlich nicht, aber ich will die Titel solange bei Ihnen aufheben, bis es möglich sein wird. Es ist die erste größere Arbeit, in der ich mich nach 15 jähriger bis auf Augenblicke trostloser Plage seit 1½ Monaten geborgen fühle (11.11.1912; B00–12 225).

Eine zweite Arbeitsphase, in der der Schreibverlauf sehr viel stockender voranschreitet, beginnt am 14. November 1912, wird dann aber gleich durch die Niederschrift der *Verwandlung* unterbrochen (17.11. bis 6.12.1912). Der zögerliche weitere Arbeitsfortschritt ist in den Briefen an Felice gut dokumentiert (vgl. V:A 67–74; Binder 1976, 61–65); es entstehen die beiden überschriftlosen Kapitel »Es mußte wohl eine entlegene…« und »»Auf! Auf!‹ rief Robinson« (V 271–371). Am 24. Januar 1913 bricht Kafka die Arbeit ab:

> Mein Roman! Ich erklärte mich vorgestern abend vollständig von ihm besiegt. Er läuft mir auseinander, ich kann ihn nicht mehr umfassen, ich schreibe wohl nichts, was ganz außer Zusammenhang mit mir wäre, es hat sich aber in der letzten Zeit doch allzusehr gelockert, Falschheiten erscheinen und wollen nicht verschwinden, die Sache kommt in größere Gefahr, wenn ich an ihr weiterarbeite, als wenn ich sie vorläufig lasse. […] Kurz ich höre gänzlich mit dem Schreiben auf und werde vorläufig nur eine Woche, tatsächlich vielleicht viel länger, nichts als ruhn (An F. Bauer, 26.1.1913; B13–14 63).

Die Arbeitsunterbrechung sollte in der Tat »viel länger« dauern. Kafka hält das Romanprojekt zunächst für endgültig gescheitert, nimmt allerdings, als er das Manuskript am 8. März 1913 überliest, das Anfangskapitel von diesem Verdikt aus:

> [ich] las zuerst mit gleichgültigem Vertrauen als wüßte ich aus der Erinnerung genau die Reihenfolge des Guten, Halbguten und Schlechten darin wurde aber immer er-

staunter und kam endlich zu der unwiderlegbaren Überzeugung daß als Ganzes nur das erste Kapitel aus innerer
Wahrheit herkommt, während alles andere, mit Ausnahme einzelner kleinerer und größerer Stellen natürlich, gleichsam in Erinnerung an ein großes aber durchaus abwesendes Gefühl hingeschrieben und daher zu
verwerfen ist (An F. Bauer, 9./10.3.1913; B13–14 128).

Diese Einschätzung führt dazu, dass Kafka eine Ein-
zelpublikation des ersten Kapitels zu erwägen be-
ginnt und eine Maschinenabschrift anfertigen lässt.
Am 4. April schickt er dieses Typoskript an seinen
Verleger Kurt Wolff (der darum gebeten hatte). Im
Begleitbrief heißt es:

> Ob es selbständig veröffentlicht werden kann, weiß ich
> nicht; man sieht ihm zwar die 500 nächsten und vollstän-
> dig mißlungenen Seiten nicht gerade an, immerhin ist es
> wohl doch nicht genug abgeschlossen; es ist ein Fragment
> und wird es bleiben, diese Zukunft gibt dem Kapitel die
> meiste Abgeschlossenheit (4.4.1913; B13–14 156).

»Für späterhin« schlägt Kafka eine Sammelpublikation unter dem Titel »die Söhne« vor, die neben dem
Heizer auch das *Urteil* und die *Verwandlung* umfassen soll (ebd.).

Während diese Sammlung nie zustande kommt,
erscheint *Der Heizer*, mit dem Untertitel »Fragment«, bereits um den 24. Mai 1913 als Band 3 der
Buchreihe *Der jüngste Tag*. Der Druck enthält ein
Frontispiz, das einen vom Lektor Franz Werfel ausgewählten Stahlstich William Henry Bartletts (1809–
1854) mit dem Titel *View of the Ferry at Brooklyn,
New York* von 1838 (Abb. DzL:A 120) reproduziert –
was bei Kafka sehr gemischte Empfindungen aus-
löst:

> Als ich das Bild in meinem Buche sah, bin ich zuerst er-
> schrocken, denn erstens widerlegte es mich, der ich doch
> das allermodernste New Jork dargestellt hatte, zweitens
> war es gegenüber der Geschichte im Vorteil, da es vor ihr
> wirkte und als Bild konzentrierter als Prosa und drittens
> war es zu schön; wäre es nicht ein altes Bild, könnte es
> fast von Kubin sein. Jetzt aber habe ich mich schon längst
> damit abgefunden […]. Ich fühle mein Buch durchaus
> um das Bild bereichert und schon wird Kraft und Schwä-
> che zwischen Bild und Buch ausgetauscht (An K. Wolff,
> 25.5.1913; B13–14 196f.).

Wie die anderen Bände der Reihe – die alle in einer
Auflage von bis zu 10.000 Stück erschienen und 0.80
Mark kosteten – war auch *Der Heizer* recht erfolgreich: Das Büchlein wurde u. a. von Robert Musil
und Oskar Walzel rezensiert; bereits im Herbst 1916
erschien eine zweite Auflage, im Frühjahr 1918 eine
dritte.

Mit dieser Teilpublikation schien das Schicksal
des Romans endgültig besiegelt, denn solche ›Reste-

verwertung‹ betrieb Kafka eigentlich nur bei gescheiterten Projekten. Überraschenderweise nahm
er die Arbeit aber 1914 noch einmal auf. In dieser
dritten Arbeitsphase (zu Details vgl. V:A 75–82) entstanden zwischen August und Oktober: der Schluss-
passus von »›Auf! Auf!‹ rief Robinson« (ab »Das war
sehr ungerecht«; V 370), die Teile »Ausreise Bruneldas« und »Karl sah an einer Straßenecke« (möglicherweise im Rückgriff auf einen früheren Ansatz:
Juni 1914 (?), T 643), sowie der kurze Kapitelanfang
»Sie fuhren zwei Tage und zwei Nächte« (V 370–
419).

Besonders die (wohl im Oktober geschriebenen)
Passagen zum »Teater von Oklahama« signalisieren
einen Neuansatz im Schreibverfahren, da sie von der
bisherigen, grosso modo ›realistischen‹ Amerika-
Darstellung abweichen. Offensichtlich orientierte
sich Kafka hier an neu entwickelten Textmodellen –
vom 11. August 1914 bis zum 20. Januar 1915 schrieb
er am *Process*, in der zweiten Augusthälfte am *Kaldabahn*-Fragment, vom 5. bis 18. Oktober an der *Strafkolonie* – und hoffte so, seinen Roman doch noch
beenden zu können.

Wie wir wissen, hat sich diese Hoffnung nicht erfüllt. Eine letzte, vielleicht ja auch nur mittelbare
Spur des Romanprojekts findet sich in einem Bruchstück im Tagebuchheft 11 aus dem Juli 1916 (T 793),
das sich allerdings nicht leicht in den uns bekannten
Handlungsverlauf einordnen lässt (denkbar wäre ein
Anschluß an V 417).

Max Brod publizierte das Fragment 1927, bezeichnenderweise erst als letzten der drei Romane, unter
dem Titel *Amerika* – Kafka habe, so führt er im
Nachwort zur Erstausgabe aus, das im Manuskript
titellose Werk »im Gespräch« gewöhnlich als »seinen ›amerikanischen Roman‹« bezeichnet (Brod
1953 [1927], 356). Der in den Briefen an Felice be-
zeugte Titel *Der Verschollene* wurde erst durch die
Kritische Ausgabe wieder endgültig etabliert (V/KA
1983).

Wie bei all seinen Romansteditionen war Brod
auch bei *Amerika* darum bemüht, dem Fragment
möglichst große Geschlossenheit zu verleihen. So
fügte er für die letzten, im Manuskript überschriftlosen Teile Kapiteltitel ein – »Ein Asyl« (»Es mußte
wohl eine entlegene…«) und »Das Naturtheater von
Oklahoma« (»Karl sah an einer Straßenecke«, »Sie
fuhren zwei Tage«) – und grenzte die Partien »›Auf!
Auf!‹ rief Robinson« und »Ausreise Bruneldas« ganz
aus. Diese wurden erst ab der zweiten Ausgabe (A/
GS 1935) als nachgestellter Anhang abgedruckt.

Quellen und Vorlagen

Dass Kafkas Amerika ein »erlesenes« sei, ist (seit Hartmut Binder die Formulierung geprägt hat; Binder 1983, 75) in der Forschung zum allgegenwärtigen Topos avanciert. Und natürlich stimmt es, dass ein Autor, der die USA nie selbst bereist hatte, bei einem solchen Projekt in besonderem Maße auf Sach- und Realieninformationen, auf Berichte über die amerikanische Lebenswelt und Mentalität angewiesen war. Dennoch ist Kafkas Amerika zuallererst ein imaginiertes, wie noch zu zeigen sein wird – und die Hoffnung, Kafkas Texte über Quellenstudien zu entschlüsseln beim *Verschollenen* genauso vergebens wie bei allen anderen seiner Werke.

Die Forschung hat sich vor allem auf drei Quellen konzentriert (genaue Nachweise im Literaturverzeichnis):

(1) Die Novelle *Der kleine Ahasverus* des dänischen Schriftstellers Johannes Vilhelm Jensen (1873–1950), die im Juni 1909 in der *Neuen Rundschau* erschien. Erzählt wird von dem vierjährigen ostjüdischen Emigrantenkind Leo, das in New York beide Eltern verliert und mit seiner Schwester nach langer Wanderung durch die Stadt ein Kinderasyl erreicht.

(2) Ein Amerika-Reisebericht des tschechischen sozialdemokratischen Politikers František Soukup (1871–1940): Ob Kafka die gedruckte Fassung von 1912 kannte, ist ungewiss, auf jeden Fall aber besuchte er am 1. Juni 1912 Soukups Vortrag *Amerika a jeji úřednictvo* (Amerika und seine Beamtenschaft) (2.6.1912; T 424).

(3) Ein Amerika-Reisebericht des Schriftstellers Arthur Holitscher (1869–1941): Dieser erschien 1912 (mit zahlreichen Fotografien) unter dem Titel *Amerika heute und morgen. Reiseerlebnisse.* Vorabdrucke waren bereits von November 1911 bis Mai 1912 in der *Neuen Rundschau* veröffentlicht worden (ohne Abbildungen), ein kurzer Auszug im Fischer Almanach (Okt. 1912, mit Abbildungen; in Kafkas Bibliothek vorhanden). Kafka besaß die Buchausgabe in der 7. Auflage (1913), im Buch steht das Datum »8. V. 14«. Brod berichtet, Kafka habe immer wieder auf den Text hingewiesen und mehrfach daraus vorgelesen (vgl. Brods Anmerkung in: Briefe 519).

Jensens Novelle mag Anregungen für Thereses Erzählung ihrer Familiengeschichte geliefert haben (V 196–203); außerdem nennt sich Karl bei der Aufnahmeprozedur für das ›Teater‹ im Manuskript zunächst »Leo« (was Kafka dann systematisch zu »Ne-

gro« geändert hat; V:A 263–265). Soukup und Holitscher verdankt Kafka sicherlich zahlreiche Hinweise auf Details aus der amerikanischen Lebenswelt (zu detaillierten Nachweisen vgl. Binder 1976 u. 1983; Fingerhut 1989; Jahn 1965a, 144–150; Wirkner 15–24 u. 46–51). Sein Amerika-Bild ist aber wesentlich komplexer als das beider Autoren. Soukup und Holitscher schildern die USA aus sozialistischer Perspektive. In Soukups Bericht dominiert die Kapitalismuskritik; Holitschers Fazit fällt, trotz aller Vorbehalte, positiver aus:

> Amerika ist das Schicksal und die Erfüllung des Menschengeschlechts. Amerikas Energie, die das absurde Wachstum einiger weniger Mächtigen verursacht hat, besinnt sich heutigentags schon und sucht sich die Bahn zu dem Rechte Aller. Die Weltordnung, unter der wir [in Europa] heute leben, wird dieser Sturmflut des siegreichen Menschheitsgewissens nicht standhalten können (Holitscher, 429).

Doch selbst was die Realien angeht, würden auch beide Reiseberichte zusammengenommen nicht ausreichen, um das von Kafka imaginativ verarbeitete Amerika-Wissen zu erklären. Dafür gab es sicher noch andere und weit diffusere Quellen: Binder hat eindrucksvoll gezeigt, dass die USA in der deutschsprachigen (und besonders auch in der Prager) Presse der Vorkriegszeit ein hochaktuelles Thema war; die Zahl einschlägiger (oft mit Abbildungen versehener) Zeitungsberichte ist entsprechend groß (vgl. Binder 1983). Außerdem konnte Kafka auch auf familiäres Wissen zurückgreifen; nicht weniger als drei Angehörige der Familie, Vettern Kafkas, waren um die Jahrhundertwende nach Amerika ausgewandert (Alt, 354–356; Northey; Robertson, 67 f.).

Ebenfalls nicht überschätzt werden sollte eine Spur, die Kafka selbst gelegt hat. Am 8. Oktober 1917 notiert er zu Charles Dickens Roman *David Copperfield* (1849/50), den er wahrscheinlich 1911 (wieder-?)gelesen hatte (4.10.1911, T 55):

> »Der Heizer« glatte Dickensnachahmung, noch mehr der geplante Roman. Koffergeschichte [auch David wird der Koffer entwendet], der Beglückende und Bezaubernde [James Steerforth als Vorbild für Mack], die niedrigen Arbeiten, die Geliebte auf dem Landgut [eine eher vage Parallele zwischen Davids Fahrt zu einem Landgut, wo er Dora kennen lernt, und Karls Begegnung mit Klara] die schmutzigen Häuser u. a. vor allem aber die Methode. Meine Absicht war wie ich jetzt sehe einen Dickensroman zu schreiben, nur bereichert um die schärferen Lichter, die ich der Zeit entnommen und die matteren, die ich aus mir selbst aufgesteckt hätte. Dickens' Reichtum und bedenkenloses mächtiges Hinströmen, aber infolgedessen Stellen grauenhafter Kraftlosigkeit,

wo er müde nur das bereits Erreichte durcheinanderrührt. Barbarisch der Eindruck des unsinnigen Ganzen, ein Barbarentum, das allerdings ich dank meiner Schwäche und belehrt durch mein Epigonentum vermieden habe. Herzlosigkeit hinter der von Gefühl überströmenden Manier. Diese Klötze roher Charakterisierung die künstlich bei jedem Menschen eingetrieben werden und ohne die Dickens nicht imstande wäre, seine Geschichte auch nur einmal flüchtig hinaufzuklettern. [Robert] Walsers Zusammenhang mit ihm in der verschwimmenden Anwendung von abstrakten Metaphern (8.10.1917, T 841; vgl. auch 20.8.1911, T 38).

Von einer »glatten Dickensnachahmung« zu sprechen ist natürlich eine maßlose Übertreibung – es ist sehr zu bezweifeln, dass sich viele Leser des *Verschollenen* ausgerechnet an Dickens erinnert fühlen werden. Am ehesten träfe dies vielleicht noch auf die (für Kafka ungewöhnlich sentimental ausgefallene) Binnenerzählung Thereses zu (V 196–203). Was Kafka im Rückblick mit deutlich kritischem Unterton an seinem ersten Romanversuch zu beobachten glaubt, bezieht sich in der Tat weniger auf Einzelmotive als auf die »Methode«: das vom Standpunkt der späteren Texte (und nur von dort aus) ungewöhnlich große Vertrauen auf standardisierte Plot-Elemente und realistisches Detail (vgl. Czoik; Binder 1976; Hillmann, 146–150; Jahn 1965a, 138–143; Spilka). Doch auch wenn Züge von Entwicklungsroman und pikaresk-naivem Erzählen im *Verschollenen* gelegentlich durchscheinen mögen, bleibt dieser Text ein genuin Kafkasches Werk.

Textbeschreibung

Aufbau und Figurenkonstellation

Nach den früh gescheiterten *Hochzeitsvorbereitungen* war *Der Verschollene* Kafkas erster Versuch in der epischen Großform des Romans. Dass umfangreiche Texte mit seiner extrem inspirationsorientierten und bewusst planlosen Schreibweise nur schwer gelingen konnten, liegt auf der Hand, zumal sich Kafka ja auch nicht von der inneren Dynamik einer starken Handlungslinie und/oder dem Entfaltungspotential komplexer Charaktere tragen lassen konnte. Daher sind seine Romanprojekte nicht zuletzt durch die unterschiedlichen Techniken zu beschreiben, mit denen er versucht, ein möglichst geschlossenes episches Ganzes aus kleinen Erzähleinheiten aufzubauen.

Selbstkritisch schrieb Kafka über die erste Fassung des *Verschollenen*: »Es [das Geschriebene] ist in kleinen Stücken mehr an einander als ineinander gear-

beitet, wird lange geradeaus gehn, ehe es sich zum noch so sehr erwünschten Kreise wendet« (An M. Brod, 22.7.1912; B00–12 163). In der zweiten Fassung versuchte er diese Probleme durch das Verfahren der *Serialisierung* in den Griff zu bekommen, das sowohl den Handlungsaufbau wie auch die Figurenkonstellation bestimmt (erstmals in Grundzügen herausgearbeitet von Jahn 1965a, bes. 12–20).

Die Handlung des *Verschollenen* beruht auf der vielfachen Variation eines einheitlichen Grundschemas, das in seiner vollen Gestalt drei Teile umfasst: (1) Aufnahme in eine Gemeinschaft (und Anpassung an deren Regeln); (2) Normverstoß (der allerdings nie als ein wirklich ernst zu nehmendes Vergehen erscheint); (3) Vertreibung aus der Gemeinschaft.

Die erste Variante dieses Sündenfall/Vertreibungs-Schemas geht dem Romanbeginn zeitlich voraus und wird als Vorgeschichte im ersten Kapitel nachgeholt (V 7, 38–43): Karl Roßmann, der zu Romanbeginn knapp 16- oder schon 17-jährige Held des Romans (V 7, 175) wurde in seiner Heimatstadt Prag von Johanna Brummer, dem 35-jährigen Dienstmädchen der Familie, verführt – in Karls Erinnerung gleicht der Vorfall allerdings eher einer Vergewaltigung. Da dies zur Geburt eines Sohnes führt, schicken die Eltern, »zur Vermeidung der Alimentenzahlung oder sonstigen bis an sie selbst heranreichenden Skandales« (V 40), den Sohn per Schiff nach Amerika.

Im ersten Romankapitel wird dieses Schema mit umgekehrter Rollenverteilung nachgespielt: Beim Verlassen des Schiffes bemerkt Karl, dass er seinen Schirm vergessen hat. Auf der Suche nach diesem – die ihn seinen auf Deck zurückgelassenen Koffer kosten wird – stößt er in einer Kabine auf den deutschen Schiffsheizer, der sich vom rumänischen Obermaschinisten Schubal schikaniert fühlt und daher das Schiff verlassen will. Ohne den Fall zu prüfen, macht sich Karl sofort zum Anwalt des von Verstoßung Bedrohten – sicherlich in Erinnerung an das ihm selbst geschehene Unrecht und mit dem nur halb bewussten Wunsch, in der Rehabilitation des Heizers zugleich seine Selbstrehabilitation zu betreiben (V 33). Er begleitet den überraschend schnell gewonnenen »Freund« (V 10) in die Kapitänskajüte und vertritt dessen Sache beredt (aber wenig erfolgreich) gegenüber dem Kapitän. Dabei wird er von seinem vor langer Zeit nach Amerika ausgewanderten und dort zum erfolgreichen Geschäftsmann und Senator avancierten Onkel Edward Jakob erkannt, den ein Brief Johannas auf das Schicksal seines Neffen hingewiesen hatte. So verlässt Karl die Freundes-Gemeinschaft mit seinem Schützling (und die usurpierte ›Vater‹-Rolle) und geht mit seinem Onkel von Bord.

Im zweiten Kapitel versucht Karl zunächst, mit einigen Schwierigkeiten, sich in die neue Lebens- wie ›Vater‹-Welt einzufügen, die Chance seiner zweiten »Geburt« (V 56) zu nutzen und zum veritablen Amerikaner zu werden – so nimmt er etwa Unterricht im Englischen und im Reiten. Da ereignet sich ein erneuter, besonders harmlos erscheinender Normverstoß: Gegen den Willen seines Onkels akzeptiert Karl die Einladung eines Geschäftsfreundes des Senators namens Pollunder, mit ihm auf sein außerhalb New Yorks gelegenes Landgut zu fahren, um seine Tochter Klara kennenzulernen. Das Zusammensein mit ihr – der Verlobten seines Reitpartners, des Millionärssohnes Mack – gerät im dritten Kapitel nahezu zur Reprise der Vergewaltigung durch Johanna. Durch die Intrige des Herrn Green, eines weiteren Geschäftsfreundes des Onkels, versäumt Karl zudem ein vom Onkel gesetztes Ultimatum: Erst nach der um Mitternacht ablaufenden Frist erhält er dessen Brief, der ihm nun seine erneute Verstoßung verkündet. Mit seinem (wieder gefundenen) Koffer und etwas Geld versehen, bricht er alleine auf.

Im vierten Kapitel macht Karl in einem Wirtshaus die Bekanntschaft zweier Vagabunden: des Irländers Robinson und des Franzosen Delamarche. Man beschließt, zusammen nach Butterford zu gehen, um dort Arbeit zu finden. Die neue Gemeinschaft entspricht freilich von Anfang an nur wenig Karls Ideal einer guten »Kameradschaft« (V 163). Seine neuen Freunde nutzen ihn aus und brechen sogar seinen Koffer auf. Karl vermisst vor allem die Fotografie seiner Eltern, die ihm »wichtiger« ist als all sein anderer Besitz (V 167), beschuldigt die schlechten Kameraden des Diebstahls – wohl zu Unrecht (V 168) – und verlässt sie. Wiederum liegt also eine starke Variation des Grundmusters vor. Diesmal endet die Gemeinschaft durch beidseitige Normverstöße: die zahlreichen Betrügereien von Delamarche und Robinson und Karls zwar durchaus berechtigtes, aber gegen die selbstaufgestellte Norm der ›guten Kameradschaft‹ verstoßendes Misstrauen.

Durch Vermittlung der aus Wien stammenden 50-jährigen Oberköchin Grete Mitzelbach findet Karl im fünften Kapitel eine Stellung als Liftjunge in dem nahe der Stadt Ramses gelegenen riesigen »Hotel occidental« und freundet sich mit deren Schützling,

der 18-jährigen »Schreibmaschinistin« (V 170) Therese Berchthold an. (Diese war mit ihrer Mutter aus Pommern eingewandert. In Amerika hatte der Vater die Familie verlassen, und Thereses kranke und verarmte Mutter starb bei einem Unfall, der Züge eines Selbstmordes trug.) Kaum im Hotel eingewöhnt, wird Karl »anderthalb Monate« (V 195) später auch aus diesem Lebensraum vertrieben (6. Kapitel). Diesmal begeht er einen eindeutigen Regelverstoß – er verlässt als Liftjunge seinen Posten. Allerdings tut er dies in einer Zwangslage, da er sich des betrunkenen Robinson annehmen muss, den Delamarche ins Hotel geschickt hat. Es kommt zu einer ›Gerichtsverhandlung‹, bei der der in die Oberköchin verliebte Oberkellner Isbary und der ebenfalls aus Ungarn stammende Oberportier Feodor als Richter und Ankläger, die Oberköchin und Therese als wenig überzeugte und überzeugende Verteidiger agieren. So muss Karl das Hotel fluchtartig verlassen.

Im siebten Kapitel bringt Robinson ihn zu Delamarche – wie dieser es von Anfang an geplant hatte. Denn der Franzose ist inzwischen mit der »übermäßig dicken« (V 296) ehemaligen Opernsängerin Brunelda liiert und lebt mit ihr – halb als Diener, halb als Geliebter – in ihrer kleinen Wohnung in einem Arbeiterviertel. Da Robinson sich als ineffektiver Dienstbote erwiesen hat, soll Karl ihn unterstützen (V 314–316). Dieser weigert sich und versucht vergeblich zu fliehen. So vollzieht sich die Aufnahme in die neue Gemeinschaft diesmal eher als Gefangennahme. Vom Balkon der Wohnung aus beobachtet Karl auf der Straße eine Wahlveranstaltung für eine Richterwahl und unterhält sich mit dem hart arbeitenden Studenten Josef Mendel, der in einer Nachbarwohnung lebt. Das Ende der sich über zwei Kapitel hinziehenden Episode hat Kafka nie geschrieben, so dass nicht gesichert ist, ob auch sie mit einer Verstoßung endet.

Auch das handlungschronologisch nächste Kapitel »Ausreise Bruneldas« ist zu fragmentarisch, um das Schema zu erfüllen. Karl bringt Brunelda in einem Wägelchen von ihrer Wohnung in das dubiose »Unternehmen Nr. 25« (V 383), vermutlich ein Bordell. Was in der Zeitlücke zum vorangehenden Kapitel geschehen ist, lässt sich nur vermuten: Denkbar wäre etwa, dass Delamarche den Besitz der Wohnung usurpiert und Karl und Brunelda aus dem Haus gewiesen hat. Völlig offen bleibt der weitere Handlungsverlauf des Fragments. Aus dem nächsten Kapitel ist jedenfalls zu erschließen, dass Karl mindestens in diesem einen Etablissement eine Stellung angenommen und wieder verloren haben muss (V 406) und dass sein »Rufname« »Negro« war (V 402). Irgendwo muss er auch ein junges Mädchen namens Fanny kennengelernt haben (dem er im »Teater«-Kapitel wieder begegnen wird).

Die letzte überlieferte Handlungssequenz ist dem »Teater von Oklahama« gewidmet – der Schreibfehler im Namen des Bundesstaates dürfte von einem Bildtitel in Holitschers *Amerika*-Buch übernommen worden sein, das eine Lynchszene zeigt (Holitscher, 367: »Idyll aus Oklahama«; auch in: Jahraus, 259). Der wieder einmal stellungslose Karl liest »an einer Straßenecke« ein Plakat:

> Auf dem Rennplatz in Clayton wird heute [...] Personal für das Teater in Oklahama aufgenommen! [...] Jeder ist willkommen! Wer Künstler werden will melde sich! Wir sind das Teater, das jeden brauchen kann, jeden an seinem Ort! (V 387).

Karl folgt dem Aufruf, fährt nach Clayton – und wird in der Tat aufgenommen. Viele Umstände sind allerdings seltsam und widersprüchlich: ein Begrüßungsorchester aus 100 als Engel kostümierten und Trompete blasenden Frauen (darunter auch Fanny), die alle zwei Stunden von ebenso vielen Teufeln abgelöst werden (V 392); eine Überfülle von Aufnahmekanzleien für alle möglichen Berufsgruppen (auch eine für »europäische Mittelschüler« fehlt nicht; V 401); Karl wird zunächst als »Schauspieler« aufgenommen (V 407), dann aber nur als »technischer Arbeiter« (V 409; was allerdings kein Widerspruch sein muss, wenn ›Schauspieler‹ der Oberbegriff für alle im Theater Tätigen sein sollte); die Registrierung erfolgt ohne Legitimationspapiere und unter dem von Karl angegebenen Namen »Negro« (V 402 f.). Bei einem festlichen gemeinsamen Mahl der Aufgenommenen begegnet Karl einem alten Bekannten: dem Italiener Giacomo, der ebenfalls Liftjunge im *Occidental* gewesen war.

Das letzte Kapitelfragment enthält kurze Szenen vom ersten Tag einer zweitägigen Bahnreise, deren Ziel offensichtlich ›Oklahama‹ ist. Es endet mit dem Blick auf die Szenerie eines erhaben bedrohlichen Felsengebirges, das an die Rockies erinnert (vgl. Holitscher, 222 f.). Seine »breiten Bergströme« »waren so nah daß der Hauch ihrer Kühle das Gesicht erschauern machte« (V 419; Textschluss).

Dem vielfach variierten Handlungsgrundschema entspricht ein ebenso vielfach variiertes Grundschema der Figurenkonstellation, das immer familiär konnotiert und oft auch so ausgeprägt ist. In seiner voll entfalteten Gestalt umfasst es sechs Positionen: (1) eine autoritative und autoritäre Vaterfigur; (2) eine dieser zu- und zugleich untergeordnete, sowohl schwächere wie freundlichere Autoritätsperson (›Mutter‹); (3) der von beiden abhängige ›Sohn‹; (4) eine sexuell attraktive, oft auch aggressive Frauenfigur (›Geliebte‹); (5) eine asexuelle, eher ›schwesterliche‹ Frauenfigur; (6) ein Freund, der mit dem ›Sohn‹ stark kontrastiert und alternative Persönlichkeitskonzepte vertritt. Die Positionen (1)–(3) sind (fast) immer besetzt, die anderen nur optional. Im Prinzip ist dieses familiäre Figurenschema ja bereits aus *Urteil* und *Verwandlung* bekannt.

Im *Verschollenen* ist die Position (3) natürlich immer von Karl Roßmann besetzt (der nur im ersten Kapitel dem Heizer gegenüber auch eine andere Rolle einnimmt – man könnte sagen: die des ›väterlichen Freundes‹). Für die anderen Positionen stehen (um nur die wichtigsten Besetzungen in romanchronologischer Folge zu nennen): (1) Karls Vater, der Kapitän/Oberkassier, der Onkel, Herr Green, Delamarche, Oberkellner/Oberportier, Personalchef/Kanzleileiter/Führer der Theater-Werbertruppe (rudimentär auch zwei Polizistenfiguren; V 272–285, 380 f.); (2) Karls Mutter, Herr Pollunder, Robinson, die Oberköchin, Brunelda (die, doppelkonnotiert, auch Position 4 repräsentiert), Kanzleischreiber der Theater-Werbertruppe (V 401–403); (4) Johanna Brummer, das Küchenmädchen Line vom Auswandererschiff (V 18, 52), Klara Pollunder, Brunelda; (5) Therese Berthold, wohl auch Fanny (V 392–395, 409 f.); (6) Karl (gegenüber dem Heizer), der Millionärssohn Mak/Mack (V 62–65, 92, 101, 119 f.), die Liftjungen Rennel/Renell (V 187, 205 f., 209, 216, 217, 223, 264, 315) und Giacomo (V 174 f., 185 f., 246, 250, 252), der Student Mendel (V 341–352, 377–379) und noch einmal Giacomo (V 413–418).

Nimmt man die beiden Schemata zusammen, so bilden sie eine Grundkonstellation, die den Status eines Mythos hat (so schon Jahn 1965a, 16–20). Zusammengesetzt ist er aus einer Variante des Sündenfall-Mythos (auf den u. a. durch das Schwert der Freiheitsstatue und das Apfelmotiv angespielt wird; V 7, 206, 208, 209, 382) und einem Familien-Mythos, der Freuds Ödipus-Mythos homolog (aber keineswegs einfach mit diesem identisch) ist.

Dieser Mythos generiert, strukturiert und integriert den Roman; außerdem vermittelt er zwischen seinen zwei Hauptebenen: der Geschichte Karls (die keine Entwicklungsgeschichte ist, da der Held sich nicht wesentlich verändert) und der Darstellung der amerikanischen Welt (die eben wegen dieser mythischen Grundierung keinen realistischen Gesellschaftsroman konstituiert). Dass der Mythos ein Subtext der dargestellten Romanwelt bleibt und sich nicht direkt als zweite Wirklichkeitsebene in ihr manifestiert, unterscheidet den *Verschollenen* deutlich von den späteren Romanprojekten *Process* und *Schloss*. Die Spannung zwischen dem hochallgemeinen Mythos und der spezifisch ›amerikanischen‹ Romanwelt verweist auf ein erstes zentrales Interpretationsproblem des *Verschollenen*: Wie hängen der Held und seine Individualgeschichte mit dem Sozialmodell ›Amerika‹ zusammen – und welche dieser beiden Ebenen ist die für die Textbedeutung primäre?

Der ›Amerika‹-Part des Romans konfrontiert uns u. a. mit Beschreibungen des amerikanischen Auto-, Schiffs- und U-Bahn-Verkehrs (V 19 f., 26 f., 55, 74 f., 139–141, 160, 194, 266 f., 270), der modernen Arbeitswelt – »Kommissions- und Speditionsgeschäft« des Senator Jakob (V 65–68), Hotel Occidental (bes. 186–194 u. 254–61), Warenhaus Montly (V 347 f.) –, mit Großstadtpanoramen (z. B. V 54 f., 144 f.), einer Richterwahlveranstaltung (V 322–334), modernen Kommunikationsmedien – Telegraphen- und Telefonsaal (V 66 f.), Auskunftsystem im Hotel (254–261) –, aber auch mit Details wie einem »amerikanischen Schreibtisch bester Sorte« (V 57–59), einer amerikanischen Badewanne (V 63) oder amerikanischen Essgewohnheiten (z. B. Steak und Cola; V 147).

Mindestens ebenso wichtig wie diese imaginierten ›Realien‹ sind aber, zum einen, die ständigen Hinweise auf eine spezifisch amerikanische Mentalität in ebenso ständiger Konfrontation mit ihrem europäischen Gegenbild (s. u.) und, zum anderen, eine das ganze amerikanische Leben durchziehende Energie, Unruhe, Dynamik. Kafkas Amerika erscheint als »eine neue, vervielfältigte wildere Mischung von Lärm, Staub und Gerüchen« (V 55), seine dynamische Energie manifestiert sich in zur Masse verschmolzenen Menschenmengen, »deren Gesang einheitlicher war als der einer einzigen Menschenstimme« (V 74), ebenso wie im Nachrichten- und Verkehrsstrom oder in der Bewegung der Elemente. So ließe sich der über die Meer- und Schiffsbewegungen im New Yorker Hafen formulierte Satz – »eine Bewegung ohne Ende, eine Unruhe, übertragen von dem unruhigen Element auf die hilflosen Menschen und ihre Werke« (V 27) – leicht auf Amerika überhaupt beziehen. Seine entfesselte Dynamik

wird immer wieder in ein »mächtiges«, überklares Sonnen-»Licht« (V 55; vgl. auch 7, 56, 65, 412) oder in »sprühendes elektrisches Licht« (V 66) getaucht.

Diese Elemente von Kafkas ›Amerika‹ (wie auch die beschriebene mythische Strukturierung des Romans) legen bereits eine Antwort auf eine zweite zentrale Interpretationsfrage nahe: Ist Kafkas Amerika ein – und sei es: literarisch verfremdetes, satirisch überzeichnetes – Abbild der sozialen und historischen Realität der USA oder eine zu entschlüsselnde Großmetapher (wie später die Gerichts- und die Schlosswelt)?

Ein drittes Interpretationsproblem ergibt sich aus dem Romanschluss. Das Verfahren der Serialisierung ermöglichte es Kafka zwar, mittels des Bauprinzips der ›Selbständlichkeit‹ einen Großtext aus kleinen, für sein Schreibverfahren leichter zu bewältigenden Erzähleinheiten zusammenzufügen. Das Problem des Romanschlusses blieb dadurch aber ungelöst – ja man könnte sagen, dass es eher noch verschärft wurde. Zum Gesetz der Serie gehört es, dass Karls Weg durch Amerika zum ständigen sozialen Abstieg gerät; dies lässt es als wahrscheinlich erscheinen, dass der Text mit dem Untergang des Helden enden sollte, der sich dann wohl in der Welt des »Teaters von Oklahama« ereignet hätte. Andererseits stellt dessen fiktionaler Entwurf mit seinen phantastischen Elementen und seinen metaphysischen Obertönen einen offensichtlichen Bruch mit dem bisherigen Wirklichkeitskonzept des Romans dar – was auf eine (wie immer zu denkende) Wendung im Schicksal des Helden hinweisen könnte.

Die Entscheidung zwischen diesen Hypothesen wird noch dadurch erschwert, dass beide sich durch Aussagen Kafkas stützen lassen. Dieser notiert am 30. September 1915:

Roßmann und K. [aus dem *Process*], der Schuldlose und der Schuldige, schließlich beide unterschiedslos strafweise umgebracht, der Schuldlose mit leichterer Hand, mehr zur Seite geschoben als niedergeschlagen (30.9.1915; T 757).

Dagegen hat Max Brod überliefert:

Aus Gesprächen weiß ich, daß das vorliegende unvollendete Kapitel über das »Naturtheater in Oklahoma«, ein Kapitel, dessen Einleitung Kafka besonders liebte und herzergreifend schön vorlas, das Schlußkapitel sein und versöhnlich ausklingen sollte. Mit rätselhaften Worten deutete Kafka lächelnd an, daß sein junger Held in diesem »fast grenzenlosen« Theater Beruf, Freiheit, Rückhalt, ja sogar die Heimat und die Eltern wie durch paradiesischen Zauber wiederfinden werde (Brod 1953 [1927], 356 f.).

Erzählperspektive

Wie das *Urteil,* die *Verwandlung* und die beiden anderen Romanprojekte ist auch der *Verschollene* eine personale Er-Erzählung (nach der von Jürgen H. Petersen reformulierten Terminologie Franz Karl Stanzels) bzw. ein extradiegetisch-heterodiegetischer Text mit interner Fokalisierung (nach der überkomplexen Terminologie Gérard Genettes). Beides meint, dass der Erzähler im Regelfall (der gelegentliche, durch die erzählerische Ökonomie gebotene auktoriale Passagen natürlich nicht ausschließt) nicht mehr sagt, als eine oder mehrere seiner Romanfiguren wissen (bei Kafka erfolgt die Perspektivierung fast immer ausschließlich über die Zentralfigur).

Wie in den meisten reifen Erzähltexten Kafkas ist so auch im *Verschollenen* alles Geschehen durch den Helden perspektiviert: mit seinen Augen gesehen, mit seinem Wissenshorizont und seinen Denkmustern gedeutet und mit seinem Wertesystem bewertet; Innensicht erhalten wir nur für seine Gedanken- und Gefühlswelt, nicht aber für die anderer Figuren.

Kafkas besondere Form des personalen Erzählens liegt nun freilich darin, dass der Leser *dennoch* mehr erfährt, als der Held weiß – entweder dadurch, dass er wenigstens dessen Wirklichkeitsdeutungen und -bewertungen als falsch, da offensichtlich nicht situationsadäquat erkennt, oder dadurch, dass der Held mittelbar mehr über sich verrät, als er selbst durchschauen kann oder will. Das kommt auch bei anderen Autoren, die personal erzählen, gelegentlich vor – bei Kafka aber hat dieses Verfahren Methode, ist eine systematisch verfolgte ständige Praxis.

Dem Leser stellt sich so eine doppelte Aufgabe: Zum ersten muss er *erkennen,* wo Karls Sehweise und seine Bewertung die Darstellung bestimmen. Das ist natürlich einfach, wenn direkte Rede des Helden, Gedankenbericht, innerer Monolog oder eindeutige Perspektivsignale vorliegen (wie »wahrscheinlich«, »wohl«, »mochte sein«, »offenbar«, etc.). Schon eine erlebte Rede – die Gedanken/Empfindungen einer Figur durch Erzählerrede vermittelt – lässt sich aber nicht immer leicht identifizieren. Noch mehr Scharfsinn ist nötig, wenn Deutungen und Wertungen des Helden ohne jede äußere Markierung in die Erzählerrede eingewandert sind, sie gewissermaßen infiziert haben. Zum zweiten muss der Leser dann aus den erkannten Fehldeutungen des Helden Konsequenzen ziehen, nach ihren Ursachen fragen und – gegebenenfalls – auf *kritische Distanz* zum Helden gehen (was ihm auch ermöglicht, die Komik von dessen Fehlleistungen zu entdecken).

Oft ist dieser Rezeptionsmechanismus sogar noch etwas komplizierter angelegt: Die besondere Erzählweise Kafkas verführt den Leser geradezu, sich zunächst mit der Denkweise des Helden zu identifizieren – und so den K(arl) in sich zu entdecken. Dann ist die im zweiten Schritt erfolgende Distanzierung auch eine Selbstdistanzierung, die Kritik am Helden auch eine Selbstkritik. Diese zweite, kompliziertere Variante des induzierten Rezeptionsprozesses ist im *Verschollenen* noch deutlich schwächer ausgeprägt als in den beiden späteren Romanen – dazu ist Karl Roßmann noch zu sehr ein besonderes Individuum –, in Ansätzen vorhanden ist sie aber durchaus.

Das bisher allgemein Beschriebene kann hier nur an zwei kurzen Textstellen exemplifiziert werden. Die erste ist der Beginn des berühmten Anfangssatzes des Romans:

> Als der siebzehnjährige Karl Roßmann, der von seinen armen Eltern nach Amerika geschickt worden war, weil ihn ein Dienstmädchen verführt und ein Kind von ihm bekommen hatte, in dem schon langsam gewordenen Schiff in den Hafen von Newyork einfuhr ... (V 7).

Interessant ist in unserem Zusammenhang nur das Prädikat ›arme‹. Wer den Roman zum ersten Mal liest, mag vermuten, dass Karls Eltern materiell arm seien – später wird ihn dann sehr verwundern, dass diese ›armen‹ Leute sich ein Dienstmädchen leisten können, also mindestens zum Kleinbürgertum gehören. Auch Milena Jesenská hat in ihrer Übersetzung des Heizers diesen Verständnisfehler gemacht. Kafka korrigiert sie (sehr schonend) und macht dabei zugleich sein Erzählverfahren deutlich:

> *arm* hat hier auch den Nebensinn: bedauernswert, aber ohne besondere Gefühlsbetonung, ein unverstehendes Mitleid das auch Karl mit seinen Eltern hat (An M. Jesenká, Mai 1920; BM 16).

Für ›bedauernswert‹ wird Karls Eltern nur halten können, wer ihren Moralkodex teilt und ihre brutale Abschiebung des Sohnes für gerechtfertigt hält. Der Leser mag dies zunächst dem Erzähler des Romans als Werthaltung unterstellen, wird aber, wenn er sich in den Text und sein Erzählverfahren eingelesen hat, bald begreifen, dass sich in dieser Erzählerrede – ohne jede formale Markierung – die Sehweise Karls ausdrückt. Was lernen wir daraus über den Helden? Karl scheint in seinem »unverstehenden Mitleid« überhaupt nicht wahrzunehmen, wie grausam ihn seine Eltern behandelt haben – dass sie ihn, wie der Onkel es durchaus zutreffend formulieren wird,

»einfach beiseitegeschafft« haben, »wie man eine Katze vor die Tür wirft, wenn sie ärgert« (V 38). Genauer betrachtet, ist die Sachlage sogar noch verwickelter: Karl nimmt diese Ungerechtigkeit und Grausamkeit sehr wohl wahr (wie spätere Textstellen zeigen, etwa sein Entschluss, den Eltern nicht zu schreiben; V 135, vgl. auch 12) – er weigert sich aber, sich dieses Wissen einzugestehen, verdrängt es also (darin ist er ein enger Verwandter Gregor Samsas aus der *Verwandlung*). Nicht umsonst erfahren wir am meisten über das Verhältnis zwischen Karl und seinen Eltern aus der Beschreibung zweier Familienfotografien (V 134–136) – eine von Kafkas vielen raffinierten Techniken, dem Leser Informationen gewissermaßen hinter dem Rücken des Helden zu vermitteln.

Mein zweites Textbeispiel stammt ebenfalls aus dem *Heizer*-Kapitel. Nahe an dessen Ende findet sich eine längere Passage, die in erlebter Rede die Gedanken des Heizers berichtet, der sich in sein Schicksal ergeben zu haben scheint. Hier steht auch der folgende Satz:

> Dieser Neffe [also Karl] hatte ihm [dem Heizer] übrigens vorher öfters zu nützen gesucht und daher für seinen Dienst bei der Wiedererkennung längst vorher einen mehr als genügenden Dank abgestattet; dem Heizer fiel gar nicht ein, jetzt noch etwas von ihm zu verlangen (V 47).

Ein ungeschulter Leser mag dies für eine Wiedergabe der tatsächlichen Gedanken des Heizers in erlebter Rede halten, als die sie ja formal auch eindeutig markiert sind. Misstrauisch sollte er aber spätestens dann werden, wenn es wenig später heißt:

> So wie es seiner Meinung entsprach versuchte auch der Heizer nicht zu Karl hinzusehn, aber leider blieb in diesem Zimmer der Feinde kein anderer Ruheort für seine Augen (V 47 f.).

Das »leider« indiziert wieder erlebte Rede; wirklich Sinn macht es aber nur aus der Perspektive Karls, der den auf ihn fallenden Blick des Heizers als Störung der soeben aufgebauten Illusion empfindet. So wird signalisiert – und auf solche verdeckten Perspektivsignale wird der Leser bei Kafka zu achten lernen müssen –, dass auch die vorangegangene erlebte Rede nicht die Empfindungen des Heizers ausdrückte (was eine singuläre Abweichung von der durchgängigen internen Fokalisierung des Geschehens über Karl wäre), sondern Karls Wunschbild dieser Empfindungen. Da er gerade im Begriff ist, den vorher leichtfertig zur Revolte aufgestachelten Heizer im Stich zu lassen, sucht er Entlastung in der

nicht nur sachlich ungedeckten, sondern offenkundig schlichtweg falschen Unterstellung, der Heizer erwarte nichts mehr von ihm.

Was bedeutet diese Erzählweise nun für die Interpretation des *Verschollenen*? Im *Process* und im *Schloss* ist der skrupellose Egoismus der Helden offensichtlich (so möchte man wenigstens meinen, bis man sich durch anders ausfallende Lektüren der Forschung eines Besseren belehrt sehen muss). Das erklärt auch den Sinn der durch die Erzählweise induzierten Distanz zu den K.s. Karl Roßmann ist nun zwar vielleicht nicht einfach ›unschuldig‹ – zumindest erwies er sich in den beiden analysierten Textstellen als ebenso unfähig zur Emanzipation wie zur moralischen Selbstkritik –, aber doch deutlich unschuldiger als seine Nachfolger. Und er *ist* ganz zweifellos ein Opfer, da seine streng bestraften ›Vergehen‹ keine oder allenfalls marginale Schuld indizieren. Damit ergibt sich als viertes Interpretationsproblem des *Verschollenen* die Frage nach der Bewertung des Helden.

Jedenfalls aber liefert Kafkas Perspektiventechnik ein Entscheidungskriterium für die erste unserer Interpretationsfragen, also die nach dem Verhältnis zwischen Individual- und Sozialroman: Dass Amerika zur Gänze aus der Sicht des Helden geschildert und bewertet wird, lässt eine einseitige Deutung des Romans als Kritik der amerikanischen Gesellschaft erneut als höchst fragwürdig erscheinen. Eine dem Text angemessene Vermittlung der beiden Romanaspekte wird der formalen Priorisierung der Figurenperspektive Rechnung tragen müssen.

Forschung

Der *Verschollene* ist immer ein Stiefkind der Kafka-Forschung gewesen – und dies bis heute geblieben. Schon Max Brod hielt den Roman offensichtlich für unbedeutender – wohl: da weltanschaulich weniger allgemein ausdeutbar – als die beiden späteren Texte. In seinem Nachwort zur Erstausgabe wusste er wenig mehr hervorzuheben als das Thema der »Einsamkeit« – als »Fremdheit, Isoliertheit mitten unter den Menschen« – und die in diesem Text angeblich offener zutage tretende »Anteilnahme« des Autors am Schicksal seines Helden, seine »schlichte, mitfühlende Menschlichkeit« (M. Brod 1953 [1927], 357 u. 359).

Natürlich haben sich auch an der Interpretation des *Verschollenen* alle bekannten Schulen der Kafka-

Interpretation versucht: Der Roman ist biographisch gelesen worden (bes. Binder 1976 u. 1983; Hillmann 1976), psychoanalytisch (etwa von Sokel 1976 [1964]), und in jüngster Zeit ist ihm das Schicksal einer ausschließlich selbstreflexiven Lektüre, nach der auch dieser Text nur vom Schreiben selbst handle (z.B. Kremer 1994; Wolfradt 1996; Fingerhut 1997; Schößler 1998), ebenso wenig erspart geblieben wie eine postkolonialistische Deutung (Goebel 2002). Neue Teilaspekte wurden nur vereinzelt thematisiert: etwa die Gender-Frage (Lange-Kirchheim 1993; Menninghaus 1999; Boa 2005), die Rolle der Fotografie (Schettino 1987; Biendarra 2006; Duttlinger 2006) und die jüdische Thematik (Greiner 2003; Metz 2004; B. Neumann 2007 u. 2008; P. Theisohn 2008). Von den drei großen, im Wesentlichen werkimmanent ausgerichteten Monographien (Jahn 1965a; Thalmann 1966; Nicolai 1981) ist die Arbeit von Jahn insgesamt noch immer lesenswert.

Mit Abstand dominant war beim *Verschollenen* jedoch – vermutlich auch bedingt durch den weichenstellenden Brodschen Romantitel *Amerika* – die sozialgeschichtliche Interpretation (zunächst bei Hermsdorff 1961, und, noch existenzialistisch eingefärbt, bei Emrich 1957; dann etwa: Wirkner 1976; Burwell 1979; Plachta 1994 u. 2008; Alt 2005), die in den letzten Jahrzehnten zunehmend zur Foucault-inspirierten ›Macht‹-Kritik wurde (Hiebel 1986 u. 1999; Jahraus 2006). Erschien Amerika dabei zunächst als Inbegriff der kapitalistischen Welt, so dominiert heute dessen Deutung als Synonym für die Moderne. Das ist durchaus nachvollziehbar. Bedauerlich ist allerdings, dass dies nicht zum Versuch einer Bestimmung von Kafkas Moderne-Begriff geführt hat. Stattdessen beschränkt man sich meist darauf, die für uns gängigen Klischees von sozialer ›Modernität‹ im Text wieder zu finden (Alt 2005, 347–351), wobei die Bedeutung der Kommunikationsmedien oft überbetont wird (z.B. Jahraus 2006, 265).

Für die im vorigen Kapitel formulierten Interpretationsfragen heißt dies, dass der *Verschollene* heute mehrheitlich als Amerika/Moderne-Roman gelesen wird, wobei Karl dann als unschuldiges Opfer gilt. Amerika entspricht entweder einfach den kapitalistischen USA oder erscheint als Metonymie für die Moderne, die meist konventionell im Sinne des soziologischen ›Moderne‹-Begriffes gedeutet wird – oder, im Sinne Foucaults, als ein Machtsystem (z.B. Jahraus 2006, 266–277), wobei diese ›Macht‹ allerdings, anders als in Foucaults viel genereller Deu-

tung, soziologisch fixiert bleibt: als »Machtapparat der (kapitalistischen) Gesellschaft« (Jahraus, 268). Die Perspektivik des Romans – auf die frühere Interpreten geradezu überfixiert waren (etwa Kobs 1970) – wird heute kaum mehr beachtet.

Am dramatischsten hat sich in der Deutungsgeschichte des *Verschollenen* jedoch die Einschätzung des ›Teaters von Oklahoma‹ verändert. In älteren Interpretationen galt es, bei allen kleineren Vorbehalten, insgesamt als Gegenbild zur amerikanischen Moderne; allmählich hat sich dann aber eine immer negativere Lesart durchgesetzt. In den durchaus repräsentativen Interpretationen von Alt und Jahraus erscheint es nun als »eine weitere Spielart der anonymisierten Arbeitswelt, des irrwitzigen Verkehrs, des Großstadtlebens und der Werbung« (Alt, 373) oder schlichtweg als »eine Metapher für ein Gericht« (Jahraus, 260); Anz hat es sogar mit Musterungspraktiken am Beginn des Ersten Weltkriegs in Beziehung gebracht (Anz 2000).

Deutungsaspekte
Amerika und Europa

Dass Kafkas ›Amerika‹ ein imaginiertes ist, wird bereits im ersten Absatz des Romans deutlich; Karl »erblickte«, heißt es da,

> die schon längst beobachtete Statue der Freiheitsgöttin [nicht: Freiheitsstatue] wie in einem plötzlich stärker gewordenen Sonnenlicht. Ihr Arm mit dem Schwert [nicht: der Fackel] ragte wie neuerdings empor und um ihre Gestalt wehten die freien Lüfte (V 7).

Ein gestrichener Zusatz beweist, dass es sich hier nicht um ein Versehen Kafkas handelt (von denen es im Roman in der Tat viele gibt): »Er [Karl] sah zu ihr [der Freiheitsgöttin] auf und verwarf das über sie Gelernte« (V:A 123).

Was diese offensichtliche Abweichung aber genau signalisieren soll, bleibt strittig: (1) es könnte sich um einen einfachen Austausch von Attributen handeln: (strafendes? kriegerisches?) Schwert statt Freiheit und Aufklärung signalisierender Fackel; (2) durch das neue Attribut könnte die Freiheits-Statue in eine der Gerechtigkeit (›Justitia‹) transformiert worden sein (der allerdings Waage und Augenbinde fehlen – was den strafenden Aspekt einseitig betonen würde); (3) es könnte eine Anspielung auf den Engel mit dem (Feuer-)Schwert sein, der nach der Vertreibung das Paradies bewacht (was auf eine Fehleinschätzung Amerikas durch Karl hinwiese, sie vielleicht auch kritisch kommentierte, da ins Paradies kein Weg zurück führt). Die Formulierung »Freiheitsgöttin« deutet jedenfalls darauf hin, dass es hier um eine Aussage über die ›Freiheit‹ geht, die sich offensichtlich als weit weniger ideal erweist, als emanzipatorische Hoffnungen sie einst entworfen hatten.

Die Perspektivfigur für das vom Roman gestaltete ›Amerika‹ ist ein Europäer – und auch die meisten Figuren, denen Karl begegnet, sind europäische Emigranten, deren europäische (nationale) Identität immer wieder ausdrücklich markiert wird. So ist auch das ›Amerika‹-Bild des *Verschollenen* ein kontrastives und nur aus dem Kontrast zu Europa zu konturieren. Besonders instruktiv sind dafür die Versuche des Onkels, Karl zum Amerikaner zu erziehen, indem er ihm europäische Gewohnheiten ab-erzieht, und das stadtferne, erst teilweise ›modernisierte‹ Landhaus Pollunders, das kulturtopographisch eine seltsame Zwischenwelt zwischen den Kontinenten bildet.

Nimmt man diese und andere, über den Roman verstreute, Informationen zusammen, so ließe sich das folgende Bild skizzieren (wobei ›Amerika‹ und ›Europa‹ natürlich durchgängig nicht reale geographische und kulturelle Entitäten, sondern fiktionale Konstruktionen bezeichnen):

(1) In zweierlei Hinsicht erscheint Amerika tatsächlich als Ort der Emanzipation: Enge Moralvorstellungen und Konventionen, wie sie sich besonders in der Sexualmoral konzentrieren, spielen hier keine Rolle mehr: Karls Verführung und uneheliche Vaterschaft gelten für den Onkel als lässliches »Verschulden«, »dessen einfaches Nennen schon genug Entschuldigung enthält« (V 39), und die ›vorehelichen‹ Sexualbeziehungen zwischen Klara und Mack erscheinen nur Karl bemerkenswert und peinlich (V 120). Und auch die europäischen Standesgrenzen sind in Amerika aufgehoben; jeder kann, in der Tat, zum Senator werden (›Tellerwäschermythos‹) oder doch, immerhin, zu gehobenen Stellungen (Oberköchin, Oberkellner, Oberportier) aufsteigen – was natürlich nicht heißt, dass dies auch jedem gelingen wird.

(2) Diese ›Freiheit‹ ist aber keineswegs gleichbedeutend mit der Aufhebung von Machtstrukturen und Normsetzungen. Eher trifft das Gegenteil zu. ›Disziplin‹ ist ein Schlüsselwort des amerikanischen Codes – als vollkommene Einfügung des Einzelnen in ein zweckrationales System mit klaren Hierarchiestrukturen, der auch eine entsprechende Selbstdiszi-

plinierung korrespondiert. Deren Musterrepräsentant ist der Onkel (später auch der Student Mendel), der »mit ganzer Seele« zum »amerikanischen Bürger« geworden ist (V 38). Sein Abschieds- und Verstoßungsbrief an den Neffen beginnt folgendermaßen:

> Geliebter Neffe! Wie Du während unseres leider viel zu kurzen Zusammenlebens schon erkannt haben wirst, bin ich durchaus ein Mann von Principien. Das ist nicht nur für meine Umgebung sondern auch für mich sehr unangenehm und traurig, aber ich verdanke meinen Principien alles was ich bin und niemand darf verlangen daß ich mich vom Erdboden wegleugne, niemand, auch Du nicht, mein geliebter Neffe, wenn auch Du gerade der erste in der Reihe wärest, wenn es mir einmal einfallen sollte, jenen allgemeinen Angriff gegen mich zuzulassen. Dann würde ich am liebsten gerade Dich mit diesen beiden Händen mit denen ich das Papier halte und beschreibe, auffangen und hochheben (V 122).

Hinter der amerikanischen Zweckrationalität und Leistungsethik steht also eine zwanghaft-selbstdisziplinierte Subjektstruktur – Robert Musil nannte es ein »gepanzertes«, Walter H. Sokel ein »konzentriertes Ich« (Sokel 1976, 299–310). Dieses Subjekt ist quasi ein Bollwerk gegen die äußere wie innere Anarchie, in die die amerikanische Ordnung immer wieder umzuschlagen droht (das ausführlichste Beispiel dafür ist im Roman die Auflösung der zunächst wohlgeordneten Wahlveranstaltung ins völlige Chaos; V 321–334).

Recht eigentlich sind Disziplin und Anarchie aber nicht Gegensätze, sondern gewissermaßen die beiden Seiten der gleichen Medaille. ›Macht‹ ist in Kafkas Amerika (wie in seinem Gesamtwerk überhaupt) nie einfach das Ergebnis von subjektexternen ›sozialen‹ Strukturen, sondern die Manifestation einer vitalen Energie, die sich im Onkel – wie in den durchorganisierten amerikanischen Arbeitswelten – nur in ihrer geordneten, im doppelten Sinne ›rationalisierten‹ Form manifestiert. Der *Verschollene* entfaltet eine komplexe und vielgestaltige Phänomenologie des Machtwillens, die selbstbeherrschte Leistungsethiker wie den Onkel und den Studenten ebenso umfasst wie offene, egoistische Machtkämpfer (Delamarche), und selbstkontrollierte wie unkontrollierte Tyrannen (Oberkellner/Oberportier). Sie alle treibt die gleiche vitale Energie an, die sich auch in der aggressiven Sexualität Klaras und Bruneldas äußert (die, anders als die Johannas, den Überbau der ›Liebe‹ nicht mehr braucht) – oder in den Bewegungen der Masse und den Strömen des realen und medialen Verkehrs.

Das verleiht Kafkas ›allermodernstem‹ Amerika seltsam archaische Züge. Der Roman erklärt sie implizit daraus, dass in Amerika die vitalen Energien gewissermaßen frei- und bloßgelegt sind »wie in einem plötzlich stärker gewordenen Sonnenlicht« (V 7) – Energien, die der europäische Code einerseits zu camouflieren, andererseits aber auch, wie immer unzureichend, in Grenzen zu halten sucht.

(3) Der europäische Code ist in Amerika am stärksten durch seine Absenzen markiert. An Geltung verloren haben hier (a) die großen Wortmünzen des europäischen Wertevokabulars, die Karl bei seiner Verteidigung des Heizers so leicht über die Lippen kommen: das ›Gute‹ (z. B. V 33), ›Wahrheit‹ (39), ›Recht‹/›Gerechtigkeit‹ (z. B. 14, 23, 24, 28). Barsch weist ihn der ›amerikanische‹ Onkel zurecht: »Mißverstehe die Sachlage nicht [...], es handelt sich vielleicht um eine Sache der Gerechtigkeit, aber gleichzeitig um eine Sache der Disciplin« (V 48). Ebenso sind (b) die europäischen Höflichkeits- und Umgangsformen obsolet geworden: In der Spedition Jakob »war das Grüßen abgeschafft« (V 67), und Karl wird auch »in höheren Kreisen« »zugeredet, mit seiner übertriebenen [europäischen] Höflichkeit aufzuhören« (V 227; vgl. auch 49, 153).

Wichtiger noch ist (c) die Depotenzierung von Bildung und Kunst. Was erstere angeht, hat sich Karl, der ja ohnehin Ingenieur werden wollte (V 11 f., 349, 399), schnell angepasst: Er strebt nach »einer geordneten Bildung, mit der sich etwas anfangen läßt und die einem die Entschlossenheit zum Gelderwerb gibt« (V 106). Die europäische Kunst aber vermisst er durchaus – wenn auch nur in Form der Musik. Widerwillig gibt der Onkel dem Wunsch des Neffen nach Anschaffung eines Klaviers nach – und sucht sogleich, dessen Gebrauch in ›amerikanische‹ Bahnen zu lenken, indem er Noten für »amerikanische Märsche und natürlich auch [die] Nationalhymne« besorgt (V 61) – so wie ihm auch Gedichte vor allem als Mittel zur Beförderung der amerikanischen Assimilation nützlich scheinen (V 62). Karl aber »erhoffte [...] viel von seinem Klavierspiel und schämte sich nicht wenigstens vor dem Einschlafen an die Möglichkeit einer unmittelbaren Beeinflussung der amerikanischen Verhältnisse durch dieses Klavierspiel zu denken« (V 60). Sein Lieblingsstück ist »ein altes Soldatenlied seiner Heimat [...], das die Soldaten am Abend, wenn sie in den Kasernenfenstern liegen und auf den finstern Platz hinausschauen, von Fenster zu Fenster einander zusingen« (60 f.). Eine seltsame Vorliebe – die aber signalisiert, was Musik

für Karl bedeutet: Ausdruck und Objektivierung des Gefühls (›Leid‹) und mitmenschliche Gemeinschaft, die sich aus dem geteilten Gefühl ergibt (vgl. auch 118 f.) – auch Gregor Samsa aus der *Verwandlung* empfindet ja gerade im Musikhören seine Menschlichkeit (DzL 185). Später, bei der ›Teater‹-Werbetruppe, wird Karl, anders als die bloß lärmenden Werberinnen, so gut und engagiert Trompete spielen, dass ihm Fanny bescheinigt, »ein Künstler« zu sein (V 393) – ein in Amerika eher zweifelhaftes Lob. Denn, wie Karl richtig erkannt hat: »Künstler werden wollte [in Amerika] niemand, wohl aber wollte jeder für seine Arbeit bezahlt werden« (388).

Ausgeschlossen, ja geradezu verdrängt ist im ›amerikanischen Code‹ schließlich (d) die ›europäische‹ Metaphysik. Zum in der ›Modernisierung‹ befindlichen Landhaus Pollunders gehört auch eine Kapelle. Obwohl sie den Wert des Gebäudes begründet – ohne sie wäre es nicht gekauft worden –, soll sie »später unbedingt von dem übrigen Haus abgesperrt werden«, da »die Zugluft«, die ihrer »dunklen Leere« entströmt, »gar nicht auszuhalten ist« (V 98, 101). In New York ist die »ungeheure« Kathedrale nur in der Ferne zu sehen und von »vielem Dunst« verschleiert (55). Der deutschstämmige Heizer auf seinem deutschen Schiff dagegen schmückt seine Kajüte noch ganz selbstverständlich mit einem »Muttergottesbild« (17).

Eine weitere, hochsignifikante Textstelle geht von einem erz-amerikanischen Möbel aus: einem Schreibtisch, dessen Fächeraufbau durch eine Kurbel zweckgerecht verändert werden kann. Zum Ärger seines Onkels bedient Karl gerne die Kurbel, um sich am bloßen Spiel der Veränderung zu erfreuen. Er fühlt sich dadurch an ein Kindheitserlebnis erinnert: Auf dem Christmarkt sah er mit seiner Mutter mechanisch bewegte Krippenspiele, die ebenfalls mit einer Kurbel bedient wurden. Es folgt der merkwürdige Satz: »Der Tisch war freilich nicht dazu gemacht um an solche Dinge zu erinnern, aber in der Geschichte der Erfindungen bestand wohl ein ähnlich undeutlicher Zusammenhang wie in Karls Erinnerungen« (V 57 f.). Die »Geschichte« der menschlichen »Erfindungen« verbindet also einen Mechanismus, der zur Darstellung der Heilsgeschichte diente, mit der puren Zweckrationalität, mit dessen Hilfe sich die Schreibtischfächer den Nutzerbedürfnissen anpassen lassen. Die Verbindung dieser gegensätzlichen Zwecke vollzieht sich nur in Karls ›Augenlust‹, dem spielerischen, ästhetisch-distanzierten Verhalten, das er beiden Objekten gegenüber einnimmt. Ein solches Verhalten ist in der amerikanischen Lebenswelt des Onkels dezidiert unerwünscht (58 f.), wurde in Europa aber auch nur gerade noch geduldet: Die Mutter hatte es zwar nicht geradezu verboten, nahm aber nicht daran teil und fühlte sich durch Karls Begeisterung eher belästigt (58).

Fasst man die bisherigen Einzelergebnisse zusammen, so könnte es scheinen, dass sich der Amerika-Europa-Gegensatz des Romans in seinen Grundzügen sehr gut in die Topik einer kulturkonservativen Moderne- und Amerika-Kritik einfügen ließe – wobei allerdings die Welt Alt-Europas um keinen Deut besser erscheint (vgl. auch ↗502–504). Dieser Befund kompliziert sich noch, wenn wir die Figur Karls einbeziehen, der im Roman ja als – grundsätzlich durchaus assimilationsbereiter – Vertreter Europas auftritt. Die daher nötige Erweiterung des Bildes durch einen Blick auf den Helden im nächsten Abschnitt ist zugleich ein Vorschlag zur Verbindung zwischen den ›Gesellschafts-‹ und den ›Figurenroman‹-Elementen des Textes.

Karl Roßmann

Auf den ersten Blick scheint Karl mit den K.s der späteren Romane wenig Gemeinsamkeiten zu haben. Dass durchaus eine Familienähnlichkeit besteht, zeigt sich erst bei genauerem Hinsehen, wobei, paradoxerweise, gerade der amerikanische Onkel als Vermittler dienen kann.

Denn dessen Leistungsethik ist Karl durchaus nahe. Nicht nur, weil er nun in Amerika entschlossen Karriere machen will, nach einem »Posten« sucht, »in dem er etwas leisten und für seine Leistung anerkannt werden könnte« (V 352; auch: 143, 184, 193, 203 f., 388), sondern vor allem weil ihm ein entsprechendes Verhalten bereits in seine europäische Wiege gelegt wurde. Dieser Verhaltenskomplex wurde in der Forschung als »Musterknabensyndrom« beschrieben (Engel, 544–546): Immer will Karl alles besonders perfekt erledigen, »zweifellose Arbeit« zeigen (V 370):

> Karl dachte gern, wenn er irgendwohin kam, darüber nach, was hier verbessert werden könne und welche Freude es sein müßte, sofort einzugreifen, ohne Rücksicht auf die vielleicht endlose Arbeit die es verursachen würde (V 384).

Um dies zu erreichen, ist Karl zu Lustverzicht (»ein wenig Verzichtleistung«) durchaus bereit – so sehr es ihn auch locken mag, »an den Unterhaltungen der andern teilzunehmen« (V 193). Daher achtet

er auch, ganz wie der Onkel, sorgfältig auf Wahrung seiner Ich-Grenzen – es ist deren Verletzung, die ihn bei der Vergewaltigung durch Johanna am meisten entsetzt hatte: »ihm war als sei sie ein Teil seiner selbst und vielleicht aus diesem Grunde hatte ihn eine entsetzliche Hilfsbedürftigkeit ergriffen« (V 43).

Was Karl aber vor allem zum Leistungsethiker prädestiniert, ist seine geradezu erschreckende Empathieunfähigkeit. Sie zeigt sich etwa in seiner Beschreibung der – durchaus in ihn verliebten – Johanna in reiner Außensicht (V 41 f.), und auch Thereses traurige Kindheitserzählung führt bei ihm weder zu Mitleidsregungen noch gar zu einem Tröstungsversuch (V 202 f.). Nur seine verinnerlichten europäischen Ideale hindern Karl so daran, die konzentrierten Energien seines Ich gezielt einzusetzen und zum erfolgreichen ›Selfmademan‹ zu werden.

Allerdings demonstriert Kafka nicht nur die Erfolglosigkeit dieser Ideale, sondern auch ihre unmoralische Rückseite (was sehr an Nietzsches bekannte Kritik der »asketischen Ideale« erinnert). Dies wurde für Karls durchaus selbst-interessierte Verteidigung des Heizers bereits angedeutet, es zeigt sich aber auch an vielen anderen Stellen – etwa im Verhältnis zu Delamarche und Robinson. Karl stellt diese Beziehung unter das ›europäische‹ Ideal der Kameradschaft/Freundschaft (V 163); andererseits misstraut er seinen ›Kameraden‹ (durchaus zu Recht) von Anfang an, verbirgt sein Geld vor ihnen (V 148–151), empfindet ihnen gegenüber Ekel und Überheblichkeit (z. B. V 136, 159). So aber entstehen nur Halbheiten: Weder kann Karl dem europäischen Code der ›Kameradschaft‹ genügen, noch kann er, nach amerikanischem Code, entschlossen seine Interessen verteidigen. Das Ergebnis sind versteckte Aggressionen, die er weder sich noch den anderen einzugestehen wagt (»die Galle regte sich ihm«; V 142).

Gewaltbereitschaft ist so ein stetes Pendant von Karls selbstbeherrschter Unterordnung – etwa in einer drastischen, bezeichnenderweise auf den Heizer projizierten Gewaltphantasie: »Wenn man ihm [dem Heizer] den Schubal [den Obermaschinisten] hingehalten hätte, hätte er wohl dessen gehaßten Schädel mit den Fäusten aufklopfen können, wie eine dünnschalige Nuß« (V 32 f.; vgl. auch 95).

Damit soll Karl nicht in ein einseitig negatives Licht gerückt werden. Der europäische Code hilft ihm, seine Aggressionen einigermaßen im Zaum zu halten (hindert ihn allerdings auch daran, seine Interessen durchzusetzen und verstrickt ihn in Schuldbewusstsein). Was am deutlichsten für Karl spricht, sind seine Opferrolle – er ist immer viel mehr Opfer als Täter –, sein ästhetisch-unschuldiger, da ›interesseloser‹ Blick auf die Dinge und seine Sehnsucht nach Gemeinschaft und menschlicher Nähe. Allerdings führt letztere nur im Fragment »Ausreise Bruneldas« zu solidarischem Handeln und einer Solidargemeinschaft der Opfer (die Passage bleibt zu vereinzelt, um daraus eine Entwicklung Karls zu einer solchen Haltung hin ableiten zu können).

Die knappe Analyse Karls (ausführlicher: Engel, 542–548) vervollständigt das Gesamtbild – und korrigiert es zugleich: Amerika *ist* die ›Moderne‹ – und damit Europas Zukunft; in den späteren Romanen werden ›amerikanische‹ Verhaltensweisen daher auch unmittelbar im europäischen Raum auftauchen. Aber auch Alt-Europa taugt nur sehr bedingt als werthaftes Gegenbild zu dieser Moderne. Sicher ist allerdings, daß die ›amerikanische‹ Emanzipation vom ›europäischen‹ Wertecode keinen Fortschritt bedeutet, da sie den Machtwillen nicht aufhebt, sondern geradezu freisetzt. Die Düsternis des Romans ist so mehr eine anthropologische als eine soziale.

Damit ist zwar eine Vermittlung zwischen dem Figuren- und dem Amerika-Aspekt des Romans aufgezeigt, dennoch bleibt zu konstatieren, dass Kafka im *Verschollenen* die Tragfähigkeit des familialen Mythos – der sich im begrenzten Raum von *Urteil* und *Verwandlung* noch bewährt hatte – an die Grenzen ihrer Leistungsfähigkeit oder sogar darüber hinaus führt (vgl. auch Robertson, 101 f.). Der *Process* mit seinem dezidiert vaterlosen Helden wird eine andere Modellbildung versuchen.

Das »Teater von Oklahama«

Alle Spekulationen über den für den Romanschluss geplanten Handlungsverlauf stoßen schnell an ihre Grenzen – man kann durchaus bezweifeln, dass Kafka selbst dafür ein klares Konzept hatte. Wenn man den ungewöhnlichen Romantitel ernst nimmt – näher gelegen hätten etwa ›Der Auswanderer‹ oder ›Der Verstoßene‹ –, wird man sich am ehesten ein (wie auch immer konkretisiertes) Verloren-Gehen in der »Größe« (V 418) des amerikanischen Raumes vorstellen; der Verlust des Namens dürfte ein erster Schritt dazu sein.

Wer unbedingt weiter spekulieren will, könnte sich an Realien-Informationen zum Bundesstaat Oklahoma orientieren, die gut zur Naturszenerie des Fragmentschlusses passen: Oklahoma ist der zu Kaf-

kas Lebzeiten jüngste Bundesstaat der USA (1907 als 46. Bundesstaat der USA beigetreten); zunächst war es ein für die Besiedelung durch Weiße gesperrtes Indianerterritorium. Von daher markiert es einen extremen Gegenpol zur hochmodernen Stadtwelt von New York (in Kafkas Kulturgeographie sozusagen den ›Osten‹, den man erreicht, wenn man nur lange genug nach ›Westen‹ geht) – und zugleich einen denkbar seltsamen Ort für ein »Teater«. Eher als Schauspieler dürfte Oklahoma damals Siedler und Handwerker benötigt haben. Bei Holitscher liest man aber – interessanterweise im Kapitel »Notizen über die Literatur, die Zeitung, das Theater« – zur amerikanischen Substitution von Kunst durch Natur:

> Der amerikanische Romantiker, der dem Alltag entfliehen möchte, zieht sich lieber in die unerforschten Gebiete seines ungeheuren Kontinents zurück als in die unerforschten Gebiete seiner Seele. […] Der Zusammenhang mit jenen Primitiven [den Ureinwohnern und Pionieren] erklärt ihm sein Verhältnis zur Weltseele deutlicher, als es das Los des europäischen Schmerzensmannes ist, den ein gleicher Hang durch alle Epochen der Weltgeschichte, Kulturen und Stile jagt (Holitscher, 402).

Unabhängig von allen Überlegungen zum Handlungsausgang muss jedoch darauf insistiert werden, dass die heute in der Forschung dominierende negative Bewertung des »Teaters von Oklahama« vom Text her sicher nicht gedeckt ist.

Natürlich erscheint hier nicht einfach das ›Ganz-Andere‹ zur Romanwelt – aber bei Kafka sind auch die in der Literatur entworfenen Gegenwelten immer hineingespiegelt in das Hier-und-Jetzt, weil dessen Denk- und Verhaltensweisen zwar als falsch erkannt, nicht aber einfach suspendiert werden können (↗201 f.; vgl. auch Robertson, 85 f.). So ist auch die ›Amerikanisierung‹ des »Teater von Oklahama« nicht zu übersehen – etwa in der marktschreierischen Werbesprache seiner Plakate, seiner Gigantomanie, seiner Situierung auf einer »Rennbahn« und der grotesken Bürokratie seiner Kanzleien (sowie, textextern, in der Verbindung zur Lynchszene bei Holitscher, ↗180). Aber es bleibt ein, zudem mit zahlreichen biblischen Metaphern überhöhtes (Jahn 1965a, 94–97), ›Theater‹ und eben kein ›Gericht‹ (Jahraus, 277) – unbegrenzt lassen sich Textmetaphern nicht zurechtbiegen –, damit aber sowohl der Welt der Kunst überhaupt wie speziell dem alten Topos des ›Welttheaters‹ verpflichtet. Beides wird zitiert im für die Deutung zentralen Bild der erhabenen Präsidentenloge, deren »Vordergrund« »weißes und doch mildes Licht« umstrahlt, »während ihre Tiefe [...] als eine dunkle rötlich schimmernde Leere« erscheint« (V 413 f.) – was an Nietzsches Vorstellung von der apollinischen Funktion der Kunst vor dem chaotisch-dionysischen Urgrund des Lebens erinnern mag. »Man konnte sich in dieser Loge kaum Menschen vorstellen, so selbstherrlich sah alles aus« (V. 413 f.).

Jenseits aller inhaltlichen Lösungen für den Helden steht das ›Teater‹ so für den einzigen Wirklichkeitsbereich, in dem sich für Kafka, wie mittelbar auch immer, ein ›Anderes‹ zum Machtwillen manifestieren kann. Rein poetologisch gesehen, repräsentiert das ›Teater‹ außerdem den Übergang zu einem neuen Erzählmodell, dessen Tragfähigkeit Kafka von nun an erproben wird.

Ausgaben: Der Heizer. Ein Fragment. Leipzig: Kurt Wolff Verlag [um den 24. 5.] 1913 (Der jüngste Tag, Bd. 3) [Frontispiz: Stahlstich mit Bildunterschrift »Im Hafen von New York«, Abb. DzL:A 120]; 2. Aufl.: [Oktober] 1916 [ohne Frontispiz, mit einer Reihe höchstwahrscheinlich von Kafka stammender Textänderungen; Druckvorlage für DzL]; 3. Aufl.: [ca. Frühjahr] 1918 [ebenfalls ohne Frontispiz, mit kleineren redaktionellen Änderungen, die wohl nicht vom Autor stammen]. – DzL/KA (1996), 63–111. –– Amerika. München: Kurt Wolff 1927. – A/GS (1935) [ergänzt um Fragmente]. – A/GW (1953). – V/KA (1983) u. T/KA (1990) 464–488, 168–191, vgl. auch T 436 f. u. 793.

Quellen: Arthur Holitscher: Amerika heute und morgen. Reiseerlebnisse. Berlin 1912 [in Kafkas Bibliothek befindet sich die 7. Aufl. von 1913 mit Bleistiftvermerk: »8. V. 14«]; Vorabdruck in sieben Folgen: Reise durch den Staat Neuyork; Reise durch Kanada; Reise durch Kanada II; Reise durch Kanada III; Zwischen Pacific und Mississippi I; Chicago; Westlich von der Freiheitsstatue. In: Neue Rundschau 22 (1911), 1570–1590 u. 23 (1912), 346–367, 518–548, 640–668. 954–970, 1098–1122, 1221–1245; ein weiterer Vorabdruck (mit mehreren Fotografien) in: S. Fischer Verlag das 26. Jahr [Almanach S. Fischer Verlag] 1912 [ausgegeben Ende Oktober 1912], 142–158 [Exemplar in Kafkas Bibliothek]. – Johannes V. Jensen: Der kleine Ahasverus. In: Neue Rundschau 20 (1909), 862–875. – František Soukup: Amerika. Řada obrazů amerického života [Amerika. Eine Reihe von Bildern aus dem amerikanischen Leben]. Prag 1912 [Auszüge in dt. Übersetzung bei Wirkner, 91–104; Kafka besuchte am 1.6.1912 einen Vortrag Soukups mit dem Titel »Amerika a jeji úřednictvo« (Amerika und seine Beamtenschaft), vgl. T 424].

Adaptionen: Dramatisierung: Max Brod: Amerika. Komödie in zwei Akten (16 Bildern) nach dem gleichnamigen Roman von F.K. Frankfurt/M. 1957 [Uraufführung: Schauspielhaus Zürich, 28.2.1957]. –– *Verfilmungen*: Zbynek Brynych: Amerika oder der Verschollene. Fernsehfilm ZDF 1969, Drehbuch: Heinrich Carle. – James Ferman: Theatre 625: Amerika. GB 1966. – Vladimir Michálek: Amerika. GB 1994; Drehbuch: Hugh Whitemore. – Jean-Marie Straub/Danièle Huillet: Klassenverhältnisse/Rapport de classes. BRD/Frankreich 1983. – Wolfram Schütte (Hg.): Klassenverhältnisse. Von Danièle Huillet u. Jean-Marie Straub nach dem Amerika-Roman *Der Verschollene* von F.K. Frankfurt/M. 1984. – *Oper*: Roman Haubenstock-Ramati: Amerika – eine Oper in zwei Teilen nach dem gleichnamigen Roman von F.K. und der Bühnenbearbeitung von Max Brod. Wien 1965. –– Nicola Albrecht: Verschollen im Meer der Medien. K.s Romanfragment *Amerika*. Zur Rekonstruktion und Deutung eines Medienkomplexes. Heidelberg 2007.

Forschung: Nicola Albrecht (s.o.), bes. 16–80. – P.-A. Alt (2005), 344–374. – Michael Andermatt: F.K.: *Der Verschollene (Amerika)*: In: Ders.: Haus und Zimmer im Roman. Die Genese des erzählten Raumes bei E. Marlitt, Th. Fontane und F.K. Bern u.a. 1987, 169–228. – Mark M. Anderson (1992), 98–122. – Ders.: The Shadow of the Modern. Gothic Ghosts in Stoker's *Dracula* and K.'s *Amerika*. In: Caroline Romahn (Hg.): Das Paradoxe. Literatur zwischen Logik und Rhetorik. Würzburg 1999, 382–398. – Thomas Anz: K., der Krieg und das größte Theater der Welt. In: Uwe Schneider/Andreas Schumann (Hg.): Krieg der Geister. Erster Weltkrieg und literarische Moderne. Würzburg 2000, 247–262. – P.U. Beicken (1974), 251–261. – Anke S. Biendarra: »Man photographiert Dinge, um sie aus dem Sinn zu verscheuchen«. Zu den Motiven der Photographie und des verstellten Blicks in K.s Romanfragment *Der Verschollene*. In: Orbis Litterarum 61 (2006), 16–41. – H. Binder (1976), 54–160. – Ders.: Erlesenes Amerika: *Der Verschollene*. In: H. Binder (1983), 75–135. – Elizabeth Boa: Karl Rossmann, or The Boy Who Wouldn't Grow Up. The Flight from Manhood in K.'s *Der Verschollene*. In: Mary Orr/Lesley Sharpe (Hg.): From Goethe to Gide. Feminism, Aesthetics and the French and German Literary Canon 1770–1936. Exeter 2005, 168–183. – P. Bridgwater (2003), 27–104. – Max Brod: Nachwort zu ersten Ausgabe. In: A/GW (1953) [Wiederabdruck des Textes von 1927], 356–360. – Michael L. Burwell: K.'s *Amerika* as a Novel of Social Criticism. In: German Studies Review 2 (1979), 192–209. – Melissa De Bruyker: Das resonante Schweigen. Die Rhetorik der erzählten Welt in K.s *Der Verschollene*, Schnitzlers *Therese* und Walsers *Räuber*-Roman. Würzburg 2008, bes. 86–164. – Hans Christoph Buch: Entfremdung und Verfremdung in K.s *Amerika*-Roman. In: Ders.: Ut Pictura Poesis. Die Beschreibungsliteratur und ihre Kritiker von Lessing bis Lukács. München 1972, 222–269. – Peter Czoik: Zur Struktur der Dickens-Motive in F.K.s Roman *Der Verschollene*: »Meine Absicht war... einen Dickensroman zu schreiben.« Hamburg 2009. – Christoph Dunz: Erzähltechnik und Verfremdung. Die Montagetechnik und Perspektivierung in Alfred Döblin *Berlin Alexanderplatz* und F.K. *Der Verschollene*. Bern 1995, bes. 117–180. – Carolin Duttlinger: Visions of the New World. Photography in K.'s *Der Verschollene*. In: GLL 59 (2006), 423–445. – W. Emrich (1970 [1957]), 227–258. – Manfred Engel: Außenwelt und Innenwelt. Subjektivitätsentwurf und moderne Romanpoetik in Robert Walsers *Jakob von Gunten* und F.K.s *Der Verschollene*. In: JDSG 30 (1986), 533–570. – Karlheinz Fingerhut: Erlebtes und Erlesenes. Arthur Holitschers und F.K.s Amerika-Darstellungen. In: Diskussion Deutsch 20 (1989), 337–355. – Ders.: Auswandern – Schreiben. K.s *Der Verschollene* als Experiment einer doppelten Lektüre. In: Godé/Vanoosthuyse (1997; s.u.), 117–143. – Werner Frick: K.s New York. In: Ders. (Hg.): Orte der Literatur. Göttingen 2002, 266–293. – Anne Fuchs: A Psychoanalytic Reading of The Man who Disappeared. In: J. Preece (2002), 25–41. – S. v. Glinski (2004), 275–375 [zum *Heizer*]. – Maurice Godé/Michel Vanoosthuyse (Hg.): Entre critique et rire. *Le Disparu* de F.K./K.s Roman *Der Verschollene*. Actes du colloque international de Montpellier. Montpellier 1997. – Rolf J. Goebel: K. and Postcolonial Critique. *Der Verschollene*, *In der Strafkolonie*, *Beim Bau der chinesischen Mauer*. In: Rolleston (2002), 187–212. – Deniz Göktürk: Verschollen und wiederentdeckt. Das wahre Amerika im »Teater von Oklahoma«. In: Ders.: Künstler, Cowboys, Ingenieure... Kultur- und mediengeschichtliche Studien zu deutschen Amerika-Texten 1912–1920. München 1998, 23–37. – Bernd Greiner: Im Umkreis von Ramses. K.s *Verschollener* als jüdischer Bildungsroman. In: DVjs 77 (2003), 637–658. – Kelsie B. Harder: K.'s Landscape in *Amerika*. In: Literary Onomastics Studies 12 (1985), 75–84. – Mark Harmann: Wie K. sich Amerika vorstellte. In: Sinn und Form 60 (2008), 794–804. – Dieter Heimböckel: »Amerika im Kopf«. F.K.s Roman *Der Verschollene* und der Amerika-Diskurs seiner Zeit. In: DVjs 77 (2003), 130–147. – Klaus Hermsdorf: K. Weltbild und Roman. Berlin[Ost] 1961. – Hans H. Hiebel: Parabelform und Rechtsthematik in F.K.s Romanfragment *Der Verschollene*. In: Theo Elm/Hans Helmut Hiebel (Hg.): Die Parabel. Frankfurt/M. 1986, 219–254. – Ders.: Recht und Macht in *Der Verschollene*. Von der Hyperbel zur Parabel. In: H.H. Hiebel (1999), 181–208. – Heinz

Hillmann: K.s *Amerika*. Literatur als Problemlösungsspiel. In: Manfred Brauneck (Hg.): Der deutsche Roman im 20. Jahrhundert. Bamberg 1976. Bd. 1, 135–158; engl.: *Amerika*. Literature as a Problem-Solving Game. In: A. Flores (1977), 279–297. – Wolfgang Jahn: K.s Roman *Der Verschollene* (*Amerika*). Stuttgart 1965 [= 1965a]. – Ders.: K.s Handschrift zum *Verschollenen* (*Amerika*). Ein vorläufiger Textbericht. In: JDSG 9 (1965), 541–552 [= 1965b]. – Ders.: *Der Verschollene* (*Amerika*). In: KHb (1979) II, 407–420. – O. Jahraus (2006), 248–277. – Thomas W. Kniesche: Projektionen von Amerika. Die USA in der deutsch-jüdischen Literatur des 20. Jahrhunderts. Bielefeld 2008, bes. 55–64. – Jörgen Kobs: K. Untersuchungen zu Bewußtsein und Sprache seiner Gestalten. Hg. v. Ursula Brech. Bad Homburg 1970. – Detlef Kremer: Verschollen. Gegenwärtig. F.K.s Roman *Der Verschollene*. In: H.L. Arnold (1994), 238–253. – Astrid Lange-Kirchheim: Gesang und Geschlecht. Die Figur der Brunelda in F.K.s Amerika-Roman *Der Verschollene*. In: Freiburger literaturpsychologische Gespräche 12 (1993), 231–263. – Claudia Liebrand: Die verschollene (Geschlechter-)Differenz. Zu F.K.s Amerika-Roman. In: Literatur für Leser 3 (1997), 143–157. – Gerhard Loose: F.K. und Amerika. Frankfurt/M. 1968. – Milena Massalongo: K.'s ›American Dream‹. In: I. Schiffermüller (2008), 27–47. – Winfried Menninghaus: *Der Verschollene* oder die Trajektorie männlicher Unschuld im Feld ›widerlicher‹ weiblicher Praktiken. In: Ders.: Ekel. Theorie einer starken Empfindung. Frankfurt/M. 1999, 378–392; wieder in: C. Liebrand (2005), 209–221. – Joseph Metz: Zion in the West. Cultural Zionism, Diasporic Doubles, and the ›Direction‹ of Jewish Literary Identity in K.'s *Der Verschollene*. In: DVjs 78 (2004), 646–671. – K.D. Müller (2007), bes. 35–60. – Bernd Neumann (2007), 33–99. – Ders.: K.s Sicht der jüdischen Assimilation – *Der Verschollene* und *Das Schloß*. In: Haller-Nevermann/Rehwinkel (2008), 93–104. – Gerhard Neumann: Der Wanderer und der Verschollene. Zum Problem der Identität in Goethes *Wilhelm Meister* und in K.s *Amerika*-Roman. In: Stern/White (1985), 43–65. – Ralf R. Nicolai: K.s Amerika-Roman *Der Verschollene*. Motive und Gestaltung. Würzburg 1981. – Anthony Northey: Die Entdeckung der Neuen Welt. K.s amerikanische Vettern und sein Amerika-Roman. In: A. Northey (1988), 47–60. – Norbert Oellers: Karl Roßmanns Untergang. Zu K.s Roman *Der Verschollene*. In: Antal Mádl/Miklós Salyámosi (Hg.): Welt und Roman. Budapest 1983, 189–205. – Eberhard Ostermann: Das Subjekt und die Macht. K.s Erzählung *Der Heizer* mit Foucault gelesen. In: GRM 53 (2003), 447–461. – Malcolm Pasley: Das unterbrochene Schreiben. Zur Entstehung von K.s Roman *Der Verschollene*. In: C. David (1980), 9–25. – Kenneth Payne: F.K.'s America. In: Symposium 51 (1997), 30–42. – Bodo Plachta: *Der Verschollene* – Verschollen in Amerika. In: M. Müller (1994), 75–97. – Ders.: *Der Heizer/Der Verschollene*. In: KHb (2008), 438–455. – H. Politzer (1965), 179–240. – Jürgen Pütz: K.s *Verschollener* – ein Bildungsroman? Die Sonderstellung von K.s Romanfragment *Der Verschollene* in der Tradition des Bildungsromans. Frankfurt/M. u.a. 1983. – Julius Redling: Die faszinierende Wirkung von »Amerikas Größe« auf Karl Roßmann in F.K.s Amerikaroman. In: Norbert Kruse/Harald Pfaff (Hg.): Swer des vergezze der tet mir leide. Fs. F. Siegfried Rother. Bergatreute 1989, 152–164. – R. Robertson (1988), 64–102. – Hans-Peter Rüsing: Quellenforschung als Interpretation. Holitschers und Soukups Reiseberichte über Amerika und K.s Roman *Der Verschollene*. In: MAL 20 (1987) 2, 1–38. – Michael Scheffel: Paradoxa und kein Ende. F.K.s Romanprojekt *Der Verschollene* aus narratologischer Sicht. In: Caroline Romahn (Hg.): Das Paradoxe. Literatur zwischen Logik und Rhetorik. Würzburg 1999, 251–263. – Franca Schettino: Photography in K.'s *Amerika*. A Case of Transformation in the Narrative Literary Medium. In: Lazar/Gottesman (1987), 109–133. – Jost Schillemeit: Das unterbrochene Schreiben. Zur Entstehung von K.s Roman *Der Verschollene*. In: B. Elling (1985), 137–152; wieder in: J. Schillemeit (2004), 211–225 [2004a]. – Ders.: Karl Rossmann und das Theater. Zur Genese eines Motivs in K.s Roman *Der Verschollene*. In: Édition et Manuscrits. Probleme der Prosaedition. Jb. für Internationale Germanistik, Reihe A 19 (1987), 262–268; wieder in: J. Schillemeit (2004), 272–278 [2004b]. – Ernestine Schlant: K.'s *Amerika*. The Trial of Karl Roßmann. In: Criticism 12 (1970), 213–225. – Franziska Schößler: Verborgene Künstlerkonzepte in K.s Romanfragment *Der Verschollene*. In: Hofmannsthal-Jb. 6 (1998), 281–305. – Horst Seferens: »Das »Wunder der Integration«. Zur Funktion des »großen Theaters von Oklahoma« in K.s Romanfragment *Der Verschollene*. In: ZfdPh 111 (1992), 577–593. – Walter H. Sokel 1976 [1964], bes. 217–222 u. 347–368. – Ders.: Zwischen Drohung und Errettung. Zur Funktion Amerikas in K.s Roman *Der Verschollene*. In: Sigrid Bauschinger u.a. (Hg.): Amerika in der deutschen Literatur. Stuttgart 1975, 246–271. – Mark Spilka: *Amerika*: Its Genesis. In: Angel Flores/Homer Swander (Hg.): K. Today. Madison 1964, 95–116. – R. Stach (2002), 190–209 u. 269–281. – Carl Steiner: K.s Amerika: Illusion oder Wirklichkeit? In: M.L. Caputo-Mayr (1978), 46–58. – Jörg Thalmann: Wege zu K. Eine Interpretation des Amerikaromans. Frauenfeld, Stuttgart 1966. – Philipp Theisohn: Natur und Theater. K.s »Oklahoma«-Fragment im Horizont eines nationaljüdischen Diskurses. In: DVjs 82 (2008), 631–653. – Philippe Wellnitz

(Hg.): F.K., *Der Verschollene – Le Disparu/L'Amerique*. Écritures d'un nouveau monde? Straßburg 1997. – Alfred Wirkner: K. und die Außenwelt. Quellenstudien zum *Amerika*-Fragment. Mit einem Anhang: Der Reisebericht des Dr. Soukup. Ausgew. u. übers. v. Tomáš-Karel Černý. Stuttgart 1976. – Jörg Wolfradt: Der Roman bin ich. Schreiben und Schrift in K.s *Der Verschollene*. Würzburg 1996.

Manfred Engel

3.2.4 *Der Process*

Entstehung und Veröffentlichung

Begonnen hat Kafka mit der Arbeit am *Process* um den 11. August 1914, abgebrochen wurde sie am 20. Januar 1915 (T 721; was eine spätere Überarbeitungsphase allerdings nicht völlig ausschließt; vgl. Reuß 1997, 9). Unmittelbarer biographischer Kontext ist also die erste Trennung von Felice Bauer in Berlin am 12. Juli 1914 (mit Auflösung der Verlobung) und die Wiederaufnahme der Beziehung im Januar 1915 (↗ 18 f.). In der Entstehungszeit des Romans arbeitet Kafka unter anderem auch an *Erinnerungen an die Kaldabahn* (↗ 266), dem *Dorfschullehrer* (↗ 266), dem *Unterstaatsanwalt* (↗ 268), der *Strafkolonie* (↗ 207), dem Teater-von-Oklahama-Teil des *Verschollenen* (↗ 176) und möglicherweise schon am *<Elberfeld>*-Fragment (↗ 269 f.).

Trotz intensiver Forschungsanstrengungen sind die Eckdaten immer noch alles, was von der Niederschrift mit einiger Sicherheit bekannt ist. Nur der Anfang des Mutter-Kapitels (8. 12.) und des Deutungsgespräches zur Türhüterlegende (13.12.1914) lassen sich über Tagebucheinträge zuverlässig datieren. Fast alles Übrige ist mehr oder weniger unsicher: Aller Wahrscheinlichkeit nach hat Kafka zunächst den Romananfang geschrieben – also das Kapitel »<Verhaftung>« –, unmittelbar danach (vielleicht sogar gleichzeitig) den Romanschluss (»Ende«). Über die Niederschrift der übrigen Kapitel wissen wir letztlich nur, dass sie sicher nicht in der Reihenfolge eines linearen Handlungsverlaufes erfolgte; vermutlich hat Kafka verschiedentlich an mehreren Kapiteln gleichzeitig gearbeitet. Den genauesten Datierungsversuch zu den Kapitelniederschriften hat Malcolm Pasley vorgelegt (P:A 111–123 – allerdings können nicht alle seiner Indizienbeweise überzeugen).

Die Niederschrift erfolgte in großformatigen Quartheften (ca. 24,5 x 20 cm). Vermutlich nach Abbruch der Arbeit trennte Kafka die Hefte auf und ordnete die losen Blätter in 15 Konvoluten, die entweder mit einem Deckblatt versehen (9x) oder in ein gefaltetes Einschlagblatt gelegt wurden (5x); in beiden Fällen hat Kafka auf diesen ›Titelblättern‹ stichwortartig den Inhalt notiert (diese Formulierungen werden heute üblicherweise als Kapitelüberschriften verwendet).

Nach Pasleys Deutung erhielten »abgeschlossene Kapitel oder […] solche, die kurz vor dem Abschluss standen«, ein Deckblatt, Kapitel, die »weit davon entfernt waren, abgeschlossen zu sein«, ein Einschlagblatt (P:A 124 f.). Beim ersten Konvolut ist das Deckblatt vermutlich verlorengegangen; außerdem umfasst es als Einziges wohl zwei, durch einen Querstrich getrennte Kapitel; »Verhaftung« und »Gespräch mit Frau Grubach / Dann Fräulein Bürstner« sind also Herausgebertitel (seit Max Brods Erstedition).

Diese Manuskriptlage macht die Edition des *Process* zum schwierigsten und umstrittensten Projekt der Kafka-Philologie: Der Autor hat uns keinerlei Hinweise auf die Reihenfolge der Kapitel gegeben; zudem ist die Unterscheidung von fertigen/unfertigen Kapiteln keineswegs eindeutig (Reuß 1997, 12). Ein ›Roman‹ *Der Process* muss also – wie immer auch seine Textgestalt aussehen mag –, auf jeden Fall ein Herausgeberkonstrukt bleiben, in dem die Kapitelanordnung nach Wahrscheinlichkeiten von Handlungsstruktur und Zeitangaben und die Gruppierung in Roman-Kapitel oder ›Fragmente‹ nach letztlich pragmatischen Erwägungen festgelegt wurde. Ein Überblick über alle in Editionen praktizierten und von Interpreten vorgeschlagenen Anordnungsversuche (Uyttersprot, Elema, Eschweiler) findet sich bei Reuß (Reuß 1997, 33–36).

Den ersten (und lange Zeit forschungsprägenden) Konstruktionsversuch legte Max Brod in seiner Erstausgabe von 1925 vor. Wie bei all seinen Editionen war er auch hier darum bemüht, einen möglichst ›fertig‹ erscheinenden Text zu präsentieren, den er – auch das entsprechend seiner üblichen Editionspraxis – in den späteren Ausgaben (P/GS, 1935; P/GW, 1950) um ›unvollständige Kapitel‹ ergänzte. Die *Kritische Ausgabe* (P/KA, 1990) folgt im Wesentlichen Brods Kapitelanordnung, ordnet allerdings das bei Brod an vierter Stelle stehende Konvolut »B[ürstner]'s Freundin« unter die »Fragmente« ein. Der Herausgeber Malcolm Pasley präsentiert den Text also in folgender Gestalt:

[K 1] Verhaftung
[K 2] Gespräch mit Frau Grubach /
      Dann Fräulein Bürstner
[K 3] Erste Untersuchung
[K 4] Im leeren Sitzungssaal / Der Student /
      Die Kanzleien
[K 5] Der Prügler
[K 6] Der Onkel / Leni
[K 7] Advokat / Fabrikant / Maler
[K 8] Kaufmann Block [tatsächlich schrieb Kafka auf
      dem Titelblatt: Kaufmann Beck] /
      Kündigung des Advokaten
[K 9] Im Dom
[K10] Ende

Fragmente:
[F1]   B.'s Freundin
[F2]   Staatsanwalt
[F3]   Zu Elsa
[F4]   Kampf mit dem Direktor-Stellvertreter
[F5]   Das Haus
[F6]   Fahrt zur Mutter

Konsequent der Manuskriptgestalt folgt nur die *Faksimile-Ausgabe* (P/FKA, 1997). Ihr *Process-*›Band‹ besteht aus einem etwa DINA4–formatigen Kartonschuber, der als Romantext 16 einzeln gebundene Hefte enthält, die den Manuskriptkonvoluten entsprechen. Der Leser könnte sie mischen wie Spielkarten – wobei sich natürlich auch erweisen würde, dass nicht jede Reihenfolge eine sinnvolle Lektüre ergibt.

Textbeschreibung

Bauprinzipien

Erzähltexte von größerem Umfang zu vollenden, bereitete Kafka aus zwei Gründen Schwierigkeiten. Der erste war seine Schreibweise als persönliche Variante ›automatischen‹ Schreibens (›écriture automatique‹): Spontan seiner Inspiration folgend, verzichtete er bewusst auf jede Form von Vorplanung. Der zweite Grund war von viel allgemeinerer Art, da Kafka ihn mit vielen anderen Autoren der literarischen Moderne teilte: Moderne Erzähltexte sind nicht mehr *primär* nach dem Prinzip organisiert, das Robert Musil einmal das »Gesetz erzählerischer Ordnung« genannt hat (*Mann ohne Eigenschaften*, Zweiter Teil, Kap. 122). Dieses gründet Erzählen auf eine zur Handlung geordnete Folge von Ereignissen, deren Minimalstruktur (mit Aristoteles) die Einheit von Anfang, Mitte und Ende ist und deren minimale Verknüpfungsprinzipien (Syntagmen) die chronologische Folge und der kausale Zusammenhang sind. Viele Autoren haben größere Erzählwerke ohne vorgegebenen Plan begonnen (oder ihre Pläne im Verlauf des Schreibens geändert) – dann war es aber eben die Handlung (einschließlich der sich in ihr entfaltenden und sie bestimmenden Charaktere), die den Erzählfluss trug und die Ereignisse und Ereignissequenzen integrierte. Dieses Sicherheitsnetz der erzählerischen Integration fehlt bei Kafka (und anderen Autoren der Moderne) weitgehend.

Am *Process* lässt sich anschaulich demonstrieren, wie Kafka versucht, einen nicht primär erzählerisch organisierten Text aus kleinen, also in seinem Schreibverfahren handhabbaren, Einheiten zu konstruieren: Am Morgen seines 30. Geburtstages wird Josef K., ein unauffälliger Bankprokurist, in seinem Pensionszimmer »verhaftet«. Das zumindest ist der Begriff, den Kafka verwendet (im Manuskript stand zunächst »gefangen«; P:A 161) – obwohl der Vorgang mit einer ›Verhaftung‹ im uns vertrauten Sinne ebenso wenig zu tun hat wie der folgende ›Prozess‹ mit einem uns vertrauten Gerichtsverfahren. Genau ein Jahr später, also am Vorabend seines 31. Geburtstages, wird K. von zwei »bleichen und fetten« Männern in »Gehröcken« und mit »Cylinderhüten« (P 305) in seiner Wohnung abgeholt, in einen vor der Stadt gelegenen Steinbruch geführt und hingerichtet.

Kafkas *Process* hat also sehr wohl einen Anfang und ein Ende (und sogar einen zeitlich präzise auf ein Jahr terminierten Handlungszeitraum). Dass Kafka den Romanschluss höchstwahrscheinlich unmittelbar nach dem Anfang niederschrieb, war offensichtlich eine Sicherheitsmaßnahme, um sein neues Projekt vor dem Schicksal des abschlusslos gebliebenen *Verschollenen* zu bewahren: Kafka begann die Niederschrift mit einer Rahmenkonstruktion, die dann nur noch ausgefüllt werden musste.

Einfach war das Problem der ausgesparten ›Mitte‹ allerdings nicht zu lösen. Es lag im Wesen von Kafkas eigentümlichem ›Gericht‹, dass die lineare ›Geschichte‹ eines Strafprozesses nicht erzählt werden konnte. Denn dieses Gericht erhebt keine klare Anklage, betreibt keine schulgerechte Ermittlungsarbeit – außer seltsam leer laufenden ›Verhören‹ –, kennt kein Gerichtsverfahren im uns vertrauten Sinne (obwohl es Richter und Verteidiger gibt) und verkündet kein Urteil.

Um die leere Mitte zwischen ›Anfang‹ und ›Ende‹ dennoch zu füllen, verwendet Kafka vier Verfahren, von denen nur die ersten beiden zum Repertoire traditioneller (also erzählorientierter) Epik gehören.

(1) *Entwicklung des Helden*: Mit der »Verhaftung« bricht in Josef K.s wohlgeordnetes Leben ein schlechthin ›Anderes‹ ein. Es wäre daher mehr als plausibel, dass er durch diesen Einbruch selbst zu einem Anderen würde. Dies geschieht – und es geschieht nicht. Nicht zufällig findet sich erst im Schlusskapitel eine Passage, in der der Held seinen ›Prozess‹ als einen *Veränderungs*prozess imaginiert:

Ich wollte immer mit zwanzig Händen in die Welt hineinfahren und überdies zu einem nicht zu billigenden Zweck. Das war unrichtig, soll ich nun zeigen, daß nicht einmal der einjährige Proceß mich belehren konnte? Soll ich als ein begriffsstütziger Mensch abgehen? Soll man mir nachsagen dürfen, daß ich am Anfang des Processes ihn beenden und jetzt an seinem Ende ihn wieder beginnen will. Ich will nicht, daß man das sagt (P 308).

Der Roman weiß von einer solchen Veränderung allerdings nur wenig zu erzählen: Der Prozess zerstreut und ermüdet den Helden zusehends; er lenkt ihn ab von der bisher sein Leben einseitig bestimmenden Fixierung auf die Geschäftswelt, so dass seine Stellung in der Bank zunehmend von seinem Erzrivalen, dem »Direktor-Stellvertreter«, unterminiert wird. Und ihn befallen zunehmend Zweifel an seiner Schuldlosigkeit – schließlich erwägt er sogar, als »Verteidigungsschrift« eine »Lebensbeschreibung« anzufertigen und dabei »bei jedem irgendwie wichtigern Ereignis [zu] erklären, […] ob diese Handlungsweise nach seinem gegenwärtigen Urteil zu verwerfen oder zu billigen war und welche Gründe er für dieses oder jenes anführen konnte« (P 149). Aber diese Selbstzweifel bleiben halbherzig und punktuell und können sich nicht wirklich gegen die Grunddominanten in K.s Verhalten durchsetzen: Abwehr des Prozesses und Verdrängung jedes Gedankens an Schuld.

(2) *Aufbau einer fiktionalen Welt*: Der *Process* beginnt in medias res und mit dem Einbruch eines radikal ›Anderen‹, ›Fremden‹. Damit sind sozusagen zwei Vektoren gegeben, in deren Richtungen der epische Raum des Romans auszuschreiten (bzw. zu konstituieren) ist. Wir erfahren, quasi als nachgetragene Exposition, Details über K.s ›außer-gerichtliche‹ Existenz: Wir erleben ihn in der Geschäftswelt, im Umgang mit anderen Beamten, mit Kunden, mit dem ihm wohlgesinnten Direktor und dem feindseligen Direktor-Stellvertreter. Wir lesen, dass sein Vater früh gestorben ist, seine alte und fast erblindete Mutter auf dem Land lebt (und von ihrem Sohn nur selten besucht wird), und dass die sonstige Verwandtschaft allein aus einem Onkel [K6] und dessen 17-jähriger Tochter Erna (P 120–122) besteht. Wir lernen K.s Pensionswirtin Frau Grubach kennen [K2], eine Mitbewohnerin namens Fräulein Bürstner, die K. bisher ignoriert hat, die für ihn am Abend des Verhaftungstages aber auf seltsam abrupte Weise zu einem Objekt des Begehrens wird (K2; vgl. auch F1). Und wir erfahren, dass K. eine »Geliebte« namens Elsa hat – eine Kellnerin in einem Weinlokal, die er einmal wöchentlich aufsucht (P 30, 86 f., 144 f.; ausführlich vorgestellt worden wäre sie wohl in F3). Weitere Sozialkontakte pflegt K. kaum: Er arbeitet bis 9 Uhr abends, macht dann meist einen Spazier-

gang und besucht einen Honoratiorenstammtisch, zu dessen Mitgliedern auch der Staatsanwalt Hasterer gehört (vgl. auch F2).

Zum andern erweitert sich unser Wissen über das rätselhafte Gericht: K. wird von den »Wächtern« Franz und Willem und einem »Aufseher« verhaftet, wird zu einem Verhör einbestellt (K3), sucht denselben Sitzungssaal eine Woche später noch einmal auf und gelangt dabei in die Gerichtskanzleien (K4). Er beauftragt den Advokaten Huld mit seiner Verteidigung (K6) und entzieht ihm später das Mandat wieder, wobei er einen anderen Angeklagten, den Kaufmann Block, kennenlernt (K8). Durch Vermittlung eines Fabrikanten sucht er Rat und Hilfe beim Gerichtsmaler Titorelli (K7, vgl. auch F5; zu Titorelli ↗ 484–486). Im Kapitel »Im Dom« (K9) begegnet K. schließlich noch dem »Gefängniskaplan«.

Bei diesem Ausschreiten des epischen Raumes ergeben sich natürlich auch Ansätze zu kleineren Handlungssequenzen und zu Nebenhandlungen: So haben etwa die beiden Wächter in K1 K.s Wäsche an sich genommen (P 10); in K3 klagt sie K. deswegen öffentlich an (P 65), in K5 werden sie dafür bestraft (P 109). Wichtiger noch sind zwei sich anscheinend anbahnende ›Liebesgeschichten‹: Die erste ist die zwischen K. und Fräulein Bürstner, die allerdings jäh abbricht. Ursprünglich sollte sie wohl ein zentrales Handlungselement sein – nicht umsonst tritt Fräulein Bürstner (oder eine ihr ähnlich sehende Frau) im Schlusskapitel noch einmal auf, was K. dazu bewegt, jeden Widerstand aufzugeben (P 307–309; vgl. auch P 167). Im Fortgang des Schreibens scheint Fräulein Bürstners Rolle allerdings zunehmend an Leni, die Bedienstete des Advokaten, überzugehen (vgl. bes. P 278) – was die Entscheidung der KA stützt, das die Bürstner-Handlung fortsetzende Kapitel »B.'s Freundin« aus dem Haupttext zu entfernen. Auch diese zweite Liebesbeziehung zu Leni bleibt aber weitgehend unentfaltet; das mag am Fragmentcharakter des Textes liegen oder, wahrscheinlicher, daran, dass K. zu einer wirklichen Liebesbeziehung unfähig ist.

(3) *Serialisierung*: Die beschriebenen Ansätze zur Bildung erzählerischer Syntagmen erzeugen so nur schwache Bindungen. Stärker integrierend wirken daher eine Reihe von paradigmatischen Bezügen, deren Grundlage vor allem konstante Verhaltensmuster K.s sind: seine Versuche, das Gericht (und jedes Nachdenken über ›Schuld‹) abzuwehren und an seiner bisherigen Lebensweise festzuhalten, sein instrumentell-rationales Denken und sein Argumentie-

ren und Agieren in Macht- und Kampfkonstellationen. Da all dies der Welt des Gerichtes gegenüber offensichtlich unangemessen ist, ergeben sich daraus ebenso konstante Fehleinschätzungen seiner Lage. Auf diesen Konstanten basieren spezifischere Serienbildungen, wie sie etwa die Figurenkonstellation des Textes bestimmen: die Reihe der Vermittlerfiguren, der Helfer und Ratgeber, deren Unterstützung K. in seinem Prozess geradezu zwanghaft sucht (der Advokat Huld, der Gerichtsmaler Titorelli, der Gefängnisgeistliche), und die Reihe der Frauenfiguren (Fräulein Bürstner, die Frau des Gerichtsdieners, Leni), die für K. zugleich Objekte des Begehrens wie »Helferinnen« (P 143) in seinem Prozess sind. Auf ähnlich paradigmatische Weise integrierend wirken schließlich Schlüsselmotive, die den Text durchziehen, etwa das Motiv des Fensters – oft verbunden mit dem des Beobachtet-Werdens –, das Handschlag- und das Licht-Motiv.

(4) *Abymisierung*: Verschiedentlich sind in den Roman Elemente eingefügt, die dessen Essenz zu kondensieren scheinen, auf jeden Fall aber eine dichte und weit ausstrahlende Semantik aufweisen. Am wichtigsten ist hier natürlich die Türhüterlegende (P 292–295); zu nennen wären aber auch einige Gemälde: die Richterbilder beim Advokaten (P 141 f.) und bei Titorelli (P 195–197) sowie die Grablegungsszene im Dom (P 280).

Für den Herausgeberstreit bedeutet diese erste Textbeschreibung, dass der *Process* zwar als vollendeter Roman in der Tat nicht existiert, sein Fragmentcharakter jedoch Geschlossenheit und Lesbarkeit erstaunlich wenig beeinträchtigt. Die dominant paradigmatische Organisation des Textes bewirkt, dass Erweiterungen (›Vervollständigungen‹) das Gesamtbild zwar bereichert, ›amplifiziert‹, aber wohl nicht wesentlich verändert hätten. Insofern hat der Kunstgriff der Rahmenbildung durchaus funktioniert: Unter den drei Romanfragmenten Kafkas ist der *Process*, trotz seiner ungewöhnlichen Überlieferung, der geschlossenste Text.

Vor diesem Hintergrund erweist sich eine Grundthese von Roland Reuß (und anderen) als fragwürdig, nach der »Kafkas Schreiben im Schreibvorgang selbst, nicht in dessen Resultat, dem Text, einem Werk, sein Telos hatte« (Reuß 1997, 24). In einem rein existenziellen Sinne mag die Aussage zwar zutreffen – Schreiben war für Kafka eine Existenzmöglichkeit (was allerdings keineswegs heißen muss, dass er nicht nach geschlossenen Werken gestrebt hätte, die allein er für gelungen hielt). Sie verfehlt

aber die paradigmatische Struktur, die sowohl den *Verschollenen* wie den *Process* (in etwas geringerem Maße auch das *Schloss*) bestimmt. Ein solches Schreiben in selbstähnlichen Einheiten impliziert nicht die Aufgabe des Werk-Strebens, sondern einen nicht-linearen, nicht erzählerisch integrierten Begriff des epischen Werkes (der in der Moderne alles andere als ungewöhnlich ist).

Die zwei Textwelten und ihre Verbindungen

Ein zentraler Zug von vielen Erzähltexten Kafkas – den man mit gleichem Recht und gleicher Problematik als ›phantastisch‹ und ›parabolisch‹ beschrieben hat – besteht darin, dass die Textwelten zu einem wesentlichen Teil aus reifizierten Metaphern konstruiert sind, also aus Metaphern, die *innerhalb* der fiktionalen Welt *keinen* metaphorischen Status mehr haben, sondern schlicht und einfach ›wirklich‹ sind. Das gilt im Prinzip bereits für *Urteil* und *Verwandlung*. Im *Process* hat Kafka aber erstmals den ›phantastischen‹, anti-realistischen Erzählbereich zu einem eigenständigen und eigengesetzlichen zweiten Wirklichkeitsbereich ausgestaltet, der dem wiedererkennbar-›realistischen‹ Teil der Romanwirklichkeit auf seltsame Weise eingeschachtelt ist.

Das ›Gericht‹, das K. verhaften und schließlich hinrichten lässt, ist eine weitverzweigte Behörde mit dem ganzen institutionellen Repertoire und Umfeld, das Gerichtsinstanzen zu haben pflegen. Offensichtlich aber widerspricht ihr Agieren all unserem Weltwissen über Gerichte – obwohl die im Text entworfene Welt keineswegs *in toto* anders ist als die uns vertraute. In Josef K. haben wir als Leser einen innerfiktionalen Stellvertreter, der unser Erstaunen und Befremden über Abweichungen vom Vertrauten immer wieder artikuliert – so schon in der Reaktion auf seine Verhaftung:

> Was waren denn das [die ihn verhaftenden »Wächter«] für Menschen? Wovon sprachen sie? Welcher Behörde gehörten sie an? K. lebte doch in einem Rechtsstaat, überall herrschte Friede, alle Gesetze bestanden aufrecht, wer wagte ihn in seiner Wohnung zu überfallen? (P 11)

Im Verlauf des Romans erweist sich das Gericht, das zunächst in die Armensiedlungen der »Vorstadt« (P 50) ausgelagert zu sein schien, als geradezu ubiquitär; nach Auskunft des Malers Titorelli gilt: »Es gehört ja alles zum Gericht« (P 202), und: »Gerichtskanzleien sind doch fast auf jedem Dachboden« (P 222).

Das »Prügler«-Kapitel zeigt zudem, dass auch in K.s Bank Gerichtsaktivitäten stattfinden, bezeichnenderweise in einer »Rumpelkammer« (P 108).

Die Lebenswelt K.s – sein (rudimentäres) Privatleben und die Geschäftswelt der Bank – ist uns durchaus vertraut. Mit der Verhaftung hat sich jedoch in dieser Wirklichkeit plötzlich eine zweite aufgetan, die allerdings integraler Bestandteil der ersten zu sein scheint. Diese Zweiwelten-Struktur prägt auch die Figurenkonstellation: Das Romanpersonal gehört entweder der Privat-/Geschäfts- oder der Gerichtssphäre an. Eine Sonderposition kommt dem Kaufmann Block zu (K8), der offensichtlich als Parallel- wie Kontrastfigur zu Josef K. fungiert. Allerdings tun sich auch auf der Figurenebene immer wieder überraschende Verbindungen zwischen den Welten auf, wie K. zu Recht konstatiert: »So viele Leute sind mit dem Gericht in Verbindung!« (P 180). So scheinen etwa sowohl K.s Onkel (K6) wie auch der »Fabrikant«, einer von K.s Bankkunden (K7), über die Gerichtswelt wohlorientiert zu sein. Und schon bei der Verhaftung sind ja auch drei ›Beamte‹ aus der Bank präsent (K1).

Die verblüffendste Verbindung zwischen den beiden Romanwelten liegt jedoch in den geheimnisvollen Bezügen, die zwischen K.s Innerem und der Gerichtswelt bestehen: Als K. zu seinem ersten Verhör bestellt wird, erfährt er zwar Tag (Sonntag) und Ort (ein Haus in einer Vorstadt), nicht aber den Zeitpunkt. Er entscheidet sich, um 9 Uhr einzutreffen (P 50–52), verspätet sich jedoch um etwas über eine Stunde – und der Richter begrüßt ihn mit den Worten: »Sie hätten vor einer Stunde und fünf Minuten erscheinen sollen« (P 59). Auch das Eintreffen seiner Henker kommt für K. nicht unerwartet: »Ohne daß ihm der Besuch angekündigt gewesen wäre, saß K. [...] schwarz angezogen in einem Sessel in der Nähe der Türe [...], in der Haltung wie man Gäste erwartet« (P 305). Nicht weniger mysteriös sind die Abläufe im »Dom«-Kapitel: K. soll »einem italienischen Geschäftsfreund der Bank« (P 270) den Dom zeigen; der Italiener bleibt jedoch aus – und K. wird durch einen Kirchendiener zu einer »Nebenkanzel« verwiesen (P 282–285), von der ihn dann der Gefängnisgeistliche mit seinem Namen anruft (P 286). Und ein letztes, besonders bezeichnendes Beispiel: In einer Rumpelkammer der Bank hat K. miterlebt, wie die beiden Wächter wegen seiner Anschuldigung bestraft wurden (K5). Am Abend des nächsten Tages öffnet er die Kammertür erneut; doch hinter ihr scheint die Zeit stehengeblieben zu sein: »Alles war

unverändert, [...] der Prügler mit der Rute, die noch vollständig angezogenen Wächter, die Kerze auf dem Regal« (P 117).

Solch seltsame Korrespondenzen zwischen Innen- und Außenwelt kennen wir sonst nur aus Träumen (die in der Tat zu den wichtigsten Inspirationsquellen für Kafkas Schreiben gehören; vgl. Engel 1998) – aber der *Process* ist nirgendwo als Traum markiert. Und doch ist das Gericht über K. gekommen wie ein Gedanke aus verdrängten Tiefen des eigenen Inneren, den abzuwehren man nur nicht geistesgegenwärtig genug war. So meint auch K. über seine Verhaftung: »Wäre ich gleich nach dem Erwachen [...] aufgestanden und ohne Rücksicht auf irgendjemand, der mir in den Weg getreten wäre, [...] gegangen, [...] es wäre nichts weiter geschehen, es wäre alles, was werden wollte, erstickt worden. Man ist aber so wenig vorbereitet« (P 34). Die darauf zunächst folgende Erklärung für K.s mangelnde Geistesgegenwart hat Kafka allerdings (bezeichnenderweise) gestrichen: »Man ist doch im Schlaf und im Traum wenigstens scheinbar in einem vom Wachen wesentlich verschiedenen Zustand gewesen [...]. Darum [ist] auch der Augenblick des Erwachens der riskanteste Augenblick im Tag« (P:A 168).

Die bisher beschriebene Zweiwelten-Struktur ist uns aus der phantastischen Literatur durchaus vertraut. Allerdings fehlt bei Kafka das dort gängige Motiv-Repertoire des ›Wunderbaren‹. Stattdessen verbindet sich das Gericht mit hochsignifikanten Leitbegriffen wie ›Gesetz‹ und ›Schuld‹ und mit Bedeutungskondensaten (wie den bereits erwähnten Bildern und der Türhüterlegende), die die Lesekonventionen von ›uneigentlichen‹ (allegorischen oder parabolischen) Texten aufrufen – allerdings ohne dass der übliche Deutungsschlüssel mitgeliefert oder doch wenigstens impliziert würde.

Der Deutungsimpuls, der von dieser reifizierten Metapher ausgeht – genauer: der uns überhaupt erst dazu bringt, die Textwelt für metaphorisch (›uneigentlich‹) zu halten –, wird durch weitere Eigenheiten von Kafkas Erzählen noch verstärkt: zum einen durch überscharf fokussierte Details (einzelne Objekte, Eigenheiten von Aussehen und Kleidung, Mimik und Gestik), die in ihrer Selektivität keinen ›Realismus‹-, sondern einen Signifikanz-Effekt bewirken; zum anderen durch Verhaltensweisen von Romanfiguren, die unserem Weltwissen widersprechen, seltsam oder sogar ›grotesk‹ anmuten – etwa wenn sich der »Aufseher« im Verhaftungskapitel »einen harten runden Hut, der auf Fräulein Bürstners

Bett lag«, »vorsichtig mit beiden Händen« aufsetzt, »wie man es bei der Anprobe neuer Hüte tut« (P 25). All dies trägt dazu bei, den Roman ›uneigentlich‹ und ›bedeutend‹ wirken zu lassen – und erzeugt das Wechselspiel von Deutungsprovokation und -frustration, das für Kafkas Texte so charakteristisch ist (↗ 412–415).

Das erste und zweifellos zentrale Deutungsproblem des *Process* ist natürlich die Frage nach der ›Bedeutung‹ des seltsamen Gerichtes und seines Einbruchs in K.s Lebenswelt. Damit verbindet sich, zweitens, die Frage nach der Schuld des ›Angeklagten‹ – ist Josef K. Opfer oder Täter? Wer K. für schuldig hält, wird darüber hinaus, drittens, fragen müssen, ob es sich dabei um eine konkrete und vermeidbare Schuld handelt (womit der Roman eine Moral bekäme: Handle nicht wie Josef K.!) oder um eine Verschuldung, die dem Menschen (vielleicht: dem Menschen der Moderne) generell oder doch wenigstens tendenziell eigen ist (dann würde der Roman eine anthropologische, philosophische, kulturgeschichtliche, vielleicht auch religiöse Aussage machen). Ein viertes Problem liegt schließlich in der eigentümlichen Verschränkung von Außen- und Innenwelt: Wieso ist das Gericht so unmittelbar mit K.s Innerem (seinem Unbewussten?) verbunden?

Erzählperspektive

Wie in vielen Erzähltexten Kafkas liegt auch im *Process* personales Erzählverhalten vor (in der von Jürgen Petersen reformulierten Terminologie Franz K. Stanzels; nach Gérard Genette wäre von ›heterodiegetischem Erzählen‹ mit ›interner Fokalisierung‹ zu sprechen): Alle Romanereignisse werden aus dem Wahrnehmungs-, Wissens- und Deutungshorizont Josef K.s erzählt. Nur in Bezug auf ihn haben wir ›Innensicht‹, nur seine Gedanken und Gefühle lernen wir kennen; alle anderen Romangestalten sind uns – wie der Perspektivfigur – bloß in Außensicht zugänglich.

Diese Perspektivierung erfolgt bei Kafka oft unmarkiert – und ist vom Leser umso sicherer zu erschließen je vertrauter er mit K.s Denk- und Wertungsgewohnheiten geworden ist. Am leichtesten zu erkennen ist die Wahrnehmungsbegrenzung (die daher häufig als Perspektivsignal fungiert). So wissen wir im Verhaftungskapitel ebenso wenig wie K., was vor seiner Zimmertüre vor sich geht, bevor K. sie geöffnet hat (P 8), oder erkennen erst mit ihm, dass die schon die ganze Zeit beim Verhör anwesen-

den »drei jungen Leute« Beamte aus seiner Bank sind (P 20, 23, 24, 26 f.). Wie oft im Roman ist K.s Fehlleistung explizit markiert – hier in erlebter Rede: »Wie hatte K. das übersehen können? Wie hatte er doch hingenommen sein müssen, von dem Aufseher und den Wächtern, um diese drei nicht zu erkennen« (P 27). Das belegt zugleich, wie haltlos K.s Beteuerungen waren, in der Verhaftungssituation immer souverän und überlegen gewesen zu sein (z. B. »Er fühlte sich wohl und zuversichtlich«; P 16 f.).

Als zweites Beispiel sei auf K.s erstes Verhör verwiesen. Von dem Augenblick an, da er den Sitzungssaal betritt, schätzt er die Situation falsch ein: Er fühlt sich an eine politische Versammlung erinnert und meint, dass es im Publikum zwei Parteien gebe (P 58). Entsprechend agiert er auch und hält eine politische Rede, in der er sich zum uneigennützigen Anwalt der öffentlichen Sache stilisiert:

> was mir geschehen ist, ist ja nur ein einzelner Fall und als solcher nicht sehr wichtig, da ich es nicht sehr schwer nehme, aber es ist das Zeichen eines Verfahrens wie es gegen viele geübt wird. Für diese stehe ich hier ein, nicht für mich. […] Was ich will, ist nur die öffentliche Besprechung eines öffentlichen Mißstandes (P 64 f.).

Damit – wie schon in Details der Darstellung der Verhaftung – lügt K. schamlos (nur sein Namensvetter K. aus dem *Schloss* wird ihn darin noch übertreffen). Das Beispiel illustriert die wichtigste Eigenheit von Kafkas personalem Erzählen: Obwohl uns der Roman (von wenigen auktorialen Einsprengseln abgesehen) nur K.s Wahrnehmungen und Interpretationen vermittelt (explizite Informationen), signalisiert der Text uns dennoch auf raffinierte Weise, dass K.s Weltdeutungen wie Selbstdarstellungen – als direkte (taktische) Lügen oder als unbewusste Selbsttäuschungen – falsch sind (implizite Informationen), ohne uns freilich mit einer ›richtigen‹ Deutung zu versehen.

Zumeist geschieht dies auf die beschriebene mittelbare Weise. Nur an einer Stelle werden wir dadurch über K.s Fehleinschätzung der Situation belehrt, dass wir eine romaninterne Gegenperspektive erhalten: Bei seinem Gang durch die Gerichtskanzleien war K. anderen Angeklagten begegnet, die angstvoll auf ihn reagierten; K., der sich ihnen weit überlegen glaubt, meint in seinem Hochmut, dass man ihn wohl für einen Richter halte (P 93–95). Kaufmann Block aber war unter den Angeklagten und kann K. später aufklären: Diese hatten vielmehr zu erkennen gemeint, dass K. »gewiß und bald verurteilt« würde (P 237).

Nur sehr selten gibt es Textpassagen, an denen der Erzähler das personale Erzählen durch einen direkten Kommentar durchbricht (in Genettes Terminologie wären dies ›Paralepsen‹). Ein Beispiel dafür findet sich etwa am Ende des ersten Kapitels, als Josef K. die drei bei der Verhaftung anwesenden Bankbeamten dazu auffordert, nicht so auffällig nach einem eben auf die Straße tretenden Nachbarn zu sehen, »ohne zu bemerken, wie auffallend eine solche Redeweise gegenüber selbständigen Männern war« (P 28). Solche (seltenen) Kommentare, in denen sich der Erzähler nicht mit der Rolle eines bloßen ›Reflektors‹ zufriedengibt, erklären sich wohl, ganz pragmatisch, aus erzählökonomischen Überlegungen: Kafka wählt hier das einfachere direkte statt des aufwendigeren indirekten Distanzierungssignals. Beides liegt ja schließlich im Möglichkeitsspektrum einer Er-Erzählung.

Der Leser, der den direkten wie mittelbaren Konditionierungssignalen des Autors folgt, wird schnell lernen, K.s Worten wie Gedanken zu misstrauen – und wird dieses Verhalten dann auch auf Textstellen übertragen, wo keine Markierungen vorliegen. Sozusagen rückwirkend wird damit auch der berühmte erste Satz des Romans in ein neues Licht gestellt: »Jemand mußte Josef K. verleumdet haben, denn ohne daß er etwas Böses getan hätte, wurde er eines Morgens verhaftet« (P 7). Nur der Konjunktiv könnte darauf hindeuten, dass es sich bei Unschuldserklärung und Verleumdungsvermutung nicht um Erzähleraussagen, sondern um Gedanken Josef K.s handelt. Formal ist die Stelle aber ganz eindeutig als Erzählerrede gestaltet. Dass sie dennoch die Perspektive K.s ausdrückt, wird der Leser erst erkennen, wenn ihm beim Weiterlesen K.s obstinates Leugnen jeder Schuld (und dessen Zweifelhaftigkeit) aufgefallen ist und er bemerkt hat, dass der Erzähler sonst nirgendwo Aussagen zu K.s Schuld oder Unschuld macht. Der Anfangsatz ist also ein Beispiel für den am schwersten zu durchschauenden Sonderfall personalen Erzählens bei Kafka: die nicht-markierte Perspektivierung, die sich formal als ›Ansteckung‹ (Leo Spitzer) der Erzählerrede durch Figurenrede beschreiben ließe.

Kafkas personales Erzählen hat so einen doppelten Wirkungsmechanismus: Zum einen werden wir hineingezogen in Josef K.s Denk- und Erlebensweise, sehen die Romanwelt mit seinen Augen und tendieren daher dazu, uns mit ihm zu identifizieren. Zum anderen jedoch sind wir, wenn wir nur genau lesen, immer wieder gezwungen, uns von ihm zu distanzieren, sein Verhalten nicht nur als irrig und unangemessen, sondern oft auch als unmoralisch, ja skrupellos zu erkennen. Das könnte ein wichtiger Ansatz für die Interpretation des Textes sein: Sollen wir so vielleicht den Josef K. in uns entdecken – und uns von ihm distanzieren?

Forschung

Die Uneinigkeit der Kafka-Forschung ist längst notorisch. Und in der Tat lassen sich auch zum *Process* die vielfältigsten (und abwegigsten) Deutungen finden. In ihrer großen Mehrheit gehören die Interpretationen allerdings fünf Hauptrichtungen zu, die im Folgenden kurz typologisch charakterisiert werden sollen.

(1) *Biographische, psychologische und psychoanalytische Deutungen*: Im Zentrum steht hier meist der bekannte Vaterkonflikt Kafkas, was auch die ›Schuld‹ Josef K.s als bloßes Schuld*gefühl* dem übermächtigen Vater gegenüber lesbar macht (wie es autobiographisch etwa der <*Brief an den Vater*> beschreibt). Im Fall des *Process* lässt sich das noch ergänzen um das Schuldgefühl gegenüber der Verlobten Felice Bauer (so etwa Politzer, 1965 [1962]; Canetti, 1969): Am 12. Juli 1914, also kurz vor Beginn der Niederschrift, war die Verlobung im Berliner Hotel »Askanischer Hof« (ein erstes Mal) gelöst worden, und zwar unter Umständen, die Kafka im Tagebuch als »Gerichtshof im Hotel« bezeichnete (23.7.1914; T 658).

Solch biographische Deutungen sind bei Kafka immer zutreffend – und immer unzureichend. Wie bei zahlreichen Autoren der Moderne wurzelt Kafkas Schreiben ganz im Existenziellen als Authentizität wie Geltung verleihendem Wahrheitsgrund. Dieses Persönliche wird jedoch als (anthropologisch wie historisch) repräsentativ aufgefasst und daher konsequent verallgemeinert.

So mag der Ursprung der Gerichtsmetapher (als Inspirationsimpuls) durchaus im genannten Tagebucheintrag liegen, und die Figurenkonstellation Josef K. – Fräulein Bürstner – Fräulein Montag dürfte ihren Ursprung durchaus im Beziehungsdreieck Kafka – Felice Bauer – Grete Bloch gehabt haben. Offensichtlich bewegt sich der Roman jedoch so weit von diesen Inspirationsanlässen weg, wie das literarische Texte meist zu tun pflegen – weswegen solcher Biographismus in der Literaturwissenschaft längst als obsolet gilt, in der Kafka-Forschung aber immer noch fröhliche Urstände feiert (vgl. etwa Binder 1976; Bridgwater 2003).

Psychoanalytische Lektüren erklären, in ihrer dogmatischen Variante, dieses (wie jedes) biographische Substrat mit ihrem Passepartout des Ödipuskomplexes – dann ist das Gericht eben eine Vaterinstanz, mit der K. in seinem sexuellen Begehren vergeblich kämpft, und alle Frauenfiguren werden zur Mutter-Imago. Das wird nur der Leser nachvollziehen können, der die Freudsche Lehre nicht für ein historisches Konstrukt, sondern für schlechterdings wahr hält.

Aber natürlich gibt es auch undogmatischere Varianten, die an die im Text unübersehbaren Thematisierungen von Begehren und Macht anknüpfen: Peter-André Alt hat etwa in seiner 2005 erschienenen Kafka-Monographie vorgeschlagen, die Welt des *Process* als Objektivierung des psychischen Systems und seiner Strukturen zu lesen. Das ist eine höchst bedenkenswerte These; nur müsste bei ihrer Anwendung das im Roman entfaltete psychische System (und damit Kafkas Auffassung von ihm) erst einmal rekonstruiert werden, wenn man den literarischen Text und seinen heuristischen Wert wirklich ernst nimmt. Psychoanalytische Interpreten lesen den *Process* aber einfach als Illustration vorgegebener psychoanalytischer Theoreme (bei Alt handelt es sich um eine poststrukturalistisch reformulierte Psychoanalyse: Freud mit Foucault und einem Schuss Derrida vermischt). Das führt dann zu allegorischen Lesarten, nach denen beispielsweise die Advokaten »den Wächtern« »entsprechen«, »die nach Freud an der Schwelle zum Bewusstsein stehen und die Mächte des Unbewussten – als Repräsentanten der Anklagebehörde – zurückzudrängen suchen« (Alt 2005, 404 f.). Auf jeden Fall aber ist für den psychologischen/psychoanalytischen Interpreten klar, dass es im *Process* nicht um ›Schuld‹ gehen kann, sondern nur um »Schuldgefühl« und »Strafphantasie« (Alt, 392). Mit apodiktischer Gewissheit formuliert etwa Hans Helmut Hiebel: »Das (in moralischer Hinsicht) unbegründete Schuldgefühl ist strikt von begründeter Schuld zu scheiden« (Hiebel 2008, 459).

(2) *Sozialgeschichtliche Deutungen*: Kafkas Werk sozialgeschichtlich zu lesen, heißt es als (verfremdetes) dichterisches Abbild unserer Lebenswelt zu deuten. Das tun wir alle, wenn wir etwa einen Verwaltungs- oder Behördenakt als ›kafkaesk‹ bezeichnen. In einer solchen Lektüre, die die Eigentümlichkeiten der Gerichtswelt als satirisch-kritische Verfremdungen realer Verhältnisse interpretiert, wird der *Process* zur Gestaltung der verwalteten Welt, der vielfältigen Einengungen und Bedrohungen, die das Individuum heute durch anonyme Mächte erfährt, zur Anklage des Kapitalismus, zur prophetischen Vorwegnahme der totalitären Regime des 20. Jahrhunderts oder, aktueller und à la Foucault, zur Verbildlichung der das Begehren unterdrückenden ›Macht‹. Gemeinsam ist all diesen Interpretationen ihre unverbrüchliche Solidarität mit Josef K., dem unschuldigen Opfer (vgl. etwa Beicken 1974; Abraham 1985; Lubkoll 1990; Werber 1998).

Auch solche Lektüren haben ihr offensichtliches Recht. Natürlich bezieht sich Kafka auf Strukturen der modernen Welt (Bürokratie, Geschäftswelt) und natürlich ist Macht ein Grundthema seiner Texte. Zu fragen wäre nur, wo diese Macht für Kafka ihren Ursprung hat – wirklich in gesellschaftlichen Strukturen, die unschuldige (und per se gute) Individuen unterjochen? – und ob die seltsame Gerichtsinstanz wirklich mimetisch (›Justizsystem‹) oder vielleicht doch semiotisch zu lesen ist.

Auch wenn sozialgeschichtliche Literaturwissenschaft heute gründlich aus der Mode gekommen ist (soweit ihr Grundansatz nicht in den Cultural Studies, der Kulturwissenschaft und den an Foucault orientierten Varianten des Poststrukturalismus überlebt hat) – in vielen Interpretationen des *Process* klingt ihre Grundüberzeugung wie ein *basso continuo* noch immer mit: Josef K. ist das schuldlose Opfer anonymer Machtstrukturen.

(3) *Dekonstruktivistische Deutungen*: Dieses (die Kafka-Forschung in den letzten zwei Jahrzehnten dominierende) Forschungsparadigma hat zwei einfache Leseregeln, die sich auf jeden Text anwenden lassen: (a) Literarische Texte handeln immer nur vom Schreiben, sind also totaliter selbstbezüglich; (b) dabei thematisieren sie immer nur die »différance«, die Nicht-Präsenz von Sinn und Bedeutung – und damit das unabweisbare Scheitern aller Sinnstiftungs- bzw. Deutungsakte.

Jacques Derrida, der Vater des Dekonstruktivismus, hat selbst eine Interpretation der Türhüterlegende vorgelegt und darin – niemanden wird es überraschen – eine Gestaltung des ›Aufschubs‹, also eben der ›différance‹ gefunden (Derrida 1992 [1985]; vgl. dazu Kolb 1999). Entsprechend liest etwa Jeziorkowski den *Process* als einen Text »übers Nichtverstehen von Text [...] zur Einübung in die grundsätzliche und prinzipielle Nichtverstehbarkeit von (Lebens-)Schrift« (Jeziorkowski 1994, 215), und Detlef Kremer beschreibt den Roman als »eine Schreibform, die beinahe jede inhaltliche Spezifikation dankbar aufnimmt, die aber jede ebenso schnell wieder abwirft«, weil sie letztlich nur von »Funktion und Bedeutung der Schrift und ihrer Entzifferung« handelt (Kremer 1992, 198 u. 190).

So problematisch dekonstruktivistische Interpretationen generell sein mögen (wie die psychoanalytischen sind sie radikal ahistorisch und in der Anwendung ihres interpretatorischen Passepartouts gleichgültig gegenüber jeder Textspezifität) – bei Kafka haben sie ein offensichtliches fundamentum in re (bzw. in textu), wie besonders das auf die Türhüterlegende folgende Deutungsgespräch belegt (P 295–303; Kafka nannte es eine »Exegese«; T 707). Der Glaube, dass Literatur immer *nur* von Literatur (›Schrift‹) oder vom Deuten handle, klingt allerdings verdächtig nach einer *déformation professionnelle* von Literaturwissenschaftlern; sollten sich solche Deutungen durchsetzen, würde sich das allgemeine Leserinteresse an Kafka wohl bald drastisch reduzieren. Außerdem wäre zu fragen, welche *Art* von Deutungsakten im *Process* an welchen Deutungs*objekten* scheitert – nur so ließe sich überprüfen, ob Josef K.s hermeneutisches Scheitern auch das des Lesers sein *muss* (↗415–417). Im Falle des Deutungsgespräches etwa ist das sicher nicht der Fall, da sich hier K.s Nicht-Verstehen eindeutig aus seiner ganz persönlichen ›hermeneutischen‹ Prädisposition erklären lässt (↗203).

Natürlich gibt es auch bei dekonstruktivistischen Interpretationen undogmatischere (und eklektischere) Varianten. So sucht etwa Oliver Jahraus im *Process*-Kapitel seiner Kafka-Monographie nach einem Mittelweg zwischen den Extremen einer rein inhaltlichen und denen einer rein dekonstruktivistischen Lektüre (Jahraus 2006, 299). Allerdings ist schwer einzusehen, wie sich seine höchst diskutable, schon aus existenzialistischen Deutungen (s.u.) bekannte These, Josef K.s Schuld bestehe »gerade darin, an seine Unschuld zu glauben und seinen Prozess nur um des Freispruchs willen zu führen« (301), vermitteln lässt mit seiner Deutung des Gerichts als »sozialer Machtapparat« (296) und seiner von Lacan inspirierten Herleitung der Macht aus triadischen Personenkonstellationen, die wiederum auf verwehrtem sexuellem Begehren beruhen.

(4) *Religiöse und existenzialistische Deutungen*: Religiöse Deutungen des *Process* wurden vor allem von Max Brod inauguriert, der im Gericht eine Erscheinungsform der »richtenden Gottheit« sah (Brod 1973 [1926], 41; z. B. R. Sutner 1976). Zusammen mit existenzialistischen Deutungen (z. B. Emrich 1957; Kaiser 1958; Allemann 1963; Sokel 1978) – hier liegt K.s Schuld in seiner seinsvergessenen, an das ›man‹ verlorenen, ›uneigentlichen‹ Existenzweise – dominierten solche Interpretationen von der Erstpublikation bis in die 1960er Jahre die Lektüre Kafkas im Allgemeinen wie die des *Process* im Besonderen. Gerade das aber macht sie für historisch orientierte Interpreten interessant: Sie sind, schon rein zeitlich gesehen, einfach ›näher‹ am Text bzw. an der Selbstdeutung Kafkas, der seine historische Repräsentanz gerade in seinem säkularisierten ›Westjudentum‹ sah (vgl. An M. Jesenská, Nov. 1920; BM 294). Zudem nehmen nur religiöse und existenzialistische Interpreten die (mindestens im »Dom«-Kapitel offensichtliche) religiöse Metaphorik des Textes ernst – und nur sie halten K. für schuldig.

Allerdings haben religiöse Interpretationen à la Brod auch mindestens zwei unübersehbare Schwächen: Zum einen war Kafka sowohl vom immer noch gläubigen Ostjudentum wie auch vom neuen, zionistischen Versuch einer jüdischen Identitätsfindung zwar ganz offensichtlich fasziniert – wurde dadurch aber selbst weder zum gläubigen Juden noch zum Zionisten. Zum anderen erscheint die Gerichtswelt im Roman als viel zu schäbig und korrupt, um einfach als Offenbarung des ›Göttlichen‹ aufgefasst zu werden.

(5) *Jüdische Deutungen*: Interpreten dieser Richtung versuchen, zum einen, den *Process* als literarische Umsetzung jüdischen (Glaubens-)Wissens zu lesen. So verweist etwa Ulf Abraham, durchaus plausibel, auf eine Midrasch-Legende als mögliche »Vorlage« zur Türhüter-Erzählung (Abraham 1983); Karl Erich Grözinger findet im *Process* (mit deutlich geringerer Evidenz) eine Überfülle ›jüdischer‹ Subtexte und legt auf dieser Basis eine recht konventionell religiöse, nur eben nun jüdisch akzentuierte Interpretation des Romans vor (Grözinger 2003 [1992]).

Immerhin wird in diesen Deutungen die heute ansonsten geradezu tabuisierte religiöse Dimension des Textes – und damit Kafkas jüdischer Kultur- und Denkhintergrund – noch ernst genommen. Problematisch ist jedoch die Einseitigkeit solcher Lektüren: Parallelen zu jüdischem Wissen werden betont (mitunter überbetont) – die erheblichen Differenzen bleiben unerörtert. Eine wesentlich differenziertere ›jüdische‹ Deutung bietet Ritchie Robertson; hier werden jüdische Bezüge mit den verschiedensten anderen Kontexten in einer ausgewogenen Interpretation vermittelt (Robertson 1988; vgl. auch 1993 u. 1994).

Die andere Hauptrichtung jüdischer Interpretation konzentriert sich auf die Säkularisierungsproblematik im Allgemeinen (z. B. Zimmermann 1992a) und die Assimilationsproblematik im Besonderen. Bernd Neumann etwa sieht (in einer freilich extremen Variante jüdischer Kafka-Deutung) den assimilierten Juden (??) Josef K. dem sich formierenden Nationalsozialismus unterliegen, der beginnt den kakanischen Rechtsstaat zu unterhöhlen (B. Neumann 2007).

Deutungsaspekte

Wirklichkeitsebenen des Romans und Prozess/Gerichts-Metapher

Im Kapitel »Textbeschreibung« wurde die Romanwelt des *Process*, wie in der Forschung üblich, als Doppelwirklichkeit aus Privat-/Geschäfts- und Gerichtswelt beschrieben. Liest man genauer, wird man aber von *drei* Wirklichkeitsbereichen sprechen müssen. Über den unteren Gerichtsinstanzen, die wir allein kennenlernen, steht noch ein ›oberstes‹ ›hohes‹ Gericht, das wegen seines ganz andersartigen ontologischen Status als eigener, dritter Raum gelten muss.

K. erinnert sich an diese Instanz kurz vor seinem Tode: »Wo war das hohe Gericht bis zu dem er nie gekommen war?« (P 312). Titorelli weiß zu berichten, dass nur dieses »oberste, für Sie, für mich und für uns alle ganz unerreichbare Gericht« »das Recht endgiltig freizusprechen [hat]. Wie es dort aussieht wissen wir nicht und wollen wir nebenbei gesagt auch nicht wissen« (P 213) – vermutlich, weil dort ›Helfer‹ und ›Vermittler‹ wie er keinen Einfluss haben. Auch Advokaten sind hier nicht mehr zugelassen (P 162 f.; nach einem von Kaufmann Block überlieferten Gerücht gibt es aber auch »große Advokaten«, die allerdings wiederum unerreichbar bleiben, P 242–244).

Diese Unerreichbarkeit teilt das hohe Gericht mit dem ›Gesetz‹. Beide sind das ganz ›Andere‹ zu unserer Lebenswelt – und damit radikal unzugänglich und unverstehbar. In der Terminologie traditioneller Metaphysik wären sie das ›Absolute‹ genannt worden; Kafka wird in den rund drei Jahre später in Zürau entstandenen Aphorismen dafür stark metaphysik-lastige Begriffe wie »die geistige Welt« oder »das Unzerstörbare [in uns]« verwenden (vgl. NSF II, 31, 59; 55, 58, 65, 66).

Dagegen sind die unteren Gerichtsinstanzen, die wir im Roman allein kennenlernen, eine Art von Hybride zwischen ›Gesetz‹ und Alltagswelt, in der sich ›Anderes‹ und Wohlvertrautes auf eigentümliche Weise verbinden. Anders sind sie, weil mit ihnen in K.s Leben ein absoluter Maßstab, ein (Selbst?-)Rechtfertigungsappell tritt, der in seiner Radikalität über alle bloß gesetzlichen oder moralischen Verhaltensregeln weit hinausreicht. Wohlvertraut ist die Gerichtswelt der unteren Instanzen dagegen, weil sie in ihren Grundzügen nichts anderes zu sein scheint als das zur Kenntlichkeit entstellte Zerrbild unserer Lebenswelt.

Diese Dreiteilung der Romanwelt ermöglicht es uns, das Gericht als ethische Instanz ernst zu nehmen, die mit einem so absoluten Maßstab urteilt, wie wir ihn allenfalls aus religiös geprägten Gesellschaften kennen. Denn die unteren Instanzen, die wir allein kennenlernen, sind schäbig, armselig und schmutzig (z. B. P 88, 93, 103), ihre Vertreter erscheinen als eitel und prätentiös (z. B. P 142, 196) und agieren in rigiden Hierarchie- und Machtstrukturen. Selbst wenn K.s Behauptung, das Gericht bestehe »fast nur aus Frauenjägern« (P 290), überspitzt sein mag, so kann doch kein Zweifel daran bestehen, dass sexuelles Begehren sich hier ebenso häufig wie offen manifestiert. All diese Verhaltensweisen kennen wir auch aus K.s Lebenswelt, nur dass sie dort unter Konventionen und Höflichkeitsformeln versteckt bleiben. Man vergleiche etwa den subtilen Machtkampf zwischen K. und dem Direktor-Stellvertreter mit der brutalen Demütigung des Kaufmanns Block durch den Advokaten – oder das erotische Geplänkel zwischen K. und Fräulein Bürstner, das in einem leidenschaftlichen Kuss gipfelt (P 39–48), mit dem Verhalten des Untersuchungsrichters, der sich die begehrte Frau gewaltsam ins Bett holen lässt (P 85 f., 89 f.). Ähnlich kategorial geschieden sind der Aggressionsakt, in dem K. einem Untergebenen einen Brief aus der Hand nimmt und zerreißt (P 354 f.) – dabei »das allerdings [unterlässt] was er am liebsten getan hätte«, nämlich »Kullych zwei laute Schläge auf seine bleichen runden Wangen zu geben« (P 355) – und die brutale Gewalt und der offene Sadismus der Prüglerszene.

Einerseits ist das Gericht also ein Gegenentwurf zur Alltagswelt – so radikal anders, dass er nicht nur ihren Denkkategorien größten Widerstand leistet, sondern sich in ihr nicht einmal in Reinform manifestieren kann (also eben als ›Gesetz‹ oder ›hohes Gericht‹). Zugleich fungiert es jedoch, in seinen unteren Instanzen, als eine Art Zerrspiegel der Lebenswelt, der diese in zur Kenntlichkeit entstellter Form reflektiert, in ihr Macht-, Gewalt- und Triebstrukturen bloßlegt, die sonst unauffällig blieben. Über den metaphysischen oder quasi-metaphysischen Status des ›Gesetzes‹ lässt sich nur spekulieren, seine Funktion in Bezug auf die Alltagswelt ist jedoch präzise beschreibbar. Daher sollte eine Interpretation von dieser Funktion ausgehen. Das aber heißt, nach dem ›Angeklagten‹ Josef K. zu fragen, der der offensichtliche Repräsentant der Alltagswelt und daher auch das prädestinierte Objekt zur Manifestation der Einwirkungen des ›Gesetzes‹ ist.

Josef K.

Es wurde bereits darauf hingewiesen, dass Josef K. kaum als ausdifferenziertes Individuum gelten darf. Er ist ein Typus, der Repräsentant einer Mentalität, die für Kafka die der säkularisierten Moderne ist.

Deren Oberfläche ist bestimmt durch sozial angepasstes Agieren in etablierten Rollen und Konventionen, das geleitet wird von Aufstiegsstreben, Durchsetzungsstärke, Selbstkontrolle und (instrumenteller) Rationalität. Die Problematik dieser Verhaltensweisen, ihre Defizite wie ihre Motivationen, werden erst deutlich, wenn sie in das verfremdende Licht der andersartigen Gerichts-Welt rücken. Betrachten wir etwa die folgende Reflexion K.s, die ein wichtiger Schlüssel zum Verständnis des Romans ist:

> Er hatte es verstanden, sich in der Bank in verhältnismäßig kurzer Zeit zu seiner hohen Stellung emporzuarbeiten und sich von allen anerkannt in dieser Stellung zu erhalten, er mußte jetzt nur diese Fähigkeiten, die ihm das ermöglicht hatten, ein wenig dem Proceß zuwenden und es war kein Zweifel, daß es gut ausgehn mußte. Vor allem war es, wenn etwas erreicht werden sollte, notwendig jeden Gedanken an eine mögliche Schuld von vornherein abzulehnen. Es gab keine Schuld. Der Proceß war nichts anderes, als ein großes Geschäft, wie er es schon oft mit Vorteil für die Bank abgeschlossen hatte, ein Geschäft, innerhalb dessen, wie dies die Regel war, verschiedene Gefahren lauerten, die eben abgewehrt werden mußten. Zu diesem Zwecke durfte man allerdings nicht mit Gedanken an irgendeine Schuld spielen, sondern den Gedanken an den eigenen Vorteil möglichst festhalten (P 167 f.).

Dass jemand im Geschäftsleben sachlogisch und zielorientiert agiert, ist uns nicht nur vertraut, sondern gilt uns auch als (mehr oder weniger) akzeptabel, zumindest wenn wir die Ausdifferenzierung der Moderne in unterschiedliche Teilsysteme mit je eigenen Wertlogiken verinnerlicht haben. Die Transferierung in einen Raum, der schon im ersten Satz des Romans als der einer Entscheidung über ›gut‹

und ›böse‹ definiert wurde, lässt dieses Verhalten allerdings in einem ganz anderen Licht erscheinen – ebenso wie die rücksichtslose Instrumentalisierung von Menschen als Mittel zum Zweck (in der der Landvermesser K. aus dem *Schloss* seinen Vorgänger noch weit übertreffen wird). Und die kategorische Abwehr jedes Nachdenkens über ›Schuld‹ erscheint im Horizont der Ethik bereits als implizites Schuldbekenntnis.

Obwohl K. den Gedanken an Schuld stets zu verdrängen sucht, gerät er in seinem neuen Leben immer wieder in Situationen, in denen er sich ethischen Überlegungen nicht entziehen kann: etwa wenn er selbst zum Objekt ›unethischen‹ Verhaltens wird (so in seiner vielfältig moralisch argumentierenden Verteidigungsrede beim ersten Verhör; P 64–70) oder dies an Personen erlebt, mit denen er sich identifizieren kann (wie etwa bei der Demütigung Blocks durch den Advokaten; P 259–269). Die Prüglerszene, in der K. mit nackter Gewalt und elementarem physischen Leiden konfrontiert wird, führt sogar dazu, dass er, zum ersten und einzigen Mal im Roman, ein radikal ethisches Verhalten zumindest *erwägt*: eine »Aufopferung«, in der er sich »selbst ausgezogen und dem Prügler als Ersatz für die Wächter angeboten« hätte (P 115). Natürlich weist K. diesen Gedanken – wie auch jede Schuld (»es war nicht seine Schuld«, P 114) – auch hier weit von sich. Signifikant ist jedoch, dass er dergleichen nun überhaupt *denken* kann.

Im Raum des Gerichtes wird K. jedoch nicht nur mit der Schuldfrage konfrontiert; hier werden auch andere Defizite und Leerstellen in seinem Leben manifest, die ihm verborgen blieben, solange »die Gedanken an die Bank […] ihn […] ganz […] erfüllten« (P 338): die emotionale Leere und soziale Bezugslosigkeit seiner Existenz und das Ausblenden ›geistiger‹ Welten wie der der Kunst (P 272) oder der Religion.

Für K.s Säkularisierung hat Kafka im »Dom«-Kapitel evidente Bilder gefunden: K. plant eine kunsthistorische Besichtigung der Kirche. Deswegen hat er sich mit einem »Album der städtischen Sehenswürdigkeiten« ausgerüstet – das er erschrocken wegwirft, als der Geistliche ihn fragt, ob es sich um ein »Gebetbuch« handle; »Laß das Nebensächliche«, hatte er K. zuvor aufgefordert (P 288). Ebenso emblematisch für den Traditionsbruch der modernen Kultur ist der Kontrast zwischen dem »ewigen Licht« in der Kirche, das K.s kunsthistorische Betrachtung des Altarbildes stört, und der »elektrischen Taschenlampe«, derer er sich bedient (P 280 f.). Dass K. sich im Dom geradezu reflexhaft »bekreuzigt« (P 284) belegt übrigens, dass er christlich erzogen wurde.

K.s Konfrontation mit der Gerichtswelt legt schließlich auch die unbewussten Triebregungen bloß, die den vermeintlich rationalen und sachlogischen Oberflächen seiner Lebenswelt zugrunde liegen. Das betrifft, erstens, die Hierarchie- und Machtstrukturen, die eben nicht einfach objektive *Strukturen* sind, sondern Produkte eines durchaus triebhaften Machtstrebens der Subjekte, eines ›Willens zur Macht‹, in dem sich eine elementare vitale ›Kraft‹ manifestiert, über die K. in seinen besten – oder schlimmsten – Zeiten auch verfügte und die nun an den Direktor-Stellvertreter übergangen ist (P 187). Bezeichnenderweise erscheint der humane und mitfühlende Direktor dagegen als krank und »leidend« (z. B. P 276).

Macht ist bei Kafka das Resultat von Macht-*Kämpfen*, in denen sich der vital Stärkere durchsetzt – praktisch alle Gesprächsszenen des Romans und alle sozialen Interaktionen demonstrieren dieses Machtstreben, den Kampf um die ›Plus-Situation‹ (Alfred Adler), die Position der »Überlegenheit« (z. B. P 16), die es ermöglicht, mit dem Anderen zu »spielen« (z. B. P 26, 347). Je mehr K. seine Selbstkontrolle verliert, desto deutlicher wird die nackte und brutale Aggression bloßgelegt, die hinter diesem Machtwillen steckt. So reflektiert K. etwa im Sitzungssaal: »Wenn er zuhause bliebe und sein gewohntes Leben führen würde, war er jedem dieser Leute tausendfach überlegen und konnte jeden mit einem Fußtritt von seinem Wege räumen« (P 86). In solchen im Roman immer wieder aufblitzenden Gewaltphantasien zeigt sich, wie dünn die Decke der Kultur ist.

Offensichtliches Pendant des vitalen Machtstrebens ist, zweitens, ein ebenso aggressives sexuelles Begehren. Vor seinem Prozess hatte K. sein Triebleben genauso rational organisiert wie den Rest seiner Existenz – wöchentliche Besuche bei der Kellnerin Elsa, mit der ihn keine emotionale Beziehung verbindet, genügten zur Triebabfuhr. Mit der Lockerung seiner Fixierung auf die Bankwelt steigt jedoch auch die Intensität seines sexuellen Begehrens – etwa in der jähen Faszination durch die Frau des Gerichtsdieners, die ihn imaginieren lässt, dass »dieser üppige gelenkige warme Körper im dunklen Kleid aus grobem schweren Stoff durchaus nur [ihm] gehörte« (P 83).

Es ist jedoch nicht *nur* sexuelles Begehren, das sich nun machtvoll aus seiner Verdrängung befreit,

sondern ebenso eine Sehnsucht nach menschlicher Nähe und »Fürsorge«, die K. jetzt »bezaubert«, während er sie früher »eher abgelehnt als hervorgelockt hatte« (P 335). Durchaus selbst darüber verblüfft, muss er sich Leni gegenüber eingestehen: »Nun ja, ich habe sie lieb« (P 246).

Wenn die Oberflächlichkeit von K.s Existenz aufgebrochen wird, treten also nicht nur Machtwille und (ebenfalls stark Macht-affines) Begehren hervor. Zu Kafkas (von Freud klar geschiedener) Tiefenpsychologie der modernen Identität gehört ebenso die Annahme eines verdrängten Strebens nach dem ›Gesetz‹, also so etwas wie ein Gewissen, ein elementar ethisches Streben (das für Freud nur im kulturell induzierten ›Über-Ich‹ gründet). Das wird in der Haupthandlung des Romans erst evident, wenn man Kafkas (oben beschriebene) Verschränkung von Innen- und Außenwelt ernst nimmt. In dieser Romanwelt gibt es nichts einfach nur Äußeres – dann kann aber auch die Verhaftung keine bloße Fremdeinwirkung externer Mächte sein. Darauf weisen Gerichtspersonen K. wiederholt hin – so etwa der Gefängnisgeistliche: »Das Gericht will nichts von Dir. Es nimmt Dich auf wenn Du kommst und es entläßt Dich wenn Du gehst« (P 304). Selbst auf der Handlungsebene ruft K. ja durch sein »Läuten« den Wächter erst herbei (P 7) – in eben dem Zustand Schlafnaher mangelnder Geistesgegenwart, in dem seine rationalen Verdrängungen und Ausgrenzungen (noch) nicht funktionieren. Unmittelbar thematisch wird das Begehren nach dem Gesetz in der Türhüterlegende.

Die Türhüterlegende

Eigentlich ist diese viel umrätselte Geschichte (Kafka nannte sie eine »Legende«; T 707) im Kontext des Romans eine geradezu schulgerechte Parabel mit einer evidenten Moral. Der Geistliche erzählt sie K., weil dieser sich über das Wesen des Gerichtes »täuscht« (P 292) – und K. beweist die Berechtigung dieses Vorwurfs sofort dadurch, dass er im Deutungsgespräch das Gericht hartnäckig als eine ›täuschende‹ Instanz begreift (P 295), die den Angeklagten feindselig und aggressiv entgegentrete und sie verfolge und jage. Der »Mann vom Lande« dagegen sucht das ›Gesetz‹ aus eigenem Antrieb auf.

Diese sozusagen ›äußerliche‹ Botschaft – ›Täusche Dich nicht im Wesen des Gerichts!‹ – lässt freilich das zentrale Rätsel der Geschichte ungelöst, das in einem Paradoxon besteht: Dem zum Gesetz strebenden »Mann vom Lande« wird der Eintritt verwehrt, obwohl der Türhüter dem Sterbenden schließlich erklärt: »Dieser Eingang war nur für Dich bestimmt« (P 294 f.). Naheliegenderweise haben viele Interpreten versucht, dieses Paradoxon aufzulösen. Das Verhalten des »Mannes vom Lande« stellt offensichtlich keine gültige Auflösung dar: Er verwartet sinnlos sein Leben – und beschränkt seine Aktivitäten auf vergebliche Versuche, den Türhüter zu beeinflussen. Für ihn wie für K. (und viel mehr noch für Kaufmann Block) gilt somit der Vorwurf des Geistlichen: »Du suchst zuviel fremde Hilfe« (P 289).

Welche anderen Optionen hätte es jedoch gegeben? Natürlich hätte der Mann einfach weggehen können. Übertragen auf Josef K. hieße das: ein Leben zu führen, wie vor dem Prozess – was zwar eine mögliche, aber kaum eine gültige Lösung sein dürfte. Die andere Option wäre gewesen, sich um die Warnungen des Türhüters nicht zu scheren und einfach durch das Tor zu gehen (was vor allem autoritätskritische Interpreten gerne empfehlen). Hier gilt aber wohl die simple Alltagsmaxime: Wer kann, der tut. Der Mann vom Lande konnte offensichtlich nicht – und da er ein parabolischer Held ist, also eine Figur von großer Allgemeingeltung, gibt es keinen vernünftigen Grund anzunehmen, dass eine solche Tat Menschen-möglich wäre (vgl. auch ein erst 1920 entstandenes ›Paralipomenon‹, das zeigt, wie fruchtlos ein »Überlaufen« des »ersten Wärters« gewesen wäre; NSF II, 343).

Man hat zu Recht darauf verwiesen, dass ein späterer Aphorismus Kafkas sich wie eine direkte Antwort auf das Türhüter-Paradoxon liest: »Theoretisch gibt es eine vollkommene Glücksmöglichkeit: An das Unzerstörbare in sich glauben und nicht zu ihm streben« (NSF II, 128; in der ersten Niederschrift ist das Wort »nicht« unterstrichen; NSF II, 65). Das ist freilich nur eine »theoretische« Möglichkeit, die zudem das Paradoxon nicht auflöst, sondern nur ein ihm adäquat paradoxes Verhalten empfiehlt. Diese wäre ein Mittelweg zwischen der Lösung, die K. kurz vor Romanschluss erwägt – »Die Logik [der Schuld?] ist zwar unerschütterlich, aber einem Menschen der leben will, widersteht sie nicht« (P 312) – und dem Tod, dessen Nahen den »Mann vom Lande« »den Glanz, der unverlöschlich aus der Türe des Gesetzes bricht«, gerade *wegen* seines »schwach« gewordenen »Augenlichtes« erkennen lässt (P 294). Dass wir mit dem Tod ins ›Gesetz‹ eingehen, ist in Kafkas Welt nirgendwo garantiert; wohl aber ermöglicht das Sterben als Los-Lassen aller gewohnten Denkkategorien

und Selbstbehauptungsstrategien eine Selbstmanifestation des Gesetzes als »Licht«.

Auch K.s beglückender Halbtraum im Fragment »Das Haus« ist wohl eine Todesvision; hier die bezeichnenderweise gestrichene (und von der neueren Forschung hartnäckig ignorierte) Passage, der der Text *Ein Traum* aus dem *Landarzt* (der zwar nicht zum *Process*-Manuskript gehört, aber ein Paralipomenon im weiteren Sinne ist) an die Seite zu stellen wäre:

> Gleich waren sie [Josef K. und Titorelli] im Gerichtsgebäude und eilten über die Treppen, aber nicht nur aufwärts, sondern auf und ab ohne jeden Aufwand von Mühe leicht wie ein leichtes Boot im Wasser. Und gerade als K. [...] seine Füße beobachtete und [...] zu dem Schlusse kam, dass diese schöne Art der Bewegung seinem bisherigen niedrigen Leben nicht mehr angehören könne, gerade jetzt über seinem gesenkten Kopf erfolgte die Verwandlung. Das Licht, das bisher von rückwärts eingefallen war wechselte und strömte blendend von vorn. [...] Wieder war K. auf dem Korridor des Gerichtsgebäudes, aber alles war ruhiger und einfacher, es gab keine auffallenden Einzelheiten, K. umfasste alles mit einem Blick, machte sich von T. los und gieng seines Weges. K. [trug?] heute ein neues langes [...] Kleid, [...] es war wohltuend warm und schwer. Er wusste, was mit ihm geschehen war, aber er war so [...] glücklich darüber, dass er es sich noch nicht eingestehen wollte. In dem Winkel des Korridors, an dessen einer Wand grosse Fenster geöffnet waren, fand er auf einem Haufen seine frühern Kleider, das schwarze Jakett, die scharf gestreiften Hosen [...] und darüber das Hemd mit zittrigen Ärmeln ausgestreckt (P:A, 346 f.).

Das ist ein ›Tod‹, der nicht in ein Jenseits führt, wohl aber zu einem neuen, anderen Leben. Sterben müsste dafür das alte Ich – das aber ist offensichtlich nur schwer zu erreichen. Wie auch immer jedoch die Lösung, falls es denn eine geben sollte, aussehen mag – es wird eine individuelle sein, eine, die das Individuum für sich selbst finden muss: Jeder hat sein eigenes Tor zum Gesetz.

Ausgaben: ED: Der Prozeß [auf Titelblatt: Der Prozess]. Hg. von Max Brod. Berlin: Die Schmiede 1925 (Die Romane des XX. Jahrhunderts); Nachdruck in der »Bibliothek der Erstausgaben«: Hg. v. Joseph Kiermeier-Debre. München 1997 (dtv 2644); Faksimile der Erstausgabe: F.K.: Der Prozess. Hg. u. mit Nachwort v. Roland Reuß. Supplementbd. zur Historisch-Kritischen F.K.-Ausgabe. Frankfurt/M. 2008. – P/GS (1935) [erstmals mit fragmentarischen Kapiteln]. – P/GW (1950) [um ein weiteres Fragment erweitert]. – P/KA (1990). – P/FKA (1997).

Adaptionen: Dramatisierungen: André Gide/Jean-Louis Barrault: Le Procès. Pièce tirée du roman de K. Uraufführung Paris 1947. – Jan Grossman: F.K.: Der Prozeß. Dt. v. L. Taubová. Frankfurt/M. 1970; Uraufführung Prag 1966. – Peter Weiss: Der Prozeß. Stück in zwei Akten nach dem gleichnamigen Roman von F.K. In: Spectaculum 24 (1976), 237–303; Uraufführung Bremen 1975. –– Alexander Honold: Der Schau-Prozeß. K.s Roman und seine dramatische Bearbeitung durch Peter Weiss. In: Praxis Deutsch 20 (1993) 120, 56–60. – Paul M. Malone: F.K.'s *The Trial*. Four Stage Adaptations. Frankfurt/M. u. a. 2003. ––– *Oper*: Gottfried von Einem: Der Prozeß. Neun Bilder in zwei Teilen. Libretto von Boris Blacher u. Heinz von Cramer. Mainz u. a. 1953. –– Paul M. Malone: »Mit einem Prozeß beginnt die Musik«. Gottfried von Einem's 1953 Operatic Adaptation of K.'s *Der Prozeß*. In: Seminar 41 (2005), 421–441. ––– *Verfilmungen*: Orson Welles: The Trial. 1963; gedruckt: London 1970 (Modern Film Scripts). – David Hugh Jones: The Trial. 1993. –– Michael Braun: K. im Film: Die *Prozeß*-Adaptionen von Orson Welles, Steven Soderbergh und David Jones. In: Michael Braun/Werner Kamp (Hg.): Kontext Film: Beiträge zu Film und Literatur. Berlin 2006, 27–44. – Jakob Lothe: Das Problem des Anfangs. K.s *Der Proceß* und Orson Welles' *The Trial*. In: Sandberg/Lothe (2002), 213–232. – Sandra Poppe: Visualität in Literatur und Film. Eine medienkomparatistische Untersuchung moderner Erzähltexte und ihrer Verfilmungen. Göttingen 2007. – Benno Wagner: F.K. (Orson Welles: *The Trial* – Steven Soderbergh: *Kafka*). In: Anne Bohnenkamp/Tilman Lang (Hg.): Literaturverfilmungen. Stuttgart 2005, 145–157.

Bibliographie: Mauro Nervi: *The Trial*. An International Bibliography; http://www.kafka.org/pdfdocuments/Trial%20Bibliography.pdf (19.1.09).

Forschung: U. Abraham (1985). – Beda Allemann: F.K., *Der Prozeß*. In: Benno von Wiese (Hg.): Der deutsche Roman. Düsseldorf 1963. Bd. 1, 234–290 u. 439–441; wieder in: B. Allemann (1998), 37–101. – P.-A. Alt (2005), bes. 375–419. – M.M. Anderson (1992), 145–172. – P.U. Beicken (1974), 273–286. – Ders.: F.K. *Der Proceß*. München 1995 (Oldenburg Interpretationen 70). – Hartmut Binder: K.-Kommentar zu den Romanen, Rezensionen, Aphorismen und zum Brief an den Vater. München 1976 [1976]; 2. bibl. erg. Aufl. München 1982, 160–261. – Jürgen Born: K.s Roman *Der Prozeß*. Das Janusgesicht einer Dichtung. In: W. Schmidt-Dengler (1985), 63–78.– P. Bridgwater (2003), 105–202. – Max Brod: Nachwort. In: F.K.: Das Schloß. München 1926; wieder in: H. Politzer (1973), 39–47. – Elias Canetti: Der andere Prozeß. K.s Briefe an Felice. München 1969 u.ö. – Stanley Corngold: Medial Allusions at the Outset of *Der Proceß*; or, *res in media*. In: J. Rolleston (2002), 149–170. – Carolin Duttlinger: K., *Der Proceß*. In: Peter Hutchinson (Hg.): Landmarks in the German Novel. Oxford 2007, 133–150. – Hans Elema: Zur Struktur von K.s *Prozeß*. In: Sprachkunst 8 (1977), 301–322. – Theo Elm: *Der Prozeß*. In: KHb (1979) II, 420–441. – W. Emrich (1970 [1957]), 259–297. – Manfred Engel: Traumnotat, literarischer Traum und traumhaftes Schreiben bei F.K. Ein Beitrag zur Oneiropoetik der Moderne. In: Bernard Dieterle (Hg.), Träumungen. Traumerzählungen in Literatur und Film. St. Augustin 1998, 233–262. – Ders.: K. und die Poetik der klassischen Moderne. In: Engel/Lamping (2006), 247–262. – Ders.: F.K.: *Der Process* – Gerichtstag über die Moderne. In: Matthias Luserke-Jaqui/Monika Lippke (Hg.), Deutschsprachige Romane der Klassischen Moderne. Berlin, New York 2008, 211–237. – Christian Eschweiler: Zur Kapitelfolge in F.K.s Roman-Fragment *Der Prozeß*. In: WW 39 (1989), 239–251. – Ders.: Der verborgene Hintergrund in K.s *Der Prozeß*. Bonn 1990. – Kurt J. Fickert: The Window Metaphor in K.'s *Trial*. In: Monatshefte 58 (1966), 345–352. – Karl-Heinz Fingerhut: F.K.: *Der Prozeß*. In: Jakob Lehmann (Hg.): Deutsche Romane von Grimmelshausen bis Walser. Interpretationen für den Literaturunterricht. Königstein 1983, 3. Aufl. 1986, 143–176. – Gesine Frey: Der Raum und die Figuren in F.K.s Roman *Der Prozeß*. Marburg 1965, 2. verb. Aufl. 1969. – Ulrich Fülleborn: Der Einzelne und die »geistige« Welt. Zu K.s Romanen. In: C. David (1980), 81–100; wieder als: Der Einzelne und die parabolischen Welten in K.s Romanen. In: Ders.: Besitz und Sprache. Offene Strukturen und nichtpossessives Denken in der deutschen Literatur. München 2000, 369–384. – I. Grabenmeier (2008), bes. 269–305. – Karl Erich Grözinger: K. und die Kabbala. Das Jüdische im Werk und Denken von F.K. Frankfurt/M. 1992; erweiterte Neuausgabe: Berlin, Wien 2003. – Philip Grundlehner: Manual Gesture in K.'s *Prozeß*. In: GQ 55 (1982), 186–199. – Claus Hebell: Rechtstheoretische und geistesgeschichtliche Voraussetzungen für das Werk F.K.s. Analysiert an seinem Roman *Der Prozeß*. Frankfurt/M. 1993. – Hans H. Hiebel: Schuld oder Scheinbarkeit der Schuld? Zu K.s Roman *Der Prozeß*. In: Kraus/Winkler (1995), 95–117. – Ders.: *Der Proceß*/ *Vor dem Gesetz*. In: KHb (2008), 456–476. – O. Jahraus (2006), 278–315. – Klaus Jeziorkowski: »Bei dieser Sinnlosigkeit des Ganzen«. Zu F.K.s Roman *Der Prozeß*. In: H.L. Arnold (1994), 200–217. – Robert Welsh Jordan: Das Gesetz, die Anklage und K.s Prozeß. F.K. und Franz Brentano. In: JDGS 24 (1980), 332–356. – Gerhard Kaiser: F.K.s *Prozeß*. Versuch einer Interpretation. In: Euphorion 52 (1958), 23–49. – Wolf Kittler: Heimlichkeit und Schriftlichkeit. Das österreichische Strafprozeßrecht in F.K.s Roman *Der Proceß*. In: GR 28 (2003), 194–222. – Georg Kolb: Eine Apologie der Zweideutigkeit. F.K.s *Proceß* und das Recht auf Eigentümlichkeit. München 2001. – Rudolf Kreis: K.s *Proceß*. Das große Gleichnis vom abendländisch verurteilten Juden. Heine – Nietzsche – K. Würzburg 1996. – Detlef Kremer: F.K., *Der Proceß*. In: H.D. Zimmermann (1992; s.u.), 185–199. – Ders.: »Das Gericht will nichts von Dir«. Gesetz, Hermeneutik und Eros in K.s *Proceß*. In: F.K.: *Der Proceß*. Mit Kommentaren von Detlef Kremer u. Jörg Tenckhoff. Hg. v. Thomas Vormbaum u. Gunter Reiß. Berlin 2006, 183–221. – Winfried Kudszus: Erzählhaltung und Zeitverschiebung in K.s *Prozeß* und *Schloß*. In: DVjs 38 (1964), 192–207; wieder in: H. Politzer (1973), 331–350. – Dorothea Lauterbach: »Unbewaffnet ins Gefecht« – K. im Kontext der Existenzphilosophie. In: Engel/Lamping (2006), 305–325. – Claudia Liebrand: Theater im *Proceß*. Dramaturgisches zu K.s Romanfragment. In: GRM 48 (1998), 201–217. – Dies.: Deconstructing Freud. F.K.s *Der Proceß*. In: Thomas Anz (Hg.): Psychoanalyse in der modernen Literatur. Würzburg 1999, 135–144. – Dieter Liewerscheidt: »(...) versuche es doch trotz meines Verbotes hineinzugehn«. K.s *Proceß*, trotzdem noch einmal gelesen. In: WW 50 (2000), 33–47. – Andrew Low: Bernard Williams, Moral Law and K.'s *Der Prozeß*. In: Symposium 52 (1998), 142–154. – Christine Lubkoll: »Man muß nicht alles für wahr halten, man muß es nur für notwendig halten«. Die Theorie der Macht in F.K.s Roman *Der Proceß*. In: Kittler/Neumann (1990), 279–294. – Eric Marson: K.'s *Trial*. The Case Against Josef K. St. Lucia 1975. – Volker Mergenthaler: Lektürebild und Bildlektüre. Visuelle (Bild-) Wahrnehmung, ihre Vermessung und Inszenierung in K.s *Process*. In: Heinz J. Drügh/Maria Moog-Grünewald (Hg.): Behext von Bildern. Heidelberg 2001, 141–157. – J. Hillis Miller: Geglückte und mißlungene Sprechakte in K.s *Der Proceß*. In: Sandberg/Lothe (2002), 213–231. – Jean-Pierre Morel: *Le procès* de F.K. Paris 1998. – K.D. Müller (2007), bes. 61–100. – Bernd Neumann: F.K.: Aporien der Assimilation. Eine Rekonstruktion seines Romanwerks. München 2007, 109–174. – Gerhard Neumann: »Blinde Parabel« oder Bildungsroman? Zur Struktur von F.K.s *Proceß*-Fragment. In: JDSG 41 (1997), 399–427. – Ralf R. Nicolai: »Titorelli«: Modell für eine K.-Deutung? In: W. Schmidt-Dengler (1985), 79–91. – Ders.: K.s *Proceß*. Motive und Gestalten. Würzburg 1986. – Malcolm Pasley: F.K., *Der Proceß*: Die Handschrift redet. Marbach 1990. – Klaus-Peter Philippi: »K. lebte doch in einem Rechtsstaat«. F.K.s *Der Proceß* – ein Prozeß des Mißverstehens. In: Werner Frick (Hg.): Aufklärungen. Zur Literaturgeschichte der Moderne. Tübingen 2003, 259–282. – H. Politzer (1965 [1962]), 241–315. – Roland Reuß: Zur kritischen Edition von *Der Process* im Rahmen der Historisch-Kritischen F.K.-Ausgabe. In: Franz Kafka-Hefte 1. Frankfurt/M. 1997 [Beilage zu FKA/P], 3–25. – Ritchie

Robertson (1988), bes. 120–176. – Ders.: Reading the Clues. F.K., *Der Proceß*. In: David Midgley (Hg.), The German Novel in the Twentieth Century. Edinburgh 1993, 59–79. – Ders., *Der Proceß*. In: M. Müller (1994), 98–145. – Ders.: »Von den ungerechten Richtern« – Zum allegorischen Verfahren K.s im *Proceß*. In: H.D. Zimmermann (1992; s.u.), 201–210. – Jost Schillemeit: K.s *Proceß*. Untersuchungen zur sprachlichen und erzählerischen Struktur des Werkes. In: J. Schillemeit (2004), 58–163. – Frank Schirrmacher (Hg.): Verteidigung der Schrift. K.s *Proceß*. Frankfurt/M. 1987. – Elsbeth Schmidhäuser: K. über K. *Der Proceß* – gelesen und gesehen. Münster 2001. – Franziska Schößler: K.s Roman *Der Proceß* und die Erfindungen des Juristen Hans Groß. In: Liebrand/Schößler (2004), 335–360. – Urs Seiler: Wege zum Verständnis von F.K. *Der Prozeß* als Dokument moderner Epik. Bern 1998. – Walter H. Sokel (1964), bes. 107–299. – Ders.: Der existenzielle Sinn des Prozeßromans. In: M.L. Caputo-Mayr (1978), 81–107. – Ders.: F.K.: *Der Prozeß*. In: Paul Michael Lützeler (Hg.): Deutsche Romane des 20. Jahrhunderts. Neue Interpretationen. Königstein 1983, 110–127. – Ders.: K.s *Der Prozeß*: Ironie, Deutungszwang, Scham und Spiel. In: W. Schmidt-Dengler (1985), 43–62. – Henry Sussman. *The Trial*. K.'s Unholy Trinity. New York 1993. – Rudolf Sutner: K.s *Prozeß* im Lichte des Buches Hiob. Frankfurt/M., Bern 1976. – Herman Uyttersprot: Eine neue Ordnung der Werke F.K.s? Zur Struktur von *Der Prozeß* und *Amerika*. Antwerpen 1957. – Felix Weltsch: Freiheit und Schuld in F.K.s Roman *Der Proceß*. In: Jüdischer Almanach auf das Jahr 5687 (1926/27); wieder in: J. Born (1983), 122–128. – Niels Werber: Bürokratische Kommunikation. F.K.s Roman *Der Proceß*. In: GR 73 (1998), 309–326. – Andreas Wittbrodt: Wie ediert man F.K.s *Prozeß*? Eine Fallstudie zur hermeneutischen Dimension der Edition moderner Literatur. In: editio 13 (1999), 131–156. – Hans Dieter Zimmermann (Hg.): Nach erneuter Lektüre: F.K.s *Der Proceß*. Würzburg 1992. – Ders.: Die endlose Suche nach dem Sinn – K. und die jiddische Moderne. In: H.D. Zimmermann (1992; s.o.), 211–222 [1992a].

Speziell zu Türhüterlegende/*Vor dem Gesetz*: Ulf Abraham: *Vor dem Gesetz*. Eine unbekannte Vorlage zu K.s ›Türhüterlegende‹. In: DVjs 57 (1983), 635–651; in überarbeiteter u. erweiterter Form wieder in: M. Voigts (1994; s.u.), 90–103. – Els Andringa: Wandel der Interpretation. K.s *Vor dem Gesetz* im Spiegel der Literaturwissenschaft. Opladen 1994. – Bernd Auerochs: Innehalten vor der Schwelle. K.s *Vor dem Gesetz* im Kontext der traditionellen Parabel. In: Dorothea Lauterbach/Uwe Spörl/Ulrike Wunderlich (Hg.): Grenzsituationen. Wahrnehmung, Bedeutung und Gestaltung in der neueren Literatur. Göttingen 2002, 131–150. – Martin

Beckmann: F.K.s Parabelstück *Vor dem Gesetz*. Weltverfallenheit und Selbstwiederholung. In: Colloquium Helveticum 19 (1994), 19–44. – Hartmut Binder: *Vor dem Gesetz*. Einführung in K.s Welt. Stuttgart 1993. – Klaus-Michael Bogdal (Hg.): Neue Literaturtheorien in der Praxis. Textanalyse von K.s *Vor dem Gesetz*. Köln 1993, 2. Aufl. Göttingen 2005. – Jürgen Born: K.s Türhüterlegende. In: Mosaic 3 (1970), 153–162. – Ders.: K.s Türhüterlegende. Versuch einer positiven Deutung. In: Lamberechts/de Vos (1986), 170–181; wieder in: J. Born (1993), 155–173. – Jacques Derrida: Préjugés. Vor dem Gesetz. Hg. v. Peter Engelmann, übers. v. Detlef Otto u. Axel Witte. Wien 1992 [aus: J.D.: La faculté de juger. Paris 1985]. – Ulrich Gaier: *Vor dem Gesetz*. Überlegungen zur Exegese einer »einfachen Geschichte«. In: Ders./Werner Volke (Hg.): Fs. für Friedrich Beißner. Bebenhausen 1974, 103–120. – Karl Erich Grözinger: K. und die Kabbala. Das Jüdische im Werk und Denken von F.K. Frankfurt/M. 1992; erweiterte Neuausgabe: Berlin, Wien 2003, bes. 53–72. – Aage Hansen-Löve: *Vor dem Gesetz*. In: M. Müller (1994), 146–157. – Ingeborg Henel: Die Türhüterlegende und ihre Bedeutung für K.s *Prozeß*. In: DVjs 37 (1963), 50–70. – Roger Jansen: Gesetz, Text und Literatur. Derridas K.-Lektüre. In: Zeitschrift für Germanistik N.F. 3 (1993), 624–636. – Rolf-Peter Janz: F.K., *Vor dem Gesetz* und Jacques Derrida, *Préjugés*. In: JDSG 37 (1993), 328–340. – Georg Kolb: Erzählung und Gesetz. K.s Türhütergeschichte auf Derridas Auslegungstheater. In: DVjs 73 (1999), 352–384. – Gerhard Kurz: Meinungen zur Schrift. Zur Exegese der Legende *Vor dem Gesetz* im Roman *Der Prozeß*. In: Grözinger/Mosès/Zimmermann (1987), 209–223. – David Roberts: The Law of the Text of the Law. Derrida Before K. In: DVjs 69 (1995), 344–367. – Friedrich Schmidt: Text und Interpretation. Zur Deutungsproblematik bei F.K. – dargestellt in einer kritischen Analyse der Türhüterlegende. Würzburg 2007. – Manfred Voigts: Von Türhütern und von Männern vom Lande. Traditionen und Quellen zu K.s *Vor dem Gesetz*. In: Neue deutsche Hefte 36 (1989/90), 590–604. – Ders. (Hg.): F.K. *Vor dem Gesetz*. Aufsätze und Materialien. Würzburg 1994. –– Eine umfassende Bibliographie zu *Vor dem Gesetz* findet sich in: Elmar Locher/Isolde Schillermüller (Hg.): F.K. *Ein Landarzt*. Interpretationen. Innsbruck 2004, 301–303; vgl. auch ↗ 458–460 u. 465 f.

Manfred Engel

3.2.5 *In der Strafkolonie*

Entstehung und Veröffentlichung

Im Oktober 1914 nahm Kafka einen einwöchigen Urlaub, »um den Roman [den *Process*] vorwärtszutreiben«. Das misslingt, und er notiert am 7. Oktober: »Ich habe wenig und schwächlich geschrieben«. Nach einer Verlängerung des Urlaubs um eine weitere Woche sieht das Resümee am 15. Oktober jedoch schon anders aus: »14 Tage, gute Arbeit zum Teil, vollständiges Begreifen meiner Lage« (T 678). In dieser Urlaubszeit entsteht, in der Wohnung der Schwester Elli in der Nerudagasse 48, neben dem Fragment bleibenden Oklahama-Kapitel des *Verschollenen*, auch die Erzählung *In der Strafkolonie*, zu der Kafka von Anfang an eine ambivalente Haltung einnimmt. Am 2. Dezember 1914 liest er Franz Werfel, Max Brod und Otto Pick den Text vor und notiert anschließend im Tagebuch: »Nachmittag bei Werfel mit Max und Pick. ›In der Strafkolonie‹ vorgelesen, nicht ganz unzufrieden, bis auf die überdeutlichen unverwischbaren Fehler« (T 703).

Im Oktober 1915 schlug Kafka dem Verlag Kurt Wolff einen Band mit dem Titel *Strafen* vor, der die Erzählungen *Das Urteil*, *Die Verwandlung* und *In der Strafkolonie* enthalten sollte. Im Juli 1916 kommt er auf diesen Vorschlag erneut zurück. Da der Verlag das Projekt jedoch nicht für ein »verkäufliches Buch« hält (An G.H. Meyer, 10.8.1916; B14–17 198), dringt Kafka auf eine Einzelpublikation sowohl für das *Urteil* wie für die *Strafkolonie* innerhalb der Verlagsreihe *Der jüngste Tag*. Er möchte nun, jedenfalls nicht ohne die vermittelnde *Verwandlung*, das hochgeschätzte *Urteil* und die weniger geschätzte *Strafkolonie* nicht zusammen sehen:

> Hinzufügen möchte ich nur, daß »Urteil« und »Strafkolonie« nach meinem Gefühl eine abscheuliche Verbindung ergeben würden; »Verwandlung« könnte immerhin zwischen ihnen vermitteln; ohne sie aber hieße es wirklich zwei fremde Köpfe mit Gewalt gegen einander schlagen (An K. Wolff Verlag, 19.8.1916; B14–17 207).

Im selben Brief erwägt Kafka eine Publikation der *Strafkolonie* in den *Weißen Blättern* (wo *Die Verwandlung* erschienen war); auch diese Option zerschlägt sich. Kurt Wolff schätzt den Text, hat aber gewisse Bedenken wegen des ›Peinlichen‹ der Erzählung – und bringt damit eine Vokabel ins Spiel, die im Deutschen in vollkommener Zweideutigkeit die beiden Bedeutungsdimensionen von ›Schmerz‹ und

›Scham‹ zugleich anspricht. Kafka antwortet am 11. Oktober 1916:

> Ihre freundlichen Worte über mein Manuskript sind mir sehr angenehm eingegangen. Ihr Aussetzen des Peinlichen trifft ganz mit meiner Meinung zusammen, die ich allerdings in dieser Art fast gegenüber allem habe, was bisher von mir vorliegt. […] Zur Erklärung dieser letzten Erzählung füge ich nur hinzu, daß nicht nur sie peinlich ist, daß vielmehr unsere allgemeine und meine besondere Zeit gleichfalls sehr peinlich war und ist und meine besondere sogar noch länger peinlich als die allgemeine (B14–17 253).

Am 10. November 1916 las Kafka *In der Strafkolonie* im Rahmen der Vortragsreihe »Abende für neue Literatur« in der Galerie Goltz in München vor. Für diese einzige Lesung, die Kafka jemals außerhalb Prags abhielt, musste er kriegsbedingt eigens einen Pass beantragen und seinen Text der bayerischen Zensur vorlegen. Der Titel *Tropische Münchhausiade*, unter dem er *In der Strafkolonie* in München seinem Publikum präsentierte, scheint sich der Rücksicht auf eben diese Zensur zu verdanken. Die Lesung, der Felice Bauer und wohl auch Rainer Maria Rilke beiwohnten, stieß nach den vorliegenden Presseberichten auf ein eher negatives Echo. Ein in ziemlich renommistischem Ton gehaltener und von daher kaum glaubwürdiger Bericht Max Pulvers verzeichnet drei Damen, die durch die Gewalt von Kafkas Worten in die Ohnmacht getrieben worden sein sollen (Koch 2005, 142).

Ganz zufrieden ist Kafka mit seiner Erzählung weiterhin nicht. Im August 1917 – kurze Zeit vor seinem Blutsturz – finden sich im Tagebuch mehrere fragmentarische Ansätze, die für den Schluss der Erzählung ein anderes Ende suchen und zum Teil ausgesprochen spielerischen Charakter haben (T 822–827). Auf keinen einzigen dieser kurzen experimentierenden Texte greift Kafka später zurück. Aber mit der Veröffentlichung tut sich etwas. Im September 1917 macht Kurt Wolff persönlich den Vorschlag, *In der Strafkolonie* »in der gleichen für mein Gefühl wunderschönen Druckausstattung, in der seinerzeit ›Die Betrachtung‹ erschien«, herauszubringen, also als großformatigen, bibliophilen Druck (An F. Kafka, 1.9.1917; B14–17 747). Die Antwort Kafkas ist ablehnend:

> Hinsichtlich der Strafkolonie besteht vielleicht ein Mißverständnis. Niemals habe ich aus ganz freiem Herzen die Veröffentlichung dieser Geschichte verlangt. Zwei oder drei Seiten kurz vor ihrem Ende sind Machwerk, ihr Vorhandensein deutet auf einen tieferen Mangel, es ist da irgendwo ein Wurm, der selbst das Volle der Geschichte hohl macht.

Kafka bittet Wolff, die Geschichte »wenigstens vorläufig nicht herauszugeben« (4.9.1917; B14–17 312). Ein Jahr später – im Oktober 1918 – fragt Wolff dann nochmals an:

> Ich möchte Ihnen […] gern vorschlagen, daß wir diese Dichtung, die ich ganz außerordentlich liebe, wenn sich meine Liebe auch mit einem gewissen Grauen und Entsetzen über die schreckhafte Intensität des furchtbaren Stoffes mischt, jetzt im Rahmen einer kleinen Gruppe neuer Dichtungen, die als ›Drugulin-Drucke‹ erscheinen sollen, herausgeben (DzL:A 276).

Kafka gibt nun seinen Widerstand auf. »Hinsichtlich der Veröffentlichung der ›Strafkolonie‹«, schreibt er am 11. November 1918 an seinen Verleger, »bin ich mit allem gerne einverstanden, was Sie beabsichtigen. Das Manuscript habe ich bekommen, ein kleines Stück herausgenommen und schicke es heute wieder an den Verlag zurück« (Briefe 245).

Nach dem Impressum wurde *In der Strafkolonie* im Mai 1919 in der Reihe der »Drugulin-Drucke« – in gediegener Ausstattung, hergestellt von der renommierten Offizin Drugulin – in einer Auflage von 1000 Exemplaren gedruckt, erschien aber erst im Oktober 1919.

Quellen

Als Hauptquelle für die *Strafkolonie* wurde – zuerst von Wayne Burns (1957) – der vielgelesene Roman *Le jardin des supplices* (1899) von Octave Mirbeau (1848–1917) identifiziert, ein reißerisches Fin de Siècle-Produkt, das sich aus der französischen Tradition der Verbindung von Pornographie und Gesellschaftskritik speist. Man findet hier die Figur eines europäischen Reisenden, eines ›illustre savant‹, der einen Foltergarten in China besucht. Der chinesische Folterer beklagt den Verfall der Kultur des langsamen, individuellen Tötens und macht dafür die gleichmacherische europäische Moderne verantwortlich. Die sadistische Begleiterin des Reisenden, eine Engländerin mit Namen Clara, hat kein Äquivalent in Kafkas Erzählung. Eine Fülle von Parallelstellen aus Mirbeau (auch von solchen, die es wahrscheinlich nicht sind) hat Hartmut Binder nachgewiesen (Binder 1975, 176–181).

Walter Müller-Seidel hat auf die zeitgenössische juristische Diskussion über Strafkolonien im deutschen Sprachraum aufmerksam gemacht (Müller-Seidel 1986). Hans Gross (1847–1915), Kriminologe und einer der akademischen Lehrer Kafkas an der

Prager Universität, hatte die Deportation von ›Degenerierten‹ als sozialhygienische Maßnahme gefordert. Die Diskussion führte in Deutschland schließlich dahin, dass 1909 Kolonialamt und Reichsjustizamt einen jungen Juristen mit Namen Robert Heindl (1883–1958) beauftragten, die wichtigsten (außereuropäischen) Strafkolonien zu besichtigen und darüber zu berichten. 1913 erschien dieser Bericht in Buchform unter dem Titel *Meine Reise nach den Strafkolonien*. Heindl legt Wert auf eine distanzierte Haltung, die sich mehr wissenschaftlich am Justizapparat als menschlich an den Verurteilten interessiert zeigt. Anlässlich seines Besuchs der französischen Strafkolonie in Neukaledonien schildert er unter anderem einen Henker mit Namen Macé und charakterisiert ihn als einen »Künstler, der in seine Kunst verliebt ist« (Ausg. v. Wagenbach 2010, 103).

Auf eine weitere französische Strafkolonie fiel während der Dreyfus-Affäre die Aufmerksamkeit der Weltöffentlichkeit: die sogenannte Teufelsinsel vor der Küste von Französisch-Guyana, auf der Alfred Dreyfus (1859–1935) gefangen gehalten – und gefoltert – wurde. Zudem hat Peter F. Neumeyer auf einen in Südamerika spielenden kleinen Abenteuerroman mit dem Titel *Der Zuckerbaron. Schicksale eines ehemaligen deutschen Offiziers in Südamerika* (1914) hingewiesen (Neumeyer 1971). Der Text erschien in der von Kafka geschätzten und gelegentlich gelesenen populären Reihe *Schaffsteins Grüne Bändchen* (vgl. An F. Bauer, 31.10.1916; B14–17 271).

Zusammenfassend kann man festhalten, dass einige zentrale Elemente der Erzählung *In der Strafkolonie* in der Kafka zugänglichen Literatur über Strafkolonien und exotische Folter bereits vorgeprägt waren: die Figur eines auf Neutralität und Beobachtung bedachten europäischen Reisenden, die Vorstellung von einer raffinierten Kunst des Folterns sowie der Gegensatz von Tradition und Moderne.

Darüber hinaus ist verschiedentlich in durchaus suggestiver Weise auf Schopenhauer und Nietzsche als mögliche Quellen für die parabolische Dimension von Kafkas Erzählung hingewiesen worden. Schopenhauer notierte in den *Parerga und Paralipomena* (1851) den Satz:

> Um allezeit einen sichern Kompaß, zur Orientirung im Leben, bei der Hand zu haben, und um dasselbe, ohne je irre zu werden, stets im richtigen Lichte zu erblicken, ist nichts tauglicher, als daß man sich angewöhne, diese Welt zu betrachten als einen Ort der Buße, also gleichsam als eine Strafanstalt, *a penal colony* (Schopenhauer, 273).

In Nietzsches zweiter Abhandlung aus *Zur Genealogie der Moral* (1887) spielt der Gedanke einer unvordenklichen schmerzhaften Einschreibung, einer grausamen Festsetzung der Moral in Leib und Gedächtnis der Menschen eine zentrale Rolle. Hier kann man (und konnte Kafka) den Verweis auf archaische grausame Strafpraktiken finden und Sätze lesen wie: »»Man brennt etwas ein, damit es im Gedächtnis bleibt: nur was nicht aufhört, *wehzutun*, bleibt im Gedächtnis‹ – das ist ein Hauptsatz aus der allerältesten (leider auch allerlängsten) Psychologie auf Erden«. Oder: »Alle Religionen sind auf dem untersten Grunde Systeme von Grausamkeiten« (Nietzsche, 802).

Textbeschreibung

Wir sehen einen Forschungsreisenden auf einem öden, sonnenverbrannten Eiland, weit weg von Europa, auf dem eine militärische Strafkolonie eingerichtet ist, einer Hinrichtung beiwohnen. Der verantwortliche Offizier erklärt dem Reisenden das Strafverfahren, das einem komplizierten Foltergerät, welches zunächst nur der »Apparat«, später dann die »Maschine« genannt wird (Kirchberger 1986, 25), anvertraut ist. Der Offizier beschreibt umständlich und voller Stolz den Apparat mit seinen drei Teilen: dem Bett, dem Zeichner und der Egge. Das Urteil wird so vollzogen, dass der Verurteilte auf das Bett festgebunden und ihm mit feinen Nadeln von der Egge das Urteil auf den Leib geschrieben wird, nach dem Programm eines Blattes, das man in den Zeichner einzulegen hat. Die eigentliche Schrift ist dabei von unzähligen Ornamenten umgeben, so dass sich eine – im Effekt tödliche – Ganzkörpertätowierung ergibt. Dieser Prozess dauert mehrere Stunden und endet schließlich mit dem Tod des Verurteilten, der allerdings zuvor, ab der sechsten Stunde, langsam die Schrift und damit sein Urteil auf seinem Leib entziffern lernt. Die Wende um die sechste Stunde ist mit dem Stillwerden des Verurteilten, dem Verlust des »Vergnügens am Essen« sowie einer grundsätzlichen Wandlung seines Gesichtsausdrucks verbunden (»Um die Augen beginnt es«; DzL 219).

Die enthusiastische Stellung des Offiziers zu diesem Hinrichtungsverfahren wird deutlich, zugleich aber zeichnet sich auch ab, dass das Verfahren offensichtlich in der Gegenwart eine etwas schwerere Stellung hat als früher. Während unter dem alten Kommandanten die Hinrichtung geradezu ein Volksereignis war und jede Menge begeisterter Zuschauer anzog, ist der neue Kommandant ein Gegner des Verfahrens, das sich nun nahezu unter Ausschluss der Öffentlichkeit vollzieht. Der Apparat kann auch nicht mehr in der gleichen sorgfältigen Weise wie früher gewartet werden, die traditionellen Hinrichtungen werden an allen Ecken und Enden schleichend sabotiert.

Zu seinem Staunen erfährt der Reisende vom Offizier auch, dass es weder ein Gerichtsverfahren gab, noch der Verurteilte Gelegenheit hatte, sich zu rechtfertigen; er kennt auch sein Urteil nicht. »Die Schuld ist immer zweifellos« ist der Grundsatz, dem der Offizier folgt (212). Der Verurteilte, eine verwahrloste und »hündisch ergebene« Kreatur (203), war von seinem Vorgesetzten schlafend angetroffen worden, als er wachen sollte. Zur Rede gestellt, hatte er den Vorgesetzten beleidigt (»Wirf die Peitsche weg, oder ich fresse dich«; 213) und wurde daraufhin zum Tode verurteilt. »Ehre deinen Vorgesetzten« (210) ist das Urteil, das ihm auf den Leib geschrieben werden soll.

Die Vorbereitungen zur Hinrichtung werden getroffen. Nun stellt sich jedoch auch heraus, dass der Offizier in der Ankunft des Reisenden einen letzten Hoffnungsschimmer für die Rettung seines Hinrichtungsverfahrens erblickt: Der Reisende soll beim neuen Kommandanten im Sinne des Offiziers intervenieren. Nach reiflicher, sehr zögerlicher Überlegung – eigentlich hatte er sich zuvor auf bloßes Beobachten, Neutralität festgelegt – lehnt der Reisende diesen Vorschlag ab. Der Offizier bindet daraufhin den Verurteilten los, legt ein Blatt mit dem Urteil »Sei gerecht« (238) in den Zeichner ein und legt sich unter den Apparat, der von selbst zu arbeiten beginnt. Nicht jedoch in der üblichen Weise; er zerstört sich selbst, ein Rädchen der komplizierten Maschinerie nach dem anderen steigt herauf und fällt heraus. Auch vollzieht der Apparat das Urteil in rasender Schnelle. Der Offizier wird schließlich von der Egge aufgespießt und hängt an ihr über der Grube. Der Reisende sieht

> fast gegen Willen das Gesicht der Leiche. Es war, wie es im Leben gewesen war; kein Zeichen der versprochenen Erlösung war zu entdecken; was alle anderen in der Maschine gefunden hatten, der Offizier fand es nicht; die Lippen waren fest zusammengedrückt, die Augen waren offen, hatten den Ausdruck des Lebens, der Blick war ruhig und überzeugt, durch die Stirn ging die Spitze des großen eisernen Stachels (245 f.).

Es folgt noch ein kurzes Nachspiel, in dem der Reisende das Grab des alten Kommandanten besucht

und schließlich abreist, wobei er sich gegen den freigelassenen Verurteilten und dessen Bewacher, die sich zusammengetan haben, wehren muss, um sie daran zu hindern, mit ihm ins Boot zu springen.

Die betont nüchterne und von Erzählerkommentaren freigehaltene, an Flaubert geschulte personale Erzählweise, die Kafka im *Urteil* und in der *Verwandlung* praktiziert hatte, ist in der *Strafkolonie* einerseits beibehalten, andererseits modifiziert worden. Die wichtigste Modifikation betrifft den Austausch der Perspektivfigur der Erzählung, an deren Wahrnehmungshorizont der Leser gebunden ist. Diese Figur ist in der *Strafkolonie* ein auf Neutralität bedachter Beobachter des Geschehens, der Reisende, der über die befremdlicheren Aspekte der fiktiven Welt auch in Staunen geraten kann und sie nicht – wie die Perspektivfiguren im *Urteil* und in der *Verwandlung* – fraglos akzeptiert. Die Gedankenwelt des Offiziers lernt der Leser hingegen vorwiegend über dessen eigene Reden oder über die Interpretationen des Reisenden kennen. An einer Stelle gewinnt man schließlich auch Einblick in das Denken des Verurteilten – wobei es unklar bleibt, ob es sich um einen tatsächlichen Perspektivwechsel handelt oder man sich auch hier den Reisenden als interpretierenden Vermittler gemutmaßter fremder Gedanken denken muss (241).

Die für Kafka typische Dekonkretisierung der empirisch-historischen Welt zeigt sich an *In der Strafkolonie* in besonders auffälliger Weise. Der Verzicht auf bürgerliche Namen für die Figuren hatte sich in den vorangehenden Erzählungen zwar bereits gelegentlich angedeutet (»der Heizer«, »der Prokurist«, »die Zimmerherren«), jetzt werden jedoch konsequent und ausnahmslos Namen durch Funktionsbezeichnungen (»der Soldat«, »der Verurteilte«, »der Offizier«, »der Reisende«) ersetzt. Auch die Örtlichkeit, an der sich das Geschehen abspielt, bleibt bewusst vage. Weder erfährt der Leser, welcher Nation der Reisende bzw. der Offizier angehören (dass sie sich untereinander auf Französisch verständigen, muss nichts bedeuten, zumal es deutlich wird, dass sie unterschiedlichen Nationen angehören); noch wird die Insel, abgesehen von dem Verweis auf die »Tropen« und dem fernöstlichen Ambiente, das durch das »Teehaus« bereitgestellt wird, geographisch genau lokalisiert. Obwohl ein Teil der Forschung hier anderer Ansicht ist, dürfte sich diese kalkulierte Vagheit auch auf die Frage der ethnischen Zugehörigkeit des Verurteilten erstrecken. Ein wichtiger Effekt der Dekonkretisierung ist die durch sie hervorgerufene Stärkung der parabolischen Dimension des Textes.

Kafka selbst hat in dem bereits angeführten Brief an Kurt Wolff vom 11. Oktober 1916 die beiden Möglichkeiten angedeutet, *In der Strafkolonie* einerseits als Zeitdiagnose, andererseits als apokryphe Privatgeschichte (mit dem Fokus auf Kafkas eigene Existenz und sein Schreiben) zu lesen – eine Aufspaltung ihrer Bedeutungshorizonte, die sie z. B. mit der *Verwandlung* teilt. Die Forschung ist diesen beiden Deutungsmöglichkeiten meist gesondert nachgegangen. So hat etwa Elizabeth Boa davon gesprochen, dass *In der Strafkolonie* dem Leser eine »global vision of modernity in crisis« übermittle (Boa 1996, 133); während Oliver Jahraus festzuhalten versuchte, dass »das Thema des Schreibens [...] den eigentlichen Bezugspunkt der Interpretation« des Textes zu bilden habe (Jahraus 2006, 338). Es liegt auf der Hand, dass sich Interpretationen des erstgenannten Typs am Gesellschaftsmodell der Strafkolonie, insbesondere am Gegensatz von ›Alt‹ und ›Neu‹ und den an ihn angeschlossenen Bedeutungshorizonten abarbeiten und Interpretationen, die das Schreiben als Thema des Textes in den Blick nehmen, sich vorwiegend auf den Vollzug des Urteils als Einschreibung in den Körper des Verurteilten richten werden. Eine Schlüsselfunktion kommt dabei in beiden Fällen der Einschätzung der Figuren des Reisenden und des Offiziers zu.

Ein besonderes Interpretationsproblem des Textes, dem gerne ausgewichen wird, stellt die Peripetie des Textes dar – als der Offizier resigniert und sich zum Selbstopfer entscheidet: »Warum begeht der Offizier Selbstmord?« (Zimmermann 2003, 167). Schließlich ist auf die heikle Frage nach dem Charakter der dem Text zugrundeliegenden Haltung seines Autors hinzuweisen. Vieles spricht dafür, die Erzählung sei aus dem Geist einer bitteren Fundamentalironie geschrieben, wie *Der Process*, als dessen »dreamt commentary« Stanley Corngold die *Strafkolonie* bezeichnet hat (Corngold 2004, 67). Indes haben doch auch einige Interpreten gezögert, die Verlockung des Sinnversprechens, das in der Erzählung selbst so nachhaltig dementiert wird, ganz abzuschreiben. Walter Benjamins ursprünglich auf den *Process* gemünztes Wort vom »Zwitter aus Satire und Mystik« (Benjamin 1977, 1260) könnte auch für *In der Strafkolonie* gelten.

Forschung

Dass man als Leser versucht ist, sich vor der Erzählung und vor ihrer ›Peinlichkeit‹ zu schützen, zählt bereits zu den frühesten Erfahrungen, die man am Text gemacht hat. Kurt Tucholsky berichtet in seiner Rezension von 1920 davon, dass er bei der Lektüre einen »faden Blutgeschmack« hinunterzuschlucken hatte und nach einer »Entschuldigung« suchte und dachte: »Allegorie... Die Militärgerichtsbarkeit...« (Tucholsky 1965 [1920], 373). Merkwürdigerweise werden hier sowohl das Wörtlichnehmen der Erzählung – sie aufzufassen, als sei sie ein realistischer Text über ferne, exotische Strafkolonien – wie auch die allegorisierende Lektüre als ein Ausweichen vor der nachdrücklichen, unangenehmen körperliche Reaktionen hervorrufenden Provokation des Textes dargestellt.

Das Naheliegende für die ältere Forschung war die religiös-metaphysische Allegorie. Dabei zeigte man nur allzu oft die Neigung, im Geiste einer (gelegentlich auch noch christlich kontaminierten) negativen Theologie Kafkas Lehre im unfassbaren Jenseits irgendwie doch noch zu positivieren. So meinte Heinz Politzer, in der *Strafkolonie* sei Kafka »der Welt der Metaphysik so nahe gekommen, wie ihm dies seine persönliche Lage je erlaubte« (Politzer 1978 [1962], 166), und Wilhelm Emrich kam zu dem Ergebnis, die *Strafkolonie* handle von der »Erkenntnis« der »Daseinsschuld« und der Erlangung der »inneren Freiheit und Erlösung« (Emrich 1970 [1957], 222). Differenzierter argumentierte Sokel, der zwar anerkannte, dass der Offizier lieber einen Sinn »aus Schrecken und Grauen zu gewinnen« trachtete, »als in Frivolität und Utilitarismus, bei Damengesellschaft und Hafenbauten seelisch zu versumpfen«, jedoch auch betonte, dass – im genauen Gegensatz zum *Urteil* – in der *Strafkolonie* »der Tod die Wahrheit nicht enthüllt« (Sokel 1976 [1964], 134). Immerhin konnte bereits die ältere Forschung etablieren, dass es einen klar konturierten religiösen Anspielungshorizont in der Erzählung gibt. Sokel meinte, in der *Strafkolonie* sei »das allegorische Prinzip viel reiner vertreten als im *Landarzt*« (Sokel 136), und Adorno nahm eben daran Anstoß, dass die Strafkolonie eine gewisse – für Kafka nicht eben typische – »idealistische Abstraktheit« aufweise (An W. Benjamin, 17.12.1934; Adorno/Benjamin 1994, 94).

Im Einzelnen lassen sich die wichtigsten religiösen Anspielungen der Erzählung wie folgt beschreiben: Der frühere Kommandant in seiner allumfassenden

Kompetenz (»Soldat, Richter, Konstrukteur, Chemiker, Zeichner«; DzL 210) ähnelt einer Gründergestalt wie Moses oder, wenn man noch höher greifen möchte, Gottvater selbst. Die Hervorhebung der sechsten Stunde im Verlauf der Hinrichtung lässt an Christi Kreuzigung denken (Mk. 15.33 par). Die »Verzierungen« (DzL 218) wurden mit der reichen Kommentarliteratur, die sich in der jüdischen Tradition an die Heilige Schrift anschließt, in Verbindung gebracht. Unter all diesen Verzierungen ist die Schrift des Urteils selbst nicht leserlich für den Reisenden, also verschollen wie für den assimilierten Westjuden die Tradition. Und die Prophetie über die Wiedereroberung der Kolonie durch den alten Kommandanten nimmt offensichtlich das Motiv der religiösen Wiederkehr einer messianischen Erlöserfigur auf. Nicht durchsetzen können hat sich der Versuch, im alten Kommandanten ein Äquivalent zum (alttestamentlichen) Judentum und im neuen Kommandanten eines zum (neutestamentlichen) Christentum erblicken zu wollen. Zu sehr werden bei dieser Interpretation die modern-aufklärerischen Züge des neuen Regimes vernachlässigt. Plausibler scheint es da, im vom alten Kommandanten errichteten System ein Syndrom zu sehen, das mit Bestandteilen sowohl aus der jüdischen wie aus der christlichen Tradition konfiguriert wird. In diesem Syndrom erscheint das ›Alte‹ als eine autoritative Institutionalisierung der Folter zu Erlösungszwecken. Wiebrecht Ries hat diesen Zug der Erzählung auf die suggestive Formel »Transzendenz als Terror« gebracht (Ries 1977).

Die Erzählung wörtlich und ihr koloniales Setting ernst zu nehmen, ist angesichts der Einladungen zur Allegorese im Text den Interpreten zunächst kaum in den Sinn gekommen. Erst das Aufkommen der postkolonialen Studien hat hier eine Änderung bewirkt und innerhalb dieser Studien den – freilich vom Rest der Kafkaforschung nur selten akzeptierten – Topos etabliert, Kafka habe, in welcher Weise auch immer, eine ›critique of colonialism‹ geleistet. Als Initialzündung für diese Forschungsrichtung kann – nach Klaus Wagenbachs Edition der *Strafkolonie* von 1975, die in dem, was sie an Materialien ausbreitete, ihren Schwerpunkt bereits in der zeitgeschichtlichen Dimension der Erzählung hatte – Walter Müller-Seidels Studie *Die Deportation des Menschen* von 1986 bezeichnet werden. Müller-Seidel erwarb sich große Verdienste um die Quellenforschung. Er bestritt jedoch auch doktrinär die parabolische Dimension der *Strafkolonie* (»Es ist Zeitgeschichte, über die hier zu handeln war, nicht Metaphysik, Er-

lösungs-Theologie oder Verwandtes«; Müller-Seidel, 87) und gab der Neigung nach, *In der Strafkolonie* wie eine realistische Erzählung des 19. Jahrhunderts und damit »als eindimensionale Kritik an den Strafkolonien und an der Justiz zu lesen« (Zimmermann 2003, 166). Nach Müller-Seidel hat man versucht, den Gegensatz von europäischen Kolonisatoren und unterworfenen Kolonisierten als Thema der Erzählung auszumachen. So fand Elizabeth Boa in der Breitmäuligkeit des Verurteilten (DzL 203), mehr noch aber in seinen »wulstig aneinander gedrückten Lippen« (211) einen »racist marker suggesting African features«. Aber Boa musste auch zugeben: »the tea house on the island points more to an Asian location« (Boa 1996, 139). Ihr Verdienst war es jedenfalls, gegen Müller-Seidels im Grunde humanistische Perspektive auf die *Strafkolonie* auf dem verstörenden Charakter der Erzählung zu beharren. Diese sei nun einmal nicht »politically correct«, und es sei nicht Kafkas Anliegen, Liberale zu befriedigen »by showing a white enlightened traveller saving a (possibly) brown man from a backward colonial administrator« (145 f.).

Sander Gilman ging in seiner Interpretation der *Strafkolonie* von der Dreyfus-Affäre als traumatischer Schlüsselerfahrung für alle europäischen Juden der Jahrhundertwende und eben auch für Kafka aus und sah sowohl im Verurteilten wie im Offizier eine Dreyfus-Figur, einmal den deportierten, einmal den degradierten Dreyfus: »Each is Dreyfus. The latter is Dreyfus as uniformed French soldier; the former, Dreyfus in rotting rags in his cell. They turn out to be interchangeable« (Gilman 1995, 82).

Jüngst hat John Zilcosky die postkoloniale Interpretationstradition wieder aufgenommen und *In der Strafkolonie* als Allegorie der Selbstzerstörung des Kolonialismus gedeutet: »Der Kolonialismus erzeugt in Kafkas Erzählung seinen eigenen Untergang« (Zilcosky 2003, 45). Der Ertrag all dieser Interpretationen, die den Kolonialismus in den Mittelpunkt stellen, für die kulturhistorische Kontextualisierung von Kafkas Erzählung ist gelegentlich durchaus beachtlich gewesen. Dennoch wird man ihnen auch einen Kategorienfehler vorwerfen müssen. Sie verwechseln Quellen mit Themen, Bildspender mit Bildempfänger. Mag sein, dass das Bild von Dreyfus' Degradierung mit dem zerbrochenen Degen, das durch die Presse der zivilisierten Welt ging, auch Kafka inspirierte und in ihm lange nachwirkte. Muss darum die Dreyfus-Affäre das geheime Thema der *Strafkolonie* sein?

Margot Norris und Peter Cersowsky haben Versuche unternommen, Kafka und speziell *In der Strafkolonie* in die sadomasochistische Tradition (und die mit ihr zusammenhängende Tradition der ›schwarzen Romantik‹) einzuordnen (Norris 1978; Cersowsky 1983). Sie griffen damit ein wichtiges Merkmal von Kafkas psychischer Struktur auf, das heute noch vielen Interpreten ›peinlich‹ zu sein scheint. Trotzdem ist die Verrechnung Kafkas mit großer Pornographie nicht ganz einfach. Das ihm zugeschriebene Wort über den Marquis de Sade als »eigentlichen Patron unserer Zeit« ist apokryph und nur von dem notorisch unzuverlässigen Gustav Janouch überliefert (Janouch 1968 [1961], 180). Die typisch Sadesche Einheit von Arrangeur und Beobachter des Foltergeschehens ist in Kafkas Erzählung gerade nicht gegeben, und die sexuelle Besessenheit des Autors scheint im Falle Kafkas unvergleichlich mehr sublimiert zu sein als bei dem Franzosen. Zudem kann von einer Lust am aktiven Foltern kaum die Rede sein; sowohl die erotische Lust wie auch die sie überhöhende Erlösungshoffnung richten sich auf das Gefoltertwerden, der Offizier fühlt sich verführt, »sich mit unter die Egge zu legen« (DzL 219). Auch in Briefen und Tagebüchern ist es in der Regel die masochistische Komponente, die anlässlich von Folterszenarien selbstquälerisch lustvoll von Kafka hervorgehoben wird – so in der Tagebuchaufzeichnung vom 3. August 1917 (»Dann stieß man mir den Knebel ein fesselte Hände und Füße und band mir ein Tuch vor die Augen« etc.; T 816) oder in jenem von einer drastischen Handzeichnung begleiteten Brief an Milena vom September 1920, der sich in der Phantasie einer zur Vierteilung eines Menschen konstruierten Maschine ergeht (BM 271).

Nachhaltiger gewirkt haben Versuche, die sadomasochistischen Motive – statt sie gattungsgeschichtlich zu verorten – in eine ›schwarze‹ Gesellschaftsgeschichte der Moderne einzubauen. In diesem Sinne haben einige Interpreten auf dem langen Weg von Nietzsches *Zur Genealogie der Moral* hin zur Lehre Michel Foucaults von einer diffusen und gut verteilten Macht, die die Körper und Seelen der modernen Menschen besetzt, die *Strafkolonie* als wichtige Zwischenstation erkannt. Deleuze und Guattari haben in ihrer sehr einflussreichen Studie *Kafka. Für eine kleine Literatur* die ›Maschine‹ als Metapher für die moderne Gesellschaft insgesamt verstanden und Kafka als deren radikalsten Unterwanderer: ›Deterritorialisierung‹ und ›Demontage‹ der maschinenmäßigen ›Verkettungen‹ sind ihre

Stichworte für Kafkas Unternehmen (Deleuze/Guattari 1976 [1975]).

Näher an Kafkas Text, aber geistig verwandt mit Deleuze und Guattari war Hans Helmut Hiebels in der Kafkaforschung bis heute nachhaltig wirkende Studie *Die Zeichen des Gesetzes*. Hiebel erinnert an das »Fest der Martern« (die Hinrichtung des gescheiterten Königsmörders Robert François Damiens (1715–1757) im Jahre 1757), mit dessen Darstellung Foucaults Studie *Überwachen und Strafen* (1975) einsetzt (Hiebel 1983, 130), liest jedoch letztlich die vormoderne Gewalt am Delinquenten als verklausulierte Darstellung der modernen Disziplinargesellschaft, die ihr unerkennbares Gesetz in die Körper einschreibt: »Was dem Verurteilten der *Strafkolonie* eingeschrieben wird, scheint demnach weniger eine bestimmte Strafe für eine bestimmte Schuld zu sein als vielmehr das ›Gesetz‹ generell; [...] das Dasein überhaupt ist eine Schuld geworden« (Hiebel 1983, 137). Die Linien der von Deleuze/Guattari und Hiebel vorgegebenen Interpretation sind später verschiedentlich noch weiter verfolgt worden, ohne dass sich substantiell Neues ergeben hätte (vgl. etwa Vogl 1990). Im weiteren Feld der *cultural studies* ist es weitgehend zur Selbstverständlichkeit geworden, *In der Strafkolonie* unter eine Foucaultsche Perspektive zu stellen und mit der Erzählung Foucaults Lehren zu bebildern (vgl. etwa Butler 2006 [1990], 177 u. 215).

Die meisten bislang vorgestellten Interpretationen sehen Kafka im Grunde als Kritiker des von ihm dargestellten Strafsystems des alten Kommandanten. Es war das Verdienst von Ritchie Robertsons Studie *Kafka. Judaism, Politics and Literature*, aus für Kafka relevanten zeitgenössischen Kontexten heraus auf die Möglichkeit einer anderen Wertung aufmerksam zu machen. Die grundsätzliche Einsicht Robertsons war: »*In der Strafkolonie* turns on the antithesis of *Gemeinschaft* and *Gesellschaft*« (Robertson 1985, 153). In dieser semantischen Opposition – wie in der strukturidentischen von ›Kultur‹ und ›Zivilisation‹ – war im frühen 20. Jahrhundert regelmäßig ›Gemeinschaft‹ positiv besetzt; im Zionismus und speziell im Kreis um Martin Buber konnte Kafka immer wieder Instanzen dieser Hochschätzung von ›Gemeinschaft‹ antreffen. Zudem war das Erleiden von Schmerz für Kafka eine »royal road to spiritual insight« (155). Statt dass sich also, wie bei Roy Pascal, das Regime des alten Kommandanten als »a disturbing *parody* of religious faith« (Pascal 1982, 82) darstellte, ergab sich für Robertson ein ganz anderes Bild:

On the one hand, the closely knit community of the past, united by the focus of a ceremony which administered absolute justice in an atmosphere of religious awe; on the other, present-day society, in which religious practices are conceded a marginal place but no longer give meaning even to the voluntary deaths of their adherents [...], and in which a half-hearted and ineffectual humanitarianism accompanies an inhuman devotion to large-scale technological schemes (Robertson, 154).

Zu dieser Interpretation Robertsons passt eine Auffassung des Reisenden, die sich in bemerkenswerter Konstanz und Ubiquität durch die gesamte Forschungsgeschichte zieht. Schon Politzer sah in ihm ein »Kind der Aufklärung« (Politzer 1978 [1962], 176). Bert Nagel sprach von »ironischer Skepsis«, mit der die »neue Humanität« und speziell die chaotische Flucht des Reisenden von der Insel gezeichnet sind (Nagel 1974, 266 f.). Sokel nannte das »untragische Ende des Reisenden« »menschlich schäbig« (Sokel 1976 [1964], 153). Generell werden die Zurückhaltung und das Zögern des Reisenden eher als Feigheit und Ängstlichkeit denn als wirkliche aufgeklärte Überlegenheit verstanden. Der Satz über den Reisenden »Er war im Grunde ehrlich und hatte keine Furcht« (DzL 235) kann kaum als Gegenargument geltend gemacht werden. Denn aufgrund der Erzählverhältnisse der *Strafkolonie* vernehmen wir hier nicht die verlässliche Stimme eines auktorialen Erzählers, sondern erfahren perspektivisch gebrochen etwas über die Selbsteinschätzung des Reisenden. Dass sie trügerisch ist, belegen seine Tatenlosigkeit während der Tötung des Offiziers und seine Flucht. Es sind keine starken eigenen Prinzipien der Moderne (wie Freiheit, Gleichheit oder Rechtssicherheit), von denen das Verhalten des Reisenden Zeugnis ablegt. Die Moderne, für die er – wie der neue Kommandant und seine Damen – steht, ist eine Moderne der Schwäche und Verweichlichung, der nur scheinbaren Humanität.

Deutungsaspekte

Weniger (und das soll heißen: zu wenig) Aufmerksamkeit haben die abgründigen Ironien gefunden, die *In der Strafkolonie* durchziehen und ein beachtliches Gegengewicht zu jener Ernsthaftigkeit darstellen, die dem Text vielfach allzu vorbehaltlos von der Forschung unterstellt wird. Stanley Corngold hat zu Recht auf die bedeutende Rolle hingewiesen, die, wie er es nennt, »Allotria« und »Excreta« in der Erzählung spielen: die slapstickartigen Szenen zwischen

dem Soldaten und dem Verurteilten, die Damentaschentücher, das Erbrochene, etc. (Corngold 2004, 67–73). Sie untergraben – in einer Weise, die an die Tradition der menippeischen Satire denken lässt – die Tragik, die im Schicksal des Offiziers liegen könnte, und den ernsthaft allegorischen Charakter der Erzählung, so wie das Erbrochene die saubere Maschine beschmutzt. Auch scheint die Dysfunktionalität der Maschine in geheimer Solidarität mit dem Überleben des Verurteilten zu stehen, der die Sprache seiner Oberen nicht versteht und mit dem hohen Ziel einer Erlösung nichts anzufangen weiß.

Schließlich sind auch die semantischen Oppositionen von Alt und Neu, von Tradition und Moderne, von Europa und Kolonie durch Ironien an den verschiedensten Stellen in Unordnung gebracht. Ein Offizier, der an der europäischen Uniform festhält, weil sie die Heimat bedeutet (DzL 204), enthusiasmiert sich für ein exotisches Hinrichtungsverfahren, das den Körper der Verurteilten über und über mit Ornamenten bedeckt, wie man sie um die Jahrhundertwende am Körper von ›Primitiven‹ oder von tätowierten Verbrechern erwartete (vgl. Anderson 1992, 178–181). Ebenso sehr wie ein Agent der Tradition scheint der Offizier ein Vertreter modernster Rationalität mit einem ausgesprochenen Faible für technische Effizienz zu sein. Und dann die plötzliche Entscheidung des Offiziers, sich selbst unter die Maschine zu legen: Sokel, der viel Sinn für Kafkas Ironien hatte, hat darauf aufmerksam gemacht, dass der Offizier schon allein deshalb keine Erlösung von der Maschine zu erwarten hat, weil er sein Urteil bereits kennt (Sokel 1976 [1964], 140). Usw.

Bemerkt man diese Ironien, so wird man Zweifel an der Vorstellung zu hegen beginnen, der Gegensatz von Tradition und Moderne sei in der *Strafkolonie* wirklich klar konturiert. Weder wird vom Standpunkt der Moderne die Tradition eindeutig als barbarisch denunziert, noch wird ein von der Moderne nicht kontaminierter Standpunkt der Tradition bezogen. Vielmehr erscheint die Tradition durchgängig so, wie sie einzig in der Moderne noch zur Erscheinung kommen kann: grausam und hart, weil die Moderne schwach und verweichlicht ist. Die Moderne ist nichts anderes als der Kollaps der Tradition. Benjamins Diktum über Kafkas Werk als »Erkrankung der Tradition« (An G. Scholem, 12.6.1938; Benjamin 2000, 112) hätte in der *Strafkolonie* einen seiner besten Belege gehabt.

Zu einer freundlicheren Sicht auf die terroristischen Züge der Erzählung gelangt man in der Regel, wenn man die Allegorese auf die Suche nach Spuren von Kafkas Metaphysik des Schreibens schickt. Der auffälligste Hinweis auf diesen Bedeutungshorizont besteht in der Analogie des »eigentümlichen Apparats« zu einer monströsen, mörderischen, wunderbaren ›Schreibmaschine‹, die inzwischen aus der Forschung kaum mehr wegzudenken ist (vgl. etwa Kremer 1989, 149f.). In diesem Anspielungsbereich finden die Ambivalenzen der Erzählung zwischen Strafe und Lust, zwischen Gelingen und Misslingen, zwischen Euphorie und tiefster Ernüchterung ein besonders reiches Echo. Dies gilt weniger für Versuche, anlässlich der *Strafkolonie* frei über beliebe Theoriestücke der modernen und postmodernen Literaturtheorie (wie ›Unlesbarkeit‹, ›Einschreibung‹, ›Körper‹, ›Schrift‹) zu spekulieren, als vielmehr für Forschung, die das Sinnerzeugungsarrangement der *Strafkolonie* mit der sonstigen Überlieferung von Kafkas Nachdenken übers Schreiben zusammenbringt.

Die Vorstellung eines Lebens, das sich in der Schaffung einer absoluten Schrift verbraucht, eines Zugangs zur eigensten innersten Wahrheit im Tode – wie sie etwa der Held von Leo Tolstois Erzählung *Der Tod des Iwan Iljitsch* (1886) erfuhr – hat ihre Verlockungen ja nicht nur für den Offizier (und für den Reisenden) gehabt, sondern auch für Kafka selbst. Bereits Walter H. Sokel machte darauf aufmerksam, dass der Offizier – wie der Petersburger Freund im *Urteil* oder wie das Insekt in der *Verwandlung* – ein Repräsentant jenes »reinen Ichs« ist, das kompromisslos auf die ästhetische Existenz setzt und dafür in Isolation und Erfolglosigkeit gerät (Sokel 1976 [1964], 130–132). Mark M. Anderson ging sogar – angeregt von einer möglichen Ambivalenz der Vokabel ›Urteil‹ in der *Strafkolonie* – so weit, im Hinrichtungsverfahren einen fiktiven Nachvollzug der euphorischen Nacht der Niederschrift der Erzählung *Das Urteil* zu sehen. Den nicht verklärten Tod des Offiziers kann Anderson dann – mit Verweis auf den späteren wichtigen Brief Kafkas an Max Brod vom 5. Juli 1922 (Briefe 382–387) – als Beginn der Selbstkritik Kafkas am narzisstischen absoluten Schreiben lesen (Anderson 1992, 185–190).

Die Ambivalenz des eigenen Schreibens ist wohl in der Tat eines der zentralen Themen der *Strafkolonie*. Zweifellos findet sich immer wieder im Werk Kafkas die positive Utopie einer Verwandlung von Leben in Schrift. Sie ist häufig an ein passives Mitgenommenwerden von einer übermächtigen Gewalt sowie an Verschmelzungsphantasien und insbesondere an ein Einswerden des eigenen Körpers mit dem Schreiben (dem Geschriebenwerden) gebunden. Am 8. Dezember 1911 notierte Kafka:

> Ich habe jetzt und hatte schon Nachmittag ein großes Verlangen, meinen ganzen bangen Zustand ganz aus mir herauszuschreiben und ebenso wie er aus der Tiefe kommt in die Tiefe des Papiers hinein oder es so niederzuschreiben daß ich das Geschriebene vollständig in mich einbeziehen könnte (T 286).

Sehr nachdrücklich wird diese Utopie auch in Kafkas Darstellung der Nacht, in der *Das Urteil* entstand, artikuliert: mit dem »Schmutz und Schleim« einer »Geburt«, mit dem Gefühl, »in einem Gewässer« vorwärtszukommen (T 491, 460), oder in Geschichten wie dem *Wunsch, Indianer zu werden* (DzL 32f.) oder *Ein Traum* (295–298). Jeweils ist das glückhafte Sinnversprechen an ein mehr oder weniger gewalttätiges Ergriffenwerden gebunden: »Kann ich schon nicht der Schreibende sein, der mit der Maschine schreibt, so will ich wenigstens das Papier sein, das von der Maschine beschrieben wird« (Deleuze/Guattari 1976, 78). Allerdings: Die Sinnerfahrung durch ein euphorisches Geschriebenwerden kennen der Reisende wie der Leser der Erzählung letztlich nur aus der (möglicherweise unzuverlässigen) Erzählung des Offiziers; das Ausbleiben der Erlösung aber hat der Reisende vor Augen. In dieser eigentümlich verschränkten Kombination von Nichtevidenz und Sinn einerseits und Evidenz und Sinnentzug andererseits artikuliert sich ironisch das Dilemma des inspirierten Schreibens, das Kafka unmetaphorisch und klar Felice Bauer in einem Brief aus der frühen Phase ihrer Beziehung vor Augen rückte:

> Gibt es also eine höhere Macht, die mich benützen will oder benützt, dann liege ich als ein zumindest deutlich ausgearbeitetes Instrument in ihrer Hand; wenn nicht, dann bin ich gar nichts und werde plötzlich in einer fürchterlichen Leere übrig bleiben (1.11.1912; B00–12 203).

Ein Wort schließlich noch zur Stellung des Textes innerhalb von Kafkas Gesamtwerk: Seit Hellmuth Kaiser 1931 mit seiner psychoanalytischen Abhandlung über Kafka in der Zeitschrift *Imago* den Terminus »Strafphantasie« in die Kafka-Forschung eingeführt hat, ist *In der Strafkolonie* gerne mit den der Erzählung vorangehenden Werken zusammengestellt worden. Wie *Der Heizer* behandelt *In der Strafkolonie* – exemplarisch abzulesen an den beiden Urteilen, die in der Erzählung namhaft gemacht werden – das Verhältnis von Disziplin und Gerechtigkeit und die

Überlagerung der Gerechtigkeit durch eine extrajuridische Disziplin. Wie in *Das Urteil* lässt sich ein Protagonist, dessen Lebensprojekt sich nicht durchsetzen lässt, bereitwilligst auf sein eigenes Todesurteil ein. Zudem wird die Konstellation von autoritärer, übermächtiger Vatergestalt und unterwürfigem Sohn in der Behandlung des Verhältnisses von altem Kommandanten und Offizier fortgeführt. Diese Zugehörigkeit zum unbarmherzigen Kosmos der Strafe im Werk Kafkas von 1912 bis 1914 ist zweifellos richtig beobachtet. Zugleich finden sich jedoch in der Erzählung auch Elemente, die auf das spätere Werk Kafkas vorausweisen. Die distanzschaffende Figur des Reisenden, der in eine letztlich dichotomisch (um die Pole des alten und des neuen Kommandanten) organisierte Welt eingeführt wird, ist eine wichtige Voraussetzung für die parabolische Dimension der Erzählung; sie wird von Kafka z. B. in *Schakale und Araber* (DzL 270–275) wieder aufgenommen. Insofern kann man sagen, dass *In der Strafkolonie* die stark parabolisch geprägte Schaffensphase Kafkas (mit ihrem Zentrum in den Texten des *Landarzt*-Bandes) einleitet. Aber auch die späten Künstlererzählungen werden von *In der Strafkolonie* in gewisser Weise präfiguriert. Wie die Kunst des Hungerkünstlers ist auch die Folterkunst des Offiziers eine performative, am Körper ausgeführte Kunst, für die das zeitgenössische Publikumsinteresse stark zurückgegangen ist. Und wie der Blick des Offiziers noch im Tode »ruhig und überzeugt« ist (DzL 246), so zeigen die gebrochenen Augen des Hungerkünstlers »die feste, wenn auch nicht mehr stolze Überzeugung, daß er weiterhungre« (349).

Ausgaben: ED: In der Strafkolonie. Erzählung. Leipzig: Kurt Wolff [Ende Okt.] 1919; Faksimilenachdruck der Erstausgabe. Hg u. mit einem Nachwort v. Roland Reuß. Frankfurt/M., Basel 2009 (Supplement zur FKA). – Erz/GS (1935), 181–213. – Erz/GW (1952), 199–237. – In der Strafkolonie. Eine Geschichte aus dem Jahre 1914. Mit Quellen, Chronik und Anmerkungen hg. v. Klaus Wagenbach. Berlin 1975, erweiterte Neuausg. 1995, wieder 2010. – DzL/KA (1996), 201–248; T/KA (1990), 822–824 u. 825–827.

Adaptionen: Giuliano Betti: K.: colonia penale. Italien 1988. – Janet Cardiff/George Bure Miller: The Killing Machine. Installation. 2007. – Charlie Deaux: Zoetrope. USA 2000. [Kurzfilm] – Philip Glass: In the Penal Colony. A Chamber Opera (2000). Libretto Rudolph Wurlitzer. Uraufführung am 31.8.2000 in Seattle. – Sibel Guvenc: In the Penal Colony. Kanada 2006. [Kurzfilm] – Heiner Müller: In der Strafkolonie nach F.K.

Performance von Cecilie Ullerup Schmidt mit Ana Berkenhoff. Uraufführung am 24.9.2008 in Stockholm. – Narges Kalhor: Darkhish [Die Egge]. Iran 2008 [Kurzfilm]. – Raúl Ruiz: La colonia penal. Chile 1970.

Quellen und Materialien: Robert Heindl: Meine Reise nach den Strafkolonien. Berlin, Wien 1913. – Hans-Gerd Koch (Hg.): »Als K. mir entgegenkam…«. Erinnerungen an F.K. Berlin 2005 [1995]. – Gustav Janouch: Gespräche mit K. Frankfurt/M. 1961, 2. Aufl. 1968. – Octave Mirbeau: Le jardin des supplices. Paris 1899; dt: Der Garten der Qualen. Übers. v. Franz Hofen. Budapest 1901. – Friedrich Nietzsche: Zur Genealogie der Moral. Eine Streitschrift. In: Ders.: Werke in drei Bänden. Hg. v. Karl Schlechta. München 1966, Bd. 2, 763–900. – Arthur Schopenhauer: Parerga und Paralipomena. Bd. 1, Kap. XII (»Nachträge zur Lehre vom Leiden der Welt«). In: Ders.: Werke in fünf Bden. Nach den Ausgaben letzter Hand hg. v. Ludger Lütkehaus. Zürich 1988. Bd. 5, 264–274. – Kurt Tucholsky: In der Strafkolonie. In: Ders.: Ausgewählte Werke. Reinbek 1965, 373–375 [zuerst in: Die Weltbühne, 3.6.1920]. – Oskar Weber: Der Zuckerbaron. Schicksale eines ehemaligen deutschen Offiziers in Südamerika. Mit Zeichnungen von Max Bürger. Köln 1914 (Schaffsteins Grüne Bändchen 54).

Forschung: Theodor W. Adorno/Walter Benjamin: Briefwechsel 1928–1940. Hg. v. Henri Lonitz. Frankfurt/M. 1994. – Claudia Albert/Andreas Disselnkötter: »Inmitten der Strafkolonie steht keine Schreibmaschine«. Eine Re-Lektüre von K.s Erzählung. In: IASL 27 (2002), 168–184. – P.-A. Alt (2005), 475–489. – M.M. Anderson (1992), bes. 173–193. – P.U. Beicken (1974), 287–293. – Walter Benjamin: F.K. Zur zehnten Wiederkehr seines Todestages [1934]. In: Ders.: Gesammelte Schriften. Hg. v. Rolf Tiedemann u. Hermann Schweppenhäuser. Bd. 2. Frankfurt/M. 1977, 409–438 u. 1153–1276. – Ders.: Brief an Gershom Scholem, 12. Juni 1938. In: Ders.: Gesammelte Briefe. Bd. 6. Hg. v. Christoph Gödde u. Henri Lonitz. Frankfurt/M. 2000, 105–118. – Hartmut Binder: K.-Kommentar zu sämtlichen Erzählungen. München 1975, 174–181. – E. Boa (1996), bes. 133–147. – Wayne Burns: *In the Penal Colony*. Variations on a Theme by Octave Mirbeau. In: Accent 17 (1957), 45–51. – Judith Butler: Gender Trouble. Feminism and the Subversion of Identity. New York, London 2006 [zuerst 1990]. – Peter Cersowsky: Phantastische Literatur im ersten Viertel des 20. Jahrhunderts. Untersuchungen zum Strukturwandel des Genres, seinen geistesgeschichtlichen Voraussetzungen und zur Tradition der ›schwarzen Romantik‹ insbesondere bei Gustav Meyrink, Alfred Kubin und F.K. München 1983, bes. 181–209. – S. Corngold (2004), bes. 67–80. – Gilles Deleuze/Félix Guattari: K. Für eine kleine Literatur.

Frankfurt/M. 1976 [frz. Erstausg. 1975]. – Jens Dreisbach: Disziplin und Moderne. Zu einer kulturellen Konstellation in der deutschsprachigen Literatur von Keller bis K. Berlin 2009, 365–444. – W. Emrich (1970 [1957]), bes. 220–226. – Søren R. Fauth:»Die Schuld ist immer zweifellos«. Schopenhauersche Soteriologie und Gnosis in K.s Erzählung *In der Strafkolonie*. In: DVjs 83 (2009), 262–286. – Karlheinz Fingerhut: Die Phase des Durchbruchs (1912–1915) (*Das Urteil, Die Verwandlung, In der Strafkolonie* und die Nachlaßfragmente). In: KHb (1979) II, 262–313. – Peter Fischer:»An welchem Theater spielen Sie«. K.s Erzählung *In der Strafkolonie*. In: Psyche 12 (2003), 1158–1202. – S.L. Gilman (1995), bes. 68–88. – Rolf J. Goebel: K. and Postcolonial Critique. *Der Verschollene, In der Strafkolonie, Beim Bau der chinesischen Mauer*. In: J. Rolleston (2002), 187–212. – I. Grabenmeier (2008), 233–267. – Richard T. Gray: Disjunctive Signs. Semiotics, Aesthetics, and Failed Mediation in *In der Strafkolonie*. In: J. Rolleston (2002), 213–245. – Axel Hecker: An den Rändern des Lesbaren. Dekonstruktive Lektüren zu F.K. Wien 1998. – Ingeborg Henel: K.s *In der Strafkolonie*. Form, Sinn und Stellung der Erzählung im Gesamtwerk. In: Vincent J. Günther u. a. (Hg.): Untersuchungen zur Literatur als Geschichte. Fs. f. Benno von Wiese. Berlin 1973, 480–504. – Hans Helmut Hiebel: Die Zeichen des Gesetzes. Recht und Macht bei F.K. München 1983, bes. 129–152. – Alexander Honold: *In der Strafkolonie*. In: KHb (2008), 477–503. – O. Jahraus (2006), bes. 316–341. – Richard Jayne: K.'s *In der Strafkolonie* and the Aporias of Textual Interpretation. In: DVjs 66 (1992), 94–128. – Hellmuth Kaiser: F.K.s Inferno. Eine psychologische Deutung seiner Strafphantasie. In: Imago 17 (1931), 41–103; wieder in: H. Kaiser (1973), 93–139. – Lida Kirchberger: K.'s Use of Law in Fiction. A New Interpretation of *In der Strafkolonie, Der Prozeß*, and *Das Schloß*. New York 1986. – Wolf Kittler: Schreibmaschinen, Sprechmaschinen. Effekte technischer Medien im Werk F.K.s. In: Kittler/Neumann (1990), 75–163, bes. 108–141. – Ders.: In dubio pro reo. K.s *Strafkolonie*. In: Höcker/Simons (2007), 33–72. – Clayton Koelb: *In der Strafkolonie*. K. and the Scene of Writing. In: GQ 55 (1982), 511–525. – D. Kremer (1989), bes. 143–152. – Jens Kruse: Tortured Enlightenment. Writing and Reading in K.'s *In the Penal Colony*. Sixteen Letters About How K. Teaches Us About Reading and Writing. New York 2004. – Astrid Lange-Kirchheim: F.K.: *In der Strafkolonie* und Alfred Weber: *Der Beamte*. In: GRM 27 (1977), 202–221. – Klaus Mladek:»Ein eigentümlicher Apparat«. F.K.s *In der Strafkolonie*. In: H.L. Arnold (1994), 115–142. – Walter Müller-Seidel: Die Deportation des Menschen. K.s Erzählung *In der Strafkolonie* im europäischen Kontext. Stuttgart 1986. – Bert Nagel: F.K. Aspekte der Interpretation und Wertung. Berlin 1974. – Peter F. Neumeyer: F.K., Sugar Baron. In: Modern Fiction Studies 17 (1971), 5–16. – Margot Norris: Sadism and Masochism in Two K. Stories: *In der Strafkolonie* and *Ein Hungerkünstler*. In: MLN 93 (1978), 430–447. – R. Pascal (1982), bes. 60–89. – Malcolm Pasley: Introduction. In: F.K.: *Der Heizer – In der Strafkolonie – Der Bau*. Hg. v. M.P. Cambridge 1966, 1–34. – Paul Peters: Witness to the Execution. K. and Colonialism. In: Monatshefte 93 (2001), 401–425. – Ders.: Kolonie als Strafe. K.s *Strafkolonie*. In: Alexander Honold/Oliver Simons (Hg.): Kolonialismus als Kultur. Tübingen, Basel 2002, 59–84. – Karen Piper: The Language of the Machine. A Postcolonial Reading of K. In: Journal of the K. Society of America 20 (1996), 42–54. – H. Politzer (1978 [1962]), bes. 166–190. – Wiebrecht Ries: Transzendenz als Terror. Eine religionsphilosophische Studie über F.K. Heidelberg 1977. – R. Robertson (1985), bes. 152–155. – Ulrich Schmidt: Von der Peinlichkeit der Zeit. K.s Erzählung *In der Strafkolonie*. In: JDSG 28 (1984), 407–445. – W.H. Sokel (1976 [1964]), bes. 117–153. – Ders.: The Myth of Power and the Self. Essays on F.K. Detroit 2002, bes. 116–118. – Erwin R. Steinberg: The Judgment in K.'s *In the Penal Colony*. In: Journal of Modern Literature 5 (1976), 492–514. – Joseph Vogl: Ort der Gewalt. K.s literarische Ethik. München 1990, bes. 40–43, 171–175 u. 196–198. – Arnold Weinstein: K.'s Writing Machine. Metamorphosis in the Penal Colony. In: R.V. Gross (1990), 120–149. – John Weitin: Revolution und Routine. Die Verfahrensdarstellung in K.s *Strafkolonie*. In: Höcker/Simons (2007), 255–268. – John Zilcosky (2003), bes. 103–121. – Ders.: Wildes Reisen. Kolonialer Sadismus und Masochismus in K.s *Strafkolonie*. In: WB 50 (2004), 33–54. – Hans-Dieter Zimmermann: *In der Strafkolonie* – Die Täter und die Untätigen. In: M. Müller (2003), 158–172.

Bernd Auerochs

3.2.6 *Ein Landarzt.*
Kleine Erzählungen

Entstehung und Veröffentlichung

Der Erzählband *Ein Landarzt* erscheint im Frühjahr 1920 (das Impressum nennt 1919) mit dem Untertitel *Kleine Erzählungen* beim Kurt Wolff Verlag in Leipzig (DzL:A 299) und trägt auf dem Vorsatzblatt die Widmung »Meinem Vater«. Der Band enthält die folgenden 14 Erzählungen:

(1) *Der neue Advokat* (zuerst NSF I, 326 f., Variante in NSF I, 324–326, um den 10.2.1917; ED: Mitte Sept. 1917 in *Marsyas*).
(2) *Ein Landarzt* (zwischen dem 14.12.1916 und Mitte Januar 1917; ED: Jan. 1918 in *Die neue Dichtung*).
(3) *Auf der Galerie* (zwischen dem 14.12.1916 und Mitte Januar 1917; ED: *Landarzt*).
(4) *Ein altes Blatt* (zuerst NSF I, 358–361, zweite Hälfte März 1917; ED: Mitte Sept. 1917 in *Marsyas*).
(5) *Vor dem Gesetz* (zwischen dem 18.10. und dem 13.12.1914; ED: 7.9.1915 in *Selbstwehr*).
(6) *Schakale und Araber* (zuerst NSF I, 317–322, Anfang Febr. 1917; ED: Mitte Okt. 1917 in *Der Jude*).
(7) *Ein Besuch im Bergwerk* (nach 22. Apr. 1917; ED: *Landarzt*).
(8) *Das nächste Dorf* (vermutl. zwischen Mitte Dez. 1916 und Mitte Jan. 1917; ED: *Landarzt*).
(9) *Eine kaiserliche Botschaft* (zuerst NSF I, 351 f., als Bestandteil von *Beim Bau der chinesischen Mauer*, Mitte März 1917; ED: 24.9.1919 in *Selbstwehr*).
(10) *Die Sorge des Hausvaters* (Datierung unsicher, jedenfalls vor Aug. 1917; ED: 19.12.1919 in *Selbstwehr*).
(11) *Elf Söhne* (Datierung unsicher, jedenfalls vor letzter Märzwoche 1917; ED: *Landarzt*).
(12) *Ein Brudermord* (zwischen 14.12.1916 und Mitte Januar 1917; ED: Mitte September 1917 in *Marsyas* unter dem Titel *Der Mord*).
(13) *Ein Traum* (Datierung unsicher, jedenfalls zwischen 11.8.1914 u. 21.6.1916; ED: Mitte Dezember 1917 in *Das jüdische Prag*).
(14) *Ein Bericht für eine Akademie* (zuerst NSF I, 390–399, vgl. auch 384 f., 385–388 u. 415 f., zwischen 6. und 22.4.1917; ED: um den 8.11.1917 in *Der Jude*).
[Kurzverweise auf die Einzeltexte erfolgen im Artikel durch Angabe der Textnummer nach obiger Durchzählung mit vorangestelltem L.]

Die Druckvorbereitungen von Kafkas zweitem Sammelband nach *Betrachtung* nahmen fast drei Jahre in Anspruch, wobei die Verzögerung ausschließlich auf den Verlag zurückzuführen war. Nicht nur, dass die Kommunikation mit Wolff immer wieder abbrach – anscheinend ging der Verlag auch nicht sonderlich sorgsam mit Kafkas Manuskripten um: Man hielt sich zunächst nicht an die vom Autor festgelegte Rei-

henfolge der Texte (DzL:A 292), Korrekturfahnen wurden mit beträchtlicher Verspätung ausgeliefert, und schließlich ging gar die Abschrift der Erzählung *Ein Traum* verloren und musste erneut angefordert werden (297). Dies alles bewog Kafka zu der ernsthaften Überlegung, den Verlag zu verlassen. In einem Brief an Max Brod schreibt er: »Darum wollte ich, da Wolff sich so gegen mich sperrt, nicht antwortet, nichts schickt und es doch mein wahrscheinlich letztes Buch ist, die Manuskripte an [Erich] Reiss schicken, der sich mir freundlich angeboten hat« (Ende März 1918; BMB 246).

Die meisten der 14 Erzählungen entstammen einer sehr produktiven Phase Kafkas, die nach mehr als einjähriger Stagnation im Winter 1916/17 einsetzte. Sie wurde u. a. durch die Möglichkeit zum ruhigen Arbeiten gefördert, die sich durch die räumliche Trennung von der Familie ergab. Seit dem 26. November 1916 konnte Kafka in einem von seiner Schwester Ottla angemieteten Häuschen in der Alchimistengasse schreiben. Dort entstanden wahrscheinlich 12 der 14 im *Landarzt*-Band veröffentlichten Prosastücke (L5 entstammt dem *Process*-Manuskript, L13 wohl einer *Process*-nahen Arbeitsphase; DzL:A 288).

Anscheinend denkt Kafka bereits im Februar 1917, als die meisten der in den *Landarzt*-Band aufgenommenen Texte vorliegen, an eine Publikation in Form eines Sammelbandes und fertigt hierzu Listen an, die mögliche Reihenfolgen der Titel durchspielen (siehe DzL:A 289; Faksimile in OO1&2/FKA, H. 2, 146 u. OO3&4/FKA, H. 3, 161; vgl. auch DzL:A 291 u. 295 f.). In einem Brief an Martin Buber, dem Kafka am 22. April 1917 zwölf der in dieser Zeit entstandenen Erzählungen für die Zeitschrift *Der Jude* zur Auswahl anbietet, erwähnt er den bereits relativ konkret klingenden Plan eines Prosabandes: »Alle diese Stücke und noch andere sollen später einmal als Buch erscheinen unter dem gemeinsamen Titel: ›Verantwortung‹« (B14–17 297).

Das Projekt wird in dieser Form nicht verwirklicht; auf Anforderung durch Kurt Wolff schickt Kafka jedoch am 7. Juli 1917 dreizehn der während des Winters und Frühjahrs entstandenen Texte an den Verleger und kommentiert diese (für seine Verhältnisse) einigermaßen wohlwollend: »Mir war in diesem Winter, der allerdings schon wieder vorüber ist, ein wenig leichter. Etwas von dem Brauchbaren aus dieser Zeit schicke ich, dreizehn Prosastücke« (B14–17 301). Auf Wolffs Vorschlag einer »verlegerischen Verwertung« geht Kafka gern ein (An F. Kafka, 20.7.1917; B14–17 746).

Als Titel des Bandes bestimmt Kafka am 20. August 1917 *Ein Landarzt. Kleine Erzählungen* (An K. Wolff; B14–17 307). Bereits zu diesem Zeitpunkt steht sowohl die Textauswahl als auch die Reihenfolge fest (DzL:A 291). Die Auswahl, die Kafka an Wolff schickt, entspricht fast der später gedruckten. Lediglich *Vor dem Gesetz* und *Ein Traum* werden nachgereicht; die Erzählung *Der Kübelreiter* wird hingegen aus der Sammlung wieder herausgenommen (DzL:A 291).

Der Band ist die dritte Publikation Kafkas, die eine Widmung trägt. Während *Das Urteil* Kafkas Verlobter Felice Bauer und *Betrachtung* als Dank für die Verlagsvermittlung dem Freund Max Brod gewidmet sind, trägt *Ein Landarzt* die Widmung »Meinem Vater«. Dies war für Kafka offensichtlich von großer Bedeutung: Als er Korrekturfahnen ohne Widmung erhält, erinnert er ausdrücklich daran, dass diese einzufügen sei (1.10.1918, Briefe 245; vgl. DzL:A 297). Da Hermann Kafka seinem Sohn die erhoffte Anerkennung für frühere Publikationen immer versagt und lediglich mit einem lapidaren »Leg's auf den Nachttisch!« reagiert hatte (NSF II, 192), ist die Widmung wohl eher als ironische ›Trotzreaktion‹ denn als Zeichen eines fortdauernden Buhlens um Anerkennung zu verstehen (Binder 1975, 234). In einem Brief an Brod betont Kafka nochmals die Bedeutung der Widmung, weiß aber gleichzeitig um deren Ineffektivität:

> Seitdem ich mich entschlossen habe, das Buch meinem Vater zu widmen, liegt mir viel daran, daß es bald erscheint. Nicht als ob ich dadurch den Vater versöhnen könnte, die Wurzeln dieser Feindschaft sind hier unausreißbar, aber ich hätte doch etwas getan, wäre, wenn schon nicht nach Palästina übersiedelt, doch mit dem Finger auf der Landkarte hingefahren (März 1918; Briefe 237).

Die Widmung ist also als Verweis auf die eigene Unabhängigkeit von den Vorstellungen des Vaters zu verstehen und signalisiert eine Emanzipation auch im Schreiben (Neumann 1982, 131).

Durch die beträchtliche Verzögerung bei der Druckvorbereitung waren die meisten der im *Landarzt*-Band versammelten Texte bei dessen Erscheinen bereits in verschiedenen Zeitungen, Zeitschriften, Anthologien und Almanachen veröffentlicht worden, manche allerdings ohne Autorisierung des Autors oder seines Verlags (zur detaillierten Druckgeschichte der Einzeltexte siehe DzL:A 300–315). Der Band erscheint in einer Auflage von 1000 Stück in derselben bibliophilen Aufmachung wie die ebenfalls von Wolff verlegte *Betrachtung*.

Textbeschreibung

Eine Subsumierung unter ein einziges Thema fällt bei der Heterogenität der Perspektiven und Figurenarrangements schwer, auch wenn einige Interpreten eine solche in Bezug auf den von Kafka ursprünglich angedachten Sammlungstitel *Verantwortung* zu konstruieren versucht haben (z. B. Kauf 1972). Wie ernst es Kafka mit dem Plan eines Bandes *Verantwortung* war und wann er den Titel aufgab und sich für die Umbenennung entschied, ist unklar. Am 20. August 1917 schreibt Kafka jedenfalls an Wolff: »Als Titel des neuen Buches schlage ich vor: ›Ein Landarzt‹ mit dem Untertitel: ›Kleine Erzählungen‹« (B14–17 307). Die Entscheidung gegen den Titel *Verantwortung* mag von Bedenken getragen gewesen sein, dem Leser mit einem Titel, der derartig explizit auf eine ›tiefere‹ Bedeutungsschicht verweist, eine zu eindeutige Interpretationsrichtung vorzugeben (Stach, 201). Die Benennung des Bandes nach einer der in ihm enthaltenen Erzählungen dagegen verbleibt auf der Ebene der konkreten Texte und enthält sich jeder Deutungsanweisung.

An die Frage nach einem thematischen ›Kern‹ schließt unmittelbar die nach einer möglichen Gruppierung der einzelnen Erzählungen an. Zwischen den Texten des Bandes bestehen vielfältige motivliche und formale, aber auch einfach produktionsseitige Verbindungen. Eine erste Orientierung kann hier bereits die Frage nach dem Entstehungskontext bieten. So sind beispielsweise *Vor dem Gesetz* und *Ein Traum* eindeutig Texte aus dem zeitlichen (und motivlichen) Umfeld der *Process*-Niederschrift. Während ersterer eine zentrale Rolle im Roman spielt, ist letzterer über den Namen der Hauptfigur Josef K. mit dem *Process* verknüpft. In ähnlicher Weise stehen *Eine kaiserliche Botschaft* und *Ein altes Blatt* mit dem Erzählfragment *Beim Bau der chinesischen Mauer* in Verbindung: Der erste Text wurde von Kafka aus dem Zusammenhang des Fragments isoliert, der zweite ist über zentrale Motive (den Kaiserpalast, die Nomaden aus dem Norden) mit diesem verbunden (↗250).

Motivliche Querverbindungen

Im Kontext unsicherer Identitäten und Realitäten (siehe *Deutungsaspekte*) spielt im *Landarzt*-Band u. a. das Motiv der ›Verwandlung‹ eine große Rolle: Tiere sind zu Menschen geworden (L1, 14), Gegenstände werden zu Lebewesen (L10; als grammatische

›Verwandlung‹ auch in L2), Hypochonder werden zu Todkranken (L2). Jedoch ist nicht der Prozess der Transformation selbst beleuchtet (auch Gregor Samsa in *Die Verwandlung* ist ja bei Beginn der Erzählung bereits ein Käfer); der zwiespältige Charakter der genannten Phänomene wird vielmehr meist im Nebeneinanderschalten von verschiedenen Wahrnehmungsebenen gezeigt.

Ein wiederkehrendes Motiv ist auch das der ›Fremdheit‹ bzw. ›Fremdartigkeit‹ (L2 in der Konstellation Arzt/Dorfbewohner, L4, 6, 7, 10) und das ergänzende der ›Anpassung‹ (L1, 14). In *Ein altes Blatt* tritt außerdem noch die Frage nach der Möglichkeit von Kommunikation mit den Fremden in den Vordergrund. Dem gegenüber steht der Familien- oder Stammeskontext, der von einigen Erzählungen evoziert wird (L6, 8, 10, 11); hier wird z. T. deutlich auf das Feld der Tradition angespielt (L6).

Massiv vertreten ist die Erfahrung des ›Scheiterns‹. Sie zeigt sich in *Ein Landarzt* in Form fehlschlagender Rettungsversuche, in der Unmöglichkeit, ein Ziel zu erreichen (L5, 9) oder der eigenen Natur zu entkommen (L14), aber auch in der enttäuschten Hoffnung auf ›Erlösung‹ aus einem unerträglichen Zustand (L2, 6). Dieses Motiv ist nicht auf den *Landarzt*-Band beschränkt, sondern erscheint auch in anderen Texten Kafkas (man denke nur an Josef K.s vergebliche Versuche, das Wesen des Gerichts zu ergründen).

Ebenso wenig singulär ist die Vorstellung eines ›Nicht-Wiedergutmachenden‹, das als Versäumnis (L5), als Fehlsignal (L2) oder als ›Missverständnis‹ (L4) auftritt. Für die Titelerzählung ist dieses Motiv als eines der ›gefährlichen Ausfahrt‹ zu konkretisieren (»Einmal dem Fehlläuten der Nachtglocke gefolgt – es ist niemals gutzumachen«; DzL 261), das in den Bedenken des Großvaters in *Das nächste Dorf* ein Echo findet. Das ins Unendliche verlängerte Herumirren des Landarztes korrespondiert motivlich außerdem dem des ewig wandernden Jäger Gracchus im Fragmentkomplex von 1916/17 (↗ 273–276).

Spielten Familienstrukturen in den frühen Erzählungen noch eine bedeutende Rolle, sind sie für den *Landarzt*-Band nur bedingt von Bedeutung. Allerdings ist auffällig, dass dort, wo solche angesprochen werden, aus der Perspektive des Vaters erzählt wird (L10, 11). Das Vaterschaftsmotiv ist vielfach in Richtung einer literarischen Vaterschaft gedeutet worden (s. u. »Forschung«).

Häufig werden ›Krankheit‹ und ›Tod‹ thematisiert: von der Wunde (L2, 14) und der ›Lungensucht‹ (L3) über den Todeswunsch (L2), Todestraum (L13) und die Vorstellung vom Lebensende (L8, 10) bis zum ›natürlichen‹ (L5, 9) oder erzwungenen Tod (L12). Es ist verführerisch, diesen Motiven einen biografischen ›Bildspender‹ zu unterstellen und sie auf eine *idée fixe* des Tuberkulosekranken zurückzuführen. Der fatale Blutsturz, der die Diagnose auf Tuberkulose beider Lungenspitzen nach sich zog, erfolgte jedoch erst am 13. August 1917, also nach Abschluss der *Landarzt*-Erzählungen. Dennoch bezieht Kafka das Motiv der Wunde im *Landarzt* nachträglich selbst auf seine Erkrankung. An Max Brod schreibt er am 5. September 1917: »Auch habe ich es selbst vorausgesagt. Erinnerst Du Dich an die Blutwunde im ›Landarzt‹?« (B14–17 314).

Erzählform und Erzählverhalten

Eine auffällige Veränderung im Vergleich zu früheren Werkphasen ist Kafkas häufige Verwendung der Ich-Erzählsituation in den Texten des *Landarzt*-Bandes. Von den 14 Texten bedienen sich neun der ersten Person Singular oder Plural (L1, 2, 4, 6, 7, 8, 10, 11, 14), eine spricht zu einem »Du« (L9) und vier Erzählungen werden in der dritten Person vermittelt (L3, 12, 13). Von letzteren stammen zwei jedoch aus der Zeit vor der intensiven Arbeitsphase im Winter und Frühjahr 1916/17. In den bis dahin vorliegenden Romanfragmenten (*Der Verschollene*, *Der Process*) sowie den größeren Erzählungen der Zeit vor 1916/17 (z. B. *Das Urteil*, *Die Verwandlung*, *In der Strafkolonie*) bedient sich Kafka ausschließlich der Er-Form. Allerdings macht er bereits in den Texten im ersten Erzählband *Betrachtung* vermehrt Gebrauch von der ersten Person. In der häufigeren Verwendung der Ich-Perspektive scheint sich ein neues literarisches Selbstbewusstsein auszudrücken, das sich u. a. durch die verbesserte Arbeitssituation entwickeln konnte (Fickert 1988, 14).

Die (naheliegende) Schlussfolgerung, eine ›persönlichere‹ Erzählform weise auf persönlichere Inhalte hin, ist jedoch nicht angebracht. Keineswegs ist der Wandel in der Erzählperspektive als Ausdruck einer stärkeren Bekenntnishaftigkeit der Texte zu werten. Im Gegensatz zu der durchaus noch biografisch zu verortenden Schuld- und Strafthematik des Frühwerks (z. B. in *Das Urteil*) hat hier eher eine Entindividualisierung der Themen stattgefunden. Wohl lassen sich im Einzelnen Spuren eines »Strukturmodells der privaten Erfahrung« finden, sie sind jedoch ins Überpersönliche und Unbestimmte verwischt

(Beicken, 295). Dementsprechend sind die Ich-Erzähler im *Landarzt*-Band keineswegs immer persönlich in das erzählte Geschehen involviert. Einige der Texte weisen Erzähler auf, die zwar in der ersten Person sprechen, dem Geschehen jedoch als Beobachter und Berichterstatter gegenüberstehen. Schon in der ersten Erzählung spricht ein Ich, von dem wir nichts wissen – nicht einmal seine Einstellung zum pferdeartigen Dr. Bucephalus ist klar festzustellen.

Ebenso unmarkiert ist die Erzählerstimme in *Ein Besuch im Bergwerk*. Der Sprecher gehört offenbar nicht zur Gruppe der Ingenieure, die er beschreibt. Insofern ist seine Haltung repräsentativ für viele der Ich-Erzähler im *Landarzt*-Band. Explizit thematisiert wird der Rückzug in die distanzierte Beobachterposition in der letzten Erzählung. Da der zivilisierte Affe Rotpeter hier seine ›Rettung‹ durch Menschwerdung erzählt, ist zumindest ein persönliches Bekenntnis zur eigenen Geschichte erwartbar. Dennoch heißt es im letzten Satz: »ich berichte nur, auch Ihnen, hohe Herren von der Akademie, habe ich nur berichtet« (DzL 313). Auch hier wird durch einen Rückzug des Ich-Erzählers in sichere Distanz zum Geschehen eine bewusste Entindividualisierung vorgenommen.

Antirealistisches Erzählen

Die Texte des *Landarzt*-Bandes sind in mehrfacher Hinsicht einem Muster antirealistischen Erzählens verpflichtet, das sich beispielsweise, ganz basal, im Auftreten sprechender Tiere zeigt. Auch tritt im *Landarzt*-Band als Prinzip antirealistischen Erzählens deutlich das Muster des Traumes hervor. Nicht nur für die Erzählung *Ein Traum*, die explizit als Traum Josef K.s markiert ist, auch für *Ein Landarzt* ist mehrfach eine Traumstruktur in Anspruch genommen worden. Es ist jedoch unabdingbar, zwischen einem allgemein ›kafkaesken‹, sich der alltäglichen Logik widersetzenden Szenario und einer spezifisch traumhaft angelegten Handlungsstruktur zu unterscheiden. Wie Engel dargelegt hat, haben Träume mit ihrer spezifischen Subjekt-Objekt-Struktur eine große Bedeutung für Kafkas Poetik eines modernen Schreibens (Engel, 253). Sichtbar wird dies z. B. im *Landarzt* in der seltsamen Bezogenheit des Geschehens auf den Protagonisten und die auf rationale Weise nicht erklärbaren Einsichten der anderen Figuren in seine Gedanken (»als wisse er von meinen Gedanken, nimmt er [der Pferdeknecht] meine Drohung nicht übel«; DzL 254),

durch die sich alles, was dem Landarzt begegnet, als »Außenwelt seiner Innenwelt« (Engel, 248) darstellt. ›Traumhaft‹ im engeren Sinne ist außerdem die Darstellung von Bewegung in *Ein Traum*. Deren (nunmehr nicht als Traum markiertes) Echo ist auch in *Ein Landarzt* zu finden: Hier sind die Gesetze von Zeit und Raum scheinbar außer Kraft gesetzt, so dass eine Entfernung von zehn Meilen innerhalb weniger Momente zurückgelegt werden kann.

Dem Vokabular antirealistischen Erzählens entstammen auch stilistische Besonderheiten wie die teilweise grotesk anmutende Überzeichnung von Bewegungen und Gesten, die bereits Walter Benjamin als ein Charakteristikum von Kafkas Texten hervorgehoben hat (Benjamin, 418). Gesten treten bei Kafka durch eine Art kurze Detailfokussierung in den Vordergrund und erwecken durch ihre Deutlichkeit den Eindruck, sie meinten eigentlich etwas anderes, hinter der Geste Liegendes. Im *Landarzt*-Band sind es besonders die Dorfbewohner in der Titelerzählung, deren »pantomimische« Gesten den Leser befremden (Rösch 1973, 224). Aber auch in *Ein Brudermord*, einem Text, der stilistisch ohnehin stark dem Expressionismus verpflichtet ist, scheinen die Gesten der Figuren, um mit Benjamin zu sprechen, »zu laut« (Benjamin, 418):

> Betrachtete das Messer gegen das Mondlicht; die Schneide blitzte auf; nicht genug für Schmar; er hieb mit ihr gegen die Backsteine des Pflasters, daß es Funken gab; bereute er vielleicht; und um den Schaden gut zu machen, strich er mit ihr violinbogenartig über seine Stiefelsohle, während er, auf einem Bein stehend, vorgebeugt, gleichzeitig dem Klang des Messers an seinem Stiefel, gleichzeitig in die schicksalsvolle Seitengasse lauschte (DzL 292 f.).

Reihenfolge der Texte

Die Forschung hat wiederholt darauf hingewiesen, dass Kafka auf die Reihenfolge der Texte innerhalb des Bandes größten Wert gelegt hat (z. B. Triffitt, 13; Rudloff, 31). Diese These wird durch mehrere in den Oktavheften und in einem Brief an Buber enthaltene Auflistungen gestützt. Auffällig an der endgültigen Anordnung der Texte ist zunächst, dass die erste und die letzte Erzählung des Bandes eine thematische Klammer darstellen: Beide berichten von Figuren, die sowohl menschliche als auch tierische Züge aufweisen. Innerhalb dieser Klammer sind thematisch miteinander verbundene Erzählungen jedoch nicht in Blöcken angeordnet, sondern jeweils durch andersartige Texte voneinander getrennt. Die Titelerzählung steht nach einer ›Ouvertüre‹ an zweiter Stelle und lässt in Komprimierung bereits zentrale Themen des Bandes anklingen.

Die frühen Planungsstufen des *Landarzt*-Bandes, die Inhaltsverzeichnisse in Oktavheft B und C, enthalten Titel, die in der gedruckten Sammlung nicht mehr auftauchen: An zweiter Stelle der Liste in Oktavheft B steht der Titel *Kastengeist*, an vierter *Ein Reiter* und an fünfter *Ein Kaufmann* (DzL:A, 289; OO1&2/FKA, H. 2, 146). Man kann entweder annehmen, dass die Titel auf nicht fertiggestellte oder später verworfene und nicht erhaltene Texte verweisen oder, wie Binder das getan hat, die Titel mit Erzählungen, die in den *Landarzt*-Band aufgenommen wurden, in Verbindung bringen. Binder geht davon aus, dass sich *Kastengeist* auf *Ein Besuch im Bergwerk* und *Ein Reiter* auf *Das nächste Dorf* bezieht (Binder 1975, 212 u. 213). In der zweiten Liste auf den ersten Seiten von Oktavheft C findet sich außerdem der nicht zuzuordnende Titel *Die kurze Zeit* (DzL:A, 289; OO3&4/FKA, H. 3, 161), der sich ebenso wie *Ein Reiter* auf *Das nächste Dorf* beziehen ließe (DzL:A, 290).

Der Brief an Wolff vom 20. August 1917 nennt die Erzählungen bereits in der Reihenfolge, in der sie auch im *Landarzt*-Band erscheinen werden; lediglich *Der Kübelreiter*, ursprünglich an dritter Stelle zwischen *Ein Landarzt* und *Auf der Galerie* eingeordnet, wird von Kafka zurückgezogen (B14–17 307).

Forschung

Einen ersten Versuch der motivlichen Verknüpfung der Textoberflächen, wie sie heute noch gern gehandhabt wird, unternimmt Binder in seinem Kommentar zu den Erzählungen (Binder 1975). Einen Überblick über die Forschungspositionen bis in die 70er Jahre bietet Peter U. Beicken (Beicken 1974, 293–312); mit dem Veröffentlichungskontext der einzelnen *Landarzt*-Erzählungen und des Bandes befassen sich Joachim Unseld (Unseld 1982, 141–191) und der Kommentar in DzL:A. Stärker auf Kafkas Lebens- und Arbeitssituation zur Zeit der Entstehung des Bandes bezogen ist Reiner Stachs einfühlsame, aber trotzdem sachliche Darstellung im zweiten Teil seiner Kafka-Biographie (Stach 2008, 189–206).

Das Interesse am *Landarzt*-Band setzt in den 1950er Jahren ein und konzentriert sich zunächst auf die Erfassung von Eigentümlichkeiten einzelner Erzählungen. Eine Interpretation des Bandes als Gesamtkonzept legt Heinz Politzer vor: Er liest die Texte als Illustrationen einer »Entmenschlichung« (Politzer 1965 [1962], 143): Menschen verwandeln sich in leblose Dinge, Tiere verlassen ihren natürlichen Platz und werden zu Zwischenwesen, und aus einer »zweiten Wirklichkeit« (154) tauchen gänzlich außermenschliche Dinge wie Odradek auf, die als Symptome einer ›unheilen Welt‹ zu deuten sind (155). In der formalen Gestaltung des Bandes konstatiert Politzer eine immer stärkere Entwicklung hin zum parabolischen Schreiben (131).

Gerhard Neumann ordnet die Erzählungen aus dem *Landarzt*-Band in ein alle Texte aus dem Produktionszeitraum Winter und Frühjahr 1916/17 umfassendes Schema ein und stellt als gemeinsames zentrales Thema das der Identität bzw. Identifikation heraus. Er unterscheidet vier Bereiche, in denen das Thema Identifikation verhandelt wird: familialer Kontext (z. B. in L12); sozialer Kontext (L3, 4, 8, 9); Tierwelt (L1, 6, 14); Kunst (L7, 10, 11; Neumann 1979, 315 f.).

Robert Kauf diskutiert eine Frage, die die Kafka-Forschung bis heute beschäftigt: Welche Bedeutung hat der ursprünglich angedachte Titel *Verantwortung* für den Zusammenhang der einzelnen Erzählungen? Das Problem der Verantwortung fasst er genauer als die (durchaus ›religiös‹ zu nennende) Aufgabe, ein verantwortungsvolles Leben zu führen. Die Erzählung *Ein Landarzt* lässt sich so als eine Reflexion über den Konflikt zwischen Beruf und Berufung deuten – und dieser Konflikt ist natürlich der des Autors (Kauf 1972, 426). Das Thema der Wahl des richtigen Weges werde in *Ein Bericht für eine Akademie* zum Abschluss geführt: Hier entscheide sich der Affe nicht etwa für die Freiheit, sondern für den »Ausweg«, wodurch der problematische Charakter, den Verantwortung für Kafka gehabt habe, deutlich werde (432).

Stärker auf das Problem von »Schrift und Druck« zugespitzt ist Gerhard Neumanns Deutung des Bandes. Er konzentriert sich auf das »Kompositionsprinzip« der Sammlung und setzt sie in Beziehung zum früheren Werk. Die Texte stellten teils eine »Re-Écriture« von im Werk bereits angeklungenen Themen dar (Neumann 1982, 130), teils seien sie als Versuche einer »auktorialen Selbstkonstruktion im literarischen Werk« aufzufassen (132). Der ursprüngliche Titel *Verantwortung* sei in diesem Zusammenhang als »Frage nach der Legitimationsinstanz der produzierten Rede« zu verstehen (127). Das Problem, um das die 14 Texte des Bandes kreisen, sei das von Kafkas Schreibsituation, das »ungelöste Problem der Verantwortung eigener Rede« (135).

Malcolm Pasley legt bereits 1964 die These vor, *Die Sorge des Hausvaters* und *Elf Söhne* reflektierten in enigmatischer Form Kafkas Verhältnis zu seinen eigenen Texten (Pasley 1964). Hierin stützt er sich auf eine von Brod kolportierte Aussage Kafkas: »die elf Söhne sind ganz einfach elf Geschichten, an denen ich jetzt gerade arbeite« (Brod, 171). Nach Pasleys 1965 weiter ausgearbeiteter und auf *Ein Besuch im Bergwerk* erweiterter These rekurriert Kafka hier auf die Vorstellung von Autorschaft als Vaterschaft (Pasley 1965, 21). Die Ingenieure, die das Bergwerk besuchen, werden als die Texte bzw. Autoren von Kurt Wolffs Almanach *Der neue Roman* (1917) gedeutet, die Kafkas Arbeit im Alchimistengässchen mit ihrem ›Besuch‹ unterbrachen (31). Die Annahme eines selbstreflexiven Charakters sämtlicher Texte des *Landarzt*-Bandes kennzeichnet auch den von Locher/Schiffermüller herausgegebenen Sammelband. Er bietet Aufsätze zu allen Einzeltexten (jedoch nicht zum Band als Gesamtkonzept) unter einer gemeinsamen Perspektive: Die *Landarzt*-Erzählungen werden hier ausschließlich als selbstreflexive Texte gelesen, die sich ausnahmslos auf das Problem des Schreibens beziehen. Der durch diese einseitige Fokussierung beschränkte Gebrauchswert des Bandes wird z. T. durch die umfassende Bibliographie ausgeglichen (Locher/Schiffermüller 2004).

In der ersten Monographie zum *Landarzt*-Band geht es Gregory Triffitt vor allem darum zu zeigen, wie grundsätzliche Strukturprinzipien Kafkas (Allegorik, Parabolik, Einsinnigkeit, Paradoxie) in den Texten umgesetzt werden. Als zentrale Problematik des Bandes erkennt er die Herausforderung empirischer Realität durch den ›Einbruch‹ eines dieser Realität widersprechenden Phänomens (Triffitt, 103). Dieses Muster macht er (problematischerweise) auch für Erzählungen geltend, in denen gar keine explizit ›unrealistischen‹ Elemente vorkommen, wie z. B. *Ein Besuch im Bergwerk*. Eine narratologische Untersuchung, die insofern aufschlussreich ist, als Kafka im *Landarzt*-Band erstmals massiv von der Ich-Form Gebrauch macht, liefert Kurt Fickert (1988); eine gattungsorientierte Verortung in den Zusammenhang von Märchen und Sagen findet man bei Holger Rudloff (1998).

Bettina von Jagow legt den Schwerpunkt im 2008 erschienenen Kafka-Handbuch auf die Texte *Ein*

Landarzt und *Ein Bericht für eine Akademie*, betont aber darüber hinaus eigentümlicherweise ausgerechnet die Bedeutung von *Ein Traum*, da sich in diesem Text die »großen Themen des Landarzt-Bandes« komprimierten (Jagow 2008, 504) – obwohl gerade diese Kurzprosa doch wahrscheinlich aus einer früheren Werkphase übernommen wurde.

Ritchie Robertson zeigt, wie einzelne Texte des Bandes (L1, 2, 6, 14) von Kafkas Auseinandersetzung mit dem Judentum beeinflusst worden sein könnten. Dies sind besonders die in der Zeitschrift *Der Jude* erschienenen »Tiergeschichten« *Schakale und Araber* und *Ein Bericht für eine Akademie*, die sich auf die Themen Messianismus und Assimilation beziehen lassen (Robertson 1988 [1985], 219), aber auch die Titelerzählung, die sich an Motive der chassidischen Tradition zurückbinden lässt (243).

Zu den Einzeltexten des Bandes sind unzählige Untersuchungen aus den verschiedensten Perspektiven vorgelegt worden. Es ist jedoch eine größere Forschungsdichte in Bezug auf bestimmte Erzählungen festzustellen, während andere geradezu zu ›Stiefkindern‹ der Forschung geworden sind. So liegen z. B. deutliche Schwerpunkte auf *Ein Landarzt* und *Ein Bericht für eine Akademie*; auch *Auf der Galerie* hat sich zum Paradestück der Kafka-Interpretation entwickelt und wird häufig im schulischen Unterricht behandelt. Ebenfalls verstärkte Aufmerksamkeit gilt *Vor dem Gesetz*, wobei ein guter Teil der Äußerungen hierzu in das Umfeld der *Process*-Forschung einzuordnen ist. Weniger Beachtung gefunden haben die ›reihenden‹ Texte *Ein Besuch im Bergwerk* und *Elf Söhne* sowie *Ein Brudermord*; deutliche Forschungslücken bestehen in Bezug auf die sehr kurze Erzählung *Das nächste Dorf* und auf *Ein Traum*.

Deutungsaspekte

Verantwortung?

Die Frage nach der Implikation des ursprünglich angedachten Bandtitels hat die Forschung nachhaltig beschäftigt. Da der Titel jedoch nur in einem einzigen Brief an Buber erwähnt wird, Kafka dagegen auf der ›richtigen‹ Titelgebung *Ein Landarzt* gegenüber dem Verlag mehrfach bestand, erscheint es beinahe aufschlussreicher, dass der ursprüngliche Titel verworfen wurde, als dass es ihn überhaupt gab. Ein derartig über die Textebene hinausweisender Titel wie *Verantwortung* erweckt sehr stark den Eindruck eines Werkzyklus – und das ist der *Landarzt*-Band in dieser Form einfach nicht. Auch die Tatsache, dass Kafka die meisten der im *Landarzt*-Band erschienenen Texte separat veröffentlichen ließ, scheint dafür zu sprechen, dass der ›Werkcharakter‹ des Bandes nicht überbetont werden sollte.

Zwar hat Kafka der Reihenfolge der Texte viel Aufmerksamkeit gewidmet und darauf geachtet, dass der Verlag seine Vorstellungen möglichst genau umsetzte. Allerdings sind diese Bemühungen um den Band eher als der nachträgliche Versuch zu bewerten, aus dem Textmaterial, das im Winter und Frühjahr 1916/17 entstanden war, die bestmögliche Form herauszukristallisieren (vgl. Neumann 1982, 123). Es ist zu bezweifeln, dass der Gedanke an einen Band *Verantwortung* für den Produktionszusammenhang von Bedeutung war. Vielmehr zeigt sich in Kafkas Bemühungen um eine adäquate Veröffentlichungsform ein Muster, das auch in seinen Plänen aufscheint, verschiedene Erzählungen in Sammelbänden namens *Söhne* bzw. *Strafen* zu veröffentlichen, (An K. Wolff, 11.4.1913, B13–14 166; An G.H. Meyer 15.10.1915, B14–17 142). Nach dem Scheitern des *Process*-Projektes stellte die Zusammenfassung mehrerer Erzählungen eine Möglichkeit dar, doch noch zu einer größeren Form zu gelangen, die Kafka ›wertvoller‹ erschien als die Veröffentlichung von einzelnen kleinen Texten in verschiedenen Kontexten.

Es ist zweifellos möglich, das Thema ›Verantwortung‹ als Schablone auf den *Landarzt*-Band anzulegen. Mit dem ursprünglichen Titel hat man jedoch noch keinen Schlüssel zur Bedeutung des Buches in der Hand; möglicherweise, um im Bild zu bleiben, weist er noch nicht einmal den Weg zu einer Tür. Wenn man ohne Schablone arbeitet, lassen sich statt *einem* mehrere zentrale Aspekte des Bandes aufzeigen, die zwar nicht die angenehme Illusion eines homogenen Werkzyklus erzeugen können, dafür aber möglicherweise dem *Landarzt*-Band in seiner verwirrenden Vielfältigkeit eher gerecht zu werden vermögen.

Unbestimmtheit und Verallgemeinerung

Aus den ersten Druckfahnen, die Kafka am 27. Januar 1918 korrigiert an den Verlag zurückschickte, geht hervor, dass dieser seine Wünsche bezüglich des Titels mit der gleichen Nachlässigkeit behandelte wie die einzelnen Manuskripte: Der Titel in den Fahnen lautete fälschlicherweise *Der Landarzt. Neue Betrachtungen*. Der Verlag beabsichtigte mit dem wie

eine Gattungsbezeichnung anmutenden Untertitel anscheinend, eine Brücke zu dem 1913 ebenfalls bei Kurt Wolff erschienenen Band *Betrachtung* zu schlagen. Aufschlussreich ist darüber hinaus die vom Verlag eigenmächtig vorgenommene Konkretisierung: Aus *Ein Landarzt* wurde *Der Landarzt*. Gerade der unbestimmte Artikel charakterisiert jedoch außer der Titelerzählung noch sechs weitere Texte des *Landarzt*-Bandes (L4, 7, 9, 12, 13 und 14, dort sogar doppelt). Auch die Kunstreiterin in L3 ist nur »*irgendeine* hinfällige, lungensüchtige Kunstreiterin« (DzL 262; Hervorhebung Verf.). Bezeichnend ist in diesem Zusammenhang auch, dass nur wenige der im *Landarzt*-Band auftretenden Figuren Namen haben und noch weniger davon ›echte‹ Namen sind, die Aufschluss über die Identität einer Figur geben können. So ist es z. B. gerade der Name des geheimnisvollen Dingwesens Odradek, an dem sich die besorgniserregende Frage nach seiner Identität und seinem ›Leben‹ entzündet. Auch der Name des »neuen Advokaten« ist eher geeignet, die Paradoxie seines Wesens zu verschärfen als sie aufzulösen: Ist er nun promovierter Anwalt oder das Schlachtross Alexander des Großen? Selbst der Affe Rotpeter, dessen Name ja einen konkreten Ursprung hat (die Narbe in seinem Gesicht), betont, wie ›falsch‹ diese Bezeichnung sei: Den »widerlichen, ganz und gar unzutreffenden, förmlich von einem Affen erfundenen Namen Rotpeter« kann er nicht als Bezeichnung seiner selbst akzeptieren (301). All diese Namen verhindern also eher eine Erkenntnis über die Figuren, sie stellen sich der reflektierenden Figur in den Weg und nähren Zweifel an der Einheit des benannten Wesens.

Weitaus häufiger werden die Figuren im *Landarzt*-Band nur über ihre soziale Funktion gekennzeichnet (Triffitt, 112). Im Zentrum der Titelerzählung steht ein ›Landarzt‹, der sich mit einem ›Pferdeknecht‹ und einem namenlosen kranken ›Jungen‹ auseinandersetzen muss; in L4 leidet ein ›Schuster‹ unter dem Einfall der Nomaden in seine Heimatstadt (die ebenfalls unbenannt bleibt); ein ›Mann vom Lande‹ diskutiert in L5 mit einem ›Türhüter‹. Selbst die potenziell persönliche Beziehung des Ich-Erzählers zu seinen elf Söhnen in L11 wird durch das Reihungs- und Aufzählungsprinzip parodiert. In ironischer Zuspitzung findet sich das Prinzip der Unbestimmtheit in *Schakale und Araber*: Hier wird die Tatsache, dass es sich nur um *einen* Reisenden handelt, auf der Handlungsebene reflektiert, indem deutlich gemacht wird, dass die Schakale ihre Erlösungshoffnung auf jeden beliebigen Europäer projizieren, der »nur zufällig« in ihre Gegend kommt (DzL 270).

Kafka vermeidet also bewusst eine Individualisierung der Figuren. Dieses Verfahren, oder eher Nicht-Verfahren, zeichnet sich bereits in früheren Texten ab (in der *Strafkolonie* werden die Figuren z. B. auch lediglich als ›der Reisende‹, ›der Offizier‹ und ›der Verurteilte‹ bezeichnet) und wird in den späten Erzählungen im Duktus des *Landarzt*-Bandes fortgeführt: Im Zentrum des letzten von Kafka initiierten Erzählbandes steht *ein* Hungerkünstler. In der sehr produktiven Schaffensphase des Winters und Frühjahrs 1916/17 stellt sich dieses Verfahren offenbar als funktionstüchtig heraus und wird deshalb beibehalten. Die stärkere Anwendung des Prinzips der Unbestimmtheit auf Figuren (und auch auf Handlungsorte) markiert so auch formal eine Loslösung vom früheren Werk. Im Gegensatz zu den häufig als ›typisch‹ für Kafkas Erzählen geltenden früheren Texten wie dem *Urteil*, sind die Geschehnisse des *Landarzt*-Bandes eben nicht auf ein konkretes Individuum (und schon gar nicht auf den Autor) zu beziehen. Das Festhalten im Unbestimmten hebt die Fragen, die in den Erzählungen aufgeworfen werden, auf eine allgemeinere Ebene und sollte an sich schon Warnung genug vor einer allzu persönlichkeitsverhafteten Deutung der Texte sein.

Die beunruhigende Frage der Identität

Gerhard Neumann stellt als zentrales Thema, das sich in verschiedener Weise in allen Texten des Bandes niederschlage, das der Identität heraus: »Der *Landarzt*-Band scheint […] der Versuch zu sein, Redeordnungen zu erproben, die der Frage ›Wer bin ich?‹ und der Gegenfrage ›Wer bist du?‹, ›Wer seid ihr?‹ angemessen sind« (G. Neumann 1979, 347). Diese Frage entzündet sich immer wieder an der Konfrontation mit dem Anderen, Fremdartigen. Als undurchschaubar Fremdes tritt dem Hausvater das äußerst komplexe, dabei aber sinnlose Dingwesen mit dem nicht auflösbaren Namen Odradek entgegen (L 10). Die Fragen, was dieses Wesen eigentlich sei und was es tue, sind für den Hausvater nicht zu beantworten und werden so zur ›Sorge‹. Vorläufigen Erkenntnissen über sein Wesen entzieht sich Odradek. Er verändert nicht nur seine Gestalt in der Wahrnehmung des Erzählers (so kann er z. B. zuerst kaum »wie auf zwei Beinen aufrecht stehen«, wird später jedoch als »außerordentlich beweglich und nicht zu

fangen« beschrieben; DzL 283). Auch verwandelt er sich im Laufe der Erzählung unmerklich von einem Gegenstand in ein Lebewesen, worauf z. B. seine Fähigkeit zu sprechen, aber auch der Wechsel vom Neutrum zum Maskulinum hindeuten.

Es stellt sich in den *Landarzt*-Erzählungen nicht nur immer wieder die Frage, wer oder was die ›Fremden‹ sind, sondern auch, wie ihre Existenz den Erzähler betrifft. In *Schakale und Araber* wird diese Frage direkt artikuliert: »Was wollt ihr denn, Schakale?« (271) fragt der Reisende und spricht damit aus, was auch den Schuster in *Ein altes Blatt* umtreibt: Was sind die Absichten der Nomaden aus dem Norden? Was werden sie tun, wenn sie kein Fleisch bekommen, was, wenn sie ausreichend versorgt sind? Auch die Ingenieure in *Ein Besuch im Bergwerk* bleiben dem Ich-Erzähler in ihrer Tätigkeit rätselhaft und »unverständlich« (278). Über eine Beschreibung der einzelnen Ingenieure versucht der Erzähler, dieser Fremdheit Herr zu werden. Dabei ist er jedoch auf den Augenschein angewiesen und sich der Ungültigkeit seiner Beobachtungen durchaus bewusst: »Man wagt über solche Herren kaum ein bestimmtes Urteil abzugeben« (277). Das Prinzip der aneinandergereihten Charakterisierungen wendet Kafka ebenfalls in *Elf Söhne* an. Hier ist die Beziehung zwischen Beschreibendem und dem Gegenstand seiner Beschreibung nicht von Fremdheit, sondern im Gegenteil von Bekanntschaft, ja gar Verwandtschaft gekennzeichnet. Trotzdem scheint in Bezug auf das Wesen der Söhne eine Unsicherheit zu bestehen, die der Erzähler in seinen aneinandergereihten Charakterisierungen auszuräumen sucht.

In der ersten und der letzten Erzählung des Bandes lässt sich die Frage nach der Identität des Protagonisten nicht einmal in Bezug auf grundlegende Kategorien entscheiden. Der »neue Advokat« Dr. Bucephalus trägt noch den Namen des Streitrosses Alexander des Großen, das er einmal war. Auch kann der Beobachter Spuren der früheren Existenz in seinem Gang wahrnehmen:

> Doch sah ich letzthin auf der Freitreppe selbst einen ganz einfältigen Gerichtsdiener mit dem Fachblick des kleinen Stammgastes der Wettrennen den Advokaten bestaunen, als dieser, hoch die Schenkel hebend, mit auf dem Marmor aufklingendem Schritt von Stufe zu Stufe stieg (251).

Der neue Advokat stellt sich dem beobachtenden Erzähler als ein Halbwesen dar, das sowohl menschliche als auch tierische Züge aufweist. Während der Zwiespalt zwischen menschlicher und tierischer

Identität in *Der neue Advokat* jedoch lediglich als Auslöser einer Reflexion über die Richtungslosigkeit der modernen Zeit dient (»viele halten Schwerter, aber nur um mit ihnen zu fuchteln«; 252), steht er in *Ein Bericht für eine Akademie* im Zentrum. Hier ist es der Ich-Erzähler selbst, der sich im Rahmen eines ›Berichtes‹ seiner eigenen Identität zu versichern sucht (siehe »Einzelanalysen«).

›Wirklichkeit‹ und ›Täuschung‹

An das Thema der Identität schließt sich die Frage nach Wirklichkeit und Schein an, die in *Auf der Galerie* besonders deutlich angesprochen wird. Hier werden in zwei Absätzen einander widersprechende Realitäten vorgestellt: einmal ein erbarmungswürdiges Ausbeutungsszenario im Konjunktiv (»Wenn irgendeine hinfällige, lungensüchtige Kunstreiterin in der Manege auf schwankendem Pferd vor einem [...] erbarmungslosen Chef monatelang ohne Unterbrechung im Kreise rundum getrieben würde«; 262); einmal die blendende, beglückende Show, die der Leser, trotz des Indikativs, verdächtigen muss, nur Schein zu sein. Eine von beiden Szenerien scheint den Galeriebesucher (und den Leser) zu täuschen. Es muss kaum betont werden, dass die interessante Frage nicht diejenige ist, was denn nun ›wirklich‹ sei, sondern vielmehr die, wie Kafka die Konzepte Wirklichkeit (oder gar Wahrheit), Schein und Täuschung auf die Probe stellt.

Eine ›hypothetische‹ Wirklichkeit steht auch im Vordergrund von *Eine kaiserliche Botschaft*: Zwar ›gibt‹ es die Botschaft des sterbenden Kaisers, aber es ist unmöglich, dass sie ihren Adressaten, das angesprochene »Du«, erreicht. Diese Erkenntnis wird im Text durch einen Wechsel in den Konjunktiv markiert: »Öffnete sich freies Feld, wie würde er [der Bote] fliegen und bald wohl hörtest Du das herrliche Schlagen seiner Fäuste an Deiner Tür« (281). Dass das Warten vergeblich ist, drückt sich im Indikativ der letzten Sätze aus: »Niemand dringt hier durch und gar mit der Botschaft eines Toten. – Du aber sitzt an Deinem Fenster und erträumst sie Dir, wenn der Abend kommt« (282).

In *Vor dem Gesetz* werden zwei sich gegenseitig ausschließende Wirklichkeiten als gleichermaßen gültig präsentiert: Der Mann vom Lande erhält Zeit seines Lebens keinen Eintritt zum Gesetz, dennoch ist der Eingang, vor dem er wartet, nur für ihn bestimmt und wird mit seinem Tode geschlossen. Wie diese Paradoxie zustande gekommen ist und was der

Mann vom Lande hätte tun können, um ihr zu entkommen, wird im Text nicht aufgelöst. In der längeren Auslegung der ›Legende‹, die im *Process* vorgenommen wird, diskutieren Josef K. und der Gefängniskaplan die Frage der ›Täuschung‹, die die Parabel provoziert: Wer hat wen getäuscht? Oder lag nur Selbsttäuschung vor? Täuschung als Resultat einer verfehlten Wirklichkeitsaneignung ist auch der Kern der nur teilweise geglückten Verwandlung des Affen in den Varietékünstler Rotpeter in *Ein Bericht für eine Akademie*: »sollte der Ausweg auch nur eine Täuschung sein; die Forderung war klein, die Täuschung würde nicht größer sein« (305).

Erkenntnis

An den Fragen nach Wesen und Beschaffenheit der Dinge offenbart sich eine grundlegende Erkenntnisproblematik. Im Kern vieler Texte des *Landarzt*-Bandes klafft eine ›Wissenslücke‹, die nicht zu schließen ist. Benjamin hat von der »wolkigen Stelle« im Zentrum von *Vor dem Gesetz* gesprochen (Benjamin, 420). Eine solche »wolkige Stelle« verhindert auch in vielen anderen der *Landarzt*-Texte die Erkenntnis. So kann der Schuster in *Ein altes Blatt* über den Charakter der Nomaden aus dem Norden und die genauen Umstände ihrer Ankunft in der Hauptstadt nur spekulieren. In ihrem Wesen sind sie ihm fremd, so fremd, dass es nicht einmal möglich ist, mit ihnen zu kommunizieren: »Sprechen kann man mit den Nomaden nicht. Unsere Sprache kennen sie nicht, ja sie haben kaum eine eigene« (DzL 264). Die Wissenslücke wird hier zur Ursache eines Gefühls von Bedrohung. Da die Nomaden in ihrer Fremdheit absolut undurchschaubar sind, bietet selbst die Beschwichtigungsstrategie der Stadtbewohner keine Sicherheit, sondern eröffnet vielmehr die Möglichkeit einer neuen Unsicherheit: »Bekämen die Nomaden kein Fleisch, wer weiß, was ihnen zu tun einfiele; wer weiß allerdings, was ihnen einfallen wird, selbst wenn sie täglich Fleisch bekommen« (265).

Auch in Bezug auf das Wesen der rätselhaften Zwirnspule Odradek besteht eine grundlegende Unsicherheit. Besonders besorgniserregend für den Hausvater ist die absolute Sinnlosigkeit des Gebildes, an der das Zusammenfügen von Augenscheinlichem zu einer Erkenntnis scheitern muss: »Das Ganze erscheint zwar sinnlos, aber in seiner Art abgeschlossen« (283). Diese Sinnlosigkeit – so wird durch den Verweis auf zukünftige Generationen angedeutet – ist anscheinend absolut. Abschließend heißt es:

Sollte er also einstmals etwa noch vor den Füßen meiner Kinder und Kindeskinder mit nachschleifendem Zwirnsfaden die Treppe hinunterkollern? Er schadet ja offenbar niemandem; aber die Vorstellung, daß er mich auch noch überleben sollte, ist mir eine fast schmerzliche (284).

Bezeichnenderweise basiert jedoch auch diese letzte, größte Sorge auf einer Vermutung. Nicht einmal die Sinnlosigkeit ist eindeutig nachweisbar.

Wie der Hausvater an der Undurchschaubarkeit Odradeks, so leidet der Affe Rotpeter an der Unerklärbarkeit seines eigenen Zustandes. Selbst durch die verzweifeltsten Maßnahmen wird der »Grund« für seine Ausweglosigkeit nicht greifbarer: »Warum das? Kratz dir das Fleisch zwischen den Fußzehen auf, du wirst den Grund nicht finden. Drück dich hinten gegen die Gitterstange, bis sie dich fast zweiteilt, du wirst den Grund nicht finden« (304). In der Selbstanrede, die den Leser quasi in die Perspektive des gefangenen Affen zwingt, zeigt sich, dass auch die implizierte Hoffnung, die Erkenntnis komme mit der Selbstkasteiung, trügerisch ist.

Im aus dem Entstehungszusammenhang des *Process* herausgelösten Text *Ein Traum* ist das Thema der Erkenntnis auf eine konkrete ›Aufgabe‹ des Protagonisten zugespitzt. Um die bedrückende Situation aufzulösen, in der er sich befindet, muss er erkennen, dass das Geschehen ausschließlich ihn betrifft und daraus schlussfolgern, was er zu tun hat. Josef K.s träumendem Ich gelingt dies (wenn auch nur im Traum, wie man mit Blick auf den *Process* anmerken muss): »Endlich verstand ihn [den Künstler] K.; ihn abzubitten war keine Zeit mehr; mit allen Fingern grub er in die Erde, die fast keinen Widerstand leistete; alles schien vorbereitet« (298). In ähnlicher Weise scheint auch der Landarzt von den traumhaft anmutenden Ereignissen betroffen zu sein (vgl. auch »Einzelanalysen«). Er weicht jedoch der möglichen Erkenntnis wiederholt aus und flüchtet schließlich vor der Wunde, die ihn so eindeutig angeht (Rösch 1973, 230). Dass mit dem Anerkennen der verborgenen Zusammenhänge ein bedeutsamer Punkt erreicht wäre, zeigt sich in der eigentümlich unmotiviert erscheinenden Bemerkung des Landarztes: »Noch für Rosa muß ich sorgen, dann mag der Junge recht haben und auch ich will sterben« (DzL 257). Im Oktavheft G reflektiert Kafka ebenfalls über den Zusammenhang zwischen Erkenntnis und Todeswunsch: »Ein erstes Zeichen beginnender Erkenntnis ist der Wunsch zu sterben« (NSF II, 43). An der Entschiedenheit, mit der der Landarzt dem Erkennen der Wunde ausweicht, wird offenbar, dass er die Bedeutungsschwere der verborgenen Zusammenhänge ahnt, aber sich schlichtweg der Erkenntnis verweigert.

Einzelanalysen

Ein Landarzt

Die Erzählung *Ein Landarzt* gehört zu den am häufigsten interpretierten Texten des Bandes – und zugleich zu denen, die der Kafka-Forschung die meisten Rätsel aufgegeben und sich einer eindimensionalen Deutung am vehementesten gesperrt haben. Dafür sind in erster Linie ihre scheinbar unendlich deutbare Symbolik und ihre ›traumlogische‹ Handlungsstruktur verantwortlich, die in einem einzigen, nicht unterbrochenen Absatz am Leser vorbeistürzt. In Anspielung auf den ersten Satz der Erzählung bemerkt Beicken: »Die ›Verlegenheit‹ des Landarztes wird die seiner Interpreten, wenn sie sich an die Auflösung des Symbolgeflechts machen« (Beicken, 296). Zu Zwecken der Auflösung wird häufig die Theorie der Psychoanalyse herangezogen (z. B. Hiebel 1984); dies kann jedoch dazu führen, dass der Text in ein »ödipales Kuriositätenkabinett« verwandelt wird (Valk, 352).

Kafka selbst schätzte die Erzählung verhältnismäßig hoch ein. Im Tagebuch notiert er am 25. September 1917: »Zeitweilige Befriedigung kann ich von Arbeiten wie ›Landarzt‹ noch haben, vorausgesetzt, daß mir etwas derartiges noch gelingt (sehr unwahrscheinlich) Glück aber nur, falls ich die Welt ins Reine, Wahre, Unveränderliche heben kann« (T 838). Im Vergleich mit der sonst geradezu notorisch kritischen Einstellung Kafkas gegenüber seinem literarischen Werk lässt die Bemerkung über »zeitweilige Befriedigung« deutlich eine positive Bewertung der Erzählung erkennen. Als ein weiteres Indiz für Kafkas Wertschätzung des Textes kann auch die Tatsache gelten, dass er ihn zur Titelerzählung des Bandes machte (Binder 1975, 209).

Die Erzählung setzt mit einer festgefahrenen Situation ein: Der Protagonist und Ich-Erzähler ist zu einem Kranken gerufen worden, kann aber seinen Hof nicht verlassen, da sein Pferd verendet ist:

> Ich war in großer Verlegenheit: eine dringende Reise stand mir bevor; ein Schwerkranker wartete auf mich in einem zehn Meilen entfernten Dorfe; [...] in den Pelz gepackt, die Instrumententasche in der Hand, stand ich reisefertig schon auf dem Hofe, aber das Pferd fehlte, das Pferd (DzL 252).

Diese erste, gleichsam festgefrorene Szene dient als Prolog für eine Handlungsabfolge, die maßgeblich durch das Prinzip der Bewegung im Raum strukturiert wird.

Eine wiederkehrende Bewegung ist etwa die des Sich-Öffnens (Busch, 37; Rösch 1973, 222): Unter dem gedankenlosen Tritt des Landarztes öffnet sich eine Möglichkeit zur Ausfahrt; die Tür des Hauses öffnet sich dem »Ansturm des Knechtes« (DzL 255); die Wunde hat sich vor den Augen des Arztes »aufgetan« (258). Dem entspricht die Bewegung des Landarztes im winterlichen Raum der erzählten Welt: Die grundlegende Bewegung ist die von Aufbruch und Rückkehr (wobei letztere verhindert wird). Auf den ersehnten Aufbruch zum Kranken, der zugleich eine Bewegung vom ›eigenen Hause‹ und Rosa weg ist, folgt unmittelbar die Ankunft auf dem Hof des Kranken. Das dortige Geschehen wird durch eine dreifache (innerliche wie äußerliche) Bewegung von Annäherung und Rückzug rhythmisch strukturiert, wobei jede dieser Annäherungen ein anderes Ergebnis zeitigt. Während der Landarzt zunächst zu der Erkenntnis gelangt, dass der Junge »gesund, lediglich ein wenig schlecht durchblutet und am besten mit einem Stoß aus dem Bett zu vertreiben« sei (256), ist er nach einem zweiten Blick auf den Patienten doch »irgendwie bereit, unter Umständen zuzugeben, daß der Junge doch vielleicht krank ist« (258). Die dritte Annäherung an den Kranken resultiert schließlich im Erkennen der tödlichen Wunde. Mit der Flucht des Arztes vom Hof des Kranken kommt die vorher noch einmal beschleunigte Bewegung zum Erliegen: Statt der erhofften rasanten Rückfahrt zum eigenen Hof scheint dem Landarzt eine ewige Irrfahrt in der »Schneewüste« bevorzustehen: »›Munter!‹ sagte ich, aber munter ging's nicht; langsam wie alte Männer zogen wir durch die Schneewüste« (261).

Die Handlung lässt sich grob in sieben Abschnitte untergliedern, die jeweils durch einen Wechsel in der Bewegung des Landarztes markiert sind: (1) ›Verlegenheit‹ und Festsitzen auf dem eigenen Hof; (2) Entdeckung der Pferde und des Pferdeknechts im Schweinestall, Bedrohung Rosas; (3) Fahrt und erste Annäherung an den Patienten; (4) zweite Annäherung; (5) dritte Annäherung (Entdeckung der Wunde); (6) ›Ritual‹ des Auszieehns und Ins-Bett-Legens; (7) Flucht vom Hof des Kranken (vgl. mit leichter Abweichung in Bezug auf die Gliederung der Untersuchungssequenzen Hiebel 1984, 36).

Die ›Verlegenheit‹ des Arztes resultiert aus seiner Unfähigkeit, dem Läuten der Glocke Folge zu leisten, die ihn zur Erfüllung seiner Pflicht (und seiner Bestimmung?) ruft. »Zerstreut, gequält« (253) stößt er mit dem Fuß die Tür zum Schweinestall auf, ohne dahinter eine Lösung für seine Situation zu erwarten. Wie in anderen Texten Kafkas ist aber gerade die unbewusste, unbeabsichtigte Handlung entscheidend für das Geschick des Protagonisten. Auch der folgenreiche Schlag ans Hoftor in der gleichnamigen Erzählung (NSF I, 361–363) ist eine solche unbewusste Handlung (Rösch 1973, 222). In *Ein Landarzt* eröffnet der gedankenlose Tritt gegen die Stalltür einen neuen Handlungsspielraum: In dem viel zu engen Schweinestall verbergen sich zwei prächtige Pferde, die den Landarzt nicht nur zum Patienten bringen können, sondern dies auch in atemberaubender, traumhafter Geschwindigkeit tun. Dass der Pferdeknecht und die geheimnisvollen Pferde auf irgendeine Art und Weise mit dem Landarzt, der von ihrer Existenz nichts zu wissen scheint, verbunden sind, wird in der Bemerkung des Dienstmädchens deutlich: »Man weiß nicht, was für Dinge man im eigenen Hause vorrätig hat« (DzL 253).

Eine konkrete Zuordnung der verschiedenen Figuren nach Freudscher Terminologie (etwa der Pferdeknecht als *Es*-Anteil) würde bedeuten, Kafkas Bekanntschaft mit der Theorie der Psychoanalyse und die Bedeutung, die er ihr beimaß, überzubewerten. Dennoch kann der Pferdeknecht, der ja Teil des »eigenen Hauses« ist, als ein verdrängter, ausgelagerter Persönlichkeitsanteil des Landarztes gelesen werden, der nur durch eine unbewusste Handlung aus seinem ›Versteck‹ hervorgerufen werden konnte. Dieser Pferdeknecht kommt aus dem Schweinestall hervorgekrochen wie ein Tier (die Metaphorik ist recht eindeutig), er bezeichnet die Pferde als »Bruder« und »Schwester« (253) und wird vom Landarzt als »Vieh« bezeichnet (254). Auch sein Verhalten gegenüber dem Dienstmädchen ist triebhaft und animalisch. Seine sexuelle Begierde drückt er durch ein gewaltsames ›Markieren‹ des Mädchens aus:

> »Hilf ihm«, sagte ich, und das willige Mädchen eilte, dem Knecht das Geschirr des Wagens zu reichen. Doch kaum war es bei ihm, umfaßt es der Knecht und schlägt sein Gesicht an ihres. Es schreit auf und flüchtet sich zu mir; rot eingedrückt sind zwei Zahnreihen in des Mädchens Wange (254).

Mit dem Übergriff des Pferdeknechts, der auch durch einen Wechsel im Erzähltempus als bedeutsames Ereignis markiert wird, verändert sich der Blick des Landarztes auf das Mädchen. Während es zu Beginn der Erzählung nur als Neutrum bezeichnet wurde, macht es der Pferdeknecht, dessen Interessen eindeutig sexueller Natur sind, gewissermaßen (grammatisch gesehen) zur Frau: »Ich fahre gar nicht mit, ich bleibe bei Rosa« (254). Von nun an ist sie auch für den Ich-Erzähler eine ›sie‹ und wird bei ihrem Namen genannt. Im Verlauf der Erzählung tritt »dieses schöne Mädchen, das jahrelang, von mir kaum beachtet, in meinem Hause lebte« (257), als das gewissermaßen verspätet erkannte Objekt der Begierde des Landarztes in Erscheinung und stellt sich ihm als die Aufgabe dar, deren Lösung seine Rückkehr dringend notwendig macht.

Der Landarzt lässt sich von der Pracht des Pferdegespanns gleichsam ›verführen‹, seinen Hof zu verlassen, obwohl Rosa durch den Pferdeknecht Gefahr droht. Das Mädchen und die Fahrt stellen hier zwei Chancen dar, zwischen denen sich der Landarzt entscheiden muss. Rosa wird so zum »Kaufpreis« (254), den er für die Fahrt bezahlen muss. Die zwingende Bedingung, die der Aufbruch des Landarztes für das Schicksal Rosas erzeugt, wird deutlich in der Gleichzeitigkeit der Bewegung des Gespanns und des Gewaltaktes gegen das Mädchen: »der Wagen wird fortgerissen, wie Holz in die Strömung; noch höre ich, wie die Tür meines Hauses unter dem Ansturm des Knechtes birst und splittert« (255).

Die Opposition, die hier angedeutet wird, erscheint als die zweier einander ausschließender Lebensentwürfe. Auf Kafkas Biographie bezogen mag man hier an den Zwiespalt zwischen der Sehnsucht nach einer bürgerlichen Existenz (die die Ehe einschloss) und dem Bedürfnis, sich seiner literarischen ›Berufung‹ zu widmen, denken (Fingerhut 1997, 48). Jedoch wird beim Versuch, Rosa als Zeichen der ersteren und die Fahrt zum Kranken als Zeichen der letzteren Existenzweise zu konkretisieren, deutlich, dass gerade die Perspektivierung der ›Berufung‹ doppelbödig ist. Zwar ist es von Anfang an erklärtes Ziel des Landarztes, dem *Ruf* der Nachtglocke zu folgen, jedoch wird die Ausübung des Berufs auch als unangenehme Pflicht charakterisiert (256). Schließlich wird der Vorgang der Berufung mittels der Nachtglocke durch den seltsamen Neologismus »Fehlläuten« (261) im letzten Satz in ein zwiespältiges Licht gerückt.

So wie der Pferdeknecht in einem geheimnisvollen Verhältnis zum Landarzt zu stehen scheint, ist auch der Patient als eine Figur markiert, die auf den Landarzt verweist. Schon allein räumlich scheint es

keine Distanz zwischen der Sphäre des Landarztes und dem Hof des Kranken zu geben: »als öffne sich unmittelbar vor meinem Hoftor der Hof meines Kranken, bin ich schon dort« (255). Treffend bemerkt Rösch: »Ein Kranker, den man so erreicht, ist kein Fremder« (Rösch 1973, 227). Auch die Wunde des Jungen scheint den Arzt persönlich anzugehen. Dafür spricht, dass er der Erkenntnis der Krankheit des Jungen ausweicht und erst beim dritten Hinsehen die offenbar tödliche Wunde in der Seite des Jungen »auffindet« (DzL 258). Die erste Annäherung an den Patienten hingegen lässt den Arzt keinerlei Krankheit erkennen. Dem unverhofft geäußerten Todeswunsch des Jungen, der ja bereits auf eine schwerwiegende Erkrankung hinweist, begegnet er mit Ausweichen in das Gebaren des Arztes: »Ich öffne die Tasche und suche unter meinen Instrumenten; der Junge tastet immerfort aus dem Bett nach mir hin, um mich an seine Bitte zu erinnern; ich fasse eine Pinzette, prüfe sie im Kerzenlicht und lege sie wieder hin« (255).

Zu Beginn der Erzählung ist es der dringendste Wunsch des Landarztes, zu seinem Patienten zu gelangen, der als »Schwerkranker« bezeichnet wird (252). Nun, wo er angekommen ist, drängen sich zunehmend Gedanken an die von ihm zurückgelassene Rosa in den Vordergrund: »Jetzt erst fällt mir wieder Rosa ein; was tue ich, wie rette ich sie, wie ziehe ich sie unter diesem Pferdeknecht hervor, zehn Meilen von ihr entfernt, unbeherrschbare Pferde vor meinem Wagen?« (256). Erst hier, wo sich ihm eine andere Aufgabe stellt, erkennt der Landarzt, dass er in seinem »eigenen Hause« etwas versäumt hat. Auch das wie eine Strafe anmutende Schlussszenario scheint darauf hinzuweisen, dass im Laufe der Erzählung ein Fehler begangen wurde, der nicht wieder gutzumachen ist – diese Konstellation ist aus anderen Erzählungen Kafkas vertraut (Busch 25). Aber worin besteht dieser Fehler? Wäre es die Pflicht des Landarztes gewesen, bei Rosa zu bleiben? Hätte er sich der Ausfahrt wirklich entziehen können?

Bezeichnenderweise ist es nicht nur Rosa, die der Landarzt zu ›retten‹ versäumt. Auch der Junge mit seiner Wunde hat vom Landarzt nichts zu erwarten. Zynisch entzieht sich der Arzt seiner Verantwortung für den Patienten: »So sind die Leute in meiner Gegend. Immer das Unmögliche vom Arzt verlangen« (DzL 258 f.). Das Motiv der missglückten Rettung tritt insgesamt drei Mal auf: Einmal in Bezug auf Rosa (Rettung vor dem Pferdeknecht), einmal in Bezug auf den kranken Jungen (vor dem Tod durch die

›Wunde‹) und zuletzt als Rettung des Arztes selbst (vor dem absehbaren Ausgang des archaischen Rituals, das die Dorfbewohner mit ihm veranstalten? vor dem endgültigen Verlust Rosas und der Praxis, der ja zum Schluss doch eintritt?) (Valk, 366).

Rosas Rettung ist in dem Moment verwirkt, in dem der Arzt zum Hof des Patienten aufbricht. Auch wenn die Vergewaltigung durch den Pferdeknecht später in der Imagination des Landarztes als noch zu verhinderndes Ereignis aufscheint (»wie rette ich sie, wie ziehe ich sie unter diesem Pferdeknecht hervor«; DzL 256), ist das Präsens der Wiedergabe in diesem Fall trügerisch: Was der Arzt durch seine schnelle Rückkehr verhindern zu können glaubt, ist ja schon längst geschehen. Wie aber verhält es sich mit den Chancen des Jungen? Nachdem der Arzt mehrfach von Familienmitgliedern an den Jungen herangeführt worden ist, erkennt er dessen Krankheit in Form einer Wunde, die seinen Patienten offenbar von Geburt an quält. Diese Wunde ist von seltsamer Beschaffenheit: Sie befindet sich in der »Hüftengegend« (wie die Wunde Rotpeters im *Bericht*). Im Gegensatz zu dieser ist sie jedoch nicht vernarbt, sondern dauerhaft offen »wie ein Bergwerk [vgl. L7] obertags« (258). Obwohl diese Wunde offensichtlich das Verderben des Jungen bedeutet (zu allem Überfluss befinden sich in ihr auch noch Würmer), wird sie in erster Linie als ästhetisches Phänomen beschrieben: Der Arzt spricht von der »Blume« (258) in der Seite des Jungen, der Patient selbst bezeichnet sie als »schöne Wunde« (260). In der abschließenden Ansprache des Arztes wird sie gar zum Zeichen eines Auserwähltseins, das nicht jedem zuteil wird: »Viele bieten ihre Seite an und hören kaum die Hacke im Forst, geschweige denn, daß sie ihnen näher kommt« (260).

Es ist darauf hingewiesen worden, dass die Wunde des Jungen in der »Hüftengegend« mit der Wunde Jakobs aus dem Kampf mit dem Engel in Verbindung gebracht werden kann (Emrich 1970 [1957], 131); auch auf die Seitenwunde Christi wurde verwiesen (Sokel 1964, 280). Diese traditionellen Deutungsmöglichkeiten des Symbols der Wunde scheinen jedoch nicht sehr belastbar zu sein. Wesentlich tragfähiger ist die Verbindung zwischen der Wunde und dem zurückgelassenen Dienstmädchen, die durch das Wort »rosa« aufgerufen wird. Das Wortspiel evoziert gewissermaßen die Vorstellung der Frau als Wunde, als ›Stachel im Fleisch‹ des Arztes. Im Tagebuch spricht Kafka am 15. September 1917 von der »Wunde, deren Entzündung F. [Felice] und deren

Tiefe Rechtfertigung heißt« (T 831). Auch wenn auf biografische Interpretationen hier weitgehend verzichtet werden soll, liegt doch der Verdacht nahe, dass sich in der Konstruktion der Landarzt-Figur ein persönliches Erfahrungsmuster Kafkas niederschlägt. Vor diesem Hintergrund scheint auch der ›persönliche‹ Aspekt der *Landarzt*-Erzählung wesentlich bedeutsamer zu sein als das durchaus vorhandene zeitkritische Moment, das man nicht überbetonen sollte. Zwar wird der Verlust des Glaubens (259) und der »Frost […] dieses unglückseligsten Zeitalters« beklagt (261); diese Moderne-kritisch konkretisierbaren Details dienen jedoch lediglich als Grundierung des eigentlichen Konfliktes, der sich im ›eigenen Hause‹ abspielt.

Die Rettung des Jungen soll nicht durch eine Operation oder ein Medikament vollzogen werden, sondern durch den Körper des Arztes selbst. Dass dieser quasi als ›Kaufpreis‹ für die Heilung des Jungen hingegeben werden soll, wie Rosa der ›Kaufpreis‹ für die Fahrt war, wird in den Überlegungen des Landarztes deutlich: »*verbraucht* ihr mich zu heiligen Zwecken, lasse ich auch das mit mir geschehen« (DzL 259; Hervorhebung Verf.). Begleitet wird das archaisch anmutende Ritual, bei dem der Arzt entkleidet und dem Kranken an die verwundete Seite gelegt wird, von einem Lied, das anscheinend bekannte Wahrheiten verbreitet, denn es heißt:

> ein Schulchor mit dem Lehrer an der Spitze steht vor dem Haus und singt eine äußerst einfache Melodie *auf den Text*:
> »Entkleidet ihn, dann wird er heilen,
> Und heilt er nicht, so tötet ihn!
> 'Sist nur ein Arzt, 'sist nur ein Arzt«
> (259; Herv. Verf.).

Unter der Decke kommt es zu einem vertrauensvollen Gespräch zwischen Arzt und Patient, das sich als eine Art »Abrechnung« (Valk, 365) des Jungen mit dem Arzt gestaltet. Bezeichnenderweise thematisieren auch die Vorwürfe des Jungen die Unfähigkeit des Arztes, selbstständig ›voranzukommen‹: »mein Vertrauen zu dir ist sehr gering. Du bist ja auch nur irgendwo abgeschüttelt, kommst nicht auf eigenen Füßen« (DzL 259 f.). Der Landarzt erkennt die Vorwürfe des Jungen an, legitimiert sein Verhalten jedoch wieder einmal mit dem Verweis auf seinen Beruf: »es ist eine Schmach. Nun bin ich aber Arzt. Was soll ich tun?« (260).

Selbst jetzt, wo der Landarzt zur Berührung mit der Wunde gezwungen ist, weigert er sich, den Zustand der Verwundung als eine auch ihn betreffende

Grunddisposition zu erkennen. Zwar ist ihm bewusst, dass der Junge an seiner Wunde sterben wird, er versucht jedoch, diese zum Stigma des Auserwählten aufzuwerten (260). Kaum hat er den Kranken, der ihm unangenehme Wahrheiten sagt, so zum Schweigen gebracht, ergreift er vor der Wunde die Flucht. In deren Zielpunkt wird noch einmal die Verbindung von Wunde und Frau offenbar: »beeilten sich die Pferde wie auf der Herfahrt, sprang ich ja gewissermaßen aus diesem Bett in meines« (260). Die rätselhafte schnelle Verbindung, die die »unirdischen« Pferde (261) zwischen den beiden Höfen geschaffen haben, konkretisiert sich in der Vorstellung des Landarztes zu einer Verbindung zwischen dem Krankenbett und dem Bett als Ort sexueller Handlungen.

Die Flucht erweist sich jedoch als Fehlschlag; die Rückkehr ins eigene Bett ist nach dem Versäumnis nicht mehr möglich, der Landarzt scheint zum ewigen Herumirren ›verflucht‹. Dieser Zustand wird durch das Erzähltempus in besonderer Weise akzentuiert. Nach einer kurzen Passage im Imperfekt (zu den Bruchstellen im Tempusgebrauch vgl. Cohn 1968) wechselt der Erzähler nämlich in der abschließenden Klage wieder ins Präsens:

> Niemals komme ich so nach Hause; meine blühende Praxis ist verloren; ein Nachfolger bestiehlt mich, aber ohne Nutzen, denn er kann mich nicht ersetzen; in meinem Hause wütet der ekle Pferdeknecht; Rosa ist sein Opfer; ich will es nicht ausdenken. Nackt, dem Froste dieses unglückseligsten Zeitalters ausgesetzt, mit irdischem Wagen, unirdischen Pferden, treibe ich mich alter Mann umher (DzL 261).

Das Erzähltempus ist hier mit Cohn (1968) als ein »eternal present« aufzufassen, das die Beschreibung der Situation des herumirrenden Landarztes ins Überzeitliche, Ewige zu heben vermag.

Der Weg, der am Anfang der Erzählung beschritten wurde, führt also nirgendwohin. Es ergibt sich eine fast kreisförmige Struktur: Zwar verfügt der Landarzt am Ende über ein Pferd, sogar deren zwei, trotzdem ist seine Situation mindestens ebenso ›verlegen‹ wie sein Festsitzen auf dem eigenen Hof zu Beginn der Erzählung. Die Reise, die der Landarzt antritt, erfüllt einzig und allein die Funktion, ihn die Bewegungslosigkeit, die bereits am Anfang angedeutet wurde, als unausweichliches Schicksal anerkennen zu lassen (Rösch 1973, 218).

Schakale und Araber

Die Erzählung erschien im Oktober 1917 zusammen mit dem *Bericht* in der Zeitschrift *Der Jude*. Martin Buber hatte die beiden Texte aus einer Auswahl von zwölf Erzählungen, die ihm Kafka zuschickte, für die Publikation ausgesucht und vorgeschlagen, sie unter der Gattungsbezeichnung ›Gleichnisse‹ zu präsentieren. Diesem Versuch, die Rezeption der Texte in eine allegorisierende Richtung zu lenken, entzieht sich Kafka jedoch: »Gleichnisse bitte ich die Stücke nicht zu nennen, es sind nicht eigentlich Gleichnisse; wenn sie einen Gesamttitel haben sollen, dann am besten vielleicht ›Zwei Tiergeschichten‹« (12.5.1917; B14–17 299). Kafkas höfliche Ablehnung schließt die Möglichkeit, die Texte als Gleichnis zu lesen, nicht ganz aus: Sie seien nur »nicht eigentlich Gleichnisse«, also nicht Gleichnisse im üblichen Sinn. Wie viele von Kafkas Texten scheinen sie parabolisch zu sein und daher auf etwas Anderes zu verweisen als das, was sie benennen. Oft jedoch ist die Zuweisung zu *einem* konkreten Gegenstandsbereich unmöglich, da die dafür im Text angebotenen Hinweise mehrdeutig und widersprüchlich sind. Auch der urteilende Duktus, der Gleichnissen meist eigen ist, fehlt in Kafkas Texten häufig (Kauf 1972, 422).

Was ist aber durch die Bezeichnung ›Tiergeschichten‹ gewonnen, die beiden Texten vorangestellt wurde? Man könnte sagen, sie biete ein für Kafka angenehmes Maß an Unbestimmtheit, eine Möglichkeit, der Erwartungshaltung zu entkommen, die die Gattungsbezeichnung ›Gleichnis‹ ungleich stärker aufrufen würde. Außerdem verzichtet sie darauf, die Erzählung explizit an einen hinter dem Text liegenden Sinn anzuschließen und damit den Leser aufzufordern, nach diesem zu suchen. Stattdessen bleibt sie beim Text: Es wird von Tieren erzählt, also sind es in erster Linie ›Tiergeschichten‹. In welcher Weise die Tiere, hier eben die ›Schakale‹, symbolisch aufgeladen sind und so dennoch als parabolische Signale funktionieren, ist eine Frage, die der Lektüre nicht vorangehen, sondern ihr folgen soll.

In dieser speziellen Tiergeschichte wird ein Reisender aus dem »Norden« (DzL 270) von einer Gruppe Schakale zu ihrem Retter auserkoren. Während der Rast in einer Oase wird er von den Tieren ›gestellt‹; sie bedrängen ihn mit ihren Körpern (»einer kam von rückwärts, drängte sich, unter meinem Arm durch, eng an mich«; 270) und mit ihren Forderungen. Der Reisende wird – obwohl betontermaßen »nur zufällig« in der Wüste (270) – von den

Schakalen als zentrale Figur eines Erlösungsmythos verehrt, der fester Bestandteil der Tradition der Schakale zu sein scheint: Sie sehen in ihm eine Art Messias (Rubinstein 1967, 14; Sokel 1986, 200; Tismar, 309). Sowohl die jüdische als auch die christliche Tradition kennt die Prophezeiung vom Erscheinen des Messias, der die Welt ›erlösen‹ (und das heißt: für immer verändern) wird. In der jüdischen Geschichte traten auch immer wieder ›falsche‹ Messias-Anwärter auf; als ein solcher, der die Erlösungshoffnung der Schakale nicht erfüllen kann und will, erscheint auch der Reisende.

Der Zustand, aus dem die Schakale erlöst sein wollen, ist ihr ›Verstoßensein‹ (DzL 271) unter das Volk der Araber. Sie befinden sich anscheinend in einer Art Diaspora-Situation, in der ihr Volk gezwungen ist, nach den Gesetzen einer anderen, ihnen widerwärtigen Gemeinschaft zu leben. Der Grund für die Abneigung der Schakale gegen ihr ›Wirtsvolk‹ ist die ›Unreinheit‹ der Araber. Diese zeigt sich aus Sicht der Schakale zum einen in der Gewohnheit, Tiere gewaltsam zu töten, um sie zu essen, zum anderen einfach im ›Schmutz‹ ihrer Körperlichkeit:

> ruhig soll alles Getier krepieren; ungestört soll es von uns leergetrunken und bis auf die Knochen gereinigt werden. Reinheit, nichts als Reinheit wollen wir [...]. Schmutz ist ihr Weiß; Schmutz ist ihr Schwarz; ein Grauen ist ihr Bart; speien muß man beim Anblick ihrer Augenwinkel; und heben sie den Arm, tut sich in der Achselhöhle die Hölle auf (273).

Die Kritik der Schakale an den Essgewohnheiten der Araber und ihre Forderung nach »Reinheit« lässt die jüdischen Speisegesetze anklingen, die z. B. das Verzehren von Blut untersagen (Tismar, 312).

Generell sind (Un-)Reinheit und die Überwindung der Körperlichkeit bei Kafka Themen, die sich besonders in den Briefen an Felice und Milena immer wieder zum Problem gestalten. An Milena schreibt er am 26. August 1920: »Schmutzig bin ich Milena, endlos schmutzig, darum mache ich ein solches Geschrei mit der Reinheit. Niemand singt so rein, als die welche in der tiefsten Hölle sind« (BM 228). Hiermit soll jedoch keineswegs behauptet werden, dass Kafka nur eine persönliche Problematik in das Gewand einer parabolischen Tiererzählung kleidet. Zwar ist das Kernproblem der Schakale eines, für das man eine Entsprechung in den persönlichen Äußerungen Kafkas finden kann. Weder diese noch andere Texte sollten jedoch als ›Illustrationen‹ der Lebensproblematik gelesen werden. Natürlich speist

sich das Schreiben immer irgendwie aus dem Leben, aber was das Werk letztlich enthält, sind nur Spuren dieses Lebens und nicht die konkreten Selbsttherapien, die die Forschung so häufig in Kafkas Texten gesehen hat.

Gegen die schmutzige Körperlichkeit der Araber, der die Schakale ausgesetzt sind, wollen sie den »Verstand« in Anschlag bringen, als dessen Vertreter der Reisende aus dem Norden ihnen gilt (DzL 271). Der Reisende, der als Ich-Erzähler auch das Geschehen vermittelt, lässt sich jedoch in den Konflikt nicht hineinziehen. In seiner Distanziertheit gegenüber dem Geschehen, in das er eingreifen soll, ist er dem Reisenden in der *Strafkolonie* vergleichbar (Tismar, 318; Triffitt, 152). Er betont seine Beobachterposition, seine Distanz zur Welt, die angeblich vom Streit zwischen Schakalen und Arabern »entzweit« wird (273). Höchstens versucht er, dem Streit durch den Verweis auf seine Dauer die Brisanz zu nehmen: »ich maße mir kein Urteil an in Dingen, die mir so fern liegen; es scheint ein sehr alter Streit; liegt also wohl im Blut; wird also vielleicht erst mit dem Blute enden« (271). Die Bemerkung über das Blut wird jedoch von den Schakalen nicht als Verweis auf die Vererbbarkeit des Streits, sondern als Signalisierung einer Bereitschaft zum Blutvergießen fehlgedeutet (Sokel 1986, 199 f.).

Nun wird deutlich, was die Schakale von dem Reisenden wollen. Lag der Fokus vorher auf dem Leiden an der Unreinheit der Araber, wird nun eine konkrete Aktion eingefordert, die dieses beenden soll. Mit einer kleinen rostigen Nähschere soll der Reisende den Arabern die Hälse durchschneiden. Die Forderung ist schlichtweg absurd – ebenso wie das Instrument zu dieser Erlösung. In ihrer erbärmlichen Untauglichkeit ist die rostige alte Schere, die die Schakale nicht einmal selbst bedienen können, da sie »nur das Gebiß« (273) haben, ein Zeichen für den trügerischen Charakter dieser Erlösungshoffnung (Tismar, 309).

Das Anbieten der Schere markiert einen Wendepunkt in der Erzählung. Bevor der Reisende auf die Forderung der Schakale reagieren kann, übernimmt ein Araber die Szene und verscheucht die Tiere mit der Peitsche. Im Dialog zwischen Araber und Reisendem tritt nun eine ganz andere Wirklichkeit zutage als die von den Schakalen beklagte. Die Begegnung zwischen ihnen und dem Europäer stellt sich im Nachhinein als keineswegs so geheim und einmalig heraus, wie sie sich aus der Perspektive des Ich-Erzählers zunächst darstellte. Klage und Forderung der Schakale sind vielmehr ein sich wiederholendes Schauspiel, dessen zweite Hauptrolle an jeden beliebigen Europäer vergeben wird. Die Beziehung zwischen Schakalen und Arabern wird von den Arabern dominiert und ist derjenigen von Herr und Hund vergleichbar (»wir lieben sie deshalb; es sind unsere Hunde«, DzL 274; vgl. Tismar 310). Dies wird nicht allein durch die Züchtigung mit der Peitsche demonstriert, sondern auch durch die ›Fütterung‹ mit einem toten Kamel. Beides wird als visuelle Evidenz einer ›objektiven‹ Realität dem Reisenden vor Augen gestellt. »Sieh nur«, fordert der Araber den Reisenden auf (DzL 274), während die Ausführungen der Schakale über den Erlösungsmythos mit den Worten »Glaube es!« enden (270). So wird bereits auf der sprachlichen Ebene markiert, welche die objektivere Wirklichkeit ist, die sich mit derjenigen des Reisenden vereinbaren lässt.

Angesichts des Kadavers, der ihnen vorgeworfen wird, vergessen die Schakale den Konflikt und ihren Hass auf die Araber (275). Das triebhafte Verlangen nach Blut ist unbezwingbar und verdrängt das Reinheitsideal und die Erlösungshoffnung. Im Nachhinein stellt sich so die Behauptung der Schakale (»Reinheit, nichts als Reinheit wollen wir«) als eine Täuschung – auch eine Selbsttäuschung – heraus. Der angebliche Dienst an der Reinheit, das Leertrinken von Kadavern, ist in Wirklichkeit nichts als Blutgier. In der Befriedigung dieses Triebs hängen sie von den Arabern ab, die sie jedoch im Namen eines konstruierten Reinheitsideals verachten können. Das ist bitterböse Ironie, die sich in einem doppelten Widerspruch verdichtet: Zum einen werden die Schakale im letzten Teil der Erzählung selbst als blutgierig und somit schmutzig entlarvt – sie müssten somit ihrer eigenen Forderung nach Reinheit als erste zum Opfer fallen. Zum anderen richten sie ihre Erlösungshoffnung auf den ›Verstand‹, begründen diese Hoffnung und ihre Forderungen aber mit vollständig irrationalen Argumenten, so dass eine Erfüllung ihrer Wünsche von vornherein unmöglich ist (Sokel 1986, 200).

Die Erzählung ist, wie Tismar gezeigt hat, in einem zionistischen Kontext lesbar (Tismar 316). Diese ›Anschließbarkeit‹ dürfte auch für Martin Bubers Auswahl des Textes entscheidend gewesen sein. Es ist allerdings zu bezweifeln, dass Kafka selbst den Text als einen Beitrag zur Zionismusdebatte betrachtete. Seine Bemerkung im Brief an Buber vom 12. Mai 1917 spricht dafür, dass er sich selbst nicht einer explizit jüdischen Literatur zuordnet: »So komme ich

also doch in den ›Juden‹ und habe es immer für unmöglich gehalten« (B14–17 299). Es muss jedoch hervorgehoben werden, dass der Text selbst ungewöhnlich viele und ungewöhnlich deutliche jüdische Motive enthält: Zu nennen sind hier besonders die Vererbung über die weibliche Linie (DzL 270), die Diaspora-Situation (271), die Forderung nach Reinheit in Bezug auf den Verzehr von Tieren (273) und die messianische Erlösungshoffnung (270 u.ö.).

Vor diesem Hintergrund muss natürlich auch nach den Implikationen der Tiersymbolik gefragt werden. Die wenig schmeichelhafte Verbindung von Juden und Schakalen findet in der Literaturgeschichte ihre Vorgänger (z. B. bei Heine, Grillparzer, Stifter; siehe Tismar, 310 f.). Das Bild des Juden als Schakal kann aus zwei unterschiedlichen Perspektiven zugänglich gemacht werden: Einmal spricht es das antisemitische Stereotyp der parasitären Existenz an. Zum anderen kann es auch die zionistische Vorstellung vom ehemals herrlichen, in der Unterdrückung jedoch degenerierten Volk aufrufen (Tismar, 312).

Schakale und Araber ist einer der wenigen Texte Kafkas, vielleicht sogar der einzige, der eine jüdische Deutung nicht nur zulässt, sondern sogar provoziert. Jedoch drückt sich in ihm nicht das von Brod gewünschte Bekenntnis zum Judentum und zur zionistischen Bewegung aus. Vielmehr setzt sich Kafka in ironisch-kritischer Weise mit dem Thema des jüdischen Messianismus auseinander, der in Form einer Hoffnung auf ›Erlösung‹ aus der Diaspora auch im Kern der zionistischen Bewegung zu finden ist (Robertson, 219).

Ein Bericht für eine Akademie

Ebenfalls eine ›Tiergeschichte‹ ist die letzte Erzählung des *Landarzt*-Bandes, die überdies durch das Motiv der menschlich-tierischen Halbexistenz an den ersten Text des Bandes zurückgebunden werden kann. Während dort über ein zum Anwalt gewordenes Streitross reflektiert wird, spricht in der letzten ein »gewesener Affe« (DzL 300) über den Prozess seiner mehr oder weniger gelungenen Menschwerdung. Die Adressaten des Berichts, die »hohen Herren von der Akademie« (299), bleiben unsichtbar und sind lediglich assoziativ mit dem (der naturhaften tierischen Existenz gegenüberliegenden) Pol der Bildung verbunden (Philippi, 124). Bereits die Form der Berichterstattung, die durch den Titel evoziert wird, führt jedoch zu Widersprüchen: Der Affe kann der Aufforderung zur Berichterstattung in entscheidenden Punkten nicht nachkommen, da ihm ein Zurückgehen hinter die Grenze seiner gegenwärtigen Existenz schlichtweg unmöglich ist. Aus der Perspektive des ›menschlichen‹ Lebens lässt sich nicht in ein »äffisches *Vorleben*« (299; Hervorhebung Verf.) zurückkehren:

> der Sturm, der mir aus meiner Vergangenheit nachblies, sänftigte sich; heute ist es nur ein Luftzug, der mir die Fersen kühlt; und das Loch in der Ferne, durch das er kommt und durch das ich einstmals kam, ist so klein geworden, daß ich, wenn überhaupt die Kräfte und der Wille hinreichen würden, um bis dorthin zurückzulaufen, das Fell vom Leib mir schinden müßte, um durchzukommen (299 f.).

Vor diesem Hintergrund kann der angebliche Bericht als etwas ganz anderes entlarvt werden: als die Verteidigung von Rotpeters Menschenexistenz gegen den Verdacht andauernden Affentums (Martens, 724). Auch wenn der Erzähler abschließend noch einmal den objektiv-beobachtenden Anspruch des Berichts geltend macht (»ich berichte nur«; DzL 313), verdeutlicht der Text, dass seine Perspektive eine subjektive und eingeschränkte ist. Aus der Diskrepanz zwischen dem gelehrt-reflektierten Sprechen des Affen und seinem Verhalten entsteht für den Leser (aber nicht für den Affen) eine subtile Komik (Philippi, 145).

Die Menschwerdung des Affen ist eine Notlösung und keine ›freie‹ Entscheidung: Der Affe erkennt die Selbstdressur als seinen einzigen »Ausweg« (DzL 304). Dieser ist ausschließlich negativ bestimmt durch den Ort, von dem er wegführen soll; das Ziel bietet sich quasi zufällig an (Philippi, 129). Genau genommen besteht dieses auch gar nicht darin, Mensch zu *werden*, sondern nur darin, sich in der Menschenwelt ›festzusetzen‹ (DzL 300) – dies kann dem Affen nur über die Nachahmung gelingen, über eine ›Menschenperformance‹, wenn man so will. Das Mensch-Sein an sich mit seiner Vorstellung von ›Freiheit‹ ist keineswegs als positiv und erstrebenswert gekennzeichnet. In zwei der Vorformen zum *Bericht* im Oktavheft D leidet der Affe nach seiner Eingliederung in die menschliche Gesellschaft sogar unter ›Anfällen‹ von Ablehnung und Widerwillen gegen die Menschen und gegen den »Menschengeruch«, den er selbst angenommen hat (NSF I, 385 u. 386).

Auch geht es ausdrücklich nicht um Freiheit – dies ist ein Konzept, das vielleicht allenfalls auf die Affenexistenz anwendbar gewesen wäre, mit der Gefangennahme jedoch unwiderruflich als Möglichkeit ausscheidet. Der »Menschenausweg« stellt lediglich die einzige Möglichkeit dar, sich ›in die Büsche zu schlagen‹: »Ich hatte keinen anderen Weg, immer vorausgesetzt, daß nicht die Freiheit zu wählen war« (DzL 312). Zwischen Affenfreiheit und Menschenfreiheit besteht offenbar eine nicht zu überbrückende Kluft. Das ›Halbwesen‹ Rotpeter jedoch gibt den Anspruch auf »Freiheit nach allen Seiten« (304) ganz und gar auf; folgerichtig wird seine Existenz unter den Menschen mit Metaphern aus dem Bereich Verschlossenheit und Verfestigung beschrieben (»wohler und eingeschlossener fühlte ich mich in der Menschenwelt«, 299; Martens, 723).

Der Affe Rotpeter rettet sich vor dem tierischen Verenden in einem Zoo, indem er sich als Quasi-Mensch neu erfindet. Diese Selbstschöpfung ist mit einem langsamen und qualvollen Lernprozess verbunden. In dessen Verlauf werden nicht nur mehrere Lehrer ›verschlissen‹ (DzL 311 f.), sondern er erfordert auch ein erhebliches Maß an Selbstkasteiung: »Man lernt rücksichtslos. Man beaufsichtigt sich selbst mit der Peitsche; man zerfleischt sich beim geringsten Widerstand« (311).

Die ersten Kunstgriffe der rettenden ›Performance‹ erlernt Rotpeter bereits auf dem Schiff nach Europa. Ironischerweise sind die Verhaltensweisen, die dem nachahmenden Affen als typisch menschlich erscheinen, nicht unbedingt solche, die mit menschlichem, vernunftgeleitetem Handeln assoziiert werden: Neben dem Ritual des Handschlags lernt der Affe zu spucken, zu rauchen und Alkohol zu trinken (308–311). Durch die Augen des Tieres tritt dem Leser das Verhalten der Menschen also satirisch verfremdet entgegen.

Die schwerste Probe, die des Schnapstrinkens, besteht der Affe erst nach mehreren Anläufen, aber sie ist es, durch die er zum ›Künstler‹ wird. Der Höhepunkt dieser ersten Vorführung auf dem Schiff ist der ›Ausbruch‹ in die menschliche Sprache, der geradezu als eine ›Entgleisung‹, als ein Kontrollverlust dargestellt wird. Der Anspruch auf einen Platz in der Menschenwelt wird gleichsam performativ durch den Sprechakt als ultimativen Menschlichkeitsbeweis vollzogen (Elmarsafy, 165; Neumann 2004, 278). Der Affe spricht, »weil ich nicht anders konnte, weil es mich drängte, weil mir die Sinne rauschten« (DzL 311). Hier drängt sich eine Parallele zu einem anderen Künstler aus innerem Zwang bei Kafka auf: zum Hungerkünstler. Auch dieser hungert, weil er hungern *muss*, weil er nicht die richtige Speise finden konnte (349; vgl. Martens, 723).

Die Künstlerthematik, die hier angesprochen wird, greift Kafka in den späten Erzählungen wieder auf. Wie z. B. in *Josefine, die Sängerin oder Das Volk der Mäuse* wird über das Kunstschaffen eines Tieres reflektiert. Allerdings darf nicht vernachlässigt werden, dass der Künstler im *Bericht* (1) ausgerechnet ein Affe ist (und somit symbolisch stärker vorbelastet als beispielsweise eine Maus) und dass (2) seine Geschichte trotz seiner Beliebtheit beim Publikum keine Erfolgsgeschichte ist (vgl. Neumann 1975, 175).

Zu (1): In der Literaturgeschichte tritt der Affe in verschiedener Weise als satirischer Spiegel des Menschen auf (Neumann 1996); im frühen 20. Jahrhundert kann die Figur des Affen vor dem Hintergrund der darwinistischen Abstammungslehre auf die tierische Seite des Menschen verweisen. Eine konkrete Inspiration für Kafka war wohl E.T.A. Hoffmanns Erzählung *Nachricht von einem gebildeten jungen Mann*, in der das *Schreiben Milos, eines gebildeten Affen, an seine Freundin Pipi in Nordamerika* enthalten ist (Philippi, 116). Der Prozess der Menschwerdung, der ja Gegenstand des Berichtes sein soll, spielt jedoch in Hoffmanns Erzählung keine Rolle. Eine mögliche Quelle dafür ist der Artikel *Consul, der viel Bewunderte. Aus dem Tagebuch eines Künstlers*, der am 1. April 1917 in der Kinderbeilage des *Prager Tagblatts* erschien (Faksimile-Abdruck in Bauer-Wabnegg 1986, 134–136, 137–139). Gewisse motivliche Parallelen machen es denkbar, dass Kafka der Artikel bekannt war. Als wahrscheinlich kann auch Kafkas Kenntnis von Friedrich Hagenbecks Memoiren *Von Tieren und Menschen. Erlebnisse und Erfahrungen* (1908) gelten (Bauer-Wabnegg 1986, 130). Indirekt spielen wohl auch die Vorführungen von dressierten Menschenaffen in die Konzeption von Rotpeter hinein. Selbst wenn man jedoch Kafkas stark inspirationsorientierte Schreibweise bedenkt, erscheint es müßig, das konkrete äffische ›Anfangsbild‹ des Berichts ausfindig machen zu wollen. Satirische Tradition und zeitgenössischer Kontext spielen hier zusammen und ergeben das Zerrbild nicht einfach nur des Menschen in seiner verborgenen Tierhaftigkeit (wie dies die Tradition hergibt), sondern auch des Künstlers, dessen Identität in seiner ›Performance‹ begründet ist.

Zu (2): Rotpeter ist zwar ein gefeierter Varietékünstler, seine künstlerische Existenz wird jedoch durch die ironische Darstellung auf ein tieferes Problem hin transparent gemacht: Der Affe ist – trotz künstlerisch meisterhafter Beherrschung menschli-

chen Verhaltens bis hin zur Sprache – nicht das geworden, was er spielt. Rotpeter ist kein richtiger Mensch und kein richtiger Affe, er ist ein Halbwesen, ein gespaltenes Wesen (Martens, 724). Seine tragische Paradoxie liegt darin, dass es für ihn unter der Maske des Menschen auch kein ›wahres‹ äffisches Selbst mehr gibt. Besonders in den letzten Absätzen des Textes wird die ›Halbheit‹ des Affen deutlich gemacht: »Überblicke ich meine Entwicklung und ihr bisheriges Ziel, so *klage ich weder, noch bin ich zufrieden*. Die Hände in den Hosentaschen, die Weinflasche auf dem Tisch, *liege ich halb, halb sitze ich* im Schaukelstuhl« (DzL 312 f.; Hervorhebungen Verf.). Auch das Verhältnis zu der »halbdressierten Schimpansin« ist von der Zerrissenheit zwischen menschlicher und tierischer Existenz gekennzeichnet: Er erträgt ihre Gesellschaft nur bei Nacht, weil ihm in ihrem Blick wie in einem Spiegel der »Irrsinn des verwirrten dressierten Tieres« (313) entgegentritt (Elmarsafy, 167). Der Menschenaffe Rotpeter ist zwar insofern erfolgreich, als seine Rettung vor dem Tod geglückt ist. Jedoch erforderte es die ›ausweglose‹ Situation, dass der Affe sich vom Affendasein verabschiedet, *ohne* sicher sein zu können, dass der Übertritt ins Menschentum gelingt. Hierin ist er dem Mann vom Lande in der Parabel *Vor dem Gesetz* vergleichbar, der das Risiko eines Überschreitens der Schwelle zum Gesetz ohne Garantie nicht eingeht (Neumann 1975, 170). Erst nachträglich wird hier durch den Affen ein Sinngebungsschema aus »Versprechung« und »Erfüllung« konstruiert, das an das bibelexegetische Prinzip der Typologie erinnert (Neumann 1975, 167):

> Ein hohes Ziel dämmerte mir auf. Niemand versprach mir, daß, wenn ich so wie sie werden würde, das Gitter aufgezogen werde. Solche Versprechungen für scheinbar unmögliche Erfüllungen werden nicht gegeben. Löst man aber die Erfüllungen ein, erscheinen nachträglich auch die Versprechungen genau dort, wo man sie früher vergeblich gesucht hat (DzL 307).

Für eine gleichsam pessimistische Lesart spricht auch, dass die Figur Rotpeter als ›Versehrter‹ angelegt ist. Bei seiner Gefangennahme empfängt er zwei Wunden, eine im Gesicht und eine »unterhalb der Hüfte« (301). Der Verdacht, der Schuss habe den Affen kastriert, wird von ihm noch genährt (Hiebel 1999, 67 f.). Gegen den Vorwurf, seine Affennatur zeige sich noch in der Gewohnheit, sich seiner Hose zu entledigen und die Narbe vorzuführen, wendet Rotpeter ein: »man wird dort nichts finden als einen wohlgepflegten Pelz und die Narbe [...] nach einem frevelhaften Schuß. Alles liegt offen zutage, nichts ist zu verbergen« (DzL 302). Das Leben Rotpeters in der menschlichen Gesellschaft beginnt mit den zwei Schüssen – also von Anfang an als das Leben eines Verletzten und Entstellten. Bezeichnenderweise ist es gerade die Narbe im Gesicht, die dem Affen seinen menschlichen Namen Rotpeter verleiht.

Der Kern der selbstgewählten Existenz des Affen ist eine Täuschung, wie von ihm selbst betont wird. Eine Wirklichkeit wurde durch eine andere ausgetauscht – aber nur scheinbar, denn auch die ›Menschenfreiheit‹ stellt sich nur aus einem bestimmten Blickwinkel als Freiheit dar – nämlich aus dem menschlichen. Der Affe verurteilt die Kunststücke der Trapezkünstler, die als Schwingen und Schaukeln den ›natürlichen‹ Bewegungsabläufen von Affen vergleichbar sind – aber im Gegensatz zu diesen keinen ›Sinn‹ erfüllen –, als »selbstherrliche Bewegung«: »Du Verspottung der heiligen Natur! Kein Bau würde standhalten vor dem Gelächter des Affentums bei diesem Anblick« (305). Somit hat sich bestätigt, was der Affe schon wusste: Um Freiheit geht es nicht. Der scheinbar menschgewordene Affe repräsentiert ein gescheitertes Modell der Wirklichkeitsaneignung, eine »mißlingende imitatio« (Neumann 1975, 172). Der Gegenstand des Berichts, die erfolgreiche Verwandlung eines Affen in einen Menschen, wird im Laufe der Erzählung als nicht existent entlarvt. Stattdessen führt der Affe das Scheitern seiner Selbstschöpfung vor, die sich als Selbst*verlust* herausstellt.

Trotz dieser deprimierenden Bewertung des scheinbaren Verwandlungsprozesses wird er doch als absolut notwendig, als einziger Ausweg dargestellt. Aus der ›freien‹ Affenexistenz wird Rotpeter durch einen Akt der Gewalt herausgerissen und von seiner natürlichen und naturbestimmten Umgebung des Urwaldes in das kulturbeherrschte Gebiet der westlichen Zivilisation transportiert. Die ›Anpassungsnot‹, unter der der Affe in seinem Käfig leidet, ist wegen des Kontextes der Erstveröffentlichung in der Zeitschrift *Der Jude* auf die Problematik des assimilierten Juden oder gar des Konvertiten bezogen worden (Rubinstein 1952). Die Erzählung ist gewiss an den Assimilationsdiskurs anschließbar – aber diese Tatsache wirft, wie schon bei *Schakale und Araber*, eher Licht auf die Gründe, aus denen Buber die Erzählung aussuchte als auf die, aus denen Kafka sie schrieb. Im *Bericht* liegt der Fokus allgemeiner auf der Notlage des Individuums, das sich selbst erschaffen muss und dabei einer grundlegenden Selbsttäu-

schung zum Opfer fällt. Bei seiner Selbstschöpfung greift Rotpeter auf zwei grundlegende künstlerische Prinzipien zurück: das Prinzip der Mimesis (Neumann 1975, 166) und das des Performativen (Elmarsafy, 160; Neumann 2004, 278). Beide erweisen sich im Kontext der Erzählung letztlich als ungenügend.

Mit dem *Bericht für eine Akademie* endet der *Landarzt*-Band auf einer satirischen Note: Der Bericht über die Menschwerdung eines Affen ist eigentlich ein Bericht über das Scheitern einer künstlerischen Selbstbestimmung. Das Licht dieser Ironie fällt auch auf Kafkas Versuch einer literarischen ›Existenzgründung‹, der der Entstehung und Veröffentlichung der *Landarzt*-Texte zugrunde lag.

Ausgaben: *ED der Sammlung*: Ein Landarzt. Kleine Erzählungen. München, Leipzig: Kurt Wolff Verlag 1919 [erschienen im Frühjahr 1920]; Faksimile der Erstausgabe: F.K.: Ein Landarzt. Hg. v. Roland Reuß u. Peter Staengle. Supplementbd. zur Historisch-Kritischen K.-Ausgabe. Frankfurt/M. 2006. – Erz/GS (1935), 133–177; BeK/GS2 (1946), 320–324 (Fragmente zu L14). – Erz/GW (1952), 145–196; BeK/GW (1954), 323–327 (Fragmente zu L14). – DzL/KA (1996), 249–313; vgl. auch: NSF I/KA (1993), 326 f. (L1), 358–361 (L4), 317–322 (L6), 351 f. (L9), 384 f., 385–388, 390–399, 415 f. (L14) u. P/KA (1990), 292–295 (L5). – OO1&2/FKA (2006), H. 2, 107–115 (L1), 66–93 (L6); Druckfassungen von L1 u. 6 in: Franz Kafka-Heft 5, 39 f. u. 33–38. – OO3&4/FKA (2007), H. 3, 112–127 (Anschluss 159) (L4), 76–81 (L9); H. 4, 78–101, 110–133, 136–163, 166 f. (L14); Druckfassungen von L4, 9 u. 14 in: Franz Kafka-Heft 6, 29–31, 33 f., 35–46. – OO5&6/FKA (2009), H. 5, 58–61 (L14). –– *Einzelpublikationen vor Erstdruck der Sammlung* (in Reihenfolge der Erstdrucke): *Vor dem Gesetz*: ED in: Selbstwehr 9 (7.9.1915), 2 f.; wieder in: Vom jüngsten Tag. Ein Almanach neuer Dichtung. Leipzig: Kurt Wolff Verlag 1916, 126–128, 2. veränd. Ausg. 1916, 124–126. – *Ein Traum*: ED in: Das jüdische Prag. Eine Sammelschrift. Prag: Verlag der ›Selbstwehr‹ 1917 [ca. 15.12.1916], 32 f.; wieder in: Prager Tagblatt 42 (6.1.1917, Morgenausgabe), erste Seite der unpaginierten Unterhaltungs-Beilage Nr. 1; wieder in: Der Almanach der Neuen Jugend auf das Jahr 1917. Hg. v. Heinz Barger. Berlin: Verlag Neue Jugend 1917, 172–174. – *Ein altes Blatt*: ED in: Marsyas 1 (September 1917) 1, 80 f. – *Der neue Advokat*: ED in: Marsyas 1 (Sept. 1917) 1, 81. – *Ein Brudermord*: ED in: Marsyas 1 (Sept. 1917) 1, 82 f.; wieder als: Der Mord. In: Die neue Dichtung. Ein Almanach. Leipzig: Kurt Wolff Verlag 1918, 72–76. – *Schakale und Araber*: ED mit L14 als: Zwei Tiergeschichten. In: Der Jude. Eine Monatsschrift 2 (Oktober 1917), 488–490; wieder in: Österreichische

Morgenzeitung 3 (12.1917), Beilage »Literaturzeitung«, 3 [unautorisierter Nachdruck]; wieder in: J. Sandmeier (Hg.): Neue deutsche Erzähler. Bd. 1. Berlin: Furche Verlag 1918, 233–240. – *Ein Bericht für eine Akademie*: ED mit L6 als: Zwei Tiergeschichten. In: Der Jude 2 (November 1917), 559–565; wieder als: Ein Bericht für die Akademie [sic]. Eine Tiergeschichte. In: Österreichische Morgenzeitung 3 (25.12.1917), Weihnachts-Beilage, 9 f. – *Ein Landarzt*: ED in: Die neue Dichtung. Ein Almanach. Leipzig: Kurt Wolff Verlag 1918, 17–26. – *Eine kaiserliche Botschaft*: ED in: Selbstwehr 13 (24.9.1919 [Neujahrs-Festnummer]), 4. – *Die Sorge des Hausvaters*: ED in: Selbstwehr 13 (19.12.1919 [Chanukka-Nummer]), 5 f. –– *Spätere Einzelpublikationen zu Lebzeiten*: DzL:A 288 (D19–21).

Adaptionen: Szenische Lesung von *Ein Bericht für eine Akademie*: Inszenierung: Willi Schmidt; Darsteller: Klaus Klammer; Uraufführung: Berlin 1962; CD: Hamburg: Litatron 1995. –– *Verfilmungen von »Ein Landarzt«*: Tobias Frühmorgen: Menschenkörper (2004), 17 min. – Cyril Tuschi: Nachtland (1995), 22 min. – Koji Yamamura: Kafka: Inaka Isha (2007), 21 min. –– *Musik*: Hans Werner Henze: Ein Landarzt. Rundfunkoper. 1951 (Bühnenfassung 1964). –– *Bildende Kunst*: Alfred Kubin: Ein Landarzt. Sechs lavierte Federzeichnungen (1932). – Jeff Wall: Odradek. Táboritská 8, Prag, 18.7.1994. Hinterleuchtetes Großdia, 229 x 289 cm. Museum für Moderne Kunst, Frankfurt/M. –– *Comic*: Peter Kuper: A Fratricide. In: Ders.: Give it Up! And Other Short Stories. New York 1995, 35–40.

Bibliographie: Martin Kölbel: Bibliographie zu F.K. *Ein Landarzt*. In: Locher/Schiffermüller (2004; s. u.), 297–305.

Forschung: P.-A. Alt (2005), bes. 490–524. – U.W. Beicken (1974), 293–312. – Walter Benjamin: F.K. Zur zehnten Wiederkehr seines Todestages. In: Ders.: Gesammelte Schriften. Bd. II, 2. Hg. v. Rolf Tiedemann u. Hermann Schweppenhäuser. Frankfurt/M. 1989, 409–438. – H. Binder: K.-Kommentar zu sämtlichen Erzählungen. München 1975, bes. 233–236. – Max Brod: F.K. Eine Biographie. Frankfurt/M. 3. erw. Aufl. 1954. – Manfred Engel: Literarische Träume und traumhaftes Schreiben bei F.K. Ein Beitrag zur Oneiropoetik der Moderne. In: Bernard Dieterle (Hg.): Träumungen. Traumerzählung in Film und Literatur. St. Augustin 1998, 233–262. – Kurt Fickert: First Person Narrators in K.s *Ein Landarzt* Stories. In: GN 19 (1988), 14–21. – Bettina von Jagow: Der *Landarzt*-Band. In: KHb (2008), 504–517. – O. Jahraus (2006), 342–380. – Robert Kauf: Verantwortung. The Theme of K.s *Landarzt* Cycle. In: MLQ 33 (1972), 420–432. – Elmar Locher/Isolde Schiffermüller (Hg.): F.K. *Ein Landarzt*. Interpretationen. Innsbruck 2004. – Gerhard Neumann: Die Arbeit im

Alchimistengäßchen (1916–1917). In: KHb (1979) II, 313–350. – Ders.: Schrift und Druck. Erwägungen zur Edition von K.s *Landarzt*-Band. In: ZfdPh 101 (1982), 115–139. – H. Politzer (1965), 130–156. – Claudine Raboin: *Ein Landarzt* und die Erzählungen aus den ›Blauen Oktavheften‹. In: Arnold (1994), 151–172. – R. Robertson (1988 [1985]), 177–243. – Holger Rudloff: F.K.s ›Arme-Seelen-Sagen‹. Anmerkungen zur Textzusammenstellung *Ein Landarzt. Kleine Erzählungen*. In: WW 48 (1998), 31–53. – R. Stach (2008), 189–206. – Gregory Triffitt: K.s *Landarzt* Collection. Rhetoric and Interpretation. New York 1985. – J. Unseld (1982), 141–191.

Zu einzelnen Texten (in Band-Reihenfolge):

(1) *Der neue Advokat*: Gerhard Kurz: *Der neue Advokat*. Kulturkritik und literarischer Anspruch bei K. In: Schmidt-Dengler (1985), 115–128. – Roland Reuß: F.K.: *Der neue Advokat*. In: Locher/Schiffermüller (2004; s.o.), 9–20. – Walter H. Sokel: K.s Law and Its Renunciation. A Comparison of the Function of the Law in *Before the Law* and *The New Advocate*. In: Ders./Albert H. Kipa/Hans Ternes (Hg.): Probleme der Komparatistik und Interpretation. Bonn 1978, 193–215. – Ralf-Henning Steinmetz: K.s neuer Advokat. In: WW 41 (1991), 72–80.

(2) *Ein Landarzt*: Walter Busch: Die Krankheit der Metaphern. Über die Wunde in K.s *Ein Landarzt*. In: Locher/Schiffermüller (2004; s.o.), 23–40. – Karen J. Campbell: Dreams of Interpretation. On the Sources of K.s *Landarzt*. In: GQ 60 (1987), 420–431. – Dorrit C. Cohn: K.s Eternal Present. Narrative Tense in *A Country Doctor*. In PMLA 83 (1968), 144–150; wieder in: H. Bloom (1986), 107–117. – W. Emrich (1970 [1957]), 129–137. – Kurt J. Fickert: Fatal Knowledge. K.s *Ein Landarzt*. In: Monatshefte 66 (1974), 381–386. – Ders.: The Triadic Structure of *Ein Landarzt*. In: Germanic Notes 24 (1993), 16–18. – Karlheinz Fingerhut: Metapher, Metonymie, Muster. Das Phantastische in der Literatur und die sprachgesteuerte Phantasietätigkeit beim Lesen, am Beispiel von Deutungsversuchen zu K.s Erzählung *Ein Landarzt*. In: Gerhard Rupp (Hg.): Wozu Kultur? Zur Funktion von Sprache, Literatur und Unterricht. Frankfurt/M., Berlin 1997, 47–65. – Bluma Goldstein: F.K.s *Ein Landarzt*. A Study in Failure. In: DVjs 42 (1968), 745–759. – Todd C. Hamlin: F.K.s *Landarzt*: »Und heilt er nicht…«. In: MAL 11 (1978), 333–344. – Henry Hatfield: Life as a Nightmare. F.K.s *A Country Doctor*. In: Ders.: Crisis and Continuity in Modern German Fiction. Ithaca, London 1969, 49–62. – Hans H. Hiebel: F.K. *Ein Landarzt*. München 1984. – H.H. Hiebel (1999), 164–180. – Gert Kleinschmidt: *Ein Landarzt*. In: Weber/Schlingmann (1986), 106–121. – Detlef Kremer: *Ein Landarzt*. In: M. Müller (1994), 197–214. – Ewald Rösch: Getrübte Erkenntnis. Bemer-

kungen zu F.K.s Erzählung *Ein Landarzt*. In: Rainer Schönhaar (Hg.): Dialog. Literatur und Literaturwissenschaft im Zeichen deutsch-französischer Begegnung. Berlin 1973, 205–243. – W.H. Sokel (1964), 251–281. – Henry Sussmann: Double Medicine: The Text That Was Never a Story. A Reading of K.s *Ein Landarzt*. In: MLN 100 (1985), 638–650. – Edward Timms: K.s Expanded Metaphors. A Freudian Approach to *Ein Landarzt*. In: Stern/White (1985), 66–79. – Thorsten Valk: »Und heilt er nicht, so tötet ihn!« Subjektzerfall und Dichtertheologie in K.s Erzählung *Ein Landarzt*. In: Hofmannsthal-Jb. 11 (2003), 351–373.

(3) *Auf der Galerie:* Elizabeth Boa: K.s *AdG*. A Resistant Reading. In: DVjs 65 (1991), 486–501. – Dies.: A Young Man Plays the Ringmaster: Reply to J. M. Hawes. In: DVjs 69 (1995), 337–343. – Kurt J. Fickert: The Function of the Subjective in K.s *AdG*. In: Germanic Notes 10 (1979), 33–36. – James M. Hawes: Blind resistance? A Reply to Elizabeth Boa's ›Resistant Reading‹ of K.s *AdG*. In: DVjs 69 (1995), 324–336. – Peter Heller: *Up in the Gallery*. Incongruity and Alienation. In: H. Bloom (1986), 77–93. – Roger Hermes: *AdG*. In: M. Müller (1994), 215–232. – John Margetts: Satzsyntaktisches Spiel mit der Sprache: Zu F.K.s *AdG*. In: Colloquia Germanica 4 (1970), 76–82. – Claus Reschke: The Problem of Reality in K.s *AdG*. In: GR 51 (1976), 41–51. – Galili Shahar: Der Erzähler auf der Galerie: F.K. und die dramaturgische Figur. In: WB 49 (2003), 517–533. – Blake Lee Spahr: K.s *AdG*. A Stylistic Analysis. In: GQ 33 (1960), 97–104. – Uwe Stamer: Sprachstruktur und Wirklichkeit in K.s Erzählung *AdG*. In: Rose Beate Schäfer-Maulbetsch (Hg.): Fs. f. Kurt Herbert Halbach. Göppingen 1972, 427–452. – Bianca Theisen: K.s Circus Turns: *AdG* and *Erstes Leid*. In: J. Rolleston (2002), 171–186. – Peter Utz: In der Arena der Anklänge. K.s *AdG*. In: Locher/Schiffermüller (2004; s.o.), 43–57.

(4) *Ein altes Blatt:* Carol B. Bedwell: The Forces of Destruction in K.s *Ein altes Blatt*. In: Monatshefte 58 (1966), 427–431. – Rolf J. Goebel: K.s *An Old Manuscript* and the European Discourse on Ch'ing Dynasty China. In: Adrian Hsia (Hg.): K. and China. Bern u. a. 1996, 97–111. – Rainer Nägele: Es ist als wäre. Zur Seinsweise eines alten Blattes. In: Locher/Schiffermüller (2004; s.o.), 61–72. – Ralf R. Nicolai: *Ein altes Blatt* als Beispiel für K.s Weltanschauung. In: Heinz Rupp/Hans-Gert Roloff (Hg.): Akten des 6. Internationalen Germanisten-Kongresses Basel 1980. Bern u. a. 1980. Bd. 8, 481–485. – Klaus Zobel: *Ein altes Blatt*. In: Ders.: Textanalysen. Eine Einführung in die Interpretation moderner Kurzprosa. Paderborn 1985, 51–59.

(5) *Vor dem Gesetz:* ↗ 206 f.

(6) *Schakale und Araber:* William C. Rubinstein: K.s

Jackals and Arabs. In: Monatshefte 59 (1967), 13–18. – Isolde Schiffermüller: »Die Orgie beim Lesen«: *Schakale und Araber*. In: Locher/Schiffermüller (2004; s.o.), 93–104. – Walter H. Sokel: Das Verhältnis der Erzählperspektive zu Erzählgeschehen und Sinngehalt in *Vor dem Gesetz*, *Schakale und Araber* und *Der Prozeß*. Ein Beitrag zur Unterscheidung von ›Parabel‹ und ›Geschichte‹ bei K. In: Josef Billen (Hg.): Die deutsche Parabel. Zur Theorie einer modernen Erzählform. Darmstadt 1986, 181–221. – Jens Tismar: K.s *Schakale und Araber* im zionistischen Kontext betrachtet. In: JDSG 19 (1975), 306–323.

(7) *Ein Besuch im Bergwerk:* Gerd Kerschbaumer: Literarische Mystifikation oder Gesellschaftskritik? Zu F.K.s Erzählung *EBiB*. In: G.-D. Stein (1988), 203–215. – Malcolm Pasley: *EBiB*. In: GLL 18 (1964), 40–46. – Ders.: Drei literarische Mystifikationen K.s. In: J. Born (1965), 21–37. – Peter Sprengel: K.s Rätselerzählung *EBiB*. Eine Revision. In: Hans Richard Brittnacher/Fabian Stoermer (Hg.): Der schöne Schein der Kunst und seine Schatten. Bielefeld 2000, 222–232. – Peter Staengle: »Die allerersten Ausmessungen«. Zu K.s kleiner Erzählung *EBiB*. In: Locher/Schiffermüller (2004; s.o.), 107–124.

(8) *Das nächste Dorf:* Werner Kraft: Die Zeit. *Das nächste Dorf*. In: Ders.: F.K.. Durchdringung und Geheimnis. Frankfurt/M. 1968, 16 f. – Elmar Locher: F.K. *Das nächste Dorf*. In: Locher/Schiffermüller (2004; s.o.), 127–150.

(9) *Eine kaiserliche Botschaft:* Herta Dehmel: *EkB* oder die Vollendung des stehenden Sturmlaufs. In: Axel Gellhaus (Hg.): Die Genese literarischer Texte. Modelle und Analysen. Würzburg 1994, 159–175. – Peter Kofler: Im Lautschatten der Sprache das Schweigen der Schrift. Rhetorisch-kommunikationstheoretische Überlegungen zu *EkB*. In: Locher/Schiffermüller (2004; s.o.), 153–166. – Heinz Politzer: Zwei kaiserliche Botschaften. Zu den Texten von Hofmannsthal und K. In: MAL 11 (1978), 105–122. – Judith Ryan: *An Imperial Message* in a Comparative Context. In: R.T. Gray (1995), 43–52. – Larry Vaughan: F.K.s *EkB* Through an Hasidic Prism. In: GRM 51 (2001), 151–158.

(10) *Die Sorge des Hausvaters:* Dietger Bansberg: Durch Lüge zur Wahrheit. Eine Interpretation von K.s Geschichte *DSdH*. In: ZfdPh 93 (1974), 257–269. – Verena Ehrich-Haefeli: Bewegungsenergien in Psyche und Text. Zu K.s Odradek. In: ZfdPh 109 (1990), 238–253. – W. Emrich (1970 [1957]), 92–96. – Wilhelm Emrich: F.K.: *DSdH*. In: Akzente 13 (1966), 295–303. – Heinz Hillmann: Das Sorgenkind Odradek. In: ZfdPh 86 (1967), 197–210. – Ulrich Holbein: Samthase und Odradek. Frankfurt/M. 1990. – Andreas Kilcher: K.s Proteus. Verhandlungen mit Odradek. In: I.M. Wirtz

(2010), 95–115. – Astrid Lange-Kirchheim: Das Ewig-Weibliche, *DSdH*. F.K.s Erzählung psychoanalytisch-feministisch gelesen. In: Frederico Pereira (Hg.): Literature and Psychology. Sandberg 1994, 119–132. – Gerd Michels: Scheiternde Mimesis. Zu F.K.: *DSdH*. In: Ders.: Textanalyse und Textverstehen. Heidelberg 1981, 62–76. – Malcolm Pasley: *DSdH*. In: Akzente 13 (1966), 303–309. – Günter Sasse: Die Sorge des Lesers. Zu K.s Erzählung *DSdH*. In: Poetica 10 (1978), 262–284. – Hans Jürgen Scheuer: »Was ist fröhlicher als der Glaube an einen Hausgott!« Gleichnis, Etymologie und Genealogie als Spielarten der List in F.K.s *DSdH*. In: Locher/Schiffermüller (2004; s.o.), 169–183. – Renate Werner: *DSdH*. Ein sprachkritischer Scherz F.K.s. In: Günter Helmes (Hg.): Literatur und Leben. Anthropologische Aspekte in der Kultur der Moderne. Tübingen 2002, 185–212.

(11) *Elf Söhne*: Jutta Aubenque: K.s *Elf Söhne*. Ein Katalog von Unerwünschten. In: Recherches Germaniques 23 (1993), 101–111. – Valérie Baumann: Wo bleibt der Benjamin in K.s Vexierbild der *Elf Söhne* versteckt? Ein Versuch. In: Locher/Schiffermüller (2004; s.o.), 187–199. – Bernhard Böschenstein: *Elf Söhne*. In: C. David (1980), 136–151. – Claude David: Zu F.K.s Erzählung *Elf Söhne*. In: Peter F. Ganz (Hg.): The Discontinuous Tradition. Oxford 1971, 247–259. – Konstanze Fliedl: Mythen für Nichtflieger: K.s *Elf Söhne*. In: Locher/Schiffermüller (2004; s.o.), 201–214. – Breon Mitchell: F.K.s *Elf Söhne*. A New Look at the Puzzle. In: GQ 47 (1974), 191–203. – Malcolm Pasley: Two K. Enigmas: *Elf Söhne* und *Die Sorge des Hausvaters*. In: MLR 59 (1964), 73–81.

(12) *Ein Brudermord*: Peter-André Alt: Das Lichtspieltheater der Gebärden (*Ein Brudermord*). In: P.-A. Alt (2009), 128–144. – Milena Massalongo: K., *Ein Brudermord*. Oder zur Geste. In: Locher/Schiffermüller (2004; s.o.), 217–240. – Breon Mitchell: Ghosts from the Dungeons of the World Within. K.s *Ein Brudermord*‹. In: Monatshefte 73 (1981), 51–62. – Harald Vogel: »F.K.«: ein Mord-Fall. Zur Bilderwelt in K.s Erzählung *Ein Brudermord* und in Soderberghs Film *Kafka*. In: Praxis Deutsch 20 (1993), 51–55. – Suzanne Wolkenfeld: Psychological Disintegration in K.s *A Fratricide* and *An Old Manuscript*. In: Studies in Short Fiction 13 (1976), 25–29.

(13) *Ein Traum*: Wolfram Groddeck: Schreiben und Schrift. Zu K.s Prosastück *Ein Traum*. In: Locher/Schiffermüller (2004; s.o.), 243–253. – Malcolm Pasley: Zur Datierung von K.s *Ein Traum*. In: Euphorion 90 (1996), 336–343. – Günter Samuel: Schrift-Bilder/Bilder-Schrift. Textauslegung von K.s *Ein Traum*. In: Jochen C. Schütze/Hans-Ulrich Treichel/Dietmar Voss (Hg.): Die Fremdheit der Sprache. Studien zur Literatur der Moderne. Hamburg 1988, 64–83.

(14) *Ein Bericht für eine Akademie*: Franz Robert Hannessen: Consul, der viel Bewunderte. Aus dem Tagebuche eines Künstlers. In: Wochenbeilage zum Prager Tagblatt, 1.4.1917, 89–91; wieder in: W. Bauer-Wabnegg (s.u.), 134–136 und 137–139 [Faksimile]. – Claudia Albert/Andreas Disselnkötter: »Grotesk und erhebend in einem Atemzug«. K.s Affe. In: Euphorion 96 (2002), 127–144. – Walter Bauer-Wabnegg: Der Affe und das Grammophon. *EBfeA*. Zur Quellenlage. Deutung. In: Ders.: Zirkus und Artisten in F.K.s Werk. Ein Beitrag über Körper und Literatur im Zeitalter der Technik. Erlangen 1986, 127–159. – Ders.: Monster und Maschinen, Artisten und Technik in F.K.s Werk. In: Kittler/Neumann (1990), 316–382. – Hartmut Binder: Rotpeters Ahnen. *EBfeA*. In: Ders. (1983), 271–305. – Ingo Breuer: K.s Versicherungen. Wahrscheinlichkeit, Kontingenz und Kalkül im *BfeA*. In: Locher/Schiffermüller (2004; s.o.), 257–274. – Patrick Bridgwater: Rotpeters Ahnen, oder: Der gelehrte Affe in der deutschen Dichtung. In: DVjs 54 (1982), 447–462. – Clare Callahan: »I Do Not Want the Judgment of Any Man«. The Unstable Animal-Human Boundary in Linguistics and K.'s *A Report to an Academy*. In: Nandita Batra/Vartan Messier (Hg.): Of Mice and Men. Animals in Human Culture. Newcastle 2009, 81–91. – Ziad Elmarsafy: Aping the Ape. K.'s *Report to an Academy*. In: Studies in Twentieth-Century Literature 19 (1995), 159–170. – W. Emrich (1970 [1957]), 127–129. – Wilhelm Emrich: F.K.s ›Menschen- und Tiergericht‹. Zur Erzählung: *EBfeA*. In: MAL 11 (1978), 151–166. – K.-H. Fingerhut (1969), 103–106. – Lars Friedrich: Die Topophobie der Handschrift: Zu F.K.s *EBfeA*. In: ZfdPh 126 (2007), 195–220. – H.H. Hiebel (1999), 59–80. – Bettina von Jagow: Rotpeters Rituale der Befriedung. Ein zweifelhafter »Menschenausweg«. F.K.s *BfeA* aus eth(n)ologischer Perspektive. In: ZfG 12 (2002), 597–607. – H. Kaiser (1973 [1931]), 71–83. – Robert Kauf: Once Again: K.'s *A Report to an Academy*. In: MLQ 15 (1954), 359–365. – Andreas Kilcher/Detlef Kremer: Die Genealogie der Schrift: Eine transtextuelle Lektüre von K.s *BfeA*. In: Liebrand/Schößler (2004), 45–72. – Hans-Gerd Koch: *EBfeA*. In: M. Müller (1994), 173–196. – Lorna Martens: Art, Freedom, and Deception in K.s *EBfeA*. In: DVjs 61 (1987), 720–732. – Gerhard Neumann: *EBfeA*. Erwägungen zum ›Mimesis‹-Charakter K.scher Texte. In: DVjs 49 (1975), 166–183. – Ders.: Der Blick des Anderen. Zum Motiv des Hundes und des Affen in der Literatur. In: JDSG 40 (1996), 89–122. – Ders.: *EBfeA*. K.s Theorie vom Ursprung der Kultur. In: Locher/Schiffermüller (2004; s.o.), 275–293. – Ders./Barbara Vinken: Kulturelle Mimikry: Zur Affenfigur bei Flaubert und K. In: ZfdPh 126 (2007), 126–142. – Ralf R. Nicolai: Nietzschean Thought in K.'s *A Report to an Academy*. In: Lite-

rary Review 26 (1983), 551–564. – Klaus-Peter Philippi: Reflexion und Wirklichkeit. Untersuchungen zu K.s Roman *Das Schloß*. Tübingen 1966, 116–151. – M.L. Rettinger (2003), bes. 21–70. – Gertrud Maria Rösch: Rotpeters Vorfahren: Zur Tradition und Funktion der Affendarstellung bei Johann Gottfried Schnabel, Alfred Kubin und F.K. In: ZfdPh 126 (2007), 98–109. – William C. Rubinstein: F.K.'s *A Report to an Academy*. In: MLQ 13 (1952), 372–376. – Ulrich Schönherr: Vom Affen zur Maschine: K.s Erzählung *BfeA* im Spiegel der Machttheorien von Hegel und Foucault. In: Neue Germanistik 5 (1987/88), 1–15. – Eckhard Schumacher: Die Kunst der Trunkenheit: F.K.s *EBfeA*. In: Thomas Strässle/Simon Zumsteg (Hg.): Trunkenheit. Kulturen des Rausches. Amsterdam 2008, 175–190. – Erhard Schüttpelz: Eine Berichtigung für eine Akademie. In: Höcker/Simons (2007), 91–118. – W.H. Sokel (1964), 330–355. – Walter H. Sokel: Identität und Individuum oder Vergangenheit und Zukunft. Zum Identitätsproblem in F.K.s *EBfeA* in psychoanalytischem und zeithistorischem Kontext. In: Alice Bolterauer/Dieter Goltschnigg (Hg.): Moderne Identitäten. Wien 1999, 213–223. – Bianca Theisen: Naturtheater: K.s Evolutionsphantasien. In: Liebrand/Schößler (2004), 273–290.

Juliane Blank

3.2.7 *<Der Gruftwächter>*

Entstehung und Veröffentlichung

Die *<Gruftwächter>*-Fragmente sind zwischen Ende November 1916 und Anfang 1917 entstanden. Nach einer zweijährigen Phase erlahmter Produktivität dokumentieren sie einen schöpferischen Neubeginn Kafkas, der u. a. mit der Möglichkeit, abends in Ruhe in der Alchimistengasse zu arbeiten, zusammenhängt. Die unterschiedlichen, zeitlich nahe beieinander liegenden, erstmals in den Oktavheften stattfindenden Schreibanläufe sowie die für Kafka einmalige Annäherung an die dramatische Form weisen auf einen starken schöpferischen Impetus und zugleich auf die Schwierigkeit hin, eine Kernsituation überhaupt einzufangen und im Rahmen einer ihr genuin eigenen, tendenziell nicht romanartigen Form zu entfalten.

Max Brod veröffentlichte den *<Gruftwächter>* 1936 als Dramenfragment im Band *Beschreibung eines Kampfes – Novellen, Skizzen, Aphorismen aus dem Nachlass* (BeK/GS). Es handelt sich dabei um eine zusammengefügte, von Kafka so nie vorgesehene Fassung, in der Brod das ihm vorliegende Textmaterial durch Kompilationen und Konjekturen verbindet und ergänzt; dabei fügt er den Teil, der in der KA nur im Varianten-Apparat verzeichnet ist (NSF I:A, 253–257) sowie Regieanweisungen als Schlussszene an. Auch der Titel stammt von ihm; Kafka soll laut seinem Freund Oskar Baum *Die Grotte* oder *Die Gruft* erwogen haben (Alt, 439).

Textbeschreibung

Das Geschehen wird in unterschiedlichen Anläufen und Perspektiven, sowohl narrativ (einmal in auktorialer, einmal in Ich-Form) wie dramatisch umrissen. Die Fragmente ergeben allerdings, ob einzeln oder zusammen genommen, keine nacherzählbare Handlung (also auch kein Drama), man muss eher von einer spannungsgeladenen Situation sprechen, die den narrativen wie den dialogisiert-szenischen Teilen einen gemeinsamen Hintergrund verleiht. Dabei wird aber kaum über eine Art Exposition hinausgegangen, und es ist auch nicht ersichtlich, in welche Richtung die Handlung sich hätte bewegen können. Kafkas offenkundiger Rekurs auf das fantastische Genre (während der etwa gleichzeitig entstehende *<Jäger Gracchus>* auf mythologischem Muster basiert) hilft uns nur insofern weiter, als er das nächtliche Geschehen nicht von vornherein als pure Gesichter eines zerrütteten Wächters deklariert. Die Begegnung mit Toten – auch hier befindet man sich in unmittelbarer Nachbarschaft zum *<Jäger Gracchus>* – wird zunächst erzählt und nicht szenisch dargestellt, aber dies kommt – wenn man Genrekonventionen hinzuzieht – der Ankündigung einer weiteren Begegnung gleich. Literarhistorisch sind Bezüge zu den handlungsarmen Dramen Maurice Maeterlincks (1862–1949) vorhanden, in denen ominöse, oft durch Schweigen vertiefte Grenzsituationen dramaturgisch entfaltet werden.

Es lassen sich fünf handschriftliche Gestaltungsansätze unterscheiden, die alle im Oktavheft 1 (bzw. A) enthalten sind:

A (NSF I, 267 f.): ein *Zerrissener Traum* überschriebenes Erzählfragment. Es schildert die auf eine fürstliche Laune zurückgehende Anordnung eines Wachdienstes im Mausoleum; ein alter und einsamer Kriegsinvalide namens Friedrich hat sich für den Posten gemeldet und begibt sich mühsam dorthin. Ein Zusammenhang mit der Überschrift ist nicht ersichtlich.

B (NSF I, 268–270): ein unmittelbar nach A stehender, in der Forschung als »Gruftwächter-Fragment« bezeichneter dramatischer Anlauf. Er beginnt mit einer Regieanweisung, die ein »kleines Arbeitszimmer« (268) zum Ort der Handlung bestimmt. Der Protagonist, ein am Schreibtisch sitzender Fürst, unterhält sich mit einem Adjutanten und dem Kammerherrn über eine zusätzliche Bewachung des Mausoleums direkt in der verschlossenen Gruft.

C (NSF I, 270–272): eine unmittelbar nach B stehende, narrative, als Rückblick konzipierte und die *Erzählung des Großvaters* überschriebene Fassung. Dieser Großvater und ehemalige Mausoleumswächter berichtet von seiner ersten Begegnung mit dem Mausoleum, wohin er als Laufbursche Milch bringen musste. Eine alte, schwache Frau holte ihn am Gittertor des Parks ab und führte ihn, an einem bei der Tür sitzenden riesigen Mameluck vorbei, ins Wachhaus, wo in einer kleinen Stube ein an einem mit Büchern bedeckten Tisch sitzender alter Herr auf ihn wartete.

D (NSF I, 276–289): eine etwas längere, von C durch zwei Erzählanläufe getrennte, erneut in dramatischer Form verfasste Szene. Neben dem Fürsten, dem Kammerherrn und dem (nur kurz am Ende erscheinenden) Obersthofmeister tritt hier im Gegensatz zu B der alte Wächter auf. Er kommt im Gespräch mit dem Fürsten ausführlich zu Wort, allerdings in einem erschöpften Zustand, so dass er auf dem Ruhebett Platz nehmen muss und am Ende auf einer Bahre aus dem Raum getragen wird. Den Kern des Entwurfes bildet seine Schilderung des schweren und unheimlichen Nachtdiensts, in dem er gegen um Mitternacht erscheinende Tote zu kämpfen hat.

E (NSF I, 290–303): Diese Fassung ist eine Reinschrift, die Kafka offenkundig zum Vorlesen hergestellt hat. Es handelt sich jedoch nicht um eine einfache Abschrift. Gewisse Abänderungen betonen die dramatische Form, indem Bühne und Personae dramatis eingangs beschrieben und auch einige (bereits in B vorhandene) Redepausen deutlich signalisiert werden. Der Verlauf der Szene ähnelt der Fassung D, nur dass insgesamt die Dialoge etwas ausführlicher werden, so dass man langsamer fortschreitet und dass für den vergleichbaren Textumfang weniger zur Sprache kommt (das Typoskript ist allem Anschein nach unvollständig überliefert).

Varianten (NSF I:A, 228–238 und 244–269): Weite Teile von B und D hat Kafka durchgestrichen, sie wurden von Max Brod jedoch zur Vervollständigung seiner Fassung des Dramoletts herangezogen. Es handelt sich um weitere Wortwechsel zwischen dem Fürsten und dem Wächter, den er Kastor nennt, sowie um eine Szene in Abwesenheit des Fürsten, in der der auf der Seite der Fürstin stehende Obersthofmeister seine starke Abneigung gegen den Wächter und die unvernünftige, ja gefährliche Einstellung des Fürsten klar zum Ausdruck bringt. Die müde, melancholisch gestimmte Fürstin wird ebenfalls eingeführt.

Wenn man davon ausgeht, dass die Fassungen auch die Genese des Stoffes dokumentieren (aber kein abgerundetes Dramolett in Max Brods Manier darstellen) und also die überwiegenden szenischen Anläufe richtungsweisend sind, lässt sich folgende Situation skizzieren: Ein Fürst namens Leo befindet sich im Arbeitszimmer seines Schlosses, welches mitten in einem großen Park steht, in dem sich wiederum ein kleiner Park (der Friedrichspark) befindet, wo die Familiengruft liegt. Die Eingänge des großen Parks werden militärisch bewacht, der kleine Park (d. h. die Umfriedung des Mausoleums) dagegen hat lediglich und vor allem aus Ehrengründen einen einzigen alten Wächter, der seit dreißig Jahren in einem kleinen Wachhaus wohnt (nun mit seiner jungen

Tochter). Der junge Fürst wünscht sich zusätzliche Wachtposten in der Gruft selber, um die »Grenze« des »Menschlichen« in seiner Familie zu sichern (NSF I, 276, 293). Da der Kammerherr den Sinn dieser zusätzlichen Wache nicht einsieht, lässt der Fürst den Gruftwächter holen. Dieser ist alt, zerbrechlich und völlig erschöpft; der Fürst bittet ihn, auf dem Ruhebett Platz zu nehmen. Im Verlauf eines immer wieder stockenden Gesprächs erfährt man den Grund seiner Zerrüttung: Er trägt jede Nacht in seinem Wachthaus Ringkämpfe mit den Toten, vornehmlich mit dem riesigen Fürsten Friedrich aus; diese wollen aus dem Friedrichspark entkommen und behaupten, beim Fürsten eingeladen zu sein. Nach ihrem Abzug bei Tagesanbruch tritt dann noch die Gräfin Isabella kurz auf, um mit Schmeicheleien den Wächter umzustimmen, doch vergeblich. Sein Tagdienst hat sich also in einen ebenso sonderbaren wie anspruchsvollen, eingehend beschriebenen agonalen Nachtdienst verwandelt. Obwohl das allnächtliche Ringen gegen die ihm an Größe und Stärke weit überlegenen Toten ihn erschöpft, lehnt der Wächter die vom Fürsten erwogene Wachtverstärkung strikt ab, denn er fasst sein schweres Amt als Aufgabe und Auszeichnung auf.

In der *Erzählung des Großvaters* (B) wird diese mit dem Mausoleumsdienst einhergehende Ehre bekräftigt, der Junge ist stolz, Milch in das Totenrevier zu bringen. Davon weicht die Position des Obersthofmeisters deutlich ab; dieser spricht von einem schwerwiegenden politischen Dissens zwischen Anhängern der Vernunft und dem seltsamen »Launen« nachhängenden Fürsten (NSF I:A, 262). Die Affinität zwischen Fürst und Gruftwächter (der wiederum eng mit Traum, Vergangenheit und Tod zusammenhängt) scheint in den Kern des Problems zu führen.

Forschung

Aufgrund der schwierigen, weil lange zweifelhaften Textgrundlage, aber auch wegen ihrer wenig kohärenten dramatischen Substanz wurden die Fragmente nur selten untersucht. Seit dem Erscheinen der kritischen Ausgaben (NSF I u. OO1&2/FKA) ist nun der Textbestand endgültig gesichert, was jedoch aufgrund der bleibenden Unklarheit im Hinblick auf Genese und Autorenabsicht und der spürbaren Disparatheit der Fassungen den interpretatorischen Umgang mit dem <*Gruftwächter*>-Konvolut eher erschwert. Konnte man früher ein kleines, mit einer gewissen Kohärenz versehenes Drama auslegen, so lässt sich nun kaum über das Kommentieren von Einzelaspekten hinaus gelangen, da jede übergreifende, die Teile verbindende Interpretation der Bruchstücke in philologischer Hinsicht angreifbar ist.

Es gab in den 1950er/60er Jahren wenig überzeugende, weil das Drama (in der Brod-Fassung) zu sehr allegorisierende Auslegungsversuche im Hinblick auf die Philosophie der Existenz (im Rückgriff auf Kierkegaard und Heidegger; vgl. Jaeger 1952; Ide 1961). In den wegweisenden Gesamtinterpretationen wird das Fragment nicht einbezogen, es gewinnt eigentlich erst an Interesse im Rahmen der Erforschung von Kafkas Verhältnis zum Theater: Meinel hat vorwiegend die dialogisierten Teile im Hinblick auf das Dramatische und das Theater bei Kafka und unter Hervorhebung autoreferentieller Momente, also als Text über das eigene Schreiben analysiert (worauf bereits Robertson hinwies, 182–185); Rieck ging vor allem auf den Kampf gegen die Geister der Vergangenheit aus psychoanalytischer Perspektive ein; Cersowsky verteidigte erneut eine philosophische Lesart (diesmal jedoch im Hinblick auf Schopenhauer); Dierks ging detailliert dem Motiv der Grenze, bzw. der Grenzüberschreitung nach; Alt hat als Erster das Augenmerk deutlich auf die politischen Zeitbezüge und damit auf satirische Momente gelenkt (439–441). Dem Problem der unterschiedlichen Fassungen ist Claudine Raboin vorwiegend deskriptiv nachgegangen; einen den Bruchstückcharakter einbeziehenden Deutungsansatz hat Reuß vorgelegt.

Deutungsaspekte

Es lohnt sich, bei den in sämtlichen Anläufen vorhandenen Paradoxien anzusetzen. Der fast ausschließlich in den Varianten zur Sprache kommende Konflikt am Hof des Fürsten wird hier allerdings zurückgestellt, da die von Kafka gestrichenen Seiten doch als weniger relevant zu betrachten sind. Aus Platzgründen werden ferner die Fassungen B und D privilegiert, weil die Genese des Textes Kafkas primär dramatische Intention dokumentiert (und in der Tat kommt ja die Konfrontation von Fürst und Wächter erst hier zum Tragen).

Paradoxien

Auffallend ist der paradoxe Wille der beiden Kontrahenten: Der Wächter will trotz der Schwere des Am-
tes seinen Posten auf keinen Fall aufgeben, als stellte
die Vertrautheit mit den Toten eine Auszeichnung
dar, während der Fürst umgekehrt (wie in Vorah-
nung des nächtlichen Treibens und Drohens) die Toten besser bewacht wissen will. Die Vorfahren scheinen für den Fürsten eine Bedrohung, für den Wächter dagegen eine Lebensnotwendigkeit darzustellen.
Dieser Umstand verrätselt das Geschehen und rückt
es deutlich von einer banalen Gespenstergeschichte
ab. (In C übt das Mausoleum oder die Mausoleumswache eine seltsame Faszination auf den Jungen aus,
und diese wird noch durch die Frage des Erzählers,
ob denn jemand genau wisse, was ein Mausoleum
sei, um eine weitere – metaphysische? – Dimension
ergänzt; NSF I, 270).

Die Beziehung des Wächters zum Fürsten Leo z. B.
ist ebenfalls voller Widersprüche: Er scheint ihn mit
früheren Herrschern zu verwechseln, ja sogar einmal mit dem toten und besonders kampflustigen
Friedrich, dem er im Verlauf seines Berichts die
Faust zeigt, de facto aber dem lebenden Leo zu drohen scheint (282). Er erkennt ferner seit dreißig Jahren den um mitternächtlichen Ausgang bittenden
Herzog Friedrich, obwohl dieser erst seit fünfzehn
Jahren gestorben ist (284). Sein Ringen selber ist paradox: Er besiegt Nacht für Nacht eine weit überlegene Macht und dies in einem Kampf, der »nur mit
den Fäusten, oder eigentlich nur mit der Atemkraft«
ausgetragen wird (286) und dessen sieghafter Ausgang eigentlich alle Anzeichen einer Niederlage
trägt… Erstaunlich ist ferner die Verachtung, die der
Geist ausgerechnet für den ›liegenden‹ Wächter
zeigt: »Gegen Betten haben sie nämlich immer
Zorn«; der alte Mann, der sich übrigens bei dem
Fürsten entschuldigt, weil er nachts im Bett liegt,
wird als »alter Hund« in seinem »Schmutzbett« und
als »Bettvieh« beschimpft (284 f.). Man kommt nicht
umhin, an die im *<Brief an den Vater>* erwähnten
»Bettsünden« zu denken sowie an die sog. Pawlat-
sche-Szene, wo der ganz junge Kafka nachts von seinem »riesigen« Vater aus dem Bett gerissen worden
war (NSF II, 202 u. 149). Und es fällt in diesem Zusammenhang eine höchst paradoxe Aussage: Als der
Geist den Wächter anschreit, »erweckt« er ihn (NSF
I, 285), obwohl er davor nicht schlief. Ein Verspre-
cher? Wird ein wie auch immer geartetes Erwe-
ckungserlebnis angedeutet?

Überhaupt fällt es schwer, den Realitätsgehalt dessen, was der Gruftwächter vorträgt, zu bestimmen:
Handelt es sich um Erlebtes, um Geträumtes, um
Wahngebilde? Eine spätere Notiz, deren Zugehörigkeit zum Gruftwächter-Komplex ungewiss ist, wirft
die Möglichkeit auf, dass der Parkwächter verrückt
sei (NSF I, 405). Da das nächtliche Treiben zunächst
nur durch seine Schilderung existiert, kann darauf
keine definitive Antwort gegeben werden, auch spielt
gerade die Fantastik bekanntlich mit dieser Unentscheidbarkeit. Es steht jedenfalls fest, dass der Wächter verwirrt und nur bedingt vertrauenswürdig erscheint. Zu seiner Seltsamkeit gehört zudem, dass er
als 60-jähriger mit seiner jungen Tochter lebt (in A
ist er dagegen Vater dreier im Krieg gefallener
Söhne), welche sich nach jedem Kampf mütterlich
um ihn kümmert (288). Befremdlich ist ferner das
Verhältnis zwischen ihm und dem jungen Fürsten:
Einmal nimmt der Fürst »seinen kleinen Schädel«
tröstend in »die Hände«, ein anderes Mal ist er es,
der die Wange des Fürsten streichelt (279, 289). Der
Wächter scheint also Paradoxien in sich zu konzentrieren, doch färben diese auch auf den Fürsten ab,
insofern dieser durch den Wächter und sein nächtliches Erleben auf seltsame Weise angezogen wird.

Motive

Etliche motivisch-thematische Bestandteile verweisen auf Kafkas Œuvre, bzw. lassen sich durch Parallelstellen erhellen oder zeigen zumindest, wie stark
Kafka an ihn bedrängenden Themen arbeitet. Im gegenständlichen Bereich kann man das Schloss, die
Schwelle (Parkumfriedungen, Wachthäuschen, Fenster und Tür), die Gestalt des Wächters, den Schreibtisch und das Bett nennen. Motivisch sind die Überschreitung einer Grenze, der Kampf, die Nacht und
die Müdigkeit besonders hervorzuheben. Die Handlung selber – die Geistererscheinung oder die Begegnung mit Toten – gehört zu den ›gotischen‹ Momenten, auf die Kafka z. B. auch noch im *Schloss* rekurriert.

Am greifbarsten ist die bereits erwähnte Verwandtschaft mit dem *<Jäger Gracchus>*, der eine
analoge Personenkonstellation aufweist: Jäger und
Bürgermeister erinnern deutlich an das durch Gruftwächter und Fürsten gebildete Paar. In beiden Fällen
wird eine fest im Leben stehende, mit offizieller
Würde bekleidete Gestalt mit einem Menschen konfrontiert, der einen intensiven Umgang mit dem Tod
pflegt. Es fällt denn auch relativ leicht, die jeweiligen

Paarungen als zwei auseinander strebende Seiten einer Persönlichkeit zu betrachten und die längeren Gespräche als Dramatisierung eines inneren Konfliktes zu statuieren, zumal die Unterhaltungen in beiden Fällen die Grenzen der Personen aufweichen, bzw. die Gesprächspartner sich als vertraut erweisen.

Die Bühnenrequisiten Schreibtisch und Bett unterstützen eine solche Auffassung, zumal wenn man sie als autoreferentielle Symbole deutet, also sie mit dem Schreiben einerseits, mit Traum und Schlaf andrerseits assoziiert. Man weiß, dass Kafka des Öfteren sein Schreiben mit eben diesen Möbelstücken verband. Das Bett suggeriert auch die Analogie mit dem Tod, so dass man die Fragmente, vor allem wenn man den nächtlichen Kampf mit ›Erscheinungen‹ einbezieht, als poetologische Dramatisierung der engen Verwandtschaft von Literatur, Traum und Tod lesen kann (diese Nachbarschaft hat Maurice Blanchot im Hinblick auf Kafka am eindruckvollsten ausgelotet).

Shakespeares *Hamlet* als Prätext?

Es wurde in der jüngeren Forschung verschiedentlich auf den Vorbildcharakter von *Hamlet* hingewiesen (z. B. Alt, 439–440). Ein Vergleich mit der Exposition von Shakespeares Drama, in dem die mitternächtliche Erscheinung des Geistes von Hamlets Vater das Geschehen ins Rollen bringt, erlaubt es, Kafkas Entwurf schärfer zu konturieren. Bei Shakespeare erscheint allein der Vater, während bei Kafka sich gleichsam die ganze Familie (die Dynastie) manifestiert, wenn auch der Fürst Friedrich als Anführer der Toten-Meute gelten kann. Und Hamlets Vater kommt lediglich, um die Rache seiner Ermordung zu verlangen, während die Ahnen des Fürsten in die Welt der Lebenden und vorzugsweise zum Fürsten selber vordringen wollen. Die Toten fordern kein Zurechtbiegen eines Unrechts, sie scheinen selbst eher eine Form von Rache des Vergangenen (eine Wiederkehr des Verdrängten?) darzustellen und das Daseinsrecht des Todes zu verlangen.

Während Hamlet eine Begegnung mit dem nicht zur Ruhe kommenden Gespenst organisiert, verspürt Fürst Leo keine Lust, dem nächtlichen Treiben beizuwohnen oder in Kontakt mit den Toten zu treten. Liegt es vielleicht daran, dass die Geister – angeführt von der riesigen Gestalt des Herzogs Friedrich – kein geehrtes, sondern ein gefürchtetes väterliches Prinzip darstellen?

Bei Shakespeare spielen die Wächter eine reine Mittlerrolle, während Kafka im Gegenteil den Gruftwächter zum rätselhaften Protagonisten erhebt, der die Lebenden (d. h. zunächst seine eigene Tochter und den jungen Fürsten) Nacht für Nacht verteidigt. Hier hängt alles von ihm ab – und je nachdem, ob man ihn als eigenständige Gestalt oder als die (sowohl erschöpfte wie schöpferische) ›Nachtseite‹ des Fürsten auffasst, wird das Fragment einen ganz anderen Sinn bekommen.

In *Hamlet* befindet sich bekanntlich das Königreich Dänemark in einem schlechten Zustand, was auf die politische Dimension des <*Gruftwächters*> verweist: Am 21. November 1916, mitten im Ersten Weltkrieg, war Franz Joseph I. nach einer 68-jährigen Regierungszeit gestorben, und sein Großneffe Karl wurde sein Nachfolger (da Kronprinz Rudolph sich 1889 das Leben genommen und der erste Thronfolger Franz Ferdinand 1914 in Sarajevo getötet worden war). Die von Kafka inszenierte Krisenerfahrung des jungen Fürsten Leo lässt sich durchaus als Reflex auf eine aussterbende Dynastie und ein marodes Kakanien lesen. In dieser Beziehung bekommt sogar der Name Friedrich einen zeitlichen Anklang, da der Erzherzog Friedrich bis Ende 1916 Armeeoberkommandant der k.u.k. Streitkräfte war. Und dass die Gruft die berühmte Kapuzinergruft (oder Kaisergruft) der Habsburger evoziert, liegt auf der Hand. Insgesamt ist also die historische Umbruchsituation von diesen Entwürfen nicht wegzudenken.

Ein letzter Vergleich lässt sich aufgrund von Hamlets berühmter Feststellung »The time is out of joint« (I, 5) herstellen. Während dies bei Shakespeare auf die Zeitumstände zu beziehen ist, spielt Kafka mit einer tatsächlichen Störung der Zeitlichkeit, denn das Zeitmaß des Wächters durchkreuzt systematisch dasjenige des Fürsten. So meint er, dem Fürsten Leo seit dreißig Jahren zu dienen, obwohl dieser erst seit einem Jahr herrscht, meint ferner, die Kampfnächte seien viel länger als die normalen Nächte. Er macht nolens volens den Tag zur Nacht und die Nacht zum Raum einer reinen Wiederholung, die der Ewigkeit gleicht. Die Position des Wächters auf der Schwelle zwischen den Bezirken der Lebenden und der Toten löst generell die rationalen Alltagskategorien auf; so ist zu erklären, dass im Fragment C der Mausoleumswächter sogar behauptet, nicht mehr zu wissen, was ein Mausoleum sei und zudem meint, der Leser werde es demnächst auch nicht mehr wissen (NSF I, 270).

Der Wächter stellt also tatsächlich den ›Ort‹ dar, wo ein Kampf oder eine Agonie der Ordnungen ausgetragen wird; dass er – in den dramatischen Fragmenten – erstmals in das Zimmer des Fürsten zugelassen wird, deutet darauf hin, dass dessen raumzeitliches Ordnungsgefüge ausgerenkt ist, dass die Kampfstätte sich ausdehnt. In und mit dem Wächter verdichten und verwirren sich Zeit und Raum.

Das Problem des Dramatischen

<Der Gruftwächter> ist kein Drama im (zumal in Kafkas Zeit) herkömmlichen gattungsspezifischen Sinne des Wortes, es entfaltet kein ›gegenwärtiges zwischenmenschliches Geschehen‹ (so Peter Szondis immer noch griffige Formel, 74). Dass Kafka offenkundig kein Dramatiker ist, ist klar, doch *<Der Gruftwächter>* zeigt etwas genauer, warum: Er dramatisiert etwas Undramatisches, was sich kaum in Bühnenhandlung umsetzen lässt. Das allnächtliche Ringen kann dialogisch erzählt, aber nicht dargestellt werden: Überhaupt sind Fürst und Gruftwächter nur bedingt eigenständige Gestalten, sie scheinen eher die getrennten Teile einer komplexen Persönlichkeit oder genauer: Aspekte einer ›Problematik‹ zu bilden. Diese lässt sich verschiedentlich charakterisieren: Man kann Kafkas eigenen Schreibdrang, seinen nächtlichen Kampf mit dem Schreiben und mit den Phantomen seiner inneren Welt anführen, ferner die Spannung von Schreibtisch und Bett, von hellem Tagesbewusstsein und träumerischem Wachsein, die Spaltung zwischen ordnungsgemäßer Welt, in der die einzelnen Bereiche sorgfältig getrennt und bewacht sind, und Heimsuchung durch Gespenster (und auch durch die Forderung des Vaters oder der Familie) usw.

Einen besonderen Zugang zu den Entwürfen bietet deshalb die gattungspoetische Frage. Der *<Gruftwächter>* ist Kafkas einziger Versuch im Bereich des Dramas. Zwar gibt es in seinem Œuvre zahlreiche theatralische Momente (szenische Darstellung, Rekurs auf Slapsticks, längere dialogisierte Partien, theatralische Auftritte, komödiantisches Verhalten usw.), doch hat er sich nur dieses einzige Mal – und zaghaft genug – an eine Bühnendichtung gewagt. Möglicherweise war, wie soeben angeführt, der dramatische Kern allzu schwach ausgeprägt oder es war das Wichtigste, nämlich der nächtliche Kampf des Wächters, zwar erzähl- aber nicht bühnenmäßig umsetzbar. Jedenfalls kommen die Anläufe nicht über eine Art Exposition hinaus, die das Narrative leicht zur Geltung kommen lässt.

Es ist freilich bezeichnend, dass Kafka zwischen narrativer und dramatischer Darbietung seines Stoffes schwankte. Die im auktorialen Erzählstil verfasste Fassung A und die in der Ich-Form entfaltete Fassung C beschäftigen sich jedoch mit der Gestalt und der Vergangenheit des Wächters, nicht mit seinen nächtlichen Ringkämpfen. Diese kommen als Ereignisse erst in den dramatischen Anläufen, also in der dialogischen Begegnung zwischen dem Fürsten Leo und seinem Gruftwächter zur Sprache, möglicherweise weil sie allein in dieser Personenkonstellation Sinn machen. Es ist kein Zufall, wenn die narrativen Teile nur den Wächter betreffen: Er ist eindeutig der Fokalisierungspunkt des gesamten Komplexes (was übrigens erklären könnte, warum Kafka den ›politischen Strang‹ vernachlässigte), doch was mit ihm geschieht, spielt sich auf einer inneren Ebene ab.

Die narrativen Fragmente weichen spürbar von den dramatischen ab. In A ist der Wächter, der Friedrich heißt, ein Witwer und Kriegsinvalide, der im »letzten Krieg« (NSF I, 267) seine drei Söhne verloren hat. Das Fragment setzt mit der Szene seiner Anstellung als Mausoleumswächter ein. In C geht es ebenfalls um den ersten Kontakt mit dem Mausoleum, nur dass hier der Ich-Erzähler rückblickend seine Annäherung schildert: Er wird als Milchjunge zur Mausoleumswache geschickt, welche aus einem riesigen Mameluck und einem älteren, mit Büchern beschäftigten Herrn sowie einer alten Dienstfrau besteht. Der Entwurf gründet sich auf einem starken Kontrast zwischen dem mit seinem Milcheimer fröhlich durch den Park ›galoppierenden‹ Jungen und dem eher behäbig-steifen Personal des Wachthauses. Auffallend ist jedoch, dass in sämtlichen Fällen eine erste Begegnung mit einem anderen Bereich stattfindet: in den narrativen Teilen nur mit dem Mausoleum, in den dramatischen Entwürfen zusätzlich mit dem Bezirk der weltlichen Macht, in den der alte Wächter zum ersten Mal überhaupt eindringt – immer geht es um den Tod. So wird die Konfrontation mit dem radikal Fremden und das Ineinandergreifen von Leben und Tod aus mehreren Perspektiven durchgespielt.

Ausgaben: ED: BeK/GS (1936), 288–305. – BeK/GW (1954), 301–319. – NSF I/KA (1993), 267–272, 276–289, 290–303. – OO1&2/FKA (2006).

Forschung: P.-A. Alt (2005), S. 439–441. – Maurice Blanchot: De K. à K. Paris 1981; dt.: Von K. zu K. Frankfurt/M. 1993. – Patrick Bridgwater: K., Gothic and Fairytale. Amsterdam 2003. – Peter Cersowsky: K.s philosophisches Drama: Der Gruftwächter. In: GRM 40 (1990), 54–65. – Richard T. Gray (2005), 113–115. –

Heinz Ide: F.K., *Der Gruftwächter* und *Die Truppenaushebung*. Zur religiösen Problematik in K.s Werk. In: Jahrbuch der Wittheit zu Bremen 6 (1961), 19–57. – Hans Jaeger: Heidegger's Existential Philosophy and Modern German Literature. In: PMLA 67 (1952), 655–683. – Katharina Meinel: *Der Gruftwächter* oder Probleme des Dramatischen im Werk F.K.s. In: Poetica 27 (1995), 339–373. – Claudine Raboin: *Ein Landarzt* und die Erzählungen aus den ›Blauen Oktavheften‹ 1916–1918. In: H.L. Arnold (1994), 151–172. – Roland Reuß: Die ersten beiden Oxforder Oktavhefte F.K.s. Eine Einführung. In: OO1&2/FKA, Franz Kafka-Heft 5, 3–26. – G. Rieck (1999). – R. Robertson (1988), 181–184. – Jost Schillemeit: *Der Gruftwächter*. In: KHb (1979) II, 497–500. – A. Schütterle (2002), 71–84 u. 89–105. – Peter Szondi: Theorie des modernen Dramas (1880–1950). Frankfurt/M. 1974.

Bernard Dieterle

3.2.8 *Der Kübelreiter*

Entstehung und Veröffentlichung

Kafka schrieb *Ein Landarzt* wie auch die meisten anderen Texte des gleichnamigen Bandes im Alchimistengässchen 22, das seine Schwester Ottla während des extrem kalten Winters 1916/17 mit seiner Kohlennot in Prag gemietet hatte. Zwischen dem 26. Juni 1916 und Mai 1917 erlebte er, dort schreibend, eine höchst produktive Phase. *Der Kübelreiter* entstand zum Monatswechsel Januar/Februar 1917. Überliefert ist er im *Oktavheft B* sowie in einem Typoskript (ihm folgt die Wiedergabe in DzL); es existiert auch ein Korrekturbogen als Teil des Umbruchabzugs des *Landarzt*-Bandes, in dem der Text ursprünglich erscheinen sollte. Aus nicht überlieferten Gründen zog ihn Kafka im Frühjahr 1919 zurück. Der Erstdruck erfolgte in der Weihnachts-Beilage der *Prager Presse* vom 25. Dezember 1921 (DzL:A 542–544).

Textbeschreibung

> Verbraucht alle Kohle; leer der Kübel; sinnlos die Schaufel; Kälte atmend der Ofen; […] der Himmel, ein silberner Schild gegen den, der von ihm Hilfe will. Ich muß Kohle haben; ich darf doch nicht erfrieren; hinter mir der erbarmungslose Ofen, vor mir der Himmel ebenso; infolgedessen muß ich scharf zwischendurch reiten und in der Mitte beim Kohlenhändler Hilfe suchen (DzL 444).

Als »Bettler« will der Ich-Erzähler den Händler ein letztes Mal um eine »Schaufel« Kohle bitten, auf das Gebot »Du sollst nicht töten!« bauend. Er reitet »auf dem Kübel« zu ihm (444). »Als Kübelreiter, die Hand oben am Griff […] drehe ich mich beschwerlich die Treppe hinab; unten aber steigt mein Kübel auf« (444 f.). Oft wird der Reiter bis zur »Höhe der ersten Stockwerke gehoben«, niemals sinkt er »bis zur Haustüre« hinab. Kafkas Bilderfindung, die an Märchenmotive und Trickfilme erinnert, führt in für Kafka typischer Weise ins Phantastische, Übernatürliche; damit stellt sich – wie stets bei derartigen Bilderfindungen – die Frage nach einer verborgenen, metaphorischen Bedeutung. Sind Armut, gesellschaftliche Isolation, Mangel an Inspiration gemeint? Der Kohlenhändler hat seine Tür geöffnet, »um die übergroße Hitze abzulassen«. Der Kübelreiter, in »Rauchwolken des Atems gehüllt«, bittet um Kohle: »Mein Kübel ist schon so leer, daß ich auf ihm reiten kann«. Der Händler hört den Kübelreiter rufen: »Hör ich recht?«, fragt er; seine Frau aber erklärt: »Ich höre gar nichts« (445). Ist der Kübelreiter für sie nicht existent, die Reise auf dem Kübel also nur eine subjektive Imagination? Als der Händler sich anschickt, vor die Tür zu kommen, hält ihn die Frau zurück mit dem Hinweis auf seinen »Husten«, seine »Lungen« (446). Um eine »Schaufel von der schlechtesten« bittet der Ich-Erzähler die Frau, die er jedoch »nicht gleich« bezahlen könne (446 f.). »Was für ein Glockenklang sind die zwei Worte ›nicht gleich‹ und wie sinnverwirrend mischen sie sich mit dem Abendläuten« (447). Noch einmal also ein Hinweis auf den »Himmel«, das christliche Gebot der Nächstenliebe. Die Frau beruhigt den Kohlenhändler: »ich sehe nichts, ich höre nichts; nur sechs Uhr läutet es«. Dennoch »löst sie das Schürzenband und versucht mich mit der Schürze fortzuwehen« (447). Kafkas Werk ist voller Gesten; in der Funktion von Detailrealismen finden sie sich sowohl in realistischen als auch in phantastischen Partien. Hier verbindet sich die Geste der Verständnislosigkeit angesichts der erbarmungslosen Kälte mit der phantastischen und traumartigen Bilderfindung vom Kübel, der so leer ist, dass er wie ein Luftballon davonfliegt. Mit dieser Geste wird aber auch klar, dass der Kübelflug real und nicht imaginär ist und dass die Frau ihn wahrnimmt und also lügt. »Du Böse!« ruft der Kübelreiter. »›Um eine Schaufel von der schlechtesten habe ich gebeten und du hast sie mir nicht gegeben‹. Und damit steige ich in die Regionen der Eisgebirge und verliere mich auf Nimmerwiedersehn« (447). Von den unmenschlichen Menschen treibt es den Kübelreiter in die menschenleere Region der »Eisgebirge«, in die Region gesteigerter Isolation. Diese Vision klingt deutlich an den resignativen Schluss von *Ein Landarzt* an, wo der Ich-Erzähler, »dem Froste dieses unglückseligsten Zeitalters ausgesetzt«, nackt durch die »Schneewüste« treibt (DzL 261). Der auf dem Korrekturbogen gestrichene Schluss lautet:

Ist hier wärmer, als unten auf der winterlichen Erde? Weiss ragt es rin(k>g)s, mein Kübel [ist] das einzig Dunkle. War ich früher hoch, bin ich jetzt tief, der Blick zu den Berg(- >en) [hängen] renkt mir den Hals aus. Weissgefrorene Eis(bahn>fläche), [durchs] <der Himmel,> strichweise durchschnitten von den Bahnen verschwundener Schlittschuhläufer. Auf dem hohen keinen Zoll breit einsinkenden Schnee folge ich der Fusspur der kleinen arktischen Hunde. Mein Reiten hat den Sinn verloren, ich bin abges(essen>tiegen) (x>u)nd [ziehe] trage den Kübel auf der Achsel (DzL:A 550 f.).

Forschung

An der Oberfläche handelt es sich beim *Kübelreiter* um einen Antagonismus von Arm und Reich. Die Erzählung ist nach H. Richter eine »anklagend-satirische Widerspiegelung einer unausgereiften Frontstellung, in der die Verschärfung der gesellschaftlichen Widersprüche noch nicht zum offenen Klassenkampf geführt hat« (Richter, 135). Aber Kafkas Texte schweben stets zwischen Eigentlichkeit und Uneigentlichkeit; die Dimension des Metaphorischen, Parabolischen, Allegorischen wird stets eröffnet, wenn auch niemals eindeutig bestätigt. Daher sind wohl die christlichen und die sozialkritischen Signale nur grobschlächtige Denotate, deren konnotative Implikationen schwerer wiegen.

Heinz Politzer liest den *Kübelreiter* als eine »Winterelegie über die Verlorenheit des Menschen in unserer Welt«. Dieser zu abstrakte Befund wird ein wenig spezifiziert durch die – allerdings wiederum zu generellen – Aussagen, Kafka habe die Winterkälte zu einem »Bild der kosmischen Kälte erweitert, in der seine Welt erstarrt war. Das Feuer erloschen; Heizstoff, Energie und Vitalität vergeudet« (Politzer, 149). Immerhin wird angedeutet, dass Kälte und soziale Situation nicht wörtlich zu nehmen sind. Krusche diagnostiziert mit Politzer »kosmische Kälte« und »›ontische Einsamkeit‹« (Krusche, 108). Nach Fingerhut entspricht die »Situation des Landarztes« der des »Kübelreiters am Ende seines Ritts in die nordische Wüste«. Er interpretiert die Figuren als »Bildzeichen für den Dichter selbst« (Fingerhut, 136), ohne diese These näher zu spezifizieren.

Gerhard Neumann zufolge schildert der Kübelreiter die »Zwangslage des hilflosen Selbstversorgers (Junggesellen), dessen Kontaktversuche mit der sozialen Umwelt scheitern«. Der »momentanen Mittellosigkeit« entspreche auf höherer Ebene die »existentielle Isolation und Kälte« (Neumann, 317, vgl. Krusche, 107–109). Darstellungsziel sei die »aporetische Selbstdiagnose des Ich-Erzählers zwischen alltäglicher Verstrickung und phantastischer Autonomie« (Neumann, 317). Der Schluss könne entweder als »Zeichen einer starren, menschenfeindlichen Welt« gesehen werden oder als »Vergegenwärtigung der asketischen Befreiung vom Zwang der Dinge« (317). Das »reine Ich«, mit Sokel zu sprechen (Sokel, 38 ff.), flieht das »soziale Ich« – wenn man die Flucht in die »Eisregionen« als unbewussten Wunsch sieht –, doch sein Aufenthaltsort ist mehr oder weniger tödlicher Frost, wie in *Ein Landarzt*. »Eislandschaft oder Wüste wie auch die Eisgebirge des *Kübelreiters*« sind Sokel zufolge die »Heimstätte« des »reinen Ich« (Sokel, 119).

Sabine Schindler verglich *Landarzt* und *Kübelreiter* unter den Aspekten »Winterzeit«, »Religion« und »Familie« (Schindler, 231–251). Trotz offensichtlicher Parallelen bedeute die Loslösung des Kübelreiters vom »wirklichen Leben« »eine Erlösung«, wenn auch eine, die nur »im Traum« möglich sei; der Landarzt hingegen scheitere an der »unlösbaren Lebensaufgabe«, »Einsamkeit und Gemeinschaft« miteinander in Einklang zu bringen (251). In beiden Erzählungen gebe ein eisiger Winter »Bedingungen vor, aus denen sich die Geschichten entwickeln«, die jeweils in »irreale Räume« führen und schließlich in »Schneewüste« bzw. »Eisgebirge« enden (242 f.). In beiden Erzählungen werde klar, dass es »Erlösung und Gnade vom Himmel (von der Religion) nicht geben kann« (245). Dem Kübelreiter hält der abweisende Himmel seinen »silbernen Schild« entgegen, ihn auf sich selbst zurückwerfend; der Landarzt vermag die ehemalige Aufgabe des Pfarrers, der jetzt die Messgewänder »zerzupft« (DzL 259), nicht zu übernehmen. Die Gegenüberstellung von Kübelreiter und Kohlenhändlerehepaar thematisiert Schindler zufolge »die Abgrenzung des Künstlers gegenüber der Gemeinschaft« (Schindler, 245). Der »außergewöhnlich hoch« (DzL 445) über dem Kellergewölbe des Händlers schwebende Reiter als Allegorie des »künstlerischen Ich« hat sich von diesem als »weltlicher, geschäftstüchtiger Person« weit abgesondert; er ist dem »realen Leben gegenüber« untauglich (Schindler, 247). Dass der Händler Frau und Kind besitzt und die ganze Stadt mit Kohlen versorgt, signalisiere, dass auf dieser Seite »menschliche Beziehungen« existieren, von denen der Kübelreiter ausgeschlossen sei (246). Die von den Mitmenschen isolierte »Künstlerpersönlichkeit« stehe dem Kohlenhändler gegenüber, der die »von Kafka immer wieder angestrebte, aber nie verwirklichte Figur des Ehemanns« repräsentiere. So spiegle die Erzählung »zwei Seiten von Kafkas Persönlichkeit« und manifestiere den »unlösbaren Widerstreit« zwischen »dem reinen Künstlertum und dem Leben in der Gemeinschaft« (246). Aus dem Paralipomenon liest Schindler, dass die Kälte des Eisgebirges, »Sinnbild für die absolute und unwiderrufliche Isolation«, »natürlicher« »Qualität« sei und »Freiheit« bedeute, während die »Kälte auf der Erde« »eine zwischen Menschen aufkommende Befindlichkeit« sei, die dem »Einzelnen als Gefühlskälte deutlich« werde (241).

D. Kremer hat – ohne Sussmans allegorische Lesart des *Landarztes* zu kennen – die Erzählung als chiffrierte Form literarischer Anstrengung gelesen (Kremer 1989, 26–29; vgl. Alt, 442). »Reiten und Schreiben« sind für ihn Prozesse, »die sich gegenseitig zitieren« (Kremer 1994, 198). Im »ebenmäßigen Trab« (DzL 445) des Kübelreiters sieht er das »gleichmäßige Auf und Ab der Schriftbewegung« (Kremer 1989, 28) gespiegelt. Auch der Kohlenhändler *schreibe* (28). Der harte Schnee der »weißgefrorenen Eisfläche« erinnere an die »Unnachgiebigkeit des weißen Blatt Papiers« (28 f.).

Peter-André Alt griff dies auf und meinte, wenn der Kübelreiter beschwerlich die Treppe hinabgleite und dann rasch hochsteige, reflektiere dies das stockende Schreiben von abwärts führenden Zeilen und die rasche Aufwärtsbewebung der Hand zu einem neuen Blatt. Im Kübel-»Griff« erkennt er den »Griffel« (Alt, 442; vgl. die Andeutung bei Kremer 1989, 28). Kälte und Kohlennot wären demnach Ausdruck stockender Inspiration, die der menschlichen Isolation und dem Mangel an mitmenschlicher Wärme geschuldet ist. Die Schürze der Kohlenhändlersgattin interpretiert Alt als – aus dem *Process* bekanntes – erotisches Motiv. Der Erdgebundenheit der Frau, die Alt auch mit Felice Bauer assoziiert, werde der »luftige Charakter der Einbildungskraft« entgegengesetzt (442). Überzeugender ist die Deutung, dass die Frau hier Repräsentantin der »Welt des normalen Alltags« ist, in der die Stimme des Schriftstellers in seiner gesellschaftlichen Isolation »ungehört verhallt« (443). Als »Allegorie der Schrift« sei der Kübelreiter eine Figur aus Kafkas »Magazinen des Traums«; die Bildphantasie vom fliegenden Reiter deute auf den »Quellgrund«, den dieses Schreiben in den »Sprachen des Unbewussten findet« (443). Dieser Befund eröffnet eine Parallele zu *Ein Landarzt*, in dem die »Reise« mit den Pferden ähnlich wie der Kübel-Flug zu einer bitteren Erkenntnis des Unbewussten führt und schließlich in einer »Schneewüste« endet.

Deutungsaspekte

Der scharfe soziale Kontrast (leerer Kübel *versus* überheizter Raum) ist mit Sicherheit nur ein Bild für die psychische Situation des isolierten und ausgebrannten Ich. Auch die christlichen, besser: antichristlichen Anspielungen (erbarmungsloser »Himmel«, »Du sollst nicht töten!«, »Abendläuten«, »Du

Böse!«) sind auf die gottverlassene Einsamkeit dieses Ich zu beziehen; sie implizieren auch ein auf mitmenschliche Emotionen (bei anderen und in sich) hoffendes Schriftsteller-Ich. Bei Kafka ist die Außenwelt meist auch eine allegorisch extrapolierte Innenwelt. Was der Kübel-Reiter erfährt, ist auch sein inneres Bild der Welt. Also wünscht der Kübelreiter auch in sich eine wärmere Gefühlswelt. Die Parallelisierung von Kübel-Bewegung und Schreib-Bewegung (Kremer, Alt) entspricht durchaus Kafkas häufig von der Materialität der Sprache ausgehender Denkbewegung, doch wird man sie nicht als das letztlich ›Gemeinte‹ sehen dürfen.

Kafkas Texte sind ins Phantastische gehende Imaginationen, »Metamorphosen« (Deleuze/Guattari, 32), und sie sind immer zugleich auch Metaphern, meist polyvalente Metaphern bzw. »gleitende Metaphern« (Hiebel 1983, 54 ff.). Das Bild vom sich erhebenden, leeren Kübel ist ein in mehrere Richtungen ausstrahlendes Symbolgebilde. Dass der Kübel-Flug – neben anderem – auch die ans Unbewusste führende Inspiration impliziert, legt die parallele Reise des Landarztes zur unheilbaren Wunde seines Patienten nahe. Obwohl die Frau des Kohlenhändlers den Kübelreiter mit der Schürze fortweht, ihn also sieht, steckt in ihren Worten auch etwas Wahres: »ich sehe nichts, ich höre nichts«. Auch die Eltern des Jungen in *Ein Landarzt* scheinen ja seine Wunde nicht wahrgenommen zu haben. Als Repräsentantin des Alltags und der Wohlsituiertheit hat die Frau des Kohlenhändlers kein Auge für den dem »Frost« des Zimmers (DzL 444) und schließlich dem arktischen »Eisgebirge« Ausgelieferten.

Der Text kontrastiert eindeutig Familie bzw. Gemeinschaft und zölibatären Junggesellen. Die Frau des Händlers als Glied der Familie hat kein Verständnis für den isolierten Einzelnen bzw. den einsamen Schriftsteller. »Was mich gehindert hat [zu heiraten], war ein erdachtes Gefühl, im vollständigen Alleinsein liege eine höhere Verpflichtung für mich« (An F. Bauer, 29.12.1913; B13–14 311). Der *Kübelreiter* legt indes nahe, dass dieses Alleinsein immer auch den Aspekt der Unfreiwilligkeit hatte. Der Ritt zum Kohlenhändler, Bild der Inspiration, geschieht noch freiwillig, der Aufenthalt in den »Eisregionen« ist erzwungen; das Gleiche gilt für die »Reise« des Landarztes und sein ausweisloses Treiben in der »Schneewüste«.

Ausgaben: Handschrift im *Oktavheft B*; Typoskript (Frühjahr 1917; ihm folgt die Wiedergabe in DzL). –

Umbruchabzug des *Landarzt*-Bandes [zunächst war *Der Kübelreiter* vorgesehen für die Sammlung *Ein Landarzt*, wurde aber während der Bogenkorrektur im Frühjahr 1919 gestrichen, DzL:A/KA (1996), 544]. – ED: Prager Presse 1 ([25.12.]1921) Nr. 270, Weihnachtsbeilage. – BeK/GS (1936), 124–126. – BeK/GW (1954), 120–123. – DzL/KA (1994), 444–447; NSF I/KA, 313–316. – OO1&2/FKA (2006), H. 2, 47–63 u. 151–155 [Typoskript].

Forschung: P.-A. Alt (2005), bes. 441–443. – Deleuze/Guattari (1976). – S. Dierks (2003), 73–80. – W. Emrich (1970 [1957]), bes. 112 f. – K.-H. Fingerhut (1969), bes. 136. – Ludwig Hahn: F.K.: *Der Kübelreiter*. In: Interpretationen moderner Prosa. Hg. v. der Fachgruppe Deutsch-Geschichte im Bayerischen Philologenverband. Frankfurt/M. 1968, 49–54. – H.H. Hiebel (1983). – D. Kremer (1989), bes. 26–29. – Ders.: *Ein Landarzt*. In: M. Müller (1994), 197–214. – D. Krusche (1974), bes. 107 f. – Gerhard Neumann: *Der Kübelreiter*. In: KHb (1979) II, 316 f. – H. Politzer (1978), bes. 149. – H. Richter (1962), bes. 135. – Johannes Roskothen: Bodenlosigkeit. Überlegungen zu K.s Erzählung *Der Kübelreiter*. In: Literatur in Wissenschaft und Unterricht 29 (1999), 29–33. – Sabine Schindler: *Der Kübelreiter*. In: M. Müller (1994), 231–251. – W.H. Sokel (1964).

Hans Helmut Hiebel

3.2.9 *Beim Bau der chinesischen Mauer*

Entstehung und Veröffentlichung

Die im Artikel zu behandelnde Textgruppe (NSF I, 337–361) ist im dritten (»Oktavheft C«) der acht Oktavhefte überliefert, die Kafka seit dem Herbst 1916 für seine literarische Arbeit verwendete. Sie besteht aus dem Fragment *Beim Bau der chinesischen Mauer* und der Erzählung *Ein altes Blatt*, zwei Texten, die hier wegen ihres engen motivischen wie erzähltechnischen Bezugs aufeinander im Zusammenhang behandelt werden. Die beiden Texte sind durch ein nur wenige Zeilen umfassendes Erzählfragment getrennt (357 f.). Auf *Ein altes Blatt* folgt der Entwurf einer Einleitungsnotiz:

> Diese (vielleicht allzusehr europäisierende) Übersetzung einiger alter chinesischer Manuscriptblätter stellt uns ein Freund der Aktion zur Verfügung. Es ist ein Bruchstück. Hoffnung, daß die Fortsetzung gefunden werden könnte besteht nicht.
> < >
> Hier folgen noch einige Seiten, die aber allzu beschädigt sind, als daß ihnen etwas bestimmtes entnommen werden könnte (NSF I, 361).

Die Entstehungszeit der Texte ist auf März 1917 datiert worden; sie gehören also in die hoch produktive Phase der ›Arbeit in der Alchimistengasse‹ (Dezember 1916 bis April 1917), wo Kafka die von seiner Schwester Ottla gemietete Wohnung im Haus Nr. 22 für einige Monate als ›Werkstatt‹ für seine literarischen Aufzeichnungen nutzte.

Der fragmentarisch gebliebene Haupttext erschien zuerst als Titelstück des 1931 veröffentlichten Nachlassbandes (*Beim Bau der Chinesischen Mauer*). Die aus dem Fragment herausgelöste Binnenerzählung von der Botschaft des Kaisers (*Eine kaiserliche Botschaft*) wurde 1919 in der Prager Wochenschrift *Selbstwehr* erstveröffentlicht, während *Ein altes Blatt* (im Titel des Manuskripts wurde der Zusatz »aus China« gestrichen) bereits 1917 in der Zweimonatsschrift *Marsyas* erschien (zusammen mit *Der neue Advokat* und *Ein Brudermord*). Beide Texte nahm Kafka in den spätestens Anfang Mai 1920 gedruckt vorliegenden *Landarzt*-Band auf.

Als ›Quellen‹ (wobei Kafkas hoch reflektierter und ästhetisch kalkulierter Umgang mit Intertextualität diese Kategorie höchst problematisch erscheinen lässt) gelten: Julius Dittmars in der Reihe *Schaff-*

steins *Grüne Bändchen* erschienener Reisebericht *Im neuen China* (vgl. Goebel 1997) und die Anthologien chinesischer Lyrik von Heilmann (1905) und Bethge (1907).

Textbeschreibung

Bei beiden Erzähltexten des Oktavheftes handelt es sich um fiktionale Berichte. Bereits durch ihre jeweiligen Erzählinstanzen geraten sie in eine spezifische Gegenstellung. Im ersten Falle (*Beim Bau der chinesischen Mauer*) ist der Erzähler ein chinesischer Architekt (ein »Bauführer […] untersten Ranges«; NSF I, 340), der aus der ungewöhnlichen professionellen Doppelperspektive des Experten für Schutzbauten und für »vergleichende Völkergeschichte« (348) über die Nomadengefahr, schutztechnische Aspekte des Mauerbaus und die politische Konstitution des chinesischen Reiches teils berichtet, teils räsoniert. Da der Berichterstatter zum einen seine historische Distanz zu seinem Gegenstand betont, diese allerdings zugleich durch einige autobiographische Einschübe wieder relativiert, lässt sich hier, in der Terminologie Gérard Genettes, von einer heterodiegetischen (außerhalb der erzählten Welt liegenden) Erzählerposition mit Tendenz zur Homodiegese sprechen.

Bei der zweiten Erzählinstanz (Konvolutteil: *Ein altes Blatt*) handelt es sich um das Opfer eines Nomadenüberfalls. Die Weitwinkelperspektive des über das ganze Reich und seine Grenzen hinaus schweifenden Blicks des gebildeten Architekten-Völkerkundlers ist ersetzt durch die Nahperspektive des halbgebildeten Augenzeugen, eines Schusters, der aus seinem Laden heraus das orgiastische Treiben der Nomaden auf dem Platz vor dem Kaiserpalast beobachtet und sorgenvoll erörtert. Sein hilfloser Versuch, sich den überwältigenden Tatsachen durch sein Verschwinden unter »Kleider, Decken und Pölster« (360) zu entziehen, lässt hier eine homodiegetische Erzählerposition mit Tendenz zur Heterodiegese entstehen, d. h. der Erzähler, obwohl tief in die Handlung verstrickt, strebt danach, sich eine Position außerhalb ihrer zu verschaffen.

Es ist der permanent mitlaufende Zweifel an dem im ersten Satz verkündeten Sicherheitsversprechen – »Die chinesische Mauer ist an ihrer nördlichsten Stelle beendet worden« (337) –, der den Architekten-Bericht voran- und mithin den Text aus sich selbst hervortreibt. Schon die Perfektform deutet die

Differenz zwischen Vollendung und Beendung, zwischen historischer Abgeschlossenheit und in die Gegenwart hineinwirkender Offenheit an. Bereits der zweite Satz, der den vermeintlich letzten Akt des Baues schildert, führt auf die Erörterung jenes »Systems des Teilbaues« – »Es geschah dies so, daß Gruppen von etwa zwanzig Arbeitern gebildet wurden, welche eine Teilmauer von etwa fünfhundert Metern Länge aufzuführen hätten, eine Nachbargruppe baute ihnen dann eine Mauer in gleicher Länge entgegen« (ebd.) –, dessen Lückenhaftigkeit die Sorge des Berichterstatters auf den eigentlichen Zweck der Mauer lenkt: den Schutz des Landes und seiner Bewohner gegen die Nomadenvölker des Nordens. Sie, die »mit unbegreiflicher Schnelligkeit wie Heuschrecken ihre Wohnsitze wechselten«, haben »vielleicht einen bessern Überblick über die Baufortschritte […] als selbst wir die Erbauer« (339). Doch wird dieser vermeintliche Vorteil wilder Wahrnehmung gegenüber kultiviertem Wissen sogleich wieder eingeschränkt, indem die Notwendigkeit des Teilbauverfahrens als Resultat aus technischem Know-how, professioneller Ausbildung, Arbeitsteilung und Arbeitspsychologie hergeleitet wird.

Die zunächst nüchterne, logistisch-ergonomische Abhandlung steigert sich freilich bald in einen pathetisch-heroischen Ton, der, gleichsam am Gegenpol des Schutzes gegen die Bedrohung von Außen, als anderen möglichen Zweck des Mauerbaus die innere Einigung der Bevölkerung zum Volk durch das gemeinsame Werk erscheinen lässt. In einer unmittelbar anschließenden Reflexionsschleife gerät schließlich ein dritter Zweck des Mauerbaues in den Blick, wenn nämlich die Mauer als erstmals »sicheres Fundament für einen neuen Babelturm« (343) angesehen wird, mithin als Teil einer sprachlich-kulturellen Einigung des Volkes durch ein Gleichnis.

Nach diesen technologisch-funktionalen Erwägungen geht der Bericht in eine politische Blickrichtung über, indem er die Verbindung einer jedenfalls fragwürdigen Schutzvorrichtung mit dem Willen einer von »göttlichen Welten« erleuchteten und der menschlichen Wahrnehmung entzogenen »Führerschaft« prüft (244). Auch dieses Problem wird letztlich nicht gelöst, sondern wiederum durch ein Gleichnis stillgestellt: Im hydrographischen Bild des über die Ufer tretenden und dann austrocknenden Flusses wird dem Einzelnen nahegelegt, beim Nachdenken über die Führerschaft die Grenzen der eigenen Denkfähigkeit nicht zu überschreiten. Nach einem versichernden Exkurs über den eher imaginä-

ren als realen Charakter der Nomadengefahr angesichts der Größe des Landes wendet sich der Bericht der politischen Verfassung (der »Einrichtung« des »Kaisertums«) zu, wobei zunächst nicht »die Lehrer des Staatsrechtes und der Geschichte an den hohen Schulen«, sondern »das Volk« befragt werden soll (349).

Dies geschieht zum einen durch den Rekurs auf die »Sage« (351), in der sich wiederum, wenn auch auf neue Weise, der Raum als entscheidender Faktor erweist. In der gleichnishaften Binnenerzählung von der kaiserlichen Botschaft ist es nicht die Ausdehnung des Raumes (das »freie Feld«, 351), die den Boten des Kaisers daran hindert, den Adressaten der Nachricht, den einzelnen Untertanen, zu erreichen. Es ist vielmehr die Faltung des Raumes, die unüberwindbare Staffelung der Gemächer, Höfe und Treppen des Kaiserpalastes, die es unmöglich macht, die ebenso unüberwindbare Staffelung der Wohnstätten der Hauptstadtbewohner auch nur zu erreichen. Wie im Falle der Nomaden bleibt so auch das Verhältnis der Chinesen zu ihrem Schutzherren ein imaginäres (›erträumtes‹, 352).

Zum anderen stützt sich die Volksbefragung des Architekten auf empirisches Wissen (auf »Schriften« und »eigene Beobachtungen«, 355). Hierbei erweist sich, dass der Lückenhaftigkeit des Schutzes nach außen eine mangelhafte administrative und symbolische Durchdringung des Reiches nach innen entspricht: Beinahe jedes Dorf hegt seine ganz eigene Vorstellung vom Kaiser, dem so, zusätzlich zu den beiden Körpern, die die klassische Souveränitätslehre ihm zuschreibt (dem leiblichen und dem symbolischen), ein vielgestaltiger dritter Körper hinzugefügt wird, der aus dem Geflecht der mannigfaltigen lokalen Vorstellungen besteht. Und doch erscheint, kurz vor dem Abbruch des Fragments (in einer unvollendeten Kindheitserinnerung des Erzählers an das Eintreffen der Nachricht vom Beginn des Mauerbaus in seinem Dorf), gerade diese Schwäche eines einheitlichen Bildes der Macht als »eines der wichtigsten Einigungsmittel unseres Volkes« (356).

Wenn im Falle des Berichts vom Bau der chinesischen Mauer eine Berichtsinstanz, die durchaus als zuverlässig gelten darf, selbst immer wieder auf die quellenbedingt allenfalls begrenzte Zuverlässigkeit ihres Berichts verweist, so ruft in der anschließenden Erzählung *Ein altes Blatt* der durch Augenzeugenschaft verbürgte Bericht des Schusters aufgrund seiner drastischen Beschreibungen berechtigte Zweifel an der Zuverlässigkeit des Berichterstatters hervor. Zu konstatieren ist zunächst ein radikaler Wechsel der politischen Lichtordnung. Bleiben im Bericht des Architekten Bedrohung und Schutzmacht virtuelle Größen, die gerade auf diese Weise so etwas wie politische Normalität ermöglichen, so wird nach dem Einfall der Nomaden in die Hauptstadt die politische Konstellation unmittelbar auf ihre physische Körperlichkeit reduziert: Nicht mehr im Kinderbuch, sondern leibhaftig verwüsten die Raubtier-Nomaden den Platz vor dem Kaiserpalast und plündern die Geschäfte; nicht mehr im Traum, sondern leibhaftig erscheint der Kaiser hinter dem vergitterten Fenster: der geneigte Kopf als Zeichen seiner Machtlosigkeit (360). Freilich bleibt die Faktualität auch dieses Berichts von Traum und Einbildung infiziert: Der Schuster beobachtet die Nomaden zunächst »in der Morgendämmerung« (358), also in der für Kafkas Erzählwelten des Öfteren maßgeblichen Zeitspanne zwischen Schlaf und Erwachen, und auch das Erscheinen des Kaisers im Palastfenster bleibt mit dem Index des Scheins versehen (»diesmal aber stand er, so schien es, an einem Fenster«; 360).

Wenn auch in diesem Szenario die Bevölkerung und die neuen Machthaber nicht miteinander kommunizieren können, so liegt das nicht mehr an der Weite oder der Faltung des Raums, sondern an der Sprachlosigkeit der tierhaften Nomaden, die sich lediglich durch Gesten und Schreie verständigen (359). Dem offenen Ende des Berichts von der chinesischen Mauer auf der Ebene des fragmentarischen ersten Teils entspricht hier das offene Ende der erzählten bzw. berichteten Welt: »›Wie wird es werden?‹ fragen wir uns alle« (360).

Die referierten Geschichten zeigen beispielhaft, dass bei Kafka die Problematik der Deutung *vor* jeder methodischen Entscheidung über die eine oder andere Lesart in ihrer Reflexivität steht, dass also zunächst die seinen Geschichten eingeschriebene Problematisierung der Deutung selbst in den Blick zu nehmen wäre. Hier sei zunächst nur auf die Erörterungen des Nachbuchstabierens der Anordnungen der Führerschaft, des Nachdenkens über sie, und die Vorstellungen über das Kaisertum in den Dörfern und Provinzen hingewiesen (↗ 258 f.).

Forschung

Da das Fragment vom *Bau der Chinesischen Mauer* zugleich das Titelstück des 1931 erschienenen Nachlassbandes bildete, diente es sehr bald als Bezugspunkt der durch diesen Band motivierten Reflexionen über den Autor Kafka und sein Schreibprojekt.

Walter Benjamins zuerst 1931 im Rundfunk ausgestrahlte Anzeige des Nachlassbandes erzählt die Parabel von der *Kaiserlichen Botschaft* nach, um vor allegorisierenden, insbesondere religionsphilosophischen Deutungsreflexen zu warnen und auf die Besonderheiten der Kafkaschen Erzählweise hinzuweisen, die »mit einer rein dichterischen Prosa gebrochen habe« (Benjamin, 41). In seinem drei Jahre später erschienenen Essay zu Kafkas zehntem Todestag zieht Benjamin die Erzählung von der Chinesischen Mauer als Beleg für seine These heran, dass für Kafka, anders als für Napoleon, das Fatum nicht durch die Politik, sondern durch die Organisation ersetzt sei (Benjamin, 20). Die Rolle der Organisation spielt auch in Siegfried Kracauers Aufsatz zum Anlass des erwähnten Nachlassbandes eine wichtige Rolle, ebenso wie die Differenz zwischen dem ›dichten‹ und dem ›lockeren Gefüge‹ der Gemeinschaft; beide Figuren werden hier werkintern-intertextuell, also quer durch verschiedene Erzählungen des Nachlasses gelesen und zeitdiagnostisch pointiert.

Nach dem Zweiten Weltkrieg ist auch für den China-Stoff die in Friedrich Beißners maßgeblicher Arbeit über den *Erzähler Franz Kafka* konstatierte Tendenz zu beobachten, zugunsten möglichst geschlossener philosophischer oder theologischer Deutungen die Untersuchung poetologischer Aspekte zu vernachlässigen. So verbildlicht für Walter H. Sokel die weltanschaulich heterogene Lebensweise des chinesischen Volkes die Negation absoluter Verpflichtung (Sokel, 367–370), während für Wilhelm Emrich aus gegenläufigem Blickwinkel die Distanz zwischen dem Einzelnen und dem Kaiser den Hiatus zwischen Gott und Mensch darstellt (Emrich, 187–204). In einer weiteren einflussreichen Lesart sieht Clement Greenberg in Kafkas China ein Symbol für die jüdische Diaspora, der ihrerseits eine menschheitlich-existenzielle Bedeutung innewohne (Greenberg, 77).

Eine zentrale Rolle spielt die *Mauer* für die *einflussreiche Neubestimmung des Kafkaschen Schreibverfahrens* durch Gilles Deleuze und Félix Guattari. Die architektonische Konstellation des Mauerbaus – die Segmente der kreisförmigen Mauer mit dem

Turm im Zentrum – ist hier Ausdruck des »transzendenten« bzw. »paranoischen Gesetzes«, das stets »nur Fragmente beherrschen kann« (Deleuze/Guattari 100 f.). Sein Gegensatz ist das Schizo-Gesetz, dessen Ausdruck das Kontinuum benachbarter Elemente ist (etwa der Büros entlang eines Korridors). Die beiden Gesetze sind mit den beiden Bürokratien verbunden, die sich in Kafkas Versicherungsanstalt treffen und überlagern: »der traditionellen chinesischen, kaiserlichen und despotischen Bürokratie und der modernen kapitalistischen und sozialistischen Bürokratie« (104), d. h. in concreto: der zentralistischen Wiener k.k. Bürokratie, der die Staatsaufsicht über die Anstalt oblag, und dem autonomen Management der Anstalt nach den Kriterien der Sozialversicherungstechnik.

In die 1970er und 1980er Jahre fallen einige Untersuchungen, die den China-Stoff als kulturelles und politisches Szenario der Subjekt-Genese lesen (Goodden, Neumann, Rapaport, Whitlark).

Mit dem Aufkommen der *Cultural Studies* entstand eine Reihe von Untersuchungen, die Kafkas China-Erzählungen von ihren *historischen und kulturellen Kontexten* aus zu erschließen suchten. Hier ist zunächst R. Robertsons große Untersuchung über den jüdischen Kontext des Kafkaschen Werks zu nennen, der, im Bezug auf die *Botschaft* und hier fokussiert auf den Chassidismus, auch G. Baioni als Bezugshorizont dient. Vor diesem Hintergrund legt R. J. Goebel überzeugend dar, dass sich insbesondere die hier in Rede stehenden Erzählungen – im Spannungsverhältnis zwischen der *Mauer* und dem *Blatt* – mit erheblicher Tiefenschärfe auch im Kontext der chinesischen Geschichte sowie vor allem der ›orientalistischen‹ Diskurse über China lesen lassen. Der Kontext der Geschichte Österreichs wird im Band von Walter Weiß und Ernst Hanisch aufgerufen.

In den beiden vergangenen Jahrzehnten häufen sich Untersuchungen, die sich aus diskursanalytischer, systemtheoretischer oder dekonstruktivistischer Perspektive mit Kafkas Schreibverfahren bzw. Schreibprojekt befassen. Im Hinblick auf die in Rede stehenden Erzählungen sind zu erwähnen: die Dissertation Wolf Kittlers, die in Kafkas China eine Inszenierung der institutionellen und medialen Relais gesellschaftlicher Kommunikation und ihrer Machteffekte freilegt (Kittler, 11–110); die u. a. an Deleuze und Guattari anschließende Habilitationsschrift Hiebels; Christiaan L. Hart Nibbrigs Lektüre der *Botschaft*, die auf die Vielstimmigkeit (den »Partiturcharakter«) und die »besondere Reflexivität« dieser

Geschichte hinweist, ihre autopoietische Bewegung, in der hier wie stets bei Kafka der Erzählprozess sich selbst hervorbringt, kontinuiert und ggf. vollendet (C.L. Hart Nibbrig 1977, 459).

Von den Untersuchungen jüngeren Datums wäre zunächst die maßgebliche Deutung Joseph Vogls zu nennen, der ausgehend von der Rousseau-Lektüre Derridas Kafkas bifokales chinesisches Szenario als Inszenierung des doppelten Bruchs »zwischen dem unvermessenen Land und dem in sich gegliederten und angeeigneten Territorium« bzw. zwischen dem »unartikulierten Schrei der Natur« und »der artikulierten Sprache« liest, es mithin als Problembild für den »kritischen Ort« versteht, »an dem sich die Entstehung von Gemeinschaft gerade als Dekomposition ihrer Darstellung immer von neuem vollzieht« (Vogl, 204). Wegweisend ist auch Friedrich Balkes Nachweis des »epistemologischen Spinozismus« Kafkas, den er an der Handhabung der Differenzen zwischen Notwendigkeit und Zweckmäßigkeit sowie zwischen »endlichem und unendlichem Denken« in der *Mauer* führt (Balke, 398). Malte Kleinwort reflektiert anhand der Differenz der beiden Babel-Motive in der Genesis und in den Prophetenbüchern die spannungsreiche Verknüpfung zweier – insbesondere dem ›chinesischen‹ Szenario eingeschriebenen – Schreibtendenzen bei Kafka, einer fragmentarischen, zerstückelten, widerständigen, und einer auf Einheit gerichteten, gleichsam selbsttätig sich entfaltenden.

Deutungsaspekte

Dem Textkonvolut kommt in Kafkas Werk eine poetologische Schlüsselstellung zu. Insbesondere Benjamins Hinweis auf die transästhetische Logik der Schreibweise Kafkas (↗252) lässt sich an diesem Beispiel in ihrer ganzen Tragweite konkretisieren.

Aktualhistorische Intervention

Wenn nach einem weitreichenden Konsens unter Historikern der Erste Weltkrieg als die »Urkatastrophe« des ›kurzen‹ 20. Jahrhunderts (1914–1989) gelten kann (so etwa Wolfgang J. Mommsen, im Anschluss an George F. Kennan), so wäre das Frühjahr 1917 vermutlich als die vorentscheidende Phase in ihrem Verlauf zu verzeichnen.

Zwischen Ende Januar und Mitte März war mit der Verkündung der Wilson-Doktrin, der U-Boot-

Krise und dem Eintritt der Vereinigten Staaten in den Krieg, und mit der Russischen Februarrevolution auch für zeitgenössische Beobachter die Endzeit der europäischen Monarchien überdeutlich angebrochen. In der Donaumonarchie hatte sich nach dem Tod des Kaisers Franz Joseph I. sein Nachfolger Karl I. geweigert, den Eid auf die alte Reichsverfassung abzulegen; zugleich zögerte er, einen neuen Verfassungsentwurf, dessen Kernpunkt in einer territorialen Lösung der nationalen Verhältnisse zwischen Tschechen und Deutschen im Kronland Böhmen bestand, den die Verhandlungen boykottierenden Tschechen per Oktroi aufzuzwingen. Es ist alles andere als Zufall, dass Kafka gerade am Kollisionspunkt aller dieser Ereignisse und Tendenzen erstmals eine im vollen Sinne historisch-politische Matrix (Nation, Staat, Territorium, Volk) an die Stelle der bis dahin vorherrschenden familial-sozialen Matrix seiner erzählten Welten setzt.

Aus diesem Blickwinkel fällt zunächst auf, dass die Geschichten des Textkonvoluts einen intensiven Dialog, eine kalkulierte Mit- und Wider-Rede mit einem Begründungstext der neuzeitlichen Staatslehre führen. Unter dem Eindruck jener anderen historischen ›Urkatastrophe‹, des Dreißigjährigen Krieges, stellt Thomas Hobbes (1588–1679) im zweiten Teil seines *Leviathan* eine Reihe von Sicherheitsmaßregeln für die Errichtung und Erhaltung von Staaten auf, die wie Kafkas China-Geschichten zwischen architektonischer und physiologischer Bildlichkeit oszillieren. Seine politisch-anthropologische Grundannahme – dass nämlich die kriegsmüden Menschen »von ganzem Herzen« wünschten, »sich zu einem festen und dauernden Gebäude zusammenzuschließen«, wobei sie freilich »ohne die Hilfe eines sehr tüchtigen Architekten nur zu einem baufälligen Gebäude zusammengefügt werden« könnten (Hobbes, 245) – ruft nicht nur die Erzählinstanz des chinesischen Berichts herauf, sondern sie bezeichnet als ihren Einsatz auch die für Kafka zentrale Unterscheidung zwischen ›fester‹ und ›lockerer‹ Fügung der Gemeinschaft (Kracauer, 265 f.). Letztere führt dann in der politischen Physiologie des Hobbes zu den »Gebrechen [...] aus mangelhafter Zeugung«, wie etwa der Stauung des »Blutes« im »Brustfell« (Hobbes, 253). Im Bericht des chinesischen Architekten kann die lückenhafte Konstruktion der Schutzmauer gerade umgekehrt dadurch verdrängt werden, dass durch die gemeinsame Arbeit am Werk das »Blut« aus dem »kärglichen Kreislauf des Körpers« (NSF I, 342) befreit wird.

Dem Gleichnis von der »kaiserlichen Botschaft« wiederum ist offenbar Hobbes Warnung vor der »übermäßigen Größe einer Stadt« eingeschrieben, die einen eigenen Machtraum im Inneren eines Staates bilden könnte, und in der »im Kot des Volkes« Menschen entstehen, die sich nicht scheuen, die »absolute Gewalt in Worten anzugreifen« (Hobbes, 254). So versandet die absolute Gewalt des Kaisers, seine Fähigkeit, den Untertanen zu erreichen und gar zu befehlen, bereits im für seinen Boten unüberwindbaren Raum der »Residenzstadt [...], hochgeschüttet voll ihres Bodensatzes« (NSF I, 352), während sie bereits durch den Akt des Erzählens ›in Worten angegriffen‹ wird.

Vor allem aber antwortet Kafkas chinesischer Bericht präzise auf die doppelte Furcht des Hobbes, dass das »Gift aufruhrstiftender Theorien« die Menschen dazu bringen könne, »die staatlichen Befehle untereinander zu diskutieren und zu kritisieren«, und so den »Staat in Verwirrung« stürzen könne, oder dass es durch die Eigenständigkeit der kirchlichen Gewalt gegenüber der staatlichen »in einem Staat mehr Seelen [...] als eine« geben könne (Hobbes, 246 f.). In Kafkas China wird das Buch des Babelbau-Experten als Beispiel für die »Verwirrung der Köpfe« (NSF I, 344) angeführt, und gerade aus Misstrauen gegenüber den »Lehrern des Staatsrechtes« (349) stützt der Mauerbau-Architekt seine Reflexionen über das Kaisertum lieber auf die Erkenntnisse seiner berufsbedingten Reise durch »die Seelen fast aller Provinzen«, auf der er das zwar »unbeherrschte«, aber »keineswegs sittenlose« Leben seiner Landsleute mit ihren zahllosen lokalen Religionen und Kaiser-Imaginationen erkundet (NSF I, 354 f.).

Vergleicht Hobbes Zustände, in denen nicht mehr »das Gesetz das öffentliche Gewissen ist«, »mit der Epilepsie oder Fallsucht bei einem natürlichen Körper [...], die die Juden für eine Art Besessenheit von Geistern hielten« (Hobbes, 251), so sieht Kafkas chinesischer Erzähler in ihnen »eines der wichtigsten Einigungsmittel unseres Volkes [...], ja [...] geradezu den Boden auf dem wir leben. Hier einen Tadel ausführlich begründen, heißt nicht an unserem Gewissen, sondern was viel ärger ist an unsern Beinen rütteln« (NSF I, 356).

Scheint im Bericht des chinesischen Architekten der transtextuelle Dialog mit und gegen Hobbes die explizite Verwerfung der »Lehrer des Staatsrechts« durch die Erzählinstanz implizit zu wiederholen und zu bestätigen, so ist für den Bericht des Schusters das

Gegenteil zu konstatieren. Die Situation nach der Invasion der Nomaden markiert gleichsam die Grenze der Wider-Rede gegen das Hobbessche Postulat einer absoluten Gewalt: »Verträge ohne das Schwert sind bloße Worte und besitzen nicht die Kraft, einem Menschen auch nur die geringste Sicherheit zu bieten« (Hobbes, 131). Die Nomaden hingegen erscheinen an dem vorsprachlichen und (daher) vormoralischen Ort, den Hobbes den »Tieren« zuweist (133). Wenn auch schließlich die Kaufleute von der Freiheit eines jeden Gebrauch machen, sich beim Zusammenbruch der souveränen Macht »in der Weise zu schützen, die ihm sein eigener Verstand anrät« (254), indem sie durch einen rudimentären Versicherungsvertrag die kontinuierlichen Fleischlieferungen an die hungrigen Nomaden sicherstellen (NSF I, 360), so kann dieser Selbstschutz den Kollaps der Staatsmacht im Angesicht des bewaffneten Feindes nicht kompensieren.

Entscheidend für ein Verständnis des Kafkaschen Schreibverfahrens ist jedoch sein aktualhistorischer Bezugsrahmen. Wenn Kafka in einer für den Bestand der politischen Ordnung kritischen Situation über das österreichisch-ungarische Kaiserreich im Zeichen des chinesischen schreibt, so wiederholt er damit nicht nur die beruhigende Distanzierungsbewegung seines Erzählers (»Meine Untersuchung ist doch nur eine historische, aus den längst verflogenen Gewitterwolken zuckt kein Blitz mehr«; NSF I, 346), sondern er stellt sich in eine böhmische Tradition der Krypto-Staatskritik, die der Begründer der tschechischen Presse, Karel Havlíček Borovský (1821–1856), in den Jahren nach 1848 aus seinem Tiroler Exil in vermeintlichen Auslandskorrespondenzen aus Irland und China veröffentlicht hatte. Auch Kafkas ablehnende Antwort an eine Kunsthalle für Groß-Österreich, die im Oktavheft seinen ›chinesischen‹ Aufzeichnungen unmittelbar vorausgeht, lässt diese als geographisch ›verschobene‹ Entfaltung seiner Weigerung lesbar werden: »ich bin nämlich nicht imstande, mir ein im Geiste irgendwie einheitliches Groß-Österreich klarzumachen und noch weniger allerdings, mich diesem Geistigen ganz eingefügt zu denken« (NSF I, 336 f.).

Tatsächlich schließt Kafkas chinesisches Szenario bis in seine Details an die Bildlichkeit und den Problembestand der habsburgischen Staatsmythologie an – sei es an den Brief Talleyrands (1754–1838) an Napoleon nach der Schlacht von Austerlitz: »Die Habsburgische Monarchie ist eine Anhäufung schlecht zueinander passender Staaten, die an Sprache, Sitte,

Bekenntnis und Verfassung völlig verschieden sind und nur eines gemeinsam haben: die Person ihres Herrschers. Eine solche Macht kann nicht anders als schwach sein; aber sie ist ein geeignetes Bollwerk gegen die Barbaren – und ein notwendiges« (zit. nach Münch, 663), sei es an die Zeitdiagnostik der Weltkriegszeit: »Österreich wuchs wild auf, Stück um Stück, lauter Einzelbauten, ohne Plan. [...] Jedes Stück hat seinen eigenen Zweck, dem dient es, den erfüllt es, weiter soll es nichts, weiter will es nichts, weiter denkt es nichts« (Bahr, 917). Außerdem lässt sich Kafkas Text gerade in seinen ›rätselhaften‹, deutungsträchtigen Details Punkt für Punkt auf die Debatten beziehen, die der die Monarchie bedrohende Nationalitätenkonflikt schon in den Jahrzehnten vor dem Weltkrieg ausgelöst hatte. So bezeichnet das ›orientalische‹ Verhältnis zwischen der »kaiserlichen Sonne« und dem »einzelnen, dem jämmerlichen Untertanen« (NSF I, 351) präzise das »zentral-atomistische« Modell der habsburgischen Verfassung, nach dem es »außer dem Staat nur Individuen« gibt, weshalb »zwischen der höchsten Allgemeinheit des allsorgenden Staates und der das Volk bildenden Summe einzelner Individuen keine Mittelglieder irgendwelcher Art« stehen (Bauer, 328).

Auch für andere zentrale Figuren des Textkonvolutes bieten sich aus dieser Perspektive verblüffend präzise Resonanzpunkte an. Der Blick des erwachenden Schusters auf das Treiben der fleischhungrigen und sprachlosen Nomaden vor dem Palast kopiert den Blick, den nach Bauer der Kleinbürger in den deutschen Industriestädten auf die der Arbeit folgenden tschechischen Arbeiter wirft, und dessen »Trägheit der Apperzeption«, »Unlust an allem [...] Fremden«, dessen Fokussierung nicht auf »das Volk«, sondern »immer nur seine Stadt« ihm die migrationsbedingte nationale Durchmischung der Gemeinden »so schrecklich erscheinen lässt« (Bauer, 306).

In dieser Lesart wird schließlich auch »die unbegreifliche Weise« begreiflich, in der die Nomaden letztlich doch »bis in die [...] sehr weit von der Grenze entfernt« liegende Hauptstadt vordringen konnten (NSF I, 358): »Die großen Veränderungen im Zusammenwohnen der Nationen gehen in den Industriegebieten vor sich. [...] Daher können wir beobachten, dass die folgenschwersten Veränderungen der Nationalität der Bevölkerung sich nicht dort ereignen, wo die Siedlungsgebiete der Nationen aneinander grenzen, sondern weit entfernt von der Sprachgrenze, mitten im geschlossenen Sprachgebiet« (Bauer, 375). Und auch das Vertrauen, das im Bericht des Architekten die Dorfbewohner in die schiere Ausdehnung des Raums setzen (»bleiben wir in unserem Dorfe, werden wir sie niemals sehen«; NSF I, 347), wird in Bauers Klassenanalyse des Nationenkonflikts nahezu wörtlich antizipiert, wenn es über den »Bauer alten Schlages« heißt: »In sein Dorf dringt der tschechische Arbeiter und Kleinbürger nicht. […] Die Bauern im Innern des geschlossenen Sprachgebietes aber, die den nationalen Gegner niemals sehen, kümmern sich auch um den nationalen Kampf nicht« (Bauer, 348).

Narrative Struktur: Kafkas Poetik des Unfalls

Kafkas Bruch mit der ›rein dichterischen Prosa‹ wird allerdings nicht nur und nicht einfach durch den aktualhistorischen Einsatz seines Schreibens bewirkt. Vielmehr gewinnen seine ›Dichtungen‹ ihren Charakter als traditionssensible, diachronisch aufgeladene Protokollierungen aktueller sozialer und kultureller Problemstellungen erst durch ihre eigentümliche Verknüpfung mit den Diskursen und Regulierungstechniken der Bio-Macht in ihrer ersten globalen Transformationskrise.

Die hiermit behauptete Verknüpfung zwischen Kafkas schriftstellerischer Arbeit und seiner beruflichen Tätigkeit wird bereits durch die Figur des Erzählers des ersten Textteils vollzogen, deren spezifische Beobachterposition (wie diejenige ihres Schöpfers) auf der singulären Kombination von Experten-Wissen für Schutzvorrichtungen mit Dilettanten-Wissen auf dem Gebiet der »vergleichenden Völkergeschichte« beruht (zu Kafkas Charakterisierung seiner Literatur über das Verfahren des Völkervergleichs vgl. Wagner 2006, 105).

Tatsächlich lässt Kafka in den Reflexionen des Architekten zwei durchaus ungleichzeitige Macht-Modelle aufeinanderstoßen bzw. sich überlagern: zum einen das ›traditionelle‹ Modell der transzendent begründeten Macht des Souveräns, zum anderen das ›moderne‹ Modell einer wissensbasierten Für- und Vorsorge-Macht: »die Führerschaft […] kennt uns. Sie, die ungeheure Sorgen wälzt weiß von uns, kennt unser kleines Gewerbe, sieht uns alle zusammensitzen in der niedrigen Hütte« (NSF I, 347).

In diesem diskurshistorischen Zusammenhang gewinnt die Binnenerzählung von der *Kaiserlichen Botschaft* erheblich an innerer Spannung: Scheint die chinesische Parabel von der faktischen Begrenztheit

der transzendenten Macht des Souveräns zu handeln, so bezeichnet sie in der Geschichte des Vorsorgestaates einfach jene Adresse, mit der Bismarck bei der Eröffnung des II. Deutschen Reichstags im November 1881, gleichsam als Bote des bettlägerigen Kaisers Wilhelm, den Volksvertretern die Verabschiedung jener später für Europa als wegweisend geltenden Sozialgesetze verkündete, die »dem Vaterlande neue und dauernde Bürgschaften seines inneren Friedens und den Hilfsbedürftigen größere Sicherheit und Ergiebigkeit des Beistandes, auf den sie Anspruch haben, […] hinterlassen« sollten (Bismarck, 85). In Österreich entsprach dieser Botschaft eine Mitte der 1880er Jahre einsetzende Serie von Thronreden zu Fragen der Sozialgesetzgebung, die, als Verbindung von Gnadenakt und Sozialplanung, die hybride Diskursivität der ›chinesischen‹ Reflexionen Kafkas vorwegnehmen.

Besonders in Österreich wird bis zum Untergang des Reiches im Weltkrieg die Vergeblichkeit deutlich werden, mit der die Bevölkerung auf die Verwirklichung des kaiserlichen Schutzversprechens wartet: Wie in der chinesischen Parabel sind es die bürokratische Faltung der Staatsmacht (des ›Palastes‹) und der Widerstand der politischen Parteiungen (der ›Massen‹), die das Ankommen der Botschaft beim einzelnen Bürger verhindern. So ist denn auch die Rede des Architekten, der die Parabel wiedergibt, mehr als bloß ein Vorsorge-Diskurs, entfaltet vielmehr bereits eine Meta-Perspektive auf den Vorsorge-Gedanken, indem sie »die Vorsorge selbst zum Gegenstand einer Sorge [macht] – der um die richtige Erkenntnisbeziehung« (Wolf, 13).

Doch nicht nur als sorgender Diskurs über die Vorsorge stehen die chinesischen Erzählungen in unmittelbarer Kontinuität zu Kafkas amtlichen Schriften für die böhmische Arbeiter-Unfall-Versicherungsanstalt (vgl. etwa AS Nr. 8a, 244–254; 8b, 254–268). Es ist insbesondere die Figur des Unfalls und des Unfallschutzes, die die narrative Organisation des chinesischen Szenarios von 1917 bis ins Detail informiert. So lässt sich zeigen, dass das räumlich-strategische Verhältnis zwischen den mauerbauenden Chinesen und den beweglichen und daher mit einem »bessern Überblick über die Baufortschritte« ausgestatteten Nomaden (NSF I, 339) präzise dem Problemdiagramm folgt, das Kafka in zwei Reden für den »II. Internationalen Kongress für Rettungswesen und Unfallschutz« (Wien, September 1913; AS 11a,b; 276–293 u. 293–300) für die Entwicklung des Unfallschutzes angesichts immer neuer technischer Gefahrenquellen in Österreich gezeichnet hat (Sorge um die fragmentarische und lückenhafte Entwicklung des österreichischen Unfallschutzes; Hinweis auf den permanenten Vorsprung, den die immer voranschreitende Produktionstechnik gegenüber den gesetzlichen Regelungen und Einrichtungen der Unfallverhütung hat).

Mehr noch, auch die diegetische Makrostruktur der beiden Geschichten in ihrer besonderen Komplementarität folgt präzise den beiden Perspektiven, die die Unfallversicherung auf den Versicherungsfall eröffnet. Der Blickwinkel des Architekten kopiert den des Unfallverhütungsexperten: Für diesen ist das Unfallereignis eine bloße Eventualität, seine Sorge gilt der technischen Minimierung der ihn ermöglichenden Umstände. Hingegen führt der Schuster die Rede des traumatisierten Unfallopfers: Das Ereignis des Unfalls ist für ihn nur im Modus der Nachzeitigkeit zugänglich, die Nomaden sind ›immer schon da‹, und sein einziges Gegenmittel scheint in posttraumatischer Verdrängung zu liegen. Wie in der Unfallstatistik bleibt das Ereignis selbst undatierbar, es verharrt in einer virtuellen Existenz jenseits des Zeitkontinuums. Zugleich sind hiermit die beiden Schreibsituationen bezeichnet, aus deren Spannungsverhältnis die Geschichten resultieren: die Arbeit des Versicherungsbeamten im Büro der Unfallversicherungsanstalt mit ihrem schrift- und datengestützten Überblick über das Kronland Böhmen und das ganze Reich, und die Arbeit des auf sich gestellten Schriftstellers in seiner ›Werkstatt‹ in der Alchimistengasse, in unmittelbarer Nähe des Hradschin.

Transtextuelle Dimension: Kafkas Kulturversicherung

Ihr volles Potential als den Bereich des Ästhetischen überschreitende bzw. entgrenzende Intervention in die Machteffekte der zeitgenössischen Diskurse entfaltet Kafkas Schreibweise freilich erst durch die spezifische Art und Weise, in der sie den Raum einer transtextuellen Vielstimmigkeit eröffnet und bewirtschaftet.

Erst die transtextuelle Dimension seiner Aufzeichnungen bringt jene zweite Spezialisierung des chinesischen Erzählers auf die »vergleichende Völkergeschichte« (NSF I, 348) ins Spiel, die in Verbindung mit der anderen, schutzbautechnischen, seine eigentümliche Beobachterposition ermöglicht. Mit dem Losbrechen der Weltkriegspropaganda und ihren

tabu- und zensurverstärkenden Effekten lässt Kafka seinen spontanen »Nachahmungstrieb« (30.12.1911; T 255) politisch werden, indem er eine Schrift konzipiert, die aus nichts anderem zu ›bestehen‹ scheint als aus Zitaten und Umschriften der Medien, Diskurse und Texte der Tradition und der Gegenwart.

Diese kryptologische Dimension des Kafkaschen Schreibens, seine »Geheimniskrämerei«, bildet keineswegs einen nur privaten Hinter- oder Untergrund seiner ansonsten »brauchbaren« Bilder (Brecht, laut Benjamin, 151). Vielmehr lässt sich deren volles und eigentliches Potential erst begreifen, wenn man sie nicht länger auf die Funktion eines symbolischen oder allegorischen Bedeutungsträgers reduziert, sondern sie als Matrix von Signalen rekonstruiert, deren Funktion zum einen in der Auslösung und Einschaltung anderer Stimmen (Echos) in die Rede des Erzähltextes besteht, zum anderen in der Erzeugung vielfältiger – den Akt der Lektüre gleichermaßen affizierender wie von ihm abhängiger – Resonanzen zwischen diesen diskurs- und wissenslogisch oftmals einander entfernten oder widersprechenden Echos.

Wählt man beispielsweise das zentrale Element der Schutzmauer (mit all seinen Teilaspekten) als Eingang in diese ›babylonische‹ bzw. ›paragrammatische‹ (Julia Kristeva) Dimension des Texts – also in einen ›offenen‹, nicht mehr durch die Autorintention begrenzten und geregelten intertextuellen Raum –, so konkretisieren sich hier zunächst Praxis und Projekt jener »vergleichenden Völkergeschichte«, der im Bericht des chinesischen Architekten ein so maßgeblicher Stellenwert beigemessen wird. Denn die Serie der Völker, deren Lage sich im Protokoll des Architekten (kon)notiert findet, weist weit über den Rahmen einer ›wörtlichen‹ (China) und einer ›metaphorischen‹ Referenz (Österreich) hinaus. Nicht nur bezeichnete bereits vor dem Krieg der nationalpolitische Diskurs der Tschechen die deutschen Siedlungsgebiete in Nordböhmen als ›chinesische Mauer‹, sondern umgekehrt definierten deutschnationale Politiker ihr Projekt affirmativ in dieser Bildlichkeit (vgl. etwa den Artikel *Deutschböhmen* in der Prager Tageszeitung *Bohemia*, 9.10.1917, 1).

Neben solcher vornehmlich an automatisierte Kollektivsymbolik gebundener und mithin auf unscharf definierte Mengen von Texten beziehbarer Inter*diskursivität* konstituieren Kafkas Geschichten jedoch auch eine häufig offenbar bis ins Detail kalkulierte, auf dem Dialog mit spezifischen Texten basierende Inter*textualität*. So ruft Kafkas Textkonvolut Theodor Herzls (1860–1904) politische Programmschrift über den *Judenstaat* nicht nur über das Motiv des Schutzwalles der kultivierten Chinesen gegen die tierhaften Nomaden auf – »Für Europa würden wir dort ein Stück des Walles gegen Asien bilden, wir würden den Vorpostendienst der Cultur gegen die Barbarei besorgen«, heißt dort die Legitimationsformel für die Landnahme in Palästina (Herzl 1896, 29) – sondern treibt ein komplexes und enges Geflecht von Zitaten und Anspielungen sowohl durch Herzls *Judenstaat* (Wagner, 2004) wie auch durch seinen Roman *Altneuland* (1902).

Und auch das internationale Schutzprojekt der Sozialversicherung tritt, wiederum in nationalisierter Fassung, in den transtextuellen Raum der ›chinesischen‹ Sorge ein, wenn in einem wiederum Kafka unmittelbar zugänglichen Aufsatz der reichsdeutsche Versicherungsexperte von Frankenberg die deutsche Sozialversicherung »zum festen Bollwerk, zum Sammelplatz der planmäßigen Abwehr« erklärt, und die entsprechenden Gesetze »in ihrer Gesamtheit und in allen Einzelteilen einen Teil der ehernen Schutzwehr gegen unsere Feinde« (von Frankenberg, 364 u. 367) nennt.

Schließlich bildet die gegenidentifikatorische Chiffre der ›schützenden Mauer‹ nicht nur eine verbindende Transversale quer durch die Völker, sondern sie schaltet auch maßgebliche Diskurse über die Grundlagen jeglicher Kultur in den Resonanzraum des Erzähltexts ein. In Karl Kraus' Essay von 1910 mit dem Titel *Die chinesische Mauer*, einem anderen wichtigen Echo-Text des gesamten chinesischen Komplexes bei Kafka, ist das die Kritik an der repressiven Funktion der »großen chinesischen Mauer der abendländischen Moral« (Kraus, 292).

In Nietzsches *Geburt der Tragödie* sind es unter anderem die apollinische, »mit Bollwerken umschlossene Kunst« oder auch »ein mit Mythen umstellter Horizont«, die das Staatswesen gegen das »titanisch-barbarische Wesen des Dionysischen« sichern. Hier schließt, wiederum innerhalb der Kunst, »der Chor als eine lebendige Mauer [...] die Tragödie [...] von der wirklichen Welt rein ab« (Nietzsche 1988a, 41; 145), während an anderer Stelle der Staat selbst »mit furchtbaren Bollwerken«, u. a. den Strafen, »gegen die alten Instinkte der Freiheit schützte« (Nietzsche 1988b, 322).

An diesen Beispielen mögen der Einsatz und die Funktionsweise des Kafkaschen Schreibens am Wendepunkt des Weltkriegs anschaulich geworden sein.

Es schließt sich an die Stigma-Metaphern der Kriegspropaganda an, um diese von *Medien der Dissoziation* (hier: Kultur vs. Barbarei) in *Medien der Assoziation* zu verwandeln – indem gerade die Diskursfigur der Abgrenzung (mit allen ihren internen Verzweigungen) als die gemeinsame Grundlage aller Völker und der Kultur überhaupt wahrnehmbar wird.

Selbstreferenz als Gebrauchsanweisung

Das freilich stellt Bedingungen an die Art und Weise der Lektüre. Die China-Geschichten können als beispielhaft für die Präzision gelten, mit der Kafkas Texte ihre eigentümliche Bewegung selbst erzählen, mit der ihr poetologisches Programm auf sich selbst zurückweist.

Dies betrifft die Seite der Produktionsästhetik, insofern die ungewöhnliche Positionierung des Erzählers der *Mauer* im Feld der Diskurse als ›autobiographische Spur‹ des Autors entziffert werden kann, während die beiden Dimensionen und Verfahren des Bauens (horizontal – Mauer; vertikal – Turm bzw. Tempel) das für Kafkas Schreiben konstitutive Spannungsverhältnis zwischen positivem Wissen und Intuition, zwischen Empirie und Ekstase notieren. Es betrifft aber auch die rezeptionsästhetische Seite, insofern das Verhältnis zwischen Kaisertum und Volk das Verhältnis zwischen Text und Leser notiert.

In beiden Fällen ist die zweite Seite der Unterscheidung für die erste recht eigentlich konstitutiv, basiert die Fiktion der Einheit des Kaisertums bzw. Textes auf der Vielheit der Imaginationen bzw. Lektüren, kann die Stabilität der Beziehung nur als ständige Bewegung gedacht werden. Der Leser findet eine explizite und einfache Gebrauchsanweisung in dem hydrologischen Gleichnis, in dem der Architekten-Erzähler das richtige Nachdenken über das Kaisertum veranschaulicht: Die Maßregel, nach der allein der mittlere Wasserstand des großen Flusses – zwischen Überschwemmung und Austrocknung – die Felder befruchtet (NSF I, 346), lässt sich ohne weiteres in eine Deutungen mittlerer Reichweite favorisierende Sinnbildungs-Diätetik umformulieren.

In einer für Kafka typischen Gegenbewegung offeriert der Bericht des Architekten freilich auch eine sehr viel aufwändigere, transhermeneutische Option der Textverwendung. Will man den Text auf dem Niveau seiner eigenen Funktionslogik, also im engeren Sinne literaturwissenschaftlich erschließen, so käme es darauf an, die beiden in ihm hinterlegten Wahrnehmungsweisen und Wissenstechniken im Hinblick auf das Kaisertum – die transversale des reisenden Beamten und die lokale des Dorfbewohners – miteinander zu verknüpfen. Eine solche Erschließungsbewegung hätte demnach die Fokussierung auf monokontexturale Lektüren (der ›Dorfbewohner‹-Modus) mit der querlaufenden Bewegung durch diese Lektüren hindurch (der ›Beamten‹-Modus) zu kreuzen. Indem an die Stelle der reflexhaften Bewegung vom Matrix-Text zum Echotext und zurück die Bewegung zwischen den Echotexten ins Blickfeld rückt, indem, mit anderen Worten, der virtuelle Konferenzraum, den Kafkas Texte eröffnen, wieder mit Gesprächen erfüllt wird, wird auch der eigentümliche Kurzschluss zwischen Ästhetik und Politik, den Kafkas Literatur betreibt, in seiner Positivität wie in seiner Virtualität beobachtbar und erfahrbar.

Ausgaben: *Beim Bau der chinesischen Mauer*: ED: Ein Fragment. Beim Bau der chinesischen Mauer. In: Der Morgen 6 (1930), 219–230. – BBdCM (1931), 9–28. – BeK/GS (1936), 67–82 u. T/GS (1937) 175 f. [Fragment: »In diese Welt drang nun …«] – BeK/GW (1954), 67–83 u. 328 f. – NSF I/KA (1993), 337–357. – OO3&4/FKA (2008), Heft 3, 12–112. –– *Eine kaiserliche Botschaft*: ED in: Selbstwehr. Unabhängige jüdische Wochenschrift 13 (1919) Nr. 38/39 [14. 9., Neujahrs-Festnummer], Sonntagsbeilage, 4; wieder in: Ein Landarzt. Kleine Erzählungen. München, Leipzig: Kurt Wolff 1919 [erschienen spät. Anf. Mai 1920], 90–94. – Erz/GS (1935), 154 f. – Erz/GW (1952), 169 f. – NSF I/KA (1993), 351 f. u. DzL/KA (1994), 280–282. – OO3&4/FKA (2008), Heft 3, 76–80. –– *Ein altes Blatt*: ED in: Marsyas. Eine Zweimonatsschrift 1 (1917) H. 1 [erschienen Mitte September], 80 f.; wieder in: Ein Landarzt (s.o.), 39–48; wieder in: Selbstwehr. Unabhängige jüdische Wochenschrift 15 (1921) 37/38 [30.9., Roschhaschanah-Nummer], Literaturbeilage, 5. – Erz/GS (1935), 142–144. – Erz/GW (1952), 155–157. – NSF I/KA (1993), 358–361 u. DzL/KA (1994) 263–267. – OO3&4/FKA (2008), Heft 3, 112–159. –– *Textkonvolut*: ED: NSF I (1993), 337–361. – OO3&4/FKA (2008), Heft 3, 12–159.

Quellen: Chinesische Lyrik vom 12. Jahrhundert v. Chr. bis zur Gegenwart. Übers., eingel. u. mit Anm. versehen von Hans Heilmann. München 1905. – Hans Bethge: Die chinesische Flöte [Nachdichtungen chinesischer Gedichte]. Leipzig 1907. – Julius Dittmar: Im neuen China. Köln 1912 (Schaffsteins Grüne Bändchen).

Intertexte: Anon.: Deutschböhmen. In: Bohemia, 9.10.1917, 1. – Hermann Bahr: Österreichisch. In: Neue Rundschau 26 (1915), 916–933. – Otto Bauer: Die Nationalitätenfrage und die Sozialdemokratie. Wien 1975. – Karl Otto von Bismarck: Die politischen Reden des Fürsten von Bismarck. Krit. Ausgabe. Hg. v. Horst Kohl. Bd. 9: Die Reden des Ministerpräsidenten und Reichskanzlers Fürsten von Bismarck im Preußischen Landtage und im Deutschen Reichstage 1881–1883. Stuttgart 1894; Neudruck Aalen 1970. – Karel Havlíček Borovský: Polemische Schriften. Ausgew. u. mit einem Geleitwort v. Peter Demetz, übers. v. Minne Bley. Stuttgart 2001. – Hermann von Frankenberg: Sozialversicherung und Wehrkraft. In: Zeitschrift für die gesamte Versicherungs-Wissenschaft 10 (1910), 363–375. – Theodor Herzl: Der Judenstaat. Versuch einer modernen Lösung der Judenfrage. Leipzig, Wien 1896. – Ders.: Altneuland. Roman. Leipzig 1902. – Thomas Hobbes: Leviathan oder Form, Stoff und Gehalt eines kirchlichen und bürgerlichen Staates [zuerst als: Leviathan, or the Matter, Forme, and Power of a Commonwealth, Ecclesiasticall and Civil. London 1651]. Hg. u. eingel. v. Iring Fetscher. Frankfurt/M. 1984. – Karl Kraus: Die chinesische Mauer. In: Ders.: Schriften, Bd. 2. Hg. v. Christian Wagenknecht. Frankfurt/M. 1987, 280–293. – Herrmann Münch: Böhmische Tragödie. Das Schicksal Mitteleuropas im Lichte der tschechischen Frage. Braunschweig, Berlin, Hamburg 1949. – Friedrich Nietzsche: Die Geburt der Tragödie. In: Ders.: Kritische Studienausgabe, Bd. 1. Hg. v. Giorgio Colli und Mazzino Montinari. Berlin 1988 (1988a), 9–156. – Ders.: Zur Genealogie der Moral. In: Ders.: Kritische Studienausgabe, Bd. 5. Hg. v. Giorgio Colli und Mazzino Montinari. Berlin 1988 (1988b), 245–412.

Forschung: G. Baioni (1994). – Friedrich Balke: K.s Ethik der Macht und ihre philosophische Antizipation. In: Rudolf Maresch/Niels Werber (Hg.): Kommunikation – Medien – Macht. Frankfurt/M. 1999, 391–413. – F. Beißner (1952). – W. Benjamin (1992). – Felix Christen: Die erträumte Botschaft. Zu F.K.s *Oktavheft C*. In: N.A. Chmura (2007), 9–24. – Deleuze/Guattari (1976), bes. 100–111. – W. Emrich (1975 [1957]), 187–204. – Rolf J. Goebel: Constructing China. K.s Orientalist Discourse. Columbia 1997. – Christian Goodden: *The Great Wall of China. The Elaboration of Intellectual Dilemma*. In: F. Kuna (1976), 128–145. – Clement Greenberg: *At the Building of the Great Wall of China*. In: A. Flores (1958), 77–81. – Christiaan Hart Nibbrig: Die verschwiegene Botschaft oder: Bestimmte Interpretierbarkeit als Wirkungsbedingung von K.s Rätseltexten. In: DVjs 51 (1977), 459–475. – H.H. Hiebel (1983), bes. 162–179. – Adrian Hsia (Hg.): K. and China. Bern 1996. – Katerina Karakassi: F.K.: *Ein altes Blatt*. In: N.A. Chmura (2008), 263–273. – W. Kittler (1985), bes. 11–110. – Malte Kleinwort: K. in Babels Ruinen – Zwei biblische Motive und zwei Schreibtendenzen in K.s Texten. In: Ulrich Wergin/Karol Sauerland (Hg.): Literatur und Theologie. Heidelberg 2005, 151–171. – John M. Kopper: Building Walls and Jumping over them. Constructions in F.K.'s *BBdcM*. In: MLN 98 (1983), 351–365. – Siegfried Kracauer: F.K. In: Ders.: Das Ornament der Masse. Essays. Frankfurt/M. 1977, 256–269. – Weiyan Meng: K. und China. München 1986. – Wolfgang J. Mommsen: Die Urkatastrophe Deutschlands. Der Erste Weltkrieg 1914–1918. Stuttgart 2002. – Gerhard Neumann: Die Arbeiten im Alchimistengäßchen. In: KHb (1979) II, 313–349. – Ralf R. Nicolai: K.s *BBdcM* im Lichte themenverwandter Texte. Würzburg 1991. – Herman Rapaport: *An Imperial Message*. The Relays of Desire. In: MLN 95 (1980), 133–137. – M.L. Rettinger (2003), 71–130. – Roland Reuß: Die ersten beiden Oxforder Oktavhefte F.K.s. Eine Einführung. In: F.K.-Heft 5 (2006), 3–26. – J.M. Rignall: History and Consciousness in *BBdcM*. In: Stern/White (1985), 111–126. – R. Robertson (1988), bes. 228–233. – Armin Schäfer: Die Grammatik der Macht. Überlegungen zu Hugo von Hofmannsthals Gedicht *Der Kaiser von China spricht*. In: Walter Gebhard (Hg.): Ostasienrezeption im Schatten der Weltkriege. Universalismus und Nationalismus. München 2003, 131–146. – Jost Schillemeit: Der unbekannte Bote. Zu einem neuentdeckten Widmungstext K.s. In: Stéphane Moses/Albrecht Schöne (Hg.): Juden in der deutschen Literatur. Frankfurt/M. 1986, 269–280; wieder in: J. Schillemeit (2004), 245–256. – W.H. Sokel (1964), bes. 367–370. – J. Vogl (1991), bes. 196–218. – Benno Wagner: »Ende oder Anfang?« K. und der Judenstaat. In: M.H. Gelber (2004), 219–238. – Ders.: Insuring Nietzsche. K.'s Files. In: New German Critique 99 (2006), 83–119. – Ders.: »Sprechen kann man mit den Nomaden nicht«. Sprachenpolitik und Verwaltung bei Otto Bauer und F.K. In: Nekula/Greule (2007), 109–128. – Ders.: »No lightning flashes any longer«. K.'s Chinese Voice and the Thunder of the Great War. In: Lothe/Sandberg/Speirs (2010). – Walter Weiß/Ernst Hanisch (Hg.): Vermittlungen. Texte und Kontexte österreichischer Literatur und Geschichte im 20. Jahrhundert. Salzburg 1990. – J. Whitlark (1991), bes. 118–130. – Burkhardt Wolf: Die Sorge des Souveräns. Eine Diskursgeschichte des Opfers. Berlin, Zürich 2004. – Michael Wood: K.'s China and the Parable of Parables. In: Philosophy and Literature 20 (1996), 325–337.

Für Forschungsliteratur zu *Ein altes Blatt* vgl. auch ↗238.

Benno Wagner

3.2.10 Kleine nachgelassene Schriften und Fragmente 2

Überblick

Im Hinblick auf den zeitlichen Rahmen lassen sich die Texte dieses Kapitels durch die Schriftträger einerseits, durch Eckdaten andrerseits bestimmen. Gemäß der Nummerierung der KA handelt es sich um Textmaterial, das vom Mai 1912 bis September 1917 reicht und sich in NSF I (Nr. 13 bis 18) und in T (Hefte 6 bis 11) befindet. In T sind es Quarthefte und Konvolute, in NSF I unterschiedliche Träger: Konvolute (Nr. 13, 14, 16, 18), das sogenannte »Elberfeldheft« (Nr. 15) und das »Oktavheft A« (Nr. 17). In biographischer Hinsicht befinden wir uns in der Periode der Beziehung zu Felice Bauer, genauer zwischen der Bekanntschaft mit Felice und der Feststellung der Lungentuberkulose. Nach dem Titel des zweiten Bandes von Reiner Stachs Biographie sind wir noch teilweise in den »Jahren der Entscheidungen«.

In literarischer Hinsicht ist diese Phase des mittleren Werks durch zwei besonders intensive Arbeitsperioden markiert: (1) Kafkas ›Durchbruch‹ erfolgt im September 1912 mit der Niederschrift des *Urteil*, einer Erzählung, die per se aber auch hinsichtlich ihres äußerst verdichteten Schreibvorgangs einen geradezu exemplarischen Charakter für ihn hat und seinen extrem hochgesteckten Anspruch an sich selbst verständlich macht. (2) Im Winter 1916–17 kommt es zu einer intensiven Schreibphase in der Alchimistengasse, wo Zurückgezogenheit und Ruhe die Produktivität ankurbeln; zudem verwendet Kafka hier handlichere Schreibmaterialien (Oktavheft und Bleistift), die eine leichtere, vielleicht experimentellere Schreibweise ermöglichen (Reuß 3–5).

Die hier vorgestellten Entwürfe machen freilich nur einen Teil des mittleren Werkes aus (die zu Lebzeiten publizierten Erzählungen sowie die Romanentwürfe werden in eigenen Kapiteln abgehandelt). Wichtig ist, sich bewusst zu sein, dass die gängigen Ausgaben (auch die KA) eine säuberliche Trennung zwischen ›Tagebüchern‹ und anderen Aufzeichnungen vornehmen, die Kafka de facto in seinen Heften so nicht praktiziert. Ein Tagebuch im herkömmlichen Sinn eines nur mit kalendarisch fixierten, das eigene Leben im Fluss der Zeit verankernden Einträgen (wie es z. B. Kafkas Zeitgenosse Schnitzler jahrelang geführt hat), liegt bei Kafka nicht vor. Und dass die sogenannten ›Tagebuch‹-Hefte durchaus auch die Funktion einer literarischen Werkstatt haben, wird am besten durch den Umstand belegt, dass in diesen Heften für die hier behandelte Phase über 130 fiktionale Einsätze verzeichnet und zum Teil entfaltet sind (vgl. deren Auflistung in T:K 297–301). Angesichts des Umstands, dass in den ›Tagebüchern‹ insgesamt gut 150 Erzählansätze vorzufinden sind (die Zahl kann je nach Definition von ›fiktionalem Einsatz‹ etwas variieren), spricht die Zahl von 130 in der mittleren Werkphase für sich: Die ›Tagebuch‹-Hefte dieser Periode sind offensichtlich durch besonders intensive fiktionale Schübe charakterisiert. Aus möglicherweise rein praktischen Gründen hat Kafka also seine unterschiedlichen Hefte keinesfalls je strikt zu nur diaristischen Zwecken benutzt. Wenn in NSF I eine große Lücke zwischen Mai 1912 und dem *Dorfschullehrer*-Konvolut vom Dezember 1914 klafft, so ist daher zu bedenken, dass Kafka in dieser Zeit durchaus Erzählungen entwirft, sie eben nur nicht in ein speziell hierfür reserviertes Arbeitsheft niederschreibt.

Eine besonders intensive Entwurfsphase fällt in die Monate Februar bis April 1914, in denen Kafka sich mit Zweifeln über die Verlobung mit Felice Bauer plagt; nach der beschlossenen Verlobung kreisen die Anläufe thematisch um das ›Wohnen‹, weil der Gedanke ans Zusammenwohnen mit demjenigen der Verlobung einhergeht. Es lassen sich also von Zeit zu Zeit Überlappungen zwischen literarischen Entwürfen und persönlichen Problemen feststellen (was natürlich nicht zu einer rein biographisch-detektivischen Lesart verführen sollte).

Textbeschreibung

Welche Texte aus den genannten Notizheften können nun zum ›literarischen‹ Werk im engeren Sinne gerechnet werden? Zum einen natürlich diejenigen, die bereits Max Brod als ›Novellen‹ und ›Skizzen‹ für publikationswürdig hielt – und auch publikationsfähig machte, indem er sie mit einem Titel versah und gelegentlich auch in eine einheitliche Form zwängte. Seine Kriterien waren, je nachdem, die ästhetische Abgeschlossenheit oder die weltanschaulich-biographische Relevanz der Texte; es ging ihm zudem um Lesbarkeit sowie um Kafkas mutmaßliche Intention (vgl. sein Nachwort zur ersten Ausgabe, in BeK/GS,

1936). 1953 erweiterte Brod den Blickwinkel, indem er in Hzv/GW *Prosa aus dem Nachlass* einbezog.

Die KA legt sich hier noch weniger fest, indem sie von *Schriften und Fragmenten* spricht. In der Tat hat die überwiegende Mehrheit der Texte Fragmentcharakter. Der Begriff ›Fragment‹ kann zweierlei bedeuten: eine bewusst verwendete, dem Aphorismus sich nähernde, in sich ruhende Kurzform ohne fiktionalen Charakter wie sie z. B. die Frühromantiker schätzten, oder aber eine Form, die durch den Abbruch des Schreibvorgangs (ja manchmal einfach durch materielle Probleme wie z. B. Papiermangel oder auch wegen Imponderabilien der Überlieferung) entsteht, und bei der Abgerissenheit oder Unabgeschlossenheit (aber nicht unbedingt Kürze) kein ästhetisches Mittel darstellt, sondern das Stocken oder den Abbruch eines Arbeitsvorgangs dokumentiert. Kafkas ›Fragmente‹ gehören meist zur zweiten Gruppe.

Die exakten Grenzen des Textkorpus bleiben prinzipiell unbestimmt, weil sich oft schwer entscheiden lässt, ob etwas im Hinblick auf eine mögliche literarische Verwendung, d. h. eine erzählerische Entfaltung niedergeschrieben wurde – und also ästhetischen Charakter hat – oder es sich um das bloße Festhalten von Eindrücken oder Gedanken ohne literarische Absicht handelt. Bei einem Autor, der Leben und Literatur als eng verschränkt erfährt, und für den generell jegliche Notiz (ein Gedanke, eine Alltagsbeobachtung, ein Traum oder Tagtraum, ein Einfall usw.) den Auftakt einer Erzählung bilden kann, ja per se schon ›Erzählung‹ ist, bleibt jede eindeutige Zuordnung schwierig. Trotzdem ist es legitim, eine Auswahl zu treffen, denn nicht alles Niedergeschriebene hat von vornherein literarische Qualität – und gerade für Kafka war keineswegs alles Geschriebene schon Literatur. Er hat z. B. die herkömmlichen Gattungen als solche durchaus respektiert (wie es sein lebenslanger Kampf um den Roman deutlich dokumentiert) und strenge ästhetische Maßstäbe an seine Produktion angelegt. Nicht der offene Entwurf, das Fragmentarische, Abgebrochene oder sich Verlaufende, sondern die abgeschlossene narrative Fiktion war sein Ideal und Ziel als Schriftsteller (vgl. etwa seine diesbezüglichen Äußerungen: T 711, 19.12.1914; T 714f., 31.12.1914).

Natürlich finden wir ›Kafka‹ überall, zumal wir im Rahmen der literarischen Moderne Fragmentarisches und Unfertiges per se zu schätzen gelernt haben. Dies sollte jedoch keine Einebnung der qualitativen Differenzen zur Folge haben: Eine Vorüberlegung oder Vorstufe zu einem Werk ist in genetischer Hinsicht immer interessant, doch ist es durchaus legitim, Gestaltungsstufen auch in qualitativer Hinsicht zu unterscheiden.

Bei der Konstatierung einer literarischen Absicht wird im vorliegenden Artikel von der folgenden Prämisse ausgegangen: Da Kafkas Vorzugsgattungen Erzählung und Roman sind, gilt als ›Werkfragment‹ jegliche Aufzeichnung, die einen narrativ-fiktionalen Kern oder eine minimale fiktionale Konsistenz hat. Diese ist gegeben, wenn eine Gestalt als Protagonist in einem autonomen, sich selbst tragenden Raum-Zeit-Kontinuum steht, was besonders klar zutage tritt, wenn noch das Fiktionalität signalisierende epische Präteritum hinzukommt.

Gliederung

Eine Gliederung des umfangreichen Materials lässt sich aus unterschiedlichen, vor allem aus chronologischen und thematischen Gesichtspunkten vornehmen (wobei eine genaue Datierung der Entwürfe nicht immer möglich ist). Hier wird noch – wie in erzähltheoretischen Ansätzen üblich – die Unterscheidung nach Ich- oder Er-Erzählungen als Unterscheidungskriterium herangezogen, weil es gerade hinsichtlich der Fiktion spezielle Fragen aufwirft und interessante Aufschlüsse über Kafka als Erzähler gibt; er hat bekanntlich für *Das Schloss* die Er- der Ich-Form vorgezogen und den größeren Teil seines narrativen Werkes in der dritten Person verfasst.

Diese zwei Gruppen müssten eigentlich noch ergänzt werden um die der Fragmente ohne Erzähler, also der Entwürfe in rein dialogischer Form. Davon gibt es jedoch allzu wenige, um eine relevante Kategorie zu bilden; die bedeutendsten sind diejenigen, die im Rahmen des Dramenfragments <*Der Gruftwächter*> entstanden (NSF I, 268–270, 276–289, 290–303, November 1916 – Anfang 1917; für ein anderes Beispiel vgl. T 818–822, 4.-7.8.1917). Dieser Befund ist insofern interessant, als Kafkas Werk und vor allem seine Romane viele, oft lange, dialogische Partien enthalten; doch scheint seine Imagination eindeutig eine narrative Stoßkraft, also die Etablierung einer Situation und einer Personenkonfiguration zu benötigen (die Dialoge sind offenkundig für ihn Bausteine des Narrativen und nicht Keimzellen des Dramatischen).

Die fiktionale Beschaffenheit eines Entwurfes liegt offen zutage, wenn ein Protagonist mit einem Namen und einem Beruf sowie mit raumzeitlichen Koordinaten ausgestattet wird. Die Anfangszeilen des *Urteil* (22.9.1912; T 442) sind hierfür exemplarisch: Man erfährt den Namen des Protagonisten (Georg Bendemann), seinen Beruf (Kaufmann), was er gerade tut (Briefschreiben) und wann und wo er es tut (Sonntag, Frühling, Zimmer, Fluss, Brücke); das alles im Präteritum (mit dem formelhaften *incipit* »Es war«) – kurzum: Es wird eindeutig eine Geschichte erzählt. Dasselbe gilt für den Beginn der Geschichte von Karl Roßmann (T 464, siehe *Der Verschollene*) und ebenso für eine ganze Reihe von nicht zur Entfaltung gekommenen Fragmenten, die mit demselben Muster anheben. Zwei Beispiele: »Ernst Liman kam auf einer Geschäftsreise am Morgen eines regnerischen Herbsttages in Konstantinopel an« (28.2.1913; T 493) oder »Rense gieng paar Schritte [sic!] durch den halbdunklen Gang« (9.3.1914; T 502). Subjekt, Verb und Ortsbestimmung: Daraus besteht das an Einfachheit kaum zu überbietende *Incipit* etlicher Fragmente in der Er-Form. Im Fall von Rense wird vier Aufzeichnungen weiter präzisiert: »Rense, ein Student« (T 503). In der Tat werden gewisse Entwürfe in mehreren Anläufen festgehalten, wobei es meist schwer zu sagen ist, ob es sich um Fortführungen, Einzelkorrekturen oder Neuansätze handelt. Der Rense-Entwurf wird z. B. noch in zwei weiteren Notizen, in denen der Held allerdings nicht mehr namentlich genannt, sondern nur noch als »Student« bezeichnet wird, aufgegriffen (und zwar in dialogischer Form, T 509–511). Das kann zu erheblichen Deutungsschwierigkeiten führen, z. B. wenn die Fragmente, wie etwa im Fall von <*Jäger Gracchus*> (↗273–276), deutlich divergierende Perspektiven oder Inhalte anbieten, und sogar zwischen Er- und Ich-Form schwanken. Manchmal ist zudem die Zugehörigkeit zu demselben Komplex fragwürdig. Gründe für den Abbruch der einzelnen Fragmente sind kaum auszumachen. In einer Notiz vom 4. Januar 1915 deutet Kafka das allgemeine Problem an: »Kann ich die Geschichten nicht durch die Nächte jagen, brechen sie aus und verlaufen sich« (T 715). Es ist bekannt, dass Kafkas Art zu schreiben sich schlecht mit den Anforderungen des Tages und der geregelten Arbeit vertrug. Die Metapher der Jagd (im Sinn der Verfolgung) dokumentiert auch, dass seine Erfindungen fliehen, zu entkommen drohen, und nur durch gezieltes Nachsetzen Konsistenz bekommen können.

Fragmente in Er-Form

Beschränkt man sich auf die auktorialen Fragmente, so kommt im mittleren Werk eine recht große Auswahl potentieller, oft mit Namen versehener Handlungsträger vor, die hier in einer umfassenden Auswahl stichwortartig vorgestellt werden, um einen Überblick über das erstaunliche ›Personal‹ der Kafkaschen Werkstatt zu geben. Die Auflistung soll auch einen Eindruck von der großen Vielfalt an Situationen vermitteln, die teils einen novellistischen Kern andeuten und zur Entfaltung einer Handlung einladen, teils ein seltsames Bild festhalten, das auf Anhieb keine narrative Energie zu besitzen scheint. Neben komischen oder fantastischen Konstellationen hat man es auch mit vielen banalen Szenen zu tun, die lediglich durch ein schräges Detail Aufmerksamkeit wachrufen. Abgesehen von den oben bereits erwähnten sowie von den weiter unten genauer behandelten Protagonisten tauchen auf:

1912: Gustav Blenkelt, ein durchaus geselliger Junggeselle (T 462 f.).
1913: Ein durchpfählter Ehemann (T 559); auf der Lauer stehende und mit Hellebarden bewaffnete Männer (565); ein junger Mann bzw. ein Student, nachts an seinem Fenster etwas verspürend (584); Alltagsszene in einem Fischerdorf (587); eine Familie beim Abendessen in tropischer Nacht (589); Wilhelm Menz, ein junger und schüchterner Buchhalter, der das Mädchen seines Herzens an der Jacke zupft (590 f.); Messner, ein alter Kaufmann, der von einem Studenten namens Kette in der Nacht belästigt wird (598–601 u. 618 f.); ein junger Mann auf der Treppe einer Singspielhalle (609 f.); ein alter Mann in öden winterlichen Gassen auf dem Weg zu seinem Freund (618).
1914: Ein verschlungenes Paar im Winter (T 510); ein junger Mann namens Haß, der sich beeilt auf ein Schiff zu kommen und sich verkriecht (512); Herr von Grusenhof, Besitzer von fünf namentlich erwähnten Pferden, die wie Gefangene nachts entkommen (512 f.); Anna, die in das vermietete Zimmer eines Studenten dringt (513); ein Adliger namens Herr von Griesenau und sein Kutscher Joseph, der viel Zeit auf seinem Ruhebett verbringt, fett und unglücklich ist (zwei Entwürfe; 514–516); ein sich komisch verhaltender Bräutigam (516 f.); eine als hässlich geschilderte, doch einem jungen Mann anziehend erscheinende Zimmervermieterin (517 u. 521); ein weißes Pferd, das frei durch die Stadt trabt (518 f.; auch T 463 taucht ein weißes Pferd auf); ein Magistrats-

beamter namens Bruder, der von einer verlorenen Schlacht weiß (drei Anläufe; 532–534); ein im Türspalt erscheinender Revolver (632); der Student Kosel, der nachts durch einen neuen Nachbarn stark gestört wird (641 f.); Josef K., Sohn eines reichen Kaufmanns, der nach einem Streit mit seinem Vater zum Hafen geht (666 f.); Banz, der Direktor einer Versicherungsgesellschaft, der einen Arbeitsuchenden mit grober Verachtung behandelt (669–671); ein vom Unglück verfolgter und von einem Gesetzeskundigen beratener Kaufmann (713 f.).
1915: Ein kleiner Junge in einer Badewanne (T 754 f.); einer, der mit einer verschlossenen Tür kämpft, die plötzlich jeden Widerstand aufgibt (777); ein Mieter, der einen Brief von seiner Nachbarin, der Witwe Halka, empfängt (778 f.).
1916: Hans und Amalia, die Kinder eines Fleischers, die von einem Fremden in ein Magazin gelockt werden (T 780–784); ein Schwerkranker, der Hilfe aus Bregenz bekommen soll (793); Neger, die aus dem Gebüsch erscheinen und um einen Holzpflock tanzen (794); ein einsamer Gast, der in der Kaffeewirtschaft eines Heilbades auftaucht (795); einer, der eifrig Hilfe in Wäldern sucht (796); ein zu Tode Verurteilter, der in seinem eigenen Zimmer vom Henker erstochen wird (797 u. 800 f.); ein kleiner ungewöhnlicher Vogel (798); zwei sich über ein Pferd namens Atro unterhaltende Herren (810); ein Invalide namens Friedrich, der Mausoleumswächter wird (vgl. <*Der Gruftwächter*>); der junge Hans, der auf dem Dachboden dem Jäger Hans Schlag begegnet (NSF I, 272–273); Hans, ein nach dem Tod seines gehassten Vaters aus der Fremde Zurückkehrender (274–276).
1917: Ein Mensch in einer Waldlichtung, dem Mythisch-Religiöses begegnet (T 813); Kaspar Hauser (814); ein müder Reisender (sieben Anläufe; 822–827 als Varianten zu *In der Strafkolonie*, siehe dort); ein amerikanischer General namens Samson (827; dann in Ich-Form fortgeführt.); eine in der Falle zerdrückte, von der Mäusegemeinschaft samt Eltern »beäugte« kleine Maus (NSF I, 336); ein Fürst, der einen Mörder in seiner Zelle besucht (364); ein Araber, der einer Reisegesellschaft das achte Weltwunder verspricht (375); berühmte Stierkämpfer, die ihren Beruf in der tiefen Provinz ausüben (377 f.); ein unbesorgt um das Kap der Guten Hoffnung Segelnder namens Hoffnungslos (413).

Fragmente in Ich-Form

Es gibt etwa ebenso viele Fragmente in der Ich-Form. Hier wird freilich der Protagonist nicht getauft (man erfährt seinen Namen höchstens aus einer Anrede, was nur zweimal vorkommt). Gelegentlich wird der Erzähler allerdings in der Überschrift genannt, was darauf hinweisen könnte, dass dessen Rede in einem breiteren, auktorialen Zusammenhang gedacht ist. Aber generell stellt sich der Ich-Erzähler nicht vor – teils wegen Kafkas Vorliebe für ›körperlose‹, wenig markierte, ja monologisierende Erzählerfiguren, teils weil die Informationen im Verlauf des Textes einfließen und der Leser indirekt, aus den Umständen etwas über Charakter und gesellschaftliche Stellung des Ich erfährt.

Das gilt freilich nur für die etwas umfangreicheren Fragmente: Je knapper der Erzählanlauf, desto schwieriger ist es, sich ein Bild von dem Erzähler-Protagonisten zu machen, bzw. in gewissen Fällen ihn überhaupt vom Ich eines Tagebucheintrags zu unterscheiden. Im Gegensatz zu den Fragmenten in der dritten Person ist also hier der fiktionale Charakter nicht immer offenkundig, oft weisen allein auffallend fremdartige, ja der Empirie widersprechende Umstände die Situation als erdacht aus (eine Unterhaltung mit Schakalen ist notwendigerweise Fiktion). Prinzipiell ist aber hierbei die Grenze zwischen Traum, Tagtraum, Erinnerung und Fiktion durchlässig.

In der Folge werden nur Stellen genannt, deren fiktionale Beschaffenheit weitgehend außer Zweifel ist. Ein genaueres Hinschauen lohnt sich, um zu sehen, wie Kafka Handlungen, Haltungen und Ich-Gestalten erdenkt und in Ansätzen durchspielt; die Betonung liegt in dieser Auflistung notgedrungen mehr auf den Situationen und Handlungskeimen (weiter unten eigens behandelte Fragmente werden nicht angeführt).

1913: Regelmäßige, leicht kämpferische Begegnung im Zimmer mit einem Unbekannten (T 589 f.); durch einen unbestimmten Lärm verursachtes mittägliches Aufwachen im Gebüsch (608).

1914: Allabendlicher Ringkampf mit dem Zimmernachbarn, einmal in Anwesenheit einer Frau und beim Schreiben eines Briefes (T 523–526); nächtliches Briefschreiben (532); ausführliche Schilderung der Ankunft in einem fremden Dorf (643–656); nächtliche Verfolgung durch sechs fremde Männer (657 f.); falsche und dann doch wahre Anschuldigung wegen eines sinnlosen Diebstahls (667 f.); Verweilen auf einem Pferd (671 f.).

1915: Aufwachen mit einem großen, im Traum von einem Ritter in das Genick gebohrten Schwert, das von zwei Freunden im Wachzustand herausgezogen wird (T 719 f.).

1916: Ein Großvater erinnert sich an seine erste Begehung eines fürstlichen Mausoleums (NSF I, 270–272; vgl. ‹*Der Gruftwächter*›).

1917: Arbeit im Dunkeln einer Werkstatt (T 811); etwas über einen unscheinbaren König, der den Ich-Erzähler (namens Franz) mit auf sein Schloss nimmt (812); Folter (816); rasanter und verzweifelter winterlicher Stadtritt auf einem Kohlenkübel (vgl. *Der Kübelreiter*); das Leben als Bettler an einer Straßenkreuzung (817); nächtliche Unterhaltung mit Schakalen in der Wüste (vgl. *Schakale und Araber*); ein alter, kränklicher und riesiger, einen Chinesen unwillig empfangender Mensch (NSF I, 323 f.); eine Ohnmacht kommt zu Besuch (327 f.); Bericht über einen seltsam kindlich-kriegerischen Aufruf in einer Mietskaserne (329 f.); Wohngemeinschaft in einem Zimmer zusammen mit einem Beamten und den beiden jungen Töchtern des Vermieters, Herrn Krummholz (333); der Erzähler als zukünftiger Angler (334); Ausführliches über die chinesische Mauer (vgl. *Beim Bau der chinesischen Mauer*) und eine weitere, *Ein altes Blatt* überschriebene chinesische Phantasie (358–361); liebevoller Umgang mit einem vielversprechenden, soeben aus einem überdimensionalem Ei ausgeschlüpften storchartigen Vogel (365–367); eine rasende Schlittenfahrt (368 f.); unangenehme Erfahrung mit einem geschäftlichen Konkurrenten und Nachbarn namens Harras (370–372; vgl. ‹*Der Nachbar*›); Zweikampf der eigenen Hände unter der Aufsicht des Ich-Erzählers als Schiedsrichter (389 f.); Erinnerung an einen großen Taschenspieler namens »K.« (406 f.); das erste Vorbringen einer Beschwerde in einer Direktionskanzlei (408–410); Szenen in einer fremden Versammlung (410 f.); die drei Hunde des Erzählers: »Halt ihn, Faß ihn und Nimmermehr« (412, 414); intimer Umgang mit »Nimmermehr« (413 f.); etliche Szenen mit Pferden (415, 417 u. a.); das kranke oder hungernde Ich (412 f.); Übernachtung in einer großen Herberge (415); der zivilisierte Affe Rotpeter (415; vgl. *Bericht für eine Akademie*); Unterhaltung mit einer Schlange (416 f.).

Deutungsaspekte

Der Umfang der Fragmente ist höchst unterschiedlich; einige gehen über mehrere Seiten, oft aber hat man es mit kurzen Texten zu tun, die Kafka selber als »hübsche Szenen« charakterisiert: »Es hat Sinn, ist aber matt, das Blut fließt dünn, zu weit vom Herzen« (27.5.1914; T 520). Es fehlt also zum Teil an ›innerer Substanz‹ und die Funktion des Aufschreibens besteht dann wohl darin, »das Gelenk zu lockern« (27.5.1914; T 522). Wann aber ist die Substanz eines Einfalls befriedigend? Wenn man mit einer »vollständigen Öffnung des Leibes und der Seele« schreibt (23.9.1912; T 461)? Wenn der Autor »vollständig ergriffen« ist (30.8.1914; T 675)? Vielleicht auch, wenn es möglich ist, den narrativen Faden soweit zu spinnen, bis die Fiktion einen gewissen Grad an Konsistenz oder an gedanklicher Stringenz erhält. Das lässt sich natürlich kaum allgemein bestimmen, sondern höchstens am Maßstab der von Kafka publizierten Erzählungen messen.

Thematisch kreisen die Entwürfe oft um Motive, Gestalten und Situationen, die man aus Kafkas sonstigem Werk kennt: manchmal spielerische, oft bedrohliche, agonale Situationen, Verrückungen des Alltags, schräge Lagen, Probleme der Unbehaustheit (man findet etliche Variationen vor allem des Ich in einem teils seltsamen, teils bedrängend-unheimlichen häuslichen Umfeld), Konfrontation mit Fremden, nächtliche Szenerien, seltsame Tiere (auffallend viele Pferde). Zum Teil gibt es jedoch auch Erfindungen, die vom herkömmlichen Korpus der publizierten Texte abweichen. Was die Protagonisten betrifft, hat man es mehrheitlich mit einsamen männlichen Gestalten zu tun (Politzer hat das zweite Kapitel seiner Kafka-Monographie der Figur des Junggesellen gewidmet; Politzer, 45–83), oft auch mit Sonderlingen.

In einer poetologischen Phantasie spricht Kafka vom »ungeheueren Wagen meiner Pläne« (29.5.1914; T 527). Seine Entwürfe sind, wie man es an den obigen minimalistischen Inhaltsangaben sehen kann, durchaus vielfältig und belegen seine Lust am Festhalten der Einfälle wie sein Suchen nach immer neuen Erzählkeimen. Um diese Vielfalt genauer zu bestimmen und, vor allem, um zu sehen, welche Art von Einfällen etwas weiter gedeihen konnten, scheint es angebracht, auf einige Texte näher einzugehen. Dabei werden vorzugsweise Fragmente behandelt, die bereits Max Brod für ›substantiell‹ genug hielt, um sie ab 1936 zu publizieren (BeK/GS; Hzv/GW).

Das ›Substantielle‹ ist oft eine Frage der Länge, da die Tragfähigkeit eines Einfalls oder sein Entwicklungspotential sich an seiner tatsächlichen Ausführung messen lässt (mehrmalige Anläufe dokumentieren dagegen eher die Schwierigkeit in der Umsetzung der zündenden Idee); kurze und abgerundete Texte wie <Die Brücke> oder Der Quälgeist belegen allerdings, dass die metaphorische Dichte verbunden mit einem gezielt lakonischen Stil ebensogut den Ausschlag geben kann. Kafka sprach diesbezüglich einmal von ›Berechtigung‹: Eine Novelle, »falls sie berechtigt ist«, trage ihre fertige Organisation in sich und könne sich dann in der »fertigen Organisation der Welt« erhalten (19.12.1914; T 711).

Einzelanalysen

<Ernst Liman>

Ernst Limans Abenteuer beginnt Kafka – ohne einen Titel zu verwenden – am 28. Februar 1913 (T 493–499, siebentes Heft), bereits am 3. März schreibt er an Felice unter Verwendung einer für ihn typischen Reitmetapher, er sei von seiner Geschichte fast gänzlich abgeworfen worden. Das Fragment wurde bisher nur im Rahmen der Tagebücher-Ausgaben publiziert (erstmals in T/GW 1951). Es ist interessant, zum einen weil der Protagonist Kaufmann ist, also einen bei Kafka öfters vorkommenden Beruf ausübt, zum anderen weil die grundlegenden Motive von Ankunft und Verfremdung eingesetzt werden. Der müde Liman (auch diese Müdigkeit ist für Kafka-Protagonisten typisch) wird nämlich gleich mit einer massiven Veränderung der ihm bekannten Welt konfrontiert: Das Hotel Kingston, in dem er in Konstantinopel üblicherweise absteigt und zu dem er sich kutschieren lässt, ist fast vollständig niedergebrannt. Man nötigt ihn jedoch, dem Etablissement treu zu bleiben und mit einem Zimmer in einer sich in der Nähe befindenden Privatwohnung Vorlieb zu nehmen; um ihn vollends zu überrumpeln, wird ihm ein verführerisches Mädchen als Begleiterin aufgezwungen.

Das Geschehen kombiniert das Thema der Unbehaustheit mit demjenigen der Hinderung des freien Willens; der Kaufmann wird entgegen jeglicher Logik vom Kutscher zu einem niedergebrannten Hotel gefahren und durch den Vertreter des Hotels am freien Gehen gehindert. Was sich nach der schlechten Erfahrung eines Reisenden mit südländischen Gaunern anhört, bekommt jedoch – wie etwa in

Thomas Manns *Tod in Venedig* – den unheimlichen Zug eines Kontrollverlustes über das eigene Dasein. Die Erfahrung der Fremdheit wird als Sog konzipiert, der im realistischen Stil geschildert wird und ohne irrationales oder phantastisches Beiwerk auskommt.

Erinnerungen an die Kaldabahn

Das Erzählfragment *Erinnerungen an die Kaldabahn* wurde ebenfalls erstmals von Max Brod 1951 im Rahmen seiner Ausgabe der Tagebücher veröffentlicht (T/GW). Es beginnt nach dem Eintrag vom 15. August 1914 (T 549–553) und wird in einem aus sechs Blättern bestehenden Konvolut weitergeführt (3.11.1914; T 684–694). Kafka erwähnt die Erzählung einmal als »russische Geschichte« (21.8.1914; T 675) und dann unter dem jetzigen Titel (31.12.1914; T 715). Der Name der Ortschaft Kalda im Innern Russlands ähnelt natürlich demjenigen des Autors und auch die Situation des Ich-Erzählers, diese radikale Einsamkeit in der Fremde, lässt sich stimmungsmäßig auf Kafkas damalige persönliche Lage zurückführen. Nicht zufällig besteht das Mobiliar der Hütte (der Ich-Erzähler wohnt, gleichsam unbehaust, in einem Holzverschlag, der gleichzeitig als Bahnstation fungiert) aus einem Schreibpult und einer Pritsche – d. h. genau den Möbelstücken, die Kafka als Schriftsteller zum Schreiben und Phantasieren braucht.

Der Erzähler erinnert sich an die Zeit, als er beim Bau einer Bahn nach Kalda angestellt war. Es handelt sich um ein völlig sinnloses Unternehmen, weil in diesem öden und entlegenen östlichen Gebiet keine Bahnlinie, sondern eine Straße gebraucht wird; außerdem kommen die Bauarbeiten wegen fehlender Mittel nicht mehr voran. Der Ich-Erzähler hat die Einsamkeit selber ersehnt, doch wird ihm die im Innern Russlands liegende, namenlose Ortschaft, in der er verweilen muss, immer unerträglicher und er verkommt allmählich in der monatelangen Gleichförmigkeit seiner Grenzsituation, die lediglich durch den monatlichen Besuch eines Inspektors unterbrochen wird. Dieser stellt die Unwirtschaftlichkeit des Unternehmens fest und stimmt dann zwei Lieder an. Man trinkt nicht nur Schnaps zusammen, sondern wird sich »ganz einig« und fällt in einer stundenlangen Umarmung auf die Pritsche (T 684 f.) – selten hat Kafka eine homoerotische Phantasie so unverbrämt (und in so seltsamer Form) dargestellt (vgl. das Stichwort ›Homosexuality‹ in: Gray 2005, 128–130).

Am ausführlichsten schildert der Erzähler, wie er gegen die großen Ratten kämpft und sich in seinem Verschlag gegen sie verbarrikadiert; hier ist man nicht mehr sehr weit von einer paranoiden Phantasie entfernt, wie sie später in ‹Der Bau› ausgeführt werden wird. Das Fragment bricht mit der Schilderung der deutlich angeschlagenen Gesundheit des Erzählers und seiner allmählichen Vertierung ab, in dem Augenblick, wo seine Lebenskurve sich offensichtlich zu Ende neigt. Dadurch erweist sich der Text deutlich als Entfaltung einer schwer stringent in der Ich-Form zu Ende zu erzählenden Phantasie – denn sein eigenes Sterben zu erzählen, ist wahrlich kein einfaches, wiewohl von Kafka geschätztes, Unterfangen. Das dokumentieren etwa die ›toten‹ Erzähler im ‹Jäger Gracchus› oder in ‹Die Brücke› (s. u.), zwei weiteren Werken der mittleren Phase also, die allerdings offen allegorischen bzw. traumhaften Zuschnitts sind. Das relativ lange Kaldabahn-Fragment ist als dicht gewobene Groteske per se faszinierend, aber auch weil es den Kafka-Leser an andere Werke denken lässt – wegen der existentiellen Grenzsituation eines in der Fremde sterbenden Protagonisten etwa an *Das Schloss*. In literarhistorischer Hinsicht mahnt die Schilderung der Existenz als unbestimmt-erbärmlicher Wartezustand in unbehauster Öde und Fremde an den Expressionismus, aber auch an spätere Werke aus dem Umkreis des Existenzialismus und des Absurden (u. a. Dino Buzzati und Samuel Beckett).

Der Dorfschullehrer (‹Der Riesenmaulwurf›)

Entstanden ist dieses Fragment zwischen dem 18. Dezember 1914 und dem 6. Januar 1915 (an diesem Tag vermerkt Kafka die Unterbrechung der Arbeit an dieser Erzählung; T 715).

Äußerer Anlass mag eine im Tagebuch wiedergegebene seltsame Begebenheit gewesen sein, die Kafkas Schwager Josef Pollak von der Front mitbrachte. Er habe im Schützengraben einen bohrenden Maulwurf vernommen und dies als Warnung gedeutet. Kaum von der Stelle entfernt, sei der ihm nachgekrochene Soldat von einem Schuss tödlich getroffen worden (4.11.1914; T 697). Man findet in der Forschung auch die Vermutung, dass der Fall der sogenannten intelligenten Pferde von Elberfeld (s. u.) insofern Pate für die Erzählung gestanden habe, als dort ein Industrieller in den Fall involviert war und hier ein Kaufmann als Erzähler auftritt (Heller, 127).

In diesem Fall wäre die Debatte um den Riesenmaulwurf im Hinblick auf die Kontroverse um die rechnenden und kommunizierenden Pferde von Elberfeld zu lesen.

Max Brod veröffentlichte den Text erstmals 1931 unter dem Titel <*Der Riesenmaulwurf*> im Band *Beim Bau der Chinesischen Mauer* (BBdCM), dann nahm er ihn im Rahmen seiner Edition von Kafkas gesammelte Schriften in BeK/GS auf. Die Forschung von Emrich (1975, 146) über Politzer (1965, 465) bis zu Gray (2005, 72 f.) hält Brods Titel für irreführend, weil der Maulwurf nur eine marginale Erscheinung in dieser Geschichte darstelle. Abgesehen davon, dass ein Titel nicht unbedingt das Hauptthema eines Buches anzugeben hat, stellt sich die Frage, worin das Thema hier überhaupt besteht. Geht es um einen Dorfschullehrer, um einen unmöglichen Maulwurf oder um einen Dorfschullehrer als Maulwurfforscher? Das einzige Argument für den jetzigen Titel ist, dass Kafka selbst ihn einmal gebraucht hat (19.12.1914; T 710).

Die fragmentarische, aber abgerundete Geschichte ist einfach: Der Erzähler berichtet von den Recherchen, die er angestellt hat, um die ebenso sensationelle wie ungewisse Erscheinung eines Riesenmaulwurfes wissenschaftlich zu belegen. Die von der Öffentlichkeit nicht geglaubte Existenz dieses Tieres wurde bereits durch den Lehrer des Dorfes, in dessen Nähe das Tier dem Vernehmen nach gesichtet worden sei, eingehend dokumentiert, doch ohne jeglichen Erfolg. Der Ich-Erzähler unternimmt es also, den Fall noch einmal aufzurollen, um den Dorfschullehrer zu unterstützen bzw. seine Schrift zu verteidigen. Obwohl er Maulwürfe äußerst widerlich findet, verfasst er einen neuen Bericht über das Tier. Doch der Dorfschullehrer meint, dass der Erzähler – ein städtischer Kaufmann – sich mit fremden Federn schmücken und die Entdeckung für sich beanspruchen wolle. Daraufhin zieht der Erzähler seine dem Maulwurf gewidmete Publikation aus dem Verkehr – und alles fällt wieder in gänzliche Vergessenheit zurück. Weder Dorfschullehrer noch Ich-Erzähler haben den Maulwurf je gesehen, doch sie fassen beide die Empirie als belangloses, entbehrliches Anhängsel des wissenschaftlichen Diskurses auf: Der Gegenstand wird gleichsam durch die über ihn stattfindende Nachforschung beglaubigt.

Die Erzählung ist in der Forschung nicht oft und vorwiegend im Zusammenhang mit anderen Werken behandelt worden, also aufgrund von thematisch-motivischen Analogien. Als wiederkehrende Motive und Charakterzüge wären vor allem zu erwähnen: die Gestalt des Kaufmanns, die Gegenüberstellung von Stadt und Dorf, die ›forschende‹ Lebenshaltung sowie die trotzige Verabsolutierung der Suche, das überzogene Überlegenheitsgefühl der vermeintlich Kundigen im unwissenden Umfeld (Schullehrer und städtischer Kaufmann im dörflichen Kontext). Emrich würdigt die Erzählung im »Fremde Dinge und Tiere, das ›Selbst‹ des Menschen« überschriebenen Kapitel seiner Monographie und fragt nach der Funktion des Wissenschaftskritik bei Kafka (Emrich, 145–151), wobei er jedoch den Text als bare Münze, als In-Frage-Stellung der herrschenden Wissenschaft nimmt und seine komisch-groteske Dimension völlig beiseite lässt.

Überhaupt wurde die Komik dieser Erzählung – u. a. die intendierte Analogie von Schreiben über eine Maulwurfserscheinung und Schreiben als Maulwurfarbeit – in der Forschung bisher nicht gewürdigt. Der städtisch-kaufmännische Ich-Erzähler sowie der »alte Dorflehrer« verfassen beide Berichte über die zweifelhafte »Erscheinung« oder das »Gerücht« (NSF I, 195) eines Riesenmaulwurfes, dessen Realität sie gleichsam mit Hilfe eines Schriftstücks bezeugen (oder erzeugen) wollen, so dass ihre Unternehmen in Konkurrenz geraten. Der Titel des Lehrertraktates »Ein Maulwurf, so groß, wie ihn noch niemand gesehen hat« (199) ist in seiner Doppeldeutigkeit unfreiwillig präzise, denn in der Tat wurde das Tier nicht gesichtet. (Ob Kafka vielleicht dabei an den Geist von Hamlets Vater dachte, der in *Hamlet* I,5 als »alter Maulwurf« bezeichnet wird?)

Der Schreib- und Erzählanlass ist hier keine ›unerhörte Begebenheit‹, die novellistisch auszuspinnen wäre, sondern eine unerhörte Erscheinung, die sich lediglich dem Vernehmen nach in einem hinterwäldlerischen Dorf ereignet haben soll. Die bemühten Forscher wollen schreibend, untersuchend, nachforschend das Tier als ›gewesenes‹ belegen, ins Leben rufen. Die Wissenschaftssatire ist spürbar: Die Beweisführung braucht nicht empirisch gestützt zu sein, sie wird, fern von jeglicher Realität, zum Selbstzweck oder auch, anders betrachtet, zur Fiktion. Der kaufmännische Erzähler ist, wie oft bei Kafka, selbstsicher und bitterernst, die Skurrilität der Unternehmung kommt ihm nicht in den Sinn, auch wenn er den Lehrer, der »der erste öffentliche Fürsprecher des Maulwurfes« sein will, durchaus lächerlich findet (NSF I, 200).

Gegenstand der Erzählung wäre also die Meta-Existenz dieses Tieres, d. h. die Verwandlung eines

Gerüchtes in schriftliches Belegmaterial. Der Ich-Erzähler berichtet von der Entstehung seiner eigenen Schrift, die als Unterstützung einer anderen Schrift konzipiert, ja zur Verbreitung der Maulwurf-Schrift des Lehrers dienen soll (NSF I, 201). Da sie dies jedoch nicht vollbringen kann, ohne zum Gegenstand (also zur Entdeckung des Maulwurfes) vorzudringen, schiebt sie sich tendenziell *nolens volens* an die Stelle der anderen Schrift, weshalb sie auch vom Lehrer als die »Sache« selbst entwertend kritisiert wird (202). Im Verlauf der Erzählung verfängt sich die Argumentation beider Kontrahenten immer mehr in gegenseitigen Anschuldigungen. Die Publikation des Erzählers stößt auf allgemeines Desinteresse (»öde Sache«; 204) und wird gar für eine bloße Neuauflage der Abhandlung des Lehrers gehalten. Der Erzähler wird also zum Doppelgänger des Lehrers (und Verdopplung ist bei Kafka immer mit Komik verbunden).

Vergleicht man den Text mit Flauberts *Bouvard et Pécuchet* (posthum 1881), so zeigt sich, dass abgesehen von den offenkundigen und gewichtigen Unterschieden in Umfang und Zielrichtung beider Texte, Kafka die Situation auf einen einzigen Punkt reduziert: Bei ihm geht es nicht um das Wissenssystem oder den Wissensbetrieb – bei Flaubert immerhin die gesamte Wissenslandschaft des 19. Jahrhunderts –, sondern um den Forschertrieb im Leerlauf, gleichsam um eine wissenschaftliche Artistik, die sich auf der Grundlage eines reinen Gerüchtes entfaltet.

Forschen heißt: sich tief in einen Gegenstand einbohren, grübeln, bohren, wühlen, etwas aufdecken oder untersuchen (darunter suchen). Diese metaphorischen Umschreibungen werden durch das Fragment wachgerufen und ironisiert. Man weiß, dass die ›nachbohrende‹ Tätigkeit ein Charakteristikum vieler Kafkascher Protagonisten ist. Der Maulwurf ist ein schwer zu sehendes und selber fast blindes Tier. Was man von ihm sieht, sind Erdaufwühlungen. Die Analogie zu den Produkten der beiden wühlenden Forscher ist offenkundig – und auf dieser unterschwelligen Metaphorik beruht Kafkas Humor. Die Erzählung nimmt sich aus wie eine Inszenierung der ›Wühlarbeit‹ derjenigen, die blind nach irgendeiner Wahrheit suchen, ohne sich im geringsten um das Faktische zu kümmern, weil sie einzig und allein der Macht eines argumentierenden, die Stelle der Realität einnehmenden Schriftstückes vertrauen.

Die Motivation der beiden Laien-Wissenschaftler ist dabei schwer auszumachen, zumal alles aus der Perspektive des städtischen Kaufmanns geschildert wird, der sein Hobby-Forschen als großzügige Geste dem Dorfschullehrer gegenüber ausgibt und nicht merkt, wie sehr er sich dabei selbst als Amateur entlarvt und in seinem blinden Glauben an die Macht eines sich wissenschaftlich gerierenden Berichts dem Lehrer (und wie dieser) der Spezies des blind-bohrenden und von ihm verabscheuten Maulwurfs selber ähnelt (die beiden werden ja metaphorisch selbst zu Riesenmaulwürfen).

Die tendenziell unendliche Rede über den Riesenmaulwurf, die den grotesken Ertrag einer wühlenden Tätigkeit darstellt, produziert einen prinzipiell unendlichen Schriftwurf in Form von kleinen Aktenhäufchen. Wie in anderen Texten Kafkas gerinnt die Untersuchung zur fixen Idee und die Kontrahenten werden geradezu zu Prototypen von skurril-frustrierten Besserwissern in Thomas Bernhardscher Manier. Die Satire auf eine pseudowissenschaftliche, vielleicht auch literarische Betriebsamkeit scheint hier jedenfalls wichtiger als der im Text selber nicht nachzuweisende Bezug zum Ersten Weltkrieg. Dass die eingangs angeführte merkwürdige Begebenheit um einen nicht gesehenen, aber als Warnung gedeuteten Maulwurf, das zündende Moment darstellt, ist durchaus plausibel, doch bedeutet das nicht (wie Alt suggeriert; Alt, 437), dass das Fragment einen Bezug zum Krieg (als Stellungskrieg, Grabenkampf und Maulwurftaktik) enthält.

Am 26. Dezember 1914 vermerkt Kafka in seinem Tagebuch, die Erzählung trage schon am Anfang »zwei unheilbare Fehler in sich« (T 713). Möglicherweise ist ihre satirische, den Sinn stark verdeutlichende Ausrichtung einer von ihnen. Der andere könnte darin bestehen, dass hier der Protagonist nicht auf eine Gegenwelt, sondern auf ein Alter Ego stößt, das er überheblich und doch schonend behandelt. Es fehlt somit die Grundlage für einen richtigen Kampf.

Der Unterstaatsanwalt

Das Fragment entstand zwischen Ende Dezember 1914 und dem 6. Januar 1915. Der Arbeitstitel wird am 31. Dezember 1914 genannt (T 715), eine letzte Erwähnung findet sich am 17. März 1915 (T 733). Bereits am 4. Januar 1915 notiert Kafka, dass sich die Geschichte verläuft (T 715).

Der Text hebt mitten in einem überraschenden Satz an (»überdrüssig geworden ist, Jagden auf Missgeburten zu veranstalten«; NSF I, 217) und lässt insgesamt ein Handlungsgefüge kaum erkennen. Dagegen ist der Protagonist deutlich konturiert, es geht um einen Unterstaatsanwalt, der einen Kampf gegen die Dummheit – und aus seiner Sicht insbesondere diejenige des Oberstaatsanwalts – unternehmen möchte. Im Rahmen einer in seiner Vorstellung stattfindenden Verhandlung erfolgt eine Rückwendung auf einen fünfzehn Jahre zurückliegenden Majestätsbeleidigungsprozess, bei dem er anscheinend großartig auftrumpfen wollte, auch um in seiner Karriere vorwärts zu kommen. Diese Erinnerung wird nur angerissen; man erfährt aber, dass das Vorhaben misslang und der ehrgeizige Unterstaatsanwalt sein Ziel nicht erreichte. Auffallend ist, dass in diesem Entwurf die politische Dimension recht deutlich zur Sprache kommt (der Angeklagte wird vom Protagonisten als »politischer Streber« gehasst, NSF I, 220).

Die Geschichte spielt in der (Kafka wohlvertrauten) Welt des Gerichtes, bezieht sich aber auf die gesellschaftliche Sphäre, die in seinem Werk immer wieder (bis zum *Schloss*) einbezogen wird; auch wenn er sich persönlich spärlich über Politik äußert, werden politische oder gesellschaftliche Beweggründe bei etlichen seiner Gestalten als Kampfmotivation angedeutet.

<*Elberfeld*>-Fragment

Das Fragment um die Pferdeerziehung ist wahrscheinlich vor dem 20. Januar 1915 entstanden (NSF I:A, 74). Es bezieht sich auf die damals Aufsehen erregenden Versuche und Theorien über tierische Intelligenz, die zunächst der Berliner Elementarschullehrer Wilhelm von Osten (1838–1909) um 1904 mit seinem Pferd, dem »klugen Hans«, anstellte. Hansens Rechenkünste wurden jedoch durch eine Kommission als Betrug entlarvt und das Tier wurde dem Industriellen Karl Krall (allein dieser Name musste Kafkas Aufmerksamkeit erregen!) in Elberfeld übergeben. Dieser publizierte 1912 ein Buch über *Denkende Tiere* und behauptete, seinen Versuchspferden Rechnen und eine Art Morseschrift beigebracht zu haben. Etliche Berichte erschienen über den Fall; auch der symbolistische Schriftsteller Maurice Maeterlinck (1862–1949), der sich mit ähnlichen Fragen beschäftigte (sie wurden im Kontext von Darwins Theorien ernsthaft erwogen), verfasste nach einem Besuch in Elberfeld einen Aufsatz über diese Pferde, der 1914 auf Deutsch erschien und den Kafka möglicherweise kannte.

Der Student aus Kafkas Erzählung will die Intelligenz von Pferden noch deutlicher und methodisch geschickter belegen als »seine Vorgänger« in Elberfeld (NSF I, 225), indem er sich vornimmt, den Unterricht der Tiere intensiver zu gestalten und ihn deshalb nachts stattfinden zu lassen, da dies allein eine außerordentliche Konzentration ermögliche. Außerdem muss der Student selber tagsüber für seinen Lebensunterhalt sorgen. Sein Forschungstrieb beruht auf einer ihn beinahe verunsichernden »tiefen und geradezu wilden Überzeugung« (228). Was aus dem Experiment wird, erfährt man nicht, da das Fragment bereits nach der Schilderung des Programms abbricht.

Man hat des Öfteren auf die von Kafka verwendete Metapher des Pferdes für die Erzählung bzw. vom Reiter oder Dresseur für den Erzähler hingewiesen (so z. B. Kremer, 1994). »Ich spanne die Zügel an« lautet eine isolierte Tagebuchnotiz (1.8.1917; T 815), und in der Tat wird die Analogie zwischen Schreibarbeit und Pferdebeherrschung bzw. Pferdedressur, die Verwandtschaft zwischen ›Zähmung‹ und Kanalisierung der Kreativität in etlichen Äußerungen Kafkas suggeriert. In diesem Fragment liegt sie insofern auf der Hand, als Schreiben aus pragmatischen und fundamentalen Gründen für Kafka eine nächtliche Tätigkeit ist (»Nur die Nacht ist die Zeit der eindringenden Dressur«; NSF I, 416). Das Fragment hat demzufolge autoreferentiellen Charakter, impliziert eine Allegorie des Schreibens, zumal in einer Zeit, in der Kafka am *Process* arbeitet.

Prinzipiell können viele von Kafka erdachte Szenarien als textliche, d. h. auf das Schreiben oder die Literatur bezogene Metapher gelesen werden, doch sollte diese autoreferentielle Seite nicht verabsolutiert werden und zu einer Vernachlässigung der anderen, z. B. der komischen Aspekte führen: Wie in dem zeitlich parallelen *Dorfschullehrer* wird hier ein hypertrophes, absurdes, pseudo-wissenschaftliches Vorhaben geschildert, das mit Selbstüberschätzung und einer gehörigen Dosis Sturheit einhergeht. Der Protagonist erweist sich von vornherein als ein von einer fixen Idee geleiteter Sonderling. Wie verhält sich diese komische Seite zur Metapher des Schreibens? Sind die skurril-verbissenen, wiewohl in ihrer ruhigen Überzeugung wiederum einnehmend-harmlosen Gestalten wie der Student oder der Dorfschullehrer Figurationen einer spöttischen Selbstspiegelung Kafkas? Gehört das Schreiben zu den von einer fixen Idee geleiteten Tätigkeiten? Darin könnte ein Grund für die Nicht-Ausführung dieser Fragmente liegen, denn eine Analogie bildet nicht unbedingt eine tragfähige narrative Grundlage – und selbst wenn Selbstverspottung mit im Spiel sein sollte, lässt sich das, was für Kafka mit dem Schreiben auf dem Spiel steht, sicherlich nicht genuin mit solchen skurrilen Unternehmungen und Gestalten artikulieren.

<Blumfeld, ein älterer Junggeselle>

Das Fragment entstand zwischen dem 8. Februar und April 1915. Im Tagebuch wird es einmal als »Hundegeschichte« (9.2.1915; T 726), später als »Junggeselle« (nach 6.7.1916; T 794) bezeichnet. Der obige Titel stammt von Max Brod, der den Text erstmals in BeK/GS (1936) publizierte.

Der Held, Blumfeld, kommt eines Abends müde nach Hause, denkt, während er die sechs Stockwerke zu seiner Wohnung hinaufsteigt, über seine Einsamkeit nach und erwägt die Anschaffung eines kleinen Hundes, um diese zu bekämpfen, kommt aber zum Schluss, dass ein Haustier letzten Endes nur Belästigung bedeutet. In seiner Wohnung findet er zwei hüpfende Celluloid-Bälle, die einen störenden Lärm verursachen. Er schafft es, sie für die Nacht zu beruhigen und sie am nächsten Morgen sogar einzusperren, mit der Absicht, sie bei dem Sohn des Hausmeisters los zu werden. Auf dem Weg zu seiner Arbeitsstelle (einer Wäschefabrik) denkt er nach über seine Situation, über die unerträgliche tägliche Belästigung durch zwei kindische Praktikanten und generell über die mangelnde Anerkennung seiner Leistung vor allem seitens des Fabrikdirektors.

Blumfeld ist in Vielem ein prototypischer Kafkascher Held: Er geht pflichtbewusst seiner von ihm allein für bedeutungsvoll gehaltenen Arbeit nach, lebt zurückgezogen in einer armseligen Wohnung und in der kleinbürgerlichen Gleichförmigkeit eines durch und durch geregelten Alltags. Seine Müdigkeit und seine Eingangscharakterisierung als »älterer Junggeselle« (NSF I, 229) geben zu verstehen, dass dieses ebenmäßige, ermüdende Leben schon länger andauert. Er ist ein Angestellter (auch hierin mit etlichen Gestalten des Autors verwandt), lebt zurückgezogen, ja sogar abgeschottet in seiner Gedankenwelt, welche nicht eskapistischer Natur ist, sondern weitgehend aus Überlegungen über seine von den anderen nicht in ihrem Wert geschätzte berufliche Tätigkeit besteht und generell um sein ödes Leben kreist. Sein Nachdenken über Maßnahmen gegen die Einsamkeit am Textanfang zeigt überdies, dass seine Denk-

weise und Lebensauffassung zwangsläufig zur Einsamkeit führen. Die Pointe der Erzählung liegt darin, dass gerade der kurz gehegte, aber dann wieder mit Gedanken an die eigene Bequemlichkeit wegrationalisierte Wunsch nach einem Begleiter mit dem Auftauchen der Bälle rätselhaft verbunden ist (vielleicht auch über ein Wortspiel, da der kleine Hund mit »Bellen, Springen, Händelecken« gleichgesetzt wird; NSF I, 232).

Die zwei Bälle sind vital, anhänglich und zum neckischen Spiel aufgelegt, hyperaktiv wie Kinder oder junge Tiere. Das manifestiert sich im Springen, was bei Zelluloid-Bällen auch ein aufreizendes Geräusch erzeugt. So stellt die Belebung vor allem eine Störung dar. Klar ist, dass jegliche Veränderung für den pedantischen Angestellten lästig ist.

Der Status der Erzählung hängt eng mit der Deutung der beiden Bälle zusammen. Haben sie märchenhaften Charakter, existieren sie wirklich oder sind sie Produkte von Blumfelds Einbildung, d. h. entspringen sie letzten Endes seinem Wunsch nach einer Begleitung? Gegen das Märchenhafte spricht die Erzählanlage, denn man befindet sich im platten Alltag eines Angestellten. Doch ließe sich in Anlehnung an den von Volker Klotz im Hinblick auf *Die Verwandlung* und *Ein Landarzt* vorgeschlagenen Rückgriff auf die Gattung des Kunstmärchens (Klotz, 339–355) auch hier die Kategorie des ›Wunderbaren‹ einführen – geht es doch darum, dass in vielen Kunstmärchen dem Helden innerhalb des Alltags Wunderliches begegnet. Aber wie reagiert man darauf? Während etwa der Student Anselmus in E.T.A. Hoffmanns *Der goldene Topf* (1814) mit zwei nicht übereinstimmenden, ja einander widersprechenden (allein in der Poesie eventuell harmonierenden) Welten konfrontiert wird, erinnert Blumfelds Haltung zunächst an diejenige eines Volksmärchenhelden, denn das Wunderliche erscheint ihm kaum als solches, es bricht keine andere Welt in seinen Alltag ein, die Bälle sind einfach kindische, hüpfende Wesen (oder Poltergeister), die eines Tages auftauchen und an deren Existenz er nicht den geringsten Zweifel hegt (genauso wenig etwa wie Gregor Samsa seine Verwandlung hinterfragt). Auch stellen diese Bälle Blumfelds Welt nicht in Frage, sie sind »ungewöhnlich« (NSF I, 238), doch widersprechen sie physikalischen Gesetzen nur in Grenzen, stiften somit keine wirkliche Beunruhigung. Ob es sich um »Lebensbegleiter« oder »Spielbälle« handelt, ist letzten Endes eine Frage der »Meinung« (248). Aber Blumfelds naives Verhalten provoziert eine irritierende Verfremdung, da der Text keinerlei Merkmale des Volksmärchens aufweist und die alltäglichen Wahrscheinlichkeitskategorien nicht außer Kraft setzt.

Entspringen die Bälle dagegen nur Blumfelds Wunsch oder Ängsten, ja fasst man sie lediglich als Halluzination auf, dann wäre der Protagonist – ein durchgehendes Thema in der Epoche des Expressionismus – von einem sanften Wahn befallen. (Man vergleiche dies etwa mit der neurotischen Deutung, der imaginären Aufblähung eines Geräusches in Rilkes *Aufzeichnungen des Malte Laurids Brigge* – dass Kafka selber höchst lärmempfindlich war, ist bekannt). Blumfelds geistige Anlage spricht durchaus für eine solche Deutung: Er ist durch und durch in sich involviert, versteht jegliche ihm widersprechende Erscheinung oder Auffassung als Angriff auf seine Person, so dass die Bälle durchaus als halluzinatorische amplifizierende ›Umdeutung‹ eines kleinen Geräusches gelten könnten. Da Blumfeld im Büro zwei anscheinend kindliche und lästige Praktikanten unter seiner Aufsicht hat, wiederholen die beiden Bälle in grotesker Form das Motiv der paarweise in Erscheinung tretenden ›Störung‹. Blumfelds Verhalten ist beiden Paaren gegenüber dasselbe, d. h. eine väterlich-duldsame, wiewohl zugleich gereizte und mit brutalen Regungen durchsetzte Einstellung. Die Bälle nehmen sich in der Tat wie ironische, nämlich hypertroph-ideale Begleiter aus, sie sind stets folgsam (sind »Gefolge«; NSF I, 250), ohne Alterungsgefahr, sauber, fröhlich. Kurz: Sie vereinigen in sich alle Vorteile, die Blumfeld sich von einem Hund erhoffte, ohne dessen Nachteile zu haben.

Das Erzählfragment ist vor allem bekannt, weil Blumfelds Praktikanten die beiden lästig-komischen Gehilfen Arthur und Jeremias im *Schloss* vorwegnehmen. In beiden Fällen erweisen sich die zur Unterstützung vorgesehenen jungen Männer als unnütze, unzuverlässige, ja kontraproduktive, meist in Slapstick-Manier agierende Gestalten. Doch das wunderliche Moment der *doppelten* Verdopplung ist dem Blumfeld-Fragment eigentümlich, ja man muss eigentlich von Verdreifachung reden, da es neben den Praktikanten noch die beiden vital-hüpfenden Mädchen des Hausmeisters gibt (248 f.).

Doppelte Erscheinungen treten dem vom Mangel an Zweisamkeit geplagten Junggesellen als widerspenstige Wirklichkeit entgegen. Der Figurenparallelismus steigert einerseits den Slapstick-Charakter der Erzählung und gibt den Protagonisten der Lächerlichkeit preis, schafft andererseits ein Problem, das vielleicht für den Abbruch dieses wunderschö-

nen Textes verantwortlich ist: Wenn die Bälle den Angestellten Blumfeld in seinen eigenen vier Wänden necken und stören wie die Praktikanten im Büro oder die Mädchen im Hausflur, so müssen beinahe zwangsläufig berufliche und private Sphäre aufeinander bezogen werden – sei es im Rahmen eines systematischen Vergleichs (einer intendierten, wiewohl nicht expliziten Allegorie), sei es als Engführung beider Stränge in der Handlung selber. Beides ist im Hinblick auf Kafkas sonstiges Schaffen recht schwer vorstellbar.

Dazu kommt noch das Problem von Blumfelds Lächerlichkeit: Ob man die Erzählung als modernes Märchen ansieht oder ob man die Bälle als Produkte einer paranoiden Veranlagung betrachtet (wobei die zweite Hypothese durch den Umstand gestützt wird, dass einzig und allein der Held, durch dessen Perspektive alles geschildert und gedeutet wird, die Existenz der Bälle konstatiert), in jedem Fall ist eine deutlich satirische Stoßrichtung vorhanden: eine durchaus zeitgebundene, auch im Expressionismus gepflegte Verulkung kleinbürgerlicher Lebensführung und pedantischer Ordnungssucht, die den Entwurf insofern etwas schwächt, als sie seinen Sinn einengt.

In diese Richtung geht auch die vielleicht intendierte Kritik der modernen, das ganze Dasein einzwängenden und verödenden Arbeitswelt: Enges Büro, ödes Zimmer, steiles Treppenhaus, Dauerbelästigung und sich steigernde Müdigkeit bilden einen perfekten Gegensatz zum – sein *nomen* ist hier ein umgekehrtes *omen* – Leben als ›Blumenfeld‹. (Eine Anspielung auf den Namen des Sekretärs der zionistischen Weltorganisation – vgl. T 379 – ist nicht anzunehmen.)

Die Komik rührt hier wie oft bei Kafka von einer mechanischen Bewegung her, doch während Bergson in seiner Analyse des Komischen (*Le Rire*, 1900) vor allem die Überlagerung des Organischen durch Mechanisches im physikalischen Bereich vor Augen hatte, geht es hier mehr um geistige Mechanismen: Anstatt höchst Sonderbares, ja gar Unmögliches als solches wahrzunehmen, reagiert der Protagonist so, als gäbe es keinen Grund zum Kopfschütteln, keinen Anlass zur Hinterfragung des Phänomens, d. h. er denkt *mechanisch* und einfältig mit hergebrachten Alltagskategorien weiter. Guido Crespi beschreibt es so: Kafka behandelt eine surreale Situation mit logischen und realistischen Mitteln (Crespi, 106). In der Diskrepanz zwischen Wunder und alltäglichen Denkmustern und Verhaltensweisen, in der Reduzierung des vollkommen Absurden zur geringfügigen Sonderbarkeit liegt die erheiternde aber auch irritierende *vis comica* vieler derartiger Szenen.

<Monderry>

Die im Tagebuch nach einem vom 27. Mai 1915 datierten Eintrag stehende und das 10. Heft abschließende *<Monderry>*-Geschichte nimmt sich wie ein Experiment im sachlich-berichtenden Schreibstil aus. »Der Tatbestand der rücksichtlich des plötzlichen Todes des Advokaten Monderry zunächst festgestellt wurde war folgender« (T 746) – mit diesem an einen trockenen Polizeibericht oder an die von Kafka gut beherrschte juristische Sprache mahnenden Satz hebt der Text an. Doch die angekündigte Sachlichkeit wird sofort durch novellistisch anmutende Momente durchkreuzt. Die Zeitangabe lautet »eines Morgens«, und dann wird präzisiert: »es war ein schöner Junimorgen und schon ganz hell« (746). Mit dieser ausschmückenden Beigabe wird der Stil vollends unsachlich.

Und gerade in punkto Sachlichkeit lässt dieser amtliche Bericht sehr zu wünschen übrig, da er sich genüsslich auf die Einzelheiten der ersten Minuten nach dem Tod oder der Ermordung Monderrys einlässt, obwohl man weiß, dass schon Wochen vergangen sind und etliche Verhöre stattgefunden haben. Der Text, der aufgrund der nicht klaren Zeugenaussagen der Witwe Monderry und eines damals gerade Semmeln bringenden Bäckerjungen verfasst wird, erweist sich als unstrukturiert, geht an den Einzelheiten entlang und ist genüsslich narrativ gehalten, er bildet eine Art protokollierendes Nacherleben dessen, was sich zwischen der entsetzten Frau Monderry und dem von ihr zur Hilfe gerufenen Bäckerjungen abspielt. Kurzum: Der Sachbericht wird eindeutig von einem Erzähler umgeleitet und verliert sich in der Schilderung von Umständen. Man kann jedoch auch einfach sagen: Das Erzählen nimmt überhand; was als (notwendigerweise) rückblickender Bericht angelegt ist, wird zur eben entstehenden Fiktion. Die kriminalistische Fahndung – »Mein guter Mann ist ermordet worden!« schreit Frau Monderry (T 746) –, gerät bei diesem Interesse für Nebensächliches außer Kontrolle, der Erzählanlauf wird – und diese Bewegung ist konstitutiv für viele Erzählungen Kafkas – in raschen Schritten eingeschränkt oder sogar ausgehöhlt.

Anders als im *Process*, an dem Kafka seit Juli 1914 arbeitet und in dem sich alles vor einem juristischen Hintergrund abspielt, ist hier das Berichten selber als eine Realität festhaltende und erzeugende Aktensprache Thema des Textes – und man kommt nicht umhin, darin auch eine Art parodistische Stilübung des Juristen Kafka zu sehen.

<Die Brücke>

Diese Phantasie entstand zwischen Dezember 1916 und Januar 1917 in der Alchimistengasse. Ihr Titel stammt von Max Brod, der den Text 1931 in der Sammlung *Beim Bau der Chinesischen Mauer* veröffentlichte und 1936 in BeK/GS aufnahm.

In dieser knappen Erzählung evoziert ein Ich-Erzähler in wenigen Sätzen sein Dasein und Sterben als menschliche, mit einer Weste bekleidete und mit recht dichtem Haar versehene Brücke. Diese Brücke ist eine sinnlose Konstruktion, weil sie in einer »unwegsamen Höhe« (NSF I, 304) liegt, auf keiner Karte verzeichnet und außerdem von höchst fragwürdiger Stabilität ist. Als sie zum ersten Mal Verwendung findet und betreten wird, will sie den ihren Rücken in Anspruch nehmenden Wanderer anschauen und fällt aufgrund dieses unsinnigen Wunsches in den Abgrund.

Der Text hat teilweise Traumcharakter. Sein erster Satz: »Ich war steif und kalt, ich war eine Brücke« (304) könnte ohne weiteres einen Traumbericht einleiten, während der abschließende (freilich nicht zu Ende erzählte) Sturz in den Abgrund sich wie die Klimax eines Alptraums anhört. Doch die gesamte Schilderung erweist sich als so stringent und sinnvoll, dass man nicht umhin kann, etwas anderes als ein traumartiges, von Angst- und Wunsch-Bildern und verdrängten Konflikten getragenes Szenarium zu vermuten.

Das Stichwort der ›Parabel‹ – in der Kafka-Forschung vor allem seit Heinz Politzers Monographie von 1962 geläufig – drängt sich auf, um einen Erzähltext zu fassen, in dem es um mehr als nur eine ausgesponnene Phantasie geht. Ob allerdings ein in radikaler Weise das metaphorische Potential der Sprache einsetzender Stil konstitutiv für die Parabel ist, sei dahingestellt; sicher ist, dass diese metaphorische Eigenschaft des Textes zur Vermehrung, ja zur Schichtung der Lesarten führt. Daher wurden vielfältige, jeweils in sich schlüssige Interpretationen vorgeschlagen bzw. jeweils vorherrschende Deutungsmethoden auf dieses Fragment angewandt. Allein schon das per se so überaus symbolträchtige Motiv der Brücke in diesem fantastisch-rätselhaften

Rahmen lädt zu Auslegungen ein. Im Laufe der Zeit wurde das anthropomorphe Bauwerk in autobiographischer, psychoanalytischer, philosophischer, sprach-, gendertheoretischer und poetologischer Hinsicht interpretiert – je nachdem, ob es in Verbindung zu Kafkas Biographie, als Ort eines homosexuellen Verkehrs, als autoreflexives sprachliches Konstrukt, als Allegorie des Künstlertums oder als Daseinsmetapher aufgefasst wurde. Weniger beachtet wurden seine Bezüge zu Kafkas Gesamtwerk, in dem es ja etliche Brücken-Szenen gibt (man denke u. a. den Konnex von Brücke und Selbstmord im *Urteil* oder an die Brücke am Beginn des *Schloss*-Romans). Und fasst man die Brücke als Schwelle oder als Verbindungsglied auf, vermehren sich die möglichen Analogien um das Zehnfache.

<Die Brücke> erzählt – auch das kommt bei Kafka öfters vor – eine Verwandlung und ein Sterben: Der Ich-Erzähler »war« (304) (vielleicht nur im Raum eines Traumes) eine Brücke, die in den Abgrund gestürzt ist. Diese wunderliche Vorstellung eines Brückendaseins, die man sich durchaus bildlich im Stil einer fantastischen Zeichnung Alfred Kubins vorstellen kann, ist mit komischen Momenten durchsetzt. Allein schon der Einfall eines erlebenden, reflektierenden und erzählenden Bauwerkes ist surreal-witziger Natur, wie auch die bieder-menschliche Denkweise der ›Brücke‹ und ihr Selbstgespräch bei der Ankunft des Wanderers.

Komik und Absurdes steigern sich gegenseitig: Eine Brücke, die sich vornimmt, einen sie Betretenden, falls er wankt, ans Land zurückzuschleudern ist eine wunderschön abstruse Vorstellung, die man sicherlich in eine Deutung integrieren kann, die aber nichtsdestotrotz abgründiger *Nonsense* bleibt – und man tut Kafka Unrecht, wenn man diese Komponente ausklammert. Zur Komik trägt auch die Anschaulichkeit gewisser Details bei, wie etwa die Erwähnung des eisigen Forellenbachs, das Sichfestbeißen in den bröckelnden Lehm, die Hypothese über die kontemplative, die Landschaft genießende Haltung des Touristen oder die spitzen Kiesel (!) auf die sich die Brücke pfählen wird. Es werden anscheinend belanglose Umstände evoziert, die der Fiktion konkrete Züge, Anschaulichkeit und eine gewisse Eigenständigkeit verleihen. Dank dieser banalen Elemente kann das Phantastische bestehen, und das Parabolische wird wenn nicht zurückgedrängt, so doch zumindest gedämpft.

Auch operiert Kafka mit insistierenden Motiven wie vor allem mit demjenigen der Spitze: Fußspitzen

der Brücke, Eisenspitze des Stockes vom Wanderer, zugespitzte Kiesel (als hätten sich diese aufgerichtet) verklammern das Beschriebene und suggerieren einen Zusammenhang der Dinge (spitze, in den Körper eindringende Gegenstände kommen in Kafkas Tagebüchern öfters vor). Es liegt nahe, das mit derartigen Spitzen versehene Szenarium mit Sexualität in Verbindung zu bringen – aber man kann es auch als bildliche Ausformulierung einer sich wahrhaftig zuspitzenden Situation verstehen, deren Wendepunkt (oder Pointe) in dem Augenblick eintritt, wo die Brücke sich drehen will, um den Touristen zu sehen und sich der Absurdität ihres Vorhabens bewusst wird.

Erst dieses Bewusstsein, das gleichzeitig das Bewusstsein ihrer Materialität ist, bewirkt ihren Fall (oder den Zusammenbruch der Fiktion). Das ist die logische Folge eines kurz davor lakonisch formulierten Naturgesetzes: »ohne abzustürzen kann keine einmal errichtete Brücke aufhören Brücke zu sein« (NSF I, 304). Die Banalität dieses Satzes wirkt komisch-abgründig, wenn er ausgerechnet von einer Brücke gedacht wird (die jedoch paradoxerweise, aber anthropomorph korrekt, vom Ab- und nicht vom Einstürzen spricht). Durch ein Geflecht von wechselseitig sich fördernden und aufhebenden Sinnbezügen, durch das ständige Gleiten zwischen metaphorischem und buchstäblichem Sinn und durch das Vexierbild der Doppeldeutigkeiten ist dieser Text ein Musterbeispiel für die Fähigkeit Kafkas, in wenigen Zeilen eine Schwindel erregende Fiktion zu errichten.

<Jäger Gracchus>-Fragmente

Textkorpus

Die Fragmente um die Gestalt vom Jäger Gracchus sind zwischen Dezember 1916 und April 1917 entstanden, in einer Zeit also, in der Kafka zahlreiche Erzählungen zu Papier brachte. Max Brod publizierte eine aus unterschiedlichen Textteilen gebildete Fassung 1931 im Band *Beim Bau der Chinesischen Mauer*, sie wurde 1936 in BeK/GS übernommen. Den vollständigen Textbestand bietet erst die KA (NSF I, 305–313, 378–384 u. T 810 f.).

Die Gracchus-Fragmente lassen sich in die folgenden acht Erzählansätze bzw. Bruchstücke aufteilen (wobei die beiden letzten von fraglicher Relevanz sind; A und G stammen aus dem Tagebuch, B, C, D, E aus dem Oktavheft B, F aus dem Oktavheft D, H aus dem Oktavheft A):

A: Eine Szene in einem kleinen Hafen (6.4.1917; T 810 f.): Der Ich-Erzähler beschreibt ein fremdes Schiff, das in sehr verwittertem, ja seeuntauglichem Zustand ist, und erfährt, dass es dem alle zwei, drei Jahren vorbeikommenden Jäger Gracchus gehört.

B: Eine mehrseitige Erzählung in der Er-Form (ca. Mitte Jan. 1917; NSF I, 305–310, unmittelbar nach der <Brücke>), die recht detailliert die Ankunft einer Barke im kleinen Hafen, die Entladung einer Bahre, ihren Transport in das erste Stockwerk eines Hauses sowie die Ankunft eines alten Mannes mit Zylinderhut schildert. Erst als alle das Zimmer, in dem sich die Bahre befindet, verlassen haben und der alte Herr allein mit dem vermeintlich Toten ist, schlägt dieser die Augen auf und beginnt eine Unterhaltung. In deren Verlauf erfährt man, dass sich die Szene in Riva (am Gardasee) abspielt und die Kontrahenten der Jäger Gracchus und Salvatore, der Bürgermeister von Riva sind. Der offensichtlich nicht gänzlich tote Jäger schildert die Umstände seines Sterbens (den Sturz im Schwarzwald bei einer Gemsenjagd) und nennt mögliche Erklärungen dafür, dass sein Todeskahn die Fahrt verfehlte und er seither auf den irdischen Gewässern herumirren muss. Das Fragment bricht mitten in der Erörterung der Frage nach der Schuld des Jägers ab. Die erste Hälfte des Textes stellt eine Ausnahme in Kafkas Werk dar, insofern sie rein beschreibend gehalten ist und durch die völlige Abwesenheit von Gesprächen und Geräuschen sowie durch die Konzentration auf Visuell-Gestisches den Eindruck weckt, der Kinogänger Kafka beschreibe eine Stummfilmsequenz. Der ruhige und die Szenerie gleichsam abtastende Blick führt zu einer leichten Verfremdung und verleiht den unkommentierten Einzelheiten eine große Suggestivkraft, was natürlich zu symbolischen Interpretationen einlädt.

C: Eine kurze Antwort des Jägers auf die Frage des Bürgermeisters über seinen Verbleib in Riva (ca. Mitte Jan. 1917; NSF I, 310 f.): Hier fällt dessen berühmte Äußerung »Mein Kahn ist ohne Steuer, er fährt mit dem Wind der in den untersten Regionen des Todes bläst« (311).

D: Ein einzelner, die Identität des Sprechers festhaltender Satz: »Ich bin der Jäger Gracchus, meine Heimat ist der Schwarzwald in Deutschland« (ca. Mitte Jan. 1917; NSF I, 311).

E: Eine längere Schilderung in Ich-Form, wobei hier der Jäger als Schreibender in Erscheinung tritt (ca. Mitte Jan. 1917; NSF I, 311–313): Der Text hebt mit einer paradoxen Aussage an: »Niemand wird lesen, was ich hier schreibe; niemand wird kommen, mir zu helfen« (311). Das Schreiben ist geprägt vom Wunsch nach Hilfe und vom Bewusstsein der Aussichtslosigkeit der eigenen Situation, so dass der Jäger seinen Hilferuf unterdrückt, indem er sich seine Umstände vergegenwärtigt: Er schreibt in seiner Barke (die er auch, vielleicht aus der ›Dohlen‹-Perspektive, als »Holzkäfig« (312) bezeichnet), beim Licht einer Kirchenkerze, auf einer Holzpritsche, auf der er seit Jahrhunderten liegt. Er geht auf seinen Tod im Schwarzwald beim Verfolgen einer Gemse ein und betont das Glück seines Lebens *und* Todes als Jäger. Das Fragment bricht ab, als er ein Ereignis zu schildern beginnt, das diesem Glück – er schlüpfte in das Totenhemd wie ein Mädchen ins Hochzeitskleid – ein Ende setzte.

F: Eine Unterhaltung zwischen dem Jäger und einem nicht näher charakterisierten Besucher (vermutl. Anf. April 1917; NSF I, 378–384): Ob es sich dabei um den Bürgermeister handelt, ist nicht auszumachen. Er steht fest im Leben, kennt den Jäger nur vom Hörensagen und nimmt (mit einer gewissen Furcht; 379) die Gelegenheit seiner Anwesenheit im Hafen wahr, um Genaueres über diesen seit dem 4. Jahrhundert auf seiner Barke irrenden Toten zu erfahren. Der etwas rohe Jäger empfängt ihn, um seinerseits Erkundigungen einzuholen. Die Unterhaltung findet bei einem Glas Wein in der Kajüte der Totenbarke statt. Der Besucher stellt dem Jäger Fragen über sein Wesen, will »kurz aber zusammenhängend« wissen, wie es um ihn steht (381). Das Gespräch ist geprägt von der Diskrepanz zwischen dem Nicht-Wissen des Besuchers und der innigen Überzeugung des Jägers, dass er ebenso bedeutsam als berühmt sei. Er ist (oder wähnt sich) Schutzgeist der Matrosen, eine transhistorische Jäger-Gracchus-Wesenheit (»Wie es auch sein mag, Jäger Gracchus bin ich«; 379), von dem die Geschichtsschreiber wissen, während sein Besucher lediglich ein Nichts sei, das er mit einem reichlich auf der Barke vorhandenen, vom als »Patron« (379) bezeichneten, aus Hamburg stammenden und gerade heute gestorbenen Besitzer der Barke zur Verfügung gestellten Wein anfülle (383). Umgekehrt ist der Besucher von der Bedeutungslosigkeit einer Irrfahrt, die den Gang der Welt nicht tangiere, überzeugt. Am Ende des Fragments hebt Gracchus mit seiner Geschichte an, wobei er hier betont, dass sein Sturz im Schwarzwald erfolgte, weil er der Lockung einer Gemse gefolgt sei. In diesem mitten in einem Satz abbrechenden, im eher lockeren Gesprächstonfall gehaltenen Fragment wird die doppelte Natur von Gracchus – ganz im Leben stehend und doch seit Langem gestorben – besonders deutlich. Er ist übrigens wissend und unwissend zugleich, was für die Stiftung von »Zusammenhang« (382) ungünstig ist, wie es seine Äußerung dokumentiert: »Frag nicht weiter. Hier bin ich, tot, tot, tot. Weiß nicht, warum ich hier bin« (383; vgl. auch ↗ 511 f.).

Zu erwähnen sind noch zwei mögliche Vorstufen: G: Die Schilderung einer ruhigen Szene in einem kleinen Fischerhafen nach dem Eintrag vom 21. Oktober 1913 (T 587 f.): Sie liegt allerdings zeitlich fern und ist lediglich in der Szenerie vergleichbar; Gracchus taucht hier nicht auf.

H: Mitten in den <Gruftwächter>-Fragmente (die in derselben Zeit, also Ende 1916 – Anfang 1917 entstehen) steht eine *Auf dem Dachboden* betitelte Geschichte (NSF I, 272–274), in der der junge Hans auf dem Dachboden, »in einem tiefen Winkel inmitten des Gerümpels eines ganzen Jahrhunderts« (272) einen staubigen, schlaffen Fremden entdeckt, der sich als badischer Jäger namens Hans Schlag zu erkennen gibt. Allerdings zeigt seine Uniform, dass es sich um einen »Jäger« im militärischen Sinn handelt. Der junge Hans ist auch der Protagonist des nachfolgenden Erzählfragments, wo von diesem Jäger nicht mehr die Rede ist (274–276). Ein u. a. von Gerhard Neumann (1979, 336) angenommener Zusammenhang mit dem Gracchus-Komplex ist eher unwahrscheinlich.

Auch bei einem späteren, wohl auf Ende 1922 zu datierenden Fragment (NSF II, 524) ist ein Bezug zum Fragmentenkreis nicht zwingend.

Deutungsaspekte

Es stellen sich bei diesen Fragmenten ähnliche Probleme wie beim <Gruftwächter>: Auch wenn es in den Fassungen A bis F (einzig diese sind als ›Fassungen‹ profiliert) durchaus Übereinstimmungen gibt und man die ewige Irrfahrt des im Schwarzwald gestorbenen und doch nicht ganz toten Jägers zum Kernmotiv erklären kann, lässt sich keine einheitliche Erzählung bilden. Das verbietet schon der Entwurf E, denn die durch die Ichform unterstützte Einsamkeit des Protagonisten ist einfach nicht mit den auf Begegnung angelegten auktorialen Fassungen zu vereinbaren. Aber auch die auktorialen Entwürfe driften auseinander: Die Aufbahrung des Jägers im ersten Stock eines gelblichen Hauses im Hafen von Riva und das bedeutende Zeremonial bei der Ankunft des Bürgermeisters, überhaupt die Bedeutsamkeit der ganzen Szenerie (B) vertragen sich weder

handlungsmäßig noch atmosphärisch mit dem Gespräch zwischen Gracchus und dem Besucher in der Kajüte (F). Während in B der Jäger empfangen, ja dem Bürgermeister sogar durch eine Taube angekündigt wird, scheint seine Präsenz in F unbemerkt zu bleiben. Der Textbestand ist also heterogen und verbietet eine Deutung ›der‹ Gracchus-Geschichte.

Die maßgeblichen Interpretationen, die auf der Grundlage von Max Brods ›synthetischer‹ Fassung erfolgten, sind also mit Vorsicht zu lesen. Emrich hat der Erzählung eine Schlüsselposition in seiner Kafka-Deutung eingeräumt: Die Position des Jägers in einer Sphäre zwischen Leben und Tod sei für das ganze literarische Vorhaben Kafkas repräsentativ (Emrich 1970, 13–19). Überhaupt wird die Gracchus-Geschichte oft in Kafka-Interpretationen einbezogen, weil sie wie die Gruftwächter-Fragmente explizit die Durchlässigkeit von Leben und Tod gestaltet, aber auch wegen ihrer deutlich mythologischen Ausrichtung, ihrer symbolischen Aussagen (der Jäger sei »immer auf der großen Treppe die hinaufführt«; NSF I, 309 – was in krassem Kontrast zum Irren in einer Barke steht) und ihrer biographischen Anklänge. Einige Punkte werden dabei stets unterstrichen, besonders die autobiographische Komponente, die sich im Namen des Jägers verbirgt: Gracchus, vom italienischen *gracchio*, heißt ›Dohle‹, genau wie »kavka« im Tschechischen, so dass Gestalt und Geschichte des Jägers auf ihren Urheber zurückverweisen – vielleicht insofern, als für Kafka Schreiben in einem Zwischenbereich zwischen Leben und Tod stattfindet? Die Barke weckt Erinnerungen mythologischer Art an die Totenbarke des Charon, an den fliegenden Holländer und, im Motiv der Wanderung, an den Ewigen Juden (ein vergleichbares Wanderschicksal trifft u. a. den Landarzt in der gleichnamigen späteren Erzählung).

Das im Text selber aufgeworfene Problem der Schuld (das lediglich in B Gesprächsthema ist) wird ebenfalls oft zum Angelpunkt der Deutungen erhoben: Worin besteht die Schuld des Jägers, dessen Aufgabe es nicht ist, Gemsen (also weibliche Wesen) zu verfolgen, sondern Wölfe zu töten? Wer hat die Fehlleitung der Barke zu verantworten? Was heißt es, wenn »ein Augenblick der Unaufmerksamkeit« (NSF I, 309) als Grund für die Irrfahrt genannt wird? Damit einhergehend stellt sich die Frage nach der Erlösung – dies umso mehr, als der Bürgermeister von Riva Salvatore (›Retter‹, ›Erlöser‹) heißt. Derartige Fragen von Schuld und Erlösung weisen ihrerseits auf einen möglichen religiösen Hintergrund,

wobei der durch die Verlockung einer Gemse verur-
sachte (Sünden-)Fall in eine Schlucht und die eher
romantische Strafe des ewigen Irrens kulturelle Traditionen der antiken Mythologie, der Romantik und
der christlichen Religion auf den Plan rufen.

In den Fassungen B und F sind sich die Gesprächspartner – der Jäger und der Bürgermeister – seltsam
nah, so dass man sie gar als die Teile einer einzigen
Person aufgefasst hat (Valk, 336); die Ich-Dissoziation ist tatsächlich eine bei Kafka (und im Expressionismus) fundamentale Erfahrung. Die traumartig-
präzise Einführung der Fassung B diente in diesem
Fall als Einstimmung auf ein Geschehen, das sich
nicht im Realen, sondern im Innern, zwischen einer
wild in der freien Natur auf Abwegen ›jagenden‹ und
einer mitten im Leben stehenden, soziale Verantwortung tragenden Instanz abspielt. In dieser Konfrontation zwischen Sozialem und Ungebundenem
kann man durchaus, zumal wenn man die Fassung E
einbezieht, eine Reflexion über die Stellung des
Schriftstellers in einer unsinnigen, ja unwürdigen
und aussichtslosen Lage am Rande der Menschheit
erblicken.

‹Der Schlag ans Hoftor›

Die Erzählung stammt aus dem März 1917. Sie
wurde 1936 von Max Brod mit dem von ihm hinzu-
gefügten Titel herausgegeben (BeK/GS, 108 f.).

Vom eben angesprochenen Thema der Schuld her
ließe sich ‹Der Schlag ans Hoftor› zum paradigmatischen Text erklären – denn einfacher und unerklärli-
cher als in dieser Geschichte ist Verschuldung kaum
denkbar. Der Erzähler befindet sich mit seiner
Schwester außerhalb der Stadt auf dem Nachhauseweg. Sie kommen an einem (wohl fürstlichen) Hof
vorbei, die Schwester schlägt ohne ersichtlichen
Grund ans Tor (oder macht vielleicht nur eine dro-
hende Gebärde) – und löst dadurch eine Katastrophe
aus. In dem in unmittelbarer Nähe liegenden Dorf
macht man sie auf die ernsthaften Folgen dieser vermeintlich unschuldigen Geste aufmerksam, doch der
Erzähler wähnt sich, auf herkömmliche Rechtsvor-
stellung vertrauend, in Sicherheit. Bald werden Reiter
beim Hof erblickt, der Erzähler schickt vorsichtshal-
ber seine Schwester nach Hause (»um in einem bessern Kleid vor die Herren zu treten«; NSF I, 363). Als
die vom Hof ausgeschickten Reiter, vor allem ein
Richter und sein Gehilfe Assmann eintreffen, nimmt
man mit dem Erzähler vorlieb und bringt ihn unter
sich verdüsternden Umständen in eine Bauernstube,

die jedoch wie eine Folterkammer aussieht – der
Kafka-Leser denkt unweigerlich an die drei Jahre zuvor entstandene Erzählung In der Strafkolonie.

Einiges trägt dazu bei, diesem Entwurf Traumcharakter zu verleihen. Sein Anfang ist unbestimmt und
abrupt, man erfährt nicht, wo sich Bruder und
Schwester befinden und woher sie kommen, sondern nur, dass sie nach Hause gehen und dass dieser
Weg nach Hause (in die häusliche Sicherheit?) lang
ist (363). Das Dorf, in das sie gelangen, kennen sie
nicht, sie scheinen sich in der Fremde aufzuhalten
oder verirrt zu haben. Metaphorisch gesprochen befinden sie sich in einem Gebiet der Angst, denn die
Dorfbewohner sind alle »gebückt vor Schrecken«
(362). Das Ende des Fragmentes ist ebenso unbestimmt, es wird lediglich Schlimmes angedeutet.
Auch das Tempo der Ereignisse hat Ähnlichkeiten
mit der Ereignisabfolge in einem Traum.

Diese Erzählweise wirft eine prinzipielle Frage im
Zusammenhang mit dem Fragmentcharakter vieler
Entwürfe auf: Traumartige Schilderungen sind von
Natur aus fragmentarisch, weil der Traum per se ein
›unfertiges‹ nächtliches Erlebnis, ein Geschehen
ohne Anfang und Ende darstellt. ‹Der Schlag ans
Hoftor› ist in dieser Beziehung nicht fragmentarischer als die ›abgeschlossene‹ Erzählung Ein Landarzt, deren Anfang und Schluss abrupt und ›offen‹
sind. Wie im Landarzt ist übrigens auch hier die Zeit
traumartig dehnbar, teils läuft alles gemütlich langsam, dann wieder blitzschnell ab. Vor allem herrscht
ein unheimlicher Sog, der dem Geschehen nicht allein Traum-, sondern Alptraumcharakter verleiht:
Der banale Weg nach Hause wendet sich zwingend,
folgerichtig und unabwendbar in eine Verurteilung.
Dabei steuert die Erzählung auf ein gravierendes er-
zähltechnisches Problem zu, da der Erzähler seinen
eigenen Tod zu schildern haben würde. Diese Situation, die Kafka immer wieder hervorruft, ist aber in
Ichform nur als Traum plausibel erzählbar – oder
mittels einer ›jenseitigen‹ Stimme (wie in der Fassung E vom ‹Jäger Gracchus›) – und das Spiel mit
einer solchen abgeschiedenen Stimme ist es möglicherweise, was Kafka literarisch an dieser Grenzsituation reizt.

Hofmannsthal hätte einen solchen Ereignissog die
›Unentrinnbarkeit des Schicksals‹ genannt, und tatsächlich waltet hier ein dunkles Fatum. Deshalb aber
hat man es ebenso wenig wie bei den traumartigen
Erzählungen Hofmannsthals mit der Nachahmung
eines authentischen Traums zu tun – was übrigens
ein Blick auf Traumaufzeichnungen aus Kafkas Ta-

gebüchern sofort deutlich macht (vgl. Engel 1998). Es werden Mechanismen, Färbung oder Stimmung des Traumes eingesetzt, doch mit einer realistischen Szenerie und einem durchaus realistischen Szenarium verknüpft. Dieses besteht aus zwei Geschwistern, einer unvorsichtigen Handlung in der Herrschaftssphäre eines brutalen Hofherren, einer Flucht und einer raschen Bestrafung. Die einzelnen Motive der Erzählung sind dem Kafka-Leser vertraut: rätselhafte Schuld, undurchsichtige Gerichtsprozeduren, Unbehaustheit und Verirrung, unumschränkte, willkürliche, an Totalitarismus mahnende Macht. Es fällt insbesondere auf, dass die durch Furcht geprägte Konstellation von Hof und Dorf die Gegenüberstellung von Schloss und Dorf im *Schloss*-Roman vorwegzunehmen scheint. Ungewohnt ist allerdings, dass der Protagonist nicht allein ist und dass die Schuld zu einer Familienangelegenheit wird (auch hier kann man an *Das Schloss* denken, wo Amalia ihre ganze Familie schuldig macht).

Der Quälgeist

Diese Geschichte aus dem März 1917 – die kürzeste der in diesem Kapitel vorgestellten – wurde erstmals von Max Brod in Hzv/GW (1953) veröffentlicht. Kafka hat den Text selber mit dem Titel überschrieben.

Der Quälgeist ist ein Musterbeispiel für Kafkas Kunst, eine fiktionale Welt zu errichten, indem er ihr gleichzeitig den Boden unter den Füßen wegzieht, die Geltung des Gesagten zurücknimmt und aushöhlt. Der Titel wird gleich im ersten Satz verfremdet, man erwartet von einem unerträglichen Menschen zu hören, aber es heißt: »Der Quälgeist wohnt im Walde« (NSF I, 367). Kafka fasst den Quälgeist also nicht in seiner herkömmlichen Bedeutung als ein seine Mitmenschen belästigendes Wesen, sondern als Spezies. Bereits im zweiten Satz wird dies jedoch zurückgenommen: Der Quälgeist ist ein Einzelwesen, das in einer Hütte wohnt und von dem man nicht weiß, welche physikalische Präsenz er hat – das ist immer das Problem mit Geistern –, denn er wohnt in einer »längst verlassenen Hütte« (367), mit anderen Worten in einem unbewohnten Gebäude. Wen soll er unter solchen Umständen quälen? Und wieso heißt er Quälgeist, wenn er niemanden quält? Seine Präsenz in dieser Hütte ist jedoch lediglich im Modergeruch spürbar, denn er selber ist winzig klein, ja unsichtbar – das haben Geister an sich –, zumal er sich noch dazu in einen Winkel verkriecht.

Es ist also die Rede von einem paradoxen Wesen, das eine seinem Namen diametral entgegengesetzte, völlig unschädliche und abgesonderte Existenz führt, ja sich in die Nicht-Existenz verkriecht. So zumindest bahnt sich der Text in den fünf knappen ersten Sätzen an, doch Kafka dreht die Schraube der Paradoxie weiter, indem er einen anderen, ja den entscheidenden Protagonisten einführt: das ›Du‹. Das bewerkstelligt er in zwei Schritten. Zunächst wird das unbestimmte Fürwort ›man‹ verwendet: »Tritt man [in die Hütte] ein, merkt man nur einen unaustreibbaren Modergeruch« (367). Dann schmuggelt er das ›du‹ im Rahmen einer erlebten Rede ein: »Wie einsam ist es hier und wie kommt Dir das gelegen« (368). Möglicherweise handelt es sich um eine Form des Selbstgesprächs, zumal der gesamte Text im iterativ-durativen Präsens steht, doch kann das ›du‹ (das Kafka gelegentlich in Aufzeichnungen verwendet) durchaus einen verallgemeinernden Charakter haben, den Leser als Instanz potenziell ansprechen oder implizieren.

Ein ›Du‹ betritt also die Bühne, oder genauer: den Wald. Da diesem Du-Menschen die Hütte gelegen kommt, wird er sich »im Winkel« (368) schlafen legen – genau wie der Quälgeist. Er nimmt dessen Stellung und dessen Stelle ein, so dass man schließlich einer Art Verwandlung beiwohnt: Das zufällig im Wald sich befindende, in die Hütte des Quälgeistes eingetretene ›man/du‹ wird zum Quälgeist. Und das heißt doch, wenn man die anfänglichen Zeilen des Textes mit einbezieht, dass dieses ›Du‹ im Winkel dieser vermoderten und vergessenen Hütte seinem eigenen Schwund entgegengeht. Übrig bleibt dann eine Fiktion, die sich selber involviert, d.h. ihren Protagonisten in dem von ihr geschaffenen Waldwinkel verschwinden lässt. Wenn man das ›Du‹ als monologisierendes ›Ich‹ versteht (wofür vieles spricht), errichtet hier der Erzähler für seinen Quälgeist eine vermoderte, vergessene und windige Hütte, die ihm selber zur Ruhestätte wird. Requiescat in pace! Ganz ohne Tragik, im Rahmen einer mit teils witzigen Paradoxien operierenden ebenso ruhigen wie dichten Erzählung imaginiert (einmal mehr) ein Erzähler seinen eigenen Schwund – das Ende seiner geistigen Qualen? – in vollkommener Einsamkeit und Vergessenheit.

Eine Kreuzung

Die von Kafka selber mit *Eine Kreuzung* überschriebene Erzählung, die aus dem März/April 1917 stammt, wurde erstmals 1931 in der *Literarischen Welt* publiziert und in die Sammlungen BBdCM (1931) und Hzv/GW (1953) aufgenommen.

Ihr Inhalt ist mit dem ersten Satz geschildert: »Ich habe ein eigentümliches Tier, halb Kätzchen, halb Lamm« (NSF I, 372). Die von Kafka gepflegte moderne Form von Phantastik basiert auf einem neuartigen ›suspension of disbelief‹. Während der Romantiker Coleridge darunter eine Poetisierung der Welt durch Einbeziehung von lyrisch-übernatürlichen Momenten verstand, geht es bei Kafka um die irritierende selbstverständliche Einfügung einer rein punktuellen abstrusen Vorstellung in die Banalität des Alltags. Es kann sich dabei um eine kleine Verschiebung, eine Verwandlung oder eine schimärische Kreuzung handeln. In unserem Fall hat man es mit einem widernatürlichen Produkt zu tun, einer Kombination zwischen Katze und Lamm. So ein Lebewesen könnte im Traum entstehen, wo des Öfteren Inhalte doppelt determiniert sind – Kafka träumte z.B. im Oktober 1911 von einem »windhundartigen Esel« (29.9. <Oktober> 1911; T 205). Generell kommen Kreuzungen überall dort vor, wo die Kombinationslust vorherrscht: im Manierismus, im Surrealismus, in Kinderspielen, in Fantasy und in bio-genetische Phantasien entfaltender Science-Fiction.

Das Eigentümliche an Kafkas Fragment (und an seiner Weiterführung phantastischer Literatur überhaupt) besteht in der radikalen Entschärfung des an und für sich Unmöglichen. Das bewerkstelligt er durch die Erzählperspektive: Die abstruse Erscheinung wird durch einen Erzähler beschrieben, der ein durch nichts zu erschütterndes, ja an Wahn grenzendes stabiles Weltbild hat. In diesem Universum haben unerklärte Wesen wie Riesenmaulwürfe, Riesenungeziefer, singende Mäuse, denkende Brücken, aus einem Schweinestall hervorkriechende Pferde oder sich menschlich verhaltende Bälle ebenso ihren Platz wie eine Lamm-Katze.

Man erfährt im Fragment nichts über die Herkunft des neuartigen Tieres, außer dass es vom Vater geerbt wurde und früher etwas mehr Lamm als Katze war. Das sanftmütige (phonetisch an Klamm aus dem *Schloss* gemahnende) Monstrum wird vom Ich-Erzähler einfach geschildert, dem Leser genauso wie den ihn regelmäßig am Sonntag besuchenden Kindern vorgeführt (Monstrum: monstrare = zeigen), sein Dasein wird sozusagen durchgespielt, als handle es sich um ein durchaus mögliches, wenn auch nicht alltägliches kuscheliges Haustier. Zur weltanschauli-

chen Stringenz gehört, dass der Besitzer dieses Tieres sich Gedanken über seine Kreuzung macht und vermerkt, dass es sich vielleicht doch als Lamm in einer etwas engen Katzenhaut nicht wohl fühlt und deshalb das Messer des Metzgers als Erlösung empfinden könnte (NSF I, 374). Doch als »Erbstück« (374) ist die Kreuzung für ihren Besitzer unantastbar. (Im nächsten Fragment (374) wird mit der Vorstellung eines tierischen väterlichen Erbstückes sogar eine große Erwartung verbunden.)

Der Vortragsstil trägt zur Wirkung des Textes wesentlich bei: Kafka verwendet das iterativ-durative Präsens eines sozusagen vor sich hin plaudernden Erzählers. Diese Form, die in der Literatur des 20. Jahrhunderts eine breite Entfaltung erfahren hat, bildet übrigens selber eine Art Kreuzung zwischen richtigem Erzählen und innerem Monolog (vgl. Cohn, 173–216).

Forschung

Eine systematische Untersuchung der zahlreichen kleineren fiktionalen Erzählansätze steht noch aus. Sie müsste thematische und erzählperspektivische Fragen berücksichtigen und außerdem nach Möglichkeit den jeweiligen Kontext einbeziehen, um zu einem genaueren Bild von Kafkas ›möglichen Welten‹ und deren Entwicklung im Verlauf der Jahre zu gelangen. So ist z.B. der in der obigen Auflistung erwähnte allabendliche Ringkampf mit Notizen über eine bevorstehende Berlinreise umrahmt, so dass die Vermutung nahe liegt, dass der ›Kampf‹ um Felice die kleine Erfindung mitbestimmt (zumal noch die Tätigkeit des Briefeschreibens evoziert wird).

Die Motive ›Kampf‹ und ›Schreiben‹ sowie das Thema der Unbehaustheit müssten dann mit (zahlreichen) anderen Stellen verknüpft werden, um ihren Ort in Kafkas imaginärer Welt zu bestimmen.

Von Interesse wäre sicherlich auch ein literarhistorischer Vergleich mit den Entwürfen anderer Autoren. Einige, wie z.B. Henry James, kümmern sich intensiv um die Erfindung von Namen, andere bemühen sich mehr um die Fabel, Kafka (aber sicherlich nicht *nur* er) braucht ein frappantes Initialbild oder eine Initialsituation.

Ein solches vergleichendes Unterfangen ist deshalb schwierig, weil die Literaturwissenschaft für Fragmentanalyse keine Methodik bereit stellt und der per se fundamental offene Charakter des Fragments nur hypothetische Lesarten zulässt, die schnell ins rein Spekulative zu kippen drohen. Am ehesten noch wäre die genetische Methodik zu mobilisieren (also das, was Hartmut Binder als »Schaffensweise« bezeichnet; Binder 1983), allerdings geriete der Versuch, Kafkas Entwürfe inhaltlich und formal mit anderen Textstellen und schriftlichen Zeugnissen zu verknüpfen schnell ins Uferlose und Willkürliche.

Auf jeden Fall sind die Fragmente aber für jede Kafka-Interpretation unentbehrlich. Gerade die Erzähleinsätze können z. B. der Forschung erlauben, werkphasenspezifische Züge besser zu erkennen. So erprobt Kafka in seiner mittleren Phase offensichtlich die im *Urteil* musterhafte zur Geltung gekommene personale Schreibweise sowie phantastische Situationen, die oft zur metaphorisch überhöhten Darstellung seiner eigenen Lebensproblematik zu dienen scheinen.

Von der Forschung wurden bisher lediglich wenige (vor allem die in diesem Kapitel besprochenen) Texte untersucht, allen voran – und zwar bereits in Emrichs bedeutender Monographie – der (Max Brodsche) *<Jäger Gracchus>* – und die *Blumfeld*-Geschichte. Über die oben gewürdigten Texte gibt es freilich einzelne Beiträge (bei dem Umfang der Kafka-Forschung wäre das Gegenteil erstaunlich), aber im Gegensatz zu den Hauptzerzählungen hat sich keine regelrechte Diskussion um sie herauskristallisiert.

Ausgaben: Textkorpus: ED in vollständiger Form: NSF I/ KA (1993), 194–418; T/KA (1990), 442 [Beginn der Niederschrift des *Urteils*] – 828; in der FKA sind für das Textkorpus bis jetzt relevant: OO1&2 (2006), OO3&4 (2008) u. OO5&6 (2009); in Auswahl erschienen die Nachlassfragmente zuerst in: BBdCM (1931), BeK/GS (1936) u. Hzv/GW (1953), die zu den *Tagebüchern* gerechneten Texte in: T/GS (1937) u. T/GW (1951). ––– *Einzeltexte in chronologischer Folge: <Ernst Liman>:* ED: T/GW (1951), 298–303. – T/KA (1990), 493–499. –– *Erinnerungen an die Kaldabahn* ED: T/GW (1951), 422–435; T/KA (1990), 549–553 u. 684–694. –– *Der Dorfschullehrer <Der Riesenmaulwurf>:* ED: BBdCM (1931), 131–153. – BeK/GS (1936), 215–232. – BeK/GW (1954), 220–239. – Fritz Martini: Ein Manuskript F.K.s: *Der Dorfschullehrer.* In: JDSG 2 (1958), 266–300. – NSF I/ KA (1993), 194–216. –– *Der Unterstaatsanwalt:* ED: Hzv/GW (1953), 367–373. – NSF I/KA (1993), 217–224. –– *<Elberfeld>-Fragment:* ED: Hzv/GW (1953), 412–415. – NSF I/KA (1993), 225–228. –– *<Blumfeld, ein älterer Junggeselle>:* ED: BeK/GS (1936), 142–171. – BeK/GW (1954), 141–172. – NSF I/KA (1993), 229–266. –– *Monderry:* ED: Hzv/GW (1953), 415–417. – T/

KA (1990), 746–748. –– *<Die Brücke>:* ED: BBdCM (1931), 57 f. – BeK/GS (1936), 113 f. – BeK/GW (1954), 111 f. – NSF I/KA (1993), 304 f. – OO1&2/FKA (2006), H. 2, 4–9. –– *<Jäger Gracchus>*-Fragmente: ED: BBdCM (1931), 43–50 – BeK/GS (1936), 102–107 u. T/GS (1937), 179–184 (»Wie ist es, Jäger Gracchus…«). – BeK/GW (1954), 99–105 u. 334–339 (»Wie ist es, Jäger Gracchus…«) u. T/GW (1951), 518 (»Im kleinen Hafen …«). – T/KA (1990), 810 f. (»Im kleinen Hafen …«; vgl. auch T 587 f.) u. NSF I/KA (1993), 305–313 (»Zwei Knaben saßen auf der Quaimauer«), 378–384 (»Wie ist es, Jäger Gracchus…«; vgl. auch NSF II, 524); OO1&2/FKA (2006), H. 2, 11–47 (»Zwei Knaben sassen auf der Quaimauer…«). – OO3&4/FKA (2008), H. 4, 47–79 (»Wie ist es, Jäger Gracchus…«). –– *<Der Schlag ans Hoftor>:* ED: BBdCM (1931), 51–53. – BeK/GS (1936), 108 f. – BeK/GW (1954), 106 f. – NSF I/KA (1993), 361–363. – OO3&4/FKA (2008), H. 3, 127–135. –– *Der Quälgeist:* ED: Hzv/GW (1953), 145 f. – NSF I/KA (1993), 367 f. – OO3&4/FKA (2008), H. 3, 151–157. –– *<Eine Kreuzung>:* ED: Literarische Welt 7 (1931), 13. – BBdCM (1931), 54–56. – BeK/GS (1936), 110–112. – BeK/GW (1954), 108–110. – NSF I/KA (1993), 372–374. – OO3&4/FKA (2008), H. 4, 16–33.

Forschung allgemein: P.-A. Alt (2005). – Bay/Hamann (2006). – Hartmut Binder: Motiv und Gestaltung bei F.K. Bonn 1966. – Ders.: K. in neuer Sicht. Mimik, Gestik und Personengefüge als Darstellungsformen des Autobiographischen. Stuttgart 1976. – Ders.: K. Der Schaffensprozeß. Frankfurt/M. 1983. – Dorrit Cohn: Transparent Minds. Narrative Modes for Presenting Consciousness in Fiction. Princeton 1983. – Guido Crespi: K. umorista. Mailand 1983. – S. Dierks (2003). – W. Emrich (1970 [1947]). – Manfred Engel: Traumnotat, literarischer Traum und traumhaftes Schreiben bei F.K. Ein Beitrag zur Oneiropoetik der Moderne. In: Bernard Dieterle (Hg.): Träumungen. Traumerzählungen in Literatur und Film. St. Augustin 1998, 233–262. – Manfred Frank: Die unendliche Fahrt. Ein Motiv und sein Text. Frankfurt/M. 1979. – Waldemar Fromm: Artistisches Schreiben. Ks. Poetik zwischen *Proceß* und *Schloß.* München 1998. – Sophie von Glinski: Imaginationsprozesse. Verfahren phantastischen Erzählens in F.K.s Frühwerk. Berlin, New York 2004. – Claudine Raboin: *Ein Landarzt* und die Erzählungen aus den ›Blauen Oktavheften‹ 1916–18. In: H.L. Arnold (1994), 151–172. – R.T. Gray (2005). – G. Guntermann (1991). – Käte Hamburger: Die Logik der Dichtung. Stuttgart 1957. – Dieter Hasselblatt: Zauber und Logik. Eine K.-Studie. Köln 1964. – Paul Heller: F.K., Wissenschaft und Wissenschaftskritik. Tübingen 1989. – Volker Klotz: Das europäische Kunstmärchen. Stuttgart 1985, 339–355. – G. Kurz (1980). – Gerhard Neumann:

Die Arbeit im Alchemistengässchen (1916–1917). In: KHb (1979) II, 313–350. – H. Politzer (1965 [1962]). – P. Rehberg (2007). – Roland Reuß: Die ersten beiden Oxforder Oktavhefte F.K.s. Eine Einführung. In: OO1&2/FKA, (2006), Franz Kafka-Heft 5, 3–26. – Wiebrecht Ries: K. zur Einführung. Hamburg 1993. – Scherpe/Wagner (2006). – R. Stach (2002). – Henry Sussman: K.'s Aesthetics. A Primer from the Fragments to the Novels. In: J. Rolleston (2002), 123–148. – Andreas Töns: »nur mir gegenübergestellt«. Ich-Fragmente im Figurenfeld. Reduktionsstufen des Doppelgängermotivs in Ks. Erzählprosa. Bern u. a. 1998.

Zu einzelnen Texten: <*Blumfeld*>: Carolin Duttlinger: Snapshots of History. F.K.'s *Blumfeld ein älterer Junggeselle* and the First World War. In: MAL 39 (2006), 29–43. – Kurt J. Fickert: Das Doppelgängermotiv in Ks. *Blumfeld*. In: Journal of Modern Languages 6 (1977), 419–423. – Serena Grazzini: Das *Blumfeld*-Fragment: Vom Unglück verwirklichter Hoffnung. In: ZfdPh 120 (2001), 207–228. – Roy Pascal: The Breakdown of the Impersonal Narrator: *Blumfeld, an Elderly Bachelor*. In: R. Pascal (1982), 90–104. – – *Der Dorfschullehrer* (<*Der Riesenmaulwurf*>): W. Emrich (1975 [1957]), 146–152. – Catherine Grimm, Getting Nowhere. Images of Self and the Act of Writing in K's *Der Dorfschullehrer*. In: New Germanic Review 10 (1994), 119–132. – James Rolleston: The Functional and the Arbitrary. *The Village Schoolteacher* and *The Great Wall of China*. In: J. Rolleston (1974), 101–111. – – <*Der Schlag ans Hoftor*>: Christophe Bourquin: K.s *Der Schlag ans Hoftor*. In: Arcadia 43 (2008), 257–269. – Gerhard Neumann. In: KHb (1979) II, 319. – – <*Die Brücke*>: Ruth V. Gross: Fallen Bridge, Fallen Woman, Fallen Text. In: Literary Review 26 (1983), 577–587. – Clayton Koelb: The Turn of the Trope. K.'s *Die Brücke*. In: MAL 22 (1989), 57–70. – Gerhard Neumann. In: KHb (1979) II, 335 f. – Blake Lee Spahr: F.K.: The Bridge and the Abyss. In: Modern Fiction Studies 8 (1962), 3–15; dt. als: F.K.: Die Brücke und der Abgrund. In: H. Politzer (1973), 309–327. – – <*Eine Kreuzung*>: Gerhard Neumann. In: KHb (1979) II, 331 f. – Blake Lee Spahr: The Bridge and the Abyss. In: Modern Fiction Studies 8 (1962), 3–15. – – *Erinnerungen an die Kaldabahn*: Michael Müller: »Wohin gehst du kleines Kind im Walde?«. In: H.D. Zimmermann (1992), 75–83. – – <*Jäger Gracchus*>: H. Binder (Schaffensprozeß, 1983), 191–270. – Guy Davenport: *The Hunter Gracchus*. In: The New Criterion 14 (1996) 6, 27–35. – W. Emrich (1975 [1957]), 13–40 u. passim. – Martin Endres: Chronographie des Todes. Die utopische Zeitlichkeit der Sprache in K.s *Jäger Gracchus*. In: Battegay/Christen/Groddeck (2010), 25–36. – David Giuriato: »Kinderzeit«. Zu F.K.s *Jäger Gracchus*. In: Battegay/Christen/Groddeck (2010), 101–118. – Donald P.

Hase: K.'s *Jäger Gracchus*. Fragment or Figment of the Imagination. In: MAL 11 (1978), 319–332. – Marianne Krock: Oberflächen- und Tiefenschicht im Werk F.K.s. Der Jäger Gracchus als Schlüsselfigur. Marburg 1974. – Dietrich Krusche: Die kommunikative Funktion der Deformation klassischer Motive: *Der Jäger Gracchus*. In: DU 25 (1973) 1, 128–140. – Frank Möbus: Theoderich, Julia und die Jakobsleiter. F.K.s Erzählfragmente zum *Jäger Gracchus*. In: ZfdPh 109 (1990), 253–271. – F. Möbus (1994), 10–51. – Rainer Nägele: »Auf der Suche nach dem verlorenen Paradies«. Versuch einer Interpretation zu K.s *Der Jäger Gracchus*. In: GQ 47 (1974), 60–72. – Gerhard Neumann. In: KHb (1979) II, 336–339. – Marianne Schuller: Modulationen der Zeit. Zu den *Jäger-Gracchus*-Aufzeichnungen. In: Battegay/Christen/Groddeck (2010), 13–24. – A. Schütterle (2002), 85–88, 108–118 u. 176–184. – Ronald Speirs: Where There's a Will There's No Way. A Reading of K.'s *Der Jäger Gracchus*. In: Oxford German Studies 14 (1983), 92–110. – Erwin R. Steinberg: The Three Fragments of K.'s *The Hunter Gracchus*. In: Studies in Short Fiction 15 (1978), 307–317. – Thorsten Valk: *Der Jäger Gracchus*. In: M. Müller (2004), 333–345.

Zum Gesamtkorpus der Nachlasstexte der mittleren Werkphase vgl. in diesem Handbuch auch die Artikel: 3.2.3 (*Der Verschollene*), 3.2.4 (*Der Process*), 3.2.9 (*Beim Bau der chinesischen Mauer*), u. 3.4.2 (»Die Tagebücher«, bes. 359 f.).

Bernard Dieterle

3.3 Das späte Werk (ab September 1917)

3.3.1 Zürauer Aphorismen

Entstehung und Veröffentlichung

Zürauer Aphorismen

Kein Ereignis in Kafkas Leben war ein so tiefer Einschnitt wie Ausbruch und Diagnose der Tuberkulose im August/September 1917. In seiner symbolischen Weltsicht sah Kafka darin keine physische, sondern eine »geistige Krankheit« (An Ottla, 29.8.1917; B14–17 309), in der »Lungenwunde« (An Max Brod, 14.9.1917; ebd., 319) nur ein »Sinnbild der Wunde, deren Entzündung Felice und deren Tiefe Rechtfertigung heißt« (15.9.1917; T 831). Entsprechend radikal waren die Konsequenzen, die Kafka zog: Er ließ sich in der Versicherungsanstalt beurlauben, bereitete den Abbruch der fünfjährigen Beziehung zu Felice Bauer vor und reiste zu seiner Schwester Ottla, die im nordböhmischen Zürau (Siřem) einen kleinen Bauernhof ihres Schwagers Karl Hermann bewirtschaftete. Dort lebte er, mit nur kleineren Unterbrechungen, fast acht Monate lang (12.9.1917 – 30.4.1918).

Befreiung von der Arbeit und vom Dauerkonflikt zwischen Ehe und Werk, den die Beziehung zu Felice bedeutet hatte, ein von Ottla liebevoll umsorgter Landaufenthalt – das sollten eigentlich ideale Rahmenbedingungen für ungestörtes Schreiben sein. Aber Kafka stand der Sinn nicht nach Literatur. Am 25. September notiert er im Tagebuch:

> Zeitweilige Befriedigung kann ich von Arbeiten wie »Landarzt« noch haben, vorausgesetzt daß mir etwas derartiges noch gelingt (sehr unwahrscheinlich) Glück aber nur, falls ich die Welt ins Reine, Wahre, Unveränderliche heben kann (T 838),

und am 10. November: »Die wartende Arbeit ist ungeheuerlich« (T 843).

Worum es in dieser Arbeit gehen soll, verdeutlicht eine Aussage vom 26. Dezember, die Max Brod überliefert hat:

> Was ich zu tun habe, kann ich nur allein tun. Über die letzten Dinge klar werden. Der Westjude ist darüber nicht klar und hat daher kein Recht zu heiraten (Brod 1974, 147).

Oder – als Frage formuliert, die Kafka selbst am 4. Februar 1918 notierte –: »Worauf nimmst Du Bezug? Was rechtfertigt Dich?« (NSF II, 82).

Diese Suche nach einer ›Rechtfertigung‹ im fundamentalen Sinne ist der Anlass für die Entstehung der Zürauer Aphorismen, die Kafka zwischen dem 19. Oktober 1917 und Ende Februar 1918 in zwei dunkelblaue Schulhefte im Oktavformat schreibt (›Oktavheft G‹: 18.10.1917 bis Ende Jan. 1918; ›Oktavheft H‹: 31.1. bis vermutl. Ende Febr. 1918; NSF II, 29–105). Sie sind das einzige große Werkprojekt der Zürauer Zeit; fiktionale Texte entstehen nur ganz wenige (s. u.) und auch das Tagebuch, das Kafka noch eine Zeitlang parallel zum Oktavheft führte (»ich fließe noch in zwei Armen«; 10.11.1917; T 843), bricht etwa Mitte November ab (T 844).

Die beiden Oktavhefte enthalten, in meist exakt datierten Einträgen, knapp 240 Kurztexte, die (im weitesten Sinne) als ›Aphorismen‹ gelten können; dazwischen stehen wenige, auf Faktisches verknappte Tagebucheinträge (z. B.: »Abend Spaziergang nach Oberklee«, NSF II, 34) und einige fiktionale Fragmente und Texte, vor allem: <Eine alltägliche Verwirrung> (21.10.1917; 35 f.), <Die Wahrheit über Sancho Pansa> (21./22.10.; 38 f.), <Das Schweigen der Sirenen> (23.10.; 40–42) und <Prometheus> (vermutl. 16.12.; 69 f.). Im letzten, durch einen Doppelstrich abgetrennten und zwischen Anfang März und Anfang Mai 1918 verfassten Teil des Oktavheftes H finden sich der sozialutopische Entwurf *Die besitzlose Arbeiterschaft* (105–107), zahlreiche kurze Erzählanfänge und ein kleiner Gedichtkomplex (110 f.). Bezeichnend ist der Schlusseintrag, verfasst nach der Rückkehr aus Zürau: »Prag/Die Religionen verlieren sich wie die Menschen« (112).

Noch in Zürau fertigt Kafka, beginnend vermutlich deutlich vor dem 24. Februar, eine Reinschrift der Aphorismen an. Am 25. Februar notiert er eine ausführliche Selbstreflexion, die wiederum als Kommentar zum Werkprojekt gelesen werden kann:

> Es ist nicht Trägheit, böser Wille, Ungeschicklichkeit […] welche mir alles mißlingen oder nicht einmal mißlingen lassen: Familienleben, Freundschaft, Ehe, Beruf, Literatur, sondern es ist der Mangel des Bodens, der Luft, des Gebotes. Diesen zu schaffen ist meine Aufgabe, nicht damit ich dann das Versäumte etwa nachholen kann, sondern damit ich nichts versäumt habe, denn die Aufgabe ist so gut wie eine andere. Es ist sogar die ursprünglichste Aufgabe oder zumindest ihr Abglanz […]. Ich habe von den Erfordernissen des Lebens gar nichts mitgebracht, so viel ich weiß, sondern nur die allgemeine menschliche Schwäche, mit dieser – in dieser Hinsicht ist es eine riesenhafte Kraft – habe ich das Negative mei-

ner Zeit, die mir ja sehr nahe ist, die ich nie zu bekämp- fen sondern gewissermaßen zu vertreten das Recht habe, kräftig aufgenommen, an dem geringen Positiven sowie an dem äußersten, zum Positiven umkippenden Negati- ven hatte ich keinen ererbten Anteil. Ich bin nicht von der allerdings schon schwer sinkenden Hand des Chris- tentums ins Leben geführt worden wie Kierkegaard und habe nicht den letzten Zipfel des davonfliegenden jüdi- schen Gebetmantels noch gefangen wie die Zionisten. Ich bin Ende oder Anfang (NSF II, 97 f.).

Für die Reinschrift teilt Kafka Briefbögen in vier gleich große Teile. Auf diese Zettel im Format 14,5 × 11,5 cm schreibt er je einen ausgewählten Aphoris- mus aus dem Textbestand ab (oft nach starker vorhe- riger Überarbeitung) und nummeriert dabei die Zet- tel, gemäß der Entstehungsreihenfolge, mit einer Zahl in der rechten oberen Ecke (sogenanntes ›Zet- telkonvolut‹; NSF II, 113–140). Die Nummerierung weist allerdings drei Eigentümlichkeiten auf: Zwei Nummern fehlen (Nr. 65 u. 89); drei Zettel tragen eine Doppelnummerierung, weisen jedoch nur ei- nen Eintrag auf (Nr. 8/9, 11/12, 70/71 – die zweite Nummer soll vielleicht Nummerierungslücken auf- füllen); ein Zettel wurde auch auf der Rückseite mit einem Aphorismus beschrieben (Nr. 39 u. 39a).

Mehr als eineinhalb Jahre später greift Kafka das Projekt noch einmal auf: Im Spätjahr 1920 – wohl zwischen Oktober und Mitte Dezember 1920 – sieht er das sogenannte ›Konvolut 1920‹ (↗346) durch, das zahlreiche Aphorismen enthält, und nimmt acht Texte daraus in das Zettelkonvolut auf, indem er sie auf bereits beschriebenen Zetteln hinzufügt und vom bestehenden Eintrag durch einen Querstrich abtrennt (Nr. 26.2 = NSF II, 322; Nr. 29.2 = 344; Nr. 39.2 = 322; Nr. 54.2 = 332; Nr. 76.2 = 279; Nr. 99.2 = 253; Nr. 106.2 = 253; Nr. 109.2 = 254). Außerdem werden – in dieser oder einer früheren Überarbei- tungsphase – im Zettelkonvolut 23 Aphorismen ge- strichen (Nr. 3, 7, 14, 26, 30, 33, 39a, 40, 41, 50, 51, 52, 58, 59, 61, 72, 75, 80, 90, 91, 93, 95, 98; in der KA sind diese Streichungen durch * am Textende mar- kiert). In der letzten Bearbeitungsstufe stehen auf den 104 (geschriebenen?/erhaltenen?) Zetteln des Konvoluts also 113 Aphorismen, von denen 23 ge- strichen wurden (zu weiteren Details vgl. NSF II:A, 41–53).

Mit seinen Nummerierungslücken, Ergänzungen und Streichungen gibt das Zettelkonvolut zahlreiche Rätsel auf, die wohl nicht zu lösen sind. Der Sinn der Zettelanlage ist jedoch offensichtlich: So konnte Kafka die Einzeltexte, wie ein Kartenspiel, beliebig umsortieren, um eine endgültige Reihenfolge festzu-

legen. Zusammen mit der intensiven Überarbei- tungs- und Auswahlarbeit macht dies eine mindes- tens zeitweilige Publikationsabsicht äußerst wahr- scheinlich.

Veröffentlicht wurde das Konvolut jedoch erst 1931 durch Max Brod im Sammelband *Beim Bau der Chinesischen Mauer*, und zwar unter dem Herausge- bertitel ‹*Betrachtungen über Sünde, Leid, Hoffnung und den wahren Weg*› (einzelne Aphorismen waren bereits ab 1924 in Zeitungen und Zeitschriften er- schienen). Die Oktavhefte H und G wurden (mit ei- nigen Kürzungen und Abweichungen) erst 1953 ver- öffentlicht (Hzv/GW). Erstdruck und alle Nachdru- cke der ‹*Betrachtungen*› durch Brod folgen dem Zettelkonvolut (wobei Kafkas Streichungen nur mar- kiert, nicht aber vollzogen sind), weisen allerdings eine ganze Reihe kleinerer Abweichungen auf. So stimmen etwa Reihenfolge und Nummerierung in Einzelfällen nicht mit dem Manuskript überein; vor allem aber wurde Nr. 8/9 nicht aufgenommen, da der Text offensichtlich dem Kafka-Bild nicht ent- sprach, das Brod vermitteln wollte (↗286 f.).

Die Reihe ‹*Er*› als zweites Aphorismen- konvolut?

Die Zürauer Aphorismen sind zwar kein Werk, aber zweifellos ein Werkprojekt. Dagegen stellt die Text- gruppe, die Max Brod im Sammelband *Beim Bau der Chinesischen Mauer* den ‹*Betrachtungen*› unter dem Titel ‹*Er. Aufzeichnungen aus dem Jahre 1920*› vor- anstellte, ein reines Herausgeberkonstrukt dar.

Grundlage ist eine Reihe von Texten, die Kafka zwischen dem 6. Januar und 29. Februar 1920 in sei- nem Tagebuch notierte (Zwölftes Heft; T 847–862; vgl. auch NSF II, 221 f.). Biographischer Hintergrund war diesmal das Scheitern des zweiten Heiratspro- jektes: Trotz des Widerstandes der Eltern hatte Kafka sich im September 1919 mit Julie Wohryzek verlobt; Ende Oktober 1919 wurde das Aufgebot beantragt. Als sich jedoch überraschend herausstellte, dass eine in Aussicht genommene gemeinsame Wohnung nicht mehr zur Verfügung stand, nahm Kafka dies zum Anlass, die Hochzeit abzusagen. Er hielt die Be- ziehung allerdings bis in den Juli 1921 hinein auf- recht, obwohl da sein eigentliches Interesse längst Milena Jesenská galt (↗21 f.).

So vergleichbar diese biographische Konstellation mit der von Zürau ist, so deutlich andersartig sind die aus ihr hervorgegangenen Texte. Auch sie tragen in ihrer formalen Verdichtung, im reflexiven Grundgestus, der (meist bildlichen) Verdichtung und der Ko-textisolierung aphoristischen Charakter (↗ 284). Aber fast allen fehlt der weltanschauliche Allgemeingeltungsanspruch, der die Zürauer Aphorismen auszeichnet. Trotz aller formalen Verallgemeinerung dient diese Textgruppe primär der biographischen Selbstreflexion. Kafka nutzt hier die in Zürau entwickelte aphoristische Schreibweise als eine Alternative zur Selbstbeobachtung im Tagebuchstil, derer er längst müde ist – zögerlich hatte er das Tagebuchschreiben im Juni 1919 wieder aufgenommen, brach es dann am 29. Februar 1920 wieder ab und übergab um den 8. Oktober 1921 »alle Tagebücher« an Milena (T 863). Als ebenso unergiebig hatte sich die diskursive, quasi-autobiographische Selbstreflexion im <Brief an den Vater> erwiesen, den Kafka im November 1919 verfasst hatte.

Die Textgruppe, aus der Brod die ›Reihe‹ <Er> bildete, stellt so eine späte Variante von Kafkas lebenslangen Selbstreflexionsversuchen dar, in der die Verallgemeinerungstendenzen des späten Werkes (↗ 89) als Distanzierungstechniken wie als Reflexionsmedium genutzt werden. Zu diesem Zweck kombiniert Kafka das in Zürau entwickelte Schreibverfahren des Aphorismus mit der einfachen, sicher vielen Tagebuchschreibern wohlvertrauten Distanzierungsgeste einer Transposition von der ersten in die dritte Person. Dass eine solche Transponierung vorliegt, wird vor allem dort offensichtlich, wo Kafka mitten im Text vom ›ich‹ zum ›er‹ wechselt (vgl. etwa T 855) oder eine Ich-Eintragung in einen Er-Text umschreibt (vgl. T 846 u. 848).

Die wichtigste heuristische Funktion der sogenannten <Er>-Gruppe besteht also darin, zugleich die Auswirkungen der aphoristischen Schreibweise auf andere Werkbereiche wie die unverwechselbare Eigenart der Züҫauer Aphorismen (und ihrer punktuellen Fortführung im ›Konvolut 1920‹) zu erweisen. Nur ganz wenige Texte aus der <Er>-Reihe ließen sich problemlos in das Züҫauer Konvolut einordnen, etwa:

> Die Erbsünde, das alte Unrecht, das der Mensch begangen hat, besteht in dem Vorwurf, den der Mensch macht und von dem er nicht abläßt, daß ihm ein Unrecht geschehen ist, daß an ihm die Erbsünde begangen wurde (T 857).

Die überwiegende Mehrheit der Notate aber kreist um Themen, die ganz auf Kafkas Persönlichkeitsstruktur und ihre Probleme zugeschnitten sind: etwa die negativen Konsequenzen übersteigerter Selbstflexion und der mit ihr verbundenen Ich-Spaltung

(vgl. etwa T 851 u. 862) und das spannungsvolle Verhältnis von Gemeinschaft und Einzelnem (vgl. bes. T 858 f.).

Brods Versuch, ein Werkkorpus <Er> zu konstituieren, ist so sachlich nicht·gerechtfertigt; was hier vorliegt, ist einfach eine spezifisch dem Spätwerk zugehörige Form des Tagebuchschreibens in aphoristischer Form. Aber auch philologisch ist Brods Textkonstitution schwer nachzuvollziehen: Aus den über 40 Einzeltexten wählt er für den Erstdruck in *Beim Bau der Chinesischen Mauer* (1931) 30 aus und ergänzt sie erst in der Abteilung *Paralipomena* des *Gesammelte Werke*-Bandes *Hochzeitsvorbereitungen auf dem Lande* (1953) um acht nachgetragene Texte (einer davon bei Kafka gestrichen) und zwei korrigierte bzw. erweiterte Textfassungen des Erstdruckbestandes. Die ersten vier Einträge (T 847 f.) bleiben ausgespart.

Textbeschreibung

Textkorpus

Da kein eindeutig umrissenes Textkorpus vorliegt, wird jeder Interpret sich erst einmal entscheiden müssen, von welcher Textgrundlage er ausgeht. Denkbar wäre es, *alle* Aphorismen als eine Werkgruppe zu analysieren, deren Blütezeit bei Kafka eindeutig zwischen Oktober 1917 und Dezember 1920 liegt. Eine solche Untersuchung hat Rüdiger Zymner im Artikel *Kleine Formen: Denkbild, Parabel, Aphorismus* des vorliegendes Bandes unter einer gattungspoetologischen Fragestellung vorgenommen (↗ 460–462).

Die gegenteilige Extremlösung bestünde darin, sich auf die 90 nicht gestrichenen Texte des Zettelkonvoluts zu beschränken. Das hieße allerdings, den Werkwillen für die Tat zu nehmen: Weder hat Kafka eine Reihenfolge der Aphorismen festgelegt, noch ist seine Textauswahl als endgültig zu erachten; zudem würde ein Interpret sich durch die Nichtbeachtung von Textstreichungen einer wesentlichen Erkenntnisquelle berauben, da Kafka ja ganz grundsätzlich häufig gerade die Texte oder Textstellen tilgt, die am ehesten einen Verständniszugang eröffnen können.

Daher werden diesem Artikel das Gesamtkorpus aus den Oktavheften G und H und das Zettelkonvolut zugrunde gelegt. Um dem Leser die Erkenntnis der Korpuszugehörigkeit zu erleichtern, werden Aphorismen des Zettelkonvoluts mit ihrer Nummer zitiert (unter Verwendung des im Eingangskapitel eingeführten erweiterten Notationssystems), Aphorismen oder Textvarianten aus den Oktavheften mit der Seitenzahl aus NSF II.

Aphorismen? Zur Gattungsfrage

Einer aktuellen, systematisch-deduktiven Definition nach ist der Aphorismus durch die folgende Kombination von obligatorischen und alternativen Merkmalen bestimmt:

> (1) nichtfiktionaler Text in (2) Prosa in einer Serie gleichartiger Texte, innerhalb dieser Serie aber jeweils (3) von den Nachbartexten isoliert, also in der Reihenfolge ohne Sinnveränderung vertauschbar; zusätzlich (4a) in einem einzelnen Satz oder auch (4b) anderweitig in konziser Weise formuliert oder auch (4c) sprachlich pointiert oder auch (4d) sachlich pointiert (Fricke 1997, 104).

Wie alle systematischen Definitionen ist auch diese von nur begrenzter historischer Tragfähigkeit. So haben schon die Frühromantiker in ihren Fragmenten wie auch Nietzsche in seinen philosophischen Schriften den Aphorismus zu einer besonderen Denkform zu erweitern gesucht, die sich weder durch ›Kürze‹ noch durch ›sprachliche Pointierung‹ auszeichnet und deren ›sachliche Pointierung‹ vor allem in der spekulativen bzw. thetischen, argumentativ nicht gedeckten Kühnheit ihrer Gedankenführung besteht. Ein zweiter Innovationsschub ergibt sich in der literarischen Moderne, die ja ganz grundsätzlich alle etablierten Gattungsgrenzen in Frage stellt (und so alle strengen Gattungssystematiker in die Verzweiflung treibt). Diese moderne Form der Aphoristik kündigt sich in der spezifisch österreichischen Blüte des Aphorismus zu Beginn des 20. Jahrhunderts an und hat im deutschsprachigen Raum in Kafka, in Frankreich in den Surrealisten ihre wichtigsten Vertreter (vgl. Gray 1983 u. 1987; Spicker 2004).

Insofern darf es nicht verwundern, dass die Suche nach spezifischen Quellen und Anregern auch im Falle des Aphorismus bei Kafka wenig Erkenntnisgewinn verspricht. Man hat auf Blaise Pascal verwiesen, dessen *Pensées* (1669) Kafka im August 1917 gelesen hatte (T 816, vgl. auch 622), sowie auf die zeitnäheren Aphorismen von Schopenhauer, Nietzsche und Karl Kraus. Und natürlich wurde Sören Kierkegaard genannt – etwa die aphoristischen *Diapsalmata* im ersten Teil von *Entweder – Oder* (1843). Nun ist Kierkegaard sicher ein wichtiger philosophischer Bezugspunkt für Kafka, vor allem im späten

Werk (↗ 62 f.). Seinen Einfluss auf die Züralauer Aphorismen hat man aber lange deutlich überschätzt, da Kafkas intensive Kierkegaard-Lektüre in Zürau etwas später datiert, als früher angenommen. Erstmals erwähnt wird sie im Brief an Max Brod vom 23./24. November 1917 (B 14–17, 369), die Hauptlektürezeit fällt aber erst in die zweite Februarhälfte 1918. Direkte Kierkegaard-Bezüge finden sich in den Oktavheften nicht vor dem 27. Februar (NSF II, 103–105). An in Zürau gelesenen Texten Kierkegaards nennt Kafka: *Entweder – Oder* (An M. Brod, Mitte/Ende Jan. 1918; Briefe 224), *Der Augenblick, Furcht und Zittern, Die Wiederholung. Ein Versuch in der experimentierenden Psychologie* und die *Stadien auf dem Lebensweg* (An M. Brod, Anf. März 1918; Briefe 235; vgl. auch 237–240).

Kafka selbst verwendet den Begriff ›Aphorismus‹ nicht; im ›Konvolut 1920‹ bezeichnet er eines seiner aphoristischen Notate als »Spruch« (NSF II, 344), was natürlich sowohl auf die Bibel (*Buch der Sprüche*) wie auf die talmudische und chassidische Tradition des ›māšāl‹ verweist und damit einen weiteren Textraum von Anregungsmöglichkeiten eröffnet.

All diese möglichen Bezüge (vgl. Gray 1983 u. 1987, bes. 172–209; zusammenfassend Alt 2005, 462–469) wären aber allenfalls solche zur aphoristischen Form überhaupt – nur ganz selten auch zu einzelnen Themen und Motiven –, nicht aber Anregungen für die spezifische Ausprägung, die Kafka ihr gegeben hat und die ganz auf seine ureigenen Schreibverfahren zurückgeht.

Die Mehrzahl der Züralauer Aphorismen erfüllt die oben genannten Gattungskriterien jedenfalls durchaus. Grenzfälle ergeben sich (a) durch die Einführung eines erzählerisch-fiktionalen Elements (das in den <Er>-Texten natürlich von vornherein mindestens latent vorhanden ist und dort mitunter so stark ausgestaltet wird, dass sich auch ein weit gefasster Gattungsbegriff von ›Aphorismus‹ nicht mehr anwenden lässt), und (b) durch die Intensität bildlichen Sprechens, die bis zum reinen Bildaphorismus führen kann. Das aber sind eben Spezifika von Kafkas aphoristischer Schreibweise, die sowohl die problemlose Eingemeindung des Aphorismus in sein Schreibrepertoire wie auch die prägende Wirkung des Aphorismus auf das späte Werk ermöglichen: Kafkas Aphorismen haben ein offenes Grenzfeld zu seinem parabolischen Schreiben und entsprechen seiner Priorisierung des bildlichen über den begrifflichen Ausdruck; umgekehrt verstärkt die Aneignung der aphoristischen Schreibweise die Abstraktions- und Reflexionstendenz im späten Werk. Was den Aphorismus aber vor allem zur für Kafka geradezu kongenialen Form macht, ist, dass er eine optimale Verbindung zwischen (dem inspirationsorientierten Schreiben Kafkas gemäßer) Kürze einerseits und (seinem Werkstreben gemäßer) formaler Geschlossenheit (›closure‹) andererseits ermöglicht. Zudem erlaubt der Aphorismus eine Erweiterung der geschlossenen Kurz-›Werke‹ zur Großform durch Reihenbildung.

Schreibweisen und Leseprobleme

Selbst wenn man über die Gattungszugehörigkeit von Einzeltexten streiten mag – insgesamt bilden die Zürauer Notate ein Textfeld, in dem der Aphorismus eindeutig die dominante produktions- und rezeptionsbestimmende Form ist.

Die erste und elementare Schwierigkeit einer Aphorismenreihe liegt für den Leser immer darin, sich die impliziten Zusammenhänge zwischen den Einzeltexten explizit zu machen. Im berühmten *Athenäum-Fragment* Nr. 53 schrieb Friedrich Schlegel: »Es ist gleich tödlich für den Geist, ein System zu haben, und keins zu haben. Er wird sich also wohl entschließen müssen, beides zu verbinden«. Die Aphorismenreihe ist eine solche Verbindung, die den Leser dazu provoziert, den vielfältigen, aber nie explizierten Bezügen zwischen den Einzeltexten nachzuspüren. Inwieweit sich aus Kafkas Zürauer Aphorismen aber wenigstens Ansätze eines weltanschaulichen ›Systems‹ rekonstruieren lassen, ist in der Forschung heftig umstritten geblieben.

Die Rekonstruktion eines solchen ›Systems‹ wird natürlich noch dadurch erschwert, dass schon die Einzeltexte dem Verständnis oft größten Widerstand entgegensetzen. Diese Widerständigkeit gegen begriffliche Vereindeutigung charakterisiert wiederum schon den Aphorismus als Gattung; in Kafkas Handhabung der Form werden diese Verstehensprobleme aber noch deutlich vergrößert.

In räsonierenden Aphorismen bewirkt dies vor allem eine für Kafkas reifes Werk charakteristische Schreibweise, die Gerhard Neumann auf den Begriff des ›gleitenden Paradoxons‹ gebracht hat: »es handelt sich [...] um Abweichungen vom Normalverständnis, von der normalen Denk- und Bilderwartung, vom normalen logischen Ablauf; es erfolgen Schwenkungen, aber diese verklammern sich nie zu krassem Widerspruch« (Neumann, 468). Diese Verfahren der Entstellung und/oder partiellen Umkehrung oder Zurücknahme lassen sich am Vergleich zweier Beispieltexte studieren.

> Das Wort »sein« bedeutet im Deutschen beides: Dasein und Ihm-gehören (Nr. 46).

Hier handelt es sich um einen relativ konventionellen Aphorismus, der eine originelle Beobachtung präsentiert und ihre ›Nutzanwendung‹ dem Leser überlässt. Der folgende, durchaus motivverwandte Aphorismus fällt dagegen wesentlich komplexer aus:

> Es gibt kein Haben, nur ein Sein, nur ein nach letztem Atem, nach Ersticken verlangendes Sein (Nr. 35).

Mehrfach sieht sich hier der Leser gezwungen, seine Denkrichtung in Frage zu stellen oder gar zu wechseln: Problematisch ist schon das Wertverhältnis von ›Haben‹ und ›Sein‹. Der Textanfang scheint das Haben zu priorisieren (»nur«) – das aber widerspricht sowohl unserem Vorwissen über das Wertverständnis von ›Weisheitstexten‹ wie auch dem übernächsten Aphorismus: »Seine Antwort auf die Behauptung, er besitze vielleicht, sei aber nicht, war nur Zittern und Herzklopfen« (Nr. 37). Wer so, trotz der Eingangsformulierung, ›Sein‹ für wertvoller als ›Haben‹ hält, wird allerdings vom weiteren Textgang wieder verunsichert. Dass man ›nach Atem verlangt‹, ist uns vertraut – so vertraut, dass wir das ungewöhnliche Adjektiv ›letztem‹ überlesen mögen. Der Schlussteil des Satzes, der ›letzter Atem‹ durch ›Ersticken‹ ersetzt, unterstreicht das Adjektiv aber unübersehbar deutlich, ohne doch den Widerspruch von ›Atem‹ und ›Ersticken‹ einfach aufzuheben. Das lässt den Leser mit der paradox anmutenden Vorstellung eines ›Seins‹ zurück, das nach Ersticken, also nach Tod verlangt. Ein solches ›Sein‹ ist allerdings durchaus denkbar – zumindest wenn man alle gewohnten Vorstellungen vom vitalen Selbsterhaltungstrieb aufgibt und andere Aphorismen zu ›Tod‹ und ›Sterben‹ einbezieht (z. B. Nr. 13, 27, 88).

Hierin liegt ein wesentlicher Unterschied zwischen den Aufhebungs-/Verschiebungs-Strukturen in den Zürauer Aphorismen und denen in fiktionalen, personal erzählten Texten Kafkas: Wenn dort gewohntes/logisches Denken frustriert wird, bleiben der veränderungsunfähige Held und der Leser gleichermaßen ratlos zurück. In den Aphorismen dagegen ist der Leser frei, dem Textappell zum Verlassen aller konventionellen Denkbahnen zu folgen, ohne dabei in unendlichen Rekursschleifen zu landen.

Wesentlich schwieriger als die räsonierenden Texte sind so die, die Vergleiche und Metaphern einschließen, wie etwa:

> Je mehr Pferde Du anspannst, desto rascher gehts – nämlich nicht das Ausreißen des Blocks aus dem Fundament, was unmöglich ist, aber das Zerreißen der Riemen und damit die leere fröhliche Fahrt (Nr. 45).

Die Eingangsbehauptung ist leicht nachvollziehbar: Je mehr Pferde man vor eine Kutsche spannt, desto schneller wird die Fahrt sein. Dann aber findet auch hier eine Umlenkung statt, nur diesmal eben innerhalb der Bildvorstellung: Die Pferde sind nicht vor eine Kutsche gespannt, sondern sollen einen Steinblock bewegen, der allerdings, verwirrenderweise, ein Fundamentstein ist – und daher eigentlich besser nicht entfernt werden sollte. Diese Entfernung ist aber ohnehin unmöglich – wozu also der Versuch? Dann werden beide Bildvorstellungen zusammengenommen: Es kommt nun also doch zur Fahrt, die dann als »leer« (denn es wird nichts bewegt oder transportiert), aber auch als »fröhlich« bezeichnet wird. Zu diesen Verständnisproblemen der Umkehrungen/Verschiebungen kommen hier jedoch die noch weit grundlegenderen der Bildauflösung hinzu: Denn wofür stehen ›Fundament‹, ›Block‹ und die ›leere fröhliche Fahrt‹? Immerhin aber gibt es im Text noch Rudimentelemente gleichnishafter Rede, die einem Deutungsversuch zumindest Anhaltspunkte geben können: ›Fundament‹ etwa ist ja auch eine gängige lexikalisierte Metapher für das Gründende schlechthin, für das, was uns im Boden (der ›sinnlichen Welt‹? ↗ 288 f.) verankert.

Solche Richtungsweisungen gleichnishaften Sprechens sind in den Zürauer Aphorismen nicht selten (vgl. etwa Nr. 38, wo eine Wegmetapher mit der allegorisierenden Auflösung »Weg der Ewigkeit« verbunden ist). Es gibt jedoch auch Texte, wo die Bildhälfte zur ›absoluten Metapher‹ verselbständigt wurde:

> Ein Käfig ging einen Vogel suchen (Nr. 16).

Eine Verschiebung liegt hier nicht vor: Jeder nach Erfüllung seines Existenzsinnes strebende vogellose Vogelkäfig würde einen Vogel suchen gehen – wenn er es nur könnte (und wollen könnte). Dass er es bei Kafka kann, ist zunächst einmal nichts anderes als eine gängige Lizenz poetischer Rede (Anthropomorphisierung), die (ebenfalls gängigerweise) als Uneigentlichkeitssignal fungiert. Für die Auflösung der Bildebene aber gibt der Aphorismus keinerlei Hinweise mehr – der Leser wird sie sich also (ausgehend vom unmittelbaren Schreibkontext und von weiteren motiv-, themen- und situationsverwandten Passagen) aus anderen Aphorismen hypothetisch konstruieren müssen. Was der Text selbst dabei vorgibt, ist die Hoffnungslosigkeit der in ihm entworfenen Handlung: Dass ein starrer Käfig je einen höchst beweglichen Vogel wird fangen können, ist äußerst unwahrscheinlich.

Soweit eine kleine Skizze der Verstehensprobleme (ausführlichere Darstellungen bei: Gray 1987, 233–263; Neumann; Sandbank). Einige Sonderformen aphoristischen Schreibens bei Kafka seien abschließend wenigstens erwähnt:

(1) auf die Möglichkeit zur erzählerischen Ausweitung wurde bereits hingewiesen – damit wird die Grenze zur Parabel überschritten (z. B. Nr. 47);

(2) eine zweite Ausweitungsmöglichkeit ist die zum ›philosophischen‹ Dialog wie etwa in Nr. 109;

(3) weitere Sonderfälle sind ›Du‹-Aphorismen (z. B. »Lächerlich hast Du Dich aufgeschirrt für diese Welt«, Nr. 44), Er-Aphorismen (z. B. Nr. 66, 67) und eine spezielle Variante davon, in deren Mittelpunkt ein anonymer »A.« steht (z. B. »A. ist ein Virtuose und der Himmel ist sein Zeuge«, Nr. 49). Wie bei den <Er>-Texten gibt es auch hier Indizien, dass es sich dabei um Transpositionen aus der ersten Person handeln könnte (vgl. etwa NSF II:A, 239); Max Brod hatte dagegen an einigen Stellen – einen Bezug zu Kierkegaards *Furcht und Zittern* unterstellend – »A« zu »Abraham« aufgelöst (vgl. NSF II, 104 u. Hzv/ GW 125).

Die Schwierigkeiten, die die Zürauer Aphorismen dem Verständnis des Lesers entgegensetzen, sind offensichtlich. Die zentrale Interpretationsfrage besteht jedoch darin, ob sich aus der Textreihe so etwas wie ein weltanschauliches System erschließen lässt und, falls ja, wie es um einen möglichen religiösen Gehalt der Aphorismen steht.

Forschung

Bei kaum einem Kafka-Text hat Max Brod die Forschung so nachhaltig geprägt, wie bei den Zürauer Aphorismen – allerdings weniger in der Nachfolge, sondern vielmehr im Widerstand gegen seine Thesen.

Für Brod stehen die <Betrachtungen> im Mittelpunkt seiner Kafka-Deutung (vgl. bes. Brod 1974, 150–155, 214 f., 235–241, 303–323):

In den Erzählungen zeigt Kafka, wie der Mensch verwirrt wird und seinen Weg verfehlt, in den Aphorismen wird dieser Weg selbst gezeigt und Entwirrung kündigt sich an. Selbstverständlich soll und kann man diese beiden Weltsichten bei Kafka nicht mechanisch sondern. Auch in den Aphorismen steht viel, wobei einem vor Weh und Ratlosigkeit der Atem stehen bleibt […] hat man aber dies gesagt […], so bleibt es einem letzten Endes doch nicht benommen, im ›Kafka der Aphorismen‹ stärker seine lehrende, helfende Qualität hervorleuchten […] zu sehen (Max Brod: Franz Kafka. Eine Biographie. Nachwort zur 3. Aufl. In: Brod 1974, 214).

Die Zürauer Aphorismen sind so Brods wichtigster Beleg dafür, dass Kafka »kein Dichter des Unglaubens und der Verzweiflung«, sondern einer »der Prüfung des Glaubens, der Prüfung im Glauben« sei und dass sich aus seinem Werk »ein ganzes Kafka-Brevier des positiven Lebens, ein Trostbüchlein, ein Kompendium der rechten Weisung« zusammenstellen ließe (Max Brod: Verzweiflung und Erlösung im Werk Franz Kafkas. In: Brod 1974, 303 u. 307 f.).

Dass Brod Kafka als »Erneuerer der altjüdischen Religiosität« (Brod 1974, 279) gesehen haben wollte, hat Interpretationen, die das Religions-Thema bei Kafka ernst zu nehmen suchen, nachhaltig diskreditiert. Auch Brods Deutung der Zürauer Aphorismen fand kaum Nachfolger – am ehesten (und mit deutlichen Nuancierungen) etwa bei Herbert Tauber (1941), Werner Hofmann (1975, 1979 u. 1984), Christa Deinert-Trotta (1975), Helen Milfull (1982), Konrad Dietzfelbinger (1987) – und, wesentlich differenzierter, bei Ritchie Robertson (1983, 1988, 1998 u. 2002a).

Zunehmend dominant waren aber eher die Gegenreaktionen, die, grob gesprochen, in drei Gruppen zerfallen:

(1) Wenn der religiös-weltanschauliche Gehalt von Kafkas Zürauer Aphorismen überhaupt ernst genommen wurde, so betonte man vor allem dessen negative Ausrichtung – so etwa Hans-Günther Pott (1958), Wiebrecht Ries (1977) oder auch Sabina Kienlechner in ihrem (höchst lesenswerten) Deutungsversuch (Kienlechner 1981).

(2) Eine Reihe von Forschern konzentrierte sich, unter Aussparung von Gehaltsinterpretationen, bevorzugt auf die formale Seite der Texte und ihren Bezug zur aphoristischen Tradition; beides kann daher heute als gut erforscht gelten (vgl. etwa Neumann 1968; Sandbank 1970; Gray 1987; Spicker 2004).

(3) Die radikalste Form der Abwendung von Brods Interpretation besteht jedoch in der völligen Ignorierung der Zürauer Aphorismen. Einzelne Texte daraus werden auch heute noch gerne zur Untermauerung von Deutungsthesen zitiert – und da viele der Aphorismen äußerst hermetisch sind, lässt sich mit ihnen vieles belegen. Die Sammlung als Ganzes ist jedoch zunehmend aus dem Blickpunkt der Kafka-Forschung geraten – wie ein Blick auf aktuelle Publikationen zeigt: Alt widmet ihr nur sieben Seiten von fast 800 (Alt 2005), und bei Oliver Jahraus (2006) und im *Kafka-Handbuch* von Jagow/Jahraus (2008) kommt sie gar nicht mehr vor. Mit neueren Forschungstendenzen sind diese Texte also anscheinend besonders inkompatibel.

Deutungsaspekte

Die Zürauer Aphorismen als Kryptotheologie?

Die Frage zwingt dazu, sie sogleich mit ›Nein‹ zu beantworten: Natürlich geht es in den Zürauer Aphorismen nicht um eine Theologie, ein Glaubensbekenntnis oder gar eine ›Wegweisung‹ im Sinne von Max Brod. Aber es geht – und darauf ist gerade gegenüber der neueren Kafka-Forschung energisch zu insistieren – in der Tat um »letzte Fragen«, um »Boden« und »Gebot«, um Religion in einem fundamentalen und dezidiert modernen, wenn man so will: post-Nietzscheanischen Sinne. Die Aphorismen *sind* eine weltanschauliche Grundsatzreflexion Kafkas im Medium der Literatur – und wer sie ernst nimmt, wird dies nicht ohne Folgen für seine Lektüre des Kafkaschen Werkes (mindestens in seiner späten Phase) tun können. Das mag dann zwar zum Scheitern aktualisierender Aneignungsversuche führen – aber was für ein Sinn läge in der Beschäftigung mit historischen Gegenständen (wozu literarische Werke vom Anfang des 20. Jahrhunderts für uns zweifellos gehören), wenn sie uns nur das sagen würden, was wir ohnehin schon wissen.

Im Folgenden soll versucht werden, anhand einiger zentraler Themen Grundzüge einer Interpretation zu skizzieren, die sich auf den weltanschaulichen Gehalt der Texte einlässt, aber zugleich der Komplexität von Kafkas Denken und Schreiben gerecht zu werden sucht. (Eine umfassendere monographische Deutung des Textkorpus wäre ein dringendes Desiderat der Kafka-Forschung.)

Zentrale Themen und Motive

Am Anfang der Niederschrift (NSF II, 29–32) und kurz vor ihrem Ende (97 f.) finden sich Notate, die sich metareflexiv lesen lassen. Die Schlussreflexion wurde oben bereits zitiert (↗281 f.); ebenso wichtig sind aber die Anfangspassagen. Kafka scheint sich hier geradezu zu ermutigen, sich einer reflexiven Sprache und einer allgemeinen weltanschaulichen Terminologie zu bedienen, die ihm beide bisher fremd waren: Im »geistigen Kampf« – den er, »angegriffen von der letzten Frage«, nun offensichtlich führen will – sind »Eigenes und Fremdes« nicht zu trennen, muss man allgemeine und damit »fremde« Waffen benutzen. Auch »ist keine Angst vor dem eindeutig Metodischen nötig. Es ist Hülse, aber nicht mehr« (NSF II, 29; vgl. auch Aphorismus Nr. 1, der in direktem Zusammenhang mit diesen Überlegungen stehen dürfte).

Das ist ein wichtiger Hinweis für das Verständnis der Züraer Aphorismen. Sie bedienen sich häufig einer eingespielten (›fremden‹) weltanschaulichen Terminologie, verwenden diese aber sozusagen nur ›gleichnishaft‹, als nötiges, aber letztlich unzureichendes Mittel.

Das ›Unzerstörbare‹

> Der Mensch kann nicht leben ohne ein dauerndes Vertrauen zu etwas Unzerstörbarem in sich, wobei sowohl das Unzerstörbare als auch das Vertrauen ihm dauernd verborgen bleiben können. Eine der Ausdrucksmöglichkeiten dieses Verborgen-Bleibens ist der Glaube an einen persönlichen Gott (Nr. 50).

Liest man den Aphorismus zum ersten Mal, so scheint es naheliegend, das ›Unzerstörbare‹ mit dem uns vertrauten jüdisch-christlichen Konzept der von Gott verliehenen Seele gleichzusetzen. Solchen Versuchungen aber sollte der Leser der Züraer Aphorismen konsequent widerstehen. Das »Unzerstörbare« ist – zunächst einmal – das ›Unzerstörbare‹, und alles, was sich darüber sagen lässt, muss auf Kafkas Texten beruhen und nicht auf unserem Vorwissen.

›Unzerstörbar‹ im Menschen kann nur etwas sein, was von seiner empirisch-physischen Existenz geschieden ist (denn die ist bekanntermaßen zerstörbar). Dass es ein solches ›Unzerstörbares‹ *gibt*, wird nicht gesagt, nur dass dem Menschen ein Vertrauen dazu lebens-notwendig sei, weil er eines solchen Bezugspunktes offensichtlich bedarf. Dieses Vertrauen

kann auch ein nicht bewusst gemachtes sein – man könnte sich etwa vorstellen: ein einfach nur gelebtes. Schließlich ist das ›Unzerstörbare‹ *im* Menschen angesiedelt (so hat Kafka gegenüber der Erstniederschrift klargestellt, vgl. NSF II, 58) – es als ›Gott‹ zu personifizieren erfüllt zwar ebenfalls seinen praktischen, lebensermöglichenden Zweck, ist aber als theoretische Erkenntnis falsch, da es das Unzerstörbare *im Menschen* verbirgt. Von ›Gott‹ zu reden, wäre sozusagen die exoterische Variante des Gemeinten – wie sie Kafka selbst praktiziert hat, als er in einem brieflichen Selbstzitat »das Unzerstörbare« durch »das entscheidend Göttliche« ersetzte (An Max Brod, 7.8.1920; Briefe 279 f.).

Schon diese ansatzweise Ausdeutung eines einzigen (nicht übermäßig schwer verständlichen) Aphorismus macht deutlich, dass Kafkas Position mit etablierten Religionskonzepten wenig zu tun hat. Ihm scheint es um eine extrem reduzierte, aller dogmatischen Gehalte entkleidete Religion als ›re-ligio‹ zu gehen, als Rückbindung an ein nicht näher spezifiziertes trans-empirisches Prinzip. Kafka hat den Aphorismus Nr. 50 – seiner Deutlichkeit wegen? – im Zettelkonvolut gestrichen, die folgenden zwei Aphorismen aber beibehalten, die Bedeutung und Funktion des ›Unzerstörbaren‹ weiter ausführen:

> Theoretisch gibt es eine vollkommene Glücksmöglichkeit: An das Unzerstörbare in sich glauben und nicht zu ihm streben (Nr. 69).
> Das Unzerstörbare ist eines; jeder einzelne Mensch ist es und gleichzeitig ist es allen gemeinsam, daher die beispiellos untrennbare Verbindung der Menschen (Nr. 70/71).

Zu ergänzen wäre der nicht ins Zettelkonvolut aufgenommene Aphorismus:

> Glauben heißt: das Unzerstörbare in sich befreien oder richtiger: sich befreien oder richtiger: unzerstörbar sein oder richtiger: sein (NSF II, 55).

›Sinnliche‹ und ›geistige Welt‹

Eine ganze Reihe der Züraer Aphorismen erörtert den Unterschied zwischen der ›sinnlichen‹ und der ›geistigen Welt‹. Wiederum liegt es nahe, an traditionelle Dualismus-Konzepte zu denken: wie etwa Diesseits/Jenseits, Körper/Geist oder Erscheinung/Idee. Sammelt man die Prädikationen und Synonyme, die Kafka für die beiden Bereiche verwendet, so wird dieser Traditionsbezug zunächst eher noch verstärkt: Die ›sinnliche Welt‹ wird auch die »körperliche«, »irdische« (NSF II, 31), »sichtbare« (Nr.

86) genannt, die geistige auch die »himmlische« (NSF II, 32) und »ein höheres Leben« (Nr. 96); einmal ist gar direkt vom Gegensatz »Diesseits« – »Jenseits« die Rede (NSF II, 62).

Kafka dekonstruiert die konventionelle Semantik der gewohnten Begriffe jedoch geradezu systematisch. So heißt es etwa: »Dem Diesseits kann nicht ein Jenseits folgen, denn das Jenseits ist ewig, kann also mit dem Diesseits nicht in zeitlicher Beziehung stehn« (62), und, noch erhellender, in einer gestrichenen Vorfassung dazu: »Jedem Augenblick entspricht auch etwas Ausserzeitliches« (NSF II:A, 214).

Genauso wenig wie eine zeitliche lässt Kafka eine räumliche/ontologische Differenz zu:

> Es gibt nichts anderes als eine geistige Welt; was wir sinnliche Welt nennen ist das Böse in der geistigen und was wir böse nennen ist nur eine Notwendigkeit eines Augenblicks unserer ewigen Entwicklung (Nr. 54; vgl. auch Nr. 62)
> Nicht eigentlich die sinnliche Welt ist Schein, sondern ihr Böses, das allerdings für unsere Augen die sinnliche Welt bildet (aus Nr. 85).

Die in traditionellen Dualismus-Konstruktionen ontologisch streng getrennten Welten fallen bei Kafka also in *einem* Seinsbereich zusammen; ontologisch gesehen, gibt es keinen Unterschied zwischen ›sinnlicher‹ und ›geistiger‹ Welt. Daher ist es »möglich, daß wir nicht nur dauernd im Paradiese bleiben könnten, sondern tatsächlich dort dauernd sind, gleichgültig ob wir es hier wissen oder nicht« (Nr. 64).

Getrennt sind die Welten also nur durch die je verschiedene epistemologische (und handlungspraktische) Disposition des Menschen. Von den Grenzen der Erkenntnis – und auch damit von denen der Sprache (vgl. Nr. 57) – ist in den Zürauer Aphorismen häufig die Rede; man vergleiche etwa:

> Wahrheit ist unteilbar, kann sich also selbst nicht erkennen; wer sie erkennen will, muß Lüge sein (Nr. 80).

Die Erkenntnisfähigkeit des Menschen ist allerdings dennoch nicht nur unhintergehbar, sondern auch notwendig, sie »ist gleichzeitig beides: Stufe zum ewigen Leben und Hindernis vor ihm« (NSF II, 78; vgl. auch 42). Es muss nur eben eine Erkenntnis sein, die nicht im rein rationalen Erklären des Empirischen verbleibt; Musterbeispiel für eine solche falsche, da wahrheitsblinde Erkenntnis ist in den Zürauer Aphorismen die Psychologie (vgl. Nr. 93 u. NSF II, 31 f., 61, 100) als bloßer »Anthropomorphismus« (32).

Da die ontologische Differenz in Wirklichkeit eine epistemologische ist, wurzelt die Dualität von ›geistiger‹ und ›sinnlicher Welt‹ in einer entsprechenden Dualität des Subjekts:

> Es gibt im gleichen Menschen Erkenntnisse, die bei völliger Verschiedenheit doch das gleiche Objekt haben, sodaß wieder nur auf verschiedene Subjekte im gleichen Menschen rückgeschlossen werden muß (Nr. 72; vgl. auch Nr. 81).

Um ganz in der ›geistigen Welt‹ zu leben, wäre daher eine geradezu unvorstellbar radikale Veränderung des Ich nötig:

> Vor dem Betreten des Allerheiligsten mußt du die Schuhe ausziehn, aber nicht nur die Schuhe, sondern alles, Reisekleid und Gepäck, und darunter die Nacktheit, und alles, was unter der Nacktheit ist, und alles, was sich unter diesem verbirgt, und dann den Kern und den Kern des Kerns, dann das Übrige und dann den Rest und dann noch den Schein des unvergänglichen Feuers. Erst das Feuer selbst wird vom Allerheiligsten aufgesogen und läßt sich von ihm aufsaugen, keines von beiden kann dem widerstehen (NSF II, 77).

Das radikalste Bild für eine solche Veränderung ist in den Zürauer Aphorismen der Tod:

> Niemand kann sich mit der Erkenntnis [des Guten und Bösen] allein begnügen, sondern muß sich bestreben, ihr gemäß zu handeln. Dazu aber ist ihm die Kraft nicht mitgegeben, er muß daher sich zerstören, selbst auf die Gefahr hin, sogar dadurch die notwendige Kraft nicht zu erhalten, aber es bleibt ihm nichts anderes übrig als dieser letzte Versuch (aus Nr. 86).

Gemeint ist damit allerdings nicht einfach der physische Tod (»Unsere Rettung ist der Tod, aber nicht dieser«; NSF II, 101), sondern eine radikale Umgestaltung des Subjekts.

Eine mildere Variante der Ich-Veränderung läge bereits im Bewusstsein, nicht in seiner physisch-empirischen Existenz aufzugehen: »Dieses Gefühl: ›hier ankere ich nicht‹ und gleich die wogende tragende Flut um sich fühlen« (Nr. 76).

Der Sündenfall

Wie bereits gezeigt, verwendet Kafka in den Zürauer Aphorismen häufig vertraute weltanschauliche Grundfiguren, gibt ihnen aber einen ganz eigenen Sinn. Das gilt auch für seinen Umgang mit Mythologemen, die zumeist dem jüdisch-christlichen, mitunter auch dem griechischen (NSF II, 33 f., 80) Bereich entstammen. Dieser kontrafaktische Umgang mit Mythen prägt auch die eingelagerten Erzähltexte *‹Die Wahrheit über Sancho Pansa›* (38), *‹Das*

Schweigen der Sirenen> (40–42) und <*Prometheus*>
(69 f.). Im letztgenannten Text wird er direkt thematisiert: »Die Sage versucht das Unerklärliche zu erklären; da sie aus einem Wahrheitsgrund kommt,
muß sie wieder im Unerklärlichen enden« (69).

Das wichtigste dieser Mythologeme ist in den
Züriauer Aphorismen das des Sündenfalls (als dessen
griechisches Pendant der Prometheus-Mythos ja angesehen werden könnte). Schon im Juni 1916 hatte
sich Kafka bei seiner Lektüre des *Alten Testament*
fast ausschließlich für den Sündenfall-Bericht interessiert (T 789 f.; vgl. auch T 753 u. 796) und notiert:
»Nur das alte Testament sieht – nichts darüber noch
sagen« (6.7.1916; T 792). Die Züriauer Aphorismen
können als Einlösung dieser aufgeschobenen Niederschrift gelesen werden.

Im biblischen Kontext ist der Sündenfall ein ätio-
logischer Mythos, der die sündig-erlösungsbedürf-
tige Existenz des Menschen auf Erden erklärt. Auch
Kafka setzt ihn ätiologisch ein, dementiert aber zugleich die Vorzeitigkeit des Ereignisses: »Die Vertreibung aus dem Paradies ist in ihrem Hauptteil ewig«
(aus Nr. 64) – also ein außerzeitliches Geschehen.

Das ist aber nicht die einzige Abweichung vom
jüdisch-christlichen Sinnhorizont. Kafka konzentriert sich fast ausschließlich auf den Gegensatz
zwischen dem ›Baum der Erkenntnis‹ und dem des
›Lebens‹. Dieser ist in der Bibel nur von unterge-
ordneter Bedeutung und dient dort hauptsächlich
dazu, die Vertreibung aus dem Paradies zu begründen: »Dann sprach Gott, der Herr: Seht, der Mensch
ist geworden wie wir; er erkennt Gut und Böse.
Dass er jetzt nicht [auch noch] die Hand ausstreckt,
auch vom Baum des Lebens nimmt, davon isst und
ewig lebt! […] Er vertrieb den Menschen und stellte
östlich des Gartens von Eden die Kerubim auf und
das lodernde Flammenschwert, damit sie den Weg
zum Baum des Lebens bewachten« (Gen. 3,22 u.
24). An diese Begründung knüpft Kafka unmittelbar an:

> Warum klagen wir wegen des Sündenfalls? Nicht seinet-
> wegen sind wir aus dem Paradiese vertrieben worden,
> sondern wegen des Baumes des Lebens, damit wir nicht
> von ihm essen (Nr. 82).

Was aber im jüdisch-christlichen Kontext als Tat
menschlicher Hybris (die ja schon dem Sündenfall
zugrunde lag) verhindert werden sollte, wird für
Kafka zur existenziellen Aufgabe:

> Wir sind nicht nur deshalb sündig, weil wir vom Baum
> der Erkenntnis gegessen haben, sondern auch deshalb,
> weil wir vom Baum des Lebens noch nicht gegessen ha-

ben. Sündig ist der Stand, in dem wir uns befinden, unabhängig von Schuld (Nr. 83).

Vom ›Baum des [wahren] Lebens‹ essen heißt, die
zweite, transempirische Dimension unserer Existenz
wahr- und anzunehmen:

> Es gibt für uns zweierlei Wahrheit, so wie sie dargestellt
> wird durch den Baum der Erkenntnis und den Baum des
> Lebens. Die Wahrheit des Tätigen und die Wahrheit des
> Ruhenden. Die erste teilt sich das Gute vom Bösen,
> die zweite ist nichts anderes als das Gute selbst, sie weiß
> weder vom Guten noch vom Bösen. Die erste Wahrheit
> ist uns wirklich gegeben, die zweite ahnungsweise (NSF
> II, 83 f.).

Die Kunst

Von Kunst/Literatur ist in den Züriauer Aphorismen
nur selten die Rede. Der bekannteste und meistzi-
tierte Aphorismus scheint sie auf eine Ästhetik der
Negativität festzulegen:

> Unsere Kunst ist ein von der Wahrheit Geblendet-Sein:
> Das Licht auf dem zurückweichenden Fratzengesicht ist
> wahr, sonst nichts (Nr. 63).

Um einige Nuancen stärker und positiver liest sich
die folgende Passage:

> Die Kunst fliegt um die Wahrheit, aber mit der entschie-
> denen Absicht sich nicht zu verbrennen. Ihre Fähigkeit
> besteht darin in der dunklen Leere einen Ort zu finden,
> wo der Strahl des Lichts, ohne daß dies vorher zu erken-
> nen gewesen wäre, kräftig aufgefangen werden kann
> (NSF II, 75 f.).

Das spricht der Kunst immerhin eine Aufgabe zu,
die allerdings auch verfehlt werden kann:

> Selbstvergessenheit und Selbstaufhebung der Kunst: Was
> Flucht ist, wird vorgeblich Spaziergang oder gar Angriff
> (NSF II, 64).

Trotzdem sind Kunst/Literatur in den Züriauer
Aphorismen offensichtlich marginalisiert (vgl. noch:
NSF II, 75). Nun gibt es bei Kafka immer ein Schwanken zwischen Kunstkritik und Kunstmetaphysik; insofern wird man sich hüten müssen, eine Seite dieser
geradezu komplementären Positionen zur definitiven Aussage Kafkas zu verabsolutieren. Im ›Konvolut 1920‹, also in einer Zeit, in der sich Kafka wieder
der Literatur zugewandt hatte, findet sich dann auch
die gegenteilige Position: »Schreiben als Form des
Gebetes« (NSF II, 354).

Zusammenfassung

Mit dieser kurzen Skizze sind die Themen der Zürauer Aphorismen natürlich bei weitem nicht erschöpft. Deutlich geworden sein sollte aber eine grundlegende Denkfigur: Kafka postuliert eine zweite, transempirische Seite des Menschen als verpflichtenden Grund seiner Existenz – was die empirische Welt und alle mit ihr zusammenhängenden lebenspraktischen Erwägungen zu einem sekundären Gut macht, genauer: zu einem Gut, das nur durch Verbindung mit seinem Gegenbereich Sinn und Wert gewinnt. Wie Kafka knapp und bündig formuliert:

> Du leugnest in gewissem Sinn das Vorhandensein dieser Welt (NSF II, 90).

Was sind nun die praktischen Konsequenzen dieser Weltsicht? Die erste ist ein sehr radikaler ethischer Rigorismus, der ja in der Tat zu den wichtigsten Eigenheiten von Kafkas Werk gehört:

> Es war einmal eine Gemeinschaft von Schurken, d. h. es waren keine Schurken, sondern gewöhnliche Menschen, der Durchschnitt. Sie hielten immer zusammen. Wenn z. B. einer von ihnen etwas schurkenmäßiges ausgeübt hatte, d. h. wieder nichts schurkenmäßiges, sondern so wie es gewöhnlich, wie es üblich ist, und er dann vor der Gemeinschaft beichtete, untersuchten sie es, beurteilten es, legten Bußen auf, verziehen udgl. Es war nicht schlecht gemeint, die Interessen der einzelnen und der Gemeinschaft wurden streng gewahrt und dem Beichtenden wurde das Komplement gereicht, dessen Grundfarbe er gezeigt hatte. So hielten sie immer zusammen, auch nach ihrem Tode gaben sie die Gemeinschaft nicht auf, sondern stiegen im Reigen zum Himmel. Im ganzen war es ein Anblick reinster Kinderunschuld wie sie flogen. Da aber vor dem Himmel alles in seine Elemente zerschlagen wird, stürzten sie ab, wahre Felsblöcke (NSF II, 42 f.).

Als zweite Konsequenz hat man in der Forschung gerne eine Haltung der radikalen Askese, der Lebens- und Weltverneinung unterstellt. Das ist nicht ganz falsch, geht aber deutlich zu weit. Kafka fordert nicht dazu auf, dem Leben zu entsagen – dass er selbst das mitunter getan hat, sah er eher als Konsequenz seiner ganz eigenen Lebensuntüchtigkeit an –, sondern das Leben so zu leben, dass es ›gerechtfertigt‹ werden kann:

> Niemand schafft hier mehr als seine geistige Lebensmöglichkeit; daß es den Anschein hat, als arbeite er für seine Ernährung, Kleidung u. s. w. ist nebensächlich, es wird ihm eben mit jedem sichtbaren Bissen auch ein unsichtbarer, mit jedem sichtbaren Kleid auch ein unsichtbares Kleid u. s. f. gereicht. Das ist jedes Menschen Rechtfertigung. Es hat den Anschein als unterbaue er seine Existenz mit nachträglichen Rechtfertigungen, das ist aber nur psychologische Spiegelschrift, tatsächlich errichtet er sein Leben auf seinen Rechtfertigungen. Allerdings muß jeder Mensch sein Leben rechtfertigen können (oder seinen Tod, was dasselbe ist), dieser Aufgabe kann er nicht ausweichen (NSF II, 99).

Die Sozialutopie *Die besitzlose Arbeiterschaft* (NSF II, 105–107) kann durchaus als ein – wiederum sehr radikaler – Entwurf für ein ›gerechtfertigtes‹ Leben gelesen werden. Dies ist aber sicher nicht die einzig mögliche Antwort. Kafka hat in seinen Reflexionen und in seinem Schreiben viele Lösungsversuche erprobt; besonders im späten Werk ist die Frage nach ›Rechtfertigung‹ das Grundthema überhaupt.

Deutlich sollte auch Kafkas Distanz von jeder orthodoxen Religion geworden sein. Dies verbindet ihn mit zahlreichen anderen Autoren der literarischen Moderne ebenso wie die Bemühung, so etwas wie eine Basis-Religiosität neu zu begründen, die dem Machtwillen des Subjekts eine Grenze setzt. Darin können Kafka und seine Zeitgenossen als Erneuerer des ähnlich unorthodoxen Religionskonzeptes der Frühromantik (etwa bei Novalis, F. Schlegel und auch Hölderlin) verstanden werden. Die konkrete Ausgestaltung dieser Basisreligion bleibt der Freiheit des Individuums überlassen, die so auch keinesfalls historisch hintergangen werden soll:

> Der Messias wird kommen, bis der zügelloseste Individualismus des Glaubens möglich ist, niemand diese Möglichkeit vernichtet, niemand die Vernichtung duldet, also der Gräber sich öffnen. Das ist vielleicht auch die christliche Lehre, sowohl in der tatsächlichen Aufzeigung des Beispieles dem nachgefolgt werden soll, eines individualistischen Beispieles, als auch in der symbolischen Aufzeigung der Auferstehung des Mittlers im einzelnen Menschen (NSF II, 55).

Ausgaben: Zürauer Aphorismen: ED des Zettelkonvoluts als: Betrachtungen über Sünde, Leid, Hoffnung und den wahren Weg, in: BBdCM (1931), 225–249. – T/GS (1937) 198–217 [Betrachtungen], 158 u. 166 f. [ergänzte Einzelnotate, entsprechend NSF II, 97 f. u. 108–110], 218–239 [enthält unter dem Titel »Meditationen« u. a. ausgewählte Aphorismen aus den Oktavheften G u. H]. – Hzv/GW (1953), 39–54 [Betrachtungen] u. 70–130 [Drittes u. Viertes Oktavheft, entspricht KA: Oktavheft G u. H.]. – NSF II/KA (1992), 29–112 [Oktavheft G u. H] u. 113–140 [Zettelkonvolut]. –– <*Er*>: ED: »Er«, in: BBdCM (1931), 212–224. – BeK/GS (1936), 279–287. – BeK/GW (1954), 291–300, Hzv/GW (1953), 281 f. u. 418–421 [Paralipomena/ Zu der Reihe ›Er‹] u. T/GW (1953), 541. – T/KA (1990), 847–862 u. NSF II/KA (1992), 221 f.

Forschung: P.-A. Alt (2005), 462–469 u. 584–587. –
Marina Cavarocchi Arbib: Jüdische Motive in K.s Apho-
rismen. In: Grözinger/Mosès/Zimmermann (1987),
122–146. – Hartmut Binder: Zu K.s Aphoristik. In:
Ders.: Motiv und Gestaltung bei F.K. Bonn 1966, 56–91.
– Ders.: K.-Kommentar zu den Romanen, Rezensionen,
Aphorismen und zum *Brief an den Vater*. München
1976, 407–417 [Züruer Aphorismen] u. 417–422 [Er]. –
Jürgen Born: Das Fragment bei K. und das Fragmenta-
rische in seiner Zeit. In: Jahrbuch des Adalbert-Stifter-
Institutes des Landes Oberösterreich 4 (1997), 68–76. –
Günther Braun: F.K.s Aphorismen. Humoristische
Meditation der Existenz. Der Begriff des Humors. In:
DU 18 (1966) 3, 107–118. – Max Brod: Über F.K.
Frankfurt/M. 1974. – Pietro Citati: Die Aphorismen
von Zürau. In: P. Citati (1990 [1987]), 182–206. – Stan-
ley Corngold: Von wegen der Wahrheit. K.s späte Apho-
rismen und Erzählungen. In: Sandberg/Lothe (2002),
17–31. – Christa Deinert-Trotta: »Der Umweg über die
Welt zum Absoluten«. Der religiöse Inhalt der Aphoris-
men F.K.s. Reggio Calabria 1975. – Konrad Dietzfelbin-
ger: K.s Geheimnis. Eine Interpretation von F.K.s *Be-
trachtungen über Sünde, Leid, Hoffnung und den wahren
Weg*. Freiburg 1987. – Harald Fricke: Aphorismus.
Stuttgart 1984. – Ders.: Aphorismus. In: Klaus Weimar
(Hg.): Reallexikon der deutschen Literaturwissenschaft.
Bd. 1. Berlin, New York 1997, 104–106. – Richard
T. Gray: The Literary Sources of K.s Aphoristic Impulse.
In: The Literary Review 26 (1983), 537–550. – Ders.:
Suggestive Metaphor. K.s Aphorisms and the Crisis
of Communication. In: DVjs 58 (1984), 454–469. –
Ders.: Constructive Deconstruction. K.s Aphorisms:
Literary Tradition and Literary Transformation. Tübin-
gen 1987. – Werner Hoffmann: K. Aphorismen. Bern,
München 1975. – Ders.: Aphorismen. In: KHb (1979)
II, 474–497. – Ders.: Ansturm gegen die letzte irdische
Grenze. Aphorismen im Spätwerk K.s. Bern, München
1984. – Ders.: K.s Aphorismen und der Roman *Das
Schloß*. In: W. Schmidt-Dengler (1985), 93–113. – Stefan H. Kaszynski: K.s Kunst des Aphorismus. In: Ders.:
Österreich und Mitteleuropa. Kritische Seitenblicke auf
die neuere österreichische Literatur. Poznan 1995, 73–
105. – Ders.: Die Realität der Symbole im Aphorismus-
werk von F.K. In: Ders.: Kleine Geschichte des österreichischen Aphorismus. Tübingen, Basel 1999, 93–102. –
Sabine Kienlechner: Das Verhältnis von Erkenntnis und
Wahrheit in aphoristischen Texten K.s. In: S. Kienlechner (1981), 14–60. – Maria Krysztofiak: K.s Aphorismen im Dialog mit Kierkegaard. In: Sigurd Paul
Scheichl (Hg.): Feuilleton – Essay – Aphorismus. Nicht-
fiktionale Prosa in Österreich. Innsbruck 2008, 161–
171. – Hyuck Zoon Kwon: Der Sündenfallmythos bei
F.K. Würzburg 2006. – Richard H. Lawson: K. and Canetti. The Art of Writing, as Mediated by Aphorism. In:
Frank Pilipp (Hg.): The Legacy of K. in Contemporary
Austrian Literature. Riverside 1997, 31–42. – David H.
Miles: Pleats, Pockets, Buckles, and Buttons. K.'s New
Literalism and the Poetics of the Fragment. In: Benjamin Bennett (Hg.): Probleme der Moderne. Studien zur
deutschen Literatur von Nietzsche bis Brecht. Tübingen
1983, 331–342. – Helen Milfull: The Theological
Position of F.K.'s Aphorisms. In: Seminar 18 (1982),
169–183. – Gerhard Neumann: Umkehrung und Ab-
lenkung. F.K.s ›Gleitendes Paradox‹. In: DVjs 42 (1968),
702–744. – Hans-Günther Pott: Die aphoristischen Texte
F.K.s. Stil und Gedankenwelt. Diss. Freiburg 1958. –
Wiebrecht Ries: Transzendenz als Terror. Eine religionsphilosophische Studie über F.K. Heidelberg 1977. –
Ritchie Robertson: K.'s Zürau-Aphorisms. In: Oxford
German Studies 14 (1983), 73–91. – R. Robertson (1988
[1985]), 244–283. – Ders.: K. und das Christentum. In:
DU 50 (1998) 5, 60–69. – Ders.: K. als religiöser Denker.
In: Lothe/Sandberg (2002), 135–149 [2002a]. – Ders.:
K. as Anti-Christian: *Das Urteil, Die Verwandlung*, and
the Aphorisms. In: J. Rolleston (2002), 101–122 [2002b].
– Shimon Sandbank: Surprise Technique in K.'s Aphorisms. In: Orbis litterarum 25 (1970), 261–274. – Wla-
dimir Sedelnik: F.K.s Aphorismen und das (post)mo-
derne Denken. In: Kraus/Winkler (1997), 59–73. – Friedemann Spicker: Der Aphorismus im 20. Jahrhundert.
Spiel, Bild, Erkenntnis. Tübingen 2004, bes. 219–233. –
R. Stach (2008), bes. 245–268. – H. Tauber (1941), bes.
203 f. – Maria Helena Topa: Notas para estudio da
aforística de F.K. Perspectivismo e ficcionalidade. In:
Runa 13/14 (1990), 81–87. – Felix Welsch: K.s Aphorismen. In: Neue Deutsche Hefte 1 (1954/55), 307–312.

Manfred Engel

3.3.2 <Brief an den Vater>

Entstehung und Veröffentlichung

Nach dem Scheitern des Eheversuchs mit Julie Wohryzek und einer längeren Schreibpause verbrachte Kafka den November 1919 auf einem Erholungsurlaub in Schelesen, einem kleinen Ort nördlich von Prag. Bereits im Sommer hatte er versucht, dem Vater einen Brief zu schreiben (Entwurf in der Ausgabe von Unseld, 207–209), jetzt schrieb er während dreier Wochen einen Text, von dem er Ende des Monats in Prag eine (unvollendete) Schreibmaschinenfassung erstellte; beide Fassungen sind erhalten (zur Entstehungsgeschichte und Manuskriptbestand vgl. Binder, 422–426 u. NSF II:A, 55–61).

Nach Max Brod wollte Kafka den Brief seinem Vater tatsächlich übergeben: »Franz hatte eine Zeitlang die Meinung, durch diesen Brief eine Klärung der peinlich stockenden, schmerzhaft verharschten Beziehung zum Vater herbeizuführen. Tatsächlich wäre wohl eher das Gegenteil erzielt, die Absicht des Briefes, sich dem Vater begreiflich zu machen, keineswegs erreicht worden« (Brod, 22 f.). Der Vater hat den Brief dann auch nie erhalten; ob dabei eigene Bedenken Kafkas oder der Rat von Mutter und Schwester den Ausschlag gaben, lässt sich nicht mehr rekonstruieren.

Kafka erwähnt gegenüber Milena mehrfach den »Riesenbrief« (An M. Jesenská, 21.6.1920; BM 73), der »doch zu sehr auf sein Ziel hin konstruiert« sei (An M. Jesenská, 23.6.1920; BM 75), nennt ihn »das Rütteln der Fliege an der Leimrute« (An M. Jesenská, 31.7.1920; BM 165) und verspricht mehrfach, Milena den Text zu schicken, was aber nie geschieht:

> Morgen schicke ich Dir den Vater-Brief in die Wohnung, heb ihn bitte gut auf, ich könnte ihn vielleicht doch einmal dem Vater geben wollen. Laß ihn womöglich niemand lesen. Und verstehe beim Lesen alle advokatorischen Kniffe, es ist ein Advokatenbrief (An M. Jesenská, 4./5.7.1920; BM 85).

Brod zitierte 1937 in seiner Biographie erstmals aus dem Brief, ungekürzt wurde er zuerst (mit dem heute gängigen Titel) 1952 in der *Neuen Rundschau* gedruckt und dann in die *Hochzeitsvorbereitungen auf dem Lande* (1953) aufgenommen – also in den Kontext der literarischen Texte Kafkas, obwohl Brods Kommentar weiterhin den ursprünglich intendierten Briefcharakter hervorhob.

Textbeschreibung

Unmittelbar knüpft der <Brief> an ein Gespräch zwischen Vater und Sohn an: »Liebster Vater, Du hast mich letzthin einmal gefragt, warum ich behaupte, ich hätte Furcht vor Dir«. Er hätte diese Frage, so der Sohn, nicht beantworten können und wolle dies nun schriftlich tun, wiewohl auch das »unvollständig« bleiben müsse, »weil auch im Schreiben die Furcht und ihre Folgen mich Dir gegenüber behindern und weil überhaupt die Größe des Stoffs über mein Gedächtnis und meinen Verstand weit hinausgeht« (NSF II, 143). Der Autor rekapituliert dann zunächst die Vorwürfe des Vaters und räumt ein, dieser sei »gänzlich schuldlos« (144) an ihrer wechselseitigen Entfremdung, beansprucht aber selber zum einen, »ebenso gänzlich schuldlos« (144 f.) zu sein, zum anderen, dass der Vater erkenne, dass die Zerrüttung des Verhältnisses »mitverursacht« habe, »aber ohne Schuld« (145).

Der erste Hauptteil erzählt Kindheit und Jugend des Sohnes. Dessen mütterliche Züge aus der Löwy-Familie werden den väterlichen Kafkas gegenübergestellt und die drakonischen »Erziehungsmittel« (148) des Vaters beschrieben: Dazu gehört die Szene, in dem der Sohn nachts auf den Balkon (in Prag: ›Pawlatsche‹) gesperrt wird (149), aber auch allgemeiner der Spott und die Ironie des Vaters. Die als diktatorisch erlebte Gewalt des Vaters in Familie und Geschäftsleben lässt ihn als unverständliche Herrschaftsinstanz erscheinen (»In Deinem Lehnstuhl regiertest Du die Welt«; 152), von der selten eine Gnade, öfter eine Strafe und immer das Gefühl ausgeht, die Zuwendung nicht wirklich verdient zu haben: »Ich hatte vor Dir das Selbstvertrauen verloren, dafür ein grenzenloses Schuldbewußtsein eingetauscht« (184).

Der zweite Hauptteil des Textes erzählt von den Versuchen des erwachsenen Sohnes, sich der Übermacht seines Vaters zu entziehen. Das Judentum habe für ihn keinen Ausweg geboten, weil er es nur als vom Vater überlieferte Sammlung sinnloser Gebräuche erlebte. Im Schreiben habe er eine gewisse Selbständigkeit gewonnen, letztlich habe aber auch es vom Vater gehandelt. Auch beruflich habe er sich nicht vom Vater und dessen Dominanz befreien können. Vor allem aber seien seine Heiratsversuche gescheitert, insbesondere durch die Erkenntnis, dass gerade die väterlichen Eigenschaften für eine Ehe wesentlich seien, die dem Sohn abgehen:

Manchmal stelle ich mir die Erdkarte ausgespannt und Dich quer über sie hin ausgestreckt vor. Und es ist mir dann, als kämen für mein Leben nur die Gegenden in Betracht, die Du entweder nicht bedeckst oder die nicht in Deiner Reichweite liegen (NSF II, 210).

Diese Ausführungen werden am Schluss des <Brief> durch einen fiktiven Einwand des Vaters unterbrochen: Der Sohn mache es sich zu einfach, indem er nicht nur alle eigene Schuld zurückweise, sondern »gleichzeitig ›übergescheit‹ und ›überzärtlich‹« auch noch den Vater von jeder Schuld freisprechen wolle (214). Während der Vater mit dem Sohn einen »ritterlichen Kampf« führe, gebe dieser nur vor, allen zu verzeihen, lebe aber tatsächlich von ihnen wie ein »Ungeziefer« (215): »Wenn ich [so die imaginierte Rede des Vaters] nicht sehr irre, schmarotzest Du an mir auch noch mit diesem Brief als solchem« (216).

Aber auch dieser Einwurf bleibt nicht das letzte Wort, auf ihn antwortet wieder der Autor des <Brief>, »daß zunächst dieser ganze Einwurf, der sich zum Teil auch gegen Dich kehren läßt, nicht von Dir stammt, sondern eben von mir« (216). Trotzdem sei der Einwand nicht unberechtigt, denn »so können natürlich die Dinge in Wirklichkeit nicht aneinanderpassen, wie die Beweise in meinem Brief«; daher sei er eine wichtige »Korrektur«, die »meiner Meinung nach doch etwas der Wahrheit so sehr Angenähertes erreicht, daß es uns beide ein wenig beruhigen und Leben und Sterben leichter machen kann« (217).

Forschung

Der <Brief an den Vater> zählt sicherlich zu den bekanntesten Texten Kafkas und wird auch in Gesamtdarstellungen immer wieder herangezogen, nicht selten als Schlüsseltext. Dennoch sind die explizit ihm gewidmeten Untersuchungen wenig zahlreich, wohl auch deshalb, weil der Text gerade in seinem faktual-fiktionalen Zwitterstatus offenkundig die Grenzen überschreitet, in denen sich die verschiedenen Schulen der Kafka-Forschung eingerichtet haben.

Biographische Interpretationen

Max Brod, Kafkas Freund und erster Herausgeber des <Brief>, las diesen primär biographisch als »eine Selbstanalyse schärfster Art, die sich episodenhaft zu einer kleinen Selbstbiographie weitet« (Brod, 23).

Der <Brief> entsprach einerseits Brods besonderem Interesse an der Person seines Freundes, widersprach aber andererseits offensichtlich seinem Bild eines durchaus positiven, lebenszugewandten Kafka, weshalb er seine Authentizität sogleich relativierte: »Die Perspektive erscheint mir da und dort verzerrt, unbewiesene Voraussetzungen laufen mit unter und werden den Fakten koordiniert; aus scheinbar ganz geringfügigen Aperçus wird ein Bau getürmt, dessen Komplikation gar nicht zu überblicken ist, ja der sich zum Schluß ausdrücklich um die eigene Achse dreht, sich selbst widerlegt und dennoch aufrechterhalten bleibt« (Brod, 24).

Diese Ambivalenz spiegelt sich auch in den meisten anderen biographischen Deutungen wider, die zwar die Verzerrung des <Brief> einräumen, aber auf ihn als Quelle für Kafkas Jugend und Erziehung doch nicht verzichten wollen, wobei in der Regel auch die sehr kritische Beurteilung Hermann Kafkas übernommen wird. Dagegen hat Peter von Matt gezeigt, dass Kafkas Selbstpositionierung als ›ewiger Sohn‹ auch als Teil einer durchaus bewussten Strategie betrachtet werden kann: »Künstlich, als eine Art Spielanlage, baut und bewahrt sich Kafka die Lebenssituation des mißratenen Sohnes vis-á-vis eines richtenden Vaters von endlos kompakter Autorität« (von Matt, 287).

Psychoanalytische Interpretationen

Schon Brod merkte an, wie nahe eine psychoanalytische Lektüre des <Brief> liege (Brod, 26 f.). Tatsächlich ist diese keineswegs so häufig, wie man erwarten könnte und kommt auch nicht unbedingt zu den erwarteten Ergebnissen.

Josef Rattner will aus dem <Brief> die Geschichte eines offensichtlich neurotischen Dichters biographisch rekonstruieren. Er betont dabei, dass Hermann Kafka keineswegs ein »Unmensch« gewesen sei (Rattner 1964, 41), sondern eher dem Durchschnitt eines autoritären und patriarchalen Vaters entspreche. Durch dessen Erziehung bilde das Kind in »Ursituationen« wie der Pawlatschenszene eine bleibende »Grundhaltung« heraus (Rattner, 21), um so mehr als der Sohn in seiner »Urwahl« den Vater zum Maßstab der Mitmenschen mache (Rattner, 56). Die vor allem an den konkreten Erziehungsmaßnahmen orientierten Beobachtungen Rattners sind dabei nur in sehr allgemeinem Sinne psychoanalytisch.

Auch die sehr viel präzisere Untersuchung von Margarete Mitscherlich-Nielsen (1977) kommt gerade nicht zum erwarteten Ergebnis eines dominanten Vaters, sondern sieht hinter dem neurotischen Vaterbild eine narzisstische Kränkung des Sohns durch die ambivalente und depressive Mutter.

Literarische Interpretationen

In bewusster Absetzung von den biographischen Deutungen wird oft der literarische Charakter des Textes in den Vordergrund gerückt. Heinz Politzer untersucht Kafkas Bildlichkeit, die in ihrer Ambiguität alle klaren Zuordnungen untergrabe: »the very idea of guilt and forgiveness upon which the letter is built is being tossed around until it has lost any specific meaning« (Politzer 1953, 178). Auch Wilhelm Emrich will die geläufige psychobiographische Interpretation umkehren: »Nicht das Werk ist aus dem Vaterkomplex kausal abzuleiten und zu ›erklären‹, sondern umgekehrt der Vaterkomplex durch das Werk zu interpretieren« (Emrich 1965, 312). Denn Kafkas Werk trage keinesfalls »das Stigma des Neurotischen«, sondern vermittle »universelle Erkenntnis«, es handele vom »Endzustand einer patriarchalischen Welt, die der Katastrophe zutreibt« (Emrich, 317) Hier geht die literarische Interpretation offensichtlich in weltanschauliche Ausdeutung über.

Die meisten ›literarischen‹ Interpretationen ziehen dagegen den *<Brief an den Vater>* vor allem als (wenn auch literarisiertes) Zeugnis eines Vaterkomplexes heran, der als gleichermaßen wichtig für die Selbstzeugnisse wie die fiktionale Prosa Kafkas betrachtet wird; charakteristisch ist etwa die weit verbreitete interpretative Zusammenschaltung des *<Brief>* mit der *Verwandlung* (vgl. Pfeiffer 1998) und dem *Urteil* (vgl. mit expliziter Reflexion auf dieses Verfahren Gibion 1957, zu einem Abgrenzungsversuch Engel 2006).

Demgegenüber sind konkrete Beobachtungen literarischer Techniken verhältnismäßig selten: Björklund arbeitet die Paradoxie der negierten Sprechakte des *<Brief>* heraus, der immer wieder betont, er wolle etwas bestimmtes nicht sagen, meine damit nicht, etc.: »On a fictional level, ›saying‹ is a performative verb [...], and if the narrator is *not* saying it, then how does it get said?« (Björklund 1979, 85). Fois-Kaschel (1992) untersucht, wie die zahlreichen nominalisierten Verbformen des *<Brief>* die Prozesshaftigkeit des Aussagens gewissermaßen zum Stillstand in abstrakten Begriffen bringen und entscheidend zum Eindruck des ›Advokatenbriefs‹ beitragen. Auch die Fiktionen einer Antwort des Vaters

können ein aufschlussreiches Licht auf das Verwirrspiel der textuellen Instanzen von Kafkas *<Brief>* werfen (vgl. Gordimer 1984 und den Sammelband von Hierdeis 1997, hieraus besonders Beiträge von Rathmayr, Trobitius, Gilli).

Sozialgeschichtliche Interpretationen

Als Ausweg aus der schlechten Alternative von Biographie und reiner Literatur konnte die sozialgeschichtliche Konkretion des Vater-Sohn-Verhältnisses gelten, in der Stölzl 1979 die »künftige Richtung der Forschung« sah (Stölzl, 530). Charakteristisch für dieses Verhältnis sei, dass Vater und Sohn zum aufstrebenden jüdischen Bürgertum gehörten, aber jeweils verschiedene Aufstiegsstrategien verfolgten; der *<Brief>* agiert das wechselseitige Missverständnis aus und lässt Hermann Kafka zum »Spiegelbild jener halbgelungenen Assimilation« werden (Stölzl, 533).

Auch andere Kontexte ließen sich hinzuziehen, etwa der Vater-Sohn Konflikt des ›fin de siècle‹ und seine Verbindung mit dem Sozialdarwinismus (Müller-Seidel, 365–370). Dabei bestehe das »Dilemma« von Kafkas Text darin, dass ihm die »Abhängigkeit vom gesellschaftlichen Wertesystem« keine offene Anklage gegen den Vater ermögliche (Unseld, 198).

Als besonders fruchtbar hat sich die jüdische Lektüre erwiesen: Sander Gilman etwa hat Kafkas Strategie des ›Othering‹ untersucht, indem er den *<Brief an den Vater>* im Rahmen von antisemitischen und zionistischen Diskursen über den jüdischen Körper als »elaborate fiction about Kafka's anxiety about his own body's predestination to become his father's« interpretiert (Gilman 1998, 175). Nach Stéphane Mosès (1994) ist die Krise der jüdischen Vaterschaft auch eine Krise der jüdischen Tradition, die der Rebellion der Söhne und ihrem Versuch der Renaissance des Judentums einen grundsätzlichen und paradoxen Charakter verleihe.

Dekonstruktive Interpretationen

Dekonstruktive Ansätze verorten solche Paradoxien direkt in Kafkas Schreiben. Am folgenreichsten war Gilles Deleuzes und Félix Guattaris Idee einer ›kleinen Literatur‹, die nicht danach trachte, selber die Stelle des Vaters und des autoritären Diskurses einzunehmen, sondern diese gerade subvertiere. Kafka arbeite mit unbewussten und primär prozesshaften Strukturen, die er aber letztlich vom starren ödipa-

len Schema ablösen wolle: »Um die Sackgasse zu öffnen, die Blockade zu durchbrechen, um Ödipus in
die Welt zu deterritorialisieren [...] war es allerdings
notwendig, Ödipus ins Absurde, ja ins Komische zu
vergrößern, den *Brief an den Vater* zu schreiben«
(Deleuze/Guattari 1976, 17).

Kafka zerstöre die mythische Einheit und Notwendigkeit der ödipalen Konstellation, mache die
vielfältigen anderen (ökonomischen, juridischen
etc.) Machtstrukturen erkennbar und zeige auch
Auswege, für die die außerhalb der Familie lebenden
Tiere, aber vor allem die Schreibbewegung selbst stehen. Denn gerade indem die ödipale Problematik
auf die ganze Welt projiziert werde, könne die eigene
Schreibarbeit frei von deren Gesetz und ihrer auf die
Welt projizierten Schuld bleiben.

In engem Anschluss an Deleuze und Guattari liest
auch Carlo Brune den <Brief an den Vater> als Aus-
weichbewegung vor dem scheinhaften »Spiegelge-
setz« des Vaters (Brune 2000, 37). Wenn er dabei immer wieder den literarischen Charakter des <Brief>
betont, ohne zu berücksichtigen, dass der »biographische Hinterhalt« (Brune, 93), in den sämtliche
Vorgänger getappt seien, ja von Kafka selbst gelegt
worden ist, erweist sich die kategoriale Trennung der
Vaterwelt vom emphatisch beschworenen ›Schreiben‹ allerdings als eher schematisch und erklärt sich
in ihrer Zuspitzung letztlich weniger durch Kafkas
Texte als durch eine politisch-ästhetische Programmatik.

Nicht nur als Schreiben, sondern präziser als
Brief liest Jonckheere (1986) mit Lacan Kafkas Text
als unbewussten Signifikanten, der immer seinen
Bestimmungsort erreicht; dementsprechend gehört
die Nicht-Übergabe eigentlich zu seinem Sinn, erweist er sich doch weniger an den ödipalen Vater
als an Mutter, Schwester und Geliebte gerichtet.
Goozé (1997) dagegen deutet den <Brief> mit Derrida als wesentlich aufgeschobene Mitteilung, die
den wirklichen Vater durch einen ›epistolarischen
Vater‹ ersetze. Am Schluss des <Brief> erringe der
Autor zwar den Sieg über jenen Vater, aber eben
nur um den Preis der eigenen Spaltung als Subjekt
der Schrift. Damit dekonstruieren diese Lektüren
nicht nur den Anspruch des <Brief> auf Authentizität, sondern relativieren zumindest auch die Gegenposition des ihn schreibenden Autors. Allerdings geschieht das mit Hilfe eines deutlichen
Übergewichts der Theorie über den Text, der mehr
oder weniger zum bloßen Anlass eigenständiger
Diskurse wird.

Deutungsaspekte

Der kindliche Blick

Für die Deutung des Textes muss sein Schwellen-
charakter immer im Blick behalten werden. Die
Frage nach dem literarischen oder autobiographischen Charakter des <Brief> sollte dabei nicht mehr
textextern entschieden werden, da dessen literarische Gestaltung so wenig wegzudiskutieren ist wie
seine ursprünglich ›außerliterarische‹ Absicht. Statt
einer polemischen Alternative oder dem routinemä-
ßigen Verweis auf Kafkas Rede vom ›Advokaten-
brief‹ – die eigentlich auf den ›gemachten‹, aber nicht
unbedingt auf den literarischen Charakter des
<Brief> hinweist – sollte man eher den Text selbst zu
Rate ziehen.

Eine wichtige Rolle vor allem in der ersten Hälfte
des <Brief> spielen etwa die auch sonst von Kafka
gern verwendete Technik interner Fokalisierung und
ihre verfremdenden Effekte, durch die etwa aus einem wohl eher harmlosen Fangenspielen eine
furchtbare Jagd wird: »Schrecklich war es auch, wenn
Du schreiend um den Tisch herumliefst, um einen
zu fassen, offenbar gar nicht fassen wolltest, aber
doch so tatest und die Mutter einen schließlich
scheinbar rettete« (NSF II, 161).

Allerdings wird der kindliche Blick anders als in
Kafkas anderen Texten meist mit der reflektierenden
Perspektive des Erwachsenen kombiniert, etwa in
der Erzählung der Pawlatschenszene: Nicht nur
schaltet der Autor hier die Einschränkung vor, er
könne sich die Ereignisse jener Zeit nur »durch
Rückschluß« (148) vorstellen, er bemüht sich auch
um rückblickend-distanzierte Reflexion (»ich hatte
einen innern Schaden davon«; 149), bevor er schließlich in die Innensicht wechselt, aus welcher der »riesige Mann, mein Vater« zu übergroßen Maßen her-
anwächst und der Sohn »also ein solches Nichts für
ihn war« (149). Den entscheidenden Übergang bildet dabei ein Satz, dessen grammatische Konstruktion in ihrer unkoordinierten Häufung von Substan-
tiven die Orientierungslosigkeit präzise abbildet:

> Das für mich Selbstverständliche des sinnlosen Ums-
> Wasser-bittens und das außerordentlich Schreckliche
> des Hinausgetragen-werdens konnte ich meiner Natur
> nach niemals in die richtige Verbindung bringen (149;
> vgl. auch Fois-Kaschel).

Wie auch sonst in Kafkas Prosa führt dieses Nicht-
Verstehen zur Produktion von Bildern, die scheinbar
die Differenz zwischen der begrenzten Perspektive
und dem ihr offensichtlich unverständlichen Gegen-

stand überbrücken, sie faktisch aber ausstellen. So bekommt der übermächtige Vater für den Sohn »das Rätselhafte, das alle Tyrannen haben, deren Recht auf ihrer Person, nicht auf dem Denken begründet ist«, bezeichnenderweise mit der Ergänzung: »Wenigstens schien es mir so« (152). Gerade die Unverständlichkeit des Vaters erlaubt seine Überhöhung, denn alle ›Übertreibungen‹ des *<Brief>* sind teils auf die kindliche Perspektive zurückzuführen, teils gerade auf deren Konfrontation mit der nachträglichen Einsicht in die Begrenztheit jener Sichtweise.

Besonders prägnant schlägt sich das in dem aus *Vor dem Gesetz* bekannten Bild eines individuellen Gesetzes und dem diesem unterworfenen Subjekt nieder: Indem der Vater sich nicht an die selbst gesetzten Gebote hält, zerfällt die Welt für den Sohn in »drei Teile«: In einem lebt der Sohn unter dem unerfüllbaren Gesetz, im zweiten ist der Vater mit der »Regierung«, der Gabe des Gesetzes beschäftigt, schließlich gibt es auch »eine dritte Welt, wo die übrigen Leute glücklich und frei von Befehlen und Gehorchen lebten« (156). Das Gesetz wird hier zum Inbegriff der Unverständlichkeit und des permanenten Schuldspruches und damit zum Band, das Vater und Sohn verbindet.

Die Väter des *<Brief>*

Angesichts der Forschungsgeschichte sollte man vorsichtig sein zu präzisieren, wer der ›Vater‹ im *<Brief>* ist. Man wird ihn jedenfalls nicht mehr vorbehaltlos mit dem ›wirklichen‹ Hermann Kafka und seiner vermeintlichen ›Unmenschlichkeit‹ identifizieren; korrektiv wären einmal umgekehrt eher dessen freundliche Züge hervorzuheben, wie sein »gutheißendes Lächeln« und die Tatsache, dass er seine Kinder nicht schlug (165, vgl. auch 163, 168).

Ebenso unbefriedigend ist es, sich auf eine bestimmte Theorie der Vaterschaft festzulegen; charakteristisch für den *<Brief>* ist eher das Durchspielen verschiedener Instanzen der Vaterschaft: der biographischen, symbolischen, biologischen, ökonomischen, religiösen etc. Charakteristisch ist es auch, dass Vaterschaft im *<Brief>* verschiedene Funktionen hat: Der Vater ist eine subjektgeschichtlich wirksame Instanz (s. o. »Der kindliche Blick«), er ist in der Gegenwart Inhaber einer Machtposition, schließlich ist er eine Figur in einem grundsätzlich dialogisch angelegten Text (s. u. »Prozess, Kampf, Schuld«). Der zweite Aspekt und mit ihm die Topologie des Vater-Sohn-Verhältnisses wird besonders bei der Darstel-lung der Heiratsversuche deutlich. Deren Wichtigkeit beruht nicht nur auf dem Anlass des *<Brief>*, auf Kafkas Verklärung der Ehe oder auf der Tatsache, dass Vaterschaft im psychoanalytischen Sinn die durchaus eifersüchtige väterliche Kontrolle der Sexualität der Söhne bedeutet. Sie erklärt sich auch aus der Logik des *<Brief>*: Wenn der Sohn selbst heiraten und zum Vater werden würde, würde sich der Unterschied von Vater und Sohn wo nicht auflösen, so doch relativieren: »ich wäre Dir ebenbürtig, alle alte und ewig neue Schande und Tyrannei wäre bloß noch Geschichte« (NSF II, 209). Damit würde aber auch die Struktur des Textes aufgehoben, der jetzt eben ›bloß noch Geschichte‹ wäre.

Das sucht der Autor zu verhindern, indem er zum einen behauptet, dass der Vater diesen Schritt in Wirklichkeit verhindere, »wie das Kinderspiel, wo einer die Hand des andern hält und sogar preßt, und dabei ruft: ›Also geh doch, geh doch, warum gehst Du nicht?‹« (207). Vor allem aber wird das Heiraten selbst zu einer Sache des Vaters erklärt, weil sie all jene väterlichen Eigenschaften erfordere, die dem Sohn abgehen: »das Heiraten ist zwar das Größte [...], aber es ist auch gleichzeitig in engster Beziehung zu Dir« (209). Heirat ist somit nicht mehr der Ausweg aus dem väterlichen Bereich, sondern gewinnt die mythischen und wesentlich rätselhaften Züge der Vaterwelt, die bezeichnenderweise sofort ein Gleichnis nach sich ziehen: Der Heiratsversuch entspreche dem paradoxen Versuch, zugleich aus seinem Gefängnis zu fliehen und es in ein Lustschloss umzubauen.

Literarische Bildlichkeit dient der Mythisierung der Situation des Subjekts und der Überführung der eigenen Geschichte in Schrift. Denn Vaterschaft in starkem Sinne lässt sich nur darstellen, indem man den generationellen Prozess anhält und entweder auf einen mythischen ungezeugten Urvater zurückgreift, oder sich selbst zum ewigen Sohn erklärt. In einer aufschlussreichen Passage schließt der Autor daher auch die Gefahr aus, er könne sein übergroßes Schuldgefühl an eigene Kinder weitergeben: »dieses Gefühl der Einzigartigkeit gehört zu seinem quälenden Wesen, eine Wiederholung ist unausdenkbar« (211). Nur gegenüber einem mythischen Vater ist das Subjekt absolut.

Prozess, Kampf, Schuld

Der *<Brief an den Vater>* tritt auch als Auseinandersetzung mit dem Vater auf, die entscheidend für das

Gelingen des <*Brief*> und die Arbeit des Textes ist. Im Text wird die Beziehung zum Vater nicht nur durch die formal dialogischen Elemente wie die zahlreichen direkten Adressierungen an den Vater hergestellt, sondern sie wird auch figuriert: als Prozess wechselseitiger Verschuldung. Dabei wird das Schuldthema zunächst negativ eingeführt, als Zurückweisung von Vorwürfen des Vaters: »Undzwar wirfst Du es mir so vor, als wäre es meine *Schuld*, als hätte ich etwa mit einer Steuerdrehung das Ganze anders einrichten können, während Du nicht die geringste Schuld daran hast« (144). Die eigenwillige Betonung – ›meine *Schuld*‹ statt des zu erwartenden ›*meine* Schuld‹ – weist darauf hin, dass der Autor im Folgenden zwei Unterscheidungen kombiniert: die von ›Schuld‹ und ›Unschuld‹ und die von ›meiner‹ und ›deiner‹ Schuld/Unschuld. Ihre Verbindung sowie die in der Perspektivierungstechnik (s.o. »Der kindliche Blick«) angelegte Möglichkeit der Verschleifung des Unterschieds von ›Schuld‹ und ›Schuldbewusstsein‹ ermöglicht es, trotz explizit immer wieder behaupteter Unschuld des Vaters, immer mehr Schuld in den Text fließen zu lassen. Denn aus der Perspektive des Kindes ist die Unschuld des Vaters gerade keine Selbstverständlichkeit, sondern ein mythisches Faktum: »Deine rätselhafte Unschuld und Unangreifbarkeit« (161).

Die Verbindung von moralischer Unschuld und mythischer Schuld wird durch eine Reihe von Modellen dargestellt. Eines von ihnen ist der Rechtsstreit, der »Proceß, in dem Du immerfort Richter zu sein behauptest, während Du [...] ebenso schwache und verblendete Partei bist wie wir« (181). Dynamisch ist dieses Modell durch die Unbestimmtheit der Plätze: Der Vater richtet über den Sohn, der das umkehren kann, indem er den Richter zur Partei erklärt. Ein zweites, sogleich relativiertes Modell ist das des Kampfes, denn »zwischen uns war es kein eigentlicher Kampf; ich war bald erledigt; was übrig blieb, war Flucht, Verbitterung, Trauer, innerer Kampf« (NSF II, 179).

Ein drittes, ökonomisches Modell der Gabe oder des Tausches schlägt sich nicht nur in der ökonomischen Potenz des Vaters nieder, sondern auch in der Disproportion von väterlichen Wohltaten und der ausbleibenden Dankesschuld des Sohnes, der durch seine Unsicherheit »in Wahrheit ein enterbter Sohn« wird (194). Seine ursprüngliche Schwäche führt zu einer beständigen Akkumulation der Schuld, daher haben auch die Gaben des Vaters »nichts anderes erzielt, als mein Schuldbewußtsein vergrößert und

die Welt mir noch unverständlicher gemacht« (166).

Die Ehe schließlich stellt einen »Zwang zur Bilanz« dar und enthüllt den Totalbankrott des Sohnes: »eine einzige große Schuld« (214). Diese Schuld verbindet nicht nur Vater und Sohn über den Text hinweg, sondern gibt diesem auch eine rückwirkende Kohärenz: »allmählich bekamst Du in gewisser Hinsicht wirklich Recht« (162). Gerade in ihrer semantischen Flexibilität ist die ›Schuld‹ daher entscheidend für die Performanz des Textes, denn sie bindet nicht nur Vater und Sohn aneinander, sondern entwirft auch einen allumgreifenden Zusammenhang von ›Ursachen‹.

Schwellen im Text

Eine Untersuchung der literarischen Form des <*Brief*> muss zuallererst seinen Schluss interpretieren, an dem der Vater zu Wort kommt, dessen Einrede dann aber wieder durch den Sohn zurückgewiesen wird. Das Abbrechen der Schreibmaschinenniederschrift an dieser Stelle (nach den Worten »Lebensuntüchtig bist Du; um es Dir aber«, 215) zeigt deren Bedeutung, kann aber ganz verschieden interpretiert werden: Ist Kafka an dieser Stelle endgültig die Fragwürdigkeit seines Unternehmens klar geworden (Unseld) oder treibt er hier die Fiktionalisierung zum Äußersten und löst sich damit endgültig vom realen Vater (Brune)? Eine gewisse Hilfe kann dabei darin bestehen, die Schlussgeste in einen größeren Kontext einzubetten, denn sie korrespondiert kompositionell mit dem Anfang des <*Brief*>.

Es ist nicht unwichtig, dass der Text mit einer dem Vater in den Mund gelegten Frage beginnt. Sie stellt nicht nur einen Übergang vom Dialog zum Brief dar (s. u. »Schrift und Brief«), sondern präsentiert die Positionen von Vater und Sohn auch von vornherein als verschränkte. Denn die Frage des Vaters ist ihrerseits nicht direkt (›warum hast Du Angst vor mir?‹), sondern dem Sohn in den Mund gelegt (›Warum sagst Du: ›Ich habe Angst vor Dir?‹). Das Verhältnis von Sagen (bzw. Schreiben) und Furcht folgt dabei einer selbstimplikativen Logik, die eine Antwort ausschließt (»eben aus der Furcht, die ich vor Dir habe«, 143), aber auch ihren eigenen Anfang vergessen lässt. Denn die ursprüngliche Frage wird im <*Brief*> permanent aufgeschoben, der Autor erzählt zwar, warum er Furcht habe, nicht aber, warum er das ›gesagt‹ habe und eigentlich ja permanent sage. Die unmittelbar an den Anfang anknüpfende Schlusspassage hat diese Verschiebung vom Sagen zur Furcht scheinbar endgültig vollzogen: »Du könntest, wenn Du meine Begründung der Furcht, die ich vor Dir habe, überblickst, antworten« (214). Aber die Antwort des Vaters thematisiert nicht die Furcht und die Schuld, sondern das Reden des Sohnes über sie, das »viel einträglicher« ist als die direkte Anklage (214). Dabei kehrt er die Situation aber nicht nur um – was wiederum seinerseits durch den Sohn umgekehrt wird –, sondern geht noch einen Schritt weiter (»Das könnte Dir jetzt schon genügen, aber es genügt Dir noch nicht«, 215), indem er den weiteren Vorwurf des »Schmarotzertums« (216) erhebt. Wenn aber dieser Vorwurf noch fehlt und ergänzt werden kann und wenn der Vater eigentlich nicht auf den *<Brief>* antwortet, sondern nur zu dessen Anfang zurückgeht, bleibt die Struktur paradox.

Auch die Antwort des Autors, dass der Einwurf »nicht von Dir stammt, sondern eben von mir« (216), ist daher kein einfaches Fiktionssignal. Zwar wendet sich der Text auf sich selbst zurück – am deutlichsten im Wechsel der Modi: das »Du könntest […] antworten« des Vaters wird zum »Darauf antworte ich« (214, 216) des Sohnes –, aber das eröffnet nur einen Spiegelraum, in dem eine Reihe weiterer Einreden jederzeit möglich ist. Die strukturelle Nachträglichkeit der Fiktion, die hier eindrucksvoll inszeniert wird, macht den *<Brief>* allenfalls zu einer umgekehrten Fiktion, in der die Erfindung nicht der Ausgangspunkt, sondern der Schluss des Schreibens ist.

Der jüdische Vater

Die Form des *<Brief>* sollte dessen Sachgehalte nicht in den Hintergrund treten lassen. Eine besonders wichtige Rolle unter ihnen spielt das Judentum, das im Text die Reihe der Rettungsversuche eröffnet und für Kafka bekanntlich eine besondere Bedeutung hat, betrifft nach ihm doch die Psychoanalyse »nicht den unschuldigen Vater, sondern das Judentum des Vaters« (An M. Brod, Juni 1921; Briefe 337).

Das jüdische Vater-Sohn-Verhältnis wird in mehreren Schritten dargestellt: Zunächst habe der Sohn die Synagoge nur aus schlechtem Gewissen besucht, dann habe er sich gefragt, »wie Du mit dem Nichts von Judentum, über das Du verfügtest, mir Vorwürfe machen konntest« (NSF II, 186), weil der assimilierte Vater am Judentum nur noch sehr oberflächlich festgehalten habe. Schließlich habe er aber begriffen, dass auch diese Praxis »noch etwas Judentum«, ja »genug Judentum« für den Vater gewesen sei, »aber zum Weiter-überliefert-werden war es gegenüber dem Kind zu wenig, es vertröpfte zur Gänze während Du es weitergabst« (188 f.). Offensichtlich dient dabei (im zweiten Schritt) das Judentum als Instanz, die gegen den Vater ausgespielt werden kann, weil es diesen selbst in die Position des schwachen Erben versetzt. Aber diese Instanz bleibt in diesem Prozess nicht unbeschädigt: Weil das Judentum ja selbst wesentlich vom Vater zum Sohn überliefert wird, kann auch der Sohn das Judentum dem Vater nicht mehr gegenüberstellen, sondern muss es als verlorenes erkennen (vgl. Mosès). Im Text drückt sich das darin aus, dass sich das Judentum des Vaters und das Judentum selbst immer wieder vermischen, etwa in der infantil fokalisierten Schilderung der Bundeslade, die den Sohn an »Schießbuden« erinnert, »wo auch, wenn man in ein Schwarzes traf, eine Kastentüre sich aufmachte, nur daß dort aber immer etwas Interessantes herauskam und hier nur immer wieder die alten Puppen ohne Köpfe« (186 f.). Offensichtlich wird hier jede Beziehung auf ›Schuld‹ und ›Gesetz‹ vermieden und das Gesetz selbst zu einem unverständlichen Gebrauch. Dadurch werden die Zweifel des Sohnes, ob »die paar Nichtigkeiten, die Du im Namen des Judentums mit einer ihrer Nichtigkeit entsprechenden Gleichgültigkeit ausführtest, einen höheren Sinn haben konnten« (189), zu aufgeklärten Zweifeln am Judentum selbst. Indem das Judentum mit kindlichem Blick zugleich vergrößert wird und als ein ›Nichts‹ behandelt wird, kann der Autor nicht nur den Vater kritisieren, sondern durch diese Kritik hindurch auch eine Kritik der ›westjüdischen‹ Zeit entwickeln.

Schrift und Brief

Wie viele andere Texte Kafkas spricht der *<Brief an den Vater>* auch über das Schreiben und damit über sich selbst. Schon eingangs konstatiert der Autor, dass er dem Vater allenfalls schriftlich antworten könne, weil er die vielen »Einzelheiten« niemals »im Reden halbwegs zusammenhalten könnte« (143). Mehrfach betont der Sohn, dass ein Dialog mit dem Vater grundsätzlich unmöglich sei und dass ihm dieser »schon früh das Wort verboten« habe (159; vgl. auch: »Disputieren kann ich jedenfalls mit meinem Vater darüber nicht, da muß eine bessere Zunge kommen«; An F. Bauer, 25.7.1913; B13–14 242). Zur Stummheit verurteilt habe der Sohn früh begonnen »kleine Lächerlichkeiten, die ich an Dir bemerkte, zu beobachten, zu sammeln, zu übertreiben« (NSF II, 166) und zitiert aus diesen Aufzeichnungen: »Das werde ich ihm immer entgegenhalten können« (154). Weder durch Dialog noch durch direkte Erörterungen, sondern nur durch »Aufhäufung des Materials« (153) kann daher das Verhältnis zum Vater dargestellt werden.

Scheinbar führt dabei das Schreiben in die Freiheit und der <Brief> deutet auch an, dass der Sohn im Schreiben »ein Stück selbstständig von Dir weggekommen« ist (NSF II, 192). Das väterliche Desinteresse am Schreiben des Sohnes (»Leg's auf den Nachttisch!«, ebd.) macht dieses zum Bereich jenseits des Vaters (»Jetzt bist Du frei!«, ebd.). Aber dieses Desinteresse, die Tatsache, dass der Vater nicht liest, bedeutet eben auch, dass er den <Brief> nicht lesen wird und es damit keinen Unterschied zwischen Vater und Sohn gäbe. Daher beeilt der Autor sich, den Vater doch noch für das Schreiben zu interessieren und die Freiheit des Schreibens als bloße »Täuschung« zu erklären: »Mein Schreiben handelte von Dir«, es ist insgesamt nur »ein absichtlich in die Länge gezogener Abschied von Dir« (192). Das Schreiben muss also gleichzeitig vom Vater und nicht vom Vater sein. Es kann daher nicht selbst die Struktur der Vaterschaft haben, die Texte aus autonomer Schöpferkraft produziert, es ist aber auch kein reines Schreiben, sondern eben ein Brief, und zwar ein Brief an den Vater.

Statt auf allgemeine Theorien über das Schreiben sollte man den <Brief> eher auf Kafkas eigene Brieftheorie beziehen (vgl. Goozé): Briefeschreiben »ist ja ein Verkehr mit Gespenstern undzwar nicht nur mit dem Gespenst des Adressaten, sondern auch mit dem eigenen Gespenst, das sich einem unter der Hand in dem Brief, den man schreibt, entwickelt« (An M. Jesenská, Ende März 1922; BM 302). Das impliziert aber nicht nur, dass der <Brief> eine imaginäre Bühne des Vater-Sohn-Verhältnisses ist, sondern auch, dass diese Gespenster die Lebenden aussaugen, wie der <Brief> in der Einrede des Vaters den Vorwurf des Schmarotzertums ja nicht nur thematisiert, sondern auch vorführt. Es gibt daher wohl einen Briefvater – den gespenstischen Vater, den der <Brief> entwirft –, aber keinen Vater des <Brief>, niemand, der oberhalb des Textes angesiedelt ist und ihn beherrscht, und sei es auch als Waffe gegen den überstarken ödipalen Vater. Wenn man die ›deterritorialisierende‹ Kraft von Kafkas Schreiben ernst nimmt, so ist der <Brief an den Vater> gerade deshalb interessant, weil er permanent die Grenze zwischen dem Territorium des Vaters (der vielen Vaterschaften) und den Bewegungen des Schreibens überschreitet.

Ausgaben: ED in: Die Neue Rundschau 63 (1952) 2, 191–231. – Hzv/GW (1953), 162–223. – NSF II/KA (1992), 143–217. – Brief an den Vater. Faksimile [mit Transkription]. Hg. u. mit Nachwort v. Joachim Unseld. Hamburg 1986, wieder: Frankfurt/M. 1994. – Brief an den Vater. Hg. u. komment. v. Michael Müller. Stuttgart 1995. – Brief an den Vater. Mit einem unbekannten Bericht über K.s Vater als Lehrherr und anderen Materialien. Hg. v. Hans-Gerd Koch, Nachwort v. Alena Wagnerová. Berlin 2004.

Forschung: P.-A. Alt (2005), 563–566. – Hartmut Binder: *BadV*. In: Ders.: K.-Kommentar zu den Romanen. Rezensionen, Aphorismen und zum *BadV*. München 1990 [1976], 422–451. – Beth Björklund: Cognitive Strategies in a Text. In: Journal of Literary Semiotics 7 (1979), 84–97. – Max Brod: Über F.K. Frankfurt/M. 1974 [1966]. – Carlo Brune: »Ein enterbter Sohn«. Studie zu F.K.s *BadV*. Essen 2000. – Deleuze/Guattari (1976). – Wilhelm Emrich: K.s *BadV*. In: Ders.: Geist und Widergeist. Wahrheit und Lüge der Literatur. Frankfurt/M. 1965, 311–317. – Manfred Engel: K. und die Poetik der klassischen Moderne. In: Engel/Lamping (2006), S. 247–262. – Gabriele Fois-Kaschel: Heiraten-Wollen und Nichtheiraten. Vom Infinitiv zum Nomen in F.K.s *BadV*. In: Nouveaux Cahiers d'Allemand 10 (1992), 393–404. – George Gibion: Dichtung und Wahrheit. Three Versions of Reality in F.K. In: GQ 30 (1957), 20–31. – Sander Gilman: K.'s ›Papa‹. In: Lieve Spaas (Hg.): Paternity and Fatherhood. London 1998, 175–185. – Marjanne E. Goozé: Creating Neutral Territory. F.K.'s Purloined *Letter to his Father*. In: Journal of the K. Society of America 11 (1997), 28–39. – Nadine Gordimer: Letter from His Father. In: Dies.: Something Out There. London 1984, 39–56. – Helmwart Hierdeis (Hg.): »Lieber Franz! Mein lieber Sohn!« Antworten auf F.K.s *BadV*. Wien 1997. – O. Jahraus (2006), 111–121. – Lieven Jonckheere: Postlagernd. K.s *BadV*. Eine neue Öffnung für die Psychoanalyse nach Freud. In: Lambrechts/de Vos (1986), 196–214. – Clayton Koelb: The Goethean Model of the Self in K.'s *BadV*. In: Journal of the K. Society of America 8 (1984), 14–19. – Peter von Matt: Verkommene Söhne, mißratene Töchter. Familiendesaster in der Literatur. München, Wien 1995, bes. 289–297. – Margarete Mitscherlich-Nielsen: Psychoanalytische Bemerkungen zu F.K. In: Psyche. Zeitschrift für Psychoanalyse und ihre Anwendungen 31 (1977), 60–83. – Stéphane Mosès: Die Krise der Tradition. K., Freud und die Frage der Väter. In: Ders.: Der Engel der Geschichte. Franz Rosenzweig, Walter Benjamin,

Gershom Scholem. Frankfurt/M. 1994, 185–214. – Michael Müller: K. und sein Vater: Der *BadV*. In: KHb (2008), 37–44. – Walter Müller-Seidel: F.K.s *BadV*. Ein literarischer Text der Moderne. In: Orbis Litterarum 42 (1987), 353–374. – Joachim Pfeiffer: F.K., *Die Verwandlung, BadV*. Interpretation. München 1998 (Oldenbourg-Interpretationen, 91). – Ders.: Ausweitung der Kampfzone. K.s *BadV*. In: DU 52 (2000) 5, 36–47. – Heinz Politzer: F.K.'s Letter to His Father. In: GR 28 (1953), 165–179. – Josef Rattner: K. und das Vater-Problem. Ein Beitrag zum tiefenpsychologischen Verständnis der Kinder-Erziehung. Interpretation von K.s *BadV*. München, Basel 1964. – Christoph Stölzl: *BadV*. In: KHb (1979) II, 519–539. – Joachim Unseld: Nachwort. In: F.K.: *BadV*. Faksimile. Hamburg 1986, 185–238.

Daniel Weidner

3.3.3 *Das Schloss*

Entstehung und Veröffentlichung

Nach einer langen Schreibpause seit Herbst 1920 arbeitet Kafka am *Schloss* von Januar bis August 1922. Vom 27. Januar bis zum 17. Februar 1922 verbringt er einen Erholungsurlaub in Spindelmühle (auch: Spindlermühle) im böhmischen Riesengebirge. Die Arbeiter-Unfall-Versicherungsanstalt genehmigt ihm aufgrund des Gesundheitszustandes eine Verlängerung des Urlaubs bis Ende April; Kafka nimmt dann seinen Jahresurlaub und beantragt schließlich seine Versetzung in den vorläufigen Ruhestand. Vom 23. Juni bis 18. September hält er sich in Planá an der Luschnitz bei seiner Schwester Ottla auf.

Ob Kafka bereits am ersten Tag der Ankunft in Spindelmühle mit der Abfassung des Textes begonnen hat, wie es Pasley annimmt (S:A 62 f.), ist nicht gesichert. Hinweise darauf liefern Einträge im Tagebuch am 27. Januar 1922 mit Bleistift und die Verwendung des Bleistifts bei der Niederschrift einer Variante zum Romanfragment, denn nur am Ankunftstag habe Kafka mit Bleistift geschrieben. Die sogenannte »Fürstenzimmer«-Passage (S:A 115) enthält einen Erzählansatz, den Kafka nicht wieder aufgegriffen hat. Der Text exponiert eine Ankunftsszene, die auf Themen des Romanfragments anspielt. Er wurde von Kafka nicht gestrichen, woraus geschlossen werden kann, dass er ihn als nicht zum *Schloss* gehörig angesehen hat (vgl. Kölbel, 23 ff.). Es handelt sich dabei um ein für Kafka übliches Vorgehen, nach einem Erzählanfang zu suchen, der den Schreibprozess weiter trägt.

Hartmut Binder zufolge hat Kafka den Text noch in Prag am 25. Januar begonnen; er erwägt auch, ob Kafka mit dem Schreiben erst im März angefangen haben könnte (Binder 1983, 309). Für den Beginn im Januar 1922 spricht ein übergeordneter thematischer Zusammenhang: Kafka reflektiert sein Schreiben und notiert z. B. im Tagebuch am 16. Januar 1922 in Hinsicht auf einen vor kurzem erlittenen Zusammenbruch: »Ansturm gegen die letzte irdische Grenze«. Im nächsten Tagebucheintrag spezifiziert er den Ansturm durch die »ganze Litteratur« im Kontext des Zionismus (16.1.1922; T 878). Diese poetologischen Überlegungen stützen die Annahme eines Beginns in der zweiten Januarhälfte; Kafka denkt nach der langen Schreibpause intensiv über die lite-

rarische Produktion nach – entweder weil er einen
Plan hat oder schon schreibt.

Tagebuch und *Schloss* werden in Spindelmühle parallel geführt, es finden sich dennoch relevante
Überschneidungen bei der Engführung von Selbstreflexion und Schreiben. Binders Vermutung, Kafka
habe mit dem Romanfragment »Zustandsbeschrei-
bungen seiner inneren Situation« abgebildet, würde
sich so schon in der Ausgangssituation des Schreibens bestätigen (Binder 1983, 325). Folgt man den
Hinweisen aus den Tagebüchern und Briefen, entsteht *Das Schloss* in einem dichten Zusammenhang
der Überlegungen über Ehe und Junggesellentum,
die Verortung des Einzelnen in der Gesellschaft, die
Instabilität des Ichs, Literatur und Schreiben und vor
allem über das Judentum. Das Romanfragment verdichtet diese Themen, so dass die Abfassung als Probehandeln im fiktionalen Raum verstanden werden
könnte.

Kafka hat die Arbeit am *Schloss* Ende August eingestellt. In einem Brief an Brod mit dem Ankunfts-
stempel vom 11. September 1922 hält er fest:

> ich habe die Schloßgeschichte offenbar für immer liegen
> lassen müssen, konnte sie seit dem »Zusammenbruch«,
> der eine Woche vor der Reise nach Prag begann, nicht
> wieder anknüpfen trotzdem das in Planá geschriebene
> nicht ganz so schlecht ist wie das was Du kennst (BMB
> 415).

In der Forschung herrscht die Meinung vor, Kafka
habe das *Schloss*-Manuskript abgebrochen, da die
Erzählstränge nicht mehr zu integrieren waren (vgl.
Binder 1983, 38). Max Brod hingegen vermutet,
Kafka habe den Roman wenn schon nicht abgeschlossen, so doch »innerlich restlos bewältigt«
(Nachwort, S/GW 483). Der Text endet mitten in einem Gespräch über die Bedeutung der Kleider im
Dorf, ein Thema, das im Romanfragment schon aufgenommen worden war. Zwischen der Aufnahme
des Themas und der Fortführung liegt ein Gespräch
mit Pepi, in dem Kafka K. einen für das *Schloss* ungewöhnlichen Satz sagen lässt: »ich weiß nicht ob es so
ist, aber daß es eher so ist, als wie Du es erzählst, das
weiß ich gewiß« (S 485). Damit hätte K. einen Stand
erreicht, der narrativ zwar noch hätte entfaltet werden können. Der *plot* allerdings würde dann festste-
hen: Die Vorläufigkeit aller Bemühungen wäre bis
zum Schluss auszuhalten gewesen.

Über den Ausgang des Romans berichtet Brod,
Kafka habe den Text mit der Aufenthaltsgenehmi-
gung für K. enden lassen wollen, die ihn im Augenblick seines Todes vom Schloss erreicht (S/GW

481 f.). Die Beschreibung Brods lässt sich mehreren
Geschichten zuordnen, in denen Kafka den Schluss
mit dem Tod gleichsetzt: Seit dem *Urteil* enden die
Figuren im Tod, nicht nur im *Process*, in *Hungerkünstler* oder in der *Strafkolonie*. Zudem weist das
Ermüden in der Bürgel-Episode – K. ist »grenzenlos
schlafbedürftig« (S 426) – auf das Ende voraus, sofern man den Schlaf als den Bruder des Todes ansehen will (Sebald, 82). Bezweifelbar ist aber die Deutung, die Brod in seinem Bericht gibt: Berücksichtigt
man die Todesszenen der anderen Texte und den
zeitnah zum *Schloss* entstandenen *Hungerkünstler*,
so erhält K. im Tod keine »teilweise Genugtuung«
(S/GW 481). Der Hungerkünstler erklärt seinen Tod
mit der Ausweglosigkeit seiner Lage:

> weil ich nicht die Speise finden konnte, die mir schmeckt.
> Hätte ich sie gefunden, glaube mir, ich hätte kein Aufse-
> hen gemacht und mich vollgegessen wie du und alle
> (DzL 349).

Das Schloss ist in sechs Quartheften überliefert
(Schlosshefte I-VI), die 1961 zusammen mit anderen Texten aus dem Nachlass an die Bodleian Library in Oxford übergeben wurden (vgl. die Hand-
schriftbeschreibung durch Pasley, S:A 31–58). Der
Titel stammt von Max Brod, demzufolge Kafka
mündlich vom *Schloss* gesprochen habe (vgl. die Tagebuchnotiz Brods vom 15.3.1922, S:A 61). In einem
Brief vom 11. September 1922 an Brod schreibt
Kafka von der »Schloßgeschichte« (BMB 415). Die
Veränderungen in den Ausgaben hat zuletzt Sheppard (1979, 444) dokumentiert.

Die erste Ausgabe publizierte Max Brod 1926, ein
Jahr nach dem *Process*- und ein Jahr vor dem
<*Amerika*>-Romanfragment im Kurt Wolff Verlag.
Diese ist vom Bemühen gekennzeichnet, der Öffentlichkeit ein möglichst abgeschlossen wirkendes Werk
zu präsentieren: Brod hat in den Text eingegriffen,
zwei Passagen ausgelassen und das Ende des Manuskripts nicht wiedergegeben (nach der Kapitelzäh-
lung in S/KA fehlen Kap. 23–25). Im Nachwort legt
er jedoch Rechenschaft über die Texteingriffe ab.

Eine zweite, mit weiteren Veränderungen und
Eingriffen versehene Ausgabe, die im fortlaufenden
Text um die zwei gekürzten Passagen ergänzt und im
Anhang um weitere von Kafka gestrichene Passagen
erweitert wurde, gibt Brod mit Unterstützung Heinz
Politzers 1935 im Schocken-Verlag (Berlin) als vier-
ten Band der *Gesammelten Schriften* heraus (S/GS).
Die nächste Ausgabe erscheint 1946 im Schocken-
Verlag (S/GS2); sie ist identisch mit der Ausgabe von
1935, Brod fügt aber ein weiteres Nachwort hinzu,

das das Ende des Fragments und weitere gestrichene Varianten enthält.

Die erste wiederum von Brod verantwortete Lizenzausgabe für den europäischen Markt aus dem Jahr 1951 im Rahmen der *Gesammelten Werke* im S. Fischer Verlag (S/GW) ist text- aber nicht seitenidentisch mit den Ausgaben von 1935 und 1946 und bildet die Grundlage aller weiteren Ausgaben bis 1982. Sie enthält im Nachwort zusätzlich zu den früher mitgeteilten Varianten fünf weitere.

Die erste textkritische Ausgabe (nach der im Folgenden zitiert wird) entstand im Rahmen der *Kritischen Ausgabe* und wurde von Malcolm Pasley 1982 herausgegeben (S/KA). Pasley hatte bereits 1965 auf die Schwächen der Brod-Ausgaben hingewiesen: Weder Text noch Kapiteleinteilung entsprächen dem Manuskriptbefund. Die Ausgabe von Pasley trägt dem Rechnung und bietet den gesamten Text in einer kritischen Edition.

Textbeschreibung

Gliederung

Im strengen Sinne des Wortes ist die Formulierung *Das Schloss* kein Werk-, sondern ein Arbeitstitel (Kölbel, 16). Pasley zufolge wurde der Text nach dem »Ideal der streng linearen Konzeptionsmethode« (S:A 73) geschrieben. Zur Gliederung des Romanfragments verwendet er zwei Stichwortlisten von Kafkas Hand (abgebildet in S:A 88 f.). Die erste befindet sich auf dem herausgetrennten vorderen Schutzblatt des ersten Manuskriptheftes (durchnummerierte Stichwörter), die zweite auf dem Schutzblatt des zweiten Heftes (Stichwörter zu den ersten beiden Kapiteln). Zudem nutzt Pasley die von Kafka vorgenommenen Querstriche oder Einfügungen »Kapitel« im fortlaufenden Text.

Übergeordnete Priorität hat für Pasley die erste Liste, die er wie ein Inhaltsverzeichnis liest. Er verwendet bei 19 von 25 Kapiteln Überschriften (Brod hatte nur Abschnitte innerhalb eines Kapitels damit versehen). Diese Lesart der ersten Stichwortliste zwingt dann dazu, die vorhandene Binnengliederung Kafkas durch Querstriche zu marginalisieren; so zieht Pasley das 11. und 12. Kapitel nach der Brod-Ausgabe zu einem zusammen (obwohl ein Querstrich vorhanden ist), weil die Überschrift den Inhalt beider Textabschnitte betrifft (»In der Schule«). Laut Hohoff ist die Gliederung Kafkas jedoch nicht nur inhaltlich motiviert. Sie markiert unterschiedliche

Gründe für die Einschnitte: Querstriche zeigen die Unterbrechung des Schreibaktes an: Einer steht vermutlich an der Stelle, an der die Arbeit am *Schloss* unterbrochen wurde, um *Erstes Leid* zu schreiben, einer markiert einen Ortswechsel, sieben entstehen aus »dem fehlgeschlagenen Versuch, den Text über eine in sich abgeschlossene Szene hinaus im selben Schreibakt fortzusetzen« (Hohoff, 577). Hohoff kommt zu dem Ergebnis, dass Pasley eine editionsphilologisch vertretbare Kapiteleinteilung vorgenommen hat, der Text aber mit Kapiteleinteilungen und -überschriften erscheint, »die sich im Manuskript so nicht finden« (Hohoff, 576). Ergänzend müsste angefügt werden, dass Kafka mit der Kapiteleinteilung erst begonnen hat, nachdem er von der Ich- zur Er-Erzählung überging, also während des 3. Kapitels oder danach. Dieses Kapitel enthält zugleich die Liebesszene zwischen K. und Frieda. Kafka distanziert sich hier vom literarischen Probehandeln, die Fiktionalisierung gewinnt an Eigendynamik. Ablesbar ist dies auch an den Einträgen im Tagebuch, in dem er den Wunsch äußert, keine Frauen in seinen Lebenskreis einzubeziehen (25.1.1922; T 891).

Bildlichkeit und Erzähltechnik

Als Kafka das zweite Heft (S 108–183) Brod 1922 zu lesen gab, war ihm das Geschriebene peinlich. Der Text sei zum »Geschrieben-, nicht zum Gelesenwerden« da (An M. Brod, 21.7.1922; BMB 389); Kafka hatte jedoch Brod am 15. März den Beginn vorgelesen. Nimmt man diese Intention ernst, dachte Kafka beim Schreiben nicht an Rezipienten. Das *Schloss*-Fragment wäre dann vielmehr eine Art der Selbstansprache, deren Auswirkungen bei der Feststellung des Erzählerkonzepts bedacht werden müssen, denn ein solcher Erzähler der Geschichte müsste nicht alle notwendigen Informationen explizit mitteilen.

Rätselhaft erscheint *Das Schloss* vor allem wegen der autonomen Bildlichkeit (vgl. Richter u. Engel). Kafka entlehnt der uneigentlichen Rede die Geschlossenheit des ›Bildbereichs‹ gegenüber dem ›Sachbereich‹: Die Sache, um die es geht, bleibt traumartig verschlüsselt. Kurz spricht von einer Form der Allegorie, die »nicht die semantische Geste ›dies bedeutet nur‹ erfüllt, sondern eine Tiefenperspektive an Bedeutungen evoziert« (Kurz 1980, 132). Die Bezüge im Bildbereich sperren sich gegen eine Übersetzung in den Sachbereich. Begriffe, die solch ein Sprachverständnis umkreisen, sind »gleitende Signifikation« (Kremer 1987, 148) oder »Allusivität«

(vgl. Emrich 1981, 75 f.; Pfaff, 12; Fromm, 82); Pasley spricht von einer »Sinn-Richtung« (Pasley 1995, 9). Kafka versucht, die Kluft zwischen Fiktion und Realität zu vergrößern, dieser antimimetische Impuls wird durch eine »perspektivische Auffächerung« erreicht (Richter, 283 f.).

Friedrich Beißner zufolge sind Erzähler und Figur bei Kafka kongruent (Beißner 1952). Diese These von der »Einsinnigkeit« des Erzählens ist durch Verweise auf die Differenzen zwischen Figur und Erzähler mehrfach relativiert und kritisiert worden (Übersichten bei Beicken, Sheppard 1973, Zeller). Kafka erzählt eben nicht ›einsinnig‹. Lothar Fietz konnte plausibel machen, dass der Bewusstseinsraum K.s wesentlich auf die Darstellung einwirkt (Fietz 1963). Von hier aus ließen sich verallgemeinernd die Figuren als ›kleine Konstruktivisten‹ beschreiben, die ihre Welt mit dem Blick sehen, in dem sie sie erschaffen haben. Diese Figuren haben ein jeweils eigenes Problembewusstsein vom Schloss und den Verhältnissen im Dorf. Die meisten Dorfbewohner halten K. für naiv im Umgang mit dem Schloss und leisten in den Gesprächen ›Aufklärungsarbeit‹, versuchen K.s Sichtweise zu verändern. K. tritt dadurch in einen argumentativen Wettbewerb mit ihnen. Erst im Konflikt der Interpretationen des Schlosses wird jede einzelne Perspektive deutlich konturiert – das ist nicht zuletzt deshalb wichtig, um den Humor und die Komik im Fragment zu verstehen.

Kafka hat bereits 1912 in Hinblick auf das *Urteil*, seinen ›Durchbruchstext‹, vom »perspektivischen Wechsel« (An F. Bauer, 10.6.1913; B13–14 205) geschrieben, der sich anhand des Freundes aus Petersburg ereignet. Der Freund personifiziert Beziehungsmuster und -verhältnisse zwischen Vater und Sohn. Innerhalb der diegetischen Welt hat er keinen Realitätsgehalt, sondern die Funktion, etwas anzuzeigen. Der Freund delinearisiert und entrealisiert das Erzählte; es entsteht ein mehrdimensionaler semantischer Raum, der die einzelnen Perspektiven aufhebt, die ihn mitkonstituieren. Vergleichbar sind die Chiffrierungen im *Schloss*-Roman gebildet. Auch der Roman nutzt die Technik des ›perspektivischen Wechsels‹: Das Schloss ist eine Chiffrierung für die Verhältnisse der Romanfiguren zueinander, zu sich und zu ihrem Leben. Die Chiffrierungen erhalten ihre Bedeutungen in der gleichzeitigen Gültigkeit oder Ungültigkeit der Perspektiven.

Was ist das ›Schloss‹?

Der Roman stellt jeden Leser vor Beschreibungsprobleme. Um sagen zu können, wovon er handelt, braucht man ein Vorverständnis des Schlosses, auf das hin und von dem her sich jede Handlung entwickelt oder zu legitimieren scheint: Das Schloss ist die zentrale Unbestimmtheitsstelle im Roman. Eine vorschnelle Festlegung führt zu einem vorzeitigen Abbruch der Entfaltung des Sinnhorizontes. Will man dieser Grundschwierigkeit entgehen, bietet es sich an, zunächst die Facetten des Schloss-Bildes zu entfalten. Die Interpretation des Romans ist auf die Interpretation der Figuren des Romans angewiesen, der Praxis der Deutung geht also die Deutungspraxis der Figuren in der fiktiven Welt voraus.

Das Schloss enthält einen hohen Anteil szenischer Darstellung. Den Fortgang der Narration bestimmen Dialoge, in denen Gründe für die Stellung der Figuren im Dorf und ihr Verhältnis zum Schloss Gegenstand sind: K. schreitet einzelne Stationen ab, in denen die unterschiedlichen Sichtweisen auf das Schloss und die Ereignisse im Dorf aus den verschiedenen Lebensläufen der Figuren erklärt werden; Handlungen führen zu Deutungen K.s, die dann in den darauf folgenden Gesprächen über die vergangenen Handlungen durch Re-Interpretationen anderer Figuren anders perspektiviert werden.

Ankunft

K. kommt in ein Dorf, das zu Füßen eines Schlosses liegt. Das Schloss gehört einem Grafen »Westwest« (S 8), über den im Verlauf der Handlung nur noch vom Lehrer der Dorfschule gesagt wird, dass vor den Schulkindern über ihn zu reden anstößig sei (20) – er ist offenbar mit Scham besetzt. Der Graf ist nicht weiter Thema im Text, dafür aber wird die Anstößigkeit in einer späteren Episode mit Schlossbeamten erneut relevant.

K. bringt ein Vorwissen mit, über das der Text nur partiell Auskunft gibt. Die Absichten K.s werden in den Gesprächen mit den Figuren nach einem Prinzip der sparsamen und strategischen Informationsvermittlung weitergegeben. Einleitend muss K. von einem Schloss etwas wissen, da er konkret nichts sieht und in die »scheinbare Leere« emporblickt: Er sieht den Schlossberg nicht, der von »Nebel und Finsternis« verhüllt wird, setzt also das Schloss als vorhanden voraus (7).

K. sucht eine Unterkunft im Wirtshaus zum Brückenhof, einem Gasthaus, in dem einfache Leute verkehren. Er bittet Schwarzer, den Sohn des Dorfkastellans, um die Erlaubnis, im Dorf übernachten zu dürfen. Als er zur Legitimierung seiner Handlungen aufgefordert wird, erklärt er, der vom Grafen bestellte Landvermesser zu sein.

Im ersten Gespräch fragt K. den Sohn des Dorfkastellans: »Ist denn hier ein Schloß?« (S 8). Solche Verschiebungen, die der Text zunächst den Bewohnern des Dorfes als »gewissermaßen diplomatische Bildung« zuschreibt (11), kennzeichnen alle Gespräche. Die Figuren sind durch eine kommunikative Strategie der Zurückhaltung relevanter Informationen gekennzeichnet. Sie verhalten sich wie Personen im öffentlichen Raum. Man erfährt von K., dass er sich mit bestimmten »Absichten« im Dorf aufhält (80), diese werden dem Leser aber nicht im Detail mitgeteilt. Das erste Kapitel verdächtigt eine solche Art der Dialogführung als »Komödie« (9, 38): Man spiele einander etwas vor. Dennoch gibt es Hinweise auf ein Vorwissen: K. sieht den Gebäudekomplex des Schlosses, der »im Ganzen« »seinen Erwartungen« »entsprach« (17).

Der Grund für die Verschleierung der Absichten K.s wird mit der Hoffnung auf Freiheit (12, 14 u.ö.) angegeben, wobei der Text suggeriert, dass diese durch das Eindringen ins Schloss erreichbar sei (27). Tatsächlich aber bewegt sich K. von Beginn an in der Spannung von Freiheit und Fremdheit, oder später Freiheit und Sinnlosigkeitsverdacht (169); berücksichtigt man zusätzlich den sozialen Raum der Figuren, steht K. zugleich in Opposition zum dörflichen Leben, das von der Macht der Schlossbehörde(n) gekennzeichnet ist.

Mit K.s Ankunft reagieren zwei Seiten aufeinander, wobei der Status beider, K.s und des Schlosses, unklar bleibt. Unklar bleibt auch, ob K., der sich als Landvermesser vorstellt (9 f.), derjenige ist, der er zu sein vorgibt. Er kündigt das Kommen seiner Gehilfen an, die ihm vom Schloss dann zur Verfügung gestellt werden, ohne dass er sie erkennen würde (31 f.). In einem Gespräch mit den Schlossbehörden wird er als der »ewige Landvermesser« identifiziert, stellt sich dabei aber unter dem (erfundenen) Namen seines Gehilfen Josef vor (37; eine Anspielung auf Josef K. aus dem *Process*). Die Kommunikation mit dem Schloss folgt derselben Logik wie dessen Wahrnehmung: Solange K. den anderen Figuren des Romans vertrauen muss, scheint z. B. der Telefonapparat in Hinblick auf das Schloss zu funktionieren (11 f.). Als er aber in direkten telefonischen Kontakt mit dem Schloss treten will, hört er zuerst ein »Summen« (36, 116), von dem es heißt, es sei einem Gesang, einer starken Stimme vergleichbar, die tiefer einzudringen verlange, »als nur in das armselige Gehör« (36).

Klamm

Eine erste Nachricht, die K. von den Schlossbehörden erhält, stammt von Klamm. Da die Unterschrift unleserlich ist, müsste korrekterweise gesagt werden, dass Barnabas, der Bote, den Namen Klamm ins Spiel bringt, lesbar ist nur »Vorstand der X. Kanzlei« (40). Der Brief enthält die Nachricht, K. sei, wie er wisse, »in die herrschaftlichen Dienste aufgenommen« (ebd.). Der Dorfvorsteher wird zum nächsten Vorgesetzten erklärt, Barnabas zum Boten. Diese Aufnahme im Dorf wird von K. so verstanden, dass der Brief nur sein Selbstverständnis bestätige – der Dorfvorsteher wird dagegen später von einem privaten, nicht-amtlichen Schreiben Klamms sprechen (114). K. interpretiert die Nachricht weiterhin so, dass sie ihn vor die Entscheidung stelle, Dorfarbeiter mit einer scheinbaren Beziehung zum Schloss oder scheinbarer Dorfarbeiter zu werden (42). Er entscheidet sich für Letzteres, also dafür, möglichst weit weg vom Schloss seine Ziele im Schloss zu erreichen. Damit ordnet er sich einem Stand im Dorf zu, von dem es wiederum heißt, es würden sich ihm dadurch »alle Wege« jenseits der Gnade der »Herren oben« öffnen (ebd.).

Am Ende eines Ganges mit Barnabas, der zu K.s Enttäuschung in dessen Heim und nicht ins Schloss geführt hat, lernt K. die Familie des Boten kennen. Mit dessen Schwester Olga geht er in den Herrenhof, ein Wirtshaus, in dem vor allem die Schloss-Beamten verkehren. Dort erfährt er, dass Klamm im Herrenhof übernachtet. Frieda, die Frau aus dem Ausschank, ermöglicht es ihm, durch ein Schlüsselloch einen Blick auf Klamm zu werfen. Diese Szene ist insofern zentral, als sie die wesentlichen Momente zum Fortgang der Handlung enthält, zugleich aber die Verhältnisse über den Blick kodiert: Klamm hatte in seiner Nachricht geschrieben: »Trotzdem werde aber auch ich Sie nicht aus den Augen verlieren« (40); nun aber blickt K. auf Klamm, wie Frieda ihn vorstellt und sieht. Vorher schon erschien es K., als ob Friedas Blick »K. betreffende Dinge erledigt hatte, von deren Vorhandensein er selbst noch gar nicht wußte, von deren Vorhandensein aber der Blick ihn überzeugte« (60); später erst offenbart sich Frieda als

»Klamms Geliebte« (62). Aus diesen Blickkonstellationen heraus entsteht zwischen K. und Frieda eine Liebesgeschichte. Die romantische Disposition des Blicks entfaltet sich bei K. allerdings (und wohl auch in der Sicht des Erzählers) in einer Beischlafszene aus der Opposition von Nähe und körperlicher Fremdheit (69). Dennoch entwickeln K. und Frieda Heiratspläne.

Eine zweite Nachricht, die K. erreicht, lobt ihn für seine Arbeit als Landvermesser (187). Nach Barnabas hat die zweite Nachricht Klamms seine Schwester Amalia aus dem Schloss geholt. Der Bote, der im ersten Brief noch von Klamm als direkte Übermittlungsmöglichkeit eingesetzt worden ist, ist beim zweiten Brief nur noch mittelbar beteiligt, die Sachlage wird verdunkelt.

Für K. stellt sich bald heraus, dass kein Weg ins Schloss führt. Sein Versuch, vor das Schlosstor zu gelangen, scheitert an dem gewählten Weg (21). Frieda und die von den Dorfbewohnern akzeptierten Vertreter des Schlosses sind sich dessen sicher: Im Dorf herrscht weitgehend Einigkeit darüber, dass man nicht ins Schloss gelangen kann. Ebenso unmöglich soll ein direktes Gespräch mit Klamm sein (z. B. 78). Eine Ausnahme bildet K., der die Annahmen der Dorfbewohner und deren Vertreter bezweifelt. Frieda hält es für unmöglich, dass K. Klamm sprechen könne, er sei nicht in der Lage Klamm »wirklich zu sehn« (80). Dennoch versteht sie die Liebe zu K. als Klamms Werk.

Der narrative Raum erlaubt es aber sehr wohl, *aus* dem Schloss zu kommen. Selbstbehauptungen wie die, »ein Mädchen aus dem Schloss« zu sein (25), lassen an Eindeutigkeit keinen Zweifel, auch wenn sie vom Erzähler, der in dieser Szene die Ekphrasis eines Marienbildes betreibt, konterkariert wird. Auch bei anderen Figuren wird die Abkunft aus dem Schloss suggeriert – wie bei den beiden Gehilfen, die den Weg vom Schloss herunterlaufen (26).

Die Deutungen der Romanfiguren kreisen um die Personifikation der Unsichtbarkeit des Schlosses, Klamm, von dem man nicht weiß, ob er es sei, wenn er scheinbar sichtbar ist. Denn Klamm wird von den Romanfiguren auf unterschiedliche Weise wahrgenommen und ›erkannt‹. Auch Barnabas, der Klamm auf der Behörde gesehen zu haben meint, ist sich nicht sicher, ob es tatsächlich Klamm war (276); Pepi behauptet über Klamm, man müsse Friedas Erzählungen über ihn glauben (461 f.); Momus, Klamms Dorfsekretär, eröffnet die Spannung zwischen dessen Materialität und Immaterialität: »Nun, glückli-

cher Weise war ja nichts mehr zu sehn, der Kutscher hatte auch die Fußspuren im Schnee glattgekehrt« (172).

Die Eigenschaften, die Klamm zugesprochen werden, wie Vergesslichkeit (281) und Schlaf (65), korrespondieren mit den Beschreibungen über ihn. Olga erklärt das Wissen über Klamm aus dem (mythischen) Bewusstsein der Wahrnehmenden:

> Er soll ganz anders aussehn, wenn er ins Dorf kommt und anders wenn er es verläßt, anders ehe er Bier getrunken hat, anders nachher, anders im Wachen, anders im Schlafen (278).

Die Reihe der Unterschiede in der Wahrnehmung ließe sich beliebig fortsetzen; sie hängen von dem »Grad der Aufregung, [den] unzähligen Abstufungen der Hoffnung oder Verzweiflung, in welcher sich der Zuschauer […] befindet« ab. Einheitlich ist nur das »Kleid«, »ein schwarzes Jackettkleid mit langen Schößen« (278). Mit diesem Kleid, das bloß die äußere Form, nicht aber die Individualität festhält, ist Klamm immerhin eindeutiger als das Schloss, von dem es heißt, es gebe mehrere Zufahrten zu ihm; einmal sei die eine in Mode, ein anderes Mal eine andere (342). Die Regularien im Dorf sind ebenso Wechseln unterworfen, wie die Deutungen des Schlosses. Diese wechselnden ›Moden‹ scheinen ein Anlass für die Entfernung zum Schloss zu sein. Nahe sind die Figuren Klamm hingegen, wenn sie unbestimmt und undifferenziert fühlen, z. B. in der Liebe, in der Erinnerung oder in der Cognac-Episode, als K. vergeblich auf Klamm wartet, aber nach dem Genuss des Cognacs in dessen mit Pelzen ausgestatteten Schlitten einen Rausch erlebt (163 f.).

Die Dorfbewohner

Zwei größere Gruppen lassen sich im Dorf unterscheiden: Von Olga erfährt K., dass drei Jahre vor seinem Eintritt ins Dorf ihre Familie aus der Dorfgemeinschaft verstoßen wurde. Ihre Schwester Amalia hatte auf einem Feuerwehrfest ein zweideutiges Angebot vom Schlossbeamten Sortini erhalten, das sie ablehnte. Daraufhin wurde die Familie von den anderen Dorfbewohnern marginalisiert und stigmatisiert. Hoffnung, die Beziehungen zum Dorf zu verbessern, setzt die Familie in eine erneute Aufnahme der Beziehungen zum Schloss. Der Vater Olgas und ihr Bruder Barnabas versuchen, die Ablehnung Amalias zu kompensieren. Das Auftreten K.s scheint zu einer ersten Beachtung von Seiten der Schlossbeamten zu führen, da Barnabas für K. wichtige Nachrichten übermitteln soll. Sein bisher eher privates Verhältnis zum Schloss erhält so einen amtlichen Anstrich.

Die zweite Gruppe lässt sich um Frieda und die Wirtin anordnen, die beide ein Angebot von Schlossvertretern erhalten und es, im Gegensatz zu Amalia, angenommen haben. Die Wirtin ist drei Mal dem Ruf Klamms gefolgt; Frieda ist die Geliebte Klamms, die zeitweise mit K. zusammenlebt, dann aber wieder zu Klamm zurückkehrt. Auf Seiten der Männer gehören zu Frieda und der Wirtin der Lehrer, der Dorfvorsteher und der Wirt. (Möglicherweise hätte der vollendete Roman noch eine dritte Gruppe um Gerstäcker und Lasemann ausführlicher gestaltet.)

Die entscheidenden, das Dorfleben strukturierenden Ereignisse sind die Angebote der Schlossbeamten an Frauen aus dem Dorf. Der Status dieser (schriftlich erfolgenden) Angebote ist nicht eindeutig: Amalia, die ablehnt, stellt das Ansinnen als triebhaftes Geschehen dar, die Wirtin (124–135) und Frieda, die es annehmen, als eine Erhöhung. Nähe und Erfüllung oder Gewalt und Triebhaftigkeit – das sind die Deutungen, um die sich größere Dorfverbände gruppieren.

Die sozialen Gruppen verbindet das Geschlecht. Die Frauen aus beiden Gruppen stehen in der Nähe zum Schloss, sie sind, wie die Wirtin oder Frieda unmittelbar an das Schloss gebunden, während die Männer Teil der Hierarchie sind, also funktional abhängig. Die funktionale Relation zum Schloss lässt sich unterteilen in private und amtliche Beziehungen (wobei zwischen beiden natürlich Übergänge existieren).

Nachdem K. die Geschichte Amalias erfahren hat, verlässt ihn Frieda, weil sie ihm »Verrat« vorwirft (369), und kehrt in den Herrenhof zurück, aus dem sie wiederum Pepi, die Friedas Stelle übernommen hat, vertreibt. Im Gespräch mit Pepi, die K. eindeutige Angebote macht, stehen zwei Deutungen der Zusammenkunft und Trennung von Frieda und K. zur Disposition: K. soll aus der Sicht Friedas und der Wirtin Gardena Frieda getäuscht haben, indem er in die Beziehung nur eingewilligt habe, um Klamm nahezukommen; Pepi hingegen deutet die Zusammenkunft so, dass Frieda nur in die Beziehung mit K. eingewilligt habe, um Klamms erneute Aufmerksamkeit zu gewinnen. Im Gespräch mit Pepi verteidigt K. aber Friedas Haltung:

> Selbst jemand der gar nicht von dem Verhältnis zu Klamm wüßte, müßte an ihrem Wesen erkennen, daß es jemand geformt hat, der mehr war als Du und ich und alles Volk im Dorf (484).

K. ist auch in der Liebe einer Unmöglichkeit ausgesetzt: Es gibt etwas, das Liebe zu sein verspricht, in der konkreten Erfüllung aber verfehlt wird.

Behörden-Logik

Die Romanfiguren werfen K. eine gewisse Einfältigkeit im Umgang mit dem Schloss und seinen Behörden vor. Der häufigste Vorwurf lautet, er verstünde die Vorgänge nicht. Innerhalb der erzählten Welt wird ein Unterschied zwischen Befund und Deutung gezogen. Das Gespräch K.s mit dem Vorsteher (92–120) lässt sich am ehesten paradigmatisch in Hinsicht auf den Befund lesen.

Es gibt im Umgang mit dem Schloss nur wenig schriftlich festgelegte Ordnungen oder Verfahrensweisen. Schlossbehörden und Dorf erscheinen als zwei nicht synchronisierte Bereiche, die nicht ineinander greifen. Im Gespräch macht K. dem Vorsteher den Vorwurf, er kenne wohl nur das Mobiliar des Schlosses, was dieser bestätigt – nicht ohne in dem Gespräch auf den hervorgehobenen Einfluss der Frauen im Umgang mit den Schlossbehörden hinzuweisen.

Die Kenntnisse des Vorstehers über das Schloss lassen sich an der Spekulation über die Gründe der Berufung K.s ablesen. Der Vorsteher deutet die Vorkommnisse aus der Logik eines unfehlbaren Buchs des Lebens. Er versucht, dieses Buch unter der Bedingung auszulegen, dass selbst ein Fehler nichts anderes sei als eine Fügung. Die Berufungsverhältnisse sind unklar, da die Äußerungen des Schlosses nicht wörtlich zu nehmen sind (118); der Vorsteher weist K. darauf hin, dass der Kontakt mit den Behörden »nur scheinbar«, nicht wirklich stattfindet (115). Diese Kategorie ist sowohl erkenntnistheoretisch als auch ästhetisch aufschlussreich, denn die Figuren machen Scheinerfahrungen höherer Art und verwenden sie in ihren Argumentationen als Ausgangsbasis für Aussagen über scheinbar reale Entitäten.

Die Verbindung zum Schloss oder zumindest die Hoffnung darauf ist laut der Wirtin Gardena das Protokoll (181); solche Protokolle seien vom »Geiste« Klamms »erfüllt« (183). Momus, der Dorfsekretär Klamms, will in einem Verhör ein Protokoll entwerfen, gewissermaßen um für K.s Erlösung ein gutes Wort bei der Behörde abzugeben. Protokolliert werden soll K.s Warten auf Klamm in der Cognac-Episode. K. lehnt jedoch ab.

Die scheinbare Berührung mit den Behörden durchlebt K. dann in der Bürgel-Episode (403–426).

Sie bildet den Punkt der größten Annäherung an das Schloss: K. ist zu Erlanger gerufen worden, gelangt aber zunächst in den Schlaf- und Büroraum Bürgels. Während des Gesprächs mit ihm schläft K. zweimal ein. Zunächst träumt er noch, mit homoerotischen Konnotationen, von der Überwindung aller Hindernisse: Er kämpft gegen die »Statue eines griechischen Gottes« (415). Vom zweiten Schlaf weiß K. schon im voraus, dass er »diesmal ohne Traum und Störung« verlaufen wird (419). Erst dieser Schlaf, aus dem K. »grenzenlos schlafbedürftig« erwacht, führt K. die »völlige Nutzlosigkeit« des Gesprächs mit Bürgel vor (426).

Der Traum wird als der mimetische Nachvollzug dessen vorgestellt, was mit den Sinnen und der Sprache bewusst nicht mehr in Erfahrung zu bringen ist. Der Traum verweist durch das Moment der Ausschaltung des Bewusstseins auf sprachlich uneinholbare Bereiche: den ewigen Schlaf, den Traum, den Tod. Damit ist dann jede Erfahrungsmöglichkeit des Schlosses in der anthropologischen Begrenztheit des Subjekts erfasst und verneint. Bürgel kommentiert die Vorgänge mit den Worten: »Es gibt Dinge, die an nichts anderem als an sich selbst scheitern« (426; vgl. auch: »Die Leibeskräfte reichen nur bis zu einer gewissen Grenze, wer kann dafür, daß gerade diese Grenze auch sonst bedeutungsvoll ist«, 425). Die »gewisse« Grenze, die nicht mehr bestimmbar ist, ist der Körper – und damit die materielle Verfassung K.s, dem Klamms gleichzeitige Immaterialität fehlt.

Mögliche Einflüsse und Paralleltexte

Direkte Einflüsse von Vorlagen und Vorbildern sind kaum belegbar. Pasley (1995), Sheppard (1979) und Alt (2009) erwähnen mögliche Vorlagen zum Schloss (vgl. z. B. die Abbildungen in BMB 164 und Alt 2009, 167). Auf der Reise nach Weimar und Jungborn im Juni/Juli 1912 lernt Kafka einen ›Landvermesser‹ namens Hitzer kennen, der Vertreter der »Christl. Gemeinschaft« ist, und im Disput mit einem Atheisten namens Dr. Friedrich Schiller steht (14.7.1912; T 1045 f.).

Einflüsse sind nicht zuletzt deshalb schwer aufzuzeigen, weil Kafka sein Material im Akt der Imagination dem Schreibprozess einpasst. Ein Beispiel dafür ist ein Eintrag im Tagebuch über einen Spaziergang am 29. Januar 1922 (vgl. K.D. Müller 2007), der mit der Eingangsszene des Romans eigentümlich interagiert:

Angriffe auf dem Weg im Schnee am Abend. Immer die Vermischung der Vorstellungen etwa so: In dieser Welt wäre die Lage schrecklich, hier allein in Sp., überdies auf einem verlassenen Weg, auf dem man im Dunkel im Schnee fortwährend ausgleitet, überdies ein sinnloser Weg ohne irdisches Ziel (zur Brücke? Warum dorthin? Außerdem habe ich sie nicht einmal erreicht) (T 894 f.).

Die Darstellung der isolierten Situation eines Einzelnen in der Gesellschaft vor dem Hintergrund zweier Dimensionen (›hier‹, ›dort‹, vgl. Müller 2006, 233) kennzeichnet auch die Situation K.s im Romanfragment. Die »Vermischung der Vorstellungen« erscheint transformiert in eine Wahrnehmungsszene, in der etwas gesehen wird, was nicht sichtbar ist, der »sinnlose Weg ohne irdisches Ziel« führt nun zu einer Brücke, die statt das »Hier« vom »Dort« die Vergangenheit von der Gegenwart trennt.

Solche »Vermischungen«, die vermutlich auf eine erfahrungs- aber nicht begriffsorientierte Rezeptionshaltung zurückgehen, kennzeichnen auch die intertextuellen Bezüge. In der Forschung sind philosophische Einflüsse beschrieben worden, u.a. von Nietzsche und Schopenhauer, oder religiöse bzw. theologische, u.a. von Kierkegaard, Micha Josef Bin Gorion sowie literarische, u.a. von Brod, Kleist, Alfred Kubin, Knut Hamsun, Božena Němcová (vgl. Sheppard 1979, 442 f.). Michael Müller zufolge zitiert Kafka Topoi aus der phantastischen Literatur und dem Schauerroman, in denen z.B. das Schloss als Ort des Bösen erscheint (Müller 2004, 257).

Für die Deutung des Romanfragments ebenso wichtig wie mögliche Vorlagen sind die weiteren Texte, die während und nach der Arbeit am Schloss entstanden sind: Erstes Leid, Ein Hungerkünstler, ‹Forschungen eines Hundes› und andere Fragmente (NSF II, 369 ff.).

Zur Forschung

Allegorie, Parabel oder Symbol?

Max Brod hat mit dem Nachwort zur ersten Ausgabe von 1926 die Rezeption entschieden gelenkt (vgl. M. Müller 2006, 218). Er bezieht das Romanfragment auf den Process. Beide Romane enthielten Varianten der Beschäftigung mit religiösen Themen: Der Process stelle im Sinne der Kabbala eine Erscheinungsform der Gottheit dar, nämlich das Gericht, Das Schloss eine zweite: die Gnade (S/GW 484). Brod liest den Roman zudem von Kierkegaards Furcht und Zittern aus als Darstellung der

»Inkommensurabilität irdischen und religiösen Tuns« (S/GW 488).

Die Deutungen des Romanfragments bis 1945 sind meist allegorisch geblieben, die Differenzen betrafen lediglich den Ausgangspunkt: Den religiösen Lesarten in christlicher oder jüdischer Perspektive schließen sich psychologische oder psychoanalytische an (vgl. die Übersichten bei Beicken u. Sheppard 1979). Widerspruch erfahren diese Ansätze zunächst durch soziologische Deutungen. Hans Sahl schreibt in *Das Tagebuch*, der Roman verriete »nie seine gleichnishafte Absicht« (22.1.1927; zit. nach Born, 154). Siegfried Kracauer erkennt im Roman vor allem die »Abgesperrtheit des Menschen vor der Wahrheit«, die er als »Matrize des Märchens« wiedergegeben findet (zit. n. Born, 141). Sahl und Kracauer betonen die Gleichnishaftigkeit des Romans und sind damit textnäher als existenzialistische Deutungen, die aus dem Roman die Absurdität des Menschen und die moderne Krise des Subjekts herauslesen.

Die Diskussion in den 1960er Jahren entfaltet das Spektrum uneigentlichen Redens (vgl. die konzise Übersicht bei Sokel 2005). Politzer erkennt parabolische Tendenzen, die paradox strukturiert seien. Laut Emrich ist der »Hintergrund der Kafkaschen ›Parabeln‹« leer (Emrich, 77). Vor allem die Verabschiedung einer metaphysischen Grundierung führt zur Annahme, dass Kafka im Konkreten Fragestellungen des Allgemeinen verhandelt und in negativer Form gleichnishaft und symbolisch verfährt, indem er lediglich andeutet, was nicht mehr auszudrücken ist (Emrich 81, 84): Bewusstsein verhindert bei Kafka das, was es will; die Konzentration auf die Wahrheit führt zu deren Verlust.

Die Untersuchungen zum Verhältnis von Immanenz und Transzendenz sind aber nicht aufgegeben worden. Nach Ries zeigt Kafka eine Verfallsgeschichte der Metaphysik. Die Einlösung von Transzendenz führt zum Tod, der im Leben als Terror erscheinen muss. Greß versteht *Das Schloss* parabolisch als Vermessung des Landes des Glaubens, Wissens und der Erkenntnis (Greß, 175). Nicht nur die Schreibweise, auch die Handlungsverläufe seien parabolisch und müssten entsprechend gelesen werden (42): Kafka verweise parabolisch auf eine unsagbare Transzendenz. Die besonderen Verhältnisse der Frauen zum Schloss versteht Greß als Darstellungen unterschiedlicher Religionsauffassungen in der Moderne (257). K.s Scheitern wiederum folge aus der Unmöglichkeit, empirische Belege für die Existenz Klamms herbeizubringen. Was aber K. nicht versteht, kann der Leser im Nachvollzug der parabolischen Handlung verstehen. Kafka schreibe demnach an einer »Poetik des Unsagbaren«. Die Müdigkeit K.s z. B. in der Bürgel-Episode sei im religiösen Kontext als Metapher für einen Durchgang zur Transzendenz zu betrachten (266 ff.) und Bürgels Position Nietzsches Atheismus vergleichbar. K. versteht die Einwände nicht, er versteht aber auch nicht, dass er sie im Traum außer Kraft gesetzt hat. Dieses Signal wird jedoch nur dem Leser gegeben, der die parabolische Handlung verstehen kann.

Judentum

Eine Fortsetzung der symbolischen Deutung, die nun stärker auf den jüdischen Kontext bezogen wird, entwickelt beispielsweise Zimmermann (zuletzt 2004, 163 ff.). Für ihn ist bereits der Name des Schlossbesitzers, des Grafen Westwest, ein Hinweis, den Roman historisch und heilsgeschichtlich auf West- und Ostjudentum zu beziehen. Der symbolischen Deutung werden auch allegorische Tendenzen eingefügt, etwa, wenn Olga und Amalia als Ecclesia und Synagoga verstanden werden. Klamm wiederum sei eine Allegorie der Täuschung. Insgesamt, so Zimmermann, handele es sich im Roman um den Versuch einer Erneuerung der Tradition (Zimmermann 1985, 191).

Ritchie Robertson erkennt im Anschluss an Sokel vor allem eine metaphorische Relation des Romans zur empirischen Welt und beschreibt die jüdischen bzw. chassidischen Spuren im Roman, ohne den offenen Sinnhorizont einzuschränken (Robertson 1988, 284 f.). Demnach geht die Berufsbezeichnung K.s auf ein Wortspiel zwischen hebräisch *maschoach* (Landvermesser) und hebräisch *maschiach* (Messias) zurück (297). Um K. eröffnet sich der Vorstellungsraum falscher Messiasgestalten, über deren Eigenschaften er verfüge. Die damit verbundene Zwangsvorstellung, ins Schloss zu gelangen, führt dann zum Scheitern K.s (306). Das Vorbild für das Schloss sei das alttestamentarische Zion (307); Burg oder Stadt seien alttestamentarische Bilder des Wohnsitzes Gottes. Den Grafen Westwest versteht Robertson als Bezeichnung für eine nicht rationale Interpretation von Religion, weil er im Roman mit Tabus besetzt wird, ähnlich wie in vormodernen Herrscherauffassungen (318 f.). Der Zusammenhang zwischen Triebhaftigkeit und Glauben würde sich entsprechend aus diesen vorrationalen Glaubensauffassungen herleiten.

Im jüdischen Kontext ist Kafkas Romanfragment auch vor dem Hintergrund der Schriften Franz Rosenzweigs und Martin Bubers als Darstellung und Überwindung einer religiösen Krise verstanden worden. Die Akzeptanz, die K. angesichts der Unerreichbarkeit des Schlosses entwickelt, ist für Grimm ein Anlass, das Romanfragment im Kontext der Religion zu situieren (Grimm, 314). Grimm erkennt im *Schloss* eine Antwort auf die Krise des Judentums aus existenzphilosophischer Sicht (313 f.). Im Gegensatz zum *Process* betont das *Schloss* im Kontext der Tat-Philosophie der Jahrhundertwende die Selbstbehauptung. Das Ausbleiben der Vermittlung von Individuellem und Allgemeinem durch das Schloss wird im Rahmen des jüdischen Glaubens verstanden. Es ermöglicht eine Erneuerung des Glaubens (321). Die »Reetablierung eines ursprünglichen Glaubensverhältnisses« setzt Unmittelbarkeit voraus (Grimm, 326).

Bernd Neumann zufolge ist *Das Schloss* ein Modellroman in Hinsicht auf die Ziele und das Scheitern der Assimilation (Neumann 2002 u. 2007). Bereits die Gehilfen sind entsandt worden, um K.s Bemühungen zu karikieren. K.s Position im Dorf, die Botschaften von Klamm, die von den Verstoßenen überbracht werden, aber auch die Weigerung des Schlosses, K. anzublicken und anzuerkennen, zeigen das Scheitern der Assimilation in der Dorfwelt auf, wie auch die Ziele K.s auf Anerkennung durch eine fremde Macht scheitern. Hoffnung, Enttäuschung und Resignation sind dann die Stationen des verweigerten Assimilationsprozesses (zur Darstellung der Diskussion der jüdisch-deutschen Assimilation vgl. auch Baioni, Grözinger).

Schreiben, Subjekt und Geschlecht

Wo die Dorfbewohner Erlösung erkennen, sehen Amalia und K. Gewalt. Man kann solche Umbesetzungen oder Umschreibungen als Ausdruck einer religiösen Haltung lesen oder wie Ries als Terror der Transzendenz verstehen. Eine dekonstruktive Lesart wird hingegen den Umschwung von Sinn in Machtanspruch und Gewalt in den Vordergrund stellen. Was den Dorfbewohnern als sinnstiftendes Moment in ihrem Dorfleben erschiene, wäre eigentlich Gewalt. K. und Amalia stünden dann für dieses Verständnis ein. Auf das Zirkulieren der Zeichen im Schloss übertragen, ließe sich annehmen, Sinn sei paradox an einen sinnverzerrenden Machtanspruch gebunden.

Gerhard Neumann sieht im *Schloss* den Versuch, »den Lebensraum durch Herstellen einer sprachlichen Ordnung, durch das Erzählen von Lebensgeschichten zu organisieren«; K. gelinge die Organisation einer Ordnung jedoch nur unzureichend, da mit dem Wunsch nach Ordnung in einer »Verknotung« immer zugleich die Dissoziation mitgegeben ist (Neumann 1990, 218). Der Roman bespreche nun die fehlende Vermittlung in einem Dritten, der K.s Liebe und Beruf beglaubigen könnte (212). So komme es zu einem Zugleich von Identitätsbildung und -verhinderung, mit erheblichen Konsequenzen für Psyche und Kommunikation. Sofern der vermittelnde Dritte unidentifizierbar bleibt, müsse auch alles, was über ihn Identität erhalten könnte, dunkel bleiben. Klamm, der im Roman die Figur dieses vermittelnden Dritten abgibt, sei sowohl Konkurrent (ödipales Muster) als auch Nutznießer (parasitäres Muster) der Struktur der Romanwelt. Er wird zum perspektivierenden Medium (215), das zwischen Privatheit und Öffentlichkeit keine Unterbrechung der paradoxen Struktur mehr zulässt. Berufung zum Landvermesser und Begehren nach Liebe blockieren sich gegenseitig. In letzter Konsequenz befindet sich K. in der Situation Kafkas, für den Leben und Schreiben in strukturanaloger Weise zusammengehören und sich dennoch ausschließen. Die Macht des Blicks (vgl. Adamzik) und die Macht des mangelnden Dritten zeige im Roman auch einen Unterschied zwischen Dorfkultur (Kodierungen der Schlossbeamten) und Figurennatur (Triebhaftigkeit). Kultur entpuppe sich als Natur.

Aus dieser Differenz ließen sich nun Geschlechtskonstruktionen ableiten, die den Roman mitstrukturieren. Liebrand beschreibt den Roman als »Re- und Defiguration einer ›phallizistisch‹ organisierten symbolischen Ordnung« nach Lacan (Liebrand 1998, 310 f.), da die phallische Metapher, durch die z. B. die Macht der Schlossbeamten gekennzeichnet ist, einen biologischen Rest mitführe (etwa in den unsittlichen Anträgen, die die symbolische Ordnung subvertieren). Liebrand untersucht zunächst exemplarisch die »Feuerspritze« (S 298) und das kultisch verstandene Ritual des Feuerwehrfestes (Liebrand, 312 f.): Amalia entziehe sich auf dem Fest der symbolischen Ordnung. Im Zusammenhang mit K.s Traum in der Bürgel-Episode, der mit guten Gründen als ein homoerotischer aufgefasst wird, zeige sich nun, dass der Roman Geschlechterdifferenz nicht konstituiert, sondern verundeutlicht (320). K. verfüge über eine Reihe von um 1900 Frauen zugewiesenen Eigenschaften, wodurch wiederum die männlich dominierte Form des Bildungsromans parodiert werde. Möglich werde diese Entlarvung nicht zuletzt durch das Zeigen und Entlarven der romantischen Liebe, die im Roman auf ihre (männlich) narzisstischen Wurzeln zurückgeführt wird. Astrid Lange-Kirchheim untersucht mit vergleichbarer Perspektive die Erosion der »Ideologie der Privilegierung des Phallus« im Roman: Die Entwürfe von Männlichkeit und Weiblichkeit enthalten ein komisches Potential; Kafka schreibe den Mythos des Wanderers, des »ewigen Landvermessers« travestierend um (Lange-Kirchheim 2002, 115 u. 119).

Biographie, Verwaltung und Medien

Biographische Lektüren des *Schloss*-Romanfragments sind seit den 1960er Jahren als Alternative zu spekulativen philosophischen und theologischen Ansätzen aufgekommen. Werkgeschichte und Lebensgeschichte werden darin so aufeinander bezogen, dass das Werk aus den Ereignissen des Lebens erläutert wird. Binder (1976) hat zum *Schloss* eine solche Interpretation vorgenommen, in denen z. B. der Herrenhof für die Cafés einsteht, in denen Milena Jesenskás Mann, Ernst Pollak, verkehrte. Neben anderen ist zuletzt Peter André Alts Biographie erschienen, die *Das Schloss* psychoanalytisch deutet und dabei auch die literatur- und kulturgeschichtlichen Kontexte mit einbezieht. Demnach schreibt Kafka nach dem Prinzip der »Veräußerlichung innerer Zustände« (Alt 2005, 599), wobei im *Schloss* eine Analogie zwischen Psyche und Verwaltung besteht (608), da die »unbeherrschbaren Energien des Unbewussten als Determinanten des administrativen Apparates« gelten (606). Das Romanfragment sei so nach der »Logik des Traums« eingerichtet (600). Im Gegensatz zu G. Neumann sieht Alt jedoch zunächst »nur dyadische Beziehungsfelder« wirken (600), um dann später in Klamm eine Figur des Dritten zu erkennen (608).

Einen anderen Aspekt der Biographie untersucht Benno Wagner. Er verortet das Werk innerhalb der Beamtenwelt des Autors und liest die Texte als Fortsetzung des Schreibens von amtlichen Schriften im Literarischen (Wagner 2006, 111). Auch wenn zum *Schloss* keine explizite Analyse vorliegt, muss der Ansatz erwähnt werden, um die Behördenstruktur besser zu erfassen. Kafka war in seinem Beruf mit Behörden befasst, deren Geschäftsordnung bis zum Jahr 1855 zurückreichte. Die unterschiedlichen Deutungen der Vorschriften erschwerten auch die Kommunikation innerhalb und zwischen Behörden. Es war für Beamte nicht unüblich, sich ›Privat- und Nebenregister‹ anzufertigen, Gedächtnisprotokolle, die von Amts wegen wieder entfernt werden mussten.

Die Schlossverwaltung ist von den Problemen der Behörden zu Kafkas Lebenszeit gekennzeichnet, die Darstellung der Geschäftsordnung und des Geschäftsgebarens mit satirischen Implikationen versehen. K.s Kontakt zu Klamm baut auf einer amtlichen Unterscheidung auf, der zwischen Privat- und Amtsbrief. Aber nicht nur der Inhalt, auch die Form des Romans ließe sich als eine Reihe von Gedächtnisprotokollen auffassen: Es wird im Schloss nicht nur verhört, um Protokolle anzufertigen, auch die Berichte der Figuren sind, aufgrund unsicherer Faktenlage, nichts anderes als Gedächtnisprotokolle. Daraus ließe sich wiederum schließen, dass Kafka die Speicher- und Übertragungsmodelle der Behörden satirisch auf das Erzählen von Lebensläufen überträgt, in der Art einer literarischen doppelten Buchführung (vgl. Fromm 1998, 75), die mit Foucaults ›empirisch-transzendentaler Doublette‹ erfasst werden könnte. Empirisch-bürokratische Notation der Existenz als transzendente Beglaubigung würde dann ununterbrochen Paradoxes formulieren. Der Bote K.s zum Schloss, Barnabas, verbindet beides, er ist Speicher- und Übertragungsmedium (Kittler) und er vereinigt Eigenschaften von Mann und Frau (Liebrand).

Deutungsaspekte

Vorbemerkung

Das Schloss zeigt Möglichkeiten der Deutung von Existenz. Zwei der Fragen, die K. mit seiner Ankunft stellt und auf die der Roman Antworten in Form von Deutungen entwickelt, lauten: Wie kann man von etwas wissen, das man nicht sieht, und wie kann es sein, dass man nicht erreichen kann, was man sieht? Die Deutungen referieren alle auf einen unbekannt bleibenden Grund, wobei die Kodierungen des Blicks zu beachten sind, da sie von Sehen, Erkennen und Sexualität handeln (vgl. Gen. 4.1 f.). Die Deutungen werden subjektiv, da sie keinen gemeinsamen Grund finden können (so verhalten sich Amalia, Olga, Barnabas und ihr Vater unterschiedlich, obwohl sie mit der sozialen Stigmatisierung einen gemeinsamen Ausgangspunkt haben). In der narrativen Verknüpfung der einzelnen Sinnschichten ent-

steht eine Ordnung, die auf eigentümlichen Verschränkungen basiert und das Ganze des Lebens in
seiner Unordnung abbildet – angesichts des lebensphilosophischen Hintergrunds nach 1900 kein ungewöhnlicher Vorgang.

Ein solcher Deutungsansatz baut auf der Annahme auf, dass das Reflexionsniveau der Figuren
nicht das des Erzählers ist. Er leitet sich nicht zuletzt
von Kafkas Aussage im Tagebuch über den »merkwürdigen, geheimnisvollen, vielleicht gefährlichen,
vielleicht erlösenden Trost des Schreibens« ab: »das
Hinausspringen aus der Totschlägerreihe Tat – Beobachtung, Tat – Beobachtung, indem eine höhere
Art der Beobachtung geschaffen wird« (27.1.1922;
T 892). Der Erzähler steht über seinen Figuren und
inszeniert ein ›Welttheater‹.

Zu den Themen, die bei dieser Beobachtung im
Folgenden betrachtet werden sollen, gehören: die
Organisation des sozialen Raums, die Regulation der
Beziehungen über den Blick, Subjektivität, Liebe, Sexualität und Medialität sowie Komik und Humor. Zu
diesen Themen kann man wiederkehrende Anord-
nungsmuster finden, die die diegetische Welt im
Sinne des »perspektivischen Wechsels« (An F. Bauer,
10.6.1913; B13–14 205) verschränken.

Ambivalenz/Unbestimmtheit

Wie bei Figur-Grund-Bildern enthalten Ereignisse
verschiedene Fokussierungen, die zu unterschiedlichen Motivierungen aus der Sicht der Figuren führen. Sexualität und Körper sind solche Kippfiguren:
Wo die einen Obszönität und Triebhaftigkeit sehen,
erkennen die anderen Formen religiöser oder zumindest kultischer Handlungen. Das Schisma, die
Trennung der Familie Amalias vom übrigen Dorf,
beruht z.B. auf solch einer Kippfigur, aber auch K.s
Sicht ist im Vergleich mit der Sicht der Dorfbewohner nach einem ähnlichen Figur-Grund-Schema
ausgebildet, das nicht entschieden werden kann; die
Wahrnehmung findet im Modus des »Als ob« statt.

Täuschung

Zimmermann (2004) weist darauf hin, dass tschechisch *klam* Betrug heißt. Täuschungen bestimmen
von Beginn an den Roman, sie werden unter dem
Stichwort der »Komödie« explizit hervorgehoben
(vgl. noch S 246). Kafka hat dieses Wort schon früher im Sinne von ›Vortäuschung‹ verwendet, z.B. im
Process (P 12) oder im *Urteil* (DzL 58). So wie zu Be-

ginn ist auch am Ende des Fragments das Problem
nicht gelöst: »Warum sagst Du denn nicht die Wahrheit?«, fragt die Wirtin K., und er antwortet: »Auch
Du sagst sie nicht« (S 492).

Akausalität, Paradoxie

Dorf und Schloss sind aufeinander bezogen, scheinen aber unterschiedlichen Zeiträumen anzugehö-
ren. Die narrativen Verknüpfungen erscheinen als
paradox: K. erhält eine Bestätigung von Klamm, er
komme mit der Landvermessung voran, obwohl er
die faktische Arbeit nicht aufgenommen hat; die
Vorladungen werden ausgesprochen, bevor das Ereignis, das zur Vorladung führt, stattgefunden hat;
K. erhält einen Befehl von Erlanger, Frieda in den
Herrenhof zurückzuschicken, obwohl Frieda sich
schon von K. getrennt hat. Das Schloss scheint keine
Zeit zu kennen.

Fasst man wiederum alle Bestimmungen aller Figuren im Dorf zusammen, ist das Schloss Einbildung
und als Anlass der Einbildung mehr als nur Einbildung. Je näher die Figuren Klamm oder dem Schloss
kommen, desto unspezifischer wird ihr Verhalten
und ihre Kognition der erzählten Welt. Die Nähe zu
den hohen Herren ist nur über die Triebhaftigkeit zu
erreichen. Selbst K., der sich dem Schloss im Traum
scheinbar annähert, muss Bürgel homoerotisch
überwinden. Diese Strukturen enthalten Reste eines
romantischen Verfahrens mit Idealrealem, allerdings
ohne metaphysischen Schutzraum (vgl. Böning).

Verschleppung, Verschiebung

Die Berufung zum Landvermesser wird verzögert.
K. will mit Klamm sprechen und dann weiter ins
Schloss vordringen. Tatsächlich aber wird das Gespräch nicht stattfinden. Sein eigentliches Hand-
lungsziel wird – man möchte meinen: über den Tod
hinaus – verschleppt.

Der Vorsteher entwickelt eine Deutung der Vorkommnisse auf der Grundlage der Schloss-Adminis-
tratur, die angelegt ist wie das Buch des Lebens. Sie
umfasst jeden Vorgang und kontrolliert die Erfassung durch Kontrollbehörden bis ins Unendliche.
Mit der Struktur des Buches des Lebens ausgestattet,
kann es keine Fehler geben. Jede noch so zufällig erscheinende Bewegung, jeder noch so klein erscheinende Fehler steht unter dem Generalverdacht, kausal und notwendig zu sein. Auf dieser gesetzten unhintergehbaren ›Kausalität‹, die für den Vorsteher

durch Mizzis Gedächtnis verbürgt wird, also nicht schriftlich fixiert ist, entwickelt der Vorsteher nun seine Deutung der Probleme mit der Berufung eines Landvermessers. K. hat sich vielleicht selbst berufen, vielleicht hat ihn auch die Behörde berufen, wie auch immer es im Detail gewesen sein mag, es hat seine höhere Ordnung, die nicht in den Akten steht, sondern aus dem Prinzip der Akten folgt (S 94–120).

Der soziale Raum und seine Medien

Die Topographie der Schloss-Dorf-Landschaft ist akausal eingerichtet. Private und öffentliche, aber auch vorindustrielle, atavistische Welt und moderne Welt der elektronischen Übertragungsmedien (Kittler) überlagern sich bis zur Ununterscheidbarkeit. K.s Privatleben findet in öffentlichen Räumen statt; Klamm ist eine öffentliche Figur, lebt im Herrenhof wie ein Privatier.

Ein Grund für diese Topographie mag die Anlehnung an das ›Buch des Lebens‹ sein, denn es enthält die Gleichzeitigkeit aller Vorgänge und verschränkt Raum und Zeit. Die Medien des Mediums ›Schloss‹ sind Erinnerung und Protokoll, die selbst ein archivarisches System enthalten, das die Abfolge der Zeiten in einem Raum aufnimmt. Auch das Telefon scheint die unendliche Gleichzeitigkeit der Verwaltung des Lebens auszudrücken, denn das Rauschen, das dem Vorsteher zufolge aus der unendlichen Arbeit der Beamten entsteht, erscheint K. als Gesang (S 36).

In der Lebenswelt des Dorfes wirken zumindest zwei Perspektiven, in deren Zentrum eine eigentümliche Leere steht: die kaum mehr lesbare, sondern aus dem Gedächtnis zitierte Tradition und die sprachkritische Moderne. Will man beides aufeinander beziehen, oder eine übergeordnete Sicht einnehmen, muss man von einer Erkenntniskritik und einem Prinzip der Negativität im Text ausgehen (vgl. Kienlechner): *Das Schloss* enthält Bilder des Entzugs. Wenn der Roman nicht von der Welt erzählen kann, kann Erzählen heißen, die Bilder, die im Erzählvorgang konstruiert werden, nach und nach wieder zurückzunehmen. Diese Prozesse entfaltet die Prosa: Walter Benjamin hat diesbezüglich von »wolkigen Stellen« in der Prosa gesprochen (Benjamin, 20), die eine zusammenhängende Lesart verhindern. In diesen diffundieren die einzelnen Perspektiven, die auf eine Sache geworfen werden. Das Romanfragment führt so Einzelaussagen auf eine aporetische Grundstruktur zurück.

Im *Schloss* gibt Kafka den Figuren solche ungelösten Bereiche der Erfahrung zum Verstehen auf. An dem Ort, an dem sich die Ansichten über einen Sachverhalt verlieren, d. h. unabwägbar werden und rhizomatisch ausufern (Deleuze/Guattari), steht eine Chiffrierung des Eigentlichen, das in den Einzelperspektiven verfehlt wird. Ein Aphorismus Kafkas aus der Züruer Zeit bietet das Konzept dazu an: »Wirklich urteilen kann nur die Partei, als Partei aber kann sie nicht urteilen. Demnach gibt es in der Welt keine Urteilsmöglichkeit, sondern nur deren Schimmer« (NSF II, 52). Eine solche Ansicht hat auch Auswirkungen auf die Romanform, die an ein Ende gelangt, da die Subjektwerdung scheitert (K.D. Müller 2007, 140).

Der ›Landvermesser‹ K. vermisst den einzigen Raum, der im Roman zur Vermessung ansteht – das sichtbare und erfahrbare Land zwischen Dorf und Schloss –, durch seine Existenz. Das fehlende, transzendente Signifikat ›Schloss‹ führt allerdings nur zu nachträglichen Bestimmungen des Schlosses. Es handelt sich um eine sprachliche Vermessung des Bereichs zwischen Sichtbarem und Unsichtbarem, Materiellem und Immateriellem, man könnte auch sagen: zwischen Diesseits und Jenseits.

Der Sprachraum des Romanfragments vermisst den Abstand von leerer Mitte und nachträglicher Bezeichnung und er verhandelt, ob die Wahrnehmungen dieses Landes plausibel sind – sei es faktisch, sei es in der Imagination. Eine Verbindungsmöglichkeit des Abstandes zwischen Leere und Bezeichnung eröffnen z. B. die Wirtin, Momus und der Vorsteher. K. käme als (Protokoll-)Text zu Klamm, denn Klamm kam schon als (Brief-)Text zu K. (dessen Alter unklar und dessen Herkunft nicht verbürgt ist; S 283). Im Text also könnten sich beide treffen, – und man könnte hier substituieren: in der Bibel – aber K. will die Bestätigung durch das mündliche Gespräch.

Subjektivität und Liebe

Das Subjekt, das dieserart in der Dorfwelt entsteht, ist disloziert, es hat die Aufgabe, sich einzufinden und zu behaupten. Die Strategien dieser Selbstbehauptung beruhen auf Identitäts- und Differenzannahmen. Letztere stiftet das Bewusstsein, die Ersteren stiftet der Erzähler, indem er an den reflektierenden Figuren zeigt, dass sich unterhalb ihrer Reflexion etwas ereignet, das die Reflexion motiviert und antreibt.

Das Romanfragment liefert Hinweise darauf über ein Versprechen, das als Zeichen des Schlosses gedeutet wird: der Klang einer Glocke, der eine Erfüllung in Aussicht stellt (S 29); ein Turm, der irdisch ist, aber ein höheres Ziel hat (18); K. erinnert sich an eine exponierte Glückserfahrung aus seiner Kindheit (49 f.); in der Nähe Klamms werden Einheitserfahrungen virulent, die Zeit wird »unendlich vor […] Liebe« (68); Klamms Cognac berauscht K.; die Wirtin bekommt einen verklärten Blick, usw. Etwas Unsagbares lässt Wahrnehmungsakte zu Erkenntnissen werden, die aus dem Inneren der Figuren resultieren und nicht objektiv gegeben sind (vgl. z. B. das Gespräch über die Fotografie Klamms, 124 f.): K. stößt auf Wahrnehmungs- und Erkenntnisformen, die von Affekten und Emotionen moduliert werden; die Romanfiguren sehen Klamm und das Schloss unter nicht objektiven und nicht reflektierten Grundvoraussetzungen. Solche Grundierungen (zur *potentia passiva* vgl. Fromm, 72 ff.) sucht K. zu verstehen und in letzter Instanz zu verifizieren oder zu falsifizieren. Er geht der Landvermessung zwischen dem ›Hier‹ und dem ›Dort‹ nach. Sie gleicht einem Gleiten zwischen Symbolischem und Imaginärem (nach Lacan), das ein ›Mehr‹ in Aussicht stellt, das wiederum den Grund der Bindung an das Schloss ausmacht. Dieses ›Mehr‹ nennt der Text ›Freiheit‹. Für die meisten Figuren endet das Gleiten darin, dass es in der Bindung als Versprechen aufleuchtet, es scheint sogar, dass die Figuren eine Akzeptanz dafür entwickeln, Freiheit nur im Prozess der Bindung an das Schloss erfahren. K. ist dafür unempfindlicher, weil er die Auflösung paradoxer Fesselungen einfordert.

Dies ist von Kafka als Alternative zu Freuds Unbewusstem konzipiert. Die Figuren handeln nicht aus dem Unbewussten, sondern aus einem nicht erreichbaren Grund, der sie in der Welt, wie eine Kippfigur, entstellt: Aus Nähe wird Triebhaftigkeit, aus Geist oder Bewusstsein wird Körper. Der Körper, von dem alles ausgeht, ist nicht die (darwinistische) Antwort, sondern die Konkretion einer umfassenderen Motivation oder Lebensenergie. Der Körper erscheint z. B. in der Liebe als ein (schlechtes) Konstrukt.

Das Terrain, auf dem die versuchte Selbstbehauptung überwiegend stattfindet, ist die Liebe; man kann *Das Schloss* deshalb auch als Liebesroman lesen (G. Neumann, 219). Diese Liebe hat zwei Gesichter: Sie ist ›endlich‹ und ›unendlich‹ (vgl. S:A 273). Der Zusammenhang beider Aspekte kann über den biographischen Kontext plausibel gemacht werden; Brod schreibt am 3. Juli 1922 an Kafka über Schwierigkeiten mit seiner Geliebten:

> aber wenn solch eine Trübung auftaucht, so verschwindet der *unendliche* Horizont dieser Beziehung — eigentlich so: es verschwindet der Blick auf die Dauerhaftigkeit, der bei mir mit zu meiner Art von Erotik gehört (BMB 375).

Vergleichbar sucht K. nach der Begründung seiner Liebe und landet bei der Erotik (der Macht). Kafka hatte in der Beziehung zu Milena Ähnliches erfahren, nur in umgekehrter Richtung: Die Liebe ist ein »Traum-Schrecken«, die bloße Simulation des »als ob man zuhause sei« (An M. Jesenská, 14.9.1920; BM 263), weil der unendliche Horizont in der Liebe aufscheint, sich aber nicht erfüllt.

Frieda und K. verhandeln ein vergleichbares Liebeskonzept. Frieda trachtet nach der Einheit mit Klamm, von der sie die Erfüllung mit K. erhofft, wovon K. nun Abstand nehmen will, oder zumindest gewillt ist, dieses zu tun. K. bezieht im Gespräch mit Frieda eindeutig Stellung und votiert für eine Liebe ohne unendlichen Horizont. Frieda sei einer Täuschung erlegen,

> daß das, was nur Augenblicke waren, Gespenster, alte Erinnerungen, im Grunde vergangenes und immer mehr vergehendes einstmaliges Leben, daß dieses noch Dein wirkliches jetziges Leben sei (S 398).

K. votiert also für den Versuch, die Beziehung durch die Loslösung von der Tradition ohne einen Dritten zu gestalten. Ungünstigerweise bricht das Romanfragment das Thema an einem entscheidenden Wendepunkt ab. Betrachtet man aber die Entwicklung bis zu diesem Punkt, hat die Liebe die Tendenz, im Sinne von K.s Zielen Freiheit einzulösen und die ›Gespenster‹ der Vergangenheit zu überwinden.

Schreiben und Judentum

Das Fragment ist nicht zuletzt eine Inszenierung über die ›Gespenster‹ des Schreibens. Kurz versteht das Schloss als eine Metapher »für den hermeneutischen Ort des Werkes«, es konnotiere die Überlegenheit des Schreibens, »aber auch das Schimärische dieses Ortes, die Innenwelt […], die Nähe zum Tod« (Kurz, 87). Die Ziele der Selbstreflexion mit literarischen Mitteln lassen sich dann durch den Stellenwert des Schreibens näher angeben. Zu Beginn der Schreibphase am *Schloss* thematisiert Kafka die Bedeutung des Schreibens für sein Leben; es gibt also Hinweise auf eine Koinzidenz von Produktion und Inhalt. Wie diese genau zu bestimmen ist, lässt sich den Briefen entnehmen. Das Schreiben ist darin eine Ersatzheimat – »Ich bin von zuhause fort und muß immerfort nachhause schreiben, auch wenn alles Zuhause längst fortgeschwommen sein sollte in die Ewigkeit« (An M. Brod, 12.7.1922; BMB 385) – und es ist zugleich ein »Teufelsdienst«, ein »Hinabgehn zu den dunklen Mächten«, »Eitelkeit und Genußsucht« (An M. Brod, 5.7.1922; BMB 378).

Das Schloss enthält dann die Geschichte eines Autors, der »fremd dem Glauben« ist (An M. Brod, 30.7.1922; BMB 396) und sein Leben als ein »Zögern vor der Geburt«, vor dem Eintritt in die Gesellschaft versteht (24.1.1922; T 888). Es gibt gute Gründe anzunehmen, dass Kafka im *Schloss* sein Judentum mit dem Mittel ausprobiert, das er am besten beherrscht: der Literatur. K. jedenfalls praktiziert eine Annäherung an das Judentum, nicht zuletzt durch den Hinweis, man habe ihn früher »das bittere Kraut« genannt (S 229) – eine Anspielung auf die Verwendung der Kräuter beim Passah-Fest. Er erschließt sich eine Lebenswelt, wenn auch nicht wie Max Brod in *Heidentum, Christentum, Judentum* von 1922, der ein anderes Verständnis von Freiheit beschreibt. Für Kafka bleibt Freiheit eine Schimäre, zu der auch die *potentia passiva* nicht führt, da diese »Glücksmöglichkeit ebenso Blasphemie, wie unerreichbar« ist (An M. Brod, Nov./Dez. 1920; Briefe 281 f.; vgl. Haring, 193 ff.). Man kann an ein anderes Fragment Kafkas denken, das Brod mit dem Titel <Nachts> versehen hat, und in dem sich der Erzähler, nicht seine Figur, als »Wächter« des Passah-Festes ausgibt: »Warum wachst Du? Einer muß wachen, heißt es. Einer muß dasein« (NSF II, 260 f.).

Komik und Humor

Die Komik ist das eigentliche Moment der Freiheit bei Kafka. Es ist die Komik des Erzählers, nicht der Figuren. Die Figuren gleiten zwischen Symbolischem und Imaginärem, zwischen der Obszönität der Forderungen Klamms oder Sortinis und der Nähe zu ihnen; der Erzähler aber kann anhand ihres Gleitens aus dem Abstand die komischen Figuren ablesen, die innerhalb der symbolischen und imaginären Ordnung entstehen. *Das Schloss* ist diesbezüglich in mehreren Hinsichten komisch: Es ist im erkenntniskritischen Sinne komisch, da es Figuren zeigt, die Schimären nachjagen und auf »scheinbare Berührungen« (S 115) eingehen, die ihre Unfreiheit verdecken. Die Ereignisse sind komisch, weil sie die Geschlechterordnung verwirbeln, die symbolische Ordnung parodieren oder romantische Liebeskonzepte desavouieren (vgl. Lange-Kirchheim). Zu-

gleich stellt das Romanfragment Sinnfragen in den Horizont der Bürokratie: Die Transformation von Lebensvollzügen in behördliche Bearbeitungsvorgänge von unabsehbarer Länge und unkalkulierbarem Ausgang birgt bereits strukturell komisches Potential, da zwei Lebensbereiche aufeinander bezogen werden, die im Alltag um 1900 unter der distinkten Trennung von Privatheit und Öffentlichkeit funktionierten. Dazu bieten die zur Unterhaltung abgestellten Gehilfen Slapstickeinlagen (vgl. Vogl 2006), die ethnologisch betrachtet der Figur des Tricksters nahekommen.

Die Komik des Romans ist in hohem Maße selbstreflexiv. Aus dem Anspruch auf Genauigkeit oder Wahrheit entsteht eine Konzentration, die in Verfehlungen endet. Wo zwischen Phantasma und Realität im Diskursiven nicht mehr zu unterscheiden ist, bleibt bei Kafka zuletzt noch die Komik der Gleichzeitigkeit zweier Bereiche bestehen: von Verfehlung und zu Recht gestelltem Anspruch. Kafka spricht von einer Komik des Minutiösen: »Die Geschichte selbst ist aber zu komisch, hört zu: Das eigentlich Komische ist freilich das Minutiöse und darin wird Euch in meiner Nacherzählung viel entgehn« (S:A 424).

Ausgaben: Das Schloß. Hg. v. Max Brod. München: Kurt Wolff 1926 [Text reicht bis Ende Kap. 22 KA]. – S/GS (1935) [Text vervollständigt]. – S/GS2 (1946). – S/GW (1951). – S/KA (1982); vgl. auch NSF II/KA (1992), 421.

Adaptionen: Dramatisierung: Max Brod: Das Schloß. Schauspiel in zwei Akten (9 Bildern) nach F.K.s gleichnamigem Roman in freier Bearbeitung [Uraufführung 12. Mai 1953 im Schloßpark-Theater Berlin]. Frankfurt/M. 1964. –– *Oper*: André Laporte: Das Schloß. Oper in 3 Akten nach F.K. Wiesbaden 1986. – Aribert Reimann: Das Schloß. Oper in zwei Teilen (neun Bildern). Nach dem Roman von F.K. und der Dramatisierung von Max Brod. Mainz 1992. –– *Verfilmungen*: Rudolf Noelte: Das Schloß. 1968. – Jaakko Pakkasvirta: Linna/Das Schloß. 1986. – Aleksei Balabanov: Zamol/ Das Schloß. 1994. – Michael Haneke: Das Schloß. 1997. –– Martin Brady/Helen Hughes: K. Adapted to Film. In: Preece (2002), 226–241. – Waldemar Fromm/Christina Scherer: Kino nach K. Zu Verfilmungen der Romane F.K.s nach 1960. In: Lothar Blum/Christine Schmitt (Hg.): Kopf-Kino. Gegenwartsliteratur und Medien. Fs. f. Volker Wehdeking zum 65. Geburtstag. Trier 2006, 145–165. – Sandra Poppe: Visualität in Literatur und Film. Eine medienkomparatistische Untersuchung moderner Erzähltexte und ihrer Verfilmungen. Göttingen 2007.

Forschung: S. Adamzik (1992). – Beda Allemann: »Scheinbare Leere«. Zur thematischen Struktur von K.s *Schloß*-Roman. In: Jean-Louis Bandet (Hg.): Mélanges offerts à Claude David pour son 70e anniversaire. Bern u. a. 1983, 1–36; wieder in: B. Allemann (1998), 211–251. – P.-A. Alt (2005), bes. 588–621. – Peter-André Alt: Ein Landvermesser in Transylvanien. In: Ders.: K. und der Film. Über kinematographisches Erzählen. München 2009, 160–188. – G. Baioni (1994). – P.U. Beicken (1974), bes. 328–338. – F. Beißner (1952). – W. Benjamin (1981). – Charles Bernheimer: Symbolic Bond and Textual Play. The Structure of *The Castle*. In: A. Flores (1977), 367–384. – Hartmut Binder: K.-Kommentar zu den Romanen, Rezensionen, Aphorismen und zum Brief an den Vater. München 1976, 262–375. – H. Binder (1983), 306–346. – Harold Bloom (Hg.): F.K.'s *The Castle*. New York 1988. – Elizabeth Boa: Feminist Approaches to K.'s *The Castle*. In: Richard Sheppard (Hg.): New Ways in Germanistik. New York 1990, 112–127. – Dies.: *The Castle*. In: J. Preece (2002), 61–79. – Thomas Böning: Von Odysseus zu Abraham. Eine ethische Lektüre von Novalis' blauer Blume und K.s *Schloß*. In: Liebrand/Schößler (2004), 101–127. – J. Born (1993 [1988]). – Max Brod: Nachwort. In: F.K.: Das Schloß. München 1926; wieder in: H. Politzer (1973), 39–47. – Ders.: Tragödie der Assimilation. Bemerkungen zu F.K.s Roman *Das Schloß*. In: Selbstwehr, 16.8.1927. – P. Bridgwater (2003), 203–357. – Constanze Busse: K.s deutendes Erzählen. Perspektive und Erzählvorgang in F.K.s Roman *Das Schloß*. Münster u. a. 2001. – R. Calasso (2006). – Karen J. Campbell: K.'s *Schloß* and the Subversion of Plot. In: JEGPh 85 (1986), 386–403. – Dorrit Cohn: K. Enters *The Castle*. On the Change of Person in K.'s Manuscript. In: Euphorion 62 (1968), 28–45. – Stanley Corngold (2004). – Ders.: K.s *Schloß*. Das Amt des Schreibens. In: Bay/Hamann (2006), 229–253. – Claude David: Zwischen Dorf und Schloß. K.s Roman als theologische Fabel. In: Alexander v. Bormann (Hg.): Wissen aus Erfahrung: Werkbegriff und Interpretation. Fs. f. Herman Meyer zum 65. Geburtstag. Tübingen 1976, 694–711. – Deleuze/Guattari (1976). – Bill Dodd: K.: *Das Schloss*. London 2003 (Critical Guides to German Texts 18). – Stephen Dowden: K.'s *Castle* and the Critical Imagination. Columbia 1995. – Ulf Eisele: Die Struktur des modernen deutschen Romans. Tübingen 1984, 314–340. – W. Emrich (1981 [1957]), 298–410. – Manfred Engel: K. und die Poetik der klassischen Moderne. In: Engel/Lamping (2006), S. 247–262. – Lothar Fietz: Möglichkeiten und Grenzen einer Deutung von K.s *Schloß*-Roman. In: DVjs 37 (1963), 71–77. – Waldemar Fromm: Artistisches Schreiben. F.K.s Poetik zwischen *Proceß* und *Schloß*. München 1998. – Ulrich Fülleborn: Veränderung«. Zu Rilkes *Malte* und K.s *Schloß*.

In: EG 30 (1975), 438–454; wieder in: Ders.: Besitz und Sprache. Ausgewählte Aufsätze. Hg. v. Günter Blamberger, Manfred Engel u. Monika Ritzer. München 2000, 355–368. – R. Goebel (1986). – Hulda Göhler: F.K.: Das *Schloß*.»Ansturm gegen die Grenze«. Entwurf einer Deutung. Bonn 1982. – I. Grabenmeier (2008), 307–345. – F. Greß (1994), bes. 168–287. – S. Grimm (2003). – K.E. Grözinger (1994). – E.W. Haring (2004). – Mark Harman: »Digging the Pit of Babel«. Retranslating F.K.'s *Castle*. In: New Literary History 27 (1996), 291–312. – E. Heller (1974). – John Hibberd: K.'s *Das Schloß* and the Problem of the Self-Defining Subject. In: Neophilologus 79 (1995), 629–642. – Hans Helmut Hiebel: Antihermeneutik und Exegese. K.s ästhetische Figur der Unbestimmtheit. In: DVjs 52 (1978), 90–110. – Werner Hoffmann: K.s Aphorismen und der Roman *Das Schloß*. In: W. Schmidt-Dengler (1985), 93–114. – Ulrich Hohoff: Die Kapiteleinteilung im Romanfragment *Das Schloß*. Ein Zugang zu F.K.s Arbeitsweise. In: JDSG 30 (1986), 571–593. – O. Jahraus (2006), bes. 381–424. – Salem Khalfani: Ähnlichkeiten des Absurden. K.s *Schloß* und Becketts *Warten auf Godot*. Marburg 2003. – Karin Keller: Gesellschaft in mythischem Bann. Studien zum Roman *Das Schloß* und anderen Werken F.K.s. Wiesbaden 1977. – S. Kienlechner (1981). – Linda Kirchberger: F.K.'s Use of Law in Fiction. A New Interpretation of *In der Strafkolonie, Der Prozeß* and *Das Schloß*. New York 1986. – Wolf Kittler: Daten und Adressen. Verwandtschaft, Sexualität und Kommunikation in K.s Romanfragment *Das Schloß*. In: Bay/Hamann (2006), 255–283. – Markus Kohl: Struggle and Victory in K.'s *Das Schloß*. In: MLR 101 (2006), 1035–1043. – Martin Kölbel: Die Erzählrede in F.K.s *Das Schloss*. Frankfurt/M. u. a. 2006. – P. Köppel (1991). – Detlef Kremer: Aufstieg und Fall der Diskurse oder »Es gibt mehrere Zufahrten ins Schloß«. In: Norbert Oellers (Hg.): Vorträge des Germanistentages 1987. Bd. 1: Das Selbstverständnis der Germanistik. Aktuelle Diskussionen. Tübingen 1988, 147–153. – D. Kremer (1998). – Detlef Kremer/Nikolaus Wegmann: Ästhetik der Schrift. K.s Schrift lesen »ohne eine Interpretation dazwischen zu mengen«? In: Gerhard Rupp (Hg.): Ästhetik im Prozeß. Opladen, Wiesbaden 1998, 53–83. – Karoline Auguste Krauss: K.'s K. versus the Castle. The Self and the Other. New York u. a. 1996. – Winfried Kudszus: Erzählhaltung und Zeitverschiebung in K.s *Prozeß* und *Schloß*. In: DVjs 38 (1964), 192–207; wieder in: H. Politzer (1973), 331–350. – G. Kurz (1980). – Astrid Lange-Kirchheim: En-gendering K. Raum und Geschlecht in F.K.s Romanfragment *Das Schloß*. In: Elisabeth Cheauré/Ortrud Gutjahr/Claudia Schmidt (Hg.): Geschlechterkonstruktionen in Sprache, Literatur und Gesellschaft. Gedenkschrift für Gisela Schoenthal. Freiburg 2002, 113–136; wieder in: C. Liebrand (2005), 194–208. – Claudia Liebrand: Die Herren im *Schloß*. Zur De-Figuration des Männlichen in K.s Roman. In: JDSG 42 (1998), 309–327. – Thomas Mann: Dem Dichter zu Ehren. F.K. und *Das Schloß*. In: Ders.: Gesammelte Werke in 12 Bden. Bd. X. München 1960, 771–779. – Gerhard Meisel: Parasiten. Kommunikation in K.s *Schloß*- und *Proceß*-Roman. In: WB 42 (1996), 357–378. – K.D. Müller (2007), bes. 101–144. – Michael Müller: *Das Schloß*. In: M. Müller (2004 [1993]), 253–283. – Ders.: *Das Schloß*. In: H.L. Arnold (2006), 218–237. – Ders.: *Das Schloß*. In: KHb (2008), 518–529. – Renate Neuhäuser: Aspekte des Politischen bei Kubin und K. Eine Deutung der Romane *Die andere Seite* und *Das Schloß*. Würzburg 2001. – Bernd Neumann: Das Diapositiv des Kulturgeschichtlichen als ästhetisches Integral: F.K.s Romane im Diskurs mit Hannah Arendts Gedankengängen. In: Sandberg/Lothe (2002), 175–196. – B. Neumann (2007), 175–220. – Gerhard Neumann: F.K.: Der Name, die Sprache und die Ordnung der Dinge. In: Kittler/Neumann (1990), 11–29. – Ders.: F.K.s *Schloß*-Roman. Das parasitäre Spiel der Zeichen. In: Kittler/Neumann (1990), 199–221. – Ders.: Der Wanderer und der Verschollene. In: Stern/White (1985), 43–65. – Ralf R. Nicolai: Ende oder Anfang. Zur Einheit der Gegensätze in K.s *Schloß*. München 1977. – Peter W. Nutting: K.s »strahlende Heiterkeit«. Discursive Humor and Comic Narration in *Das Schloß*. In: DVjs 57 (1983), 651–678. – Norbert Oellers: Notwendig, aber sinnlos. K.s Kampf ums Schloß, im Schnee. In: Friedhelm Marx/Andreas Meier (Hg.): Der europäische Roman zwischen Aufklärung und Postmoderne. Fs. zum 65. Geb. von Jürgen C. Jacobs. Trier 2001, 174–190. – Malcolm Pasley: Zur äußeren Gestalt des *Schloß*-Romans. In: J. Born (1965), 181–189. – Ders.: Die Entstehungsgeschichte von F.K.s Schloß-Bild. In: M. Pasley (1995), 7–20. – Peter Pfaff: Die Erfindung des Prozesses. In: Frank Schirrmacher (Hg.): Verteidigung der Schrift. K.s *Prozeß*. Frankfurt/M. 1987, 10–35. – Klaus-Peter Philippi: Reflexion und Wirklichkeit. Untersuchungen zu K.s Roman *Das Schloß*. Tübingen 1966. – H. Politzer (1965 [1962]), 316–399. – Karl Richter: Der erschwerte Vergleich. K. und die moderne Parabolik. In: Engel/Lamping (2006), 276–290. – W. Ries (1977). – Annelise Ritzmann: Winter und Untergang. Zu F.K.s Schloßroman. Bonn 1978. – R. Robertson (1988), bes. 284–353. – Avital Ronell: Doing K. in *The Castle*. A Poetics of Desire. In: A. Udoff (1987), 214–235. – Franziska Schößler: Das Ende des Subjekts. Goethes *Lehrjahre* und K.s *Schloß*. In: Achim Geisenhanslüke/Michael Bogdal (Hg.): Das Subjekt des Diskurses. Heidelberg 2008, 151–163. – M. Schreiber (1986). – S. Schwarz (1996), bes. 216–248. – Winfried Georg Sebald: Das

Gesetz der Schande. Macht, Messianismus und Exil in K.s *Schloss*. In: Ders.: Unheimliche Heimat. Essays zur österreichischen Literatur. Frankfurt/M. 1991, 87–103, 186 f. – Richard Sheppard: On K.s *Castle*. A Study. London 1973. – Ders.: *Das Schloß*. In: KHb (1979) II, 441–470. – Walter H. Sokel (1964), bes. 391–500. – Ders.: Symbol, Allegorie, Existenz, Zeichen. Drei Wege zu K. In: Schmidt-Dengler/Winkler (2005), 119–132. – M. Vanoosthuyse (1997). – Larry Vaughan: Self-Identity, Shared Identity, and the Divine Presence in F.K.s *Das Schloß*. In: GRM 54 (2004), 319–330. – Alfrun Vietinghoff-Scheel: Es gibt für Schnee keine Bleibe. Traumanaloge Literaturdeutungstheorie als Beziehungsanalyse von Text und Leser am Beispiel von F.K.s *Schloss*. Frankfurt/M. 1991. – Joseph Vogl: K.s Komik. In: Scherpe/Wagner (2006), 72–87. – Benno Wagner: K.s phantastisches Büro. In: Scherpe/Wagner (2006), 104–118. – A. Winnen (2006). – Bernd Witte: »Hier wird viel geschrieben«. Kommentar zu einigen Passagen aus K.s Roman *Das Schloß*. In: Grözinger/Mosès/Zimmermann (1987), 238–252. – Hans Zeller: Spielregeln im *Schloß*. Zur Deutbarkeit von K.s Roman. Mit einem großen Vorspann über den Erzählmodus. In: R. Jost (1986), 276–292. – H.D. Zimmermann (1985). – H.D. Zimmermann (2004). – John Zilcosky: K. Approaches Schopenhauer's Castle. In: GLL 44 (1991), 353–369. – Ders.: Surveying *The Castle*. K.s Colonial Visions. In: J. Rolleston (2002), 281–324.

Waldemar Fromm

3.3.4 *Ein Hungerkünstler.*
Vier Geschichten

Entstehung und Veröffentlichung

Der Erzählband *Ein Hungerkünstler* erscheint (wenige Monate nach Kafkas Tod) Ende August 1924 mit dem Untertitel *Vier Geschichten* beim Verlag Die Schmiede in Berlin; er enthält die folgenden vier Erzählungen:

(1) *Erstes Leid* (zwischen Februar und April 1922, wahrscheinlich um den 10. März; ED in: *Genius. Zeitschrift für werdende und alte Kunst*, ca. Ende Jan. 1923);
(2) *Eine kleine Frau* (zuerst NSF II, 634–646; zwischen November 1923 und Ende Januar 1924, wahrscheinlich noch Ende 1923; ED in: *Prager Tagblatt*, 20.4.1924);
(3) *Ein Hungerkünstler* (zuerst NSF II, 384–400, Variante in NSF II, 646–649; um den 23. Mai 1922; ED in: *Neue Rundschau*, um 7.10.1922);
(4) *Josefine, die Sängerin oder Das Volk der Mäuse* (zuerst NSF II, 651–678; Ende März/Anfang April 1924; ED in *Prager Presse*, Osterbeilage »Dichtung und Welt«, 20.4.1924, unter dem Titel *Josefine, die Sängerin*).

Nach einer langen unproduktiven Phase findet sich für den 22. Januar 1922 in Kafkas Tagebüchern die lakonische Notiz: »Nächtlicher Entschluß« (T 885). In den folgenden Wochen und Monaten nimmt er, bei schwindenden körperlichen Kräften, mit *Das Schloss* zum letzten Mal ein Romanprojekt in Angriff. *Erstes Leid* und *Ein Hungerkünstler* verdanken sich, wie manch andere Erzählung Kafkas, Krisensituationen in der Fortführung eines Großprojekts. Wahrscheinlich in der ersten Märzhälfte 1922, als Kafka beim vierten Kapitel des *Schlosses* angelangt und erstmals ratlos ist, wie die Romanhandlung weitergetrieben werden solle, entsteht *Erstes Leid*. In einer ähnlichen Situation, ungefähr zwei Monate später, schreibt Kafka den *Hungerkünstler* nieder (»Vorgestern ›H.-K.‹«; 25.5.1922, T 922). Am 3. November 1921 und am 1. März 1922 hatte Kurt Wolff seinem Autor durchaus eindringlich werbende Briefe zukommen lassen (DzL:A 401–403). Kafka überließ daraufhin Wolff *Erstes Leid* für dessen kränkelnde Zeitschrift *Genius* – ohne den Text sonderlich zu schätzen, wie die Bemerkung auf einer Postkarte an Max Brod von der »widerlichen kleinen Geschichte« dokumentiert (26.6.1922; Briefe 375). Der *Hungerkünstler* sagte Kafka mehr zu, er nannte ihn »erträglich« (An M. Brod, 30.6.1922; Briefe 379) – und gab ihn an die angesehene deutschsprachige Literaturzeitschrift, die *Neue Rundschau* des S. Fischer Ver-

lags, in der vor dem Ersten Weltkrieg auf Initiative Robert Musils hin eigentlich *Die Verwandlung* hätte erscheinen sollen und in der Max Brod ein Jahr zuvor, im November 1921, einen für die frühe Rezeption Kafkas wichtigen Aufsatz über den *Dichter Franz Kafka* veröffentlicht hatte (vgl. Unseld 1982, 199–203).

In dieser Publikationspolitik deutet sich bereits die Loslösung vom Kurt Wolff Verlag an, die Kafka dann im Winter 1923 tatsächlich vollzog. Die Übersiedlung nach Berlin im September 1923 hatte er u. a. in der »Hoffnung« gewagt, »in Deutschland mit meiner Pension leichter das Auskommen finden zu können, als in Prag« (An O. u. J. David, Mitte Dez. 1923; BO 150). Dies hatte sich allerdings auf Grund der galoppierenden Inflation als trügerisch herausgestellt. Schon aus finanziellen Gründen stand darum Kafka einem neuen Publikationsprojekt aufgeschlossen gegenüber. Max Brod brachte ihn Ende 1923 oder Anfang 1924 mit dem (1921 neu gegründeten) Berliner Verlag *Die Schmiede* zusammen, der zu dieser Zeit auch Zulauf von weiteren Autoren des Auflösungserscheinungen zeigenden Kurt Wolff Verlages erhielt (zur Verlagsgeschichte der *Schmiede*, die 1930 schon wieder liquidiert wurde, vgl. Unseld 1982, 209–220). Man einigte sich auf einen Vertrag (datiert vom 7. März 1924) für einen Erzählband mit dem Titel *Ein Hungerkünstler*. Neben der titelgebenden Erzählung sollten *Erstes Leid* sowie die zwischenzeitlich (wahrscheinlich noch 1923) entstandene Erzählung *Eine kleine Frau* – deren biographischer Anlass nach Auskunft Dora Diamants die erste Berliner (Steglitzer) Zimmerwirtin Kafkas und Doras war (Diamant 198) – in den Band aufgenommen werden.

Zu diesen drei Erzählungen gesellte sich noch *Josefine, die Sängerin oder Das Volk der Mäuse*, die Kafka begonnen hatte, als die Tuberkulose auf seinen Kehlkopf überzugreifen begann. Robert Klopstock überlieferte, dass Kafka ihm nach der Fertigstellung der Geschichte (wohl Anfang April 1924) gesagt habe: »Ich glaube, ich habe zur rechten Zeit mit der Untersuchung des tierischen Piepsens begonnen. Ich habe soeben eine Geschichte darüber fertiggestellt« (Briefe 521, Anm. 12). Die rasch, noch im April 1924, auf Vermittlung Brods in der *Prager Presse* erstveröffentlichte Erzählung trug zunächst nur den Titel *Josefine, die Sängerin*. Als Kafka sich im Sanatorium Kierling nur noch schriftlich mit den ihm Nahestehenden verständigen konnte, verfügte er für die Buchpublikation im Mai 1924 die Änderung des Titels in *Josefine, die Sängerin oder Das Volk der Mäuse*: »Solche oder-Titel sind zwar nicht sehr hübsch/ aber hier hat es vielleicht besondern/ Sinn, es hat etwas von einer Wage« (DzL:A 463).

Die Fahnenkorrektur des Erzählbandes hat Kafka noch selbst durchgeführt, an der Korrektur der Bögen des ersten Umbruchabzuges noch am 2. Juni und womöglich auch noch am Morgen seines Todestages, dem 3. Juni 1924, gearbeitet. Zu Ende gebracht wurde die Bogenkorrektur von Max Brod. Am 27. August 1924 zeigte das *Börsenblatt* des deutschen Buchhandels das Erscheinen von *Ein Hungerkünstler* an.

Textbeschreibung

Künstlergeschichten

Gegenüber den anderen beiden Sammelbänden mit Erzählungen, die Kafka veröffentlichte (*Betrachtung, Ein Landarzt*), weist *Ein Hungerkünstler* eine deutlich stärkere thematische Konzentration auf. Drei der vier Erzählungen haben Künstlerfiguren zum Gegenstand. Diese üben jeweils eine performative Kunst aus, die den vollen Einsatz ihres Körpers verlangt und die dazu geführt hat, dass sie ihr Leben ganz nach den Bedürfnissen ihrer Kunst ausgerichtet haben. Die Maßlosigkeit des Verlangens nach künstlerischer Vollendung, die damit einhergeht, erhält in den Erzählungen allerdings ein Gegengewicht durch eine Reihe von den Absolutheitsanspruch ironisch relativierenden Elementen.

Als Erstes wäre hier für den Hungerkünstler und für Josefine die innere Paradoxie ihrer Kunst anzusprechen, jene Dialektik, die das Außerordentliche als das Übliche enttarnt und (nur in *Josefine*) im Üblichen dann doch das Außerordentliche sehen lässt. Die Schlusspointe des *Hungerkünstler* gibt zu verstehen, dass die außerordentliche Leistung, die er als »größter Hungerkünstler aller Zeiten« (DzL 339) erbracht hatte, nur darauf zurückzuführen sei, dass er die Speise nicht finden konnte, die ihm geschmeckt hätte (349). Josefinens Gesang stellt sich nach und nach als nicht unterscheidbar vom üblichen Pfeifen der Mäuse heraus, wie es »ein gewöhnlicher Erdarbeiter« zustandebringen könnte (352), – was die Frage nach der trotzdem eingestandenen Wirkung ihres Gesangs umso dringlicher macht.

Als Zweites wäre die erzählerische Präsentation der Künstlerfiguren zu nennen. Alle drei Künstlergeschichten des Bandes lassen einen Erzähler auftreten, der die Geste des Erzählens mit der der Reflexion verbindet; insbesondere *Josefine* wirft sogar die Frage auf, ob nicht die Reflexion als die grundlegende Geste der Erzählung gelten muss. *Josefine* hat einen dem Volk der Mäuse angehörigen (also in der Terminologie der modernen Narratologie: homodiegetischen) Erzähler, der mit einer unverkennbaren Intention auf Gerechtigkeit die Ansprüche Josefinens und des Mäusevolks gegeneinander abzuwägen versucht. Über sein Geschlecht – das mancher Leser für irrelevant oder jedenfalls nicht feststellbar halten mag – ist gestritten worden. Günter Saße nannte – ohne seine Wahl zu begründen – die Erzählmaus eine »Musikwissenschaftlerin« (Saße 2003, 386 u.ö.), während Elizabeth Boa zuversichtlich vom männlichen Geschlecht des Erzählers ausging, eines »ironic narrator who evinces the complacent superiority of a normal male mouse indulgently observing an abnormal female« (Boa 1996, 178). Für den männlichen Erzähler spricht die Kontinuität mit zwei Erzählertypen, von denen Kafka bereits zuvor Gebrauch gemacht hatte: dem ›sorgenvollen‹, väterlichen Erzähler (*Die Sorge des Hausvaters, Elf Söhne*) und dem Erzähler, der sich – in der Tradition der menippeischen Satire – die Maske der Wissenschaft überzieht (*Ein Bericht für eine Akademie, < Forschungen eines Hundes>, Beim Bau der chinesischen Mauer*).

Zugleich wohlwollend und spottend und sowohl mit Verständnis wie mit Ironie für beide Parteien versehen wirkt auch der Erzähler des *Hungerkünstler* (anders Pascal 1982, 105–135, der ihn, wohl etwas einseitig, als vulgären ›showman‹ oder ›salesman‹ sieht). Allerdings handelt es sich bei ihm (wie auch beim Erzähler von *Erstes Leid*) um einen als Figur der erzählten Welt nicht fassbaren (also: heterodiegetischen) Erzähler – was zur Folge hat, dass er nicht der Repräsentant des (textinternen) Publikums ist und seine verständnisvolle Haltung gegenüber dem Hungerkünstler damit nicht zugleich vom Kollektiv ausgeht. Er präsentiert dem Leser, »scheinbar unbeteiligt« (Müller 2003, 301), den sarkastischen Kontrast zwischen dem Hungerkünstler und seinem Publikum und vermittelt nicht zwischen beiden Parteien. Dem entspricht, dass es mit dem Impresario (den wir auch in *Erstes Leid* haben) eine ironisch gesehene Vermittlerfigur im *Hungerkünstler* gibt, die mit ihren Inszenierungstricks aus der Sicht des Hungerkünstlers zu groben Missverständnissen Anlass gibt. Die Differenz im Ton zwischen der bitteren Ironie des *Hungerkünstler* und dem milden Humor der *Josefine* hat auch mit dem unterschiedlichen Charakter der Erzählerfiguren zu tun.

Als drittes Moment der ironischen Relativierung sollte man die exzeptionelle Schwäche der Künstlerfiguren betonen, die vom Männlichkeitsideal des normalen erwachsenen Mannes stark absticht: »Measured against the human norm of adult masculinity Kafka's performers are all peculiar in one way or another. They are childish, female, or animal; they are wounded or injured, consumptive or emaciated« (Boa 1996, 176). Sander Gilman sah gerade in Kafkas Verbindung des ausgemergelten mit dem feminisierten Körper die Spuren jenes kulturellen Konstrukts, das im Diskurs der Jahrhundertwende der Körper des Juden war (Gilman 1995, 167). Jedenfalls sind gegen die Schwäche des Künstlers (»dieses Nichts an Stimme, dieses Nichts an Leistung behauptet sich«; DzL 362) selbst wieder ironisch gesehene Instanzen eines munteren, zuversichtlich weiterlebenden (*Josefine*) bzw. kraftvollen und aggressiven Lebens (*Hungerkünstler*) gesetzt: Der den Tod in Kauf nehmenden Konzentration steht die ›Ablenkung‹ gegenüber: »Das Leben ist eine fortwährende Ablenkung, die nicht einmal zur Besinnung darüber kommen läßt, wovon sie ablenkt« (NSF II, 340). Für *Erstes Leid* kann hier der im Vorfeld der Entstehung des Textes im Tagebuch notierte Satz einstehen: »Man kann ein Leben nicht so einrichten wie ein Turner den Handstand« (27.1.1922; T 892); für den *Hungerkünstler* wäre an die »Fleischhauer« zu denken, die nachlässig ihr Wächteramt ausüben, an das getriebene, auf dem Weg zu den Ställen nicht aufzuhaltende Publikum oder an den kraftstrotzenden Panther, der am Ende der Geschichte den Hungerkünstler ersetzt; für die *Josefine* an die nicht einmal einer Begründung bedürftige pädagogische Gleichgültigkeit der Mäuseschaft.

Auch die abstrakteren Strukturen der Handlungsführung zeigen bei den drei Künstlergeschichten bemerkenswerte Übereinstimmungen. Die Erzählungen setzen mit der Beschreibung eines Zustandes ein, der iterativ – also unter Hervorhebung des wiederkehrenden Charakters der einzelnen Ereignisse – erzählt wird: das ganz dem Dasein auf dem Trapez untergeordnete Leben des Trapezkünstlers, die Glanzperiode des Hungerkünstlers mit ihrem vierzigtägigen Schauhungern, die Reflexionen über den Charakter von Josefinens Gesang und ihre Aufführungen vor dem Volk der Mäuse. In diesem Zustand macht sich jedoch jeweils ein instabiles Moment geltend, das eskaliert und in die Katastrophe mündet oder deren Kommen zumindest andeutet: das (noch erfüllbare) Verlangen des Trapezkünstlers nach ei-

ner weiteren Stange, das nur zu weiteren, immer weniger erfüllbaren Wünschen führen kann; das endlos fortgesetzte Hungern des Hungerkünstlers, das nur durch seinen Tod abgebrochen wird; die Zuspitzung des ›Kampfes‹ zwischen Josefine und ihrem Volk, bis Josefine schließlich verschwindet.

Eine Ausnahme in mancherlei Hinsicht stellt – zumindest auf den ersten Blick – die Erzählung *Eine kleine Frau* dar. Von Kunst ist – zumindest auf der Textoberfläche – nicht die Rede. Die beiden Parteien, die sich in latenter Feindseligkeit gegenüberstehen, sind nicht ein Individuum und ein Kollektiv, sondern der Ich-Erzähler und eben die ›kleine Frau‹, die sich an ihm stört, mit der ›Welt‹ bzw. ›Öffentlichkeit‹ als Richter zwischen ihnen. Da die Besonnenheit ganz auf der Seite des Ich-Erzählers zu sein scheint und die Maßlosigkeit auf Seiten der kleinen Frau, hat man diese als Allegorie von Kafkas Ideal der Literatur zu verstehen versucht und sogar eine gewisse Ähnlichkeit der kleinen Frau mit Kafkas Notizheften bemerkt (Pasley 1971/72, 128; vgl. auch Hillmann 1964, 73–82). Dass die Erzählung ein halb privates, amüsantes Spiel mit dem eigenen Schreiben sein könnte, wie Pasley meint, leuchtet jedenfalls ein. Auch die Misogynie, die die Gegengewalten zum eigenen Dasein als weiblich fasst, ist bei Kafka älteren Datums. Man sollte jedoch auch die aus anderen Texten Kafkas belegte Möglichkeit nicht ausschließen, dass der Ich-Erzähler als satirische *persona* gezeichnet ist. Der Text eines Sterbenden, der seinen Ich-Erzähler am Ende seiner Erzählung treuherzig versichern lässt, dass er sein »bisheriges Leben ruhig werde fortsetzen dürfen, trotz allen Tobens der Frau« (DzL 333), könnte diesen in einem ironischen Licht erscheinen lassen wollen.

Kafkas letzter Erzählband trägt in vielem die Züge einer abschließenden, auf Werk und Leben aus der Perspektive eines Schriftstellers, der weiß, dass es mit ihm zu Ende geht, zurückschauenden Reflexion. Besonders ausgeprägt ist dieses Moment der resümierenden Rückschau im *Hungerkünstler* und in der *Josefine* (ähnlich wie in der späten Erzählung ‹*Der Bau*›). Die Forschung der letzten Jahrzehnte hat sich denn auch – mit wenigen Ausnahmen – zunehmend skeptisch gegenüber Versuchen gezeigt, in den Erzählungen des Bandes von Kafkas Werk und Leben ablösbare Reflexionen über Künstlertum überhaupt oder über das Verhältnis von Kunst und moderner Gesellschaft zu erblicken (in Bezug auf den *Hungerkünstler* vgl. Müller 2003, 309 oder Boa 1996, 172: »the story is surely not about art in general«), und angemahnt, fürs Verständnis der Texte den Umweg über die autobiographischen Spuren, die Kafka gelegt hat, nicht zu meiden. Diese betreffen insbesondere die zentralen Motive des *Hungerkünstler* und der *Josefine* (Hungern, Musik und Mäuse) sowie deren auf intrikate Weise miteinander verknüpfte Vorgeschichte in Werk und Leben Kafkas.

Motive

Als Bildspender für Isoliertheit und eine zu schmale Ausgangsbasis für das Leben finden sich sowohl das Ausgehungertsein wie auch der Trapezkünstler bereits in einem literarischen Entwurf des Tagebuchs über den Junggesellen von 1910 (T 118). Danach ist Kafkas Interesse für Varieté, Zirkusartisten und Freaks, Kunst und Existenzen am Rande der Gesellschaft für seine gesamte Schaffensperiode kontinuierlich belegt (Übersicht sämtlicher relevanter Texte bei Bauer-Wabnegg 1986, 84–89 u. 1990, 331–334). Zentrale Texte des Œuvres wie *Auf der Galerie*, *Ein Bericht für eine Akademie* oder <*Forschungen eines Hundes*> handeln von Zirkusartistik und verwandten Schaustellungen. Die Frage der Nahrungsaufnahme steht, wie Tabakspfeife und Schnapsflasche im *Bericht für eine Akademie* zeigen (DzL 308–311), mit diesem Interesse durchaus in Verbindung und hatte für Kafka, den überzeugten Vegetarier, große existentielle Bedeutung: Mehr als fünfhundert Stellen im Werk Kafkas beziehen sich auf das Essen (Neumann 1990b, 399).

Eine frühe Tagebuchnotiz aus dem Januar 1912 fasst die eigene Konzentration auf das Schreiben metaphorisch als ›Abmagern‹:

> In mir kann ganz gut eine Koncentration auf das Schreiben hin erkannt werden. Als es in meinem Organismus klar geworden war, daß das Schreiben die ergiebigste Richtung meines Wesens sei, drängte sich alles hin und ließ alle Fähigkeiten leer stehen, die sich auf die Freuden des Geschlechtes, des Essens, des Trinkens, des philosophischen Nachdenkens der Musik zu allererst richteten. Ich magerte nach allen diesen Richtungen ab (T 341).

Im dritten Teil der *Verwandlung* wird die zunehmende Appetitlosigkeit Gregors zu einem leitenden Motiv, und nur bei Musik, beim Geigenspiel der Schwester, ist es Gregor, »als zeige sich ihm der Weg zu der ersehnten unbekannten Nahrung« (DzL 185). Auch in der *Strafkolonie* wird der Verlust des Appetits als entscheidendes Indiz für den Beginn der Erkenntnis des Verurteilten gewertet (DzL 219). In diesen literarischen Motiven eines Sich-Durchhungerns

nach ›Drüben‹ kündigt sich der gnostische Dualismus der Zürauer Aphorismen an, der diese sinnliche Welt preisgibt und sie wesentlich als schwer, nur um den Preis des Todes oder auch gar nicht zu überwindendes Hindernis auf dem Weg zur ›geistigen‹ Welt versteht. Im Vorfeld der Entstehung der *Hungerkünstler*-Erzählung wird dieser gnostisch eingefärbte Motivkomplex dann wieder aufgenommen. »Nur vorwärts hungriges Tier führt der Weg zur eßbaren Nahrung, atembaren Luft, freiem Leben, sei es auch hinter dem Leben«, notiert Kafka am 10. Februar 1922 (T 903 f.). Und eine andere Notiz spricht vom »Hungerstrike auf allen Gebieten des Lebens« und bietet im Anschluss den Chor mehrerer potentiell erlösender Stimmen, die den ›unersättlichen‹ Asketen befreien könnten (NSF II, 341).

Die Musik wird in der eben angeführten Tagebuchnotiz als einer der Bereiche menschlicher Existenz benannt, die in Kafkas Leben unter dem Herrschaftsanspruch des Schreibens zu leiden hatten und verkümmerten. Dies passt zu Kafkas Eingeständnis der eigenen Unmusikalität, wie er es etwa gegenüber Milena Jesenská machte (14.6.1920, BM 65; 25.6.1920, BM 79). Dennoch ist es kaum angezeigt, die Musik in Kafkas Welt vorrangig auf der Seite des verkümmerten Lebens zu positionieren. Im Einklang mit einem Zwei-Welten-Modell, das seit der Romantik – sehr deutlich etwa bei Schopenhauer – die kulturelle Auffassung der Musik bestimmt (Valk 2008), ist die Musik vielmehr eher so etwas wie ein fernes Zeichen jener fernen ›geistigen Welt‹, die es in einem gnostischen Kosmos zu erreichen gilt und für die Tiere ironischerweise empfänglicher zu sein scheinen als Menschen. »War er ein Tier, da ihn Musik so ergriff?«, heißt es über Gregor in der *Verwandlung* (DzL 185). Dass sie in der ›sinnlichen Welt‹ unverständlich und befremdlich ist, gehört mit zu diesem Konzept von Musik – man denke an das Summen der Telefone im *Schloss*, ein »Summen zahlloser kindlicher Stimmen«, das zugleich »Gesang fernster, allerfernster Stimmen« ist (S 36). So betrifft die Unmusikalität der Mäuse auch Josefine selbst als Angehörige ihres Volks; trotzdem hat sie Erfolg bei ihrem Unterfangen, ihr schwaches Pfeifen als Musik auszugeben (»Wer sie nicht gehört hat, kennt nicht die Macht des Gesanges«; DzL 350). In gnostischer Perspektive wären diese Gegebenheiten als Ausdruck der Spannung und Entfernung zwischen zwei Welten zu lesen, die es zu einem Rätsel macht, wie in einer durch und durch ›unmusikalischen‹ Welt sich überhaupt ›Musik‹ hörbar machen könne.

Auch die ›Tiere‹ gehören in den skizzierten Motivkomplex. Als zukünftiges literarisches Motiv melden sich speziell die Mäuse während Kafkas Landaufenthalt in Zürau im Herbst 1917 in Gestalt der »Mäuseplage« (An M. Brod, 23. u. 24. November 1917; B14–17 367), die Kafka schlaflose Nächte bereitet und von der er Felix Weltsch, Max Brod und Oskar Baum brieflich in Kenntnis setzt. Besonders aufschlussreich ist eine Passage aus einem Brief an Felix Weltsch vom 15. November 1917:

> Was für ein schreckliches stummes lärmendes Volk das ist. Um 2 Uhr wurde ich durch ein Rascheln bei meinem Bett geweckt und von da an hörte es nicht auf bis zum Morgen. Auf die Kohlenkiste hinauf, von der Kohlenkiste hinunter, die Diagonale des Zimmers abgelaufen, Kreise gezogen, am Holz genagt, im Ruhen leise gepfiffen und dabei immer das Gefühl der Stille, der heimlichen Arbeit eines gedrückten proletarischen Volkes, dem die Nacht gehört (B14–17 365).

Störung und Ablenkung, immer nur scheinbar zum Stillstand kommende, fortwährende Unruhe werden hier von Kafka hervorgehoben, und auch das Motiv der Unterdrückung und Verfolgung eines unter dem Zwang zu unaufhörlicher ›Arbeit‹ stehenden ›proletarischen Volkes‹ ist bereits da. Auch Kafkas generelle Motivation für die Wahl von Tiergeschichten ist für die *Josefine* relevant. Erstens lässt sich vom Tier aus vielleicht der entscheidende verfremdende Blick auf die Menschengemeinschaft werfen. Wie man an der hierarchiefreien Mäusegesellschaft sehen kann, verkennen Tiere, zweitens, anders als Menschen, nicht ihre beispiellos untrennbare Verbindung. Drittens lässt sich an Tieren leichter als an Menschen Freiheit als Illusion darstellen: Die Mäuse leben in Arbeit, Sorge und Angst und kennen kaum anderes als die harte Notwendigkeit. Und schließlich kann Kafkas Neigung zur Kleinheit und zum Minimalismus in der Darstellung von Kleingetier ein geradezu ideales Vehikel finden: »Du sagst, ich solle mich an Größerem zu erproben suchen. Das ist in gewissem Sinne richtig, andererseits aber entscheiden doch die Verhältniszahlen nicht, ich könnte mich auch in meinem Mauseloch erproben« (An M. Brod, 11.9.1922; Briefe 415).

Einzelanalysen

Erstes Leid (↗486 f.) hat in der Forschung etwas mehr Aufmerksamkeit gefunden als die ziemlich vernachlässigte *Eine kleine Frau*. Das Hauptaugenmerk galt jedoch der Erzählung *Ein Hungerkünstler* (vgl. auch ↗487 f.) und, mehr noch, *Josefine, die Sängerin*. Diesen beiden Texten widmen sich darum auch die beiden folgenden Einzelanalysen (vgl. auch ↗493–496).

Ein Hungerkünstler

Forschung

In den 1950er Jahren war *Ein Hungerkünstler* einer der wenigen Texte Kafkas, den man leicht an die damals im Schwange befindlichen Vorstellungen von Autonomie der Kunst und vom Gegensatz zwischen Kunst und Leben anschließen konnte. Benno von Wiese interpretierte Kafkas Erzählung in diesem Sinn mit Hilfe der Topoi der konservativen Kulturkritik, sprach von der »tragisch-wahren Existenz des Hungerkünstlers« (v. Wiese 1956, 336) und sah in der Hauptfigur »die groteske Metapher für den isolierten Durchbruch zum Geist in einer verfremdeten Welt« (337). Obwohl von Wiese durchaus Sinn für die Ironien der Erzählung hatte, las er den *Hungerkünstler* letztlich doch als ein novellistisches Lehrstück über die Weltlosigkeit des Geistigen und der Kunst. Wer selbst Geist hatte, musste sich auf die Seite des Hungerkünstlers schlagen. Kafka hat, so resümierte von Wiese in heideggerisierender Sprache seine Interpretation, »das Unerhörte mit kunstvoller Absicht verhüllt, ja, ins Groteske verzerrt, damit es in unserer uneigentlichen und unwahren Welt als das Eigentliche und Wahre von neuem unter uns anwesend sein kann« (342).

Auch manch anderer früher Interpret stürzte sich bei der Interpretation des *Hungerkünstler* auf das Signifikat ›Kunst‹ und übte unbewusste Askese im Hinblick auf den Signifikanten ›Hungern‹ (vgl. etwa Politzer 1978 [1962], 465–473). Das änderte sich erst mit Walter Bauer-Wabneggs Studie *Zirkus und Artisten in Franz Kafkas Werk* (1986), die im Rahmen der sozialgeschichtlichen Wende der Kafka-Forschung in den 1970er und 1980er Jahren entstand. Bauer-Wabnegg wies auf die Rolle der Hungerkunst in den Varietédarbietungen der Jahrhundertwende hin und zeigte einige bemerkenswerte Parallelen zwischen ihnen und Kafkas Erzählung auf: »der Impresario, die Wächter, Gespräche des Akteurs mit ihnen, Wetten, Wutanfälle des Hungerkünstlers, der medizinische Rahmen, die sensationelle Beendigung der Hungerperiode als feierlicher Akt mit Damen und einer ersten Mahlzeit, die Isolierung hinter Gittern, die Popularität des Hungernden« (Bauer-Wabnegg

1986, 168). Die Bauer-Wabnegg folgende Forschung hat sich auf den in den 1890er Jahren berühmtesten Hungerkünstler, den aus Cesenatico gebürtigen Italiener Giovanni Succi (*1853) konzentriert, der von 1886 bis 1904 in den Großstädten der zivilisierten Welt – wie man sagte – ›gastierte‹. Über Succi wurde u. a. ausführlich im Jahr 1896 in der Wiener *Neuen Freien Presse* berichtet, und er fand Eingang in ein zeitgenössisches ernährungsphysiologisches Standardwerk: Luigi Lucianis *Fisiologia del Digiuno* (1889), die bereits 1890 unter dem Titel *Das Hungern* ins Deutsche übersetzt wurde (Lange-Kirchheim 1999). Obwohl der konkrete Nachweis einer oder mehrerer Quellen nach wie vor aussteht, scheint es doch klar, dass Kafka Informationen über die große Periode der Hungerkunst um 1900 und den Charakter der Fastendarbietungen auf Jahrmärkten, Variétés oder Zirkusvorführungen zugänglich gewesen sein müssen.

Deutungsaspekte

Die Erregung darüber, dass »almost every detail of *A Hunger Artist* is historically accurate with regard to the actual profession of fasting for pay« (Mitchell 1987, 238), sollte trotzdem nicht darüber hinwegtäuschen, dass Kafka die Hungerkunst in einen symbolischen Rahmen transferiert, der sowohl mit seinem eigenen langjährigen Nachdenken über sein Schreiben als auch mit seiner privaten Obsession mit Askese zu tun hat. Die umfassendste und gründlichste Interpretation der Erzählung in diesem Rahmen hat Gerhard Neumann geliefert. Er thematisierte in seinem Aufsatz *Hungerkünstler und Menschenfresser* das Essen und das Erlernen von Essensregeln als elementaren Schritt in die symbolischen Ordnungen hinein, in denen man als Erwachsener sein Leben verbringen wird. »Die Essensverweigerung des Hungerkünstlers erscheint in diesem Kontext als verzweifelter Versuch einer Behauptung der Eigentümlichkeit des Subjekts gegen die Doppelstrategien der Familienerziehung (die ja eine Erziehung ›für das Leben‹ ist) durch Regeln des Essens« (Neumann 1990b, 404). Die Anorexie hat regressiven Charakter, sie möchte vor die Gesellschaft, vor den Sündenfall des Essens zurück (414), im Bewusstsein, »daß Subjektivität in der vorgefundenen Kultur sich nicht so bewahrheiten läßt: daß sich das Für-*Sich* und das Für-*Andere* nicht mehr vermitteln lassen« (413). Die zunehmende Radikalisierung des Hungerkünstlers beschreibt Neumann unter Zuhilfenahme des Spiel-

begriffs des französischen Anthropologen Roger Caillois (409, mit Verweis auf Caillois 1967). Der Hungerkünstler lässt die noch sozial vermittelbaren Spielformen des Wettkampfs, des Glücksspiels und des Rollenspiels schließlich hinter sich und überlässt sich dem ›vertige‹, der schwindelnden Rauscherfahrung des eigenen Körpers: »Nur das Spiel des sich selbst ›aufs Spiel setzenden‹ Körpers eröffnet die Möglichkeit einer Ablösung von jenen Zwängen, die die anderen im Spiel ihrer Wünsche errichten, in sozialen Zeichen verfestigen und als Regeln des Verhaltens in Geltung setzen« (411).

In diesem radikalen Modell der Selbstaufzehrung im Dienst der Eigentümlichkeit sieht Neumann auch ein, wie er betont, »bislang in der Geschichte der Literatur kaum zur Geltung gelangtes Prinzip der Ästhetik« (418). Anders als eine in christlicher Tradition stehende Ästhetik des Symbolischen, die dem Prinzip der ›Verklärung des Leibes‹ folgt, setzt Kafkas antisymbolische Ästhetik auf das Prinzip der ›Verweigerung‹ (419). Die auch von anderen Interpreten bemerkten Christusparodien im *Hungerkünstler* (etwa die Anspielungen auf die Kreuzesabnahme bei der Beendigung des Schauhungerns; DzL 339 f.) können daher von Neumann als »Versuche der Etablierung einer umgekehrten Heilsgeschichte« gelesen werden, einer »Rückführung des durch den Sündenfall vom Körper getrennten Zeichens in diesen selbst, so, als sei der Sündenfall nie geschehen« (Neumann 1990b, 419). Und der Panther, der am Ende der Erzählung den Hungerkünstler ersetzt, erscheint nicht als eine Figur des gewöhnlichen, freudigen Lebens, das einer durch Hinfälligkeit geadelten Kunst gegenübersteht, sondern als »von der umgebenden Kultur gut lesbares Zeichen« (412). Der Hungerkünstler hingegen verkörpert das absolute Zeichen, das seine Absolutheit nurmehr in seinem Erlöschen, das zur Unlesbarkeit führt, zeigen kann. In ihrer vorbildlichen Integration der einzelnen Textmomente stellt Neumanns Interpretation des *Hungerkünstler* eine der wenigen definitiven Leistungen der Kafka-Forschung dar; sie ist in der Folge nicht wieder erreicht worden.

Josefine, die Sängerin oder Das Volk der Mäuse

Forschung

Überraschend einig ist sich die Forschung zu *Josefine* über den heiteren Charakter der Erzählung. Joseph P. Stern nannte – in einem klugen, insgesamt zu wenig beachteten Beitrag – den Text Kafkas »most serene – indeed his only serene – story« (Stern 1984, 1298), wies dabei aber zugleich auch auf das Unfeierliche der *Josefine* (1303) und ihren nicht zu leugnenden kontrolliert melancholischen Unterton hin (1300). Auch Politzer sprach von den »unvergleichlich heitereren Tönen« der *Josefine* (Vergleichspunkt bei dieser Bemerkung war ihm *Das Schloss*), hob die »besondere Milde« des Erzählers hervor und attestierte dem Dichter Farben, »die paradoxerweise freundlicher sind als Kafkas sonstige Palette« (Politzer 1978 [1962], 475). Ritchie Robertson nannte den Humor der Josefine »subtle and poignant« (Robertson 1985, 279) und glaubte eine abschließende Stimmungswende im Werk Kafkas erkennen zu können: »the self-tormenting spirit of Kafka's earlier works has been succeeded by a mood of self-effacement« (283). Elizabeth Boa bezeichnete das beobachtende Auge des Erzählers der *Josefine* als »much gentler than that of the cruelly mocking narrator of *A Hunger-Artist*« und gestand ihm zu, trotz seiner männlichen Herablassung »an affectionate portrait of a female creature« geliefert zu haben (Boa 1996, 180).

Größere Uneinigkeit herrscht, wo das Angebot der Erzählung von verschiedenen thematischen Problemhorizonten (Musik bzw. Kunst; Judentum, Individuum und Gesellschaft; Weiblichkeit) zu entsprechend unterschiedlichen Fokussierungen der Interpreten geführt hat. Ob Weiblichkeit über die präzis angebbaren Funktionen hinaus, die Josefinens Geschlecht für die Charakterisierung der Hauptfigur zu erfüllen hat (Exzentrizität, Schwäche, Attraktivität), auch zentrales Thema der Erzählung ist, ist kontrovers diskutiert worden. Ruth V. Gross erinnerte daran, dass *Josefine* »an intersection of discourses« sei und »gender« im Text weit weniger auffällig zur Sprache komme als in der Forschung: »The road most heavily travelled is the discourse on her gender, which, in fact, is hardly explicitly invoked at all« (Gross 1985, 64). Trotzdem sah sie, ausgehend von Widersprüchlichkeiten in der Charakterisierung Josefinens, die Erzählung als einen Metadiskurs »about the discourse on women« (66). Zwar enthalte der Schlussabschnitt der Erzählung einen »narrative trick«, mit dem eine Frau zum Verschwinden gebracht werde und ein (männlicher) Erzähler übrig bleibe. Dennoch sei Kafka nicht »another sacrificer of women«, sondern ein »demystifier who foregrounds for us the artificiality of his tools« (67); der Autor praktiziere seinen Trick weniger, als dass er ihn exponiere. Mit verwandtem Ansatz behauptete

Christine Lubkoll, Kafka greife zwar das »überlieferte Modell einer weiblichen Musikalität« auf, schreibe es jedoch nicht fort, sondern gebe im Grunde die »Analyse eines Phantasmas«, indem er die »Funktionsweise und die Funktion des Weiblichkeitsmythos im gesellschaftlichen Zusammenhang beschreibe« (Lubkoll 1992, 756). Eine solche Sicht auf Kafka als kritischen Analytiker des Geschlechterdiskurses entfernt sich nicht nur von Kafkas eigenen Denkhorizonten, sie legt auch eine große Kluft zwischen Josefine und ihren Autor und lässt die Frage kaum mehr zu, warum Kafka gegen Ende seines Lebens erstmalig auf eine weibliche Figur als Medium der literarischen Artikulation seines Selbstverständnisses verfallen ist.

Diese Frage wird interessanterweise auch nicht von den dekonstruktivistischen Interpreten der Erzählung aufgeworfen, die sich naturgemäß auf die ›Absenz‹ Josefinens am Ende des Textes, die changierende Identität ihres ›Gesanges‹, die Gleichgültigkeit des Mäusevolkes gegenüber Josefinens ›Differenz‹ und weitere leicht auffindbare Momente der Negativität konzentrieren (Norris 1983; Menke 2000; auch Lubkoll 1992).

Man hat solche Versuche, *Josefine, die Sängerin* in die vertraute Welt der modernen und postmodernen Literaturtheorie einzubürgern, gelegentlich dadurch zu stützen gemeint, dass man andere Texte oder Kunstwerke zur Erhellung herangezogen hat – mit bemerkenswerter Erfolgslosigkeit. Immer wieder wurden Kafkas eigener kurzer Text <*Das Schweigen der Sirenen*>, Heinrich von Kleists Erzählung *Die heilige Cäcilie oder die Gewalt der Musik* oder (seltener) Arnold Schönbergs *Pierrot lunaire* (mit der Forderung einer Sprechmelodie, die nicht Gesang sein darf und es dann unvermeidlich doch ist) genannt. Bettine Menke hat nacheinander den Rattenfänger von Hameln, die ägyptische Memnon-Statue, Kleists *Heilige Cäcilie* und Schillers Gedicht *Die Macht des Gesanges* als relevant für *Josefine* erklärt, ohne dass jemals klar wurde, wovon die Interpretin überhaupt zu sprechen gedachte (Menke 2000, 729–765). Und Christine Lubkoll glaubte, in einem Vergleich mit René Magrittes berühmtem Gemälde *Ceci n'est pas une pipe* mehr als einen »bloßen spielerischen Jux« sehen zu dürfen und ihm »wichtige Aufschlüsse für eine poetologische Standortbestimmung Kafkas« entnehmen zu können (Lubkoll 1992, 751; 761–763): als heuristisch wertvollen Hinweis auf »die unermüdliche und radikale Zeichenreflexion des Erzählers« (763) der *Josefine*.

Mehrheitlich ist die Forschung allerdings doch der Ansicht, dass die unermüdliche Reflexion – des Erzählers wie auch diejenige Kafkas – in *Josefine* mit anderen als mit epistemologischen Fragen der Kunst befasst war. Walter Sokel zog die älteren Konfliktlinien in Kafkas Werk bis hin zur *Josefine* aus und sah – in Übereinstimmung mit seiner Ansicht, dass die »Ableugnung des Kampfes« die »furchtbare Ironie« bildet, »die Kafkas Spätwerk durchzieht« (Sokel 1976 [1964], 528) – das Mäusevolk in Kontinuität mit den furchterregenden Gestalten der Macht in Kafkas früherem Werk: »Deshalb sind die Mäuse für Kafka auch mit dem Furchtbaren und Unheimlichen assoziiert, das die Vatergestalt für ihn nie verlor« (567). Da zugleich jedoch, anders als früher, ein Vertreter der ›Macht‹ in *Josefine* die Erzählerrolle übernimmt und damit die ›Macht‹ von innen sehen lässt, wird *Josefine* für Sokel das umfassend tragische Abschlusswerk Kafkas:

> *Josefine* zeigt die Tragik des Ichs, die ja die meisten Werke Kafkas darstellen, vereinigt mit der Tragik der Kunst, die manche seiner Werke zeigen, und mit der Tragik der Machtgestalt, der Wirklichkeit selbst, die zu zeigen sich Kafka auf dieses letzte Werk aufgespart. Erst die Vereinigung aller drei Aspekte der Tragik machte *Josefine* zum würdigen Testament und Krönung seines Lebenswerkes, das ja die Beschreibung eines Kampfes war (584 f.).

Mit dieser konsequent tragischen Interpretation der *Josefine* ist Sokel nicht durchgedrungen. Man hat ihm, wohl zu Recht, die Zeichen der Versöhnlichkeit entgegengehalten, die Kafkas Text zur Genüge enthält. »Kafka's story«, schrieb etwa Roy Pascal, »in which it is true the ultimate authority is ascribed to the community, in no sense presents this as a terrifying enemy« (Pascal 1982, 230). Ja, mehr noch, gerade in der Spannung zwischen Josefine und ihrem Volk geht es um zwei grundsätzliche und lang gehegte Wunschträume Kafkas, die in *Josefine* gerade in ihrer Gegensätzlichkeit einer merkwürdig ironischen Erfüllung zugeführt werden.

Der erste Wunschtraum richtet sich auf absolute Exzeptionalität: »daß Josefine fast außerhalb des Gesetzes steht, daß sie tun darf, was sie will, selbst wenn es die Gesamtheit gefährdet, und daß ihr alles verziehen wird« (DzL 368; die Formulierung »außerhalb des Gesetzes« bereits in T 119). Man kann hier an Kafkas Wunsch denken,

> daß ich, ohne die allgemeine Liebe zu verlieren, schließlich, als der einzige Sünder, der nicht gebraten wird, die mir innewohnenden Gemeinheiten, offen, vor aller Augen ausführen dürfte (Oktober 1917, T 839 f.).

Die strenge Nachsicht des Mäusevolkes verhindert es freilich – im Sinne von Kafkas Devise »Im Kampf zwischen Dir und der Welt sekundiere der Welt« (NSF II, 124) –, dass dieser Wunsch tatsächlich erfüllt wird. Indes ist es auffällig, dass der Wunsch Josefinens, befreit von den Bedingungen, die sie stellt, sich auf eine andere Ebene verschiebt, nämlich auf die eines zweiten Wunschtraumes. Das grundsätzliche Davonkommen, das ihr nicht gewährt sein kann, wird dem Volk zuteil, und es ist gerade Josefine, die dabei als Medium dient. Ihr Pfeifen kommt – anders als in der unerfüllten Situation in *Eine kaiserliche Botschaft* – »fast wie eine Botschaft des Volkes zu dem Einzelnen«, mehr noch, sie *repräsentiert* das Volk: »das dünne Pfeifen Josefinens mitten in den schweren Entscheidungen ist fast wie die armselige Existenz unseres Volkes mitten im Tumult der feindlichen Welt« (DzL 362). Josefinens Auftritte sind »nicht so sehr eine Gesangsvorführung als vielmehr eine Volksversammlung« (361). *Zeitweilig* ist das Volk vom Daseinsdruck befreit: »Hier aber ist das Pfeifen freigemacht von den Fesseln des täglichen Lebens und befreit auch uns für eine kurze Weile« (367). Die Forschung hat in dieser ›Befreiung‹ eine »hymn to art«, »unparalleled in Kafka's work« (Pascal 1982, 227) gesehen und – im Jargon der Literatursoziologie – eine Hervorhebung der Leistung der »Entpragmatisierung« (Saße 2003, 396) der Kunst. Das ist zu wenig. Angesichts der »feierlichen Stille, von der das schwache Stimmchen umgeben ist« (DzL 354), und des »Bechers des Friedens«, der (metaphorisch) bei Josefinens Vorführungen geleert wird (361), angesichts des ›Träumens‹ des Volks und des Gefühls, »als lösten sich dem Einzelnen die Glieder« (366), »als wären wir des ersehnten Friedens teilhaftig geworden« (354), spräche man wohl besser von der *Sabbatfunktion* der Kunst.

Deutungsaspekte

Einen jüdischen Anspielungshorizont hatte bereits Max Brod in *Josefine* vermutet (Brod 1948, 58–62). Merkwürdigerweise drehte sich die Diskussion um diese Frage zunächst darum, ob das Fehlen von Geschichtsschreibung im Volk der Mäuse (DzL 360 f., 377) nicht ausschließe, dass Kafka mit den Mäusen auch sein eigenes Volk gemeint haben könnte. Politzer hielt das darum für unwahrscheinlich, weil das Judentum »extrem geschichtsbewußt« sei und »eine bedeutende Anzahl historiographischer Texte zur Geschichtsschreibung der Menschheit beigesteuert«

habe (Politzer 1978 [1962], 484). Karl-Heinz Fingerhut übernahm die Meinung Politzers ungeprüft und schrieb: »Der große Einzelne als ›kleine Episode in der ewigen Geschichte unseres Volkes‹, den man in ›gesteigerter Erlösung‹ vergißt, ein solches Phänomen ist dem jüdischen Geschichtsbewußtsein völlig fremd« (Fingerhut 1969, 203). Demgegenüber hat Ritchie Robertson zu Recht darauf hingewiesen, dass sich gerade im nachbiblischen, rabbinischen Judentum die Geschichtsschreibung nach Josephus bis zum 19. Jahrhundert weitgehend verliert und die geschichtliche Erfahrung als ein immergleicher, nicht enden wollender »catalogue of persecutions« erscheint (Robertson 1985, 281 f., Zitat: 282; vgl. auch Yerushalmi 1996, 17–42) – also genauso, wie sie auch in *Josefine* dargestellt wird: als eine Folge von »Opfern, über die der Geschichtsforscher […] vor Schrecken erstarrt« (DzL 360 f.).

Robertson machte auch auf einige andere Punkte aufmerksam, in denen die Existenzweise der Mäuse auf jüdisches Leben hinzudeuten scheint: die Zerstreuung (363), die »gewisse praktische Schlauheit, die wir freilich auch äußerst dringend brauchen« (350), die Unfähigkeit zu bedingungsloser Ergebenheit (358), die mangelnde Musikalität (350 f.), das »leise Lachen«, das »bei uns gewissermaßen immer zu Hause« ist (358) – also: der Humor –, die Neigung zu Gerücht und »Tratsch« (358). Dass in einigen dieser Volksmerkmale ein spielerisch-ironischer Umgang Kafkas mit antijüdischen Stereotypen zu erkennen ist, hat Mark Anderson dazu geführt, speziell den Zusammenhang von Judentum und Unmusikalität als kulturelles Stereotyp der Jahrhundertwende und als relevanten Hintergrund für Kafkas Erzählung auszuweisen. Richard Wagners bekannte und nachhaltig wirksame Schrift *Das Judenthum in der Musik* (1850, 2. Aufl. 1869) und insbesondere der auch sonst für Kafka bedeutsame, den jüdischen Selbsthass exemplarisch repräsentierende Otto Weininger mit seiner Dissertation *Geschlecht und Charakter* (1903) sind Andersons wichtigste Belege. Das Syndrom, das Weininger sich aus Judentum, Unmusikalität und Weiblichkeit zusammenbastelt, passt in auffälliger Weise auf die Heldin der Erzählung: »theatrical, deceitful, alternately hysterical and coldly calculating, without a true musical personality and therefore all the more dangerously seductive« (Anderson 1992, 210).

Anders als manch anderer Interpret sah Anderson den jüdischen Fokus der *Josefine* in »the German-Jewish people at a particular moment in history, that

is, the generation of ›Western Jews‹ between emancipation and Zionism to which Kafka felt he belonged« (205 f.). Hierfür spricht u. a., dass die Tradition – so wie in anderen Diagnosen der westjüdischen Situation durch Kafka – auch in *Josefine* in der Jetztzeit unverstanden bleibt: »in den alten Zeiten unseres Volkes gab es Gesang; Sagen erzählen davon und sogar Lieder sind erhalten, die freilich niemand mehr singen kann« (DzL 351). Indes gibt es einige Elemente der Erzählung, die nur schwer mit dem Westjudentum zu vereinbaren sind. So wurde die »Fruchtbarkeit unseres Stammes« (364) im frühen 20. Jahrhundert immer wieder dem Ost- und gerade nicht dem Westjudentum zugeschrieben. Kafka selbst hatte in Prag am 28. Januar 1912 den Vortrag eines gewissen Dr. Felix Aaron Theilhaber besucht, der mit seinem Buch *Der Untergang der deutschen Juden. Eine volkswirtschaftliche Studie* (1911) Furore gemacht hatte und diesen Untergang auf die zunehmenden Mischehen und Taufen und die niedrige Geburtenrate der ins Bürgertum aufgestiegenen jüdischen Familien zurückführte (T 370 f.). Auch der proletarische Charakter eines arbeitenden Volkes weist eher auf das Ost- wie auf das Westjudentum hin – wie es überhaupt zu den Topoi der innerjüdischen Selbstverständigungsdebatte um 1900 zählt, dass man von einem jüdischen ›Volk‹ eigentlich nur noch in Osteuropa sprechen könne (Aschheim 1999, 80–99).

Einige Interpreten haben auf die Verwandtschaft der Erzählung mit Kafkas frühen Reflexionen über eine ›kleine Literatur‹ aufmerksam gemacht (Politzer 1978 [1962], 481–483; Schillemeit 1979, 399 f.). Insbesondere die Auffassung von Kunst als Medium des Gemeinschaftsgefühls erinnert an Kafkas Begegnung mit dem jiddischen Theater im Jahre 1911 und die dort gemachten Gemeinschaftserfahrungen:

> Bei manchen Liedern, der Aussprache »jüdische Kinderloch«, manchem Anblick dieser Frau, die auf dem Podium, weil sie Jüdin ist uns Zuhörer weil wir Juden sind an sich zieht, ohne Verlangen oder Neugier nach Christen, gieng mir ein Zittern über die Wangen (5.10.1911; T 59).

Karl Erich Grözinger wies auf die traditionelle Bedeutsamkeit der Frage der Alimentierung der geistigen Elite im Ostjudentum hin (Grözinger 1992, 190–192) und versuchte – weniger plausibel –, Josefine in die Nähe chassidischer Wunderrabbis zu rücken. Das auch von Kafka selbst – z. B. in Marienbad in Gestalt des Belzer Rabbis und seines Gefolges (vgl. An M. Brod, 17./18.7.1916, B14–17 177–181; An

F. Bauer, 18.7.1916, B14–17 182) – in Augenschein genommene »Leben des um seine Wunderrabbis gescharten Volkes« lege den Gedanken nahe, die Erzählung als eine »Persiflage dieser ostjüdischen Symbiose« zu lesen (Grözinger 1992, 192). Wie auch immer es sich damit verhalten möge, so haben doch Interpretationen, die den jüdischen Anspielungshorizont ausblenden und die Erzählung als bloße Reflexion über den Status des Künstlers in der modernen Gesellschaft lesen (Saße 2003; Jahraus 2006), den gravierenden Nachteil, übersehen zu müssen, dass es in *Josefine*, anders als im *Hungerkünstler*, nicht um ein diffuses modernes Publikum, eine »vergnügungssüchtige Menge« (DzL 342), sondern eben um ein ›Volk‹, und zwar um Josefinens Volk geht. Warum sollte sich die scharfe Entfremdungsdiagnose, die noch für den *Hungerkünstler* gilt, nicht, wie Ritchie Robertson meinte, im Zusammenleben mit Dora Diamant gemildert haben und Kafkas »sense of belonging to the Jewish people« gewachsen sein (Robertson 1985, 275)?

Dafür spricht der Schlussabschnitt der *Josefine*, der eine genaue Lektüre verdient hat. Der Erzähler prophezeit Josefine und ihrem Gesang unterschiedliche Schicksale. Die Schwäche des Gesangs wird zu seinem Vorzug: Eben weil Josefinens Gesang schon zu ihren Lebzeiten nicht »mehr als eine bloße Erinnerung« (DzL 376) war, wird er in der Erinnerung bleiben: Er ist »in dieser Art unverlierbar«. Josefine aber wird »in gesteigerter Erlösung vergessen sein wie alle ihre Brüder« (377). Warum bedeutet das Vergessenwerden die Steigerung der Erlösung? Kafka hat ›Erlösung‹ – Felix Weltsch nannte in seinem Nachruf auf den Dichter Kafkas Seele »jüdisch durch und durch« (Weltsch 2005, 11) – nicht als Verklärung, sondern, in Übereinstimmung mit dem Geist seiner Religion und seines Volkes, als Entrinnen, als »Ausweg; rechts, links, wohin immer« gedacht (DzL 305). Endgültig entronnen aber kann man erst dann sein, wenn man nicht nur verschwunden, sondern auch vergessen ist. So ist *Josefine, die Sängerin* in ihrer erhabenen Heiterkeit Kafkas Abschied und sein Triumph: Die Trauer des Abschieds wird beschwichtigt durch den Triumph, und der Jubel des Triumphs wird beschwichtigt durch den Abschied.

Ausgaben: ED des Sammelbandes: Ein Hungerkünstler. Vier Geschichten. Berlin: Die Schmiede [Ende August] 1924. – Erz/GS (1935), 215–260. – Erz/GW (1952), 239–291. – DzL/KA (1992), 315–377; NSF II/KA (1992),

634–646 (*Eine kleine Frau*), 384–400 (*Ein Hungerkünstler*), 646–649 (*<Menschenfresser>*-Fragment), 651–678 (*Josefine, die Sängerin*). – – Vorabpublikationen einzelner Erzählungen: *Erstes Leid*: ED in: Genius. Zeitschrift für werdende und alte Kunst 3 (1921) 2, 312 f. [erschienen ca. Ende Januar 1923]; wieder in: Prager Presse, Morgen-Ausgabe 3 (25.12.1923), III [Weihnachts-Beilage »Dichtung aus der Tschechoslowakei«]; wieder in: Berliner Börsen-Courier 56 (1.7.1924), 5 [erste Beilage]. – *Eine kleine Frau*: ED in: Prager Tagblatt 49 (20.4.1924), 5 [Oster-Beilage]. – *Ein Hungerkünstler*: ED in: Die neue Rundschau 33 ([Oktober] 1922) 10, 983–992; wieder in: Prager Presse, Morgen-Ausgabe 2 (11.10.1922), 4–6; wieder in: Sonntagsblatt der New Yorker Volkszeitung 45 (5.11.1922) 2, 6 f.; wieder in: Vorwärts. Wochenblatt der New Yorker Volkszeitung 45 (11.11.1922) 2, 6 f.; wieder in: Vorbote. Unabhängiges Organ für die Interessen des Proletariats 49 (15.11.1922), 5. – *Josefine, die Sängerin oder Das Volk der Mäuse*: ED in: Prager Presse, Morgen-Ausgabe 4 (20.4.1924), 4–7 [Osterbeilage »Dichtung und Welt«].

Materialien: Dora Diamant: Mein Leben mit F.K. In: H.-G. Koch (2005 [1995]), 194–205. – Felix Weltsch: F.K. gestorben. In: H.-G. Koch (2005 [1995]), 10–12.

Forschung: Walter Bauer-Wabnegg: Zirkus und Artisten in F.K.s Werk. Ein Beitrag über Körper und Literatur im Zeitalter der Technik. Erlangen 1986, bes. 159–165 [zu *Erstes Leid*], 166–176 [zu *Ein Hungerkünstler*]. – Ders.: Monster und Maschinen, Artisten und Technik in F.K.s Werk. In: Kittler/Neumann (1990), 316–382. – Hartmut Binder: K.-Kommentar zu sämtlichen Erzählungen. München 1975, 333–336 [zum Band insgesamt], 252–256 [zu *Erstes Leid*], 257–261 [zu *Ein Hungerkünstler*], 300–301 [zu *Eine kleine Frau*], 323–333 [zu *Josefine*]. – E. Boa (1996), 148–180. – Max Brod: F.K.s Glauben und Lehre. München 1948. – Ludwig Dietz: K.s letzte Publikation. Probleme des Sammelbandes *Ein Hungerkünstler*. In: Philobiblon 18 (1974), 119–128. – Heinz Hillmann: F.K. Dichtungstheorie und Dichtungsgestalt. Bonn 1964, 2. Aufl. 1973, bes. 68–112. – O. Jahraus (2006), 425–455. – Ders./Bettina von Jagow: K.s Tier- und Künstlergeschichten. In: KHb (2008), 530–552. – Hans-Georg Pott: Allegorie und Sprachverlust. Zu K.s *Hungerkünstler*-Zyklus und der Idee einer ›Kleinen Literatur‹. In: Euphorion 73 (1979), 435–450. – Ritchie Robertson: Der Künstler und das Volk. K.s *Ein Hungerkünstler. Vier Geschichten*. In: H.L. Arnold (1994), 180–191. – Jost Schillemeit: Die Spätzeit (1922–1924). In: KHb (1979) II, 378–402. – J. Unseld (1982), bes. 192–233.

Erstes Leid: P.-A. Alt (2005), 644–647. – H. Hillmann (1973 [1964]), 68–73. – Friedrich Jakob: Noch einmal: F.K.s *Erstes Leid*. In: Text 2 (1996), 137–138. – O. Jahraus (2006), 427–429. – Astrid Lange-Kirchheim: Individuation oder Irrsinn? Zu F.K.s Erzählung *Erstes Leid*. In: Gerhard Buhr u. a. (Hg.): Das Subjekt der Dichtung. Fs. für Gerhard Kaiser. Würzburg 1990, 347–363. – Ralf Nicolai: K.s *Erstes Leid* im Rahmen der ›Künstlerthematik‹. In: Studi Germanici 24 (1986–88), 259–267. – Roland Reuß: F.K. *Erstes Leid*. Notizen zu einem Problem der Textkritik. In: Text 1 (1995), 11–20. – Ders.: F.K.: *Erstes Leid*. Replik auf Friedrich Jakob. In: Text 2 (1996), 139–141. – Naomi Ritter: Art as Spectacle. Columbia 1989, 68–98. – Hartmut Vollmer: Die Verzweiflung des Artisten. F.K.s Erzählung *Erstes Leid* – eine Parabel künstlerischer Grenzerfahrungen. In: DVjs 72 (1998), 126–146.

Eine kleine Frau: P.-A. Alt (2005), 675 f. – H. Hillmann (1973 [1964]), 73–82. – Rainer J. Kaus: *Eine kleine Frau*. K.s Erzählung in literaturpsychologischer Sicht. Heidelberg 2002. – Astrid Lange-Kirchheim: Kein Fortkommen. Zu F.K.s Erzählung *Eine kleine Frau*. In: Wolfram Mauser/Ursula Renner/Walter Schönau (Hg.): Phantasie und Deutung. Psychologisches Verstehen von Literatur und Film. Würzburg 1986, 180–193. – Tilmann Moser: Das zerstrittene Selbst. K.s Erzählung *Eine kleine Frau*. In: Wolfram Mauser/Ursula Renner/Walter Schönau (Hg.): Phantasie und Deutung. Psychologisches Verstehen von Literatur und Film. Würzburg 1986, 194–206. – Ralf R. Nicolai: *Eine kleine Frau* im Motivgeflecht K.s. In: Sabine Cramer (Hg.): Neues zu Altem. Novellen der Vergangenheit und der Gegenwart. München 1996, 89–115. – Malcolm Pasley: K.s Semiprivate Games. In: Oxford German Studies 6 (1971/72), 112–131. – Jost Schillemeit, in: KHb (1979) II, 397. – Irmgard Wirtz: K.s *Kleine Frau(en)* im *Hungerkünstler*-Komplex. In: Henriette Herwig/Irmgard Wirtz/Stefan B. Würffel (Hg.): Lese-Zeichen. Semiotik und Hermeneutik in Raum und Zeit. Fs. für Peter Rusterholz. Tübingen 1999, 306–322.

Ein Hungerkünstler: P.-A. Alt (2005), 647–653. – Wolfgang Braungart: Literaturwissenschaft und Theologie. Versuch zu einem schwierigen Verhältnis, ausgehend von K.s Erzählung *Ein Hungerkünstler*. In: Erich Garhammer (Hg.): Schreiben ist Totenerweckung. Theologie und Literatur. Würzburg 2005, 43–69. – Adrian Del Caro: Denial versus Affirmation. K.s *Ein Hungerkünstler* as a Paradigm of Freedom. In: MAL 22 (1989), 34–55. – Roger Caillois: Les jeux et les hommes: Le masque et le vertige. Paris 1958, 2. Aufl. 1967. – Eberhard Frey: F.K.s Erzählstil. Eine Demonstration neuer stilanalytischer Methoden in K.s Erzählung *Ein Hungerkünstler*. Bern 1970. – Harald Fricke: Wie soll man über Literatur reden? K.s *Hungerkünstler* und der Umgang mit Dichtung. In: Ders.: Literatur und Literaturwissenschaft. Beiträge zu einer verunsicherten Diszi-

plin. Paderborn 1991, 11–26. – S.L. Gilman (1995). – Sylvain Guarda: K.s *Hungerkünstler*. Eine Messiade in humorig verwilderter Form. In: GQ 81 (2008), 339–351. – Ingeborg Henel: *Ein Hungerkünstler*. In: DVjs 38 (1964), 230–247. – O. Jahraus (2005), 427–429. – Oliver Jahraus/Bettina von Jagow, in: KHb (2008), 538–546. – H. Hillmann (1973 [1964]), 82–92. – S. Kienlechner (1981), 61–92. – Astrid Lange-Kirchheim: F.K., *Ein Hungerkünstler*. Zum Zusammenhang von Eßstörung, Größenphantasie und Geschlechterdifferenz (mit einem Blick auf neues Quellenmaterial). In: Freiburger literaturpsychologische Gespräche. Jb. für Literatur und Psychoanalyse 18 (1999), 291–313. – Dies.: Nachrichten vom italienischen Hungerkünstler Giovanni Succi. Neue Materialien zu K.s *Hungerkünstler*. In: Ebd., 315–340. – Dies.: Das fotografierte Hungern. Neues Material zu F.K.s Erzählung *Ein Hungerkünstler*. In: Hofmannsthal Jb. 17 (2009), 7–56. – Luigi Luciani: Fisiologia del Digiuno. Studi sull'uomo. Firenze 1889; dt.: Das Hungern. Studien und Experimente am Menschen. Hamburg, Leipzig 1890. – Thomas Maier: Das anorexische Ich oder Der Künstler als sein eigener Zuschauer. Überlegungen zu K.s Erzählung *Ein Hungerkünstler*. In: Werner Jung (Hg.): Wege in und aus der Moderne. Von Jean Paul zu Günter Grass. Bielefeld 2006, 199–217. – Breon Mitchell: K. and the Hunger Artists. In: A. Udoff (1987), 236–255. – Michael Müller: *Ein Hungerkünstler*. In: M. Müller (1994), 284–312. – Gerhard Neumann: *Hungerkünstler* und Menschenfresser. Zum Verhältnis von Kunst und kulturellem Ritual im Werk F.K.s. In: Kittler/Neumann (1990), 399–432 [1990b]. – Ders.: *Hungerkünstler* und singende Maus. F.K.s Konzept der »kleinen Literaturen«. In: Gunter E. Grimm (Hg.): Metamorphosen des Dichters. Das Selbstverständnis deutscher Dichter von der Aufklärung bis zur Gegenwart. Frankfurt/M. 1992, 228–247. – R. Pascal (1982), bes. 105–135. – H. Politzer (1978 [1962]), 465–473. – James Rolleston: Purification Unto Death. *A Hunger Artist* as Allegory of Modernism. In: R.T. Gray (1995), 135–142. – Günter Saße: Aporien der Kunst. K.s Künstlererzählungen *Josefine, die Sängerin* und *Ein Hungerkünstler*. In: Sabine Becker/Helmuth Kiesel (Hg.): Literarische Moderne. Begriff und Phänomen. Berlin, New York 2007, 245–255. – Jost Schillemeit, in: KHb (1979) II, 386 f. – Benno von Wiese: F.K.: *Ein Hungerkünstler*. In: Ders.: Die deutsche Novelle von Goethe bis K. Düsseldorf 1956, 325–342. – Hans Dieter Zimmermann: Die aufbauende Zerstörung der Welt. Zu F.K.s *Ein Hungerkünstler*. In: Krolop/Zimmermann (1994), 167–174.

Josefine, die Sängerin oder Das Volk der Mäuse: P.-A. Alt (2005), 663–666. – M.M. Anderson (1992), 194–216. – Steven E. Aschheim: Brothers and Strangers. The East European Jew in German and German Jewish Consciousness, 1800–1923. Madison 1999 [1982]. – Hartmut Binder: Else Lasker-Schüler in Prag. Zur Vorgeschichte von K.s *Josefine*-Erzählung. In: WW 44 (1994), 405–438. – Jürgen Egyptien: Ostjüdische Anklänge in K.s Erzählung *JdSoDVdM*. Textanalyse und Unterrichtsmaterialien. In: Armin A. Wallas (Hg.): Aspekte jüdischer Literatur. Innsbruck 2001, 49–65. – David R. Ellison: Narrative and Music in K. and Blanchot. The »Singing« of Josefine. In: Yale French Studies 93 (1998), 196–218. – K.-H. Fingerhut (1969), bes. 200–206, 292–296. – Ruth V. Gross: Of Mice and Women. Reflections on a Discourse in K.'s *JdSoDVdM*. In: GR 60 (1985) 2, 59–68; wieder in: Struc/Yardley (1986), 117–140. – Karl Erich Grözinger: K. und die Kabbala. Das Jüdische in Werk und Denken von F.K. Frankfurt/M. 1992, bes. 169–195. – Deborah Harter: The Artist on Trial. K. and *JdS*. In: DVjs 61 (1987), 151–162. – H. Hillmann (1973), 93–107. – Oliver Jahraus/Bettina von Jagow, in: KHb (2008), 532–537. – Aikaterini Karakassi: Der Körper und die Schrift. K.s *JdSoDVdM*. In: Archiv 157 (2005), 1–15. – S. Kienlechner (1981), 125–147. – Clayton Koelb: K. Imagines His Readers. The Rhetoric of *Josefine, die Sängerin* and *Der Bau*. In: J. Rolleston (2002), 347–359. – Thomas Lischeid: Bye-bye Josefine. K.s Poetik letzter Hand. In: Juni. Magazin für Literatur und Politik 33/34 (2000/01), 235–244. – Christine Lubkoll: Dies ist kein Pfeifen. Musik und Negation in F.K.s Erzählung *JdSoDVdM*. In: DVjs 66 (1992), 748–764; auszugsweise wieder in: C. Liebrand (2006), 180–193. – Ursula R. Mahlendorf: K.'s *Josephine the Singer or the Mousefolk*. Art at the Edge of Nothingness. In: MAL 11 (1978), 199–242. – Dies.: The Wellsprings of Literary Creation. An Analysis of Male and Female ›Artist Stories‹ from the German Romantics to American Writers of the Present. Columbia 1985, bes. 119–146, 239–244. – Bettine Menke: Prosopopoiia. Stimme und Text bei Brentano, Hoffmann, Kleist und K. München 2000, bes. 729–765. – Michael Minden: K.'s *JdSoDVdM*. In: GLL 62 (2009), 297–310. – Gerhard Neumann: K. und die Musik. In: Kittler/Neumann (1990), 391–398 [1990c]. – Margot Norris: K.'s Josefine. The Animal as the Negative Site of Narration. In: MLN 98 (1983), 366–383. – R. Pascal (1982), bes. 217–236. – H. Politzer (1978 [1962]), 473–489. – R. Robertson (1985), 279–284. – Charles de Roche: Über Sprache überhaupt und über die Sprache der Mäuse. Zum Verhältnis von Erzählen und Animalität in K.s Erzählung *JdSoDVdM*. In: Compar(a)ison (1998) 1, 155–199. – Andreas Rotheimer: Kunst am Nullpunkt? oder die Auferstehung des Interpreten. Eine systemtheoretisch inspirierte (Re-) Konstruktion von K.s Erzählung *JdSoDVdM*. In: Oliver Jahraus u. a. (Hg.): Interpretation, Beobachtung, Kommunikation. Avancierte Literatur und Kunst im Rahmen von Konstruktivismus, Dekonstruktivismus und Systemtheorie. Tübingen 1999, 67–112. – Günter Saße: *JdSoDVdM*. In: M. Müller (2003 [1994]), 386–397. – Ders.: Aporien der Kunst. K.s Künstlererzählungen *JdS* und *Ein Hungerkünstler*. In: Sabine Becker/Helmuth Kiesel (Hg.): Literarische Moderne. Begriff und Phänomen. Berlin, New York 2007, 245–255. – Emil E. Sattler: Erzählperspektive in K.s *Josefine*. In: M.L. Caputo-Mayr (1978), 235–242. – Jost Schillemeit, in: KHb (1979) II, 398–401. – Marianne Schuller: Gesang vom Tierleben. K.s Erzählung *JdSoDVdM*. In: Dies./Elisabeth Strowick (Hg.): Singularitäten. Literatur – Wissenschaft – Verantwortung. Freiburg 2001, 219–234. – Itta Shedletzky: Überleben mit Kunst oder Kunst des Überlebens. Zu K.s letzter Erzählung *JdSoDVdM*. In: Jüdischer Almanach des Leo-Baeck-Instituts 8 (2000), 76–86. – Richard Sheppard: K.'s *Ein Hungerkünstler*. A Reconsideration. In: GQ 46 (1973), 219–233. – W.H. Sokel (1976 [1964]), 559–594. – Joseph P. Stern: F.K. on Mice and Men. In: Joseph P. Strelka (Hg.): Literary Theory and Criticism. Festschrift Presented to René Wellek. Bern u. a. 1984, 1297–1312. – Thorsten Valk: Literarische Musikästhetik. Eine Diskursgeschichte von 1800–1950. Frankfurt/M. 2008. – Thomas Vitzthum: A Revolution in Writing. The Overthrow of Epic Storytelling by Written Narrative in K.'s *JdS*. In: Symposium 47 (1993), 269–278. – Oliver Voß: Über die Abwesenheit des Gesangs in F.K.s *JdSoDVdM*. In: Joachim Grage (Hg.): Literatur und Musik in der klassischen Moderne. Würzburg 2006, 265–282. – Yosef Chajim Yerushalmi: Zakhor. Jewish History and Jewish Memory. Seattle 1982; dt.: Zachor: Erinnere Dich! Jüdische Geschichte und jüdisches Gedächtnis. Übers. v. Wolfgang Heuss. Berlin 1996.

Bernd Auerochs

3.3.5 <Forschungen eines Hundes>

Entstehung und Veröffentlichung

In der äußerst produktiven Arbeitsphase zwischen 1920 und 1922 verfasste Franz Kafka nach einer langen Schreibpause eine Reihe von Texten, zu denen auch das Fragment gehört, das heute unter dem Titel <Forschungen eines Hundes> bekannt ist. Kafka begann die Erzählung im sogenannten »braunen Quartheft« (KA: »Hungerkünstlerheft«; NSF II, 423–459), vermutlich kurz nach seiner Rückkehr nach Prag am 18. September 1922, die einen längeren Erholungsaufenthalt im Sommerhaus seiner Schwester Ottla im böhmischen Planá beendete. Als das Heft voll war, setzte er die Arbeit im zwölften Tagebuchheft fort (460–482). Im Oktober begann er eine revidierende Reinschrift im sogenannten »Forschungen-Heft«, die aber schon mitten in der »Musikhunde«-Episode abbrach (485–491).

Das Manuskript der <Forschungen> liegt heute in der Bodleian Library (Oxford). Es wurde in seiner exzeptionellen Bedeutung für das Gesamtwerk Kafkas bereits von Max Brod erkannt, der den Text unter dem bis heute verwendeten Titel in den Band *Beim Bau der Chinesischen Mauer* (1931) aufnahm. Wiederabdrucke erfolgten im Band *Beschreibung eines Kampfes* der *Gesammelten Schriften* (1936) und der *Gesammelten Werke* (1954). Alle diese Abdrucke kontaminieren Entwurf und Reinschrift; den Text der Handschrift bietet erstmals die *Kritische Ausgabe* (NSF/KA II, 1992). Heute fehlt das Fragment in kaum einer Ausgabe der Erzählungen Kafkas; die Forschungsarbeiten dazu sind kaum noch zu überblicken.

Die Schreibhaltung Kafkas in jener Zeit war angesichts seines sich zunehmend verschlechternden Gesundheitszustandes davon geprägt, Bilanz zu ziehen und dabei Klarheit über den von ihm zurückgelegten künstlerischen Weg gewinnen zu müssen (Binder 1975, 261; Alt 2005, 622–643; Kilcher 2008, 63; Schillemeit 1979, 382). Die meisten Texte dieser späten Schreibphase gehören einem gemeinsamen formalen und thematischen Kontext an: *Erstes Leid, Ein Hungerkünstler, Josefine, die Sängerin* und <*Der Bau*> sind, wie die <*Forschungen*>, Erzählungen, in denen an die Stelle der früher dominierenden Schuld- und Strafthematik (etwa in *Die Verwandlung*) »die bohrende Reflexion über die Widersprü-

che des Artistenlebens« getreten ist (Alt 2005, 644; Alt 2008, 115).

Den <*Forschungen*> fehlt jene Düsternis, die häufig als Kennzeichen des Kafkaschen Schreibens gilt. Dabei sind sie das Dokument einer besonderen privaten wie künstlerischen Krise. Er habe, so schrieb Kafka rückblickend in einem Brief an seinen Freund Robert Klopstock aus dem Frühjahr 1922, um sich »vor dem, was man Nerven nennt, zu retten«, seit einiger Zeit wieder zu schreiben angefangen (Briefe 374). Wenige Monate nach dieser Mitteilung, im Sommer 1922 – also kurz vor der Entstehung der <*Forschungen*> –, wurde Kafka aufgrund seines schlechten Gesundheitszustandes pensioniert. Sein großes, ihn Zeit seines Lebens beschäftigendes Thema der Kunstarbeit kehrte nun mit der ihm eigenen existentiellen Dringlichkeit zweifach wieder: erstens durch die Verschlimmerung der Krankheit und zweitens durch die neu gewonnene Freistellung von jeglicher beruflichen Alltagspflicht. Kafka hatte nun plötzlich unfreiwillig den ganzen Tag ungestörte Muße für sein Schreiben, dies jedoch im Bewusstsein der gleichsam abgelaufenen Sanduhr seiner Lebenszeit. Auf diese Weise verschärften sich die Bedingungen, unter denen der Autor sich erneut fragte, wie die vermeintlich antinomischen Welten der wertschöpfenden, produktiven Arbeit auf der einen und der künstlerischen Existenz als Erkenntnissuchender auf der anderen Seite neu zu denken und schriftstellerisch zu fassen wären.

Textbeschreibung

Hauptfigur des Textes ist ein alter Hund, der als Ich-Erzähler auf sein individuelles Leben zurückblickt und dabei immer wieder auf die Frage nach der Zugehörigkeit zu seiner Herkunftsgruppe – als »ein Hund unter Hunden« (NSF II, 423) – zu sprechen kommt. Voller persönlicher Neugier und Anteilnahme, zugleich aber auch mit einer Art wissenschaftlich-systematischem Zugriff versucht er, die von ihm konstatierten und im Text dargelegten Geheimnisse der »Hundeschaft« (423) zu enträtseln: Ein »leichtes Unbehagen« befalle ihn »inmitten der ehrwürdigsten volklichen Veranstaltungen« und bei näherer Betrachtung falle ihm auf, dass in seinem Verhältnis zur Hundeschaft »seit jeher etwas nicht stimmte, eine kleine Bruchstelle vorhanden« sei (423).

Ausgelöst hat diese Entfremdung eine Begegnung mit sieben rätselhaften »Musikhunden« in der Jugend des Erzählers (426–433), von denen er erstaunt berichtet, wie sie ihre Musik »aus dem leeren Raum« hervorzuzaubern (428). Diese Erfahrung lässt ihn zum ›Forscher‹ werden. Zunächst widmet er sich den Fragen nach der Herkunft der Nahrung des Hundekollektivs und nach der Bedeutung der von den Hunden für die Nahrungsgewinnung verrichteten Arbeit. Dabei reflektiert er auch über den »Beruf« der »Lufthunde« (446), die ihre Reproduktion nicht im Austausch mit der Erde (437) finden, sondern sich »selbstgenügsam oben in der Luft« (450) bewegen, »dabei aber keine sichtbare Arbeit machen sondern ruhn« (447).

Die Nahrungsforschung kulminiert in einem Hungerexperiment, das fast zum Tod des Erzählers führt. Nur die Begegnung mit einem (wiederum Musik hervorbringenden) »Jäger«-Hund (475–479) treibt den ›Forscher‹, »von der Melodie gejagt«, ins Leben zurück (479). Nun erweitert er seine Untersuchungen »auf die Musik der Hunde« (480), vor allem auf jene geheimnisvolle »Lehre von dem die Nahrung herabrufenden Gesang« (481). Der Text bricht ab mit einer Reflexion des Erzählers über die Bedeutung von »Instinkt« und Freiheitsliebe für seine ganz persönliche Form der »Wissenschaft« (482).

Das Kollektiv der »Hundeschaft« scheint nur durch eine Reihe von paradoxen Bestimmungen charakterisierbar. So wird etwa ihr besonderer Zusammenhalt erwähnt, zugleich aber auch ihre größtmögliche Zerstreuung (425 f.); bezeichnend sei es, dass ihre besonders wichtigen Berufe von anderen als »unverständlich« wahrgenommen würden (426); nicht zuletzt erwähnt der Erzähler ihr Festhalten an »Vorschriften«, die eher gegen sie gerichtet zu sein scheinen, als ihnen Nutzen zu bringen (426).

Die auffälligste Eigenheit der Hunde besteht jedoch darin, dass sie von der Existenz der Menschen nichts zu wissen scheinen, sie weder wahrnehmen noch in ihre Weltdeutung einbeziehen können (Robertson 1988 [1985], 358–361).

Forschung

Der Erzählung wurde in der literaturwissenschaftlichen Forschung immer wieder eine besondere Rolle in Kafkas Gesamtwerk zugewiesen. Eric Williams nannte *<Forschungen eines Hundes>* jüngst »one of his most accomplished and intricately reflexive stories« (Williams 2007, 92). Horst Steinmetz hatte bereits vor drei Jahrzehnten in den *<Forschungen>*

»eine Art Schlüsselerzählung« gesehen, einen Kommentar Kafkas zu seinem Schreiben insgesamt (Steinmetz 1977, 122). Auch Winfried Kudszus bezog 1983 den Text mit guten Argumenten auf die Methode des Kafkaschen Schreibens, indem er ihn als ein »Gedankenexperiment« des Autors charakterisierte, das den Widerstreit von Ichbewusstsein und kollektiven Prägungen und Verhaltensformen vorführe und dabei zugleich in seiner Form abbilde, was der Autor in seiner Literatur erkenntnistheoretisch selbst beabsichtigte, nämlich im Prozess des Schreibens zu forschen, schreibend »Wissenschaft zu betreiben« und somit Einsichten und Erkenntnis zu gewinnen (Kudszus 1983, 300 u. 302).

Insgesamt gruppieren sich die Interpretationen der *<Forschungen>* zu drei größeren thematischen Kommentarkreisen, die einander in mancherlei Hinsicht ergänzen und auch meist in gemischten Versionen anzutreffen sind. Der erste dieser Zugriffe arbeitet den Bezug zu Schriften anderer Autoren oder zu früheren Texten Kafkas heraus, die nachweislich oder möglicherweise für *<Forschungen eines Hundes>* prägend gewesen sein könnten. In diesen Zusammenhang gehören auch die zeitgenössischen Realien, die Kafka zur Idee der Erzählung und zur Art ihrer Durchführung inspiriert haben mögen. Der zweite Deutungsansatz hebt auf ästhetische Darlegungen und auf literaturtheoretische Schreibprogramme Kafkas ab, während der dritte einen spezifischen jüdischen Erfahrungsgehalt ins Zentrum der Deutung stellt.

Vorbilder und Intertextualität

Ein Werk der Weltliteratur, mit dem die *<Forschungen>* immer wieder in Zusammenhang gebracht wurden, ist E.T.A. Hoffmanns Novelle *Nachricht von den neuesten Schicksalen des Hundes Berganza* (1814), die nach dem Vorbild aus Cervantes' *Novelas Ejemplares* von 1613 ebenfalls einen sprechenden Hund vorführt (Binder 1975, 262). Die Forschung ist häufig motivischen, symbolischen oder auch nur lebensgeschichtlichen Entsprechungen zu anderen Texten über Hunde nachgegangen, nicht zuletzt dem entsprechenden Abschnitt in *Brehms Tierleben*. Die beispielgebenden Vorbilder für die literarische Form der Fabel, die hierbei aufgerufen wurden, sind ungezählt. Jianming Zhou hat vor einigen Jahren sogar eine besondere Beziehung zwischen der chinesischen Literatur und Kafka herauszuarbeiten versucht und das Verbindende darin gesehen, dass die

Tier-Erzähler hier wie dort um »ihre eigene Rolle als Nichtwissende« wüssten und dieses Wissen dem Leser darlegten. Die enigmatischen »Lufthunde« deutet Zhou als Ausdruck einer »verkehrten Welt« (Zhou 1996, 160 f. u. 248).

Zu den semantischen oder motivischen Vorbildern gehört natürlich auch die Vielzahl an Verweisen auf das Motiv des Hundes in Kafkas eigenen Romanen, Erzählungen, Briefen und Tagebucheinträgen. Als frühe Summe der in diesem Kontext diskutierten Bezüge zur Symbolik der Hundefigur in der Geistes- und Ideengeschichte im Allgemeinen und im Werk Kafkas im Besonderen kann das Buch von Karlheinz Fingerhut verstanden werden (Fingerhut 1969, zum Motiv des Hundes bes. 215–223 u. 287–289). Noch Anfang der 1990er Jahre wurden die Grenzen dieses Ansatzes deutlich, als Kurt Fickert die These von der Fortführung des *Bericht für eine Akademie* durch die <Forschungen eines Hundes> zu belegen versuchte, indem er auf die vermeintlich augenfällige Parallelität der Titel verwies, obwohl letzterer gar nicht vom Autor stammte (Fickert 1993, 189).

Ästhetik und Kunsttheorie

Seit den späten 1950er Jahren zielten die literaturwissenschaftlichen Deutungen dieses Textes vor allem in Westdeutschland in einem für die Kafka-Philologie insgesamt typischen Sinne auf vage und verallgemeinernde Botschaften. Dies gilt gerade auch für bedeutende Beiträge dieser Jahre, etwa für die von Martin Walser und Ingeborg Henel. Walser sprach von der »hermetischen Transzendentalität«, Henel vom »transzendenten Sinn« der Texte Kafkas, deren autonome, >geschaffene< Logik keinen relevanten Bezug zur Wirklichkeit aufweise (Walser 1961, 65; Henel 1973, 413). Schlüsselbegriffe dieser Interpretationstendenz waren >Entgrenzung<, >Verrätselung< und >Paradoxon< (exemplarisch: Emrich 1975 [1957], 78–84). Auch die <Forschungen> wurden in dieser tendenziell ontologisierenden Traditionslinie als Ausdruck eines metaphysischen Individualismus gedeutet – eine Lesart, die der Kafka-Biograph Peter André Alt jüngst nur noch »absurd« nannte (Alt 2005, 656).

Deutungen älteren Datums zielten dabei nicht zuletzt an der jüdischen Thematik vorbei und nahmen vornehmlich Allgemein-Menschliches oder dessen künstlerische Universalmetaphern in den Blick, in welchen die »Musik-«, »Luft-« und »Jägerhunde« als Allegorien der Kunst und des Kunst- und Literaturbetriebes ausgelegt wurden – so die über Jahrzehnte dominante Deutung von Wilhelm Emrich aus den späten 50er Jahren, die von vielen anderen übernommen wurde. Die »Lufthunde« etwa wurden bei Hillmann und Fingerhut als Ausdruck des »radikalen Zweifels am >Beruf< des Künstlers« gedeutet (Hillmann 1964, 56; Fingerhut 1969, 154). Sie hätten, so Emrich, keinen Bezug zur Realität, repräsentierten lediglich den »schönen Schein«, seien somit »Sinnbilder für einen Bereich, der im Irdischen zugleich unirdisch« sei. Es handele sich, so Emrich, »nicht um konkrete lebendige Kunst und Künstler, sondern um eine rätselhafte Sphäre, die kein >Leben< und keinen >Zweck< hat, aber immer wieder auftritt«, sozusagen »um eine unbegreifliche Geistigkeit und zwecklose Genialität« (Emrich 1975 [1957], 166).

In der Motivuntersuchung von Karlheinz Fingerhut wird betont, dass Kafka das Bild des Hundes negativ gesehen und mit Eigenschaften wie Neugier, Hartnäckigkeit, Sinnlichkeit und Unterwürfigkeit verbunden habe; Fingerhut deutet die Kafkaschen »Lufthunde« nur als »unsinnig-grotesk« (Fingerhut 1969, 288). Thomas Anz sprach im Hinblick auf die Hunde-Metapher von Kafkas »Selbstverkleinerungs- und Selbstherabsetzungsrhetorik« (Anz 1989, 150). Jost Schillemeit fragte Ende der 1970er Jahre, »ob und in welchem Sinne die Äußerungen des Forscherhundes über die >Wissenschaft< als Äußerung Kafkas über die geistige Situation seiner eigenen Zeit« zu verstehen und die Beschreibung der »Lufthunde« und ihrer schwebenden Lebensweise »auf irgendwelche Erscheinungen der zeitgenössischen Realität zu beziehen seien«; offenbar handele es sich, so Schillemeit, um »Schoßhunde« (Schillemeit 1979, 397 f.).

Nicht nur Untersuchungen der 1960er und 1970er Jahre, auch jüngere Forschungsbeiträge haben in der Erzählung – vor allem in den Gestalten der »Lufthunde« – den Ausdruck einer ästhetischen Konzeption Kafkas gesehen. Exemplarisch hierfür sei die Untersuchung von Jürgen Zink angeführt, der in den schwebenden Hunden eine Synthese des vegetativen Daseins des Tieres mit »einem Dasein in der >Luft<, also einer Orientierung nach >oben<, in den Bereich des Geistigen, das sich vom >Boden< als dem Orientierungspunkt logisch-rationalen Bewusstseins gelöst hat«, ausgemacht hat. Auf eine Äußerung Wassily Kandinskys verweisend, der das Kunstwerk als ein »in der Luft schwebendes Wesen« bezeichnete, sieht er in den »Lufthunden« geradezu das »Idealbild einer primitivistischen Kunstkonzeption« symbolisiert (Zink 2005, 191).

Jüdische Existenz

Die zeitgenössischen jüdischen Kommentare zu den <Forschungen> waren viel weniger vage als diejenigen nach 1945 in der deutschsprachigen Nachkriegsgermanistik. So hat etwa Hans-Joachim Schoeps 1931 im Nachwort des Nachlassbandes mit explizitem Hinweis auf den Text und auf die jüdische Herkunft Kafkas argumentiert, dass hier das Problem der »negativen Religion« gestaltet würde, in der das Gesetz zwar vergessen, nicht aber aufgehoben sei und somit seine Wirkung immer noch ausübe; seine Gültigkeit für den Menschen, so Schoeps, dauere sozusagen an, obwohl es nicht mehr verstanden werde. Die literarischen Rätsel Kafkas verweisen auf »eine zugespitzte religiöse Problematik«, wenn auch einer in säkularisierter Form (BBdCM 182–201, 196 u. 200). Max Brod hat diese Deutung später auf den Begriff gebracht, wenn er von einer »melancholischen Travestie des Atheismus« schrieb (Brod 1959, 9).

In den 1980er Jahren wurde dieser Ansatz in der Forschung noch einmal aufgenommen, etwa in den Arbeiten von Michael Ossar, Andrea Reiter und Ritchie Robertson, die die Erzählungen <Der Bau> und <Forschungen eines Hundes> als Teil einer nicht geschriebenen Autobiographie interpretieren. Ossar nannte die Kafkaschen »Lufthunde« »a humorous analogue of the Yiddish appellation ›Luftmensch‹« (Ossar 1987, 326). Robertson zählte den Text zu den jüdischen »Meditationen« des Spätwerks, die eine Zeit einleiten, in der der Autor versuchte, sich seines Judentums neu zu versichern (Robertson 1988, 354–362). Reiter schloss ihre Deutung der <Forschungen> an eine Formulierung Kafkas an, der einmal mit Bezug auf sein Schreiben generell von seinen »selbstbiographischen Untersuchungen« sprach, die unternommen worden seien, um »möglichst kleine Bestandteile« seines Lebens aufzufinden und zu verstehen (NSF II, 373; Reiter 1987, 23). Mit ihrer Auslegung knüpfte die Autorin explizit an die zeitgenössischen Kommentare von Brod, Schoeps – aber auch von Johannes Urzidil, Baruch Kurzweil oder Johannes Strich – an und nannte das schriftstellerische Verfahren Kafkas »symptomatische Detaildeutung«: Er forsche nach Details und über diese nach deren Sinnbildlichkeit für das Leben (Reiter 1987, 37). Auch Robertson und Reiter bezogen sich in ihren Analysen auf die Metapher vom »Luftmen-

schen«, wie sie im innerjüdischen Diskurs um 1900 zur stehenden Rede geworden war (Robertson 1988, 360 f.; Reiter 1987, 34 [mit Bezug auf Theodor Lessing]).

Heute werden die späten Erzählungen insgesamt wieder stärker biographisch als »zentrale Lebenstexte« gedeutet, so etwa jüngst von Bernd Neumann in seiner Kafka-Biographie (Neumann 2008, 598) oder von Andreas Kilcher, der die überragende Bedeutung betonte, die Kafka den innerjüdischen Diskussionen in der Zeit des Übergangs von der Habsburger Monarchie zu den nationalstaatlich verfassten Nachfolgestaaten beimaß (Kilcher 2008, 62). Auch im englischsprachigen Raum wird, wie am Beispiel der Ausdeutung der Kafkaschen »Lufthunde« im Einzelnen zu zeigen wäre, die von Kafka genau verfolgte innerjüdische Diskussion einbezogen, die in den Jahren um den Ersten Weltkrieg herum über das frühzionistisch politisierte und polemisch verstandene, vermeintlich jüdische »Luftmenschentum« geführt wurde (Anderson 1992, 90 ff.; Williams 2007, 111 u. 121). Kafkas Kenntnisse der jüdischen Debatten werden durch die beiden schon klassischen Aufsätze von Hartmut Binder über die Hebräischstudien und die Lektüre der jüdischen Wochenschrift Selbstwehr dokumentiert (Binder 1967a, Binder 1967b und die Pionierstudie von Struc 1962).

Natürlich soll mit dem Rückbezug der von Kafka literarisch entfalteten Themen auf die prekär gewordene Existenz der europäischen Juden in Europa nach dem Ersten Weltkrieg keinem Biographismus im banalen Sinne das Wort geredet werden. Solange sich die biographische Erkenntnismethode noch in Sackgassen des Verstehens begibt, erscheint ein solcher Hinweis vonnöten; denn die spezifisch jüdische Existenzmetaphorik, deren Logik Kafka seinem Text mitgab, wird natürlich nicht durch den Nachweis plausibler, dass der Schriftsteller in der Zeit, in der die Erzählung entstanden war, Spaziergänge mit dem Hund der Vermieterin gemacht habe (Binder 1975, 262 f.). Jenseits solcher eher kontingent anmutenden empirischen Entsprechungen zwischen literarischen Motiven und dem Alltag des Schriftstellers sind jene Zugänge am aufschlussreichsten, in denen der Umschlag von Erfahrung in Erkenntnis reflektiert wird. Eine Deutungsachse, die sich für das ›wie‹ einer solchen Wandlung interessiert, wurde zuletzt in den Büchern von Peter André Alt oder von Andreas Kilcher vorgeschlagen, die die epistemologische Ambition der Erzählung als »hochironische Travestie der

Erkenntnis« mit vielfältigen Bezügen zur Rolle des zeitgenössischen westlichen Judentums (Alt 2005, 657) oder als Versuch gedeutet haben, »ein verlorenes Wissen und eine vergessene Tradition zu erneuern« und dabei die Vergeblichkeit dieser Erneuerung mitzudenken (Kilcher 2008, 63 f.).

Deutungsaspekte

Walter Benjamin schrieb Anfang der 1930er Jahre in seinem später berühmt gewordenen Essay über Kafka, in welchem er eine »Deutung des Dichters aus der Mitte seiner Bilderwelt« forderte, bei aller Offenheit seiner Texte sei sicher, dass unter allen Geschöpfen Kafkas die Tiere am meisten zum Nachdenken kämen: »Was die Korruption im Recht ist, das ist in ihrem Denken die Angst. Sie verpfuscht den Vorgang und ist doch das einzig Hoffnungsvolle in ihm« (Benjamin 1981, 30 f. u. 40). Benjamin verstand dies seinerzeit als gegen Kafkas Freund Max Brod gerichtet, dessen Plädoyer zum Verständnis des Dichters mehr auf eine »realistisch-jüdische Deutung Kafkas« abgehoben hatte (Brod 1937, 214; vgl. auch: Kilcher 2008, 123). Heute erscheint eine Synthese aus beiden Ansätzen angemessener als eine Entscheidung für den einen Zugriff und gegen den anderen.

Tatsächlich spricht nichts dagegen, sowohl Brod als auch Benjamin, also sowohl den jüdischen Erfahrungshintergrund dieser Fabel als auch die Textualität und Literarizität seiner Methode, die Wirklichkeit zu reflektieren, in eine Deutung zusammenzuführen. In <Forschungen eines Hundes> gelingt es Kafka mit Virtuosität und mit Ironie, die Wörtlichkeit des Erzählerberichts mit der auf die soziologische und sozialpsychologische Ebene der Zeitgeschichte übertragenen Bedeutung zu verknüpfen und zugleich zu karikieren. Einerseits handelt es sich bei dieser Erzählung um die ernsthafte Selbstreflexion eines jüdischen Autors auf seine Existenzbedingungen in dem Sinne, in dem Marthe Robert einmal schrieb, der Hund in den <Forschungen> spreche im Namen Kafkas (M. Robert 1987, 19); zugleich aber stellt der Text auch eine Satire dar, und dies sowohl im Duktus der Sprache als auch in der literarischen Präsentation des geistigen Horizonts seines Ich-Erzählers, dessen Beschränktheit sich dem Leser deutlich vermittelt.

Die <Forschungen> gehören dabei zu den wenigen Texten um 1900, die in den nationalistisch und völkisch radikalisierten Diskursformationen der Jahrhundertwende einen jüdischen Erfahrungsgehalt zum Ausdruck zu bringen vermögen, ohne sich dabei den zeitgleich radikal gewordenen antisemitischen Angriffen gegen die diasporische Existenz der Juden in Europa insgesamt anzunähern (im Text fallen die Begriffe >volklich< oder >Art< weniger in völkischer als vielmehr in kollektivhistorischer Semantik; der Begriff >Rasse< wird von Kafka ganz vermieden, vgl. NSF II, 423 f., 426 u.ö.). Die Frage, ob Kafka Zionist war (Carmely 1979), reicht zum Verständnis des Textes eben nicht aus. Kafkas »Lufthunde« werden aber plausibel als eine Metapher für den Versuch, seine Arbeit und sein eigenes Leben als Schriftsteller mit kollektiven Erfahrungen des zeitgenössischen Judentums unter der ursprünglich literarischen Leitmetapher des jüdischen >Luftmenschen< zu deuten und sich somit sowohl über seinen individuellen wie über seinen kollektiven Ort in der modernen Geschichte Rechenschaft abzulegen (Berg 2008).

Für die biographische Seite dieser Deutung hat Hartmut Binder die These aufgestellt, dass Kafkas Versuch einer Wiedereingliederung in die jüdische Gemeinschaft subjektiv gescheitert sei – und dieses Scheitern besonders prägnant im Text <Forschungen eines Hundes> literarisiert wurde (Binder 1967a). Das westliche Judentum, zu dem sich auch der deutschsprachige Prager Schriftsteller Franz Kafka zählte, lebte, so Binder, »eine unwirkliche, unsinnige, gemeinschaftsferne und nicht mit den Grundlagen des Lebens verbundene Existenzform«, deren Paradigma »die westjüdische bodenferne Vereinzelung in den Städten« gewesen sei (Binder 1977 [1975], 278 f.). Die Metapher der jüdischen »Luftmenschen« geht dabei nicht auf Max Nordau zurück, wie in der Forschung vermutet wurde, sondern war ein spätestens seit den 1860er Jahren weit verbreiteter, ironisch gebrauchter Bezug in innerjüdischen Debatten seit der sogenannten >Goldenen Phase< der jiddischen Literatur. Kafka kannte die von Micha Josef bin Gorion gesammelten und aufgezeichneten Sagen der Juden (1913; ein Exemplar befand sich in seiner Bibliothek), ebenso manche Klassiker der von Kafka rezipierten und kritisierten zionistischen Literatur, etwa Julius Zemachs Jüdische Bauern. Geschichte aus dem Neuen Palästina (1919). Später sollte die Politisierung der Semantik vom >jüdischen Luftmenschen< es den Antisemiten erleichtern, den Begriff als Bestätigung ihrer gegen die Juden gerichteten >Kulturkämpfe< – so die völkische Stilisierung – zu verstehen.

Interpretationen, die in den <Forschungen> eine reine Kunstparabel sehen, wie es in der germanistischen Forschung lange der Fall war, erscheinen heute nicht mehr überzeugend, denn Kafkas »Lufthunde« sind kaum ausreichend verstanden, wenn man sie als Ausdruck abstrakter Kunst oder als verschlüsselte Schoßhunde deutet. Eine Re-Lektüre ist auch deswegen nötig und naheliegend, weil Bilder und Metaphern des ›Schwebens‹ in vielen Erzählungen, Fragmenten und Aphorismen Kafkas aus den frühen und mittleren Jahren aufscheinen.

Das Thema des Schwebens und Balancierens, der Leere und der Luft – und davon abgeleitet das des Bodens und der Erde – durchzieht das Denken Kafkas über Jahrzehnte. In einem Text aus dem September 1920 schreibt er zum Beispiel:

> Eine heikle Aufgabe, ein Auf-den-Fußspitzen-gehn über einen brüchigen Balken der als Brücke dient, nichts unter den Füßen haben, mit den Füßen erst den Boden zusammenscharren auf dem man gehn wird, auf nichts gehn als auf seinem Spiegelbild das man unter sich im Wasser sieht, mit den Füßen die Welt zusammenhalten, die Hände nur oben in der Luft verkrampfen um diese Mühe bestehn zu können (NSF II, 312).

In einem Brief an Milena heißt es – exemplarisch für eine Fülle ähnlicher Belege – über seine mit der Arbeit verflochtene Existenz, dass sie »in großer Höhe« stattfinde:

> Aber vielleicht hätten Sie sogar recht mir nicht mehr zu schreiben, manche Stellen in Ihrem Brief deuten diese Notwendigkeit an. Ich kann nichts gegen diese Stellen vorbringen. Es sind gerade jene Stellen, wo ich genau weiß und sehr ernsthaft erkenne, daß ich in großer Höhe bin, aber eben deshalb ist die Luft dort für meine Lungen zu dünn und ich muß ausruhn (An M. Jesenská, 5.6.1920; BM 46 f.).

Den von Kafka präsentierten Zirkusartisten und Gauklern mag die Leichtigkeit fehlen (Alt 2005, 645), trotzdem ist es eines der hervorstechenden Merkmale seiner Texte, dass sie in auffälliger Dominanz immer wieder ein Moment des Schwebens, des Hängens oder Fliegens gestalten, also sprachliche Bilder für Momente der Unsicherheit und des Loslösens suchen, die in paradoxer Weise immer zugleich als eine Form des Verlusts von Standfestigkeit und als ein Zugewinn von Freiheit konzeptualisiert werden. Dieses Moment verbindet *Erstes Leid* und die Darstellung des in der Zirkuskuppel hängenden Trapez-Künstlers, der den Platz an seiner Stange als Lebensort begreift, mit der Gedankenfigur der »Lufthunde« in den <Forschungen eines Hundes>.

Aus heutiger Sicht erscheint es plausibel, anzunehmen, dass Kafka in seinen späten Texten der 1920er Jahre eine erkenntnistheoretische Summe zog, in der seine großen Themen – Wandlung und Verwandlung, Anschuldigungen und Gesetz, Zugehörigkeit und Ausschluss, Sicherheit und Angst – noch einmal in neuer Konsequenz durchdacht wurden. Sie alle haben in der Dekade, die der Entstehung des Textes voranging, eine besondere jüdische Dimension. Zugleich wird deutlich, dass zu Beginn des 20. Jahrhunderts nicht selten das allenthalben als ›jüdisch‹ Wahrgenommene einer ideologisch präformierten Sichtweise entsprach und im Kern gerade keine kollektive jüdische Differenz zur allgemeinen Modernisierung markiert, sondern eine allgemeine Problematik, die auch nichtjüdische Zeitgenossen beschäftigte.

Der entscheidende Punkt aber ist, jene Selbstansprachen verstehbar zu machen, in denen von Kafka ›Erde‹ und ›Luft‹, Grund und Losgelöst-Sein als Existenzmetaphern ausbuchstabiert werden, weil sie eine besondere jüdische Erfahrungsdimension beinhalten, wie sie in jenen Sätzen zum Ausdruck kommt, die er ebenfalls in einem Brief formulierte:

> Und wo sind die Weltgesetze und die ganze Polizei des Himmels? Du bist 38 Jahre alt und so müde wie man wahrscheinlich durch Alter überhaupt nicht werden kann. Oder richtiger: Du bist gar nicht müde, sondern unruhig, sondern fürchtest Dich nur einen Schritt zu tun auf dieser von Fuß-Fallen strotzenden Erde, hast deshalb eigentlich immer gleichzeitig beide Füße in der Luft, bist nicht müde, sondern fürchtest Dich nur vor der ungeheueren Müdigkeit, die dieser ungeheueren Unruhe folgen wird und (Du bist doch Jude und weißt, was Angst ist) (An M. Jesenská, 2.6.1920; BM 35 f.).

(Zu den in diesem Artikel ausgesparten Aspekten der Musikhunde, des Jäger-Hundes, der Nahrungs- und Musikforschung ↗ 489–493).

Ausgaben: ED: BBdCM (1931), 154–211. – BeK/GS (1936), 233–278. – BeK/GW (1954), 240–290. – NSF II/KA (1992), 423–459 [»Hungerkünstlerheft«], 460–482 [Fortsetzung in Tagebuchheft 12], 485–491 [Beginn einer Reinschrift; »Forschungen-Heft«].

Quellen und Erinnerungstexte: Walter Benjamin: Über K., Texte, Briefzeugnisse, Aufzeichnungen. Hg. v. Hermann Schweppenhäuser. Frankfurt/M. 1981 [zuerst 1934]. – Max Brod: F.K. Eine Biographie. Erinnerungen und Dokumente. Prag 1937 u.ö. – Ders.: Verzweiflung und Erlösung im Werk F.K.s. Frankfurt/M. 1959. – Micha Josef bin Gorion (Hg.): Sagen der Juden. Frankfurt/M. 1913. – Baruch Kurzweil: Die Fragwürdigkeit der jüdischen Existenz und das Problem der

Sprachgestaltung. Betrachtungen zu den Werken von K., Broch und Karl Kraus. In: Bulletin des Leo-Baeck-Instituts 8 (1965), 28–40. – Theodor Lessing: Der jüdische Selbsthaß. Berlin 1930, bes. 38–44. – Fritz Strich: K. und das Judentum. In: Ders., Kunst und Leben. Vorträge und Abhandlungen zur deutschen Literatur. Bern, München 1960, 139–151. – Johannes Urzidil: Der lebendige Anteil des jüdischen Prag an der neueren deutschen Literatur. In: Bulletin des Leo-Baeck-Instituts 10 (1967), 276–297. – Shlomo Zemach: Jüdische Bauern. Geschichten aus dem Neuen Palästina. Wien, Berlin 1919.

Forschung: P.-A. Alt (2005), bes. 653–658. – Peter-André Alt: K.s Selbstmodellierung in den Erzählungen. In: Haller-Nevermann/Rehwinkel (2008), 105–122. – M. Anderson (1992). – Thomas Anz (1989). – E.T. Beck (1971). – Nicolas Berg: Luftmenschen. Zur Geschichte einer Metapher. Göttingen 2008. – C. Bezzel (1964). – Hartmut Binder: Motiv und Gestaltung bei F.K. Bonn 1966. – Ders.: K.s Hebräischstudien. Ein biographisch-interpretatorischer Versuch. In: JDSG 11 (1967), 527–556 [1967a]. – Ders.: F.K. und die Wochenschrift *Selbstwehr.* In: DVjs 41 (1967), 283–304 [1967b]. – Ders.: *Der Jäger Gracchus.* Zu K.s Schaffensweise und poetischer Topographie. In: JDSG 15 (1971), 375–440. – H. Binder (1975), 261–297. – Ders.: Erlebendes und Erzählendes Ich. Eine Szene aus K.s *Forschungen eines Hundes.* In: Alain Faure (Hg.): Études allemandes et autrichiennes. Hommage à Richard Thieberger. Paris 1989, 5–39. – Iris Bruce: Aggadah Raises Its Paw Against Halakha. K.'s Zionist Critique in *Forschungen eines Hundes.* In: Journal of the Kafka Society of America 16 (1992), 4–18. – Klara Carmely: Noch einmal: War K. Zionist? In: GQ 52 (1979), 351–363. – Wilhelm Emrich (1975 [1957]), bes. 152–167. – Kurt J. Fickert: K.'s Search for Truth in *Forschungen eines Hundes.* In: Monatshefte 85 (1993), 189–197. – Karl-Heinz Fingerhut: Die Funktion der Tierfiguren im Werke F.K.s. Offene Erzählgerüste und Figurenspiele. Bonn 1969, bes. 181–189, 215–223 u. 287–289. – P. Heller (1989). – Ingeborg C. Henel: Die Deutbarkeit von K.s Werken. In: H. Politzer (1973), 406–430. – Dies.: K. als Denker. In: C. David (1980), 48–65. – Heinz Hillmann: F.K. Dichtungstheorie und Dichtungsgestalt. Bonn 1964, bes. 51–56. – Oliver Jahraus/Bettina von Jagow: K.s Tier- und Künstlergeschichten. In: KHb (2008), 530–552, bes. 537 f. – Richard Jayne: Erkenntnis und Transzendenz. Zur Hermeneutik literarischer Texte am Beispiel von K.s *Forschungen eines Hundes.* München 1983. – A. Kilcher (2008). – Winfried Kudszus: Musik und Erkenntnis in K.s *Forschungen eines Hundes.* In: Martha Woodmansee/Walter F. W. Lohnes (Hg.): Erkennen und Deuten. Essays zur Literatur und Literaturtheorie. Edgar Lohner in Memoriam. Berlin 1983, 300–309; wieder in: Steven

Paul Scheer (Hg.): Literatur und Musik. Ein Handbuch zur Theorie und Praxis eines komparatistischen Grenzgebietes. Berlin 1984, 348–356. – Lewis W. Leadbeater.: Platonic Elements in K.'s *Investigations of a Dog.* In: Philosophy and Literature 11 (1987), 104–116. – Ders.: The Sophistic Nature of K.'s *Forschungen eines Hundes.* In: GLL 46 (1993), 51–58. – Eeva-Liisa Manner: *Forschungen eines Hundes.* In: Jahrbuch für finnisch-deutsche Literaturbeziehungen 17 (1983), 12–14. – Helen Milfull: F.K. – The Jewish Context. In: Leo Baeck Institute Yearbook 23 (1978), 227–246. – Dies.: »Weder Katze noch Lamm«. F.K.s Kritik des »Westjüdischen«. In: Gunter E. Grimm/Hans-Peter Bayerdörfer (Hg.): Im Zeichen Hiobs. Jüdische Schriftsteller und deutsche Literatur im 20. Jahrhundert. Frankfurt/M. 1986, 178–192. – Burkhard Müller: Trost im Fell des Nachbarn. Zu K.s Tierparabeln. In: Ders.: Lufthunde. Portraits der deutschen literarischen Moderne. Springe 2008, 137–168. – B. Neumann (2008), 596–603. – Ralf R. Nicolai: Wahrheit als Gift. Zu K.s *Forschungen eines Hundes.* In: MAL 11 (1978), 179–197. – Michael Ossar: K. and the Reader. The World as Text in *Forschungen eines Hundes.* In: CG 20 (1987), 325–337. – R. Pascal (1982), bes. 201–217. – Andrea Reiter: F.K.s autobiographische Erzählungen *Der Bau* und *Forschungen eines Hundes.* Selbstanalyse oder Gleichnis? In: Sprachkunst 18 (1987), 21–38. – M.L. Rettinger (2003), 131–226. – Marthe Robert: Einsam wie K. Übers. v. Eva Michel-Moldenhauer. Frankfurt/M. 1987 [franz. Paris 1979]. – R. Robertson (1988 [1985]), bes. 354–362. – Jost Schillemeit: Die Spätzeit (1922–1924). In: KHb (1979) II, 378–402, bes. 386–392 u. 396–398. – W.H. Sokel (1983 [1964]), bes. 227–236. – Horst Steinmetz: Suspensive Interpretation. Am Beispiel F.K.s. Göttingen 1977, 120–145. – C. Stölzl (1975). – Roman Sviatoslav Struc: Food, Air and Ground. A Study of Basic Symbols in F.K.'s Short Stories. Diss. Univ. of Washington 1962. – A. Thorlby (1971). – M. Walser (1961). – Lovis M. Wambach: Ahasver und K. Zur Bedeutung der Judenfeindschaft in dessen Leben und Werk. Heidelberg 1993. – Siegfried Weitzmann: Studie über K. Mit einem Vorwort von Robert Weltsch. Tel Aviv 1970. – Eric Williams: Of Cinema, Food, and Desire. F.K.'s *Investigations of a Dog.* In: College Literature 34 (2007) 4, 92–124. – John Winkelmann: K.'s *Forschungen eines Hundes.* In: Monatshefte 59 (1967) 3, 115–131 u. 204–216. – Jianming Zhou: Tiere in der Literatur. Eine komparatistische Studie der Funktion von Tierfiguren bei F.K. und Pu Songling. Tübingen 1996. – Jürgen Zink: Rotpeter als Bororo? Drei Erzählungen F.K.s vor dem Hintergrund eines »literarischen Primitivismus« um 1900. Diss. Universität Würzburg 2005.

Nicolas Berg

3.3.6 *<Der Bau>*

Entstehung und Veröffentlichung

<Der Bau> ist eine der letzten Erzählungen Kafkas. Sie gilt als Kulmination seines Spätwerks (Pasley 1977, 423; Sussman, 101) und als »dichterische Zusammenfassung seiner Existenz« (Sokel, 370). Die Erzählung entstand Dora Diamants Bericht zufolge während des gemeinsamen Aufenthalts in Berlin im Winter 1923/1924. Diese Angabe konnte durch graphische Indizien der Handschrift (»*Bau*-Konvolut«, seit 1961 in der Bodleian Library, Oxford) und Entsprechungen mit anderen Schriften Kafkas aus dieser Zeit bestätigt und präzisiert werden. Als Entstehungszeit gilt nunmehr die Periode zwischen dem 23. November 1923 und Ende Januar 1924, wobei angenommen wird, dass der Großteil der Erzählung bereits vor Ende Dezember fertig gestellt war. Weniger glaubwürdig ist aufgrund der Länge und der zahlreichen Revisionen und Streichungen (vor allem verdeutlichender Stellen; vgl. NSF II:A, 428–467) Dora Diamants Aussage, dass Kafka die Erzählung in einer einzigen Nacht niederschrieb; sie räumt auch selbst ein, dass Kafka »dann« – vermutlich nach einer einwöchigen Unterbrechung – »wieder an ihr gearbeitet habe« (NSF II:A, 143). Die Erzählung entstand zu einer Zeit, als Kafka bereits an fortgeschrittener Lungentuberkulose litt. Er las Max Brod bei dessen Besuch in Berlin Ende Januar 1924 Teile der Erzählung gemeinsam mit der fast zeitgleich entstandenen Erzählung *Eine kleine Frau* vor (vgl. 143–146).

<Der Bau> erschien erstmals 1928 in der Zeitschrift *Witiko*, dann wieder 1931 in *Beim Bau der Chinesischen Mauer* (BBdCM) in einer von Brod herausgegebenen, merklich von der Handschrift abweichenden Fassung, in der die Erzählung auch ihren Titel erhielt. Der markanteste Eingriff erfolgt dabei am Ende der Erzählung. Der letzte Satz endet in der Handschrift mit: »aber alles blieb unverändert, das« (NSF II, 632). Er steht am Schluss einer Seite, was auf die Möglichkeit hinweist, dass weitere Seiten, die eine Fortsetzung oder einen Schluss enthalten, verlorengegangen sind. Nach dem gegenwärtigen Stand der Forschung ist nicht mit Sicherheit auszumachen, ob und wie die Erzählung weitergeht und ob Kafka sie willentlich als Fragment hinterlassen hat. Obwohl Brod die Aussage Dora Diamants übernahm, dass die Erzählung, in der ein maulwurfarti-

ges Tier seinen Bau gräbt, ursprünglich mit dem Tod des Tiers im Kampf mit einem unbekannten Gegner endete (vgl. BBdCM, Nachwort), machte er in der von ihm erstellten Erstausgabe – offensichtlich aus dem Bedürfnis heraus, die Erzählung abzurunden – aus dem letzten Satz: »Aber alles blieb unverändert.«. Diese Abweichung, auf die erstmals 1972 aufmerksam gemacht wurde (Henel, 22), ist ausschlaggebend für eine Lektüre der Erzählung. Sie spielt unter anderem in die grundlegende Frage hinein, ob *<Der Bau>* eher eine (vollendete) Abfolge von Stadien eines Lebenslaufs erzählt, die mit dem (möglichen) Tod des Protagonisten endet, oder ob die Erzählung im Monolog des grabenden Tiers einem theoretisch unaufhörlichen Zustand oder Prozess Gestalt verleiht.

Textbeschreibung

Die in der Handschrift sechzehn Blätter umfassende Erzählung, in der ein nicht näher bestimmtes Wesen, offensichtlich ein maulwurfähnliches Tier, in der Ich-Form spricht, gliedert sich nach Erzählzeit und thematischer Ausrichtung in zwei fast gleich lange Hauptteile auf. Im ersten Teil der Erzählung berichtet das Tier-Ich mit großer Genauigkeit über die Einrichtung seines kürzlich vollendeten unterirdischen Baus, den es in seiner Jugend als Schutz gegen etwaige Feinde bzw. als Vorratsspeicher begonnen hatte. Der Bau, in dem das alternde Tier in Einsamkeit ausgiebig die Stille, den Schlaf und die reichhaltigen Fleischvorräte genießt, ist ihm zugleich ein sicheres Heim, eine Heimat und eine Verteidigungsburg. Es beschreibt in der Form einer inneren Rede, die allerdings stellenweise einen impliziten Zuhörer mit einzubeziehen scheint, ausführlich die Struktur der Aushöhlung mit ihrem großen zentralen Burgplatz, den zehn von ihm ausgehenden Gängen und den gut fünfzig kleineren Vorratsplätzen, die das Tier im komplexen »Zickzackwerk« (NSF II, 586) mit Kreuz- und Querverbindungen angelegt hat. Seine Besorgnis gilt insbesondere dem moosbedeckten Eingang des Baus, den es als Schwachstelle im Sicherheitssystem charakterisiert, da er ein unbemerktes Aus- und Einsteigen prinzipiell nicht verhindern kann. In einer Reihe von binären Oppositionen – Haus/im Freien, Heimat/Fremde, Stille/Rauschen, unten/oben – wird die Welt in eine innere und eine äußere aufgeteilt, wobei das Loch des Baus die Trennung und Schwelle zwischen beiden existentiellen Bereichen darstellt. Das Verhältnis zur

Oberwelt, in der das Tier-Ich im offenen Wald zuweilen nach Kleingetier jagt, ist durch eine grundlegende Ambivalenz gekennzeichnet, da sie nicht nur mit Gefahr assoziiert wird, sondern ebenfalls mit Freiheit und Leben. Ebenso erweist sich der Bau nicht nur als Schutz, sondern auch als Bedrohung. Die Feindschaftsphantasien eines Eindringlings im Innern des Baus bilden den Ausgangspunkt für die auftretenden Zweifel an der Angemessenheit seiner früheren Bauarbeiten, die es rückblickend als unzureichend beurteilt. Das Tier-Ich reflektiert unaufhörlich über die Vor- und Nachteile eventuell durchzuführender Ausbesserungsarbeiten am Bau. Zwangsgeleitet durch diese Sicherheitsbestrebungen erwägt bzw. vollzieht es verschiedenste Tätigkeiten wie das Graben von Zusatzgängen oder das Überwachen des Eingangs von außerhalb, ohne jedoch eine wirkliche Kontrolle der Situation zu erlangen.

Die unablässigen Reflexionen, Selbstgespräche, Berechnungen und Gedankengänge des Tier-Ich, die sich vordergründig auf die unmittelbare Lebenswelt und Gegenwart beschränken, bringen die Einförmigkeit seiner Denkbewegung zum Ausdruck. Der selbstreflexive Sturmlauf der inneren Rede geht mit einer weitgehenden äußeren Ereignislosigkeit einher. Die überwiegende Engführung von Vergangenheit und Gegenwart manifestiert sich erzähltechnisch im iterativen Präsens, das die Wiederholung vergangener Ereignisse in das Jetzt der Erzählung überführt und auf diese Weise gewissermaßen einen endlosen Zustand schildert. Die Bedeutung bzw. Funktion des Präsens in der Erzählzeit verlagert sich aber vom *iterativen* Präsens in der ersten Hälfte der Erzählung auf das überwiegend gebrauchte *progressive* Präsens in der zweiten, wo der Vergangenheitsbezug weitgehend fehlt, und die – krisenhafte – Gegenwart, die sich in eine unbestimmte Zukunft auflöst, ununterbrochen vorwärts schreitet. Hier werden zumeist einmalige Vorgänge dargestellt.

In diesem zweiten Teil, in dem die Verweise auf einen (impliziten) Zuhörer verschwunden sind, wird dargestellt, wie das Tier-Ich nach einer seiner vielfachen Schlafphasen erwacht und ein kaum hörbares Geräusch bemerkt. Trotz der geradezu besessenen Suche nach der Quelle dieses Zischens vermag das ängstliche Tier nicht, das Gezisch im Graben genauer zu orten oder es einem konkreten Feind zuzuordnen. Das hervorgebrachte Geräusch entzieht sich jeglichem Zugriff und erweist sich paradoxerweise nur am Eingangsloch als unhörbar. Anstelle der dargestellten bautechnischen Errungenschaften im ers-

ten Teil treten jetzt Todesbewusstsein und Verfolgungswahn thematisch in den Vordergrund, die beim Tier-Ich gelegentlich zu Panikausbrüchen führen. Der Erzählmodus des Textes wechselt infolgedessen von objektiver Berichterstattung zur Wiedergabe des (möglicherweise zunehmenden) Wahnsinns. Der Bau, der ursprünglich als Ort der Sicherheit, Gewissheit und Geborgenheit angesehen wurde, wandelt sich in die existentielle Bedrohung um, gegen die er ursprünglich als Schutz konzipiert worden war. Er lässt sich dementsprechend zugleich als Schutzgraben und Gefängnis verstehen, wodurch das Tier-Ich prinzipiell zu keinem einzigen Handlungsentschluss gelangen kann. Das Ringen um vollkommene Sicherheit ist symptomatisch für die panische Angst vor dem Gegner, der sich aber aller Wahrscheinlichkeit nach als ein dem Ich innewohnendes Trugbild und somit als Produkt der Angst selbst enthüllt.

Die Erzählung bricht abrupt ab, und der Wunsch des Tieres nach absoluter Kontrolle und absolutem Wissen bleibt uneingelöst. Die ungefähre Gleichzeitigkeit bzw. partielle Überschneidung von Reflexion und Erleben wie von Ursache und Wirkung macht geradezu das formale Wesensmerkmal dieser Erzählung aus. Mit der Auflösung traditioneller Parameter wie ›Zeit‹, ›Raum‹ und ›Kausalität‹ kommen die Voraussetzungen einer rationalen Wirklichkeitsauffassung ins Schwanken: Ebenso schwankt das Tier-Ich unentschlossen zwischen verschiedenen Handlungsalternativen, gelangt aber nie zu einer endgültigen Entscheidung.

Die scheinbare Einheitlichkeit des Geschehens, des Schauplatzes und des Zeitablaufs und die quasi völlige Abwesenheit raumzeitlicher Realitätspartikel laden dazu ein, den Bau als kohärente, erweiterte Metapher bzw. als geschlossene Allegorie zu lesen. Es liegt auf der Hand, die fast bruchlos vorherrschende Bildersprache des Baus und des Bauens, Grabens, Wühlens in ein (auf unterschiedliche Weise) analog strukturiertes Register – etwa des Selbst, der Psyche, des künstlerischen Schaffens oder gedanklicher, religiöser oder kultureller Konstrukte – zu übersetzen, doch die Ausrichtung dieser Deutungen ist aus dem Text selbst kaum zu bestimmen. Das grundlegende Interpretationsproblem liegt allerdings nicht so sehr in der Frage, wofür der Bau, das Tier-Ich und die von ihm wahrgenommene »Gegnerschaft der Welt« metaphorisch einstehen, sondern ob überhaupt von einer Allegorie im traditionellen Sinn gesprochen werden kann.

Forschung

Trotz der Interpretationsvielfalt in der Forschungsliteratur zu Kafkas *<Bau>* zeichnen sich in ihr einige Grundmuster bzw. Haupttendenzen ab. Neben *textimmanenten* Studien, die sich aus strukturalistischer Sicht vordergründig mit der narrativen Struktur, der Erzählzeit und der Tempusform der Erzählung beschäftigen, sind vorrangig solche Analysen vorzufinden, denen eine metaphorische bzw. allegorische Lektüre zugrunde liegt. Der Text wird dementsprechend mit einer – konkreten bzw. abstrakten – außertextuellen Instanz identifiziert. So wird einerseits in einem beachtlichen Teil der Forschung dem *(Auto-)Biographischen* unter Verweis auf die Tagebücher und Briefe des Autors eine große Bedeutung beigemessen. Diese Interpretationsansätze reichen von engen autobiographischen Deutungen, die in der Erzählung – vor allem im Zischen und Rauschen im Bau – Hinweise auf Kafkas Lungentuberkulose sehen (Pasley 1977, Boulby 1982, Maché 1982), über spezifisch werk-biographische Entschlüsselungen (Politzer; Pasley 1971/1972) und Darstellungen seines lebenslangen Dilemmas zwischen einem Leben in »sinnloser Freiheit« und einem Eingegrabensein im Schreiben (Politzer) zu Deutungen der Erzählung als Beschreibung des eigenen Schreibvorgangs (Corngold) und zuletzt als Reflexion der Erzählung auf sich selbst (bibliographische Übersicht zu (auto-)biographischen Deutungen bei Kurz, 156). Entgegen diesem biographischen Konnex weisen andererseits mehrere philosophisch ausgerichtete Beiträge einen *religiösen* bzw. *existentiellen* Deutungsansatz auf. Sie rekurrieren auf ein religiös-existentielles Referenzsystem, das von einem Hinweis auf die jüdische Religion bis zum Vergleich Mensch/Tier und zur Deutung der menschlichen Existenz als solcher reicht. Beide Deutungsansätze – die autobiographischen wie die philosophischen – werden in jenen Interpretationen berührt, die den Bau als Metapher von Kafkas Schreiben und als Reflexion auf die schriftstellerische Tätigkeit überhaupt verstehen.

Typologisch lassen sich vor diesem Hintergrund in der Sekundärliteratur in grober Zusammenschau *sechs* Ansätze ausmachen, die – in unterschiedlichsten Mischformen – existenzialistisch-philosophisch, formanalytisch, deskriptiv, psychoanalytisch, autobiographisch, bzw. dekonstruktivistisch geprägt sind. Im von Bänziger (1957; 1979), Emrich (1958), Sokel (1964) und Kurz (2002) vertretenen *existenzialistisch-philosophischen* Deutungsansatz gilt der Bau als grundlegende Existenzform bzw. religiöse Chiffre des menschlichen Wesens. Bänzigers biologisch inspirierte Verhaltenforschung rückt in diesem Sinne die animalische Kreatürlichkeit und das Territorialitätsbestreben des Menschen zunächst in den Mittelpunkt, doch in letzter Konsequenz deutet auch er die Erzählung im Sinne eines gefährdenden Daseins und Schicksals viel mehr theologisch bzw. eschatologisch als biologisch. Diese religiösen Schlussfolgerungen erweisen sich – trotz gravierender Unterschiede – als anschlussfähig an Kurz' Aufsatz, der einen in der späteren Rezeption selteneren Interpretationsansatz darstellt, indem er den Bau als Institution der Religion – insbesondere der jüdischen Tradition – nachzeichnet (Kurz 2002, 170–174). Für Kurz referiert Kafkas Erzählung in vielfachen Anspielungen auf das Buch Mose allegorisch auf die Ordnung bzw. Einrichtung der jüdischen Religion. Emrich (1958) und, mehr psychologisch gewendet, Sokel (1964) betonen hingegen die Todesangst des Tier-Ich vor einem – imaginierten – ubiquitären aber verborgenen Gegner und Kafkas Auffassung des menschlichen Lebens bzw. der Menschheit im Allgemeinen als fundamentaler Kampf des Selbst.

Die *formanalytische* Herangehensweise, die mit der strukturalistischen Literaturanalyse hauptsächlich in den 1970ern und Anfang der 1980er ihren Höhepunkt erreichte, gewährt der Erforschung der Narrativität in der Erzählung breiten Raum. Die frühe makroformale Analyse Binders (1966) wurde später auf mikroformaler Ebene detailliert verdeutlicht: So insistieren Cohn (1978), Henel (1972), Coetzee (1981) und Schmeling (1982) auf der interpretatorischen Relevanz der narrativen Temporalität in Kafkas *<Bau>*. Zu Henels tempusorientierter Untersuchung, in der fünf unterschiedliche Präsensformen funktional voneinander abgegrenzt werden, gesellt sich Coetzees Aufsatz, der der Frage nach dem Stellenwert des iterativen Präsens nachgeht und aus den komplexen Merkmalen der Erzählzeit schließt, dass die Gegenwartsform der Erzählung mit der Zeit zusammenfällt, in der *<Der Bau>* erzählt wird (Coetzee, 579). Schmeling verwendet seinerseits Kafkas Text als Fallbeispiel für seinen strukturalistisch-linguistischen Beitrag zur formalen Erzähltheorie, in dem er die semantischen Isotopien als strukturierende Konstituenten von »nicht-aktionalen« bzw. labyrinthischen Texten versteht. Eine quasi rein *deskriptive* Darstellung – die sich in Minimalform durch einen Großteil der Forschungsliteratur zieht –

nimmt Weigand (1972) vor, der den Inhalt des Textes in fünf Stadien nacherzählt.

Snyder (1981) thematisiert in seiner *psychoanalytischen* Lektüre einerseits den allegorischen Zusammenhang zwischen Bau und Gebärmutter wie den zwischen Tier-Ich und Fötus (Snyder 1981, 116). Die Eigenart des Textes bestehe vor diesem Hintergrund in der Mutterschoßsehnsucht und der Geburtsverweigerung des Tier-Ich: Das Nicht-geboren-sein-Wollen bzw. die herbeigesehnte Rückkehr zum pränatalen Zustand mache – in Freudscher Hinsicht – die Signatur des Textes aus. Andererseits ließen die häufigen sexuellen Anspielungen, die Snyder im Text zu entdecken meint, auf eine mögliche inzestuöse bzw. ödipale Deutungsweise schließen.

Eine herausragende Stellung in der Sekundärliteratur nimmt der *autobiographische* Ansatz ein, den Politzer (1962), Pasley (1966), Maché (1982) und Boulby (1982) auf unterschiedliche Art und Weise und in unterschiedlichem Maße verfolgen. Die Feststellung der Ähnlichkeitsbeziehungen zwischen der Erzählung und Kafkas eigener Biographie und schriftstellerischer Tätigkeit macht den gemeinsamen Kernbereich dieser Aufsätze aus. In den entsprechenden Analysen – wie bei Maché (1982, 527) und Pasley (1966, 421) – wird das zischende Geräusch im Bau beispielsweise auf Kafkas pfeifende tuberkulosebefallene Lunge zurückgeführt. Die Selbstreflexivität der Erzählung kommt in der Topographie des unterirdischen Grabens, die der Textstruktur der Erzählung, ja sogar dem ganzen Œuvre entspreche, zum Tragen. Politzer zufolge ist <*Der Bau*> die Erzählung von Kafkas Leben und Werk im Augenblick des Hinscheidens, und Boulby legt in dieser Linie nahe, dass erst der Tod des Autors das Ende der Erzählung bedeute.

Gerade der unendliche Aufschub des Sinns und die Sprengung der metaphorischen bzw. allegorischen Deutbarkeit der Erzählung werden mit unterschiedlicher Konsequenz und Radikalität von *dekonstruktivistischen* Theoretikern wie Sussman (1977), Kudszus (1983), Corngold (1988) und Menke (2000) als Wesensmerkmal des Erzählvorgangs hervorgehoben. Am Beispiel von Kafkas Erzählung führt Menke eine mehr als hundertseitige, konsequent durchgehaltene Dekonstruktion des Textes durch. Sie beleuchtet – Kudszus ähnlich – das komplexe Leser/Erzähler-Verhältnis und problematisiert unter Rückgriff auf Paul de Mans Begriff der ›Prosopopoiia‹ – der Stimme als Figur und Imagination des Textes – die Voraussetzungen des deutenden Lesens

von Kafkas Text. Die als aporetisch bezeichnete Erzählung <*Der Bau*>, deren Stimme sich paradoxerweise im Rauschen der Stille verliert bzw. sich in einem undifferenzierten Geräusch auflöst, wird für sie zu einer paradigmatischen, nicht länger metaphorisch auflösbaren Allegorie der (Un-)Lesbarkeit.

Deutungsaspekte

<*Der Bau*> vereint und radikalisiert wesentliche thematische, formale und motivische Aspekte von Kafkas Werk und macht den Grundriss ihrer Konstruktion in ungewöhnlicher Klarheit sichtbar. Gleichzeitig macht die Erzählung jegliche Suche nach Grundlagen und Gewissheiten fragwürdig. Dies gilt für die im Text inszenierte Selbstreflexion des Schreibenden ebenso wie für die darin vorweggenommene Deutungsaktivität des Lesers. Deren Schicksalsgenossenschaft macht einen Hauptreiz der Erzählung aus: Beide werden in einen unendlichen Prozess verstrickt, der auch noch ihr jeweiliges Verhältnis zum Text und zueinander mit einbezieht und bestenfalls anhand der diversen Erscheinungsformen seiner Unabschließbarkeit beschrieben werden kann.

Bestimmend für die Erzählung ist die Spannung zwischen einer fast monotonen Gleichförmigkeit der Textoberfläche und einer komplexen, aus minimalen Verschiebungen, Schwankungen und Ambivalenzen der Zeitebene, der Tonlage, der Perspektive und der Sprechsituation bestehenden Erzählweise, die sich jeder Festschreibung entzieht. Die von der Einheitlichkeit der Bau-Metaphorik verheißene Übersetzbarkeit in eine ›eigentliche‹ Bedeutung wird durch die permanente Beweglichkeit der Positionen und vor allem durch die Pseudologik der Gedankengänge verhindert und schlägt für den Leser in eine Situation um, die jener des Tiers im Bau verwandt ist. Die Absicherung, die das Tier anstrebt, entspricht dem Versuch des Lesers, der Bedeutungsflucht der Erzählung durch eine metaphorische Übertragung in einen anderen Bereich Einhalt zu gebieten und seine Interpretation sinnvoll festzulegen und abzusichern. Wie das Tier im Bau, wird auch der Leser des <*Bau*> von der unablässigen, sich selbst aufhebenden Denkbewegung, die den Bau überhaupt erst konstituiert, eingeholt.

Rationalität und Moderne

Auf der thematischen Ebene gestaltet die Erzählung Zustände und Erfahrungen, die jenseits einer allgemeinen Reflexion über die Grenzen der Rationalität zu den Grundvokabeln der Moderne gehören. Die im Text anklingende Angst und Orientierungslosigkeit, die Einsamkeit des Subjekts, die »sinnlose Freiheit« (NSF II, 595), die Hypertrophie des Bewusstseins oder die ebenso ungreifbare wie omnipotente »Gegnerschaft der Welt« (NSF II, 592) können als mikrologische Dialektik der Aufklärung gelesen werden. So kehren sich die vernünftigen Überlegungen zum Zweck der Einrichtung und Verbesserung einer geschützten Existenz in ruhelose, leer laufende und selbstzerstörerische Wahnvorstellungen. Ebenso schlägt der Wille des Tiers, sein Territorium vor Eindringlingen zu schützen, in völlige physische und mentale Isolation um. Der Wunsch nach Autonomie und Selbstbestimmung endet in besessenen Vorstellungen vom Anderen, der fast nur noch als Feind gedacht wird. Diese gegen Totalisierung und Herrschaft gerichtete Modernitätskritik wird in der Erzählung unerbittlich – und nicht ohne Komik – zu Ende gedacht. Indem diese Themen nicht so sehr narrativ dargestellt wie performativ inszeniert werden, sich also im Vollzug des Textes *ereignen*, entziehen sie sich einer urteilenden Außenperspektive und einem ›letzten Grund‹. Unbestimmt bleibt dabei letztendlich auch, ob die Erzählung tatsächlich nur als düsteres Bild des modernen Subjekts zu lesen ist, oder nicht eher auch als Ausdruck der »Freude des scharfsinnigen Kopfes an sich selbst« (NSF II, 577), der in Kafkas feiner Selbstironie das höchstkomplexe Raffinement des eigenen Schreibverfahrens offenbart. Die Unabschließbarkeit wäre in diesem Fall weniger ein Unvermögen oder eine »schlechte Unendlichkeit« (Hegel) als der erwünschte und im Schreibakt erwirkte Aufschub eines befürchteten Endes (vgl. auch ↗ 509–511).

Formale Aporien

Zu den wichtigsten formalen Merkmalen des Kafkaschen Schreibens, die in der Erzählung in extremer Weise verdichtet sind, gehören die vielfältigen logischen Aporien – Paradoxien, Tautologien, Widersprüche und »chiastischen Rekurse« (Corngold) – die jede Stellung auflösen und jede Behauptung rückgängig machen. Zugespitzt wird gleichfalls die Täuschung der einsinnigen Perspektive, die den Le-

ser in das Labyrinth verführt, bis er merkt, dass das Tier ihm auf seiner vergeblichen Suche nach einem kontrollierenden Überblick – einem archimedischen Punkt des Verstehens – nur sein eigenes Scheitern vorspielt. Die oszillierende Temporalität der Erzählung verflicht Aspekte eines Rückblicks auf eine abgeschlossene Entwicklung und eines im Geschehen begriffenen, fortwährenden Gedankenprozesses. Diese einander gegenseitig unterwandernden zeitlichen Dimensionen des Textes entsprechen Grenzverwischungen auf der Ebene des Raums. Die Gänge und Plätze des Baus im Inneren der Erde, die unmittelbare Waldumgebung des Baus im Freien, die Moosdecke am Übergang zur Außenwelt bilden eine Topographie der Unterscheidungen, die fortwährend verunsichert und unterwandert werden, so dass sich der Text aus seiner Sprechsituation heraus nicht zu einem geschlossenen Innenraum fügt, sondern den Lesenden in einen unabschließbaren Denkvorgang involviert.

Das Bau-Motiv

Das Motiv des Baus, das Kafka auch in früheren Erzählungen heranzieht, erhält hier eine besondere Wendung. Ist es etwa in *Beim Bau der chinesischen Mauer* und in *<Das Stadtwappen>* noch vorwiegend in eine mimetische Darstellung gefasst, so wird der Bau hier erst durch das Erzählen selbst geschaffen und existiert in erster Linie als Textgebilde. Der Bau, der weder revidiert noch vollendet, weder endgültig verlassen noch wirklich bewohnt werden kann, der weder eigener noch fremder Besitz ist und ebenso Schutz wie Falle bedeutet, ist das perfekte Denkbild einer Konstruktion, die sich aufhebt und in diesem Prozess dennoch etwas entstehen lässt – eben die Erzählung selbst. Sie wird somit zu jenem existentiellen Rest, der nach allen vergeblichen Berechnungen einer sich selbst desavouierenden Logik übrig bleibt und die Tätigkeiten des Schreibens und des Lesens, die im Graben und Grübeln des Tiers anklingen, zu einem Ereignis jenseits aller Zwecke und Resultate macht.

Ende und Unendlichkeit

Die Unmöglichkeit, Gewissheit über das Ende der Erzählung zu erlangen und die unablässigen Überlegungen und Gegenvorschläge, die in der Rezeption aus dieser Unentscheidbarkeit hervorgehen, können als Entsprechung der in der Erzählung ebenso thematisierten wie inszenierten Unabschließbarkeit betrachtet werden. Doch auch hier eröffnet sich eine Aporie: Die Vorstellung, dass die Erzählung und der erzählte Bau so weit übereinstimmen, dass sogar noch die Kontingenz der verlorengegangenen Seiten mit der Unabgeschlossenheit des Labyrinths korrespondiert, würde letztlich, wie alle anderen allegorischen Deutungen, die Ungewissheit, die den Gehalt der Erzählung ausmacht, zu einem Abschluss bringen und sie somit in einen Selbstwiderspruch einmünden lassen. Diese Einsicht, die den Leser des <Bau> in eine gedankliche Endlosschlaufe verwickelt, scheint selbst abermals von der Textgestalt der Erzählung vorweggenommen zu sein.

Vom Anfang bis zum Ende vollzieht das Tier ununterbrochen Gedankenkreise um jede Wahrnehmung, jeden Begriff, jedes Gefühl. Stets macht es Feststellungen, konstatiert Tatsachen, fasst Entschlüsse, nur um sie sogleich zu verwerfen, gleich darauf eine Vielfalt von Alternativen zu betrachten, welchen alsbald ein ähnliches Schicksal widerfährt. Sein Bewusstsein dreht sich immerfort im Kreis, verschüttet den soeben gegrabenen Gedankengang, untergräbt das soeben aufgebaute Argument. Um jedes Zeitwort im Indikativ tanzt ein Schwarm von Konjunktiven. Auf jede Stellungnahme folgt ein »aber«, ein »dennoch«, ein »allerdings« oder ein »andererseits«. Der Text ist ein endloses Spiel von Möglichkeiten, dem weder eine Wirklichkeit noch ein Anderer Einhalt gebietet.

Auch in zahlreichen anderen Erzählungen Kafkas will sich ein Wesen seiner Ruhe, Stabilität und Selbstgenügsamkeit versichern und wird mit einer Störung konfrontiert, die es eines Besseren belehrt (vgl. Liska, 63). In <Der Bau> bleibt der Gegenspieler – anders als etwa Odradek in *Die Sorge des Hausvaters* oder das grundlos wütende weibliche Wesen in *Eine kleine Frau* – eine Befürchtung, die nicht konkreter wird als das (in aller Wahrscheinlichkeit vom Tier selbst ausgehende) Geräusch. In der Einsamkeit wuchern diese Möglichkeiten endlos weiter: Die Logik allein legt keine Kriterien zur Entscheidung bereit und so bleibt bis zuletzt auch »alles [...] unverändert« (NSF II, 632).

Eine letzte Unbestimmbarkeit entsteht aus dem Schwanken des Tiers zwischen Angst und immer wieder verneinter, jedoch unverkennbarer Sehnsucht nach einer von außen einfallenden Unterbrechung. In einer Dialektik von Allmachtswunsch und Selbstauflösung fürchtet und erhofft das Tier diese Unterbrechung durch einen Anderen, und sei es zu-

letzt auch jener Andere, der vielleicht einmal »bis zu [...] [ihm] durchbricht« (NSF II, 630). Ob dieser Andere Gott, der Tod, ein Waldbruder, der bedrohliche »Zischer« oder gar jener ganz andere Eindringling, der Leser, ist, bleibt ungewiss.

Ausgaben: ED: In: Witiko. Zeitschrift für Kunst und Dichtung 1 (1928), 89–104. –BBdCM (1931), 77–130. – BeK/GS (1936), 132–165. – BeK/GW (1954), 173–219. – NSF II/KA (1992), 576–632.

Forschung: P.-A. Alt (2005), 658–663. – Hans Bänziger: *Der Bau.* In: Merkur 11 (1957), 38–49; erweiterte Fassung: Das namenlose Tier und sein Territorium. Zu K.s Dichtung *Der Bau.* In: DVjs 53 (1979), 300–325. – H. Binder (1966), 340–346. – H. Binder (1983). – Mark Boulby: K.'s End: A Reassessment of *The Burrow.* In: GQ 55 (1982), 175–185. – John Maxwell Coetzee: Time, Tense and Aspect in K.'s *The Burrow.* In: MLN 96 (1981), 556–579. – Dorrit Cohn: Transparent Minds. Narrative Modes for Presenting Consciousness in Fiction. Princeton 1978. – Stanley Corngold: The Necessity of Form. Ithaca, New York 1988, 281–288. – Wilhelm Emrich: *Der Bau* und das Selbst des Menschen. In: W. Emrich (1958), 172–186. – K.-H. Fingerhut (1969), 189–200. – Angel Flores: The Bankruptcy of Faith. In: Flores (1946), 298–318. – T. Fuchs: Die Welt als Innenraum. K.s *Bau* als Paradigma paranoider Räumlichkeit. In: Nervenarzt 65 (1994), 470–477. – Jörg Gallus: Labyrinthe der Prosa. Interpretationen zu Robert Walsers *Jakob von Gunten*, F.K.s *Der Bau* und zu Texten aus Walter Benjamins *Berliner Kindheit um Neunzehnhundert*. Frankfurt/M., New York 2006. – Marjorie Gelus: Notes on K.'s *Der Bau.* Problems with Reality. In: CG 15 (1982), 98–110. – F. Greß (1994), 111–167. – Richard Heinemann: K.'s Oath of Service. *Der Bau* and the Dialectic of the Bureaucratic Mind. In: PMLA 111 (1996), 256–270. – Heinrich Henel: Das Ende von K.'s *Bau.* In: GRM 22 (1972), 3–23. – H.H. Hiebel (1999), 26–29. – Clayton Koelb: K. Imagines His Readers. The Rhetoric of *Josefine, die Sängerin* and *Der Bau.* In: J. Rolleston (2002), 347–359. – Winfried Kudszus: Verschüttungen in K.s *Der Bau.* In: Walter Sokel/Benjamin Bennett (Hg.): Probleme der Moderne. Studien zur deutschen Literatur von Nietzsche bis Brecht. Tübingen 1983, 307–317. – Gerhard Kurz: Das Rauschen der Stille. Annäherungen an K.s *Der Bau.* In: Sandberg/Lothe (2002), 151–174. – Vivian Liska: La grande décision et la petite différence. In: Europe. Revue littéraire mensuelle 923 (2006), 63–78. – Britta Maché: The Noise in the *Burrow.* K.'s Final Dilemma. In: GQ 55 (1982) 4, 526–540. – B. Menke (2000), 29–136. – Ralf R. Nicolai: Konflikt zweier Welten. K.s Triadik und *Der Bau.* In: JFDH 1975, 381–408. – M. Pasley (1966), bes. 1–32 u. 102–113. – Ders.:

K.'s Semi-private Games. In: Oxford German Studies 6 (1971/72), 112–131. – Ders.: *The Burrow*. In: A. Flores (1977), 418–425. – H. Politzer (1965 [1962]), 489–509. – M.L. Rettinger (2003), 227–319. –Manfred Schmeling: Semantische Isotopien als Konstituenten des Thematisierungsprozesses in nicht-linearen Erzähltexten. Am Beispiel von K.s *Der Bau*. In: Eberhard Lämmert (Hg.): Erzählforschung. Ein Symposion. Stuttgart 1982, 157–172. – Verne P. Snyder: K.'s *Burrow*: A Speculative Analysis. In: Twentieth Century Literature 27 (1981) 2, 113–126. – W.H. Sokel (1964), 416–434. – Jost Schillemeit: Die Erzählungen. Die Spätzeit (1922–1924). In: KHb (1979) II, 392–396. – Henry Sussman: The All-Embracing Metaphor. Reflections on K.'s *The Burrow*. In: Glyph 1 (1977), 100–131. – Beatrice Wehrli: Monologische Kunst als Ausdruck moderner Welterfahrung. Zu K.s Erzählung *Der Bau*. In: JSDG 25 (1981), 435–445. – Hermann J. Weigand: F.K.'s *The Burrow*. An Analytical Essay. In: Ders./Ulrich K. Goldsmith (Hg.): Critical Probings. Essays in European Literature from Wolfram von Eschenbach to Thomas Mann. Bern 1982, 233–264 [zuerst: PMLA 87 (1972), 152–166]. – Markus Winkler: Kulturkritik in K.s *Der Bau*. In: ZfdPh 118 (1999) Sonderheft, 144–164.

Vivian Liska

3.3.7 Kleine nachgelassene Schriften und Fragmente 3

Überblick

Als Beginn von Kafkas spätem Werk ist der Ausbruch der Lungenkrankheit im August 1917 anzusetzen, der einen unübersehbaren biographischen Einschnitt bedeutet: Kafka reist zu einem fast achtmonatigen Erholungsaufenthalt ins nordböhmische Zürau (12.9.1917 – 30.4.1918) und beendet die das mittlere Werk prägende Beziehung zu Felice Bauer. Rein quantitativ betrachtet, ist das späte Werk die ertragreichste der drei Werkphasen: Neben dem umfänglichen *Schloss*-Manuskript entstehen fast 65 % (über 1100 Druckseiten) des in den beiden Bänden *Nachgelassene Schriften und Fragmente* (NSF I u. II) der *Kritischen Ausgabe* (KA) zusammengestellten Textkorpus: in NSF I die Nrn. 22, 23 (Oktavhefte E/F) und 24, in NSF II der Gesamttext des Bandes mit 28 Textgruppen. Die zugrunde liegenden Überlieferungsträger sind von sehr unterschiedlicher Art: Neben Schreibheften in verschiedenen Formaten finden sich Blattkonvolute und Einzelblätter sowie Abschriften Max Brods, die verlorene Handschriften ersetzen. In einer ganzen Reihe von Fällen ist nur eine unsichere, aus Schrifteigenheiten und Kontexten erschlossene Datierung möglich (vgl. dazu im Einzelnen die »entstehungsgeschichtlichen Anmerkungen« der Herausgeber in NSF I/II:A).

Im Bereich der Tagebücher entfällt auf die späte Werkphase dagegen der kleinste Textblock, nämlich nur das letzte von zwölf Heften, das (mit zahlreichen Schreibunterbrechungen) vom 15. September 1917 bis etwa zum 12. Juni 1923 reicht (T 829–926). Für Kafka hatte das einst so hoffnungsvoll begonnene Projekt ›Tagebuch‹ (vgl. T 14 f.; ca. Nov./Dez. 1909) in diesen Jahren längst seinen Sinn verloren; er war der zwanghaften Selbstbeobachtung müde (z.B. T 874; 7.11.1922) und erwartete von der diaristischen Selbstreflexion keine neuen Erkenntnisse mehr. Zudem hatte er erfahren müssen, dass durch das bloße Aufzeichnen seiner Probleme nicht die objektivierende Distanz entstand, die allein durch literarische Gestaltung zu erlangen war (T 892; 27.1.1922). Literarische Texte aber finden sich im »Zwölften Heft« – anders als in den vorangehenden Heften – nur noch sehr selten. Tagebuch führt Kafka daher jetzt nur noch in besonderen persönlichen Krisensituationen, setzt dann die Eintragungen oft nur sporadisch fort und bricht sie schon bald wieder ab. Um den 8. Oktober 1921 übergibt er alle bisher geschriebenen Tagebuchseiten an Milena Jesenská:

> Alle Tagebücher, vor einer Woche etwa, M. gegeben. Ein wenig freier? Nein. Ob ich noch fähig bin eine Art Tagebuch zu führen? Es wird jedenfalls anders sein, vielmehr es wird sich verkriechen, es wird gar nicht sein […]. Über M[ilena]. könnte ich wohl schreiben, aber auch nicht aus freiem Entschluß, auch wäre es zu sehr gegen mich gerichtet, ich brauche mir solche Dinge nicht mehr umständlich bewußt zu machen, wie früher einmal, ich bin in dieser Hinsicht nicht so vergeßlich wie früher, ich bin ein lebendig gewordenes Gedächtnis, daher auch die Schlaflosigkeit (15.10.1921; T 863).

Dies ist allerdings keineswegs der letzte Eintrag – im Gegenteil: Die Notiz eröffnet eine neue Phase regelmäßigen diaristischen Schreibens, fast als scheue Kafka den *horror vacui* eines tagebuchlosen Zustandes. Doch schon zwei Wochen später werden die Einträge wieder seltener.

Zu Lebzeiten Kafkas publiziert wurden aus dem Textkorpus des späten Werkes nur die vier Erzählungen des *Hungerkünstler*-Bandes (*Erstes Leid*; *Eine kleine Frau*; *Ein Hungerkünstler*; *Josefine, die Sängerin oder Das Volk der Mäuse*). Max Brod hat dann aus dem Manuskriptbestand nicht nur das *Schloss* und die von Kafka selbst vorbereitete Auswahl aus den Aphorismen (als <*Betrachtungen über Sünde, Leid, Hoffnung und den wahren Weg*>) veröffentlicht, sondern nach und nach auch eine stattliche Anzahl kürzerer und mittellanger Erzähltexte aus den Manuskripten herausgelöst. Über zwei Drittel der Niederschriften, denen Brod durch Separatpublikation (und oft auch Betitelung) Werkstatus verliehen hat, stammen aus der späten Schreibphase. In entstehungschronologischer Folge handelt es sich dabei um die folgenden 24 Titel:

> <*Eine alltägliche Verwirrung*> (eigentlich: »Ein alltäglicher Vorfall«), <*Die Wahrheit über Sancho Pansa*>, <*Das Schweigen der Sirenen*>, <*Prometheus*>, <*Nachts*>, <*Die Abweisung*>, Zur Frage der Gesetze, <*Die Truppenaushebung*>, <*Poseidon*>, <*Gemeinschaft*>, <*Das Stadtwappen*>, <*Der Steuermann*>, <*Die Prüfung*>, <*Der Geier*>, <*Kleine Fabel*>, <*Der Kreisel*>, <*Der Aufbruch*>, <*Fürsprecher*>, *Das Ehepaar*, <*Forschungen eines Hundes*>, <*Gibs auf!*> (eigentlich: Ein Kommentar), <*Von den Gleichnissen*>, <*Heimkehr*>, <*Der Bau*> (Drucknachweise im Literaturverzeichnis).

Das gesamte Textkorpus des späten Werkes wurde erst in der *Kritischen Ausgabe* veröffentlicht (allerdings ohne die in einigen der Schreibhefte enthaltenen Hebräisch-Studien). Die entsprechenden Bände der FKA stehen noch aus.

Textbeschreibung: Vier Schreibphasen

Stärker noch als in den beiden anderen Werkphasen sind im späten Werk die Zeiten intensiven Schreibens durch lange Schreibpausen getrennt. Von den rund 81 Monaten, die das späte Werk umspannt, war Kafka nur in rund 25 Monaten literarisch produktiv, was etwa 30 % der Gesamtzeit entspricht. In den langen Pausen dazwischen hat er wenig oder überhaupt nicht geschrieben. Dass Kafka nur schreibend existieren konnte, erweist sich also gerade im späten Werk als eine pure Mystifikation der Forschung.

Grob gesprochen, lassen sich vier Schreibphasen unterscheiden:

(1) Zürau: 12. September 1917 bis Anfang Mai 1918 (die Phase reicht also noch einige Tage über die Abreise aus Zürau am 30. April hinaus);

(2) ›Konvolut 1920‹: ca. 20. August bis Mitte Dezember 1920;

(3) *Schloss*-Jahr 1922: ca. 27. Januar bis Mitte Dezember 1922 (die Arbeit am Schloss wurde bereits um den 20. August abgebrochen);

(4) Berlin (und Prag): ca. 24. September 1923 bis Anfang April 1924 (die Schreibphase reicht über den am 17. März endenden Berlin-Aufenthalt hinaus; in den darauf folgenden Prager Wochen entsteht *Josefine, die Sängerin*).

Vor dem Versuch, diese vier Phasen überblicksweise zu charakterisieren, sei zunächst noch ein vergleichender Blick auf das Schreiben im Tagebuch geworfen. Auch hier gibt es vier Schreibphasen, die von langen Pausen unterbrochen werden; allerdings decken sich die Zeiten nicht mit denen des literarischen Schreibens:

(I) 15. September bis 10. November 1917;

(II) 27. Juni 1919 bis 29. Februar 1920;

(III) 15. Oktober 1921 bis 18. Dezember 1922 (wobei es nach dem 23.6.1922 nur noch wenige kurze Einträge gibt);

(IV) um den 12. Juni 1923.

Die vierte Phase umfasst nur drei Einträge, von denen der erste auf den 12. Juni datiert ist (Anlass war wohl ein letzter Besuch Milenas); daher kann sie hier vernachlässigt werden. Im Prinzip endet das Tagebuchführen also für Kafka bereits am 23. Juni 1922.

Vergleicht man die drei verbleibenden Tagebuchphasen mit den vier Phasen literarischen Schreibens, so stellt man fest, dass (I) und (1) sowie (III) und (3) teilweise zusammenfallen:

- In Zürau hat Kafka das Tagebuch nach zwei Monaten abgebrochen (I) und nur noch in seinen ›literarischen‹ Notizheften, den Oktavheften G und H weiter geschrieben (1), in denen sich dann mitunter auch (kurze und stark faktenorientierte) diaristische Notizen finden.
- Am 15. Oktober 1921, also einige Monate vor dem Neuansatz des literarischen Schreibens am 27. Januar 1922, nimmt Kafka (nach der Übergabe der alten Tagebücher an Milena) das Tagebuchführen wieder auf und führt es durch das *Schloss*-Jahr hindurch fort. Dann brechen literarisches Schreiben (3) und Tagebuch (III) etwa gleichzeitig ab.

Die Probleme in der Beziehung zu Milena wurden dagegen nur im literarischen Medium gestaltet (2), die in der Beziehung zu Julie Wohryzek (↗21 f.) nur im Tagebuch (III), dort allerdings teilweise auch mit den Mitteln aphoristischen (also literarischen) Schreibens. Auch der in II entstehende <Brief an den Vater> (Mitte November 1919) ist primär ein autobiographisches Reflexionsinstrument.

Die Nicht-Synchronizität der Schreibphasen spricht jedenfalls deutlich dafür, dass Max Brods – von der neueren Forschung gelegentlich angezweifelte – Entscheidung, die Tagebuchhefte als eigenes Genre aus dem Gesamtkorpus der Notizhefte auszugrenzen, durchaus sinnvoll war. Trotz häufiger Überschneidungen betrieb Kafka sehr bewusst eine zweifache Form der ›Buchführung‹ in zwei prinzipiell klar geschiedenen Reflexionsmedien.

(1) Zürau

Nur der Vollständigkeit halber erwähnt seien zunächst die (wenigen) Erzählfragmente aus dem Umfeld des Krankheitsausbruchs, die vor der Abreise nach Zürau (möglicherweise auch noch auf der Fahrt dorthin und kurz nach der Ankunft) entstanden und in die Oktavhefte E und F (NSF I, 400–429) eingetragen wurden. Diese enthalten auch Lektürenotizen zu einem Buch Max Schelers (421–424) und Korrekturen an dem Aufsatz Jizchak Löwys *Vom jüdischen Theater*, den Kafka zum Druck vermitteln wollte (424–426 u. 430–436).

Der eigentliche Neueinsatz – der die Rede von einer neuen Werkphase überhaupt erst rechtfertigt – fällt in die Züraer Zeit. Im *formalen* Bereich liegt er darin, dass Kafka sich mit dem Aphorismus eine neue Schreibweise aneignet (↗3.3.1 zur ausführlichen Darstellung). Von der Gattungstradition weicht er vor allem dadurch ab, dass er das Genre seinen Schreibeigenheiten anverwandelt: Kafkas Aphorismen sind bildgesättigt; ihre Reflexionen folgen der Denkfigur des ›gleitenden Paradoxon‹ (↗285); mitunter enthalten sie auch ein erzählerisches Element (was sie dem parabolischen Schreiben annähert, das Kafka vor allem in der Endphase des mittleren Werkes erprobt hatte). Der *inhaltliche* Neuansatz der Züraer Zeit liegt in der extremen weltanschaulichen Verallgemeinerung, mit der hier anthropologische – von der Diktion her: religiöse – Grundfragen aufgegriffen werden: etwa der Gegensatz zwischen ›sinnlicher‹ und ›geistiger Welt‹ oder der ›Sündenfall‹. Formale und inhaltliche Innovation überschneiden sich im Rückgriff auf etablierte Philosopheme und Mythologeme, die Kafka kontrafaktisch nutzt, um seine ganz eigene, jeder etablierten Lehre gegenüber heterodoxe Position auszudrücken. Im Hintergrund all dieser Grundüberlegungen steht ein Thema, das sich erstmals im *Process* herausgebildet hatte, nun aber ganz abstrakt erörtert wird – die Frage nach der ›Rechtfertigung‹ der je individuellen Existenz:

> Niemand schafft hier mehr als seine geistige Lebensmöglichkeit; daß es den Anschein hat, als arbeite er für seine Ernährung, Kleidung u. s. w. ist nebensächlich, es wird ihm eben mit jedem sichtbaren Bissen auch ein unsichtbarer, mit jedem sichtbaren Kleid auch ein unsichtbares Kleid u. s. f. gereicht. Das ist jedes Menschen Rechtfertigung. Es hat den Anschein als unterbaue er seine Existenz mit nachträglichen Rechtfertigungen, das ist aber nur psychologische Spiegelschrift, tatsächlich errichtet er sein Leben auf seinen Rechtfertigungen. Allerdings muß jeder Mensch sein Leben rechtfertigen können (oder seinen Tod, was dasselbe ist), dieser Aufgabe kann er nicht ausweichen (NSF II, 99).

Weltanschauliche Verallgemeinerung wie Rechtfertigungsthematik ordnen die Aphorismen einem Prozess der Selbstvergewisserung Kafkas zu, der offensichtlich durch die Veränderung der Lebenssituation verursacht wurde: Sich über »die letzten Dinge klar werden« nannte er es in einem Gespräch mit Max Brod (Brod 1974, 147). Werkgeschichtlich bedeuten die Züraer Aphorismen in doppelter Hinsicht einen Einschnitt: Zum einen bilden sie den Höhe- und Endpunkt der Tendenz zu thematischer Verallgemeinerung, die das ganze mittlere Werk bestimmte (↗89). Zum anderen hat Kafka mit der Aneignung aphoristischen Schreibens die Entwicklung seines formalen Repertoires abgeschlossen. Im Rest des späten Werkes werden die Elemente nur noch variiert und immer wieder neu kombiniert werden.

In die Aphorismen-Hefte sind allerdings auch einige Texte anderer Genres eingelagert. Im letzten, durch einen Doppelstrich abgetrennten und zwischen Anfang März und Anfang Mai 1918 (wohl nach der Redaktion der Aphorismen zum ›Zettelkonvolut‹ ↗281) verfassten Teil des Oktavheftes H finden sich einige Erzählanfänge und ein kleiner Gedichtkomplex (110 f.) sowie der sozialutopische Entwurf *Die besitzlose Arbeiterschaft* (105–107). Wichtiger sind vier kurze, stark parabolische Erzähltexte, die zwischen den Aphorismen im Oktavheft G stehen: <*Eine alltägliche Verwirrung*> (21.10.1917; NSF II, 35 f.), <*Die Wahrheit über Sancho Pansa*> (21./22.10.; 38 f.), <*Das Schweigen der Sirenen*> (23.10.; 40–42) und <*Prometheus*> (wohl 16.12.; 69 f.). Die letzten drei Texte aus dieser Reihe sind überaus häufig interpretiert worden – aber kaum je in ihrer Relation zum aphoristischen Ko-text (was hier in den Einzelanalysen des 3. Kapitels versucht werden soll).

Zwischen den Schreibphasen (1) und (2) liegt, wie bereits erwähnt, die Beziehung zu Julie Wohryzek, die Kafka zunächst nur in sporadischen Tagebucheinträgen thematisiert (T 845 f.; 27.6.-11.12.1919). Spätestens als er die nach nur rund dreivierteljährlicher Bekanntschaft angesetzte Heirat Anfang November 1919 aus äußerlichen Gründen absagt – eine in Aussicht gestellte gemeinsame Wohnung steht nicht mehr zur Verfügung –, wird der innere Wiederholungszwang offensichtlich: Trotz der in Persönlichkeit wie sozialer Herkunft ganz andersartigen neuen Partnerin ist Kafka in die genau gleichen Verhaltensaporien geraten wie schon in der Beziehung zu Felice Bauer. Mitte November 1919 schreibt er mit dem <*Brief an den Vater*> die zweite Grundsatzreflexion des späten Werkes: Dienten die Züráuer Aphorismen der weltanschaulichen Vergewisserung, so ist der <*Brief*> quasi die Summe seiner langjährigen autobiographischen Selbstreflexion. Hier werden die Probleme der Persönlichkeitsstruktur ausschließlich aus dem Verhältnis zum Vater abgeleitet – eine natürlich höchst einseitige Sicht, der allerdings viele Kafka-Forscher nur zu gerne gefolgt sind.

Dass dies für Kafka selbst nicht das letzte – mindestens nicht das einzige – Wort war, zeigt ein zweiter, wenig später erfolgender Reflexionsversuch: Zwischen dem 6. Januar und dem 29. Februar 1920 notiert er eine Reihe von dem Aphorismus nahen Kurztexten in seinem Tagebuch (T 847–862; vgl. auch NSF II, 221 f.), die Max Brod später unter dem Titel <*Er. Aufzeichnungen aus dem Jahre 1920*> veröffentlichte (↗282 f.). Vom Vater ist hier nicht mehr die Rede. Statt einer individualpsychologischen Analyse (der die Züráuer Aphorismen ja schon längst abgesagt hatten; z. B. NSF II, 81) versucht Kafka nun, das neu angeeignete Medium des Aphorismus zur Selbstanalyse – oder besser gesagt: zur Distanz schaffenden Selbstobjektivierung – zu nutzen.

(2) ›Konvolut 1920‹

Das sogenannte ›Konvolut 1920‹ besteht aus 51 losen Blättern des Briefpapiers, das Kafka auch für seine Korrespondenz mit Milena verwendete. Max Brod hatte die Seiten umsortiert; die Herausgeber der *Kritischen Ausgabe* haben, mit einigem detektivischen Scharfsinn, die ursprüngliche Ordnung wieder herzustellen versucht, so dass das Textkorpus seit 1992 erstmals wieder in seiner (näherungsweise) originalen Form vorliegt (NSF II, 223–362).

Kafka schrieb das ›Konvolut‹ zwischen etwa 19./20. August und Mitte Dezember 1920. Schon diese Daten deuten – wie auch das gewählte Papier – auf den engen Zusammenhang mit der Beziehung zu Milena Jesenská hin (↗21 f.). Diese hatte sich zunächst – wie schon bei Felice Bauer – über einen intensiven Briefwechsel entwickelt, der während Kafkas Kuraufenthalt in Meran (2.4.-28.6.1920) begann. Auf der Rückreise machte er vom 29. Juni bis zum 4. Juli in Wien Station und sah dort Milena täglich. Es war ein für Kafka ganz ungewöhnlich glückliches und harmonisches Beisammensein, das zu den größten Hoffnungen berechtigte. Doch schon das nächste Treffen im Grenzort Gmünd am 14./15. August verlief enttäuschend. Kurz darauf, nämlich um den 15. September, erreichte die Krise der Beziehung ihren Höhepunkt (zu Details vgl. Stach 2008, 401 f. u. 409 f.), und Kafka machte einen ersten Ansatz, den Briefwechsel abzubrechen: »Wir sollen einander jetzt nicht mehr schreiben« (BM 264). Die offizielle Trennung erfolgt erst im Januar des Folgejahres (wobei es allerdings auch später noch gelegentliche Briefkontakte und Besuche Milenas gibt), ist aber eigentlich seit Herbst 1920 absehbar.

Dass die Wiederaufnahme literarischen Schreibens im ›Konvolut 1920‹ in engem Zusammenhang mit der Krise in der Beziehung zu Milena steht, erscheint als einigermaßen offensichtlich: Am 26. August berichtet Kafka, dass er »seit ein paar Tagen«, also kurz nach der Rückkehr aus Gmünd, seinen »›Kriegsdienst‹ – oder richtiger ›Manöver‹leben [wieder] aufgenommen« habe (An M. Jesenská, 26.8.1920; BM 229). Gemeint ist damit die Zweiteilung des Tages durch eine nachmittägliche Schlafpause, die den Gewinn ungestörter Schreibzeit in der Nacht ermöglichen soll. Auf den engen Zusammenhang mit Milena deutet auch hin, dass von den ›Konvolut‹-Eintragungen nur die datiert sind, die unmittelbar auf den 15. September folgen, also in die Zeit der entscheidenden Beziehungskrise fallen (NSF II, 321 f.).

Schreibprozesse

Die Textgruppe ist von der Forschung noch nie im Zusammenhang behandelt worden; interpretiert wurden immer nur die von Max Brod herausgelösten Einzeltexte. Das ist ein höchst bedauerliches Versäumnis, da die Blätter einen geradezu idealen Einblick in Kafkas Schreibprozess ermöglichen: Die biographische Grundkonstellation liegt hier offen zutage, und der Briefwechsel mit Milena ermöglicht einen detaillierten Einblick in die Entwicklung der Beziehung (und auch in wichtige Lektüren Kafkas in dieser Zeit). Etwaige Schreibanlässe sind so leicht zu ermitteln. Zudem findet die Problembewältigung diesmal ausschließlich im literarischen Medium statt – Kafka führt kein Tagebuch und die quälenden Selbstanalysen, die die Korrespondenz mit Felice bestimmten, werden in den Briefen an Milena aus dieser Zeit weitgehend unterdrückt, da diese darauf mit starker Abwehr reagiert (vgl. z. B. An M. Jesenská, Sept. 1920; BM 276).

Das ›Konvolut‹ ist sehr umfangreich; es enthält zahllose, oft schon nach kurzem Ansatz abbrechende Fragmente und einige abgeschlossene (oder abgeschlossen anmutende) Texte; zwölf davon wurden von Max Brod herausgelöst und als selbständige Werke publiziert. Die Herausgeber der *Kritischen Ausgabe* haben in der Textgruppe zwei Phasen und Schreibweisen unterschieden:

man sieht […] wie die Texte der »frühen Partie« durch eine Tendenz zu frei phantasierendem, fabulierendem Geschichtenerzählen, das bisweilen auch zur Entfaltung größerer Erzählzusammenhänge führen kann, gekenn-

zeichnet [sind], während in den Texten der späteren Zeit [nach dem 15. September] – in denen dieser Typus nicht verschwindet, aber doch zurücktritt – eine Tendenz zu autobiographischer Reflexion, zur Reflexion auf die aktuelle Situation des Schreibenden, die sich auch in tagebuchartigen Aufzeichnungen niederschlagen kann, als charakteristisch hervortritt; eine Tendenz, die zum erstenmal in den Eintragungen vom 15. bis zum 21. September […] auftritt (NSF II:A, 87).

Ähnliches hat der Bandherausgeber Jost Schillemeit bereits in einem etwas älteren Aufsatz konstatiert, der auch einige bedenkenswerte Vorschläge zur Neuordnung der noch immer teilweise nur unsicher datierten Briefe an Milena enthält (J. Schillemeit 2004 [1988], 323–326).

Diese Charakteristik ist sicher nicht einfach falsch, trifft die Eigenheit des ›Konvolutes‹ aber nur bedingt. Denn ein autobiographisches Element ist hier schon von den allerersten Einträgen an präsent. Die Blätter illustrieren sehr gut, wie Kafka beim Schreiben meist von einer (im weitesten Sinne) autobiographischen Konstellation ausgeht und sich um deren literarische ›Objektivierung‹ bemüht. Genauer gesagt, ist der Ausgangspunkt ein Bild und/oder eine Situation, das/die (einigermaßen) plausibel als direkte Umsetzung der biographischen Problematik oder auch der Schreibsituation gelesen werden kann. Diese Konstellation wird mit dem Textanfang als wirklich gesetzt – im ›Konvolut‹ besonders häufig mit den thetischen Eingangsformeln »Es war …« oder »Er ist …« – und dann narrativ entfaltet, bis der Schreibstrom abbricht.

Ein Beispiel dafür liefert schon der erste Eintrag:

Es war der erste Spatenstich, es war der erste Spatenstich, es lag die Erde in Krumen, zerfallen vor meinem Fuß
Es läutete eine Glocke, es zitterte eine Tür,
(NSF II, 223)

Hier werden drei Anfangssituationen angerissen, die mit einiger Plausibilität auf den (Neu-)Anfang im Schreiben bezogen werden können, wobei das erste Bild vom Schürfen in inneren Tiefen ausgehen mag (verwandt der bei Kafka häufiger verwendeten Bergwerksmetapher; vgl. etwa im ›Konvolut‹: 286 f., 352). Damit ist, wohlgemerkt, nicht gesagt, dass dies notwendigerweise auch die ›Bedeutung‹ der Bilder gewesen wäre, wenn das Fragment sich zu einem Werk geformt hätte. Dies anzunehmen und solche Texte dann pauschal als ›selbstreflexiv‹ zu interpretieren, beruht auf einer problematischen Kategorienverwechslung zwischen (kreativitätspsychologischer) Produktionsästhetik und Werkdeutung, die gerade die neuere Kafka-Forschung häufig begeht. In Kafkas Schreibanfängen ist aber *alles* disponibel – auch und gerade die Semantik. Entscheidend ist allein, dass der Schreibfluss in Gang kommt. Das tat er in diesem Fall offensichtlich nicht. Über die Gründe dafür kann man natürlich nur spekulieren. Mag sein, dass es einfach keine gute Idee war, an den Textbeginn eine völlig offene Anfangs-Situation zu setzen, die keinen Keim zu einer weiteren Entwicklung enthält – um sie fortzusetzen, müsste man ja schon wissen, was sich in der Erde finden wird bzw. wer vor der Tür steht. Wie sich dies vermeiden lässt, zeigen zahlreiche andere Textanfänge, in denen das Tür-Motiv – das als klassische ›Schwellen‹-Metapher bei der Text-Eröffnung natürlich nahe liegt – in spezifischerer und damit entwicklungsfähigerer Weise verwendet wird, etwa:

> Ich trat in das Haus und schloß hinter mir das Türchen im großen verriegelten Tor. Aus dem langen gewölbten Flur gieng der Blick auf ein gepflegtes Hofgärtchen mit einem Blumenaufbau in der Mitte … (NSF II, 230); Immer streichst du um die Tür herum, trete kräftig ein. Drin sitzen zwei Männer an roh gezimmertem Tisch und erwarten Dich … (233); Es war ein äußerst niedriges Türchen, das in den Garten führte, nicht viel höher als die Dratbogen die man beim Kroquetspiel in die Erde steckt. Wir konnten deshalb nicht neben einander in den Garten gehn, sondern einer mußte hinter dem andern hineinkriechen … (236); Ich stand nahe der Tür des großen Saales, weit von mir an der Rückwand lag das Ruhebett des Königs … (238); Vor dem Eingang des Hauses stehn zwei Männer, sie scheinen ganz willkürlich angezogen, das meiste was sie anhaben sind Lumpen … (257); etc.

Ein anderes beliebtes Anfangsmotiv sind Bewegungs- und Flussmetaphern, die ebenfalls in einem naheliegenden Zusammenhang mit dem in Gang kommenden (oder stockenden) Schreibfluss stehen:

> Ich teilte das schwarze Wasser, ich schwamm in dem kalt an mich schlagenden Wasser … (284); Das Pferd stolperte, fiel auf die Vorderbeine nieder, der Reiter wurde abgeworfen … (298); Ich ruderte stehend das Boot in den kleinen Hafen, er war fast leer … (314); Es war ein Strom, ein trübes Gewässer, es wälzte sich mit großer, aber doch irgendwie schläfriger, allzu regelmäßiger Eile mit niedrigen lautlosen Wellen dahin … (344); Ein Reiter ritt auf einem Waldweg, vor ihm lief ein Hund … (345); In einer Zwischenströmung treibt ein Fisch … (359).

Dabei kann der Bezug auf die Schreibsituation auch noch spezifischer ausfallen – etwa in der Furcht vor Störungen:

> Ich ruderte auf einem See. […] Ich ruderte ruhig durch die Wellen, dachte aber kaum ans Rudern, ich war nur damit beschäftigt mit allen meinen Kräften die Stille in

> mich aufzunehmen die hier herrschte […] Freilich nicht ungestört, noch war die Stille vollkommen, aber fortwährend drohte eine Störung, noch hielt irgendetwas den Lärm zurück, aber er war vor der Tür […]. Noch blieb es still und ich ruderte weiter … (251 f.)

oder in der Thematisierung der ›Bodenlosigkeit‹ von Kafkas a-mimetischen Schreibakten:

> Eine heikle Aufgabe, ein Auf-den-Fußspitzen-gehn über einen brüchigen Balken der als Brücke dient, nichts unter den Füßen haben, mit den Füßen erst den Boden zusammenscharren auf dem man gehn wird, auf nichts gehn als auf seinem Spiegelbild das man unter sich im Wasser sieht … (312).

Genauso gut kann jedoch auch ein autobiographisches Motiv den Textfluss in Gang bringen: etwa Schuldgefühle gegenüber Julie Wohryzek (zunächst in fast direkter, dann in bildlich stärker eingekleideter Form: 226, 227–230; ganz ähnlich: 234 f.); die Nachricht von Milenas Lungenkrankheit (246–251); die im Briefwechsel überdeutliche Eifersucht auf Milenas Ehemann (310–312); Milenas ›Auftrag‹ (vgl. Stach 401 f.), bei einer Verständigung mit ihrem Vater zu helfen (»Es ist ein Mandat«; NSF II, 320 f.).

Mitunter werden solche autobiographischen, selbstreflexiven oder autoreflexiven Erzähleinsätze auch zum bloßen Spender von Bildeinfällen. In einem späten, wohl aus dem November/Dezember 1920 stammenden Eintrag notiert Kafka etwa:

> Die geistige Wüste. Die Leichen der Karawanen Deiner früheren und Deiner späteren Tage (355).

Im übernächsten Eintrag wird die expressive Metapher dann zu einem (fragmentarischen) Erzähltext ausgestaltet, der das Leben in einer »Karawanserei« schildert (355–357).

Wichtiger als der Inhalt des Anfangseinfalls ist jedoch, wie sich bereits am ersten Eintrag zeigte, sein narratives Potential: Er muss den Schreibprozess nicht nur in Gang setzen, sondern ihm auch eine innere Dynamik verleihen können. Ein bei Kafka häufiges – da seinem weder an Figurenpsychologie noch am Handlungsaufbau orientierten Erzählen besonders adäquates – Mittel dazu ist eine ›ver-rückte‹ Ausgangskonstellation, also eine, die ein stark nicht-realistisches Element enthält. Solche Motive haben eine quasi ›natürliche‹ Entfaltungsdynamik: Die nicht-realistische Situation bedarf einer stärkeren Konturierung, da der Leser Details nicht einfach aus seinem Erfahrungswissen ergänzen kann. Zudem eignet ihr ein Rätselelement, das quasi einen Leerraum für Semantisierungen bietet. Deswegen wird dieses abweichende Element meist schon früh gesetzt:

> Es war eine politische Versammlung. Merkwürdig ist es, daß die meisten Versammlungen auf dem Platz der Ställe stattfinden … (223); Ich war bei den Toten zu Gast … (227); Jenen Wilden, von denen erzählt wird, daß sie kein anderes Verlangen haben als zu sterben … (241); Die Stadt gleicht der Sonne, in einem mittlern Kreis ist alles Licht dicht gesammelt … (259); etc.

Eine andere, konventionellere Form, Dynamik zu erzeugen, liegt in einer antagonistischen Ausgangskonstellation. Diese wird im ›Konvolut 1920‹ besonders häufig genutzt, wobei die miteinander redenden, miteinander streitenden oder einfach einander entgegen gesetzten Figuren (wie ja oft bei Kafka) meist als antagonistische Ich-Aspekte gelesen werden können:

> Wenn ich mir heute Rechenschaft geben will über meinen Freund und mein Verhältnis zu ihm … (224); Er hat sich im zweiten Zimmer eingesperrt, ich habe geklopft, an der Tür gerüttelt, er ist still geblieben. Er ist böse auf mich … (226); Wir hatten einen kleinen Streit. Karl behauptete … (231); Wir spielten »Weg-versperren«, es wurde eine Wegstrecke bestimmt, die einer verteidigen und der andere überschreiten sollte … (233); »Das alles ist ja nutzlos«, sagte er, »nicht einmal mich erkennst Du und ich stehe doch vor Dir … (284); A »Sei aufrichtig! […] Worin besteht Deine Macht?« … (292; vgl. auch: 294); Ein Bauer fing mich auf der Landstraße ab und bat mich ihm nachhause zu kommen, vielleicht könne ich ihm helfen … (304); »Bin ich nicht Steuermann?« rief ich. »Du?« fragte ein dunkler hochgewachsener Mann und strich sich mit der Hand über die Augen als verscheuche er einen Traum (324).

Die schwierigste Aufgabe in Kafkas Schreibverfahren besteht aber darin, den in Gang gesetzten und in Gang gehaltenen Erzählprozess auch zu einem Abschluss zu bringen, den Text zu einem in sich geschlossenen Ganzen zu runden. Dies ist ihm nicht nur aus ästhetischen, sondern auch aus existenziellen Gründen wichtig. In seinem Schreiben geht es ja nicht einfach um die Abbildung der biographischen Situation, sondern um deren Distanz schaffende Objektivierung und Verselbständigung – wie Kafka im ›Konvolut‹ notiert: »Nichts, nur Bild, nichts anderes, völlige Vergessenheit« (355). Das ist auch der Grund dafür, dass weder selbstreflexive noch autobiographische Text-Eröffnungen die Thematik oder Semantik endgültig festlegen. Es sind, um in der Schach-Metaphorik zu bleiben, Eröffnungszüge, die das Spiel in Gang setzen. Je weiter sich dieses von seinem Ausgangspunkt entfernt, desto besser wird es gespielt. Schreiben kann für Kafka durchaus ein

Wert an sich sein – »dieses Im-Dienst-sein ist gut auch ohne alle Ergebnisse«, schreibt er an Milena –, doch ändert das nichts daran, dass ›Ergebnis‹-loses, also werkloses Schreiben für ihn nur einen untergeordneten, präludierenden Status hat; es dient, wie Kafka sagt, nur dazu, ihm »die Zunge zu lösen« (An M. Jesenská, 26.8.1920; BM 229).

Die einfachste Form Distanz schaffender Objektivierung besteht darin, für den eigenen Seelenzustand – und das heißt bei Kafka zumeist: für die Aporien seines Inneren – ein eigenständiges und bildlogisch-eigengesetzliches Bild gefunden zu haben. Rudimentär erreicht ist das bereits in dem folgenden Kurzfragment:

> Den Kopf hat er zur Seite geneigt; in dem dadurch freigelegten Hals ist eine Wunde, siedend in brennendem Blut und Fleisch, geschlagen durch einen Blitz, der noch andauert (347; vgl. auch den Übergang von der direkten autobiographische Aussage zum Bild 234 f.).

Die Verselbständigung solcher Bilder beruht zum einen auf ihrer a-mimetischen Anlage, die sie von der Erfahrungswelt löst, zum anderen auf ihrer komplexen Semantik, die sie von rationaler Selbstreflexion und vertrauter Begriffssprache abgrenzt. Ein weiterer Autonomiegewinn ergibt sich aus der Verallgemeinerung, die die Unterdrückung jeder individualbiographischen Konkretisierung möglich macht. So entstehen abgelöste Bilder eines ›Seelenzustandes‹, einer psychischen Konstellation, einer existenziellen Grundsituation, die vielfältig ›anwendbar‹ sind. Der wichtigste Schritt aber liegt natürlich in der Verselbständigung des Geschriebenen zum Werk, das auch formal eine in sich geschlossene Existenz erreicht hat.

Relativ weit gediehen ist diese Verselbständigung in zwei parabolischen Kurzerzählungen, die Max Brod als selbständige Texte veröffentlicht hat. <Der Steuermann> (um Ende Sept. 1920; NSF II, 324) entwirft das Bild eines unerklärlichen Kontrollverlusts: Ein »Fremder« vertreibt den Ich-Erzähler gewaltsam von seinem Platz am Steuer, die treulose Mannschaft gehorcht den Befehlen des neuen Führers. In <Der Geier> (Ende Sept. 1920; 329 f.) wird das Ich – in einer sehr freien Variation eines Prometheus-Motivs – von einem Geier gepeinigt. Da es sich für »wehrlos« erklärt, lässt es sich widerstandslos die Füße zerhacken. Ein Passant verspricht, ein Gewehr zu holen und das Tier zu töten. Kaum ist er gegangen, stößt der Geier, der das Gespräch verstanden zu haben scheint, dem Erzähler seinen Schnabel tief in den Mund. Auch dies lässt sich, relativ plausibel, als originell-drastisches Bild für einen ›Seelenzustand‹ auswegloser Qual deuten. Beide Texte können so zwar noch auf eine biographische Ausgangssituation zurückbezogen werden, verhalten sich zu ihr aber nicht allegorisch, sondern metonymisch: Sie ›bedeuten‹ sie nicht, sondern lassen sie nur als einen von vielen ihrer möglichen Anwendungsfälle erscheinen.

Beide Texte demonstrieren jedoch auch, dass Kafkas automatisches Schreiben eine aktive Sinnbildung keineswegs ausschließt, die die Polyvalenz der expressiven Modellsituation wieder deutlich reduziert. Auch diese Semantisierung ist ein wesentliches Element des Objektivierungs- und Verselbständigungsprozesses: In der narrativen Entfaltung reichert sich die Ausgangsituation nicht nur mit deutungskomplizierenden und daher semantisch öffnenden Details an, sondern auch mit einer reflexiven Komponente.

So führt etwa in ‹Der Steuermann› das Verhalten der Mannschaft zu folgendem Vorwurf des Ich-Erzählers, der am Ende des Textes (oder Fragmentes?) steht: »Was ist das für ein Volk! Denken sie auch oder schlurfen sie nur sinnlos über die Erde?« (324). Der letzte, nachträglich hinzugefügte Satz der Kurzprosa ‹Der Geier› – der diese offensichtlich abschließt und zu einem erzählerisch in sich gerundeten Ganzen macht – lautet: »Zurückfallend fühlte ich befreit wie er [der Geier] in meinem alle Tiefen füllenden, alle Ufer überfließenden Blut unrettbar ertrank« (330).

Das erste Textende ließe sich leicht anschließen an die Opposition zwischen ›sinnlicher‹ und ›geistiger‹ Welt, die die Zürauer Aphorismen entfaltet hatten (↗288f.). Damit entfernt sich ‹Der Steuermann› deutlich von einer rein autobiographischen Expression und wird zu einem anthropologischen Statement in nuce. Umgekehrt ist die Semantik von ‹Der Geier› durch den Textschluss eher Biographie-näher geworden: Durch die Nivellierung der Opposition von Sieger und Besiegtem – der Geier wird mit seinem Opfer sterben – ist die Zusammengehörigkeit der Antagonisten klar markiert. Und da die Blut-Metapher eine relativ eindeutige Lebens- und Vital-Semantik aufweist, ist der Aggressor ›Geier‹ als Vertreter des a-vitalen Prinzips ausgewiesen, konkret also als Vertreter des a-vitalen Ich-Bestandteils, der sich bei Kafka im lebensfernen ›Autor‹ konkretisiert. Der Anwendungsspielraum des Bildes ist so stark verengt worden – viele Lebenssituationen auf die es in dieser Spezifität anwendbar wäre, lassen sich kaum vorstellen.

Die unterschiedliche Reflexionsrichtung der beiden Texte, die mal ins abstrakt Weltanschauliche, mal ins selbstreflexiv Biographische zielt, weist auf die wesentliche Eigenheit des ›Konvolut 1920‹, die seinen werkbiographischen Status bestimmen hilft. Denn der bisher beschriebene Schaffensprozess – mit seinem Ineinander von expressiver bzw. autoreflexiver Eröffnung, narrativer Entfaltung und reflexiver Überformung – prägt Kafkas literarische Produktion *insgesamt* (mindestens seit er sich mit dem *Urteil* endgültig für einen ungeplanten, ›automatischen‹ Schreibprozess entschieden hat); am ›Konvolut 1920‹ lässt sich dieses Schreibverfahren nur geradezu idealtypisch studieren.

Parabolisches und aphoristisches Schreiben versus ›selbstbiographische Untersuchungen‹: Zum werkgeschichtlichen Ort des ›Konvolut 1920‹

Um das ›Konvolut‹ werkgeschichtlich einzuordnen, ist ein kurzer Rückblick auf die Entwicklung der mittleren Werkphase nötig. Hier hatte sich, kulminierend in den Texten der *Landarzt*-Zeit, eine Schreibvariante herausgebildet, die sich, wie unzureichend auch immer, als ›Parabolisierung‹ bezeichnen ließe. Damit ist nicht nur eine die früheren Texte des mittleren Werkes noch überbietende Reduktion realistischer Elemente gemeint, sondern auch eine weitere Verallgemeinerung des Aussagegestus. Nicht Individualschicksale stehen hier im Zentrum, sondern Gemeinschaftsordnungen und eine Zeitdiagnostik, die auf dem Gegensatz zwischen den »alten großen Zeiten« und der Moderne basiert (↗502–508). Daher sind biographie- oder auch nur lebenswelt-affine Konstellationen auf der Textoberfläche kaum mehr auszumachen – man vergleiche etwa *Das Urteil* oder *Die Verwandlung* mit *In der Strafkolonie* oder *Beim Bau der chinesischen Mauer*. Mit den Zürauer Aphorismen erreicht diese Entwicklungstendenz in der ersten Phase des späten Werkes ihren Höhepunkt.

Im ›Konvolut 1920‹ lässt sich nun sehr deutlich ein Nebeneinander unterschiedlicher Schreibweisen beobachten – wobei sich, anders als im obigen Zitat von den Herausgebern behauptet, keine einfache lineare Entwicklungstendenz ausmachen lässt. In den ersten Einträgen dominiert das bisher beschriebene Biographie-nahe Erzählen, was sich sowohl aus dem Schreibanlass für das ›Konvolut‹ in der Beziehungskrise wie auch aus dem Zusammenfall von literarischer und diaristischer ›Buchführung‹ erklärt.

Das ändert sich, sehr plötzlich, schon um den 28./29. August. Anlass für den Wechsel des Schreibparadigmas könnte die Lektüre eines Artikels von Bertrand Russell im *Prager Tagblatt* vom 25. August mit dem Titel *Aus dem bolschewistischen Rußland* gewesen sein, den Kafka in zwei Briefen an Milena kommentiert hat (30.8. u. 7.9.1920; BM 238 u. 257). Jedenfalls re-aktiviert Kafka nun nicht nur die Thematik von Gemeinschaftsordnung und Zeitdiagnostik aus der späten Phase des mittleren Werkes, sondern auch seine emphatische Auffassung vom Dichtertum. Gestaltet wird sie im prosalyrischen Kurztext *<Nachts>* (NSF II, 260 f.; ca. 29.8.), wo Kafka sich zum »Wächter« über die der »Nacht« ausgesetzten »Menschen« stilisiert (zur Interpretation ↗ 496 f.). Es folgen eine Reihe von Kurztexten, die das Sozialmodell ›China‹ aus *Beim Bau der chinesischen Mauer* (März 1917; NSF I, 337–357) aufgreifen: *<Die Abweisung>* (261–268 u. 278 f.; wohl 29. u. 31.8.), *Zur Frage der Gesetze* (270–273; wohl 30.8.) und *<Die Truppenaushebung>* (273–277; wohl 30.8.; zur Interpretation ↗ 505–507). Auch die wenig später geschriebenen Kurztexte *<Gemeinschaft>* (313 f.; erste Hälfte Sept.) und *<Das Stadtwappen>* (318 f. u. 323; ca. 14.9.; ↗ 507 f.) thematisieren Sozialkonstellationen.

Diese Re-Aktivierung des parabolisierenden Schreibens bedeutet jedoch keinen generellen Paradigmenwechsel. Beide Schreibweisen finden sich von nun an nebeneinander und überschneiden sich mitunter auch – etwa in *<Poseidon>* (300–302; 1. Hälfte Sept.; ↗ 358 f.), *<Kleine Fabel>* (343; ca. 24.10.; ↗ 359 f.) und *<Der Kreisel>* (361 f.; ca. Mitte Dez.; ↗ 359), wo sich ein (zumindest wahrscheinlicher) autobiographischer Ausgangspunkt und weltanschaulich-anthropologische Verallgemeinerung miteinander verbinden.

Und auch die dritte, aphoristische Schreibweise fehlt im ›Konvolut 1920‹ nicht. Bezeichnenderweise hat Kafka ja acht Texte daraus in das ›Zettelkonvolut‹ seiner Zürauer Aphorismen aufgenommen (↗ 282). Die tatsächliche Zahl von aphoristischen Texten im weitesten Sinne – teils dem weltanschaulichen-anthropologischen Muster der Zürauer Aphorismen folgend, teils dem der eher selbstreflexiven *<Er>*-Aphorismen (↗ 282 f.) – ist aber wesentlich höher (vgl. etwa NSF II, 252 f., 254, 312, 320, 321, 322, 332, 333, 334, 339, 340, 341 f., 344, 347, 348, 354, 355).

Der werkbiographische Ort des ›Konvolut 1920‹ wird durch eben dieses unentschiedene Nebeneinander der Schreibweisen und zugehörigen Autoren-Rollen bestimmt, die mitunter auch in Konflikt miteinander geraten können. So stellt Kafka etwa die in

<Nachts> emphatisch bekräftigte Sozialfunktion des Dichters als nächtlicher ›Wächter‹ in einer rund zwei Monate später geschriebenen Notiz radikal in Frage:

> Ein Wächter! Ein Wächter! Was bewachst Du? Wer hat Dich angestellt? Nur um eines, um den Ekel vor Dir selbst bist Du reicher als die Mauerassel, die unter dem alten Stein liegt und wacht (340).

Doch schon der nächste Eintrag lässt diese Selbstzweifel als fruchtlos und destruktiv erscheinen:

> Erreiche es nur Dich der Mauerassel verständlich zu machen. Hast Du ihr einmal die Frage nach dem Zweck ihres Arbeitens beigebracht, hast Du das Volk der Asseln ausgerottet (340).

Eine eindeutige Entwicklungstendenz ist so im ›Konvolut 1920‹ nicht auszumachen. Einige Zeit nach dem Schreibabbruch findet sich aber eine Notiz, der man schon des Öfteren programmatischen Charakter zugesprochen hat:

> Das Schreiben versagt sich mir. Daher Plan der selbstbiographischen Untersuchungen. Nicht Biographie, sondern Untersuchung und Auffindung möglichst kleiner Bestandteile. Daraus will ich mich dann aufbauen so wie einer, dessen Haus unsicher ist, daneben ein sicheres aufbauen will, womöglich aus dem Material des alten. Schlimm ist es allerdings wenn mitten im Bau seine Kraft aufhört und er jetzt statt eines zwar unsichern aber doch vollständigen Hauses, ein halbzerstörtes und ein halbfertiges hat, also nichts (NSF II, 373).

Die Datierung des Notats ist äußerst unsicher. Vermutlich stammt es aus einer kurzen und wenig produktiven Phase von Schreibversuchen aus dem Februar 1921, die in den langen Kuraufenthalt in Matliary fällt (18.12.1920–26.8.1921; ↗ 22 f.); es ist allerdings auch hier nicht auszuschließen, dass der Schreibertrag nur deshalb so spärlich erscheint, weil Kafka wieder einmal Texte vernichtet hat. Erhalten sind jedenfalls nicht mehr als sieben kurze Hefteinträge (NSF II, 373–376), darunter die von Brod später verselbständigte Kurzprosa *<Der Aufbruch>* (374). Aus der Matliary-Zeit stammt ansonsten nur noch der Kurzbericht über die Bilderaustellung eines Mitpatienten, betitelt *Aus Matlárháza* (ung. für Matliary; DzL 443), der am 23. April 1921 ohne Verfasserangabe in der *Karpathen-Post* erscheint.

Aber selbst wenn die Datierung unzutreffend und die Notiz nicht wirklich programmatisch sein sollte (das neue Schreibprogramm wird ja, typisch für Kafka, gleich im nächsten Satz wieder in Zweifel gezogen) – die Formel von den kleinteiligen ›selbstbiographischen Untersuchungen‹ beschreibt die weitere Werkentwicklung auf jeden Fall durchaus treffend. Denn sie impliziert eine Entscheidung zwischen den drei Schreibstilen des ›Konvoluts‹, die tatsächlich die letzten beiden Schreibzeiten des späten Werkes prägen wird: Allgemein weltanschaulich-anthropologisch orientierte Texte werden selten, noch seltener wird vom Stilmittel des aphoristischen Schreibens Gebrauch gemacht. Statt dessen dominieren Texte mit einer erkennbar autobiographischen Grundierung, die allerdings zugleich einer extremen, quasi-parabolischen Verallgemeinerung unterliegen.

(3) Schloss-Jahr 1922

Die Schreibphase setzt etwa gleichzeitig mit dem Beginn der Arbeit am *Schloss* kurz nach der Ankunft im Kurort Spindelmühle ein (27.1.1922; der Aufenthalt dauert bis zum 17.2.), begleitet diese bis zu ihrem Abbruch (ca. 20.8.) und wird darüber hinaus, in Prag und während eines Urlaubs in Planá (23.6.-18.9.), bis Mitte Dezember fortgesetzt. In NSF II umfasst das Textkorpus die Nummern 10–23 (363–542), wobei einige der Hefte allerdings auch eine Reihe älterer Notate enthalten.

Eingeleitet wird die Schreibphase durch einen vielzitierten Tagebuch-Passus über den »Trost« literarischen Schreibens:

> Merkwürdiger, geheimnisvoller, vielleicht gefährlicher, vielleicht erlösender Trost des Schreibens: das Hinausspringen aus der Totschlägerreihe Tat – Beobachtung, Tat – Beobachtung, indem eine höhere Art der Beobachtung geschaffen wird, eine höhere, keine schärfere, und je höher sie ist, je unerreichbarer von der »Reihe« aus, desto unabhängiger wird sie, desto mehr eigenen Gesetzen der Bewegung folgend, desto unberechenbarer, freudiger, steigender ihr Weg (27.1.1922; T 892).

Diese Aufzeichnung lässt sich sehr gut sowohl an die obige Beschreibung des ›Konvolut 1920‹ wie an das Projekt der ›selbstbiographischen Untersuchungen‹ anschließen. Hier wird eben der Objektivierungsprozess beschrieben (vgl. auch T 834; 19.9.1921), der an den Texten des ›Konvoluts‹ herausgearbeitet wurde: Literarisches Schreiben folgt – in seiner freien narrativen Entfaltung, die für Kafka idealiter die eines ›organischen‹ Wachstums ist (19.12.1914; T 711) – »eigenen« und nicht vorhersagbaren »Gesetzen der Bewegung«. Je mehr dies gilt, desto weiter entfernen sich auch ›selbstbiographische Untersuchungen‹ in literarischer Form von zwanghafter (mentaler wie diaristischer) Selbstbeobachtung und Selbstreflexion (vgl. auch: 16.1., T 877; 9.3., T 910; 16.3., T 912) und erreichen so eine »höhere Art der Beobachtung«. Wegen der dadurch gewonnenen

Distanz spendet literarisches Schreiben einen ›geheimnisvoll‹-unerklärbaren, ›erlösenden‹ »Trost«, dessen ›Gefahr‹ eben in der Entfernung vom Leben liegt, die Literatur für Kafka generell bedeutet: Eine literarische Existenz macht den Schreibenden zum »Bürger« in einer »andern Welt, die sich zur gewöhnlichen Welt verhält wie die Wüste zum ackerbauenden Land« (28.1.1922; T 893). Die Tagebucheinträge aus Spindelmühle thematisieren immer wieder den Gegensatz dieser zwei ›Welten‹, aber auch ihre fast noch bedrohlichere, da den Verlust jeder Realitätskontrolle indizierende »Vermischung« (29.1.1922, T 894–896; vgl. auch: 22.3., T 913), zu der ja gerade die ›selbstbiographischen Untersuchungen‹ verführen.

In den knapp acht Monaten der Arbeit am *Schloss*-Roman entstehen zahlreiche Fragmente und zwei abgeschlossene Erzählungen, die später in den *Hungerkünstler*-Band übernommen werden: *Erstes Leid* (DzL 317–321; vermutl. März 1922) und *Ein Hungerkünstler* (NSF II, 384–400, DzL 333–349; um 23.5.1922). Aus dem Textkorpus der Zeit hat Brod nur eine einzige (fragmentarische?) Kurzerzählung verselbständigt: ‹Fürsprecher› (NSF II, 377–380; Frühjahr 1922). Unter den Fragmenten verdienen besondere Beachtung ‹Der Ritt der Träume› (NSF II, 383 f.; wohl Mai 1922), *Das Synagogentier* (NSF II, 405–411, Titel 414; wohl Ende Mai/Anf. Juni 1922) und die wahrscheinlich in Planá entstandenen, nur in einer Abschrift Max Brods erhaltenen *Bilder von der Verteidigung eines Hofes* (NSF II, 495–504; Ende Juni 22).

In den rund vier Monaten nach Abbruch des *Schloss*-Romans – also etwa zwischen dem 20. August und Mitte Dezember – verfolgt Kafka zwei größere Arbeitsprojekte: die ‹Forschungen eines Hundes› (NSF II, 460–482 u. 485–491; wohl. 18. Sept. bis Ende Okt. 1922; ↗3.3.5 u. 489–493) und *Das Ehepaar* (NSF II, 516–524 u. 534–541; Okt./Nov., vielleicht auch Anf. Dez. 1922; ↗360 f.). Aus den Fragmenten und Kurztexten der Zeit hat Brod außerdem noch *Ein Kommentar* (unter dem Herausgebertitel ‹Gibs auf!›; NSF II, 530; Nov. 1922; ↗361–363) und ‹Von den Gleichnissen› (NSF II, 531 f.; Nov. 1922; ↗363–365) als eigenständige Werke publiziert.

Im Zentrum der Schreibphase steht zunächst natürlich *Das Schloss*, Kafkas letzter Versuch in der Großform ›Roman‹. Schon allein die Wahl des Genres und der Entwurf eines sehr komplexen, aus vielen Personen (mit teilweise breit entfalteten Biographien) bestehenden Gemeinschaftsmodells führen dazu, dass der Text weit über eine bloße Individualgeschichte hinausreicht. Dennoch ist der ›selbstbiographische‹ Ausgangspunkt hier deutlicher greifbar als in den anderen Romanfragmenten – nicht umsonst hat Kafka den Text zunächst in der Ich-Form geschrieben (die auch sonst im gesamten späten Werk quantitativ sehr deutlich dominiert).

Im engeren Sinne wird das Projekt der ›selbstbiographischen Untersuchungen‹ in den parallel zum *Schloss* entstehenden Erzählungen und Fragmenten fortgeführt, die nicht nur aufnehmen, was in den Roman nicht eingehen kann, sondern teilweise wohl auch als Fingerübungen dienen, um den Schreibfluss beim Romanprojekt wieder in Gang zu bringen. *Erstes Leid* und *Ein Hungerkünstler* verhandeln, ganz offensichtlich, die Problematik einer lebensfernen Künstlerexistenz unter dem Generalthema der ›Rechtfertigung‹. Auch <*Der Ritt der Träume*> trägt deutlich selbstreflexive Züge. Offen bleiben muss dagegen, ob der »Kommandant« in *Bilder von der Verteidigung eines Hofes*, der auf »Zetteln« »die Anordnung für die Verteidigung« niederschreibt (NSF II, 496, 495), wirklich nur ein Bild für den Autor ist, der das eigene Schreiben (am *Schloss*?) gegen den Lärm (496 f., 498) schützen will (wie die Herausgeber der *Kritischen Ausgabe* annehmen; NSF II:A, 118). Das ungewöhnlich vielgestaltige Personal des Textes lässt eher einen umfassenderen anthropologischen Entwurf mit vielfältigen Ich-Instanzen vermuten, der durchaus über die Problematik der Künstlerexistenz hinausweisen könnte. Jedenfalls hat aber das ›Verteidigungs‹-Motiv eine eindeutig ›selbstbiographische‹ Grundlage – über nur vage konturierte ›Angriffe‹ von mehreren Seiten wird in den Tagebucheintragungen des Jahres 1922 häufig geklagt (vgl. T 894, 903, 910, 912, 922, 924, auch: NSF II, 532).

Für viele der übrigen Fragmente sind Selbstreflexivität bzw. biographische Situation als Ausgangspunkt so mindestens wahrscheinlich, wenn auch – wegen geringerer Kontextinformationen und diffuserer lebensgeschichtlicher Situation – nicht mehr so klar zu identifizieren wie im ›Konvolut 1920‹. In *Das Synagogentier* etwa liegt ein Bezug auf Kafkas ›westjüdische‹ Existenzproblematik (↗499–502) durchaus nahe. Generell gilt jedoch, dass die meisten Fragmente zu wenig entfaltet sind, um auch nur Ansätze zu Interpretationen entwickeln zu können.

Ein ähnlicher Befund ergibt sich auch für die Nach-*Schloss*-Zeit. Nur dominieren hier die Großprojekte <*Forschungen*> und *Ehepaar* noch stärker, was sich schon daran zeigt, dass die Fragmente im

Umfeld oft extrem kurz ausfallen (z. B. NSF II, 492–494, 513–516). Im kleineren Rahmen der Erzählung zielen die <*Forschungen*> von ihrem ›selbstbiographischen‹ Ausgangspunkt sogar noch deutlicher ins Weltanschaulich-Anthropologische als das *Schloss*. *Das Ehepaar* und die später entstandenen Texte *Ein Kommentar* und <*Von den Gleichnissen*> lassen sich als – mal mittelbare, mal unmittelbare – Thematisierungen und Bilanzierungen des eigenen Lebens und Werkes lesen (s. »Einzelanalysen«).

Insgesamt weist die Schreibphase also viele Ähnlichkeiten mit dem ›selbstbiographischen‹ Teil des ›Konvolut 1920‹ auf. Der deutlichste Unterschied liegt wohl darin, dass Kafka nun wieder umfangreichere Erzählformen anstrebt.

(4) Berlin (und Prag)

Für die Berliner Zeit Kafkas (24.9.1923 – 17.3.1924) sind größere Textverluste so gut wie sicher (↗517). Daher müssen alle Aussagen über diese Schreibphase noch stärker als sonst unter dem Vorbehalt stehen, dass sie eben nur auf der Basis der erhaltenen Texte getroffen werden können.

In NSF II findet sich das Textkorpus dieser Monate unter den Nummern 24–28 (545–678). Vollendet wurden nur die später in den *Hungerkünstler*-Band aufgenommenen Erzählungen *Eine kleine Frau* (NSF II, 634–646, DzL 321–333; zwischen Ende Nov. 1923 und Januar 1924) und *Josefine, die Sängerin oder Das Volk der Mäuse* (NSF II, 651–678, DzL 350–377; Mitte März bis Anf. Apr. 1924, nach der Rückkehr von Berlin nach Prag). Verselbständigt hat Brod den Kurztext <*Heimkehr*> (NSF II, 572 f.; wohl Nov. 1923) und die lange Erzählung <*Der Bau*> (576–632; zwischen 23. Nov. 1923 und Ende Jan. 1924; ↗3.3.6 u. 509–511). Auffällig ist außerdem ein fragmentarisches Paralipomenon zum *Hungerkünstler* (<*Menschenfresser*>-Fragment; 646–649, ca. März 1924; vgl. NSF II:A, 149), das möglicherweise zu einer Parallel- und Kontrastgeschichte hätte entwickelt werden sollen. Daneben finden sich zahllose Kurzfragmente, die meist weniger als eine Druckseite umfassen.

Man sollte eigentlich meinen, dass der wahrhaft dramatische Wechsel der Lebensumstände – Kafka hat nicht nur Prag und das Elternhaus hinter sich gelassen, sondern lebt zum ersten Mal (und, soweit wir wissen, glücklich und harmonisch) mit einer Frau zusammen – ähnlich dramatische Veränderungen in der Thematik, vielleicht ja sogar in der Schreibweise bewirkt hätte. Von beidem finden sich jedoch praktisch keine Spuren.

Die neue Lebensgemeinschaft mit Dora Diamant ist vielleicht im Kurzfragment »Sie schläft« thematisiert (NSF II 545, wohl Ende Sept. 1923; vgl. auch 547, 573 u., mittelbarer, 575 f., 649 f.). Und natürlich tauchen Reflexe der neuen Berliner Lebensumgebung auf (NSF II:A, 136–139; z. B. NSF II, 561, 567 f.). Häufiger stößt man aber auf Ausgangssituationen, die wie Kindheitsreminiszenzen anmuten, jedenfalls retrospektiven Charakter haben, etwa: »Es war nach dem Abendessen …« (549 f.), »Es ist ein kleiner Laden, […] ein Wäschegeschäft …« (554–556), »Es ist meine alte Heimatstadt …« (561; vgl. auch 562 f. u. <Heimkehr>, 572 f.), »Ich stehe vor meinem alten Lehrer …« (562).

Wieder sind die meisten der Fragmente zu wenig entfaltet, um auch nur halbwegs sichere Aussagen über sie zu machen. Insgesamt aber zeigen sich weder im thematischen noch im formalen Bereich signifikante Veränderungen gegenüber der vorangehenden Schreibphase. Auch im letzten Teil des späten Werkes dominieren ›selbstbiographische Untersuchungen‹ im Sinne parabolisch verallgemeinerter und umfangreicher dimensionierter Lebensbilanzen.

Einzelanalysen

Die im Folgenden behandelten acht Kurztexte des späten Werkes haben in der Forschung unterschiedliche Aufmerksamkeit erfahren; einige wie <Das Schweigen der Sirenen> und <Von den Gleichnissen> gehören zu den meistinterpretierten Kafka-Schriften, andere (wie Das Ehepaar) wurden dagegen kaum untersucht. Noch über das Erscheinen von NSF II im Jahre 1992 hinaus jedoch behandelten die Interpreten all diese Texte zumeist einfach als eigenständige Werke. Hier soll stattdessen versucht werden, immer auch ihre Relation zum Ko-text mitzubedenken. Natürlich wird dieser nur für den Positivisten die Textdeutung eindeutig determinieren. Er ist aber auf jeden Fall von produktionsästhetischem (also kreationspsychologischem) Interesse; für historisch orientierte Interpreten kann er darüber hinaus oft auch als ein limitierender (also die Deutungsfülle beschränkender) Faktor fungieren.

Mythenkontrafakturen im Umfeld der Zürauer Aphorismen

<Die Wahrheit über Sancho Pansa>, <Das Schweigen der Sirenen> und <Prometheus> stehen im Oktavheft G, mitten zwischen den Zürauer Aphorismen; zusammen mit <Eine alltägliche Verwirrung> (NSF II, 35 f.) sind es die einzigen eindeutig literarisch-erzählenden (parabolischen) Texte unter den ansonsten aphoristischen Notaten. Was sie mit diesen am offensichtlichsten verbindet, ist das Verfahren der ›Kontrafaktur‹, also die freie Nutzung von Inhalten wie formalen Elementen der Ausgangstexte zu eigenen Ausdruckszwecken. Genauso wie die Aphorismen traditionelle Theoreme und Mythologeme in entstellter Form zur Formulierung eigener Gedanken verwenden – wie Kafka sagt: »fremde« »Waffen« aus dem gemeinsamen »Waffenvorrat« zum eigenen »Kampf« benutzen (29; 19.10.1917) –, so wird auch in diesen drei Texten in produktiver Anverwandlung auf vorgegebene Mythen zurückgegriffen. Es ist kaum nachvollziehbar, dass auch in neueren Publikationen noch von »Parodien des Mythos« gesprochen wird (etwa Alt 2005, 572), da Kafka offensichtlich nicht auf eine Kritik der Prätexte durch Komisierung abzielt. Ebenso wenig geht es ihm um eine systematische Auseinandersetzung mit dem Mythos – was schon die ebenso beschränkte wie eklektische Wahl der Bezugstexte belegt. Im Kontext der Oktavhefte handelt es sich ganz einfach um Hybridbildungen zwischen den aus der Spätphase des mittleren Werkes vertrauten ›Registern‹ parabolischen Erzählens und der neuen kontrafaktischen Schreibweise der Zürauer Aphorismen, nach deren Funktion jeweils im Einzelfall zu fragen ist.

<Die Wahrheit über Sancho Pansa>

Auf Miguel de Cervantes Saavedras Roman Don Quijote (1605 u. 1615) wird im Oktavheft G dreimal Bezug genommen (spätere Erwähnungen: An Robert Klopstock, Juni 1921, Briefe 333; NSF II, 418, Sommer 1922). Zunächst am 19. Oktober 1917 in einem aphoristischen Notat (I):

> Das Unglück Don Quijotes ist nicht seine Phantasie, sondern Sancho Pansa (NSF II, 32),

dann am 21. Oktober mit dem Kurztext, den Max Brod unter dem Titel <Die Wahrheit über Sancho Pansa> veröffentlicht hat (II; 38). Am Frühmorgen des nächsten Tages, um »fünf Uhr nachts«, fügt

Kafka schließlich als unmittelbar nächsten Eintrag <Don Quijotes Selbstmord> hinzu (III; 38 f.).

Liest man die drei Texte im Zusammenhang, so fällt sofort auf, dass die Neubewertung (I), Umdichtung (II) und Weiterdichtung (III) einander direkt widersprechen. (I) ist eine einfache Umkehrung der Bewertung im Prätext (die ihre Vorbilder in der romantischen *Don Quijote*-Rezeption hat). Sie fügt sich genau ein in den argumentativen Kontext der benachbarten Aphorismen, die Kritik üben an der »menschlichen Hauptsünde« der »Ungeduld« (32 f.); dieser verfällt auch Sancho Pansa, wenn er sich einseitig an der ›sinnlichen Welt‹ orientiert.

Auch in (II) wird der aphoristische Argumentationskontext nicht verlassen, wohl aber das Genre und der Anwendungsbereich. Im vorausgehenden Kotext geht es um das ›Teuflische‹ oder ›Böse‹ und dessen – täuschende oder tatsächliche – Affinität zum ›Guten‹ (36–38): Die Orientierung an der ›sinnlichen Welt‹ kann dazu führen, sich in ihr zu verlieren – aber auch dazu, in ihr ein ›gerechtfertigtes‹, sozial verantwortliches Leben zu führen (wie etwa in der Gründung einer Familie). Das schafft für Kafka offensichtlich eine assoziative Verbindung zur Kunst-Lebens-Problematik und damit auch zur Beziehung zu Felice Bauer. Im Briefwechsel mit ihr hatte er am 30. September 1917 eben diese Vertauschung von ›Gut‹ und ›Böse‹ bereits thematisiert (B14–17 333 f.). Solche Assoziationen dürften ihn dazu veranlasst haben, das kürzlich verwendete *Don Quijote*-Motiv neu zu akzentuieren.

<Die Wahrheit über Sancho Pansa> entwirft ein für Kafka ungewöhnlich positives Bild einer Künstlerexistenz. Hier ist nicht mehr Sancho Pansa das Unglück Don Quijotes (wie im Aphorismus), sondern Don Quijote das Glück Sancho Pansas. Denn diesem gelingt es, in Kafkas Version der Geschichte, »seinen Teufel, dem er später den Namen Don Quichote gab«, »durch Beistellung einer Menge Ritter- und Räuberromane« »in den Abend- und Nachtstunden« von sich »abzulenken«. Während Don Quijote nun »haltlos die verrücktesten Taten« vollbringt, folgt ihm Sancho »gleichmütig, vielleicht aus einem gewissen Verantwortlichkeitsgefühl«, und hat »davon eine große und nützliche Unterhaltung bis an sein Ende« (38).

Wie häufig bei Kafka sind hier Sancho Pansa und Don Quijote sicher als unterschiedliche Aspekte des gleichen Ich zu verstehen. Da Don Quijote ganz in seiner Lektürewelt lebt, ist er ein geradezu idealer Repräsentant für das Autoren-Ich. Die so im Text

entworfene Doppelversion einer Autorenexistenz erinnert von fern an Freuds Auffassung vom Dichter (*Der Dichter und das Phantasieren*, 1908): Als Schriftsteller kann Kafka die ›teuflische‹ Seite seines Wesens in literarisch abgespaltenen fiktionalen Figuren ausleben und diese zugleich von außen und existenziell ungefährdet beobachten. Damit greift er eine Vorstellung auf, die ebenfalls schon im oben erwähnten Brief an Felice Bauer entfaltet wurde (30.9.1917; B14–17 333). Einen Schlüsselpassus daraus hatte Kafka am 1. Oktober in seinem Tagebuch notiert (T 839 f.) und am 7./8. Oktober auch Max Brod in einem Brief mitgeteilt (B14–17 342 f.). Hier die wichtigsten Formulierungen aus dem Felice-Brief in der Exzerptfassung des parallel zum Oktavheft G geführten Tagebuchs:

> Wenn ich mich auf mein Endziel hin prüfe, so ergibt sich, daß ich nicht eigentlich danach strebe ein guter Mensch zu werden und einem höchsten Gericht zu entsprechen, sondern, sehr gegensätzlich, die ganze Menschen- und Tiergemeinschaft zu überblicken, ihre grundlegenden Vorlieben, Wünsche, sittlichen Ideale zu erkennen, sie auf einfache Vorschriften zurückzuführen und mich in ihrer Richtung möglichst bald dahin zu entwickeln, daß ich durchaus allen wohlgefällig würde und zwar […] so wohlgefällig, daß ich […] schließlich, als der einzige Sünder, der nicht gebraten wird, die mir innewohnenden Gemeinheiten, offen, vor aller Augen ausführen dürfte. Zusammengefaßt kommt es mir also nur auf das Menschengericht an und dieses will ich überdies betrügen, allerdings ohne Betrug (T 839 f.).

In der Brief-Version ist so zwar das ›*Menschen*-Gericht‹ zu täuschen, nicht aber das ›höchste Gericht‹. Dass Kafka diese Einschränkung in <Die Wahrheit über Sancho Pansa> fallen lässt, mag mit dem Neuentwurf einer weniger selbstbezogenen und ›kunstmetaphysischen‹ Autorenrolle zusammenhängen, für die die Zürauer Aphorismen stehen.

Diese Positivierung bleibt freilich nur für wenige Stunden gültig. Um »fünf Uhr nachts« – also entweder am Ende der Arbeitsnacht oder, wahrscheinlicher, gleich nach dem Erwachen am nächsten Morgen – verfasst Kafka <Don Quijotes Selbstmord> als eine dritte Variante. Diese entwirft nun ein einseitig negatives Bild der Autorenexistenz, das ganz dem Grundtenor des Felice-Briefwechsels entspricht. Hier dichtet Kafka Cervantes' Roman sozusagen weiter, indem er eine neue ›Tat‹ des Helden erfindet: seinen »Selbstmord«. Da Don Quijote als bloße Papier-Existenz aber nicht wirklich ›lebendig‹ ist (vgl. auch An M. Brod, 5.7.1922; Briefe 385), kann sein Selbstmordversuch nur grotesk missglücken:

Der tote Don Quichote will den toten Don Quichote töten; um zu töten, braucht er aber eine lebendige Stelle,
diese sucht er nun mit seinem Schwerte ebenso unaufhörlich wie vergeblich. Unter dieser Beschäftigung rollen die zwei Toten, als unauflöslicher Purzelbaum, durch
die Zeiten (NSF II, 38 f.).

‹Die Wahrheit über Sancho Pansa› ist also Teil einer
komplexen Text- und Reflexionsbewegung. Durch
Assoziationen auf den alten Kunst-Lebens-Dualis-
mus zurückgeführt, greift Kafka bei dessen Darstellung auch eine ›alte‹ Schreibweise auf – die der Parabel – und verknüpft sie mit dem eben noch im
›neuen‹ aphoristischen Schreiben verwendeten Don
Quijote-Motiv und einer positivierten Autoren-
Rolle. Mit der Schreibweise kehrt aber (kurz darauf)
auch die Negativierung der Autorenexistenz zurück,
die das mittlere Werk bestimmte.

Das spricht, wohlgemerkt, nicht kategorisch dagegen, ‹Die Wahrheit über Sancho Pansa› als einen eigenständigen Text zu behandeln, der ebenso gelungen wie literarisch in sich geschlossen ist. Für den an
der Autor-Intention interessierten Interpreten liefert
das Wissen um den Ko-text jedoch wichtige Hinweise zur Interpretation. So werden die von Brod
verselbständigten Texte, ganz generell, durch unser
neues Wissen um ihren handschriftlichen Entstehungszusammenhang zwar ko-textuell eingebunden, aber trotzdem nicht einfach ihrer Eigenständigkeit beraubt.

‹Das Schweigen der Sirenen›

Zur Deutung dieses am 23. Oktober 1917 niedergeschriebenen Textes (NSF II, 40–42) haben bisherige
Interpreten gerne auf die verschiedensten philosophischen Helfer zurückgegriffen (Adorno/Horkhei-
mer, Benjamin, Blanchot, Derrida, Foucault, Lacan,
Lévi-Strauss, de Man, Watzlawick etc.) – und dabei
beträchtlichen Tiefsinn erzeugt. Dass Kafkas Mythenkontrafaktur in der Tat vielfältig deutbar ist,
lässt sich schon aus der Textanalyse plausibel begründen.

Kafka hat seine Neugestaltung der Sirenen-Episode aus Homers Odyssee (XII, 39–54 u. 154–200)
als Exemplum gestaltet, das eine der eigentlichen Erzählung vorangestellte Behauptung (›propositio‹)
beweisen soll: »Beweis dessen, daß auch unzulängliche, ja kindische Mittel zur Rettung dienen können«
(40). Erzählt werden zwei Varianten des Mythos, die
sich vor allem in der Erklärung von Odysseus' Verhalten unterscheiden.

Die erste beruht im Wesentlichen auf der direkten
Umkehrung eines Zentralmotivs des Prätextes:
Odysseus, den wir als den grenzenlos ›Listenreichen‹
kennen, besiegt hier die Sirenen durch grenzenlose
Naivität. Er vertraut auf seine »Mittelchen« – Wachs
zum Verstopfen der Ohren und Ketten zum Fest-
schmieden am Mast –, obwohl deren Zwecklosigkeit
allgemein bekannt ist: »Der Gesang der Sirenen
durchdrang alles, gar Wachs, und die Leidenschaft
der Verführten hätte mehr als Ketten und Mast ge-
sprengt« (40). Dass Odysseus hier auch das Wachs
für sich selbst verwendet – während sein Homeri-
sches Vorbild nur die Ohren seiner Gefährten ver-
stopft, da er selbst den Gesang ja hören will –, ist eine
von zahlreichen kleineren Abweichungen vom Prätext, auf die hier nicht im Einzelnen eingegangen
werden kann.

Eigentlich ist Kafkas Odysseus in einer ausweglosen Situation: Gegen den Gesang der Sirenen hilft
kein Mittel. Und selbst wenn er ihm doch irgendwie
entgehen könnte, verfiele er der zweiten, »noch
schrecklicheren Waffe« der Sirenen: ihrem Schweigen. Denn ein durch Ausbleiben des Gesanges er-
langter Scheinsieg über die Sirenen würde zum »Gefühl« führen, diese »aus eigener Kraft [...] besiegt zu
haben« – und damit zu einer »alles fortreißenden
Überhebung« (›Hybris‹), die Odysseus nur umso sicherer vernichten würde (40).

Tatsächlich setzen die Sirenen diese zweite Waffe
ein – vielleicht, wie der Erzähler vermutet, weil sie
Odysseus für einen besonders gefährlichen Gegner
halten, vielleicht aber auch, weil »der Anblick der
Glückseligkeit im Gesicht des Odysseus, der an
nichts anderes als an Wachs und Ketten dachte«, sie
sprachlos (also gesang-los) macht (41).

Doch Odysseus übersteht auch diese Gefahr: Mit
seinen verstopften Ohren und im Bewusstsein seiner
Unangreifbarkeit überhört er sozusagen das Schweigen der Sirenen: Er glaubt, dass sie tatsächlich sängen, seine »Mittelchen« ihn aber zuverlässig schützen würden. Damit hat das ›Exemplum‹ den voran-
gestellten Lehrsatz buchstabengenau bewiesen: Dank
seiner grenzenlosen Naivität wird Odysseus durch
»unzulängliche, ja kindische Mittel« (40) gerettet.

Die zweite Version der Geschichte – die angeblich
in einem »Anhang« zur ersten »überliefert« wurde
(41) – kehrt zur traditionellen Vorstellung vom grenzenlos listenreichen Odysseus zurück. In dieser Fassung ist seine Naivität nur gespielt: Er hat »gemerkt,
daß die Sirenen schwiegen und [...] ihnen und den
Göttern den obigen Scheinvorgang nur gewisserma-

ßen als Schild entgegengehalten« (42). Auch diese Variante beweist den Ausgangssatz, da der Erfolg ja weiterhin an den Einsatz der unzureichenden »Mittelchen« Wachs und Ketten gebunden bleibt.

Als ›Exemplums‹-Beweis für die vorangestellte Behauptung ist der Text damit zureichend (und einfach genug) gedeutet. Dass sich noch kein Interpret mit dieser sozusagen textimmanenten Auflösung begnügt hat, hat seinen guten Grund: Die Komplexität (und vielfache semiotische Aufladung) des ›Exemplums‹ übersteigt ganz offensichtlich bei weitem die banale These – niemand hätte ja je bezweifelt, dass im Einzelfall auch »unzulängliche Mittel« »zur Rettung dienen« *können* (und mehr wurde im Text nie behauptet). Das führt dazu, dass wir geradezu zwangsläufig versuchen, den Text als Parabel zu lesen, also nach dem ›eigentlichen‹ Anwendungsfall zur ›uneigentlichen‹ Beispielgeschichte fragen. Prinzipiell ist jede parabolische Auflösung berechtigt, die den zentralen Gegensatz ›Naivität‹ – ›gespielte Naivität‹ plausibel vom Sirenen-Fall auf eine andere, allgemeinere Ebene übertragen kann. Für eine solche Übertragung bietet der Text selbst aber kaum Hinweise – daher auch der in Interpretationen so häufige Rekurs auf textexterne Sinnangebote.

Bleibt man am Kontext orientiert, so wird man sich zunächst daran erinnern, dass Kafka das ›Sirenen‹-Motiv gut zwei Monate vorher in einer Prosaskizze im Tagebuch verwendet hatte:

> »Nein, laß mich, nein laß mich!« so rief ich unaufhörlich die Gassen entlang und immer wieder faßte sie mich an, immer wieder schlugen von der Seite oder über meine Schultern hinweg die Krallenhände der Sirene in meine Brust (10.8.1917, T 828; vgl. auch An R. Klopstock, Nov. 1921, Briefe 362).

Biographisch lässt sich dieses Fragment natürlich plausibel auf das Dauer-Dilemma der Beziehung zu Felice hin auflösen, allgemeiner (und in den Kontext der Züräuer Aphorismen übertragen): auf die problematische Faszination der ›sinnlichen Welt‹, der man nicht verfallen, der man sich in einer ›gerechtfertigten‹ Lebensweise aber auch nicht einfach entziehen darf. Auf ›naive‹ Weise kann die ›sinnliche Welt‹ bestehen, wer – ohne Selbstüberhebung – blind und taub für ihre abgründigen Verlockungen bleiben kann. Das Mittel der inszenierten Naivität aber ist wohl nur dem Schriftsteller zugänglich, der sich – ähnlich wie in der Sancho Pansa-Version – nur unter literarischem Vorbehalt auf die ›sinnliche Welt‹ einlässt.

Wiederum läge so also eine Positivierung der Autoren-Existenz vor, die die des *Don Quijote*-Komplexes sogar noch übersteigt. Denn hier gelingt es Odysseus ja, auch noch das ›höchste Gericht‹ zu überlisten: »Selbst die Schicksalsgöttin« vermag nicht, »in sein Inneres [zu] dringen« (NSF II, 41). Liest man den Text auf diese Weise selbstreflexiv, so ließe sich, sozusagen als Spezialfall der Applikation, noch eine weitere Anwendungsvariante erwägen: Auch die Mittel der religiösen Topik, die Kafka in den Züräuer Aphorismen benutzt, könnten ja naiv-gläubig verwendet werden, um dem ›Angriff‹ der »letzten Frage« (NSF II, 29) zu begegnen; Kafka jedoch setzt sie in inszenierter Naivität ein, indem er sie ebenso kontrafaktisch nutzt wie den Sirenen-Mythos, der ja selbst in inszeniert-naiver Schreibweise verfasst ist.

‹Prometheus›

Die letzte der drei Mythenkontrafakturen im Oktavheft G wird vermutlich am 16. Januar 1918 (vom Autor fehldatiert auf den 17.) geschrieben (NSF II, 69 f.). Wieder ist ein Allsatz vorangestellt (der nach Abschluss des Textes niedergeschrieben und durch ein Verweisungszeichen an dessen Anfang verschoben wurde; in Brods Textfassung war diese Umstellung nicht vollzogen worden): »Die Sage versucht das Unerklärliche zu erklären; da sie aus einem Wahrheitsgrund kommt, muß sie wieder im Unerklärlichen enden« (69). Und wieder soll der Allsatz durch das folgende Exemplum bewiesen werden.

Als dieses fungiert hier der Prometheus-Mythos, der in vier Versionen erzählt wird. Die erste entspricht im Wesentlichen – mit kleineren Variationen und unter Auslassung zahlreicher Details – der uns bekannten Geschichte. Die drei folgenden Versionen stellen unterschiedliche – und zeitlich immer weiter vom Geschehen entfernte – Schwundformen des Mythos dar. Die auf die Ausgangsbehauptung in der Art eines ›quod erat demonstrandum‹ zurückgreifende Schlussformel lautet: »Blieb das unerklärliche Felsengebirge« (70).

Kafka interpretiert die Prometheus-›Sage‹ offensichtlich (historisch unkorrekt) als einen ätiologischen Mythos, der die Existenz des ›Felsengebirges‹ ›erklären‹ soll – also, so lässt sich einigermaßen plausibel deuten, die des in sich sinn-losen, jeder Deutung widerstehenden Undurchdringlich-Faktischen oder, will man sich auf den Inhalt des Mythos einlassen, die des unerklärbar-faktischen Leidens. Der Mythos ›erklärt‹, indem er eine sinn-volle, da aus

menschlich (oder anthropomorph-göttlich) motivierten Handlungen gebildete ›Geschichte‹ erzählt.
Seinen Ursprung aus einem ›Wahrheitsgrund‹ beweist er gerade dadurch, dass die Geltung seiner Erklärung zeitlich begrenzt bleibt – denn dieser
›Grund‹ kann offensichtlich nie zur Gänze erschlossen werden. Friedrich Nietzsche hätte einen solchen
Mythos eine ›apollinische‹ ›Maske‹ für einen unfassbaren (und deshalb dem Menschen unerträglichen)
›dionysischen‹ Urgrund genannt.

In Falle von <Prometheus> ist der Ko-text-Bezug
des Textes wohl unmittelbar offensichtlich: Es handelt sich um eine Metareflexion über Kafkas eigenen
Umgang mit traditionellen Mythologemen (wie etwa
dem des ›Sündenfalls‹, als dessen griechisches Ana-
logon man den Prometheus-Mythos ja ansehen
könnte). Solche aus der Tradition übernommene Bilder und Geschichten sind auch heute nicht einfach
falsch oder überholt, sondern gerade darin ›wahr‹
(und wahrer als modern rationale Erklärungsversu-
che), dass sie sich im Verlauf der Zeit als universell
gültige Sinngebungen aufgelöst und nur noch als Bilder und Geschichten überlebt haben. In der (Selbst-)
Rechtfertigung des gewählten literarischen Verfahrens und in seiner Bindung an einen ›Wahrheitsgrund‹ liegt wiederum eine mittelbare Positivierung
des Autorbildes vor – und zwar die nachhaltigste
und uneingeschränkte der Reihe. Neben ihrer je spezifischen Deutbarkeit lassen sich die drei Mythenkontrafakturen so auch als Kafkas Versuch lesen, ein
Autoren-Bild zu entwerfen, das dem hohen Anspruch der Züraer Aphorismen auf weltanschaulich-anthropologische Grundsatzreflexionen im literarischen Medium entspricht.

Aus dem ›Konvolut 1920‹

Von den zahlreichen Texten, die Max Brod aus dem
›Konvolut‹ herausgelöst hat, werden <Nachts>
(↗496 f.) und die vier einen Bezug zwischen der Moderne und den ›alten Zeiten‹ herstellenden Kurzerzählungen <Die Abweisung>, Zur Frage der Gesetze,
<Die Truppenaushebung> und <Das Stadtwappen>
(↗505–508) in anderen Artikeln des Handbuchs behandelt. Hier kann nur auf zwei weitere, wiederum
stark parabolische Texte eingegangen werden.

<Poseidon>

In der ersten Septemberhälfte 1920 verfasst Kafka
die letzte seiner Mythos-Kontrafakturen (NSF II,

300–302). Unmittelbar vorher steht im ›Konvolut‹
ein Fragment, das eine ganze Fülle griechischer Mythologeme bündelt:

> Im Zirkus wird heute eine große Pantomime, eine Was-
> serpantomime gespielt, die ganze Manege wird unter
> Wasser gesetzt werden, Poseidon wird mit seinem Ge-
> folge durch das Wasser jagen, das Schiff des Odysseus
> wird erscheinen und die Sirenen werden singen, dann
> wird Venus nackt aus den Fluten steigen womit der
> Übergang zur Darstellung des Lebens in einem moder-
> nen Familienbad gegeben sein wird. Der Direktor, ein
> weißhaariger alter Herr, aber noch immer der straffe
> Zirkusreiter, verspricht sich vom Erfolg dieser Panto-
> mime sehr viel. Ein Erfolg ist auch höchst notwendig,
> das letzte Jahr war sehr schlecht, einige verfehlte Reisen
> haben große Verluste gebracht. Nun ist man hier im
> Städtchen (300)

Aller Wahrscheinlichkeit nach handelt es sich dabei
um einen der im ›Konvolut‹ so häufigen selbstreflexiven Textanfänge, der in seiner narrativen Entfaltung um ein ebenfalls für das ›Konvolut‹ charakteris-
tisches zweites thematisches Element bereichert
wird: den Gegensatz zwischen den ›alten großen Zeiten‹ und der modernen Welt des ›Familienbades‹
(↗502–508).

In <Poseidon> übernimmt Kafka aus diesem Fragment den Bezug auf die Titelfigur – die ein erstes
Mal am Ende des ›Oktavheft G‹ auftauchte (NSF II,
109) – und die historische Opposition von Antike
und Moderne. In seiner Mythenkontrafaktur sind
die Zeitebenen aber nun direkt miteinander vermischt: Poseidon ist der »Gott der Meere« – aber zugleich ein ›rechnender‹ und mit seinem »Amt« (301)
unzufriedener Bürokrat. Diese inhaltliche wie
sprachliche Hybridisierung führt natürlich zu zahlreichen komischen Effekten – so etwa wenn ein
Meeresgott sich um eine andere, ›fröhlichere‹ Arbeit
›bewirbt‹, sich auf Dienstreisen zu Jupiter begibt, etc.
Komisch ist auch, dass ausgerechnet der Gott des
Meeres – das topisch (und besonders im Zeitumfeld
der Jahrhundertwende und der Lebensphilosophie)
als das unberechenbare Lebenselement schlechthin
gilt – als trockener, lebensverfehlender Verwalter
und Rechner gezeichnet ist, der sich die Er-fahrung
seines Herrschaftsraumes für den »stillen Augenblick« aufspart, der sich kurz vor dem »Weltunter-
gang« ja wohl noch ergeben werde (302).

Nimmt man den Text so leicht und ironisch, wie
er geschrieben ist, wird man kaum auf größere Interpretationsprobleme stoßen. <Poseidon> vermittelt
geradezu exemplarisch zwischen den zwei Gestal-
tungstendenzen des ›Konvoluts‹: der Objektivierung

des ›Selbstbiographischen‹ und der großräumigen anthropologisch-kulturphilosophischen Geschichtsdeutung. Ein ›berechnendes Wesen‹ zu haben, gehört zu Kafkas häufigsten Selbstvorwürfen (vgl. die Belegstellensammlung bei Born, 408–412). Beispiele dafür finden sich sowohl als autobiographische Ausgangskonstellationen für fiktionale Entwürfe:

> Er saß über seinen Rechnungen. Große Kolonnen. Manchmal wandte er sich von ihnen ab und legte das Gesicht in die Hand. Was ergab sich aus den Rechnungen? Trübe, trübe Rechnung (Ende Aug./Anf. Sept. 1917; NSF I, 408),

wie auch in Tagebucheinträgen:

> In meiner Kanzlei wird immer noch gerechnet, als finge mein Leben erst morgen an, indessen bin ich am Ende (12.2.1922; T 906).

In *<Poseidon>* sind diese Selbstbezüge allerdings vollständig objiviert. Schon die Hybridisierung von schäbiger Moderne und den »alten großen Zeiten« (An M. Brod, 13.1.1921, Briefe 291; vgl. auch An F. Bauer, 12.9.1916, B14–17 223) macht den Text zur Kritik an der modernen Welt, die in ihrem Fehlglauben, »das Lebendige« »ausrechnen« (*<Brief an den Vater>*; NSF II, 147) und kontrollieren zu können, das Leben verfehlt und vergewaltigt. Ins Philosophische gewendet ist dies auch die Pointe der ähnlich einfachen Parabel *<Der Kreisel>* (ca. Mitte Dez.; NSF II, 361 f.), die am Beispiel eines Kreisels in geradezu allegorischer Direktheit die Un-Fassbarkeit des ›Lebendigen‹ thematisiert: Sobald der »Philosoph« das bewegte Objekt, an dem er das Wesen der Dinge erkennen will, gefangen und damit fest-gestellt hat, hält er nur noch ein »dummes Holzstück« in der Hand (362). Bezeichnenderweise steht diese resignative Parabel am Ende der Arbeitsphase des Jahres 1920.

<Kleine Fabel>

Der um den 24. Oktober 1920 entstandene Text liegt in zwei Fassungen vor (NSF II, 343), die nur marginal differieren, aber selbst in diesen geringfügigen Unterschieden das Streben nach Objektivierung eines autobiographischen Textsubstrats belegen.

Vorausgeht ein am gleichen Tag verfasster – wohl durch das Erscheinen einer tschechischen Übersetzung von *Vor dem Gesetz* in der Tageszeitung *Právo lidu* angeregter – Ansatz zu einer Variation der Grundsituation der Türhüterlegende: Hier ›überläuft‹ der Ich-Erzähler einfach »den ersten Wächter«, kehrt dann aber ›erschrocken‹ zurück und er-

kundigt sich nach einer »Erlaubnis« (343). Das Bewegungsmotiv dieses Fragments wird in *<Kleine Fabel>* aufgegriffen und neu gestaltet werden.

Ein zweiter wichtiger Kontext ist der Brief an Milena vom 24./25 Oktober 1920 (Umdatierung nach Schillemeit 2004 [1988], 293–295). Diesem ist eine berühmte Zeichnung beigelegt, die Kafka folgendermaßen erläutert:

> Es sind 4 Pfähle, durch die zwei mittleren werden Stangen geschoben an denen die Hände des »Delinquenten« befestigt werden; durch die zwei äußern schiebt man Stangen für die Füße. Ist der Mann so befestigt, werden die Stangen langsam weiter hinausgeschoben, bis der Mann in der Mitte zerreißt. An der Säule lehnt der Erfinder und tut mit übereinandergeschlagenen Armen und Beinen sehr groß, so als ob das Ganze eine Originalerfindung wäre, während er es doch nur dem Fleischhauer abgeschaut hat, der das ausgeweidete Schwein vor seinem Laden ausspannt (BM 271 f.).

Eine aus eigener Schuld versäumte Gelegenheit und qualvoll-folternde Zerrissenheit (vgl. auch die auf *<Kleine Fabel>* folgenden Bilder; NSF II, 344) – das sind Konstellationen, die sich leicht auf die biographische Situation der Beziehung zu Milena beziehen lassen. Von daher könnte man auch *<Kleine Fabel>* als Existenzmetapher für einen solchen Zustand der Hoffnungslosigkeit lesen. Wiederum hat der Text jedoch eine so hohe Objektivierungsstufe erreicht, dass ein Wissen um seinen biographischen Entstehungsanlass keine Verstehensvoraussetzung mehr ist.

<Kleine Fabel> ist als ein Dialog angelegt, der keiner ist. Seinen Hauptteil bildet die monologische Klagerede der Maus, die ihren Lebens-Lauf rekapituliert, der sie nun ins »letzte Zimmer« und direkt vor eine »Falle« geführt hat. Eine Katze, die – so müssen wir unterstellen – diesen Monolog mitgehört hat, gibt ihr den lakonischen Rat »›Du mußt nur die Laufrichtung ändern‹« – und frisst sie auf.

Beda Allemann hat in seiner immer noch maßgeblichen Interpretation des Textes darauf hingewiesen, dass in den Antagonisten zwei unterschiedliche Haltungen zum Leben und zur Sprache miteinander konfrontiert sind. Die Maus spricht metaphorisch von ihrem Lebens-›Lauf‹ und beraubt sich so jeder realen Handlungsmöglichkeit: Ihr ganzes Leben ›läuft‹ für sie, in ständiger Verengung ihres Lebensraumes (und seiner ursprünglichen Fülle von Möglichkeiten), mit Notwendigkeit auf die Falle zu. Dabei wurde diese Verengung von ihr zunächst sogar noch gewünscht, da die anfängliche ›Breite‹ »Angst« erzeugte, ihre Reduktion dagegen »glücklich« macht.

Ganz anders die Katze: In ihrer ganz und gar unmetaphorischen Rede vom ›Lauf‹ lässt sich dessen ›Richtung‹ problemlos ändern – wer das nicht begreift, ist für sie ein willkommenes Opfer.

Mit Maus und Katze stehen sich also Lebensangst, desaströser Pessimismus und realitätsfern-metaphorisches Denken einerseits und von keiner Selbstreflexion oder Empathie beschränkte Lebensstärke und Zuhause-Sein im konkreten Hier und Jetzt andererseits gegenüber. Eigentlich würden wir von Kafka erwarten, dass er die erste Position favorisiert – wie er es in <*Von den Gleichnissen*> ja auch tun wird (s. u.). Hier aber ist die objektive Ironie des Textes eindeutig gegen die Maus gerichtet. Diese Ironie hat Kafka in der zweiten Fassung noch deutlich verstärkt. Dabei wurde nicht nur der ›Lauf‹ der Maus durch Tilgung einer Parenthese syntaktisch begradigt, sondern es finden sich auch noch deutlichere Signale zur Relativierung ihrer perspektivischen Weltsicht. Zwar macht diese Ironisierung der Maus die Katze noch lange nicht zum Sympathieträger, sie setzt jedoch in dieser ›Selbstbiographie‹ *en miniature* einen deutlichen (selbst-)kritischen Akzent.

Schloss-Jahr 1922

Die wichtigsten nachgelassenen Schriften des Jahres 1922 – *Das Schloss* und die <*Forschungen eines Hundes*> –, die die ›selbstbiographische‹ Tendenz der Schreibphase am deutlichsten illustrieren, sind in je eigenen Handbuchartikeln behandelt (↗ 3.3.3; 3.3.4 u. 489–493). Im Folgenden kann nur auf *Das Ehepaar* und die beiden berühmten Kurztexte *Ein Kommentar* (<*Gibs auf!*>) und <*Von den Gleichnissen*> eingegangen werden.

Das Ehepaar

Die erste Fassung des Textes schreibt Kafka im Oktober/November in eines seiner Notizhefte (NSF II, 516–524), in das er auch *Ein Kommentar* (<*Gibs auf!*>) und <*Von den Gleichnissen*> eintragen wird. Wenig später entsteht auf fünf losen Blättern die nur geringfügig abweichende Reinschrift (534–541). *Das Ehepaar* ist also offensichtlich ein abgeschlossenes, ordentlich mit einer Überschrift versehenes Werk.

Dass der Text dennoch so wenig Beachtung gefunden hat, liegt wohl an seiner anachronistischen Stellung im Spätwerk – Erzählweise wie Hauptfigur erinnern deutlich an die frühen Schriften des mittleren Werkes: In einer strikt personalen Ich-Erzählung

wird ein wenig sympathischer, unbelehrbar geschäftstüchtiger Held vorgeführt, der auch dem kranken Geschäftspartner K. gegenüber keine Rücksichtnahme kennt. In dessen Privatwohnung und in Anwesenheit des besorgten Sohnes verhält er sich nicht weniger skrupellos als seine Spiegelfigur: ein ebenfalls anwesender, konkurrierender »Geschäftsagent« (535), der vom Erzähler wegen seiner Rücksichtslosigkeit scharf getadelt wird (536, 537). Auf K.s plötzlichen Tod reagiert der Protagonist mit völliger Empathielosigkeit: »Nun also, es war vorüber. Freilich, ein alter Mann, Mochte uns das Sterben nicht schwerer werden. Aber wie vieles war jetzt zu tun!« (539). Obwohl der Text weder räumlich noch zeitlich verortet ist, haben die sozialen Strukturen in Geschäftsleben wie Familie für uns einen hohen Wiedererkennungswert, es entsteht also der für das frühe mittlere Werk charakteristische rudimentäre Realitätseffekt. Zugleich fehlt aber auch nicht das grotesk-phantastische Element, das diese Realität verfremdet: Der eben noch dramatisch verstorbene Geschäftspartner erwacht plötzlich, als habe er nur kurz geschlafen – und verlangt nach der Abendzeitung (539 f.).

Dieser offensichtliche Rückbezug auf die Anfänge des reifen Werkes ist weder ein Zufall noch ein Rückfall in frühere Schreibgewohnheiten. Es handelt sich vielmehr um ein bewusstes Selbstzitat, präziser und in rhetorischer Terminologie formuliert: um eine ›revocatio‹. Dass dies so ist, deutet schon der Wechsel des Namenskürzels »K.« vom Protagonisten zum Gegenüber, dem Geschäftsfreund und Familienvater an (ein Wechsel, der Max Brod so sehr missfiel, dass er in seiner Textfassung das »K.« durch ein neutraleres »N.« ersetzte). Auch der Ko-text spricht für diese Deutung, da auf die erste Niederschrift von *Das Ehepaar* ein Fragment folgt, das eine ebenso offensichtliche ›revocatio‹ des <*Jäger Gracchus*> darstellt: Hier wird ein in einem italienischen Hafen anlandender und der »unendlichen Seefahrt« müder Ich-Erzähler als glücklicher Ehemann und Vater dargestellt (524). Ein solcher, gleich doppelter kritischer Rückbezug auf eigene frühere Schriften lässt sich plausibel als Sonderfall des Projekts der ›selbstbiographischen Untersuchungen‹ begreifen.

Am deutlichsten zeigt sich der Widerrufs-Charakter von *Das Ehepaar* natürlich in seiner Umkehrung der Wertpositionen: In *Das Urteil* und *Die Verwandlung* war die Familie ein Ort des Schreckens, der Machtkämpfe und der lieblosen Ausbeutung; nun erscheint sie tatsächlich als der Raum der Nähe und und

Liebe, als den sie sich die Protagonisten der früheren Texte nur erträumen konnten. Diese Liebe kann wahre Wunder bewirken: Der – zumindest für Erzähler, Konkurrenten und Sohn (sowie auch für den Erstleser des Textes) – tote K. wird durch die liebende Zuwendung seiner Frau wieder zum Leben erweckt:

> mit dem unendlichen Vertrauen des Unschuldigen nahm sie die gleiche Hand, die ich eben mit Widerwillen und Scheu in der meinen gehalten hatte, küßte sie wie in kleinem ehelichen Spiel und – wie mögen wir drei andern zugesehn haben! – K. bewegte sich (540).

Gleich darauf geschieht etwas, das zumindest Ödipuskomplex-Gläubigen als nicht geringeres Wunder erscheinen muss: Damit er sich »auf dem Weg in ein anderes Zimmer nicht verkühle« (540), legt sich der Vater zu seinem Sohn ins Bett. Auch das ist Selbstzitat und Widerruf zugleich: Im *Urteil* hatte der Vater vom Bett aus seinem Sohn das Todesurteil verkündet; im *Landarzt* war der widerstrebende Arzt zu einem kranken Jungen ins Bett gelegt worden, ohne ihn heilen zu wollen oder zu können. Wenigstens für einen Moment erkennt selbst der ansonsten gewohnt unbelehrbare Protagonist – in einer Entstehungsvariante sogar: unter Tränen (NSF II:A, 408) –, was er als nur an Geschäftsleben und materialistisch-instrumentalem Denken orientierter Junggeselle verloren hat:

> Im Vorzimmer traf ich noch Frau K. Im Anblick ihrer armseligen Gestalt sagte ich aus meinen Gedanken heraus, daß sie mich ein wenig an meine Mutter erinnere. Und da sie still blieb, fügte ich bei: »Was man dazu auch sagen mag: die konnte Wunder tun. Was wir schon zerstört hatten, machte sie noch gut. Ich habe sie schon in der Kinderzeit verloren.« (NSF II, 541).

Freilich hält diese Verstörung nicht lange vor und löst auch keinen Selbstveränderungsimpuls aus. Der letzte Satz des Erzählers lautet: »Ach, was für mißlungene Geschäftswege es gibt und man muß die Last weitertragen« (541).

Zweifellos gehört *Das Ehepaar* nicht zu Kafkas Meisterwerken. Von Interesse ist es vor allem als wichtigstes Dokument für die formalen und thematischen Veränderungen in Kafkas Werk – und für das Bewusstsein, das der Autor selbst von diesen Veränderungen hatte (vgl. auch T 865, 17.10.1921; 876, 20.12.1912; 884, 21.1.1922). Als Kritiker von ›Machtapparaten‹ allein kann Kafka eben nicht zureichend beschrieben werden – und *Das Ehepaar* demonstriert, dass Selbstreflexivität bei ihm auch ganz anderes bedeuten kann als die Thematisierung von Schreiben, Schrift und ›différance‹.

Ein Kommentar (<Gibs auf!>)

Der Kurztext (NSF II, 530) steht im gleichen Heft wie die Erstniederschrift von *Das Ehepaar*; zu datieren ist er auf die Zeit zwischen Mitte November und Mitte Dezember 1922, gehört also in die Endphase der Schreibzeit.

Ein Kommentar ist ein beliebtes Anthologiestück für Schulbücher; schon Heinz Politzer hatte seiner wirkungsmächtigen Monographie *Franz Kafka. Parable and Paradox* (1962; dt.: *Franz Kafka, der Künstler*, 1965) eine Analyse der Parabel gewissermaßen als Propädeutik vorangestellt (Politzer 1965 [1962], 19–44). Und in der Tat scheint der Text gut geeignet, in Kafkas Schreiben (und besonders in seine Parabeldichtungen) einzuführen, da er zahlreiche typische Grundelemente aufweist: die Beschränkung auf den Wissenshorizont des erlebenden Ich im personalen Erzählen; einen Beginn mit einer nur grob umrissenen, aber leicht nachvollziehbaren Ausgangssituation (der Ich-Erzähler auf dem morgendlichen Weg zum Bahnhof in einer ihm »noch nicht sehr gut« bekannten Stadt); ein plötzliches Desorientierungserlebnis, das die Alltagsroutine ins Stocken bringt (die »Turmuhr« zeigt im Vergleich mit der eigenen, »daß schon viel später war als ich geglaubt hatte«); ein ebenso plötzliches Durchbrechen der uns vertrauten Realität (ein Schutzmann beantwortet die einfache Frage nach dem Weg zunächst ›lächelnd‹ mit einer Gegenfrage, dann mit »›Gibs auf, gibs auf‹«); einen offenen Schluss, verbunden mit einer zutiefst rätselvollen Geste (»wandte sich mit einem großen Schwunge ab, so wie Leute, die mit ihrem Lachen allein sein wollen«; NSF II, 530).

Geradezu prototypisch ist auch die Polyvalenz des Textes, die sich ergibt aus der Kombination von abstrakter Modellsituation und der die Deutungsarbeit provozierenden ›Leerstelle‹ (hier: das Zusammentreffen von ›normalem‹ Verhalten des Ich-Erzählers und unerklärbarem und erwartungswidrigem Verhalten des ›Schutzmanns‹). Ebenso prototypisch ist die Reaktion der Forschung auf diese Deutungsproblematik: Zur Beantwortung der Textfrage setzt sie eben einfach ihren Standardschlüssel ein. Die sich daraus ergebenden stereotypen Deutungsvarianten hatte bereits Politzer durchgespielt (Politzer 1965 [1962], 29–36); seine Liste ließe sich leicht um weitere, neuere Deutungsmuster ergänzen: etwa das sozialgeschichtliche/foucaultianische (der ›Schutzmann‹ als Vertreter sozialer Autoritäten/ der ›Macht‹), das dekonstruktivistische (»Gibs auf« als selbstreflexives Verdikt über jeden Deutungsversuch, der an der ›différance‹ scheitern muss), etc., etc.

Welche Entscheidungshilfen lassen sich für diesen Deutungsstreit nun aus dem Ko-text gewinnen, den die bisherigen Interpreten weitgehend ignoriert haben? Vor *Ein Kommentar* steht im Notizheft der Entwurf für einen Brief an Franz Werfel (NSF II, 526–530), der anknüpft an einen mündlichen Streit über sein Drama *Schweiger* (1922), auf dessen Details hier nicht eingegangen werden kann (vgl. dazu R. Stach, 517–520; vgl. auch NSF II:A, 124 f.; ↗ 69). Angemerkt sei nur, dass Kafkas Kritik sich vor allem daran entzündete, dass Werfel im Drama eine für Kafka zeittypische Verstörung zu einem »tragischen Einzelfall« gemacht und psychoanalytisch erklärt hatte. Kafka, der (jedenfalls im späten Werk) die Psychoanalyse scharf ablehnte, sah darin einen »Verrat an der Generation«, »eine Entwürdigung ihrer Leiden« (An F. Werfel, Dez. 1922; Briefe 425): »Wer hier nicht mehr zu sagen hat als die Psychoanalyse dürfte sich nicht einmischen« (NSF II, 529). Darüber hinaus empfand er Werfels *Schweiger* jedoch auch als eine ganz persönliche Kränkung: »Das Stück […] geht mir sehr nahe, trifft mich abscheulich im Abscheulichsten« (An M. Brod, Dez. 1922; Briefe 423). Das wird man nur so verstehen können, dass er im Drama ein verzerrtes Spiegelbild seiner eigenen, ›westjüdischen‹ Situation sah, die ihm ja immer schon als repräsentativ für die seiner Zeit galt (↗ 500 f.).

Der Briefentwurf schließt mit dem auf die Psychoanalyse bezogenen Satz: »Das Judentum bringt seit jeher seine Leiden und Freuden fast gleichzeitig mit dem zugehörigen Raschi-Kommentar hervor, so auch hier« (NSF II, 529 f.). Raschi (Akronym für Rabbi Schlomo ben Jichzak, 1045–1105) war, zusammen mit seinen Schülern, der Verfasser eines maßgeblichen Talmud-Kommentars, der noch heute in den meisten Ausgaben abgedruckt wird, und zwar so, dass der Kommentar den Text umgibt und von diesem oft durch eine besondere Schrifttype abgesetzt ist: die schwer lesbare ›Raschi-Schrift‹. Unmittelbar nach diesem Briefende folgt die Überschrift *Ein Kommentar* mit dem zugehörigen Text. Das dürfte Indiz genug sein, um einen engen Zusammenhang zwischen Briefentwurf und Parabel zu vermuten.

Ein zweiter Ko-text ist <*Von den Gleichnissen*>, das im Notizheft nur wenige Einträge entfernt steht, allerdings zu den Notaten zählt, die im Heft von hinten her eingetragen wurden (der Mittelteil, etwa 12 Blätter, blieb leer; vgl. NSF II:A, 123). Obwohl der Abdruck in NSF II *Ein Kommentar* und <*Von den Gleichnissen*> so *räumlich* näher aneinander rückt als es ihrer Stellung im ursprünglichen Textträger entspricht, dürften sie *zeitlich* in enger Nachbarschaft entstanden sein. Zentral für den zweiten Text ist, wie noch zu erläutern sein wird (s. u.), die Opposition zwischen einer empirisch-wörtlichen und einer symbolisch-gleichnishaften Lebens- und Sprachauffassung.

Versuchen wir nun, diese beiden Ko-texte mit *Ein Kommentar* in Beziehung zu setzen: Der Opposition ›psychologisch erklärbar‹ versus ›a-psychologisch‹ korrespondiert der Gegensatz von Ich-Erzähler und Schutzmann. Das Verhalten des Zweiten widerspricht all unseren vertrauten psychologischen Erklärungsmustern – und ist eben deswegen rätselhaft. Der Ich-Erzähler dagegen verhält sich nicht nur in psychologisch leicht erklärbarer Weise, sondern erklärt sich sein Verhalten auch selbst psychologisch: »der Schrecken über diese Entdeckung [der Zeitdifferenz] ließ mich im Weg unsicher werden, ich kannte mich in dieser Stadt noch nicht sehr gut aus« (NSF II, 530). Ebenso bietet der Text gleich zwei Anschlussmöglichkeiten für den eng verwandten und ja bereits für <*Kleine Fabel*> prägenden Gegensatz von ›wörtlich‹ versus ›gleichnishaft‹. Die erste ist der Begriff des ›Weges‹, den der Erzähler ganz wörtlich nimmt – eben als Weg zum Bahnhof. Die ›lächelnd‹ gestellte Gegenfrage des Schutzmannes »›Von mir willst Du den Weg erfahren?‹« wird dagegen nur verständlich, wenn wir ein anderes, metaphorisches Verständnis von ›Weg‹ annehmen – etwa das des ›Lebensweges‹ oder das des ›rechten Weges‹. So bekommt auch die Antwort des Erzählers einen Doppelsinn: »›Ja‹, sagte ich, ›da ich ihn [den Weg zum Bahnhof/den rechten Weg] selbst nicht finden kann‹« (ebd.). Das zweite in sehr offensichtlicher Weise metaphorik-verdächtige Wort im Text ist natürlich ›Schutzmann‹: in der Alltagssprache, als lexikalisierte Metonymie, einfach ein Polizist – in gleichnishafter Rede aber eben ein Schutz-Mann. Einen solchen externen Helfer zu finden, hält der Ich-Erzähler für ein ›Glück‹ (»glücklicherweise war ein Schutzmann in der Nähe«) – was offensichtlich ein Fehlurteil ist. Vielleicht war es ja auch ein Fehler, beim Vergleich der Turmuhr mit der eigenen sofort auf die Richtigkeit der fremden, ›offiziellen‹ Uhr zu vertrauen.

Wenn das Verhalten des Ich-Erzählers aber nicht zur Identifikation, sondern zur Distanzierung einlädt (was bei Kafkas Variante personalen Erzählens ja ohnehin den Regelfall darstellt), ist die Geschichte auch nicht einfach selbstreflexiv: Der orientierungslose Erzähler wäre nur dann ein Stellvertreter des orientierungslosen Lesers, wenn dieser seine falsche Einstellung teilen würde – was er tun *kann*, aber keineswegs *muss*. Nur im ersten Fall aber würde das »Gibs auf« auch für ihn gelten. Kafkas Geschichte ließe sich so als (an den Briefentwurf anknüpfender) alternativer Zeit-›Kommentar‹ lesen, als eine Kritik an Fehlhaltungen der Moderne, verfasst in schwer lesbarer Raschi-Schrift. Dieser Kommentar wäre zugleich ein ›jüdischer‹ Selbstkommentar im Sinne der ›selbstbiographischen Untersuchungen‹.

Die so skizzierte Interpretation ist in ihren Grundzügen natürlich keineswegs an Ko-text-Wissen gebunden – sie ist einfach eine von vielen möglichen Interpretationen, zu denen Leser des Textes finden können. Der Rekurs auf den Ko-text fungiert nur als Argument, diese *eine* Deutung gegenüber den vielen anderen zu privilegieren, also eine Begründungsmöglichkeit für eine Selektion aus der Fülle möglicher Deutungen zu schaffen. Ohne solche Auswahlkriterien bliebe der Text ›undeutbar‹, da viele völlig gleichwertige Deutungen indizieren würden, dass *keine* von ihnen die ›richtige‹ sein kann. Dabei muss allerdings klar sein, dass das hier entwickelte Auswahlargument nur in einem bestimmten, nämlich einem historisch-hermeneutischen Argumentationsrahmen Gewicht hat. Die Polyvalenz, die der Methodenpluralismus erzeugt, lässt sich so also nicht aufheben – aber diese Form der unauflösbaren Vieldeutigkeit ist ja kein Spezifikum von Kafka-Texten, sondern eines der gegenwärtigen Literaturwissenschaft.

‹Von den Gleichnissen›

Wie bereits erwähnt, gehört dieser Text (NSF II, 531 f.) zu der kleinen Gruppe von Einträgen, die in das Notizheft ›von hinten‹ her eingeschrieben wurden, jedoch höchstwahrscheinlich ebenfalls in den Zeitraum von Oktober/November 1922 fallen, aus dem die ›vorderen‹ Einträge stammen.

Der Text zerfällt in zwei, erzähllogisch nicht miteinander vermittelte Teile. Der erste Absatz (I) ist Rede eines anonymen und kaum konturierten Erzählers, die am Beispiel des ›gleichnishaften‹ Imperativs »Gehe hinüber« die Opposition von »Vielen« gegen die »Worte der Weisen« erläutert:

Alle diese Gleichnisse wollen eigentlich nur sagen, daß das Unfaßbare unfaßbar ist und das haben wir gewußt. Aber das womit wir uns eigentlich jeden Tag abmühn, sind andere Dinge (531 f.).

Im Laufe dieses Absatzes verschiebt sich die Erzählerrolle deutlich: Während er zunächst nur neutral den Standpunkt der »Vielen« (im Präteritum) zu referieren scheint, wechselt der Erzähler schon im ersten Satz zu einem »wir« (verbunden mit einem Tempuswechsel zum Präsens), das die Position der »Vielen« auch als die seine, ja als die allgemein gültige erscheinen lässt.

Der zweite Teil des Textes (II) besteht aus einem Dialog zwischen zwei Sprechern, die hier A. (»einer«) und B. (»ein anderer«) genannt seien. An den ersten Teil angeschlossen ist er durch die Formel: »Darauf [danach?; als Antwort darauf?] sagte einer« – was nur nachzuvollziehen wäre, wenn der erste Teil nicht als (geschriebene) Erzählerrede, sondern als (gesprochene) Aussage verstanden würde. Dieser Annahme eines Trialogs widerspricht allerdings, dass der Erzähler/Sprecher des Eingangsteils in den nun folgenden Dialog nicht eingreift, sondern mit ›inquit‹-Formeln weiterhin eine rudimentäre Erzählerfunktion erfüllt.

Im Dialog mit seinen fünf wechselweise gesprochenen Redebeiträgen (II.1–5) vertritt A. die Position der »Weisen«, B. die der »Vielen«. Auch hier ist der Zusammenhang insofern brüchig, als A. zunächst im Plural der zweiten Person (II.1: »Ihr«) direkt die »Vielen« anzusprechen scheint, sich von B.s erster Gegenrede an aber nur noch direkt an ihn wendet (II.3 u. 5: »Du«).

Obwohl diese Textbeschreibung zunächst eher neue Fragen aufwirft, ermöglicht sie es immerhin, die in der neueren Forschung dominierende Deutung des Textes als »metaparadigmatisches« Musterbeispiel für Kafkas Autoreflexivität zu widerlegen (Jahraus 1994, 385). Zum einen ist der Text als Ganzes offensichtlich kein ›Gleichnis‹ (nicht einmal eine Parabel), sondern ein räsonierendes Gespräch über den als Paradebeispiel ›gleichnishafter Rede‹ fungierenden Imperativ »Gehe hinüber«. Zum anderen ist keiner der Sprecher ein »Weiser« – so wie auch Kafka sich selbst nie als »Weisen« bezeichnet hätte. Damit entfällt auch die beliebte Auflösungsmöglichkeit, ›gleichnishaftes Sprechen‹ pauschal mit ›Literatur‹ gleichzusetzen (im Falle Kafkas: einer Literatur, die »Gleichnisse für die Gleichnishaftigkeit der eigenen Literatur« erzählt), und ›zum Gleichnis werden‹ mit Kafkas Projekt einer Verwandlung von Leben in Literatur zu identifizieren (Jahraus 2008, 312 f.). Zwar enthält <Von den Gleichnissen> zweifellos ein selbstreflexives Element, doch ist es keineswegs »ein sich selbst interpretierender«, also nur über sich selbst und seine Nicht-Verstehbarkeit redender Text im Sinne Jahraus' (Jahraus 1994).

Wenn der Text sich also nicht einfach selbst interpretiert, dann wird wohl der Leser, ganz traditionell hermeneutisch, eine Interpretation versuchen müssen. Am einfachsten lässt sich noch die Position der »Vielen« (und A.s) bestimmen – nicht zuletzt, weil wir sie leicht als die unseres eigenen alltäglichen Weltverständnisses und Wirklichkeitsverhaltens wiedererkennen: Die »Vielen« sind Pragmatiker, beschäftigt mit den Erfordernissen des täglichen Lebens (»der täglichen Mühe«) und nur an dem interessiert, was ihnen »hier« »helfen«, also nützen kann. »Gehe hinüber« würde für sie nur in einer wörtlichen Bedeutung Sinn machen (»auf die andere Straßenseite hinüber gehen«). ›Gleichnishafte Rede‹, die irgendein »sagenhaftes Drüben« meint, das wir weder »kennen« noch präzise »bezeichnen« können, ist für sie dagegen sinn-los, da sie auf für sie Sinnloses verweist, nämlich »Unfaßbares« – und das meint eben alles, was nicht pragmatisch nützlich und rational verständlich ist (I).

Die Position der »Weisen« (und B.s) zu bestimmen, fällt uns schon wesentlich schwerer, was wiederum daran liegt, dass sie unserer rational-pragmatischen Alltagseinstellung genauso radikal widerspricht wie der der »Vielen«. Wollen wir die ›Weisen‹ verstehen, werden wir uns also von dieser Position entfernen müssen.

Dass ›Weisheitslehrer‹ gerne in Gleichnissen reden, ist uns durchaus wohlvertraut – man mag dabei sofort (und durchaus plausibel) an die spezifisch jüdische Tradition denken, könnte sich aber auch an bestimmte christliche oder philosophische Texte erinnern. Wenn der zentrale Imperativ dieser Texte ein gleichnishaftes »Gehe hinüber« sein soll, so wären dadurch alle Weisheitslehren ausgeschlossen, die beispielsweise nur einfache Moralsätze ›gleichnishaft‹-rhetorisch in Bilder und Geschichten einkleiden. Es muss sich vielmehr um eine Weisheitslehre handeln, die auf einen rational-empirisch unfassbaren ›Grund‹ verweist und eine Orientierung an diesem, ja ein ›Tran-szendieren‹ (was nichts anderes ist als der philosophische *terminus technicus* für ›Hinübergehen‹) zu ihm fordert. Dies gilt für traditionell religiöse Weisheitslehren (wie die jüdische), aber auch für alle nicht orthodox-religiösen Positionen,

die ihr Sinnzentrum jenseits von Empirie und Rationalität haben; auch Nietzsche hat ja bekanntlich in Gleichnissen geschrieben.

Wie aber ist die Aufforderung A.s zu verstehen, ›selbst zum Gleichnis‹ zu werden (II.1)? Darauf gibt der sich so gar nicht selbst interpretierende Text keine Antwort – außer eben die der bestimmten Negation einer empirisch-rational zentrierten Existenz. Mehr sagt A. nicht. Er verspricht allerdings noch, dass wir durch Befolgung seiner (und der Weisen) Aufforderung »der täglichen Mühe« frei würden – was sich am plausibelsten so verstehen lässt, dass diese ihre ausschließliche und offensichtlich als lästig (»Mühe«) empfundene Herrschaft über uns verlieren würde. Und er droht uns an, dass wir, wenn wir diesem Imperativ *nicht* folgen, ganz ungleichnishaft-wörtlich »verloren« haben (II.5).

Da mehr aus dem Text nicht zu entnehmen ist, wird der Leser, der sich A.s dringende Empfehlung konkreter vorstellen will, seine eigene Phantasie gebrauchen müssen (dann kann man nur darauf hoffen, dass es sich nicht um die durch eine *déformation professionnelle* beschränkte Phantasie eines Literaturwissenschaftlers handeln wird, der sich als Alternative zum Alltagsverhalten immer nur Literatur vorstellen kann). Es besteht natürlich auch die Möglichkeit, sich an anderen Äußerungen Kafkas zu orientieren – wie etwa an der oben zitierten Passage zum ›gerechtfertigten‹ Leben (↗345), nach der alles bloß Materiell-Pragmatische eine zweite, ›unsichtbar‹-symbolische Bedeutung hat, nämlich die, unserem Leben einen verantwortbaren Sinn zu geben. Wer so ›im Gleichnis‹ lebt, würde sich – auch ohne einen garantierten Bezugspunkt im Transzendenten – ebenso in einem ›symbolischen Weltbild‹ bewegen wie die Bewohner vor-moderner Welten in den »alten großen Zeiten«.

Soweit eine kurze Interpretationsskizze. Mindestens drei Fragen bleiben noch zu beantworten: (1) Wer ist der Sieger im Streitgespräch zwischen A. und B.? Während viele Forscher von einem ›Unentschieden‹ ausgehen, hatte die obige Interpretation impliziert, dass die Position A.s die gültige sei. Das dürfte vor dem Gesamthintergrund von Kafkas Werk ja auch durchaus plausibel sein, erspart aber nicht die Frage, ob diese Überlegenheit auch im Text markiert wird. Dies geschieht in der Tat, wenn auch nur in dem Sinne, dass A. über den weiteren Horizont verfügt: Er kennt *beide* Register der Rede, die gleichnishafte und die wörtliche, und kann souverän und strategisch geschickt zwischen beiden wechseln (was ihn auch deutlich von der Maus in <*Kleine Fabel*> unterscheidet). Auch wenn er kein ›Weiser‹ sein mag – weiser als der beschränkte B. ist er allemal.

(2) Worin besteht die (reduzierte) Selbstreflexivität des Textes, seine Verweisfunktion auf Kafkas Schreiben? Dass seine Literatur Weisheitslehre sei, hat Kafka nie behauptet – schon gar nicht, dass sie Ausdruck eines ›gerechtfertigten‹ Lebens sei (↗ 4.6.). Sehr wohl aber demonstriert Kafkas Literatur immer wieder das Ungenügen einer ausschließlich rational-pragmatischen Lebenseinstellung. Außerdem überschreitet sie – sozusagen performativ – in ihren dargestellten ›phantastischen‹ Welten wie in ihren sich im ›gleitenden Paradoxon‹ (↗ 285) entwickelnden Denkbewegungen immer wieder die Grenzen von Empirie wie Rationalität und versetzt in ihrer konzentrierten ›Uneigentlichkeit‹ Protagonisten wie Leser in ein ›symbolisches Weltbild‹.

(3) Was ist der Sinn der beschriebenen Brüche in der narrativen Logik des Textes? Diese schwierige Frage kann natürlich nur spekulativ beantwortet werden. Häufig sind auch Kafkas parabolische Texte personal erzählt oder schließen doch wenigstens personale Elemente ein. Dadurch verweigern sie, auch formal, jede auktorial-lehrhafte Rede und verpflichten den Leser darauf, die Alternative zur (mehr oder minder deutlich als ›falsch‹ markierten) Position der Perspektivfigur selbst zu finden. Auch in <*Von den Gleichnissen*> verwandelt sich jede Aussage in positionale Rede. Die vermeintlich neutrale Erzählinstanz wird quasi ›personal‹, indem sie die Position der »Vielen« bezieht. Dass sich der Anredeplural »Ihr« (II.1) zum »Du« verengt (II.3), ja A.s Rede quasi aus sich selbst heraus einen Wider-Sprecher hervorbringt (II.2: »Ein anderer sagte«), mag mit dem bei Kafka häufigen Verfahren zusammenhängen, innere Konflikte in verselbständigten Figuren auszuagieren. So gelesen, wäre der Text noch entfernter von selbstgewisser Weisheitsverkündigung als bereits ausgeführt. Eher wäre er als ein Selbst-Gespräch zu lesen, als ein Selbst-Überzeugungsversuch oder eben: als eine ›selbstbiographische Untersuchung‹ im weiteren Sinne.

Forschung

Kafkas spätes Werk ist, mindestens auf der Grundlage der seit 1992 vorliegenden handschriftlichen Überlieferung, noch nie im Zusammenhang untersucht worden. Daher kann der vorliegende Artikel

(wie die korrespondierenden Artikel 3.1.7 und 3.2.10) nur einen ersten Versuch darstellen, der hoffentlich zu weiteren Untersuchungen anregen wird.

Dieser Experimentcharakter gilt auch für den Umgang mit den von Max Brod verselbständigten Einzeltexten, den die Kafka-Forschung quasi neu zu erlernen hätte. Weder kann man sie (auch wenn das noch immer geschieht) weiter einfach pauschal als selbständige Werke behandeln, noch wäre es wünschenswert, sie in den fortlaufenden Fragmentenzusammenhang zu nivellieren, der weitgehend nur produktionsästhetisch beschrieben werden könnte.

Das gilt zumindest dann, wenn die Texte im Schreibakt tatsächlich ›Werkqualität‹ gewonnen haben – also sich gegenüber den nicht mehr als Schreibanlässe bedeutenden autobiographischen bzw. selbstreflexiven Ausgangskonstellationen ›objektiviert‹ und zu einer in sich geschlossenen Form gefunden haben. Die in der neueren Kafka-Forschung geradezu zur offiziellen Ideologie gewordene Werk-Skepsis ist nicht besser fundiert als die inzwischen zu Recht breit angezweifelte Rede vom ›Tod des Autors‹. Ko-text-Bindung und (relative) Verselbständigung von Texten schließen einander nicht nur nicht aus, sondern gehören in jedem Schreibakt mit Selbstverständlichkeit zusammen.

Über Einzelfälle mag man streiten – insgesamt jedoch hat Max Brod ein erstaunlich gutes Gespür für den ›Werkcharakter‹ (oder wenigstens die ›Werk-Nähe‹) bewiesen, die bestimmten der Nachlasstexte eben eher zuzusprechen ist als anderen. Sich die Frage nach der *jeweiligen* Relation von Ko-text-Bezug und werkhafter Verselbständigung neu zu stellen und Schreibprozess und Werkstreben in Kafkas Nachlassschriften so immer wieder neu miteinander zu vermitteln, wäre ein dringliches Forschungsdesiderat (und zugleich eine Chance, der ermüdenden Wiederholung der immer gleichen vorgegebenen Deutungsansätze zu entgehen).

Ausgaben: ED in vollständiger Form: NSF I/KA (1993), 419–436; NSF II/KA (1992), 7–678; T/KA (1990), 829–940; in der FKA sind für das Textkorpus bis jetzt nur relevant: OO5&6 (2009), H. 6; in Auswahl erschienen die Nachlassfragmente zuerst in: BBdCM (1931), BeK/GS (1936) u. Hzv/GW (1953), die zu den *Tagebüchern* gerechneten Texte in: T/GS (1937) u. T/GW (1951). ---

Einzeltexte (in näherungsweise entstehungschronologischer Folge): »Ein alltäglicher Vorfall ...« (<*Eine alltägliche Verwirrung*>): ED: BBdCM (1931), 60f. – BeK/GS (1936), 122 f. – Hzv/GW (1953), 74 f. – NSF II/KA

(1992), 35 f. — *<Die Wahrheit über Sancho Pansa>/<Don Quijotes Selbstmord>*: ED: BBdCM (1931), 38. – BeK/GS (1936), 96. – Hzv/GW (1953), 76 f. – NSF II/KA (1992), 38 f. — *<Das Schweigen der Sirenen>*: ED: BBdCM (1931), 39–41. – BeK/GS (1936), 97 f. – Hzv/GW (1953), 78–80. – NSF II/KA (1992), 40–42. — *<Prometheus>*: ED: BBdCM (1931), 42. – BeK/GS (1936), 99. – Hzv/GW (1953), 100. – NSF II/KA (1992), 69 f. — *Die besitzlose Arbeiterschaft*: ED: Hzv/GW (1953), 126 f. – NSF II/KA (1992), 105–107. — *<Nachts>*: ED: BeK/GS (1936), 118. – BeK/GW (1954), 116. – NSF II/KA (1992), 260 f. — *<Die Abweisung>*: ED: BeK/GS (1936), 83–89. – BeK/GW (1954), 84–90. – NSF II/KA (1992), 261–269. — *Zur Frage der Gesetze*: ED: Die literarische Welt 7 ([17. März] 1931) 13, 3. – BBdCM (1931), 29–32. – BeK/GS (1936), 90–92. – BeK/GW (1954), 91–93. – NSF II/KA (1992), 270–273. — *<Die Truppenaushebung>*: ED: T/GS (1937), 176–179. – BeK/GW (1954), 330–333. – NSF II/KA (1992), 273–277. — *<Poseidon>*: ED: BeK/GS (1936), 100 f. – BeK/GW (1954), 97 f. – NSF II/KA (1992), 300–302. — *<Gemeinschaft>*: ED: BeK/GS (1936), 141. – BeK/GW (1954), 140. – NSF II/KA (1992), 313 f. — *<Das Stadtwappen>*: ED: Die literarische Welt 7 ([17. März] 1931) 13, 3 f. [unter dem Titel *<Vom babylonischen Turmbau>* u. ohne den Schlussteil] – BBdCM (1931), 33–35. – BeK/GS (1936), 93 f. – BeK/GW (1954), 94 f. – NSF II/KA (1992), 318 f. u. 323. — *<Der Steuermann>*: ED: BeK/GS (1936), 119. – BeK/GW (1954), 117. – NSF II/KA (1992), 324. — *<Die Prüfung>*: ED: BeK/GS (1936), 135 f. – BeK/GW (1954), 134 f. – NSF II/KA (1992), 327–329. — *<Der Geier>*: ED: BeK/GS (1936), 115. – BeK/GW (1954), 113. – NSF II/KA (1992), 329 f. — *<Kleine Fabel>*: ED: BBdCM (1931), 59. – BeK/GS (1936), 121. – BeK/GW (1954), 119. – NSF II/KA (1992), 343. — *<Der Kreisel>*: ED: BeK/GS (1936), 120. – BeK/GW (1954), 118. – NSF II/KA (1992), 361 f. — *<Der Aufbruch>*: ED: BeK/GS (1936), 116. – BeK/GW (1954), 114. – NSF II/KA (1992), 374 f. — *<Fürsprecher>*: ED: BeK/GS (1936), 137–139. – BeK/GW (1954), 136–138. – NSF II/KA (1992), 377–380. — *Das Synagogentier* (»*In unserer Synagoge*«): ED: T/GS (1937), 189–194. – Hzv/GW (1953), 398–403. – NSF II/KA (1992), 405–411 u. 414. — *Bilder von der Verteidigung eines Hofes*: ED: Hzv/GW (1953), 242–248. – NSF II/KA (1992), 495–502. — *Das Ehepaar*: ED: BBdCM (1931), 66–73.– BeK/GS (1936), 127–132. – BeK/GW (1954), 124–130. – NSF II/KA (1992), 534–541. — *Ein Kommentar <Gibs auf!>*: ED: BeK/GS (1936), 117. – BeK/GW (1954), 115. – NSF II/KA (1992), 530. — *<Von den Gleichnissen>*: ED: BBdCM (1931), 36 f. – BeK/GS (1936), 95. – BeK/GW (1954), 96. – NSF II/KA (1992), 531 f. — *<Heimkehr>*: ED: BeK/GS (1936), 140. – BeK/GW (1954), 139. – NSF II/KA (1992), 572 f.

Adaptionen: Bernd Kilian: Bilder von der Verteidigung eines Hofes. Nach einem Fragment von F.K. [Kurzfilm]. Prag 2006.

Forschung: P.-A. Alt (2005). – Hartmut Binder: K.-Kommentar zu sämtlichen Erzählungen. München 1975; 2. Aufl. 1977; 3. Aufl. 1982. – Ulrich Fülleborn: Zum Verhältnis von Perspektivismus und Parabolik in der Dichtung K.s. In: Renate v. Heydebrand/Klaus Günther Just (Hg.): Wissenschaft als Dialog. Studien zur Literatur und Kunst seit der Jahrhundertwende. Stuttgart 1969, 289–312 u. 509–513; wieder in: Josef Billen (Hg.): Die deutsche Parabel. Darmstadt 1986, 266–291. – Felix Greß: Die gefährdete Freiheit. F.K.s späte Texte. Würzburg 1994. – Ingeborg Henel: Periodisierung und Entwicklung. In: KHb (1979) II, 220–241. – Werner Hoffmann: »Ansturm gegen die letzte irdische Grenze«. Aphorismen und Spätwerk K.s. Bern, München 1984. – Claudine Raboin: Die Gestalten an der Grenze. Zu den Erzählungen und Fragmenten 1916–1918. In: C. David (1980), 121–135. – Jost Schillemeit: Die Spätzeit (1922–1924). In: KHb (1979) II, 378–402 [1979a]. – Ders.: Tolstoj-Bezüge beim späten K. In: Literatur und Kritik 14 (1979) 140, 606–619 [1979b]; wieder in: J. Schillemeit (2004), 164–180. – Ders.: Mitteilung und Nicht-Mitteilbares. Zur Chronologie der Briefe an Milena und zu K.s Schreiben im Jahr 1920. In: JFDH (1988), 253–303; wieder in: J. Schillemeit (2004), 279–326. – Ders.: Chancen und Grenzen der Willensfreiheit. Fragen der Ethik und Religionsphilosophie bei Max Brod, Felix Weltsch und K. (1920). In: Österreichische F.-K.-Gesellschaft (Hg.): Die Prager deutschsprachige Literatur zur Zeit K.s. Wien 1989, 165–181; wieder in: J. Schillemeit (2004), 327–347. – Ders.: F.K. Werk, Nachlaß, Edition. Versuch eines Überblicks. In: Margit Raders/Luisa Schilling (Hg.): Studien zur deutschen Literatur. Gattungen – Motive – Autoren. Madrid 1995, 73–88; wieder in: J. Schillemeit (2004), 348–364. – R. Stach (2008). – Richard Thieberger: Das Schaffen in den ersten Jahren der Krankheit (1917–1920). In: KHb (1979) II, 350–377.

Zu einzelnen Texten (in näherungsweise entstehungschronologischer Folge):

»Ein alltäglicher Vorfall« (*<Eine alltägliche Verwirrung>*): David Bronsen: Eine alltägliche Verwirrung. Ein k.eskes Paradigma. In: M.L. Caputo-Mayr (1978), 71–78. – Ruth V. Gross: Rich Text/Poor Text. A K.n Confusion. In: PMLA 95 (1980), 168–182. – W.H. Sokel (1964), 14–30. – Richard Thieberger, in: KHb (1979) II, 355–357. – Elizabeth Trahan: A Common Confusion. A Basic Approach to F.K.'s World. In: GQ 36 (1963), 269–278.

<Die Wahrheit über Sancho Pansa>: Manuel Durán: F.K. interpreta del Quijote. In: Adolfo Sotelo Vázquez/

Marta Cristina Carbonell (Hg.): Homenaje al profesor Antonio Vilanova. Bd. 1. Barcelona 1989, 217–228. – Arno Dusini: Sancho Pansa *K*. Don Quichote. In: Marisa Siguán/Karl Wagner: Transkulturelle Beziehungen. Spanien und Österreich im 19. und 20. Jh. Amsterdam 2004, 47–62. – Helmut Heißenbüttel: Sancho Pansas Teufel. Die Umkehrung als Denkfigur im Werk F.K.s. In: J.J. White (1985), 98–110. – Winfried G. Kudszus: K.s Cage and Circus. In: A. Udoff (1987), 158–164. – Dietrich Naumann: K.s Auslegungen. In: Reinhold Grimm/Conrad Wiedemann (Hg.): Literatur und Geistesgeschichte. Fs. für Heinz Otto Burger. Berlin 1968, 280–307. – Ritchie Robertson: K. und Don Quixote. In: Neophilologus 69 (1985), 17–24. – Richard Thieberger, in: KHb (1979) II, 357 f.

<Das Schweigen der Sirenen>: Martin Beckmann: Das ästhetische Erfahrungsverhältnis in zwei Parabelstücken. K.s Arbeit am Mythos. In: Compar(a)ison (1995) 2, 161–186. – Richard Bertelsmann: Das verschleiernde Deuten. Kommunikation in K.s Erzählung *DSdS*. In: Acta Germanica 15 (1982), 63–75. – Richard Detsch: Delusion in K.'s Parables *Vor dem Gesetz*, *DSdS* and *Von den Gleichnissen*. A Hermeneutical Approach. In: MAL 14 (1981), 12–23. – Jörg Döring: Rhetorik des Schweigens. Zu F.K.s Odysseus-Travestie im dritten Oktavheft. In: Iris Hermann/Anne Maximiliane Jäger-Gogoll (Hg.): Durchquerungen. Heidelberg 2008, 55–67. – Karl-Heinz Fingerhut: Berichtigung alter Mythen. Zu F.K.s und Bert Brechts Umgestaltung der Sirenen-Episode des 12. Gesangs der *Odyssee*. In: Die Schulwarte 24 (1971), 45–57. – A.P. Foulkes: An Interpretation of K.'s *DSdS*. In: JEGPh 64 (1965), 98–104. – Axel Gellhaus: *DSdS*. Poetische Sprachreflexion in der Prosa F.K.s. In: Ders.: Reflexionen über Sprache aus literatur- und sprachwissenschaftlicher Sicht. Tübingen 2000, 13–39. – R.J. Goebel (1986), 41–49. – Brigitte Kaute: Jenseits einer Theorie der Bedeutung. *DSdS* von F.K. In: Edelgard Biedermann (Hg.): Arbeitstagung Schwedischer Germanisten. Stockholm 2002, 85–95. – Wolf Kittler: *Der Turmbau zu Babel* und *DSdS*. Über das Reden, das Schweigen, die Stimme und die Schrift in vier Texten von F.K. Erlangen 1985. – Clayton Koelb: K. and the Sirens. Writing as Lethetic Reading. In: Ders./Susan Noakes (Hg.): The Comparative Perspective on Literature. Ithaca, London 1988, 300–314. – Detlef Kremer: Tönende, schweigende Sirenen. F.K.s Erzählung *DSdS*. In: Johannes Janota (Hg.): Germanistik, Deutschunterricht und Kulturpolitik. Vorträge des Augsburger Germanistentages 1991. Band 3. Tübingen 1993, 127–133. – Walter Lesch: K.s *DSdS*. Literarische und philosophische Lesarten eines verfremdeten Mythos. In: Gotthard Fuchs (Hg.): Lange Irrfahrten – große Heimkehr: Odysseus als Archetyp. Zur Aktualität eines Mythos.

Frankfurt/M. 1994, 123–155. – Vivian Liska: Was weiß die Literatur? Das Wissen der Sirenen: Adorno, Blanchot, Sloterdijk (– und K.). In: KP 4 (2004), 1–18. – Bettine Menke: *DSdS*. Die Rhetorik und das Schweigen. In: Johannes Janota (Hg.): Kultureller Wandel und die Germanistik in der Bundesrepublik. Vorträge des Augsburger Germanistentages 1991. Tübingen 1993, 134–162; wieder in: C. Liebrand (2005), 116–130. – Stéphane Mosès: F.K. Le Silence des Sirènes. In: Hebrew University Studies in Literature 4 (1976), 48–70. – Larysa Mykyta: K.'s Siren-Text. In: Journal of the K. Society of America 11 (1987), 44–51. – Dietrich Naumann: K.s Auslegungen. In: Reinhold Grimm/Conrad Wiedemann (Hg.): Literatur und Geistesgeschichte. Fs. für Heinz Otto Burger. Berlin 1968, 280–307. – Heinz Politzer: *DSdS*. In: DVjs 41 (1967), 444–467; wieder in: Ders.: DSdS. Studien zur deutschen und österreichischen Literatur. Stuttgart 1968, 13–41. – Martin Puchner: Reading the Sirens' Gestures. K. between Silent Film and Epic Theater. In: Journal of the K. Society of America 21 (1997), 27–39. – Norbert Rath: Mythos-Auflösung. K.s *DSdS*. In: Christa Bürger (Hg.): »Zerstörung, Rettung des Mythos durch Licht«. Frankfurt/M. 1986, 86–110. – Martin Ruth: Love at a Distance. K. and the Sirens. In: Nick Rumens/Alejandro Cervantes-Carson (Hg.): Sexual Politics of Desire and Belonging. Amsterdam 2007, 81–99. – Günter Samuel: Schrift-Körper in tonloser Fernsicht. K.s Sirenen-Text. In: WW 40 (1990), 49–66. – Gerhard Schepers: The Dissolution of Myth in K.s *Prometheus* and *The Silence of the Sirens*. In: Humanities. Christianity and Culture 18 (1984), 97–119. – Walter A. Strauss: Siren-Language. K. and Blanchot. In: Substance 14 (1976), 18–33. – Richard Thieberger, in: KHb (1979) II, 358 f. – F. D. Wagner (2006), 14–29. – Beatrice Wehrli: Wenn die Sirenen schweigen. Gender Studies. Intertext im Kontext. Würzburg 1998, bes. 13–20. – Liliane Weissberg: Myth, History, Enlightenment. *The Silence of the Sirens*. In: Journal of the Kafka Society of America 9 (1985), 131–148. – Dies.: Singing of Tales. K.'s Sirens. In: A. Udoff (1987), 165–177. – David Wellbery: Scheinvorgang. K.s *DSdS*. In: Johannes Janota (Hg.): Kultureller Wandel und die Germanistik in der Bundesrepublik. Bd. 3. Tübingen 1993, 163–176.

<Prometheus>: Jean-Michel Adam: Du récit au rocher. Prométhée d'après F.K. In: Ders./Ute Heidmann (Hg.): Poétiques comparées des mythes. De l'Antiquité à la Modernité. Lausanne 2003, 187–212. – Manfred Beller: The Fire of Prometheus and the Theme of Progress in Goethe, Nietzsche, K., and Canetti. In: CQ 17 (1984), 1–13. – R.J. Goebel (1986), bes. 28–38. – György C. Kálmán: K.'s *Prometheus*. In: Neohelicon 34 (2007) 1, 51–57. – Roman Karst: K.s Prometheussage oder das Ende des Mythos. In: GR 60 (1985), 42–47. – Gerhard

Schepers: The Dissolution of Myth in K.s *Prometheus* and *The Silence of the Sirens*. In: Humanities. Christianity and Culture 18 (1984), 97–119. – Karlheinz Stierle: Mythos als ›Bricolage‹ und zwei Endstufen des Prometheusmythos. In: Manfred Fuhrmann (Hg.): Terror und Spiel. Probleme der Mythenrezeption. München 1971, 455–472. – Richard Thieberger, in: KHb (1979) II, 360. – F. D. Wagner (2006), 42–51.

<Nachts> E.R. Davey: The Journey's End. A Study of F.K.'s Prose Poem *Nachts*. In: GR 59 (1984), 32–38. – Richard Thieberger, in: KHb (1979) II, 366 f. – Larry Vaughan: In the Wilderness. A Watch of the Night. K.'s *Nachts*. In: Germanic Notes and Reviews 30 (1999), 132–134.

<Die Abweisung>: W. Hoffmann (1984), bes. 47–62. – Ralf R. Nicolai: K.s ›Abweisungen‹ und ihre Bedeutung für das Fragment »Man schämt sich zu sagen …«. In: CQ 24 (1991), 194–202. – Carl S. Singer: The Young Revolutionaries: *The Rejection*. In: A. Flores (1977), 126–132. – Richard Thieberger, in: KHb (1979) II, 367 f.

Zur Frage der Gesetze: Frederick Charles DeCoste: K., Legal Theorizing and Redemption. In: Mosaic 27 (1994) 4, 161–178. – Ruth Gross: Questioning the Laws. Reading K. in the Light of Literary Theory. In: Journal of the K. Society of America 7 (1983) 2, 31–37. – W. Hoffmann (1984), bes. 47–62. – Richard Thieberger, in: KHb (1979) II, 369 f. – Alan Udoff: Before the Question of the Laws. K.n Reflections. In: A. Udoff (1987), 178–213. – Hans Dieter Zimmermann: Jüdisches, Unjüdisches: *Zur Frage der Gesetze* bei F.K. In: GLL 49 (1996), 225–235.

<Die Truppenaushebung>: W. Hoffmann (1984), bes. 47–62. – Richard Thieberger, in: KHb (1979) II, 370 f.

<Poseidon>: Beda Allemann: K. und die Mythologie. In: Zeitschrift für Ästhetik und allgemeine Kunstwissenschaft 20 (1975), 129–144; wieder in B. Allemann (1998), 151–168. – Jürgen Born: K.s unermüdliche Rechner. In: Euphorion 64 (1970), 404–413; wieder in: J. Born (2000), 37–54. – Edward Diller: F.K.'s *Poseidon* Adventure. In: Seminar 16 (1980), 235–241. – R.J. Goebel (1986), 50–60. – W. Hoffmann (1984), bes. 93–103. – Vivian Liska: Stellungen. Zu F.K.s *Poseidon*. In: ZfdPh 115 (1996), 226–238. – Richard Thieberger, in: KHb (1979) II, 363–365. – F. D. Wagner (2006), 30–41.

<Gemeinschaft>: Thomas Wägenbaur: K.s literarische Rassismusanalyse. In: Anil Bhatti/Horst Turk (Hg.): Reisen – Entdecken – Utopien. Untersuchungen zum Alteritätsdiskurs im Kontext von Kolonialismus und Kulturkritik. Bern 1998, 55–68. – Richard Thieberger, in: KHb (1979) II, 365 f.

<Das Stadtwappen>: Martin Beckmann: Das ästhetische Erfahrungsverhältnis in K.s Parabelstück *Das Stadtwappen*. In: Literatur in Wissenschaft und Unterricht 29 (1996), 147–159. – Michael Braun: ›Aufgehoben die Reste‹. K.s Fragmentarik als Leitform der Moderne. In: Jean-Marie Valentin (Hg.): Akten des XI. Internationalen Germanistenkongresses Paris 2005. Bern u. a. 2008, Bd. 11, 349–353. – Theo Buck: Das Weltbild der Moderne im Spiegel der Parabel. ›Das Stadtwappen‹ von F.K. In: Friedrich W. Block (Hg.): Verstehen wir uns? Zur gegenseitigen Einschätzung von Literatur und Wissenschaft. Frankfurt/M. 1996, 19–34. – Peter Demetz: Prag und Babylon. Zu K.s *Das Stadtwappen*. In: Krolop/Zimmermann (1994), 141–150. – R.J. Goebel (1986), 74–88. – W. Hoffmann (1984), bes. 38–45. – Bettine Menke: …beim babylonischen Turmbau. In: Bay/Hamann (2006), 89–114. – Stéphane Mosès: Geschichte ohne Ende. Zu K.s Kritik der historischen Vernunft. In: Krolop/Zimmermann (1994), 141–150. – Detlev Rettig: Die Stadt mit der Faust im Wappen. K.s Parabel *Das Stadtwappen* und die nationalen Konflikte in Prag. In: DU 56 (2004) 3, 87–92. – Volker Rodluff: King Kong und K. Katastrophenfilme und F.K.s Erzählung *Das Stadtwappen*. In: DU 55 (2002) 6, 26–29. – Richard Thieberger, in: KHb (1979) II, 362 f. – Werner Zimmermann: F.K.: *Das Stadtwappen*. In: Ders.: Deutsche Prosadichtungen unseres Jahrhunderts. Bd. 1. Düsseldorf 1966, 251–256.

<Der Steuermann>: P.U. Beicken (1974), 208–210. – W. Hoffmann (1984), bes. 93–103. – Albert M. Reh: Psychologische und psychoanalytische Interpretationsmethoden in der Literaturwissenschaft. In: Wolfgang Paulsen (Hg.): Psychologie in der Literaturwissenschaft. Heidelberg 1971, 34–55; bes. 46–51. – Richard Thieberger, in: KHb (1979) II, 374.

<Die Prüfung>: Luc Gobyn/Jaak De Vos: F.K., *Die Prüfung*. Textlinguistik und Formbetrachtung. In: Lamberechts/De Vos (1986), 148–169. – Werner Hamacher: Ungerufen. Kommentar zu K.s *Prüfung*. In: Neue Rundschau 118 (2007) 2, 132–153. – W. Hoffmann (1984), bes. 78–81. – Kurt Kloocke: Zwei späte Erzählungen F.K.s. In: Jahrbuch der Wittheit zu Bremen 12 (1968), 79–91. – Richard Thieberger, in: KHb (1979) II, 371 f.

<Der Geier>: Alain Faure: Le père-vautour. Essai d'interprétation de *Der Geier* de F.K. In: Cahiers d'Études Germaniques 21 (1991), 61–73. – Sander Gilman: F.K. The Jewish Patient. New York 1995, 169–228. – W. Hoffmann (1984), bes. 86–88. – James K. Mish'alani: Text's Body, Body's Text. In: Philosophy and Literature 10 (1986) 1, 56–64. – Hans-Christoph von Nayhauss: F.K.s *Der Geier* aus der Sicht einer an der Hermeneutik der Differenz orientierten interkulturellen Literaturdidaktik. In: Kairoer germanistische Studien 10 (1997), 597–610. – Richard Thieberger, in: KHb (1979) II, 372 f. – F. D. Wagner (2006), 53–59. – Martin

Wasserman: Vultures, Hemorrhages, and Zionism. A Sociohistorical Investigation of a F.K. Parable. In: Yiddish 11 (1999), 198–223.

<Kleine Fabel>: Beda Allemann: K.s *Kleine Fabel.* In: Ders./Erwin Koppen (Hg.): Teilnahme und Spiegelung. Fs. für Horst Rüdiger. Berlin, New York 1975, 465–484; wieder in: B. Allemann (1998), 127–150. – W. Hoffmann (1984), bes. 88–91. – Clayton Koelb: The K.n Parable as Antithetical Hypersign. In: John Deely (Hg.): Semiotics 1984. Lanham 1985, 85–93. – Hans Christoph Graf v. Nayhauss: F.K.s *Kleine Fabel.* In: WW 24 (1974), 240–250. – Michael Schmidt: Katz und Maus. K.s *Kleine Fabel* und die Resonanz der frühneuzeitlichen Konvertitenbiographik. In: GLL 49 (1996), 205–216. – Hans Steffen: Reflexionen auf das Dichterische. K.s *Kleine Fabel* (1920). In: Albrecht Schöne (Hg.): Kontroversen, alte und neue. Akten des VII. Internationalen Germanisten-Kongresses Göttingen 1985. Tübingen 1986. Bd. 11. 183–190. – Richard Thieberger, in: KHb (1979) II, 376 f. – Heinz Weber: Das Ärgernis der Interpretation. Rezeptionsästhetische Überlegungen zu einem didaktischen Zielkonflikt. In: DU 36 (1984) 2, 5–18. – Walter Weiss: K. und Musil. In: Vesna Kondrič Horvat (Hg.): Slowenisch-österreichische K.-Studien. Maribor 1998, 131–140.

<Der Kreisel>: W. Hoffmann (1984), bes. 73–78. – Richard H. Lawson: K.s Parable *Der Kreisel.* Structure and Theme. In: Twentieth Century Literature 18 (1972), 199–205. – Gavriel Moked: *Der Prozeß* und *Der Kreisel.* In: Moznayim 21 (1966), 45–59. – Sonja Nerad: F.K. *Der Kreisel.* In: DU 61 (2009) 6, 41–51. – Gerhard Schepers: K.s *Der Kreisel.* Die Grenzen philosophischer Erkenntnis. In: Jinbunkagaku Kenkyu 19 (Nov. 1985), 175–194. – Richard Thieberger, in: KHb (1979) II, 374–376.

<Der Aufbruch>: Martin Beckmann: Der Prozeß der ästhetischen Erfahrung in drei Parabelstücken F.K.s. In: Seminar 28 (1992), 189–207. – Eleonore Frey: Erzählen als Lebensform. Zu K.s Erzählung *Der Aufbruch.* In: Sprachkunst 13 (1982), 83–96. – Ulrich Gaier: ›Chorus of Lies‹. On Interpreting K. In: GLL 22 (1969), 283–296. – W. Hoffmann (1984), bes. 135–138. – Erwin Leibfried: K.s Erzählung *Der Aufbruch* und die Theorie der Geschichte. In: Neophilologus 61 (1977), 258–264.

<Fürsprecher>: Gerhard Baumgaertel: F.K. Transformation for Clarity. In: Revue des Langues Vivantes 26 (1960), 266–283. – W. Hoffmann (1984), bes. 141–146. – Jost Schillemeit, in: KHb (1979) II, 383 f.

Das Synagogentier (»In unserer Synagoge«): Iris Bruce: K. and Jewish Folklore. In: J. Preece (2002), 150–168. – Bruce Ross: The Atavistic Beast. K.s *The Animal in the Synagogue.* In: Ders.: The Inheritance of Animal Symbols in Modern Literature and World Culture. Essays, Notes and Lectures. New York u. a. 1988, 125–

145. – Jost Schillemeit, in: KHb (1979) II, 385. – Martin Wasserman: K.s. *The Animal in the Synagogue.* His Marten as a Special Biblical Memory. In: Studies in Short Fiction 34 (1997) 2, 241–245.

Das Ehepaar: Heinrich Detering: ›Raabe im Sterben‹. Zu einer nachgelassenen Erzählung F.K.s. In: Mitteilungen der Raabe-Gesellschaft 73 (1986), 17–20. – W.H. Sokel (1964), 273–275. – Jarvis Thurston: *The Married Couple.* In: Flores/Swander (1977), 83–91. – Malcolm Ware: Catholic Ritual and the Meaning of F.K.s *Das Ehepaar.* In: Symposium 19 (1965), 85–88.

Ein Kommentar <Gibs auf!>: Martin Beckmann: Der Prozeß der ästhetischen Erfahrung in drei Parabelstücken F.K.s. In: Seminar 28 (1992), 189–207. – P.U. Beicken (1974), 115–117. – Julius-Alexander Detrich: Ende oder Anfang. Spontane Gedanken zu K.s *Gibs auf!* In: Evangelische Theologie 45 (1985), 380–385. – Sabine I. Gölz: K. und die Parabel/das Parabolische: *Gibs auf!, Von den Gleichnissen* und *Der Jäger Gracchus.* In: KHb (2008), 240–249, bes. 241–243. – Joachim Hubbert: ›Gibs auf!‹. Zum Problem von K.s Bildsprache. In: Ders.: Metaphysische Sehnsucht, Gottverlassenheit und die Freiheit des Absurden. Untersuchungen zum Werk von F.K. Bochum 1995, 38–64 [textidentisch mit Politzer, s. u.]. – Reed Merrill: Infinite Absolute Negativity. Irony in Socrates, Kierkegaard and K. In: CL 16 (1979) 3, 222–236. – H. Politzer (1965 [1962]), 19–44. – Claudine Raboin: *Gib's auf!.* Traces d'une lecture de K. dans *Stiller* de Max Frisch. In: Philippe Wellnitz (Hg.): Max Frisch. La Suisse en question? Paris 1997, 111–128. – Jost Schillemeit, in: KHb (1979) II, 391. – Eric Standert: *Gibs auf!* Ein Kommentar zu dem methodologischen Ausgangspunkt in Heinz Politzers K.-Buch. In: Studia Germanica Gandensia 9 (1964), 249–272.

<Von den Gleichnissen>: Beda Allemann: K.: *VdG.* in: ZfdPh 83 (1964), 97–106; wieder in: B. Allemann (1998), 115.126. – Helmut Arntzen: F.K.: *VdG.* In: Ders.: Literatur im Zeitalter der Information. Frankfurt 1971, 86–92. – Martin Beckmann: Der Prozess der ästhetischen Erfahrung in drei Parabelstücken F.K.s. Seminar 28 (1992), 189–207. – Gerhard Buhr: F.K., *VdG.* Versuch einer Deutung. In: Euphorion 74 (1980), 169–185. – Richard Detsch: Delusion in K.s Parables *Vor dem Gesetz, Das Schweigen der Sirenen* and *VdG.* A Hermeneutical Approach. In: MAL 14 (1981), 12–23. – Paul Gordon: K.s Parable on Parables. In: Cithara 27 (1988) 2, 11–19. – Aage A. Hansen-Löve: Jetzt und/oder nie: *VdG.* In: Akzente 39 (1992), 375–382. – Roger Hofer: F.K. *VdG.* In: Heinz Hafner/A. Schwarz (Hg.): Semiotik und Didaktik. Festschrift für Otto Keller zu seinem 65. Geburtstag. Bern 1991, 75–90. – W. Hoffmann (1984), bes. 138–140. – Oliver Jahraus: Sich selbst interpretierende Texte. F.K.s *VdG.* In: Poetica 26 (1994), 385–408. –

Ders.: K. und die Literaturtheorie. In: KHb (2008), 304–316, bes. 312–315. – Shimon Sandbank: Action as Self-Mirror. On K.'s Plot's. In: Modern Fiction Studies 17 (1971), 21–29. – Jost Schillemeit, in: KHb (1979) II, 389 f. – David Schur: K.'s Way of Transcendence. In: Seminar 30 (1990), 395–408. – Ingrid Strohschneider-Kohrs: Erzähllogik und Verstehensprozeß in K.s Gleichnis VdG. In: Fritz Martini (Hg.): Probleme des Erzählens. Fs. für Käte Hamburger. Stuttgart 1971, 303–329. – Horst Turk: Die Wirklichkeit der Gleichnisse. Überlegungen zum Problem der objektiven Interpretation am Beispiel F.K.s. In: Poetica 8 (1976), 208–225. – Walter Weiss: VdG. In: EG 39 (1984), 194–204.

<Heimkehr>: Werner Brettschneider: F.K.: Die Heimkehr. In: Ders.: Die Parabel vom verlorenen Sohn. Das biblische Gleichnis in der Entwicklung der europäischen Literatur. Berlin 1978, 53–61. – Yves Chevrel: K. et le silence du fils prodigue. In: Philippe Zard (Hg.): Sillage de K. Paris 2007, 131–143. – Edgar Marsch: Die verlorenen Söhne. Konstitution und Reduktion in der Parabel. In: Josef Billen (Hg.): Die deutsche Parabel. Zur Theorie einer modernen Erzählform. Darmstadt 1986, 364–388. – Sigrid Mayer: Wörtlichkeit und Bild in K.s Heimkehr. In: Germanic Notes and Reviews 7 (1976), 6–9. – Peter Pfaff: Einspruch gegen die Landwirtschaft. K.s ›Heimkehr‹ – die Parabel zur Parabel. In: Hans Weder (Hg.): Die Sprache der Bilder. Gleichnis und Metapher in Literatur und Theologie. Gütersloh 1989, 76–91. – Richard Thieberger, in: KHb (1979) II, 361 f.

Zum Gesamtkorpus der Nachlasstexte der späten Werkphase vgl. in diesem Handbuch auch die Artikel: 3.3.1 (Zürauer Aphorismen), 3.3.2 (<Brief an den Vater>), 3.3.3 (Das Schloss), 3.3.5 (<Forschungen eines Hundes>), 3.3.6 (<Der Bau>) u. 3.4.2 (Die Tagebücher, bes. 380); zu ausführlicheren Interpretationen von <Nachts> ↗ 496 f., von <Die Abweisung>, Zur Frage der Gesetze. <Die Truppenaushebung> u. <Das Stadtwappen> ↗ 505–508.

Manfred Engel

3.4 Werkgruppen

3.4.1 Gedichte

Kafka und die Lyrik

Kafka hat Gedichte geschrieben. Es waren nicht viele; von diesen wenigen fallen einige in seine Jugendzeit und damit in diejenige Periode seiner literarischen Produktion, die er noch mehr als alles andere völlig ausgelöscht wissen wollte. Die übriggebliebenen Gedichte hat er gut versteckt – in abgerissenen losen Blättern, in Tagebucheintragungen. Für viele von ihnen gilt, was er am 17. Dezember 1911 im Tagebuch über seine Erzählanfänge notiert: Sie blieben »Eingangssätze«, die »mit ihren vorragenden Bruchstellen in eine traurige Zukunft zeigen« (T 294).

Trotzdem: Kafka hat Gedichte geschrieben. Die literaturwissenschaftliche Beschäftigung mit ihnen gleicht ein wenig einer Detektivarbeit: Die verstreuten Spuren sind zu sichern, das Motiv zu ergründen: Warum schreibt Kafka Gedichte –oder besser gefragt, warum schreibt Kafka eigentlich so gut wie keine Gedichte? Dass er Gedichte gelesen hat, sogar recht gern wohl, weiß man. Er beschäftigte sich vor allem in seiner Frühzeit mit zeitgenössischer Lyrik, kannte und schätzte Hugo von Hofmannsthals *Gespräch über Gedichte* (vgl. Wagenbach 2006, 121) und schenkte Max Brod 1905 zwei Gedichtbände von Stefan George (vgl. Alt 2005, 140 f.; Wagenbach 2006, 223). Er hat darüber hinaus für Max Brod zumindest einen seiner Lyrikbände redigiert. Brod berichtet in seinem Tagebuch unter dem 6. Juli 1910: »Kafka, der gute Freund, rettet mein Gedichtbuch, indem er etwa 60 mindere Gedichte hinauswirft« (B00–12, 472). Von mangelndem allgemeinen Interesse an Lyrik kann also keine Rede sein.

Kafkas Gedichtlektüre: »Den Kopf wie von Dampf erfüllt«

Von Kafkas Gedichtlektüre berichten vereinzelte Tagebucheinträge sowie spätere Briefe. Sie zeugen davon, dass er Gedichte als einen starken, ja überstarken emotionalen Eindruck erleben konnte. So notiert er im Tagebuch am 23. Dezember 1911: »Durch Werfels Gedichte hatte ich den ganzen gestrigen Vormittag den Kopf wie von Dampf erfüllt« (T 308). An den zeitgenössischen Lyriker Gottfried Kölwel, der ihm einen Gedichtband übersandt hatte, schreibt er am 3. Januar 1917: »Diese Gedichte trommelten mir zeilenweise förmlich gegen die Stirn. So rein, so sündenrein in allem waren sie, aus reinem Atem kamen sie« (B14–17, 283). Bei der Bewertung lyrischer Texte in formaler Hinsicht legt Kafka also vertraute ästhetische Maßstäbe an: Reinheit, organische Einheit, konsequente Entwicklung, körperliche Erfahrbarkeit der Sprache gelten ihm auch im Bereich der lyrischen Gestaltung als ästhetische Qualitätsmerkmale erster Güte.

Umso drängender stellt sich erneut die Frage: Warum schreibt Kafka, mit all seinem überentwickelten Sprachgefühl, seiner beinahe körperlichen Fixierung auf einzelne Laute und Worte, seinem ausgeprägten Empfinden von Satzrhythmen keine Gedichte? Aus den Lektürezeugnissen ergibt sich als erste Vermutung, dass die bei ihm durch Gedichte ausgelöste emotionale Reaktion eher einen gegenteiligen Effekt hatte: Eine solche aufsaugende, vereinnahmende Wirkung sollte gerade nicht von seinen Texten auf den Leser ausgehen; Deleuze/Guattari sprechen in diesem Zusammenhang ganz allgemein von der »Anti-Lyrik« und »Anti-Ästhetik« des gesamten Kafkaschen Schaffens, das nicht auf suggestive Eindrücke, sondern auf die »Gegenstände selbst« ausgehe (Deleuze/Guattari, 96).

Zum zweiten weist Wagenbach darauf hin, dass Kafkas lyrische Abstinenz auch eine Abwehrreaktion auf seine Erziehung und das literarische Umfeld des jungen Prag sein könnte: »Die Überschätzung der Lyrik, schon in der Schule – auch durch die sinnlose Menge des zu Memorierenden – eingehämmert, hatte die bekannte Folge, dass alle Prager ihren ersten Ruhm mit Lyrik zu erlangen suchten« (Wagenbach 2006, 54). Doch auch für ein anderes Lyrikverständnis fand Kafka durchaus Vorbilder, wenn auch nicht bei den Zeitgenossen, so doch in der Literaturgeschichte. Binder nennt als Kafkas Lieblingsautoren Goethe, Hölderlin, Hölty, Whitman u. a. (Binder 1979, 500); mehrfach erwähnt Kafka auch in seinen Briefen einen Band *Chinesische Lyrik vom 12. Jahrhundert bis zur Gegenwart*, in deutscher Übersetzung herausgegeben von Hans Heilmann (München 1905). Gemeinsam, so Binder, seien diesen Autoren vor allem bestimmte formale Gestaltungsmerkmale wie »eigenrhythmische, metrisch freie oder mindestens nicht alternierende Versgebilde ohne Reim und mit weniger fester Strophengliederung« (Binder 1979, 501).

Kafkas Lieblingsgedichte:
»Die Tanne war wie lebend«

Darüber hinaus ist eine genauere Betrachtung derjenigen Texte aufschlussreich, die Kafka explizit als seine Lieblingsgedichte benannt hat. So erwähnt er im September 1922 in einem Brief an Milena Jesenská zwei romantische Gedichte: *Abschied* von Joseph von Eichendorff und *Der Wanderer in der Sägmühle* von Justinus Kerner (BM 305). Beide schildern in einfacher Volksliedform idyllische Naturbilder, in denen ein lyrisches Ich mit der Natur direkt kommuniziert. Besonders auffällig sind einige inhaltliche und poetologische Aspekte, die Kafka angesprochen haben könnten. So ist bei Eichendorff in der dritten Strophe die Rede von einem »im Wald« geschriebenen »stillen, ernsten Wort«, das dem lyrischen Ich – das sich selbst zudem als »Einsamen« in der Welt bezeichnet – »durch mein ganzes Wesen« »unaussprechlich klar« wurde; das ist eine Wirkung von Literatur, mit der auch der Autor Kafka sich durchaus identifizieren konnte. Noch deutlicher verweist das Gedicht Kerners auf Kafkasche Motive und masochistische Züge in seinem Werk. Dort wird beschrieben, wie eine Tanne »von einer blanken Säge« zerteilt wurde – ein Verletzungsakt, der direkt in Dichtung umgesetzt wird.

Ebenfalls aus dem 19. Jahrhundert stammt ein häufig vertontes Gedicht von Albert Graf von Schlippenbach, in das sich Kafka während seines Aufenthalts im Sanatorium von Jungborn, so sein Brief an Felice Bauer vom 18. November 1912, »verliebt« hatte (B00–12 243). *Nun leb' wohl du kleine Gasse* ist ein vierstrophiges Volkslied, in dem, denkbar unoriginell, wie bei Eichendorff ein Abschied von Mutter, Vater und der »Liebsten« aus dem »Städtchen« inszeniert wird. Fasziniert war Kafka vor allem von der sprachlichen Gestaltung des Gedichts, die für ihn eine Umsetzung nicht nur ins Musikalische, sondern ins Gestische geradezu aufdrängte; er schreibt: »Wie das Gedicht trotz vollständiger Ergriffenheit ganz regelmäßig gebaut ist, jede Strophe besteht aus einem Ausruf und dann einer Neigung des Kopfes« (243).

Offensichtlich schätzte Kafka also durchaus die Volksliedform als ›regelmäßige‹ lyrische Gestalt; darüber hinaus die alltägliche, unpreziöse, auf menschliche Urerfahrungen abstellende Sprache sowie die melodiöse Sprachbewegung, die es ihm – der sich nach eigenem Bekunden als gänzlich unmusikalisch empfand – ermöglichte, lyrische Sprache in körperli-

che Bewegungsabläufe umzusetzen. Demgegenüber bilden die von ihm wiederholt lobend erwähnten Übersetzungen aus dem Chinesischen einen gewissen Gegenpol; hier findet sich die von Binder hervorgehobene freie prosarhythmische Gestaltung. Für beides, das gebundene wie das ungebundene lyrische Sprechen, ist jedoch in Kafkas lyrischer Werteskala die Einfachheit die höchste Norm; das gilt sowohl für das verwendete Vokabular als auch für die syntaktischen Strukturen und die zurückhaltend eingesetzte Bildlichkeit. Darüber hinaus bleibt er sich auch in seiner Gedichtlektüre insofern treu, als ihn bestimmte, meist biographisch konnotierte thematische Komplexe unmittelbar ansprechen; dazu gehören die romantische Vorstellung einer Natursprache ebenso wie die Themen Einsamkeit, Trauer und Tod.

Das Textkorpus

Wie entwickeln sich nun Kafkas eigene lyrische Versuche vor dem dargestellten Hintergrund seiner allgemeinen Vorstellung von Lyrik? Es bietet sich an, einen Überblick über das Textkorpus anhand der Entstehungs- bzw. Überlieferungskontexte zu geben; dabei läuft gleichzeitig eine chronologische Gliederung mit. Da die Texte innerhalb des Gesamtwerks verstreut sind, werden zumindest die vollständigen Gedichte hier im Zusammenhang abgedruckt.

Frühe Texte in Poesiealben, Briefen und im Nachlass

Der erste überlieferte Text ist, da stellt Kafka ausnahmsweise einmal keine Ausnahme dar, eine Widmung im Poesiealbum eines Jugendfreundes: Am 20. November 1897 trägt der 16-jährige Kafka die auf den ersten Blick trivial anmutenden Zeilen ein:

> Es gibt ein Kommen und ein Gehn
> Ein Scheiden und oft kein – Wiedersehn.
> (NSF I, 7)

Bemerkenswert ist aber immerhin die Verzögerung des Reim- und Versschlusses durch den Gedankenstrich, die die allzu naheliegende Antithese verweigert und ein rhythmisches Stolpern erzeugt. Mit einigem Mut zur Deutung könnte man sagen: Schon in der ersten lyrischen Äußerung Kafkas ist der Tod gegenwärtig!

Den skeptisch gebrochenen Charakter nimmt der zweite überlieferte Poesiealbumseintrag Kafkas auf, der trotz der prosaischen Form wegen des inhaltlichen Zusammenhangs hier kurz behandelt werden soll. Das Einzelblatt ist als Nachlasskonvolut Nr. 2 überliefert und von Kafka auf den 4. September 1900 datiert. Der Eintrag beginnt mit einer sprachskeptischen Reflexion: »Wie viel Worte in dem Buche stehn! Erinnern sollen sie! Als ob Worte erinnern könnten!« (8). Demgegenüber wird als einzig angemessene Form der Erinnerung das »lebendige Gedenken« beschworen, das allein die Vergangenheit – als »Asche« – wieder zur glühenden »Lohe« entfachen kann (ebd.). Ein solch mächtiger sprachlicher Beschwörungsakt könne jedoch nicht »mit ungeschickter Hand und grobem Handwerkszeug« geschehen, sondern nur auf »weißen, anspruchslosen Blättern« (ebd.). Das erklärt auch, warum das Blatt aus einem Poesiealbum ausgeschnitten überliefert ist: Es weist nämlich zwei Tintenkleckse auf. Gleichwohl sind hier über das Äußere hinaus bereits erste Charakteristika Kafkas wie die Selbstreflexivität der poetischen Tätigkeit und die mit ihr assoziierte »Keuschheit« (ebd.) zu erkennen.

Trotz dieser Sprachskepsis versucht Kafka sich in dieser Zeit weiterhin in Versen. In einem Brief an Oskar Pollak vom 8. November 1903 finden sich drei Strophen, die sich zunächst konventionell stimmungsmalerisch ausnehmen:

> Kühl und hart ist der heutige Tag.
> Die Wolken erstarren.
> Die Winde sind zerrende Taue.
> Die Menschen erstarren.
> Die Schritte klingen metallen
> Auf erzenen Steinen,
> Und die Augen schauen
> Weite weiße Seen.
>
> In dem alten Städtchen stehn
> Kleine helle Weihnachtshäuschen,
> Ihre bunten Scheiben sehn
> Auf das schneeverwehte Plätzchen.
> Auf dem Mondlichtplatze geht
> Still ein Mann im Schnee fürbaß,
> Seinen großen Schatten weht
> Der Wind die Häuschen hinauf.
>
> Menschen, die über dunkle Brücken gehn,
>   vorüber an Heiligen
>   mit matten Lichtlein.
> Wolken, die über grauen Himmel ziehn
>   vorüber an Kirchen
>   mit verdämmernden Türmen.
> Einer, der an der Quaderbrüstung lehnt
>   und in das Abendwasser schaut,
>   die Hände auf alten Steinen.
>   (B00–12 30 f.)

Kafka beschreibt hier Szenerien aus dem winterlichen Prag; gut erkennbar sind der Weihnachtsmarkt und die Karlsbrücke. Insgesamt drängt sich ein Vergleich mit dem jungen Rilke der *Larenopfer* (1898) auf. Wagenbach (2006, 54) sieht hier vor allem noch den starken Einfluss des von Kafka in dieser Zeit abonnierten *Kunstwart*, einer Zeitschrift, die um die Jahrhundertwende mit stark pädagogischen und zunehmend nationalen Untertönen eine authentische, einfache, an der Natur orientierte und volkstümliche Kunst gegenüber den ästhetizistischen Strömungen der Zeit forderte.

Gleichwohl wird der romantische Ton auch hier gebrochen. Kafka experimentiert dazu mit unterschiedlichen formalen Mitteln: Während die erste und die dritte Strophe reimlos und freirhythmisch gestaltet sind, ist die mittlere eine traditionelle Romanzenstrophe und demonstriert Kafkas Vertrautheit mit der Formensprache der Überlieferung. Insgesamt dominiert eine einfache, klare Wortwahl (mit Ausnahme zweier Neologismen: »Mondlichtplatz«, »Abendwasser«) mit übersichtlichen Satzkonstruktionen und einer Neigung zur parallel gebauten Aufzählung. Die Reimlosigkeit wird teilweise durch Klangmalerei kompensiert. Bezeichnenderweise werden aber diese lyrischen Mittel nicht nur ästhetisierend, sondern ebenso zur Zerstörung ›schöner‹ Wirkungen eingesetzt.

Aufgrund der formalen Variation ist nicht ganz klar, ob die drei Strophen tatsächlich zusammengehören. Neben der einheitlichen Lokalität sprechen dafür das durchgängig verwendete Motivarsenal aus dem Bereich der Elemente (Wolken, Wind, Steine, Wasser) sowie die alle drei Strophen strukturierenden semantischen Oppositionen (Licht/Schatten, Bewegung/Erstarrung, Belebtes/Unbelebtes). Sehr unterschiedlich ist dagegen die evozierte Stimmung. Kurz sieht in der ersten Strophe bereits einen »frühexpressionistischen Stil der Reihung und die frühexpressionistische Bildlichkeit einer verlorenen und erstarrten Existenz« (Kurz 1984b, 35). Diese Erstarrung wird allerdings in den letzten zwei Versen praktisch aufgehoben, und zwar sowohl durch den potenzierten Eindruck von »weite, weiße« (von da ist es der Klanglogik nach nur noch ein kleiner Schritt zum »weichen«) wie auch durch das Schauen der Augen: Die Strophe klingt ins Offene aus.

Dagegen scheint die zweite Strophe mit ihren Verniedlichungsformen (»Städtchen«, »Häuschen«, »Plätzchen«), ihrem Anachronismus (»fürbaß«) und ihrer räumlichen Geschlossenheit ganz ins Romantische zurückzufallen. Allerdings findet sich auch hier am Schluss ein auffälliger Bruch: Der einsame

Mann in seinem Gehen bringt im letzten Vers das Versmaß aus dem gleichmäßig alternierenden Rhythmus und verweigert den eigentlich fälligen Endreim auf »fürbaß«; wiederum führt das Ende also aus der Strophe hinaus.

Die dritte Strophe schließlich evoziert schon durch ihre herausgehobene graphische Gestaltung und den auffälligen Parallelismus der drei Strophenteile den Eindruck verschiedener parallel verlaufender Bewegungen der »Menschen«, der »Wolken« und des an der Brücke lehnenden »Einen«; man könnte sie als eine Art Zusammenfassung aller drei Strophen und der in ihnen dargestellten Bewegungsvorgänge lesen. Im Gegensatz zu ihren beiden Vorgängerinnen vermittelt das Schlussbild nun zwischen Erstarrung und Bewegung: Der »Eine« steht im direkten sinnlichen Kontakt mit den »alten Steinen« – der Geschichte Prags; und er schaut von seinem festen Standpunkt, angelehnt an die Brüstung, auf das bewegte »Abendwasser« hinab. Wüsste man nicht, dass es Kafka ist, könnte man von einem idyllischen Schlussbild sprechen, in dem Natur, Mensch und Geschichte, Bewegung und Erstarrung in Einklang gebracht sind. Weiß man, dass es Kafka ist, wird man allerdings auch Georg Bendemann auf dieser Brücke stehen sehen. Das Bild ist zweifellos nur eines: ambivalent.

Ein zweites Briefgedicht findet sich in einem Schreiben an Hedwig Weiler vom 29. August 1907, soll aber deutlich früher entstanden sein (»vor Jahren […] geschrieben«; B00–12 57). Die zwei Strophen variieren das Muster der Romanzenstrophe sehr frei, indem sie diese jeweils um einen fünften Vers verlängern. Ebenfalls aufgegeben wird die Reimform; sie wird auch hier kompensiert durch häufige Assonanzen und Alliterationen mit einer Vorliebe für Umlaute:

> In der abendlichen Sonne
> sitzen wir gebeugten Rückens
> auf den Bänken in dem Grünen.
> Unsere Arme hängen nieder,
> unsere Augen blinzeln traurig.
>
> Und die Menschen gehn in Kleidern
> schwankend auf dem Kies spazieren
> unter diesem großen Himmel
> der von Hügeln in der Ferne
> sich zu fernen Hügeln breitet.
> (B00–12 57; vgl. auch NSF I, 54)

Den Hintergrund bildet immer noch Prag, diesmal die Schützeninsel unter der Franzensbrücke als Ziel abendlicher Spaziergänge. Trotz der idyllischen äu-

ßeren Szenerie symbolisiert die detailliert wiedergegebene Körperhaltung im Einklang mit der kontinuierlich absinkenden Satzmelodie und dem exakten Parallelismus von Vers 4 und 5 Melancholie, Kraftlosigkeit, Trauer. Auffällig ist der Übergang vom persönlichen »wir« der ersten Strophe zu den »Menschen« in der zweiten; ebenso die distanzierte Beschreibung des Äußerlichen durch »in Kleidern«. Während die Menschen dadurch zur austauschbaren, haltlosen Staffage werden, wird der Natur kontrastierend ein klassisches Erhabenheitsmotiv zugeschrieben: der »große Himmel«, der Blick in die Ferne. Besonders gelungen mutet schließlich die Schlusswendung an, bei der die Ausbreitung des Blicks sprachlich in Form der *Figura etymologica* – »von Hügeln in der Ferne« zu »fernen Hügeln« – eingefangen wird. Das Gedicht weist damit vor allem im Motivbestand erste Kafka-typische Züge auf.

Eine Sonderstellung – man kann wohl ohne Übertreibung sagen: im Kafkaschen Gesamtwerk – nimmt schließlich das Gedicht *Kleine Seele* ein, das Kafka auf der Rückseite eines Kalenderblattes vom 17./18. September 1909 notierte (NSF I, 181); er schrieb es außerdem am 26. November 1911 in ein Stammbuch (vgl. T 273 f.). Das fünfzeilige, anfangs streng alternierende, später durch Doppelsenkungen metrisch aufgelockerte Gedicht ordnet Kafka (wie Arno Holz in seinem *Phantasus*) symmetrisch um die Mittelachse an:

> Kleine Seele
> springst im Tanze
> legst in warme Luft den Kopf
> hebst die Füße aus glänzendem Grase
> das der Wind in zarte Bewegung treibt
> (NSF I, 181)

Das Singuläre an diesem Gedicht im Blick auf Kafka ist seine ganz und gar heitere, gelöste, ja geradezu zärtliche Ausstrahlung, die Leichtigkeit der tänzerischen Bewegtheit, die überwältigende Frühlingsstimmung. Keinerlei Ambivalenzen, keine dunklen Todesandeutungen mehr: Es ist, als ob ein anderer spricht. In der Forschung wurde deshalb über Vorbilder spekuliert; Kurz verweist auf Thomas Manns *Ein Glück*, das Kafka Brod begeistert empfiehlt und das beginnt: »Still! Wir wollen in eine Seele schauen« (Kurz 1984a, 22). Angesichts von Kafkas bekannter Vorliebe für Hugo von Hofmannsthals *Gespräch über Gedichte* könnte man auch an dessen *Psyche* denken. Letztlich bleibt es dem Leser überlassen, ob er hier für einen Moment an einen anderen, von seiner eigenen lyrischen Sprache berauschten, endlich einmal befreiten Kafka denken möchte – oder ob er den Text als gymnastische Fingerübung im Hofmannsthal-Stil, womöglich sogar als Parodie liest.

Lyrik im Erzählwerk

Eine kleine Gruppe bilden lyrische Einsprengsel in Erzähltexten Kafkas. So nimmt Kafka die zweite Strophe des Gedichts aus dem Brief an Hedwig Weiler als Motto in die erste Fassung der *Beschreibung eines Kampfes* auf (NSF I, 54); schon in der zweiten Fassung entfällt sie allerdings wieder. Mit dem Text ist das Gedicht eher schwach durch das Motiv des Spaziergangs sowie die Prager Szenerie verbunden. Ebenfalls nur in der Erstfassung finden sich drei Verszeilen kurz vor Ende des ersten Kapitels. Gesprochen werden sie von dem Erzähler-Ich, dem in einer euphorischen Erinnerung an das »Mädchen im schönen weißen Kleid« und dessen Liebe ein Vers einfällt:

> Ich sprang durch die Gassen
> wie ein betrunkener Läufer
> stampfend durch Luft
> (NSF I, 69)

Hier wird die lyrische Sprachform offensichtlich als Steigerungsmittel benutzt, um die besonders gelöste Bewegtheit des Ich sprachlich anschaulich zu machen. Auf das Gleiche zielt allerdings der sich im Prosatext anschließende Vergleich mit dem Schwimmen, der deshalb wohl in der zweiten Fassung allein übernommen wird.

Ähnlich und doch anders ist auch das zweite Beispiel für lyrisches Sprechen innerhalb eines Kafkaschen Erzähltextes. Es handelt sich um zwei kurze Passagen im *Landarzt*, die von den Kindern des Schulchores auf dem Dorf gesungen werden; Binder vermutet, dass sie vielleicht von Prager Gassenhauern geprägt sind (Binder 1979, 501):

> Entkleidet ihn, dann wird er heilen,
> Und heilt er nicht, so tötet ihn!
> 'Sist nur ein Arzt, 'sist nur ein Arzt.
> [...]
> Freuet euch, ihr Patienten,
> Der Arzt ist euch ins Bett gelegt!
> (DzL 259; 261)

Hier geht es ebenfalls um die Einbeziehung einer anderen Sprachhaltung und einer anderen Sprachfunktion in den Erzähltext: Gerade in der Einfachheit der abzählreimartigen Verse, ihrer plakativen Antithetik, begleitet laut Text von einer »äußerst einfachen Melodie«, liegt ihre tödliche Brutalität: Beschworen wird in beiden Stellen der unvermeidliche Tod des Landarztes, der sich aus einer paradoxen Umkehrung des Arzt-Patienten-Verhältnisses geradezu zwingend ergibt. Der vermeintlich festliche Gesang des Kinderchors entpuppt sich als makabrer Totengesang, der an die kollektiven Schicksalssprüche eines antiken Chors gemahnt.

Gedichte aus den Tagebüchern mit biographischem Kontext

Sowohl in den zwölf Tagebuchheften als auch in den späteren Nachlasskonvoluten finden sich über die Jahre hinweg verstreut immer wieder Gedichtanfänge, die meist über eine oder zwei Zeilen nicht hinauskommen, sowie einige mehrzeilige, teilweise abgeschlossene Gedichte. Einige von ihnen können relativ stringent biographischen Ereignissen zugeordnet werden. So findet sich am 15. September 1912, am Tag der Verlobung der Schwester Valli, ein zweistrophiges, metrisch regelmäßiges Gedicht mit einem aufschlussreichen Folgeeintrag:

> Aus dem Grunde
> der Ermattung
> steigen wir
> mit neuen Kräften
>
> Dunkle Herren
> welche warten
> bis die Kinder
> sich entkräften

Liebe zwischen Bruder und Schwester – die Wiederholung der Liebe zwischen Mutter und Vater (T 438).

Das Gedicht spielt mit mehreren Antithesen: Aufstieg und Fall zum einen, die in der aufsteigenden Sprachbewegung der ersten Strophe gegenüber dem fallenden Duktus der zweiten sprachlich umgesetzt erscheinen; »dunkle Herren« und »Kinder« zum anderen. In der Abfolge von Ermattung, Kräftigung und erneuter Entkräftung wird darüber hinaus ein Kreislauf angedeutet. Bezieht man diesen auf die bevorstehende Hochzeit, so ergibt sich ein allerdings paradoxes Generationsmodell: Die Ermattung und die Entkräftung werden als ursprüngliche, als erste und letzte Zustände beschrieben, zwischen denen die »Kräfte« nur ein kurzes Zwischenspiel geben dürfen. Die Kindheit ist insofern nicht etwa der natürliche Zustand des Menschen, sondern nur eine kurze Blüte, die im Prozess des Erwachsenwerdens nach der existentiellen Logik des Vater-Sohn-Verhältnisses durch die »dunklen Herren« zwanghaft wieder zerstört werden muss. Es ist insofern logisch, dass dieses Gedicht eine ungewöhnliche Geschlossenheit aufweist; es spiegelt selbst ein kurzes sprachliches Aufraffen zu »neuen Kräften«, bevor es im zweiten Teil wieder ermattet in sich zusammenfällt.

Die nächsten Verse Kafkas entstehen angesichts eines für ihn noch sehr viel bedeutenderen biographischen Erlebnisses, nämlich im unmittelbaren Umfeld des ersten sexuellen Kontakts mit Felice Bauer in Marienbad im Juli 1916. Neben einer Reihe von Fragmenten, die auf die Lektüre des ersten Buch Mose verweisen (T 796), und einzelnen lyrischen Anfangszeilen (T 794f.) steht auch ein längerer Verstext vom 19. Juli 1916; Felice war inzwischen wieder abgereist:

> Träume und weine armes Geschlecht
> findest den Weg nicht, hast ihn verloren
> Wehe! Ist Dein Gruß am Abend, Wehe! am Morgen
> Ich will nichts nur mich entreißen
> Händen der Tiefe die sich strecken
> mich Ohnmächtigen hinabzunehmen.
> Schwer fall ich in die bereiten Hände.
>
> (T 797)

In außergewöhnlich unverschlüsselter Sprache und direkter Ich-Aussage wird hier über die neue sexuelle Erfahrung gesprochen. Eine Überformung bietet lediglich der *parallelismus membrorum* des zweifachen »Wehe«, der das persönliche Schicksal zu einem allgemeinen, in der psalmodierenden Sprachhaltung an biblische Verkündigungen gemahnenden Unglück aufwertet. An das Gedicht anlässlich der Verlobung Vallis erinnert die negative Formulierung des »Entreißens« ebenso wie das Motiv des Fallens, dem hier aber kein Steigen mehr an die Seite tritt. Das Gedicht endet mit einer Art Urteil, gegen das dem »Ohnmächtigen« kein Widerstand möglich ist, der sich von den »bereiten Händen« unwiderstehlich angezogen fühlt.

Sentenziöse Gedichte der Spätzeit

Nach weiteren Gedicht-Anfängen (vgl. NSF I, 377; 406f.) entstehen noch einige vollständigere Entwürfe während Kafkas Aufenthalt in Zürau vom September 1917 bis zum April 1918. Das erste von ihnen steht in seinem Rätselcharakter den philosophisch geprägten Aphorismen, die Kafka in dieser Zeit schreibt, sehr nahe:

> Ich kenne den Inhalt nicht
> ich habe den Schlüssel nicht
> ich glaube Gerüchten nicht
> alles verständlich
> denn ich bin es selbst
>
> (24.12.1916; NSF II, 53)

In wiederum parallel gebauten Sätzen kreist das Gedicht um Variationen der grundlegenden Antithese von Innerem und Äußerem, um diese am Schluss in einer Art Auflösung zurückzuweisen: Es gibt keine Trennung von Schlüssel und Schloss, von Gerüchten und Wahrheit, von Inhalt und Form; es gibt nur das eine Ich, das sich zwar nicht kennt, aber das sich – und zwar gerade in diesem Nicht-Kennen – auf unverwechselbare Weise wiedererkennt: »Denn ich bin es selbst«. In ähnlicher direkter Selbstaussprache ist ein weiterer Gedichtanfang formuliert (»Meine Sehnsucht waren die alten Zeiten«), den Kafka im Spätsommer 1920 notiert und der eine Art Lebensresümee darstellt; eine Interpretation erübrigt sich:

> mein Leben habe ich damit verbracht
> mich zurückzuhalten es zu zerschlagen.
>
> (NSF II, 339; vgl. auch BM 282)

Tendenz zur Abstraktion

Parallel zu diesen direkt sprechenden Texten finden sich in den späten Konvoluten neben weiteren kurzen Anfangssätzen (vgl. NSF II, 110f.) zwei längere hermetisch wirkende Fragmente. Das erste von ihnen entstand ca. März/April 1918:

> Ach was wird uns hier bereitet
> Bett und Lager unter Bäumen
> Grünes Dunkel, trocknes Laub
> wenig Sonne, feuchter Duft
> Ach was wird uns hier bereitet
>
> Wohin treibt uns das Verlangen
> Dies erwirken? dies verlieren?
> Sinnlos trinken wir die Asche
> und ersticken unsern Vater
> Wohin treibt uns das Verlangen
>
> (NSF II, 110)

Heutige Leser müssen hier wohl zwangsläufig Celan mitlesen, spätestens in der sich zur absoluten Metapher verdichtenden Bildlichkeit der zweiten Strophe, potenziert noch durch die Verbindung der Vernichtung mit der »Asche«. Was wie ein Liebesgedicht beginnt – die Bereitung eines Bettes unter Bäumen –, wird zu einer Todesphantasie. Das Bett, das bereitet wird, kann in diesem Zusammenhang genauso gut das von Laub bedeckte Grab sein; das Verlangen, das beschworen wird, ist gleichzeitig das nach Leben (»erwirken«) und das nach Sterben (»verlieren«); das Gedicht dreht und wendet sich zwischen diesen Antithesen wie zwischen den sich wiederholenden Anfangs- und Schlussversen, die jedoch im Gedicht selbst ihre Bedeutung fortwährend wandeln.

Das letzte Beispiel schließlich ist deshalb besonders interessant, weil es zeigt, dass der Übergang zwischen Lyrik und einer stark rhythmisch durchformten Prosa sich für Kafka verflüssigt. Er notiert nämlich den gleichen Text zunächst in fortlaufender Schreibweise, direkt darauf dann in Mittelachsenanordnung als Gedicht:

> Aufgehoben die Reste,
> die glücklich gelösten Glieder,
> die gelockerten Knie,
> unter dem Balkon im Mondschein.
> Im Hintergrund ein wenig Laubwerk,
> schwärzlich wie Haare.
>
> (›Konvolut 1920‹; NSF II, 323)

Nicht nur wegen der graphischen Anordnung erinnert das Gedicht ein wenig an *Kleine Seele*: Es herrscht ebenfalls eine gelöste, heitere Stimmung, die sich in der besonderen Bewegtheit der Glieder wie der Verse ausdrückt. Hier allerdings schwingt eine Reihe von Ambivalenzen mit, von der Doppeldeutigkeit des »aufgehoben« bis hin zur »schwärzlichen« Stimmung. So kann die Szene gleichermaßen als Liebesszene (Romeo unter Julias Balkon) wie auch als Todesszene gelesen werden: Glücklich gelöst sind die Glieder ultimativ im Tod, endgültig »aufgehoben« sind die Reste im »schwärzlichen« Grab, wo sich das Laubwerk untrennbar mit den Haaren verflechten wird.

Funktionen der Lyrik bei Kafka

Kafka hat Gedichte geschrieben. Unabhängig von ihrer Qualität erfüllen sie in verschiedenen Phasen seiner literarischen Produktion unterschiedliche Funktionen. Die ersten Texte in den Briefen und Albumblättern kommen traditionellen Vorstellungen der lyrischen Selbstaussprache oder der Stimmungsmalerei noch am nächsten. In den Erzähltexten dienen die eingefügten, kurzen lyrischen Texte zur Markierung einer anderen Sprachhaltung und als knapper Kontrapunkt zur Erzählung. In den Tagebüchern können biographische Erfahrungen in Gedichtentwürfe münden, die dann aber verschlüsselt und verallgemeinert erscheinen. Das steigert sich noch in den häufig äußerst hermetischen Fragmenten, die hier weitgehend ausgespart wurden. Schließlich sind im Spätwerk zwei Varianten lyrischer Sprachhaltungen nachweisbar: Die eine Linie formuliert in direkter Selbstaussprache parabolische Lebenserfahrungen; die andere in absoluten Metaphern die Ambivalenz von Leben und Tod. Man könnte hier auch die

Zweiheit von expressionistischer und parabolischer Darstellung sehen, die Walter H. Sokel für das Erzählwerk insgesamt konstatiert hat (Sokel 1983, 19).

Offenbar gelingt es Kafka jedoch nicht, in der Lyrik einen ähnlich einfachen und doch unverwechselbaren Personalstil auszubilden wie in seiner Prosa. Als genuin lyrisch empfindet Kafka die wortmagischen Aspekte von Abzählreimen, Gassenhauern, volkstümlichen Liedern, biblischen Texten, die er häufig in seinen Gedichten – vor allem in den eingängigen Wiederholungen kurzer Satzbestandteile oder Einzelworte – verwendet. ›Originell‹ wirken seine Gedichte allerdings vor allem dort, wo sie Merkmale des Prosastils adaptieren oder sich der Prosa überhaupt annähern.

Das scheint mir schließlich auch der wesentliche Grund für die Vernachlässigung der Lyrik zu sein: Kafka verwirklicht wesentliche Ziele poetisch verdichteten Sprechens tatsächlich in seinen Erzähltexten. Angesichts des Lebensprojektes dieser Prosa als möglichst vollständiger und lückenloser Umschrift seines »inneren Lebens« können Gedichte, schon aufgrund ihrer Kürze, letztlich nur Momentaufnahmen bleiben. Als solche aber zeigen sie in kurzen Augenblicken einen ›anderen‹ Kafka, einen utopischen, der seinen Platz nur in diesen wenigen Zeilen hat. Wahrscheinlich wäre es für Kafka als Mensch besser gewesen, wenn er mehr Gedichte geschrieben hätte.

Forschung und Wirkung

Kafkas Gedichte wurden wenig gelesen. Das hängt vor allem damit zusammen, dass es so wenige sind und dass sie so weit über das Werk verstreut sind. Die wesentlichen Hintergrundinformationen zu den Fundstellen, den Entstehungshintergründen und zu Kafkas Auseinandersetzung mit der Lyrik finden sich bei Binder. Verstreute Anmerkungen in Kafka-Monographien zu einzelnen Texten wurden oben bereits zitiert; eine Gesamtdarstellung seines lyrischen Schaffens existiert bisher nicht.

Texte: Gedichte in Briefen: *Kühl und hart ist der heutige Tag*: ED: Briefe/GW 21f.; B00–12/KA 30f.; *In der abendlichen Sonne*: ED: Briefe/GW 39f.; B00–12/KA 57. –– Gedichte in Werkkontexten: Aus: *Ein Landarzt*: ED: siehe dort; Erz/GW 152f.; DzL/KA 259, 261. – Aus: *Beschreibung eines Kampfes I*: ED: siehe dort; NSF I/KA, 69; BeK/FKA, BeK 56f. –– Gedichte in den nachgelas senen Schriften und Fragmenten: *Es gibt ein Kommen und ein Gehn*: NSF I/KA, 7. – *Kleine Seele*: ED: Hzv/GW 131; NSF I/KA, 181. – *[Fragmente]*: NSF I/KA, 377 u. 406 f.; OO3&4/FKA (2008), H. 4, 43 u. OO5&6/FKA (2009), H. 5, 28. – *Ich kenne den Inhalt nicht*: ED: Hzv/GW 88; NSF II/KA, 53. – *Ach was wird uns hier bereitet* u. a.: ED: Hzv/GW 129; NSF II/KA, 110 f. – *Aufgehoben die Reste*: ED: Hzv/GW 303; NSF II/KA, 323. – *Meine Sehnsucht waren die alten Zeiten*: ED: Hzv/GW 338; NSF II/KA, 339. – *[Fragmente]*: NSF II/KA, 339, 515, 525 u. 543. –– Gedichte in den Tagebüchern: *Aus dem Grunde der Ermattung*: ED: T/GW 290; T/KA 438. – *[Fragment]*: T/KA 561. – *Träume und weine armes Geschlecht* u. a.: ED: T/GS (1937) 101; T/GW 505–507; T/KA 794–797. –– Anthologie: F.K.: Kleine Seele, springst im Tanze. Lyrische Fragmente. Hg. v. Alfons Schweiggert. München 2004.

Forschung: P.-A. Alt (2005). – Hartmut Binder: Lyrik. In: KHb (1979) II, 500–503. – Deleuze/Guattari (1976). – Gerhard Kurz: Einleitung. Der junge Kafka im Kontext. In: G. Kurz (1984[a]), 7–39. – Ders.: Schnörkel und Schleier und Warzen. Die Briefe K.s an Oskar Pollak und seine literarischen Anfänge. In: G. Kurz (1984[b]), 68–101. – Alfons Schweiggert: F.K., ein Lyriker? In: F.K.: Kleine Seele, springst im Tanze. Lyrische Fragmente. Hg. v. A.S. München 2004, 129–156. – W. Sokel (1983 [1964]). – K. Wagenbach (2006 [1958]).

Jutta Heinz

3.4.2 Die Tagebücher

Zur Textgruppe

Zwischen 1909 und 1916 ist das Tagebuch Kafkas ständiger Begleiter, wenn es auch nicht durchgängig die Funktion eines Tagebuchs erfüllt und bisweilen eben auch als ›Schreibheft‹ dient. Das unter der Sigle ›Tagebücher‹ edierte Korpus umfasst zwölf Quarthefte, zwei Konvolute aus losen Blättern und vier Reisetagebücher. Ohne interpretatorische Vorgriffe zu leisten, lässt sich konstatieren, dass die Intensität der Tagebuchführung nicht konstant bleibt, sondern zwischen Phasen enorm hohen Schreibpensums und Phasen nahezu völligen Verstummens der Schrift schwankt.

Diese Phasen lassen sich einigermaßen zuverlässig eingrenzen. Der Beginn der Niederschrift – frühestens auf den Mai 1909 zu datieren – nimmt sich zögerlich aus. Bis zum Mai 1910, in dem Kafkas Aufmerksamkeit nicht zuletzt dem Halleyschen Kometen gilt (wohl Nov./Dez. 1909, T 14; 18./19.5.1910, T 16), finden sich nur wenige Einträge, schließlich mündet das Tagebuch in eine Textpassage (wohl Sommer 1910, T 17–28), die ihre Reinschrift offenbar unter dem Titel *Der kleine Ruinenbewohner* erfahren sollte (↗145–148). Besagter Titel findet sich allerdings – im Anschluss an Erzählansätze zu *Unglücklichsein* und *Beschreibung eines Kampfes* – in einem zweiten Heft. Jenes trägt also zunächst den Charakter eines bloßen ›Schreibheftes‹, ehe Kafka dann – offensichtlich nachträglich – die erste Datierung für den 6. November 1910 vornimmt und die Eintragungen diarische Züge annehmen. Die Einträge in dieses zweite Heft sind fortan zwar noch sporadisch, lassen aber doch eine gewisse Kontinuität erkennen, die bis in den März 1911 reicht. Hier beginnt Kafka nun eine doppelte Buchführung: Er kehrt wieder zum ersten Heft zurück, ohne gleichzeitig das zweite Heft zu verlassen. So finden sich sowohl Ansätze zu einer Rezension von Brods Roman *Jüdinnen* wie auch Einträge zu Rudolf Steiners Prager Vortragsreihe in beiden Heften.

Während das zweite Quartheft mit einem Versuch zu dem von Kafka und Brod geplanten gemeinsamen Roman *Richard und Samuel* im September 1911 vorläufig endet (T 162–167), entwickelt sich aus jenem wiederaufgenommenen ersten Heft heraus nun ein akribisch betriebenes Diarium. Dieses reicht bis in den September 1912 und endet mit der Niederschrift des *Heizer*-Kapitels im sechsten Quartheft (25.9.1912, T 464–488). (Die Fortsetzung des *Heizers* und der Beginn des zweiten Kapitels des *Verschollenen* komplettieren den Textbestand des zweiten Heftes; T 168–191.) Gut die Hälfte der Kafkaschen Tagebücher erstreckt sich somit über den Zeitraum des Frühwerkes und bereitet ganz offensichtlich die literarische Eruption des Herbstes 1912 vor, in welcher der Großteil des *Verschollenen* sowie *Das Urteil* und *Die Verwandlung* entstehen.

Auch die vier Reisetagebücher sind ein Produkt jener intensiven Frühphase des Diariums. Bezeichnenderweise beginnt das erste Reisetagebuch, das Kafka während seiner Dienstreisen nach Friedland und Reichenberg im Januar/Februar 1911 geführt hat, mit der Bemerkung:

> Ich müßte die Nacht durchschreiben, so viel kommt über mich, aber es ist nur unreines. Was für eine Macht dieses über mich bekommen hat, während ich ihm früher soviel ich mich erinnere mit einer Wendung, einer kleinen Wendung, die mich an und für sich noch glücklich machte, auszuweichen imstande war (T 931).

Jener ungeheure wie ominöse Schreibdruck, dem er nun nicht mehr ›auszuweichen imstande ist‹, veranlasst Kafka, auch während seiner Abwesenheit von Prag das Tagebuch nicht zu unterbrechen. Grundsätzlich lässt sich dabei feststellen, dass die Reisetagebücher einen stärker protokollarischen Gestus annehmen. Im Unterschied zu den zeitgleich beschriebenen Quartheften fehlen ihnen die Ansätze zu einem von der äußeren Beobachtung losgelösten Erzählen völlig. Die Dominanz der Szenenbeschreibung macht sich insbesondere im zweiten, umfangreichsten Reisetagebuch bemerkbar, das auf der gemeinsamen Reise mit Brod nach Oberitalien und Paris und während des Erlenberger Sanatoriumsaufenthaltes im August/September 1911 abgefasst wurde. Besondere Erwähnung verdient hier etwa die minutiöse Schilderung eines Pariser Verkehrsunfalls (11.9.1911, T 1012–1017). Der Aufenthalt in Weimar-Jungborn im Juni/Juli 1912 – dokumentiert durch das dritte Reisetagebuch – wird erwartungsgemäß durch die Begegnung mit der Deutschen Klassik bestimmt, die für Kafka nicht zuletzt im Zusammentreffen mit dem Breslauer Magistratsbeamten Dr. Friedrich Schiller lebendig wird (11.7.1912, T 1042f.; 14.7.1912, T 1046; 20.7.1912, T 1053). Sie verfolgt ihn bis in seine Träume, in denen er »mit einer unendlichen Freiheit und Willkür« »Goethe deklamieren« hört (10.7.1912, T 1042). Handelt es sich hierbei noch um ein recht dichtes und extensives Textgefüge, das

nicht zuletzt durch die Thematisierung der jüdischen Präsenz im Ausstrahlungsraum des deutschen Kulturhortes eine hohe Komplexität entwickelt (7.7.1912, T 1037–1039), so entstehen ein Jahr später, im Zuge von Kafkas Reise nach Wien zum XI. Zionistenkongress und zum II. Internationalen Kongress für Rettungswesen und Unfallverhütung im September 1913, nur noch ganze drei Einträge.

Es ist symptomatisch, dass gerade dort, wo die literarische Energie sich im Erzählen entlädt, das Tagebuch schweigt, und dass umgekehrt das Tagebuch in jenem Moment wieder an Bedeutung gewinnt, in dem nicht erzählt werden kann. Ist die kurze Unterbrechung diarischen Schreibens bis zum Februar 1913 zweifellos dem erwähnten produktiven Ausbruch geschuldet, so gilt Kafkas Aufmerksamkeit bis zur Aufnahme des *Process* im August 1914 wieder nahezu allein den Tagebüchern. In dieser Zeit füllt er drei weitere Quarthefte, in denen sich auch zunehmend Reflexionen finden, die ausdrücklich auf das Schreiben und Lesen, bzw. auf den Status des Tagebuchs bezogen sind; auch die Konvolute entstehen in diesem Zeitraum. Zwischen August und November 1914 – Kafka arbeitet da nicht nur am *Process*, sondern auch am ›Oklahama‹-Fragment und an *In der Strafkolonie* – hält die Notation wieder inne, verlagert sich Kafkas Schreibtätigkeit erneut auf das konzeptionelle Erzählen.

In der Folge werden die Tagebücher dann zwar weitergeführt, jedoch lässt die Dichte der Einträge merklich nach. Das zehnte Quartheft erstreckt sich immerhin noch über zehn Monate, also bis zum August 1915. Das elfte Heft, das nicht zuletzt auch Kafkas Besuch beim Wunderrabbi von Grodeck dokumentiert (14.9.1915, T 751f.), zeugt von ersten Auflösungserscheinungen; stellenweise dient es als Exzerptheft (1.10.1915, T 757–764). Eine stringente Schreibpraxis endet spätestens im Dezember 1915. Dort stößt man auf eine Eintragung, die wiederum auf die »zufällige letzte Eintragung« rekurriert (welche bereits über vier Wochen alt ist) und Kafka zu dem Schluss kommen lässt, dass er sich »1000 Eintragungen gleichen Inhalts aus den letzten 3–4 Jahren […] vorstellen« könne. »Ich verbrauche mich sinnlos, wäre glückselig schreiben zu dürfen, schreibe nicht« (25.12.1915, T 775). Das Diarium bricht nach zwei weiteren Dezember-Einträgen ab, wird erst wieder im April 1916 aufgenommen, erlangt im Juli wieder eine recht hohe Notationsdichte und endet dann – nach einem aufgesetzten Brief an Felice Bauer – am 30. Oktober 1916.

An dieser Stelle treten nun die Oktavhefte (NSF I u. II; OO1&2 u. OO3&4/FKA) in Konkurrenz zu den Quartheften. So gehört auch die nächste und zugleich einzige Eintragung der nächsten neun Monate zum Erzählkomplex des <*Jäger Gracchus*> (30.10.1916, T 810 f.), der extensiv in den Oktavheften entfaltet wird. Erst ab Juli 1917 lässt sich wieder von einem Tagebuch sprechen; allerdings trägt der Großteil der datierten Aufzeichnungen nun recht deutlich einen ›erzählenden‹ Charakter. Hinzu kommen – auch im letzten, dem zwölften Quartheft – einige Traumaufzeichnungen (20.4.1916, T 779; 6.7.1916, T 792; 19. u. 21.9.1917, T 835 u. 836 f.; 10.11.1917, T 843). Noch vor der zweiten Entlobung von Felice Bauer legt Kafka das Heft für nahezu zwei Jahre beiseite. Am 27. Juni 1919 eröffnet er dann ein »neues Tagebuch, eigentlich nur weil ich im alten gelesen habe« (T 845). Dieses ›neue‹ Tagebuch hält freilich zunächst wiederum nicht lange vor: Zwischen Juli und Dezember finden sich keinerlei Einträge. Ein kleinerer, bis zum Februar 1920 reichender Block versammelt sodann vor allem existenzphilosophische Räsonnements (die sich allesamt auf einen »Er« beziehen: 6.1. – 2.2.1920, T 847–854; 15.2. – 29.2.1920, T 856–862).

Die letzte diarische Sequenz beginnt – nach fast anderthalbjähriger Unterbrechung – im Oktober 1921, eine Woche, nachdem Kafka alle vorherigen Quarthefte mitsamt den bereits beschriebenen Seiten des zwölften Heftes an Milena Jesenská übergeben hat. Jene letzte Phase des Tagebuchs steht ganz im Zeichen der Frage, »ob ich noch fähig bin eine Art Tagebuch zu führen?«, eine Frage, die in der Überzeugung gründet, »ein lebendig gewordenes Gedächtnis« geworden zu sein, das sich die »Dinge nicht mehr umständlich bewußt« machen muss – und kann (15.10.1921, T 863). Was nun folgt, ist das Protokoll einer letzten Mobilisierung des Schreibens gegen die fortschreitende körperliche Auszehrung. Kafka sucht den »merkwürdigen, geheimnisvollen, vielleicht gefährlichen, vielleicht erlösenden Trost des Schreibens«, »eine höhere Art der Beobachtung«, die sich von der physischen Verfallsgeschichte loslösen, lossagen kann (27.1.1922, T 892). Die essentielle Bedeutung, die dem Tagebuch nun wieder zukommt, artikuliert sich nicht zuletzt in dem Befund, dass weder der Kuraufenthalt in Spindelmühle noch die gewaltige Arbeit am letzten Romanentwurf, am *Schloss*, die Notation diesmal unterbrechen können. Erst der Sommeraufenthalt in Planá im Juni 1922 setzt den Schreibprozess für zwei Monate aus.

Danach finden sich nur noch sechs kürzere Eintragungen, deren letzte aller Voraussicht nach in den Juni 1923 fällt.

Veröffentlichung

In Auswahl wurden die Tagebücher erstmals in Band VI der von Brod und Politzer 1937 herausgegebenen Werkausgabe veröffentlicht (T/GS). 1951 besorgte Brod dann die erste Gesamtausgabe der Hefte, wobei er nicht nur Varianten löschte, sondern auch »einzelnes, was bedeutungslos, weil allzu fragmentarisch erschien«. Ferner »wurde allzu Intimes nicht aufgenommen, auch allzu verletzende Kritik gegen den und jenen, die im Sinne Kafkas gewiß nicht für die Öffentlichkeit bestimmt war« (Max Brod: Nachwort, T/GW 722). Die Fassung der Handschrift wurde erst 1990 im Rahmen der Kritischen Kafka-Ausgabe durch Hans-Gerd Koch, Michael Müller und Malcolm Pasley ediert (T). Die Handschrift selbst, auf deren Grundlage insbesondere der Zusammenhang der einzelnen Aufzeichnungen neu diskutiert werden muss, wird mittlerweile durch die von Roland Reuß und Peter Staengle herausgegebene Frankfurter Kafka-Ausgabe zugänglich gemacht, in der 2001 die ersten beiden Quarthefte erschienen.

Strukturierung des Materials

Die Struktur eines Tagebuchs wird gemeinhin durch die Datierungsfunktion geleistet. Bereits in dieser Hinsicht lässt sich konstatieren, dass Kafkas Tagebücher zu erwartende Orientierungsmuster unterlaufen. Zum einen verlaufen die Aufzeichnungen in weiten Teilen ohne Datierung, zum anderen ist selbst dort, wo Kafka Datierungen einsetzt, nicht immer klar, ob er sich hierbei auf den Zeitpunkt der Niederschrift oder den Zeitpunkt des datierten Ereignisses bezieht.

Ein weitaus größeres Problem stellt die Heterogenität der Textformation dar. Insofern sich in den Quartheften diarische Notiz und literarische Vorarbeiten durchkreuzen, scheint die Gesamtbezeichnung ›Tagebücher‹ eine Genreerwartung zu präjudizieren, die sich mit Blick auf den Textbestand so nicht halten lässt. Jenseits einer gattungsspezifischen Terminologie dürfte allerdings die entscheidende Überlegung sein, inwiefern sowohl diarische Notiz als auch literarische Vorarbeiten dem gleichen

Schreibmechanismus unterliegen, der sowohl ihre Benachbarung innerhalb der Hefte wie ihre gemeinsame Behandlung seitens der Forschung unter dem Stichwort ›Tagebücher‹ rechtfertigen.

So ließe sich zunächst – unbesehen einer ›werkorientierten‹, bzw. ›diarischen‹ Zuordnung – dem Tagebuch eine koordinatorische Funktionalität zusprechen. Das Tagebuch vermittelt nicht nur zwischen erlebter Wirklichkeit und literarischer Fiktion, es stellt diese Vermittlung auch ganz offen aus und reflektiert sie. So gewährt eine Lektüre der Tagebücher einen Blick in das Zentrum der Textproduktion und der ihr zugrundeliegenden Psychodynamik. Kafkas Notate bleiben immer in einen durchgängigen Schreibprozess eingebunden. Sie ›verarbeiten‹ nichts, schließen mit nichts ab, sondern besitzen ihren ganz eigenen Wert innerhalb des Kommunikationshaushaltes. So halten sie etwa den Schreibfluss dort aufrecht, wo er zu versiegen droht. Immer wieder finden sich Einträge, die davon berichten, ›nicht schreiben zu können‹ und so die schriftstellerische Arbeit durch die Reflexion über deren Unmöglichkeit ersetzen.

Kafka führt allerdings nicht nur Tagebuch – er liest es auch (15.8.1912, T 430). Indem die diarische Schrift ermöglicht, mit sich selbst zu kommunizieren, geht von ihr »eine Art Ahnung der Organisation eines solchen Lebens« (ca. 15.10.1914, T 681) aus. Das Tagebuch gibt den Blick auf eine Ordnung frei, die sich der unmittelbaren Selbsterfahrung entzieht und die jemandem, der kein Tagebuch führt, verborgen bleiben muss (29.9.1911, T 42). Diese Ordnung tritt allmählich in Konkurrenz zum Alltagsleben, in dem das Ich sich nicht mehr erfassen und begreifen kann. »Ich werde das Tagebuch nicht mehr verlassen. Hier muß ich mich festhalten, denn nur hier kann ich es« (T 131), lautet dementsprechend der am 16.12.1910 fixierte Entschluss. Immer dort, wo die Umstände – »mein unsicherer Kopf, Felice, der Verfall im Bureau, die körperliche Unmöglichkeit zu schreiben« – eine stabile Aufrichtung von Subjektivität versagen, wird es geradezu »notwendig [...] ein Tagebuch zu führen« (2.5.1913, T 557). Begreifen lässt sich das diarische Schreiben dabei einerseits als Therapeutikum, bzw. als Narkotikum: So dient im Dezember 1915 die (Wieder-)»Eröffnung des Tagebuchs zu dem besondern Zweck, mir Schlaf zu ermöglichen« (25.12.1915, T 775). Eine Überdosierung der Arznei hat andererseits zur Konsequenz, dass der Ort des Ich ganz Schrift wird und es außerhalb seiner Eintragungen positionslos bleibt, mit-

samt seiner Gegenwart durch das Tagebuch ›ergriffen‹ wird, bis ihm jeder erlebte Augenblick nurmehr in schriftlicher Vermittlung, bzw. »als Konstruktion« erscheint (19.11.1913, T 594).

Geben sich Kafkas Tagebücher somit als das geheime Steuerungszentrum einer ganz über ihre Schriftlichkeit definierten Existenz zu erkennen, so legt dies einen privatisierenden Umgang mit der Selbstdokumentation nahe. Tatsächlich ist genau das Gegenteil der Fall, und es hat den Anschein, als ob die Tagebücher ihr Subjekt für einen Dritten verwalten. Das geschriebene Ich ist öffentlich: Es besteht zeitweilig ein Bedürfnis, anderen (vorzugsweise Brod, aber auch Oskar Baum) aus den Tagebüchern vorzulesen (31.12.1911, T 332) – ein Gedanke, der sogleich aber wieder zur Hemmnis wird. Der Eindruck einer Beherrschung des intimen Schreibaktes durch eine externe Prüfungsinstanz manifestiert sich letztlich vor allem in der erwähnten Übergabe der Tagebücher an Milena Jesenská, verbunden mit der Erwartungshaltung, dass diese »in den Tagebüchern etwas Entscheidendes gegen mich« finden werde (19.1.1922, T 882).

Die Funktionalität der Tagebuchführung erweist sich somit als gespalten: Während auf der einen Seite das Lebensprotokoll als therapeutisches Regulativ verstanden wird, nimmt es auf der anderen Seite einen bilanzierenden Charakter an. Das Ideal dieser Bilanz ist natürlich die Repräsentation von Vollständigkeit:

> endgiltig durch Aufschreiben fixiert, dürfte eine Selbsterkenntnis nur dann werden, wenn dies in größter Vollständigkeit bis in alle nebensächlichen Konsequenzen hinein [...] geschehen könnte (12.1.1911, T 143).

Dieses Ideal wird freilich schon früh als ein verfehltes erkannt werden: »Die Frage des Tagebuches ist gleichzeitig die Frage des Ganzen, enthält alle Unmöglichkeiten des Ganzen«, vermerkt der Protokollant im September 1913 (T 1062), um dann einen Monat später zu erklären, er »habe nicht einmal Lust ein Tagebuch zu führen, vielleicht weil darin schon zuviel fehlt« (20.10.1913, T 585). Neben die Koordination des Lebens durch das Schreiben tritt somit die absolute Kongruenz zwischen Leben und Schreiben als zweites Konzept der Tagebuchführung. Dementsprechend lassen sich die Eintragungen immer zweifach perspektivieren: zum einen als Versuch einer vollkommenen Überführung des Selbst in die Schrift, zum anderen als Disziplinierungs- und Korrekturmaßnahme im Lauf der Vervollkommnung wechselnder Ich-Entwürfe.

Modellcharakter kommt dabei in jedem Fall Goethes Tagebuch zu, das Kafka schon 1911 als Vergleichsmaßstab heranzieht (29.9.; T 42 f.). Bisweilen scheint es, als ob der Notationsprozess als Annäherung an den Goetheschen Prätext angelegt ist, d. h. als Versuch, sich im Angesicht dieses Textes angemessen zu positionieren: »ein Mensch, der kein Tagebuch hat, ist einem Tagebuch gegenüber in einer falschen Position« (29.9.1911, T 42). Im weiteren Verlauf wird Goethes Tagebuch-Ich zu einer präsenten Erzählstimme avancieren und zeitweilig sogar Kafkas Tagebuch-Ich ganz ersetzen (11.3.1912, T 400–406).

Es liegt im Naturell dieses Textkorpus, dass es jeden Strukturierungsversuch geradezu systematisch unterlaufen muss. Dies beginnt bereits bei der Unterscheidung von Fiktion und Faktum, von ›werkhaften‹ Elementen (also etwa dem *Kleinen Ruinenbewohner*, den Vorarbeiten zum *Heizer*, den *Kaldabahn*-Fragmenten oder auch dem <*Jäger Gracchus*>) und Dokumenten ›gelebter‹ Wirklichkeit. Eine derartige Differenzierung übergeht den grundsätzlich symbiotischen Charakter des Tagebuchs nicht nur, sondern ist im Einzelfall auch nicht immer eindeutig zu treffen.

Zieht man dennoch nur jene Aufzeichnungen in Betracht, die mehr oder weniger offensichtlich biographische Kennungen aufweisen, so lassen sich diese auf den ersten Blick nach Maßgabe des Gegenstandes ordnen, d. h. in Notate der Selbstbeobachtung und in Notate der Fremdbeobachtung. Tatsächlich können mit Hilfe dieser Differenzierung bestimmte Subgenres innerhalb des Konvoluts ausgemacht und separiert werden. Auf Seiten der Introspektion finden sich als dominante Erzähltypen der Familienroman, die Traumanalyse und die Selbstanamnese, auf Seiten der Extraspektion die Ethnographie des Judentums, die Geschlechtsstudien und der Reisebericht. Freilich unterstehen all diese Narrative dem gleichen Erzählmedium und sind letztendlich Resultate narratologischer Verschiebungen, durch welche den notierten Beobachtungen verschiedene Grade an Neutralität resp. Personalität zukommen, ohne gleichwohl an der vorgestellten Doppelbeziehung von Schreiben und Leben etwas zu verändern. Ein gutes Beispiel hierfür gibt etwa der Eintrag vom 14. April 1915:

> Die Homerstunde der galizischen Mädchen. Die in der grünen Bluse, scharfes strenges Gesicht; wenn sie sich meldet, hebt sie den Arm rechtwinklig; hastige Bewegungen beim Anziehn; wenn sie sich meldet und nicht aufgerufen wird, schämt sie sich und wendet das Gesicht zur Seite. Das grün gekleidete starke junge Mädchen bei der Nähmaschine (T 734).

Diese Passage erscheint zunächst vollkommen selbstlos, sie kommt ganz ohne das Beobachter-Ich und seine Empfindungen aus. Die Auswahl der Details, die Mechanisierung der Bewegungsabläufe und die Verhaftung an der Figurenoberfläche exponieren jedoch den Filter eines Verlangens, welches – je nach diskursiver Zuordnung – dem Körper der Mädchen, dem Ostjudentum oder der maschinellen Betriebsamkeit zugerechnet werden kann. Alles, was dem in sein Tagebuch verbrachten Subjekt widerfährt, muss letzten Endes das Paradigma des Mangels an Leben und der Vervollkommnung durch Schrift durchlaufen. Äußere und innere Realität durchdringen sich im Akt des Protokolls. Gerade die scheinbar unpersönlichsten Schilderungen weisen so in der ihnen eigenen Streuung von Aufmerksamkeit eine große Nähe zu den intimsten Aufzeichnungen, den Traumerzählungen, auf, die wiederum ein Inneres als Äußeres abbilden.

Alles, was in die Quarthefte eingeht, steht in Beziehung zu den Projekten der Ichstabilisierung und -vervollständigung. Das Tagebuch durchquert die Welt mit einem Blick des Begehrens, der dasjenige, was dem Subjekt fehlt – Frauen, Jüdischkeit, Schlaf, Gesundheit –, aufspürt und in das Schriftleben zu überführen versucht. Es kann zwischen dem Eigenen und dem Fremden nicht unterscheiden, denn alles ist ihm in gleichem Maße fremd und vertraut, entzogen und eigen.

Eine strukturelle Ausdifferenzierung des Tagebuches kann sich somit nicht wirklich am Gegenstand der Reflexion orientieren, sondern bestenfalls an deren Intensität. Hier sind neben dem angesprochenen Erzählmodus permanenter Wirklichkeitstransformation zwei weitere Sprachmodi auszumachen, die sich durch eine gesteigerte bzw. durch eine verminderte Reflexivität auszeichnen.

Zum einen finden sich immer wieder Räsonnements, welche das Problem von Literatur und Leben, Schrift und Leib etc. thematisieren. Diese verbinden sich zunehmend mit dem Krankheitsdiskurs der Tagebücher und avancieren zur bestimmenden Textsorte. Im Grunde handelt es sich hierbei um die poetologische Ebene innerhalb der Kafkaschen Textproduktion: Hier wird darüber gesprochen, wie man sich zu dem »zu Schreibenden« verhalten muss (26.3.1912, T 413) und wie sich umgekehrt das eigene Schicksal »von der Litteratur aus gesehen« ausnimmt (6.8.1914; T 546). Schon früh realisiert das Ich, dass sein erwachter »Sinn für die Darstellung [seines] traumhaften innern Lebens« Opfer fordert, dass es seine poetische Kraft aus den »ewigen Qualen des Sterbens« gewinnt (ebd.). Gestützt auf diese Einsicht wird es immer wieder versuchen, die sich einstellenden Erschöpfungszustände der Physis durch den Schreibakt zu kompensieren, und es wird jedes Mal dort verzweifeln, wo die Kompensation nicht mehr erbracht werden kann, wo das Schreiben trotz des Opfers des Körpers nicht mehr gelingt (25.11.1914; T 699). Wie sonst nur noch der Briefwechsel mit Milena Jesenská legen die Tagebücher Stück um Stück die geheime Energetik des Kafkaschen Schreibens bloß. Am Ende steht hierbei die Erkenntnis, dass die Überführung des Lebens in Schrift, die Objektivation des eigenen Unglücks in der Buchführung kein Akt der bloßen Verrechnung sein kann, sondern dass das schreibende Ich im Selbstopfer zu einer Energiequelle vordringt, die das Menschliche übersteigt. Es ist

> einfach gnadenweiser Überschuß der Kräfte in einem Augenblick, in dem der Schmerz doch sichtbar alle meine Kräfte bis zum Boden meines Wesens, den er aufkratzt, verbraucht hat. Was für ein Überschuß ist es also? (19.9.1917; T 834).

Zum anderen fällt – neben der Metareflexion und der Beschreibung – eine Textsorte ins Auge, die auf eine Explikation oder Umwendung des Erlebten generell verzichtet: die Notiz. Es handelt sich hierbei fraglos um den heterogensten und am schwersten zu fassenden Teilaspekt der Tagebücher. Die Notiz umfasst komplexere Gegenstände wie Lektürelisten und -exzerpte (26.1.1912; T 361–367), koordinatorische Angaben wie Aufführungs- oder Vortragsvermerke und Ortsangaben, aber auch Sentenzen zum Zeitgeschehen (»Die Niederlagen in Serbien, die sinnlose Führung«; 15.12.1914; T 710), daneben isolierte Stichworte (»Saint Simonismus«, 14.2.1915, T 728; »Maggid«, 8.5.1922, T 919), Satzsplitter (»ihm zu Füßen, stürz ihm hin zu Füßen«; 6.8.1917, T 821) bis hin zum regelmäßig wiederkehrenden »Nichts« (22.9.1917, T 837; 13.5.1922, T 920). Der Gestus solcher Einträge zielt auf eine Distanzierung von Kontext ab; die Spur des Erkenntnisprozesses, bzw. des Narrativs, in welches das Lesen und Schreiben eingebunden war, ist gelöscht.

Die Bedeutung dieser Textgruppe darf gleichwohl nicht unterschätzt werden, denn an ihr lässt sich ersehen, von welch kleinen und unscheinbaren sprachlichen Einheiten her sich Kafkas Schreiben bewegt. Es scheint so, als ob die isolierten, oft unverständlichen Satzfragmente nicht Überbleibsel, sondern Grundstock komplexer Gedankenführung sind. Bisweilen finden sie im Laufe weiterer Bearbeitungsschritte einen größeren Textzusammenhang – dieser kann dann wiederum sowohl ›fiktionalen‹ als auch ›biographischen‹ Charakter besitzen. Die ungeklärte Bezüglichkeit einer Notiz wie »Sich kennt er, den andern glaubt er, dieser Widerspruch zersägt ihm alles« (14.1.1920, T 849) belegt geradezu die prinzipielle Einheit von Dichtung und Protokoll. Es handelt sich um verwandte Ausformungen eines sentenzenhaften Denkens, in dessen Laboratorium die Quarthefte Einblick verschaffen.

Deutungsaspekte

Im Hinblick auf die Architektonik des Tagebuchs erweisen sich drei Topoi als konstitutiv: Judentum, Familie und Körperlichkeit. Jeder dieser Topoi besitzt eine spezifische poetologische Funktionalität, steht für eine spezifische Reflexion auf das Schreiben. Dementsprechend lassen sich interthematische Verstrebungen ausmachen; kein Sujet lässt sich vollkommen von den anderen beiden isolieren. So müssen auch die folgenden Einlassungen als unterschiedliche Ausfaltungen ein und derselben Problemlage betrachtet werden. Es handelt sich um ein existentielles Räsonnement, das sich von Feld zu Feld neu konfiguriert, neue Oppositionen und Abhängigkeiten hervorruft, dessen Horizont aber immer die Frage des Zusammenhanges von Literatur und Leben bleibt.

Judentum

Die Auseinandersetzung mit dem Judentum, die insbesondere die frühen Eintragungen zum großen Teil beherrscht, ist von komplexer Natur, insofern sie aus einer gespaltenen Grundhaltung erwächst, die einerseits auf Beobachtung, andererseits auf Teilhabe ausgerichtet ist. Der Reiz, den das Judentum auf Kafka ausübt, ist zunächst einmal ein theatralischer Reiz, der den Betrachter zugleich distanziert und einbezieht. Auf der biographischen Ebene korrespondiert dieser Theatralität des Judentums die Begeisterung für die jiddische Theatergruppe aus Lemberg, in deren Gesellschaft Kafka durch den Schauspieler Jizchak Löwy im Oktober 1911 eingeführt wird. Das

Besondere an diesem Theater – sozusagen seine für Kafka ›jüdische Spezifik‹ – muss in der Verhinderung seines Illusionscharakters gesucht werden. Bereits die zweite Begegnung mit dem jiddischen Schauspiel am 13.10.1911 zeigt auf, dass diese Theatralik – wie sie auch Theodor Lessing beschrieben hat – geprägt wird von einem permanenten Einbruch der Realitäten. Das eigentliche Schauspiel ist durchsetzt von Streitigkeiten mit dem Personal des Veranstalters (28.10.1911; T 208), Zwischenrufen des Publikums, Diskussionen mit dem »Verein jüd. Kanzleidiener« (14.10.1911; T 82). Die fast ganz enthüllte »einfache Bühne« ist nichts als Plattform und so »erwarten wir nichts von ihr« (8.10.1911; T 69).

Es ist dieser permanente Kampf um einen Raum für die eigene Rede, welcher an die Stelle des eigentlichen Schauspiels tritt, in dem das jiddische Theater seine herausgehobene Bedeutung für Kafka erlangt. Jene scheinbar immer wieder missglückende Dramaturgie leitet ihn unmittelbar zum Gedanken einer »Litteratur […], der offenbar eine ununterbrochene nationale Kampfstellung zugewiesen ist« (8.10.1911; T 68). Das Judentum entdeckt sich Kafka somit vor allen Dingen als ein exklusiver Raum der Kulturproduktion, ein Raum, der ihm nicht nur für sein eigenes Projekt einer »kleinen Litteratur«, sondern auch für sein diarisches Schreiben prädisponiert erscheint. (So sieht er dann auch in der »jüdischen Litteratur in Warschau« das »Tagebuchführen einer Nation, das etwas ganz anderes ist als Geschichtsschreibung«; 25.12.1911, T 313.) Das Verlangen, diesen Raum selbst einzunehmen, befeuert fortan Kafkas Interesse an Fragen der jüdischen Tradition, Politik und Kultur, treibt ihn in intensive Lektürearbeit (ab 24.1.1912; T 360–367), zu Hebräischstudien (deren Spuren die Tagebücher zieren), in Vorträge (25.2.1912, T 376; 12.9.1912, T 437) und Synagogen (1.10.1911, T 47; 19.11.1915, T 774), auch auf den elften Zionistenkongress (10.9.1913; T 1061–1064). Offensichtlich gilt ein Teil seiner Aufmerksamkeit dem anekdotischen Chassidismus Buberscher Färbung (6.10.1915; T 766–768). Ihren organisatorischen Anker finden all diese Bemühungen wiederum in den Prager Ausprägungen der zionistischen Bewegung, deren Veranstaltungen Kafka von Zeit zu Zeit besucht (25.2.1912; T 376).

Allerdings markiert das Tagebuch auch gerade jene Bruchstelle, welche die übergangslose Integration des Ich in den Diskurs der jüdischen Nation immer wieder verhindert. Auf die Spur führt hier ein Eintrag vom 30. Dezember 1911:

> Mein Nachahmungstrieb hat nichts Schauspielerisches, es fehlt ihm vor Allem die Einheitlichkeit. Das Grobe, auffallend Charakteristische in seinem ganzen Umfange kann ich gar nicht nachahmen, ähnliche Versuche sind mir immer mißlungen sie sind gegen meine Natur (T 329).

Jene Fähigkeit zur Nachahmung des ›Groben‹ versteht sich ganz im Rahmen jener anti-illusionären Dramaturgie des jiddischen Theaters. Es handelt sich um eine Nachahmung, die eben nicht ›perfekt‹ wird, sondern sich immer noch als Nachahmung, als eine Spaltung von Akteur und Rolle zu erkennen gibt – und hierin vom Tagebuch als ein jüdisches, insbesondere ein ostjüdisches Phänomen markiert wird.

Dies betrifft nicht nur die professionellen Schauspieler wie etwa die Actrice Amalie Tschisik, die ihre Zuschauer vor allem dazu »zwingt, sich um ihren ganzen Körper zu kümmern«, und deren Spiel Kafka auf »nicht viel mehr« als einige wenige Gesten und Gesichtsausdrücke reduziert (22.10.1911; T 97). Tatsächlich ist es ein eigentümliches Verhältnis von Geist und Materie, Sprachkörper und -gehalt, das überall dort aufzutauchen scheint, wo der Text es mit jüdischen Figuren zu tun hat. Dies beginnt beim Commis in der Altneusynagoge, »der sich beim Beten rasch schüttelt, was nur als Versuch einer möglichst starken, wenn auch vielleicht unverständigen Betonung jedes Wortes zu verstehen ist« (1.10.1911; T 47). Auch Kafkas Cousin Robert, der ihn in Rechtsfragen bezüglich der von ihm als Miteigentümer geführten Asbestfabrik berät, mischt in seinem Erzählen »das genaue Ausgebreitetsein der Schriftsätze mit der lebhaften Rede«, »wie man sie öfters bei so fetten, schwarzen, vorläufig gesunden, mittelgroßen, von fortwährendem Zigarettenrauchen erregten Juden findet« (13.10.1911; T 78). Schließlich ist es die zionistische Prominenz Nathan Birnbaum, dessen Vortrag durch die »ostjüdische Gewohnheit« durchbrochen wird, »wo die Rede stockt, ›meine verehrten Damen und Herren‹ oder nur ›meine Verehrten‹ einzufügen« (24.1.1912; T 360).

Kurzum: Der Raum nationaljüdischer Kultur ist erfüllt von einer papiernen, mechanisierten Sprache (11.3.1915; T 730), die aber keinesfalls im Verdacht einer mangelhaften Repräsentation steht, sondern vielmehr in dem sie durchziehenden Bruch von Idee und Materialität die »Wahrheit des Ganzen« in Anspruch nehmen kann (22.10.1911, T 97; vgl. auch: 20.10.1911, T 89). An dieser Wahrheit haben alle diejenigen teil, die auf jede Form der ›Einfühlung‹ verzichten und stattdessen in Handlung und Rede bei einer bloß äußerlichen Nachahmung stehen bleiben. Just dieser Fähigkeit aber sieht sich Kafka – wie oben zitiert – beraubt und somit vom jüdischen Spiel ausgeschlossen. Man kann die jüdische Rolle noch so genau studieren und interpretieren – historisch, religiös, politisch –: Sie schließt per definitionem alle von sich aus, die sie auf dem Wege einer intellektuellen oder rituellen Imitation einnehmen wollen.

So bleibt auf der einen Seite letztlich ein fundamentaler Zweifel bestehen:

> Was habe ich mit Juden gemeinsam? Ich habe kaum etwas mit mir gemeinsam und sollte mich ganz still, zufrieden damit daß ich atmen kann in einen Winkel stellen (8.1.1914; T 622).

Umgekehrt wird im Horizont der Theorie eines spezifisch jüdischen Repräsentationsmodells freilich die vielbeschworene ›Förmlichkeit‹ der Kafkaschen Stilistik als Eingliederung in die Konzeption einer ›kleinen Nationalliteratur‹ sichtbar, die ihren mimetischen Charakter in besonderer Weise exponiert.

Familie

Die familiäre Konstellation, mit welcher sich das Tagebuch ausgiebig beschäftigt, sieht im Zentrum den prekären Status des Junggesellen, der auf der einen Seite von Abgrenzungsversuchen gegenüber den Eltern, auf der anderen Seite von der Hemmnis gegenüber der Familiengründung bestimmt wird. Der Konflikt, den Kafka mit seinem Vater ausficht, ist bereits Legende geworden und kulminiert in dem 1919 verfassten <Brief an den Vater>, der letztlich das Beziehungsgeschehen summiert und zuspitzt, das sich auch in den Tagebucheinträgen dokumentiert. Auf der Folie dieses Konflikts entziffern sich die verschiedenen Begründungsversuche des Ich – seine Hinwendung zum Judentum, sein Rückzug in die Literatur, seine Frauenbeziehungen – als Selbstentwürfe gegen eine vom Vater verhängte Erfolgsgeschichte, die in eine Erzählung von Schuld und Versagen umschlägt.

Im Gegensatz zu jener schonungslosen Offenheit, mit welcher der <Brief an den Vater> die unüberwindliche Kluft zwischen Vater und Sohn darlegt, nähern sich die Tagebücher der Auseinandersetzung mit großer emotionaler Distanz, die nur selten aufgegeben wird. Die Momente der Krisis sind alle versammelt: die Verachtung des Vaters für Jizchak Löwy und das jiddische Theater (3.11.1911; T 223 f.); das Desinteresse des Sohnes an der auf Anraten des Vaters gegründeten Fabrik (14.12.1911; T 293); die Be-

fürchtung des Vaters, dass der Sohn Junggeselle bleiben und somit »der Narr der neuen nachwachsenden Familie« werde (23.12.1911; T 304). Dennoch fehlt dem Tagebuch die scharfe Explikation der Konfliktstrukturen. An ihre Stelle tritt die Dokumentation der sie begleitenden psychischen Repräsentationen – mehrfach wird etwa der Vater als Protagonist in den Träumen des Ich vermerkt (6.5.1912, T 419 f.; 19.4.1916, T 778; 21.9.1917, T 836 f.). Als sprechend erweist sich darunter eine Vorstellung, in welcher das Ich den Vater vor einem Sturz über die Fensterbrüstung zu retten versucht, dieser sich daraufhin aber aus »Bosheit« (19.4.1916; T 778) nur noch weiter hinauslehnt, worauf das Ich zur Entscheidung gedrängt wird, mit dem Vater gemeinsam in den Abgrund zu fallen oder sich selbst zu retten und den Vater zu opfern. Die Unmöglichkeit, gegenüber dem Vater schuldlos zu bleiben – ihn weder ›loslassen‹ noch retten zu können und die eigene Existenz in dieser Spannung opfern zu müssen –, nimmt hier auf eine ganz eigene Art Gestalt an. Genau genommen gibt sie einem Verhältnis, das keine Worte mehr findet, die Sprache zurück. Nicht allein die Beziehung zum Vater, das Familienleben überhaupt steht Kafkas »Schreibereien« (9.5.1912; T 421) feindlich gegenüber:

> Nun ich lebe in meiner Familie, unter den besten und liebevollsten Menschen, fremder als ein Fremder. Mit meiner Mutter habe ich in den letzten Jahren durchschnittlich nicht zwanzig Worte täglich gesprochen, mit meinem Vater jemals mehr als Grußworte gewechselt. Mit meinen verheirateten Schwestern und den Schwägern, spreche ich gar nicht, ohne etwa mit ihnen böse zu sein. Der Grund dessen ist einfach der, daß ich mit ihnen nicht das aller Geringste zu sprechen habe. Alles, was nicht Litteratur ist, langweilt mich und ich hasse es, denn es stört mich oder hält mich auf, wenn auch nur vermeintlich. Für Familienleben fehlt mir daher jeder Sinn außer der des Beobachters im besten Fall (21.8.1913; T 580 f.).

Es ist diese bedingungslose Opposition zwischen »Litteratur« und »Familie«, welche die Auseinandersetzung mit den Eltern überdauert und sich alsbald auf das Problem der Ehe und der Familiengründung verschieben wird. Dort, wo die Option der Verheiratung Kafka dann offensteht (nämlich in der Verbindung mit Felice Bauer), ist es erneut das Schreiben, das ihn zurückhält. In einer im Juli 1913 angefertigten »Zusammenstellung alles dessen, was für und gegen meine Heirat spricht«, kommt er nicht nur wieder zurück auf das bereits bekannte Credo »Alles was sich nicht auf Litteratur bezieht, hasse ich«

(21.7.1913; T 569), sondern analysiert die Relation zwischen Liebe und Schreiben sehr präzise. Spricht Kafka in dem Entwurf eines Briefes an seinen Vater noch davon, dass weder Ehe noch Arbeit ihn »verändern« könnten, so liegt doch gerade in dieser möglichen Veränderung seine Furcht vor der Ehe beschlossen:

> Ich bin vor meinen Schwestern, besonders früher war es so, oft ein ganz anderer Mensch gewesen, als vor andern Leuten. Furchtlos, bloßgestellt, mächtig, überraschend, ergriffen wie sonst nur beim Schreiben. Wenn ich es durch Vermittlung meiner Frau vor allen sein könnte! Wäre es dann aber nicht dem Schreiben entzogen? Nur das nicht, nur das nicht! (21.7.1913; T 569 f.).

Im Verlust der Einsamkeit droht der Literatur ihr Subjekt abhanden zu kommen. Was der Mutter noch Hoffnung ist – dass nämlich durch Heirat und »Kinderzeugung« »das Interesse an der Litteratur auf jenes Maß zurückgehn« würde, »das vielleicht den Gebildeten nötig ist« (19.12.1911; T 303) –, das erscheint demjenigen, der aufgehört hat, außerhalb der Schrift zu existieren, als eine katastrophische Vision. Keinesfalls geht es hier nämlich um ein ›Interesse‹ oder um ein Gelehrtendasein – auf dem Spiel steht die einzige Möglichkeit, dieses Leben, wenn auch auf dem Papier, fortzuführen.

Die Entscheidung gegen die Familie und für die Literatur wird freilich im Bewusstsein getroffen, dass hiermit auch ein Versprechen auf Gesundung endgültig abgewiesen wird. Es ist Kafka eine Gewissheit, dass eine Verbindung mit Felice Bauer seiner »Existenz mehr Widerstandskraft geben« würde, dass er im Grunde »unfähig« ist, »allein das Leben zu ertragen« (21.7.1913; T 568 f.). Wie das Schreiben, so wird auch dem »Unglück des Junggesellen« eine physische Komponente zuteil. Zu schreiben und nicht zu heiraten, das heißt, sich dem Tod bereits überantwortet zu haben:

> Während die andern und seien sie ihr Leben lang auf dem Krankenbett gelegen, dennoch vom Tode niedergeschlagen werden müssen, denn wenn sie auch aus eigener Schwäche längst selbst gefallen wären, so halten sie sich doch an ihre liebenden starken gesunden Ehe-Verwandten, er, dieser Junggeselle bescheidet sich aus scheinbar eigenem Willen schon mitten im Leben auf einen immer kleineren Raum und stirbt er, ist ihm der Sarg gerade recht (3.12.1911; T 280).

Die Gelegenheit zur Erlösung von dieser ›Krankheit zum Tode‹, zur »Erweiterung und Erhöhung der Existenz durch eine Heirat« (3.7.1913; T 564) ist gegeben. Kafka registriert durchaus, dass in seiner

immer größer werdenden innern Bestimmtheit und Überzeugtheit Möglichkeiten liegen, in einer Ehe trotz allem bestehen zu können, ja sie sogar zu einer für meine Bestimmung vorteilhaften Entwicklung zu führen (15.8.1913; T 576).

Zu einer Entscheidung wird er sich aber nicht mehr überwinden können. »Die Einförmigkeit, Gleichmäßigkeit, Bequemlichkeit und Unselbstständigkeit meiner Lebensweise halten mich dort, wo ich einmal bin, unweigerlich fest« (9.3.1914; T 503), notiert Kafka im März 1914, drei Monate vor der ersten Ver- und anschließenden Entlobung mit Felice Bauer.

Das Naheliegende und Wünschenswerte vor Augen zu haben, aber seiner nicht habhaft werden zu können – hierin wiederholt der fehlgeschlagene Versuch der Familiarisierung Kafkas just jene Strukturen, die auch seine zum Scheitern gebrachte Einübung ins Judentum bestimmt hatten. Die Kraft der Schrift, die das Subjekt immer wieder zurückhält und seine Neugründung bzw. seine Gesundung verhindert, bleibt numinos. Sie verlangt dem ihr anheim gefallenen Ich alles ab und verspricht gleichwohl nichts. Sie verhindert die Ehe, kompensiert den Verzicht aber keinesfalls durch schriftstellerische Produktivität:

> Es war hauptsächlich die Rücksicht auf meine schriftstellerische Arbeit, die mich abhielt, denn ich glaubte diese Arbeit durch die Ehe gefährdet. Ich mag Recht gehabt haben; durch das Junggesellentum aber innerhalb meines jetzigen Lebens ist sie vernichtet. Ich habe ein Jahr lang nichts geschrieben, ich kann auch weiterhin nichts schreiben (9.3.1914; T 504).

Die Literatur erkennt keine Opfergesten, sie öffnet keinen Zugang zur Vergangenheit, noch einen Weg in die Zukunft, sondern verweist ihr Subjekt nur auf die Lücke zwischen Verlangen und Versagen, die seine Gegenwart ist. Wird die Versuchsanordnung auf dem Feld des jüdischen Diskurses durch den Wunsch nach Teilhabe an religiöser Tradition und zionistischem Staatsprojekt bestimmt, so ist es auf dem Feld des Familiendiskurses eine »wilde Vorfahrens-, Ehe- und Nachkommens-lust«, der eine tatsächliche Existenz »ohne Vorfahren, ohne Ehe, ohne Nachkommen« gegenübersteht (21.1.1922; T 884). Inmitten dieser Kluft findet sich der Ort der Literatur, fern von Pathos, Überhöhung und messianischem Glanz. Das Schreiben wird zum

> künstlichen, jämmerlichen Ersatz: für Vorfahren, Ehe und Nachkommen. In Krämpfen schafft man ihn und geht, wenn man nicht schon an den Krämpfen zugrunde gegangen ist, an der Trostlosigkeit des Ersatzes zugrunde (21.1.1922; T 885).

Spät, im Januar 1922 erst, etabliert sich diese Einsicht, sie gehört bereits einer Zeit an, in welcher die Familienthematik schon in den Hintergrund getreten ist. Wenn sich in die Reflexionen des Patienten Kafka dennoch erneut das Schicksal des Junggesellen hineindrängt, dann geschieht dies aus einer stillen Konjunktion heraus, welche die Poetik der Familie mit einer Poetik der Körperlichkeit verbindet. Es handelt sich hierbei um kein allegorisches Verhältnis, die Systeme lassen sich nicht rückstandslos ineinander übersetzen. Vielmehr verwandelt jenes letzte, physische Ordnungsmodell das Tagebuch in das Protokoll eines Verfalls, der das Ich nicht überrascht antrifft, sondern als die Realisation eines von langer Hand angelegten Planes erscheint.

Körperlichkeit

Es bedarf nicht erst der im September 1917 getroffenen Diagnose einer tuberkulösen Erkrankung, um die Aufmerksamkeit des Tagebuchs auf den körperlichen Aspekt ununterbrochener Krisis zu lenken. Bereits unter den allerersten Eintragungen aus dem Jahr 1910 findet sich die »Verzweiflung über meinen Körper und über die Zukunft mit diesem Körper« (T 12). Noch handelt es sich um eine Verzweiflung aus Scham, die Kafka in den Prager Schwimmschulen glaubt abgelegt zu haben (15.8.1911; T 37) – eine Scham, die nichtsdestoweniger darin besteht, in seiner physischen Konstitution erkennbar zu sein, das Verhängnis, das sich in den Leib eingeschrieben hat, nicht verdecken, nicht überschreiben zu können.

Der Körper dieses Menschen ist zugleich Ausgangspunkt wie Schauplatz unauflösbarer Krisis. So vermerkt das Tagebuch im November 1911:

> Sicher ist, daß ein Haupthindernis meines Fortschritts mein körperlicher Zustand bildet. Mit einem solchen Körper läßt sich nichts erreichen. Ich werde mich an sein fortwährendes Versagen gewöhnen müssen (21.11.1911; T 263).

Nicht dem Determinismus wird hier das Wort geredet – vielmehr beginnt an dieser Stelle die konsequente Überblendung von somatischer Verfassung und literarischer Produktion, von leibhafter Schrift und zeichenhaftem Körper. Die nicht zu heilende Schwäche des Körpers mag einem soliden Selbstentwurf, einer Rückkehr des Subjekts in das Leben entgegenstehen (dies hat sie mit der kulturell-religiösen Entortung und der Unfähigkeit zur familiären Integration gemein). Allerdings ist sie gleichzeitig auch der Schlüssel zur literarischen Existenz: Die Körper-

schwäche bildet Zeichen, Symptome, gebiert Kopfschmerz, Schlaflosigkeit – und Literatur. Die poetische Produktion wird zum schmerzhaften Prozess, durch den hindurch sich dem Schreibenden erst die Welt zu erkennen gibt:

> Wenn ich mich zum Schreibtisch setze ist mir nicht wohler als einem der mitten im Verkehr des place de l'Opera fällt und beide Beine bricht. Alle Wagen streben trotz ihres Lärmens schweigend von allen Seiten nach allen Seiten, aber bessere Ordnung als die Schutzleute macht der Schmerz jenes Mannes, der ihm die Augen schließt und den Platz und die Gassen verödet, ohne daß die Wagen umkehren müßten. Das viele Leben schmerzt ihn, denn er ist ja ein Verkehrshindernis, aber die Leere ist nicht weniger arg, denn sie macht seinen eigentlichen Schmerz los (15.2.1910; T 130 f.).

Das Geheimnis der aus dem Schmerz geborenen Literatur gründet in einem Zustand unerträglicher Wachheit, der das Ich empfänglich macht für die dem Leben supponierten Ordnungen. Jener physische Mangel, der die Eingliederung des Subjekts in die Lebensströme verhindert, sorgt zugleich dafür, daß sein Geist nicht am Leben zerschellt, indem er ihm den Schmerz und darin das Schreiben gibt. ›Schmerz‹, das ist für Kafka »die eigentliche, unwidersprechliche, durch nichts außerhalb […] gestörte Wahrheit« (31.1.1922; T 899), eine göttliche Instanz, durch welche der Mensch Anteil an dem hat, was nach ihm kommt, die ihn aus dem Leben herausnimmt, ohne ihn zu töten. Der schwache, durchwachte und schmerzerfüllte Mensch steht auf der Schwelle zwischen Auflösung und Alltag. Dies qualifiziert ihn für die literarische und disqualifiziert ihn für die bürgerliche Existenz:

> Diese Schwäche hält mich sowohl vom Irrsinn wie von jedem Aufstieg ab. Dafür daß sie mich vom Irrsinn abhält, pflege ich sie; aus Angst vor Irrsinn opfere ich den Aufstieg und werde dieses Geschäft auf dieser Ebene, die keine Geschäfte kennt, gewiß verlieren (3.2.1922; T 901).

Hatte sich in der basalen Bestimmung des Tagebuchs ergeben, dass dieses nicht zuletzt einen therapeutischen Charakter hat, so lässt sich dieser unter Hinzuziehung des oben Gesagten nun näher bestimmen. Das Ziel der diarischen Therapie ist keineswegs Heilung, Ganzheitlichkeit, Wiederherstellung; sie zielt nicht auf »Erlösung«, sondern nur darauf, »jeden Augenblick ihrer würdig [zu] sein« (25.2.1912; T 376). Die Strukturierung des Lebens durch das Tagebuch rettet das Ich vor dem Selbstverlust – dem Sturz in die Unerlösbarkeit – und weist es zugleich in seine physischen Schranken, die seinen Eintritt in eine erlöste

Wirklichkeit verhindern. Diese Spannung zwischen Bewahrung und Zurückweisung umschließt den Akt des Schreibens, begleitet ein Jahrzehnte währendes Selbstprotokoll und kennzeichnet dieses gleichzeitig als Ausdruck einer fatalen Körperlichkeit.

Jene Augenblicke, in denen das Ich sich seiner »Fähigkeiten« so »bewußt« wird, »als hielte ich sie in der Hand« (15.11.1911; T 250), sind zugleich jene Augenblicke, in denen die Ohnmacht dieses Körpers, seine unkontrollierbare Rastlosigkeit zur Gewissheit werden. Alles, was geschaffen werden könnte, ist präsent; nichts von dem, was präsent wird, kann jedoch wirklich werden. Tag um Tag, Eintrag um Eintrag wird ein Verlust verzeichnet, der wiederum dem Mangel des Leibes geschuldet ist:

> Wie viel habe ich gestern verloren, wie drückte sich das Blut im engen Kopf, fähig zu allem, und nur gehalten von Kräften, die für mein bloßes Leben unentbehrlich sind und hier verschwendet werden (15.11.1911; T 250).

Schwäche, Schmerz und Krankheit werden somit poetologisch fassbar als eine Schriftspur des Verlustes, eine sich immer wieder von Neuem versagende Realisation eines erfühlten Potentials. Dieses Paradox bildet zweifellos eine, wenn nicht überhaupt die Konstante in Kafkas Selbstbeobachtungsprozessen – und trägt gleichwohl einen katastrophischen Kern in sich. Dessen Offenlegung vollzieht sich in der wohl prominentesten Passage der Tagebücher – dem berühmten »Ansturm gegen die letzte irdische Grenze« (16.1.1922; T 878).

Ausgangspunkt ist ein schwerer Nervenzusammenbruch, den Kafka im Januar 1922 erleidet und der das Nahen des finalen Stadiums der Tuberkulose ankündigt. Das Tagebuch registriert die Schwere des Vorfalls, hält sich allerdings nicht mit medizinischen Details auf, sondern interpretiert den Vorfall auf der Grundlage des ihm eigenen Körpernarrativs. Die Balance der Schwäche, die das Ich über ein Jahrzehnt im Korridor zwischen chaotischer Entgrenzung und Wirklichkeitsteilhabe gehalten hatte, ist kollabiert – mit verheerenden Konsequenzen:

> Zusammenbruch, Unmöglichkeit zu schlafen, Unmöglichkeit zu wachen, Unmöglichkeit das Leben, genauer die Aufeinanderfolge des Lebens zu ertragen. Die Uhren stimmen nicht überein, die innere jagt in einer teuflischen oder dämonischen oder jedenfalls unmenschlichen Art, die äußere geht stockend ihren gewöhnlichen Gang. Was kann anderes geschehn, als daß sich die zwei verschiedenen Welten trennen und sie trennen sich oder reißen zumindest an einander in einer fürchterlichen Art (16.1.1922; T 877).

Die widerstrebenden Kräfte sind nicht länger paradoxal zu integrieren, sondern streben auseinander, zerreißen das Ich. Erst jetzt beginnt – Kafka ist in seiner Terminologie äußerst konsequent – der »Irrsinn« (16.1.1922; T 878), der endgültige Abzug dieser Existenz aus dem Horizont der Menschheit. Erfahren wird dieses Verschwinden als eine vollkommene Verselbständigung von »Selbstbeobachtung, die keine Vorstellung zur Ruhe kommen läßt, jede emporjagt um dann selbst wieder als Vorstellung von neuer Selbstbeobachtung weiter gejagt zu werden« (ebd.).

Dies ist eine ganz erstaunliche Diagnose, denn letztlich beschreibt sie weniger ein Krankheitsbild als vielmehr das diarische Protokoll, dem sie selbst angehört. Von Grund auf besteht das Tagebuch aus einer Verkettung und Perpetuierung der Selbstbeobachtung. Es handelt sich sozusagen um den literarischen Dauerzustand, der nun einmal seinen Tribut fordert: Hat man einen Nachmittag lang das Schreiben »überstanden«, so wird man »gewichtslos, knochenlos, körperlos« (6.6.1912; T 425). Dieses allmähliche Verschwinden des Körpers in der Schrift erhält in der Schwindsucht seine medizinische Nomenklatur; Kafka deutet diesen Prozess allerdings als einen Akt der Transgression: »diese ganze Litteratur ist Ansturm gegen die Grenze« (16.1.1922, T 878).

Von dieser Grenze her (von der auch bereits am 30. November 1914 die Rede ist; T 702) muss das Tagebuch gelesen werden, wahlweise als ein »Ansturm von unten« oder ein »Ansturm von oben« (16.1.1922; T 878). Niemals ist es nur Spiegelmedium der Krankheit, sondern immer auch deren Vollzug gewesen. Die physische Auszehrung des Körpers ereignet sich im Schreibakt und folgt einer perfiden Logik, derer erst die rückblickende Betrachtung ansichtig wird:

> Die systematische Zerstörung meiner selbst im Laufe der Jahre ist erstaunlich, es war wie ein langsam sich entwickelnder Dammbruch, eine Aktion voll Absicht. Der Geist, der das vollbracht hat, muß jetzt Triumphe feiern; warum läßt er mich daran nicht teilnehmen? Aber vielleicht ist er mit seiner Arbeit noch nicht zuende und kann deshalb an nichts anderes denken (17.10.1921; T 866).

Der »Geist« und die »Geister« werden in diesen letzten Monaten Kafkas ständige Gefährten. Sie beherrschen nicht nur das Tagebuch, sondern auch die Briefe an Milena; gleich Vampiren leben sie von den Worten, die sie dem Schreibenden aussaugen. Mit dem Erscheinen der Geister ist das finale Stadium erreicht, ist die permanente Gefährdung der literarischen Existenz nicht mehr abzuleugnen, sondern bleibt immerfort Bewusstseinsinhalt. Und so sieht der letzte Eintrag der Tagebücher ein Ich, das »immer ängstlicher im Niederschreiben« wird (12.6.1923; T 926) und die Veräußerung von Sprache nurmehr als Gewalt am eigenen Körper erfährt.

> Jedes Wort, gewendet in der Hand der Geister – dieser Schwung der Hand ist ihre charakteristische Bewegung – wird zum Spieß, gekehrt gegen den Sprecher. Eine Bemerkung wie diese ganz besonders. Und so ins Unendliche. Der Trost wäre nur: es geschieht ob Du willst oder nicht. Und was Du willst, hilft nur unmerklich wenig. Mehr als Trost ist: Auch Du hast Waffen (ebd.).

Forschung

Lange Zeit war das Primärinteresse an Kafkas Tagebüchern ein literarhistorisches und vor allem der Suche nach dem ›geschichtlichen Kafka‹ geschuldet. Im Zuge der systematischen Diskursivierung von Kafkas Werk – diesen forschungsgeschichtlichen Umbruch hat Ritchie Robertson ausführlich skizziert (Robertson 1994) – kam den Quartheften dann immer wieder eine selektive, auf das jeweilige Paradigma zugeschnittene Bedeutung zu. Die Tagebücher bildeten in erster Linie einen Fundus, mit dessen Hilfe sich bestimmte Denkfiguren des Werkes illustrieren und belegen ließen. Einzeluntersuchungen zu den Tagebüchern sind dagegen selten geblieben. Die erste eingehende und bis heute Maßstab setzende Analyse ihrer poetologischen Eigenstruktur hat 1991 Georg Guntermann unternommen. Seine Studie legt insbesondere den im Eingangskapitel beschriebenen Transformationsprozess offen und perspektiviert Kafkas »Literarisierung des Lebens« als eine Abbildung durch und in Verwandlung. Im Zentrum der Untersuchung steht dabei das Paradox, dass gerade der Akt der Aneignung von Realität durch die Schrift zu einem »Fremdwerden der Dinge« führt: »Die nahegebrachten Gegenstände entfernen sich, die Dinge, Figuren, Sätze werden selbständig, erfüllen sich mit körperlich-stofflichem Eigenleben« (Guntermann, 249). Zugleich markiert die Arbeit den engen Zusammenhang von diarischem Verlauf und literarischer Produktion und erkennt im Tagebuch das Experimentierfeld einer »Kunstform des Nichtvollendeten«, die auf das Gesamtwerk übergreift (28).

Hermann Korte stellt in seinen Überlegungen vor allem die Opposition der diarischen »Schreib-Ar-beit« zu den Modi »aktiver Selbstbeobachtung« heraus (Korte, 262). Der Autorschaftsentwurf der Tagebücher zielt demnach gerade nicht auf Formen der »Selbstpräsentation« des Schreibenden ab, sondern verantwortet vielmehr die »Selbsthervorbringung des Schreibprozesses als autonome Schreibtätigkeit« (266). Vor diesem Hintergrund wird die Auffassung einer Einheit von Tagebüchern und Erzählwerk problematisch; dementsprechend unterstellt Korte den Vertretern der Einheitsthese, das »Experimentieren mit einem unabgeschlossenen, ›fließenden‹ Schreibprozeß« (263) zu wenig zu berücksichtigen. Ob ausgerechnet die Unabgeschlossenheit des Schreibens aber als Abgrenzungskriterium der Tagebücher zu Kafkas Erzähltexten dienen kann, darf bezweifelt werden.

Mit Rücksicht auf die Körperszenarien des Tagebuchs hat Gerhard Neumann schließlich den Versuch unternommen, die Quarthefte als Dokument einer Selbstsorge im Sinne Foucaults zu lesen und dabei die »innere Verbindung zwischen Sexualität und Literatur« zu erkunden (Neumann 2004, 163). Der Standpunkt, von dem aus die gegenläufigen Strukturen des Textes betrachtet werden, verschiebt sich somit: Das Schreiben erscheint nun im Lichte einer verschobenen Geschlechtlichkeit. Dies meint zum einen das in der Schrift zum Ausdruck gelangende Begehren, das sich an die Körperoberflächen heftet und von diesen her sich die Welt einzuverleiben versucht. Zum anderen aber beziehen sich Neumanns Überlegungen auf die »Geschlechterkette«, auf die Frage von erlittener und erhoffter Vaterschaft, auf den Gedanken der ›Tradition‹ wie auf »die Genealogie des Judentums in der europäischen Welt« (Neumann 2004, 159). So wird der Schreibakt sichtbar als Versuch einer »Verwaltung von Leben« (ebd., 157), einer Ordnung und Steuerung des Leibes/der Leiber, die außerhalb des Tagebuchs ohne Funktionalität geblieben sind.

Ausgaben: T/GS (1937) [Auswahl]. – T/GW (1951). – T/KA (1990). – OQ1&2/FKA (2001).

Forschung: Florence Bancaud: Le journal de K. ou l'écriture en procès. Paris 2001. – Gerhart Baumann: Schreiben. Der endlose Prozeß im Tagebuch von F.K. In: Études Germaniques 39 (1984), 163–174. – Anke Bennholdt-Thomsen: Schreiben statt Leben. Zu K.s Tagebüchern. In: Haller-Nevermann/Rehwinkel (2008), 15–36. – Hartmut Binder: Die Tagebücher. In: H. Binder (1976b), 34–116. – Ders.: Tagebücher. In: KHb (1979) II, 539–554.– Ders.: Über den Umgang mit Topographica in Kritischen Ausgaben am Beispiel der Tagebücher K.s. In: Jochen Golz (Hg.): Edition von autobiographischen Schriften und Zeugnissen zur Biographie. Tübingen 1995, 133–166. – Maurice Blanchot: The Diaries. The Exigency of the Work of Art. In: Flores/ Swander (1958), 195–220. – E. Boa (1996), bes. 45– 106. – Sophie von Glinski: Imaginationsprozesse. Verfahren phantastischen Erzählens in F.K.s Frühwerk. Berlin, New York 2004, bes. 170–258. – Georg Guntermann: Vom Fremdwerden der Dinge beim Schreiben. K.s Tagebücher als literarische Physiognomie des Autors. Tübingen 1991. – Manfred Hornschuh: Die Tagebücher F.K.s. Funktionen, Formen, Kontraste. Frankfurt/M. 1987. – Clayton Koelb: Rede als Erlebnis. Die Tagebücher K.s. In: Donald G. Daviau (Hg.): Österreichische Tagebuchschriftsteller. Wien 1994, 171–190. – Ders.: K. als Tagebuchschreiber. In: KHb (2008), 97– 108 [überarbeitete Fassung von Koelb 1994]. – HansGerd Koch: The First Two Quarto Notebooks of F.K.'s Diaries. Thoughts on their Genesis and Date of Origin. In: Steven Taubeneck (Hg.): Fictions of Culture. New York u.a. 1991, 182–197. – Hermann Korte: SchreibArbeit. Literarische Autorschaft in K.s Tagebüchern. In: H.L. Arnold (1994), 254–271. – Elisabeth Lack: K.s bewegte Körper. Die Tagebücher und Briefe als Laboratorien von Bewegung. München 2009. – Sandra Markewitz: Das Schweigen. Tautologizität in K.s Tagebüchern. Diss. Bielefeld 2004, München 2006. – Gerhard Neumann: »Eine höhere Art der Beobachtung«. Wahrnehmung und Medialität in K.s Tagebüchern. In: Sandberg/ Lothe (2002), 33–58. – Ders.: »Was hast Du mit dem Geschenk des Geschlechtes getan?«. F.K.s Tagebücher als Lebens-Werk. In: Maria Moog-Grünewald (Hg.): Autobiographisches Schreiben und philosophische Selbstsorge. Heidelberg 2004, 153–174. – Malcolm Pasley: K.'s Diary. Some Clues to Its Mode of Composition. In: Oxford German Studies 17 (1988), 90–96. – Julian Preece: The Letters and Diaries. In: J. Preece (2002), 111–130. – Ritchie Robertson: In Search of the Historical K. A Selective Review of Research, 1980–92. In: MLR 89 (1994), 107–137. – Andrea Rother: »Hier muß ich mich festhalten…«. Die Tagebücher von F.K. – Ein literarisches Laboratorium 1909–1923. Berlin 2008. – Anne Rother: »Vielleicht sind es Tenöre«. K.s literarische Erfindungen in den frühen Tagebüchern. Bielefeld 1995. – Bettina Spoerri: noch (nicht) ~~schreiben~~. Prekäre Kreation und Schreibanfänge in K.s Tagebüchern. In: I. Wirtz (2010), 117–132.

Philipp Theisohn

3.4.3 Das Briefwerk

Briefe stehen zweifellos im Zentrum der literarischen Existenz Kafkas. In ihnen dokumentieren sich die Versuche, die Paradoxien von Leben und Schreiben auf der Ebene einer tragfähigen kommunikativen Beziehung aufzulösen bzw. zu bewältigen. Zeit seines Lebens – nachweislich seit seiner Jugendzeit – räumt Kafka seinen Korrespondenzen einen gewichtigen Platz ein. Am Ende bekennt der enttäuschte Epistolograph:

> Alles Unglück meines Lebens – womit ich nicht klagen, sondern eine allgemein belehrende Feststellung machen will – kommt, wenn man will, von Briefen oder von der Möglichkeit des Briefeschreibens her. Menschen haben mich kaum jemals betrogen, aber Briefe immer und zwar auch hier nicht fremde, sondern meine eigenen (An M. Jesenská, Ende März 1922; BM 301).

Kafka und die Briefkultur

Die Aufmerksamkeit, die Kafkas Briefen als Dokumenten von weltliterarischem Rang allgemein zuteil wird, lässt ihren Verfasser heute als schillernden Exponenten einer Epoche der Briefkultur erscheinen, deren Stern um 1900 freilich am Sinken war: Neue Kommunikationsformen und -technologien wie Telefon, Rohrpost oder Telegramm ermöglichten eine weitaus schnellere, effizientere Informationsübertragung (allein das Prager Rohrpostsystem umfasste 1899 ein ausgebautes Streckennetz von 55 km) und damit auch eine größere Unmittelbarkeit als zuvor. Die Defizite, die das moderne Bewusstsein auf dem Wege neuer, beschleunigter Mitteilungs- und Verständigungsmöglichkeiten zu verzeichnen hatte, wurden indes als Verlust an Authentizität und persönlicher Wahrheit erfahren und flossen direkt in die literarischen Krisen-Bilanzen der Jahrhundertwende ein. Das Medium ›Brief‹, als eine der letzten noch nicht ausgetrockneten Oasen der Subjektivität, wurde so zur erklärten Zufluchtstätte des Ich, um sich von hier aus auf Wesentliches zu verständigen und gegen den Mangel an Innerlichkeit und Nähe anzuschreiben. Folglich übernahm der Brief neben seiner ursprünglichen kommunikativen Funktion nach außen auch die Aufgabe eines Ausdrucksmittels neuzeitlicher Individualität (Stach, 163). Derselbe Doppelcharakter spiegelt sich auch im sozialen Bewusstsein bürgerlicher Brief-Korrespondenten: Briefe sind Ausdruck einer Beziehung, und zugleich tragen sie dazu bei, ›Beziehung‹ aufzubauen, zu formen oder zu konstruieren.

In diesem Zusammenhang lohnt es sich, Kafkas oben zitierten Brief weiterzulesen:

> Die leichte Möglichkeit des Briefeschreibens muß – bloß teoretisch angesehn – eine schreckliche Zerrüttung der Seelen in die Welt gebracht haben. Es ist ja ein Verkehr mit Gespenstern undzwar nicht nur mit dem Gespenst des Adressaten, sondern auch mit dem eigenen Gespenst […]. Die Menschheit […] hat, um möglichst das Gespenstische zwischen den Menschen auszuschalten, und den natürlichen Verkehr, den Frieden der Seelen zu erreichen, die Eisenbahn, das Auto, den Aeroplan erfunden, aber es hilft nichts mehr, es sind offenbar Erfindungen, die schon im Absturz gemacht werden, die Gegenseite ist soviel ruhiger und stärker, sie hat nach der Post den Telegraphen erfunden, das Telephon, die Funkentelegraphie. Die Geister werden nicht verhungern, aber wir werden zugrundegehn (An M. Jesenská, Ende März 1922; BM 302).

Das Gespenstische geht für Kafka von der medialen Wirklichkeit des Briefverkehrs aus und bringt eine Dämonologie hervor, die den Bereich zwischenmenschlicher Beziehungen okkupiert. So ist das Briefeschreiben, obzwar virtueller Ersatz von Nähe, vor allem »ein Selbstbetrug und lässt den Schreiber zum Opfer solchen Austauschs werden« (Arens, 16). Angesichts der von Kafka illustrierten Medienwelt kann kein Zweifel daran bestehen, dass seine Briefe Zeugnisse eines längst zwiespältigen, aber selbst unter negativen Vorzeichen identitätsstiftenden Projekts der Briefkultur sind.

Nicht zuletzt hat Kafka daran teil als passionierter Leser. Wie alles Biografische interessieren ihn Lebenszeugnisse in Briefen. Zu seinen Lektüren zählten Briefe von Goethe, Hebbel, Robert Browning/ Elizabeth Barrett, Byron, Dehmel, Dostojewski, du Barry, Flaubert, Fontane, van Gogh, Gogol, Grabbe, Kierkegaard, Kleist, Pestalozzi sowie Oskar Webers *Briefe eines Kaffeepflanzers* (Köln 1913) und Aaron D. Gordons in *Der Jude* erschienene *Briefe aus Palästina* (spätere Buchpublikation: Berlin 1919). Die erstaunliche Auswahl dieser Briefautoren ist dabei keineswegs zufällig und resultiert in erster Linie aus Kafkas besonderem Verlangen nach exemplarischen Orientierungshilfen für das eigene Leben.

Dass im Weiteren auch literarische Briefe Kafkas Beachtung fanden, lässt sich belegen an den Lektüren von Goethes Briefroman *Die Leiden des jungen Werther*, Hofmannsthals *Chandos-Brief*, Kierkegaards *Entweder – Oder* und Herbert Eulenbergs *Brief eines Vaters unserer Zeit* (erschienen in *Pan* 1, 1911, 11, 358–363). Schließlich sei noch darauf hingewiesen, dass Briefe ungewissen Inhalts auch in Kafkas eigener Dichtung – namentlich in *Das Urteil* und in den Romanen – eine zentrale Rolle spielen.

Briefe 1900 bis 1912

Schon als Gymnasiast entdeckt Kafka die besonderen Vorzüge der Mitteilungsform ›Brief‹ und lehnt daran seine literarischen Ambitionen an. Die frühesten Schriften einschließlich der Korrespondenzen vor 1900 müssen als vernichtet bzw. verschollen gelten – Kafka spricht andeutungsweise von »Kindergekritzel« größeren Umfangs und von ein »paar tausend Zeilen«, von denen er sich angewidert trennt: »ich war so vertollt in die großen Worte« (An O. Pollak, vermutl. nach 6.9.1903; B00–12 27). Die seit 1900 verstreut überlieferten Postkarten und Briefe aus der Gymnasial- bzw. Studentenzeit enthalten nicht nur wichtige lebensgeschichtliche Fakten, sondern bereits erste Hinweise auf maßgebliche Selbstentwürfe, Entwicklungen und poetische Horizonte. In den bekenntnisreichen Briefen an den Intimus Oskar Pollak liest man so z. B. über erste literarische Produktionen aus den Anfängen, als »man ›Werke schuf‹, wenn man Schwulst schrieb« (ebd.), sowie aktuelle Entwürfe wie *Der schamhafte Lange und der Unredliche in seinem Herzen* (An O. Pollak, 20.12.1902; B00–12 17–19), *Das Kind und die Stadt* (nicht überliefert) und lyrische Versuche (An O. Pollak, 8.9.1903; B00–12 30 f.). Kafka deutet in den Briefen auch Grundmuster seines poetischen Schaffens an: die Sorge um Kontinuität, die Vorstellung von der Kunst als Akt des »Gebärens« (An O. Pollak, vermutl. nach 6.9.1903; B00–12 27), ebenso wie das Bekenntnis zu einer radikalen Wirkungsästhetik: »ein Buch muß die Axt sein für das gefrorene Meer in uns. Das glaube ich« (An O. Pollak, 27.1.1904; B00–12 36). Geprägt durch die gemeinsame *Kunstwart*-Lektüre und andere literarische zeitgenössische Kost wirken die Briefe in stilistischer Hinsicht oft überladen mit sperrigen Archaismen und schmückenden Epitheta. Mitunter weisen die Schreiben an Pollak auch eine monologisierende, allzu literarische Tendenz auf.

Bereits in diesen frühen Briefen schreibt Kafka adressatenbezogen; deutlich zeigt sich sein Bemühen, auf die Persönlichkeit des Gegenübers und dessen spezifische Situation einzugehen. So spricht aus den Schreiben an Paul Kisch ein ganz anderer Kafka. Während sich in den ästhetisch überformten, nachdenklichen und manchmal etwas altklugen Zeilen an Pollak das ›Kunst-Wollen‹ des Verfassers artikuliert, vernimmt man in den Schreiben an Kisch die geläufige Diktion der Lese- und Redehalle, mit Anklängen einer teils saloppen, teils verwegenen Ausdrucksweise. Die wenigen erhaltenen Briefe schlagen Töne an, die sonst in seinem Register nicht vorkommen: burschikos, aggressiv, auftrumpfend, schrill; manche groteske Bilder erinnern an Gesellschaftssatire (Alt, 90).

Auffallend ist neben diesen distinktiven Schattierungen aber auch, dass konventionelle Standards in Sprache und Form in den meisten Briefen nicht eingehalten werden: häufig fehlende Anrede, Verzicht auf Phrasen und Höflichkeitsbezeugungen, Betonung des künstlerischen Ausdrucks durch ungewöhnliche Plastizität, Originalität und Dynamik (Binder 1979, 512). Die Briefe erhalten so nicht selten den Charakter eines Tagebucheintrags, in dem der Schreiber unvermittelt auf eine bestimmte Situation zu sprechen kommt. Selbst eine lapidare Grußsendung wird auf diese Weise zu einer Botschaft mit angedeutetem Verweischarakter: »Lieber Hugo, es ist mir, als müßte ich Dich grüßen« (An H. Bergmann, vermutl. zwischen Okt. 1901 u. Febr. 1902; B00–12 12).

Die sich seit 1904 entwickelnde Freundschaft mit Max Brod zieht bald auch eine enge Korrespondenz nach sich und verdrängt den Adressaten Oskar Pollak völlig aus dem Blickfeld. Obgleich Brod die Rolle des Vertrauten übernimmt, wirbt Kafka zunächst um das Privileg engeren Gedankenaustauschs. Doch die Möglichkeiten eines produktiv stimulierenden Briefwechsels finden auf der Gegenseite nur wenig Zuspruch. Brod, in publizistischen Bereichen ein ausgesprochener Vielschreiber, räumt seiner Korrespondenz einen vergleichsweise geringen Stellenwert ein. Nach einem ersten literarischen Auftakt (28.8.1904; B00–12 39–41) nehmen Kafkas Briefe an Brod den Charakter kurzer informativer, wenngleich literarisch gestalteter Mitteilungen an. Nur selten, auf Reisen, werden längere Berichte geschrieben. Die eigentliche Vertiefung der Freundschaft ereignet sich jenseits der Briefe in gemeinsamen Gesprächen und Erlebnissen. 1908–12 verkehren die beiden Freunde fast täglich miteinander, entsprechend gering ist das Bedürfnis nach schriftlichem Austausch.

Nicht zuletzt in der kargen Korrespondenz mit Brod spiegelt sich Kafkas seit etwa 1904 veränderter Schreibstil. Wortgirlanden, Schwulst und stilistische Weitschweifigkeiten weichen einer präzisen Sprache mit äußerster Knappheit in Ausdruck und Satzgefüge. Die Verflechtungen von Brief und Werk sollten dabei nicht übersehen werden. Kafkas erste literarisch gereifte Prosastücke verdanken sich diesem Prozess und gehen in einigen Fällen sogar direkt aus Briefstellen hervor.

Im gleichen Zusammenhang ändert sich um 1907/08 auch Kafkas Schriftbild. Die vormals in Kurrent gehaltenen Schriftzüge werden ab Sommer 1907 durch lateinische Schreibschrift verdrängt – freilich nicht ganz in der Konsequenz, wie Kafka im Brief an Brod behauptet:

> Daß Du einen Menschen mit meiner frühern Schrift gefunden hast, ist möglich, jetzt aber schreibe ich anders und nur beim Schreiben an Dich erinnere ich mich an die jetzt vergangenen Bewegungen meiner Buchstaben (29.8.1907; B00–12 56).

Bei einigen Adressaten zieht Kafka es zunächst weiterhin vor, in der alten, eingeübten Schrift zu korrespondieren – so z. B. im Anstellungsgesuch an die Assicurazioni Generali (2.10.1907; B00–12 66–70).

Unberührt von diesen Veränderungen bleiben auch die schwärmerischen Zeilen, die Kafka im Jahr 1907 an die Freundin Hedwig Weiler (↗8) richtet. Bereits hier, im Vorgriff auf spätere Liebes(fern)beziehungen, zeigt sich die Tendenz zu Täuschung, Selbstbetrug und Autosuggestion. In den Briefen lässt Kafka die Freundin episodisch an seinem Alltag teilhaben, schickt ihr literarische Kostproben und wagt zuweilen imaginäre erotische Annäherungen. Ebenso werden berufliche Pläne und gemeinsame Zukunftsaussichten erörtert. Im Übrigen ist mit der von Weiler umstandslos eingeräumten Anrede »Du, Liebe« bereits der eigentliche Zenit dieses Briefwechsels – im Rahmen der Möglichkeiten eines platonischen Gesprächs – erreicht. Bald zeigen sich die Grenzen. Kafkas Briefe spiegeln immer wieder Missverständnisse und Differenzen wider, die in den verschiedenen Persönlichkeitsstrukturen begründet liegen. Im Wechselspiel seiner Gefühle für die Adressatin und der Sehnsucht nach gleichzeitiger Nähe wie Distanz entwickelt er hier bereits erste Grundfiguren der Selbstanklage: »Du siehst ich bin ein lächerlicher Mensch; wenn Du mich ein wenig lieb hast, so ist es Erbarmen; mein Antheil ist die Furcht« (29.8.1907; B00–12 57). Die Gründe für die Auflösung des Verhältnisses 1908 bleiben aufgrund fehlender Briefdokumente im Dunkeln, dürften aber mit dem Mangel einer realen Basis dieser Beziehung und zunehmender Entfremdung zusammenhängen. Im Januar 1909 sendet Kafka sämtliche Briefe an das »Geehrte Fräulein« Weiler zurück (7.1.1909; B00–12 95).

Kafka ist Briefsteller von Beruf. Seit 1908 verfasst er Schreiben an und für die Arbeiter-Unfall-Versicherungs-Anstalt (AUVA). Ohne Zweifel beherrscht Kafka den k. u. k. Amtsbriefstil seines Versicherungsmetiers, wie ihm seine Vorgesetzten wiederholt bescheinigen. Hervorzuheben ist allerdings an seinen beruflichen Briefen weniger die Stilsicherheit als deren Wandlungsfähigkeit und Variabilität. Die unterschiedlichen dienstlichen Aufgaben sowie persönliche Ansprüche erfordern einen flexiblen Briefschreiber. Dabei gilt es, innerhalb der sozialen Hierarchie der Anstalt den ›richtigen Ton‹ nicht zu verfehlen, engere oder rein dienstliche Beziehungen zu berücksichtigen und effiziente Verständigungsformen zu finden, ohne die eigenen Belange aus den Augen zu verlieren. So vermittelt sich in seinen frühen Briefen an die AUVA bis 1912 der Eindruck eines offiziellen, sachlich korrekten, konzentrierten Schreibstils, während in den späteren Anträgen und Gesuchen zunehmend persönliche Auskünfte eingeflochten und auch in formaler Hinsicht neue Register gezogen werden. Besonderen Situationen begegnet Kafka mit besonderen Mitteln: Aufgrund mangelhafter Bezahlung seiner Leistungen sucht der Konzipist beispielsweise am 11.12.1912 in einem 16–seitigen ›Monstre-Brief‹ um die Ernennung zum Vize-Sekretär nach und unterstreicht seine angestaute Unzufriedenheit mit einem Konvolut aus Tabellen und Statistiken (B00–12 319–326). Dennoch sind Kafkas amtliche Schreiben den Privatbriefen sehr nahe. Diese Tendenz wird auch in den Jahren nach 1918 in tschechischer Verwaltungssprache fortgesetzt.

Die überlieferten frühen Briefe sind in erster Linie Zeugnisse eines Verständigungsbemühens, dessen Dilemma sich bereits schemenhaft andeutet: Der literarisch ambitionierte Absender sucht nach möglichen Wegen, sich seiner Außenwelt mitzuteilen, wobei die Briefe oft nur als Mittel zum Zweck dienen. Eine ausgewogene Mitteilungsform, Kontinuität oder einen durchgehenden Stil lassen die Briefe unter ihren jeweiligen Adressierungen kaum erkennen, wohl aber das Bemühen um einen möglichst hohen Grad an Authentizität.

Briefe 1912 bis 1917

Mit einem Manuskript der ersten Buchveröffentlichung und dem ungewöhnlich selbstkritischen Hinweis auf »das Schlechte in den Sachen« hebt der 1912 begonnene Briefwechsel mit dem Rowohlt-Verlag an (An E. Rowohlt, 14.8.1912; B00–12 167). Dank der Vertiefung des Kontakts durch Kurt Wolff und dessen anfänglichen Bemühungen um Kafkas weitere Veröffentlichungen gewinnen die Briefe bald an persönlichen Akzenten. Wahrscheinlich kriegsbedingt und durch die Vermittlungsdienste Max Brods wird der Kontakt mit Wolff und seinem Geschäftsführer Georg Heinrich Meyer (1871–1931) jedoch auf eine insgesamt zurückhaltende Korrespondenz eingeschränkt. Vorübergehend verdichten sich in Kafkas Schreiben auch die Anzeichen gegenseitiger Missverständnisse.

Unter den lebensgeschichtlichen Entwicklungen um 1912 erschließen sich Kafka neue Dimensionen des Schreibens. Insbesondere Briefe haben daran ihren Anteil. Als Kafka am 20.9.1912 seine Korrespondenz mit Felice Bauer aufnimmt, erhält er bezeichnenderweise auch seinen ersten Verlagsvertrag (Unseld, 64). Das Zusammentreffen dieser Lebensmomente in einer Phase tief empfundener Krisis versetzt ihn in einen Zustand größter innerer Erregung und löst wenige Tage später, am 23. September, seinen unverhofften Durchbruch – die tranceartige Niederschrift des Urteil – aus.

Bereits die ersten Briefe nach Berlin stellen Felice das Bild eines ungewöhnlichen Verfassers vor Augen. Bedenkt man, dass die Korrespondenz im Kontext ihrer Zeit deutlich auf den Horizont einer Eheanbahnung oder zumindest einer Liebeswerbung ausgerichtet ist, so erscheint es umso erstaunlicher, welches Selbstbild Kafka darin entwirft: »Was für Launen halten mich, Fräulein! Ein Regen von Nervositäten geht ununterbrochen auf mich herunter. Was ich jetzt will, will ich nächstens nicht« (An F. Bauer, 28.9.1912; B00–12 174). Geständnisse über die Eigenarten des Absenders durchziehen die Briefe in ihrer Gesamtheit wie ein roter Faden. Einen zweiten Schwerpunkt bildet das von Beginn an aufgenommene Thema des Schreibens, genauer: die Probleme und Möglichkeiten des Schreibens im Allgemeinen und des Briefschreibens im Besonderen. Kafka verleiht seiner Korrespondenz ein Gewicht, das, abzulesen an Inhalt, Umfang und Frequenz seiner Briefsendungen, den Gedanken einer maßlosen Obsession nahelegt und offensichtlich die herkömmliche Funktion als Liebesbrief – oder wie Erich Heller in seiner Einleitung paraphrasiert: als Minnesang (BF 9) – überfrachtet.

So entwickelt sich nach anfänglicher Irritation ein reger Briefverkehr (bis zu vier Schreiben täglich) zwischen Prag und Berlin, dessen Volumen bereits nach den ersten sieben Monaten monströse Züge annimmt und sich während der 5-jährigen Beziehung auf insgesamt 511 Briefe, Postkarten und Brieffragmente auswächst (Stach, 142). Kafka empfindet die Korrespondenz als literarische Stimulanz, aus der nicht zuletzt größere Erzählversuche wie *Das Urteil* oder *Der Process* hervorgehen. Ähnlich wie im Tagebuch werden auch hier Motive erprobt und schließlich in eigenständigen literarischen Texten übernommen.

Das Briefe-Schreiben als performative Möglichkeit, Leben und Schreiben aufs Engste zu verbinden, eröffnet Kafka jedoch noch weitere Perspektiven. Bereits in Jungborn, nach der unglücklichen Begegnung mit Margarete Kirchner (↗15), hatte Kafka über die Möglichkeiten nachgesonnen, »Mädchen mit der Schrift [zu] binden« (An M. Brod, 13.7.1912; B00–12 160). Die Briefe an Felice Bauer dokumentieren diesbezüglich eine außergewöhnlich intensive Bindung, die freilich auf beiden Seiten auch außergewöhnliche Kräfte und Anstrengungen fordert. Dazu musste zunächst erst einmal eine Verbindung zwischen zwei Unbekannten aufgebaut werden. Die ersten Briefe dienen somit vordergründig als Ersatz für fehlende Gespräche und Begegnungen. Kafka, der in mündlicher Kommunikation bereits auf kleinste Störungen empfindlich reagiert (und daher auch das Telefonieren fürchtet), verlagert die ›Annäherungsgespräche‹ weitestgehend auf die schriftliche Ebene. Allerdings kommt er damit auch den Bedürfnissen der zeitlich eng disponierten Felice Bauer entgegen, die aufgrund zahlreicher Verpflichtungen zunächst nur eine Fernbeziehung eingehen kann. Unter diesen Aspekten sind die von Kafka verlautbarten Skrupel, einer festen Beziehung nicht genügen zu können, durchaus beiderseits vorhanden und erklären, zumindest zu Teilen, die Toleranz, die ihm aus Berlin immer wieder entgegengebracht wird: »Liebstes Fräulein! Sie dürfen mir nicht mehr schreiben […]. Ich müßte Sie durch mein Schreiben unglücklich machen und mir ist doch nicht zu helfen« (9.11.1912; B00–12 222).

Im Fortgang der täglichen Sendungen rückt schon nach wenigen Wochen der Brief als verbindendes Faktum ins Blickfeld der Aufmerksamkeit. Wachsam reagiert Kafka auf leiseste Andeutungen einer Unterbrechung und macht diese wiederum zum Ausgangspunkt neuer Briefketten. Der Brief selbst wird so zur Botschaft, ungeachtet seines Inhalts. Zuweilen lässt Kafka Züge eines Brief-Fetischismus erkennen, der, bei aller schwärmerischen Übertreibung, die physische Erscheinung der Absenderin ausblendet und auf ein Papierformat reduziert. Aufschlussreich ist in diesem Zusammenhang auch die Vision eines Traumes, die er der Freundin – selbstverständlich in Briefform – mitteilt. Felice ›erscheint‹ darin in Gestalt zweier Einschreibebriefe:

> Gott, es waren Zauberbriefe. Ich konnte soviel beschriebene Bogen aus den Umschlägen ziehn, sie wurden nicht leer. […] Die ganze Treppe nach oben und unten war von diesen gelesenen Briefen hoch bedeckt und das lose aufeinander gelegte elastische Papier rauschte mächtig. Es war ein richtiger Wunschtraum (17.11.1912; B00–12 241).

Als schließlich im Frühjahr 1913 die Idee einer Heirat greifbare Konturen annimmt, dienen die Briefe der Aushandlung von Geltungsansprüchen. Kafka unterstreicht nunmehr seine Bedürfnisse nach einsamem Schreiben und sucht der Braut die Tragweite ihrer Entscheidung für ein gemeinsames Leben auszumalen. Dabei schreckt er keineswegs vor drastischen Bildern zurück, wenn es darum geht, die letzten Illusionen der Geliebten zu zerstreuen: »Ich brauche zu meinem Schreiben Abgeschiedenheit nicht ›wie ein Einsiedler‹ das wäre nicht genug, sondern wie ein Toter« (26.6.1913; B13–14 221). Wirksam werden nun auch die Argumente physischer Unzulänglichkeit, Nervosität und Krankheit wiederholt, um die Braut zur Einsicht zu führen: »Zwischen mir und Dir steht von allem andern abgesehn der Arzt« (vermutl. zwischen 8. u. 16.6.1913; B13–14 208).

Seit November 1913 steht Kafka, nach einer zwischenzeitlich schweren inneren Krise, mit Felice Bauers Freundin Grete Bloch in enger Verbindung. Die so aufgenommene Parallelkorrespondenz ermöglicht ihm, die inneren Widersprüche zu sondieren und nach Außen zu verlegen (Born 1988, 9–15). Grete Bloch gegenüber kann er sich, ohne zu verletzen, gegen die Ehe mit Felice Bauer aussprechen – in einer Phase, da die Berliner Braut sich ohnehin, gekränkt von Kafkas Riva-Eskapaden (↗17), aus dem Briefwechsel zurückgezogen hat.

In der Korrespondenz mit Grete Bloch wiederholt sich ein Muster, das bereits für die Anfangskorrespondenz mit Felice Bauer charakteristisch war: »Es ist nun sie, über die er alles wissen will, und er stellt dieselben alten Fragen«, konstatiert Elias Canetti in seiner Studie und hält fest: »Die Abbreviatur jener früheren Korrespondenz fällt ihm natürlich leichter als damals das Original, es ist eine Klaviatur auf der er sich eingeübt hat. Etwas Spielerisches ist an diesen Briefen, was die früheren sehr selten hatten, und er wirbt ganz unverhohlen um ihre Neigung« (Canetti, 57).

Schließlich wird aus der Vermittlerin eine Mitwisserin und überdies »das beste liebste und bravste Geschöpf«, dem Kafka offen und bedenkenlos seine Ansichten über Felice und die Unmöglichkeit einer Ehe anvertrauen kann (An G. Bloch, 21.3.1914; B13–14 364). Die Gründe, warum Grete Bloch am 12. Juni 1914 den Eklat im Berliner ›Askanischen Gerichtshof‹ und damit die Auflösung der Verlobung Kafkas herbeiführt, lassen sich aus der unvollständigen Korrespondenz kaum – oder bestenfalls spekulativ – erschließen. Das Beweisstück, der entscheidende Brief, ist jedenfalls nicht erhalten geblieben.

In der zweiten Verlobungszeit ändert sich an der Grundkonstellation des ›Kampfes‹ wenig. Kafkas Briefe an Felice bleiben auch weiterhin den illusionären Erwartungen und den daraus sich ergebenden Paradoxa verpflichtet, nur ihr Ton ist gelassener. Die hohe Frequenz der Anfangszeit, Umfang und Intensität der Briefe werden jetzt gedrosselt; unter der verzögernden Einwirkung der im Krieg eingeführten Zensur verliert das tägliche Schreiben ohnehin seinen Sinn. Kafka vermeidet die Berührung problematischer Fragen und wird sich zunehmend bewusst, dass ein gemeinsames Leben auf eine Zuspitzung seiner inneren Grundkonflikte hinauslaufen würde. Als im Sommer 1917 die Tuberkulose zum Ausbruch kommt, sieht Kafka die Krankheit als seinen persönlichen Bankrott – wohl aber auch als letzte Entscheidungshilfe in einem hoffnungslosen Kampf gegen sich selbst (An F. Bauer, 30.9.1917; B14–17 332–334).

In der Summe lassen Kafkas *Briefe an Felice* eine Eigenständigkeit und Geschlossenheit erkennen, die wie kaum eine andere seiner Korrespondenzen den Anspruch auf literarischen Werkcharakter erheben. Jedes Detail dieser Briefe, von der Anrede bis zur subtil verschlüsselten Grußformel, scheint in ein Netz bedeutungstragender Strukturen bzw. intertextueller Verweise eingebunden und somit einer kompositorischen Intention zu folgen. Der Briefsteller bedient sich eines reichhaltigen Repertoires an stilistischen Formen und rhetorischen Figuren – ohne dabei an lebendiger Sprachdynamik zu verlieren.

Kafkas selbstzerstörerische Versuche, dem Medium Brief die Intensität einer lebendigen Beziehung abzupressen, führen letzten Endes in eine Sackgasse. Die Korrespondenz, die ursprünglich auf die Verbindung zweier Partner zur Heirat oder zum Zusammenleben angelegt ist, wird mehr und mehr zum Schreiben über das (Briefe-)Schreiben (Stach, 126) – oder wie Kafka vorwegnehmend resümiert: »Ein großer Briefverkehr ist ein Zeichen dafür, daß etwas nicht in Ordnung ist« (An F. Bauer, 15.8.1913; B13–14 263).

Neben den imposanten Schreibströmen, die die Briefe an Felice Bauer freisetzen, erscheinen die anderen Korrespondenzen der Jahre bis 1917 zweitrangig. An seinen Briefen an Verwandte und Freunde, vor allem aber an Max Brod, lässt sich immerhin Kafkas Bemühen um Kontinuität im freundschaftlichen Dialog ablesen. Die alte Funktion dieser Briefe als Ersatz für mündliche Gespräche wird beibehalten, wobei nun in Ansätzen eine neue Art des Berichtens in den Vordergrund rückt: Kafka erzählt von Alltagserlebnissen und Begebenheiten auf Reisen in betont epischer Breite, etwa in der Schilderung seines Besuches bei dem Belzer Rabbi (d.i. Issachar Dov) in Marienbad im Juli 1916 (An M. Brod, 17. u. 18.7.1916; B14–17 177–181). Selbstverständlich bleibt das Thema des Schreibens, einschließlich der Klagen über eigene Unzulänglichkeiten und deren ironischer Brechung, bestimmend. Allerdings wird der Freund – im Unterschied zu Felice – nicht so sehr als Bedrohung literarischer Lebensentwürfe empfunden. Kafkas Ambivalenz Brod gegenüber zeigt sich eher hinsichtlich weltanschaulicher Fragen, die auch zu einer sichtlichen Lockerung des Kontakts führen. So bleiben die in Briefen besprochenen Themen einstweilen auf Literarisches sowie aktuelle Rapporte eingeschränkt. Erst seit der im Herbst 1917 im Züraur Exil vollzogenen Lebenswende entwickelt sich der Dialog mit Brod zu einem engeren Briefwechsel. Im Zuge dieser Entwicklung werden nun auch die Selbstauskünfte reflektierter. Überdies lässt sich den Briefen ein Kommunikationsmuster ablesen: Auf Brods informationsorientierte, oft fragebogenartige Erkundigungen antwortet Kafka mit metaphorisch anspielungsreichen Ausweichmanövern.

Unter den kleineren Korrespondenzen ragen in gewisser Hinsicht die Briefe an Felix Weltsch und Oskar Baum, sowie der seit Mai 1914 bestehende Schreibkontakt mit dem späteren Herausgeber der kulturzionistischen Zeitschrift *Der Jude*, Martin Buber, heraus. Auch einzelne Briefe an Schriftsteller wie Gottfried Kölwel (1889–1959) oder Robert Musil sind zu erwähnen.

Briefe 1918 bis 1924

Seit Zürau beginnt Kafka die Umrisse seines Lebens in bisher nie gekannter Schärfe nachzuzeichnen – eine Revision biografischer Entwürfe, die sichtlich in Briefen zum Tragen kommt. Nicht zuletzt dank ausgedehnter Aufenthalte in Zürau (1917/18), Schelesen (1918/19) und später Meran (1920), Matliary (1920/21), Spindlermühle (1922), Planá (1922), Müritz (1923) und schließlich Berlin (1923/24) findet Kafka die nötige Distanz, sich diesen Impuls über die letzten Lebensjahre zu erhalten. Mit den genannten Ortswechseln ändert sich auch sein Sozialverhalten, das bisher stark durch das Prager Umfeld geprägt war. Neue Freundschaften werden nun geschlossen (u. a. Julie Wohryzek, Minze Eisner, Robert Klopstock, Tile Rössler, Dora Diamant), alte dagegen werden fast ausschließlich in Briefform gepflegt. Die Korrespondenz mit dem Intimus Max Brod erfährt dadurch eine sichtliche Vertiefung. Man diskutiert über aktuelle Schriften und Brods erotische Verstrickungen, über lebendige Bezüge bei Kierkegaard und die eigene Situation. Wie schon in den früheren Briefen stützt sich Kafka häufig in seinen Betrachtungen auf gegenüberstellende Vergleiche mit dem Freund und greift dabei auch gern auf anschauliche Metaphorik bzw. Figuren der Übertreibung zurück: »Ich? Wenn [...] ich mich damit vergleiche, so scheint es mir daß ich umherirre wie ein Kind in den Wäldern des Mannesalters« (An M. Brod, Anf. April 1921; BMB 332).

Die gewonnene Distanz zu Prag ermöglicht es Kafka nun stärker, seine Standpunkte aus der Außenperspektive darzulegen und die Brodsche Diktion mit ironischem Blick zu brechen. Auf diese Weise entstehen Briefe, die sich teilweise wie eigenständige Erzählungen (An M. Brod u. F. Weltsch, 10.4.1920; BMB 271–274) oder Essays lesen: So z. B. auch seine Stellungnahme zu Karl Kraus' Jargonvorwürfen, in der er die Situation der deutsch-jüdischen Literaten und ihr Verhältnis zum Judentum des Vaters zu erklären versucht (An M. Brod, Juni 1921; BMB 358–360).

Über die in Schelesen aufgenommene Beziehung mit Julie Wohryzek (↗21) bewahrt Kafkas Nachlass Schweigen. Aufgrund der schwierigen Überlieferungslage entsteht der – allerdings unwahrscheinli-

che – Eindruck, als wäre die Beziehung ohne Korrespondenzen auf allen Ebenen abgebrochen worden. Die *Briefe an Milena* belegen das Gegenteil (vgl. BM 32, 36 f., 69, 126, 130). Immerhin existiert ein Schreiben an die Schwester der Braut, in dem Kafka nachträglich seine Zweifel an der Ehe erklärt (Wagenbach 1969, 36–42).

Der im November 1919 in Schelesen entstandene ‹Brief an den Vater› (NSF II, 143–217) knüpft unmittelbar daran an. Nach einer Auseinandersetzung mit dem Vater, der sich schon vor dem Scheitern der Heirat gegen die Ehepläne des Sohnes ausgesprochen hatte, versucht Kafka, eine Lebensbilanz zu ziehen. Als Anlass des Briefes bezeichnet der Epistolograph seine »Furcht« vor dem Vater (NSF II, 143) und betont so die grundlegend gestörte Kommunikationssituation. Der Mitteilungscharakter des (im Original 103-seitigen) Briefdokuments ist mit Recht umstritten. Kafka legt darin, unter Betonung der väterlichen Erziehungsmethoden, die eigene Entwicklung dar und zeigt deren verhängnisvolle Wirkung in allen Lebensbereichen (Heiratsversuche, Beruf, Judentum und Schreiben). Die im ‹Brief an den Vater› enthaltenen persönlichen Auskünfte bilden bis heute die wichtigste autobiographische Quelle für Kafkas frühe Jahre. Bemerkenswert ist aber auch die literarische Signatur des Textes. Kafka scheint über weite Strecken den konkreten Anlass seines Briefes zu vergessen und bringt verstärkt die Mittel seines dichterischen Könnens zur Geltung (Sprachspiele, Ironie, Übertreibungen, fiktive Dialoge, Kindheitserinnerungen, Parodie). Sichtlich stellt der Verfasser seine literarischen Bemühungen in den Kontext einer ›kleinen Literatur‹ (27.12.1911; T 326) mit ihrer besonderen »Besprechungsmöglichkeit des Gegensatzes zwischen Vätern und Söhnen« (25.12.1911; T 313), wenn er resümiert: »Mein Schreiben handelte von Dir, ich klagte dort ja nur, was ich an Deiner Brust nicht klagen konnte« (NSF II, 192).

Der ‹Brief an den Vater› erreicht letztlich nicht den angeschriebenen Adressaten, sondern die Mutter. Die besondere Bedeutung des Briefes für Kafka lässt sich auch an dem Umstand ablesen, dass er von einer Schreibkraft der AUVA eine (überarbeitete, fast vollständige) maschinenschriftliche Fassung anfertigen lässt, was er sonst nur bei Manuskripten, die zur Veröffentlichung bestimmt sind, zu tun pflegt (Koch 2004, 7).

Im Frühjahr 1920 nimmt Kafka die Korrespondenz mit der jungen Wiener Journalistin und Übersetzerin Milena Jesenská-Pollak auf (↗21 f.). Als er im April von Meran aus den Briefwechsel fortsetzt, entwickelt sich binnen weniger Wochen eine enge Schreib-Beziehung, die bald schon die Intensität der *Briefe an Felice* erreicht. Kafka protokolliert akribisch den Puls des Schriftverkehrs, und auch das Thema des Briefe-Schreibens mit seinen betont physischen Komponenten steht nun wieder im Vordergrund: »Aber es ist unsinnig, diese Lust an Briefen. Genügt nicht ein einziger, genügt nicht ein Wissen? Gewiß genügt es, aber trotzdem lehnt man sich weit zurück und trinkt die Briefe« (An M. Jesenská, 29.5.1920; BM 23). In der bekannten Diktion beschreibt Kafka sich Milena gegenüber als einen »›fremden Menschen‹«, »dessen Gesicht nur ›beschriebenes Briefpapier‹ ist« (4.6.1920; BM 44). Die Zeilen, die er als Fremder an sie richtet, sind allerdings von entwaffnender Offenheit und sprechen die psychologisch interessierte Milena direkt an. Ähnlich wie in den Briefen an Felice ist auch hier nach zwei Monaten die Nähe erreicht, zur Du-Anrede überzugehen (12.6.1920; BM 55). Seine Namenszüge ersetzt der Briefschreiber sehr bald durch die Initiale K, um sie schließlich ganz zum Verlöschen zu bringen. Innerhalb dieser Wiederholungsmuster setzen die Briefe an Milena jedoch noch andere Akzente als die Schreiben an die einstige Verlobte Felice. Statt der früheren literarischen Selbstdarstellungen (Milena ist selbst literarisch tätig) führt Kafka der christlichen Tschechin die Eigenheiten seiner gebrochenen jüdischen Identität vor Augen und unterstreicht diese mit gelegentlichen Exkursen in die Topik des Selbsthasses. Anknüpfend daran wird auch die Frage der Angst vertieft und bildet ein durchgehendes Thema der Briefe (BM 24–27, 57, 60 f., 155).

An diesen Fragen kristallisieren sich aber auch die gegenseitigen Missverständnisse heraus. Kafka kann die Geliebte nicht überzeugen, ihre ohnehin zerstörte Ehe mit Ernst Pollak aufzugeben, um mit ihm in Prag zu leben. Nach der glücklichen Begegnung vom 29. Juni bis 4. Juli in Wien und einer weiteren Zusammenkunft im August in Gmünd beginnt der Briefschreiber sich von den Illusionen einer gemeinsamen Zukunft zu verabschieden: »Diese Briefe […] helfen zu nichts, als zu quälen […] entscheidend ist meine an den Briefen sich steigernde Ohnmacht über die Briefe hinauszukommen« (An M. Jesenská, Nov. 1920; BM 299). Der leidenschaftliche Briefwechsel lässt bereits im September nach und wird im November aufgegeben. Spätere Briefe von Kafka an die ehemalige Geliebte sind getragen von innerer

Distanz und vorsichtiger Annäherung. Die Intensität des Sommers 1920 erreichen sie nicht mehr.

In den letzten Lebensjahren treten die konzeptionell ohnehin fragmentarischen Tagebücher hinter die Briefe zurück. Die Gewichtsverlagerung macht sich nicht nur am Quantum des Geschriebenen bemerkbar; die Briefe neigen jetzt stärker zu Reflexion und entwickeln neue Verfahren und Figuren des Erzählens. Kafkas Fähigkeit, sich mit den Augen der Anderen anzusehen und dies im Abgleich mit der eigenen Wahrnehmung zur Sprache zu bringen, wird in Briefen in der Doppelperspektive des Betroffenen *und* des distanzierten Beobachters vorgeführt. Entscheidend für das beobachtete Problemfeld ist der jeweilige Horizont des Adressaten. An den Prager Freund Brod schreibt Kafka so 1922 aus Planá: »Ich bin von zuhause fort und muß immerfort nachhause schreiben […]. Dieses ganze Schreiben ist nichts als die Fahne des Robinson auf dem höchsten Punkt der Insel« (12.7.1922; BMB 385 f.) – und macht damit gleichsam den Brief zur doppelten Botschaft über sein Schreiben und seine Isolation als soziales Wesen.

In seiner Korrespondenz der letzten Jahre zeichnet sich ein starkes Interesse an pädagogischen Fragen ab. Nicht nur die Erziehungsmethoden im <Brief an den Vater>, auch die Kindheitsreminiszenzen in den *Briefen an Milena* deuten dies an. In seinen Briefen an die junge Minze Eisner (↗21) wird konsequent daran angeknüpft. Kafka übernimmt gegenüber der jungen Teplitzer Jüdin mit selbständigen gartenbaulichen Ambitionen die Rolle des väterlichen Ratgebers und Freundes. Ähnlich verhält es sich auch mit den Briefen an den Medizinstudenten Robert Klopstock (↗22), der als aufmerksamer Briefpartner ab 1921 den Freund Max Brod zu ersetzen beginnt (Wetscherek 2003, 5). Erziehungsfragen sind auch der Anlass für einige umfangreichere Schreiben vom Herbst 1921 an die Schwester Gabriele (»Elli«) Hermann, in denen Kafka sich vehement für die ›elternferne‹ Erziehung seines Neffen Felix in der Dalcroze-Schule Dresden-Hellerau ausspricht und dabei seine Ansichten über die Familie und über den schädigenden Einfluss der Prager Verhältnisse mitteilt (An E. Hermann, Herbst 1921; Briefe 339–347). Ein uneigennütziger pädagogischer Impuls ist es letztlich auch, der 1923 im Dialog mit der 16-jährigen Tile Rössler und bereits seit 1919 in den mündlichen Gesprächen mit dem Gymnasiasten Gustav Janouch seine Wirkung entfaltete. Die nachträglich festgehaltenen Sentenzen unterstreichen den stark suggestiven Eindruck, den Kafka bei dem jungen Janouch hinterließ (Janouch 1961).

Die Briefe aus den Jahren 1923/24 dokumentieren in erster Linie Erfahrungsberichte an Freunde und Familie. Von wenigen Ausnahmen (wie z. B. an Hugo u. Else Bergmann, Juli 1923; Briefe 436–438) abgesehen, berichten sie von »praktisch organisatorischen Dingen und reduzieren sich im Persönlichen auf ein minimales, niemand verletzendes Aufrechterhalten alter Beziehungen« (Binder 1979, 510). Kafka schreibt mit Unterstützung Dora Diamants, die zunehmend auch die Funktion der Schreiberin übernimmt, von den Lebensbedingungen unter der Wirtschaftskrise. Dabei werden konkrete Auskünfte über das persönliche Befinden meist in euphemistische Umschreibungen gehüllt. Die regelmäßige Korrespondenz mit der Familie dient nun vorrangig den elementaren Versorgungsbedürfnissen und verleiht der über Jahre ausgedünnten Kommunikation mit den Eltern letzthin Substanz.

Editionsgeschichte und Bestände

Kafkas Briefschaften liegen heute weltweit verstreut in Archiven der Bodleian Library in Oxford, dem Deutschen Literaturarchiv Marbach, den Prager Staatsarchiven und dem Museum der tschechischen Literatur, der Jewish National and University Library Jerusalem, dem Leo Baeck Institute New York, den Manuskriptsammlungen der Yale/New Haven University, der Bibliotheca Bodmeriana Genf sowie in privaten, teilweise anonymen Sammlungen.

Eine Bestandsaufnahme des Briefwerks Kafkas erweist sich in vielerlei Hinsicht als problematisch. Sowohl die schwierige, komplexe und nicht selten abenteuerliche Editionsgeschichte der Briefe in den Wirren des 20. Jahrhunderts als auch der bereits von Kafka sabotierte Anspruch auf Geschlossenheit und Werkcharakter haben daran ihren Anteil. Dass Kafka zahlreiche Briefe (sofern die Gegenseite diese nicht zurückverlangte) systematisch vernichtete, hat sein Werk folgenschwer gezeichnet und den eigentlich dialogisch inspirierten Briefen die Züge eines immer wieder verstörenden Monologs verliehen. Weitere Amputationen am Corpus bzw. Verstümmelungen einzelner Segmente mussten durch das ungewisse Schicksal des Nachlasses im Zweiten Weltkrieg, durch persönliche Motive der jeweiligen Eigentümer und schließlich durch den allmählich steigenden Aktienkurs des Autors Franz

Kafka im Privatsammlerbereich hingenommen werden.

Die genauen Verluste lassen sich heute schwerlich beziffern – nur selten gelingt es, verlorene Briefe faktisch oder gar inhaltlich aus erhaltenen Antwortschreiben zu rekonstruieren. Aber ausgehend von der Tatsache, dass Kafka über lange Phasen seines Lebens fast täglich Briefe geschrieben hat, darf ein weitaus größeres Volumen angenommen werden, als die heute überlieferten Bestände dokumentieren. Unter Einbezug aller kalkulierbaren Faktoren ist mit einem Schätzwert von ca. 30–40 % fehlender Briefe zu rechnen.

Dabei geht es keineswegs nur um die Protokollierung singulärer Brieflücken innerhalb einer Adressaten-Brieffolge – wie im Falle von Hedwig Weiler, Felice Bauer, Grete Bloch, Milena Jesenská – oder um die obligatorischen Reisegrüße an die Familie, sondern vor allem um die unüberschaubaren Verluste ganzer Jahrgänge und Konvolute an Korrespondenzen. So müssen beispielsweise beträchtliche Briefvolumina aus der frühen Phase als verschollen gelten – während die wenigen erhaltenen Fundstücke aus der Jugendzeit einen eher flüchtigen Überblick über die Korrespondenz mit Freunden und Verwandten bieten. Gleiches gilt für die Jahre der ›Literaturferne‹, in denen keineswegs auf das Briefeschreiben verzichtet wurde. Neben den Briefwechseln mit Margarethe Kirchner, Julie Wohryzek und Dora Diamant gingen nachweislich Schreiben an die Schwestern (insbes. Elli und Valli) und die Familie, an den Onkel Alfred Löwy, an Freunde wie Ewald Felix Příbram, Hugo Bergmann, Ernst Weiß, Otto Pick und Nelly Thieberger, an Felice Bauers Schwester Erna, an Franz Werfel, Robert Musil, Rudolf Kayser und an den Verlagslektor Rudolf Leonhard (*Die Schmiede*) verloren.

Davon abgesehen fehlen die Briefe der jeweiligen Gegenseite nahezu komplett. Lediglich einige Schreiben von Max Brod und Felix Weltsch sowie einzelne Briefe und Postkarten von Albert Anzenbacher (ein Kollege Kafkas), Erna Bauer, Felice Bauer, Hugo Bergmann, Johanna Bleschke (pseud. Rahel Sanzara), Grete Bloch, Martin Buber, Otto Freund, Willy Haas, Jakob Hegner, Julie Kafka, Alfred Löwy, Robert Musil, Otto Pick, Felix Příbram, Franz Werfel, Kurt Wolff und der AUVA haben sich erhalten.

Andererseits verdankt sich die Überlieferung dieser Restbestände in einigen Fällen auch außerordentlich glücklichen Fügungen. So konnten einige der von den Schwestern Elli und vor allem Ottla gesammelten Erinnerungsstücke rechtzeitig vor den Transporten ins Konzentrationslager gesichert und durch die Kinder und Josef David gerettet werden, darunter auch Briefe an Ottla und die Familie sowie der <Brief an den Vater>. Später wurde diese Sammlung durch ungeklärte Umstände aufgelöst. Erst in den 60er Jahren tauchten Teile der Korrespondenz wieder auf und wurden 1974 durch Binder/Wagenbach veröffentlicht (BO 1981). 1986 wurden einem Prager Antiquariat weitere 32 Briefe und Postkarten aus der Familienkorrespondenz angeboten und konnten schließlich durch eine tschechische und deutschsprachige Ausgabe von Čermák/Svatoš wieder zugänglich gemacht werden.

Ähnlich von Zufällen begünstigt verlief auch die Rettung der Briefe an Milena Jesenská. Die Besitzerin hatte, bevor sie den Weg ins Konzentrationslager antrat, im Frühjahr 1939 ihre Briefe als Wiedergutmachungsgeste für ein versäumtes Rendezvous an Willy Haas übergeben. Nachdem er diese während seiner Emigration bei Freunden in Prag deponiert hatte, machte er sich 1949 an die Veröffentlichung im Schocken-Verlag. Bereits in der Handschrift waren einzelne Absätze und Wörter – durch Milena Jesenská oder Willy Haas? – nachträglich unleserlich gemacht worden. In der Erstausgabe von 1952 wurden zusätzlich einige Textstellen, die dem Herausgeber als kränkend oder problematisch erschienen, ausgelassen. Die Neuausgabe (BM 1986) konnte diese Tilgungen nur teilweise rückgängig machen. Heute lagern die Briefe im Deutschen Literaturarchiv Marbach.

Teile des Kafka-Briefwechsels mit dem Kurt-Wolff-Verlag wurden vom Verleger selbst gerettet. Auf seiner Flucht über Frankreich (wo er mehrfach interniert wurde) und Spanien führte Kurt Wolff eine Kiste mit Verlagsbriefen ungewissen Inhalts mit sich, die er schließlich nach seiner Ankunft in den USA der Yale University übereignete.

Fast vollständig überdauerten auch die Briefe an Grete Bloch – in zwei Konvoluten auf zwei Kontinenten. Ein Konvolut, bestehend aus Briefen, die sie 1914 der Freundin Felice Bauer anvertraut hatte, und eine weitere Auswahl an Briefen, die sie zurückbehielt und während ihrer Flucht vor den Nationalsozialisten einer Freundin übergab. 12 der Briefe an Grete Bloch waren – offenbar in der Absicht einer persönlichen Zensur – auf eigentümliche Weise zerschnitten, konnten später aber bis auf eine Ausnahme wieder zusammengefügt werden.

Die Briefe der Grete Bloch sind aufs Engste mit dem besonderen Schicksal der Briefe an Felice verbunden. Wegen ihres privaten Charakters hatte die ehemalige Verlobte Kafkas die Briefe zunächst lange Jahre vor einer Veröffentlichung zurückgehalten. Während des Krieges konnten die Erinnerungsstücke in die Emigration in die USA gerettet werden, mussten aber schließlich 1956, aufgrund einer persönlichen Notsituation Felice Bauer-Marasses, an den Schocken-Verlag für einen vergleichsweise geringen Betrag von 8000 Dollar veräußert werden. Die Vereinbarung, der zufolge die Briefe nach ihrer Veröffentlichung der Jewish National and University Library Jerusalem zukommen sollten, wurde indes nicht eingehalten. Im Juni 1987 wurden die Briefe im Rahmen einer Auktion für die Summe von 605.000 Dollar an einen unbekannten Käufer versteigert und sind seitdem nur mehr in Kopieform zugänglich (Einführung H.-G. Koch; B13–14 6 f.).

Max Brod hatte frühzeitig angefangen, Briefe des Freundes zu sammeln. Als er 1934 die erste Kafka-Werkausgabe vorbereitete, wandte er sich mit einem Aufruf an die Öffentlichkeit, um Material für den sechsten Band (T/GS, 1937) zu erschließen. Auf diese Weise konnte er aus dem Prager Umfeld zahlreiche Briefe ermitteln. Nach seiner Flucht 1939 nach Palästina, mit Kafkas Nachlass im Handgepäck, setzte er in den 50er Jahren seine Suche fort. Dank günstiger Unstände und der Unterstützung durch Ilse Ester Hoffe und Klaus Wagenbach (damals noch Lektor des Fischer-Verlags) konnten weitere Briefe an Minze Eisner, Gottfried Kölwel und Hedwig Weiler aufgefunden werden. Die 1958 erschienenen Briefe 1902–1924 (Briefe/GW) stellten seither die maßgebliche Briefausgabe der Kafka-Forschung dar, Teilkorrespondenzen (BMB, BF, BO) wurden ihr supplementär zur Seite gestellt.

Unberücksichtigt in dieser Ausgabe blieben eine Reihe von Schreiben, die dem Herausgeber zum Zeitpunkt nicht zugänglich waren: so u. a. 15 Briefe und Karten aus den Jahren Oktober 1905 bis März 1909, die Brod merkwürdigerweise bereits in seiner Kafka-Biographie 1937 zitiert hatte; ein philosophisches Propädeutikum von 1916; Reisegrüße und Briefe an die Eltern zwischen 1910–1924; Briefe und Karten an Robert Klopstock, die teilweise schon in der Ausgabe Tagebücher und Briefe (T/GS, 1937) abgedruckt waren; Briefe an Eugen Pfohl und die Versicherungsanstalt, an den Redakteur der Prager Bohemia Paul Wiegler, an Jizchak Löwy und Ansichtskarten an Paul Kisch. Weiterhin fehlten Schreiben wie z. B. an René Schickele zur Veröffentlichung in den Weißen Blättern, an František Khol bezüglich des Sommerurlaubs 1913, an Franz Blei, an Julie Wohryzeks Schwester Käthe, eine Ansichtskarte an Michal Mareš vom Dezember 1910, Briefe an den Kurt-Wolff-Verlag zur Veröffentlichung des *Land-arztes* und zu übersetzungsrechtlichen Fragen, ein hebräischer Briefentwurf an Puah Ben-Tovim, Schreiben an Robert Musil zur Veröffentlichung der *Verwandlung* in der *Neuen Rundschau*, an den Wiener Schriftsteller Otto Stoessl, Briefe von und an Felix Weltsch, eine Ansichtskarte und ein Brief an den jungen Hugo Bergmann, sieben Briefe an Martin Buber mit Empfehlungen und Stellungnahmen zur Mitarbeit an der Zeitschrift *Der Jude* (Binder 1979, 506 f.).

Eine geringfügige Erweiterung der Brodschen Ausgabe brachte die amerikanische Briefausgabe *Letters to Friends, Family and Editors* (1977, basierend auf Briefe/GW), die zwar zum ersten Mal auch einen umfassenden Kommentarteil enthielt, aber längst nicht alle Korrespondenzen berücksichtigte.

Den aktuellsten Forschungsstand dokumentiert die im Fischer-Verlag von Hans-Gerd Koch herausgegebene fünfbändige *Kritische Briefausgabe* (KA; optional mit einem wissenschaftlichen Apparatteil, der Kafkas Streichungen und Korrekturen verzeichnet). Kafkas Briefe erscheinen darin in ihrer chronologischen Reihenfolge mit ausführlichem Kommentar sowie beigefügten Dokumenten und Reproduktionen. Die ersten drei Bände umfassen einen Zeitraum von 1900 bis 1917 mit 2179 Briefen, 25 Widmungen von Kafka, 15 Widmungen an Kafka und 148 Briefen an Kafka. Die noch ausstehenden zwei Briefbände der Jahre 1918 bis 1924 dokumentieren weitere 631 Briefe, davon 93 erschlossene, 6 Widmungen an Kafka, 12 Widmungen von Kafka und 97 Briefe an Kafka.

Der unter den editionsgeschichtlichen Bedingungen erreichte Stand der *Kritischen Brief-Ausgabe* bildet unbestreitbar die conditio sine qua non für künftige Forschungen und zieht vorläufig einen Schlussstrich unter die künstliche Partikularisierung Kafkascher Briefwelten. Freilich dokumentiert sich in diesen Bänden nicht nur eine verbindliche und editorisch herausragende Bestandsaufnahme, sondern auch die fragile Verfassung eines ›Briefverkehrs‹, dessen ›geisterhafte‹ Züge in seinen prägnanten Leerstellen offen zutage treten.

Parallel dazu beabsichtigt der Stroemfeld Verlag im Rahmen seiner historisch-kritischen Werkausgabe FKA in fernerer Zukunft auch die Kafka-Korrespondenz als Faksimile zu publizieren. In einer Ju-

biläumsausgabe wurden exemplarisch drei Briefe an Milena Jesenská präsentiert. Angesichts der von Kafka immer wieder stark betonten physischen Komponente der Briefe bietet die FKA eine Alternative, die nicht als Konkurrenz zur KA verstanden werden sollte, sondern als sinnvolle Ergänzung.

Forschung

Nimmt man die erste große Briefsammlung von Max Brod 1958 als den Beginn einer breiteren Auseinandersetzung mit Kafkas Korrespondenzen, so erstaunt es, dass 50 Jahre später noch immer keine umfassende Untersuchung des Briefwerkes vorliegt. Abgesehen von den oft interpretatorisch intendierten Versuchen zu ausgewählten Briefsegmenten wie den *Briefen an Felice* oder dem <*Brief an den Vater*> (u. a. Canetti 1961; Deleuze/Guattari 1975; Theweleit 1991) und Reiner Stachs instruktiven Erörterungen im Rahmen seiner Kafka-Biographie (Stach 2002, 155–170), lässt lediglich Binders Handbucharukel von 1979 Ansätze zu einer Gesamtdarstellung grundlegenden Charakters erkennen (Binder 1979). Ansonsten bilden die jeweiligen editorischen Begleittexte einzelner Briefausgaben, allem voran die textkritischen Hinweise und Vorworte zu den Briefbänden der KA, die einzige Grundlage.

Sehr einseitig hat sich die Literaturwissenschaft darauf verstanden, Kafkas Briefe als Lebenszeugnisse der persönlichen Entwicklung oder als Orientierungshilfe im Umgang mit schwer deutbaren Texten zu betrachten. Die Materialfülle und motivische Breite dieser Briefdokumente bilden bis heute eine Fundgrube für Leser mit detektivischen Ambitionen und stützen die Argumentationslinien fast jeder wissenschaftlichen Studie. Die Briefe selbst – ihre Genese, Funktion, ihre spezifischen Charakteristika, Komponenten und Kontexte – wurden, abgesehen von *Briefe an Felice* und <*Brief an den Vater*>, selten einer kritischen Überprüfung unterzogen. So blieb denn auch die Frage nach der Bedeutung der Briefe im Sinne einer differenzierenden Analyse weitestgehend ausgespart. Dabei könnten komparatistische Ansätze klären, ob oder inwiefern einzelne Briefsegmente die Perspektive auf Werk und Person Kafkas verzerren. Anders gefragt: Was würde es bedeuten, wenn die *Briefe an Milena* oder der <*Brief an den Vater*>, der Logik ihrer unwahrscheinlichen Überlieferung entsprechend, heute nicht bekannt wären? Hätte die Forschung ein anderes Bild von Kafka, wenn die *Briefe an Felice* tatsächlich unveröffentlicht geblieben wären? Würde sich der Blick auf den Autor der *Verwandlung* grundlegend ändern, wenn singuläre Briefschaften – und damit biografische Details und literarische Querverweise – der allgemeinen Kenntnis entzogen wären? Der Horizont dieser Fragen, mögen sie auch noch so konjunktivisch erscheinen, lässt den außergewöhnlichen Quellenwert der Briefe auf der Bruchlinie zwischen Faktizität und Imagination deutlich werden.

Demzufolge wäre es dringend geboten, nach Jahrzehnten der erfolgreichen Deutungsproduktion endlich auch dem Briefsteller Kafka größere Aufmerksamkeit zu widmen. Für weitere Untersuchungen auf der Grundlage des editorisch gesicherten Bestandes ergibt sich eine Vielzahl offener Fragen, ohne deren Beantwortung die Kafka-Forschung auf längere Sicht ihren Kredit verspielen würde.

Ausgaben: T/GS (1937) – BM/GW (1952). – Briefe/GW (1958). – BF/GW (1967). – BO/GW (1974). – Letters to Friends, Family and Editors. Hg. v. Nahum N. Glatzer u. a., übers. v. Richard u. Clara Winston. New York 1977 [Textbestand gegenüber Briefe/GW leicht erweitert; erstmals umfangreicher Kommentar]. – BM (1983). – BMB (1989). – BE (1990). – Drei Briefe an Milena Jesenská. Faksimile-Edition. Hg. v. KD Wolff, Peter Staengle u. Roland Reuß. Frankfurt/M. 1995. – B00–12/KA (1999). – B13–14/KA (2001). – Hugo Wetscherek (Hg.): K.s letzter Freund. Der Nachlass Robert Klopstock (1899–1972). Mit kommentierter Erstveröffentlichung v. 38 teils ungedruckten Briefen F.K.s. Wien 2003. – B14–17/KA (2005). – B18–20/KA (in Vorb.). – B21–24/KA (in Vorb.). – Vollständige Nachweise zu den Briefausgaben ↗ 534.

Quellen: Herbert Eulenberg: Brief eines Vaters unserer Zeit. In: Pan 1 (1911) 11, 358–363. – Gustav Janouch: Gespräche mit K. Frankfurt/M. 1961. – F.K.: Brief an den Vater. Mit einem unbekannten Bericht über K.s Vater als Lehrherr und andere Materialien. Hg. v. Hans-Gerd Koch. Berlin 2004. – Klaus Wagenbach: Julie Wohryzek, die zweite Verlobte K.s. In: Born u. a. (1969 [1965]), 31–42. – Kurt Wolff: Briefwechsel eines Verlegers 1911–1963. Hg. v. Bernhard Zeller u. Ellen Otten. Frankfurt/M. 1966, wieder 1980.

Forschung: P.-A. Alt (2001). – Mark M. Anderson: K.s Unsigned Letters. A Reinterpretation of the Correspondence with Milena. In: M.M. Anderson (1989), 241–256. – Detlev Arens: F.K. München (2001). – Hartmut Binder: The Letters. Form and Content. In: A. Flores (1977), 223–241. – Ders.: Briefe. In: KHb (1979) II, 505–518. – E. Boa (1996), 45–77 (Briefe an Felice) u. 78–106 (Briefe an Milena). – Elizabeth Boa: Blaubarts

Braut und die Medusa. Weibliche Figuren in K.s Briefen an Felice Bauer und Milena Jesenská. In: H.L. Arnold (2006), 272–293. – J. Born (1988). – Ders. (1990). – Martin Borner: Das Briefeschreiben. Bern, Berlin 1991. – E. Canetti (1969). – Deleuze/Guattari (1975). – L. Dietz (1990). – Klaus Hermsdorf: Briefe des Versicherungsangestellten F.K. In: Sinn und Form 9 (1957), 639–662. – O. Jahraus (2006). – Wolf Kittler: Brief oder Blick. Die Schreibsituation der frühen Texte von F.K. In: G. Kurz (1984), 40–67. – Ders.: Der Name, die Sprache und die Ordnung der Dinge. In: Kittler/Neumann (1990), 11–29. – Ders.: Schreibmaschinen, Sprechmaschinen, Effekte technischer Medien im Werk F.K.s. In: Kittler/Neumann (1990), 75–163. – Malte Kleinwort: K.s Verfahren. Literatur, Individuum und Gesellschaft im Umkreis von K.s Briefen an Milena. Würzburg 2004. – D. Kremer (1989). – Kurt Krolop: Frank an Emilie, Poseidon an Medusa, Simson an Delila oder Die Halbscheid eines Briefwechsels. In: Ders.: Studien zur Prager deutschen Literatur. Hg. v. Klaas-Hinrich Ehlers, Steffen Höhne u. Marek Nekula. Wien 2005, 261–281. – Joachim Müller: F.K.s Briefe – Zu neuen Veröffentlichungen seines Briefwerks. In: Universitas 30 (1975), 581–594. – Reinhard M.G. Nickisch: Brief. Stuttgart 1991. – Ulrich Ott: F.K.s Handschriften und Briefe. In: Plättner (1996), 4–6. – Heinz Politzer: F.K.s vollendeter Roman. Zur Typologie seiner Briefe an Felice Bauer. In: Wolfgang Paulsen (Hg.): Das Nachleben der Romantik. Heidelberg 1969, 192–211. – Hans Georg Pott: Die Wiederkehr der Stimme. Telekommunikation im Zeitalter der Post-Moderne. Wien 1995, Teil II. – Julian Preece: The Letters and Diaries. In: J. Preece (2002), 111–130. – Hannelore Rodlauer: Hedwig Weiler. F.K.s Ferienfreundin. In: Freibeuter 71 (März 1997), 2–11. – Christian Schärf: K. als Briefeschreiber: Briefe an Felice und Briefe an Milena. In: KHb (2008), 72–84. – J. Schillemeit (2004). – R. Stach (2002) u. (2008). – Klaus Theweleit: Gespensterposten. Briefverkehr, Liebesverkehr, Eisenbahnverkehr. Der Zug ins Jenseits. Orpheus 1913. In: Ders.: Buch der Könige. Bd. 1: Orpheus (und) Eurydike. Basel, Frankfurt/M. 1988, 2. überarb. Aufl. 1991, 976–1046. – J. Unseld (1982). – John Zilcosky: The Traffic of Writing. Technologies of »Verkehr« in F.K.s *Briefe an Milena*. In: GLL 52 (1999), 365–381.

Ekkehard W. Haring

3.4.4 Amtliche Schriften

Überblick zum Textkorpus

Das Rubrum ›amtliche Schriften‹ bezieht sich hier auf diejenigen Texte, die Kafka zwischen 1908 und 1922 im Zusammenhang mit seiner Tätigkeit für die k.k. Arbeiter-Unfall-Versicherungsanstalt für das Königreich Böhmen in Prag (AUVA) verfasst hat. In Bezug auf diese Gesamtheit wird die Menge der gesicherten bzw. künftig zu sichernden Texte durch zwei Faktoren eingeschränkt:

(1) durch die Archivlage: Da die Akten der Prager Anstalt in den 1960er Jahren skartiert worden sind, ist davon auszugehen, dass der bei weitem größte Teil der Texte, die Kafka in diesem Zusammenhang verfertigt hat, nicht mehr existiert;

(2) durch die Bestimmung der Verfasserschaft: Die Zuordnung der fraglichen Texte zu Kafkas Werk kann nicht auf der Grundlage des für literarische Texte gültigen Autorschafts-Konzepts vorgenommen werden. Ganz gleich, ob man sie zu großen Teilen als »prozessgenerierte« Produkte einer »autorlosen Aufzeichnungsmaschine« klassifiziert (Vismann, 23 u. 8) oder die verantwortliche Behörde als ihren unpersönlichen Verfasser einsetzt (Schmid, 59) – Kafka hat die von ihm verfassten oder mitverfassten Texte im Regelfalle nicht unterschriftlich gezeichnet, so dass seine Verfasserschaft nur anhand von Selbst- oder Fremdzeugnissen sowie einer Reihe weiterer Indizien (innerbehördliche Zuständigkeit, stilistische Merkmale, Argumentationsführung) zu sichern ist. Da dies für eine Vielzahl standardisierter und routinemäßig verfasster Schreiben kaum möglich ist, kann auch innerhalb der erhaltenen Texte nur ein begrenzter Teil mit hinreichender Sicherheit dem Kafkaschen Werk zugerechnet werden.

Unter diesen Umständen stützte sich die Identifikation und Überlieferung dieser Schriften zunächst vor allem auf Hinweise, die sich aus Kafkas Briefen und Tagebüchern ergaben. Nachdem zunächst Max Brod 1953 die von Kafkas Hand geschriebene Rede zur Amtseinsetzung Robert Marschners als neuen Direktor der AUVA (AS Nr. 2) in seinem Nachlassband (Hzv/GW) veröffentlicht hatte, druckte Klaus Wagenbach fünf Jahre später im Anhang seiner Kafka-Biographie (Wagenbach 1958) zwei längere Beiträge Kafkas zu den Jahresberichten der AUVA (AS Nrn. 1 u. 6b) sowie einen der beiden Zeitungsartikel zur sozialpolitischen Lage der Arbeiterunfall-

versicherung in Österreich, die Kafka im Herbst 1911 für die *Tetschen-Bodenbacher Zeitung* verfasst hatte (AS Nr. 8b). Um die gleiche Zeit hatte Klaus Hermsdorf den genannten Artikel sowie eine Auswahl der Briefe, die Kafka im Laufe seiner Beschäftigung an den Vorstand der AUVA geschickt hatte, veröffentlicht und kommentiert (Hermsdorf 1957 u. 1958). In den beiden folgenden Jahrzehnten gab es verstreute Wiederabdrucke einzelner Texte, insbesondere der beiden Aufsätze über die Unfallverhütung bei Holzhobelmaschinen.

Als eigenständiger Teilkomplex seines Werks waren Kafkas *Amtliche Schriften* jedoch erst konstituiert, als Hermsdorf und seine Mitarbeiter 1984 eine vollständige Sammlung der damals in Bibliotheken und Archiven erhaltenen berufsbezogenen Texte und Dokumente mit einer umfangreichen Einführung im Ostberliner Akademie-Verlag veröffentlichten (Hermsdorf 1984). Dieser Band erschien 1991 auch als Taschenbuch in einer Lizenzausgabe des Luchterhand-Verlages. Auf der Grundlage dieser Ausgabe erschloss der Verfasser dieses Artikels seit Mitte der 1990er Jahre in den Beständen der Prager Statthalterei (Tschechisches Staatsarchiv) und der Versicherungsabteilung des Wiener Innenministeriums (Österreichisches Staatsarchiv) die umfangreichen Bestände der juristischen Schriftsätze, die Kafkas Abteilung vor allem im Zusammenhang mit den Einsprüchen (›Rekursen‹) der Unternehmer gegen die Gefahrenklassifikation ihrer Betriebe zu bearbeiten hatte. Auf dieser Grundlage wurde erstmals eine biographisch und historisch umfassende Darstellung und Dokumentierung der beruflichen Tätigkeit Kafkas möglich, die Verfasser zusammen mit Klaus Hermsdorf 2004 im Rahmen der *Kritischen Ausgabe* vorgelegt hat (AS). Dem Band liegt eine CD-ROM mit Materialien zur Geschichte und dem sozialpolitischen Kontext der österreichischen Arbeiter-Unfallversicherung, der Geschichte der AUVA, sowie zur beruflichen Laufbahn Kafkas bei (AS:CD).

Was die Darbietung des Materials in AS betrifft, so kam eine Anordnung nach den internen Kriterien der Behörde (etwa nach dem im Falle der *Amtlichen Schriften* Goethes übernommenen »Herkunftsgrundsatz«; vgl. Flach, 16) hier nicht in Frage, da die von der AUVA selbst archivierten Bestände nicht mehr erhalten sind. Stattdessen wurde eine Gliederung nach Textsorten gewählt, und zwar nach der Hauptunterscheidung in ›publizierte Texte‹ und ›Schriftsätze‹.

Zur ersten Gruppe gehören Kafkas Beiträge zu den jährlichen Tätigkeitsberichten der AUVA sowie zum großen Jubiläumsband von 1915, drei Zeitungsartikel, die er vor dem Krieg zur sozialpolitischen Lage der Arbeiter-Unfallversicherung verfasst hat, drei weitere Artikel und ein Aufruf, die im Zusammenhang mit seinem maßgeblichen organisatorischen Einsatz für die Einrichtung einer »Volksnervenheilanstalt für Deutschböhmen« im nordböhmischen Rumburg-Frankenstein (heute Rumburk-Podhají) entstanden sind, sowie – neben der bereits erwähnten Rede zur Amtseinsetzung des neuen Direktors – zwei Reden zur Darstellung der Unfallverhütung in Österreich und Böhmen, die Kafkas Vorgesetzte beim II. Internationalen Kongress für Unfallverhütung und Rettungswesen in Wien (September 1913) vortrugen.

Der zweiten Hauptgruppe (›Schriftsätze‹) gehören Dokumente an, die aus dem Verkehr zwischen der Anstalt und den übergeordneten ›politischen Behörden‹ hervorgegangen sind. Dabei handelt es sich zum einen um die Akten der Rekurse der Unternehmen zur Gefahrenklassifikation, aus denen außer den Kafka zugeschriebenen Dokumenten auch die Zuschriften der politischen Behörden an die AUVA sowie die ihnen beiliegenden Einsprüche und Stellungnahmen der versicherten Unternehmer und die technischen Gutachten der Gewerbeinspektoren wiedergegeben werden. Zum anderen handelt es sich um Eingaben und Stellungnahmen der AUVA zu allgemeinen Fragen der Gefahrenklassifikation.

Für analytische Zwecke bieten sich als aufschlussreiche alternative Ordnungskriterien zum einen die Einteilung nach Aufgabenbereichen und zum andern nach biographisch-historischen Phasen an. Im ersten Falle gerät dann Kafkas berufliches Tätigkeitsprofil in seiner auch für die literarischen Arbeiten bedeutsamen diskursiven Struktur deutlicher ins Blickfeld (dazu näher unten). Im zweiten Raster lassen sich leichter Rückschlüsse ziehen auf den Zusammenhang zwischen der beruflichen Textproduktion und den historischen (Vorkriegszeit und Habsburger Monarchie – Kriegszeit und Auflösungsphase des Staates – Nachkriegszeit in der Tschechoslowakischen Republik) bzw. biographischen Zeitabschnitten (v. a. vor und nach Ausbruch der Tuberkulose).

Deutungsaspekte

Anders als im Deutschen Reich war die mit dem Gesetz vom 28. Dezember 1887 begründete Arbeiter-Unfallversicherung in Österreich nicht funktional (nach Branchen), sondern territorial (nach Kronländern) organisiert. Subjekte des Versicherungsvertrags waren (1) die Versicherungsanstalten, (2) die versicherungspflichtigen Unternehmer und (3) die Arbeiter, denen allerdings im Versicherungsvertrag lediglich die Rolle des Rentenempfängers zukam. Unter den sieben ›territorialen Anstalten‹ war die AUVA die größte. Im Sommer 1908, als Kafka seinen Dienst antrat, stand sie vor dem wirtschaftlichen und politischen Bankrott. Zu diesem Zeitpunkt war die österreichische Arbeiter-Unfallversicherung, die als Regulator des Konflikts zwischen Kapital und Arbeit eingerichtet worden war, längst ihrerseits zum umkämpften Einsatz dieses Konflikts geworden.

Probezeit (1908–1910)

Als erstes Merkmal der Texte, die heute Kafkas Tätigkeit für die Prager AUVA dokumentieren, ist ihre enge Verknüpfung mit den durchgreifenden Reformen zu nennen, die der neue Direktor der Anstalt, Dr. Robert Marschner (1865–1934), in der Zeit nach Kafkas Diensteintritt auf den Weg bringen sollte. Dies gilt bereits für die Jahre 1908 und 1909, in denen Kafka zunächst als Aushilfsbeamter und Anstaltspraktikant in verschiedenen Abteilungen hospitierte. Die bereits erwähnte, in Kafkas Handschrift erhaltene Rede zur Amtseinsetzung Marschners im März 1909 (AS Nr. 2) belegt – unabhängig von der ungeklärten Frage, ob Kafka auch der Festredner war – die Anerkennung, die der neue Beamte offenbar innerhalb kürzester Zeit erworben hatte.

Die Richtung der umfassenden »nützlichen Reformen« (AS 168), die am Ende der Rede angekündigt werden, wird bereits in dem ersten der überlieferten Texte ersichtlich, den Kafka an seinem neuen Arbeitsplatz verfasst hat.

Im November 1908, also nur wenige Monate nach seiner Aufnahme als ›Aushilfsbeamter‹, erscheint im Tätigkeitsbericht der AUVA für das Jahr 1907 unter dem unverdächtigen Titel *Umfang der Versicherungspflicht der baulichen Nebengewerbe* ein Beitrag, der sich in seiner begrifflichen und argumentativen Präzision wie auch im Hinblick auf seine politischen Implikationen von allem deutlich absetzt, was zuvor in diesem Verlautbarungsmedium erschienen war.

Dass der durch die Haushaltskrise der Anstalt verspätete Jahresbericht für 1907 in diesem Falle lediglich als Basis für eine im Kontext des neuen Reformkurses zu verortende tagespolitische Intervention verwendet wird, ergibt sich schon daraus, dass der genannte Beitrag sich gar nicht mit Ereignissen und Ergebnissen des Jahres 1907 befasst. Sein Anlass ist vielmehr eine Entscheidung des Verwaltungsgerichtshofes (der höchsten Instanz in versicherungsrechtlichen Angelegenheiten) aus dem Frühjahr 1908, durch die die Nebengewerbe der Baubranche von der Versicherungspflicht ausgenommen wurden. Seinen weiteren Gegenstand bildet die unzureichende gesetzliche Regelung dieser Frage im Versicherungsgesetz, die daraus resultierende schwankende Rechtsprechung des Verwaltungsgerichtshofes sowie schließlich die Folgen dieser Situation für die versicherten Arbeiter, die Unternehmer und die Versicherungsanstalten. Kafka rekonstruiert die Geschichte der verschiedenen Auslegungen der fraglichen Gesetzesstelle, weist durch eine präzise linguistische Untersuchung nach, dass der Gesetzgeber von Beginn an einen umfassenden Versicherungsschutz auch für die baulichen Nebengewerbe beabsichtigt hatte und dass mithin die jüngste Entscheidung des Verwaltungsgerichtshofes nicht durch den Text des Gesetzes gedeckt war.

Das eigentliche Motiv dieser detaillierten Abrechnung mit den politischen Behörden und der Jurisdiktion des Verwaltungsgerichtshofes wird freilich erst in der Bemerkung deutlich, die zur zweiten Hälfte des Berichts überleitet:

> Ungeachtet ihrer prinzipiellen Bedenken gegen die neue Praxis, mußte jedoch die Anstalt den neuen grundsätzlichen Erkenntnissen des Verwaltungsgerichtshofes von amtswegen Rechnung tragen und die Leitung der auf die Anpassung des Umfanges der Versicherungs- und Beitragspflicht der einzelnen Betriebe an die neue Praxis gerichteten Aktion selbst in die Hand nehmen, um nicht in ein Chaos von Stritten zu geraten (AS 123).

Hinter dieser vermeintlichen Loyalitätsgeste verbirgt sich ein – in Bezug auf die Machtverhältnisse innerhalb der Arbeiter-Unfallversicherung – durchaus subversives Programm. In Kafkas erster großer Abhandlung für die Prager AUVA geht es um nicht weniger als die Loslösung der Geschäftsführung von einer zentralistischen Staatsverwaltung, der es sowohl an fachlicher Kompetenz auf dem neuen Rechtsgebiet als auch an politischer Neutralität mangelte.

Im weiteren Verlauf des Berichts wird geschildert, auf welchen Verfahren und Prinzipien die neue Geschäftsführung basieren sollte: Nach Aufhebung der Versicherungspflicht für die Nebengewerbe führte die AUVA eine umfangreiche Meinungsumfrage unter den versicherten Unternehmern durch, in der diese über die Rechtslage informiert wurden, es ihnen zugleich aber freigestellt wurde, die Versicherung auf freiwilliger Basis weiterzuführen. Die Rückmeldungen aus den verschiedenen Branchen werden im Bericht nun aber nicht einfach quantitativ ausgewertet, sondern qualitativ, als ein Konzert von unterschiedlichen Stimmen zu Fragen der sozialen Verantwortung und der Bewertung der Arbeiter-Unfallversicherung durch die Versicherten selbst.

Die beiden Merkmale, die diesen Beitrag zu den Jahresberichten der AUVA aus der Masse der dort veröffentlichten Texte herausstechen lassen – nämlich (1) die Umkehrung des zentralistisch-bürokratischen Informationsflusses von ›oben‹ nach ›unten‹ und (2) der Rückzug der Stimme der Prager AUVA aus dem Feld der politischen Stimmen und Meinungen zugunsten einer subtilen Moderation dieser Stimmen und Meinungen – stehen zum einen in Einklang mit der Reformpolitik der vom Bankrott bedrohten AUVA; sie gehören zum anderen aber zu den spezifischen Merkmalen gerade derjenigen Schlüsseltexte, als deren Verfasser sich Franz Kafka identifizieren lässt.

Die statistische und demoskopische Erschließung kritischer Zonen der Unfallversicherung steht auch im Mittelpunkt zweier weiterer Projekte, mit deren öffentlicher Darstellung, und teilweise auch praktischen Durchführung, der Aushilfsbeamte Kafka betraut wurde, nämlich die *Pauschalierung der Versicherungsbeiträge bei den kleinen landwirtschaftlichen Maschinenbetrieben* (AS Nr. 3a) und die *Einbeziehung der privaten Automobilbetriebe in die Versicherungspflicht* (AS Nr. 3b).

Hauptamtliche Tätigkeit (1910–1918)

Nach dem Ende seiner Probezeit, also etwa ab 1910, lässt sich Kafkas Textproduktion für die AUVA einigermaßen trennscharf in drei Aufgabenbereiche unterteilen, von denen jeder einzelne wiederum von maßgeblicher Bedeutung für eine erfolgreiche Sanierung der vom Bankrott bedrohten AUVA war: (1) Unfallverhütung; (2) Bearbeitung der Rekurse (Einsprüche) gegen die Gefahrenklassifikation der versicherten Betriebe; (3) Öffentlichkeitsarbeit.

Unfallverhütung

Anders als im Deutschen Reich konnte sich in Österreich ein effizientes Unfallverhütungswesen unter anderem deshalb nicht entwickeln, weil die territoriale Organisation der Unfallversicherung hier einer systematischen, also an branchenspezifischen Produktionsweisen orientierten Entwicklung im Wege stand. Zudem war in Österreich das Recht auf regelmäßige technische Inspektion der Betriebe den (personell unterbesetzten) Gewerbeinspektoraten vorbehalten, auf deren Gutachten die Versicherungsanstalten dann angewiesen waren. Wenn also die zügige Verbesserung des Unfallschutzes zu den zentralen Punkten der Marschnerschen Reformagenda gehörte, so war der Handlungsspielraum der Anstalt hier zunächst auf vereinzelte Interventionen in die unfallträchtigsten Produktionssektoren beschränkt.

Zwei dieser Unfallschutz-Kampagnen hat Kafka in Beiträgen zu den Jahresberichten geschildert, die in der Forschung aufgrund ihrer graphischen Bildhaftigkeit auf besonderes Interesse gestoßen sind. Um die sehr häufigen, schweren, und vor allem nach schutztechnischen Gesichtspunkten leicht vermeidbaren Verletzungen der Arbeiter an motorisierten Holzhobelmaschinen zu bekämpfen, veröffentlichte Kafka in den Jahresberichten für 1909 und 1910 zwei Beiträge, in denen er eine präzise technische Beschreibung der ergonomischen und sicherheitstechnischen Vorzüge der neu entwickelten Rundwellen gab (AS Nrn. 4b und 6b; Kafka hatte gleich nach seiner Ernennung zum Anstaltspraktikanten eine teilweise Dienstbefreiung erhalten, um an der Prager Technischen Hochschule einen Kurs in mechanischer Technologie zu belegen). Dabei konnte er – eine bemerkenswerte gestalterische Neuerung in den Jahresberichten – erstmals eine Reihe technischer Zeichnungen in den Text einfügen, die die unterschiedlichen Gefahrenpotentiale am Schnittpunkt zwischen Arbeiter und Holzhobelmaschine eindrucksvoll veranschaulichen.

Für den Tätigkeitsbericht 1914 verfasste Kafka einen umfangreichen Abschnitt über die Unfallverhütung in den Steinbruchbetrieben (AS Nr. 13d), in dem anstelle der plakativen Wirkung der technischen Zeichnung die dokumentierende Funktion der Fotografie dem Zweck des Unfallschutzes unterstellt wird. Kafka verwendete 15 fotografische Aufnahmen unterschiedlicher Bruchstellen, um aus den Schichtungen und Neigungen des Terrains unterschiedliche typische Gefahrenlagen für den Über-tage-Abbau herauszulesen und zu kommentieren. Und er denkt an eine noch weiterreichende Nutzung von Bilddaten in diesem Zusammenhang, wenn er vorschlägt, die essentielle Nachträglichkeit jeder Unfallwahrnehmung zu minimieren, indem man »nach geschehenem Unfall die charakteristische Situation [festhält], welche zum Unfall geführt hat« (AS 413).

Im Gegensatz zu dem in diesen Texten vorherrschenden mikrologischen Blick auf den Unfall sowie seine typischen Ursachen und Folgen entfalten die beiden Wiener Vorträge (AS Nrn. 11a und b) sowie auch Kafkas Beiträge zum Jubiläumsbericht der Prager Anstalt (Nrn. 14c und d) die Problematik der Unfallverhütung in rechts- und verwaltungsgeschichtlichen Überblicken und lassen, gleichsam in betriebstechnischer Meta-Perspektive, die Lückenhaftigkeit ihrer Organisation als potentielle Gefahrenquelle für das Unternehmen der Arbeiter-Unfallversicherung sichtbar werden.

Gefahrenklassifikation der Betriebe

Seit dem Frühjahr 1910 bestand Kafkas wichtigster Aufgabenbereich in der juristischen ›Beäußerung‹ der Einsprüche (›Rekurse‹) versicherter Unternehmer gegen die Einteilung (›Einreihung‹) ihrer Betriebe in statistische Gefahrenklassen. Im Fokus dieser Stellungnahmen steht regelmäßig die epistemologische Konfliktzone zwischen der anthropozentrischen, auf die personellen, technischen und baulichen Eigentümlichkeiten ihres jeweiligen Betriebes gerichteten Perspektive der Unternehmer einerseits und dem auf statistischen Wahrscheinlichkeiten basierenden Blick der Versicherung auf abstrakte Merkmalsverteilungen andererseits – auf den ›Durchschnittsmenschen‹ und den ›Durchschnittsbetrieb‹ der böhmischen Industrien (vgl. Ewald, 182 ff; 191). War die ›Gefahr‹ für den einzelnen Unternehmer mit den konkreten Gegebenheiten seines Betriebes verknüpft, so bezeichnete derselbe Begriff für die AUVA das abstrakte Risiko der Belastung ihres Budgets durch Entschädigungszahlungen, die durch eine bestimmte Branche bzw. einen bestimmten Betrieb innerhalb des jeweils letzten Berechnungszeitraums verursacht worden waren. Das Gefahrenprozent, nach dem jeder Betrieb klassifiziert wurde, bezeichnete die Summe (Prämie), die ein Betrieb je 100 Kronen gezahlten Lohnes zu entrichten hatte, um dieses als wahrscheinlich angenommene Defizit zu decken. Kafkas – für den wirtschaftlichen Bestand der AUVA absolut maßgebliche – Aufgabe bestand im Kern darin, zwischen diesen beiden prinzipiell inkompatiblen Perspektiven zu vermitteln und dabei den versicherungstechnischen Kriterien rechtliche Geltung zu verschaffen.

Die Einspruchsverfahren zeigen Kafka in durchaus variierenden Positionen: als Neuling, der noch in handschriftlicher Form und im Rahmen eines (später nicht mehr verwendeten) Vordrucks mit schematischen Argumenten die begriffliche Logik des Klassifikationsschemas gegen den berechtigten Einspruch eines renommierten Textilfabrikanten durchzusetzen versucht (AS Nr. 18); als nüchternen Verteidiger der Verbindung zwischen produktionstechnischen Merkmalen und statistischer Klassifikation eines Betriebes, gegen die die mächtige Prager Maschinenbau-Aktien-Gesellschaft zwecks Senkung ihrer Lohnnebenkosten prozessierte (AS Nr. 19); als gleichermaßen unerbittlichen wie illusionslosen Anklagevertreter in dem strafrechtlichen Musterprozess wegen Prämienbetruges, den die AUVA vergeblich gegen den nordböhmischen Obstbauern und Steinbruchbesitzer Josef Renelt angestrengt hatte (AS Nr. 20); schließlich als scharfsinnigen Analytiker der Misere, in die die Holz- und Spielwarenerzeuger teils durch äußere Umstände, teils durch eigenes Verschulden geraten waren und aus der im Geiste des neuen Reformkurses der AUVA nur ein für beide Seiten tragbarer außergesetzlicher Kompromiss herausführen konnte (AS Nr. 23).

Am deutlichsten freilich wird der zwischen der produktionstechnischen Dingwelt und statistischen Wahrscheinlichkeiten hin und her gleitende Blick des Hüters der statistischen Gefahrenklassifikation in einer mehr als 20 Schreibmaschinenseiten umfassenden Eingabe *Zur Begutachtungspraxis der Gewerbeinspektorate*, die die AUVA im Sommer 1911 dem Wiener Innenministerium unterbreitete (AS Nr. 22) und der sich Kafka aufgrund sachlicher, stilistischer und intertextueller Befunde zweifelsfrei als Verfasser zuordnen lässt. Geschildert werden die Grenzen eines bürokratischen Apparates, dessen Wahrnehmungen und Entscheidungen – aufgrund des erwähnten Betriebsbesichtigungsmonopols der Gewerbeinspektoren – weitestgehend auf statistische Datensätze und technische Protokolle gegründet sind. In einer präzisen, in Passagen auch sarkastischen semantischen Untersuchung weist die Eingabe nach, wie die Inspektoren, den örtlichen Unternehmern stets mehr verpflichtet als den Verwaltungen in Wien und Prag, vor allem den Schlüsselbegriff des ›normalen Betriebes‹ seiner statistischen Bedeutung

entkleiden. Nicht mehr die Entsprechung mit den technischen Normen der Unfallverhütung und den unfallstatistischen Normalwerten, sondern allein die Übereinstimmung mit den regional ›gewöhnlichen‹ oder ›üblichen‹ Verhältnissen reichen nach dieser Begriffsverwendung aus, um einen Betrieb vor einer Einstufung im oberen Gefahren- und mithin Prämenbereich zu schützen (vgl. AS 946–950). Die Eingabe gipfelt in der Rückbiegung der Unfallversicherung auf sich selbst. So wie die AUVA zu Zwecken der Unfallverhütung aus den Unfallmeldungen der verschiedenen Branchen Listen typischer Unfälle zusammenstellte, so listet nun die Prager Eingabe den Wiener Ministerialbeamten »Formen einer ungesetzlichen Begutachtungspraxis« auf, »welche sich aus der Masse der vorhandenen Gutachten als typisch heraussondern« (AS 668).

Öffentlichkeitsarbeit

Ein aufs juristische, technische und statistische Detail gegründetes Beharren auf der reinen Form des versicherungstechnischen Verfahrens, daraus resultierend ein Standpunkt jenseits des Spektrums parteipolitischer Positionen und Meinungen, sowie die reflexive Aufzeichnung der Gefahren und Risiken der Unfallversicherung selbst gehören zu den wiederkehrenden Merkmalen derjenigen Schriften, in denen Kafka die Reformierung der AUVA teils berichtend begleitet, teils fordernd voranzutreiben bemüht ist. Das betrifft auch den dritten, allerdings eher informell bestimmten Bereich seines Tätigkeitsprofils, den man mit heutigen Begriffen als ›Öffentlichkeitsarbeit‹ bezeichnen würde. Hier gelingt Kafka im bescheidenen Rahmen einiger anonymer Zwischenrufe aus der Provinz, was ihm auf der Weltbühne der modernen Literatur auf ebenso unverwechselbare wie schwer fassliche Weise gelungen ist: die Erzeugung einer ganz und gar neuartigen, ›fremden‹ Stimme, die sich der Verortung nach etablierten ideologischen (bzw. ästhetischen) Koordinaten entzieht.

Besonders anschaulich wird dies in zwei Artikeln zur aktuellen Lage der Arbeiter-Unfallversicherung, die im Herbst 1911 in der nordböhmischen *Tetschen-Bodenbacher Zeitung* erschienen waren (AS Nr. 8a und b). Im Februar des Jahres hatte die AUVA erstmals eine ausgeglichene Bilanz vermeldet, doch erneuerten die Unternehmerverbände im Herbst anlässlich der parlamentarischen Verhandlung eines neuen, umfassenden Sozialversicherungsgesetzes

ihre Forderung nach Übergabe der Arbeiter-Unfallversicherung in ihre Hände.

Der erste der beiden Artikel liefert nun eine ebenso
umfassende wie durchdringende Analyse der wirtschaftlichen Fehlentwicklung bis dato, in der die Destabilisierung der Gefahrenstatistik durch die Indus-
trielobbyisten, die kriminellen Prämienhinterziehun-
gen in bestimmten Branchen, aber auch die wachsende
Neigung der Arbeitnehmer zur Übertreibung oder
gar Simulation von Unfallschäden, sowie nicht zuletzt
die träge, bürokratische Haltung der AUVA selbst angesichts dieser Verhältnisse moniert werden. Mit
Nachdruck wird betont, dass nicht etwa vereinzelte
gesetzgeberische Nachbesserungen, sondern allein
die Reformierung der AUVA aus eigenen Kräften die
Wende zum Besseren herbeigeführt habe.

Auf diesen Beitrag reagierte das Zentralorgan der
österreichischen Arbeitgeberverbände, *Die Arbeit*,
mit einer Mischung aus Verwunderung, Neugier
und Misstrauen:

> In äußerst bemerkenswerter Weise wird in einem Auf-
> satze der ›Tetschen-Bodenbacher Zeitung‹ vom 13. d. M.
> zu der Entwicklung der Arbeiter-Unfallversicherung in
> Österreich Stellung genommen. Trotzdem sich der Ver-
> fasser des in Rede stehenden Artikels redliche Mühe
> gibt, die Dinge von einem objektiven Standpunkte aus
> zu betrachten, wird man in der Annahme nicht fehlge-
> hen, daß er der Verwaltung der Prager Anstalt nicht fer-
> nestehen dürfte (AS 852).

Am 4. 11. veröffentlichte die *Tetschen-Bodenbacher
Zeitung* einen zweiten Artikel, der zu der Reaktion
der *Arbeit* explizit Stellung nimmt, und als dessen
Verfasser sich Kafka in seinem Tagebuch bezeichnet.
Die Einleitung verdeutlicht noch einmal den zugleich reflektierten und diskurstechnischen Umgang, den Kafka in seinen amtlichen Schriften mit
der Kategorie der Autorschaft entwickelt:

> Wir lassen uns diese Bezeichnung gerne gefallen, wenn
> wir sie dahin deuten dürfen, daß derjenige der Verwal-
> tung der Prager Anstalt nicht ferne steht, der als ihr Mit-
> glied sich um ihre Entwicklung ernstlich bekümmert,
> der im Interesse der Industrie wenigstens die nächsten
> volkswirtschaftlichen Ausstrahlungen der sozialen Ver-
> sicherung nach Kräften beobachtet und der der Anstalt
> insofern nähersteht als die Allgemeinheit, als er ein re-
> gelmäßiger Leser ihrer von den Interessenten leider zu
> wenig kontrollierten Jahresberichte ist (AS 254 f.).

Mit der gleichen Bewegung, mit der sich Kafka hier
einer Identifikation als individuelles Autor-Subjekt
entzieht, nutzt er die Anonymität amtlicher Verfasserschaft zur sozialpolitischen Funktionalisierung
und kollektiven Besetzung der Autor-Position, indem er die Unternehmer auffordert, sich durch auf-

merksame Lektüre und Kontrolle der Jahresberichte
in die Reformprozesse der AUVA einzufügen.

Als Sondergruppe innerhalb der Schriften zur Öffentlichkeitsarbeit können die *kriegspublizistischen
Texte* gelten, die Kafka im Zusammenhang mit seiner Tätigkeit in der »Staatlichen Landeszentrale für
das Königreich Böhmen zur Fürsorge für heimkehrende Krieger« (508) verfasst hat. Die Landeszentrale war im Frühjahr 1915 unter dem Dach der
AUVA eingerichtet worden, als der Rückstrom der
Verwundeten und Verkrüppelten von der Kriegs-
front nicht länger durch private und lokale Wohltä-
tigkeitseinrichtungen aufgefangen werden konnte.
Kafka war dem Ausschuss für Heilbehandlung zugeteilt, dessen Hauptaufgabe in der fieberhaft betriebe-
nen Errichtung und Erweiterung von Heilstätten lag,
und war insbesondere an der Umfunktionierung des
Sanatoriums in Rumburg-Frankenstein in eine
»Krieger- und Volksnervenheilanstalt in Deutschböhmen« maßgeblich beteiligt (AS 498; Nr. 16 a u.
b). Die Propagandatexte, die Kafka in dieser Angelegenheit für die Tagespresse und für Flugblattaktio-
nen verfasst hat (AS Nrn. 16 und 17), zeichnen sich
dadurch aus, dass sie den heroisch-patriotischen
Diskurs der Kriegspropaganda im gleichen Zuge
nachahmen und unterlaufen. Das geschieht zum einen wiederum durch das halbfiktionale Spiel mit unterschiedlichen Stimmen (AS 896), zum anderen
durch eine kalkulierte Umkehrung des ›Lebens‹-
Begriffs, der in Kafkas Texten zwar heroisch besetzt
bleibt, dabei jedoch vom thanatopolitischen Opfer-
Diskurs der staatlichen Propaganda ab-, und an das
Leben des Individuums wiederangekoppelt wird (AS
899–901).

Schriften aus der Zeit der Tschecho-
slowakischen Republik (1918–1922)

In den Jahren nach der Gründung der tschechoslowakischen Republik war Kafka aufgrund seiner Lungentuberkulose nur noch mit größeren Unterbrechungen für die AUVA (jetzt: Úrazová pojišťovna
dělnická pro Čechy v Praze) tätig. Da er zudem nach
seiner Beförderung zum Sekretär seit Anfang 1920
das neu gegründete Konzeptreferat der Anstalt lei-
tete, sind aus dieser Zeit hauptsächlich solche Schriften seiner Tätigkeit zuzuordnen, die er nun durch
Unterschrift zu autorisieren hatte, jedoch in den we-
nigsten Fällen selbst verfasst haben dürfte (hierzu
und zur Frage der Sprachproblematik ausführlich
AS 97–102; Nekula, 173 ff. und Švingrová).

Forschung

In der Forschung kam Kafkas beruflicher Tätigkeit lange Zeit der paradoxe Status eines marginalen Schlüsselthemas zu. So führte Wagenbach Kafkas Konzept-Arbeit für die AUVA als Beleg für dessen distanzierte Haltung zum Schreibprozess und gegen die auf sein literarisches Werk bezogene These eines ›Traumdiktats‹ ins Feld (Wagenbach 1958, 146).

Hermsdorf argumentierte im Hinblick auf Kafkas zweiten Artikel für die *Tetschen-Bodenbacher Zeitung*, dass »wegen der besonderen sinnverwirrenden Kunstgestalt seines Werkes« »auch die außerdichterischen Zeugnisse ein außergewöhnliches Gewicht« erhielten, da sie »die Lebensansichten Kafkas in ihrem konkreten und unverschlüsselten Zusammenhang« dokumentierten (Hermsdorf 1958, 545). Im Hinblick auf Hermsdorfs frühe Hinweise ist auch die kulturpolitische Schlüsselfunktion der Berufstätigkeit Kafkas hervorzuheben, die es ermöglichte, einen in der damaligen DDR als ›bürgerlich-dekadent‹ klassifizierten Autor wieder in die ideologisch sensiblen Verhandlungen um die literarische Moderne einzubeziehen. So war es denn auch Hermsdorf, der in der Einleitung zu der von ihm besorgten ersten Ausgabe der Amtlichen Schriften das berufliche und literarische Schaffen Kafkas erstmals in einen umfassenden Zusammenhang stellte.

Dennoch blieb Kafkas berufliche Textproduktion auch nach Hermsdorfs Berliner Ausgabe innerhalb der Forschung weitgehend isoliert, gediehen erste zarte Sprosse überhaupt nur im schützenden Schatten biographischer Erinnerungen oder der Dokumente selbst und beschränkten sich weitgehend auf die Wiedererkennung vereinzelter stilistischer und motivischer Korrespondenzen. Ein poetologisch erhellender Zugang zu diesem Textbestand erfolgte erst nach seiner Ergänzung um die juristischen Schriftsätze seit Mitte der 1990er Jahre und auf der Grundlage diskurs-, medien- und kulturwissenschaftlicher Kategorien. ›Unterhalb‹ der – methodisch fragwürdigen (Wagner 2003, 157–161) – ›Selbstzeugnisse‹ der Tagebücher und Briefe Kafkas mit ihren Klagen über »das Bureau« als Hindernis für die literarische Arbeit wird nun eine Reihe konstitutiver Beziehungen zwischen amtlicher und literarischer Textproduktion sichtbar.

Zunächst bringt Kafkas berufliches Tätigkeitsprofil Elias Canettis prominente Bemerkung – »Unter allen Dichtern ist er der größte Experte der Macht« (Canetti, 76) – auf verblüffende Weise mit der diskurstheoretischen Machtanalytik Foucaults zur Deckung, indem es Kafka präzise am Ursprung der Bio-Macht platziert: dem Punkt, an dem sich die auf die Kontrolle des Körpers abzielende »Norm der Disziplin«, wie sie die Unfallverhütung mit ihren ergonomischen Normierungen am Mensch-Maschine-Schnittpunkt implementiert, mit der auf die Kontrolle ganzer Bevölkerungen gerichteten »Norm der Regulierung« verknüpft, wie sie die statistische Gefahrenklassifikation der Branchen und Betriebe in diesem Zusammenhang auszuüben hatte (vgl. Foucault, 65). Kafkas Aufsätze über die Unfallverhütung bei Holzhobelmaschinen (AS Nrn. 4b und 6b) auf der einen, über die Begutachtungspraxis der Gewerbeinspektoren (AS Nr. 22) auf der anderen Seite zeigen besonders deutlich, dass es hier in der Tat jeweils auf die konkrete *Verknüpfung* zwischen den beiden unterschiedlichen Machttechniken ankommt. Deren dichteste literarische Figur hat Kafka in der *Strafkolonie* mit jener bizarren Strafmaschine geschaffen, in der sich die damals für die statistische Vermessung des Bevölkerungskörpers verwendete, auf elektrischer Zählkartenstanzung basierende Hollerith-Maschine und die den physischen Körper verwundende industrielle Maschine (etwa Holzhobelmaschine) überblenden (Wagner 2004).

Des Weiteren wurde auf die »eigentümliche«, konkrete Anschauung und statistische Abstraktion verknüpfende »Evidenztechnik« verwiesen, die Kafkas Erzählwelten zugrunde liegt (Wolf). Aus unterschiedlichen Blickwinkeln haben sich zudem jüngere Publikationen mit der Funktion der Kategorie des Unfalls für die narrative Organisation vor allem des Erzählwerks beschäftigt (Fortmann; Wagner 2007). Schließlich wurde auf die strukturelle Kontinuität zwischen der Autorfunktion der amtlichen Schriften und den Kafkaschen Erzählinstanzen (Wagner 2003) sowie auf die grundlegende Bedeutung von Bürotechnik und Aktenführung für die eigentümliche poetische Wissensorganisation des literarischen Werks hingewiesen.

Auf der Grundlage dieser und weiterführender Überlegungen arbeitet seit 2005 ein deutsch-amerikanischer Forscherverbund an der Entwicklung einer digitalen Plattform, die Kafkas bürokratisch-poetische Textlogik im Hypertext nachvollziehen und navigierbar machen wird (www.kafkabureau.net).

Ausgaben: *Erstdruck*nachweise der zu Lebzeiten Kafkas publizierten Schriften in AS/KA (2004). –– *Spätere Nach- und Neudrucke*: Eine Festrede [AS Nr. 2]. ED in:

Hzv/GW (1953), 426–429. – Die Arbeiterunfallversicherung und die Unternehmer [AS Nr. 8b]. In: Klaus Hermsdorf: Hinweis auf einen Aufsatz von F.K. In: Weimarer Beiträge 5 (1958), 545–556. – Umfang der Versicherungspflicht… [AS Nr. 1], Maßnahmen zur Unfallverhütung [AS Nr. 6b] u. Die Arbeiterunfallversicherung und die Unternehmer [AS Nr. 8b]. In: Klaus Wagenbach: F.K. Eine Biographie seiner Jugend 1883–1912. Bern 1958, 281–306, 314–325 u. 326–337. – »Hochlöblicher Verwaltungsausschuß!« Amtliche Schriften. Hg. v. Klaus Hermsdorf unter Mitw. v. Winfried Possner u. Jaromir Louzil. Berlin 1984; wieder: Frankfurt/M. 1991. – AS/KA (2004).

Forschung: Hartmut Binder: Neues vom Büroalltag des Versicherungsangestellten F.K. In: Sudetenland 39 (1997) 2, 106–160. – Steele D. Burrow: Risk and Insurance in the Writings of F.K. Diss. Santa Barbara 1994. – E. Canetti (1969). – Eberhard Eichenhofer: F.K. und die Unfallversicherung. In: Wolfgang Gitter/Bertram Schulin/Hans F. Zacher (Hg.): Fs. für Otto Ernst Krasney zum 65. Geb. München 1997, 109–129. – François Ewald: Der Vorsorgestaat. Frankfurt/M. 1993. – Willy Flach: Goetheforschung und Verwaltungsgeschichte. Goethe im geheimen Consilium. 1776–1786. Weimar 1952. – Patrick Fortmann: The Accidental Jurist. K. on Car Collisions. In: Modernism/Modernity 17 (2010). – Michel Foucault: Leben machen und sterben lassen. Zur Genealogie des Rassismus. In: Lettre international 20 (1993), 62–67. – Sander Gilman: K. als Beamter. In: KHb (2008), 109–113. – Richard Heinemann: The Rhetoric of K.'s Amtliche Schriften. In: Journal of the K. Society of America 15 (1991), 29–36. – Klaus Hermsdorf: Briefe des Versicherungsangestellten F.K. Zu den Briefen F.K.s. In: Sinn und Form 8 (1957), 653–662. – Ders.: Hinweis auf einen Aufsatz von F.K. In: Weimarer Beiträge 5 (1958), 545–556. – Ders.: Arbeit und Amt als Erfahrung und Gestaltung. In: »Hochlöblicher Verwaltungsausschuß!« (s.o. unter Ausgaben), 9–87. – Ders.: F.K.s Amtliche Schriften. In: Philologica Pragensia 29 (1986), 67–75. – Herbert Hofmeister: Ein Jahrhundert Sozialversicherung in Österreich. In: Peter A. Köhler: Ein Jahrhundert Sozialversicherung in Deutschland, Frankreich, Großbritannien, Österreich und der Schweiz. Berlin 1981, 447–729. – Uwe Jahnke: Der Beamte F.K. und die k.k. Gewerbeinspektoren. In: Österreich in Geschichte und Literatur 34 (1990), 10–24. – Hans Gerd Koch/Klaus Wagenbach (Hg.): K.s Fabriken. Marbach 2002 (Marbacher Magazin 100). – Peter Koch: F.K. als Versicherungsangestellter. In: Versicherungswirtschaft 13 (1983), 816–819. – Ders: Das Auto als Herausforderung für die Versicherungswirtschaft. In: Heinz Leo Müller-Lutz/Karl-Heinz Rehnert (Hg.): Beiträge zur Geschichte des deutschen Versicherungswesens. Karlsruhe 1995, 239–260. – Jaromir Loužil: Dopisy Franze Kafky Dělnické Úrazové Pojišťovně pro Čechy v Praze. In: Sborník. Acta Musei Nationalis Pragae 8., Series C (1963) 2, 57–83. – Marek Nekula: F.K.s Sprachen. »… in einem Stockwerk des innern babylonischen Turmes …«. Tübingen 2003, 153–181. (Kap. 6: F.K. als Beamter der Arbeiter-Unfall-Versicherungsanstalt). – Anthony Northey: Berufliche Schriften. In: KHb (1979) II, 569–580. – Winfried Possner: F.K.s Einreihungstabelle aufgefunden. Bürokratismus-Kritik aus Erfahrung. In: Zeitschrift für Germanistik 9 (1988), 449–454. – Bruno Rauscher: Der Sozialjurist F.K. In: Sozialgerichtsbarkeit 4 (1983), 149–151. – Ritchie Robertson: K. as the Insurance Man. In: Encounter 69 (1987) 4, 29–32. – Gerhard Schmid: Autor – Autorisation – Authentizität bei amtlichen Schriftstücken. In: editio 16 (2002), 55–69. – Gerhard Strejcek: F.K. und die Unfallversicherung. Grenzgänger des Rechts und der Weltliteratur. Wien 2006. – Simona Švingrová: Tschechisch oder Deutsch? Auf dem Weg von Konkurrenz zu Dominanz. Zum Einsatz von innerer und äußerer Amtssprache in der Arbeiter-Unfall-Versicherungsanstalt im Prag der K.-Zeit (1908–1922). In: Nekula/Fleischmann/Greule (2007), 129–149. – Michael Töteberg: Aus dem Bürokratennest. Über die *Amtlichen Schriften*. In: H.L. Arnold (1994), 294–298. – Cornelia Vismann: Akten. Medientechnik und Recht. Frankfurt/M. 2000. – K. Wagenbach (1958). – Benno Wagner: Zur Problematik des normalen Lebens bei F.K. In: Nico Pethes/Annette Keck (Hg.): Mediale Anatomien. Menschenbilder und Medienprojektionen. Bielefeld 2001, 211–234. – Ders: Poseidons Gehilfe. K. und die Statistik. In: Koch/Wagenbach (2002), 109–130. – Ders: »Beglaubigungssorgen«. Zur Problematik von Verfasserschaft, Autorschaft und Werkintegration im Rahmen der *Amtlichen Schriften* F.K.s. In: editio 17 (2003), 155–169. – Ders:»Die Majuskel-Schrift unseres Erden-Daseins«. K.s Kulturversicherung. In: Hofmannsthal-Jahrbuch 12 (2004), 327–363. – Ders: K.s phantastisches Büro. In: Scherpe/Wagner (2006), 104–118. – Ders: Paris 9-11-1911. K.'s Poetics of Accident. In: Journal of the K. Society of America 30 (2006), 52–62. – Ders: K.s Poetik des Unfalls. In: Christian Kassung (Hg.): Die Unordnung der Dinge. Eine Wissens- und Mediengeschichte des Unfalls, Bielefeld 2009, 421–454. – Burkhardt Wolf: Die Nacht des Bürokraten. F.K.s statistische Schreibweise. In: DVjs 80 (2006), 97–127.

Benno Wagner

4. Strukturen, Schreibweisen, Themen

4.1 Kafka lesen – Verstehensprobleme und Forschungs- paradigmen

Die Deutungsvielfalt der Kafka-Forschung zu beklagen ist ebenso topisch wie müßig. Vor allem aber ist es sachlich unzutreffend: Natürlich finden sich gelegentlich exzentrische Interpretationen; die überwältigende Mehrheit aller Kafka-Deutungen lässt sich aber den wenigen gängigen (und jeweils in bestimmten Zeiträumen meinungsdominanten) Interpretationsschulen der Literaturwissenschaft zuordnen. Und deren Ergebnisse sind – kennt man nur die Regeln der jeweiligen Interpretations-Sprachspiele – zumindest in ihren Grundzügen problemlos vorhersagbar. Wenn es in der Kafka-Forschung ein Ärgernis gibt, dann liegt es nicht in deren unkontrollierbarer Vielfalt, sondern in der zeitgeistgebundenen Stereotypie, die die Mehrheit ihrer Deutungen Ergebnis-präformierend prägt.

Nun ist nichts so fruchtlos wie ein Streit über literaturwissenschaftliche Methoden – und zwar deshalb, weil es sich bei ihnen überhaupt nicht um ›Methoden‹ handelt (also um operationalisierte und erlernbare Verfahren zur Lösung von Interpretationsproblemen). Die angeblichen ›Methoden‹ sind viel eher als ›Schulen‹ zu begreifen, die auf gemeinsamen Erkenntnisinteressen, aber auch auf geteilten weltanschaulichen Überzeugungen und Werten beruhen (und eben dadurch die Ergebnisse ihrer Deutungen – mehr oder weniger – vorherbestimmen). Deswegen sind sie auch nur bedingt disponibel – und deswegen erinnern literaturwissenschaftliche Methodendebatten so oft an Glaubenskriege.

Ebenso wenig verschlägt es, die Methodendiskussion auf eine Meta-Ebene zu verlagern und dabei Kriterien in Anschlag zu bringen, bei denen man auf allgemeine, schulenübergreifende Zustimmung hofft: etwa die Forderungen nach genauer und zutreffender Textbeschreibung, nachvollziehbarer Be-

legung und argumentativer Schlüssigkeit der Aussagen, Spezifität und heuristischem Mehrwert der Interpretation (die Interpretationsergebnisse sollten auf diesen *einen* Text zutreffen und nicht auf viele oder gar alle literarischen Texte und sie sollen nicht nur sattsam bekannte Theoreme zeitgeistigen Denkens reproduzieren). All dies mag man für vernünftige Forderungen halten, wird aber feststellen müssen, dass eine ganze Reihe literaturwissenschaftlicher Schulen mindestens eine, oft sogar mehrere davon nicht teilen, weil dies mit ihren Grundannahmen nicht kompatibel wäre.

Das wird man in einer pluralistischen Welt hinnehmen müssen – und daraus die Konsequenz ziehen, dass Metareflexionen über die Kafka-Forschung genauso standpunktbezogen bleiben wie die Interpretationen selbst. Gemäß dem Konzept dieses Handbuchs soll jedoch wenigstens vom *relativ* Objektiven zum Subjektiven vorangeschritten werden. Worin immer die Eigeninteressen und die Eigendynamik der Literaturwissenschaft liegen mögen – ihre Existenzberechtigung gründet zweifellos darin, dass sie Antworten auf die Verstehensprobleme der Leser gibt. Von diesen soll daher ausgegangen werden, um dann die etablierten Deutungsansätze als – mehr oder minder adäquate – Lösungsversuche für diese Probleme vorzustellen.

Verstehensprobleme

Es gibt ein zu Recht berühmtes und zu Recht viel zitiertes Diktum Theodor W. Adornos über Kafkas Texte: »Jeder Satz spricht: Deute mich, und keiner will es dulden« (Adorno 1955, 304). Das bezeichnet genau jene Dialektik von Deutungsprovokation und Deutungsverweigerung, die jeder Kafka-Leser sofort wiedererkennen wird: Man kann Kafkas Texte nicht wörtlich verstehen (was auch heißen könnte, sie als ›realistische‹ Geschichten mit psychologisch plausiblen Charakteren zu lesen), *muss* sie also ›deuten‹, d. h. einen ›eigentlichen‹ Sinn hinter dem Gesagten suchen. Zugleich aber sind die Texte so angelegt, dass jeder Deutungsversuch sabotiert oder doch zumindest aufs Äußerste erschwert wird. Diese Dialektik soll im Folgenden in sechs Aspekten erläutert werden.

(1) Anti-realistisches Erzählen – absolute Bildwelten

Wie andere Texte der literarischen Moderne brechen auch die Kafkas mit den im 19. Jahrhundert etablierten Grundprinzipien realistischen Erzählens. Im Falle Kafkas sind vor allem vier Abweichungen von realistischen Erzählregeln auffällig:

(a) Kafkas fiktionale Welten *widersprechen unserem Weltwissen*; hier finden Ereignisse statt, die unmöglich sind, treten Wesen auf, die es nicht geben kann, etc. Beispiele sind leicht zu finden: Man denke an Gregor Samsas Metamorphose zu einer Art Riesenkäfer in der *Verwandlung*, an das Hinrichtungsritual in der *Strafkolonie*, die seltsamen Gerichtsinstanzen im *Process* oder an das Rätselwesen Odradek in *Die Sorge des Hausvaters*. Solche Abweichungen vom uns vertrauten Realitätsprinzip kennen wir bereits aus phantastischen Erzähltexten. Im reifen Werk Kafkas sind diese jedoch viel sparsamer dosiert. Die frühe *Beschreibung eines Kampfes* weist noch vielfältige phantastische Momente auf, ab dem mittleren Werk aber handelt es sich zumeist nur noch um genau eines pro Text: etwa die Beinahe-Menschwerdung des Affen im *Bericht für eine Akademie* oder die zwei seltsam anthropomorphen Bälle in <*Blumfeld, ein älterer Junggeselle*>. Untypisch für phantastische Erzähltexte ist auch, dass solche Abweichungen bei Kafka von den Figuren der fiktionalen Welt einfach hingenommen werden – so sieht etwa Familie Samsa in Gregors Verwandlung zwar ein Ärgernis und eine Belastung, fragt aber nie, wie eine solche Metamorphose überhaupt geschehen konnte. Beides deutet bereits darauf hin, dass Kafkas besondere Form von Phantastik auch eine neue Funktion haben muss. Traditionelle Phantastik dient dazu, einen engen rationalistischen, meist bürgerlich-philiströsen Wirklichkeitsbegriff (und die damit verbundene Lebenshaltung und Lebensführung) in Frage zu stellen; daher wird der Konflikt zwischen dem ›normalen‹ und dem ›phantastischen‹ Wirklichkeitsbereich in den Texten auch ausführlich erörtert. Da solche Erörterungen bei Kafka weitgehend entfallen, steht seine Phantastik offensichtlich nicht mehr in dieser (grosso modo) ›romantischen‹ Funktionstradition.

(b) Anti-realistisch ist auch das *Fehlen psychologisch motivierter Handlungsmotivationen*. Wiederum sind solche Abweichungen bei Kafka wohldosiert. So wie seine fiktionalen Welten in großen Teilen unserem Weltwissen entsprechen, so sind auch die Figurenhandlungen zum großen Teil durchaus motiviert. Zwar sind Kafkas Figuren wenig individualisiert, wirken eher als typenhafte, ›flache‹ Charaktere (›flat characters‹). Viele ihrer Handlungsmotivationen erkennen wir aber durchaus wieder – etwa das Macht- und Karrierestreben, die Triebhaftigkeit und den Ordnungs- und Reinlichkeitsfanatismus Josef K.s im *Process*. Daneben gibt es jedoch auch immer wieder Handlungsweisen, die unmotiviert bleiben und/oder psychologisch völlig unwahrscheinlich sind – etwa das zwanghafte Bedürfnis des Landvermessers K., ins Schloss zu gelangen, oder das Todesurteil von Vater Bendemann und dessen Annahme und Selbstvollstreckung durch den Sohn im *Urteil*.

(c) Nicht mit realistischem Erzählen vereinbar ist auch, dass in Kafkas fiktionalen Welten die *Innen-/Außenwelt-Grenze* auf seltsame Weise *instabil* geworden ist. Äußere Ereignisse hängen von Bewusstseinsoperationen oder psychischen Zuständen der Figuren ab: Das Verhör im *Process* findet etwa zu genau dem Zeitpunkt statt, den Josef K. willkürlich angenommen hatte (P 51 f., 59), die Schnelligkeit der Pferde in *Ein Landarzt* scheint mit der psychischen Befindlichkeit des Arztes zu wechseln. Mitunter verliert sogar die fiktionale Welt ihre raum-zeitliche Bestimmtheit, büßen Figuren ihre personale Substanz ein: In der Rumpelkammer der Bank, in der die Prüglerszene stattfindet, steht die Zeit still (P 117); der Freund im *Urteil* wird zu einer rein relationalen Größe im Vater-Sohn-Konflikt; die allgegenwärtigen ›Gehilfen‹ im *Schloss* individualisieren sich erst, als sie aus des Landvermessers Dienst entlassen worden sind; der Pferdeknecht und der kranke Junge im *Landarzt* erscheinen eher als Ich-Aspekte der Hauptfigur denn als eigenständige Personen. Da all diese Abweichungen uns von unseren Träumen her wohlvertraut sind, hat man sie unter dem Begriff ›onirisches Erzählmodell‹ zusammengefasst (Engel 2006, 252 f.).

(d) Generell ist in modernen Erzähltexten die *Handlung* (als temporal-kausale Verknüpfung) *nicht mehr das dominante Textorganisationsprinzip* (was die Bedeutung des lebensweltlich tiefverankerten Sinngebungsverfahrens ›Geschichten-Erzählen‹ stark reduziert). Hier gehen andere Autoren – wie etwa Rilke oder Benn – deutlich weiter als Kafka. Aber auch bei ihm hat die (äußere wie innere) ›Geschichte‹ an Bedeutung verloren. Sie kann beispielsweise stark reflexiv überformt sein: In der *Strafkolonie* etwa ist das Gespräch zwischen Offizier und Forschungsreisendem über die Strafpraktiken auf der Insel textprägender als die wenigen Ereignisse; in den <*Forschungen eines Hundes*> gibt es allenfalls noch das Rudiment einer autobiographischen Erzählung; in *Josefine, die Sängerin* bahnt sich erst kurz vor Schluss mit dem Verschwinden Josefines ansatzweise so etwas wie eine ›Geschichte‹ an. Oder die Handlung bildet nur einen Rahmen – Urteil und Vollstreckung im *Process*, Beginn und (erfolgreiches/erfolgloses?) Ende des Schloss-Strebens von Landvermesser K. im *Schloss* –, der mit Episoden ausgefüllt ist, die einander strukturähnlich sind und sich in ihrer Reihenfolge oft vertauschen ließen. Eine ähnliche ›Paradigmatisierung‹ des Erzählsyntagmas ergibt sich häufig auch dadurch, dass der Iterativ (also die Schilderung immer wiederkehrender, gewohnheitsmäßiger Handlungen) über den Singulativ dominiert – wie etwa im zweiten Teil von <*Blumfeld, ein älterer Junggeselle*>. Zudem sind Kafkas Charaktere zumeist statisch und geradezu obstinat veränderungsresistent, was auch eine innere (Entwicklungs-)Geschichte weitgehend ausschließt.

Dieser kleine Katalog der wichtigsten Abweichungen von realistischen Erzählprinzipien ist zugleich ein Katalog von Irritationsmomenten. Durch sie wird der Leser gewaltsam herausgerissen aus den ihm wohlbekannten Rezeptionsmustern realistischen Erzählens. Diese sind ihm nicht nur durch seine literarische Sozialisation vertraut, sondern, mehr noch, durch seine lebensweltliche Konditionierung: Im Alltag verhalten wir uns schließlich alle als ›Realisten‹! Abweichungen von diesen Alltagsregeln erzeugen, wie von selbst, Erklärungs- und Deutungsbedarf; beim literarisch wohlsozialisierten Leser werden sie dazu führen, dass er ein an realistischen Texten geschultes Rezeptionsmodell aufgibt und auf andere, textadäquatere umzuschalten sucht.

Als ein solches alternatives Rezeptionsmuster wurde bereits das der ›phantastischen Literatur‹ genannt, zugleich aber auf dessen Grenzen verwiesen. Deutlich überzeugender ist ein Alternativmodell, das auch die Kafka-Forschung deutlich präferiert hat: das der ›uneigentlichen Rede‹ im Allgemeinen und das des ›Parabolischen‹ im Besonderen. Auch diese Schreibweisen verwenden gezielt Abweichungen vom ›realistischen‹ Erzählen, die hier die Funktion von ›Uneigentlichkeitssignalen‹ haben, den Text also als ›Makro-Zeichen‹ ausweisen, zu dem eine ›Bedeutung‹ zu suchen wäre. Nun ließe sich sofort einwenden, dass dieses Rezeptionsmodell genauso inadäquat ist wie das der ›phantastischen Literatur‹. Uneigentliches Sprechen zielt traditionell auf die Vermittlung des ›Eigentlichen‹ (besonders natürlich in lehrhaften Erzähltexten des parabolischen Typus) – und eben diese Auflösung uneigentlicher Rede erweist sich bei Kafka ja gerade als höchst schwierig. Das spricht zwar nicht kategorisch dagegen, den Begriff des ›Parabolischen‹ auf Kafkas Texte anzuwenden – es ist eine bekannte Eigenheit der literarischen Moderne, alle vertrauten Schreibweisen und Gattungsbegriffe so zu transformieren, dass sich traditionelle Definitionen nicht mehr bruchlos anwenden lassen –, schränkt seinen heuristischen Wert aber fast ebenso ein wie den des Konkurrenzbegriffes der ›phantastischen Literatur‹.

Hilfreicher ist es daher, sich an einem Modell uneigentlicher Rede zu orientieren, das in der modernen Lyrik häufig auftritt und für das man den paradox anmutenden Begriff der ›absoluten Metapher‹ verwendet hat. Paradox ist der Begriff, weil zwar Merkmale metaphorischer Rede vorzuliegen scheinen, im gesamten Text aber nirgendwo mehr eine ›Sachhälfte‹ zu diesen ›Bildern‹ anzutreffen ist. Ein Beispiel mag dies deutlicher machen. Die zweite Strophe von Georg Trakls Gedicht *Ruh und Schweigen* (1913) lautet:

In blauem Kristall
Wohnt der bleiche Mensch, die Wang an seine Sterne
　　　　　　　　　　　　　　gelehnt;
Oder er neigt das Haupt in purpurnem Schlaf.

Der Text weist eben die Abweichungsqualitäten auf, die metaphorische Rede kennzeichnen. Das lässt sich leicht verdeutlichen, indem wir, ganz willkürlich, eine Sachhälfte konstruieren, etwa: ›Georg, der in diesem Sommer wenig Sonne gesehen hatte, wälzte sich in seinem nur vom blauem Neonlicht der Leuchtreklame erhellten Bett hin und her und presste das Gesicht an die Bilder seiner beiden toten Geliebten; ab und zu fiel er in tiefen, von feierlichen Träumen erfüllten Schlaf‹. Gäbe es eine solche (oder ähnliche) ›Realitäts‹-Ebene im Gedicht, so wäre die zitierte Strophe als deren metaphorische Transformation aufzufassen. Aber wir stoßen im Text überall nur auf ›Bild‹-Welten, die zudem noch ständig wechseln; die vorangehende Strophe lautet etwa:

Hirten begruben die Sonne im kahlen Wald.
Ein Fischer zog
In härenem Netz den Mond aus frierendem Weiher.

Sehr viele Erzähltexte Kafkas weisen eine analoge Struktur auf. Grob gesprochen, lassen sich dabei zwei Grundtypen unterscheiden: Ein erster, der sich schon im frühen Werk vorbereitet und dann die erste Phase des mittleren Werkes bestimmt (also etwa *Urteil* und *Verwandlung*), setzt einem ›wiedererkennbaren‹ Weltbereich mit realistischer Substanz eine fremde ›Bild‹-Welt entgegen. Ein zweiter Typus, der (ansatzweise) erstmals in der *Strafkolonie* erprobt wird und im späten Werk dominieren wird, präsentiert dagegen *nur* die fremde ›Bild‹-Welt, die allerdings oft mit einer über sie reflektierenden Forscher- oder Beobachterfigur versehen ist. In beiden Fällen lässt sich der textprägende Erzähleinfall als ›Bild‹ begreifen, dessen Bild-Charakter für den Leser nur noch durch die Abweichung von seinem Wirklichkeitswissen (und der damit verbundenen Wortsemantik) markiert ist. Innerhalb der Texte haben diese ›Bilder‹ Realitätsstatus, sie sind dort ebenso ›real‹, faktuell wie in Trakls Text die Handlung, in der Hirten die Sonne im Wald begraben.

Die Aufschlüsselung der Semantik solcher absoluten Setzungen wird bei Kafka allerdings sicher anders funktionieren müssen als in einem lyrischen Text (wo die absoluten Metaphern als Konnotationsbündel semantisch aufzufächern und in ihre Korrespondenz- und Kontrastrelationen zu stellen sind). Zudem treten bei Kafka ja auch nur selten gehäufte Metaphern auf; meist ist es ein durchgeführtes zentrales ›Bild‹ bzw. ein Bildkomplex, wodurch der ganze Text zum ›Makrozeichen‹ gemacht wird. Ein zweiter Unterschied zur Verwendung absoluter Metaphern in der modernen Lyrik besteht darin, dass Kafkas Texten oft eine abstrakte Begriffsebene eingelagert ist, die der Leser als Stellvertreter einer ›eigentlichen‹ Aussageebene oder mindestens als erste Hinweise darauf nehmen könnte – so ist etwa im *Process*, unüberlesbar, viel von ›Schuld‹ und ›Gesetz‹ die Rede.

Ein Lektüremodell, das diesen Eigenheiten Rechnung trägt und dabei sozusagen einen Mittelweg zwischen ›absoluter Metaphorik‹ und ›Parabolik‹ zu gehen versucht, könnte folgendermaßen aussehen: Man nimmt die auf der Textoberfläche dargestellten Konstellationen als eine abstrakte Modellsituation (also quasi ›wörtlich‹) und beschränkt sich bei der Deutung darauf, diese mit Hilfe der im Text vorgegebenen Leitbegriffe zu verallgemeinern. Die absoluten Bilder Kafkas würden so primär nicht als (zu ›übersetzende‹) absolute Metaphern, sondern als (zu ›verallgemeinernde‹) ›absolute Metonymien‹ gele-

sen, die Beziehung zwischen Signifikant und Signifikat wäre also nicht durch eine Analogie-, sondern durch eine Kontiguitätsbeziehung bestimmt (↗426).

Dieses Lesemodell des ›absoluten Bildes‹ ist dem Konkurrenzmodell des ›Parabolischen‹ in mindestens einem wichtigen Punkt überlegen: Bildliche Rede ist (zumal in der trans-rhetorischen Moderne) nicht auf eindeutige Auflösbarkeit hin angelegt, da sie ja gerade eine Alternative zu begrifflicher Rede darstellt. Anders als beim parabolischen Rezeptionsmodus ist der Leser so nicht mehr zwanghaft auf die Suche nach einer eindeutigen, vom Bild ablösbaren ›Botschaft‹ oder ›Lehre‹ programmiert. Der Bedeutungsgehalt von ›absoluten Metaphern‹ (bzw. ›absoluten Metonymien‹) ist wesentlich unschärfer als der von Parabeln und kann nur in approximativer Umschreibung bestimmt werden.

Gegenüber einem traditionell metaphorischen oder gar allegorischen Lektüremodell, das ein Textelement x durch ein in Analogierelation dazu stehendes Bedeutungselement y zu substituieren sucht, hat das der ›absoluten Metonymie‹ den Vorteil, die Textoberfläche ernst zu nehmen – und damit die moderne Literarizität des Textes, sein Sprechen in Bildern und Geschichten. Spektakulär-kühne Deutungen im Sinne einer *lectio difficilior*, die die neuere Literaturwissenschaft so sehr liebt, werden dabei freilich nicht entstehen, wohl aber solche, die dem Lektüreerlebnis näher und dadurch prinzipiell konsensfähiger sind.

Fassen wir diesen ersten und wichtigsten Punkt kurz zusammen: Kafkas Texte deaktivieren durch eine Vielzahl von ›Abweichungen‹ einen realistischen Rezeptionsmodus, konfrontieren den Leser mit verabsolutierten Bild-Welten und aktivieren, im Gegenzug, Rezeptionsmuster, die an Formen uneigentlicher Rede geschult sind (wie immer man diese dann auch konzeptualisieren mag: als parabolisch, allegorisch, metaphorisch, absolut-metaphorisch oder absolut-metonymisch).

(2) Vertrackte Details – Weh denen, die Zeichen sehen?

Kafkas Texte sind, sieht man von den frühen *Hochzeitsvorbereitungen* ab, nicht sonderlich beschreibungsintensiv. Weder Personen noch Orte oder Gegenstände werden so plastisch konturiert, wie das im Realismus des 19. Jahrhunderts üblich war. Doch gibt es immer wieder punktuelle Ausnahmen, die eben wegen ihres Ausnahmecharakters umso mehr auffallen. So wird etwa der Vater im *Urteil* in seiner äußeren Erscheinung kaum charakterisiert – wir erfahren aber, dass er »auf seinem Oberschenkel« eine »Narbe aus seinen Kriegsjahren« hat (DzL 57); das Zimmer von Fräulein Bürstner im *Process* wird mehr als spärlich beschrieben, es wird aber erwähnt, dass es in ihm eine Reihe von »Photographien« gibt, »die in einer an der Wand aufgehängten Matte« stecken (P 20); nicht weniger auffällig ist, wenige Seiten später, die Gestik des »Aufsehers«, der, statt K.s ausgestreckte Hand zu ergreifen, »einen harten runden Hut, der auf Fräulein Bürstners Bett lag«, nimmt und ihn »sich vorsichtig mit beiden Händen« aufsetzt (P 25).

In realistischen Texten sind wir im Umgang mit solchen Details einigermaßen geschult: Sie können etwa auf einfache, sofort plausible Weise zur Figurencharakterisierung dienen (Interieur, Aussehen, Kleidung, Mimik, Gestik), sie können dazu verwendet werden, eine realistische Atmosphäre zu erzeugen (›Realitätseffekt‹), oder sie können – vor allem wenn sie gleich an mehreren Textstellen wiederkehren (›Isotopien‹) – eine über die Einzelstelle hinausreichende ›symbolische‹ Bedeutung haben.

Motive, die durch Isotopie eine textumgreifende Bedeutung bekommen, gibt es bei Kafka natürlich auch – im *Process* etwa das des Handschlags oder das des Fensters (durch das hinaus- oder zu dem hineingeschaut wird). In solchen Fällen ist die Zeichenhaftigkeit eindeutig markiert – und semantische Auflösungen sind durchaus möglich (Zeichen, die mehrfach wiederkehren, lassen sich meist leichter deuten als singuläre). Die beiden anderen Auflösungsmöglichkeiten sind bei Kafka aber schwierig bis unmöglich – dazu ist der realistische Erzählgestus in seinen Texten einfach zu sehr reduziert. Daher stellt jedes dieser durch ihre Isolierung und Seltenheit quasi unterstrichenen Details eine Deutungsprovokation dar. Handelt es sich um ›Zeichen‹? Und falls ja, was ›bedeuten‹ sie?

(3) Aufhebungen und Umlenkungen – subvertierte Reflexion

Es wurde bereits darauf hingewiesen, dass Kafkas Texte meist ausführliche reflexive Passagen haben, ja zum Teil fast nur aus Reflexionen bestehen. Das sollte ein guter Ausgangspunkt für Textdeutungen sein. Wenn Kafka die realistische Textebene und den pragmatischen Nexus aufbricht und depotenziert, so schafft er doch eine Ebene diskursiven Redens, die, so möchte man meinen, einen ideellen Nexus stiftet.

Dass dem nicht so ist, hat vor allem zwei Gründe: Zum einen sind bei Kafka (auch in seinen Tagebucheinträgen, Briefen und Aphorismen) diskursive und bildliche Rede immer eng miteinander verzahnt. Wie eine Reihe anderer Autoren, man denke etwa an Rilke und Goethe, ist Kafka Dichter in einem sehr absoluten und globalen Sinn. Er spricht sozusagen nur ›literarisch‹ – man könnte auch sagen: ›Literarisch‹ –, also in Bildern und Geschichten. Abstraktes, gar philosophisches Denken in Reinform wird man in seinen Schriften vergebens suchen.

Zum anderen schreiten Reflexionen bei Kafka nicht in einem linearen Argument voran, sondern mäandrieren auf eine besondere Weise, für die man den Begriff des ›gleitenden Paradoxons‹ vorgeschlagen hat (G. Neumann, 168). Gemeint ist damit eine Denkbewegung in Einschränkungen, Ablenkungen und partiellen Umkehrungen, die ihre eigenen Annahmen und Schlussfolgerungen ständig wieder in Frage stellt. Ein gutes Beispiel dafür sind die ausgedehnten Reflexionen des Erzählers in *Josefine, die Sängerin* über die Natur von Josefines Gesang: Handelt es sich dabei tatsächlich um Singen – oder vielleicht doch nur um ein Pfeifen? Hier ein relativ beliebig herausgegriffener Textauszug:

> Wenn es also wahr wäre, daß Josefine nicht singt, sondern nur pfeift und vielleicht gar, wie es mir wenigstens scheint, über die Grenzen des üblichen Pfeifens kaum hinauskommt – ja vielleicht reicht ihre Kraft für dieses übliche Pfeifen nicht einmal ganz hin, während es ein gewöhnlicher Erdarbeiter ohne Mühe den ganzen Tag über neben seiner Arbeit zustande bringt – wenn das alles wahr wäre, dann wäre zwar Josefines angebliches Künstlertum widerlegt, aber es wäre dann erst recht das Rätsel ihrer großen Wirkung zu lösen.
> Es ist aber eben doch nicht nur Pfeifen, was sie produziert. Stellt man sich recht weit von ihr hin und horcht, oder noch besser, läßt man sich in dieser Hinsicht prüfen, singt also Josefine etwa unter andern Stimmen und setzt man sich die Aufgabe, ihre Stimme zu erkennen, dann wird man unweigerlich nichts anderes heraushören, als ein gewöhnliches, höchstens durch Zartheit oder Schwäche ein wenig auffallendes Pfeifen. Aber steht man vor ihr, ist es doch nicht ein Pfeifen (DzL 352).

(4) »Gibs auf!«? – Autoreflexivität und textinterne Deutungsversuche in perspektivischer Begrenzung

Glaubt man der neueren Forschung, so sind Kafkas Texte weitgehend autoreflexiv, eine stete Selbstthematisierung ihrer eigenen Unverstehbarkeit. Weil die Texte ihre Undeutbarkeit ständig auch selbst vorführen, erscheine jeder Versuch einer traditionell hermeneutischen Ausdeutung von vornherein als verfehlt.

In Wirklichkeit ist der Sachverhalt um einiges komplizierter. Autoreflexivität im strengen Sinne ist bei Kafka, mindestens auf der Textoberfläche, eher selten. Beispiele dafür sind das Deutungsgespräch, das Josef K. und der Geistliche im *Process* über die zuvor erzählte Türhüter-Geschichte führen (P 295–303), und der Versuch des Landvermessers K. im *Schloss*, einen Brief zu deuten, den ihm (vermutlich) der Schlossbeamte Klamm geschrieben hat (S 40–43; vgl. auch 112–115). Hier werden tatsächlich Teile des Textes im Text selbst interpretiert, und zwar tatsächlich so, dass diese Deutungsakte auch gleich wieder in Frage gestellt werden.

Nur bedingt autoreflexiv ist aber schon der Text, den Max Brod <*Von den Gleichnissen*> (1922; NSF II, 531 f.) betitelt hat und der etwa für Oliver Jahraus geradezu als Modellfall für Autoreflexivität gilt (Jahraus 1994; Jahraus 2006, 181–183). In diesem berühmten und vielinterpretierten Prosastück (↗ 363–365) wird zwar von »Gleichnissen« geredet, der Text selbst ist aber sicher kein Gleichnis (auch wenn in ihm ›gleichnishafte‹ Rede vorkommt). Noch schwerer wiegt, dass das eigentliche Thema des Textes die »Worte der Weisen« (NSF II, 531) und zwei sehr unterschiedliche Einstellungen ihnen gegenüber sind. <*Von den Gleichnissen*> für autoreflexiv zu erklären, impliziert also, dass Kafka sich selbst als ›Weisen‹ aufgefasst haben müsste. Das aber wird niemand für plausibel halten, der Kafkas überkritische Einstellung sich selbst gegenüber kennt. Wenn es im Text eine autornahe Position gibt, so ist es eher die des zweiten Sprechers im Dialogteil, der, erzähllogisch völlig unvermittelt, auf den erzählerischen Eingang folgt – und dieser Sprecher ist eben keiner der ›Weisen‹, sondern nur einer, der deren Partei vertritt.

Man wird so unterstellen dürfen, dass die gegenwärtige Konjunktur von Autoreflexivitäts-Diagnosen an Kafkas Texten eher der Tatsache geschuldet ist, dass die dekonstruktivistische Denkschule *aller* Literatur stereotyp Autoreflexivität im Sinne einer Selbstthematisierung hermeneutischer Unauflösbarkeit unterstellt. In einem weniger strengen und sehr speziellen Sinne aber haben Kafkas Werke natürlich oft ein, grosso modo, autoreflexives Element.

Bekanntlich sind seine Erzähltexte in der überwiegenden Mehrheit personale Ich- oder Er-Erzählungen (in der von Jürgen Petersen reformulierten

Terminologie Franz Karl Stanzels). Das heißt, dass der Erzählerstandpunkt immer als begrenzt markiert wird: Wir als Leser erfahren nicht mehr, als die Perspektivfigur empfindet, wahrnimmt, denkt und weiß (oder zu wissen glaubt). Diese Perspektivfiguren lassen sich, sehr grob gesprochen, in zwei Gruppen teilen: (a) die bornierten Helden, zumeist ausgesprochen zwanghafte Charaktere mit nur begrenzter Fähigkeit zu Selbstreflexion und Selbstrelativierung – daher sind ihre Verstehensbemühungen auch von Abwehr und Verdrängung bestimmt; (b) ›Forscher‹-Figuren, die sich, mehr oder minder redlich, darum bemühen, ein ihnen fremdes Geschehen zu verstehen und zu bewerten, dabei aber ihre standpunktbezogenen Beschränkungen nicht wirklich überwinden können (der Affe Rotpeter im *Bericht für eine Akademie* ließe sich als Verbindung beider Typen begreifen). Typ (a) ist im Gesamtwerk vertreten – von der *Beschreibung eines Kampfes* bis zum <*Bau*> – und seit dem mittleren Werk voll entfaltet. Typ (b) wird von der Alchimistengassen-Phase des mittleren Werkes an immer prominenter; der Erzähler im *Dorfschullehrer* und der Forschungsreisende in der *Strafkolonie* können als seine Vorläufer gelten, Beispiele für den voll entfalteten Typus wären die Erzähler von *Beim Bau der chinesischen Mauer* und *Josefine, die Sängerin*.

Diese Grob-Typologie bedürfte noch einiger Ausdifferenzierung; für unsere momentanen Zwecke genügt jedoch die Tatsache, dass *beide* Typen, trotz aller Unterschiede, standpunktbezogen bleiben und in ihren Deutungen (bzw. den auf diesen Deutungen beruhenden Handlungen) scheitern. Autoreflexiv wäre dieses Scheitern aber nur, wenn ihr Standpunkt der einzig mögliche wäre – und damit mit Notwendigkeit auch der Standpunkt der Leser. Nur dann wäre die Gleichsetzung zwischen dem Deutungsscheitern des Helden und dem des Lesers logisch zwingend. Nun liegt aber die Raffinesse von Kafkas Erzählverfahren gerade darin, dass seine Texte *zwar* personal erzählt sind, dem Leser aber *trotzdem* eine klare Einsicht in die Fehlerhaftigkeit der Perspektive der Perspektivfigur vermittelt wird und er mehr über diese erfährt, als sie selbst weiß oder wissen will (z. B. ↗ 198 f.).

Das lässt sich auch an den anfangs erwähnten Beispielen von Autoreflexivität im engeren Sinne gut illustrieren (und relativiert so selbst deren Selbstbezüglichkeit). Der Geistliche erzählt Josef K. die Türhüterparabel mit einem eindeutig benannten ›didaktischen‹ Zweck: Sie soll ihn darüber belehren, dass er sich »in dem Gericht« »täuscht« (P 292). K. aber denkt in seinen Deutungsversuchen über eine solche Täuschung nicht einmal nach; stattdessen beginnt er sofort, dem Gericht eine Täuschungs*absicht* zu unterstellen: »Der Türhüter hat also den Mann getäuscht« (295). Schon die direkte Wiederholung des Verbs ›täuschen‹ in ganz unterschiedlichen Verwendungsweisen macht überdeutlich, dass und warum K. auf dem Holzweg ist. Entsprechendes gilt für die Deutungsversuche des Landvermessers K.: Auch hier wird dem Leser sofort klar, dass dessen Brief-Deutung mit dem Text kaum etwas zu tun hat. So wie Josef K. nur seine Dauerobsession auslebt, vom bösen Gericht verfolgt zu werden, so gehorcht der Landvermesser seiner Dauerobsession, zugleich ins Schloss aufgenommen werden und ein ›Freier‹ bleiben zu wollen. Gleich am Anfang seiner Lektüre konstatiert er:

> [Der Brief] war nicht einheitlich, es gab Stellen wo mit ihm wie mit einem Freien gesprochen wurde [...]. Es gab aber wieder Stellen, wo er offen oder versteckt [!] als ein kleiner [...] Arbeiter behandelt wurde [...]. Das waren zweifellose [!] Widersprüche, sie waren so sichtbar daß sie beabsichtigt sein mußten [!] (S 41).

Der unvoreingenommene Leser des Briefes (S 49) wird für all das freilich keinerlei Belege finden. Dass Josef K. und der Landvermesser mit ihren Interpretationen aus jedem literaturwissenschaftlichen Proseminar verwiesen würden, sollte gestandene Literaturwissenschaftler eigentlich davon abhalten, in diesen Figuren ihre adäquaten Stellvertreter im Text zu sehen.

Die sogenannte ›Autoreflexivität‹ der Texte Kafkas nimmt also in unserem kleinen Katalog von Leseproblemen eine Sonderstellung ein: Weit davon entfernt, als »Gibs auf«-Signal (NSF II, 530; vgl. Jahraus 2006, 179) jeden Textdeutungsversuch ad absurdum zu führen, eröffnet sie dem Leser im Gegenteil zwei durchaus erfolgversprechende Wege zur Interpretation der Texte: (a) Der Leser kann den offensichtlichen Miss-Deuter zu deuten suchen, das heißt nach den Gründen für dessen obstinates hermeneutisches Versagen fragen, nach den Vorurteilen und psychischen wie mentalen Strukturen, die seinen korrekturresistenten Fehldeutungen zugrunde liegen. (b) Der Leser kann, gewarnt durch das negative Vorbild, die Weltbereiche (im weitesten Sinne) erkennen lernen, denen gegenüber ›Deuten‹ im Sinne eines rationalen Verstehen- und Beherrschenwollens offensichtlich unangebracht ist. Es geht dabei ja immer nur um kleine (wenn auch zentrale) Teilberei-

che der fiktionalen Welt; schon allein deswegen wäre es keineswegs gerechtfertigt, eine globale Undeutbarkeit *der* Welt (oder *der* Schrift) zu unterstellen.

(5) Werk oder Schrift?

Bekanntlich hat Kafka nur wenige seiner Texte zu Lebzeiten veröffentlicht – und nicht sehr viel mehr tatsächlich vollendet. Kafkas Œuvre – wie es uns die neuen kritischen Ausgaben (KA und FKA) nun präsentieren –, ist nicht nur reich an Fragmenten der üblichen Art, sondern überreich an kurzen und kürzesten Erzählanfängen, die nach wenigen Seiten, Absätzen oder gar nur Sätzen abbrechen. Das hängt natürlich zusammen mit Kafkas extrem inspirationistischer, bewusst auf jede Vorplanung verzichtender Produktionsweise. An ihr scheitern alle epischen Großformen – an ihr scheitert aber auch schon jeder Erzählansatz, der entweder nicht genügend episches Entfaltungspotential in sich trägt oder auf eine unzureichende kreative Disposition des Schreibenden trifft oder durch äußere Störungen des Schreibprozesses an seiner Entfaltung gehindert wird.

Die neuere Kafka-Forschung hat aus diesem Werkzustand (oder auch, wieder wird man das unterstellen dürfen, aus den Grundregeln der dekonstruktivistischen Interpretenschule) eine steile These abgeleitet: Kafka sei es grundsätzlich und kategorisch nie um die Schaffung von ›Werken‹ gegangen, sondern immer nur um den Schreibprozess selbst – was dann gerne als das ominöse Ziel formuliert wird, sein Leben in Schrift zu verwandeln.

Das ist, so absolut formuliert, auf einigermaßen offensichtliche Weise falsch. Kafka *hat* Werke produziert und veröffentlicht, sich über ein gelungenes Werk wie das *Urteil* auch bekanntermaßen gefreut (T 460 f.), und er hatte – gerade in seiner Unterscheidung von gelungenen und misslungenen Texten – ein Werkideal von geradezu klassischer Rigorosität. So notiert er am 19. Dezember 1914:

> Anfang jeder Novelle zunächst lächerlich. Es scheint hoffnungslos, daß dieser neue noch unfertige überall empfindliche Organismus in der fertigen Organisation der Welt sich wird erhalten können, die wie jede fertige Organisation danach strebt sich abzuschließen. Allerdings vergißt man hiebei, daß die Novelle falls sie berechtigt ist, ihre fertige Organisation in sich trägt, auch wenn sie sich noch nicht ganz entfaltet hat (T 711).

Und Kafkas berühmtes, in diesem Zusammenhang viel zitiertes, Diktum aus einem Brief an Felice Bauer lautet eben: »ich bestehe aus Litteratur, ich bin nichts anderes« (14.8.1913; B13–14 261), und nicht: ›Ich bin nichts als Schrift‹.

Zwar ist es natürlich vollkommen richtig, dass für Kafka das Schreiben von fundamentaler existenzieller Bedeutung war. Das ändert jedoch nichts an der (nahe liegenden) Hierarchisierung: Schreiben ist besser als Nicht-Schreiben – aber ein Schreiben, das zu einem abgeschlossenen Werk führt, ist wiederum besser als ein Schreiben, das in Erzählansätzen stecken bleibt. Warum sonst fänden sich in den Tagebüchern, neben den Klagen über das Nicht-Schreiben-Können, nicht weniger beredte Klagen über das Nicht-Vollenden-Können!

Insofern spricht nichts gegen die pragmatische Unterscheidung von abgeschlossenen Werken, unterschiedlichen Fassungen eines Werkes (dass das Wort ›Fassung‹ dabei eine textgenetische *façon de parler* ist und nicht auf die platonische Idee eines Grundtextes bezogen wird, versteht sich wohl von selbst), Texten, die einem Abschluss relativ nahe sind, und Fragmenten, die bloße Schreibansätze darstellen – nichts außer der in den Regeln der dekonstruktivistischen Schule und nicht in den Besonderheiten des Kafkaschen Werkes begründeten kategorischen Ablehnung des Werk-Begriffes. Eine pragmatische Unterscheidung ist das deshalb, weil sie sich interpretationspraktischen Entscheidungen verdankt. Je fragmentarischer der Text, desto unsicherer ist die Interpretationsgrundlage – oder, anders gesagt: Ab einem gewissen Grad von Fragmentarik wäre jeder Interpretationsversuch in der Tat sinnlos.

Es gibt also in Kafkas Œuvre durchaus Texte, die *nicht* interpretierbar sind, da sie auch nicht im Ansatz einen Werk-Status erreicht haben (natürlich wird man sich im Einzelfall streiten können, was diesseits und jenseits dieser Grenze liegt, die eine graduelle und daher fließende ist). Und wo Werkdeutung unmöglich ist – und das gilt oft für weite Text-Strecken der Notizhefte – bleibt eben wenig mehr als Motivanalyse oder das Nachverfolgen des Schreibprozesses (das freilich ein noch viel spekulativeres Geschäft ist als jede Textinterpretation).

In unserem Kontext sind jedoch vor allem die ›Beinahe‹-Werke von Interesse – also beispielsweise die Romane. Es ist klar, dass die Nicht-Vollendung vieler Kafka-Texte deren Verständnis erheblich erschwert. So wäre etwa die Deutung des »Teaters von Oklahoma« und seiner Funktion im Roman (↗188 f.) viel einfacher, wenn der *Verschollene* zu Ende geschrieben worden wäre. Allerdings muss man auch

sagen, dass Kafkas bereits erwähnte Reduktion der Bedeutung von ›Handlung‹ und ›Geschichte‹ diese Interpretationserschwernis oft wieder deutlich reduziert. Man könnte, etwas überpointiert, durchaus behaupten, dass der *Process*, dessen Handschrift jedem Werkbegriff Hohn zu sprechen scheint (↗192–195), in gewisser Hinsicht Kafkas geschlossenstes Werk sei. Denn die Strukturmuster von Josef K.s Verhalten sind in den vorliegenden Textteilen so klar ausgestaltet, dass weitere Kapitel wenig Neues hätten bringen können.

Wenn hier auf der Bedeutung des Werkstatus bei Kafka insistiert wird, meint das nicht, dass die eminente Bedeutung des Schreibprozesses für sein Werk geleugnet werden soll. Charakteristisch für Kafka ist eben gerade die Dialektik von Werkstreben und Schreibprozess, die nicht vereinseitigend in eine Richtung aufgelöst werden darf. Natürlich kann man selbst in vollendeten Werken mit Erkenntnisgewinn den Spuren des Schreibprozesses nachgehen (solches Einbeziehen textgenetischer Fragen gehört ohnehin zum selbstverständlichen Repertoire schulgerechten Interpretierens). Nur muss man sich dann darüber im Klaren sein, dass man damit nicht eine interpretatorische, sondern eine produktionsästhetische Fragestellung verfolgt, also nach den Mechanismen von Kafkas literarischer Kreativität fragt und nicht Werkdeutung betreibt. Wer beides vermischt, begeht einen Kategorienfehler.

(6) Meta-Texte und Kontexte?

Wenn das Œuvre eines Autors so viele Verständnisschwierigkeiten bereitet wie bei Kafka, sucht man gerne Hilfe in Meta-Texten und/oder in Kontexten aller Art. Meta-Texte – als begrifflich klare (oder doch ›klarere‹) Selbstreflexionen des eigenen Schreibens – liegen bei Kafka nur bedingt vor. Natürlich gibt es Selbstthematisierungen von Kunst und Künstlertum im fiktionalen Werk (↗4.6), natürlich gibt es ausgedehnte Selbstreflexionen in Tagebüchern, Notizheften und Briefen, und es gibt sogar Texte, die man im weiteren Sinne ›theoretische‹ (↗3.1.6) oder ›weltanschauliche‹ (↗3.3.1) nennen könnte. Aber all das ist weit entfernt von programmatischen Äußerungen, wie sie etwa ein Autor wie Schiller verfasst hat, zudem in der Schreibart von den literarischen Texten allenfalls graduell geschieden, also oft ebenso interpretationsbedürftig.

Literatur- und bewusstseinsgeschichtliche Kontexte – die historisch orientierte Interpreten gerne nutzen, um ihre Deutung zeitgeschichtlich zu ›eichen‹ – gäbe es natürlich durchaus. Allerdings hat die Kafka-Forschung diese meist nur widerwillig und sehr selektiv einbezogen, da sie seit jeher eine ausgesprochene Solitär-Forschung ist und für ihren Autor ständig Sonderregeln und einen Sonderstatus zu reklamieren sucht.

Das heißt natürlich nicht, dass Leser wie Forscher die (begrenzte) Hilfestellung, die Selbstdeutungen und Kontexte (im weitesten Sinne) geben können, überhaupt nicht genutzt hätten. Eher trifft das Gegenteil zu. Ein so schwer erschließbares Werk wie das Kafkas induziert geradezu die Suche nach dem Schlüssel, der als Passepartout alle Einzeltexte erschließen würde. Das aber ist gerade das Problem: Denn die Schulen der Kafka-Forschung unterscheiden sich gerade durch die Wahl des *einen* Schlüssels – der dann *alles* erschließen soll.

Bevor diese Zugangsweisen im Einzelnen vorgestellt werden, sei jedoch zusammenfassend darauf insistiert, dass die besondere Deutungsschwierigkeit Kafkascher Texte keine Singularität darstellt. Die Kombination der beschriebenen Faktoren ist sicher autorspezifisch, für sich genommen handelt es sich aber um Probleme, die in literarischen Texten im Allgemeinen und in Texten der modernen Literatur im Besonderen nicht ungewöhnlich sind. Und auch die Diskussion über Schwierigkeitsgrade taugt bestenfalls für Gesellschaftsspiele von Literaturfreunden oder Literaturwissenschaftlern. Die Kafka-Forschung wäre so gut beraten, in ihrem Autor nicht immer gleich einen inkommensurablen Solitär zu sehen. Schwierige Autoren/Texte gibt es viele – und standpunktbezogen (deswegen aber nicht einfach beliebig) bleiben Interpretationen immer. Kein Grund also für Globaldefätismus à la »Die Raffinesse von Kafkas Texten besteht darin, alle möglichen Interpretationen von vornherein zum Scheitern zu verurteilen« (Zeller, 576).

Leseparadigmen/Forschungsparadigmen

(1) Biographische Interpretationen

Unter allen Werkzugängen ist der biographische der naheliegendste, und zwar vor allem aus zwei Gründen:

(a) Beim Leser gilt der Weg über den Autor traditionell als Königsweg zum Werk – er ersetzt das Verstehen von literarischen Texten durch die lebensweltlich viel vertrautere Operation des Verstehens von Menschen und er schafft eine gemeinsame Grundlage zwischen Autor und Leser – nämlich das ›Menschsein‹ in einem ebenso umfassenden wie vagen Sinne.

(b) Außerdem ist der biographische Zugang ein Weg, den zu gehen Kafka in seinen Selbstdeutungen durchaus nahegelegt hat. Man denke etwa an den vielzitierten Satz aus dem *<Brief an den Vater>*: »Mein Schreiben handelte von Dir [also dem Vater], ich klagte dort ja nur, was ich an Deiner Brust nicht klagen konnte« (NSF II, 192). Oder man denke an die zahlreichen Namensmystifikationen, die eine Gleichsetzung von Held und Autor insinuieren: So notiert sich Kafka etwa eigens, dass der Name der Hauptfigur des *Urteil*, Georg, »soviel Buchstaben wie Franz« hat (11.2.1913; T 492), nennt seine Helden »K.« oder spielt häufig mit der tschechischen Bedeutung des Wortes ›kavka‹ = Dohle (vgl. z. B. die *<Jäger-Gracchus>*-Fragmente; ↗ 273–276).

Der existenzielle Bezug von Kafkas Schreiben ist in der Tat so stark, dass eine biographische Deutung fast immer möglich ist – und fast immer zu durchaus einleuchtenden und nachvollziehbaren Ergebnissen führt. So steht etwa das *Urteil* natürlich in einem einsehbaren Bezug zur biographischen Situation des Autors, für den durch die Begegnung mit Felice Bauer eine Heirat zur sehr konkreten Zukunftsperspektive geworden war. Auch die offensichtlichen Differenzen zur eigenen Lebenssituation – weder hat Kafka je das elterliche Geschäft übernommen und seinen Vater dort an den Rand gedrängt, noch hat er sich, bekanntermaßen, umgebracht – sprechen nicht gegen eine biographische Deutung. Es könnte ja ein ›literarisches Probehandeln‹ vorliegen, in dem der Autor im Medium der Literatur Handlungsoptionen durchspielt: Was wäre, wenn ich, durch Familiengründung, selbst zum Vater werden würde?

Bekannte Vertreter solch biographischer Werkdeutungen sind etwa der Kafka-Forscher Hartmut Binder (siehe Gesamtbibliographie) oder auch schon der Schriftsteller Elias Canetti, der den *Process* als literarische Gestaltung der Beziehung zwischen Kafka und Felice Bauer gelesen hat (↗ 198). Die meisten Literaturwissenschaftler misstrauen allerdings einem solchen biographischen Zugang. Und sie haben dafür auch gute Argumente.

(a) Das erste, vor allem in der neueren Forschung stark betonte, Gegenargument ist allerdings zugleich auch das schwächste: Zu Recht verweist man darauf, dass uns das angebliche biographische Substrat des Kafkaschen Werkes weitestgehend nur über die Selbstdeutung durch den Autor zugänglich ist und dass sich diese an den Fakten nur bedingt verifizieren lässt; Standardbeispiel hierfür ist Kafkas offensichtlich überzogen negatives Vaterbild. Pointiert ließe sich daher sagen: »Nicht das Leben erklärt die Literatur, sondern bestenfalls umgekehrt die Literatur das Leben« (Jahraus 2006, 170). Das allerdings trifft nur die biographischen Deutungen des Werkes, die, streng positivistisch, tatsächlich das Werk aus dem Leben *erklären* wollten. Denn ansonsten ist es ja selbstverständlich, dass biographisch geprägte Literatur nur auf der Selbstdeutung der Biographie durch den Autor beruhen kann – ob diese ›objektiv‹ richtig ist oder nicht, wäre allenfalls von psychologischem Interesse.

(b) Weit gewichtiger ist der Vorwurf des Banausischen, da ein biographischer Zugang die Literarizität des Werkes notgedrungen ignoriert. So können etwa die oben beschriebenen Verständnisschwierigkeiten Kafkascher Texte biographisch durchaus erklärt werden: etwa als Ausdruck einer schizoiden Persönlichkeitsstruktur, die sich nicht vollständig preisgeben will und/oder als Insistieren auf der Inkommensurabilität der eigenen Individualität. Damit sind sie aber auch weg-erklärt. Dass der literarische Diskurs ein Diskurs sui generis ist, also *anders* als jede nicht-literarische Selbst-Reflexion, kommt so gar nicht erst in den Blick; Kafkas Werk wird zum *human-interest*-Fall, zu einer etwas verquer geschriebenen Auto-Biographie. Das ist besonders problematisch bei einem Autor, der sein ganzes Schreiben – als eigenständiges Parallelprojekt zur ›écriture automatique‹ der Surrealisten – so angelegt hatte, dass das Werk mehr ›wissen‹ sollte als die empirische Person seines Verfassers.

(c) Was ebenso verlorengeht, ist die reflexive Verallgemeinerung des biographischen Substrats, die bei Kafka besonders ausgeprägt ist. Kafka erzählt ja eben keine individuellen Lebensgeschichten, sondern entwirft modellhaft verallgemeinerte Konstellationen. Selbst im frühen Werk, wo wir es unzweifelhaft mit sehr autornahen literarischen Personae zu tun haben, sind diese typenhaft verallgemeinert. Das *Urteil*, mit dem das mittlere Werk einsetzt, entwirft eine geradezu archetypisch generalisierte Vater-Sohn-Konstellation als Urszene für Machtstreben und Machtstrukturen. Und die wichtigste Entwicklungslinie des gesamten weiteren Werkes ist die einer ständigen Steigerung dieser Verallgemeinerungstendenzen.

Dass Kafka (wie viele andere Autoren der Moderne) bei diesen zunehmend abstrakten Modellkonstellationen (fast) immer von seiner persönlichen Erfahrung ausgehen kann, erklärt sich daraus, dass er sich selbst als Repräsentant seiner Zeit deutet: So spricht er einmal vom »Negativen meiner Zeit, die mir ja sehr nahe ist, die ich nie zu bekämpfen, sondern gewissermaßen zu vertreten das Recht habe« (25.2.1917; NSF II, 98).

Trotz all dieser berechtigten Einwände ist die biographische Interpretation von Kafkas Texten jedoch nicht ohne Erkenntniswert. Für eine hermeneutisch-historische Deutung kann sie oft durchaus die Funktion einer Orientierungshilfe haben: Wie ein Wegweiser gibt sie eine Deutungsrichtung vor, die man nur verallgemeinern muss, um zu einer akzeptablen Interpretation zu kommen.

(2) Psychoanalytische Interpretationen

Diese sind nichts anderes als eine Fortsetzung der biographischen Deutung mit anderen Mitteln, also nicht mit Hilfe der Alltagspsychologie, sondern mit der des Systems einer psychoanalytischen Schule, zumeist dem Freuds (selten auch mit dem Jungs oder Lacans).

Auch Freudianischen Interpretationen hat Kafka selbst Vorschub geleistet, wenn auch diesmal mit nur einer einzigen und durchaus interpretationsbedürftigen Notiz. In seinen Tagebuchreflexionen zum *Urteil* schreibt er auch: »Gedanken an Freud natürlich« (13.9.1912; T 461). Allerdings stehen dieser einen Stelle zahlreiche spätere kritische Äußerungen zu Psychologie und Psychoanalyse gegenüber (vgl. etwa NSF II, 32, 81 u. An M. Brod, Dez. 1922; Briefe 424). Außerdem tritt der – bei Freudianern zur Anwendung des Deutungspassepartouts ›Ödipuskomplex‹ essentielle – Vater/Sohn-Konflikt in der Werkentwicklung schnell in den Hintergrund: Im *Urteil*, der *Verwandlung* und dem *Verschollenen* ist er zweifellos zentral, doch schon Josef K. im *Process* ist ein ›vaterloser‹ Held, und in den danach geschriebenen Texten, also etwa ab 1914/15, spielen Vaterfiguren entweder kaum mehr eine Rolle oder erscheinen, wie im späten Fragment *Das Ehepaar*, sogar in einem ungewohnt positiven Licht; der <*Brief an den Vater*> von 1919 bildet hier die einzige, wenn auch gewichtige Ausnahme.

Alle Einwände, die man gegen biographische Deutungen erheben könnte, gelten bei psychoanalytischen in noch verschärftem Maße: die tautologische

Doppelung von Selbstdeutungen des Autors, die Ignorierung der Literarizität der Texte und der Modellkonstruktionen der Texte mit ihrer verallgemeinernden Reflexionsebene (↗70 f.). Hinzu kommt aber noch, dass psychoanalytische Interpretationen den strikten Glauben an die zeitübergreifende Wahrheit von Freuds Theoremen voraussetzen. Wie die meisten Autoren der Moderne kannte natürlich auch Kafka Freuds Schriften (↗65 f.) – was aber nicht automatisch heißt, dass seine Psychologie bzw. Anthropologie mit der Freuds einfach identisch wären. Eher wäre Kafkas implizite Figurenpsychologie als – sehr eigenständiges – Parallelprojekt zur Freudschen Psychoanalyse zu begreifen.

Seit Hellmuth Kaisers wohl erster Freudianischer Deutung eines Kafka-Textes (Kaiser 1931) ist die psychoanalytische Interpretationsschule eine Konstante in der Kafka-Forschung; in der gemeinplatzhaften Verallgemeinerung, mit der Freuds Theoreme (wie der Ödipuskomplex) ins allgemeine Bewusstsein eingedrungen sind, ist sie sogar fast omnipräsent. Nicht-Gläubige werden an ihr vor allem anerkennen, dass sie der Dominanz psychischer über Sozial-Strukturen Rechnung trägt, also Kafkas onirischem Erzählmodell entspricht.

(3) Sozialgeschichtliche Interpretationen

Sozialgeschichtliche Deutungen sind in der Literaturwissenschaft heute einigermaßen aus der Mode gekommen. Aber in der Breitenrezeption Kafkas erfreuen sie sich äußerster Beliebtheit – man kann sogar sagen, dass sie heute das allgemeine Kafka-Bild dominant prägen. Indizien dafür lassen sich leicht finden: Man denke an neuere Kafka-Verfilmungen – etwa *The Trial* von David Hughes Jones (1993) oder *Kafka* von Steven Soderbergh (1991), wo sich biographische und sozialgeschichtliche Deutung verbinden –, an unsere alltagssprachliche Verwendung des Wortes ›kafkaesk‹ oder an eine aktuelle amerikanische Publikation von Steven T. Wax, die unter dem Titel *Kafka Comes to America. Fighting for Justice in the War on Terror* (2008) Antiterror-Maßnahmen der Bush-Administration kritisiert.

Sozialgeschichtliche Interpretationen suchen in Texten nach (mehr oder minder direkten) ›Widerspiegelungen‹ von gesellschaftlichen Problemen und Strukturen. Im Falle Kafkas konzentrieren sie sich meist auf die Konstellation zwischen dem Helden als (angeblich) unschuldigem Opfer und einer ihn

bedrohenden oder gar vernichtenden anonymen Macht. Letztere kann dann beispielsweise gedeutet werden als ›Kapitalismus‹ (der natürlich ›Entfremdung‹ produziert), als ›verwaltete Welt‹, oder als (auf mysteriöse Weise prophetisch vorweggenommene) totalitäre Machtapparate.

Die sozialgeschichtliche Kafka-Interpretation dominierte in den 70er Jahren. Sie überlebt aber noch heute – nicht nur im verallgemeinerten Deutungsklischee, sondern auch in der Variante des Poststrukturalismus, die sich auf Michel Foucault beruft: Dann geht es eben um die ominöse ›Macht‹, die alle Diskurse regiert und sich in Körper ›einschreibt‹ (wie etwa in der *Strafkolonie*).

Sozialgeschichtliche Deutungen laborieren an zwei einigermaßen offensichtlichen Problemen: (a) Sie behandeln Texte, die in zunehmendem Maße dezidiert anti-realistisch geschrieben sind: Während in den ersten Jahren des mittleren Werkes – etwa im *Urteil*, der *Verwandlung*, dem *Verschollenen*, dem *Process*, vielleicht ja auch noch in der *Strafkolonie* – gesellschaftliche Strukturen der modernen Lebenswelt durchaus noch erkennbar sind, treten diese in späteren Texten stark zurück oder sind – wie die Bürokratie im *Schloss* – in vormoderne Lebenswelten hineingespiegelt. Man müsste Kafkas Texte also als nicht-realistische Widerspiegelungen lesen, die die dargestellte Wirklichkeit (etwa mit satirisch-übertreibender Intention) stark verfremden. (b) In Kafkas fiktionalen Welten dominiert – durch personales Erzählen und das onirische Erzählmodell – die Innen- über die Außenwelt. Das legt zumindest nahe, dass auch in seiner Weltdeutung (im weitesten Sinne) psychologische oder anthropologische Strukturen die gesellschaftlichen bestimmen – und nicht umgekehrt.

Wie die biographischen so haben auch die sozialgeschichtlichen Deutungen durchaus eine Basis in den Texten. In vielen Werken Kafkas werden offensichtlich Machtstrukturen in Gesellschaft wie Familie kritisch dargestellt. Problematisch bleibt allerdings, ob Kafka dabei auch das ›linke‹ Deutungsmodell sozialgeschichtlicher Interpreten zugrunde gelegt hat, nach dem Deformationen im sozialen Handeln die Folge deformierter sozialer Strukturen sind, die den an sich ›guten‹ Menschen ›böse‹ werden lassen. Nietzsche etwa – der Kafka und anderen modernen Autoren historisch ja viel näher war – hatte den Machtwillen ganz anders, nämlich anthropologisch oder geradezu ontologisch begründet.

(4) Poststrukturalistische/ dekonstruktivistische Interpretationen

Seit fast 30 Jahren ist die dekonstruktivistische Denkschule, die sich vor allem auf Jacques Derrida (1930–2004) beruft, die meinungsprägende Strömung in der Kafka-Forschung – und wiederum gilt, dass viele ihrer Interpretationsergebnisse in etwas abgeschwächter Form heute auch bei Nicht-Dekonstruktivisten mit Selbstverständlichkeit auftauchen.

Dekonstruktivistische Kafka-Deutungen heben vor allem auf die oben beschriebene (und problematisierte) Autoreflexivität des Werkes als Selbstthematisierung seiner Undeutbarkeit ab und auf das Auflösen des Werk-Konzeptes im Schreibprozess. Darin sind sie genauso stereotyp wie psychoanalytische Deutungen, die in allen Texten den immer gleichen Ödipuskomplex finden. Mit einiger Ingeniosität werden dann Textelemente, die auf den ersten (und zweiten) Blick mit Schreiben nichts zu tun haben, zu allegorischen Zeichen des Schreibvorganges umgedeutet. Zwei Beispiele (auf deren Belegung verzichtet sei, da es nicht um Kritik an Einzeldeutungen geht) mögen zur Illustration genügen: (a) Karl Roßmann im *Verschollenen* schätzt das Klavierspiel (V 59–61); Klaviere haben Tasten, Schreibmaschinen auch; also handelt es sich um eine Selbstthematisierung des Schreibvorganges. (b) In Kafkas Darstellung wird die chinesische Mauer auf sehr eigentümliche Weise errichtet: Arbeiter stellen immer ein 1 km langes Stück fertig und setzen den Bau dann an ganz anderer Stelle fort. Dieses »System des Teilbaues« (NSF I, 337) ist deswegen eine Selbstthematisierung des Schreibvorganges, weil Kafka bei der Arbeit am *Process* – der allerdings rund zwei Jahre vor dem Erzählfragment *Beim Bau der chinesischen Mauer* (März 1919) entstand –, wahrscheinlich gleichzeitig an mehreren Kapiteln arbeitete.

Anhänger des gesunden Menschenverstandes mögen solchen Allegoresen mit einigem Skeptizismus gegenüberstehen und sie für eine *petitio principii* halten, da ihre einzig plausible Begründung in der These besteht, dass *alle* Texte Kafkas den Schreibvorgang thematisieren (eine These, hinter der man eine ›déformation professionnelle‹ von Literaturwissenschaftlern vermuten darf, da solche Texte dann für den normalen Kafka-Leser ohne jedes Interesse wären).

Wiederum haben dekonstruktivistische Kafka-Interpretationen aber ihre, wenn auch wiederum begrenzte, Basis in den Texten: Zu Recht berufen sie sich auf die große Bedeutung des Schreibprozesses bei Kafka, auf die (allerdings differenzierter zu beurteilenden) auto-reflexiven Passagen und auf den Reflexionsprozess in gleitenden Paradoxa.

(5) Religiöse/existenzialistische Interpretationen

Dass diese an vorletzter Stelle genannt werden, zeigt, dass die vorliegende Typologie nicht chronologisch geordnet ist. Denn diese Schule ist eigentlich die älteste der Kafka-Forschung, da sie vor allem durch Max Brod angeregt wurde und bis ans Ende der 1950er Jahre dominant war. Heute allerdings ist sie gründlich aus der Mode gekommen.

Max Brod, der in Kafka einen »Erneuerer der altjüdischen Religiosität« (Brod 1974, 279) sehen wollte, hatte bereits in seinem Nachwort zur Erstausgabe des *Schloss*-Romans in den rätselhaften Instanzen ›Gericht‹ und ›Schloss‹ »die beiden Erscheinungsformen der Gottheit (im Sinne der Kabbala) – Gericht und Gnade – dargestellt« sehen wollen (Brod 1973 [1926], 41). Kafka-Forscher wie Tauber (1941) und Weinberg (1963) haben solch religiöse Allegoresen, auch ohne jüdische Spezifikation, noch weiter getrieben und darin zahlreiche Nachfolger gefunden. Und genau diese vereindeutigenden, alle Verständnisprobleme der Texte gnadenlos nivellierenden (zudem an den Texten oft kaum nachvollziehbaren) Allegoresen haben die religiöse Kafka-Deutung in gründlichen Misskredit gebracht. Zudem entsprach sie seit den späten 60er Jahren einfach nicht mehr dem Zeitgeist.

Ähnliches gilt für die existenzialistischen Interpretationen, die sich in den 1950er und 1960er Jahren als sozusagen ›modernes‹ Pendant zu den religiösen Interpretationen etablierten. Die großen, nachhaltig rezeptionsprägenden Monographien von Sokel (1964) und Emrich (1957) waren stark (wenn auch nicht ausschließlich) existenzialistisch geprägt. An Stelle direkter religiöser Deutungen traten hier die Kritik einer ›uneigentlichen‹ Existenzweise (wie sie viele Kafka-Helden, man denke etwa an Georg Bendemann und Josef K., ja tatsächlich leben) und das Ernstnehmen von Kafkas (in der Tat unübersehbarem) ethischem Rigorismus.

Beide Schulen sind längst Geschichte geworden, bedürfen also keiner ausführlichen Kritik. Als einer ihrer ersten Gegner trat Klaus Wagenbach auf. Schon in seiner Biographie des jungen Kafka (1958) und seinem noch einflussreicheren romono-Bändchen zu Kafka (1964) hatte er ein realistisch ›geerdetes‹ Bild des Autors zu zeichnen versucht und allen metaphysischen Deutungen widersprochen.

Nun sind die Schwächen dieser Deutungen in der Tat unübersehbar. Ihre Kritik hat jedoch dazu geführt, dass heute religiöse wie ethische Aspekte in Kafkas Werk schandbar vernachlässigt werden: Die einst (und noch unter dem Herausgebertitel <Betrachtungen über Sünde, Leid, Hoffnung und den wahren Weg>) als weltanschaulicher Schlüssel zum Werk sicher überbewerteten Züräuer Aphorismen werden in neueren Deutungen geradezu systematisch ignoriert (↗286 f.). Entsprechendes gilt für die Stellen des Werkes, wo religiöse Bezüge einfach unübersehbar sind: Es kann ja, beispielsweise, schlecht ein bloßer Zufall sein, dass eines der wichtigsten Kapitel des *Process* ausgerechnet im Dom spielt.

(6) Jüdische Interpretationen

Auch hier ist Max Brod als ›Diskursurheber‹ zu nennen, allerdings nur in eingeschränktem Maße, da seine jüdische Kafka-Deutung in ihrer Breitenwirkung eher als allgemein religiöse rezipiert wurde – was Brod schon früh dazu brachte, mit einigem Recht gegen die »Verchristlichungs-Maschinerie« der Kafka-Forschung zu polemisieren (Brod 1974 [1948], 265). Die anderen gewichtigen und wesentlich differenzierteren Beiträge zu einer jüdischen Kafka-Deutung von Walter Benjamin und dessen Briefwechsel mit Gershom Scholem fanden erst spät breite Beachtung.

So setzt eine jüdische Kafka-Deutung mit Breitenwirkung nicht vor den späten 70er und den 80er Jahren ein. Sie hat vor allem drei Schwerpunkte (die natürlich auch miteinander verbunden werden können):

(a) *Jüdisches Leben*: Wie der <Brief an den Vater> anschaulich schildert (vgl. bes. NSF II, 185–192), wuchs Kafka in einer weitgehend säkularisierten Familie auf, so dass man kaum von einer jüdischen Sozialisation sprechen kann. Diese erfolgte, bei Kafka wie bei seinen Freunden und Generationsgenossen, erst über die kritische Auseinandersetzung mit der Elterngeneration, die zu einer Rückbesinnung auf die jüdischen Wurzeln führte. Kafkas Verhältnis zum Zionismus – dem sich viele seiner Freunde, besonders natürlich Max Brod, angeschlossen hatten – blieb allerdings ambivalent, obwohl er immer wieder über eine Auswanderung nach Palästina nachdachte. Antisemitismus-Erfahrungen (von tschechischer

Seite) gab es durchaus (vgl. z. B. An Milena, Mitte Nov. 1920; BM 288); besonders häufig oder prägend waren sie allerdings nicht.

(b) *Jüdisches Wissen*: Seit seinem Kontakt mit der ostjüdischen Theatergruppe Jizchak Löwys 1911/12 hat Kafka sich verstärkt mit jüdischer Kultur, Literatur und Religion beschäftigt – seine Bibliothek enthält eine große Menge einschlägiger Literatur –, seit dem Spätherbst 1914 hat er auch Hebräisch gelernt (↗2.3). Im Einzelnen lässt sich allerdings nur schwer entscheiden, wie vertieft diese Kenntnisse waren, was Kafka also z. B. im Einzelnen über die Kabbala, den Chassidismus oder spezifisch jüdische Erzählverfahren wusste.

(c) ›*Westjüdische*‹ Selbstdeutung: In einem Brief vom November 1920 an Milena bezeichnet sich Kafka einmal als »westjüdischsten« der »Westjuden« (BM 294), also als extremen Gegenpol zur ostjüdischen, noch selbstverständlich in jüdische Glaubenstraditionen, Rituale und symbolische Ordnungen eingebundenen Lebensweise. Dies ist seine Variante der Modernisierungskritik (↗499–502), die ja auch bei anderen Autoren der ›klassischen Moderne‹ zu den zentralen Themen gehört.

All dies zeigt deutlich, dass die Auseinandersetzung mit dem Judentum für Kafka und sein Selbstverständnis in der Tat von größter Bedeutung war. Das zentrale Problem einer jüdischen Kafka-Interpretation liegt jedoch darin, dass diese Auseinandersetzung sich auf der Textoberfläche kaum niedergeschlagen hat. Dass in einem Erzählfragment einmal von einer »Synagoge« die Rede ist (NSF II, 405–411), bleibt eine seltene Ausnahme. Religiöses wird stattdessen oft christlich chiffriert – so stellt sich etwa im Dom-Kapitel des *Process* heraus, dass Josef K. Christ ist (er bekreuzigt sich; P 284) –, und für die Sündenfall-Reflexionen der Züräuer Aphorismen hat Kafka im *Alten Testament* nachgelesen (↗290). Textzeichen, die auf Jüdisches hindeuten könnten, sind dagegen unsicher – etwa das gehäufte Auftreten bärtiger Männer im *Process* (vgl. bes. das Kapitel *Erste Untersuchung*). Auch die Einbeziehung des Paratextes vermehrt die Menge eindeutiger Hinweise nur geringfügig – so erscheinen etwa *Schakale und Araber* und *Ein Bericht für eine Akademie* 1917 in Bubers Monatsschrift *Der Jude*.

Dass trotz dieser Probleme Kafka-Texte produktiv auf ihren jüdischen Hintergrund befragt werden können, hat Ritchie Robertson in seiner differenziert argumentierenden Kafka-Monographie eindrucksvoll bewiesen (Robertson 1985). Andere Interpreten sind weniger zurückhaltend gewesen. So hat (neben vielen anderen) Karl Erich Grözinger allenthalben in Kafkas Werk jüdische Sub- und Prätexte nachzuweisen versucht (Grözinger 1992) – mit der begrenzten Evidenz, die solche Quellen- und Intertextualitätsnachweise nur allzu oft haben. Noch bedenklicher sind die allegorischen Interpretationen, die in Kafka-Texten überall die Geschichte des jüdischen Volkes oder – die zunehmend dominante Tendenz – die Assimilationsproblematik gestaltet finden wollen. Ein peinlicher Nebeneffekt besteht dann oft darin, dass die in den Text hineininterpretierte jüdische Bedeutung im zweiten Schritt dazu führt, dem Autor antisemitisches Gedankengut zu unterstellen – hat er dann doch die Juden als »Schakale« (*Schakale und Araber*), Hunde (<*Forschungen eines Hundes*>) oder Mäuse (*Josefine, die Sängerin*) dargestellt. Bei Sander Gilman laboriert Kafka gar am Vollbild von Symptomen des ›jüdischen Selbsthasses‹ als verinnerlichtem Antisemitismus (Gilman 1995).

In diesen Extrempositionen zeigt die jüdische Kafka-Deutung die gleichen Schwächen wie alle einseitigen Interpretationen: Damit der Universalschlüssel passen kann, muss eben das Schloss zurechtgefeilt werden. Das große Verdienst der jüdischen Kafka-Interpretation liegt aber auf jeden Fall darin, dass sie – und heute fast sie allein – die Religions- und Säkularisationsthematik in Kafkas Texten ernst nimmt.

Drei andere Schulen seien nur noch kurz und summarisch charakterisiert: (7) Im Widerspruch vor allem gegen die religiöse/existenzialistische Kafka-Interpretation versuchten in den 50er und 60er Jahren einige Vertreter der *werkimmanenten Interpretation*, sich der Deutung weitgehend zu enthalten und stattdessen formale Eigenheiten von Kafkas Schreiben zu untersuchen. Dem verdanken wir wichtige Einsichten, etwa in Kafkas personale Erzählweise (von Friedrich Beißner wenig zutreffend als ›einsinniges Erzählen‹ bezeichnet; Beißner 152), die in der jüngeren Kafka-Forschung allzu sehr in Vergessenheit zu geraten drohen. Zudem sind heute formanalytische Untersuchungen mehr als spärlich gesät, obwohl sie ein dringliches Desiderat der Kafka-Forschung wären. (8) Die *Gender-Forschung* ist weniger eine ›Methode‹ als vielmehr eine thematische Fragestellung, die Geschlechterbilder in Kafkas Werk untersucht (vgl. z. B. Boa 1996). (9) Neuerdings gibt es verstärkt Arbeiten, die man im weitesten Sinne als *kulturwissenschaftlich* bezeichnen könnte (wobei oft

Verfahren der Diskursanalyse, des New Historicism und des Postkolonialismus verwendet oder auch vermischt werden) – so etwa in den Studien von Anderson (1992), Zilcosky (2003) und Bernd Neumann (2007).

Die Beschreibung literaturwissenschaftlicher Arbeit nach Schulen, wie sie hier kursorisch versucht wurde, zeichnet immer ein schiefes Bild, da der schnelle Wechsel der Schulen/Methoden nur einen Oberflächenbereich der Literaturwissenschaft charakterisiert – man könnte ihn die ›Theorieavantgarde‹ nennen. Sehr viel konstanter ist der ›Mainstream‹ literaturwissenschaftlicher Interpretationspraxis, der die Verfahren und Theoreme der Theorieavantgarde (in deutlich abgeschwächter, ›verwässerter‹ Form) in buntem Eklektizismus immer wieder neu assimiliert. Wie dies funktioniert, lässt sich an den neueren Kafka-Monographien von Alt (2005) und Jahraus (2006) gut demonstrieren: Alt deutet biographisch (»Der ewige Sohn«), psychoanalytisch und sozialgeschichtlich, Jahraus sozialgeschichtlich, psychoanalytisch und (das vor allem und dominant) dekonstruktivistisch. Solche ›Mischformen‹ treten wesentlich häufiger auf als lupenreine Ausprägungen der Schulen.

Die Textoberfläche und ihre Codes

Gemeinsam ist den meisten der beschriebenen Deutungsansätzen, dass sie den Sub- oder Metatext, das ›Eigentliche‹ ›hinter‹ oder ›unter‹ der ›uneigentlichen‹ Textoberfläche nicht wirklich suchen, sondern bereits gefunden haben. *Vor* jeder Interpretation wissen sie, worauf der Text hinausläuft, hinauslaufen *muss* – und der Interpretationsakt besteht hauptsächlich darin, einen (mehr oder weniger) plausiblen Bezug zwischen der Textoberfläche und dieser ›Bedeutung‹ herzustellen. Problematisch ist, dass der jeweils gewählte Schlüssel *alle* Kafka-Texte gleichermaßen erschließen soll – und diese Problematik verschärft sich umso mehr, je spezifischer der Deutungsansatz ist. Jüdische Interpretationen etwa werden dann besonders problematisch, wenn sie immer nur die Assimilationsproblematik wiederfinden wollen. Psychoanalytische und dekonstruktivistische Deutungen sind schon von Haus aus extrem starr in ihren Interpretamenten: Da muss es (zumindest bei Freudianern) *unbedingt* der Ödipuskomplex sein bzw. die Selbstthematisierung von Undeutbarkeit der Texte (und die gleichen Ergebnisse würden auch dann gefunden werden, wenn es sich um die Werke irgendeines anderen Autoren handelte).

Das alles ist, wie gesagt, eher zu konstatieren als zu beklagen; es ist Teil des Prozesses, in dem die Literaturwissenschaft an der Bewusstseinsgeschichte partizipiert und sich ihre Texte unter den jeweils aktuellen geistigen Prämissen immer wieder neu aneignet. Die (gleichberechtigte und komplementäre) Alternative zu solch aktualisierenden Interpretationen ist eine historisch-hermeneutische Literaturwissenschaft, die sich gerade um das bemüht, was an der Vergangenheit ›anders‹ ist als in den aktuellen Denkfiguren des heutigen Zeitgeistes. Nur für ihre Anhänger (und für Vertreter einer um argumentative Transparenz und intersubjektive Geltung bemühten ›analytischen Literaturwissenschaft‹) sind die folgenden Überlegungen von Interesse.

Es wurde gezeigt, dass alle Interpretationsschulen durchaus an Aspekte anknüpfen, die in Kafkas Texten nachweisbar eine Rolle spielen. Diese Textelemente ließen sich, einzeltextübergreifend, sechs Codes zuordnen, die im Folgenden am Beispiel des *Urteil* kurz erläutert werden sollen.

(1) *Biographischer/individualpsychologischer Code* (an seine Elemente knüpfen biographische wie psychoanalytische Deutungen an): Hierzu gehören alle Elemente der Individualpsychologie, der Charakterentwicklung und der zwischenmenschlichen Interaktion – im *Urteil* also vor allem die Vater-Sohn-Beziehung, die familialen Relationen und die Beziehung zur Braut, ganz allgemein also Liebes-, Trieb- und Machtaspekte.

(2) *Gesellschaftlicher Code* (sozialgeschichtliche Interpretationen): Dies sind sozial codierte Relationen im weitesten Sinne und die sie regelnden Rechts-, Wirtschafts-, Verwaltungs-, Regierungs- und Gemeinschaftsordnungen – im *Urteil* also vor allem die Geschäftswelt und die Regeln der familialen Ordnung, soweit sie sozial geprägt sind.

(3) *Religiöser Code* (religiöse, existenzialistische, teilweise auch jüdische Interpretationen): alle eindeutigen Religionsbezüge, allgemeiner auch Verweise auf ein höheres, arkanes Leitungsprinzip (wie etwa in den <*Forschungen eines Hundes*>). Im *Urteil* ist dieser religiöse Code kaum ausgeprägt, man könnte allenfalls auf den Schreckensausruf der Bedienerin – »Jesus!« – verweisen (DzL 60).

(4) *Hermeneutischer Code* (Dekonstruktivisten): Gemeint sind damit alle Stellen, wo es im Text selbst um Deutungen und Deutungsakte geht. Auch dieser

Code ist im *Urteil* kaum ausgestaltet; man könnte nur auf die unterschiedlichen Deutungen von ›Freund‹ und ›Braut‹ verweisen, die aber zwischen Vater und Sohn nicht eigentlich verhandelt, sondern nur als Mittel im Machtkampf genutzt werden.

(5) *Poetologischer/metareflexiver Code* (Dekonstruktivisten): Hierzu gehören alle Selbstthematisierungen von Schreiben und Literatur oder Kunst überhaupt. Wiederum gibt es im *Urteil* dafür allenfalls einen sehr schwachen Beleg: den Brief, den Georg zu Beginn der Erzählung schreibt, wobei allerdings der Schreibakt als Schreibakt (und nicht nur als allgemeiner Kommunikationsakt) weder thematisiert noch problematisiert wird.

(6) *Jüdischer Code* (als Bezugspunkt für jüdische Kafka-Interpretationen): Dies wären alle Thematisierungen von jüdischem Leben und jüdischem Wissen. In den Selbstdeutungen zum *Urteil* findet sich zwar (unter anderem) auch ein Verweis auf Max Brods Roman *Arnold Beer. Das Schicksal eines Juden* (T 461), der einige Motivparallelen zu Kafkas Text aufweist (vgl. Robertson 1988, 44–50). Anders als Brods Held ist aber Georg Bendemann eben nicht explizit als Jude charakterisiert; dass sein Freund einen »fremdartigen Vollbart« hat (DzL 43), wird man kaum als eindeutiges Codesignal bewerten können.

Kafka-Deutungen verlaufen meist so, dass die Interpreten einen dieser Codes von vornherein zum Supercode erklären – und zwar unabhängig von einer nachweisbaren oder gar dominanten Verwendung des Codes an der Textoberfläche. Zeichen aus den anderen Codes werden entweder ignoriert oder als ›uneigentliche‹ Verweise gelesen. So wäre etwa für einen psychoanalytischen Interpreten der Ausruf »Jesus« nur ein weiterer Verweis auf den ödipalen Grundkonflikt.

Das hier vorgeschlagene Alternativmodell würde demgegenüber die Textoberfläche und damit die sich auf ihr manifestierenden Codes und ihre Hierarchien ernst nehmen. Im *Urteil* etwa dominiert ganz eindeutig der individualpsychologische Code: Es geht um eine Vater-Sohn-Geschichte. Ihm beigeordnet ist der soziale Code, also die kapitalistische Geschäftswelt. Anders gesagt: Im Text wird ein individualpsychologisch-familiales Modell ansatzweise zum Sozialmodell verallgemeinert (was übrigens für Texte der frühen Phase des mittleren Werkes charakteristisch ist).

Dieser Befund sollte sich dann auch in der Deutung niederschlagen: Das *Urteil* behandelt ganz offensichtlich einen Machtkampf, der primär familiär und sekundär sozial codiert ist. Die Deutung nimmt den Text also nicht einfach wörtlich, sondern behandelt ihn als absolute Metonymie (s.o.), als ein Bild-Modell, dessen Deutung sich über eine Verallgemeinerung des Bild-Einfalls ergibt. Vermieden wird dagegen eine metaphorische Auflösung, die ein (mehr oder minder analoges) auf der Textoberfläche nicht vorkommendes Signifikat (wie ›Schrift‹ oder ›Judentum‹) allegorisierend an die Stelle der Signifikanten setzt.

Damit wäre für die Interpretation des *Urteil* ein Rahmen vorgegeben, der vom Text her unmittelbar nachvollziehbar ist. Wie dieser Rahmen im Einzelnen ausgefüllt wird, ist nicht vorgegeben – es bleibt die Frage zu beantworten, wie genau die Relation zwischen den Sphären Familie, Sexualität, Macht, Geschäftswelt und Ethik zu denken wäre. Von der Textoberfläche auszugehen, macht also die Interpretation nicht einfach überflüssig und hebt den Interpretenstreit nicht einfach auf. Jeder Interpret wird weiter entscheiden müssen, wie die textspezifischen Codes und ihre textspezifische Relation im Einzelnen zu deuten sind. Wohl aber wird das Interpretationsspektrum deutlich eingeengt und die Interpretation enger an den Einzeltext gebunden. Unter diesen Vorgaben wäre es etwa höchst gewaltsam, das *Urteil* als Selbstthematisierung des Schreibprozesses oder den Vater als eine Gott-Imago zu lesen.

Dieser Vorschlag wird freilich nur für den erwägenswert sein, der an einer historischen Kafka-Interpretation und an einer Dissensreduktion zwischen den Interpretationen interessiert ist. Auch diese Position wählt man also, wie alle anderen, nach bestimmten Erkenntnisinteressen und handlungsleitenden Normen – oder tut dies eben nicht. Wichtiger als jede methodische Richtungsentscheidung dürfte ohnehin der Komplexitätsstandard sein, den Kafkas Texte vorgeben. Wenn so schwer verständliche Texte ihr Recht haben – ein Recht das ihnen im Falle Kafkas die fortdauernde Faszination für Leser verleiht –, dann verpflichten sie vor allem zu nichttrivialisierenden Lektüren. Wer einem komplexen Werk eine handlich-einfache Botschaft entlockt, hat das Interpretationsspiel nicht gewonnen, sondern immer schon verloren.

Theodor W. Adorno: Aufzeichnungen zu K. In: Ders.: Prismen. Frankfurt/M. 1955, 302–342; wieder in: Ders.: Gesammelte Schriften. Bd. 10.1: Kulturkritik und Gesellschaft I: Prismen. Ohne Leitbild. Hg. v. Rolf Tiedemann. Frankfurt/M. 1977, 254–287. – Beda Allemann:

Fragen an die judaistische K.-Deutung am Beispiel Benjamins. In: Grözinger/Mosès/Zimmermann (1987), 35–70; wieder in: B. Allemann (1998), 221–255. – Peter-André Alt: F.K. Der ewige Sohn. München 2005. – Mark Anderson: K.'s Clothes. Ornament and Aestheticism in the Habsburg Fin de Siècle. Oxford 1992. – Els Andringa (Hg.): Wandel der Interpretationen. K.s *Vor dem Gesetz* im Spiegel der Literaturwissenschaft. Opladen 1994. – Dies.: Die Facette der Interpretationsansätze. In: KHb (2008), 317–335. – Peter U. Beicken: F.K. Eine kritische Einführung in die Forschung. Frankfurt/M. 1974. – Ders.: Typologie der K.-Forschung. In: KHb (1979) II, 787–824. – Friedrich Beißner: Der Erzähler F.K. Stuttgart 1952. – Walter Benjamin: Über K. Texte, Briefzeugnisse, Aufzeichnungen. Hg. v. Hermann Schweppenhäuser. Frankfurt/M. 1981, 2. Aufl. 1992. – Ders./Gershom Scholem: Briefwechsel. Hg. v. G.S. Frankfurt/M. 1980. – Elizabeth Boa: K. Gender, Class, and Race in the Letters and Fictions. Oxford 1996. – Michael Bogdal (Hg.): Neue Literaturtheorien in der Praxis. Textanalysen von K.s *Vor dem Gesetz*. Opladen 1993. – Jürgen Born: »Leben und Werk« im Blickfeld der Deutung. Überlegungen zur K.-Interpretation. In: B. Elling (1985), 41–54. – Max Brod: Nachwort. In: F.K.: Das Schloß. München 1926; wieder in: H. Politzer (1973), 39–47. – Ders.: Über F.K. Frankfurt/M. 1974. – Maximilian G. Burkhart: K. und déconstruction. In: KHb (2008), 385–398. – David Constantine: K.'s Writing and Our Reading. In: J. Preece (2002), 9–24. – Bill Dodd: The Case for a Political Reading. In: J. Preece (2002), 131–149. – Theo Elm: Problematisierte Hermeneutik. Zur ›Uneigentlichkeit‹ in K.s kleiner Prosa. In: DVjs 50 (1976), 477–510; wieder in: Josef Billen (Hg.): Die deutsche Parabel. Darmstadt 1986, 322–363. – Wilhelm Emrich: F.K. Das Baugesetz seiner Dichtung. Der mündige Mensch jenseits von Nihilismus und Tradition. Bonn 1957 [zahlreiche weitere Auflagen]. – Manfred Engel: K. und die Poetik der klassischen Moderne. In: Engel/Lamping (2006), S. 247–262. – Ders.: Forms and Functions of Anti-Realism in the Literature of High Modernism. In: Christine Baron/M.E. (Hg.): Realism and Anti-Realism in 20th-Century Literature. Amsterdam 2010. – Waldemar Fromm: K.-Rezeption. In: KHb (2008), 250–272. – Mark H. Gelber: K. und zionistische Deutungen. In: KHb (2008), 293–303. – Sander Gilman: F.K. The Jewish Patient. New York 1995. – Rolf Goebel: K., der Poststrukturalismus und die Geschichte. Kritische Anmerkungen zur amerikanischen K.forschung. In: ZfG 1 (1991), 70–81. – Karl Erich Grözinger: K. und die Kabbala. Das Jüdische im Werk und Denken von F.K. Frankfurt/M. 1992; erweiterte Neuausgabe: Berlin, Wien 2003. – Ekkehard W. Haring: Wege jüdischer Kafka-Deutung. Versuch einer kritischen Bilanz. In:

Das jüdische Echo 52 (2001), 310–324.; online: www. kafka.org/index.php?id=194,243,0,0,1,0 (14.10.2009). – Ingeborg Henel: Die Deutbarkeit von K.s Werken. In: ZfdPh 86 (1967), 250–266; wieder in: H. Politzer (1973), 406–431. – Hans H. Hiebel: Antihermeneutik und Exegese. K.s ästhetische Figur der Unbestimmtheit. In: DVjs 52 (1978), 90–110. – Oliver Jahraus: Sich selbst interpretierende Texte. F.K.s *Von den Gleichnissen*. In: Poetica 26 (1994), 385–408. – Ders./Stefan Neuhaus (Hg.): K.s *Urteil* und die Literaturtheorie. Zehn Modellanalysen. Stuttgart 2002. – Ders.: Wie man K. interpretiert – K. und die Literaturtheorie. In: Jahraus (2006), 157–189. – Ders.: K. und die Literaturtheorie. In: KHb (2008), 304–316. – Hellmuth Kaiser: F.K.s Inferno. Eine psychologische Deutung seiner Strafphantasie. In: Imago. Zeitschrift für Anwendung der Psychoanalyse auf die Natur- und Geisteswissenschaften 18 (1931), 41–103; wieder in: H. Politzer (1973), 69–142. – Detlef Kremer: K. und die Hermeneutikkritik. In: KHb (2008), 336–352. – Dietrich Krusche: K. und K.-Deutung. Die problematisierte Interaktion. München 1974. – Dagmar C. Lorenz: K. und gender. In: KHb (2008), 371–384. – Hans Mayer: K. und kein Ende? Zur heutigen Lage der K.-Forschung. In: Ders.: Ansichten. Zur Literatur der Zeit. Reinbek 1962, 54–70. – Michael Müller: So viele Meinungen! Ausdruck der Verzweiflung? Zur K.-Forschung. In: H.L. Arnold (1994), 8–41. – Ders.: Wo aber ist K.? Er bleibt unsichtbar …. Zur K.-Forschung II. In: H.L. Arnold (2006), 322–330. – B. Neumann (2007). – Gerhard Neumann: Umkehrung und Ablenkung. F.K.s ›Gleitendes Paradox‹. In: DVjs 42 (1968), 702–744. – Armand Nivelle: K. und die marxistische Literaturkritik. In: Johannes Hösle (Hg.): Beiträge zur vergleichenden Literaturwissenschaft. Fs. für Kurt Wais. Tübingen 1972, 331–354. – Heinz Politzer: Problematik und Probleme der K.-Forschung. In: Monatshefte 42 (1950), 273–80; wieder in: H. Politzer (1973), 214–225. – Michael Reffet: Die Rezeption K.s in der katholischen Literaturkritik. In: Kraus/Winkler (1997), 107–126. – Gerhard Rieck: F.K. und die Literaturwissenschaft. Aufsätze zu einem kafkaesken Verhältnis. Würzburg 2002. – Ritchie Robertson: K. Judaism, Politics, and Literature. Oxford 1985; dt.: K. Judentum Gesellschaft Literatur. Übers. v. Josef Billen. Stuttgart 1988. – Ders.: In Search of the Historical K. A Selective Review of Research, 1980–92. In: MLR 89 (1994), 107–137. – James Rolleston: K.-Criticism. A Typological Perspective in the Centenary Year. In: A. Udoff (1986), 1–32. – Lawrence Ryan: »Zum letzten Mal Psychologie!«. Zur psychologischen Deutbarkeit der Werke F.K.s. In: Wolfgang Paulsen (Hg.): Psychologie in der Literaturwissenschaft. Heidelberg 1971, 157–173. – Jost Schillemeit: Wege der K.-Forschung (1962–1964): Politzer,

Sokel, Allemann. In: Göttingische Gelehrte Anzeigen 217 (1965), 156–179; wieder in: J. Schillemeit (2004), 7–34 [2004a]. – Ders.: Zum Wirklichkeitsproblem der K.-Interpretation. In: DVjs 40 (1966), 577–579; wieder in: J. Schillemeit (2004), 35–57 [2004b]. – Friedrich Schmidt: Text und Interpretation. Zur Deutungsproblematik bei F.K. Dargestellt in einer kritischen Analyse der Türhüterlegende. Würzburg 2007. – Gershom Scholem ↗ Walter Benjamin. – Walter H. Sokel: F.K. Tragik und Ironie. Zur Struktur seiner Kunst. München, Wien 1964, wieder: Frankfurt/M. 1976 [zahlreiche weitere Auflagen]. – Horst Steinmetz: Suspensive Interpretation. Am Beispiel F.K.s. Göttingen 1977. – Ders.: Negation als Spiegel und Appell. Zur Wirkungsbedingung K.scher Texte. In: W. Schmidt-Dengler (1985), 155–164. – Henry Sussman: K. und die Psychoanalyse. In: KHb (2008), 353–370. – Herbert Tauber: F.K. Eine Deutung seiner Werke. Zürich 1941. – Klaus Wagenbach: F.K. Eine Biographie seiner Jugend 1883–1912. Bern 1958, erw. Neuausgabe: Berlin 2006. – Ders.: F.K. in Selbstzeugnissen und Bilddokumenten. Reinbek 1964, zahlreiche überarb. u. erw. Neuaufl., neueste 2008 (romono). – Steven T. Wax: K. Comes to America. New York 2008; dt.: K. in Amerika. Wie der Krieg gegen den Terror Bürgerrechte bedroht. Übers. v. Werner Roller. Hamburg 2009. – Kurt Weinberg: K.s Dichtungen. Die Travestien des Mythos. Bern, München 1963. – Rosmarie Zeller: Advokatenkniffe: Die Thematisierung von Textproduktion und Interpretation im Werk K.s. In: ZfdPh 106 (1987), 588–576. – John Zilcosky: K.'s Travels. Exoticism, Colonialism, and the Traffic of Writing. New York 2003.

Manfred Engel

4.2 Schaffensprozess

Die Darstellung des Schaffensprozesses bei Kafka umfasst mehrere Bereiche: Sie bestimmt die biographischen Entstehungsbedingungen der Texte und gibt dafür psychologische Dispositionen an; sie berücksichtigt soziokulturelle Einflüsse auf den Schreibprozess; sie kann die Eigenrezeption Kafkas aufgreifen sowie von der Selbstreflexivität der Texte aus über Entstehungsbedingungen spekulieren und damit den engen Zusammenhang von Poetik/Poetologie und Leben betrachten; nicht zuletzt zieht sie aus editionsphilologischen Beobachtungen Rückschlüsse auf den Schreibprozess.

Angesichts der Breite der Untersuchungsmöglichkeiten haben psychologische und psychoanalytische Erklärungen des Schaffensaspekts den Nachteil, kreative Prozesse nur aus dem konflikthaften Geschehen im Unbewussten abzuleiten. Zum Erzählen gehören aber nicht minder bewusste kognitive Aktivitäten, wenn nicht sogar die vorbewussten und bewussten Anteile den Hauptteil der Hervorbringungen von literarischen Werken bilden, also implizites und explizites Wissen, das beim Schreiben zur Geltung kommt. Um diese Wissensbereiche erfassen zu können, kann man zusätzlich auf kulturwissenschaftliche Ansätze zurückgreifen und ein erweitertes Spektrum von Kontexten des literarischen Schaffens angeben.

Die hier erfolgende Darstellung von Schaffensaspekten wird auf eine einseitige psychoanalytische Sichtweise verzichten und materiale, soziale und mentale Dimensionen des Schreibprozesses berücksichtigen. Zur komplexen Abbildung eines komplexen Schreibgeschehens gehören neben den psychischen Dispositionen Befunde aufgrund der Handschriften und der Publikationspraxis, Selbstaussagen Kafkas, die Selbstreflexivität seiner Texte, Lektürepraxis und Rezeption des Schaffens anderer Autoren, lokale Einflüsse und die Betrachtung des Schreibens als einer kulturellen Praktik der Selbsterkundung in der Moderne. Eine solche kulturwissenschaftliche Entfaltung von Einflüssen auf den Schaffensaspekt führt zu einer erweiterten Materialbasis, die sowohl für historische als auch für systematische Aspekte differenzierte Aussagen ermöglicht.

Kafkas Literaturbegriff

Die Beschreibung der Produktionsweise ist gehalten, aus den ambivalenten testamentarischen Vorgaben Kriterien bzw. Indikatoren für Kafkas Literaturbegriff abzuleiten, die sowohl die kritische Haltung gegenüber dem Geschriebenen als auch die Motivation zum Weiterschreiben erklären können. Kafkas Testamente (BMB 365 u. 421 f.) sind ein guter Ausgangspunkt, um die Innovationen der Prosa in den Blick zu nehmen. Roland Reuß hat die Probleme aufgezeigt, denen sich Max Brod gegenüber sah, als er die Testamente in Händen hielt: vom zufälligen Auffinden bis zu der paradoxen Situation *zweier* letzter Willensbekundungen (Reuß, 9–13). Im sogenannten ›ersten Testament‹ hatte Kafka geschrieben, Brod solle alles, was er an Geschriebenem finde, ohne Ausnahme verbrennen. Im zweiten Testament vom 29. November 1922 verfügt Kafka, dass »nur die Bücher: Urteil, Heizer, Verwandlung, Strafkolonie, Landarzt und die Erzählung: Hungerkünstler« gelten; auch wenn er den Wunsch habe, dass sie »ganz verloren gehn« (BMB 421), wolle er niemanden davon abhalten, sie zu erhalten. Alles andere an Geschriebenem oder Gedrucktem sei aber ausnahmslos zu verbrennen.

Die Ambivalenz, mit der sich Brod konfrontiert sah, ist die Ambivalenz des Autors, der sich über den Status des Geschriebenen nicht sicher ist: Kafka überlegt, die erschienenen Bände bestehen zu lassen und akzeptiert deren persönlich nicht gewollte Tradierung als Konsequenz der eigenen Publikationspraxis; er erkennt aber keinen übergeordneten literaturgeschichtlichen Kontext für seine Arbeiten an. Als er die Testamente geschrieben hat, war nicht abzusehen, dass er Teil eines Kanons werden könnte. Man ist gehalten, von den Testamenten aus zu fragen, welches denn die Kontexte waren, die Kafka für sein Schaffen akzeptiert hat.

Hier lohnt ein Blick in die Tagebücher. Kafkas Reflexionen zur Literatur enthalten ein genau zu umschreibendes Problemfeld: Es ist für ihn nicht ohne weiteres deutlich, was ›Literatur‹ ist. In einem Briefentwurf an Werfel heißt es noch 1922: »Was ist das, Literatur? Woher kommt es? Welchen Nutzen bringt es? Was für fragwürdige Dinge!« (NSF II, 527 f.). Erst die Beschreibung seines schwierig zu fassenden Literaturbegriffs ermöglicht es, relevante Elemente des Schaffens aufeinander zu beziehen und zu gewichten.

Für Kafkas Schreibpraxis ist vor allem die Konzentration auf den Augenblick des Schaffens signifikant. Die Poetik »zusammenhängender Stunden« (An F. Bauer, 3.12.1912; B00–12 295 f.) beim Schreiben führt zu einer neuen Art des Produzierens, bei der keine Kontrolle über das Ergebnis des Schreibens angestrebt wird. Die Texte sind dem Augenblick der Entstehung überantwortet, die Dynamik des Schreibvorgangs wirkt verstärkt auf das Geschriebene ein.

Kafka plant seine Texte nicht und hat keine Gliederungen oder Materialsammlungen hinterlassen, wie etwa Thomas Mann, der selbst die Zeitungslektüre für sein Werk in den Dienst genommen hat. Kafka setzt mit dem Erzählen einer Geschichte an, bis ein Fortgang der Handlung möglich wird; die Handlung wird im Schreibprozess organisiert, ohne dass Handlungsziele fest stehen. Gibt es frühzeitig ein Ende – wie im *Process*, bei dem Kafka das erste und das letzte Kapitel hintereinander geschrieben hat –, wird der Fortgang dazwischen schreibend erprobt. Kafka bringt Korrekturen sofort oder im Verlauf des Schreibprozesses an (wie beim *Schloss*-Romanfragment, in dem er nachträglich vom Ich-Erzähler zum Er-Erzähler wechselt), er überarbeitet seine Texte aber nicht. Viele Änderungen für die Publikation betreffen Anpassungen an die Hochsprache. Zur Publikation entnimmt er schließlich häufig Werke einem größeren Schreibzusammenhang, wie z. B. *Vor dem Gesetz* aus dem *Process*-Romanfragment.

Kafka fehlt auch ein ausgeprägter Bezug zu Literaturbetrieb und Buchmarkt: Er lässt sich nur bedingt auf die Regeln des Betriebes ein; seine Vorstellung von Autorschaft ist eher auf persönliche Kontexte bezogen. Kafka tritt nicht in Korrespondenz mit ihm nicht bekannten Kollegen. Initiativ wird er vorwiegend in Hinsicht auf den Prager Freundeskreis und das deutsch-jüdische Umfeld Prags: Er befindet sich im Gespräch mit Max Brod, Oskar Baum, Franz Werfel, Felix Weltsch und anderen. Auch die Publikationspraxis wird vom privaten Umfeld bestimmt. Max Brod meinte, Kafka jeden Text zur Publikation abringen zu müssen. Diese Darstellung muss zwar aus heutiger Sicht relativiert werden, dennoch zeigt Kafkas Publikationsverhalten ein hohes Maß an Zurückhaltung: Er bleibt seinem Verleger Kurt Wolff treu, dessen Werbungen um neue Texte er nicht leicht nachgibt; er veröffentlicht vor allem in Zeitschriften, die von Freunden und Bekannten herausgeben werden (Franz Blei, Willy Haas oder Max Brod) oder in lokal und thematisch gebundenen Zeitschriften: in Prager Zeitungen und in Zeitschrif-

ten mit einem jüdischen Schwerpunkt (vgl. die chronologische Auflistung in DzL:A 15–24). Auch die Widmungspraxis, die einen persönlichen Bezug seiner Werke herstellt, wird erst mit dem letzten Band *Ein Hungerkünstler* unterbrochen. Der Bezug zu Prag ist nicht nur qua Geburt gegeben, er ist auch gewollt und Teil von Kafkas Literaturverständnis.

Das Konzept der ›kleinen Literaturen‹

In einem Tagebuchfragment aus dem Jahr 1911 hält Kafka die Vorteile regionaler Literaturszenen fest (vgl. Neumann 1992a; Deleuze/Guattari; ↗138–140). In Abgrenzung zur großen Literatur, zu der er die deutsche zählt, besteht der Vorteil der »kleinen Litteraturen« (27.12.1911; T 326) – gemeint sind die »jüdische Literatur in Warschau« und die »tschechische Literatur« (T 312) – in der Nähe von Autor und Öffentlichkeit (T 312–315, 321 f., 326). Die lokale Verbreitung sorgt für das »einheitliche Zusammenhalten [...] des nationalen Bewußtseins« (312 f.). Die Autoren führen lediglich Tagebuch und sind nicht aufgefordert, die Geschichtsschreibung der Nation zu übernehmen. Kleine Literaturen hätten zwar weniger literarische Talente, dadurch aber sei die literarische Situation insgesamt weniger zentriert und lebendiger. Eine solche Situation könne, so Kafka, zur Vergeistigung des öffentlichen Lebens beitragen, sie könne »unzufriedene Elemente« einbinden und ein »höheres Streben unter den Heranwachsenden« (313) erwecken. Schließlich ermögliche eine kleine Literatur auch die Verhandlung des Literarischen im politischen Bereich. Die Literaturgeschichte selbst sei schließlich eine »Angelegenheit des Volkes« (315), nicht der Institutionen. In einer »kleinen Litteratur« seien zudem die Freiheitsgrade für den einzelnen Autor höher und die komplexe Vernetzung von Autor und Publikum weitreichender.

Kafka stellt hier einen dezentralen und antihierarchischen Literaturbegriff vor. Er sucht einen authentischen Ausgangspunkt für das Schreiben, bei dem der potenzielle Leser Mitwisser ist. Zugleich ist hier das Schreiben zielgruppenspezifischer: Eine Zielgruppe der »kleinen Litteratur« entstammt dem jüdischen Kontext. Kafka kann hier auf die Kenntnis kulturspezifischer Schreibverfahren (z. B. des Kommentierens) vertrauen; Schreiben ist aus der Sicht des säkularisierten Judentums zugleich eine »Ersatzheimat« (Haring, 1). Eine zweite Zielgruppe sind die

Prager Deutschen und, mit ihnen verbunden, die deutschsprachigen Gebiete.

Die Abgrenzung gegen die große Literatur kann man mit den im Folgenden diskutierten Stichworten beschreiben, wobei die Auseinandersetzung mit Goethe maßgeblich ist (die vermutlich nicht zufällig parallel zur Beschäftigung mit dem jüdischen Theater geführt wird). Ein Fazit lautet: »Plan eines Aufsatzes: ›Goethes entsetzliches Wesen‹« (31.1.1912; T 367). Kafka berauscht sich an der ›Zentrierung‹ des Goetheschen Werks und stellt zugleich sein eigenes Anderssein fest.

Eine Sprache für die ›kleinen Literaturen‹

Eine »kleine Litteratur« bedarf einer eigenständigen Sprachverwendung. Welche Muster Kafka dabei vor Augen gestanden haben, kann an seiner Beschäftigung mit dem jüdischen Jargon abgelesen werden, wobei nicht die konkrete Form dialektaler Sprachverwendung, sondern die Wirkung auf Kafka relevant ist. Kafkas *Einleitungsvortrag über Jargon* aus dem Jahr 1912 (NSF I, 188–193; ↗ 140 f.) enthält typische Momente einer ersten Phase sprachlicher Selbsterkundung als Autor.

Kafka erfährt den ostjüdischen Dialekt auf dem Theater als Muster der literarischen Arbeit. Im Vortrag berichtet er über eine »wahre Einheit« mit der Sprache:

> Wenn Sie aber einmal Jargon ergriffen hat – und Jargon ist alles, Wort, chassidische Melodie und das Wesen dieses ostjüdischen Schauspielers selbst, – dann werden Sie Ihre frühere Ruhe nicht mehr wiedererkennen. Dann werden Sie die wahre Einheit des Jargon zu spüren bekommen, so stark, daß Sie sich fürchten werden, aber nicht mehr vor dem Jargon, sondern vor sich. Sie würden nicht imstande sein, diese Furcht allein zu ertragen, wenn nicht gleich auch aus dem Jargon das Selbstvertrauen über Sie käme, das dieser Furcht standhält und noch stärker ist (NSF I, 193).

Sprache kann den kulturellen Raum authentisch und von Intensitäten bestimmt gestalten. Kafka hebt die Wirkungskraft des Jargons hervor, die paradoxerweise darin besteht, dass man ihn nicht versteht. Umso wichtiger ist für den Zuschauer die Beachtung kontextsensitiver Merkmale. Der performative Text sichert die Aussagekraft auch jenseits des sprachlichen Textes. So enthält er genügend Energien, die das Unverständliche kompensieren können. Der Jargon ist nach den Bestimmungen Kafkas gegen die gleichförmige, westeuropäische »Ordnung der Dinge« (188) gerichtet.

Für das Schreiben gewinnt der Jargon zunächst Modellcharakter. Er ist das dramatische Gegenstück zu den Spracherfahrungen des Prosaisten. Der Jargon vermittelt Inhalte mit bedeutungshaften Gesten oder Intonationen. Entsprechend heißt erzählen dann, dem Gleiten imaginativer Selbstentäußerung zu folgen, ohne den Erzählstrom allzu sehr einzuschränken. Die Erfahrung des Jargons ist analog zu jener von Träumen: Der Jargon erzeugt Effekte der Belebung und Intensivierung in einem offenen Horizont von Bedeutungen.

Darstellungsweisen einer ›kleinen Literatur‹

Ästhetisch-poetologische und soziokulturelle Grundlagen des Schreibens gehen bei der »kleinen Litteratur« ineinander über. Authentizität verlangt nach Intensität. Beides entsteht für Kafka durch Selbstdistanzierung im Aufbrechen der Grenzen des Ich. Im Grunde genommen handelt es sich um eine Erfahrung zwischen kleiner und großer Literatur, die Kafka als deutsch sprechender Prager Bürger jüdischer Herkunft macht. Kulturelle Deterritorialisierung und ästhetische Dezentrierung folgen der Erfahrung der Randständigkeit Prags in der deutschsprachigen (vor allem österreichisch-ungarischen) Literatur. Kafka entwirft im Tagebucheintrag zum Jargon ein Verständnis von Autorschaft, das mit prager-deutschen Kodierungen und Grenzverläufen zwischen fremd und eigen, privat und öffentlich, mündlich und schriftlich reguliert wird. Das Schreiben wie im Tagebuch korrespondiert mit der Vorstellung der Darstellung eines traumhaften inneren Lebens. »Von der Litteratur aus gesehen«, notiert er, »ist mein Schicksal sehr einfach. Der Sinn für die Darstellung meines traumhaften innern Lebens hat alles andere ins Nebensächliche gerückt und es in einer schrecklichen Weise verkümmert« (6.8.1914; T 546). Traumhaft wird die Darstellung durch Verschiebungen, Dezentrierungen (die Handlung schreitet kontinuierlich voran, aber der *plot* wechselt) und Diskontinuitäten.

Das *Urteil* – traumhafter Durch-bruch des Autors und Scheitern der Figuren

Die Funktion der Literatur als ›Tagebuch der Nation‹ weist auf die besondere Aufgabe des Schreibens bei Kafka hin. Er protokolliert die Bewegungen des sozialen Lebens durch die Form seiner Subjektivität. Diese zeichnet sich durch Authentizität und Intensität aus, wofür der Traum paradigmatische Kraft gewinnt. Man kann das am sogenannten ›Durchbruchstext‹ Kafkas, dem *Urteil*, aufzeigen. Die Erzählung ist biographisch, selbstreflexiv und mit offenem Bedeutungshorizont angelegt. Der Sohn Georg schreibt einen Brief, dessen Inhalt er in einem Gespräch mit der Verlobten entwickelt: Sie rät ihm, authentisch zu sein und dem Freund in Petersburg von den tatsächlichen Begebenheiten zu erzählen. Georg ist der Protokollant der Ereignisse, für deren Authentizität er einsteht. Mit dieser neuen Art des Briefschreibens geht er zum Vater. Wie immer man nun den Vater deuten will, ob als biographische Größe oder als literarischen Übervater Goethe, entscheidend ist, dass der Sohn sich gegen die Tradition, die der Vater verkörpert, nicht durchsetzen kann. Aufbruch und Scheitern des neuen Schreibens gehen ineinander über. Der durch die Braut motivierte Aufbruch ins Soziale wird durch die rhetorischen Finten des Vaters desavouiert. Man wird also schon vom ›Durchbruchstext‹ aus sagen können, dass das Schreiben aus der Sicht Kafkas unter dem Vorbehalt steht, sich gegen institutionalisierte Machtstrukturen – und sei es eine kanonisierte Literaturgeschichte – nicht durchsetzen zu können. In der Negation des Produzierenden und des Produktes liegt die eigentliche Freiheit dieser Literatur.

Kafka hat ein Bedeutungs- und Sinnproblem, wie schon die erfahrene Wirkung des ostjüdischen Theaters zeigt. Entsprechend fragt er Felice, ob sie »irgendeinen Sinn, […] irgendeinen ›geraden‹, ›zusammenhängenden‹, verfolgbaren Sinn« im *Urteil* findet (An F. Bauer, 3.6.1913; B13–14 201). Ein geradliniger Sinn ist darin nicht zu finden, aber eine »innere Wahrheit (was sich niemals allgemein feststellen lässt, sondern immer wieder von jedem Leser oder Hörer von neuem zugegeben oder geleugnet werden muß)« (An F. Bauer, 4./5.12.1912; B00–12 299). Kafkas Selbstdeutung des *Urteil* beschreibt in Analogie zur Traumdeutung Freuds Teile des Textes als Verdichtungen und Verschiebungen (11.2.1913;

T 491–493 u. 23.9.1912; T 460 f.). Der Assoziationsraum während des Schreibens wird aber nicht nur auf Freud bezogen. Eine zweite, für das Gesamtwerk wichtigere Erfahrung drängt sich in den Vordergrund: »Nur so kann geschrieben werden, nur in einem solchen Zusammenhang, mit solcher vollständigen Öffnung des Leibes und der Seele« (T 461). Der Leib wird zum Instrument, mit dem gutes von schlechtem Schreiben unterschieden werden kann. Gelungenes Schreiben enthält einen performativen Text, der sich gegen den sprachlichen Text behaupten kann. Der Leib ist das erste Medium, durch das Literatur geformt wird, vor dem zweiten, dem Papier, und dem dritten, dem Buch.

Schreiben als Existenzform (Selbstreflexion)

Nach Hillmann ist das Schreiben Kafkas »hochpersönlich«, es dient der Selbstverständigung und ist ein »Problemlösungsspiel« (Hillmann, 20 f.). Anhand der Tagebücher weist Korte auf den Wunsch Kafkas nach einem authentischen Schreiben hin und auf die daraus entwachsene Paradoxie, dass die »Rolle des Aufschreibprozesses« autonom gegenüber der Faktizität werde: Es bringt eine eigene Logik hervor (Korte, 255 f.). Bereits Kittler ist der Auffassung, Leben bedeute bei Kafka Schreiben (Kittler, 60). Kafka korrespondiert mit diesen Beobachtungen in einer Reflexion des *Urteils*: »Als es in meinem Organismus klar geworden war, daß das Schreiben die ergiebigste Richtung meines Wesens sei, drängte sich alles hin und ließ alle Fähigkeiten leer stehn, die sich auf die Freuden des Geschlechtes, des Essens, des Trinkens, des philosophischen Nachdenkens der Musik zu allererst richteten« (3.1.1912; T 341).

Fragt man nun, welchen Literaturbegriff Kafka in den Anfängen vertritt, so kann man festhalten: Literatur ist bei ihm zunächst dem Tagebuch- und Briefeschreiben ähnlich. Schreiben ist eine Authentifizierungsstrategie:

> Ich habe […] ein großes Verlangen, meinen ganzen bangen Zustand ganz aus mir herauszuschreiben und ebenso wie er aus der Tiefe kommt in die Tiefe des Papiers hinein oder es so niederzuschreiben daß ich das Geschriebene vollständig in mich einbeziehen könnte (8.12.1911; T 286).

Eine frühere Notiz zum Schreiben verlangt »größte Vollständigkeit« und »gänzliche Wahrhaftigkeit«, da ansonsten »das richtige Gefühl schwindet, während die Wertlosigkeit des Notierten zu spät erkannt wird« (12.1.1911; T 143).

Die Authentizität des Schreibens arbeitet sich jedoch an den Bedingungen der Schriftlichkeit ab. Authentizität heißt nun nicht, das Gleiche zu schreiben, sondern aus dem Aufbrechen des Gleichen Authentifizierungsstrategien abzuleiten. Kafka beobachtet in den Tagebüchern und Briefen eine Veränderung des Ich beim Schreiben. In dieser Erfahrung der Dezentrierung wird aber eine authentischere Version des Ich offenbar. »Zerstöre Dich! [...] ›um Dich zu dem zu machen, der Du bist‹«, vermelden die Notizhefte dazu (NSF II, 42). Dieses Erfahrungsmuster spiegelt sich auf mehreren Ebenen des Schaffensprozesses wider. Bereits der Durchbruchstext ist davon gekennzeichnet. Der Handlungsfortgang beruht auf einer Bewegung, die die Selbstidentität der Figuren und Ereignisse nicht behauptet, so wie auch der Autor im Erzählen seine Identität im Schreibstrom nicht behaupten kann.

Literatur und Leben überschneiden sich in einer Weise, die nicht einzigartig ist – Lenz, Hölderlin, Celan und andere ließen sich zum Vergleich heranziehen. Konstitutiv für Kafkas Literaturbegriff bleibt aber das Ineinandergreifen von Fiktionalität (als textueller Eigenschaft) und Imagination (als anthropologischer Eigenschaft). In der »Darstellung [seines] traumhaften innern Lebens« (6.8.1914; T 546) beruft sich Kafka auf die Imagination als einen lebensumfassenden Prozess, der nicht bloß Fiktionen schafft, sondern eine Illumination von ›Leben‹ abgibt.

In der Differenz von Leib und Schrift, von leiblichem Prozess und schriftlicher Fixierung enthält das Schreiben etwas, das der textuellen Form nicht mehr eigen ist. Vom Produkt aus betrachtet, enthält das Schreiben sein eigenes Rätsel, das Kafka beobachtet, und das er mit fortschreitender Beobachtung nicht unter die Perspektive der Kreativität stellt. Die Kritik der Psychologie und Psychoanalyse entwickelt sich aus der Selbstbeobachtung beim Schreiben, Introspektion führt zu einer nicht mehr psychoanalytischen Fundierung des Schreibgeschehens. Kafka sieht im »therapeutischen Teil der Psychoanalyse einen hilflosen Irrtum. Alle diese angeblichen Krankheiten, so traurig sie auch aussehn, sind Glaubenstatsachen« (NSF II, 341 f.). Die Selbstevidenz der Seele ist für Kafka nicht hintergeh- oder manipulierbar.

Erkundungen einer höheren, ästhetischen Art der Beobachtung

Literatur- und philosophiegeschichtlich betrachtet bewegt sich Kafka innerhalb der Lebensphilosophie. Nietzsche, Bergson u. a. beobachten das Denken beim Denken und stellen einen mehrschichtigen Prozess dar, der erst in letzter Konsequenz in Begriffe mündet. Bei Bergson (Orig. 1896) geben Begriffe Grade der Intensität an, unter denen die Bewegungen im Ich und in den Dingen (der objekthaften Welt) sich verhalten. Er spricht von »Kondensation« und »Verdünnung«. Im Rhythmus der Bewegungen entstehen Bilder, die aus der Widerständigkeit der Materie bei dem Versuch des Menschen folgen, die Gegenstände der Wahrnehmung zu organisieren. Die Wahrnehmung erschafft in diesem Modell die Dinge und Sachverhalte, indem sie sie aus einem komplexen, verdünnten Zusammenhang in einen anderen Zustand überführt.

Kafka steigert in seiner Schreibhaltung solche Einlassungen. Er bildet Bewusstseinsprozesse in Textprozessen ab. Für solche Überlagerungen von Bewusstsein und Text wäre der Begriff der ›ästhetischen Existenz‹ hilfreich. In der Semiose zwischen Leben und Zeichen gerät alles in unabschließbare Bewegungen. Man kann auch von einem artistischen Schreiben sprechen (Fromm), da die Realität schon luzide gerät:

> Wir erleben sie [die wirklichen Ereignisse] nur vor und nach dem wirklichen, mit elementarisch unbegreiflicher Eile vorübergehenden Ereignis, es sind traumhafte nur auf uns eingeschränkte Erdichtungen (NSF II, 222).

Das Ich, das schreibt, ist in seinen Bewusstseinsstrom eingelassen, ohne darin selbstermächtigtes Subjekt zu sein. Am Schreiben ist sowohl ein aktives Moment beteiligt, als auch ein passiv-rezeptives, durch das das Ich, das schreibt, geschrieben wird. Kafka beschäftigt sich vor allem mit dem rezeptiven Moment des Schreibens, da es der eigentliche Anlass für das Gelingen zu sein scheint. In den Zürauer Aphorismen beschreibt Kafka diese Erfahrung dann vor der Tradition der *potentia passiva*: »Schreiben als Form des Gebetes« (NSF II, 354) ist die dazugehörige Formulierung. Schreiben zeitigt eine ästhetische Selbsterfahrung, die mit einem lebenspraktisch orientierten Ich kaum mehr zu vereinbaren ist: »denn jetzt bin ich schon Bürger in dieser andern Welt, die sich zur gewöhnlichen Welt verhält wie die Wüste zum ackerbauenden Land« (28.1.1922; T 893).

Hier wird die Ästhetik des frühen Nietzsche hörbar, die, wie schon jene Schopenhauers, das Unbegriffliche in der Kunst an die Stelle der traditionellen Metaphysik gesetzt hat: »Versprechungen irgendeines Glückes, ähnlich den Hoffnungen auf ein ewiges Leben. Von einer gewissen Entfernung aus gesehn, halten sie stand und man wagt sich nicht näher« (6.1.1915; T 715). Was unter Glück zu verstehen ist, nennt das Tagebuch dann später: »Glück aber nur, falls ich die Welt ins Reine, Wahre, Unveränderliche heben kann« (25.9.1917; T 838). Kafka schreibt an der Umformulierung von Metaphysik in ästhetische Erfahrung. Die Texte werden zu »Kondensationen«, die aufgrund ihrer Intensität eine höhere Wahrheit bezeugen, die unbegrifflich bleiben muss.

> Merkwürdiger, geheimnisvoller, vielleicht gefährlicher, vielleicht erlösender Trost des Schreibens: das Hinausspringen aus der Totschlägerreihe Tat – Beobachtung, Tat – Beobachtung, indem eine höhere Art der Beobachtung geschaffen wird, eine höhere, keine schärfere, und je höher sie ist, je unerreichbarer von der »Reihe« aus, desto unabhängiger wird sie, desto mehr eigenen Gesetzen der Bewegung folgend, desto unberechenbarer, freudiger, steigender ihr Weg (27.1.1922; T 892).

Die angestrebte Art der Beobachtung nimmt ihren Ausgangspunkt in der Freiheit vom Lebensvollzug. Sie lässt sich auf die von Kafka angenommenen und unbekannten inhärenten Notwendigkeiten des Wahrnehmungsprozesses ein. Sie erkundet die Basis ihrer selbst, den Grund des Subjekts, das wahrnimmt. Mit einem Vergleich ließe sich sagen: Kafka versucht, den genetischen Code dieser Prozesse einzuholen, der für ihn aber der Augenblick der Freiheit des Schaffens ist. In diesem Lebensexperiment trifft er aus heutiger Sicht in letzter Konsequenz immer auf ein Paradoxon.

Selbstreflexivität der Prosa

Die Aufmerksamkeit für einen umfassenderen Bewusstseinsstrom führt das luzide Bewusstsein auf mehreren Ebenen zu einer selbstreflexiven Darstellung: Das betrifft, erstens, Koinzidenzen zwischen biographischen Ereignissen und Ereignissen in den Texten. Es gibt Koinzidenzen zwischen biographischer Situation und Handlungsfortgang, zwischen Schreibsituation und Motiv des Textes, Überlagerungen verschiedener Dimensionen des Bewusstseinsstroms – beispielsweise wenn Josef K. auf dem Papier an dem Tag Urlaub nimmt, an dem Kafka in

Realität Urlaub nimmt, ohne dass man daraus ableiten dürfte, der Text sei biographisch, denn schon die nächsten Sätze verbleiben im fiktionalen Raum des Textes (vgl. Pasley). Zweitens sind davon die Inhalte der Prosa betroffen (die an dieser Stelle auch nicht andeutungsweise vollständig wiedergegeben werden können): Die Texte reflektieren Schaffensaspekte, indem sie in Literatur über die Bedingungen der Entstehung von Literatur nachdenken.

Die »höhere Art der Beobachtung« (T 892) und der Versuch, die Welt ins »Reine« zu heben (T 838), enthalten zunächst authentische Implikationen. Der <Bau> erscheint z. B. als Bild für eine Existenz, die in die Materialität der Schrift eingelassen ist und sich ohne die Möglichkeit der Übersicht in den eingerichteten Sätzen bewegt. In *Ein Hungerkünstler* thematisiert Kafka das Hungern »bis ins Unbegreifliche« (DzL 339). Thema ist das erste Medium der Literatur, der Leib, mit dem Schreiberfahrungen zu machen sind, die metaphysische Dignität zu haben scheinen. Diese Kunst des Hungerns zielt auf das Schreiben als Deformation des Lebens aus einem Mangel an Begründung. Zugleich wird die Rolle des Leibes aus der Sicht der Kommunikation zwischen Künstler und Publikum besprochen. Die Kommunikation wird durch unterschiedliche Erwartungen gesteuert: Das Publikum hält das Hungern für eine Inszenierung, der Hungerkünstler dagegen betont seinen authentischen Kunstanspruch. Die unterschiedlichen Erwartungshorizonte führen Paradoxien in die Kommunikation ein, denn dort, wo der Hungerkünstler seine Kunst durch seine persönlichen Dispositionen erklärt, hält ihn das Publikum für einen Schwindler. Das Unbegreifliche seiner Kunst, der performative Text, ist von den sozialen und ästhetischen Entwicklungen der Moderne überholt worden. Es gilt nun der vitalistische Reiz des Neuen, dafür aber ist Kafkas Leibkonzept nicht geschaffen.

Die <Forschungen eines Hundes> untersuchen in einem Lebensrückblick die Quelle der Nahrung des Hundes, die er für Musik hält. Auch er geht – wie der Hungerkünstler – davon aus, dass Fasten und Hungern die stärksten Mittel der Kunsterforschung (NSF II, 466 u. 470) sind. Damit verbindet er die Frage, ob im Hungern nur ein Phantasma sichtbar wird oder mehr – man könnte auch übersetzen: ob Schreiben nur ein Phantasma erzeugt, oder eine tiefere, erkenntnisreichere Art zu leben. Der Hund will »zur Wahrheit hinüberkommen« (475) und damit eine Nahrung, die nicht nur sättigt, sondern auch erfüllt.

Das Wort »Musik« codiert dabei die ersehnte Form erfüllter Sprachverwendung. Die Lehre von dem die Nahrung herabrufenden Gesang beinhaltet die Transformation von Metaphysik in ästhetische Erfahrung, die im Prozess des Schreibens offenbar wird, als Rätsel des Schreibens aber bestehen bleibt.

In *Josefine, die Sängerin oder Das Volk der Mäuse* greift Kafka die Musik als Chiffre für die Kunst auf. Kafka verfährt dabei so, dass die entscheidenden Qualitäten der Kunst angesichts des kommunikativen Zeichensystems a-medial und damit unverständlich werden. Das Publikum hat nun die Wahl zu akzeptieren, dass das Eigentliche in der Kunst nicht mehr zu formulieren ist, oder die Kunst, wie den Hungerkünstler, sterben zu lassen. Auch in diesem Text denkt Kafka an seine Leser und ob er ihnen zumuten kann, was er ihnen durch sein Schreiben zumutet. Es heißt, das Volk der Mäuse sei unmusikalisch und meine trotzdem, den Gesang der Sängerin zu verstehen, während die Sängerin meint, das Publikum verstehe den Gesang nicht. Das entspricht dem Leser, der meint, Kafka zu verstehen, obwohl die Texte im offenen Bedeutungshorizont ihrer Entstehung in den Vordergrund treten. Mit Josefine, der Sängerin, erkundet der Erzähler »das Rätsel« der »großen Wirkung« der Literatur (DzL 352). Am Schluss heißt es, dass der Gesang »mehr als eine bloße Erinnerung« gewesen sein wird, »weil er in dieser Art unverlierbar war« (376 f.).

Forschung

Die Betrachtung des Schaffensprozesses ist in systematischer und historischer Hinsicht an Theorien der künstlerischen Produktivität gebunden. Modelle literarischer Produktivität sind abhängig von dem Menschenbild des gewählten Ansatzes, sie gründen in psychologischen, gesellschaftlichen und anthropologischen Annahmen. Vor allem in psychoanalytisch orientierten Lektüren sind schon früh Thesen zum Schaffen formuliert worden. Aus der inneren Dynamik von Psychoanalyse und literarischem Text heraus wurden Konfliktfelder wie Ödipus-Konflikt oder latente Homosexualität aufgezeigt.

In historischer und ästhetisch-poetologischer Hinsicht sind auch heute noch Desiderate der Forschung zu verzeichnen. So gibt es nur wenige Untersuchungen, die sich mit der historischen Einordnung der Aussagen Kafkas zum Schreiben beschäftigen. Inwieweit Kafka in der Selbstdarstellung seines

Schreibens auf diskursive Elemente zurückgreift, ist nur partiell geklärt. Untersucht sind Vorbilder, an die er sich angelehnt oder von denen er sich abgesetzt hat (Voltaire, Goethe, Schopenhauer, Flaubert, Nietzsche). Weniger bekannt sind die intertextuellen Bezüge von Kafkas Selbstbeobachtungen zur (empirischen) Psychologie nach 1900, während Kafkas Auseinandersetzung mit der Psychoanalyse gut dokumentiert ist (↗2.5). Im Zentrum der Aufmerksamkeit steht gegenwärtig das Schreiben, wie schon Max Brod in seinen Schriften auf dessen Relevanz und die Bedeutung der Tunnelsituation für das Schreiben hinweist.

Eine der ersten Arbeiten, die die herausgehobene Bedeutung des Schreibens für das Werk Kafkas betont, wurde von Maurice Blanchot verfasst. Er betrachtet in seinen Aufsätzen, die in den 20er bis 40er Jahren des 20. Jahrhunderts entstanden sind, die Existenzaussagen und Briefe Kafkas aus der Sicht literarischer Prozesse. Die Erfahrungen beim Schreiben von Briefen sind demnach die Grundlage für das literarische Schreiben. Nach Blanchot ist das schreibende Subjekt mit der Erfahrung der Negation allen Seins konfrontiert. Die Literatur sage das Wesen der Dinge aus, indem sie deren Sein mortifiziere. Schreiben heißt dann, Abwesenheit zu produzieren (Blanchot, 31 f.), konfrontiert den Schriftsteller so zugleich mit dem Tod. Angesichts solcher Verluste praktiziere Kafka das Schreiben als Suche nach einer Bejahung aus der Negation der Abwesenheit heraus (59). Blanchot reiht Kafka in eine mystische Tradition ein, die »ekstatische Erfahrungen« (96) aus der Kombination von Buchstaben gewonnen hat. Speziell für die Schreiberfahrung unterscheidet er bei Kafka zwei Phasen: eine Zeit der Suche nach einer ununterbrochenen Kontinuität beim Schreiben und eine Zeit der wachsenden Einsicht in die Notwendigkeit, aus dem Mangel einer solchen Kontinuität heraus zu agieren (195 f.).

Eine erste Zusammenfassung der Forschung zu Schaffensaspekten gibt Heinz Hillmann, der zwischen drei Phasen des Schaffens unterscheidet: Inkubation, Niederschrift, Eigenrezeption. Damit sind implizit Annahmen über den kreativen Prozess verbunden: Es bedarf eines konkreten Bezugs aus dem soziokulturellen Umfeld, es bedarf einer Anreicherung und Verdichtung beim Schreiben und schließlich einer kognitiven Durchdringung des Niedergeschriebenen (Hillmann 1979).

Binder (1983) untersucht den Schaffensaspekt unter zwei Bedingungen: den Selbstaussagen Kafkas und den »Gesetzmäßigkeiten des psychischen Apparats« (Binder 1983, 16). Aus der Sozialgeschichte der Literatur entlehnt er das Kriterium einer engen Verbindung von Text und konkretem historischem Ereignis. Der möglichst umfassende Nachvollzug des konkreten Lebens Kafkas wird Ausgangspunkt zur Beschreibung der Transformationen von Leben in Literatur, wobei die Veränderung durch die Strukturen der individuellen Psyche Kafkas bedingt ist. Binder versteht Kafkas Schreiben als psychotischen Zustand (62). Im Schreibprozess ist die »Führungsrolle des Bewusstseins« keinesfalls zu beobachten (27, 43). Das bewusste Ich erscheint nach Binder bei Kafka im Schreiben als etwas Fremdes, da unbewusste Phänomene zum Vorschein kommen, die den Ablauf und die Kohärenz des Schreibens garantieren (29). Solche unbewussten, »energetischen« Ströme werden von Binder als »Lebenskraft« (45) verstanden. Sie erschafft in freier Assoziation die rätselhaften Geschichten Kafkas, deren Sinn dem Autor fremd bleiben kann. Intuition und Imagination werden von regressiven Zuständen bestimmt.

Born beschäftigt sich schon 1969 mit der Metaphorik des dichterischen Schaffens. Er gibt Hinweise auf die Geschichte des Schreibens seit der Romantik, erkennt Parallelen bei der Konstitution von Sinn durch den Schreibprozess, der ebenso rational wie phantastisch ist (Born 2000, 30 ff.). Born versteht Kafkas Formulierung vom »Feuer zusammenhängender Stunden« (An F. Bauer, 3.12.1912; B00–12 295 f.) als Intensivierung im Zustand des Schreibens und Veräußerlichung des Ichs während des Schreibens. Die These vom Schreiben als Mortifikation dagegen hat Gerhard Kurz weiterentwickelt (Kurz 1980, 46). Historisch hilfreich ist Borns Hinweis auf den Psychologen Richard Müller-Freienfels, dessen *Psychologie der Kunst* (1912) mit einer Metaphorik für kreative Prozesse arbeitet, die jener Kafkas vergleichbar ist.

Pasley (1995, 100; zuerst 1980) rät zur Behutsamkeit bei der Bestimmung der psychologischen Bedingungen des Schreibens. Er stellt Koinzidenzen zwischen dem Geschriebenen und dem Schreiben fest – beispielsweise heißt es in einem Text, der nach Manuskriptbefund sichtlich mit spitzer Feder geschrieben ist: »Suche ihn mit spitzer Feder« (NSF II, 566; Pasley, 101). Das Schreiben hängt demnach von den konkreten Bedingungen der Schreibsituation ab. Pasley leitet daraus ab, dass Kafkas Texte dem Schreibvorgang abgerungen sind, es gebe eine »Partnerschaft von Erfindung und Aufzeichnung« (105).

Zur Erklärung der »allmählichen Verfertigung der Gedanken beim Schreiben« verwendet Pasley kein psychoanalytisches Modell. In dem Aufsatz *Kafkas »Hinausspringen aus der Totschlägerreihe«* stellt er vielmehr eine »Gleichzeitigkeit von Geschehen und Beobachten« fest, (Pasley, 147 [zuerst 1987]) und formuliert eine Alternative zur tiefenpsychologischen Sicht: Schreiberfahrung und Traumerfahrung ähneln sich. Das Analogieverfahren ist methodisch nicht einfach zu kontrollieren, denn Schreibprozesse und Traumprozesse unterscheiden sich durch den Anteil bewusster Eingriffsmöglichkeiten. Das traumartige Schreiben Kafkas enthält Korrekturprozesse, Eingriffe und Umschreibungen, die auf ein waches Bewusstsein hinweisen. Dennoch ist mit Hilfe der Analogie auf eine Reihe wichtiger Schaffensaspekte aufmerksam gemacht.

Walter Müller-Seidel beschreibt ein antiklassisches Verständnis des Schreibens, das er mit dem Attribut »traumhaft« ausstattet (Müller-Seidel, 110 ff.). Die im Schreiben gewonnene Literatur sei existenzhaft, nicht zufällig verwende Kafka Bilder aus dem Wortfeld Geburt/Gebären für das Schreiben (108). Ein »traumhaftes Schreiben« konstatiert auch Manfred Engel bei Kafka. Für Engel sind die Verstöße gegen die »›fundamental-ontologischen Basispostulate‹ unseres Realitätsbegriffs« (Engel, 247 f.) Hinweise auf den Traum. Zuletzt hat Sophie von Glinski die Imaginationsprozesse in der frühen Prosa mit dem Traum verglichen.

Bei Gerhard Neumann gerät der Schaffensaspekt unter Berücksichtigung des Status der Texte und des Geschriebenen in den Blick. Kittler und Neumann (1990) postulieren, das Schreiben sei nicht auf die Herstellung von Werken ausgerichtet, sondern stehe unter einem ›Doppelgesetz‹ von Sprachströmung und Sprachhemmung, das mehr der Selbsterkundung und Selbstvergewisserung dient, denn der gezielten Herstellung eines Werkes. Poetik und Selbsterkundung sind, Neumann zufolge, bei Kafka identisch. Poetologisch interessant ist für ihn, wie schon für Müller-Seidel, die Geburtsmetaphorik (Neumann 1992b). Geburt und Erlöschung bedingen sich danach im Schreiben wechselseitig. Laut Neumann (1990, 174) dient Kafkas Poetologie der Ersetzung der Liebe durch die Schrift; umgekehrt aber auch der Beglaubigung der Schrift aus einer Liebe, deren Handlungsregel die unbedingt eingehaltene Distanz ist. Literatur bedeutet »Abwesenheit von Liebe. Sie wird möglich durch Trennung der Zeichen vom Körper«. Wenn Schreiben nun die einzige Form des

Lebens für Kafka bedeutet, gerät er in einen Widerspruch, der nicht mehr auflösbar ist – eine Dichotomie von Körper und Schrift (Neumann 1980, 392).

Die Initialwirkung der Arbeiten der KA-Herausgeber hat weitere Untersuchungen zum Schreiben hervorgerufen, die sich nicht mehr nur als Fortschreibungen der psychoanalytischen Sichtweise verstehen lassen, sondern über sie hinaus die Eigenständigkeit des Ästhetischen betonen und nach den literarischen Momenten des Schreibens bei Kafka fragen. Detlef Kremer untersucht die Versuche Kafkas, Schrift zu verlebendigen und fragt nach den Motivationen dieses Schreibens (Kremer, 22). In seiner Sicht wird bei Kafka Leben in Literatur verwandelt. Die Verwandlung in Schrift führt aber zum Abarbeiten an der Verwandlung des Ichs in der Schrift (125). Im Scheitern der authentischen Selbsterkundung zeigt sich Schrift als Folter und als Grab. Graben und Schreiben gehören dann zwar zusammen, sie können aber durch ein Durchbrechen der Logik für kurze Zeit wieder in einen Zustand der Verlebendigung überführt werden. Das Schreiben arbeitet sich so ohne Ende an der Schrift ab (vgl. auch Baumann u. Guntermann).

Waldemar Fromm beschreibt die strukturelle Ähnlichkeit von Schreiberfahrung und Erfahrungen der Figuren in der Prosa. Schreiben entkräftet das Werk, insofern es in der eigenen Bewegung auf etwas verweist, das im Werk nicht ansichtig werden kann. Diese Differenz zwischen dem, was im Schreiben noch vorhanden war, und dem entstandenen Text sucht Kafka wiederholt in den Erfahrungen der Figuren zu inszenieren. Mit der fortschreitenden Schreiberfahrung reflektiert Kafka sein Schreibproblem zunehmend im Kontext mythischer und christlich-jüdischer religiöser Texte.

Christian Schärf fokussiert in seiner Studie die Schrift und fragt, wie sie von Kafka verstanden wird: Im Schreiben vollziehe sich »die Herstellung eines Körpers, der die Zeichen der Existenz trägt« (Schärf, 8); Ziel dieses Schreibens sei die Herstellung der Unbegreiflichkeit des Seins (10 f.). Kafka überwinde im Körper der Schrift die Differenz von Denken und Sein. Im Anschluss an Schärf sieht Oliver Ley aus dem Schreiben einen »autonomen Schriftkomplex« resultieren, der das biographische »Verschwinden« in der Schrift garantiert (Ley, 93). Das Schreiben einer unveränderlichen Schrift entwickelt Immunisierungsstrategien gegen die Exegese, indem ihre Genese unendlich reflektiert wird; so bilde sich eine Wahrheit ohne außersprachliches Korrelat (102). Ich

und Körper verlöschen in der Schrift, sie werden nicht, auch nicht für den Bruchteil des Schreibens, paradox sichtbar und erfahrbar.

Bei Ley und Schärf wird das Verhältnis von Leben und Literatur so gedeutet, dass die Literatur das Leben durchstreicht. Andere Deutungen des Verhältnisses von Leben und Literatur stammen von Peter-André Alt und Oliver Jahraus, in denen das Leben in Literatur transferiert wird. Nach Alt ist die Biographie der Grund, auf dem die Literatur überhaupt erst entsteht – womit er an psychoanalytische Deutungen anknüpft. Jahraus wiederum verbindet Literatur und Leben über den Sexualakt. An die Stelle der Frau trete die Literatur. Ähnlich wie bei Kremer und Neumann kommt die Produktivkraft des Schreibens aus der »sexuellen Handhabung« des Schreibens; Sexualität sei das Medium, das den Umschlag vom Existentiellen ins Literarische ermögliche (Jahraus, 149). Notwendig erscheint für den Umschwung eine biographische Problemkonstellation, die dann in der Literatur bearbeitet werden kann.

Sandra Kluwe greift Erkenntnisse aus der Neurophysiologie des Gehirns auf. Sie erklärt Kafkas Schreibzustände als normale Reaktionen des Gehirns auf kreative Prozesse. Man könnte daraus den Schluss ziehen, dass Kafka sich darum bemüht habe, seinem Gehirn die optimalen Umgebungsbedingungen zu schaffen, um angesichts der individuellen neurophysiologischen Ausstattung Literatur zu produzieren.

(Vgl. zum Schaffensprozess auch die Detailuntersuchungen zum ›Konvolut 1920‹ ↗ 347–350.)

P. A. Alt (2005). – Gerhart Baumann: Schreiben, – Der endlose Prozeß im Tagebuch F.K.s. In: EG 39 (1984), 163–174. – Henri Bergson: Materie und Gedächtnis. Eine Abhandlung über die Beziehung zwischen Körper und Geist. Hamburg 1991. – Hartmut Binder: K.s Schaffensprozeß, mit besonderer Berücksichtigung des *Urteils*. Eine Analyse seiner Aussagen über das Schreiben mit Hilfe der Handschriften und auf Grund psychologischer Theoreme. In: Euphorion 70 (1976a), 129–174. – Ders.: K.s Varianten. In: DVjs 50 (1976b), 477–510. – Ders.: K. Der Schaffensprozeß. Frankfurt/M. 1983. – Ders.: F.K.s *Verwandlung*. Entstehung, Deutung, Wirkung. Frankfurt/M. 2004. – Maurice Blanchot: Von K. zu K. Frankfurt/M. 1993. – Jürgen Born: »Daß zwei in mir kämpfen …« und andere Aufsätze zu F.K. Furth im Wald, Prag 2000. – Deleuze/Guattari (1976). – Manfred Engel: Literarische Träume und traumhaftes Schreiben bei F.K. Ein Beitrag zur Oneiropoetik der Moderne. In: Bernard Dieterle (Hg.): Träumungen.

Traumerzählung in Film und Literatur. St. Augustin 1998, 233–263. – Waldemar Fromm: Artistisches Schreiben. F.K.s Poetik zwischen *Proceß* und *Schloß*. München 1998. – Sophie von Glinski: Imaginationsprozesse. Verfahren phantastischen Erzählens in F.K.s Frühwerk. Berlin u. a. 2004. – G. Guntermann (1991). – E.W. Haring (2004). – Mark Harmann: Die Ästhetik der Andeutung. K.s Streichungen im Schreibprozeß. In: Neue Rundschau 112 (2001) 2, 104–123. – Heinz Hillmann: Schaffensprozeß. In: KHb (1979) II, 14–35. – O. Jahraus (2006). – Wolf Kittler: Brief oder Blick. Die Schreibsituation der frühen Texte von F.K. In: G. Kurz (1984), 40–67. – Sandra Kluwe: Furor poeticus. Ansätze zu einer neurophysiologisch fundierten Theorie der literarischen Kreativität am Beispiel der Produktionsästhetik Rilkes und F.K.s. www.literaturkritik.de/public/rezension.php?rez_id=10438&ausgabe=200702 (16.2.2007). – Hermann Korte: Schreib-Arbeit. Literarische Autorschaft in F.K.s Tagebüchern. In: H.L. Arnold (2006), 254–271. – Detlef Kremer: K. Die Erotik des Schreibens. Bodenheim 2. erw. Aufl. 1998. – G. Kurz (1980). – Hans-Thies Lehmann: Der buchstäbliche Körper. Zur Selbstinszenierung der Literatur bei F.K. In: G. Kurz (1984), 213–241. – Oliver Ley: F.K.: Schreibprozess, unveränderliche Schrift und Deutungsmaschine. In: Christian Schärf (Hg.): Schreiben. Szenen einer Sinngeschichte. Tübingen 2002, 89–105. – Walter Müller-Seidel: F.K.s Begriff des Schreibens und die moderne Literatur. In: LiLi 68 (1987), 104–121. – Gerhard Neumann: Schreibschrein und Strafapparat. Erwägungen zur Topographie des Schreibens. In: Günter Schnitzler (Hg.): Bild und Gedanke. Fs. für Gerhart Baumann zum 60. Geburtstag. München 1980, 385–401. – Ders.: Der verschleppte Prozeß: Literarisches Schaffen zwischen Schreibstrom und Werkidol. In: Poetica 14 (1982), 92–111. – Ders.: »Nachrichten vom Pontus«. Das Problem der Kunst im Werk F.K.s. In: Kittler/Neumann (1990), 164–198. – Ders. [1992a]: Hungerkünstler und singende Maus. F.K.s Konzept der »kleinen Literaturen«. In: Gunter E. Grimm (Hg.): Metamorphosen des Dichters. Das Rollenverständnis deutscher Schriftsteller von der Aufklärung bis zur Gegenwart. Frankfurt/M. 1992, 227–247. – Ders. [1992b]: Der Zauber des Anfangs und das »Zögern vor der Geburt«. F.K.s Poetologie des »riskantesten Augenblicks«. In: Hans Dieter Zimmermann (Hg.): Nach erneuter Lektüre: F.K.s *Der Proceß*. Würzburg 1992, 121–142. – Malcolm Pasley: »Die Schrift ist unveränderlich…«. Essays zu K. Frankfurt/M. 1995. – Roland Reuß: ~~Lesen, was gestrichen wurde~~. Für eine historisch-kritische K.-Ausgabe. In: E/FKA, 9–24. – Christian Schärf: F.K. Poetischer Text und heilige Schrift. Göttingen 2000. – Christiane Schulz: Der Schreibprozeß bei Thomas Mann und F.K. und seine didaktischen Implikationen. Frankfurt/M. u. a. 1985. – Bernhard Siegert: Kartographien der Zerstreuung. Jargon und die Schrift der jüdischen Traditionsbewegung bei K. In: Kittler/Neumann (1990), 222–247.

Waldemar Fromm

4.3   Kafka als Erzähler

Vorüberlegungen

Kafka hat vorwiegend Erzählprosa verfasst, obgleich er sicher nicht zu den »born story-tellers« gehört (Pascal, 13), weil seinem Erzählen die hierzu vermeintlich notwendige ›Ursprünglichkeit‹ und ›Natürlichkeit‹ fehlt. Dabei ist diese Prosa außerordentlich heterogen und mit einem emphatischen Begriff vom Erzähler, wie Walter Benjamin ihn formuliert hat (Benjamin 1936), nur bedingt zu beschreiben.

Unterscheiden lassen sich Kafkas Erzähltexte (1) nach den drei Werkphasen in ihrer zeitlichen Abfolge, (2) nach zu Kafkas Lebzeiten veröffentlichtem und als Nachlass publiziertem Werk, wobei letzteres wiederum (3) aus in sich geschlossenen Texten einerseits und Fragment gebliebenen Entwürfen andererseits besteht. (4) Schließlich bedarf es der gattungstheoretisch durchaus gebotenen Unterscheidung zwischen den Romanen, Erzählungen, Aphorismen, Parabeln, Briefen, Tagebüchern oder amtlichen Schriften, weil sich in diesen Texten das Erzählmoment, sofern es sich überhaupt als solches bestimmen lässt, jeweils unterschiedlich darstellt. Konstitutiv für all diese Zusammenhänge ist zudem, (5) ob man Kafkas Texte einem tendenziell unifizierenden Werkbegriff aussetzt oder, ihren unabschließbaren Prozesscharakter betonend, sie als ›Schrift‹ begreift, nämlich als unabgeschlossenen und unabschließbaren Schreibvorgang (Neumann 1981).

Prozessualität aber schließt eine Entwicklung und Ausdifferenzierung von Kafkas Erzählweisen ein. Denn der Autor erzählt zu Beginn seines Schaffens zweifellos anders als am Ende. Das zeigt sich thematisch, da zum Beispiel die frühen Texte um Komplexe wie Recht, Schuld oder Verantwortung kreisen, während der letzte Erzählband *Ein Hungerkünstler. Vier Geschichten* (1924) die Kunst in den Vordergrund rückt. Es zeigt sich aber auch in formaler Hinsicht, sofern die späten Texte, insbesondere <Der Bau> und *Das Schloss*, sowohl von einer wachsenden strukturellen Ironie und einem Abstraktwerden des Erzählens als auch von einer Zurückdrängung des Erzählens als Darstellung von Handlung zugunsten einer in Monologe oder Dialoge eingebetteten Reflexion geprägt sind. Kafkas Durchbruch zum Künstler, der sich seiner eigenen Wahrneh-

mung nach erst mit der Niederschrift des *Urteils* im Jahre 1912 vollzog (23.9.1912; T 460 f.), lässt sich vielleicht als Beginn seines eigentlichen Erzählens auffassen, zumal die Forschung zu dem Schluss gekommen ist, der Autor habe bis zu diesem Zeitpunkt »noch über keine persönliche Erzählweise« verfügt (Robertson, 51; Hillmann, 171; dazu kritisch Kurz, 7).

›Modernes‹ Erzählen

Die Bedeutung Kafkas nicht nur für das Verständnis der modernen Literatur, sondern für spezifische Aspekte der Moderne überhaupt begründet sich zweifellos aus den meist originellen Grundeinfällen seiner Texte, wie etwa der auf den ersten Blick dubiosen Verhaftung Josef K.s im *Process* oder der Verwandlung Gregor Samsas »zu einem ungeheuren Ungeziefer« (DzL 115). Die Verknüpfung von phantastischen und realistischen Elementen erscheint allerdings nicht, wie zum Beispiel bei E.T.A. Hoffmann, als Manifestation des Unheimlichen oder Bedrohlichen, vielmehr wird es geradezu beiläufig erzählt. Die Verwandlung Gregor Samsas mag ein Unglück für den Protagonisten und mehr noch für seine Familie sein – der ungewöhnlichen Tatsache selber widerfährt kein Kommentar, auch wundert sich keine der Figuren über das Geschehen. Man richtet sich mit den aus diesem Ärgernis entstehenden Unbequemlichkeiten ein, widmet sich im Übrigen aber der erforderlichen Neuorganisation des Alltags, während dem Leser das Unterste zuoberst gekehrt zu sein scheint. Im Sinne Benjamins erweist sich Kafka hier als genuiner ›Erzähler‹, weil er das Erzählte ohne alle Erklärung für sich bestehen lässt (Benjamin 1936, 445 f.). Dass in diesen Texten niemand über den Einbruch des Wunderbaren oder Unerwarteten staunt, rückt sie gattungstheoretisch in die Nähe der Groteske (Kayser, 157–161; Nagel, 259–267), aber auch in die des Märchens, und entsprechend sind sie wahlweise als »Märchen für Dialektiker« (Benjamin 1934, 415) oder als »Antimärchen« (Heselhaus, 356) aufgefasst worden, wobei diese Position in der neueren Forschung nicht unwidersprochen geblieben ist (Höfle, 119–121).

Die Bedeutung von Kafkas Werk für die moderne Literatur liegt jedoch nicht allein in den (oft) außergewöhnlichen Grundeinfällen der Texte, sondern auch in den von Kafka sukzessive entwickelten Darstellungstechniken, in der Art seines Erzählens, die häufig eine Verunsicherung des Lesers zur Folge hat, an welchen der Autor jenen für die Moderne typischen, aus der funktionalen Ausdifferenzierung und lebensweltlichen Pluralisierung erwachsenden Orientierungsdruck weitergibt. Gerade die Komplexität dieser Erzählformen hat die Wirkungsmächtigkeit von Kafkas Texten mitbegründet und eine kontinuierliche Diskussion ihrer Funktionsweisen zur Folge gehabt. Denn in seinen Erzählungen und Romanen vollzieht sich nicht nur ein thematischer Umbruch in die Moderne, sondern auch eine formale Transformation, die sich nicht zuletzt der Verbindung von deutschen und jüdischen Erzähltraditionen verdankt (Robertson, 226 f.; Grözinger).

Erzählpoetologische Reflexionen

Kafka hat in umfänglicher Weise über Literatur sowie über Schreiben und Schriftlichkeit reflektiert, in Tagebüchern und Briefen ebenso wie in seinen fiktionalen Texten; daher rührt auch das große Interesse der Forschung am Schrift-Begriff (vgl. Kittler/Neumann; Kremer; Schärf). Allerdings macht der Autor das Erzählen als konkretes Verfahren, also die technisch-formale Seite der Darstellung, selten ausdrücklich zum Thema, und wo dies geschieht, artikuliert er sich meist knapp und allgemein, wie beispielsweise in einem frühen Brief an Oskar Pollak:

> Vor allem weiß ich heute eines: Die Kunst hat das Handwerk nötiger als das Handwerk die Kunst. Natürlich glaube ich nicht, daß man sich zum Gebären zwingen kann, wohl aber zum Erziehen der Kinder (vermutl. nach 6.9.1903; B00–12 27).

An Konkretion und Anschaulichkeit gewinnen solche Einlassungen entweder in poetologischen Reflexionen zu den *kleinen Literaturen* (25.-27.12.1911; T 312–315, 321 f., 326), in unmittelbarer Auseinandersetzung mit den eigenen Texten oder im Rahmen seiner privaten Kanonbildung, also der Einschätzung anderer Autoren, wo Kafkas Urteile große Schärfe beweisen; positiv beurteilt er bekanntlich Goethe, Kleist, Flaubert, Strindberg oder Dostoevskij, negativ Schnitzler, Rosegger und andere.

Auch das in den Tagebüchern zu beobachtende, unablässige Formulieren und Reformulieren von Erzählanfängen, ihr Abbrechen und Neueinsetzen, die Variationen bestimmter Passagen, mit denen der Autor nicht einverstanden war, etwa mit dem Schluss von *In der Strafkolonie* (7.-9.8.1917; T 822–827), sowie die Skrupulosität bei der Auswahl, Zusammenstellung und inneren Anordnung der einzelnen Erzählungsbände geben zumindest indirekt Aufschluss

über Kafkas poetologische Grundsätze. An Otto Stoessl schreibt Kafka am 27. Januar 1913: »Sie zu sehn und zu hören, war damals eine große Aufmunterung für mich und eine Bemerkung, die Sie damals machten: ›Der Epiker weiß alles‹ trage ich noch heute mit großem Widerhall in mir herum« (B13–14 66). – Kafka mag als Epiker alles wissen, aber er erzählt es nicht.

Poetik der Reduktion

Diese Poetik der »Reduktion von Sprache, Erzählhaltung und epischen Aussagemitteln« findet auf mehreren Ebenen statt (Kessler, 24; vgl. auch Kudszus 1970, 311; Ramm 1971; Beicken 1978, 223).

Sie zeigt sich zum einen in der bewussten lexikalischen Kargheit von Kafkas Sprache, die sich einerseits aus den isolierten Bedingungen des so genannten Prager Deutsch um 1900 begründet (vgl. Wagenbach, 81–96; Alt, 62; Kilcher, 70–83), andererseits mit Kafkas Vorstellung von sprachlicher Präzision zusammenhängt und seiner Skepsis gegenüber der zeitgenössischen, insbesondere dann expressionistischen Hyperbolik. »Die Sprache kann für alles außerhalb der sinnlichen Welt nur andeutungsweise, aber niemals auch nur annähernd vergleichsweise gebraucht werden, da sie entsprechend der sinnlichen Welt nur vom Besitz und seinen Beziehungen handelt« (NSF II, 59 u. 126). Aufgrund dieser Überzeugung begrenzt Kafka die Sprache oft auf die Darstellung des konkret Gegenständlichen als des sinnlich Anschaulichen.

Eine zweite, hiermit verbundene Form der Reduktion zeigt sich in Kafkas weitgehender Beschränkung auf die Darstellung äußerer Vorgänge, also auf das, was der jeweilige Protagonist über seinen Sinnesapparat wahrnimmt und als Reflektorfigur entsprechend berichtet. Der im Bewusstsein des Protagonisten repräsentierten sinnlich gegebenen Welt korreliert demnach in logischer Folge eine sinnlich konkrete Sprache. Es ist also zwar ein Erzählen von ›innen‹ heraus, aber kein Erzählen vom Inneren, das Kafka, wie der von ihm geschätzte Heinrich von Kleist, hier betreibt. Dieses narrative Prinzip erwächst unter anderem aus dem Vorbehalt des Autors gegenüber der zeitgenössischen Konjunktur der Psychologie sowie des psychologisierenden Erzählens: »Übelkeit nach zuviel Psychologie. Wenn einer gute Beine hat und an die Psychologie herangelassen wird, kann er in kurzer Zeit und in beliebigem Zickzack Strecken zurücklegen, wie auf keinem anderen Feld. Da gehen einem die Augen über« (NSF I, 423). Mehrfach ermahnt er sich: »Zum letztenmal Psychologie!« (NSF II, 81 u. 134) und nennt Gründe, die poetologische Konsequenzen haben:

»Es gibt keine Beobachtung der innern Welt, so wie es eine der äußern gibt. Psychologie ist wahrscheinlich in der Gänze ein Anthropomorphismus, ein Annagen [Lesung des Wortes unsicher] der Grenzen« (NSF II, 32). Mehr noch: »Die innere Welt lässt sich nur leben, nicht beschreiben« (NSF II:A, 199). Wovon man aber nichts weiß, davon muss man schweigen. Nicht zuletzt als Reaktion auf solche Erwägungen und in Analogie zu Kleist lässt sich in Kafkas Erzählen eine Ausrichtung auf das Gestische und Szenische als die sichtbare Seite des Äußeren beobachten (Alt, 500).

In dem für den repräsentationalen Umbruch der Moderne grundlegenden Aufsatz *Character in Fiction* (1924) hat Virginia Woolf für die Zeit nach der Jahrhundertwende, genauer: für die Zeit um 1910, festgestellt: »All human relations have shifted« (Woolf, 422). Wolle man dieser Veränderung im menschlichen Charakter Rechnung tragen, dann sei ein Wandel der Darstellung von Außen nach Innen zwingend geboten, z. B. durch inneren Monolog, andernfalls verfehle man die Wirklichkeit der modernen Welt im Roman. Kafkas Werk darf geradezu als Paradebeispiel für diese Veränderung begriffen werden, doch nicht im Sinne einer Fokussierung auf die Repräsentation innerer Vorgänge als einer Psychologisierung der Figuren. Sein Erzählen verfährt entschieden antipsychologisch, woraus sich auch die Geringschätzung Arthur Schnitzlers erklärt, dessen Werk er, abgesehen von frühen Texten, für »schlechte Litteratur« hält (An F. Bauer, 14./15.2.1913; B13–14 91 f.). Kafka erzählt Geschichten von Wahrnehmungs- und Bewusstseinsvorgängen jenseits psychologischer Erklärungsmuster. Seine Figuren bleiben meist opak, da sie dem Leser zwar ein Inneres vorführen, ihm aber den (identifikatorischen) Zugang dazu gleichzeitig verbauen.

So kann etwa der Leser im *Verschollenen* den unwiderruflichen Niedergang von Karl Roßmann in jedem Augenblick mitverfolgen (und beklagen), weil er in jedes einzelne Detail von Roßmanns Wahrnehmung Einblick erhält. Da ihm aber die jeweiligen Verhaltensmotivationen vorenthalten werden, also beispielsweise die Gründe für den mangelnden Widerstand des Protagonisten gegen die ihn quälenden Robinson und Delamarche, bleibt die Figur selbst

weithin unverständlich. Der Leser ist an die Innensicht der Figur gebunden, jedoch nicht an das Innere der Figur. Darin ist ein wesentlicher Unterschied zum realistischen Erzählen des 19. Jahrhunderts zu sehen, dessen Erzählverfahren sich Kafka dennoch teilweise zunutze macht, wo es ihm auf mimetischen Illusionismus ankommt.

Eine solche Poetik der Reduktion darf als Ergebnis der Auseinandersetzung mit jener Krise der Repräsentation verstanden werden, die sich im späten 19. Jahrhundert hauptsächlich in Form von Sprachskepsis artikuliert, etwa bei Nietzsche, Mauthner oder Hofmannsthal, der Kafka in frühen Jahren als Stilideal dient. Dieser dezidiert sprachskeptischen Richtung lässt sich Kafka freilich nur bedingt zuordnen (vgl. dagegen Kessler), weil bei ihm die Sprache an sich nur punktuell der Kritik verfällt. An Felice Bauer schreibt er im Februar 1913:

> Hinweise auf die Schwäche der Sprache und Vergleiche zwischen der Begrenztheit der Worte und der Unendlichkeit des Gefühls sind ganz verfehlt. [...] Das was im Innern klar ist, wird es auch unweigerlich in Worten. Deshalb muß man niemals um die Sprache Sorge haben, aber im Anblick der Worte oft Sorge um sich selbst (18./19.2.1913; B13–14 98 f.).

Die Skepsis des Autors richtet sich demnach eher auf einen bestimmten Sprachgebrauch, beispielsweise gegen den »Schwulst« und »die großen Worte« (An O. Pollak, vermutl. nach 6.9.1903; B00–12 27), aber etwa auch gegen Darstellungsformen, die dem bloß Allegorischen verhaftet bleiben (An G. Bloch, 6.6.1914; B14–17 81 f.), vor allem aber gegen mangelnde Präzision und Klarheit im Ausdruck. An Felice Bauer heißt es kritisch: »Worte, wie ›furchtbar, riesig, ungeheuer, famos‹ streut Ihr nur so hin, das richtig charakterisierende ›sehr‹ sucht Ihr lieber zu vermeiden« (24.4.1914; B14–17 43). Und weiter:

> Was die Kraftausdrücke anlangt, hast du mich ein wenig mißverstanden. Nicht diese Ausdrücke an und für sich sind merkwürdig, merkwürdig ist daß Ihr einerseits diese vor lauter Riesenhaftigkeit leeren Worte wählt (den Mädchen scheinen sie unter schwerem Atem wie große Ratten aus dem kleinen Mund zu kommen) andererseits aber auch gern matte, wenig bezeichnende Worte bevorzugt, und so in einer Art Riesentempo nicht eigentlich darstellt, sondern die richtige Darstellung umläuft (An F. Bauer, vermutl. 26.4.1914; B14–17 45)

Präzision und Klarheit in Wortwahl und Darstellung sind folglich als handwerkliche Rückseite dessen zu begreifen, was sich als Einfachheit oder gar Armut der Sprache zunächst vermeintlich darbietet.

Aus diesem Streben nach Präzision und Klarheit resultiert auch Kafkas kontinuierliches Ringen um Metaphern, weil diese stets ein Moment der Unbestimmtheit mit sich führen: »Die Metaphern sind eines in dem Vielen, was mich am Schreiben verzweifeln läßt« (6.12.1921; T 875). Nichtsdestoweniger ist sein Werk von einer umfassenden, auf Metaphern gründenden Bildlichkeit geprägt (Hillmann, 136 f.); insbesondere das Wörtlichnehmen von Metaphern und das narrative Ausbauen von Sprachbildern gehören zu den zentralen Konstituenten der Handlungs- und Erzähllogik (Engel 2006, 257). Die Transformation einer wörtlich genommenen Metapher in einen Handlungszusammenhang zeigt z. B. ein Fragment aus dem Umkreis der *Strafkolonie*, wo über den Reisenden gesagt wird: »Wie erfrischt sprang er auf, als sie ihn ansprachen. Die Hand auf dem Herzen, sagte er: ›Ich will ein Hundsfott sein, wenn ich das zulasse.‹ Aber dann nahm er das wörtlich, und begann auf allen Vieren umherzulaufen« (7.8.1917; T 822).

Formale Innovationen

Mit der übergreifenden Tendenz zur Reduktion oder gar zum Verzicht auf bestimmte Darstellungselemente gehen allerdings die Variation vorgefundener Muster und die Etablierung alternativer Formen einher. Zwar lässt sich Kafka keiner der literarischen Strömungen um 1900 konkret zuordnen, auch nicht dem Expressionismus, doch teilt er mit den modernen Avantgarden das Ringen um neue Formen im Angesicht der generellen Krise der Repräsentation. Und natürlich mag dieses Ringen um die jeweilige Form auch ein individuelles Problem des Autors Kafka sein (Pascal, 13), dennoch gehört es zum übergreifenden Bewusstsein der Klassischen Moderne, keine der überlieferten Formen für sich bestehen lassen zu wollen: Denn gegen die *Verdinglichung der Formen* als Tendenz des Epigonentums im 19. Jahrhundert setzt die gesamte Klassische Moderne einen ganz anders gearteten Willen zur Form, der letztlich auf die *Individualisierung der Formen* hinausläuft. Kafkas dominanter Erzählmodus der weitgehenden Beschränkung auf den figuralen Wahrnehmungs-, Erfahrungs-, Reflexions- und Sprachhorizont zählt zu diesen folgenreichen formalen Innovationen, wiewohl sich Vorformen davon bei Jane Austen, Gustave Flaubert oder Henry James aufweisen lassen (vgl. W. Müller, 120–128; Pascal, 7 f.).

Zu den wesentlichen Erzähltechniken des Autors gehören aber auch die Ironisierung, die Konzentration auf das Kleine und vermeintlich Nebensächliche, die Entwirklichung oder Relativierung von Aussagen, die häufig eine außerordentliche Komplexitätssteigerung bewirken und damit zu den bekannten Interpretationsschwierigkeiten von Kafkas Texten beitragen. Zu nennen sind weiterhin Konjunktivketten (Walser, 30), Als-ob-Konstruktionen, Perspektivwechsel von Satz zu Satz, aber auch innerhalb einzelner Sätze, semantische Verschiebungen und narrative Selbstkorrekturen, die zwar den Anschein der Präzisierung erwecken, Protagonist und Leser jedoch nur tiefer in die Desorientierung der Bedeutungen treiben; schließlich kommen noch Handlungsumschwünge und Funktionswechsel des Dargestellten sowie scheinbare Inkonsistenzen des jeweiligen Erzählers hinzu. Der Reduktion bestimmter Darstellungsmittel steht demnach die Integration anderer, im Folgenden näher zu erläuternder Verfahren gegenüber.

›Einsinniges Erzählen‹

Den zentralen und dauerhaften Referenzpunkt der Forschung bildet in diesem Zusammenhang Friedrich Beißners These vom »einsinnigen Erzählen« (Beißner 1983 [zuerst 1952]). Im Grunde bemühen sich seither alle narratologischen Überlegungen zu Kafkas Erzählweise um eine Ausdifferenzierung von Beißners Position. Dabei ist es zwar zu Modifikationen und Präzisierungen gekommen, niemals jedoch zu einer gänzlichen Entwertung der Ausgangsthese. Beißner konstatiert, dass Kafka zwar »von innen her erzählt« (Beißner, 39), jedoch nicht »psychologisch« im traditionellen Sinne: »Kafka erzählt, was anscheinend bisher nicht bemerkt worden ist, stets einsinnig, nicht nur in der Ich-Form, sondern auch in der dritten Person« (Beißner, 37). Unter »einsinnig« versteht Beißner das Faktum, dass bei Kafka der Erzähler nirgends dem Erzählten voraus ist, dass folglich »der Erzähler im Augenblick nicht mehr zu wissen scheint als der Zuhörer oder Leser« (Beißner, 40; vgl. ausführlich Walser, 21–45).

Gegen den unterstellten Ausschließlichkeitsanspruch dieser Behauptung sind im Laufe der Jahre etliche Einwände vorgetragen worden, die einerseits das Ergebnis einer detaillierteren Lektüre von Kafkas Texten darstellen, die sich im selben Maße aber auch der forschungsgeschichtlich relevanten Erweiterung des analytischen Instrumentariums zur Beschreibung von Erzähltexten verdanken. Die im Rahmen der Narratologie entwickelten Typologien, Terminologien und Formalisierungen erlauben schlicht eine höhere Genauigkeit bei der Erfassung einzelner Textphänomene und Redeebenen, so dass sich auch das von einem einheitlichen Gestus bestimmte Erzählen Kafkas wesentlich variantenreicher darbietet, als es vielleicht zunächst den Anschein hat.

So haben Winfried Kudszus und Walter Sokel auf die bisweilen dominanten auktorialen Elemente in Kafkas Texten hingewiesen (Kudszus 1964, Sokel 1967). Außerdem hat Kudszus vorgeschlagen, den Begriff der »Einsinnigkeit« durch jenen des »perspektivischen Solipsismus« zu ersetzen, um dem latenten Perspektivismus der Texte besser Rechnung zu tragen. Während die auktorialen Elemente oft die Textanfänge bestimmten, verenge sich das Erzählen in einem von Kudszus als Reduktion gedeuteten »perspektivischen Prozeß« oft auf die Sichtweise einer Figur (Kudszus 1970, 309). Analog hat Peter U. Beicken diese Reduktion auf die Wahrnehmungs- und Bewusstseinsvorgänge einer Figur als »Erzählreduktion aufs Momentane« beschrieben (Beicken 1978, 223).

Diese Fokussierung auf die Darstellung unmittelbar sich vollziehender Bewusstseinsvorgänge bedeutet im Umkehrschluss, dass für Kafka die Erinnerung als wesentliches Konstituens des Erzählens in der Moderne kaum eine Rolle spielt – ganz im Gegensatz etwa zu Proust, Joyce, Th. Mann oder Uwe Johnson, für die Erinnern und Erzählen unauflöslich miteinander verschränkt sind. Fast programmatisch stellt Kafka bereits im Jahr 1900 fest: »Wie viel Worte in dem Buche stehn! Erinnern sollen sie! Als ob Worte erinnern könnten!« (NSF I, 8).

Die allmähliche Austreibung der Erinnerung aus der Sprache und damit aus dem Erzählen zeigt der Entwicklungsgang von Kafkas Romanen besonders deutlich. Während im *Verschollenen*, der noch an den Realismus des 19. Jahrhunderts anschließt, der Protagonist Karl Roßmann mit einer detaillierten, seinen ganzen Lebensgang bestimmenden Vergangenheit ausgestattet wird, erfährt man über Josef K.s Vergangenheit im *Process* nur noch wenig, und im *Schloss* beschränken sich die Einblicke in K.s Erinnerung, Vergangenheit oder Herkunft gar auf vier kurze Sätze (S 17 f. u. 229) und eine – allerdings zentrale – Kindheitserinnerung (S 49 f.).

Mit Ausnahme der Erzählung *Ein Bericht für eine Akademie*, in der die Abschaffung der Erinnerung

freilich gleich zu Beginn des Textes regelrecht vorgeführt wird, kommt der Erinnerung weder für das Erzählen noch für die Ich-Konstitution der Protagonisten erkennbar Bedeutung zu (Walser, 41 f.; Höfle, 159–167). Wo aber die Erinnerung eine Rolle zu spielen scheint, wie im Fragment *Beim Bau der chinesischen Mauer*, dort wird sie durch die Aufhebung der chronologischen Ordnung sowie durch die unablässige Vermischung der Zeitebenen diskreditiert, ein Verfahren, das sich der Autor auch in anderen Texten zunutze macht (*Der neue Advokat*).

Mit der forschungsgeschichtlichen Ablösung der Erzähltypologie von Stanzel durch Genettes wesentlich differenzierteres narratologisches Analysemodell sind auch Kafkas Texte in ihren Erzählstrategien und Erzählsegmenten genauer beschreibbar geworden, wiewohl Beißners These weiterhin als Bezugspunkt dient. Doch Begriffe wie »narrated monologue« oder »monoperspectival psychonarration« (Miller, 134) als Charakterisierungen der vorherrschenden Erzählsituationen haben sich vorläufig ebenso wenig durchsetzen können wie die Unterstellung der »absence of a narrator's mind« (Miller, 134), die Walsers Behauptung vom »erzählerlosen Erzählen« widerspiegelt (Walser, 30). Als außerordentlich fruchtbar hingegen haben sich Genettes Terminus der Fokalisierung und die mit ihm verknüpfte Unterscheidung von ›Modus‹ und ›Stimme‹ (»Wer sieht?« vs. »Wer spricht?«) erwiesen, weil damit die der »Einsinnigkeit« zugrunde liegende Vermengung von Blickwinkel der Figur einerseits und Erzählerstimme andererseits aufgehoben wird. Erst unter Voraussetzung dieser Differenz nämlich zeigt sich die besondere Pointe von Kafkas personalem Erzählen: Zwar bekommt der Leser nur den Wissens- und Deutungshorizont des Helden vermittelt, doch wird ihm zugleich unmissverständlich signalisiert, dass dieser unzureichend ist.

Von Genette ausgehend hat Joseph Vogl nicht nur die »Einsinnigkeit« bestritten, sondern auch die hiermit einhergehende These von der narrativen Stetigkeit sowie der »räumlichen, geometrischen Ordnung der Erzählsituation« negiert (Vogl 1994, 750). Vielmehr sei das Erzählen als »Vermischung von direkter und indirekter Rede« zu begreifen, als Form, »in der ein Ich nicht aufhört, in der Maske des Er zu sprechen, in der sich die Rede einer Person in der Rede eines Erzählers manifestiert und umgekehrt, in der sich schließlich eine Interferenz und eine Interaktion zwischen narrativem und referiertem Diskurs und damit eine Ununterscheidbarkeit der entsprechenden Äußerungssubjekte ergibt« (Vogl, 751 f.).

In diese Argumentation ordnet sich auch Michael Scheffel mit der Beobachtung des kontinuierlichen Übergangs von mittelbarem und unmittelbarem Erzählen ein: Kafka schaffe »also eine Erzählkonstruktion, die die lebensweltlich-praktische Perspektive des Protagonisten und die analytisch-retrospektive des Erzählers zusammenbindet« (Scheffel, 255). In dieser Verknüpfung unterschiedlicher Stufen der Mittelbarkeit mit dem hier beschriebenen Perspektivismus liegt einer der Gründe für die strikte Figurengebundenheit des Sinnes, die zugleich eine Bestimmung eindeutiger Sinnperspektiven auf der Erzählebene unterläuft.

›Gleitendes Paradox‹

Auf einen weiteren zentralen Aspekt von Kafkas Darstellungsstrategie hat Gerhard Neumann mit seinem Begriff vom ›gleitenden Paradox‹ aufmerksam gemacht. Neumann beschreibt in diesem Zusammenhang jene für Kafkas Texte charakteristischen Formen semantischer Verschiebungen, Umkehrungen und Abweichungen, die einer Fixierung des jeweiligen Textsinns im Wege stehen und letztlich zur kontinuierlichen Desorientierung des Lesers führen (Neumann 1968). Um ein kurzes Beispiel zu geben, sei ein Aphorismus zitiert:

> Der wahre Weg geht über ein Seil, das nicht in der Höhe gespannt ist, sondern knapp über dem Boden. Es scheint mehr bestimmt stolpern zu machen, als begangen zu werden (NSF II, 113).

In diesem kurzen Text werden nicht nur Funktion und Position des Seils zunächst gesetzt und dann sogleich umgewertet, sondern auch die Stellung und Perspektive des Betrachters dazu. Das Seil eröffnet nicht, wie nach dem ersten Teilsatz anzunehmen, den Weg zu einem – übrigens nicht näher bestimmten – Ziel, im Gegenteil, es erweist sich als Hindernis, das es zu überwinden gilt. Der Weg wiederum führt nicht geradeaus, denn er verläuft offenbar quer zur ursprünglichen Blickrichtung des Betrachters, und die Schwierigkeit schließlich besteht nicht darin, dass man über ein gutes Gleichgewicht zu verfügen hätte, um das Seil begehen zu können, sondern darin, das Seil überhaupt wahrzunehmen und zu übersteigen. Auf die Setzung einer Aussage und die damit verbundene Erzeugung einer bestimmten Erwartungshaltung folgt jeweils die Aufhebung dieser Aussage, auf die Position folgt stets die Negation.

Angesichts dieses »Schaukel-Diskurses« (Kremer, 154), der Deutungsangebote ebenso aufweist wie Deutungsverweigerungen, laufen die aufgebauten Erwartungen des Lesers ins Leere und bedürfen unablässig der Korrektur (Neumann 1968, 708 f.; Bürger, 301–311). Wie Scheffel gezeigt hat, lässt sich dieses »gleitende Paradox« auch für die Romanstrukturen selbst nachweisen (Scheffel, 255–259).

Zur Entwicklung der Erzählverfahren

Solche stilistischen und strukturellen Eigentümlichkeiten sind im Gedächtnis zu behalten, wenn man den Prozess, den Kafka als Erzähler insgesamt zurückgelegt hat, näher in Augenschein nehmen will. Denn der Autor erzählt trotz der skizzierten wiederkehrenden Merkmale am Anfang deutlich anders als am Ende seines kurzen Schaffens (vgl. dagegen Binder 1966). Diese Differenz erhellt ein Vergleich der beiden Romanfragmente *Der Verschollene* und *Das Schloss*, zwischen deren Entstehungszeiten ungefähr zehn Jahre liegen. Am *Verschollenen* schrieb Kafka zwischen 1912 und 1914, *Das Schloss* hingegen verfasste er 1922, also gegen Ende seines Lebens.

Der Vergleich liegt auch deshalb nahe, weil der Roman *Das Schloss* bekanntlich die Grundkonstellation des *Verschollenen*, nämlich den Einzug in eine fremde Welt zu zeigen, noch einmal aufgreift. Kafka nimmt im *Schloss* gleichsam ein zweites Mal Anlauf, um im Grunde doch, bei allen Differenzen, eine ähnliche Geschichte noch einmal zu erzählen, nur auf ganz andere Art. In beiden Texten wird ja erzählt, wie die jeweilige Hauptfigur in der Fremde eintrifft und wie sie unter großen Orientierungsschwierigkeiten versucht, sich dort zu etablieren; Karl Roßmann kommt von Europa nach Amerika, und K. kommt aus seiner Heimat, um im Dorf unterhalb des Schlosses als Landvermesser zu arbeiten.

Zieht man im Vorübergehen noch den mittleren Roman *Der Process* heran, dann lässt sich das Verhältnis der drei Romane auf die Formel bringen, dass *Der Verschollene* und *Das Schloss* das Fremdsein und Fremdwerden der Welt darstellen, während *Der Process* vom Fremdwerden des Selbst berichtet; Karl Roßmann und K. treiben hinaus in eine fremde Welt, Josef K. treibt hinaus in die eigene Fremde. Als Leitthese im Rahmen des Vergleichs dient die Feststellung, dass Kafka auf die erkenntnistheoretische Depotenzierung der sinnlichen Erfahrung durch die modernen Wissenschaften und auf das *Abstraktwerden der modernen Welt*, wie es um 1900 von Georg Simmel am Beispiel der Geldwirtschaft sowie von Max und Alfred Weber am Beispiel der Bürokratie beschrieben worden ist, mit einer zunehmend *abstrakten Darstellung* reagiert. Seine Romane handeln nicht nur ausdrücklich von Fremdheitserfahrungen, sie übersetzen Entfremdung auch in Erzählphänomene.

Um diese Behauptung zu erhellen, genügt schon ein Blick auf die strukturanalogen Romananfänge, die jeweils mit der unmittelbaren Ankunft der Protagonisten in der Fremde einsetzen. Der erste Satz im *Verschollenen* lautet:

> Als der siebzehnjährige Karl Roßmann, der von seinen armen Eltern nach Amerika geschickt worden war, weil ihn ein Dienstmädchen verführt und ein Kind von ihm bekommen hatte, in dem schon langsam gewordenen Schiff in den Hafen von Newyork einfuhr, erblickte er die schon längst beobachtete Statue der Freiheitsgöttin wie in einem plötzlich stärker gewordenen Sonnenlicht (V 7).

Dieser vergleichsweise lange Einleitungssatz, der an die berühmten Einleitungssätze von Heinrich von Kleists Erzählungen erinnert, bietet ein Maximum an konkreten Informationen (vgl. auch Hillmann, 120 f.). Der Leser erfährt den vollen Namen des Protagonisten, sein Alter, seine Herkunft, seine Vorgeschichte, den Status der Eltern, sein Ziel Amerika, den genauen Ankunftsort New York, sowie den Fokus seines Blickes, der auf die Freiheitsstatue gerichtet ist. Man bekommt demnach einen ebenso anschaulichen wie umfassenden Einblick in die Lage der Hauptfigur, wobei allmählich das Augenmerk von den einzelnen Fakten zur konkreten Situation der beobachteten Statue übergeht. Anders gesagt: Die zu Beginn des Satzes gewählte Außenperspektive wird fast unmerklich durch die Innenperspektive Karl Roßmanns ersetzt. Nichtsdestoweniger ist alles wohlbestimmt, alles scheint an seinem Platz zu sein, sodass sich der Leser wie in jedem anderen Roman gleich zurechtfindet. Und der Genauigkeit und Übersichtlichkeit der Informationen wiederum korrespondiert das »stärker gewordene Sonnenlicht« (7), so dass neben Karl Roßmann auch der Leser alles deutlich zu überblicken vermag. Ort und Zeit sind bestimmt, der Protagonist ist benannt, der Handlungszusammenhang erscheint durch eine kausale Erklärung überzeugend motiviert.

Erst der zweite Satz sorgt für eine leichte Irritation bei Hauptfigur und Leser, weil die Freiheitsstatue keine Fackel hält, sondern ein Schwert: »Ihr Arm mit dem Schwert ragte wie neuerdings empor und um ihre Gestalt wehten die freien Lüfte« (7). Diese Substitution von Fackel durch Schwert, die das Weltwissen des Lesers, mit dem der realistische Roman arbeitet, an einem Detail außer Kraft setzt, illustriert die oben erwähnten Strategien von Umwertung und Abweichung. Das Schwert dient zur deutlichen Markierung des Textes als Fiktion, weil es die lebensweltliche Referenzialisierbarkeit für den Leser, der doch selbst die Freiheitsstatue zu kennen meint, in Frage stellt.

Dem langen, informationsreichen und perspektivisch komplexen Einleitungssatz im *Verschollenen* stehen kurze und schlichte Aussagesätze zu Beginn des letzten Romans gegenüber. Der erste Passus im *Schloss* lautet:

> Es war spät abend als K. ankam. Das Dorf lag in tiefem Schnee. Vom Schloßberg war nichts zu sehn, Nebel und Finsternis umgaben ihn, auch nicht der schwächste Lichtschein deutete das große Schloß an. Lange stand K. auf der Holzbrücke die von der Landstraße zum Dorf führt und blickte in die scheinbare Leere empor (S 7).

Was erfährt der Leser hier? Fast nichts. Denn das Alter des Protagonisten bleibt ebenso unbekannt wie sein Name, der zur Chiffre verkürzt ist, man weiß auch nicht, um welches Schloss es sich handelt, noch wie das Dorf heißt. Ort und Zeit sind demnach unkenntlich, der Name der Hauptfigur ist auf seine buchstäbliche Schwundstufe reduziert. Selbst der Handlungszusammenhang bleibt vorerst unklar, weil der Leser weder etwas über die Hintergründe von K.s Weggang aus der Heimat erfährt, noch über seine Ziele und Interessen. Und während im *Verschollenen* Karl Roßmann die riesige Stadt New York im »plötzlich stärker gewordenen Sonnenlicht« (V 7) erblickt, begegnet K. der dunklen und undurchdringlichen Welt eines Dorfes, wobei die förmlich gläserne Transparenz des einen langen Satzes im *Verschollenen* den fast geheimnisumwitterten, wiewohl einfachen Sätzen im *Schloss* gegenübersteht. Da die Begründung für K.s Ankunft im Dorf fehlt, ist auf der Ebene des Plots an die Stelle eines motivierten Erzähleinstiegs im ersten Roman ein weithin unmotivierter getreten. K. vermag nichts zu sehen, weil alles vom Schnee verhüllt ist, von, wie es heißt, »Nebel und Finsternis«, und selbst »der schwächste Lichtschein« fehlt, so dass nicht einmal der Eindruck einer identifizierbaren Landschaft entsteht. Kälte, Nebel, Finsternis und »Leere« (S 7) prägen die Welt, in die K. einzutreten im Begriffe ist. Alles bleibt verborgen, undeutlich, geheim. K. weiß im Grunde nicht: Ist da überhaupt etwas oder nicht vielmehr nichts? Karl Roßmann gibt sich die kalte moderne Welt, deren Symbol das stählerne Schwert zu sein scheint, sogleich offen zu erkennen, K. trifft ebenfalls auf eine kalte, allerdings archaisch anmutende Welt – trotz des riesigen Kommunikationsapparates und einer ausufernden Bürokratie. Der Unterschied lautet demnach pointiert: dort *kalte, feindliche Moderne*, hier *kalte, feindliche Archaik*.

Der Eindruck des Archaischen ergibt sich einmal aus den semantischen Feldern der Wörter ›Schloss‹ und ›Schlossberg‹, die nicht nur auf eine vergangene Zeit hindeuten, sondern zugleich literarische Traditionen evozieren, etwa diejenige des Märchens oder der *gothic novel* (Kracauer, 390; Michael Müller, 255–259). Zum anderen resultiert dieser Eindruck aus der *allgemeinen* Wortwahl.

Das für beide Romane konstitutive Verhältnis von Heimat und Fremde ist im *Verschollenen* klar durch die Opposition von Europa und Amerika definiert. In Amerika selber werden auch die weiteren teils realen, teils fiktiven Schauplätze klar benannt: New York, die Großstadt Ramses, das Hotel Occidental und das Theater von Oklahoma: Die Fremde bekommt einen eigenen Namen, genauso wie der Protagonist einen vollständigen Namen hat, auf den er übrigens so stolz ist, dass er jedes Mal zur Bestätigung der Identität seinen Pass vorzeigt (V 22). *Der Verschollene* steht somit unzweifelhaft in der Tradition des ganz auf Anschaulichkeit setzenden mimetischen Illusionismus, indem der Roman, den Kafka nicht zufällig als »glatte Dickensnachahmung« (8.10.1917; T 841) bezeichnet hat, an das konkrete Weltwissen des Lesers in wenngleich gebrochener Form anknüpft: einerseits durch hinreichende zeitliche Situierung, andererseits durch *identifizierbare* Schauplätze und *individualisierte* Gegenstände wie Amerika, New York oder die Freiheitsstatue. Diese vom Leser zu aktivierenden realen Bezüge eröffnen neben dem konkreten geographischen Raum zugleich den damit verbundenen symbolischen Raum. Die Begriffe sind folglich stets doppelt besetzt. Denn wohl ist Amerika ein Land westlich des Atlantiks, außerdem aber ›die neue Welt‹ und vermeintlich das ›Land der unbegrenzten Möglichkeiten‹; New York wiederum ist wohl eine große Stadt, außerdem aber Stadt der Wolkenkratzer und Inbegriff der Beschleunigung des modernen Lebens. Die Freiheitsstatue schließlich symbolisiert einerseits die Freiheit, aufgrund der Umbesetzung durch das Schwert aber

auch die davon ausgehende Bedrohung – quasi als Veranschaulichung von Georg Simmels These, dass die Freiheit der Moderne wohl ein unschätzbares Gut, aber nicht leicht zu ertragen sei (Simmel, 126). Denn hier ist nicht die Freiheit bedroht, sondern die Freiheit ist die Bedrohung, weil sie den Einzelnen unter Druck setzt, seinen Ort in der Welt selbst zu bestimmen.

Völlig anders verfährt Kafka im *Schloss*-Roman, wo das Weltwissen des Lesers kaum einen Halt findet, wo folglich die Zahl der textuellen Leerstellen zunimmt und wo aufgrund der Reduktion sinnlicher Detaillierung eher *unanschaulich* erzählt wird, weil die auf ein Konkretes verweisenden Wörter ganz *allgemein* und *einfach* bleiben: ›Schloss‹, ›Schlossberg‹, ›Dorf‹, ›Landstraße‹, ›Holzbrücke‹. Sie sind im Kontrast zum *Verschollenen* keine Namen, sondern Gattungsbegriffe und dienen folglich nicht der Identifizierung oder gar der Individualisierung, sondern der Typisierung des Dargestellten. Aufgrund ihrer Einfachheit kennt der Leser natürlich die Wörter, aber was er sich darunter vorstellt, weist notwendig eine große Unbestimmtheit auf. Sind im *Verschollenen* die Begriffe ›bloß‹ doppelbödig, so sind sie hier beinahe völlig offen. Durchgängig zeigt sich als grundlegender Unterschied, dass an die Stelle wohlbestimmter Identifizierung und Individualisierung, wie sie den *Verschollenen* charakterisieren, später im *Schloss* die Verallgemeinerung, Typisierung und Abstraktion durch Gattungsbegriffe tritt, wodurch das Erzählen selber zunehmend abstrakt erscheint.

Diese Tendenz des letzten Romans bestätigt sich auch mit Blick auf die späten Erzählungen und Fragmente, die alle das Merkmal der größtmöglichen Verallgemeinerung aufweisen, indem sie von Beginn an auf eine mögliche Individualisierung der Protagonisten verzichten. Das geben oft schon die durch unbestimmte Artikel gekennzeichneten Titel zu erkennen. Sie lauten beispielsweise: *Ein Landarzt* (1919), *Ein Hungerkünstler* (1922), ‹Forschungen eines Hundes› (1922), *Erstes Leid* (1922), das mit den Worten »*Ein* Trapezkünstler« beginnt (DzL 317), sowie *Eine kleine Frau* (1923). Und wo sich ein Name im Titel findet, wie im Falle von *Josefine, die Sängerin oder Das Volk der Mäuse* (1924), dort steht die zweifelhafte Individualisierung der Protagonistin selbst als Problem im Zentrum des Textes.

Die einer solchen Technik entspringende Offenheit wird durch das Verfahren der unablässigen Selbstkorrekturen des Erzählens (Hillmann, 149; Alt, 574) noch weiter forciert, weil nicht zu entscheiden ist, ob sie der Präzisierung des Erzählten dienen oder auf der Metaebene das Erzählen als solches in Zweifel ziehen, so dass sich statt der suggerierten Fixierung eines Sinnes seine neuerliche Verflüssigung einstellt. Das zeigt sich im dritten Roman signifikanterweise bereits mit Blick auf das titelgebende Gebäude, nämlich das Schloss, das anfangs ja gar nicht zu sehen ist. Nachdem K. ein Nachtlager gefunden und dann sogleich verhört wird, fragt er: »In welches Dorf habe ich mich verirrt? Ist denn hier ein Schloß?« (S 8). Einige Seiten weiter heißt es dann endlich:

> Nun sah er oben das Schloß deutlich umrissen in der klaren Luft und noch verdeutlicht durch den alle Formen nachbildenden, in dünner Schicht überall liegenden Schnee. [...] oben auf dem Berg ragte alles frei und leicht empor, wenigstens schien es so von hier aus (S 16 f.).

Innerhalb weniger Zeilen wird hier erst von einer neu gewonnenen Klarheit gesprochen, die dann jedoch gleich wieder zunichte gemacht wird. Abermals folgt auf die Position die Negation. Denn die zweimal betonte Deutlichkeit, mit der K. zu sehen meint, wird eingeschränkt, wenn es heißt, »wenigstens schien es so von hier aus« (ebd.). Die Korrektur erweist sich also keineswegs als Präzisierung des Wahrgenommenen, sondern als entschiedene Auflösung jeder sinnlichen Gewissheit.

Vollends widersprüchlich erscheint die Aussage freilich in dem Moment, da der Schnee im Text seine *Funktion* ändert. Zu Beginn des Romans verhüllt und verbirgt er alles vor K., hier soll er plötzlich, indem er »alle Formen nachbildet«, diese deutlicher zeigen. Der Schnee ändert seine *Funktion*, das Schloss ändert seine *Gestalt*, insofern es bei näherem Hinschauen kein Schloss mehr ist: »hätte man nicht gewußt daß es ein Schloß ist, hätte man es für ein Städtchen halten können« (S 17). Bei weiterer Annäherung kommt K. gar zu dem Schluss, dass es »doch nur ein recht elendes Städtchen« war (ebd.). Klamm wiederum, dessen Name möglicherweise von tschechisch ›klam‹ abgeleitet ist, das für Täuschung, Betrug oder Wahn steht, verkörpert regelrecht diesen permanenten Gestaltwandel. Niemand vermag zu sagen, wie er wirklich aussieht:

> Er soll ganz anders aussehn, wenn er ins Dorf kommt und anders, wenn er es verläßt, anders ehe er Bier getrunken hat, anders nachher, anders im Wachen, anders im Schlafen, anders allein, anders im Gespräch und, was hienach verständlich ist, fast grundverschieden oben im Schloß (S 278).

In Anbetracht dieser *semantischen Verschiebungen*, *Funktionswechsel von Begriffen* und *Gestaltwandlungen des gegenständlich Erfahrbaren* erweisen sich noch die einfachen, lebensweltlich vertrauten Phänomene als dubios und arbiträr. Solche Skepsis gegenüber der Erfahrungswelt bildet den direkten Widerschein eines generell fremd gewordenen, kontinuierlich auf Deutung angewiesenen Daseins. »Der Held sieht nicht mehr so viel, dafür deutet er jetzt« (Walser, 24; vgl. auch Busse, 171 f.). Mehr noch als das Frühwerk sind Kafkas späte Texte durch die elementare Spannung charakterisiert, dass die Erzählsprache zwar fast stets auf sinnlich Konkretes rekurriert, dass aber der Prozess des Erzählens in Form permanenter Selbstkorrektur dieses unmittelbare sinnliche Gegebensein völlig untergräbt. Anders gesagt: Im Erzählprozess wird die sinnliche Gewissheit als das scheinbar Verlässlichste zerstört, weil das sinnlich Gegebene permanent täuscht und folglich der Deutung bedarf. Mithin ergibt sich nicht zuletzt aufgrund solcher Deutungszwänge in Kafkas spätem Erzählen ein Übergewicht der Reflexion gegenüber der Handlung.

Unanschauliche Moderne

Für die Einordnung der skizzierten formalen Entscheidungen des Autors in einen übergreifenden Horizont bietet sich sowohl eine konkret poetologische als auch eine allgemein literarhistorische Perspektive an. Im September 1917 formuliert Kafka im Tagebuch den poetologischen Anspruch, »die Welt ins Reine, Wahre, Unveränderliche heben« zu wollen (25.9.1917; T 838). Jenseits kunstmetaphysischer Überlegungen lässt sich dieses Zitat als Hinweis auf die notwendigen gattungstheoretischen und darstellungstechnischen Konsequenzen verstehen. Dem Anspruch auf das »Reine, Wahre, Unveränderliche«, also letztlich dem Anspruch aufs Allgemeine, haben dann Formen zu entsprechen, die *a priori* zum Anspruch auf Allgemeinheit tendieren. Dass sich beispielsweise der Autor seit 1914 verstärkt der Gattung der Parabel zuwendet, die häufig auf die *Allgemeingültigkeit* einer Darstellung zielt, lässt sich als *eine* Folge dieses Postulats deuten. Weder zeigt sich nämlich das »Reine, Wahre, Unveränderliche« am individualisierten Fall, noch eignet sich unter dieser Bedingung die Kontingenz und Ungewissheit der Erfahrungswelt als zureichender Gegenstand (vgl. Engel 2006, 259 f.). Sofern diese Kontingenz in den

Texten durch eine Fülle an sinnlichen Details zur Anschauung kommt, müssen sie offenbar entweder diskreditiert oder als Darstellungsmoment insgesamt reduziert werden.

Für den literarhistorischen Zusammenhang ist schließlich erneut auf die generelle Krise der Repräsentation um und nach 1900 hinzuweisen. Neben der Sprachskepsis betrifft diese Krise auch die überlieferten Formen der Narration, die sich gegenüber einer von Pluralisierung, Beschleunigung und Verwissenschaftlichung geprägten Wirklichkeit als untauglich erweisen. Diese Einsicht lässt etwa Rilke seinen Protagonisten Malte Laurids Brigge artikulieren, wo dieser feststellt: »Daß man erzählte, wirklich erzählte, das muß vor meiner Zeit gewesen sein. Ich habe nie jemanden erzählen hören« (Rilke, 557). Schärfer noch zieht Ulrich aus Musils *Mann ohne Eigenschaften* gegen das »primitiv Epische« zu Felde, weil die moderne Welt sowohl aufgrund des Verlusts an geradlinigen Kausalitäten als auch aufgrund der umfassend sich vollziehenden Abstraktionsprozesse, die das individuelle Schicksal in Statistik auflösen, völlig »unerzählerisch geworden« sei (Musil, 650). Die rhetorische und zugleich poetische Tugend der *evidentia* muss folglich versagen, wo die Komplexität der Lebensvollzüge in die eigene Anschauung nicht mehr integrierbar erscheint.

Einer solch grundsätzlichen Einschätzung der Moderne entspricht Kafka in seinem letzten Roman nicht allein durch die Darstellung hochabstrakter Kommunikations- und Verwaltungssysteme, sondern auch, indem er diesen Zug zur Abstraktion in einem weithin unanschaulichen Modus des Erzählens zu vergegenwärtigen sucht. Auf diese Weise wird ein wesentliches thematisches Problem des Romans an seiner sprachlichen Repräsentation selbst wiederum thematisch.

Forschung

Die ältere Forschung gibt dort, wo sie Kafka als Erzähler im emphatischen Sinne zu konturieren sucht, eine Verknüpfung der im weitesten Sinne narratologischen mit der anthropologisch-historischen Dimension zu erkennen (Benjamin 1936; Beißner; Heselhaus). Dabei wird die methodologisch notwendige Differenzierung, dass ein Autor Verfasser mehrerer Erzähltexte sein kann, dass aber dieser eine Autor im Zuge dessen eine Vielzahl von Erzählern als *individuelle Textphänomene* generiert, tendenziell

außer Kraft gesetzt. Dieser Sicht eignet jedoch insofern eine gewisse Plausibilität, als dergestalt ein spezifischer Gestus des Autors im Zugriff auf die Welt ins Bewusstsein gehoben wird. In diesem Verständnis lässt sich der Erzähler als Typus und semantischer Habitus vom Dramatiker, Lyriker oder auch vom Romancier abgrenzen. Eine solche an den literarischen Gattungen und Werkeinheiten orientierte gestalthafte Vergegenwärtigung von Autoren hat einerseits die lebensweltliche Intuition für sich, gerade auch vor dem Hintergrund der neuerdings proklamierten ›Wiederkehr des Autors‹, sie ermöglicht andererseits das Ausgreifen auf spekulative, namentlich geschichtsphilosophische Zusammenhänge.

So formuliert Benjamin die These, dass der Erzähler als gestalthafte Einheit, wie sie sich prototypisch in Johann Peter Hebel und Nikolaj Leskov ausgebildet hätte, in der Moderne allmählich verschwinde, weil sich die lebensweltlichen Bedingungen ihrer aus der mündlichen Tradition stammenden Existenz rasch wandelten. In diesem Konzept erscheint der Erzähler weitgehend auf die Gattung der Erzählung verpflichtet und kann darum nur bedingt mit der für die Moderne repräsentativen Form des Romans in Verbindung gebracht werden (Benjamin 1936). Der Erzähler mag in dieser von einer metaphysischen Konstruktion geprägten Perspektive dem Untergang geweiht sein, doch das Erzählen selbst ist davon nicht tangiert, weil das Spektrum seiner Darstellungsformen verfügbar bleibt. Diese modernetheoretische Konzeption überzeugt im Blick auf Kafka insofern, als er die Romane nicht abgeschlossen und vorwiegend Erzählprosa verfasst hat, in der sich eine Krise des Erzählens abzuzeichnen scheint.

Mit der wachsenden Aufmerksamkeit für Erzählverfahren und Erzählebenen im strengen Sinne, welche die struktural orientierte Narratologie seit den 1960er Jahren ermöglicht hat, ist die oben skizzierte genauere Erfassung von Kafkas Techniken im Spannungsfeld von ›Außen‹ und ›Innen‹, von auktorialem Erzähler und Reflektorfigur einhergegangen. Darüber hinaus standen wiederholt Einzelaspekte seiner Darstellungsformen im Vordergrund. Das betrifft zum ersten die Untersuchung von Kafkas Bildlichkeit, hier insbesondere die Erscheinungsweisen von Parabolik und Metaphorik (Philippi, Sussman, Richter). Es betrifft zweitens den Nachweis, dass Kafkas Erzählen filmische Darstellungsmittel integriert, beispielsweise Schnittfolgen, wie sie den frühen Stummfilm auszeichnen (Beicken 1978; Alt; Jahraus). Von hier aus zeigt sich jedoch auch Kafkas

Konzentration aufs Gestische und Szenische nochmals in anderem Licht, weil gerade der Stummfilm
eigentümliche, den Autor offenbar inspirierende
körpersprachliche Kommunikations- und Repräsen-
tationsmodi entwickelt hat (Zischler).

Dass Kafka die eigenen Texte wesentlich als Darstellung seines »traumhaften innern Lebens« meinte
begreifen zu dürfen (6.8.1914; T 546), bildet zum
dritten eine Grundlage der These, sein Erzählen kor-
respondiere überhaupt der Darstellungslogik des
Traums, die auf Entstellungen, Verfremdungen und
Distorsionen basiere (Binder 1979, 48–52). Daran
anknüpfend hat Manfred Engel von einem »oniri-
schen Erzählmodell« gesprochen, weil die vom Autor entworfenen Traumwelten als ein Zugleich von
Außen- und Innenwelt zu verstehen seien (Engel
2006, 253; vgl. auch Engel 1998). Mit der gebotenen
Vorsicht lassen sich den Spielarten der Traumlogik
schließlich auch die erörterten Verfahren der Umkehrung und Abweichung, der semantischen Verschiebung und des Gestaltwandels zuordnen, sofern
man freilich die allgemeine Rede von der Traumlogik auf die Beschreibung von Strukturmomenten begrenzt, ohne sie schon für die Erklärung selbst zu
halten.

Kontexte: Robert Musil: Der Mann ohne Eigenschaften.
Hg. v. Adolf Frisé. Reinbek 1992. – Rainer Maria Rilke:
Die Aufzeichnungen des Malte Laurids Brigge. In:
Ders.: Werke. Kommentierte Ausgabe in vier Bänden.
Hg. v. Manfred Engel u. a. Bd. 3: Prosa und Dramen.
Hg. v. August Stahl. Frankfurt/M., Leipzig 1996, 453–
635. – Georg Simmel: Die Großstädte und das Geistes-
leben. In: Ders.: Gesamtausgabe. Hg. v. Otthein Ramm-
stedt. Bd. 7: Aufsätze und Abhandlungen 1901–1908.
Hg. v. Rüdiger Kramme u. a. Frankfurt/M. 1995, 116–
131. – Alfred Weber: Der Beamte [1910]. In: Ders.: Ge-
samtausgabe. Bd. 8: Schriften zur Kultur- und Ge-
schichtssoziologie (1906–1958). Hg. v. Richard Bräu.
Marburg 2000, 98–117. – Virginia Woolf: Character in
Fiction [1924]. In: Dies.: Essays. Bd. 3: 1919–1924. Hg.
v. Andrew McNeillie. London 2. Aufl. 1995, 420–438.
Forschung: P.-A Alt (2005). – Peter U. Beicken (1974),
137–145. – Ders.: Berechnung und Kunstaufwand in
K.s Erzählrhetorik. In: M.L. Caputo-Mayr (1978), 216–
234. – Ders.: Erzählweise. In: KHb (1979) II, 36–48. –
Friedrich Beißner: Der Erzähler F.K. [zuerst 1952]. In:
F. Beißner (1983), 19–54. – Walter Benjamin: F.K. Zur
zehnten Wiederkehr seines Todestages [1934]. In: Ders.:
Aufsätze, Essays, Vorträge. Gesammelte Schriften, Bd.
II/2. Hg. v. Rolf Tiedemann u. Hermann Schweppen-
häuser. Frankfurt/M. 2. Aufl. 1991, 409–438. – Ders.:

Der Erzähler. Betrachtungen zum Werk Nikolai Less-
kows [1936]. Ebd., 438–465. – Hartmut Binder: Motiv
und Gestaltung bei F.K. Bonn 1966. – Ders.: Baufor-
men. In: KHb (1979) II, 48–93. – Peter Bürger: K.s Verfahren. In: Ders.: Prosa der Moderne. Frankfurt/M.
1992, 301–311. – Constanze Busse: K.s deutendes Erzählen. Perspektive und Erzählvorgang in F.K.s Roman
Das Schloß. Münster 2001. – Dorrit Cohn: Transparent
Minds. Narrative Modes for Presenting Consciousness
in Fiction. Princeton 1978. – Stanley Corngold: The
Author Survives on the Margin of His Breaks. K.'s Narrative Perspective. In: Ders.: The Fate of the Self. German Writers and French Theory. New York 1986, 161–
179. – Manfred Engel: Literarische Träume und traumhaftes Schreiben bei F.K. Ein Beitrag zur Oneiropoetik
der Moderne. In: Bernard Dieterle (Hg.): Träumungen.
Traumerzählungen in Literatur und Film. St. Augustin
1998, 233–262. – Ders.: K. und die Poetik der klassischen Moderne. In: Engel/Lamping (2006), 247–262. –
Karlheinz Fingerhut: Bildlichkeit. In: KHb (1979) II,
138–177. – Ulrich Fülleborn: Zum Verhältnis von Perspektivismus und Parabolik in der Dichtung K.s. In: Renate von Heydebrand/Klaus Günther Just (Hg.): Wissenschaft als Dialog. Stuttgart 1969, 289–312. – Gérard
Genette: Die Erzählung. München 2. Aufl. 1998. – So-
phie von Glinski: Imaginationsprozesse. Verfahren
phantastischen Erzählens in F.K.s Frühwerk. Berlin,
New York 2004. – Karl Erich Grözinger: K. und die
Kabbala. Das Jüdische im Werk und Denken von F.K.
Frankfurt/M. 1994. – Arnold Heidsieck: K.s fiktionale
Ontologie und Erzählperspektive. Ihre Beziehungen zur
österreichischen Philosophie der Jahrhundertwende.
In: Poetica 21 (1989), 389–402. – Clemens Heselhaus:
K.s Erzählformen. In: DVjs 26 (1952), 353–376. – Heinz
Hillmann: F.K. Dichtungstheorie und Dichtungsgestalt.
Bonn 1964. – Peter Höfle: Von der Unfähigkeit, histo-
risch zu werden. Die Form der Erzählung und K.s Er-
zählform. München 1998. – Oliver Jahraus: K. und der
Film. In: KHb (2008), 224–236. – Norbert Kassel: Das
Groteske bei F.K. München 1969. – Wolfgang Kayser:
Das Groteske. Seine Gestaltung in Malerei und Dich-
tung. Hamburg 1957. – S. Kessler (1983). – Andreas Kil-
cher: Sprachendiskurse im jüdischen Prag um 1900. In:
Nekula/Fleischmann/Greule (2007), 61–86. – Wolf
Kittler: Integration. In: KHb (1979) II, 203–220. – Kitt-
ler/Neumann (1990). – Siegfried Kracauer: *Das Schloß*.
In: Ders.: Schriften. Hg. v. Inka Mülder-Bach. Bd. 5.1:
Aufsätze 1915–1926. Frankfurt/M. 1990, 390–393. –
Herbert Kraft: K. Wirklichkeit und Perspektive. Beben-
hausen 1972, 2. Aufl. Bern 1983. – D. Kremer (1998). –
Winfried Kudszus: Erzählhaltung und Zeitverschie-
bung in K.s *Prozeß* und *Schloß*. In: DVjs 38 (1964),
192–207; wieder in: H. Politzer (1973), 331–350. –

Ders.: Erzählperspektive und Erzählgeschehen in K.s *Prozeß.* In: DVjs 44 (1970), 306–317. – Gerhard Kurz: Figuren. In: KHb (1979) II, 108–130. – G. Kurz (1984). – Eric R. Miller: Without a Key. The Narrative Structure of *Das Schloß.* In: GR 66 (1991), 132–140. – Michael Müller: *Das Schloß.* In: M. Müller (2004), 253–283. – Wolfgang G. Müller: Moralische Implikationen erzähltechnischer Innovationen im Werk von Jane Austen. In: Jutta Zimmermann/Britta Salheiser (Hg.): Ethik und Moral als Problem der Literatur und Literaturwissenschaft. Berlin 2006, 117–132. – B. Nagel (1983). – Gerhard Neumann: Umkehrung und Ablenkung. F.K.s »Gleitendes Paradox«. In: DVjs 42 (1968), 702–744. – Ders.: Werk oder Schrift? Vorüberlegungen zur Edition von K.s *Bericht für eine Akademie.* In: Louis Hay/Winfried Woesler (Hg.): Edition und Interpretation. Bern u. a. 1981, 154–173 (Jb. für internationale Germanistik, Reihe A, Kongressberichte, 11). – Roy Pascal: K.'s Narrators. A Study of his Stories and Sketches. Cambridge 1982. – Klaus-Peter Philippi: »Parabolisches Erzählen«. Anmerkungen zu Form und möglicher Geschichte. In: DVjs 43 (1969), 297–332. – Klaus Ramm: Reduktion als Erzählprinzip bei K. Frankfurt/M. 1971. – Ders.: Handlungsführung und Gedankenführung. In: KHb (1979) II, 93–108. – Karl Richter: Der erschwerte Vergleich. K. und die moderne Parabolik. In: Engel/Lamping (2006), 276–290. – R. Robertson (1988). – J. Rolleston (1974). – Christian Schärf: F.K. Poetischer Text und heilige Schrift. Göttingen 2000. – Michael Scheffel: Paradoxa und kein Ende. F.K.s Romanprojekt *Der Verschollene* aus narratologischer Sicht. In: Carolina Romahn/Gerold Schipper-Hönicke (Hg.): Das Paradoxe. Literatur zwischen Logik und Rhetorik. Fs. für Ralph-Rainer Wuthenow. Würzburg 1999, 251–263. – Walter H. Sokel: Das Verhältnis der Erzählperspektive zu Erzählgeschehen und Sinngehalt in *Vor dem Gesetz, Schakale und Araber* und *Der Prozess.* In: ZfdPh 86 (1967), 267–300. – Henry Sussman: F.K. Geometrician of Metaphor. Madison 1979. – Richard Thieberger: Sprache. In: KHb (1979) II, 177–203. – Wilfried Thürmer: Beschreibung. In: KHb (1979) II, 130–138. – Joseph Vogl: Vierte Person. K.s Erzählstimme. In: DVjs 68 (1994), 745–756. – K. Wagenbach (2006 [1958]). – Martin Walser: Beschreibung einer Form. Versuch über F.K. München 1961. – Hanns Zischler: K. geht ins Kino. Reinbek 1996.

Dirk Oschmann

4.4 Kleine Formen: Denkbilder, Parabeln, Aphorismen

Die Gattungszuordnungen für Kafkas kleine Prosastücke sind notorisch strittig. Dies liegt u. a. daran, dass sie im Kontext der Kurzprosa (vgl. Baßler 2000 u. 2007) der ›formalen‹ oder ›emphatischen‹ Moderne in der ersten Hälfte des 20. Jahrhunderts stehen. Ein wichtiges Charakteristikum jener Kurzprosa (wie man sie auch bei Robert Walser, Robert Musil, Peter Altenberg, Peter Hille, Paul Scheerbart u. a. antreffen kann) ist, dass sie sich der klaren und trennscharfen Zuordnung zu Genres, die durch Poetiken und/oder literarhistorische Traditionen definiert und vermittelt werden, geradezu systematisch und prinzipiell entzieht – sei es mit der Erprobung neuer Texturen, durch die Elemente herkömmlicher Kleinformen unterlaufen oder ersetzt und dadurch eben Gattungsumrisse undeutlich werden (vgl. Baßler 1994), sei es mit der narrativen und/oder essayistischen Erweiterung von Formen im Bereich der aphoristischen Tradition, durch die der Aphorismus strukturell geöffnet, erweitert oder gar aufgelöst wird (Fricke spricht hier von »Minimalprosa«; Fricke 1984, 66 f.).

Auch die Kurzprosa Kafkas lässt sich damit aus literarhistorischen und literaturtheoretischen Gründen nicht mehr problemlos und ohne weiteres auf ›traditionelle‹ Gattungen aufteilen und in Gattungsgeschichten einreihen, sofern traditionsvermittelt normative, trennscharfe und geschlossene Gattungsbegriffe die jeweiligen Gattungen und ihre Geschichten als logische Klassifikationen begründen. Vielmehr macht gerade die Vielfalt der modernen Kurzprosa – sowohl in ihren Texturen als auch mit ihren demonstrativ innovativen Gattungsnamen (von der ›Skizze‹ über das Stil-›Scherzo‹ bis zu ›Seifenblase‹, ›Maulwurf‹ und ›Feuilleton‹) – darauf aufmerksam, dass ein historischer und gattungssystematischer Zusammenhang sich hier nurmehr in Form einer Beschreibung von Familienähnlichkeiten rekonstruieren lässt.

Gattungen, deren Kategorisierungslogik die der Familienähnlichkeiten ist, haben kulturell vermittelte ›beste Beispiele‹ in ihrem Zentrum sowie zu den Rändern der Kategorie hin Beispiele, die sich immer deutlicher von den besten Beispielen unterscheiden, aber immer noch gewisse Ähnlichkeiten mit ihnen aufweisen. Die Grenzen der Kategorie sind hierbei nicht scharf – einschließend und abgrenzend – gezogen, sondern ausfransend: historisch und systematisch flexibel im Übergang zu anderen Kategorien.

Drei Gattungskategorien, die im erläuterten Sinn Gattungsfamilien darstellen und zur genretypologischen Erschließung von Kafkas Kurzprosa mit Vorteil herangezogen werden können, sind ›Parabel‹, ›Aphorismus‹ und ›Denkbild‹. Die Konzentration auf diese drei Gattungen rechtfertigt sich dabei nicht allein aus forschungsgeschichtlichen Gründen (und damit aus Gründen der literaturwissenschaftlichen Poetik, die eben immer wieder und für zahlreiche Kurzprosatexte Kafkas vorgeschlagen hat, sie als Parabeln, als Aphorismen oder als Denkbild zu rezipieren – Kafka selbst hat diese Gattungsnamen Parabel, Aphorismus, Denkbild nicht zur Bezeichnung seiner Kurzprosastücke verwendet). Sie hat daneben auch eine literarhistorische Motivierung, denn gerade diese drei Gattungen haben eine lange gemeinsame Vergangenheit, die den kulturellen Hintergrund bildet, vor dem sich Kafkas Kurzprosa in ihrer besonderen Andersartigkeit deutlich profilieren lässt.

Zum systematischen und historischen Zusammenhang von Denkbild, Parabel und Aphorismus

Das Stichwort *Denkbild* führt in den Bereich der Text und Bild miteinander verbindenden Gattungen der Frühen Neuzeit, insbesondere in den Bereich von Emblem und Emblematik zurück (vgl. Schulz 1968). Charakteristisch für das – auch ›Denkbild‹ genannte – Emblem als synmediales, offenes Kunstwerk ist die durch seine prototypische Dreiteiligkeit von ›pictura‹ (also dem Bildteil mit den sogenannten ›res pictae‹), ›subscriptio‹ und ›inscriptio‹ (den Textteilen) konstituierte hermeneutische Verpflichtung des Rezipienten zu einer deutenden Sinnerschließung. Es fordert die reflektierende Urteilskraft in variierenden und variierend beschriebenen Verfahren auf (allegorisch, metaphorisch, metonymisch, als oder wie ein Rätsel, concettistisch oder einfach uneigentlich, deutend, abbildend, auslegend, darstellend oder exemplarisch), von dem besonderen dargestellten oder thematisierten Fall auf eine oder mehrere allgemeinere Bedeutungen zu kommen (vgl. Zymner 2002 u. Scholz 2002).

Schon in den Poetiken der Frühen Neuzeit wird das Emblem (bzw. ›Denkbild‹ oder ›Sinnbild‹) als »silent parable« (Francis Quarles 1635) und die Parabel umgekehrt als »geschehenes Sinnbild« (Georg Philipp Harsdörffer) konzeptualisiert. Noch Johann Gottfried Herder erörtert 1792 anlässlich parabolischer Texte des Barockautors Johann Valentin Andreae (1619), ob er hier von Fabel, »Emblem (Denkbild)« oder Parabel sprechen sollte – um sich schließlich für »Parabel« zu entscheiden und mit dem Stichwort eine, wie er sagt, ›vermischte Gattung aus Fabel und Emblem (Denkbild)‹ zu bezeichnen (vgl. hierzu Zymner 2006; zum Stichwort »Denkbild« bei Herder siehe auch Müller-Michaels 1996). Was man in der Frühen Neuzeit als Genrevermischung betrachtet, ist die Verbindung von sprachlicher, anschaulich erzählender oder schildernder Textur einerseits und emblem- oder denkbildkonstitutiver hermeneutischer Verpflichtung andererseits.

Auf diesen Zusammenhang dürfte Walter Benjamin anlässlich seiner Barockstudien gestoßen sein, was ihn dazu veranlasst haben dürfte, nun einen bestimmten Typus der ›emblematischen‹ Kurzprosa in der Nachbarschaft zur Parabel als »Denkbilder« zu bezeichnen (vgl. hierzu Schlaffer 1973; Spinnen 1991; Leifeld 1996). Mit Blick auf die Prosastücke in Benjamins *Einbahnstraße* (1928) spricht auch Theodor W. Adorno von »Denkbildern«. Es seien »gekritzelte Vexierbilder als gleichnishafte Beschwörungen des in Worten Unsagbaren. Sie wollen nicht sowohl dem begrifflichen Denken Einhalt gebieten als durch ihre Rätselgestalt schockieren und damit Denken in Bewegung bringen« (Adorno 1955, 680 f.).

Was nach dem prototypischen Vorbild der Benjaminschen ›Denkbilder‹ für diese Form der Kurzprosa literaturwissenschaftlich als kennzeichnend erscheint, ist die »Zweiteilung in Erfahrung und Erkenntnis, Bericht und Reflexion, Fall und Theorem [...], Gedanke und Anschauung, [...] Realität und Reflexion [...], Gedanke und Konkretum« (Schlaffer 1973, 142 f.; vgl. auch Göttsche 2001, 86). Diese Zweiteilung wird in der Textstruktur selbst manifest, und nicht lediglich als allgemeine hermeneutische Beziehung zwischen Text und rezeptiver Deutung literaturwissenschaftlich postulierbar. Müller-Michaels umschreibt die Eigenschaften eines modernen Denkbildes so: Ein »triviales Ereignis, eine unmittelbare, lapidare Erfahrung kann zu einem denk-würdigen, bildlich-konkreten Sachverhalt im Kopf des Autors werden, der diese res picta in Sprache übersetzen muß, um sie kommunikabel zu machen. Daran wird dann eine verallgemeinerbare Reflexion geknüpft« (Müller-Michaels 1996, 38).

Demnach könnte man unter einem ›Denkbild‹ zusammenfassend einen (1) kurzen Prosatext verstehen, der außerdem folgende Züge aufweist: Er ist (2a) erzählend oder (2b) nichterzählend strukturiert, (3a) fiktional oder (3b) nicht-fiktional; er thematisiert (4) typischerweise Alltägliches oder Triviales: eine alltägliche oder triviale Geschichte, ein alltägliches oder triviales Geschehen, einen alltäglichen oder trivialen Sachverhalt. Schließlich (5a) reflektiert oder erörtert er das Thematisierte metakommunikativ oder (5b) bietet durch seine Struktur (z. B. durch Pointen, Zuspitzungen, Inkohärenzen, ›Rätselhaftigkeit‹, Verallgemeinerungen) Anlass zur metakommunikativen Reflexion des Thematisierten.

Die Verwandtschaft des Denkbildes mit anderen Formen der kleinen Prosa scheint ebenso deutlich zu sein wie die Unterschiede zwischen ihnen. So kann man demgegenüber unter einer *Parabel* einen (1) typischerweise kurzen, (2) fiktionalen Erzähltext (3) in Vers oder Prosa verstehen, der (4) kein global anthropomorphisiertes Figural nutzt, welches der Wirklichkeit entnommen ist (also im Unterschied zur Fabel keine sprechenden oder sonst wie anthropomorph handelnden Löwen, Esel und Eichen oder Schilfrohre usw. präsentiert), und der schließlich (5a) explizite oder (5b) implizite Transfersignale aufweist (genauer: mindestens eines davon), welche ihn (6) als übergreifend oder global uneigentlichen Text markieren (zur näheren Begründung vgl. Zymner 1991).

Der entscheidende Unterschied zwischen einem bestimmten Typus des Denkbildes (nämlich dem episch-fiktionalen) und einem bestimmten Typus der Parabel (nämlich der episch-fiktionalen in Prosa), in denen sich Denkbild und Parabel einander annähern, liegt dabei in der Uneigentlichkeit: Der Appell zu einem Transfer, einer ›metaphorischen Übertragung‹ des Erzählten, ist eben weder Metakommunikation über das Erzählte selbst, noch einfach ein Anlass zur Metakommunikation über das Thematisierte: Die Metakommunikation zeigt etwas auf oder macht auf etwas aufmerksam an dem Erzählten oder Beschriebenen selbst (und möglicherweise so, dass das Thematisierte als besonderer Fall eines allgemeinen Aspektes dienen kann); die Transfersignale fordern dazu auf, das Erzählte nicht als es selbst (und nicht einmal als einen besonderen Fall) zu akzeptieren, sondern anhand des Erzählten einen metaphorischen Prozess als konzis unscharfe Neusemantisierung des Erzählten vorzunehmen.

So wie das Denkbild und die Parabel eine gemeinsame literarhistorische Vergangenheit haben und in literatursystematischer Nachbarschaft stehen, so sehr ist aber auch der *Aphorismus* mit Denkbild und Parabel systematisch wie historisch verknüpft. Das emblematische Denkbild steht in der Frühen Neuzeit schon allein deshalb in nächster Nähe zum sogenannten ›Denkspruch‹ (lat. ›memorabilis sententia‹, auch ›symbolum‹; vgl. Jacob u. Wilhelm Grimm: Deutsches Wörterbuch. Bd. II. Leipzig 1860, 943), weil es eben häufig solche Denksprüche (auch Sprichwörter, Sentenzen, Maximen, Devisen, Motti, Apophthegmata; vgl. Kalivoda 1994) sind, die in die Position von ›inscriptio‹ oder ›subscriptio‹ des Emblems rücken oder als ›res pictae‹ in der ›pictura‹ transformiert werden. Zudem teilt der Denkspruch mit dem Denkbild und der Parabel der Topik-Theorie zufolge, wie sie etwa in Georg Philipp Harsdörffers *Ars Apophthegmatica* (1655) oder in seinem *Poetischen Trichter* (1647–53) entfaltet wird, den sogenannten ›locus ex similibus‹ (d. h. das ›Gleichnis‹ als kognitives Verfahren) als wichtigste ›Kunstquelle‹ (vgl. Zymner 2006). Nicht zuletzt gehört die Geschichte des Denkspruches – also der religiösen wie philosophischen Spruchweisheit, des Sprichwortes ebenso wie der Sentenzen- und Maximen-Tradition – zur Vorgeschichte des Aphorismus in der deutschen Literatur (vgl. Fricke 1984); Sprüche als Genre des Aphorismus sind in Goethes Sprüchen in Prosa ebenso wie noch in Peter Rühmkorfs ›Wahrsprüchen‹ anzutreffen. Insbesondere seit dem 19. Jahrhundert stößt man auffällig häufig auf die buchbinderische oder sogar anthologistische Verknüpfung von Denkbildern bzw. Parabeln bzw. gattungssystematisch benachbarten Fabeln und Gleichnissen einerseits und Aphorismen andererseits (z. B. Friedrich Ludwig Bührlen: *Wahrnehmungen und Bemerkungen*, 1833; Samuel von Butschky: *Aphorismen und Parabeln*. In: Heinrich Hoffmann von Fallersleben: Spenden zur deutschen Literaturgeschichte, 1844; Josef Ruben Ehrlich: *Fabeln und Aphorismen*, 1876; A. Jaffé: *Gedanken und Gleichnisse*, 1903; Arthur Schnitzler: *Aphorismen und Betrachtungen*, Ges. Werke 5, 1967; Otto Stoessl: *Betrachtung*, 1933; Pascal Märki: *Denkbar. Aphorismen und Bilder*, 1986). Kurz: Bei Denkbild, Parabel und Aphorismus handelt es sich gewissermaßen von Anfang an um theoretisch und historisch affine Genres.

In einem deduktiven Zugriff versteht man heute unter einem Aphorismus einen

(1) nichtfiktionalen Text in (2) Prosa in einer Serie gleichartiger Texte, innerhalb dieser Serie aber jeweils (3) von den Nachbartexten isoliert, also in der Reihenfolge ohne Sinnveränderung vertauschbar; zusätzlich (4a) in einem einzelnen Satz oder auch (4b) anderweitig in konziser Weise formuliert oder auch (4c) sprachlich pointiert oder auch (4d) sachlich pointiert (Fricke 1997, 104).

In einem historisch-induktiven Zugriff (vgl. Spicker 2004, 7 f.) ergibt sich demgegenüber, dass es von diesem orientierenden Begriffskern aus gesehen doch sehr sensible, verwischende oder ausfransende Grenzbereiche, Übergänge, Interpolationen gibt – etwa zum Essay, zum Tagebuch oder auch dem Journal, zum Fragment oder auch zur Aufzeichnung.

Diese Feststellung gilt auch für das Denkbild, das ja in seiner nichtfiktionalen, beschreibenden Variante zumindest eine große Ähnlichkeit mit dem Aphorismus aufweist. Im Unterschied zum Aphorismus muss das Denkbild aber nicht in einer Serie gleichartiger Texte vorliegen, es kann auch allein und isoliert auftreten, und nur in dem vorstellbaren Fall, dass man es mit einer Serie nichtfiktionaler, beschreibender Denkbilder zu tun bekäme, wäre es ebenso vorstellbar und genresystematisch zu rechtfertigen, womöglich von Denkbildern als Genre des Aphorismus zu sprechen. Darüber entschiede dann allerdings jeweils der konkrete Fall.

Kafkas Denkbilder

Konzentriert man sich auf die hier behandelten drei Gattungen, so lässt sich feststellen: Die Genreentwicklung führt Kafka vom Denkbild zur Parabel und schließlich zum Aphorismus. Dabei ergeben sich allerdings keine sukzessiven Abfolgen der genannten Gattungen, sondern Überlagerungen der Gattungsgruppen in ihren einzelnen Textereignissen bei insgesamt gewahrter Chronologie in der Genrenutzung.

Die ältesten Denkbilder finden sich in Kafkas erster Buchveröffentlichung, in dem Band *Betrachtung* (1912). Ausnahmen bilden *Kinder auf der Landstraße* und *Entlarvung eines Bauernfängers* (ursprünglich in *Beschreibung eines Kampfes*, Fassung B, 1909/10), die noch stärker ausführliche Erzählungen als reflektierend oder auf Reflexion angelegte ›Denkbilder‹ im oben bestimmten Sinn sind. Dies gilt in anderer Weise auch für *Der Ausflug ins Gebirge* und *Die Bäume*, den (zusammen mit *Kleider*) anderen Texten in *Betrachtung*, die nachweislich aus dem Zusammenhang von *Beschreibung eines Kampfes* stammen. Sie weisen zwar durch eine stärkere Verknappung deutlicher als die ersten beiden Texte auf das Genre ›Denkbild‹, sind jedoch aus anderen, noch zu diskutierenden Gründen nicht vollkommen ›passend‹.

Die Banderole des im Ernst Rowohlt Verlag Leipzig erschienenen Bandes *Betrachtung* präsentierte folgenden Werbetext, der die versammelten Texte zugleich charakterisiert:

> Der durchaus neuartige Ton dieses Buches, eine von Heiterkeit gebändigte Schwermut, verleiht dem Werke, das Leben und Sehnsucht eines jungen Mannes unserer Tage zum Thema hat, einen außergewöhnlichen Reiz. Die seltene Verbindung von Liebenswürdigkeit und tiefem Ernst erhebt die sich durch ihre innere Einheit zu einer einzigen ›Betrachtung‹ zusammenschließenden klangschönen Prosastücke zu einer großen Hymne, die für Viele symbolische Geltung erlangen dürfte (DzL:A 33 f.).

Bei aller Übertreibung und Unschärfe dürfte an dieser Charakterisierung doch die angesprochene Beziehung zwischen den einzelnen Teilen und dem Ganzen von Belang sein. Man könnte sagen, dass jeder einzelne Text als ›Betrachtung‹ gesehen werden soll (und daher von einer Reihe oder Kette einzelner ›Betrachtungen‹ zu sprechen ist), alle einzelnen ›Betrachtungen‹ aber auch zu einer kohärenten ›Betrachtung‹ zusammenziehbar, zu einem Ganzen aus Teilen synthetisierbar sind.

Kafkas Brief an den Rowohlt-Verlag vom 18. Oktober 1912 (B00–12 184) deutet außerdem darauf hin, dass die Anordnung und Reihenfolge der Stücke des Bandes von ihm nicht als beliebig betrachtet wurden, jedenfalls betont er in dem Schreiben ausdrücklich, dass *Kinder auf der Landstraße* das erste der Stücke sein sollte, während *Unglücklichsein* explizit als »Endstück« bezeichnet wird.

Das Festhalten am Titelstichwort ›Betrachtung‹ signalisiert schon im paratextuellen Bereich die Bedeutung einer reflexionsfördernden und -fordernden Distanz – sei es der Distanz des Autors zu den einzelnen Teilen wie zum Ganzen, sei es der Distanz des Lesers zu den einzelnen Teilen wie zum Ganzen. Von vornherein erhalten die einzelnen Teile des Bandes so den Charakter von gewissermaßen (über)prüfbaren, näher zu betrachtenden und dabei zu bedenkenden, exemplarischen Einzelstücken (vgl. Hillmann 1973, 161–178). Kafka selbst spricht von »Lichtblicken in eine unendliche Verwirrung hinein« (An F. Bauer, 29./30.12.1912; B00–12 372).

Hillmann hat beobachtet, dass in allen Stücken ein Subjekt einem Objekt gegenüberstehe, »das bald es selbst, bald ein anderes Subjekt, bald eine Situation, bald auch ein Ding sein kann« (Hillmann 1973, 161). Dieses Objekt sei Gegenstand einer Untersuchung, nicht jedoch Gegenstand einer tätig aktiven Auseinandersetzung. Es gebe also eigentlich in keinem Stück Handlung und Handlungsentwicklung, sondern nur mehr oder weniger in sich ruhende, statische Situationen. Die sprechende Instanz bleibe dabei in einem gängigen Sinn ›Realist‹. Sie beschreibe Wirkliches, bis auf wenige Ausnahmen ›ganz normale‹ Personen, Gegenstände oder Objekte, und reflektiere darüber, wobei im Reflexionsvorgang der konkrete Fall zum generellen werde. Der reflektierende Grundgestus der einzelnen Stücke wird immer wieder schon in vielen ihrer Einzelformulierungen verdeutlicht – wie in *Kleider*: »Oft wenn ich Kleider […] sehe […], dann denke ich« (DzL 28); oder wie in *Zum Nachdenken für Herrenreiter*: »Nichts, wenn man es überlegt, kann dazu verlocken, in einem Wettrennen der erste sein zu wollen« (30).

Kennzeichnend für den reflektierenden Grundgestus der Stücke sind auch die folgenden texteröffnenden bzw. im Periodenbau bestimmenden Elemente: wenn/dann-Konstruktionen (wie in *Der plötzliche Spaziergang*); wenn/so-Konstruktionen (wie in *Die Vorüberlaufenden* oder auch in *Die Abweisung*); allgemeine Behauptungen (wie in *Entschlüsse*); Vermutungen (wie in *Das Unglück des Junggesellen* und in *Der Kaufmann*); Fragen (wie in *Zerstreutes Hinausschaun*): Imperative (wie in *Der Nachhauseweg*: »Man sehe die Überzeugungskraft der Luft nach dem Gewitter!«; DzL 25). Selbst die textthematisch abweichende Eröffnung von *Die Bäume* mit der kausalen Konjunktion ›denn‹ – die eigentlich eine Begründung für etwas zuvor Behauptetes einleiten sollte, hier allerdings ohne jede vorangestellte und zu begründende Behauptung erscheint und so dem gesamten Text einen fragmentarischen oder unvollständig-herausgerissenen Charakter verleiht – verweist allein durch ihre grammatische Bestimmtheit auf einen argumentativ reflektierenden Habitus.

Die von Hillmann angesprochene Tendenz zur Generalisierung kann schließlich auch an stilistischen Eigenarten der Stücke abgelesen werden: vor allem an der wiederholten Verwendung des impersonal verallgemeinernden Indefinitpronomens ›man‹ sowie an generalisierenden Formulierungen in der ersten Person Plural ›wir‹ – wie etwa in dem Stück *Die Bäume*, das mit den Worten beginnt: »Denn wir sind wie Baumstämme« (DzL 33).

In der Forschung sind die zahlreichen Hinweise auf einen Zusammenhang zwischen den Teilen und dem Ganzen, Betrachtungen und Betrachtung, zwar gesehen, aber kaum auf ihre Triftigkeit geprüft worden. Versucht man dies zu tun, so lässt sich eine Verknüpfung der einzelnen Teile über Wortrekurrenzen, Isotopien und semantische Kontiguitäten rekonstruieren, die zugleich einen nichtnarrativen (nämlich pointillistisch ›lichtblick-‹, oder ›blitzlichtartigen‹) Nexus zwischen überwiegend schwach oder gar nicht erzählenden Denkbildern erkennen lässt: Die Denkbilder ergeben – wie einzelne Momentaufnahmen – sozusagen ein Gesamtbild, eine einzige Betrachtung (zum nicht-narrativen Nexus als Kennzeichen der Moderne bei Kafka vgl. Engel 2006). Insofern könnte man von einem metonymischen Verfahren sprechen, das Kafka hier erprobt, und zwar nicht nur im Hinblick auf die Makrostruktur von Teilen und Ganzem, sondern auch im Hinblick auf die stilistische Mikrostruktur. Die interpretative Verbindung könnte bei den von Kafka ja ausdrücklich festgelegten Anfangs- und Schlussstücken ansetzen, von hier aus zwischen den einzelnen Stücken vergleichend springen und den oder einen Gesamtzusammenhang im Verstehensprozess umkreisen.

So kann man bei dem ersten Stück *Kinder auf der Landstraße* feststellen, dass sich die erzählende Instanz ›hier-und-jetzt‹ an einen heißen Sommer in seiner Kindheit ›damals-und-dort‹ im Garten seiner Eltern in einem Dorf und in der ländlichen Umgebung des Dorfes erinnert. Immerhin wird im Laufe der Geschichte deutlich, dass das ›Kind vom Lande‹ ein Junge und die sich erinnernde Instanz ein Mann ist. Gegen Schluss der Geschichte wird ausdrücklich mitgeteilt, dass der Junge spätabends nicht nach Hause geht, sondern in einen Feldweg einbiegt und »zu der Stadt im Süden hin« strebt (DzL 13), von der es

in unserem Dorfe hieß: »Dort sind Leute! Denkt Euch, die schlafen nicht!« »Und warum denn nicht?« »Weil sie nicht müde werden.« »Und warum denn nicht?« »Weil sie Narren sind.« »Werden denn Narren nicht müde?« »Wie könnten Narren müde werden!« (DzL 13 f.).

Die Müdigkeit des Jungen spielt schon zu Beginn der Geschichte eine Rolle; zumindest wird ein Kind geschildert, das sich »zwischen den Bäumen im Garten meiner Eltern« hinter einem Gitter auf einer kleinen Schaukel ausruht, von der Schaukel aus sprühend (wie aus einem Vogelkäfig, so könnte man meinen) auffliegende Vögel sieht und dabei »aus Schwäche ein wenig zu schaukeln« anfängt (9). Nur seufzend, so erfährt man, steht er auf, wenn er von einem Jungen zu den anderen vor das Haus geholt wird.

Das Schlussstück *Unglücklichsein* zeigt dann tatsächlich einen Städter, einen erwachsenen Mann, der – ganz wie man es im Dorf der Kindheit annimmt – ein Narr ist, aber sich entgegen allem, was man im Kindheitsdorf sagt, zum Schluss der Geschichte schlafen legt. Für einen Narren könnte man diesen Mann deshalb halten, weil er schildert, wie er Besuch von einem Kind »als kleines Gespenst« erhält (DzL 34). Mit diesem Gespenst spricht er ohne das mindeste Anzeichen der Verwunderung oder gar Verängstigung – obwohl er nicht an Gespenster glaubt. Wie man dem Text entnehmen kann, hat der Mann schon häufiger mit Gespenstern zu tun gehabt, was ihm allerdings Angst bereitet, ist die Ursache der Gespenstererscheinungen:

> »Die eigentliche Angst ist die Angst vor der Ursache der Erscheinung. Und diese Angst bleibt. Die habe ich geradezu großartig in mir«. Ich fing vor Nervosität an, alle meine Taschen zu durchsuchen (38 f.).

Auch im Fall der Schlusserzählung will ich auf keine weiteren Details eingehen. Deutlich geworden sein sollte immerhin die thematische Verbindung zwischen erster und letzter Geschichte. Da die Schlussbewegung des Kindes in der Eingangsgeschichte vom Land zur Stadt verläuft und da sich in der Eingangsgeschichte ein Mann an jene Dorfsommer erinnert, ist vielleicht auch die Vermutung nicht ganz unbegründet, in dem Narren in der Stadt das Kind vom Lande zu erkennen, also figurale Kohärenz in einer Textwelt zu unterstellen.

Die Beziehung Land-Stadt spielt auch in anderen Stücken eine Rolle, so schon im zweiten Denkbild, *Entlarvung eines Bauernfängers*, in dem die sprechende Instanz, ein Mann in der Stadt, berichtet, wie er einen Bauernfänger entlarvt – nicht etwa einfach einen Betrüger, einen Nepper oder gar einen Verführer o. ä., sondern ausdrücklich einen Bauernfänger. Der Ausdruck ist aus der Perspektive des ›Mannes in der Stadt‹ gewählt; mit ihm verrät er sich als ›Mann in der Stadt‹, der vom Lande kommt. Der Betrüger oder Verführer wird aus der Perspektive des Mannes in der Stadt also als jemand betrachtet, der es auf ihn, der vom Lande kommt (den ›Bauern‹), abgesehen hat (ihn ›fangen will‹).

Auch in *Der Kaufmann* wird die Stadt-Land-Beziehung aufgegriffen. Eine der Sorgen des Kauf-

manns besteht nämlich darin, »in einer Jahreszeit die Moden der folgenden [zu] berechnen, nicht wie sie unter Leuten meines Kreises herrschen werden, sondern bei unzugänglichen Bevölkerungen auf dem Lande« (DzL 22). Auch dieser Kaufmann erscheint als ein ›städtischer‹ Narr – spätestens dann, wenn er, allein in einem aufsteigenden Lift, in einer pathetisch archaisierenden Rede unter anderem dazu auffordert: »Flieget weg; Euere Flügel, die ich niemals gesehen habe, mögen Euch ins dörfliche Tal tragen oder nach Paris, wenn es Euch dorthin treibt« (23). Zugleich erinnert diese Passage an die auffliegenden Vögel im elterlichen Garten des ›Kindes vom Lande‹ ebenso wie an das Dorf und die dörfliche Umgebung selbst, so dass auch hier die Vermutung figuraler Kohärenz in einer Textwelt unterstützt wird.

In ähnlicher Weise lassen sich über wiederkehrende Formulierungen, lexikalische und thematische Wiederaufnahmen Kohärenzbrücken zwischen den einzelnen Stücken herstellen – ebenso über wiederkehrende Raumgestaltungen (Treppen, Gassen), wiederkehrende Situationen (Blick aus dem Fenster, Spiegel-Situationen etc.), wiederkehrende Stichwörter (Gebirge, Bäume, Kinder, Mädchen, Singen u. a.). Dies gilt selbst für die drei Stücke *Der Ausflug ins Gebirge*, *Wunsch, Indianer zu werden* und *Die Bäume*. Das Stichwort ›Gebirge‹ ebenso wie das Singen und die Beziehung zwischen dem sprechenden Ich und einer Gruppe von anderen kommen in der Eingangserzählung ebenso vor wie in *Der Ausflug ins Gebirge* (freilich hier in der ›närrischen‹ Rede des Mannes in der Stadt); der »indianische Kriegsruf« (DzL 12) in *Kinder auf der Landstraße* lässt sich mit dem *Wunsch, Indianer zu werden* verbinden; die Bäume gehören zu den wiederholt vorkommenden Requisiten der Textwelt des ›Kindes vom Land‹ beziehungsweise des ›Mannes in der Stadt‹, so dass ihre verallgemeinernd reflexive Thematisierung in dem Stück *Die Bäume* durchaus keinen überraschenden Bruch in der Textwelt konstituieren muss.

Gerade die zuletzt genannten Stücke zeichnen sich innerhalb der Textabfolge durch besondere Kürze und durch besondere ›Rätselhaftigkeit‹ aus. Könnte man diese im Falle von *Der Ausflug ins Gebirge* noch mit dem närrischen Monologisieren des ›Mannes in der Stadt‹ erklären, das sich unter anderem zu einer fast wortspielartigen Ontologisierung eines Indefinitpronomens (von ›niemand‹ zu ›Niemand‹) äußert, so liegen die Dinge bei den anderen beiden Stücken etwas anders. In beiden Fällen kann man von unmittelbar einsetzenden, reflexiven Texten sprechen, die sich im Zusammenhang der Textfolge als Äußerungen, Gedankenrede, des ›Mannes in der Stadt‹ auffassen lassen (vgl. allerdings z. B. Born 1994, 156, der bei *Wunsch, Indianer zu werden* vom »Wunsch des Kindes« spricht).

In *Wunsch, Indianer zu werden* ist es vor allem ein Verfahren der Nonsense-Literatur, das zur ›Rätselhaftigkeit‹ des Textes führt, nämlich die sukzessive Auflösung thematisierter Gegenstände. Hierbei bilden die Bedingungen der empirischen Realität die Norm, von der der Nonsens-Text abweicht. Wenn man auf einem Pferd reitet und die Sporen ›lässt‹, setzt das voraus, dass es überhaupt Sporen gibt, wenn man Zügel wegwirft, dass es Zügel gibt, und natürlich setzt das Reiten auf einem Pferd voraus, dass das Pferd u. a. einen Hals und einen Kopf besitzt. In Kafkas Text werden hingegen die Sporen ›gelassen‹, »denn es gab keine Sporen«, die Zügel weggeworfen, »denn es gab keine Zügel«, und schließlich werden Pferdehals und Pferdekopf auch ›irgendwie‹ nicht mehr gesehen (DzL 32 f.). Kompliziert wird diese nonsensikalische Auflösung von Reitutensilien und Pferd durch die besondere Verbindung von Modus, Tempus und kausaler Begründung. Hat man es in dem optativischen Wunschsatz »Wenn man doch ein Indianer wäre« (32) bis zur vierten Zeile des Textes mit dem Konjunktiv II zu tun, der jedenfalls eine konditionale ›dann‹-Fortsetzung im Konjunktiv erforderte, so bekommt man es bei Kafka nicht nur mit dem Präteritum im Indikativ zu tun (»bis man die Sporen ließ«, 32), sondern darüber hinaus mit kausalen ›denn‹-Konstruktionen im Indikativ des Präteritums, die die Aussage in den temporalen ›bis‹-Nebensätzen nonsensikalisch unterlaufen. Die Fortsetzung im Präteritum verhält sich zum konjunktivischen Wunschsatz wie das Reden über zukünftig Mögliches zum Reden über faktisch Vergangenes (vgl. Kobs 1970, 477; Ramm 1971, 16 ff.), nämlich eigentlich einander ausschließend. In dem einen langen Satz, aus dem der Text besteht, bekommt man es derart durch die komplexen Brüche in seiner Grammatik mit einer aufgehobenen oder sich aufhebenden Semantik zu tun, bei der der Wunsch, Indianer zu werden, gewissermaßen in episch rückblickender Vorwegnahme im gleichen Atemzug aufgegeben wird. Hier wird ein Verfahren Kafkas erkennbar, das man als grundlegend bezeichnen kann und das unter den Stichwörtern »Umkehrung« und »Ablenkung« als »gleitendes Paradox« erörtert wurde (G. Neumann, 1968; ↗285).

Der Text *Die Bäume* schließlich verdankt seine ›Rätselhaftigkeit‹ der Engführung von Vergleich und sukzessiver Metaphorisierung des Vergleiches durch die Verwischung des *tertium comparationis* im ›Schein‹ oder in der ›Scheinhaftigkeit‹. Schon der textthematisch abweichende Textanfang mit dem begründenden »Denn« (DzL 33), das allerdings auf keine zu begründende Behauptung folgt, fragmentarisiert den Text und dekontextualisiert ihn in semantisch nicht einholbarer Weise. Aus dem Zusammenhang der ›Betrachtungen‹ mag man schließen, dass es sich auch hier um die Gedankenrede des ›Mannes in der Stadt‹ handelt. Wann, wie, wo, warum, in welcher Form und zu wem er sich äußert, wird allerdings nicht deutlich. Man könnte von monologischer Gedankenrede sprechen, aber mit ebenso großem Recht auch von einer aphoristischen Aufzeichnung.

Die Begründung im ersten Satz, für die kein zu Begründendes vorausgesetzt werden kann, nutzt einen Vergleich, in dessen unmittelbarer Formulierung kein *tertium comparationis*, wie es etwa zu einem nichtmetaphorischen Vergleich gehörte, genannt wird: »Denn wir sind wie Baumstämme im Schnee« (DzL 33) – und nicht z. B. »Denn wir sind so unverrückbar wie Baumstämme im Schnee«. Der nächste Satz bietet anschließend die Explikation eines *tertium comparationis*. Die Vergleichbarkeit mit den Baumstämmen im Schnee ist demnach darin zu sehen, dass die Baumstämme scheinbar glatt aufliegen und man sie mit einem kleinen Anstoß wegschieben können sollte. Unklar oder zumindest klärungsbedürftig ist hierbei, in welcher Weise oder Hinsicht ›wir‹ glatt aufzuliegen und als leicht wegschiebbar erscheinen können. Die im Hinblick auf ›uns‹ metaphorische Rede vom Glatt-Aufliegen und Wegschieben eröffnet in konzis unscharfer Manier Deutungsspielräume – so dass jedenfalls die anschließende entschiedene Behauptung im Indikativ »Nein, das kann man nicht, denn sie sind fest mit dem Boden verbunden« (33) im Hinblick auf ›wir‹, also menschliche Wesen, die mit den Baumstämmen verglichen werden, zumindest nichts klarer macht. Vollends aufgelöst wird der Vergleich allerdings im abschließenden Satz »Aber sieh, sogar das ist nur scheinbar« (ebd.), durch den ja deutlich gemacht wird, dass ›wir‹ eigentlich in keiner Weise wirklich mit Baumstämmen im Schnee zu vergleichen sind – sondern in jedem Fall nur ›scheinbar‹.

Im Zusammenhang des *Betrachtung*-Zyklus könnte man diese kleine Reflexion mit den Informationen, die u. a. in *Der Fahrgast* über die vollständige

Unsicherheit in Rücksicht der Stellung der sprechenden Instanz in ›dieser Welt‹, ›dieser Stadt‹ und in seiner Familie gegeben werden, in Verbindung bringen. Dadurch verliert der Text allerdings kaum an Polyvalenz, ganz im Gegenteil.

Die Bäume hat man gelegentlich geradezu als Musterfall der Parabel bei Kafka betrachtet (z. B. Marsch). Vor dem Hintergrund der oben vorgeschlagenen Genrebestimmungen lässt sich diese Auffassung allerdings nicht verteidigen, weil es sich hierbei eben nicht um einen epischen oder erzählenden, sondern allein um einen – wenn auch vielleicht episch-fiktional integrierten – reflektierenden Text handelt. Der entwickelte und schließlich aufgehobene Vergleich allein konstituiert eben keine Parabel, allenfalls wäre von einem Denkbild in Form eines Gleichnisses zu sprechen (vgl. Zymner 1991, 122 f.).

Kennzeichnend für Kafkas Denkbilder ist häufig ihr grammatisch, darstellerisch und damit auch semantisch geradezu systematisch gegenstandsauflösender oder wenigstens thematisch verrätselnder und allemal ihr reflektierender Charakter – Grundzüge, welche zu besonderer Deutungsoffenheit führen, ohne doch ein Ziel der Reflexion vorzuzeichnen oder erkennen zu lassen, Grundzüge auch, die die einzelnen Texte damit immer wieder in die Nähe anderer Genres rücken und ihre Bestimmbarkeit und Unterscheidbarkeit als Belegfälle eines bestimmten Genres erschweren.

Zur Gruppe der Denkbilder in der Art der Kafkaschen ›Betrachtungen‹ können noch eine Reihe von anderen Texten gezählt werden – unter ihnen so berühmte, schon zu Lebzeiten veröffentlichte Texte wie *Auf der Galerie* (DzL 262 f.), *Die Sorge des Hausvaters* (282–284) oder auch *Das nächste Dorf* (280), außerdem berühmte Kurzprosatexte aus dem Nachlass wie *‹Poseidon›* (NSF II, 300–302), *‹Prometheus›* (NSF II, 69 f.) und *‹Das Schweigen der Sirenen›* (NSF II, 40–-42).

Kafkas Parabeln

Kafka gilt als moderner Klassiker der Parabel, als ein Autor mithin, dessen Texte sich an die besten Beispiele der Gattung – Lessings ›Ringparabel‹ oder auch die jesuanischen Parabeln des *Neuen Testamentes* – anschließen, allerdings nicht ohne die Gattung selbst zu verwandeln und eine neue, moderne Phase ihrer Geschichte zu eröffnen.

Im Wesentlichen wird die Neuartigkeit der Parabeln Kafkas darin gesehen, dass sie im Unterschied zu den älteren Vorläufern nicht mehr belehren oder zur Vermittlung einer bestimmten Lehre dienen, sondern im Vergleich zur didaktisch-geschlossenen Tendenz der sogenannten Lehrparabel irgendwie ›offen‹ bleiben: als »schwebende Parabeln«, als »phänomenologische Kasus-Parabeln«, als »verrätselte Parabeln«, als »metaphysische Parabeln«, als »erkenntniskritisch-metaphysische Parabeln« (vgl. Zymner 1991, 172 f.) oder als »Vorgangsparabeln« (Miller 1959). Jedes Wort in Kafkas Parabeln spreche »Deute mich!«, doch keines wolle es dulden, so Adorno in seinen *Aufzeichnungen zu Kafka* (Adorno 1977, 255).

Dabei gibt es jedoch weder in der Parabel- noch in der Kafka-Forschung einen Konsens darüber, welche Texte Kafkas genau zur Gattung ›Parabel‹ gezählt werden können. Zieht man den oben erläuterten Parabel-Begriff heran, so lässt sich immerhin ein Korpus von vierzehn Texten ausmachen. Es sind dies *In der Strafkolonie* (DzL 201–248), *Der neue Advokat* (251 f.), *Ein Landarzt* (252–261), *Ein altes Blatt* (263–267) und *Eine kaiserliche Botschaft* (280–282), *Der Kübelreiter* (444–447), *Ein Hungerkünstler* (333–349), *‹Die Brücke›* (NSF I, 304 f.), *‹Der Steuermann›* (NSF II, 324), *‹Die Prüfung›* (327–329), *‹Der Geier›* (329 f.), *‹Gibs auf!›* (d.i. *Ein Kommentar*; 350), *‹Der Aufbruch›* (374 f.) und die wohl berühmteste von allen, nämlich *Vor dem Gesetz*, die zugleich auch Kafkas erste gedruckte Parabel ist (DzL 267–269; P 292–295; vgl. Zymner 1991, 269–273).

Kafkas Parabeln gehören alle dem Typus der sogenannten ›Entdeckungsparabel‹ an (Zymner 1991, 178 f.). Im Unterschied zum Typus der ›Erbauungsparabel‹, der durch eine eng umgrenzte Richtungsbestimmung des Parabeltransfers gekennzeichnet ist, welche sich als ›religiös gebunden‹ bezeichnen lässt, hat die Entdeckungsparabel die Funktion, eine selbständige Deutung herauszufordern, ohne jedoch den Transfer auf einen Bereich zu lenken, der einem bestimmten religiösen Traditionszusammenhang angehört.

Zudem gehören alle Parabeln Kafkas dem Typus mit einem impliziten Transfersignal an. Anders als der Typus mit explizitem Transfersignal sagen oder zeigen Kafkas Parabeln also nicht ausdrücklich – etwa in einer Vergleichsformulierung (»Das Himmelreich gleicht einem Mann…«) oder in einer ›detailübersetzenden‹ Allegorese des Erzählten –, dass die vorliegenden Geschichten übergreifend metaphorisch oder uneigentlich und daher zu übertragen sind, sondern sie verdeutlichen es ›implizit‹ durch Textstrukturen und Textverfahren. Im Falle Kafkas zählen hierzu in ihrer Funktion gleichgerichtete Elemente im Bereich der Erzählsituation (Radikalisierung der personalen Erzählsituation; vgl. Sokel 1967), die systematische Inkohärenz in der Raum-, Zeit-, Figuren- und Handlungsgestaltung sowie die parabeltypische Kürze. Dass Kürze (als unscharfdehnbares Kriterium) lediglich typisch für Parabeln ist, kann man sich an den vergleichsweise umfangreichen Texten *In der Strafkolonie* und *Ein Hungerkünstler* verdeutlichen. Unter den genannten vierzehn Texten streben diese beiden am stärksten in Richtung einer Auflösung der Parabel zur nurmehr parabolischen Erzählung. Wegen der übergreifend charakterisierenden Dichte und Systematik der impliziten Transfersignale (besonders im Bereich der Text-Welt-Gestaltung) fallen sie jedoch noch unter den Gattungsbegriff.

Besonders im Hinblick auf *Der neue Advokat, Ein Landarzt* und *Ein altes Blatt* kann wenigstens passagenweise von Ich-Reflektor-Figuren gesprochen werden. Im Unterschied zu vermittelnden Erzähler-Figuren spiegelt eine Reflektor-Figur Vorgänge so, dass der Leser scheinbar unmittelbar Kenntnis von Vorgängen und Reaktionen erhält, die im Bewusstsein der Reflektor-Figur eingefangen werden. Die Integration eines ›reflektierenden Ich‹ in die fiktionale ›Welt der Erzählung‹, die (nach Franz K. Stanzel) ›Identität der Seinsbereiche‹ von reflektierendem Ich und reflektierter Geschichte, ist das auch gattungsgeschichtlich Neue an einigen Parabeln Kafkas. Bis zu den genannten Texten Kafkas weisen die Parabeln in aller Regel einen rein personalen oder einen außenperspektivischen Erzählstandpunkt auf. Die Erzählinstanz war also bis zu den genannten Texten in der Regel eine von der Parabel-Geschichte distanzierte Mittlerfigur oder ein personales Medium. In den genannten Texten Kafkas hingegen hat man es wenigstens passagenweise auch mit einem innenperspektivischen ›Ich‹-Reflektor zu tun.

Exemplarisch kann dies am Beispiel von *Ein Landarzt* erläutert werden. Der Text beginnt mit den Worten: »Ich war in großer Verlegenheit: eine dringende Reise stand mir bevor; ein Schwerkranker wartete auf mich in einem zehn Meilen entfernten Dorfe« (DzL 252). Zu Beginn dieses Textes haben wir es im Erzählmodus erkennbar mit einem ›Ich‹-Erzähler zu tun; die Unterscheidung zwischen der distanzierten ›Hier-Ich-Jetzt‹-Origo des Erzählens und der ›Dort-jenes Ich-Damals‹-Origo des Erzählten ist hierbei konstitutiv. Etwas später heißt es in der Geschichte:

> »Hilf ihm«, sagte ich, und das willige Mädchen eilte, dem Knecht das Geschirr des Wagens zu reichen. Doch kaum war es bei ihm, umfaßt es der Knecht und schlägt sein Gesicht an ihres. Es schreit auf und flüchtet sich zu mir; rot eingedrückt sind zwei Zahnreihen in des Mädchens Wange (DzL 254).

Ab dem zweiten Satz dieser Passage bekommt man es erkennbar mit dem Modus eines innenperspektivischen ›Ich‹-Reflektors zu tun, was besonders durch den Tempuswechsel vom Präteritum zum ›unmittelbaren‹ Präsens deutlich wird. Der Modus des ›Ich‹-Reflektors trägt nun durch die fehlenden und scheinbar willkürlichen Selektionsmechanismen der wiedergegebenen Handlung zur spezifischen Inkohärenz des Textes bei. In Verbindung mit dem Motiv des Scheiterns durch einen falschen Anfang (»Betrogen! Betrogen! Einmal dem Fehlläuten der Nachtglocke gefolgt – es ist niemals gutzumachen«, 261) ist das unvermittelte Auftreten eines ›Ich‹-Reflektors ein Initialsignal der Uneigentlichkeit, das – unterstützt durch die gleichgerichteten Elemente der parabeltypischen Kürze und der Verknappung – zu einem Transfer der Geschichte auffordert.

Bei den Parabeln aus dem Nachlass findet sich ebenfalls passagenweise der für die Gattung ›Parabel‹ in der deutschen Literatur neue Modus des ›Ich‹-Reflektors. Es handelt sich gattungsgeschichtlich um eine technische Innovation, die eine Erweiterung der Möglichkeiten des Parabeltypus mit implizitem Transfersignal darstellt. So wie im Hinblick auf den erzähltechnischen Bereich die Ausnutzung der Innenperspektive und des Modus des ›Ich‹-Reflektors als Konstruktionstechnik des impliziten Transfersignales ein wichtiger Anknüpfungspunkt für die auf Kafka folgende Parabelliteratur war, so sind es im typologischen Bereich die Forcierung von offenen Entdeckungsparabeln mit implizitem Transfersignal und im inhaltlichen Bereich das Motiv des Scheiterns. In unterschiedlichen Kombinationen werden gerade diese Aspekte der Parabeln Kafkas seit etwa 1953 in der deutschsprachigen Literatur rezipiert und in neuen Parabeldichtungen verwendet.

Die Transferoffenheit der Parabeln Kafkas (zumal in Verbindung mit dem Motiv des Scheiterns) hat vielfach Anlass geboten, sie als Symptome eines ›Krisenbewusstseins des modernen Menschen‹ zu betrachten. Kafkas Texte verbieten dies natürlich nicht ausdrücklich. Triftiger erscheint es, sie als ›moderne‹ Parabeln zu bezeichnen – wenn es denn überhaupt ein Kennzeichen der Literatur der Moderne ist, reflektierend, a-mimetisch und experimentell zu verfahren.

Im Vergleich zu den erzähltechnisch avancierten Belegfällen der Gattung ›Parabel‹ bei Kafka ist seine älteste und berühmteste Parabel, *Vor dem Gesetz*, allerdings noch recht konventionell, da man in diesem Text eine dominierende (erzähltechnisch distanzierende) personale Erzählsituation feststellen kann. Tendenziell unterscheidet sich der Text also im Hinblick auf die Erzählsituation nicht von älteren oder typischen Belegfällen für die Gattung ›Parabel‹.

Von besonderem Interesse (und für die Wirkungsgeschichte der ›Türhüterlegende‹ von besonderer Relevanz) ist aber doch der Umstand, dass man es hier im Grunde mit zwei Parabel-Varianten zu tun bekommt: einmal mit einer mehrfach als separater Einzeltext publizierten, dann aber auch mit einer in einen Romankontext eingebetteten Parabel. Beide Parabeln sind nicht ›in gleicher Weise‹ parabolisch, sondern funktionieren in ihrer relevanten Mikrostruktur jeweils unterschiedlich. Dabei unterscheidet sich der Wortlaut des Textes im *Landarzt*-Band nur in Details, die für die Gattungsfrage nicht weiter von Belang sind, von demjenigen der überlieferten Handschrift des Dom-Kapitels (insbesondere im Bereich der Interpunktion und der Getrennt- bzw. Zusammenschreibung).

Im *Landarzt*-Band findet sich jedoch im Unterschied zum Dom-Kapitel, dem sonst isolierten Text vorangestellt, der Titel *Vor dem Gesetz*. Bei der Einzelerzählung endet der Text mit der Pointe der Geschichte (»Hier konnte niemand sonst Einlaß erhalten, denn dieser Eingang war nur für dich bestimmt. Ich gehe jetzt und schließe ihn«; DzL 269). Erst mit dieser Pointe aber wird das »strukturbestimmende Paradox« der Erzählung geformt (Kobs 1970, 524). Es ist darin zu sehen, dass der ›Türhüter‹ dem ›Mann vom Lande‹ nicht gestattet, in das ›Gesetz‹ einzutreten, am Schluss der Parabel aber mitteilt, dass der Eingang nur für den Mann bestimmt gewesen sei.

Im Einzeltext lassen sich eine Reihe von Elementen als implizites Transfersignal zusammenfassen. Wichtig sind hier u. a. Erzählformulierung und Figurenmarkierung. Der Mann vom Lande sitzt »Tage und Jahre« auf einem Schemel neben der Tür, wartet auf Einlass und beobachtet den Türhüter fast ununterbrochen. Er wird »alt« und »kindisch« und bittet sogar die Flöhe im Pelzmantel des Türhüters um

Hilfe (DzL 268). Schließlich heißt es lakonisch: »Nun lebt er nicht mehr lange« (269). Die erzählte Zeit eines ganzen Lebens wird (erzähltechnisch in einer durativen Raffung) dadurch ausgefüllt, auf einem Schemel vor der Tür »des Gesetzes« auf Einlass zu warten. Der Mann vom Lande wird also ohne alle anderen Lebensbezüge dargestellt: Der Text sagt nichts darüber, ob er etwa eine Familie hat, ob er isst, ob er schläft. Er wartet ausschließlich auf seinen Einlass, um kurz vor seinem Tod erfahren zu müssen, dass der Eingang nur für ihn bestimmt war.

Dabei wird der zur rezeptiven Anteilnahme einladende Inhalt konterkariert durch Formen der erzähltechnischen Distanzierung, durch die Kombination von Erzähltempus (historisches Präsens), intensiver Raffung und der dominanten personalen Erzählsituation. Hinzu kommt ein in seinem Effekt distanzierender parataktischer Stil, die betonte Kopfstellung von Raum- und Zeitdeiktika, sowie die immer wieder zu beobachtende Straffung der Erzählung durch Ansätze linearer thematischer Progression. Auf der anderen Seite ist der Stil auch nicht völlig frei von genau bestimmbaren emphatischen Elementen. So heißt es an einer Stelle:

> Während der vielen Jahre beobachtet der Mann den Türhüter fast ununterbrochen. Er vergißt die andern Türhüter und dieser erste scheint ihm das einzige Hindernis für den Eintritt in das Gesetz. Er verflucht den unglücklichen Zufall, in den ersten Jahren rücksichtslos und laut, später, als er alt wird, brummt er nur noch vor sich hin. Er wird kindisch, und, da er in dem jahrelangen Studium des Türhüters auch die Flöhe in seinem Pelzkragen erkannt hat, bittet er auch die Flöhe, ihm zu helfen und den Türhüter umzustimmen (268).

»Er vergißt«, »Er verflucht«, »Er wird kindisch« lauten die parallel konstruierten und im Wortlaut anaphorischen Formulierungen, mit denen ein emotional markiertes Vokabular in diesen doch so sachlich wirkenden Text eingeführt wird. Die Elemente der Distanzierung wie der Emphase bilden hierbei nun im Zusammenspiel und gemeinsam mit der handlungsstrukturellen Paradoxie das implizite Transfersignal der Parabel. Die Richtung des Transfers wird dabei allein durch den Wortlaut des Textes bestimmt, im Falle des *Landarzt*-Bandes wie auch bei den separaten Publikationen des Textes jedoch nicht durch einen ihn umgebenden oder einbettenden Kontext.

Genau dies ist allerdings der Fall bei der im Dom-Kapitel eingefügten Variante der Parabel. Im Kontext des *Process*-Romanes ist sie als dessen »Schlüssel« (Henel, 50) und als dessen »innerer Fahrplan« (Politzer 1960, 463) aufgefasst worden. Das liegt nicht zuletzt daran, wie der Text in den Roman integriert und die Appellstruktur der Uneigentlichkeit im Roman entwickelt wird. Im *Process* wird die Erzählung über den Mann vom Lande als eine Geschichte zu einem bestimmten Thema eingeführt (und damit gewissermaßen von vornherein semantisch perspektiviert). Im Unterschied zum *Landarzt*-Band gibt es im Dom-Kapitel auch einen bestimmten Erzähler der Geschichte. Sie wird als fiktionale Form der Mündlichkeit dem »Kaplan« zugeordnet. Er erzählt hier die Geschichte (anstelle einer unbekannten Sprechinstanz in den separaten Versionen) und er perspektiviert die Geschichte auch, indem er ihr vorausschickt, dass es in den einleitenden Schriften zum Gesetz »von dieser Täuschung« (nämlich der Täuschung K.s in dem Gericht) heiße (P 292). Im Kontext des Romans ist die Geschichte mithin darauf zu beziehen, dass und wie sich K. in dem Gericht täuscht, mit dem er es in seinem Prozess zu tun hat.

In dem an die Erzählung anschließenden Auslegungsgespräch wird deren Uneigentlichkeit keineswegs thematisiert, vielmehr wird lediglich die Problematik der Täuschung erörtert und die Erzählung als erläuternde Geschichte zu dieser Problematik behandelt. Es wird also innerhalb der Fiktion festgelegt, als was der Text *Vor dem Gesetz* zu gelten hat – als ein Beispiel nämlich, welches einen Musterfall vorführt. Erst der Verlauf des Gespräches über die Geschichte höhlt diese postulierte Beispielfunktion systematisch aus und bringt die Uneigentlichkeit des Textes zur Geltung. Fasst K. den Text sofort als eine Geschichte auf, in der der Türhüter den Mann vom Lande täuscht, so weist der Geistliche darauf hin, dass im Wortlaut der Schrift nichts davon stehe und dass es sich bei K.s Deutung bloß um »fremde Meinung« handele (P 295). Eine andere Meinung besage dagegen, dass gerade der Türhüter der Getäuschte sei. K. hält daraufhin beide Meinungen für richtig. Schließlich trägt der Geistliche noch die Meinung vor, dass die Geschichte niemandem das Recht gebe, über den Türhüter zu urteilen, da er als Diener des Gesetzes dem menschlichen Urteil entrückt sei. Das wichtige Ergebnis des Geistlichen lautet: »Die Schrift ist unveränderlich und die Meinungen sind oft nur ein Ausdruck der Verzweiflung darüber« (P 298). Erst durch die Entwicklung der widerstreitenden Meinungen wird innerhalb des Romans die Uneigentlichkeit der Erzählung herauspräpariert und mehr und mehr verdeutlicht. Die Deutung der langsam entwickelten Parabel wird hier durch den

Romankontext gelenkt und bestimmt. Sie bleibt dadurch ungleich determinierter als in der Separat-Version mit ihrem impliziten Transfersignal. Dem korrespondiert, dass die in der Separat-Version feststellbare Appellstruktur der Uneigentlichkeit durch die romanfiktionale Festlegung der Funktion der Erzählung unterdrückt und durch eine auf den Roman abgestimmte, kontextuell geleitete Struktur der Uneigentlichkeit verdrängt wird.

Nicht zuletzt durch die Integration der Parabel in den *Process* lässt sich auch der Roman selbst als ›parabolischer Roman‹ bezeichnen; er repräsentiert in dieser Hinsicht die sogenannte ›Einbettungsform‹ des parabolischen Romans. Als ganzer Roman ließe sich *Der Process* aber auch einer weiteren Form des parabolischen Romans zuordnen, nämlich der ›Reduktionsform‹ des parabolischen Romans, welche sich allgemein durch eine narrative und stilistische Verknappung auf der Ebene des ›discours‹ (also das ›Wie‹ der Darstellung betreffend) auszeichnet (vgl. Zymner 1991, 164–171). Weitere Merkmale sind pseudorealistische Exaktheit im Detail und die Wahrung einer kohärenten Erzählwelt bei gleichzeitiger Inkohärenz der Figurenmerkmale, der Raum- und Zeitstrukturierung und der Erzählperspektive.

Die literaturgeschichtliche Bedeutung der Parabolik bei Kafka ist ein wichtiger Grund für die verbreitete Auffassung, dass die Merkmale der Reduktionsform des parabolischen Romans als nahezu traditionslose Epochensignatur moderner Prosa gelten können. Tatsächlich ist dies jedoch nicht der Fall (vgl. Zymner 1991, 170 f.). Die Offenheit in der Deutungsrichtung und die Strukturierung der Kafkaschen Parabeln durch (vielfach lediglich beim genauen Lesen als solche interpretierbare) implizite Transfersignale sind im Wesentlichen dafür verantwortlich zu machen, dass sich die Texte im Hinblick auf die Gattungsbestimmung in der konkreten Rezeption immer wieder entziehen und vielfach pauschal und allgemein von ›Parabolik‹ im unspezifischen Sinne, von ›erschwerter Deutbarkeit‹ oder ›erschwerter Verstehbarkeit‹ gesprochen wird.

Mit der Unsicherheit über Spezifik und Struktur der Parabeln, die ihren Ausdruck in einer Verwechslung von besonderer Metaphorizität bzw. Uneigentlichkeit hier und allgemeiner erschwerter Deutbarkeit dort findet, verwischen natürlich auch leicht die Gattungsgrenzen bzw. die scharfe Abgrenzung und deutliche Abgrenzbarkeit eines bestimmten Parabelkorpus bei Kafka von anderen Formen im Bereich der Kafkaschen Kurzprosa.

Ein äußeres Indiz hierfür wären etwa die unterschiedlichen Gattungsbezeichnungen, die sich im Hinblick auf einzelne der vorgestellten Parabeln finden. So kann man selbst für den anscheinend relativ klaren Fall von *Vor dem Gesetz* in der Forschung zahlreiche unterschiedliche Gattungsbezeichnungen finden (neben Parabel auch Gleichnis, Fabel, Legende, Märchen, Sage, Geschichte, Erzählung u. a., vgl. Andringa 1994, bes. 108 ff.), die als Perspektivierungen in unterschiedlicher Weise die Interpretation des Textes beeinflussen und in jedem Fall belegen, dass sich dieser Text einer eindeutigen, kanonischen Gattungszuweisung entzieht (auch wenn die Gattungsbestimmung ›Parabel‹ möglicherweise den deutlichsten Konsens finden dürfte).

Ein weiteres äußeres Indiz für die erschwerte Abgrenzbarkeit eines Parabelkorpus bei Kafka ist in den vielen Kafkaschen Texten zu sehen, die neben den oben vorgeschlagenen Belegfällen als ›Parabeln‹ bezeichnet und so in die Gattung ›eingemeindet‹ werden. Dies gilt besonders für den im vorliegenden Zusammenhang oben als Denkbild kategorisierten Text *Die Bäume*: Edgar Marsch nimmt den Text als Musterfall der Parabel bei Kafka und bezeichnet ihn als Kurzparabel (Marsch 1980, 374); Heinz Hillmann fasst ihn als Ansatz zur Überwindung des Erzähltypus der ›Betrachtung‹ in Richtung auf die Parabel auf (Hillmann 1973).

Das gilt aber auch und nicht zuletzt für Kafkas ‹Von den Gleichnissen› (NSF II, 531 f.; vgl. u. a Philippi), das in kaum einer Parabel-Anthologie fehlt; von Beda Allemann ist der Text sogar als »Parabel über die Parabel« bezeichnet worden (Allemann 1964, 106). Demgegenüber hat man schon früh darauf hingewiesen, dass nichts in diesem Text dazu zwinge, ihn als ›Gleichnis‹ bzw. Parabel zu verstehen (Strohschneider-Kohrs 1971, 317; Zymner 1991, 275); vielmehr könne dieses Verstehen »in statu legendi«, wie Strohschneider-Kohrs sagt, also während des Lesens, eintreten. Das lässt die Gattungsbestimmung freilich sehr in der Schwebe und macht sie stärker als nötig von dem individuellen Leseerlebnis des Rezipienten abhängig.

Allerdings können einige Argumente angeführt werden, die gegen eine Zuordnung zur Gattung ›Parabel‹ sprechen. So wird hier keine Geschichte erzählt; es handelt sich um keinen episch-fiktionalen Text in dem Sinne, dass eine ›vergangene Handlung‹ (homodiegetisch oder heterodiegetisch) erzählt oder berichtet würde. Stattdessen bekommt man es mit einer szenischen Darstellung zu tun und mit einer epischen Untersemantisierung im Hinblick auf Raum-, Zeit- und Figurengestaltung.

In der szenischen Darstellung ist die ›Rätselhaftigkeit‹ oder ›erschwerte Verstehbarkeit‹ nun nicht irgendeiner Form der Uneigentlichkeit geschuldet, sondern dem verwirrenden oder systematisch irreführenden, jedenfalls schwer zu durchschauenden Zusammenhang der einzelnen Redebeiträge. Hierbei mag man eher an das Verfahren des ›gleitenden Paradoxons‹ als an die Uneigentlichkeit der Parabel denken dürfen.

Andererseits ist die Formulierung, dass »alle Gleichnisse« eigentlich nur sagen wollen, dass das Unfassbare unfassbar sei (NSF II, 532), durchaus als zutreffende Beschreibung der Offenheit von Kafkas Parabeln zu verstehen – und insofern liegt hier mindestens auch ein Text über Kafkas Parabeln vor, allerdings eben keine Parabel.

Kafkas Aphorismen

Kafkas Aphorismen sind lange Zeit mehr als Texte Kafkas denn als Aphorismen betrachtet worden, ihr Zusammenhang mit dem Œuvre war von größerem Interesse als ihre Positionierung innerhalb der Geschichte der Gattung. Dabei zeigt sich gerade bei einem Blick auf die Gattungsgeschichte, dass und inwiefern Kafkas Aphorismen einen Neuanfang bedeuten, indem und soweit sie sich nämlich der Gattung entziehen.

Die biographischen Kontexte der Entstehung (diagnostizierte Tuberkulose, Trennung von Felice Bauer im Falle der Zürauer Aufzeichnungen; Trennung von Julie Wohryzek im Fall der Tagebuchaufzeichnungen) haben wiederholt dazu Anlass geboten, die Aphorismen als Dokumente von Lebenskrisen zu verstehen (vgl. Spicker 2004, 219). Dagegen belegt jedoch die ›Er‹-Form im Fall der ‹Er›-Aphorismen gerade »die grammatische Verdeckung des Persönlichen«: Sie »konstituiert auch bei Kafka [...] eine eigene literarische Person, die nicht mehr auf Eigenes oder Fremdes rückführbar ist« (Spicker 2004, 219). Ebenso dokumentieren die Bearbeitungen der Aufzeichnungen im Fall der Abschriften aus den Oktavheften (NSF II, 113–140) in Form von Kürzungen, Titelstreichungen, Fragmentarisierung und allgemein Verknappungen ein gewisses Gattungsbewusstsein, das jedenfalls die Deutung auch dieser Aphorismen-Gruppe als unmittelbare Zeugnisse biographischer Umstände eher erschwert als unterstützt.

Freilich lassen sich an Kafkas Aphorismen auch Züge entdecken, die zu einer »fortschreitenden Gattungsverunsicherung« führen (Spicker 2004, 224). Einer der berühmtesten Aphorismen Kafkas lautet beispielsweise: »Ein Käfig ging einen Vogel suchen.« (NSF II, 117). Neben der ›paradoxen‹ Umkehrung, die als Erstes ins Auge springen mag, ist doch für diesen Aphorismus charakteristisch, dass es sich um eine Kürzestgeschichte handelt bzw. dass wir hier wenigstens Ansätze zur Episierung (Erzähltempus, handlungsvermittelndes Verb) und Fiktionalisierung (›phantastische‹ Anthropomorphisierung des Vogels) vorfinden, die jedenfalls der Bestimmung als Aphorismus im strengen Sinne Frickes entgegenstehen.

Von Ansätzen zum Erzählen bzw. zu Kürzestgeschichten kann man auch bei anderen Aphorismen sprechen – etwa hier:

> Eine stinkende Hündin, reichliche Kindergebärerin, stellenweise schon faulend, die aber in meiner Kindheit mir alles war, die in Treue unaufhörlich mir folgt, die ich zu schlagen mich nicht überwinden kann, vor der ich aber, selbst ihren Atem scheuend, schrittweise nach rückwärts weiche und die mich doch, wenn ich mich nicht anders entscheide, in den schon sichtbaren Mauerwinkel drängen wird, um dort auf mir und mit mir gänzlich zu verwesen, bis zum Ende – ehrt es mich? – das Eiter- und Wurm-Fleisch ihrer Zunge in meiner Hand (NSF II, 115).

Bei diesem Text (wie in anderen Fällen) würde man ebenso von narrativen ›Denkbildern‹ sprechen können, stünde dem nicht andererseits u. a. die aphorismentypische Reihung entgegen.

Ebenso gibt es unter den Aphorismen solche, die man als parabolisch bezeichnet oder in ›Parabelnähe‹ gerückt hat, wie etwa diesen:

> Leoparden brechen in den Tempel ein und saufen die Opferkrüge leer; das wiederholt sich immer wieder; schließlich kann man es vorausberechnen und es wird ein Teil der Ceremonie (NSF II, 117).

Unter den Aphorismen gibt es außerdem solche, die eher wie persönliche Notizen wirken (z. B. NSF II, 119; Nr. 31); solche, die miteinander verknüpft sind und also gegen das Kriterium der Isoliertheit verstoßen (z. B. NSF II, 132); solche, die einen szenischen oder dialogischen Charakter haben (NSF II, 139 f.); sowie solche, die durch ihren Umfang Zweifel an der Gattungszuordnung aufkommen lassen können (z. B. NSF II, 132 f.).

So sehr man bei Kafka ein gewisses Gattungsbewusstsein feststellen kann, so sehr ist auch »eine durchgängige Unbekümmertheit dem gegenüber, was [die Gattungsgeschichte] anscheinend oder scheinbar nahelegt, bereitstellt, fordert« (Spicker 2004, 227), für seine Aphoristik symptomatisch. Ihre Eigenart findet sie gerade nicht in einer strengen Erfüllung von Gattungserwartungen, wie sie sich im Laufe der Geschichte des literarischen Aphorismus herausgebildet haben.

Hierzu passt auch, dass sich nur vage eine aphoristische Ahnenreihe aufstellen lässt, an deren Ende Kafkas Aphorismen stehen und aus der heraus sie sich verstehen ließen. In Kafkas Bibliothek finden sich zwar Aphorismen und Aphoristisches – von Vauvenargues über Hebbel, Schopenhauer, Altenberg und Kierkegaard; intertextuelle Bezüge hat man zu der aphoristischen Kurzprosa bzw. den Aphorismen bei Marc Aurel, Lichtenberg, Nietzsche oder auch Karl Kraus zu finden versucht (vgl. Gray 1983). Doch bleiben die Beziehungen und Bezüge in allen Fällen eher vage.

Erhellender ist demgegenüber der Aufweis von Parallelen, insbesondere zur französischen Aphoristik. Hier zeigt sich, dass Kafkas Aphorismen frappierende Ähnlichkeit mit den surrealistischen »Bildaphorismen« bei René Char und anderen haben (vgl. Helmich 1991, 132 ff.). Das ›aphoristische Bild‹, das ›Gedankenbild‹, der ›Bildaphorismus‹ hat eine lange gattungsgeschichtliche Tradition, die bis zur französischen Moralistik bei La Rochefoucauld u. a. zurückreicht und im Falle des deutschsprachigen Aphorismus z. B. in Georg Christoph Lichtenberg einen wichtigen Vertreter findet.

Diese moralistische Tradition des Bildaphorismus erfährt allerdings in der surrealistischen Aphoristik ebenso wie in der Kafkas eine gravierende Wandlung. So geht es in der gewandelten modernen Bildaphoristik nicht darum, Aspekte gesellschaftlicher Beziehungen zu thematisieren, sondern darum, »extreme Befindlichkeiten zum Ausdruck zu bringen« (Spicker 2004, 228). Überdies geschieht dies bei Kafka in einer autonomen oder autonomisierten Bildlichkeit, bei der es immer wieder Übergänge zu oder Vermischungen mit dem zweiten Aphorismustyp bei Kafka neben dem Bildaphorismus gibt: der ›philosophischen Erörterung‹ (vgl. z. B. Dietzfelbinger).

Ein Beispiel wäre der argumentierende Bildaphorismus: »So fest wie die Hand den Stein hält. Sie hält ihn aber fest nur um ihn desto weiter zu verwerfen. Aber auch in jene Weite führt der Weg« (NSF II, 118). Auf das Bild folgt hier, so stellt Spicker fest,

»die Auflösung, um dessentwillen das Bild entworfen war, ehe wiederum die Auflösung auch dessen vollzogen wird, zu dem, was dem Bild und seiner verunsichernden Auflösung gemeinsam wesentlich ist: eine doppelte Zurücknahme, bei der die zweite die erste aufhebt, oder, im Kafka'schen Sinne genauer: aufzuheben scheint« (Spicker 2004, 231).

Die Zurücknahme als wichtiges Charakteristikum der Aphorismen Kafkas zeigt sich am deutlichsten in der Zirkelstruktur – wie in folgendem Text: »Verstecke sind unzählige, Rettung nur eine, aber Möglichkeiten der Rettung wieder soviele wie Verstecke« (NSF II, 118). Die Verbindung von auswegloser Zirkelstruktur und signifikant Eigenem ist ein wichtiges Charakteristikum der Aphorismen Kafkas.

Die Züräuer Aphorismen wie auch die <Er>-Aphorismen kreisen dabei um existenzielle Themen, also solche, die das Dasein ›des‹ Menschen, seine Welt- und Selbsterfahrung in nicht zuletzt auch ethisch relevanter Weise betreffen. Dies wird allein durch wiederkehrende Stichwörter überdeutlich: Der »wahre Weg«, die »menschliche Hauptsünde«, das »Gute«, das »Böse«, das Leben als Leben in einer »Zelle« oder einem »Gefängnis«, der Mensch als »Aufgabe« ohne Lösung, seine »Rettung«, die »geistige Existenz« oder auch die »Vertreibung aus dem Paradies« und die Rolle des »Sündenfalls«, nicht zuletzt auch der »Tod« – das sind thematisch verbindende und für Kafkas Aphorismen verbindliche Stichwörter in den Züräuer Aphorismen, denen aus den <Er>-Aphorismen die Stichwörter »Himmel«, »Hölle«, »Laster«, »Tugend«, »Aberglaube« und immer wieder »Leben« zur Seite gestellt werden können. Exemplifiziert sei dies an einem <Er>-Aphorismus, der wie eine Engführung Kafka'scher Aphoristik erscheint und zugleich deren Annäherung an das Denkbild repräsentiert:

> Mit einem Gefängnis hätte er sich abgefunden. Als Gefangener enden – das wäre eines Lebens Ziel. Aber es war ein Gitterkäfig. Gleichgültig, herrisch, wie bei sich zuhause strömte durch das Gitter aus und ein der Lärm der Welt, der Gefangene war eigentlich frei, er konnte an allem teilnehmen, nichts entging ihm draußen, selbst verlassen hätte er den Käfig können, die Gitterstangen standen ja meterweit auseinander, nicht einmal gefangen war er (T 849).

Mit seinen Bildaphorismen erfüllt Kafka keine Gattungserwartungen, sondern er erneuert die Gattung in der deutschsprachigen Literatur grundlegend. Dabei steht er in größerer relativer Nähe zur surrealistischen französischsprachigen Aphoristik als zu der deutschsprachigen Aphoristik seiner Zeit. Die französische Bildaphoristik erneuert die Gattung in der französischen Literatur auf breiter Ebene; in der deutschsprachigen Literatur wird diese Erneuerung, von Ansätzen in Expressionismus und Dadaismus abgesehen, vor allem und im Wesentlichen von Kafka getragen.

Forschung

Im Hinblick auf die Aphoristik bei Franz Kafka gilt Werner Hoffmanns Feststellung in Bd. 2 seines Kafka-Handbuches von 1979 nach wie vor:

> Die Aphorismen sind von der Kafka-Forschung vergleichsweise wenig beachtet worden. Die meisten Autoren, die sich mit ihnen befassen, kommen über eine Erörterung der Denkmethoden Kafkas, des Gebrauchs, den er von Paradoxa und Parabeln, Umkehrungen und Zirkeln macht, oder seines Denkens in Bildern nicht hinaus (Hoffmann 1979, 477 f.).

In der Zwischenzeit sind vor allen Dingen solche Studien hinzugetreten, die sich verstärkt um literarhistorische und gattungsgeschichtliche Kontextualisierungen (vgl. v. a. die Arbeiten von Gray, Kaszynski) oder um haltbare Parallelisierungen bemühen (wie zuletzt Spicker). Dabei gelingt es insbesondere Spicker, Kafkas Aphorismen einen gattungsgeschichtlichen Ort zuzuweisen und sie geradezu als einen Neubeginn zu konzeptualisieren, dessen Spuren bis in die Gegenwartsaphoristik (etwa bei Elazar Benyoëtz, geb. 1937) reichen.

Nicht nur im Falle der Aphorismen wird man allerdings die bedeutende, ein Textkorpus allererst zuverlässig konstituierende und z. B. in einem Gattungszusammenhang erkennbar machende Leistung der Herausgeber der *Kritischen Ausgabe* als einen der herausragenden Beiträge zur Kafka-Forschung bezeichnen müssen.

Noch zurückhaltender als bei der Aphorismus-Forschung wird man im Hinblick auf Untersuchungen über Kafkas Denkbilder urteilen müssen. Hier sind die Unterscheidungen von Hillmann (der allerdings das Stichwort ›Denkbild‹ noch nicht verwendet und stattdessen von einer eigenen Gattung ›Betrachtung‹ spricht) noch am tragfähigsten (Hillmann 1973). Die Beschäftigung mit dem Genre ›Denkbild‹ im Allgemeinen ist insgesamt von starken didaktischen Interessen (vgl. v. a. Müller-Michaels; Köhnen) und von einer Orientierung an den Denkbildern Walter Benjamins geprägt. Hiervon werden auch die

Überlegungen zu Kafkas Denkbildern berührt (vgl. z. B. Jura), sodass die literarhistorische Positionierung und die textstrukturelle Spezifik des Denkbildes bei Kafka bislang in der Forschung keine Rolle spielen.

Parabel und Parabolik, in systematischer wie in historischer Hinsicht, sind demgegenüber zentrale Gegenstände der Kafka-Forschung, Kafka selbst hat heute unbestritten den Rang eines Klassikers der Parabel. Dabei lassen sich innerhalb der Forschungen über Kafkas Parabeln bzw. die Parabolik bei Kafka nicht nur begründete und leicht erklärbare Unschärfen und Pauschalisierungen, sondern auch bestimmte Vorlieben oder gar Klischees erkennen.

Zu den komparatistischen ›Standardsituationen‹ gehört etwa der Vergleich zwischen Parabeln Kafkas und Texten von Jorge Luis Borges. Insbesondere die Beschäftigung mit *Vor dem Gesetz* ist zu einer Pflichtübung der Parabelforschung geworden, der Text selbst ist ein beliebtes Übungsstück für die Exerzitien des literaturwissenschaftlichen Methodenpluralismus (vgl. zusammenfassend Andringa 1994; vgl. auch Bogdal 1993 und zuletzt Auerochs 2002; Brummack 2003; Richter 2006). Geradezu exemplarisch lässt sich anhand der Interpretationsgeschichte dieses Textes die Abfolge von Forschungsrichtungen und Fragestellungen in der Kafka-Forschung nachzeichnen – einsetzend mit den religionsphilosophischen und existenzphilosophischen Fragestellungen bei Martin Buber über hermeneutische und auf die Textstruktur ausgerichtete Ansätze bei Kaiser, Henel und Sokel (1978), Ansätze der Rezeptionsforschung bei Gaier und Elm, und Interpretationen unter poststrukturalistischen Einflüssen bei Turk (1976), Hiebel (1999) oder auch Derrida. Spätestens seit Mitte der 80er Jahre ist das Methodenspektrum zwischen textimmanenter Hermeneutik und poststrukturalistischen Ansätzen voll ausgebildet, ohne dass im Hinblick auf die Interpretation von *Vor dem Gesetz* von einer Verdrängung eines der Ansätze gesprochen werden könnte (etwa aufgrund von Wissensvermehrung oder durch Falsifikation). Ältere Positionen werden vielmehr bis in die Gegenwart gehalten, neuere Sichtweisen treten hinzu – und insgesamt kann kaum von einem Fortschritt der Interpretation gesprochen werden (weder im Hinblick auf die Art und Weise, wie man den Text versteht, noch im Hinblick auf das, was man über ihn zu wissen meint).

Phänomenologisch könne man vielmehr von einer ständigen Nuancierung und Variierung der Deutung sprechen (so zusammenfassend Andringa 1994, 106). Es würden zwar allmählich neue Fragen hinzu-

gefügt und Differenzierungen oder Alternativen zu den alten Erklärungen angeboten. Doch alle Interpretationen bewegten sich innerhalb derselben Problembereiche (Fragen nach den kausalen Zusammenhängen in den Handlungen und Ereignissen; nach den Beziehungen zwischen den narrativen Hauptelementen der Geschichte; nach dem Symbolwert; nach den Beziehungen zwischen Legende und Roman; nach Bezügen zur Gattungskonvention). Von radikalen Brüchen oder einschneidenden Folgen eines theoretischen Paradigmenwechsels könne nicht gesprochen werden. Dies gelte auch – trotz neuer verbaler Einkleidung – für poststrukturalistische Interpretationen (u. a. Derrida, Hiebel 1993). Variiert oder ergänzt werden die zentralen Fragestellungen durch Fragestellungen der Quellenforschung (z. B. Abraham), durch die Problematisierung des Interpretationsvorganges selbst (u. a. Hart-Nibbrig, Steinmetz, Elm) sowie durch tiefenpsychologische Deutungsversuche (u. a. Hiebel 1999).

Dieses Gesamtbild gilt auch für die jüngsten Arbeiten über *Vor dem Gesetz*. So möchte Auerochs noch einmal »von den traditionellen Gattungsmerkmalen der Parabel her Licht auf Kafkas *Vor dem Gesetz*« werfen (Auerochs 2002, 135), und so greift Richter (Richter 2006) noch einmal die ebenso populäre wie fragwürdige Unterscheidung des Theologen Adolf Jülicher von 1886 (*Die Gleichnisreden Jesu*) zwischen ›Bildhälfte‹ und ›Sachhälfte‹ auf und diskutiert *Vor dem Gesetz* noch einmal als selbständigen und als in den Roman integrierten Text.

Auffallend ist allemal die Diskrepanz zwischen dem bescheidenen literaturwissenschaftlichen Fortschritt auf der einen Seite und der anhaltend großen Faszination, die von Kafkas ›kleinen Formen‹ ausgeht, auf der anderen. Auffallend ist überdies, dass alle ›kleinen Formen‹ bei Kafka in der einen oder anderen Weise mit dem Stichwort, oder besser: mit der Metapher des ›Bildes‹ in Verbindung gebracht werden: als Bildhälfte im Fall der Parabel, als Denkbild im Fall seiner kleinen Betrachtungen, und schließlich als Bildaphorismus. Mit dem Stichwort ›Bild‹ verbindet sich eine allgemeine literaturwissenschaftliche Hochschätzung ebenso wie eine verschärfte begriffliche Unklarheit (vgl. Asmuth 1991 u. 1994). Im Zentrum seiner Semantik stehen aber doch die Aspekte der besonderen ›Anschaulichkeit‹ oder ›Konkretheit‹ für den Rezipienten und derjenige der Geschlossenheit als Gestalt. Beides wären wohl bei der ›kleinen Prosa‹ Kafkas Themen, die genauere Untersuchungen als bislang verdienten.

Allgemein: Thomas Althaus u.a. (Hg.): Kleine Prosa. Theorie und Geschichte eines Textfeldes im Literatursystem der Moderne. Tübingen 2007. – Moritz Baßler: Die Entdeckung der Textur. Unverständlichkeit in der Kurzprosa der emphatischen Moderne 1910–1916. Tübingen 1994. – Ders.: Kurzprosa. In: Harald Fricke (Hg.): Reallexikon der deutschen Literaturwissenschaft. Bd. II. Berlin, New York 2000, 371–374. – Ders.: Kurzprosa im 20. Jahrhundert – Kontinuitäten außerhalb der Gattungstradition. In: Th. Althaus (s.o., 2007), 187–196. – Manfred Engel: K. und die Poetik der klassischen Moderne. In: Engel/Lamping (2006), 247–262. – Gerhard Neumann: Umkehrung und Ablenkung. F.K.s »Gleitendes Paradox«. In: DVjs 42 (1968), 702–744.

(1) Schwerpunkt ›Denkbild‹: (a) allgemein: Theodor W. Adorno: Benjamins *Einbahnstraße*. In: Texte und Zeichen 1 (1955), 518–522; zit. nach: Ders.: Noten zur Literatur. Gesammelte Schriften. Hg. v. Rolf Tiedemann. Bd. 11. Frankfurt/M. 1997, 680–685. – Bernhard Asmuth: Seit wann gilt die Metapher als Bild? Zur Geschichte der Begriffe ›Bild‹ und ›Bildlichkeit‹ und ihrer gattungspoetischen Verwendung. In: Gert Ueding (Hg.): Rhetorik zwischen den Wissenschaften. Tübingen 1991, 299–309. – Ders.: Bild, Bildlichkeit. In: Gert Ueding (Hg.): Historisches Wörterbuch der Rhetorik. Bd. 2. Tübingen 1994, 10–21. – Walter Benjamin: Denkbilder. In: Ders.: Gesammelte Schriften. Bd. 4. Hg. v. Tillman Rexroth. Frankfurt/M. 1972, 305–438. – Dirk Göttsche: Denkbilder der Zeitgenossenschaft. Entwicklungen moderner Kurzprosa bei Maria Luise Kaschnitz. In: Ders. (Hg.): »Für eine aufmerksamere und nachdenklichere Welt«. Beiträge zu Marie Luise Kaschnitz. Stuttgart 2001, 79–104. – Gregor Kalivoda: Denkspruch. In: Gert Ueding (Hg.): Historisches Wörterbuch der Rhetorik. Bd. 2. Tübingen 1994, 540–546. – Ralph Köhnen (Hg.): Denkbilder. Wandlungen literarischen und ästhetischen Sprechens in der Moderne. Frankfurt/M. u.a. 1996. – Britta Leifeld: Dies alles, um ins Herz der abgeschafften Dinge vorzustoßen – Benjamins Philosophie und seine literarische Konkretion im Denkbild. In: Ralph Köhnen (1996, s.o.), 141–162. – Harro Müller-Michaels: Denkbilder. Zu Geschichte und didaktischem Nutzen einer literarischen Kategorie. In: DU 49 (1996) 3, 114–122. – Heinz Schlaffer: Denkbilder. In: Wolfgang Kuttenkeuler (Hg.): Poesie und Politik. Zur Situation der Literatur in Deutschland. Stuttgart 1973, 137–154. – Bernhard F. Scholz: Emblem und Emblempoetik. Historische und systematische Studien. Berlin 2002. – Eberhard Wilhelm Schulz: Zum Wort ›Denkbild‹. In: Ders.: Wort und Zeit. Aufsätze und Vorträge zur Literaturgeschichte. Neumünster 1968, 218–252. – Burkhard Spinnen: Schriftbilder. Zu einer Geschichte emblematischer Kurzprosa. Münster 1991. – Rüdiger Zymner: Das

Emblem als offenes Kunstwerk. In: Wolfgang Harms/Dietmar Peil (Hg.): Polyvalenz und Multifunktionalität der Emblematik. 2 Bde. Bd. 1, Frankfurt/M. u.a. 2002, 9–24. – Ders.: ›Sinnbild‹, ›Lehrgedicht‹ und ›Andachtsgemähl‹. Zum systematischen Zusammenhang von Parabel und Emblem in der Literatur der Frühen Neuzeit. In: Michael Scheffel/Silke Grothues/Ruth Sassenhausen (Hg.): Ästhetische Transgressionen. Bonn 2006, 101–121.

(b) zu Kafka: Jürgen Born: Nachwort. In: F.K.: Poseidon und andere kurze Prosa. Ausgewählt und mit einem Nachwort von J.B. Frankfurt/M. 1994, 151–164. – Uwe Jahnke: Kurt Eisners Tötungsmaschine und K.s *In der Strafkolonie*. Hypertext und Denkbilder als Möglichkeiten für ein neues Leseverstehen eines K.-Textes im Deutschunterricht. In: WW 56 (2006), 33–50. – Guido Jura: Das Denkbild der Wunde als Denk-Mal im Œuvre F.K.s. In: R. Köhnen (1996, s.o.), 259–278. – J. Kobs (1970).

(2) Schwerpunkt Parabel/Parabolik: (a) allgemein: Josef Billen (Hg.): Die deutsche Parabel. Zur Theorie einer modernen Erzählform. Darmstadt 1986a. – Werner Brettschneider: Die moderne Parabel. Entwicklung und Bedeutung. Berlin 2. Aufl. 1980. – Theo Elm: Die moderne Parabel. Parabel und Parabolik in Theorie und Geschichte. München 1982. – Ders./Hans Helmut Hiebel (Hg.): Die Parabel. Parabolische Formen in der deutschen Dichtung des 20. Jahrhunderts. Frankfurt/M. 1986. – Edgar Marsch: Die verlorenen Söhne. Konstitution und Reduktion in der Parabel. In: Johannes Brantschen/Perdo Selvatico (Hg.): Unterwegs zur Einheit. Fribourg 1980, 29–45. – Norbert Miller: Moderne Parabel? In: Akzente 6 (1959), 200–213. – Klaus-Peter Philippi: Parabolisches Erzählen. Anmerkungen zu Form und möglicher Geschichte. In: DVjs 43 (1969), 297–332. – Rüdiger Zymner: Uneigentlichkeit. Studien zu Semantik und Geschichte der Parabel. Paderborn 1991.

(b) zu Kafka: Theodor W. Adorno: Aufzeichnungen zu K. In: Ders.: Gesammelte Schriften Bd. 10.1. Hg. v. Rolf Tiedemann. Frankfurt/M. 1977, 254–287. – Giuliano Baioni: K. Romanzo e parabola. Milano 1962. – Peter Bekes: Verfremdungen. Parabeln von Bertolt Brecht, F.K., Günter Kunert. Stuttgart 1988. – Ben Belitt: The Enigmatic Predicament. Some Parables of Borges and K. In: TriQuarterly 25 (1972), 268–293. – Jürgen Brummack: Beobachtungen zur Parabel bei K. In: Werner Frick u.a. (Hg.): Zur Literaturgeschichte der Moderne. Fs. für Klaus-Detlef Müller zum 65. Geburtstag. Tübingen 2003, 247–257. – Deleuze/Guattari (1975). – Richard Detsch: From Delusion to Beyond in K.'s Parables. In: Platte Valley Review 9 (1981), 48–65. – William G. Doty: Parables of Jesus, K., Borges, and Others, with Structural Observations. In: Semeia 2

(1974), 152–193. – Theo Elm: Problematisierte Hermeneutik. Zur ›Uneigentlichkeit‹ in K.s kleiner Prosa. In: DVjs 50 (1976), 477–510. – Ulrich Fülleborn: Zum Verhältnis von Perspektivismus und Parabolik in der Dichtung K.s. In: Renate von Heydebrandt/Klaus Günther Just (Hg.): Wissenschaft als Dialog. Studien zur Literatur und Kunst der Jahrhundertwende. Stuttgart 1969, 509–513. – Christiaan L. Hart-Nibbrig: Die verschwiegene Botschaft oder: Bestimmte Interpretierbarkeit als Wirkungsbedingung von K.s Rätseltexten. In: DVjs 51 (1977), 459–475. – Heinz Hillmann: F.K. – Dichtungstheorie und Dichtungsgestalt. 2., erw. Aufl. Bonn 1973. – Ders.: Fabel und Parabel im 20. Jahrhundert: K. und Brecht. In: Peter Hasubek (Hg.): Die Fabel. Theorie, Geschichte und Rezeption einer Gattung. Berlin 1982, 215–235. – J. Kobs (1970). – Norbert Miller: Parabel als ›Lehre‹ und als ›Vorgang‹. Brecht und K. [1959]. In: Elm/Hiebel (1986, s.o.), 255–268. – Heinz Politzer: F.K. Parable and Paradox. Ithaka, New York 1962. – Klaus Ramm: Reduktion als Erzählprinzip bei K. Frankfurt/M. 1971. – Karl Richter: Der erschwerte Vergleich. K. und die moderne Parabolik. In: Engel/Lamping (2006), 276–290. – Jill Robbins: K.'s Parables. In: Geoffrey H. Hartman/Sanford Budick (Hg.): Midrash and Literature. New Haven 1986, 265–284. – Shimon Sandbank: Parable and Theme. K. and American Fiction. In: CL 37 (1985), 252–268. – W.H. Sokel (1964). – Horst Steinmetz: Suspensive Interpretation. Am Beispiel F.K.s. Göttingen 1977. – Walter A. Strauss: On the Threshold of a New Kabbalah. K.'s Later Tales. New York, Bern 1988. – Joseph P. Strelka: Der Paraboliker F.K. Tübingen, Basel 2001. – Horst Turk: Die Wirklichkeit der Gleichnisse. In: Poetica 8 (1976), 208–225. – Ders.: »Betrügen ohne Betrug«. Das Problem der literarischen Legitimation am Beispiel K.s. In: Friedrich A. Kittler/Horst Turk (Hg.): Urszenen. Literaturwissenschaft als Diskursanalyse und Diskurskritik. Frankfurt/M. 1977, 381–407. – Lynn S. Vieth: From Melancholic to Parabolic Expression: Walter Benjamin and F.K. In: David Bevan (Hg.): Literature and Sickness. Atlanta 1993, 7–23.

(c) zu einzelnen Texten: Ulf Abraham: Mose vor dem Gesetz. Eine unbekannte Quelle für K.s Türhüterlegende. In: M. Voigts (1994; s. u.), 89–103. – Beda Allemann: F.K. *Von den Gleichnissen*. In: ZfdPh 83 (1964), 97–106. – Mark M. Anderson: The Garments of the Torah. Staying Before the Law in K.'s Doorkeeper Legend. In: M. Voigts (s. u.), 79–87. – Els Andringa: Wandel der Interpretation. K.s *Vor dem Gesetz* im Spiegel der Literaturwissenschaft. Opladen 1994. – Helmut Arntzen: F.K.: *Von den Gleichnissen*. In: ZfdPh 83 (1964), Sonderh., 106–112. – Bernd Auerochs: Innehalten vor der Schwelle. K.s *Vor dem Gesetz* im Kontext der traditionellen Parabel. In: Dorothea Lauterbach/Uwe Spörl/Uli Wunderlich (Hg.): Grenzsituationen. Wahrnehmung, Bedeutung und Gestaltung in der neueren Literatur. Göttingen 2002, 131–149. – Martin Beckmann: F.K.s Parabelstück *Vor dem Gesetz*. Weltverfallenheit und Selbstwiederholung. In: Colloquium Helveticum 19 (1994), 19–44. – Ders.: Das ästhetische Erfahrungsverhältnis in zwei Parabelstücken: K.s ›Arbeit am Mythos‹. In: Compar(a)ison 2 (1995), 161–185. – Ders.: Das ästhetische Erfahrungsverhältnis in K.s Parabelstück *Das Stadtwappen*. In: Literatur in Wissenschaft und Unterricht 29 (1996), 147–159. – Hartmut Binder: Parabel als Problem. Eine Formbetrachtung zu K.s *Vor dem Gesetz*. In: Journal of the Kafka Society of America 10 (1986), 4–25; wieder in: WW 38 (1988), 39–61. – Ders.: *Vor dem Gesetz*. Einführung in K.s Welt. Stuttgart 1993. – Klaus-Michael Bogdal (Hg.): Neue Literaturtheorien in der Praxis. Textanalysen von K.s *Vor dem Gesetz*. Opladen 1993. – Jürgen Born: K.s Türhüterlegende. Versuch einer positiven Deutung [engl. 1970]. In: Lamberechts/De Vos (1986), 170–181. – Martin Buber: K. and Judaism (1951). In: Ronald Gray (1962), 157–162. – Gerhard Buhr: F.K.: *Von den Gleichnissen*. Versuch einer Deutung. In: Euphorion 74 (1980), 169–185. – Herbert Deinert: K.'s Parable *Before the Law*. In: GR 39 (1964), 192–200. – Jacques Derrida. Préjugés devant la loi. In: Jacques Derrida u. a.: La faculté de juger. Paris 1985, 87–139; dt. Préjugés. Vor dem Gesetz. Hg. v. Peter Engelmann, übers. v. Detlef Otto u. Axel Witte. Wien 1992. – Richard Detsch: Delusion in K.'s Parables *Vor dem Gesetz*, *Das Schweigen der Sirenen* and *Von den Gleichnissen*. A Hermeneutical Approach. In: MAL 14 (1981), 13–23. – Edward Diller: »Theonomous« Homiletics. *Vor dem Gesetz*: F.K. and Paul Tillich. In: Revue des Langues Vivantes 36 (1970), 289–294. – Roland Duhamel: Das Schweigen des Türhüters. Zu einer Interpretation von K.s Parabel *Vor dem Gesetz*. In: Germanistische Mitteilungen 29 (1989), 23–29. – Ulrich Gaier: *Vor dem Gesetz*. Überlegungen zur Exegese einer ›einfachen Geschichte‹. In: Ders./ Werner Volke (Hg.): Fs. für Friedrich Beißner. Bebenhausen 1974, 103–120. – Ingeborg Henel: Die Türhüterlegende und ihre Bedeutung für K.s *Prozeß*. In: DVjs 37 (1963), 50–70. – Hans Helmut Hiebel: Parabelform und Rechtsthematik in F.K.s Romanfragment *Der Verschollene*. In: Elm/Hiebel (1986, s.o.), 219–254. – Ders.: ›Später!‹. Poststrukturalistische Lektüre der ›Legende‹ *Vor dem Gesetz*. In: K.-M. Bogdal (1993, s.o.), 18–42. – Ders.: F.K. Form und Bedeutung. Formanalysen und Interpretationen von *Vor dem Gesetz*, *Das Urteil*, *Bericht für eine Akademie*, *Ein Landarzt*, *Der Bau*, *Der Steuermann*, *Prometheus*, *Der Verschollene*, *Der Proceß* und ausgewählten Aphorismen. Würzburg 1999. –

Gerhard Kaiser: F.K.s *Prozeß*. Versuch einer Interpretation. In: Euphorion 52 (1958), 23–49. – William Kluback: Liberation Through Parable in F.K. In: Journal of Evolutionary Psychology 12 (1991), 110–115. – Gerhard Neumann: ›Blinde Parabel‹ oder Bildungsroman? Zur Struktur von F.K.s *Proceß*-Fragment. In: JDSG 41 (1997), 399–427. – Johannes Pfeiffer: F.K.: *Eine kleine Frau*. Ein parabolisches Selbstgespräch. In: Ders.: Wege zur Erzählkunst. Über den Umgang mit dichterischer Prosa. 4. Aufl. Hamburg 1958, 108–116. – Heinz Politzer: Eine Parabel F.K.s [zu *Vor dem Gesetz*]. Versuch einer Interpretation. In: JDSG 4 (1960), 463–483. – Strother B. Purdy: A Talmudic Analogy to K.s Parable *Vor dem Gesetz*. In: Papers on Language and Literature 4 (1968), 420–427. – Joachim Rossteutscher: K.s Parabel *Vor dem Gesetz* als Antimärchen. In: Ulrich Gaier/Werner Volke (Hg.): Fs. für Friedrich Beißner. Bebenhausen 1974, 359–363. – Walter H. Sokel: Das Verhältnis der Erzählperspektive zu Erzählgeschehen und Sinngehalt in *Vor dem Gesetz, Schakale und Araber* und *Der Prozeß*. In: ZfdPh 86 (1967), 267–300. – Ders.: K.s Law and its Renunciation. A Comparison of the Function of the Law in *Before the Law* and *The New Advocate*. In: Walter H. Sokel/Albert A. Kipa/Hans Ternes (Hg.): Probleme der Komparatistik und Interpretation. Fs. für André von Gronicka. Bonn 1978, 193–215. – Ingrid Strohschneider-Kohrs: Erzähllogik und Verstehensprozeß in K.s *Von den Gleichnissen*. In: Fritz Martini (Hg.): Probleme des Erzählens in der Weltliteratur. Fs. für Käte Hamburger. Stuttgart 1971, 303–329. – Gerd Theo Tewilt: *Vor dem Gesetz*: *Kannitverstan*. Hermeneutik und Empirie in Hebels und K.s Parabel. In: Literatur für Leser 2 (1996), 107–125. – Ludo Verbeeck: Der Begriff der Modalität als Interpretationskategorie, am Beispiel von F.K.s *Vor dem Gesetz*. In: Rolf Kloepfer/Gisela Janetzke-Dillner (Hg.): Erzählung und Erzählforschung im 20. Jh. Stuttgart u.a. 1981, 63–73. – Manfred Voigts (Hg.): F.K. *Vor dem Gesetz*. Aufsätze und Materialien. Würzburg 1994.

(3) Schwerpunkt Aphorismus/Aphoristik: (a) allgemein: Harald Fricke: Aphorismus. Stuttgart 1984. – Ders.: Aphorismus. In: Klaus Weimar (Hg.): Reallexikon der deutschen Literaturwissenschaft. Bd. 1. Berlin, New York 1997, 104–106. – Richard T. Gray: Aphorism and *Sprachkrise* in Turn-of-the Century Austria. In: Orbis Litterarum 41 (1986), 332–354. – Ders.: From Impression to Epiphany. The Aphorism in the Austrian *Jahrhundertwende*. In: MAL 20 (1987), 81–95. – Werner Helmich: Der moderne französische Aphorismus. Innovation und Gattungsreflexion. Tübingen 1991. – Gerhard Neumann (Hg.): Der Aphorismus. Darmstadt 1976. – Friedemann Spicker: Der Aphorismus im 20. Jahrhundert. Spiel, Bild, Erkenntnis. Tübingen 2004.

(b) zu Kafka: Konrad Dietzfelbinger: K.s Geheimnis. Eine Interpretation von F.K.s *Betrachtungen über Sünde, Leid, Hoffnung und den wahren Weg*. Freiburg 1987. – Richard T. Gray: The Literary Sources of K.s Aphoristic Impulse. In: The Literary Review 26 (1983), 537–550. – Werner Hoffmann: Aphorismen. In: KHb (1979) II, 474–497. – Stefan H. Kaszynski: K.s Kunst des Aphorismus. In: Ders.: Österreich und Mitteleuropa. Kritische Seitenblicke auf die neuere österreichische Literatur. Poznań 1995, 73–105. – Friedemann Spicker (1994; s.o.), bes. 219–233. – Ausführliche Bibliographie ↗ 292.

Rüdiger Zymner

4.5 Figurenkonstellationen: Väter/Söhne – Alter Egos – Frauen und das Weibliche

Fragestellungen

Eine Darstellung von komplexen Charakteren ist für Leser, die der Tradition des europäischen Romans einen humanisierenden Einfluss zuschreiben, unter allen Aspekten der Erzählkunst wohl der wichtigste Wertmaßstab. Kafkas Status als Meisterautor der Moderne basiert dagegen auf der Schilderung scheinbar charakterloser Figuren. Indem er den Eigennamen zum bloßen Anfangsbuchstaben reduziert, initiiert Kafka eine Tendenz, die später Roland Barthes so zusammenfasst: »Ce qui est caduc aujourd'hui dans le roman, ce n'est pas le romanesque, c'est le personnage; ce qui ne peut plus être écrit, c'est le nom propre« (Barthes, 102). Argumente über Charaktere gehören zu einer größeren Debatte, die ›Charaktere‹ (als imaginierte Personen, die quasi unabhängig betrachtet werden können) ›Figuren‹ (als rein formalen Textelementen) gegenüberstellt. Ist es also sinnvoll, Figuren als Thema aus dem Textganzen zu abstrahieren?

Exemplarische Textanalyse: <Kleine Fabel>

Kafkas Minimalgeschichte <Kleine Fabel> bietet ein Modell der Schlüsselelemente des Erzählens: Figuren, Raum, Zeit, Handlung, Erzählinstanz und Perspektive, Metapher und literarische Gattung. Man könnte einem jeden dieser Aspekte als Untersuchungsobjekt Priorität einräumen, doch sind gerade Figuren ein zentraler Überschneidungspunkt innerhalb des Textes und ein Dreh- und Angelpunkt zwischen der fiktiven und der außertextlichen Welt.

> »Ach«, sagte die Maus, »die Welt wird enger mit jedem Tag. Zuerst war sie so breit, daß ich Angst hatte, ich lief weiter und war glücklich daß ich endlich rechts und links in der Ferne Mauern sah, aber diese langen Mauern eilen so schnell auf einander zu daß ich schon im letzten Zimmer bin und dort im Winkel steht die Falle, in die ich laufe.« »Du mußt nur die Laufrichtung ändern«, sagte die Katze und fraß sie (NSF II, 343).

Nach dem ersten amüsierten Schockeffekt fasziniert <Kleine Fabel> vor allem durch ihre diagrammartige Modellhaftigkeit. Während die Maus spricht, dominiert ihre räumliche Wahrnehmung: Nach einer undefinierten Weite rücken ein geometrischer Raum (ein Winkel zwischen zwei Linien) und eine erste Figurenkonstellation (Maus und Falle) in das Blickfeld des Lesers. Sobald die Katze spricht, wird die Ordnung der Figuren im Raum verunsichert. Wo die Katze sich befindet, ob die Maus mit der Katze oder mit sich selbst redet, ja ob sie überhaupt weiß, dass die Katze da ist, bleibt unklar. Parallel zur räumlichen ergibt sich eine zeitliche Veränderung: Eine unbestimmte Zeitspanne schrumpft zu ein paar Sekunden zusammen.

Innerhalb der ersten kommentarlos erzählten Geschichte bildet die Ich-Erzählung der Maus eine zweite Geschichte, deren komplexe Zeitstruktur einen Blick in die Vergangenheit, eine gegenwärtige Sicht auf konvergierende Mauern und eine Vorschau auf eine mögliche, allerdings sehr begrenzte Zukunft bietet. Die Hauptgeschichte dauert dagegen nur ungefähr so lange, wie der Leser braucht, um den Text zu lesen und schafft eine ideale Koinzidenz von Erzählzeit, erzählter Zeit und Lesezeit. Wie viele von Kafkas Figuren scheint die Maus ein begrenztes Erinnerungsvermögen zu haben: Sie sagt nichts über Ursprung oder Kindheit, es verlangt extratextuelles Wissen, um zu schließen, dass sie aus einer Maus zur Welt kam, nur um im Magen einer Katze zu enden. Das Ereignis besteht aus einem Übergang: Die Maus bewegt sich von außen nach innen, vom Leben in den Tod. Die Mauserzählung dagegen ist keine richtige Geschichte. Eine richtige Handlung kommt erst mit dem Angebot einer Wahl zwischen verschiedenen Richtungen in Sicht. Nicht die Maus agiert aber, sondern die Katze. Sobald die Katze die Maus frisst, bringt der unsichtbare Erzähler die Geschichte lakonisch zu Ende.

Impliziter Textbestandteil ist die wörtlich genommene Metapher eines Lebenslaufes, der erst ästhetische Form annimmt, wenn er endet. Viele von Kafkas Geschichten werden aus der Perspektive des Protagonisten erzählt, bringen dann aber die Welt, wie sie von Georg oder Gregor oder Josef gesehen wird, entschlossen zu Ende. In solchen Geschichten scheint die Bedeutung eines Lebens in der Todesart zu liegen. Andererseits gelang es Kafka häufig nicht, zum Schluss zu kommen. *Der Verschollene* und *Das Schloss* sind schlagende Beispiele, aber auch viele kürzere Skizzen zeigen eher einen Zustand als ein Geschehen. Und in den Geschichten, die zu Ende kommen, bleiben offene Fragen zurück: Warum hatte die Maus Angst vor der weiten Welt? Hätte nicht Josef K. die Laufrichtung ändern können?

Auf den ersten Blick scheint <Kleine Fabel> eine Analyse im Sinne des russischen Formalismus zu verlangen: Die Maus und die Katze haben keinen Charakter. Sie sind Handlungsträger oder narrative Funktionen (im Sinne Vladimir Propps): Maus-Heldin und Katzen-Gegner. Das scheinbare Überwiegen von Form über Inhalt in Kafkas Werk und die Reduzierung der dargestellten Person zur skizzenhaften Figur wurden von Befürwortern der literarischen Moderne gelobt, waren aber ein Stein des Anstoßes für Kritiker im kommunistischen Lager, allen voran für Georg Lukács. Dieser griff die subjektivistische Perspektive von Kafkas Minimalfiguren an: Es fehle die objektive Weltanschauung, die die rätselhaften Details sinnvoll machen würde. Auch im liberalen Lager wurden Kafkas angeblich charakterlose Figuren, sein Mangel an Vertrauen in die zivilisatorischen Werte der Aufklärung und seine neurotische Schwäche kritisiert (Dowden, 16 f.). Für Walter Benjamin oder Theodor Adorno waren es dagegen gerade die Darstellung der Wahrheit ex negativo und Figuren ohne Eigenschaften, die Kafkas Schreiben so eindrucksvoll machten. Also griffen orthodoxe marxistische und liberale Kritiker Kafkas charakterlose Figuren an, die die Vorkämpfer einer neuen Ästhetik lobten.

Kafkas Landsmann Jan Mukařovsky liefert einen guten Ausgangspunkt, um den doppelten Reiz des literarischen Textes und der ergreifenden Geschichte, der Kafkas Werk kennzeichnet, zu erklären. Nach Mukařovsky besteht literarische Struktur aus Beziehungen zwischen den Textelementen, die Aspekte der außertextlichen Welt nicht statisch eins zu eins widerspiegeln. Insofern ist die erzählte Welt autonom. Das heißt nicht, dass es keine Verbindungen zwischen der fiktionalen und der historischen Welt gibt. Welche Elemente betont, wie sie auf einander bezogen und wie die Verbindungen geknüpft werden, ändert sich aber durch den dynamischen Prozess der Lektüre und parallel zum historischen Wandel. Auch Wertkonflikte und konkurrierende ästhetische Normen innerhalb derselben Generation produzieren verschiedene Lesarten. Hier soll es um Figuren als Angelpunkt zwischen Form und Sinn gehen. Sogar in der <Kleinen Fabel> sind die Figuren der wichtigste Überschneidungspunkt anderer Textelemente: Der Raum existiert als Rahmen für die Figuren, die Figuren existieren nicht nur, um den Raum auszufüllen. Es ist unmöglich, selbst diese Mi-nimalgeschichte zu lesen, ohne die Grenzen der Textwelt zu überschreiten. Die ängstliche Maus und die spielerische Grausamkeit der Katze stammen aus dem Bereich der Tierfabel, wo Tiere menschliche Eigenschaften repräsentieren. Und dann gibt es *homo faber*, den Fallensteller, der offensichtlich mit der Katze gegen die Maus alliiert ist.

Charakteranalyse – Leseridentifikation

Literarische Figuren lassen sich entlang dreier Achsen klassifizieren: einfach oder komplex; statisch oder sich entwickelnd; nach dem Grad des Eindringens ins innere Leben. Häufig sind aber Kafkas Figuren ohne Komplexität, sie entwickeln sich kaum, es wird nicht tief in sie eingedrungen. Anstatt psychologischer Spannungen erleben, von *Beschreibung eines Kampfes* an, Kafkas Figuren Begegnungen mit Alter Egos, die die inneren Kämpfe des Realismus externalisieren. Die Wirkung ist oft melodramatisch oder farcenhaft. Die Bewegungen der Alter Egos sind performativ: Wie die Gestik eines Schauspielers werden sie zu Zeichen, bleiben aber rätselhaft, weil der semiotische Kode unbekannt bleibt. Oder ein unbewusster seelischer Konflikt bricht im Körper aus, der zu einem schwer lesbaren Text wird. Wie die Maus scheinen aber die Hauptfiguren oft einfältig oder dumm, oder es fehlt ihnen an Selbsterkenntnis. Solche Charakterlosigkeit schafft eine Leere, die eine umso intensivere Konzentration auf die Wahrnehmung erlaubt. Durch den Akt des Wahrnehmens werden Figuren und Objekte in Beziehung zu einander gebracht. Der Blick strahlt Energie aus, das Objekt wird zum brechenden Medium, das die Angst, Begierde oder Sehnsucht einer wahrnehmenden Instanz impliziert. Das Blickfeld ist häufig durch einen Rahmen, ein Fenster z. B. oder konvergierende Mauern begrenzt, der Raum wird zum Kraftfeld sich kreuzender Perspektiven. Die Analogie mit Fotografie oder Kino ist oft bemerkt worden (↗ 2.6). Wer das Blickfeld beherrschen soll, wird zum Ziel eines Machtkampfes. Oft bleibt unsicher, ob Erzähler und Figur das Objekt, beispielsweise Gregor Samsas viele Beinchen, auf dieselbe Weise sehen. Daraus erwächst eine oft grausame Komik. Die Intensität der Wahrnehmung, das unheimliche Wechselspiel zwischen Subjekt und Objekt drohen, die Grenze zwischen Innen und Außen zu verwischen. Zusammen mit der Konkurrenz um Herrschaft durch den Blick führen Kafkas Figuren oft Wortgefechte, man denke etwa an Josef K.s Gespräch mit dem Priester oder an den

Wortschwall des Offiziers in der *Strafkolonie*. Die Figuren sind so oft weniger Handlungs- als vielmehr Wahrnehmungsträger, die die Welt sehen und oft endlos lange darüber reden.

Zum Angelpunkt zwischen der Textwelt und der Welt des Lesers werden Figuren häufig durch identifikatorische Lektüre. Walter Benjamin etwa hat offensichtlich Sympathie mit Karl Roßmann als einem reinen Toren: »durchsichtig, lauter, geradezu charakterlos« (Benjamin 1981, 18). *<Kleine Fabel>* bietet hierbei eine Wahl: Wir können uns mit der Maus in ihrer rührenden Dummheit identifizieren. Oder wir ändern die Leserichtung und halten es mit der Katze – wir sind ja die Spezies, die Fallen stellt und unsere Katzen liebt. Identifikation mit Josef K. oder die Sicht K.s als Opfer finsterer Mächte erklären die weit verbreitete Ansicht, dass Kafka prophetisch das Dritte Reich oder den Stalinismus vorausgesehen habe. Distanziertere Lektüre bringt aber oft die Erkenntnis, dass die Macht nicht nur von oben herab ausgeübt wird. Das Ergebnis stammt ebenso sehr von der Mentalität der Maus wie von der Natur der Katze. Oft sind die Positionen von Täter und Opfer austauschbar: Josef K. leidet unter institutioneller Willkür, versucht aber selbst, andere zu dominieren.

Komik – Biographie und Diskursanalyse

Der jähe Wechsel von Hoffnung auf Rettung zum plötzlichen Tod exemplifiziert das, was Freud in seiner Abhandlung über den Witz ›Verschiebung‹ nennt: »die Ablenkung des Gedankenganges, die Verschiebung des psychischen Akzents auf ein anderes als das angefangene Thema« (Freud 1905, 51). Der Tendenz nach ist *<Kleine Fabel>* »ein feindseliger Witz (der zu Aggression, Satire, Abwehr dient)« (92). Die Katze und der Erzähler stellen zusammen die Weichen um. Zielscheibe sind die Maus und ihre Weltsicht. Nach Freud sind Witz und Humor »die psychischen Korrelate des Fluchtreflexes und verfolgen die Aufgabe, die Entstehung von Unlust aus inneren Quellen zu verhüten« (217). Die Energie, die zur Flucht gebraucht würde, wird zum Kraftstoff für Humor:

> Die Erhebung seines Ich, von welcher die humoristische Verschiebung Zeugnis ablegt – deren Übersetzung doch lauten würde: Ich bin zu groß(artig), als daß diese Anlässe mich peinlich berühren sollten –, könnte er wohl aus der Vergleichung seines gegenwärtigen Ich mit seinem kindlichen entnehmen (ebd.).

Freuds Analyse beleuchtet die versteckte Komik in Kafkas Behandlung der Figuren und evoziert eine Pose, die an den Erzähler der *Verwandlung* oder den etwas wichtigtuerischen Affen im *Bericht für eine Akademie* erinnert. Im Autor selber blieb wohl der Kampf zwischen der peinlichen Berührung, die ein Lebenslauf in der weiten Welt verursacht, und der Erhebung des Ich, die das Schreiben brachte, unentschieden.

Häufig wird in Kafkas Leben nach Aufklärung für sein Werk gesucht, wie die große Zahl von Biographien belegt, die Kafkas Leben und Werk im Rahmen von sich überschneidenden Diskursen seiner Zeit untersuchen. Auch hier sind die Figuren der Angelpunkt zwischen dem Text, dem Leben und den Diskursen der Zeit von Autor und Leser. Intensive Struktur- und Diskursanalyse braucht aber ganze Bücher. Hier wird daher vorwiegend die visuelle Wahrnehmung der Figuren im Raum untersucht, um die Spannung aufzuzeigen zwischen Geschichten, die von Leiden, Schwäche und Entfremdung handeln, und Texten, die die Macht einer kreativen Imagination ausstrahlen.

Väter und Söhne

Der ewige Sohn oder der unglückliche Junggeselle?

Viele Kritiker teilen mit Kafka die Ansicht, dass *Das Urteil* die Geburt einer neuen Ästhetik darstelle. Mit dem Insektenhelden und ihrem berühmten ersten Satz ist *Die Verwandlung* Kafkas vielleicht bekanntestes Werk auf dem Weltmarkt der populären Kultur. Zwei so berühmte, zu Lebzeiten publizierte Geschichten rückten von früh an Väter und Söhne ins Zentrum des kritischen Interesses. Der autobiographische *<Brief an den Vater>* trug auch dazu bei, obwohl schwer zu sagen ist, ob hier die Fiktionen durch das Leben zu erklären sind oder umgekehrt der *<Brief>* erst über die Fiktionen Gestalt annimmt. Dass im *<Brief>* vorwiegend auf den *Process* angespielt wird, hat die psychoanalytisch beeinflusste Tendenz in der Kafkakritik verstärkt, einen alles durchdringenden imaginären Vater in den Institutionen zu entdecken, mit denen Josef K. und K. konfrontiert sind. Andererseits legt die Figurensequenz in Kafkas Werken nahe, dass der Autor im *Urteil* und in der *Verwandlung* den Sohn abgefertigt und Abschied vom Vater genommen hat. Die späteren Protagonisten sind weniger Söhne als vielmehr Junggesellen.

Nach Peter-André Alt ist »der Ich-Entwurf des ›ewigen Sohnes‹ [...] das Geheimnis der Künstlerpsychologie, die Kafkas Schreiben grundiert« (Alt 2005, 15). Für Stanley Corngold kann dagegen das schreibende Ich nur *ex negativo* dargestellt werden. Er sieht in der Figur des Junggesellen, der weder schreibt noch richtig zu leben weiß, das »anti-self« der Literatur und des Lebens (Corngold 1988, 13 f.). Macht es einen Unterschied, nach welchem Archetyp wir suchen? Der ewige Sohn tendiert zum Fatalismus. Es wird eine universale ödipale Struktur postuliert, die durch die Zeiten fortdauert. Der unglückliche Junggeselle ist dagegen das Produkt der Modernisierung. Er lebt in einem Zwischenzustand: Die Ehe ist noch die Norm, der Junggeselle wird relativ zu dem, was er nicht ist – dem Ehemann – definiert. Aber moderne Städte erlaubten vielen Männern neue Freiheiten, allerdings gemischt mit Angst vor Einsamkeit und schlechtem Gewissen. Denn obwohl junge Frauen dank neuer Arbeitsmöglichkeiten unabhängiger wurden, hinkte die Frauenemanzipation hinter der sozialen Mündigkeit der Männer um etwa 50 Jahre hinterher. Also standen unglückliche Junggesellen vor der qualvollen Wahl zwischen Abstinenz, schuldigem Missbrauch der Frauen oder schmutzigem Verkehr mit Prostituierten. Der ewige Sohn ist eine eher statische Figur; sein rückwärtsgewandter Blick ist regressiv, anstatt Gegenwart und Zukunft herrscht die Vergangenheit vor. Wer nach dem ewigen Sohn sucht, entdeckt in den Mächten, denen die Protagonisten begegnen, immer wieder dieselbe fatale Konstellation. Wer die Donquichotterien des unglücklichen Junggesellen sieht, wird nach Hinweisen auf einen Weg an Falle und Katze vorbei suchen. Im *Bericht für eine Akademie* z. B. findet Rotpeter wenn nicht den Weg in die Freiheit, so doch einen Ausweg aus dem Käfig.

Das Urteil: Die imaginäre Macht des Vaters

Im *Urteil* ändert sich die Figurenkonstellation im Laufe der Geschichte. In Georgs Zimmer verlaufen die Spannungslinien zwischen Georg und dem Freund in Russland. Der dritte Punkt, über den der Konflikt ausgetragen wird, ist die Braut. Im Zimmer des Vaters sind Vater und Sohn einander gegenübergestellt, nun mit dem Freund als drittem Punkt. Am Anfang spielt sich der angehende Ehemann dem endgültigen Junggesellen gegenüber auf. Die Braut ist nur dazu da, um den Unterschied zu unterstreichen: »Ich kann nicht aus mir einen Menschen herausschneiden, der vielleicht für die Freundschaft mit ihm geeigneter wäre, als ich es bin«, denkt Georg (DzL 48). Der Leser erkennt aber in dem Freund einen Menschen, den Georg aus sich herausgeschnitten hat, um für die Ehe geeigneter zu sein. Schon im ersten Absatz sticht die Wendung »in spielerischer Langsamkeit« (43) aus der sonst banalen Sprache hervor: Georg spielt eine Rolle, im Brief an den Freund verleugnet er sich selbst.

Es ist auch sonderbar, dass Georg die Häuserreihe entlang des Flusses als »fast nur in der Höhe und Färbung unterschieden« (43) erscheint. Höhe und Farbe sind ja Hauptmerkmale der Differenzierung, doch wird durch die Formulierung impliziert, dass Georg die Häuser als alle gleich sieht. Wenn Gleichheit und Differenz die Wahrnehmung nicht mehr strukturieren, droht die Welt, wie sie Georg sieht, in sich zusammenzubrechen. Doch das Geschäft blüht, oberflächlich scheint alles in Ordnung zu sein. In Russland dagegen herrschen Chaos und Revolution. Der Priester, der sich ein Blutkreuz in die Hand schnitt, deutet auf Gewalt hin, vielleicht auf ein Pogrom. Hier scheinen Identität und Differenz den Leuten scharf eingeschnitten zu sein, doch kann sich der Freund weder mit der Kolonie seiner Landsleute noch mit den Einheimischen identifizieren. Beide Figuren vermitteln ein systematisches Scheitern: Georg im Bereich der räumlichen Wahrnehmung, der Freund im soziopolitischen Bereich. Für Georg erscheint alles unterschiedslos gleich, der Freund fühlt sich nirgends unter Gleichen aufgehoben. Die Weltsicht des Freundes korrespondiert aber besser mit der historischen Wirklichkeit – Georg lebt in Illusionen.

Im Zimmer des Vaters wird der Freund zum Überschneidungspunkt, in dem sich die Spannungen kreuzen. Wie Noah den jüngeren Sohn Ham, der des Vaters Scham sah, verfluchte und die guten Söhne lobte (Mose I.9, 22–27), so verflucht Georgs Vater den Sohn, der ihn entkleidet, und lobt den Freund. Georgs Wahrnehmung des Vaters – er sieht »die Pupillen in dem müden Gesicht des Vaters übergroß [...] auf sich gerichtet« (DzL 53) – indiziert die Regression des Sohnes in die Kindheit: So sieht ein Vater sein Kind an. Später stellt sich das Kind gehorsam selbst in die Ecke: »Georg stand in einem Winkel, möglichst weit weg vom Vater« (57). Während Georg zum Kind wird, wird der Vater zum riesigen zahnlosen Baby. Die entsetzliche Verwandlung beginnt, als der Vater mit Georgs Uhrkette spielt, wie einst wohl Georg als Baby mit der des Vaters. Dann richtet sich der Vater im Bett auf: »Er stand vollkommen frei und warf die Beine. Er strahlte vor Einsicht« (57). So steht ein strammes Kleinkind triumphierend im Kinderbett auf: In Bildern, die Horror mit Komik mischen, ist sozusagen das Lacansche Baby aus dem Spiegel in den Vater gefahren. Das Bauchreden des allmächtigen Babys aus dem besessenen Vater deckt die Irrationalität des Gesetzes auf, das auf purer Willkür basiert. Das böse Kind in der Ecke wird von einer irrationalen Macht in der eigenen Imagination zerstört. Dass der Vater aufs Bett stürzt, als Georg zum Fluss hinausläuft, vermittelt die Interdependenz der Figuren.

Das Urteil hat eine paradoxe Doppelwirkung: Auf der einen Seite das entsetzliche Geschehen, auf der anderen die außerordentliche Energie des achterbahnartigen Textes, der durch schwindelerregende Schockeffekte den Leser aus einer Art von Geschichte in eine völlig andere wirft. Die Weichen werden umgestellt: Realistisches Erzählen wird zum Surrealismus. Die Wirkung ist aufregend. Der Wechsel von einem gemächlichen, fast langweiligen Tempo zum immer schnelleren Crescendo dem Höhepunkt entgegen wird am Anfang und Ende durch Gesten umklammert: durch die spielerische Langsamkeit, mit der ein Brief geschlossen wird, und den ›gymnastischen‹ Schwung über das Geländer in den Fluss. Wie schon vom Autor selbst, ist die Affinität von »ein geradezu unendlicher Verkehr« (61) zum Orgasmus oft bemerkt worden. So wirkt Georg Bendemanns Tod geradezu belebend. Nach Freud vermitteln auch Alpträume Wunscherfüllungen. Die kaum versteckte orgiastische Lust, die die Zerstörung der Vater-Sohn-Konstellation begleitet, geht mit einer grausamen Komik einher. Letzten Endes lassen sich die zwei Konstellationen im *Urteil* nicht rational vereinen. Klar bleibt nur, dass die soziosexuellen Fragen, die durch die Braut, und die politischen Fragen, die durch den Freund angeschnitten werden, aus der Perspektive des bürgerlichen Patriarchats unlösbar bleiben.

Die Verwandlung: Vater und Sohn, Schwester und Bruder

In der *Verwandlung* wird die Selbstentfremdung nicht mehr durch *zwei* Figuren dargestellt. Die Trennung verläuft jetzt zwischen dem Menschen und dem Tierkörper und wird zunächst vom Vater und zum Schluss von der Schwester bestätigt. Während *Das Urteil* immer traumhafter wird, sind in der *Ver-wandlung* nach dem ersten Satz die Träume vorbei. Von allen Werken Kafkas rekurriert *Die Verwandlung* am meisten auf realistische Details, um den kleinbürgerlichen Alltag darzustellen, der durch einen ungeheuren V-Effekt durchgehend verfremdet wird. Die Raumverhältnisse in der Wohnung vermitteln das Ineinanderspiel von Milieu und Mentalität. Das unaufhaltsame Eindringen der Außenwelt in das Selbst, das Aufbrechen der integren Person, fängt im intimsten Ort der Intimsphäre an: im Bett. Sobald es Gregor, nach schrecklichen Anstrengungen, gelingt, die Zimmertür aufzuschließen, hat er kein Privatleben mehr, bis Grete diese wieder zuschließt und das Schlafzimmer zum Todeszimmer wird. Der Raum wird zunächst von Menschenmöbeln fast ausgeleert, um Platz zum Kriechen zu schaffen. Danach aber wird er für die Familie zur Rumpelkammer. Trotz seiner panzerartigen Härte ist Gregors Rücken auf ähnliche Weise penetrierbar. Die ganze Wohnung ist mit der Außenwelt durch die Nabelschnur der Treppe verbunden: Als die Zimmerherren hinunterlaufen, kommt der Fleischergeselle herauf; der wirtschaftliche Verkehr verläuft in beide Richtungen.

Im Einklang mit der realistischen Tendenz hat Gregor mehr Erinnerungen als Kafkas Figuren sonst. Daraus lässt sich sein Charakter als gehorsamer Sohn, pflichtbewusster Handelsreisender, pflichtbewusster Soldat, Handelsakademiker, Bürgerschüler, Volksschüler, etc. rekonstruieren. Die Kette von metonymischen Details ließe sich unendlich verlängern, um Familie und Erziehung als Schulung für Arbeit unter kapitalistischen Bedingungen aufzudecken. Und die Disziplin fängt mit dem Körper an.

Der verfremdete Körper als Metapher für entfremdete Arbeit und die Verwandlung als verfehlte Wiedergeburt erlauben eine Lektüre, die Marx mit Freud kombiniert. Mit dem unschuldigen Exhibitionismus eines rundbäuchigen Babys liegt Gregor auf dem Rücken und strampelt mit Beinchen, die er noch nicht kontrollieren kann. Sein noch nicht durch Repression disziplinierter Körper ist ein empfindliches Sensorium von Lust und Schmerz. Solcher Infantilismus provoziert aber nur eine Wiederholung der patriarchalen Verbote. Die Macht des Vaters ist hier systematisch und verständlich, nicht persönlich und unheimlich wie in dem *Urteil*. Die Konstellation vermittelt das, was Gregor unbewusst nicht sein will: gehorsam und pflichtbewusst. Dank seiner Schreckgestalt erringt er einen erstaunlichen Sieg über den Prokuristen. Wer hat nicht von einem solchen Triumph geträumt? *Die Verwandlung* ist in dieser Hinsicht ein feindseliger Witz, der gegen kleinliche Tyrannen wie den Vater, den Prokuristen oder die Zimmerherren, allesamt Kriecher, gerichtet ist. Der Stachel trifft aber am schärfsten den naiven Gregor, der trotz des Zorns, der im Körper zum aggressiven Ausdruck kommt, sich weiterhin ängstlich unter dem Kanapee versteckt. Die Kritik Georg Lukács' am Vorherrschen der Angst in Kafkas Werk ist milde, verglichen mit des Autors spöttischem Blick.

Der Vater fügt dem Körper die Wunde zu, die Schwester verwundet den Menschen tödlich. Bei der ersten Konstellation geht es darum, was Gregor nicht will. Die zweite handelt dagegen von drei Wünschen: Die Schwester soll Musik studieren, die unbekannte Nahrung finden und sich küssen lassen. Als weibliches Alter Ego soll Grete ein Künstlerleben führen. Sie ist noch dazu das Objekt des Begehrens und ein Subjekt, das Gregor anerkennen und ihm märchenhaft seine Menschengestalt wiedergeben soll. Inzestuöses Begehren bricht ein patriarchales Tabu, bleibt aber narzisstisch: Geschwisterliebe mag innerhalb der Familienwohnung grenzüberschreitend sein, führt aber nicht befreiend in die Welt hinaus. Die anderen Wünsche sind utopisch. Die Musik weist paradiesisch auf eine orphische Welt der Zwiesprache zwischen Mensch und Tier, wo das Andere nicht stigmatisiert wird. Die unbekannte Nahrung bleibt eben: unbekannt.

Nach Gregors Tod überdauern die utopischen Motive als Stachel zum Weiterdenken. Die Schwester, die es ablehnt, Fantasiefrau zu sein, ist der klarste Wegweiser für eine andere Laufrichtung. Allerdings geht Grete vielleicht der Wahl zwischen der Falle einer bürgerlichen Ehe oder einem Leben als Lohnsklavin entgegen. Doch als Alter Ego hat die Schwester mehr Bewegungsfreiheit als der Freund in Russland. Sie ist als ›neue Frau‹ zukunftsträchtiger. Wie die Katze in der ‹Kleinen Fabel› bringt sie das Leben eines ängstlichen Kriechers entschieden zu Ende. Insofern antizipiert sie den Panther im *Hungerkünstler*, hat aber auch etwas von Fräulein Bürstner als zukunftsweisender Figur im *Process*. Während die Schwester auf neue Möglichkeiten deutet, vermittelt der Ausbruch in Gregors Körper die Ablehnung einer ganzen Lebensweise. Die alles durchdringende Spannung zwischen Bildern eines leidenden Menschen und sterbenden Körpers einerseits und einem satirischen Subtext von enormer komischer Vitalität andererseits ist für Generationen von Lesern ergreifend geblieben. Solche imaginative

Kraft hat Gregor Samsa, das kriechende Insekt, zu einer Ikone des 20. Jahrhunderts gemacht.

Alter Egos und Doppelgänger

Von Anfang an kommen in Kafkas Werk Alter Egos vor, die sowohl als Personen wie auch als externalisierte Ängste oder Wünsche der Hauptfigur funktionieren. In dieser Hinsicht ist Gregor Samsas Körper ein Alter Ego. Der erste Satz der *Verwandlung* wirkt elektrisierend, danach aber ist, sieht man vom Prokuristen ab, der verwandelte Körper auf seltsame Weise wenig erschreckend. In Freuds klassischer Formulierung: Das Unheimliche »ist das Heimliche-Heimische, das eine Verdrängung erfahren hat und aus ihr wiedergekehrt ist« (Freud 1919, 268). Weniger fremd als er sein sollte, ist Gregors Körper zum Spiegelbild des Verdrängten geworden: Zorn, Aggression, Hoffnung, Verwundbarkeit, Verzweiflung, Begierde. Der Körper widersetzt sich aber der Definition und was er sagt, ändert sich schillernd.

Im Gegensatz zu Gregors wandelbarem Körper erscheinen die drei Zimmerherren als austauschbare Doppelgänger voneinander. Seitdem er am ersten Morgen die Tür aufschloss, hat Gregor aufgehört, Herr seines Zimmers zu sein. Die Zimmerherren dagegen sind nicht Söhne, sondern Junggesellen, die Miete bezahlen und die Familie deshalb herumkommandieren dürfen. Ihre Allüren einer geliebten Schwester gegenüber erregen aber die Wut des Bruders. Solche modernen Männer werden offensichtlich nichts zur Befreiung von geliebten Schwestern tun, sondern sich auf Kosten der Frauen aufplustern. So wird Josef K. als fragwürdig gewordener Zimmerherr versuchen, während einer nächtlichen Begegnung mit einer Zimmernachbarin seine Männlichkeit erneut zu behaupten. Andererseits deuten die Zimmerherren wenigstens ansatzweise auf Laufrichtungen, die vom Zustand des Sohnes wegführen. Sie verlassen die Wohnung, ohne in den Fluss zu springen. Sie sind ein Zeichen, dass die Zeiten sich ändern – ob zum Guten ist angesichts ihrer Austauschbarkeit allerdings zu bezweifeln.

Gregors letzter Versuch, Zugang zur Schwester zu finden, endet auf der Schwelle zwischen Wohn- und Schlafzimmer, in dem er am selben Abend sterben wird. Die Schwelle zwischen Todeszimmer und Wohnraum weist im Kleinen auf eine Epochenschwelle hin: Auf der einen Seite bleibt der Sohn zurück, auf der anderen leben Junggesellen weiter; auf der einen Seite liegt das kleinbürgerliche Patriarchat, auf der anderen Seite lauern moderne Machtstrukturen, die nicht mehr durch die Vater-Sohn-Konstellation darstellbar sind.

In der historischen Wirklichkeit gibt es nur selten klar markierte Schwellen: Altes bleibt neben neuen Entwicklungen bestehen. Das innere Zeitbewusstsein bewegt sich durch sich ständig verschiebende Spannungen fort, zwischen Erinnerung an Vergangenes, Erleben von Wechsel und Erwartung von Neuem. Wenn die Spannungen zu groß werden, droht die personale Identität auseinander zu fallen. Die großen Realisten, Fontane z. B. oder Thomas Mann als Autor der *Buddenbrooks*, reflektieren durch wechselnde Empfindungsweisen und Bewusstseinsstrukturen und das veränderte Selbstverständnis von komplexen Figuren die Prozesse der Modernisierung. Der Tod von Thomas Buddenbrook, der als leidender Sohn und verfehlter Vater lebt und stirbt, ist auf ähnliche Weise entsetzlich wie das gleichzeitige Ende von Vater und Sohn im *Urteil*. Manns Figuren besitzen aber immer noch Charakter, und die lustvolle Zerstörung des Patriarchen bleibt dezent im Subtext versteckt. In Kafkas Texten dagegen sind die psychischen Spannungen zu groß geworden, die personale Identität fällt auseinander und der ikonoklastische Gestus dringt aus dem Subtext direkt in die Geschichte ein.

Die grausame Komik geht aber mit unvergesslichen Bildern des Leidens an Liebe und drohendem Selbstverlust einher. Die Liebe, die den Sohn an den Vater fesselt, kann nicht einfach aus dem Menschen herausgeschnitten werden. Die drei Zimmerherren sind dagegen herausgeschnittene Menschen, skizzenhafte Doppelgänger, die eine ausweglose Konstellation hinter sich lassen. Als literarische Figuren deuten sie auf Möglichkeiten, weiter zu schreiben, schmerzhafte Erinnerungen beiseite zu lassen, wechselhaftes Erleben wenigstens ansatzweise zu erforschen. Die Doppelgänger und Alter Egos sind also symptomatisch für ein qualvolles Zeitbewusstsein. Sie deuten auf Lebensweisen, die unlebbar geworden sind, ohne dass eine neue Laufrichtung sichtbar geworden wäre.

Dem Duden zufolge ist ein ›Doppelgänger‹ »eine zweite Person, die jemandem zum Verwechseln ähnlich ist«. Als literarische Figur ist er eine seelenlose Ersatzfigur, die Entmenschlichung oder Selbstverlust bedeutet und oft ein Todesbote ist. Das Alter Ego dagegen besitzt Eigenschaften oder Möglichkeiten, die der Person innewohnen, die sie aber nicht

erkennt. »Strecke dich Brücke [...] Er kam, mit der Eisenspitze seines Stockes beklopfte er mich« (NSF I, 304). In <*Die Brücke*> besteht die bäuchlings über einen Abgrund gestreckte Brücke nicht aus Holz und Eisen, sondern aus Fleisch und Blut und will den, der kommt, hinüberbefördern, ja ihn wie ein Berggott ans Land schleudern. Der, der kommt, bearbeitet aber die Brücke auf unmenschliche Art mit seinem Stock aus Holz und Eisen, bis sie sich umdreht, um zu sehen, wer gekommen ist, dann aber den Halt verliert, herunterfällt und von den Kieseln im Fluss aufgespießt wird. Die Geschichte ist die Ich-Erzählung eines Traums. Die Brücke scheint zunächst ein Alter Ego des träumenden Menschen zu sein, erfüllt von dem Drängen nach vorne. Der, der kommt, ist dagegen der Todesbote. Doch für den Brückenmenschen innerhalb des Traumes erscheint er als Alter Ego, das den Wunsch, einem einsamen Leben ein Ende zu setzen, zur Erfüllung bringt.

Doppelgänger und Alter Egos lassen sich also nicht immer sauber auseinanderhalten. Wie die Katze, die dem ängstlichen Laufen der Maus ein Ende setzt, bringt der, der kommt, einen beschämenden Zustand zu Ende, scheint allerdings alles andere als der neue Messias zu sein, sondern weist dämonisch auf eine unmenschliche Zukunft. Zwischen Vater und Zukunft gestreckt, wirft sich Georg Bendemann hinunter in den Fluss. Der lustvolle Schwung, mit dem der Sturz evoziert wird, bleibt unterschwellig im Rhythmus des Texts versteckt. Die traumhafte Erotik in <*Die Brücke*> ist dagegen offensichtlich sadomasochistisch und homoerotisch gefärbt. Den Körper passiv hinzuhalten, wie ein Kind oder eine Frau, bringt Entlastung vom Stress der Männlichkeit, gefährdet aber auch das Selbstgefühl – eine entspannte Brücke fällt ja hinunter. Schmerz zuzufügen bestätigt dagegen die Männlichkeit. Im Geschlechtsakt besitzt der Penetrierende die phallische Macht, der Körper, der penetriert wird, wird feminisiert. So trennen sich im sadomasochistischen Ritual das sadistische Subjekt und der Phallus als Machtinstrument (der Stock mit der Eisenspitze) vom empfindlichen masochistischen Körper. An Stelle der Vater-Sohn-Konstellation werden immer häufiger solche erotisierten Machtkämpfe zwischen Männern ausgespielt, die in der modernen Klassengesellschaft und in bürokratischen Institutionen um strukturbedingte Macht kämpfen. So wird Leiden an einer Zeit, in der die Sozialverhältnisse immer unpersönlicher werden, die auch von Rassismus durchzogen ist, in Doppelgängern und Alter

Egos figuriert, die oft eine sadomasochistische Konstellation bilden.

Der Process – Machtstrukturen und Männlichkeitsmuster

<Die Brücke> ist eine Traumerzählung, die das Leiden an diesem unglückseligsten Zeitalter ausdrückt. Der Process gehört dagegen zur Literatur des Unheimlichen. Als Leser bleiben wir unsicher, ob der Text nicht eine Veräußerlichung von Josef K.s traumhaftem inneren Leben ist. Andererseits verfährt die Milieudarstellung weitgehend realistisch. Und wenn auch Figuren und Handlung aus der Imagination Josef K.s entspringen, was besagt solch ein inneres Leben über die Welt, in der Josef K. lebt? Wo kommen solche Bilder her? Die unheimliche Verschränkung von Innen und Außen hat zur Folge, dass viele Figuren sowohl als Alter Egos von Josef K. wie auch als unabhängige Personen erscheinen. Die Vermischung der Realitätsebenen zwischen Imagination und Wirklichkeit in den Figuren geht mit einer Vermischung von Lebensbereichen einher: Schlafzimmer und Bank, bürgerliches Stadtviertel und proletarischer Slum, politische Versammlung und Synagoge, Künstleratelier und Gerichtskanzlei. Die unheimliche Architektur und die verwirrende Stadttopologie im Process gehören zu den ikonisch gewordenen Bildern der Moderne.

Der Process ist voll von Doppelgängerkonstellationen, angefangen mit Josef K. als seinem eigenen Doppelgänger. Dieser wird zunächst in Fräulein Bürstners Zimmer vom Aufseher zur Rechenschaft gezogen. Wenn er im nächsten Kapitel das Verhör wie eine Theateraufführung wiederholt, wird er, sich selbst zum Verwechseln ähnlich, zum Doppelgänger, der den eigenen Namen ausruft und sich selbst anklagt. Das Zimmer wird zur mise en scène. Wie ein Regisseur will K. verschiedene Details genau so angeordnet haben wie beim ersten Mal. Die Wiederholung erhöht die bedeutungsvolle Aura, die die Dinge schon angenommen haben: das Nachttischchen, die Kerze, die Zündhölzer, das Buch, das Nadelkissen, die weiße Bluse, die Fotos. Als Requisiten werden diese Details zu rätselhaften Zeichen. Im Wiederholungszwang sieht Freud den Ausdruck von verdrängten infantilen Komplexen, nennt aber auch überwundene primitive Überzeugungen als Quelle (Freud 1919, 271). Das Unheimliche bringt geheime Ängste zum Ausdruck, denen der aufgeklärte fortschrittsgläubige Mensch plötzlich anheim fällt. Als

ikonographische Dingkonstellation gehören Tisch, Kerze und Buch zum religiösen Bereich; gleichfalls die Farbe Weiß, die Unschuld und Jungfräulichkeit bezeichnet. Als Uniform der neuen Büroarbeiterin deutet aber eine weiße Bluse zugleich auf moderne Zeiten, ebenfalls die Fotos, die das Zeitalter der technischen Reproduzierbarkeit kennzeichnen. Ein harter runder Männerhut auf dem Bett der Frau, drei junge Männer in der Ecke (Zimmerherrn aus dem Samsa-Haushalt?), die die Fotos der Frau in Unordnung bringen, deuten auf Machtkämpfe zwischen Männern derselben Generation, in denen die Frau als Siegeszeichen funktioniert, mehr als auf inter-generationelle Beziehungen. Anstelle des harten runden Huts liegt in der Wiederholungsszene ein kleiner, aber mit einer Überfülle von Blumen geschmückter Hut auf dem Bett. Dass Josef K. sich jetzt vor Fräulein Bürstner anklagt und verteidigt, sie dann vampirisch überfällt, hat nichts mehr mit dem Vater zu tun, sondern eröffnet den modernen Geschlechterkampf.

Im folgenden Kapitel erscheint das Heimlich-Heimische in Form eines Arbeiterviertels, das dem Bankangestellten ein bisher unbekannter Aspekt seiner Heimatstadt gewesen ist, wobei dem Junggesellen die Slumkinder besonders entsetzlich vorkommen. Bald darauf verwandelt sich eine politische Versammlung in einem Raum, der einer Synagoge zunehmend ähnlich wird, in eine Versammlung von alten Männern:

> Was für Gesichter rings um ihn! Kleine schwarze Äuglein huschten hin und her, die Wangen hiengen herab, wie bei Versoffenen, die langen Bärte waren steif und schütter und griff man in sie, so war es als bilde man bloß Krallen, nicht als griffe man in Bärte (P 71).

Bei dem grotesken Ineinander von Krallen und Bärten bleibt unklar, ob Bärte oder Hände, die in Bärte greifen, sich in Krallen verwandeln. Das Bild vermittelt, wie die rassistische Phantasie aus alten Männern Ungeheuer macht, gleichzeitig aber auch, wie der Rassist selbst zum bekrallten Ungeheuer wird, das zitternde alte Männer angreift. So fühlt sich der Bankangestellte, der Diener im Tempel des Kapitalismus, in einem tempelartigen Raum von den Vertretern überwundener primitiver Überzeugungen bedroht. Dass Ostjuden nie offen erwähnt werden, erhöht die unheimliche Wirkung. Die Leser werden dazu gebracht, rassistische Stereotypen zu erkennen, die in der eigenen Imagination spuken: Würde man nichts erkennen, bliebe man unschuldig, wie Josef K., der behauptet, von keiner Schuld zu wissen.

Die alten Männer verkörpern das absolut Archaisch-Andere, das Josef K. als moderner Mensch verleugnet. Kaufmann Block, der ›Hund‹ des Advokaten Huld, ist dagegen ein Alter Ego, das eine mögliche aber beschämende Lebensweise als assimilierter Bewohner eines christlichen Haushalts führt. Vor dem Advokaten als Meister und Leni als Domina spielt Block die masochistische Rolle in einer heterosexuellen sadomasochistischen Performance. Im ersten Kapitel sahen andere durch das Fenster zu, während Josef K. verhaftet wurde. Der Fensterrahmen macht, von außen her betrachtet, das Zimmer zum bühnenartigen Raum.

Nach seiner Verhaftung wird Josef K. zum Zuschauer von Inszenierungen, die erotisierte Machtverhältnisse in einer von ethnischen Spannungen gespaltenen Klassengesellschaft vorführen. So schaut Josef K. beim homosexuellen Spiel in der Rumpelkammer der Bank zu. Der in Leder gekleidete Prügler »war braun gebrannt wie ein Matrose und hatte ein wildes frisches Gesicht« (P 111). Er strahlt die erotische Anziehungskraft der Macht aus, das weiche Fleisch des dicken Willem dagegen wirkt effeminierend. Das Spiel suggeriert die Möglichkeit, zwischen den Rollen des sadistischen Täters und des masochistischen Opfers zu wählen. Oder man könnte weiterhin tatenlos zuschauen oder wegsehen, die Augen oder die Tür zumachen. Ob es möglich wäre, aktiv einzugreifen, um das Schauspiel zu beenden, scheint zweifelhaft. (Deshalb weint der junge Mann in *Auf der Galerie*, der mit zugeschlossenen Augen nur träumt, dass er eingreift.) Performanz soll eine subversive Wirkung ausüben, schreibt aber vielleicht bloß die Rollen erneut in die Imagination des Zuschauers ein. Im Schlusskapitel des *Process* nimmt der Leser die Stelle des Zuschauers ein, wenn zwei Doppelgänger, ob tenorhafte Schauspieler oder Todesengel bleibt unsicher, mit Josef K. zunächst eine Dreieinigkeit bilden, sich dann von ihm abtrennen und ihn hinrichten. Kurz vor dem Tod stellt Josef K. eine Reihe von Fragen, die ohne Antwort bleiben.

Fast ein Jahrhundert später suchen Leser immer noch nach Antworten. Dass im Europa von 1915 Kafka einen hoffnungsvollen Ausgang seines Prozesses gegen die Machtverhältnisse der Zeit, gegen Institutionen, Agenten, Mitläufer, passive Zuschauer, vor allem gegen die verinnerlichte Gefühlsstruktur nicht finden konnte, ist nicht verwunderlich.

Das Schloss: Wie man aus Helfern Feinde macht

»Die Logik ist zwar unerschütterlich, aber einem Menschen der leben will, widersteht sie nicht« (P 312). *Der Process* bringt das ängstliche Laufen einer Figur, die nicht genug leben wollte, zu Ende. Die Frau, die, in eine Seitengasse abbiegend, eine andere Richtung einschlägt, und der Mensch am Fenster, der die Arme ausstreckt, deuten auf Zukunftsmöglichkeiten, die die Leser selber erforschen müssen. Nach dem Krieg verfolgte auch Kafka in seinem letzten Roman die Frage, ob das moderne Subjekt, dessen Identität nicht mehr durch Geburt und Familie bestimmt ist, das die eigenen Werte setzt und Rechte ausübt, die frei ausgehandelt werden, ein menschenwürdiges Leben in Gemeinschaft mit anderen führen kann. Solche Rechte beansprucht K.: »Ich will immer frei sein« (S 14). Er hat die »alte Heimat« (17) hinter sich gelassen, ist angekommen, um einen Posten aufzunehmen, und will selber die Arbeitsbedingungen aushandeln: »Ich will keine Gnadengeschenke vom Schloß, sondern mein Recht« (119). K. sucht eine zweite frei gewählte Heimat und will das Schloss dazu zwingen, sein Niederlassungsrecht und seine Berufung als Landvermesser anzuerkennen. Damit erkennt er seinerseits das Schloss als Institution an, die das Wirkungsfeld bestimmt, das ein sinnvolles Ausüben der Freiheit erst ermöglicht, was darauf hinausläuft, dass seiner Freiheit Grenzen gesetzt werden. Als Landvermesser würde er aber für die Grenzzeichen die Mitverantwortung tragen.

Als modernes Subjekt kommt K. allerdings in einer vormodernen Welt an. Nur das elektrische Licht und das Telefon stören die sonst scheinbar feudalen Zustände. Doch willens- und lebenskräftiger als Josef K. will K. am Leben bleiben. Eher fahrender Geselle als Junggeselle zeigt er sich beweglicher im Umgang mit Menschen, besonders mit Frauen, als Josef K. Auch sind seine Alter Egos freundlicher als Josef K.s Wächter und Henker.

Gattungsmäßig eine Dorfgeschichte, wenn auch mit modernen Protagonisten, gehört *Das Schloss* zum breiteren Umfeld des Heimatdiskurses und untersucht Fragen, die in unserer globalisierenden Zeit immer noch brisant bleiben. Ist Gemeinschaft innerhalb der modernen Gesellschaft noch möglich? Kann der Fremde in das Sozialgefüge integriert werden, ohne sich assimilieren zu müssen? Können universale Menschenrechte mit tief eingefleischten Sitten und lokalen Bräuchen in Einklang gebracht werden?

Das Schloss als Dorfgeschichte oder Heimatroman zu bezeichnen, reicht natürlich nicht aus. Kafkas letzter Roman ist eine hybride Mischung aus verschiedenen literarischen Zeichensystemen, die auf wunderliche Weise zusammengeschweißt sind. Im *Process* bewegte sich Josef K. in der unheimlichen Zwischenzone zwischen realistischem Alltag und dem fantastischen Bereich des Gerichts. Die schärfere Trennung zwischen Dorf und Schloss erinnert an die Unterscheidung zwischen Göttern und Menschen in der klassischen Mythologie oder an religiöse Allegorien, die zwischen dem Irdischen und dem Transzendenten klar unterscheiden. Die Boten des Transzendenten im *Process* stören, weil sie in der Uniform von Bankangestellten und allzu dick verkörpert erscheinen. Barnabas dagegen sieht bei seiner ersten Erscheinung wie ein Engel aus, obwohl er später diese Aura verliert. Durch über- oder undeterminierte Allegorie – das Schloss bedeutet zu viel oder nichts – werden die konfusen Anschauungen und Grundsätze, die dem Alltagsleben im Dorf zugrunde liegen, in Frage gestellt. Die Unerreichbarkeit des Schlosses und das Zitieren von mythischen und literarischen Versuchen früherer Epochen sind Indizien dafür, dass solche Grundlagenarbeit nie zum Ziel kommt, aber auch nie aufhören darf.

Sowohl ein Mensch der Moderne als auch ein fahrender Geselle, der Meister sein will, stammt K. als ritterlicher Frauenbefreier – so sieht ihn der junge Hans – auch aus einer mittelalterlichen Romanze oder aus der frühmodernen Welt von Cervantes. Der böse Graf Westwest und die dämonischen Schlossdiener, die der Imagination eines de Sade entstammen könnten, ließen sich auch in die Welt Tolkiens hinübertransportieren. Im Unterschied zu diesem aber, der Identität durch Feindbilder aufbaut und von Sex nichts versteht, bietet Kafkas Roman eine kritische Diagnose der Identitätsbildung durch Ausgrenzung des Anderen und erforscht, wie keines seiner bisherigen Werke, das Ineinanderspiel von sexuellem Begehren, Sehnsucht nach Liebe und dem banalen, zum Überleben nötigen Alltagsverkehr zwischen Männern und Frauen.

Kennzeichnend für Fiktionen der literarischen Moderne sind nach Brian McHale epistemologische Fragen: Wie kann ich die Welt, zu der ich gehöre, interpretieren und was bin ich in dieser Welt? Die Populärform des Krimis entspricht dieser erkenntnistheoretischen Grundtendenz. Die Postmoderne dreht sich dagegen um ontologische Fragen: Welche Welt von endlos vielen ist diese, was soll mit ihr gemacht werden, welche von meinen *personae*, die jeweils ein mögliches Selbst verkörpern, soll es tun? Die postmoderne Populärgattung ist Science fiction. Unter postmodernen Grundtexten nennt McHale *Das Schloss*.

Beispielhaft für *personae*, die ein mögliches Selbst verkörpern, ist die Konstellation von Landvermesser und Gehilfen. In einer Tagebuchpassage imaginiert sich Kafka, wie er eine Straße entlang wandert, isoliert nicht nur hier, sondern auch im »Prag meiner ›Heimat‹«. Zu weit weg gegangen ist er nicht so sehr von anderen, sondern »von mir in Beziehung auf die Menschen« verlassen. Doch weil er ein Mensch ist und die »Wurzeln Nahrung wollen«, hat er »dort ›unten‹« seine Vertreter, »klägliche ungenügende Komödianten, die mir nur deshalb genügen können [...], weil meine Hauptnahrung von andern Wurzeln in anderer Luft kommt« (29.1.1922; T 895 f.). Im Lichte dieser Passage gesehen sind die Gehilfen K.s Vertreter »da unten« im Dorf, sie verkörpern die sozialen Instinkte, die das Heimatideal erfüllt, ohne zunächst die Bewegungsfreiheit zu sehr einzuschränken. Die Gehilfen tauchen als rüstige Gesellen auf, die die Straße entlang gewandert kommen. Von K. als seine Gehilfen aus der alten Heimat begrüßt, scheinen sie auch Hiesige zu sein, die ein jeder kennt. So verbinden sie utopisch Freiheit und Zuhausesein. Gerade der Wunsch, ein Zuhause zu gründen, stört aber den Drang weiterzugehen. Doch will K. das Schloss erreichen, damit er endgültig im Dorf bleiben kann. So oder so verhindert der Weg zum Ziel das Erreichen des Ziels. Zunehmend werden die Gehilfen zu Störfaktoren. In ihrem Umgang mit Frieda erinnern sie flüchtig an Kinder, sogar an Babys, die bekanntlich für ambitionierte Helden einen beträchtlichen Störfaktor darstellen. Andererseits altern sie zusehends. Jeremias verwandelt sich aus einem lustigen Gesellen in einen alten Junggesellen, den Frieda wie ein ältliches Kind pflegen wird. Kafka wusste ja, dass auch er bald pflegebedürftig sein würde. So werden die qualvollen Spannungen im eigenen Leben ironisiert.

Eine dunklere Schicht in dieser Konstellation gilt der Tendenz des Heimatdiskurses, die eigene Identität durch Ausschluss des Anderen zu befestigen. K. sucht als Fremder Aufnahme im Dorf, doch spielt er sich als Herr im eigenen Hause auf und will die Gehilfen, die genau wie er nach Eingang verlangen, draußen im Schnee lassen. Dass die Gehilfen weder als Fremde noch als Hiesige klar definierbar sind, deutet auf auswechselbare Positionen: Entweder will der Siedler bzw. Kolonist die Einheimischen entrechten, um das eigene Heimatrecht zu befestigen, oder der Einheimische versucht, Neuankömmlinge auszuschließen, um einer ›Überfremdung‹ vorzubeugen. Dass die Gehilfen Alter Egos von K. sind, heißt, dass er letzten Endes versucht, sich selbst auszuschließen (wie er in seiner Selbstverteidigung Frieda gegenüber halb gesteht; S 394 f.). Im Gegensatz zum *Process*, wo die Doppelgänger zunehmend grauenerregend wirkten, dominiert in Kafkas letztem Roman, in dem der Protagonist seine widersprüchlichen Wünsche etwas besser durchschaut, eine dunkle Komik.

Frauen und das Weibliche

Die Erzählung in der dritten Person aus der Perspektive der Hauptfigur hat in Kafkas drei Romanen zur Folge, dass sonstige Figuren vorwiegend in Bezug auf den Protagonisten ihre Bedeutung gewinnen. Wie die Nebenfiguren ›eigentlich‹ sind, ist schwer zu sagen. Vermittelt wird, wie sie von Karl Roßmann oder Josef K. oder K. *gesehen* werden. Das gilt für männliche und weibliche Figuren gleichermaßen und erschwert die kritische Analyse im Sinne des Feminismus oder der Genderforschung. (Eine Ausnahme, auf die ich zurückkommen werde, bildet die Ich-Erzählung Olgas im *Schloss*.) Hinzu kommt, dass Rezipienten unterschiedlich auf die Figuren reagieren: Wo für den einen Leser des *Schloss*-Romans die blonde Lehrerin Gisa die Hitlerjungfrau antizipiert (Adorno 1955, 324), sieht eine andere Leserin die Probleme der berufstätigen Frau (s. u.). Ob Kafka in den Fußstapfen von Otto Weininger einen erotischen Mythos konstruiert (Stach) oder Mythen untergräbt (siehe unten), bleibt umstritten. Auch wenn die grotesk-erotischen Frauenbilder oder der schöne Prügler mehr über Josef K. als über ›das‹ Weib oder ›die‹ Männlichkeit besagen, strahlen sie eine Faszination aus, die die Leser/innen in ein Kraftfeld von hetero- und homosexuellem Begehren hineinzieht, das schwer kontrollierbar ist. Die irritierende Macht der Bilder erhöht den kritischen Wert von Kafkas Werk. Wie bei den rassistischen Stereotypen werden wir dazu gebracht, Gelüste, die in der eigenen Imagination spuken, anzuerkennen. Vor allem das Zusammenspiel von Sexualität und Macht, die Erotik der Besitznahme und Hingabe, bleiben ergreifend. Dabei mag es sich bloß um den Unterschied zwischen der feminin-liegenden und der maskulin-aufrechten

Stellung wie in <*Die Brücke*> handeln – Positionen, die leicht in ihr Gegenteil umschlagen können. Wie Dagmar Lorenz argumentiert: »Gender is for Kafka a matter of positionality, not of biology« (Lorenz 2002, 185).

Was aber alles als ›feminin‹ und ›maskulin‹ zu bezeichnen ist, bleibt umstritten, und die Positionen, die Männer und Frauen aus verschiedenen sozialen Schichten und ethnischen Gruppen in derselben Gesellschaft (oder gar in verschiedenen Kulturen und zu verschiedenen Zeiten) einnehmen, lassen sich nicht einfach umkehren. Die vorwiegende binäre Differenzierung, die Männlichkeit aufwertet und das Weibliche abwertet, infiltriert auch die Darstellung homosexueller Beziehungen wie im Prügler-Kapitel des *Process*. Und wie die männlichen Alter Egos deuten auch die Frauenfiguren auf soziale Spannungen in Zeiten des rapiden Wandels. Nicht zuletzt die heftigen Debatten um die sogenannte Frauenfrage an der Wende zum 20. Jahrhundert sind unterschwellig in Kafkas Werken zu hören. Wie Kafka Frauen im Unterschied zu Männern darstellt, wie das Weibliche gegenüber dem Männlichen definiert und bewertet wird, auch ob der Zwang der binären Kategorien unterlaufen wird, bleibt also geschlechtspolitisch interessant.

Der Verschollene: Geschlechterkampf in der Neuen Welt

In den drei Romanen finden sich drei Phasen in der Darstellung von Geschlechterbeziehungen, die dem Lebensalter der Protagonisten entsprechen. Im *Verschollenen* herrscht die Perspektive eines Knaben vor, der nicht zum Mann werden will: Als Karl Roßmann in Amerika ankommt, ist er schon auf der Flucht vor der Männlichkeit, ob als Sohn, als Vater, oder als Mann, der die Rolle des aktiv Penetrierenden im Geschlechtsverkehr verleugnen möchte. Nach dem verfehlten Versuch, als heldenhafter Jüngling den Heizer zu retten, flieht er weiter vor väterlichen und weiblichen Figuren. Sexuelle Frauen wie Klara und Brunelda, beides dominierende Figuren, erwecken panische Angst, ältere mütterliche Frauen bieten Schutz, sind aber letzten Endes mit mächtigen Männern alliiert. Am Schluss, der kein Ende ist, flieht der verfehlte Held weiter und verschwindet aus dem Blickfeld. Wir wissen nur, dass Raubtiere und tödliche Fallen auf den Jungen, der im »Teater von Oklahoma« den Namen ›Negro‹ wählte, überall lauern werden.

Karl Roßmann ist aus dem alten Europa geflohen, doch in der Neuen Welt werden Freunde zu Konkurrenten und Frauen zu Gegnerinnen im Geschlechterkampf. Der Reiz der Dollarprinzessin Klara stammt zunächst von den reichen Männern, die sie umgeben. Doch hat Klara nicht nur durch Männer teil an der Macht, sondern konkurriert direkt mit Männern. Ihr durch Sport gestählter Körper ist modern, der Geschlechtsunterschied weniger markiert.

Bruneldas allzu fleischiger Körper stellt dagegen die uralte Gefahr der weiblichen Sexualität dar, die einst Helden von glorreichen Taten abhielt und jetzt Konkurrenzfähigkeit und männlichen Charakter aushöhlt. Brunelda ist eine moderne Abart des Weiblichen. Als Mädchen schwamm sie einst im Colorado wie eine junge Göttin der Neuen Welt, ist jetzt aber neurotisch geworden. Modernisierung stellte angeblich eine besondere Gefahr für Frauen dar, die sich zu weit von ihrer Bestimmung als Mutter entfernten. Als Sängerin trat Brunelda einst öffentlich auf und übt jetzt noch finanzielle Macht über junge Männer aus. Unterschwellig wird sie auch mit der Menschenmenge in einer politischen Versammlung unten auf der Straße, die den Kandidaten um die demokratische Macht aus dem Gleichgewicht zu bringen droht, in eine metaphorische Verbindung gebracht. Die irrationale Masse wird feminisiert und das utopische Amerika entpuppt sich in der Serie Freiheitsgöttin mit Schwert – Dollarprinzessin – Neurotikerin als Dystopie: Das wirtschaftliche Prinzip der Konkurrenz herrscht auch in Geschlechterbeziehungen, es bleibt nur die Wahl zwischen Dominanz oder Unterordnung.

Kafkas Roman bietet eine skeptische Kritik der kapitalistischen Moderne und des liberalen Fortschrittsglaubens. Die Funktion von Klara und Brunelda in einer Satire von Machtverhältnissen wird durch misogyne Bilder des weiblichen Körpers unterstützt, die die satirische Wirkung erhöhen, die aber auch die Grenzen des politischen Diskurses sprengen. Vor allem Brunelda erregt als Objekt der Wahrnehmung durch den männlich-infantilen Blick eine Mischung aus Ekel und Faszination, die das Unheimliche im *Process* ankündigt.

Der Process: Imaginierte Weiblichkeit

Im *Process* dominiert Geschlechtsekel, gemischt aber jetzt mit schulderfüllter Idealisierung der Neuen Frau. Der Held ist erwachsener geworden, doch das spricht nicht immer für ihn. Im Gegensatz zu Karl

Roßmann, der nach einer nächtlichen Begegnung mit der Jiu-Jitsu-Expertin Klara flieht, reduziert Josef K. bei einer nächtlichen Begegnung Fräulein Bürstner vampirartig von einer unabhängigen ›neuen Frau‹ zum hilflosen Opfer.

In Kafkas Romanen sind Frauen auf den ersten Blick entweder als ›sexuell‹ oder als ›mütterlich‹ definiert. Eine erste Ausnahme bildet die Frau des Gerichtsdieners, die zunächst als Wäscherin und junge Mutter erscheint, sich dann aber unheimlich in eine Hure oder Tempelhetäre verwandelt. In ihrer scheinbaren sexuellen Hörigkeit ist sie die Figur im Roman, die am meisten an Otto Weiningers Typologie erinnert. Der Titel seiner Abhandlung, *Geschlecht und Charakter*, vermittelt die Grundthese: Männer haben Charakter, Frauen sind ich-lose Geschlechtswesen. Nach Weininger bestehen aber alle Menschen aus einer Mischung in verschiedenen Proportionen des Männlichen und des Weiblichen – auf seiner Skala tendiert Klara z. B. in die Richtung des Mann-Weibs, der emanzipierten Frau, die fast zum Mann geworden ist. Und auch Weiningers zwei Weiblichkeitskategorien, die ›Mutter‹ und die ›Hure‹, sind nicht klar von einander geschieden, denn hinter der Mutter lauert das Vollweib, das nur aus dem Drang besteht, ›koitiert‹ zu werden.

Später vollzieht die Frau des Gerichtsdieners eine weitere Verwandlung zur Ehebrecherin: Sie lehnt K.s Angebot ab, sie zu retten, und wird von dem Studenten wortwörtlich als Sieg davongetragen und die Treppe hinauf zum Untersuchungsrichter gebracht. Das hat nun wohl nichts mehr mit Weininger zu tun. Als unheimliche Farce zeigt die Geschichte von der Waschfrau, Mutter, Hure und Ehebrecherin im Umgang mit dem Angeklagten, dem kreischenden Mann, dem Studenten und dem Untersuchungsrichter, in welche Unordnung moderne Geschlechterbeziehungen geraten sind. Frauen werden nicht mehr ordentlich von Vätern zu Ehemännern weitergegeben, sondern unter Männern derselben Generation ausgetauscht, und die Frauen spielen im Reigen mit: besser ein Untersuchungsrichter oder sogar ein Student als ein bloßer Gerichtsdiener, geschweige denn Josef K. als Retter. (Die Kunstreiterin in *Auf der Galerie* hätte wohl dem jungen Mann, der sie retten wollte, den Zirkusdirektor vorgezogen.)

Auch Fräulein Bürstner verwandelt sich, allerdings nicht so erstaunlich oft. Sie mutiert von der ›neuen Frau‹, »aufrecht am Bettpfosten trotz der Müdigkeit« (P 40), ein paar Minuten später zur liegenden Odaliske, »die das Gesicht auf eine Hand stützte – der Elbogen ruhte auf dem Kissen der Ottomane – während die andere Hand langsam die Hüfte strich« (43). Man könnte eine solche Verwandlung als die Aufdeckung des Vollweibs sehen, das hinter der emanzipierten Fassade lauert. Andererseits besagen die Bilder vielleicht mehr über die Imagines, die in Josef K.s Kopf geistern als über das Wesen des Weibes. Die Odaliske entstammt Bildern, die alle von Männern gemalt wurden. Dass Josef K. ein Bild aus dem Repertoire der Männerphantasien auf Fräulein Bürstner projiziert, spricht eher dafür, dass Kafka erotische Mythen untergräbt, als dass er einen eigenen Mythos schafft.

Josef K. gelingt es allerdings nicht, die Frau zu sehen, wie sie ist. Vor allem Leni wird zur Widerspiegelungsfläche phantasmatischer Weiblichkeitsbilder. Zur Frau wird sie erst wieder, wenn sie als hilfsbereite Stimme im Telefon unsichtbar zu hören ist. Dem Leser wird aber am Schluss die Hoffnung geboten, in Zukunft klarer zu sehen, wenn die Frau, die wie Fräulein Bürstner aussieht, eine andere Richtung einschlägt.

Das Schloss: Die Macht der Imagination

Im *Process* finden allmählich ein paar Frauen, wie die Kollegin des Auskunftgebers, Eingang ins Gerichtswesen. Im *Schloss* dagegen sind die Beamten alle Männer, während im Dorf ein Matriarchat vorherrscht. Die Schlossbeamten sind Textproduzenten: Die symbolische Ordnung wird von Männern inskribiert und mit der praktischen Hilfe von Dorffrauen durch die Zeiten weitergegeben. Gardena, die Herrenhofwirtin, oder die Frau des Dorfvorstehers, Mizzi, die durch weibliche Schlauheit ihren Mann manipuliert, üben jedoch in der dörflichen Praxis mehr Macht aus als ihre Männer, die offiziell die Verantwortung tragen. Doch herrschen in der Imagination von mächtigen Frauen und ihren mickrigen Männern die mythischen Texte eines archaischen Patriarchats.

Als der für zwischengeschlechtliche Beziehungen zuständige Beamte übt Klamm eine imaginäre Macht aus, die im von romantischer Liebe erhöhten sexuellen Begehren aber auch in der sozialen Ordnung des Geschlechtstriebs ihren Ursprung hat. Liebende werden durch die »unsinnigen Verlockungen« (S 69) der Leidenschaft von Familienverbindungen und alltäglichen Pflichten weggezogen, bloß um wieder in die gemeinschaftliche Ordnung zurückgeführt zu werden. Als K. und Frieda aus der ›Fremde‹ des Geschlechtsverkehrs zurückfinden, gibt K. Klamms Befehl, sie solle kommen, an Frieda weiter, die diesen jedoch ablehnt, um bei K. zu bleiben. Indem Frieda sich Klamms Ruf verweigert, kehrt sie sich von der Rolle der verlockenden Zauberin im Reiche Klamms ab, um im Dorf zur Ehefrau zu werden. K.s Weitergabe von Klamms Befehl zeigt, dass er seinerseits in die patriarchale Ordnung zurückkehrt: Er nimmt Frieda nicht mehr von Klamm weg, sondern übernimmt sie von ihm, allerdings nur vorübergehend. Denn K., der immer frei sein will, überlässt bald Jeremias die Rolle des gehorsamen Ehemanns.

Wiederkehrende Namen vermitteln, dass die Klammsche Geschlechtsordnung durch die Generationen fortdauert. Frau Brunswick stillt ein Baby namens Frieda. Ihr Sohn Hans und Gardenas Mann teilen denselben Namen: Aus jungen Helden werden Pantoffelhelden. Junge schöne Mütter, die durch die Verlockungen der romantischen Liebe in den dunklen Haushalt eines Ehemanns wie in eine Falle gehen, werden mit der Zeit zu riesigen Matriarchinnen, die ihre Männer dominieren und ihre Töchter sicher unter die Haube bringen wollen. In Gardenas Erinnerung bleibt eine romantische Begegnung mit Klamm der Höhepunkt ihres Lebens, so wie Frieda als Frau des armseligen Jeremias auf ihre Begegnung mit K.(lamm) zurückblicken wird. Wir Leser/innen wissen aber, dass Frieda und K. sich in Bierpfützen wälzten und dass Klamm ein bürgerlicher Typ ist, der Bier trinkt, Zigarren raucht und gar nicht romantisch aussieht.

Die Ankunft des Landvermessers stört die scheinbare Statik. K. spielt aber eine zweifelhafte Rolle, indem er sich zum Teil in die bestehende Ordnung einfügen möchte, zum Teil dagegen rebelliert, zum Teil sich aber noch dominierender verhält, als die Dorfbewohner und Schlossbeamten, die die alten Traditionen pflegen. K.s Behandlung der Gehilfen verspricht nichts Gutes für eine neue Ordnung. Doch wird K. menschlicher unter dem Einfluss von Frieda, der Heimatfrau. Frieda gehört weder zur Kategorie der nur schwach begehrenden mütterlichen Frau, die die Geschlechtsideologen des 19. Jahrhunderts konstruierten, noch zur Weiningerschen Antithese dieses Typs, dem vom Geschlechtstrieb beherrschten Vollweib. Sie empfindet sexuelles Begehren, doch hat sie auch andere Wünsche und Vorhaben. Sie leidet daran, dass sie die Arbeitsstelle aufgeben musste, um für einen Mann den Haushalt zu führen, findet sich aber mit den bestehenden Verhältnissen ab, wie ihr sprechender Name andeutet.

Die ›neue Frau‹ im Dorf ist wohl die unmütterliche Lehrerin Gisa. Anstatt Kinder in die Welt zu setzen, unterrichtet sie anderer Leute Kinder und lässt sogar ihre Katze von der mütterlichen Frieda in der Kinderwanne waschen. Gisa hat einen üppigen Körper, von dem sie etwas entfremdet zu sein scheint. Sie gebraucht ihren sexuellen Reiz als defensive Waffe. Ob ihr Liebhaber Schwarzer »ihr mit den Blicken folgte oder nicht« (S 258), scheint ihr gleichgültig zu sein. Verglichen mit Fräulein Bürstner ist Gisa vom männlichen Blick unabhängiger und hat selber beunruhigende Augen – sie hat »in den Pupillen scheinbar sich drehende Augen«, einen bohrenden Blick also. Doch genießen Schwarzer und Gisa »eine ernste schweigsame Liebe« (258). Dieses Paar deutet auf neue Geschlechterbeziehungen, die auf einem etwas unbeständigen Gleichgewicht zwischen Dominanz und Subordination basieren. Wie Emanzipation, Kindersorge und neue Rollen für beide Geschlechter in Einklang zu bringen sind, bleibt aber unklar.

Vor K.s Ankunft wurden die Beziehungen zwischen dem patriarchalen Schloss und dem matriarchalen Dorf am radikalsten von zwei Schwestern in Frage gestellt. Die Geschichte der Barnabasfamilie wird weitgehend aus der Sicht und in den Worten Olgas erzählt, die den lächerlichen Figuren des Vaters und des Beamten auf Brautschau die Würde der Schwester entgegensetzt. Die schweigsame Amalia keucht nicht unter Küssen, wie einst Georg Bendemanns Braut, sondern weist Sortini, den Beamten, der um sie wirbt, entschieden ab. Amalia ist die Figur in Kafkas Werk, die dem Reiz der Macht am klarsten widersteht (wobei nicht gesagt werden kann, dass Sortini reizvoll wäre).

Der Roman erreicht einen komischen Höhepunkt mit dem Fest des Feuerwehrvereins. Im Homerischen Epos bewohnen Götter und Helden andere Welten, können sich aber in voller Verkörperung im selben Raum begegnen, wie auch in Sciencefiction-Texten Reisende aus verschiedenen Welten unmittelbar aufeinander treffen. Im *Schloss* mischen sich jedoch auf groteske Art die literarischen Zeichensysteme. Die Ankunft in dem vorwiegend naturalistisch dargestellten Dorf eines Bürokraten/Gottes, einer modernen Variante des hybriden Satyrs, droht die Grenze zwischen Mythos und Wirklichkeit, zwischen symbolischer Ordnung und Alltagspraxis zu sprengen: Der Schlossturm ist nicht mehr gnädig von Efeu verdeckt, der mächtige Phallus wird fast als Penis entschleiert. Als Schlossbeamter, der eine

Dorffrau zu sich kommandiert, und als Briefschreiber, der des Wortes mächtig ist, verkörpert Sortini allzu wortwörtlich das phallogozentrische System. Wenn Logos und Phallus das Reich der Imagination verlassen und körperlich auftreten, droht die Macht dahinzuschwinden.

Das Fest sollte für Amalia als Braut ein Übergangsritus sein: Die Jungfrau soll vom Vater dem Bräutigam übergeben werden. Die Weitergabe des Halsbands aus böhmischen Granaten – von Gardena an Olga und von Olga an Amalia – markiert das Fest auch als matriarchalen Ritus. Die Granaten erinnern an Persephone, die in Plutos dunklem Reich nur sechs Granatapfelkerne gegessen hat. Demeter muss den Raub der Tochter hinnehmen, kann aber aushandeln, dass Persephone jedes Jahr für sechs Monate aus der Unterwelt zu ihr zurückkehrt. Der Fruchtbarkeitsmythos integriert Leben und Tod und vermittelt zwischen matriarchaler und patriarchaler Macht, legitimiert aber den Raub der Tochter. So dominiert bis heute noch Klamm über Gardena. Obwohl sie insgeheim Sortini vielleicht sogar liebt, lehnt Amalia die uralte Unterwerfung ab. Ob für Frauen Liebe ohne Selbstaufgabe eines Tages möglich sein wird, bleibt offen. Amalias heroische Würde wird durch die schonungslose Verspottung der Männer erhöht: Da ist der Vater, der den weiblichen Familienmitgliedern stolz seine Feuerspritze vorführt – sie mussten sich »bücken und fast unter die Spritze kriechen« (S 299) –, und Sortini, der »mit den von der Schreibtischarbeit steifen Beinen« (311) über die Deichsel springt, um Amalia näher zu sein. (Als Briefschreiber erinnert Sortini selbstironisch an Kafka; dass er viel kleiner ist als Amalia, erinnert spöttisch an Ernst Pollak, der um einen Kopf kleiner als seine Frau Milena war.)

Nach Amalias Absage an die Ordnung der Dinge kehrt sich die Dorfgemeinschaft gegen die Familie. Wie Georg Bendemanns Braut vor »solchen Freunden« (DzL 48) warnt, verlangt Frieda von K., dass er den Umgang mit solchen Leuten abbrechen soll. Doch wurde vom Schloss her nichts dergleichen befohlen. Die Dorfbewohner reagieren von sich aus und machen Nachbarn, die ihnen gleich sind, zu Anderen, deren Differenz völlig imaginär ist. Die satirische Enthüllung der symbolischen Ordnung mag davon überzeugen, dass die Macht des Schlosses auf nichts basiert. Die Praxis im Dorf beweist aber, dass die Macht der Imagination allzu wirkliche Konsequenzen hat. Kafka bietet eine subversive Diagnose dafür, wie Menschen die unmenschlichsten Handlungen durch den Glauben an transzendente Mächte rechtfertigen. Heilmittel gegen die Selbstunterwerfungsmechanismen, die gewaltig gegen andere gewendet werden, müssen die Leser selber finden.

Das Schloss spielt ständig mit Archetypen, deren fixe Bedeutung destabilisiert wird. Die schwiegermütterliche Gardena z. B. wird sympathischer als die Mutterfiguren in der *Verwandlung* oder dem *Process* dargestellt. Noch heute ist die monströse Schwiegermutter Zielscheibe sexistischer Witze, doch in Gardenas Erinnerung findet sich, wie ein verblichenes Foto, das romantische junge Mädchen, das sie einst war.

Amalia und Olga, Varianten der Jungfrau und der Hure, die seit eh und je als entgegengesetzte Typen galten, sind hier Schwestern. Zusammen mit Frieda deuten sie auf drei Haltungen gegenüber der männlichen Sexualität. Zunächst Frieda: Wenn du zum Manne gehst, vergiss die Peitsche nicht. Frieda nimmt die Peitsche mit zu Klamms Dienern. Sie erzieht lüsterne Jungen und zähmt Raubtiere (als die die Gehilfen zwischendurch beschrieben werden) zu heiratsfähigen Männern. Doppelgängerartig imitieren die Gehilfen männliche Attribute in allen Lebensaltern vom Baby bis zum alten Manne. Durch viele Details werden sie auch unterschwellig mit Klamm und seinen Dienern in Verbindung gebracht. In Friedas Verhalten den Gehilfen gegenüber wird die traditionelle Aufgabe der Frau, den Mann zu erziehen, zu pflegen, zu zivilisieren, zu lieben vorgeführt.

Während Frieda die männliche Sexualität dem patriarchalen Gesetz entsprechend im Zaum hält, lehnt die jungfräuliche Amalia das Gesetz einfach ab. Der strukturalistischen Kulturanalyse nach ist der Austausch von Frauen eine Sprache, deren Grammatik die Kultur strukturiert. Indem Amalia es ablehnt, Tauschobjekt zu sein, hält sie sich sozusagen aus der Zirkulation heraus. Ihr Schweigen deutet auf eine Absage an die Sprache des Kulturverkehrs.

Amalias Schwester wählt eine entgegengesetzte Richtung und zirkuliert im sexuellen Reigen, setzt sich aber über das Gesetz hinweg. Ohne Tauschobjekt zu sein, sucht sie durch Umgang mit Männern Zugang zur Macht. Verglichen mit dem misogynen Bild der Frau des Gerichtsdieners im *Process* ist Olga ein viel sympathischeres Porträt einer Frau, die versucht, die Sexualität zu instrumentalisieren. Weit davon entfernt, ein ›Vollweib‹ zu sein, das nur beschlafen werden will, ist Olga voller Pläne (vgl. die Überschrift »Olgas Pläne«; S 346). Sie agiert, um ihre

Familie, vor allem die geliebte Schwester, zu retten, was ihr noch nicht gelingt, nicht zuletzt wegen eher konservativ gesinnter Frauen wie Frieda oder der gehässigen Pepi. Der Tag, an dem die (Selbst-)Bewertung von Frauen durch Kategorien wie ›Jungfrau‹ oder ›Hure‹ verschwunden sein wird, ist im *Schloss* noch nicht gekommen, wird aber durch die zwei Schwestern angekündigt.

Frauen und andere weibliche Tiere

Wie Silvia Bovenschen belegt, setzt sich die Tendenz in der Geschlechterideologie des 19. Jahrhunderts, die Sehnsucht nach einem nicht entfremdeten Dasein auf das Weibliche zu projizieren, auch im frühen 20. Jahrhundert fort. Bovenschen resümiert wie folgt:

> In der Gegensatzkonstruktion von weiblicher Statik, die in aller Regel naturmetaphorisch angedeutet wird, und männlicher Dynamik, die die historischen Momente von Fortschritt und leidvoller Entfremdung in sich birgt, ist die Abwesenheit des Weiblichen in der Geschichte zwar noch angezeigt, aber in ideologisch verklärter Weise (Bovenschen, 27).

Dies trifft auf Kafkas Werk nicht zu. Von Anfang an deuten Frauenfiguren auf wechselnde Zeiten. Ab und zu stoßen wir auf Naturmetaphorik, etwa im Verbindungshäutchen, das aus Lenis Fingern eine »hübsche Kralle« (P 145) macht. Auch wenn die Dollarprinzessin und die Neurotikerin im *Verschollenen* in eher negativem Sinne zukunftsweisend sind – statisch sind sie wohl nicht. Fräulein Bürstner illustriert die Ergänzungsfunktion von Frauenbildern als eine neue Abart des Weiblichen, die mehr Hoffnung auf Menschlichkeit in der Zukunft in sich birgt als Josef K. Statisch ist sie aber gerade deshalb nicht. Vor allem *Das Schloss* bietet ein Repertoire von weiblichen Figuren, die nicht einfach auf männliche Bedürfnisse hin funktionalisiert sind. Im Gegenteil: *Das Schloss* deckt Mechanismen auf, die eine solche Funktionalisierung produzieren. Die endlos subtilen Verschiebungen in der Figurenkonstellation K. – Frieda – Gehilfen bieten ein komplexes Bild sich ändernder Geschlechterbeziehungen. Die Geschlechter werden nicht zu Positionen in einer Machtstruktur reduziert, die in ihr Gegenteil umschlagen können. Das gilt eher hinsichtlich der männlichen Verhaltensmuster. Im *Schloss* nimmt allerdings die Homoerotik eine komische Wendung in K.s Traum von einem Kampf mit einem nackten Sekretär, der wie ein griechischer Gott aussieht. Ein mädchenhaft

piepsender Gott reicht nicht aus, um den Geschlechtsunterschied zu dekonstruieren. Wohl werden aber Frauen, Männer und ihre Beziehungen zueinander als veränderbar dargestellt.

In der literarischen Moderne ist der Diskurs über
künstlerische Kreativität von Geschlechtermetapho-
rik durchdrungen. Das Weibliche erscheint oft in
Form der Muse, die das männliche Genie inspiriert.
Häufig muss aber die eigentliche Frau sterben, damit
sie als Muse funktionieren kann, ohne durch körperliche Präsenz zum Störfaktor zu werden. Die französischen Symbolisten stellen die Kreativität als weibliche Figur dar, ähnlich wie Eurydike in Rilkes *Sonette
an Orpheus*. Deshalb lässt Julia Kristeva in ihrer poetologischen Theorie Nietzsches Dionysos eine Ge-
schlechtsumwandlung zur semiotischen Chora
durchmachen. Im poetologischen Diskurs wird oft
das Weibliche auf Kosten von eigentlichen Frauen
aufgewertet. Wie die Briefe an Felice und das Gespräch zwischen K. und Frieda am Ende von Kapitel
22 des *Schloss* belegen, war sich Kafka dieses Verfahrens bewusst.

In Kafkas Fiktionen werden Frauen oft mit Musik
in Verbindung gebracht. Klara spielt Klavier, Grete
spielt die Geige. Karl Roßmann und Gregor Samsa
sind dagegen künstlerisch unbegabt. Karl gibt die
Musik auf, weil er die innere Melodie im Kopf nicht
hörbar machen kann. Gregor Samsa gelingt es nicht,
das, was sein Körper vorzeigt, in Sprache umzusetzen. Das männliche Genie bleibt aus, oder wird entlarvt wie der selbstgefällige Odysseus in <*Das
Schweigen der Sirenen*>, der nicht einmal merkt, dass
die gewaltigen Sängerinnen nicht singen, weil er so-
lipsistisch einen eigenen Gesang im Kopf hört – oder
dieses Unwissen nur vortäuscht, um von den weiblichen Kreaturen nicht aufgehalten zu werden. Zwei
andere Sängerinnen erscheinen in je einem Früh-
und einem Spätwerk: Brunelda und Josefine. In *Josefine, die Sängerin oder Das Volk der Mäuse* teilt Kafka
sich selbst in drei: die singende Maus, die Bewunderer ihrer Kunst, die indigniert Anerkennung und finanzielle Unterstützung für sie fordern, und den
normal männlichen Mäuserich-Erzähler, der Josefines überexpressive Performance etwas distanziert
betrachtet. Wenn man im Nachhinein von Josefine
zurück auf Brunelda blickt, ist vielleicht unterschwellig ein gewisses Mitgefühl, eine unbewusste Identifikation mit der riesigen Sängerin zu spüren. Der Kontrast zwischen Karl Roßmann, dem europäischen
Mittelschüler, der gehorsam in eine Stelle als technischer Arbeiter statt als Schauspieler einwilligt, und

der monströsen Andersheit der in ihrem unanständigen Körper gefangenen Sängerin antizipiert den
Kontrast zwischen dem gehorsamen Gregor Samsa
und der unanständigen Wahrheit seines monströsen
Körpers. Kafka gehört so wohl zu den Autoren, die
künstlerische Kreativität geschlechtermetaphorisch
figurieren. In den versteckten Verbindungen zwischen der dicken Frau und dem ungeheureren Ungeziefer oder der dünnen Maus lässt sich eine endlos
transformative Imagination erblickt.

Theodor W. Adorno: Aufzeichnungen zu K. In: Ders.:
Prismen. Frankfurt/M. 1955, 302–342. – P.-A. Alt
(2005). – Mark M. Anderson: K., Homosexualität und
die Ästhetik der »männlichen Kultur«. In: Menora 8
(1997), 255–279. – Florence Bancaud: K. et les femmes.
Par delà le beau et le laid. In: Europe. Revue littéraire
mensuelle (2006), 11–28. – Roland Barthes: S/Z. Paris
1970. – Evelyn Torton Beck: K.'s Traffic in Women. Gender, Power, Sexuality. In: Literary Review 26 (1983),
565–576. – W. Benjamin (1981). – Elizabeth Boa: K.
Gender, Class and Race in the Letters and Fictions. Oxford 1996. – Dies.: *f*. In: J. Preece (2002), 61–79 – Dies.:
Karl Rossmann, or the Boy who Wouldn't Grow Up.
The Flight from Manhood in K.'s *Der Verschollene*. In:
Mary Orr/Lesley Sharpe (Hg.): From Goethe to Gide.
Feminism, Aesthetics and the French and German Literary Canon 1770–1936. Exeter 2005, 168–183. – Dies.:
K.'s unheimliche Bilder. In: Scherpe/Wagner (2006),
28–40. – Karl-Bernhard Bödeker: Frau und Familie im
erzählerischen Werk F.K.s Bern u.a. 1974. – Silvia Bovenschen: Die imaginierte Weiblichkeit. Exemplarische
Untersuchungen und literarische Präsentationsformen
des Weiblichen. Frankfurt/M. 2. Aufl. 1980. – Stephanie
Catani: »Das Licht der Vernunft« im jüdischen Schlafzimmer. Jüdische Söhne bei Anton Kuh und F.K. In: Julia Schöll (Hg.): Literatur und Ästhetik. Würzburg 2008,
133–150. – S. Corngold (1988). – Stephen D. Dowden:
K.'s *Castle* and the Critical Imagination. Columbia
1995. – Özlem Firtina: Familie in K.s Schreiben. Biographische Situation und literarische Verarbeitung.
Frankfurt/M. 2005. – Kate Flores: The Pathos of Fatherhood. In: A. Flores (1977), 254–272. – Sigmund Freud:
Der Witz und seine Beziehung zum Unbewußten
[1905]; Das Unheimliche [1919]. In: Ders.: Studienausgabe Bd. 4: Psychologische Schriften. Stuttgart 1982,
13–219, 242–274. – Werner Gerstenauer: Vom Wandel
afamiliarer Männlichkeit. Junggesellentum bei K. als
dessen Arbeit am Mythos. In: N.A. Chmura (2008), 25–
46. – Ruth V. Gross: K. and Women. In: R.T. Gray
(1995), 69–75. – Arthur Henkel: K. und die Vaterwelt.
In: Hubertus Tellenbach (Hg.): Das Vaterbild im Abend-
land. Bd. 2: Literatur und Dichtung Europas. Stuttgart

u. a. 1978, 173–191. – Susanne Hochreiter: F.K.: Raum und Geschlecht. Würzburg 2007. – Julia Kristeva: La révolution du langage poétique. L'avant-garde à la fin du XIXe siècle. Lautréamont et Mallarmé. Paris 1974, 17–30. – Astrid Lange-Kirchheim: Madonna – stinkende Hündin – Menschenfresser. Phantasien mütterlicher Allmacht bei F.K. In: Irmgard Roebling/Wolfram Mauser (Hg.): Mutter und Mütterlichkeit. Wandel und Wirksamkeit einer Phantasie in der deutschen Literatur. Würzburg 1996, 297–315. – Vivian Liska: K. und die Frauen. In: KHb (2008), 61–71. – Dagmar Lorenz: K. and Gender. In: J. Preece (2002), 169–188. – Dies.: K. und gender. In: KHb (2008), 371–384. – Georg Lukács: F.K. oder Thomas Mann? In: Ders.: Wider den mißverstandenen Realismus. Hamburg 1958, 49–96. – Brian McHale: Postmodernist Fiction. London, New York 3. Aufl. 1993. – Jan Mukařovsky: Kapitel aus der Ästhetik. Frankfurt/M. 1970. – Ritchie Robertson: Mothers and Lovers in Some Novels by K. and Brod. In: GLL 50 (1997), 475–490. – Reiner Stach: K.s erotischer Mythos. Eine ästhetische Konstruktion des Weiblichen. Frankfurt/M 1987. – R. Stach (1987). – Manfred Voigts: K. und die jüdisch-zionistische Frau. Diskussionen um Erotik und Sexualität im Prager Zionismus. Würzburg 2007. – Otto Weininger: Geschlecht und Charakter. Eine prinzipielle Untersuchung. München 1980 [zuerst 1903].

Elizabeth Boa

4.6 Zu Kafkas Kunst- und Literaturtheorie: Kunst und Künstler im literarischen Werk

Vorüberlegungen

Kafka hat nichts geschrieben, was man auch nur in Ansätzen eine Poetik oder Ästhetik nennen könnte. Nur im Frühwerk finden sich einige Rezensionen und zwei im weiteren Sinne literaturtheoretische Texte (*Einleitungsvortrag über Jargon*, <*Über kleine Litteraturen*>), deren Aussagewert aber recht begrenzt bleibt (↗3.1.6). Und die zahlreichen Tagebuchnotate und Briefäußerungen zu eigenen Texten, zur Literatur überhaupt und zum Schreibprozess, die das Gesamtwerk durchziehen (vgl. Heller/Beug, 1969), sind oft nicht weniger interpretationsbedürftig als die literarischen Texte selbst.

In diesem Artikel sollen Kafkas Selbstauslegungen (vgl. Heller/Beug) nur ergänzend berücksichtigt werden. Im Zentrum werden stattdessen Darstellungen von Künstlern und die damit verbundenen – expliziten und impliziten – Aussagen über Kunst im fiktionalen Werk stehen. Natürlich bedürfen auch diese der Interpretation, aber die Texte bieten dafür deutlich mehr an interpretationsleitender Kontextualisierung an als die isolierten und oft sehr augenblicksgebundenen Tagebuch- und Briefstellen.

Glaubt man der neueren Forschung, so sollte an ›meta-reflexiven‹ Texten in Kafkas Œuvre kein Mangel sein, da ja angeblich *alle* seine Werke nur vom Schreiben und der Literatur handeln. Das ist freilich eine ebenso steile wie fragwürdige These, der nur der beipflichten kann, der alle Inhalte souverän ignoriert, für den also etwa die Hinrichtungsmaschine der *Strafkolonie* eine ›Schreib‹-Maschine ist, oder so unterschiedliche Entitäten wie die Chinesische Mauer, Odradek oder das Schloss allesamt zu Chiffren für die Literatur werden.

Wer an Textoberflächen nicht so völlig desinteressiert ist, wird ein wesentlich kleineres Korpus an Kunst- und Künstlergeschichten finden, das zudem nicht sehr gleichmäßig über die Werkgeschichte verteilt ist, da die Mehrheit der Texte der Spätphase angehört. Außerdem wird er feststellen müssen, dass Kafkas Künstlerfiguren fast nie Literaten sind, sondern Maler, Musiker oder Artisten – was natürlich dazu führt, dass im engeren Sinne poetologische Aspekte kaum behandelt werden (über die Kafka auch sonst nur höchst selten schreibt): Eher geht es in diesen Texten um sehr grundsätzliche Überlegungen zur Funktion der Kunst und zur Existenzproblematik des Künstlers.

Aus dem Korpus dieser eindeutigen Kunst/Künstler-Geschichten sollen im Folgenden die wichtigsten in chronologischer Folge behandelt werden.

Der ›Gerichtsmaler‹ Titorelli: Ambivalenzen in Kafkas Kunstauffassung

Die erste ausgestaltete Künstlerfigur in Kafkas Werk ist der »Kunst-« und »Gerichtsmaler« (P 192, 204) Titorelli aus dem Roman *Der Process* (entstanden August 1914 bis Januar 1915), der wie keine andere Gestalt die Ambivalenzen in Kafkas Kunstauffassung verkörpert.

Titorellis Lebensumgebung und sein Lebenswandel erscheinen als überaus dubios: Sein Atelier, das zugleich auch sein Wohn- und Schlafraum ist, liegt in einer »Dachkammer« (189) in den armen Vorstädten, die voller »Schmutz« und Unrat sind (188); auch der Raum selbst ist »verunreinigt« und unordentlich (193). Seine Wände bilden Balken mit breiten Ritzen (209), durch die man von außen ins Innere sehen kann (210); die Türen sind so wenig solide, dass man sie »mit der geringsten Anstrengung aus den Angeln brechen« könnte (210). Das Fenster allerdings ist solide verschlossen (209); der Blick hinaus reicht »im Nebel« nicht weiter als bis »über das mit Schnee bedeckte Dach des Nachbarhauses« (194).

Titorelli selbst ist höchst nachlässig gekleidet: Gegen Mittag trägt er noch immer ein »Nachthemd«, an dem alle Knöpfe abgerissen sind, und »eine breite gelbliche Leinenhose, […] die mit einem Riemen festgemacht« ist (192); offensichtlich ist er erst sehr spät nachhause gekommen (193). Am fragwürdigsten aber ist sein vertraulicher Verkehr mit einer ganzen Schar von Mädchen in »sehr kurzen Röckchen« (190), die sich in seinem Atelier herumtreiben und durch »eine Mischung von Kindlichkeit und Verworfenheit« charakterisiert sind (190). Mindestens eine von ihnen hat er einmal gemalt (192), vermutlich in nicht sehr bekleidetem Zustand (211).

Zugleich aber gehören dieses dubiose Atelier und sein nicht minder dubioser Bewohner »eigentlich zu den Gerichtskanzleien« (222). Direkt hinter dem Bett des Malers liegt die Verbindungstür zwischen beiden Bereichen, durch die die Richter, die sich malen lassen wollen, das Atelier betreten (209 f.).

Man wird mit einiger Plausibilität vermuten dürfen, dass diese seltsame Zwischenlage des Ateliers zwischen Sinnlichkeit und Schmutz einerseits und dem ›Gesetz‹ andererseits Kafkas höchst ambivalenter Kunstauffassung entspricht. Die Akzentuierung von deren Polen wechselt, die Ambivalenz aber bleibt im Gesamtwerk im Wesentlichen konstant.

Dass für Kafka eine wesentliche Problematik der Kunst in der Asozialität der Künstlerexistenz liegt, also in der Kluft, die den nur auf sein Werk konzentrierten Künstler vom ›Leben‹ als dem Bereich von sozialem Handeln und Gemeinschaftsbezug trennt, ist wohlbekannt und aus Briefen wie Tagebüchern leicht zu belegen. Die Asozialität der Kunst hat für Kafka aber noch eine andere und fundamentalere Ursache, die in ihrer anarchischen Freiheit von allen rationalen wie moralischen Konventionen gründet. Eine der prägnantesten Aussagen dazu findet sich im Brief an Felice Bauer vom 30. September 1917:

> Wenn ich mich auf mein Endziel hin prüfe, so ergibt sich, daß ich nicht eigentlich danach strebe ein guter Mensch zu werden und einem höchsten Gericht zu entsprechen sondern, sehr gegensätzlich, die ganze Menschen- und Tiergemeinschaft zu überblicken, ihre grundlegenden Vorlieben, Wünsche, sittlichen Ideale zu erkennen, sie auf einfache Vorschriften zurückzuführen und mich in dieser Richtung möglichst bald dahin zu entwickeln, daß ich durchaus allen wohlgefällig würde, undzwar (hier kommt der Sprung) so wohlgefällig, daß ich, ohne die allgemeine Liebe zu verlieren, schließlich, als der einzige Sünder der nicht gebraten wird, die mir innewohnenden Gemeinheiten, offen, vor aller Augen ausführen dürfte. Zusammengefaßt, kommt es mir also nur auf das Menschengericht an und dieses will ich überdies betrügen, allerdings ohne Betrug (B14–17 333, auch 342 f.; vgl. auch T 839 f.).

Kafkas moralische Selbstanklagen sind notorisch; in der Briefstelle erhalten sie jedoch eine Begründung, die von fern an Freuds Auffassung vom Dichter erinnert (*Der Dichter und das Phantasieren*, 1908): Als Schriftsteller kann Kafka seine Phantasien und Wünsche (»die mir innewohnenden Gemeinheiten«) ungestraft ausleben, ungestraft zumindest durch das ›Menschen-Gericht‹. Dass wahre Kunst auf einer Absage an Konventionen und einer Öffnung des Ich zu Bereichen hin beruht, die jenseits der Verstandeskontrolle und jenseits der moralischen Konventionen liegen, ist eine Auffassung, die sich in aufklärungskritischen Epochen wie der Romantik oder der

Moderne häufig findet. Dass auch Kafka sie vertreten hat, zeigt sich etwa in der folgenden Passage aus einem Brief an Max Brod vom 5. Juli 1922:

> Das Schreiben ist ein süßer wunderbarer Lohn, aber wofür? In der Nacht war es mir mit der Deutlichkeit kindlichen Anschauungsunterrichtes klar, dass es der Lohn für Teufelsdienst ist. Dieses Hinabgehen zu den dunklen Mächten, diese Entfesselung von Natur aus gebundener Geister, fragwürdige Umarmungen und was alles noch unten vor sich gehen mag, von dem man oben nichts mehr weiß, wenn man im Sonnenlicht Geschichten schreibt. Vielleicht gibt es auch anderes Schreiben, ich kenne nur dieses; in der Nacht, wenn mich die Angst nicht schlafen läßt, kenne ich nur dieses (An Max Brod, 5.7.1922; Briefe 384).

Wiederum dominiert im Zitat der Tenor moralischer Selbstanklage. Aber es gibt auch Passagen, in denen Kafka die literarische »Darstellung« seines »traumhaften innern Lebens« (6.8.1914; T 546), die »Befreiung« der »ungeheueren Welt« in seinem »Kopfe« (21.6.1913; T 562) einfach phänomenologisch konstatiert:

> Schreiben heißt ja, sich öffnen bis zum Übermaß; die äußerste Offenherzigkeit und Hingabe, in der sich ein Mensch im menschlichen Verkehr schon zu verlieren glaubt und vor der er also solange er bei Sinnen ist, immer zurückscheuen wird – denn leben will jeder, solange er lebt – diese Offenherzigkeit und Hingabe genügt zum Schreiben bei weitem nicht. Was von dieser Oberfläche ins Schreiben hinübergenommen wird – wenn es nicht anders geht und die tiefern Quellen schweigen – ist nichts und fällt in dem Augenblick zusammen, in dem ein wahreres Gefühl diesen obern Boden zum Schwanken bringt (An F. Bauer, 14./15.1.1913; B13–14 40).

Vor dem Hintergrund dieser Kunstauffassung erscheinen Titorellis Offenheit für ›Schmutz‹ und sinnliche Versuchung, seine unbürgerliche Erscheinung und die seltsame Unabgeschlossenheit seines Ateliers, das aber zugleich keinen Blick auf die Außenwelt ermöglicht, nicht als genrehafter Entwurf einer Bohemien-Existenz, sondern als symbolische Darstellung der Öffnung des Künstlers für die ›dunklen Mächte‹.

Neben dieser meist mit moralischen Selbstanklagen verbundenen Auffassung von Kunst als Ich-Entgrenzung gibt es bei Kafka jedoch eine mindestens genauso starke, emphatisch positive Kunstauffassung, der im Roman wohl Titorellis Verbindung mit dem Gericht entsprechen dürfte. Mit ihr ordnet sich Kafka ein in eine andere wichtige Tradition der ästhetischen Moderne: ihre Kunstmetaphysik.

Auch zu dieser positiven Kunstauffassung finden sich zahlreiche Notizen und Briefstellen. So etwa

wenn Kafka sich im Schreiben von »einer höheren Macht« als »Instrument« »benutzt« fühlt (An F. Bauer, 1.11.1912; B00–12 203), wenn er in seiner Literatur bis an die »Grenzen des Menschlichen überhaupt« vorzustoßen glaubt (März 1911; T 34), »Schreiben als Form des Gebetes« bezeichnet (Ende 1920; NSF II, 354), mit seinen Texten »die Welt ins Reine, Wahre, Unveränderliche heben« will (25.9.1917; T 838) und die Literatur als »Ansturm gegen die letzte irdische Grenze« bestimmt, aus dem möglicherweise eine neue »Kabbala« hätte hervorgehen können (16.1.1922; T 878). Oder, wie es an anderer Stelle heißt:

> Die Kunst fliegt um die Wahrheit, aber mit der entschiedenen Absicht sich nicht zu verbrennen. Ihre Fähigkeit besteht darin, in der dunklen Leere einen Ort zu finden, wo der Strahl des Lichts, ohne daß dies vorher zu erkennen gewesen wäre, kräftig aufgefangen werden kann (ca. 22.2.1918; NSF II, 75 f.).

Auch Titorellis Gerichtsmalerei, die altüberlieferten »Regeln« und »Legenden« folgt (P 196, 204; 208), steht in einem solch mittelbaren Bezug zur ›Wahrheit‹. Das zeigt sich etwa in seinem Richterbild, das zwar nicht die Wahrheit eines Porträts hat – der porträtierte Richter usurpiert hier nur die Kleidung, Position und Aura eines »hohen Richters«, den er allenfalls repräsentiert –, wohl aber die einer komplexen Symbolik, in der sich mehrere alte Mythologeme miteinander verbinden: Die »große Figur« hinter dem sitzenden Richter ist »die Gerechtigkeit und die Siegesgöttin in einem«; in Josef K.s subjektiv perspektiviertem Blick erscheint sie schließlich auch als »Göttin der Jagd«. Selbst wenn diese Interpretationen, die sich eingespielter und damit unzureichender Begrifflichkeiten bedienen, problematisch bleiben – ›wahr‹ ist das Bild vor allem in dem die Figur umgebenden Licht, das der Maler gerade dadurch herausarbeitet, dass er als Folie einen »rötlichen Schatten« malt: »Um die Figur der Gerechtigkeit aber blieb es bis auf eine unmerkliche Tönung hell, in dieser Helligkeit schien die Figur besonders vorzudringen« (195–197).

Titorellis Affinität zum ›Licht‹ zeigt sich auch im gestrichenen Teil des Fragmentkapitels »Das Haus«, wo er Josef K. im »Halbschlaf« (348) eine völlige Verwandlung seines Selbst ermöglicht:

> Das Licht, das bisher von rückwärts eingefallen war wechselte und strömte plötzlich blendend von vorn. K. sah auf, Tit[orelli] nickte ihm zu und drehte ihn um. Wieder war K. auf dem Korridor des Gerichtsgebäudes, aber alles war ruhiger und einfacher, es gab keine auffallende [sic] Einzelheiten, K. umfasste alles mit einem Blick (P:A 346).

Ganz anders als die Gerichtsmalerei fällt Titorellis sozusagen ›private‹ Kunst aus. Hier stellt er immer nur das gleiche Sujet dar: eine »Heidelandschaft« mit »zwei schwachen Bäumen«, »die weit von einander entfernt im dunklen Gras standen. Im Hintergrund war ein vielfarbiger Sonnenuntergang« (220). Das sind auf jeden Fall »düstere« (221) Bilder mit schwindendem ›Licht‹. Will man interpretatorisch noch einen Schritt weitergehen, mag man in ihnen – in der Isolation der Bäume voneinander und der Abendszenerie – typische Décadence-Motive erkennen, vielleicht ja sogar eine Anspielung auf die Décadence-Thematik in Kafkas eigenem Frühwerk. Offensichtlich ist aber jedenfalls, dass diese klischeehafte Malerei weit hinter Titorellis semantisch dichter Gerichtskunst zurückbleibt. Als ›Privatmann‹ verfügt Titorelli über kein ›höheres‹ Wissen – entsprechend wertlos sind auch die Informationen, die er K. für seinen Prozess gibt (205–219): Wie den anderen ›Helfern‹ geht es ihm vor allem um eigene Interessen; die Befolgung seiner taktischen Ratschläge würde K. nur in sinnlosen Aktionismus verwickeln und in seiner Verdrängung der Schuldfrage bestärken.

In Kafkas Selbstdeutungen stellen die Pole seiner Kunstauffassung Gegensätze dar – und als solche werden sie in Tagebuch und Briefen auch inszeniert: als Konflikt von ›Gut‹ und ›Böse‹, als Abwertung von Kunst zu Sünde und Asozialität oder als emphatische Kunstmetaphysik. Das täuscht aber darüber hinweg, dass in seinen Werken – *Process* und *Schloss* zeigen dies besonders deutlich – die scheinbaren Gegensätze unmittelbar miteinander zusammenhängen, ja zusammenzugehören scheinen. Ihre offensichtlichste Gemeinsamkeit liegt in ihrer gemeinsamen Opposition zum Weltbild des ›convenu‹, zur angepassten Oberflächenexistenz. Darauf wird noch zurückzukommen sein.

Erstes Leid und *Ein Hungerkünstler*. Kunst versus Leben

Erstes Leid und *Ein Hungerkünstler* entstanden während der Arbeit am *Schloss*-Roman (ca. 10. März bzw. um den 23. Mai 1922; DzL:A 408 f. u. 437); beide wurden in den *Hungerkünstler*-Band aufgenommen (DzL 317–321 u. 333–349; vgl. auch NSF II, 384–400, 646 f. u. 648 f.).

Die zwei Erzählungen handeln, auf einigermaßen offensichtliche Weise, vom Konflikt zwischen Kunst und Leben. Das ist für Kafka gewiss kein neues Thema; die die Beziehung zu Felice Bauer begleitenden Tagebucheinträge und die Briefe an sie kreisen immer wieder um dieses Problem. Zu seinen bekanntesten Darstellungen zählt der tabellarische Bilanzierungsversuch, den Kafka – in einer Art innerem Zwiegespräch – am 20. August 1916 notierte (NSF II, 24 f.; im Original sind die Einträge durch Querstriche voneinander abgetrennt; vgl. auch schon T 568–570, 21.7.1913):

reinbleiben	verheiratetsein
Junggeselle	Ehemann
ich bleibe rein.	Rein?
ich halte alle meine Kräfte zusammen	Du bleibst außerhalb des Zusammenhangs wirst ein Narr, fliegst in alle Windrichtungen kommst aber nicht weiter ich ziehe aus dem Blutkreislauf des menschlichen Lebens alle Kraft die mir überhaupt zugänglich ist
nur für mich verantwortlich	desto mehr für Dich vernarrt (Grillparzer Flaubert)
keine Sorgen Koncentration auf die Arbeit	Da ich an Kräften wachse trage ich mehr. Hier ist aber eine gewisse Wahrheit

Offensichtlich vermischen sich hier zwei sehr verschiedene Argumentationsebenen. Die eine ist eine lebenspragmatische: Um schreiben zu können, brauchte Kafka einen ungestörten Freiraum, der schon gegenüber dem Beruf nur schwer zu erringen war und durch Ehe und Familie noch viel stärker bedroht worden wäre. Dazu kamen gewisse (im Briefwechsel mit Felice ausführlich erörterte) Eigenheiten seiner Persönlichkeitsstruktur, die ein dauerhaftes Zusammenleben mit einem anderen Menschen als mindestens äußerst schwierig erscheinen ließen.

Die andere, hier eindeutig dominante Ebene ist eine ideologische, genauer der Konflikt zwischen zwei Ideologien, der daher ein Wertekonflikt ist. Dass Kafka die Kunst-Leben-Problematik mit einer Vielzahl von Zeitgenossen teilt – Rilke und Thomas Mann dürften die bekanntesten Beispiele sein –, liegt vor allem daran, dass diese in einer der in der Zeit einflussreichsten Ästhetiken begründet war: Arthur Schopenhauer (1788–1860) hatte die Entstehung großer Kunst daran geknüpft, dass der Künstler Distanz zum Leben (›Willen‹) hält; »Genialität« ist für ihn die Fähigkeit, sich rein anschauend zu verhalten [...] und die Erkenntnis, welche ursprünglich nur zum Dienste des Willens da ist, diesem Dienste zu entziehn, d. h. sein Interesse, sein Wollen, seine Zwecke, ganz aus den Augen zu lassen, sonach seiner Persönlichkeit sich auf eine Zeit völlig zu entäußern, um als *rein erkennendes Subjekt*, klares Weltauge übrigzubleiben (*Die Welt als Wille und Vorstellung* I, §36).

Seine unmittelbarste künstlerische Umsetzung findet die Schopenhauer-nahe Kunstmetaphysik bei Kafka wohl in der Kurzprosa *Ein Traum*, die in den *Landarzt*-Band aufgenommen wurde (DzL 295–298; die Entstehungszeit kann nur sehr ungenau zwischen August 1914 und Juni 1916 datiert werden).

Die (kunstmetaphysische) Kunstideologie, die sich in Kafkas Tabelle vor allem in der Idee des ›Reinbleibens‹ ausdrückt, tritt bei ihm allerdings in Konflikt mit einer (durch die jüdische Tradition noch verstärkten) Familien- und Gemeinschaftsideologie: Nach dieser kommt dem Individuum nur dann Wert zu, wenn es sich in den »Blutkreislauf des menschlichen Lebens« einordnet, wozu eben sozial verantwortliches Handeln und, vor allem, Familiengründung gehören.

Dies ist die Konzeptualisierung des Kunst-Leben-Gegensatzes, die Kafkas mittleres Werk bestimmt. Im Spätwerk wird die Problemstellung deutlich erweitert und immer wieder modifiziert. Dass Kafka eine Synthese der Pole anstrebt, wäre zu viel gesagt; es geht allerdings in der Tat um eine, wenn auch nur begrenzte, Vermittlung, die dadurch möglich wird, dass Kafka nun die soziale Funktion der Kunst stärker akzentuiert. Der Weg dorthin ist freilich lang und schwierig. Er soll im Folgenden anhand der chronologisch geordneten Textreihe nachgezeichnet werden, die in diesem und den beiden Folgekapiteln behandelt wird.

Erstes Leid bleibt der Konzeptualisierung des mittleren Werkes noch recht nahe. Der im Mittelpunkt der Kurzerzählung stehende Trapezkünstler hat, »zuerst nur aus dem Streben nach Vervollkommnung, später auch aus tyrannisch gewordener Gewohnheit sein Leben derart eingerichtet, daß er [...] Tag und Nacht auf dem Trapeze blieb« (DzL 317). ›Bodenkontakt‹ gibt es so nur bei den »unvermeidlichen«, aber »lästigen« Reisen von einem Auftrittsort zum anderen (318). Der – in dieser Erzählung ungewöhnlich fürsorgliche und verständnisvolle – Impresario tut allerdings sein Möglichstes, um die Belästigungen dieser Reisezeiten zu minimieren: »Für die Fahrten in den Städten benützte man Rennautomobile«, und »im Eisenbahnzug war ein ganzes Ku-

pee bestellt, in welchem der Trapezkünstler, zwar in kläglichem, aber doch irgendeinem Ersatz seiner sonstigen Lebensweise die Fahrt oben im Gepäcknetz zubrachte« (318 f.). Das ist natürlich wieder ein Beispiel für Kafkas (oft übersehenen) Humor, der auch hier eine ironische Distanz zur Hauptfigur herstellt.

Auf einer dieser Reisen kommt es nun zu einem Vorfall, der das bisherige, durchaus idyllisch und problemlos anmutende Dasein des Trapezkünstlers jäh erschüttert: Aus einem Traum erwacht, fordert er vom Impresario »zwei Trapeze« statt des bisherigen einen (320). Der stimmt auch sofort zu und kann seinen Schützling durch Versprechen und gutes Zureden »langsam beruhigen«. Er selbst aber bleibt »in schwerer Sorge« (321), denn im Gegensatz zum Trapezkünstler hat er begriffen, was eigentlich hinter dessen Wunsch steckt. Sein Schützling ist in seiner Künstlerexistenz noch immer so befangen, dass er sein diffuses Unbehagen an dieser nur in einem sozusagen kunstimmanenten Begehren artikulieren kann: Ein zweites Trapez ließe sich ja immer noch als Streben nach weiterer Vervollkommnung seiner Kunst begreifen. Die vom Trapezkünstler genannte Begründung für seinen Wunsch lässt den Impresario aber ein weit tieferes und wahrhaft »existenzbedrohendes« (321) Problem erkennen, das der Künstler selbst nur andeutungsweise benennen kann: »Nur diese eine Stange in den Händen – wie kann ich denn leben!« (320). Wie kann man in der Tat ›leben‹ ohne ›Boden‹-Kontakt, ohne den Kontakt zu anderen Menschen, zur Welt außerhalb der Kunst?

In *Erstes Leid* rekonstruiert Kafka so quasi die Urszene des Kunst-Leben-Konflikts. Es ist eine einfache, klare Erzählung, die das alte Problem neu gestaltet und durch die ironische Konturierung eine nur minimale Distanz herstellt; die Empathie und das Mitleid des väterlichen Impresario geben ihr zugleich eine für Kafka ungewöhnlich sentimentale Prägung. Das mag den Autor dazu veranlasst haben, sein Werk als »widerliche kleine Geschichte« abzuwerten (An M. Brod, 26.6.1922; Briefe 375).

Die Neuerung des Textes ist zunächst einmal nur eine motivliche: die Wahl des Artistenmilieus. Das hatte Kafka zwar schon vorher verschiedentlich verwendet – etwa in *Auf der Galerie* und *Ein Bericht für eine Akademie* (vgl. W. Bauer-Wabnegg, 331–334 für einen Überblick zum Motivkomplex) –, in *Erstes Leid* und in *Ein Hungerkünstler* aber wird der Artist nun zur zentralen Metonymie für den Künstler. *Erstes Leid* nutzt dabei nur eine erste semantische

Option des Motivs: Die Kunst des Artisten ist werklos, reine Performanz, in ihr schafft der Künstler sein ›Werk‹ mit seinem Körper. Damit wird die existenzielle Seite nachdrücklich akzentuiert: Der Künstler ›lebt‹ seine Kunst.

Ein Hungerkünstler radikalisiert diesen Aspekt deutlich, da hier an die Stelle der Trapezkunst – »eine der schwierigsten unter allen, Menschen erreichbaren« (DzL 317) – das Hungern tritt. Dieses ist *per se* nicht einmal eine Kunstfertigkeit, sondern ein jedem Lebewesen gegebenes, meist durch Not abverlangtes Vermögen. Natürlich hungert der Hungerkünstler *freiwillig* und *länger* als der Durchschnittsmensch, doch selbst darin liegt eigentlich keine Leistung: Hungern ist ihm ein existenzielles Bedürfnis, in ihm manifestiert sich seine Individualität.

Zugleich nutzt Kafka aber nun ein zweites semantisches Potential der Artistenmetaphorik: Artistische Kunst ist, wie jede Performanz, in extremer Form publikumsbezogen. Gerade dieser Publikumsbezug erweist sich im *Hungerkünstler* jedoch als problematisch. Zum Ersten schwankt der Publikumsgeschmack ständig: Mal (wie in der glanzvollen Vergangenheit des Hungerkünstlers) ist das Publikum am Hungern interessiert, mal wird es eher durch die ungebrochen-animalische Vitalität eines Panthers angezogen (der im Schlussteil der Erzählung den Käfig des verstorbenen Hungerkünstlers bezieht). Das mag damit zusammenhängen, dass Hungern in der Erfahrungswelt mal mehr, mal weniger selbstverständlich präsent ist, oder – wahrscheinlicher – damit, dass die ihm korrespondierenden asketischen Ideale mal mehr, mal weniger hoch im Kurs stehen. Zum Zweiten ist das Publikum nur am konsumierbaren ›Event‹ interessiert, für dessen kunstvolle Inszenierung der (nunmehr kalte und nur an materiellem Erfolg interessierte) Impresario sorgt. Er beschränkt daher das Hungern, zum großen Unglück des Hungerkünstlers, auf maximal 40 Tage – denn nur so lange kann das Publikum gefesselt werden (337 f.).

Unbefristetes Hungern, wie es der Hungerkünstler in aller Radikalität *leben* will, ist diesem Publikum also nicht zu vermitteln. Das ist es aber nicht, was der Hungerkünstler im Zwiegespräch mit dem Aufseher kurz vor seinem Tod einsieht; hier seine (aus dem Dialog herausgelösten) letzten Worte:

> »Verzeiht mir alle«, flüsterte der Hungerkünstler […]. »Immerfort wollte ich, daß ihr mein Hungern bewundert […]. Ihr sollt es aber nicht bewundern […]. Weil ich hungern muß, ich kann nicht anders […]. Weil ich«, sagte der Hungerkünstler, hob das Köpfchen ein wenig

> und sprach mit wie zum Kuß gespitzten Lippen gerade in das Ohr des Aufsehers hinein, damit nichts verloren ginge, »weil ich nicht die Speise finden konnte, die mir schmeckt. Hätte ich sie gefunden, glaube mir, ich hätte kein Aufsehen gemacht und mich vollgegessen wie du und alle.« Das waren die letzten Worte, aber noch in seinen gebrochenen Augen war die feste, wenn auch nicht mehr stolze Überzeugung, daß er weiterhungre (348 f.).

Die Verzeihungsbitte greift zunächst einmal wieder das Motiv der moralischen Selbstanklage auf; ganz entsprechend hatte Kafka einige Monate nach der Niederschrift der Erzählung an Max Brod geschrieben:

> das Teuflische [am Schreiben] scheint mir sehr klar. Es ist die Eitelkeit und Genußsucht, die immerfort um die eigene oder auch um eine fremde Gestalt – die Bewegung vervielfältigt sich dann, es wird ein Sonnensystem der Eitelkeit – schwirrt und sie genießt. […] Mit welchem Recht erschrecke ich, der ich nicht zuhause war, daß das Haus plötzlich zusammenbricht; weiß ich denn, was dem Zusammenbruch vorhergegangen ist, bin ich nicht ausgewandert und habe das Haus allen bösen Mächten überlassen? (5.7.1922; Briefe 385 f.).

Aus »Eitelkeit« und »Genußsucht« – beim Hungerkünstler entspräche dem das Streben nach ›Bewunderung‹ – wurde also das Leben versäumt. Das ist der altbekannte Selbstvorwurf, der zeigt, dass biographische Selbstdeutungen bei Kafka weit starrer ausfallen als die literarischen Gestaltungen (schon allein deswegen können Erstere also nicht einfach zur Grundlage von Interpretationen gemacht werden). In der Erzählung geht es jedoch um mehr als Genusssucht – die hat der Hungerkünstler nun ja abgelegt, am Hungern aber hält er weiterhin fest. Was ihn antreibt, sind der Ekel an der gegebenen und die Sehnsucht nach einer ›anderen‹, ihm wirklich ›schmeckenden‹ Speise (vgl. auch schon DzL 183). Dass er diese nicht finden kann, mag mit seiner rein performativen ›Kunst‹-Form zusammenhängen, die keinen Zugang zu einem ›Anderen‹ eröffnet und auch für das Publikum bloßes Spektakel bleibt. Der Tod des Hungerkünstlers ist eine schuldfreie, da durch Geständnis und Verhaltensänderung entsühnte Verwirklichung seiner Eigentümlichkeit, seines Andersseins. Das ändert aber nichts daran, dass Kunst, wie er sie praktiziert, als defizitärer Modus des Lebens erscheint – als eine extreme Einseitigkeit, deren Gegenextrem der Panther und seine völlig ungebrochene »Freude am Leben« verkörpern (349).

<Forschungen eines Hundes>: »Wahrheit« versus »Lüge«

In der Entfaltung der Kunst/Künstler-Thematik bedeuten die wohl zwischen 18. September und Ende Oktober 1922 (also nach Aufgabe des *Schloss*-Romans) entstandenen *<Forschungen eines Hundes>* (NSF II, 423–482, 485–491) einen entscheidenden Schritt. Kunst ist hier zwar (anscheinend?) nur ein Nebenthema, wird aber in der Erzählung erstmals direkt in einen weiteren und wahrhaft fundamentalen Fragekontext gestellt. Das zeigt sich schon in der Veränderung des Hunger-Motivs, das nun nicht mehr einfach Ausdruck eines existenziellen Bedürfnisses ist, sondern bewusst und mühsam unternommene Anstrengung als Teil eines schon im Wortsinne meta-physischen Experimentes.

Den Grundeinfall, der der Konstruktion der erzählten Welt zugrunde liegt, hat die Forschung schon relativ früh herausgefunden (Winkelman 1967): Im Text wissen die Hunde – und damit natürlich auch der erzählende Forscherhund – nichts von der Existenz der Menschen. Korrigiert man diesen blinden Fleck in ihrer Weltwahrnehmung und -deutung, so lassen sich die den Erzähler plagenden ›Welträtsel‹ leicht entschlüsseln: Die rätselhaften sieben »Musikhunde« (NSF II, 427–433) sind dressierte Tiere, die bei einer Zirkus- oder Varieté-Aufführung auftreten; die nicht minder geheimnisvollen »Lufthunde« (446–451) sind Schoßhunde; der »Jäger«-Hund (475–479) ist ganz einfach ein Jagdhund; die Nahrung, nach deren Ursprung der Erzähler so verzweifelt ›forscht‹, wird den Hunden natürlich von den Menschen zugeworfen (vgl. auch Robertson, 356–362).

Diese leichte Aufschlüsselung der Texträtsel hat gerade die neuere Forschung dazu verführt, die Erzählung als bloße humoristische Etüde abzutun. Peter-André Alt nennt die *<Forschungen>* »eine ironische Geschichte über scheiternde Erkenntnissuche« (Alt, 654), und Ritchie Robertson erklärt kategorisch, dass »Versuche«, aus diesem »vorwiegend durch einen satirischen Ton« bestimmten Text »verborgene metaphysische Botschaften abzuleiten, fehl am Platze« seien (Robertson, 362). ›Metaphysische Botschaften‹ wird man der Erzählung in der Tat nicht entlocken können – aber das gilt schließlich für *alle* Kafka-Texte, die nie einfach ›metaphysische‹ Aussagen machen. Was den *<Forschungen>* jedoch durchaus zu entnehmen ist – und was sie zu einer der philosophischsten Erzählungen Kafkas macht –, sind Aussagen über das verfehlte Verhältnis des Menschen zum Meta-Physi-

schen, zu dem, was jenseits einer auf Empirie und Rationalität beruhenden Welt-Anschauung liegt.

Die ältere Forschung wusste noch sehr wohl, dass mit einer bloßen Auflösung der Texträtsel durch unser den Hunden überlegenes Menschenwissen zur Interpretation der Erzählung noch gar nichts geleistet ist. Bereits Winkelman wies auf das einfache Analogiemodell hin, das sich aus den *<Forschungen>* ergibt: Hunde : Menschen = Menschen : X, wobei X natürlich nicht einfach (wie Winkelman das noch tut) mit ›Gott‹ gleichgesetzt werden kann (Winkelman, 213). X bleibt vielmehr eine mit Notwendigkeit unbekannte, da jenseits unserer Erkenntnismöglichkeiten liegende Größe – aber die Überlegungen des Forscherhundes bezeugen, dass es durchaus einen Unterschied macht, ob man sein Leben auf eine solche Größe ausrichtet oder nicht. Die alle anderen Hunde bestimmende Fixierung auf eine rein (Hunde-)Weltimmanente Betrachtungsweise – »ihr Verstand« sagt den Hunden, »daß niemand hinauskommt und daß alles Drängen töricht ist« (459) – haben die »Urväter« der Hundeschaft verursacht. Diese »irrten ab«, weil sie sich des »Hundelebens« »freuen« wollten (456 f.): »Sie haben das Hundeleben verschuldet« (471 f.). Früher dagegen waren »die Hunde [...] noch nicht so hündisch wie heute, [...] das wahre Wort hätte damals noch eingreifen, den Bau bestimmen, umstimmen [...] können« (456). Wie auch sonst oft (↗ 3.3.1 u. 4.7) kritisiert Kafka in den *<Forschungen>* also die Reduktivität einer rational-säkularen Weltsicht und deren negative Konsequenzen. Darauf kann hier nicht im Einzelnen eingegangen werden. Im Folgenden wird primär danach gefragt, was sich aus der Geschichte für Kafkas Kunsttheorie ableiten lässt.

In den *<Forschungen>* wird Kunst mindestens zweifach thematisiert: zum einen in den Lufthunden, zum anderen im Phänomen der ›Musik‹, das sich sowohl mit den Musikhunden wie mit dem Jäger-Hund verbindet. Die Lufthunde sind die anerkannten »Künstler« der Hundeschaft (448); der Erzähler hat zwar noch keinen von ihnen gesehen, aber man spricht viel von ihnen – und niemand zweifelt an ihrer Existenz und an ihrer Existenzberechtigung (ganz anders als bei den unbekannten Musikhunden). Was die Lufthunde vor allem auszeichnet, ist eine »fast unerträgliche Geschwätzigkeit«:

> Immerfort haben sie zu erzählen, teils von ihren philosophischen Überlegungen mit denen sie sich, da sie auf körperliche Anstrengung völlig verzichtet haben, fortwährend beschäftigen können, teils von den Beobachtungen, die sie von ihrem erhöhten Standort aus machen (449).

Von authentischer Kunst im Sinne Kafkas ist hier
offensichtlich nicht die Rede. Mit wahren Künstlern
teilen die Lufthunde allenfalls die Lebensferne und
die ›Boden-losigkeit‹ ihrer Existenz (sie leben »getrennt von der nährenden Erde«, 448). Sucht man
ihre Äquivalente in unserer Menschenwelt, so wäre
wohl an besonders botschafts- und weltanschau-
ungsfreudige Literaten zu denken. In den <Forsch-
ungen> fungieren die Lufthunde daher nur als
Negativfolie zur Darstellung der eigentlichen
Kunst.

Deren Medium ist die Musik. Dass Kafka, der sich
selbst für »vollständig […] unmusikalisch« erklärte
(An M. Jesenská, 14.6.1920; BM 65), gerade Musik
immer wieder zur zentralen Kunstmetapher gemacht hat – so schon in der *Verwandlung* (DzL 183–
186) und in *Der Verschollene* (V 59–61, 392 f.) –, mag
zunächst verwundern, ist aber durchaus konventionell. Schon in der Romantik und wiederum (vor allem durch Schopenhauer und Nietzsche vermittelt)
in der Moderne gilt Musik als die höchste Kunstform, weil sie sich von empirischer Wirklichkeit und
übersetzbarer Semantik am weitesten entfernt hat –
sie ist die meta-physische und meta-rationale Kunst
schlechthin.

Die Begegnung mit den Musikerhunden in früher
Jugend hat im Leben des Forscherhundes Epoche gemacht. Durch sie wurde er zum einzelgängerischen
Forscher, durch sie lockerte sich seine Bindung an
die Hundeschaft, ohne allerdings völlig aufgehoben
zu werden (NSF II, 424 f., 445 f., 451). Getrieben von
einem »unbestimmten Verlangen« war der Erzähler
in seiner Jugend auf sieben Hunde gestoßen, deren
(artistische?) Bewegungen von ›Licht‹ und einem
Geräusch begleitet wurden, das mal als »entsetzli-
cher Lärm« (427), mal als »Musik« bezeichnet ist
(428).

Nicht nur dem Forscherhund, sondern auch uns
muss der Vorfall äußerst merkwürdig erscheinen.
Mit Musizieren bzw. mit Musikgenuss in uns vertrauter Form hat das Beschriebene wenig gemein.
Auffällig ist vor allem dreierlei:

(1) Die Wirkung der ›Musik‹ ist im wahrsten Sinne
des Wortes überwältigend: Der Erzähler berichtet,
dass sie allmählich »überhand« nahm, ihn weg zog
von »diesen wirklichen kleinen Hunden«

und ganz wider Willen, sich sträubend mit allen Kräften,
heulend als würde einem Schmerz bereitet, durfte man
sich mit nichts anderem beschäftigen, als mit der von allen Seiten, von der Höhe, von der Tiefe, von überall her
kommenden, den Zuhörer in die Mitte nehmenden,

überschüttenden, erdrückenden, über seiner Vernichtung noch, in solcher Nähe, daß es schon Ferne war,
kaum hörbar noch Fanfaren blasenden Musik (429).

Die Musik macht den Forscherhund »besinnungs-
los«, dreht ihn »im Kreise herum, als sei [er] selbst
einer der Musikanten, während [er] doch nur ihr
Opfer war«, wirft ihn »hierhin und dorthin« (430).
Jeder Widerstand ist zwecklos:

Vielleicht hätte ich in meinem Eifer sogar [dem Lärm]
den ich doch nun schon kannte widerstanden, wenn
nicht durch alle seine Fülle, die schrecklich war, aber
vielleicht doch zu bekämpfen, ein klarer strenger immer
sich gleichbleibender, förmlich aus großer Ferne unverändert ankommender Ton, vielleicht die eigentliche Melodie inmitten des Lärms, geklungen und mich in die
Knie gezwungen hätte. Ach, was machten doch diese
Hunde für eine betörende Musik (432 f.).

(2) Auch für die Musikhunde bedeutet ihr Tun »äußerste Anspannung«, »Verzweiflung« und »Angst«;
sie brauchen »Mut«, sich ihm »völlig und offen auszusetzen« (430). Eigentlich scheinen aber nicht sie
die Musik hervorzubringen – obwohl es an zwei Stellen heißt, dass sie sie »aus dem leeren Raum« »em-
porzauberten« (428) bzw. »erzeugten« (430). Denn
sie singen nicht und machen auch sonst keine Ge-
räusche, ja sie schweigen »im allgemeinen fast mit
einer gewissen Verbissenheit« (428). Eher scheinen
sie eine Art Tanz aufzuführen, eine von der Musik
bestimmte Bewegung, die sie zugleich zu einer Gemeinschaft macht: »Stellungen, die sie zu einander
einnahmen«, »reigenmäßige Verbindungen, die sie
mit einander eingingen«, »verschlungene Figuren«,
die sie »mit ihren nah am Boden hinschleichenden
Körpern« »bildeten« und dabei »den Takt unerschütterlich hielten« (428). Sie sind *in* der Musik und
sie *sind* die Musik, was der Erzähler so zusammenfasst: »Alles war Musik. Das Heben und Nieder setzen ihrer Füße, bestimmte Wendungen des Kopfes,
ihr Laufen und ihr Ruhen« (428).

(3) Mit ihrem Tun brechen die Musikhunde (anders als die allgemein akzeptierten, da gesetzeskon-
formen Lufthunde) gleich zwei Grundgesetze der
Hundeschaft: Sie schweigen hartnäckig auf Fragen –
dass »Hunde« aber »auf Hundeanruf gar nicht antworten« ist »ein Vergehn gegen die guten Sitten«
(431). Und sie haben »alle Scham von sich geworfen«:

die Elenden taten das gleichzeitig Lächerlichste und Un-
anständigste, sie gingen aufrecht auf den Hinterbeinen.
Pfui Teufel! Sie entblößten sich und trugen ihre Blöße
protzig zur Schau; sie taten sich darauf zugute und wenn
sie einmal auf einen Augenblick dem guten Trieb ge-

horchten und die Vorderbeine senkten, erschraken sie förmlich als sei es ein Fehler, als sei die Natur ein Fehler, hoben wieder schnell die Beine und ihr Blick schien um Verzeihung dafür zu bitten, daß sie in ihrer Sündhaftigkeit ein wenig hatten innehalten müssen (432).

»War die Welt verkehrt?« (432), fragt sich der Forscherhund – und lernt aus dem Vorfall, »von dieser Zeit an […] alles für möglich« zu halten:

> kein Vorurteil beschränkte meine Fassungskraft, den unsinnigsten Gerüchten ging ich nach, verfolgte sie soweit ich konnte, das Unsinnigste erschien mir in diesem unsinnigen Leben wahrscheinlicher als das Sinnvolle und für meine Forschung besonders ergiebig (447).

Vor dem Versuch einer Deutung sei zunächst die zweite Begegnung des Forscherhundes mit der Musik betrachtet. Diese findet statt, als er sich durch sein im Dienste der Nahrungsforschung unternommenes Hungerexperiment an den Rand des Todes gebracht hat. Er fällt in Ohnmacht – und als er wieder aufwacht, sieht er einen fremden Hund vor sich, der ihn auffordert, wegzugehen, weil er jagen müsse (475–477). Während der Erzähler mit ihm darüber noch streitet, merkt er, »daß der Hund aus der Tiefe der Brust zu einem Gesange anhob« (478):

> Schlotternd erhob ich mich, sah an mir herab, »dieses wird doch nicht laufen«, dachte ich noch, aber schon flog ich von der Melodie gejagt in den herrlichsten Sprüngen dahin (479).

Wiederum ist die Wirkung der Musik überwältigend:

> der Melodie […] konnte ich nicht widerstehn. Immer stärker wurde sie; ihr Wachsen hatte vielleicht keine Grenzen und schon jetzt sprengte sie mir fast das Gehör (479).

Und auch der Jäger-Hund ist nicht eigentlich der Urheber der Musik, obwohl er deren »Melodie […] bald als die seine zu übernehmen schien« (479). Doch die Musik ist schon *vor* seinem Singen da:

> Ich glaubte […] zu erkennen, daß der Hund schon sang ohne es noch zu wissen, ja mehr noch, daß die Melodie, von ihm getrennt, nach eigenem Gesetz durch die Lüfte schwebte und über ihn hinweg, als gehöre er nicht dazu, nach mir, nur nach mir hin zielte (479).

Von einem Tabubruch ist diesmal zwar nicht die Rede; die ganze Szene vollzieht sich jedoch im Horizont eines Gesetzesverstoßes, da das Hungern des Forscherhundes gegen mindestens implizite Verbote der »Weisen« und gegen »das Verbot der Hundenatur selbst« verstößt (473).

Es gibt allerdings auch einen wesentlichen Unterschied zum ersten Musikerlebnis. Jenes hatte den Hund der Hundeschaft entfremdet, seine Forschungen angeregt und ihn damit aus der Gemeinschaft und am Ende fast aus dem Leben herausgelockt. Nun aber wird er dorthin zurückgejagt. Der Jäger-Hund ist deutlich als Vertreter ungebrochener Vitalität ausgewiesen. Darauf deutet nicht nur seine Jagd-Lust hin, sondern auch, dass er »die Gelegenheit benützen« will, »sich liebend« an den Erzähler »heranzumachen« (477). Selbst in seinen Räsonnements beruft er sich auf die Natur: Als der Forscherhund ihn fragt, warum er selbst denn fortgehen und der andere jagen müsse, antwortet der »Jäger«: »Es ist daran […] nichts zu verstehen, es sind selbstverständliche natürliche Dinge« (478).

Im Lichte von Kafkas bisher erörterter Kunsttheorie muss diese Koppelung von Kunst und Lebenswillen als eine höchst verblüffende Wendung erscheinen. In der Motivik der nur wenige Monate vorher entstandenen Erzählung *Ein Hungerkünstler* ausgedrückt, hieße dies ja, dass der Panther den Hungerkünstler zurück ins Leben treiben würde!

Soweit die Textbefunde, denen sich jede Interpretation der Erzählung zu stellen hat. Für die Kunst- und Literaturtheorie soll ein solcher Auflösungsversuch wenigstens skizziert werden.

(1) *Kunst als Öffnung und Entgrenzung*: Offensichtlich ist Kunst (Musik) hier wieder als völlig ›Anderes‹ zu Konvention und Lebenswelt markiert. ›Künstler‹ wie Rezipienten treten heraus aus den Regeln und Konventionen der Gemeinschaft, durchbrechen die Grenzen der konventionellen Weltdeutung, die aus »Angst« (443; vgl. auch NSF II:A, 375 f.) und zum ›Erhalt des Lebens‹ (443) errichtet wurden, also zum Schutz einer ungestört ›diesseitigen‹, im Hier und Jetzt zentrierten und auf »Eigensucht« (439) gegründeten Existenzweise. Ein unbestimmtes Unbehagen an dieser eingegrenzten Weltsicht hat den Forscherhund schon immer erfüllt; dieses motiviert sein ständiges Fragen, auf das die Hundeschaft nur mit hartnäckigem Schweigen antwortet. In einem Selbstgespräch formuliert er das so:

> Du beschwerst Dich über Deine Mithunde, über ihre Schweigsamkeit hinsichtlich der entscheidenden Dinge, Du behauptest, sie wüßten mehr als sie eingestehn, mehr als sie im Leben gelten lassen wollen und dieses Verschweigen, dessen Grund und Geheimnis sie natürlich auch noch mitverschweigen, vergifte das Leben, mache es Dir unerträglich, Du müssest es ändern oder es verlassen (442).

Kunst durchbricht dieses Schweigen des *convenu*, öffnet Künstler und Publikum auf ein völlig ›Anderes‹ hin, dessen Fremdheit nur schwer zu ertragen, aber zugleich befreiend und verlockend ist. Darin liegt ihre Affinität zur »Wahrheit« und ihre Opposition zur allgemeinen »Lüge« (475).

(2) *Produktionsästhetik*: Die ‹*Forschungen*› haben besonders eindrückliche Bilder dafür gefunden, dass Kafka an keine Genieästhetik glaubt: Die sich in der Musik bewegenden Musikerkunde und der die von fernher kommende Melodie »als die seine« »übernehmende« Jäger-Hund (479) sind keine Genies, die Kunst aus sich selbst heraus hervorbringen; sie sind viel eher das Organ, durch das ein ›Anderes‹, ›Größeres‹ sich manifestiert. Diese Auffassung vom Künstlertum teilt Kafka mit zahlreichen anderen Autoren der Moderne – von Rilke bis zu den Surrealisten. Und dieser Überzeugung entspricht auch Kafkas Schreibpraxis als seine persönliche Variante einer ›écriture automatique‹, in der er sich – ohne vorgefassten Plan – ganz der Inspiration überlässt.

(3) *Kunst versus/und Leben*: Während die ersten beiden Punkte sich mit den bisherigen Ergebnissen leicht vermitteln lassen, bleibt die in den ‹*Forschungen*› gestaltete Verbindung zwischen Kunst und Leben zunächst rätselhaft. Um sie zu verstehen, muss etwas ausführlicher auf die Nahrungsforschung des Erzählers eingegangen werden.

Diese erklärt sich aus seiner Unzufriedenheit mit den bisherigen Ergebnissen der »Nahrungswissenschaft« (480). Sie lehrt, dass die Erde die Nahrung hervorbringe, dass dazu aber »Bodenbearbeitung« (461) in Form von »Bodenbesprengung« (464) nötig sei: »Die Erde […] braucht unser Wasser, nährt sich von ihm und nur für diesen Preis gibt sie uns ihre Nahrung« (437). Die etablierte Wissenschaft erkennt zwar durchaus, dass »der Hauptteil der Nahrung […] von oben herabkommt«, spricht dem aber keine große Bedeutung bei: Es sei ja egal, ob die Erde, wenn sie »natürlich« die Nahrung hervorbringt, »die eine aus sich heraufzieht oder die andere aus der Höhe herabruft« (461). Ebenso widersprüchlich ist, dass die Wissenschaft eigentlich zwei »Hauptmethoden der Nahrungsbeschaffung« kennt: die wichtigere der »eigentlichen Bodenbearbeitung« (462) und eine deren Wirkung nur »beschleunigende« (438) »Ergänzungs- und Verfeinerungsarbeit in Form von Spruch, Tanz und Gesang« (462).

Hier setzen die Forschungen des Erzählers an. Als Einziger fragt er weiter: »Woher nimmt die Erde diese Nahrung?« (438). Und er beobachtet, was die

etablierte Wissenschaft einfach ignoriert: »Das Volk richtet sich mit allen seinen Ceremonien in die Höhe«, »ruft die Zaubersprüche aufwärts, klagt unsere alten Volksgesänge in die Lüfte und führt Sprungtänze auf, als ob es sich den Boden vergessend für immer empor schwingen wollte« (462 f.). Er schließt daraus, dass »Spruch, Tanz und Gesang […] weniger die Bodennahrung im engeren Sinn betreffen, sondern hauptsächlich dazu dienen die Nahrung von oben herabzuziehn« (462).

Wieder also geht es um die bei Kafka immer wieder zentrale Opposition zwischen einer ›Horizontal-‹ und einer ›Vertikalorientierung‹, um die Suche nach einer über das bloß Physische hinausreichenden ›geistigen Nahrung‹. Das Hungerexperiment dient nur dazu, diese herabzuzwingen. Das entspricht ja auch durchaus der beschriebenen Schopenhauerischen Ästhetik: »Durch das Hungern geht der Weg, das Höchste ist nur der höchsten Leistung erreichbar, wenn es erreichbar ist, und diese höchste Leistung ist bei uns freiwilliges Hungern« (470 f.).

Anders als der ein ähnliches Ziel auf dem gleichem Weg verfolgende Hungerkünstler hat der Forscherhund durchaus Erfolg mit seinem Experiment, wenn auch in unerwarteter Weise. Sein Hungern lockt eine Antwort hervor, die ihm, im Rückblick, auch als die »einzige […] Wirklichkeit« erscheint, die er »aus der Hungerzeit in diese Welt herübergerettet« hat (479). Die wie von selbst entstehende Melodie »zielt« nur nach ihm, scheint nur seinetwegen »vorhanden zu sein« (479). Kunst erscheint so als die ersehnte ›geistige‹ Nahrung, als ›Anderes‹ zum umgrenzten, gedeuteten Leben.

Dass dieser Erfolg seines Hungerexperimentes dem Hund letztlich verborgen bleibt, mag an seiner Fixierung auf die Vernunft liegen. Er ist ja nicht Künstler, sondern Forscher und damit auf begriffliches Verstehen angewiesen. Deswegen bleibt der Ertrag seines Hungerexperimentes für ihn ein bloß »scheinbarer«, weil er weiterhin dem Zwang des Verstandes unterliegt, alles nicht Versteh- und Erklärbare anzuzweifeln: »Heute leugne ich natürlich alle derartigen Erkenntnisse und schreibe sie meiner damaligen Überreiztheit zu« (479). Freilich beruhen seine wenig schulgerechten Forschungen letztlich auf »Instinkt« und Liebe zur »Freiheit« (482, vgl. auch 445). Das schränkt ihre Wissenschaftlichkeit im konventionellen Sinne ein, ohne doch schon den Übergang zur Kunst zu ermöglichen. Ob die Verlagerung seines Interesses auf die »Musikwissenschaft« – und hier besonders auf die »Lehre von dem die

Nahrung herabrufenden Gesang« (481) – daran etwas geändert haben würde, lässt sich wegen der Unabgeschlossenheit der Erzählung nicht definitiv entscheiden, bleibt aber zweifelhaft.

Wenn man die <Forschungen> ernst nimmt, so relativieren sie deutlich unser bisheriges Bild von einer radikalen Kunst-Leben-Opposition bei Kafka. Zwar setzen Kunstproduktion wie -rezeption in der Tat Distanz zum Leben (und seinen lebenspraktischen Konventionen) voraus. Der Weg des Hungerkünstlers wird in den <Forschungen> aber dennoch nicht gerechtfertigt. Mindestens den Rezipienten soll Kunst nicht aus dem Leben hinausführen, sondern nur eine veränderte Einstellung zu diesem bewirken.

Der entschiedene Rezipientenbezug ist die zweite wichtige Neuerung der <Forschungen>. Der Erzähler ist freilich ein Rezipient besonderer Art – halb Kunst rezipierendes Mitglied des Hunde-›Volkes‹, halb Künstler-ähnlicher Außenseiter. Es wäre sicher lohnend, darüber nachzudenken, ob sein ›Forscher‹tum nicht doch wenigstens einen Teilaspekt des Künstlertums darstellen könnte; auf der Textoberfläche ist er allerdings eindeutig nicht als Kunstprozent gestaltet. Sein Verhältnis zur Gemeinschaft jedoch ähnelt dem des Künstlers darin, dass es von dem gleichen Schwanken zwischen Abgrenzungs- und Integrationsbedürfnis geprägt ist: Ganz wie Kafkas Künstlergestalten stellt sich auch der Forscherhund in Opposition zur Gemeinschaft – und ganz wie diese sehnt auch er sich nach Anerkennung und Integration. Die gewohnten moralischen Selbstanklagen hat Kafka diesmal allerdings schon in der ersten Niederschrift gestrichen (NSF II:A, 358 f., 360). Der gealterte Hund hat sein einstiges übersteigertes Sendungsbewusstsein, die Hoffnung auf eine »allgemeine Wirkung« seiner Forschungen längst aufgegeben (NSF II, 460, vgl. auch 442). Und selbst seine gelegentlichen »Träumereien« von Ruhm – die dem Streben des Hungerkünstlers nach ›Bewunderung‹ entsprechen – stehen eigentlich für die Sehnsucht, wieder ganz in die Hundeschaft integriert zu werden:

> ich werde, während ich mich bisher im Innersten ausgestoßen fühlte und die Mauern meines Volkes berannte wie ein Wilder, in großen Ehren aufgenommen werden, die ersehnte Wärme versammelter Hundeleiber werde mich umströmen (469).

Immer wieder beteuert der Erzähler so, dass er trotz seiner Außenseiterstellung Teil der Hundeschaft sei: »Ich bin kein Haar breit außerhalb des Hundewe-

sens«, »grundsätzlich nicht anders als jeder andere Hund« (445 f.; vgl. auch 451 f., 458 f.).

Josefine, die Sängerin oder Das Volk der Mäuse: Die Kunst aus der Sicht des Nicht-Künstlers

Mit gewissem Recht ließe sich Kafkas letzte Erzählung (entstanden zwischen 18. März und Anfang April 1924) als Fortsetzung oder Neufassung der <Forschungen> lesen. Denn in Josefine, die Sängerin oder Das Volk der Mäuse (DzL 350–377; NSF II, 651–678) geht es nun wirklich um ›Musikwissenschaft‹ – und wiederum hat der Erzähler (eine namenlos bleibende Maus) den Text aus einer Außen- und ›Forscher‹-Perspektive verfasst.

Doch es gibt auch gewichtige Unterschiede: (1) Wir begegnen nun tatsächlich einer veritablen Künstlerfigur: Josefine, der Sängerin – deren Name an Josef K. erinnert und deren weibliches Geschlecht wohl vor allem dazu dient, sie als anspruchsvolle und launische ›Diva‹ porträtieren zu können. (2) Die Erzählerfigur ist nicht mehr als Hybride aus dem ›Forscher‹- und dem ›Künstler‹-Typ angelegt, sondern fest in der Volks-Gemeinschaft verankert. Der ›Forscher‹-Blick des Erzählers ist der eines wohlwollenden Nicht-Künstlers: Er gehört zwar nicht zu dem »Anhang« Josefines – ihren »Schmeichlern« (DzL 367), die wir heute ›Fans‹ nennen würden –, eher schon zu ihren »angeblichen Gegnern« (356, vgl. auch 354). Aber er ist durchaus darum bemüht, der ihm letztlich fremd bleibenden Kunst der Sängerin Gerechtigkeit widerfahren zu lassen. Sein Porträt der Künstlerin und seine Deutung ihrer Kunst sind sozusagen das Maximum an Verständnis, das vom Standpunkt des Nicht-Künstlers (und des ›Volkes‹) aus für Kunst und Künstler möglich ist. Daraus ergibt sich (3) die wohl wichtigste Differenz zu den <Forschungen>: Während dort sozusagen ein Maximalprogramm für die mit der Kunst verbundenen Erwartungen formuliert wird – aus der Welt der »Lüge« soll sie in die »Wahrheit« führen (NSF 448), »aufsteigen« lassen »in die hohe Freiheit« (442) –, geht es nun um ein Minimalprogramm. Den Ansprüchen des Künstlers an sich und seine Kunst würde dieses sicher nicht genügen – aber es ermöglicht nun, erstmalig in Kafkas Werk, (4) eine (wenn auch nur minimale) Vermittlung zwischen Künstler und Publikum innerhalb einer beide übergreifenden Gemeinschaft. Darauf weist auch die von Kafka erst

in einer späten Korrektur vorgenommene Ergänzung der ursprünglichen Überschrift zum Doppelti-
tel hin, die er auf einem Kierlinger Gesprächszettel
(↗ 25) folgendermaßen begründet hat:

> Die Geschichte bekommt einen neuen Titel / Josefine,
> die Sängerin / oder / Das Volk der Mäuse / Solche oder-
> Titel sind zwar nicht sehr hübsch / aber hier hat es viel-
> leicht besondern / Sinn, es hat etwas von einer Wage
> (DzL:A 462 f.).

Die Erzählung gliedert sich in zwei Hauptteile: Im
ersten wird im Iterativ von Josefine berichtet, vor allem aber über das Wesen (›Singen‹ oder ›Pfeifen‹?)
und die Wirkung ihrer Kunst reflektiert; im zweiten,
wesentlich kürzeren Teil, der eher den Charakter einer Coda hat, wird im Singulativ (»das Neueste aber
ist«; DzL 375) von Josefines kürzlichem Verschwinden erzählt und dennoch optimistisch in die Zukunft geblickt:

> Vielleicht werden wir also gar nicht sehr viel entbehren,
> Josefine aber, erlöst von der irdischen Plage, die aber ih-
> rer Meinung nach Auserwählten bereitet ist, wird fröh-
> lich sich verlieren in der zahllosen Menge der Helden
> unseres Volkes, und bald, da wir keine Geschichte trei-
> ben, in gesteigerter Erlösung vergessen sein wie alle ihre
> Brüder (377).

Was Josefine angeht, liefert die Erzählung ein skiz-
ziertes Porträt des Künstlers als ›Diva‹, auf das hier
nicht ausführlich eingegangen werden soll. Vermerkt
sei nur, dass wieder einmal all die moralischen
(Selbst-)Vorwürfe versammelt sind, die Kafka zeitlebens gegenüber dem Künstler erhoben hat: Josefine
ist launisch (357), unreif (weswegen sie vom Volk
auch als »Kind« behandelt wird, 358 f., 374) und
hochmütig (353), will nur auf die von ihr verlangte
Weise bewundert werden (354). Vor allem aber
möchte sie sich über das ›Gesetz‹ des Volkes erheben
und »mit Rücksicht auf ihren Gesang von jeder Arbeit befreit werden« (368). Dabei scheut sie auch vor
Lüge und Betrug nicht zurück (372–376). Allerdings
tut sie all dies nicht einfach aus ›Berechnung‹ - sondern aus innerer Notwendigkeit: »getrieben von ihrem Schicksal, das in unserer Welt nur ein sehr trau-
riges werden kann« (376).

Im Folgenden soll es primär um die in der Erzählung formulierte Kunsttheorie gehen, die vor allem
eine Theorie von den Wirkungen der Kunst ist. Auch
die einzige, mehr implizierte als explizite Wesens-
bestimmung der Kunst ist eingebunden in Überlegungen zu ihrer Wirkung. Über weite Passagen der
Erzählung wird immer wieder diskutiert, ob Josefines Darbietungen wirklich Gesang sind oder doch

nur ein – sogar besonders ärmliches und schwaches
– Pfeifen. Hier ein aus der Fülle dieser Überlegungen
relativ beliebig ausgewähltes Zitat:

> Ist es denn überhaupt Gesang? Ist es nicht vielleicht doch
> nur ein Pfeifen? Und Pfeifen allerdings kennen wir alle,
> es ist die eigentliche Kunstfertigkeit unseres Volkes, oder
> vielmehr gar keine Fertigkeit, sondern eine charakteris-
> tische Lebensäußerung. Alle pfeifen wir, aber freilich
> denkt niemand daran, das als Kunst auszugeben, wir
> pfeifen, ohne darauf zu achten, ja, ohne es zu merken
> und es gibt sogar viele unter uns, die gar nicht wissen,
> daß das Pfeifen zu unsern Eigentümlichkeiten gehört
> (351 f.).

Mindestens für den Nicht-Künstler (der der Erzähler nun einmal ist) lässt sich kein substantieller Unterschied zwischen Josefines Gesang und dem Volks-
pfeifen erkennen.

Sucht man diese Nicht-Unterscheidbarkeit von
›Gesang‹ und ›Pfeifen‹ auf die Literatur zu übertragen, so bietet sich natürlich sofort eine naheliegende
Auflösung an: Auch Literatur bedient sich ja des All-
tags-Mediums der Sprache (bzw. Schrift). Und wenn
man bei dieser Verwendung den Kommunikati-
onsaspekt in den Vordergrund stellen würde, so
könnte man in der Tat sagen, dass Literatur schlechter (›schwächer‹), da weniger eindeutig kommuniziert als Nicht-Literatur. Nicht zuletzt im Lichte der
‹Forschungen› und ihrer eigentümlichen Koppelung von Kunst und Leben wird man die (Fast-)Iden-
tität von ›Pfeifen‹ und ›Gesang‹ aber wohl ernster
nehmen müssen: Kunst gilt Kafka – mindestens im
Spätwerk – als »Lebensäußerung« (352). Auch wenn
der Künstler vom Leben getrennt sein mag – seine
Kunst ist es nicht. Sie kommt aus dem Menschenle-
ben – das für Kafka eben mehr ist als empirisch-rati-
onale Daseinsbewältigung – und sie drückt dessen
Grunderfahrungen aus.

Obwohl der Erzähler keinen Unterschied zwischen Josefines Kunst und der Nicht-Kunst des alltäglichen Pfeifens benennen kann, muss er konze-
dieren, dass es einen solchen Unterschied gibt – die
Wirkung von Josefines Kunst beweist das jenseits jeden Zweifels. Der Erzähler versucht, sich dieses Paradoxon mit Hilfe eines Vergleiches zu verdeutlichen:

> Selbst wenn es nur unser tagtägliches Pfeifen wäre,
> besteht hier doch schon zunächst die Sonderbarkeit, daß
> jemand sich feierlich hinstellt, um nichts anderes als das
> Übliche zu tun. Eine Nuß aufknacken ist wahrhaftig
> keine Kunst, deshalb wird es auch niemand wagen, ein
> Publikum zusammenzurufen und vor ihm, um es zu un-
> terhalten, Nüsse knacken. Tut er es dennoch und gelingt
> seine Absicht, dann kann es sich eben doch nicht nur um

bloßes Nüsseknacken handeln. Oder es handelt sich um Nüsseknacken, aber es stellt sich heraus, daß wir über diese Kunst hinweggesehen haben, weil wir sie glatt beherrschten und daß uns dieser neue Nußknacker erst ihr eigentliches Wesen zeigt, wobei es dann für die Wirkung sogar nützlich sein könnte, wenn er etwas weniger tüchtig im Nüsseknacken ist als die Mehrzahl von uns (352 f.).

Uns heutigen Lesern fielen wahrscheinlich andere Vergleiche ein als das Nüsseknacken. Marcel Duchamp (1887–1968) hat in der Kunstgeschichte Epoche gemacht, als er 1917 ein Urinal (signiert mit »R. Mutt«) zu einer Ausstellung einreichte. Ihm mag es dabei um eine Fundamentalkritik an der Institution ›Kunst‹ gegangen sein. Was er aber wirklich erwiesen hat, ist der Eigenwert und die Eigenart ästhetischer Wahrnehmung, die sich als »interesseloses Wohlgefallen« (wie Kant es nannte) auf jedes beliebige Objekt richten kann, um daran eine (wie immer komplex und befriedigend ausfallende) ästhetische Erfahrung zu machen. Voraussetzung ist nur, dass das Objekt aus seinem Alltags- und Gebrauchszusammenhang herausgelöst wird – bzw. dass wir es in unserer Betrachtereinstellung herauslösen und es quasi mit neuen Augen sehen, es in seiner Gestalt und Gestaltqualität wahrnehmen.

In genau diesem Distanzgewinn zum Alltag sieht der Erzähler eine erste zentrale Funktion von Josefines Kunst. Das Leben des Mäuse-Volkes ist »schwer« (350) und »unruhig«; »jeder Tag bringt Überraschungen, Beängstigungen, Hoffnungen und Schrecken« (355). Doch gerade weil Kindheit – die bei Kafka, ganz konventionell, eine besondere Offenheit für das ›Andere‹ der Kunst bedeutet – in dieser harten Lebenswelt nicht ausgelebt werden kann, bleibt sie präsent:

In unserem Volke kennt man keine Jugend, kaum eine winzige Kinderzeit. Es treten zwar regelmäßig Forderungen auf, man möge den Kindern eine besondere Freiheit, eine besondere Schonung gewährleisten, ihr Recht auf ein wenig Sorglosigkeit, ein wenig sinnloses Sichherumtummeln, auf ein wenig Spiel, dieses Recht möge man anerkennen und ihm zur Erfüllung verhelfen; solche Forderungen treten auf und fast jedermann billigt sie, es gibt nichts, was mehr zu billigen wäre, aber es gibt auch nichts, was in der Wirklichkeit unseres Lebens weniger zugestanden werden könnte […]. […] die Gebiete, auf denen wir aus wirtschaftlichen Rücksichten zerstreut leben müssen, sind zu groß, unserer Feinde sind zu viele, die uns überall bereiteten Gefahren zu unberechenbar – wir können die Kinder vom Existenzkampfe nicht fernhalten, täten wir es, es wäre ihr vorzeitiges Ende. […] Und das hat seine Folgewirkungen. Eine gewisse unerstorbene, unausrottbare Kindlichkeit durchdringt unser Volk; im geraden Widerspruch zu unserem Besten, dem

untrüglichen praktischen Verstande, handeln wir manchmal ganz und gar töricht, und zwar eben in der Art, wie Kinder töricht handeln, sinnlos, verschwenderisch, großzügig, leichtsinnig und das alles oft einem kleinen Spaß zuliebe. Und wenn unsere Freude darüber natürlich nicht mehr die volle Kraft der Kinderfreude haben kann, etwas von dieser lebt darin noch gewiß. Von dieser Kindlichkeit unseres Volkes profitiert seit jeher auch Josefine.

Aber unser Volk ist nicht nur kindlich, es ist gewissermaßen auch vorzeitig alt, Kindheit und Alter machen sich bei uns anders als bei anderen. Wir haben keine Jugend, wir sind gleich Erwachsene, und Erwachsene sind wir dann zu lange, eine gewisse Müdigkeit und Hoffnungslosigkeit durchzieht von da aus mit breiter Spur das im ganzen doch so zähe und hoffnungsstarke Wesen unseres Volkes. Damit hängt wohl auch unsere Unmusikalität zusammen; wir sind zu alt für Musik, ihre Erregung, ihr Aufschwung paßt nicht für unsere Schwere, müde winken wir ihr ab; wir haben uns auf das Pfeifen zurückgezogen; ein wenig Pfeifen hie und da, das ist das Richtige für uns (363–365).

Das Zitat entfaltet wesentliche Elemente eines begrifflichen Oppositionssystems, das den ganzen Text durchzieht. Für das alltägliche Leben stehen u. a. ›Existenzkampf‹ und ›praktischer Verstand‹, ›Müdigkeit‹ und ›Hoffnungslosigkeit‹, für die Gegensphäre der Kunst ›Frieden‹, ›Kindheit‹, Sorglosigkeit‹, ›Spiel‹, im äußersten Falle: ›Glück‹:

Etwas von der armen kurzen Kindheit ist darin, etwas von verlorenem, nie wieder aufzufindendem Glück, aber auch etwas vom tätigen heutigen Leben ist darin, von seiner kleinen, unbegreiflichen und dennoch bestehenden und nicht zu ertötenden Munterkeit. Und dies alles ist wahrhaftig nicht mit großen Tönen gesagt, sondern leicht, flüsternd, vertraulich, manchmal ein wenig heiser. Natürlich ist es ein Pfeifen. Wie denn nicht? Pfeifen ist die Sprache unseres Volkes, nur pfeift mancher sein Leben lang und weiß es nicht, hier aber ist das Pfeifen freigemacht von den Fesseln des täglichen Lebens und befreit auch uns für eine kurze Weile. Gewiß, diese Vorführungen wollten wir nicht missen (366 f.).

Distanzgewinn ist also die erste wesentliche Funktion der Kunst (und damit zugleich eine wesentliche Bedingung der Möglichkeit ihrer Wirkung). Dieser verbindet sich jedoch mit einer zweiten, weniger leicht zu verstehenden Funktion:

Trotzdem wir im Grunde mit ganz anderen Dingen beschäftigt sind und die Stille durchaus nicht nur dem Gesange zuliebe herrscht und mancher gar nicht aufschaut, sondern das Gesicht in den Pelz des Nachbars drückt und Josefine also dort oben sich vergeblich abzumühen scheint, dringt doch – das ist nicht zu leugnen – etwas von ihrem Pfeifen unweigerlich auch zu uns. Dieses Pfeifen, das sich erhebt, wo allen anderen Schweigen auferlegt ist, kommt fast wie eine Botschaft des Volkes zu dem

Einzelnen; das dünne Pfeifen Josefinens mitten in den schweren Entscheidungen ist fast wie die armselige Existenz unseres Volkes mitten im Tumult der feindlichen Welt. Josefine behauptet sich, dieses Nichts an Stimme, dieses Nichts an Leistung behauptet sich und schafft sich den Weg zu uns, es tut wohl, daran zu denken (362).

Hier in den dürftigen Pausen zwischen den Kämpfen träumt das Volk, es ist, als lösten sich dem Einzelnen die Glieder, als dürfte sich der Ruhelose einmal nach seiner Lust im großen warmen Bett des Volkes dehnen und strecken. Und in diese Träume klingt hie und da Josefinens Pfeifen; sie nennt es perlend, wir nennen es stoßend; aber jedenfalls ist es hier an seinem Platze, wie nirgends sonst, wie Musik kaum jemals den auf sie wartenden Augenblick findet (366).

Kunst stiftet also eine Gemeinschaftserfahrung, die die der Volks-, im übertragenen Sinne also die der Menschengemeinschaft ist. Es handelt sich dabei um eine ›träumerische‹ Erfahrung – wobei man besser nicht, wie gerade Literaturwissenschaftler es oft reflexhaft tun, an Freuds Traumbegriff denken sollte. Eher sollte man den Passus nutzen, um Kafkas vielzitierte Wendung, ihm gehe es um die Darstellung seines »traumhaften innern Lebens« (6.8.1914; T 546), besser zu verstehen.

Will man diese Funktionsbestimmungen der Kunst auf Kafkas Werke übertragen (wie dies im Schlusskapitel wenigstens ansatzweise versucht werden soll), so wäre zweierlei zu bedenken: (1) Es handelt sich um Funktionsbestimmungen aus der Sicht eines Nicht-Künstlers – *Josefine* ist der einzige Kafka-Text, der quasi aus der Publikumsperspektive geschrieben ist. Die Erzählung entfaltet damit eine ›schwache‹ Kunsttheorie, die nicht mit der ›starken‹ Fassung identisch ist, die der Künstler selbst formulieren würde – und die Kafka an anderen Stellen ja in der Tat selbst formuliert hat. Josefine spricht ihrem Publikum jedes wahre »Verständnis« ihrer Kunst ab (351) und erhebt für diese weit radikalere Ansprüche, als sie der Erzähler zugestehen kann: Für sie ist der Künstler nicht weniger als der »Retter« seines Volkes (360). (2) Selbst die vom Erzähler vertretene, deutlich bescheidenere Variante von Kunstwirkung ist aber nicht einfach Abbildung eines Ist-Zustandes, sondern der Entwurf eines (bescheidenen) Ideals, das das unter den gegebenen Umständen Best-Mögliche wäre: Josefines Kunst übt eine positive Wirkung auf das Volk aus (auch wenn diese weit hinter Josefines Ansprüchen zurückbleibt), und das Volk akzeptiert Josefine, wenn auch nur innerhalb der durch die Gemeinschaft gesetzten Grenzen. Weiter ist zu bedenken, dass ja auch das (Mäuse-)›Volk‹ nicht einfach identisch mit dem real existierenden

Publikum ist (dessen Verhaltensweisen wurden im *Hungerkünstler* beschrieben), da es eine ›Gemeinschaft‹ im emphatischen Sinne darstellt, die im realen Leben erst noch zu konstituieren wäre.

»Versunken in die Nacht«: Statt eines Fazits

Die Argumentation in diesem Artikel wurde bewusst so textnah gehalten, wie es dessen begrenzter Umfang möglich machte. Schließlich schreibt Kafka keine kunsttheoretischen Abhandlungen, sondern entwirft Bilder und erzählt Geschichten. Und jedes dieser Bilder, jede dieser Geschichten setzt etwas andere Akzente. Deswegen wäre es fahrlässig, über Kafkas Texte zu reden, als enthielten sie eine ablösbare Weltanschauung oder Kunsttheorie. Unser Blick auf die Erzählungen führte bestenfalls zu einer Erkenntnis der Grundelemente von Kafkas Kunst- und Literaturtheorie, deren Konstellierung und Akzentuierung in der Werkgeschichte beträchtlichen Schwankungen unterliegt.

Deutlich sollte geworden sein, dass Kafkas Kunstauffassung von einer tiefen Ambivalenz geprägt ist: Auf der einen Seite steht ein negatives Bild des von Außenseitertum, Lebens- und Gemeinschaftsverfehlung, ›Bodenlosigkeit‹, Anarchie und Gesetzesverstoß bestimmten Künstlers. Dieses – auch in den nicht-fiktionalen Schriften breit entfaltete – Künstlerbild hat in den letzten Jahren den Blick auf Kafkas Kunst- und Literaturauffassung eher verdunkelt als erhellt. Denn ihm steht eine emphatisch positive Kunstauffassung in der Tradition der Kunstmetaphysik gegenüber, nach der Kunst (bzw. Literatur) die Eingrenzungen und Verdrängungen der aufgeklärt säkularen Weltsicht durchbricht und den ihr korrespondierenden Egoismus der zweckrational handelnden, freigesetzten Individuen kritisiert, ihn vielleicht (idealiter) sogar in einem literarisch gestifteten symbolischen Weltbild überwindet.

Das negative Künstlerbild bleibt, mindestens im mittleren und späten Werk, relativ konstant – noch in *Josefine* wird letztlich nur die Kunst, nicht aber der Künstler gerechtfertigt. Die positive Kunstauffassung ist, werkgeschichtlich gesehen, in der Zeit zwischen Winter 1916 und Ende 1920 am prominentesten. Als Kafka in der letzten Phase des späten Werkes in seinen »selbstbiographischen Untersuchungen« (wohl Februar 1921; NSF II, 373) das Thema vielfältig literarisch gestaltet, bleibt das negative Künstlerbild zwar immer noch unübersehbar präsent, zugleich wird aber jedoch auch die kunstmetaphysische Auffassung deutlich akzentuiert: in den <Forschungen> in ihrer stärksten und in *Josefine* in einer um Ausgleich zwischen Künstler und Publikum bemühten, bescheideneren Variante.

Wie eingangs bereits angekündigt, lassen sich aus Kafkas kunsttheoretischen Reflexionen poetologische Bestimmungen im engeren Sinne kaum ableiten. Der einzige Text, der dazu überhaupt Anhaltspunkte bietet, ist Kafkas letzte Erzählung. Wenn man deren Kategorien versuchsweise auf das Werk zu übertragen sucht, so könnte man bei dem ästhetischen Distanzgewinn sowohl an die anti-mimetische Anlage der Texte, wie auch an deren Komik und an die eine Distanzierung von den Hauptfiguren bewirkende Handhabung des personalen Erzählens denken. Gemeinschaftsstiftend könnten die Texte vor allem durch zweierlei Eigenschaften wirken: durch ihre reduktive Erzählstrategie, die alle individuellen wie raum-zeitlichen Besonderheiten tilgt, und durch ihre durchgängige Zeichenhaftigkeit, die ihnen einen mythologischen oder parabolischen Charakter gibt, ihnen Züge einer ›neuen Mythologie‹ verleiht.

Um bei dem ohnehin schwierigen Thema einigermaßen sicheren Boden zu gewinnen, blieb dieser Artikel auf Texte beschränkt, in denen explizit von Kunst und Künstlertum die Rede ist. Auch wenn die Gegenthese, dass eigentlich *alle* Erzählungen Kafkas nur sein eigenes Schreiben thematisieren, mehr als fragwürdig erscheint, muss natürlich zugestanden werden, dass es auch Texte geben kann, die von Kunst/Literatur handeln, ohne dies *explizit* zu thematisieren. Ein Prosastück, bei dem dies äußerst wahrscheinlich ist, soll abschließend zitiert werden. Es handelt sich um einen kurzen, prosalyrischen Text aus dem ›Konvolut 1920‹ (entstanden in der zweiten Jahreshälfte 1920), den Max Brod unter dem Titel <Nachts> veröffentlich hat.

> Versunken in die Nacht. So wie man manchmal den Kopf senkt, um nachzudenken, so ganz versunken sein in die Nacht. Ringsum schlafen die Menschen. Eine kleine Schauspielerei, eine unschuldige Selbsttäuschung daß sie in Häusern schlafen, in festen Betten unter festem Dach ausgestreckt oder geduckt auf Matratzen, in Tüchern, unter Decken, in Wirklichkeit haben sie sich zusammengefunden wie damals einmal und wie später einmal in wüster Gegend, ein Lager im Freien, eine unübersehbare Zahl Menschen, ein Heer, ein Volk, unter kaltem Himmel auf kalter Erde, hingeworfen wo man

früher stand, die Stirn auf den Arm gedrückt, das Gesicht gegen den Boden hin, ruhig atmend. Und Du wachst, bist einer der Wächter, findest den nächsten durch Schwenken des brennenden Holzes aus dem Reisighaufen neben Dir. Warum wachst Du? Einer muß wachen, heißt es. Einer muß dasein, (NSF II, 260 f.).

Von allen – immer partikularen – Künstlerbildern Kafkas ist dies das vielleicht interessanteste und instruktivste: Der Künstler wacht – im Doppelsinne des Wortes – dort, wo die Oberflächen des rational geordneten, gegen alles Unverständliche und Unbeherrschbare abgeschirmten Lebens aufbrechen (die nichts anderes als eine »Selbsttäuschung« sind) und die Menschen sich, in zivilisationsfern-archaischer Ausgesetztheit, mit dem ›Fremden‹ konfrontiert sehen, das ihr Eigenes ist.

Forschung

Es gibt zwar zahlreiche Einzeltextuntersuchungen, aber – mit Ausnahme der Monographie von Hillmann (1964) – kaum übergreifende Gesamtdarstellungen zum Thema. Ein dringendes Desiderat wäre eine systematische Auswertung der in Kafkas Notizheften verstreuten kritischen Anmerkungen zu seinen Lektüren und Theaterbesuchen.

Materialien: F.K.: Dichter über ihre Dichtungen. Hg. v. Erich Heller u. Joachim Beug. München 1969.

Forschung: P.-A. Alt (2005). – Walter Bauer-Wabnegg: Monster und Maschinen, Artisten und Technik in F.K.s Werk. In: Kittler/Neumann (1990), 316–382. – Hartmut Binder: Anschauung ersehnten Lebens. K.s Verständnis bildender Künstler und ihrer Werke. In: W. Schmidt-Dengler (1985), 17–41. – Waldemar Fromm: Artistisches Schreiben. F.K.s Poetik zwischen *Proceß* und *Schloß*. München 1998. – Heinz Hillmann: F.K. Dichtungstheorie und Dichtungsgestalt. Bonn 1964. – Oliver Jahraus/Bettina von Jagow: K.s Tier- und Künstlergeschichten. In: KHb (2008), 530–552. – Gerhard Neumann: »Nachrichten vom ›Pontus‹«. Das Problem der Kunst im Werk F.K.s. In: Kittler/Neumann (1990), 164–198 [1990a]. – Ders.: K. und die Musik. In: Kittler/Neumann (1990), 391–398 [1990b]. – Ders.: Hungerkünstler und Menschenfresser. Zum Verhältnis von Kunst und kulturellem Ritual im Werk F.K.s. In: Kittler/Neumann (1990), 399–432 [1990c]. – Ders.: Der Zauber des Anfangs und das »Zögern vor der Geburt« K.s Poetologie des »riskantesten Augenblicks«. In: H.D. Zimmermann (Hg.): Nach erneuter Lektüre: F.K.s *Der Proceß*. Würzburg 1990, 176–186 [1990d]. – Ders.: Hungerkünstler und singende Maus. F.K.s Konzept der »kleinen Literaturen«. In: Gunter E. Grimm (Hg.): Metamorphosen des Dichters. Das Selbstverständnis deutscher Dichter von der Aufklärung bis zur Gegenwart. Frankfurt/M. 1992, 228–247. – Ders.: »Wie eine regelrechte Geburt mit Schmutz und Schleim bedeckt«. Die Vorstellung von der Entbindung des Textes aus dem Körper in K.s Poetologie. In: Christian Begemann/David E. Wellbery (Hg.): Kunst – Zeugung – Geburt. Theorien und Metaphern der ästhetischen Produktion in der Neuzeit. Freiburg 2002, 293–324. – Ralph R. Nicolai: »Titorelli«: Modell für eine K.-Deutung? In: W. Schmidt-Dengler (1985), 79–91. – Ders.: K.s Erstes Leid im Rahmen der ›Künstlerthematik‹. In: Studi Germanici 24 (1986–88), 259–267. – U. Plass (2009), bes. 109–122. – R. Robertson (1988 [1985]). – Günter Saße: Aporien der Kunst. K.s Künstlererzählungen Josefine, die Sängerin und Ein Hungerkünstler. In: Sabine Becker/Helmuth Kiesel (Hg.): Literarische Moderne. Begriff und Phänomen. Berlin, New York 2007, 245–255. – Henry Sussman: K.'s Aesthetics. A Primer. From the Fragments to the Novels. In: J. Rolleston (2002), 123–148. – Hartmut Vollmer: Die Verzweiflung des Artisten. F.K.s Erzählung Erstes Leid – eine Parabel künstlerischer Grenzerfahrungen. In: DVjs 72 (1998), 126–146. – John Winkelman: K.s Forschungen eines Hundes. In: Monatshefte 59 (1967), 204–216. – Rosemarie Zeller: Advokatenkniffe. Die Thematisierung von Textproduktion und Interpretation im Werk K.s. In: ZfdPh 106 (1987), 558–576.

Ausgabennachweise und Forschungsliteratur zu Der Process in 3.2.4, zu Erstes Leid, Ein Hungerkünstler und Josefine, die Sängerin in 3.3.4, zu <Nachts> in 3.3.7 (jeweils in den Anhangsteilen).

Manfred Engel

4.7 Kafka und die moderne Welt

Ästhetische versus soziale Moderne

Kritik an den Folgelasten des Modernisierungsprozesses hat eine lange Tradition, die fast ebenso weit zurückreicht wie die soziale Moderne selbst – zu ihren Gründungsdokumenten gehören so unterschiedliche Texte wie die beiden *Discours* von Jean-Jacques Rousseau (1750 u. 1755), Edmund Burkes *Reflections on the Revolution in France* (1790) und der sechste von Friedrich Schillers *Briefen über die ästhetische Erziehung des Menschen* (1795). Und natürlich ist uns diese Kritik auch aus aktuellen Diskussionen noch wohlvertraut – etwa aus der Auseinandersetzung mit ›Logozentrismus‹ und disziplinierender Rationalisierung bei den Poststrukturalisten Derrida und Foucault, aus der ökologischen Bewegung oder der Globalisierungsdebatte.

Freilich erscheint diese lange Geschichte nur aus großem Abstand als kontinuierlicher Diskurs. Die soziale Modernisierung verläuft in Schüben, die kulturelle Modernisierungskrisen auslösen – und diese sind dann auch die eigentlichen Blütezeiten der Modernisierungskritik. In die Epoche der ästhetischen Moderne fallen gleich zwei solcher Krisenphasen: der Industrialisierungsschub des späten 19. Jahrhunderts und der Ausgang des Ersten Weltkrieges, der das Ende der alteuropäischen Weltordnung besiegelt. Wie alle Modernisierungskrisen entstehen auch diese aus Friktionen zwischen schnellen Veränderungsprozessen in der Lebenswelt und den erheblich trägeren sozialen, mentalen und kulturellen Strukturen. Dies führt einerseits zu Modernisierungswillen, ja sogar -euphorie, andererseits aber auch zu Veränderungsangst, Fortschrittsskepsis und zur kritischen Abwägung von Modernisierungsgewinnen und -verlusten.

Natürlich gibt es einfach gestrickte Varianten der Modernisierungskritik, die sich als ›konservativ‹ oder ›reaktionär‹ rubrizieren lassen. Die avancierteren (und interessanteren) Modernisierungskritiker aber sind nicht so einfach zu verorten, da sie die Vergangenheit nicht idyllisch verklären und ihnen eine Rückkehr dorthin unmöglich erscheint. Friedrich Nietzsches Werk, das zwei Generationen von Denkern und Künstlern die mit Abstand wichtigsten geistigen Impulse lieferte, wäre ein gutes Beispiel für solche Komplexität, da hier Christentum und moralische Konventionen der gleichen Fundamentalkritik unterworfen werden wie Liberalismus und Fortschrittsglauben.

Zu dieser Fraktion avancierter Modernisierungskritiker gehören auch viele Künstler und Literaten der ästhetischen Moderne (während Modernisierungseuphorie, wie sie etwa die italienischen Futuristen vertreten, im deutschsprachigen Raum die eher seltene Ausnahme darstellt). Dass Autoren und Künstler, die in der formalen Gestaltung ihrer Werke radikal mit überlieferten Regeln brechen, sich nicht einfach auf die Seite der sozialen Moderne geschlagen haben, wird nur den verwundern, der Modernisierungskritik mit Konservatismus und Reaktion gleichsetzt. Die Kultur- und Zivilisationskritik der ästhetischen Moderne ist aber von genuiner Radikalität – und wendet sich ebenso gegen überholte Traditionsbestände wie gegen ungebrochenen Fortschritts- und Technikglauben.

Vor diesem – hier natürlich nur sehr pauschal skizzierten – Hintergrund erscheint es mehr als plausibel, dass auch Kafkas Werk eine modernitätskritische Grundlage hat. Und das ist in der Forschung ja auch eine durchaus gängige These – zumindest in sozialgeschichtlichen und bestimmten poststrukturalistischen Kafka-Interpretationen. Allerdings werden dabei meist einfach kurrente Vorstellungen von Moderne und kurrente Modernisierungstheorien zugrunde gelegt und auf die Texte projiziert. Das ist auch nicht verwunderlich, da sich nur schwer ermitteln lässt, was Kafka selbst unter sozialer Moderne verstand und was er an ihr für kritikwürdig hielt.

Das beginnt schon mit der Phänomenologie der modernen Welt in Kafkas Texten. Natürlich ist es durchaus plausibel, den *Verschollenen* als kritische Darstellung des »allermodernsten New Jork« zu lesen (An K. Wolff, 25.5.1913; B13–14 196 f.). In späteren Werken fallen solche Identifizierungen aber wesentlich schwerer: Wie steht es etwa mit der Gerichtswelt des *Process*-Romans? Ist sie wirklich ein – wie immer satirisch verzerrtes – Abbild der modernen ›verwalteten Welt‹? Oder dient der Phänomenbereich von Justiz und Bürokratie hier nur als poetisches Zeichen für etwas völlig Anderes? Noch schwerer zu verorten sind die für Kafka so charakteristischen Hybridbildungen: Die *Strafkolonie* etwa zeichnet, ganz explizit, das Bild einer *vergangenen*, quasi prä-modernen Strafordnung, verbindet diese aber mit einer komplizierten Maschine, die wir eher

der Moderne zurechnen würden. Ähnlich verwirrend ist die Welt des *Schloss*-Romans angelegt: Auch sie weist Züge auf, die wir als ›modern‹ zu identifizieren geneigt wären – vor allem natürlich die überkomplexe Bürokratie –, integriert sie aber in die deutlich prä-modernen, fast feudal anmutenden Strukturen der Dorf/Schloss-Gemeinschaft. Ohne zu wissen, was Kafka unter sozialer Moderne verstand, lässt sich so unmöglich entscheiden, ob es sich bei ›modernen‹ Motiven in seinen erzählten Welten um mimetische oder um semiotische Elemente handelt.

Kafkas ›westjüdische‹ Moderne

Um einen ersten Zugang zu Kafkas Modernitätsbegriff zu gewinnen, soll der Themenkomplex genutzt werden, in dem eine Differenzierung zwischen prä-modernen und modernen Lebenswelten am greifbarsten ist: die Opposition zwischen Ost- und Westjudentum.

Wie Kafka im ‹Brief an den Vater› detailliert schildert (vgl. bes. NSF II, 185–192), wuchs er in einem durch und durch säkularisierten und assimilierten Elternhaus auf. Das war eine im Prager jüdischen Bürgertum durchaus typische Erfahrung – und ebenso typisch war auch die Gegenreaktion der Söhne dieser Familien, die in ihrer Rebellion gegen die Väterwelt wieder Anschluss an die verlorenen jüdischen Traditionen zu gewinnen suchten. Auf dieser spezifisch jüdischen Variante des expressionistischen Vater-Sohn-Konfliktes (vgl. An M. Brod, Juni 1921; Briefe 337 f.; ↗ 47) beruhte auch die starke zionistische Bewegung in Kafkas unmittelbarem Prager Umfeld, der sich unter anderem seine Freunde Max Brod, Felix Weltsch und Hugo Bergmann angeschlossen hatten.

Nicht untypisch war schließlich auch die Faszination, die das (der Elterngeneration eher peinliche) chassidische Ostjudentum auf die jungen jüdischen Intellektuellen Prags ausübte; in Einzelfällen führte sie sogar zu direkten Anschlussversuchen – Kafka spricht ironisch von ›Assimilation‹ an den Chassidismus (T 733; 25.3.1915) –, wie etwa beim befreundeten Jiří Langer, mit dem Kafka zwei berühmte ›Wunderrabbis‹ besuchte (↗ 19 u. 52; vgl. auch Robertson 1988, 234–237).

Die Position, die Kafka in diesem Spannungsfeld von westjüdischer Assimilation, ostjüdischer Glaubenssicherheit und dem von Martin Buber geprägten Prager Kulturzionismus bezog, war, wie zu zeigen sein wird, eine zwischen allen Stühlen. Die Ereignisgeschichte und das soziologische wie diskursive Umfeld von Kafkas Annäherungsversuchen an seine jüdische Identität sind bekannt und wohlerforscht, werden daher hier nicht noch einmal ausführlich rekapituliert (↗ 12–14, 51–54; vgl. auch Baioni, Robertson 1988 und die knappe Zusammenfassung der Forschungsergebnisse bei Kilcher, 38–44). Stattdessen soll versucht werden, zwei bekannte Selbstaussagen Kafkas auszulegen, um so das zeitkritische Aussagepotential der Unterscheidung zwischen ›ost-‹ und ›westjüdischer Zeit‹ zu erschließen.

In einem Mitte November 1920 an Milena gerichteten Brief findet sich die folgende Selbstcharakteristik:

> Wir kennen doch beide ausgiebig charakteristische Exemplare von Westjuden, ich bin, soviel ich weiß, der westjüdischeste von ihnen, das bedeutet, übertrieben ausgedrückt, daß mir keine ruhige Sekunde geschenkt ist, nichts ist mir geschenkt, alles muß erworben werden, nicht nur die Gegenwart und Zukunft, auch noch die Vergangenheit, etwas das doch jeder Mensch vielleicht mitbekommen hat, auch das muß erworben werden, das ist vielleicht die schwerste Arbeit, dreht sich die Erde nach rechts – ich weiß nicht, ob sie das tut – müßte ich mich nach links drehn, um die Vergangenheit nachzuholen (BM 294).

Hauptcharakteristikum des Westjudentums, als dessen gesteigertsten Repräsentanten Kafka sich hier begreift, ist also eine umfassende Entwurzelung: Verloren ist die ganze Vergangenheit als tragender Grund der eigenen Identität. Eine gut eineinhalb Jahre früher verfasste Reflexion aus dem Umfeld der Zürauer Aphorismen spezifiziert diesen Verlust:

> Es ist nicht Trägheit, böser Wille, Ungeschicklichkeit [...] welche mir alles mißlingen oder nicht einmal mißlingen lassen: Familienleben, Freundschaft, Ehe, Beruf, Litteratur, sondern es ist der Mangel des Bodens, der Luft, des Gebotes. Diesen zu schaffen ist meine Aufgabe, nicht damit ich dann das Versäumte etwa nachholen kann, sondern damit ich nichts versäumt habe, denn die Aufgabe ist so gut wie eine andere. Es ist sogar die ursprünglichste Aufgabe oder zumindest ihr Abglanz, so wie man beim Ersteigen einer luftdünnen Höhe plötzlich in den Schein der fernen Sonne treten kann. Es ist das auch keine ausnahmsweise Aufgabe, sie ist schon gewiß oft gestellt worden, ob allerdings in solchem Ausmaß weiß ich nicht. Ich habe von den Erfordernissen des Lebens gar nichts mitgebracht, so viel ich weiß, sondern nur die allgemeine menschliche Schwäche, mit dieser – in dieser Hinsicht ist es eine riesenhafte Kraft – habe ich das Negative meiner Zeit, die mir ja sehr nahe ist, die ich nie zu bekämpfen sondern gewissermaßen zu vertreten das Recht habe, kräftig aufgenommen, an dem geringen

Positiven sowie an dem äußersten, zum Positiven umkippenden Negativen hatte ich keinen ererbten Anteil. Ich bin nicht von der allerdings schon schwer sinkenden Hand des Christentums ins Leben geführt worden wie Kierkegaard und habe nicht den letzten Zipfel des davonfliegenden jüdischen Gebetmantels noch gefangen wie die Zionisten. Ich bin Ende oder Anfang (25.2.1918; NSF II, 97 f.).

Die Tagebuchstelle ist aus mehreren Gründen hochbedeutsam: (a) Kafka identifiziert hier seine ganz persönliche Lebensproblematik, die ja unübersehbar im Zentrum seines Werkes steht, mit der Problematik seiner Zeit, also eben der sozialen Moderne: Als ›westjüdischester‹ Mensch ist er zugleich der ›modernste‹ und damit Repräsentant (›Vertreter‹) seiner Epoche. (b) Der Verlust der Vergangenheit wird näher bestimmt als »Mangel des Bodens, der Luft, des Gebotes«. Das bringt Metaphern ins Spiel, die wir als wichtige (eng mit dem Motiv der ›Nahrung‹ verwandte) Topoi aus Kafkas Werk kennen: Zentral ausgestaltet ist das Motiv der Bodenlosigkeit etwa in der kurzen Erzählung *Erstes Leid*, wo die ›bodenferne‹ Lebensweise des Trapezkünstlers »menschlichen Verkehr« unmöglich macht (DzL 318; vgl. auch schon T 118 f., Ende 1909). Das Motiv der ›Luft‹ steht zwar nie im Zentrum eines Textes, ist aber ein häufiges Nebenmotiv (vgl. etwa im Band *Ein Landarzt* DzL 255, 272, 273, 300); eine besonders aussagekräftige Verwendung findet sich in einer späten Tagebuchnotiz:

> Es ist klarer als irgendetwas sonst, daß ich, von rechts und links von übermächtigen Feinden angegriffen, weder nach rechts noch links ausweichen kann, nur vorwärts hungriges Tier führt der Weg zur eßbaren Nahrung, atembaren Luft, freiem Leben, sei es auch hinter dem Leben (10.2.1922; T 903).

›Gebot‹ schließlich ist offensichtlich nur ein anderer Name für das schier allgegenwärtige Motiv des ›Gesetzes‹. Dass sein Fehlen beklagt wird, lässt alle Interpretationen zweifelhaft erscheinen, die Erscheinungsformen des ›Gesetzes‹ in Kafkas Texten einfach mit sozialen Machtstrukturen gleichsetzen. (c) Der Mangel an lebens- und gemeinschaftsermöglichendem ›Grund‹ und ›Gesetz‹ wird von Kafka in eindeutigen Zusammenhang gestellt mit dem Phänomen der Säkularisierung: dem Nicht-Mehr von Christentum (und traditionellem Judentum) und dem Noch-Nicht einer zionistischen Erneuerung der jüdischen Tradition. (d) Schließlich stellt sich Kafka die »Aufgabe«, diesen Mangel zu beheben – was man wohl (mindestens: auch) als Aussage über die Funktion seines Schreibens wird lesen müssen. Dabei ist allerdings der werkgeschichtliche Ort der Äußerung zu bedenken (↗489–493): Diese Funktionsbestimmung gilt in voller Intensität vor allem für das Spätwerk (vielleicht auch schon für den intensiven Arbeitswinter 1916/17); am deutlichsten ausformuliert ist sie in einer bekannten späten Tagebuchreflexion:

> Diese ganze Litteratur ist Ansturm gegen die Grenze und sie hätte sich, wenn nicht der Zionismus dazwischen gekommen wäre, leicht zu einer neuen Geheimlehre, einer Kabbala entwickeln können. Ansätze dazu bestehn. Allerdings ein wie unbegreifliches Genie wird hier verlangt, das neu seine Wurzeln in die alten Jahrhunderte treibt oder die alten Jahrhunderte neu erschafft und mit dem allen sich nicht ausgibt, sondern jetzt erst sich auszugeben beginnt (16.1.1922; T 878).

So wenig genehm dies der neueren Forschung auch sein mag: Moderne-Kritik steht bei Kafka also in engstem Zusammenhang mit dem Phänomen der Säkularisierung. Der Verlust eines absoluten religiösen Grundes und die damit verbundene Ausdifferenzierung der Lebenswelt in voneinander unabhängige Wertesphären gelten bekanntlich ganz allgemein als wichtige Bestimmungsfaktoren der sozialen Moderne. Für einen jüdischen Autor ist Säkularisierung aber sicher von noch weit fundamentalerer Bedeutung als für einen christlichen, da für ihn religiöse, kulturelle und nationale Identität aufs engste miteinander verbunden sind. Der angebliche Solitär Kafka lässt sich so schlüssig in den Krisendiskurs seiner Zeitgenossen einordnen, ohne die Spezifik seiner jüdischen Situation zu negieren: Seine ›westjüdische‹ ist die in ihrer Krisenhaftigkeit noch gesteigerte allgemeine Moderne.

Für die Inhalte von Kafkas Moderne-Kritik ist mit dieser Bestimmung allerdings noch nicht viel gewonnen – wesentlich mehr aber geben weder die zitierten Texte noch andere ›theoretische‹ Reflexionen her. Wie alle wichtigen Fragen zu Kafka wird so auch die nach seinem Moderne-Begriff letztlich nur aus dem literarischen Werk zu beantworten sein. Zunächst aber sei noch kurz Kafkas Verhältnis zu den beiden Alternativpositionen umrissen.

Von seiner Faszination durch das in der vor-modernen Sicherheit einer symbolischen Weltordnung lebende Ostjudentum zeugen sowohl die umfangreichen Tagebuchnotate aus der Begegnung mit Jizchak Löwy und seiner Theatergruppe in den Jahren 1911/12 (aus denen auch der *Einleitungsvortrag über Jargon* hervorging; ↗140f.) wie auch die Beobachtungen an den vor dem Krieg nach Prag geflohenen und von der jüdischen Gemeinde betreuten Ostju-

den (vgl. Stach 2002, 564–575). Besonders bemerkenswert sind Kafkas Notizen über die Diskussionsabende zum Thema ›Ost und West‹, die der Prager Jüdische Volksverein im Jahre 1915 veranstaltete. Für Kafka waren die ostjüdischen Sprecher sowohl den assimilierten Juden wie den Prager Zionisten klar überlegen:

> Die Verachtung der Ostjuden für die hiesigen Juden. Die Berechtigung dieser Verachtung. Wie die Ostjuden den Grund dieser Verachtung kennen, die Westjuden aber nicht. [...] Götzl [d.i. Getzler als Sprecher für die galizischen Juden], im Kaftan, das selbstverständliche jüdische Leben. Meine Verwirrung (15. u. 25.3.1915; T 730 u. 733).

›Verwirrung‹ erscheint bei solch eindeutiger Bewertung der Positionen der Diskutanten als ein merkwürdig ambivalentes Fazit. Doch so sehr die traditionsgegründete ostjüdische Selbstsicherheit Kafka beeindruckte, so wenig machte sie ihn blind für die Grenzen, die eine solche Glaubens-Gemeinschaft ihren Mitgliedern setzte. Nicht umsonst waren gerade die beiden Ostjuden, mit denen er den intensivsten Kontakt hatte – der Schauspieler Löwy (vgl. NSF I, 430–436) und seine späte Lebensgefährtin Dora Diamant (↗24) –, aus der Enge ihrer heimatlichen Glaubenswelten ausgebrochen. Und auch die Begegnungen mit den beiden Wunderrabbis, die ihre Gläubigen wie absolute Fürsten regierten, hatten Kafka nicht überzeugen können (vgl. Stach 2008, 121–127). Bei aller Wertschätzung der Gemeinschaft waren ihm Individualität (›Eigentümlichkeit‹; NSF II, 7–13) im Allgemeinen und die Freiheit seines Künstlertums im Besonderen zu wichtig; als unhintergehbare Werte ließen sie ihm jede Rückkehr zum prä-modernen Ostjudentum unmöglich erscheinen. So ist Individualismus auch ein fester Bestandteil von Kafkas heterodoxer ›Religiosität‹:

> Der Messias wird kommen, bis der zügelloseste Individualismus des Glaubens möglich ist, niemand diese Möglichkeit vernichtet, niemand die Vernichtung duldet, also die Gräber sich öffnen. Das ist vielleicht auch die christliche Lehre, sowohl in der tatsächlichen Aufzeigung des Beispiels dem nachgefolgt werden soll, eines individualistischen Beispiels, als auch in der symbolischen Aufzeigung der Auferstehung des Mittlers im einzelnen Menschen (NSF II, 55).

Auch der Zionismus übte auf Kafka zweifellos eine große Faszination aus (vgl. etwa seinen Brief an F. Bauer vom 12.9.1916; B14–17 221–224). Doch auch hier blieb seine Einstellung ambivalent: »Ich bewundere den Zionismus und ekle mich vor ihm«

(An G. Bloch, 11.6.1914; B14–17 84). Letztlich gründeten Kafkas Vorbehalte wohl in seiner Skepsis gegenüber der reichlich eklektischen Bindestrich-Synthese, mit der besonders der Prager Kulturzionismus jüdische Tradition und Moderne zu vereinen suchte (vgl. etwa Baioni, 2–33).

Die Moderne und die »alten großen Zeiten« – Kafkas historische Doppel- und Hybrid-Welten

Da sich, wie bereits erwähnt, ›moderne‹ Phänomene in Kafkas erzählten Welten nur schwer eindeutig identifizieren lassen, soll seine Moderne-Kritik in einem ersten Schritt von Texten aus rekonstruiert werden, die explizit eine historische Differenz zwischen ›einst‹ und ›jetzt‹ markieren.

Diese in der Forschung bisher kaum beachtete Textstruktur findet sich in Kafkas Schriften erstaunlich häufig. Im Frühwerk ist ihre Vorstufe die räumliche Opposition von (traditionellem) ›Land‹ und (moderner) ›Stadt‹: In den *Hochzeitsvorbereitungen* reist der Stadtbewohner Raban aufs Land (der Aufenthalt dort bleibt allerdings unbeschrieben); das Ich der *Betrachtung* ist – wie in *Kinder auf der Landstraße* und *Entlarvung eines Bauernfängers* berichtet – vom Lande in die Stadt übersiedelt (wie später auch Josef K. im *Process*; P 335); der Erzähler der *Beschreibung eines Kampfes* flüchtet in seinen »Belustigungen« aus der Stadt ›Prag‹ in eine imaginäre Landschaft.

Vom *Verschollenen* an gibt es dann immer mehr Texte, in denen zwei als zeitlich (mitunter auch räumlich) different markierte Wirklichkeitsbereiche einander gegenübergestellt werden. Am prominentesten ist die historische Spannung zwischen der Gegenwart und den »alten großen Zeiten« (An M. Brod, 13.1.1921, Briefe 291; vgl. auch An F. Bauer, 12.9.1916, B14–17 223) in den Schriften aus dem Winter 1916/17 und dem ›Konvolut 1920‹ (vgl. Schillemeit 2004 [1985]).

Schematisch lassen sich vier Gestaltungsweisen der historischen Opposition unterscheiden (die natürlich auch miteinander kombinierbar sind): (a) Die einfachste Variante ist die Ausgestaltung von Doppelwelten – entweder in direkter Form wie etwa in *Ein Landarzt* (wissenschaftlich moderne Lebenswelt der Titelfigur vs. archaisch-rituelle der Dorfbewohner) oder, mittelbarer, indem ein ›gegenwärti-

ger‹ Reisender in eine prä-moderne Welt kommt – wie etwa in der *Strafkolonie* oder in *Schakale und Araber*; die letztere Variante leitet schon über zum zweiten Typus: (b) Eindeutig prä-modernen Lebenswelten ist dadurch eine historische Differenz eingeschrieben, dass ein ihnen zugehöriger ›Forscher‹ als ›Kulturhistoriker‹ aus relativ nahem Abstand, aber mit quasi aufgeklärt-kritischem Blick die geschichtlichen Grundlagen seiner Lebenswelt zu ergründen sucht – wie etwa in *Beim Bau der chinesischen Mauer*. (c) Einen Sonderfall stellen historische Hybridwelten dar, in denen Kafka moderne und prä-moderne Elemente mischt – wie etwa in *Der neue Advokat* (wo das Schlachtross Alexanders des Großen in der Gegenwart zum Juristen geworden ist), in *<Poseidon>* (mit dem Meeresgott als rechnendem Bürokraten) oder im *Schloss* (in der bereits erwähnten Verbindung von feudaler Dorf/Schloss-Gemeinschaft und moderner Bürokratie). (d) Selbst dort, wo die historische Opposition nicht textprägend ist, taucht sie häufig als Nebenmotiv auf: So entstammen etwa die Richterbilder Titorellis im *Process* altüberlieferten Traditionen über die »alten großen Richter« (P 204), und »Legenden« aus »früherer Zeit« wissen von »wirklichen Freisprechungen« zu berichten (P 207 f.).

Aus dieser umfangreichen Textgruppe sollen im Folgenden einige ausgewählte Werke in chronologischer Folge behandelt werden.

›Europa‹ vs. ›Amerika‹ in *Der Verschollene*

Wohl kein anderer Text Kafkas scheint unserem Bild von der sozialen Moderne so zu entsprechen wie das Romanfragment *Der Verschollene* (die zweite, allein erhaltene Fassung entstand Sept. 1912 – Jan. 1913 u. Aug.–Okt. 1914). Hier begegnen wir der modernen Großstadt mit ihren Menschenmassen und ihrem tosenden Verkehr (vgl. z. B. V 54 f., 74 f., 139–141, 144 f., 160, 194, 266 f., 270, 322–334). Und wir erleben die moderne Arbeitswelt, die den Einzelnen zum kleinen Rädchen in einer unüberschaubaren Maschine macht – wie etwa in der Spedition von Karls Onkel:

> Der Saal der Telegraphen war nicht kleiner, sondern größer als das Telegraphenamt der Vaterstadt, durch das Karl einmal an der Hand eines dort bekannten Mitschülers gegangen war. Im Saal der Telephone giengen wohin man schaute die Türen der Telephonzellen auf und zu und das Läuten war sinnverwirrend. Der Onkel öffnete die nächste dieser Türen und man sah dort im sprühenden elektrischen Licht einen Angestellten gleichgültig

gegen jedes Geräusch der Türe, den Kopf eingespannt in ein Stahlband, das ihm die Hörmuscheln an die Ohren drückte. Der rechte Arm lag auf einem Tischchen, als wäre er besonders schwer und nur die Finger, welche den Bleistift hielten, zuckten unmenschlich gleichmäßig und rasch. In den Worten, die er in den Sprechtrichter sagte, war er sehr sparsam und oft sah man sogar, daß er vielleicht gegen den Sprecher etwas einzuwenden hatte, ihn etwas genauer fragen wollte, aber gewisse Worte, die er hörte zwangen ihn, ehe er seine Absicht ausführen konnte, die Augen zu senken und zu schreiben. Er mußte auch nicht reden, wie der Onkel Karl leise erklärte, denn die gleichen Meldungen, wie sie dieser Mann aufnahm, wurden noch von zwei andern Angestellten gleichzeitig aufgenommen und dann verglichen, so daß Irrtümer möglichst ausgeschlossen waren. In dem gleichen Augenblick als der Onkel und Karl aus der Tür getreten waren, schlüpfte ein Praktikant hinein und kam mit dem inzwischen beschriebenen Papier heraus. Mitten durch den Saal war ein beständiger Verkehr von hin und her gejagten Leuten. Keiner grüßte, das Grüßen war abgeschafft, jeder schloß sich den Schritten des ihm vorhergehenden an und sah auf den Boden auf dem er möglichst rasch vorwärtskommen wollte oder fieng mit den Blicken wohl nur einzelne Worte oder Zahlen von Papieren ab, die er in der Hand hielt und die bei seinem Laufschritt flatterten (V 66 f.; vgl. auch 254–261 und eine Tagebuchnotiz Kafkas vom 7.2.1912 zu den Arbeiterinnen in der Asbestfabrik, an der er beteiligt war: T 373 f.).

So kennen wir die kapitalistische, technifizierte, inhuman durchrationalisierte Welt der Moderne, so ist sie uns aus zeitgenössischen literarischen und filmischen Darstellungen vertraut – man denke etwa an Fritz Langs *Metropolis* (1927) oder Charlie Chaplins *Modern Times* (1936). Doch auch wenn Kafkas erster Roman ganz eindeutig die Welt des ›allermodernsten‹ Amerikas gestaltet, wäre es hermeneutisch fahrlässig, einfach zu unterstellen, dass er dabei unsere Deutung des Modernisierungsprozesses und unsere Modernekritik verwendet (wie dies auch die neuere Forschung noch hartnäckig tut; vgl. etwa Alt 2005, 347–351). Dagegen sprechen, bei einem näheren Blick auf den Text, vor allem zwei Gründe:

(1) Strukturell-sachliche (da quasi objektivierte und interesselose, zum Funktionieren des Ganzen nötige) Gewalt könnte Karl von seiner einfügungsbereiten Persönlichkeitsstruktur her durchaus ertragen. Womit er im Roman aber immer wieder konfrontiert wird, ist ganz und gar subjektive, von Individuen triebhaft, ja geradezu lustvoll ausgeübte Gewalt – man denke etwa an die Szenen mit den Landstreichern Delamarche und Robinson, mit dem Oberportier, mit Klara und der Opernsängerin Brunelda. Diese Form der Gewalt ist den modernen Strukturen nicht nur nicht einfach immanent, sondern für sie geradezu bedrohlich, da sie ihr ord-

nungsgemäßes Funktionieren stört. Sie steht allerdings in einem mittelbaren Zusammenhang mit den sachlogischen Machtstrukturen: Es ist gerade die strenge Disziplin der durchorganisierten Arbeitswelt, die das anarchische Treiben der Liftjungen des Hotels Occidental in ihrer Freizeit freisetzt (V 190–193) und die geordneten Menschenmengen der Richterwahlveranstaltung in ein wüstes Kampfgeschehen auflöst (das sich dann in der Wohnung, von deren Balkon aus Karl die Straßenszene beobachtet hat, in einem Ausbruch brutaler physischer Gewalt fortsetzt; V 323–338).

Macht entstammt bei Kafka also, auch im *Verschollenen*, einem vitalen Machtwillen. Dort, wo die Strukturen tatsächlich die Individuen dominieren, werden sie selbst zum Träger einer vitalen Kraft – wie im »sprühenden elektrischen Licht« des ›Telegrafen‹-Saals (V 66) oder dem Schiffsverkehr im New Yorker Hafen: »eine Bewegung ohne Ende, eine Unruhe, übertragen von dem unruhigen Element auf die hilflosen Menschen und ihre Werke« (V 27).

(2) Kafkas kulturgeschichtliche Erklärung für diese ›moderne‹ Freisetzung vitaler Gewalt liefert der ›Europa‹-›Amerika‹-Gegensatz, der den Roman durchgängig bestimmt (und seine Behandlung in diesem Kapitel begründet). Überall wird das moderne Amerika mit seiner europäischen Vergangenheit konfrontiert: nicht nur durch die Perspektivfigur Karl Roßmann, die sich Amerika von ihren europäischen Erfahrungen erschließt, und durch ein Romanpersonal, das weitgehend aus europäischen Immigranten besteht, sondern auch durch die Amerika eingelagerten europäischen Traditionsreste – wie etwa die alte Kapelle in Pollunders ›Land‹-Haus, die bei der gerade durchgeführten ›Modernisierung‹ des Gebäudes »unbedingt von dem übrigen Haus abgesperrt werden« soll, da »die Zugluft«, die ihrer »dunklen Leere« entströmt, »gar nicht auszuhalten ist« (V 98, 101).

Der so immer wieder ins Spiel gebrachte europäische Wertecode ist durch moralische Werte wie ›Gerechtigkeit‹ und ›Kameradschaft‹, durch ›Religion‹, ›Bildung‹ und ›Kunst‹ bestimmt, weist also eben den ›geistigen‹ Überbau auf, der der sachlich-rationalen amerikanischen Welt fehlt (zur detaillierten Analyse ⌐ 184–187). Trotzdem ist Europa keineswegs als Idyll gezeichnet – durch seine moralische Enge und patriarchale Gewalt wurde Karl nach seinem ›Sündenfall‹ mit dem Dienstmädchen ja das erste Mal verstoßen. Sicher ist jedoch, dass die Freisetzung aus diesen europäischen Wert- und Gemeinschaftsordnungen keinen Fortschritt gebracht hat. Das Schwert, das in Kafkas Roman die Freiheitsstatue hochhält, um deren »Gestalt [...] die freien Lüfte« »wehten« (V 7), ist so weniger ein Richtschwert als vielmehr die Waffe der freigesetzten Machtkämpfer.

Alte und neue Ordnung in der *Strafkolonie*

Die zwischen 5. und 18. Oktober 1914 geschriebene Erzählung *In der Strafkolonie* ist vom Gegensatz zwischen einer alten und einer neuen Rechtsordnung bestimmt: einem »Verfahren nach altem Brauch« (DzL 229, 234), das der verstorbene Kommandant etabliert hatte und das heute nur noch vom Offizier vertreten wird (224), und der »neuen milden Richtung«, die der gegenwärtige Kommandant allmählich einführen will (223). Diese neue Rechtsordnung vertritt auch der aus Europa stammende Forschungsreisende – und wir erkennen sie leicht als die (immer noch) unsere wieder: ein rechtsstaatliches System, wo »der Angeklagte vor dem Urteil verhört« wird (228), sich verteidigen kann (212), sein Urteil »erfährt«, wo »Folterungen« abgeschafft sind (229) und es viele »grundsätzliche Gegner der Todesstrafe« gibt (228). In der Strafkolonie dagegen ist die Schuld, auch ohne jede Untersuchung und Verhandlung, »immer zweifellos« (212) und das Urteil besteht immer in einer grausamen »maschinellen Hinrichtungsart« (228), bei der eine dafür eigens konstruierte Maschine dem Delinquenten das übertretene Gebot auf den Leib schreibt, bis er stirbt.

Bei einer solchen Gegenüberstellung fällt den meisten neueren Interpreten die Entscheidung zwischen den Rechtsordnungen leicht (wenn sie sich ihr nicht dadurch entziehen, dass sie auch diesen Text nur vom Schreiben handeln lassen und die Hinrichtungs- zur ›Schreib‹-Maschine verharmlosen). Mit dem Reisenden verurteilen sie die ›alte‹ Ordnung: »Die Ungerechtigkeit des Verfahrens und die Unmenschlichkeit der Exekution war zweifellos« (222) – und lesen den Text als Kritik an Folter und (kolonialer? totalitärer?) Unterdrückung. Freilich verhält sich der Forschungsreisende – als unser natürlicher Stellvertreter in der Erkundung einer fremden Welt – weit weniger eindeutig: Er zeigt sich von der Maschine und den Reden des Offiziers zunehmend fasziniert, respektiert dessen Haltung (235 f.), verweigert am Ende der Erzählung, »die Macht der früheren Zeiten« fühlend (246), das Verlachen der alten Rechtsordnung und treibt deren Opfer mit einem

»schweren geknoteten Tau« zurück, statt sie mit sich ins fortschrittliche Europa zu nehmen (248). Wenn neuere Interpreten dies überhaupt registrieren, dann wenden sie es zur Anklage des Reisenden: Auch an ihm übe Kafka Kritik, fordere also tatkräftig-energische Vertretung der modernen Humanität.

Das ergibt eine herzwärmend-moralische und deprimierend banale Interpretation – die der Erzählung genauso wenig gerecht wird wie ältere Deutungen, die sich, nicht minder einseitig, auf die Seite von Offizier und altem Kommandanten gestellt hatten. Die literarische Komplexität von Kafkas Werken ernstzunehmen, heißt auch, sich ihren moralischen Ambivalenzen zu stellen: Hätten die Texte eine eindeutige ›Botschaft‹, so hätte Kafka sie uns sicher auch eindeutig mitgeteilt.

Vermeiden ließen sich solche Vereindeutigungen, wenn der Text als Darstellung der Ambivalenzen des Fortschritts in der Strafordnung gelesen würde, sozusagen als frühes (wenn auch ganz anders argumentierendes) Parallelprojekt zu Michel Foucaults *Überwachen und Strafen* (1975, dt. 1977). Die Schwächen der alten Rechtsordnung liegen auf der Hand, bedürfen also keiner näheren Erörterung. Worin aber liegen ihre – weit weniger offensichtlichen – Stärken? Hier wären vor allem drei Punkte anzuführen:

(1) Die Rechtspraxis der alten Ordnung beruht auf einem Ritual, an dem die ganze Gemeinschaft teilhat. So wurde sie in der alten Zeit auch praktiziert:

> Schon einen Tag vor der Hinrichtung war das ganze Tal von Menschen überfüllt; alle kamen nur um zu sehen [...]. Vor hunderten Augen – alle Zuschauer standen auf den Fußspitzen bis dort zu den Anhöhen – wurde der Verurteilte vom Kommandanten selbst unter die Egge gelegt. [...] alle wußten: Jetzt geschieht Gerechtigkeit. [...] Wie nahmen wir alle den Ausdruck der Verklärung von dem gemarterten Gesicht, wie hielten wir unsere Wangen in den Schein dieser endlich erreichten und schon vergehenden Gerechtigkeit! (225 f.)

Das Hinrichtungsritual ist also eine (momentane) Apotheose der ›Gerechtigkeit‹ und des Gesetzes – nicht um *Verbote* geht es ja, um ›Übertretungen‹ und ihnen zugeordnete Strafen im Sinne unseres Rechtssystems, sondern um *Gebote*, die dem Verurteilten auf den Leib geschrieben werden.

(2) Diese Sinnerfahrung wird auch dem Verurteilten zuteil, und zwar nicht in einem Akt des rationalen Begreifens, sondern in leiblicher Evidenz. Er erkennt das Gesetz mit seiner verlöschenden physischen Existenz, wird also auf eine Weise mit ihm eins, die dem Mann vom Lande und Josef K. im gleichzeitig entstehenden *Process* verwehrt bleibt:

Wie still wird dann aber der Mann um die sechste Stunde! Verstand geht dem Blödesten auf. Um die Augen beginnt es. Von hier aus verbreitet es sich. Ein Anblick, der einen verführen könnte, sich mit unter die Egge zu legen. Es geschieht ja nichts weiter, der Mann fängt bloß an, die Schrift zu entziffern, er spitzt den Mund, als horche er. Sie haben gesehen, es ist nicht leicht, die Schrift mit den Augen zu entziffern; unser Mann entziffert sie aber mit seinen Wunden. Es ist allerdings viel Arbeit; er braucht sechs Stunden zu ihrer Vollendung (219 f.).

(3) Für die Anhänger der alten (Glaubens-)Gemeinschaft der Insel erwächst aus solchen Erfahrungen eine absolute Gewissheit, wie der Offizier sie ausstrahlt; für diese Gewissheit opfert er auch bereitwillig sein Leben, stirbt »ruhig und überzeugt« (246). Der Reisende dagegen, als unser Stellvertreter im Text, ist von genau dem aufgeklärt-liberalen Kulturrelativismus geprägt, den wir leicht als unseren Part im aktuellen Streit der Kulturen wiedererkennen: »Der Reisende überlegte: Es ist immer bedenklich, in fremde Verhältnisse entscheidend einzugreifen« (222).

Noch einmal: Das soll nicht heißen, dass die alte Rechtsordnung ein anzustrebendes Gut sei – Kafkas Erzählung verdeutlicht nur unsere Verluste und die Relativität unserer Gewinne: Leiden und Strafen sind uns geblieben – dagegen hilft auch das ›humane‹ Zuckerwerk nichts, mit dem die »Damen des Kommandanten« den Verurteilten bis zum Erbrechen vollgestopft haben (223). An die Stelle der alten (im Moment des Rituals hergestellten) Gemeinschaft ist aber nun die bloße Besitzhierarchie der sozialen Ordnung getreten: Die Bevölkerung der Insel ist »armes, gedemütigtes Volk« (247), bevorzugt mit »Hafenbauten«, dem Lieblingsprojekt des neuen Kommandanten, beschäftigt (233, 247). Verlorengegangen ist auch eine Sinnerfahrung, wie sie in dieser Intensität nur prä-moderne Gesellschaften hervorbringen können.

Die Unmöglichkeit, einfach zu einer solchen Rechtsordnung zurückzukehren, hat Kafka dem Text selbst eingeschrieben: Gestaltet ist ja nicht einfach eine archaische, religiös gegründete Rechtsordnung, in der etwa – wie leicht wäre das zu schreiben gewesen – ein Schamane dem Delinquenten das Gesetz eintätowiert, sondern eine historische Hybride. Die Welt der Strafkolonie – und dafür steht die mit Modernität konnotierte Maschine – ist das *künstliche Konstrukt* einer prä-modernen Ordnung *im Horizont der Moderne*. Der Schrecken, den sie für uns haben *muss*, erklärt sich wesentlich auch daraus, dass sie eben *nicht* mit der Aura einer alten, religiös gegründeten Kultur ausgestattet wird.

So gelesen, ist die Maschine ein komplexes poetisches Zeichen – und nicht einfach ein mimetisches *pars pro toto* der modernen Lebenswelt. In ihr wird *für uns*, also nach Maßgabe unserer (›modernen‹) Denk- und Verständnismöglichkeiten, das Bild einer Ordnung entworfen, in der das ›Gesetz‹ prä- oder trans-rational erfahren werden kann. (Damit ist zugleich ein Erklärungsversuch für die bei Kafka so häufigen historischen Hybridkonstruktionen angeboten, der an anderen Texten – wie etwa dem *Process* oder dem *Schloss* – zu erproben wäre.) Zudem ist dieses ohnehin schon mittelbare Bild noch auf eine zweite Weise mediatisiert: Das Funktionieren der Maschine innerhalb der alten Rechtsordnung wird selbst nicht dargestellt; wir erfahren davon nur aus den Erzählungen des Offiziers.

Wie genau die Maschine als poetisches Zeichen konstruiert ist, zeigt sich auch daran, dass sie sich mit der Veränderung der Rechtsordnung selbst verändert. Der Offizier stellt ihr bei seiner Selbsthinrichtung eine paradoxe Aufgabe: Er will sich den Spruch »Sei gerecht!« (238) auf den Leib schreiben lassen – das wäre aber nur dann im Sinne des Bestrafungsrituals, wenn er dieses Gebot übertreten, also ungerecht gehandelt hätte (eingeschrieben wird ja das Gebot, gegen das man verstoßen hat). Damit aber wird die Geltung der alten Ordnung, die der Offizier immer getreulich befolgt hatte, aufgehoben, ihre Befolgung zur Un-Gerechtigkeit erklärt. Die Maschine, die zur alten Ordnung gehört, kann ein solches Gebot nicht vollstrecken, daher löst sie sich auf und transformiert sich in eine, quasi ›entzauberte‹, moderne Hinrichtungsmaschine.

Gemeinschaft und symbolische Ordnung in den China-Texten

China als poetisches Modell für eine prä-moderne Ordnung hat Kafka gleich mehrfach verwendet: explizit im Fragment *Beim Bau der chinesischen Mauer* (entstanden im März 1917; NSF I, 337–357; der Teil *Eine kaiserliche Botschaft* wurde später herausgelöst und im *Landarzt*-Sammelband veröffentlicht; dort findet auch die eng benachbarte Kurzprosa *Ein altes Blatt* Aufnahme; ↗250); implizit in den Kurztexten ‹Die Abweisung› (NSF II, 261–269, vgl. auch 278 f.), *Zur Frage der Gesetze* (270–273) und ‹Die Truppenaushebung› (273–277), die zum sogenannten ›Konvolut 1920‹ gehören, also zwischen August und Ende 1920 entstanden sind (zu Details vgl. NSF II:A, 68–96). In den Texten der zweiten Gruppe lässt sich ein

China-Bezug nur mittelbar über eine Reihe von Motivparallelen nachweisen; auf jeden Fall ist aber die dargestellte Sozialstruktur der für ›China‹ im ersten Text entworfenen eng verwandt. Obwohl alle Texte prä-moderne Lebenswelten behandeln, weisen sie eine textinterne, oft nur minimale, historische Differenz auf, da sie aus der Perspektive eines Erzählers des ›Forscher‹-Typs geschildert werden, der mindestens teilweise aus der selbstverständlichen Zugehörigkeit zu dieser Lebenswelt herausgetreten ist und (mehr oder minder große) Ansätze einer ›modernen‹ Skepsis ihr gegenüber zeigt.

Die Texte des China-Komplexes sind zu vielschichtig und komplex, um hier auch nur ansatzweise interpretiert zu werden; im Folgenden werden sie nur genutzt, um zentrale Merkmale einer prä-modernen, auf eine symbolische Ordnung gegründeten Lebenswelt herauszuarbeiten.

(1) *Gemeinschaftsbildung* – »Einigungsmittel unseres Volkes« (NSF I, 356): Das Riesenreich China wird vor allem durch zwei Faktoren zusammengehalten. Der erste ist der Mauerbau, dessen praktischer Nutzen mehr als zweifelhaft erscheint (338); zudem hält es der im »südöstlichen China« (347) lebende Erzähler von *Beim Bau der chinesischen Mauer* ohnehin für höchst zweifelhaft, dass die »Nordvölker« es je schaffen könnten, bis in seine Heimat vorzustoßen: »zu groß ist das Land […], in die leere Luft werden sie sich verrennen« (347). Der eigentliche Zweck des Mauerbaues ist so ein »geistiger«: Viele Einzelne »sammeln« sich »auf einen Zweck hin« (344):

> jeder Landsmann war ein Bruder, für den man eine Schutzmauer baute und der mit allem was er hatte und war sein Leben lang dafür dankte, Einheit! Einheit! Brust an Brust, ein Reigen des Volkes, Blut, nicht mehr eingesperrt im kärglichen Kreislauf des Körpers, sondern süß rollend und doch wiederkehrend durch das unendliche China (342).

Wegen dieses primär geistigen Zweckes gab es damals auch Spekulationen, dass der Mauerbau vielleicht das nötige »sichere Fundament« für den (ebenso ›geistig‹ verstandenen) babylonischen Turmbau liefern könnte (343 f.).

Das zweite Einigungsmittel (dessen genaues Verhältnis zum ersten ungeklärt bleibt – eine der Bruchstellen im Fragment) ist das Kaisertum – in der besonderen Form, in der es sich im Riesenreich China manifestiert. Genauso irrelevant wie die tatsächliche Mauer ist auch der tatsächliche »lebendige Kaiser« – »ein Mensch wie wir«: »Das Kaisertum ist unsterblich, aber der einzelne Kaiser fällt und stürzt ab« (350); »wenn man […] folgern wollte, daß wir im Grunde gar keinen Kaiser haben, wäre man von der Wahrheit nicht weit entfernt« (354). Was die fernen Untertanen (wie die im Dorf des Erzählers) und ihr Handeln bestimmt, ist der Kaiser als ›Symbol‹ oder ›Idee‹. Für die Dorfgemeinschaft hat das höchst positive Auswirkungen:

> Die Folge solcher Meinungen ist nun ein gewissermaßen freies, unbeherrschtes Leben. Keineswegs sittenlos, ich habe solche Sittenreinheit wie in meiner Heimat kaum jemals angetroffen auf meinen Reisen. Aber doch ein Leben, das unter keinem gegenwärtigen Gesetze steht und nur der Weisung und Warnung gehorcht, die aus alten Zeiten zu uns herüberreicht (354 f.).

Gerade wegen der mangelnden rationalen »Klarheit« (355), die die im Volk verbreitete Vorstellung vom Kaisertum hat, ist dieses – man beachte die Verwendung der zentralen Metapher aus dem im zweiten Kapitel zitierten Notat Kafkas – »geradezu der Boden auf dem wir leben« (356).

Nirgendwo sonst in seinem Werk hat Kafka ein so positives Bild einer prä-modernen, durch ein symbolisches Weltbild zusammengehaltenen Gemeinschaft gezeichnet wie in *Beim Bau der chinesischen Mauer* (das gilt zumindest für das existierende Textfragment, dessen weitere Ausführung ungewiss bleibt). Die ›Unklarheit‹ des einigenden Zentralsymbols lässt weiten Raum für individuelle Konkretisierungen; die Ferne und damit (de facto) Ohnmacht des Kaisers befreit seine Herrschaft vom *haut goût* jeder Machtstruktur. Die späteren ›China‹-Texte zeichnen dagegen ein wesentlich ambivalenteres Bild.

Einen skeptischen Vorbehalt aber gibt es auch in der *Chinesischen Mauer*, da auch eine symbolische Ordnung nur schwer dauerhaft zu stiften ist:

> Das menschliche Wesen, leichtfertig in seinem Grunde, von der Natur des auffliegenden Staubes, verträgt keine Fesselung, fesselt es sich selbst, wird es bald wahnsinnig an den Fesseln zu rütteln anfangen und Mauer Kette und sich selbst in alle Himmelsrichtungen zerreißen (344).

Explizit gilt dieser Vorbehalt allerdings nur für das Mauerprojekt; inwieweit er auch auf die einigende Wirkung des Kaiser-Symbols zutrifft, bleibt offen (der Textverlauf scheint aber auf einen Konflikt zwischen den beiden Einigungsmitteln hinzudeuten, da die positive Wirkung des Kaisertums schon *vor* dem Mauerbau bestand).

(2) *Die Ambivalenzen einer symbolischen Ordnung*: In allen Texten der zweiten Gruppe agieren

konkrete, machtausübende Instanzen: der »Oberst« und »Obersteuereinnehmer« als höchster Vertreter des fernen Herrschers (NSF II, 262 f.) im kleinen, grenznahen Städtchen des Erzählers (<Die Abweisung>); die »kleine Adelsgruppe, welche uns beherrscht« (270), in Zur Frage der Gesetze; nicht näher bestimmte »Adelige« in <Die Truppenaushebung> (273 u. passim). Die Herrschaft dieser Instanzen ist sehr konkret spürbar – und alles andere als gerecht. Daher gibt es auch Ansätze zu einer Opposition (vor allem in der Jugend; 269) und zu aufklärerischer Herrschaftskritik (271 f.). Vom ›Kaiser‹ ist in diesen Texten nicht mehr die Rede (nur in <Die Abweisung> und dem Neuansatz zu dieser Erzählung findet sich je eine marginale Erwähnung über das Adjektiv »kaiserlich«: 267, 278), noch viel weniger von der Idee des Kaisertums (in Zur Frage der Gesetze ist das unbekannte ›Gesetz‹ ihr noch abstrakterer Stellvertreter). Die alte, traditionsgestützte Ordnung (»alte und durch ihr Alter glaubwürdige Tradition«, 271) hat damit viel von ihrer Positivität verloren; in Zur Frage der Gesetze sieht sie sich mit gut aufklärerischer (und für die meisten neueren Leser sicher überzeugenderer) Traditionskritik konfrontiert: Vielleicht gebe es das alte, in seinen Inhalten unbekannte ›Gesetz‹ ja gar nicht, das den bestehenden Herrschaftsstrukturen ihre – scheinbare – Legitimität verleiht (271 f.).

Dennoch aber sind die Reste der alten, symbolisch-rituellen Ordnung nicht ohne – sagen wir: palliative – Wirkung. Wenn der Oberst die Abweisung eines Gesuchs der Stadtbewohner verkündet – als Träger eine rituellen Handlung in vorgeschriebener ritueller Haltung (266), also nicht als empirische Person, als »Mensch wie wir alle« (268) –, dann löst dies nicht einfach Ärger und Frustration aus:

> In wichtigen Angelegenheiten [...] kann die Bürgerschaft einer Abweisung immer sicher sein. Und nun ist es eben so merkwürdig, daß man ohne diese Abweisung gewissermaßen nicht auskommen kann und dabei ist dieses Hingehn und Abholen der Abweisung durchaus keine Formalität. Immer wieder frisch und ernst geht man hin und geht dann wieder von dort allerdings nicht geradezu gekräftigt und beglückt, aber doch auch gar nicht enttäuscht und müde (268 f.).

Und selbst die kritischen Geister in Zur Frage der Gesetze wissen, dass man wohl am unbekannten Gesetz zweifeln kann, nicht aber am Adel:

> Das einzige sichtbare zweifellose Gesetz, das uns auferlegt ist, ist der Adel und um dieses einzige Gesetz sollten wir uns selbst bringen wollen? (273)

Das kann man nun für eine abgrundtiefe reaktionäre Position halten (und jeder brave Aufklärer wird das wohl auch tun müssen). Man kann darin aber auch eine – quasi wertfrei vorgetragene – anthropologische Einsicht sehen: Das starke und gemeinschaftskonstituierende Sinnpotential einer symbolisch-rituellen Ordnung hat, wenn das ›Gesetz‹ unerkennbar und Leiden und Ungerechtigkeit unvermeidlich sind, ein unbestreitbares Trostpotential – nicht mehr, aber auch nicht weniger. Die bessere Welt (etwa eine, in der das rational erkannte Gesetz zum Besitz des Volkes geworden wäre, vgl. 272) wäre besser, aber sie müsste erst geschaffen werden – und daran zu glauben hatte mindestens Kafka (der gerade den wenig überzeugend ausgefallenen Übergang vom Kaiserreich zur Republik erlebt hatte) wenig Anlass.

Spuren eines anderen Anfanges: <Das Stadtwappen>

In einer ganzen Reihe von Texten erörtert Kafka so etwas wie den Ur-Anfang von Geschichte überhaupt, einen Zeitraum, der in so weiter Ferne liegt, dass es von ihm entweder keine oder nur unsichere, quasi-mythische Berichte gibt. Solche Texte erfüllen eine ätiologische Funktion, wie wir sie auch aus uns vertrauten Mythen kennen – etwa dem vom ›Sündenfall‹ (Kafka hat ihn in den Zürauer Aphorismen benutzt), der den Ursprung des ›Bösen‹ in der Welt zu erklären sucht.

Ein Beispiel für diese Textgruppe wäre etwa Ein Bericht für eine Akademie, wo der eigentliche ›Anfang‹, das »äffische Vorleben« (DZL 299), nicht erzählt werden kann, da der Weg dorthin zurück durch die ›Menschwerdung‹ Rotpeters für immer versperrt bleibt. Gesagt werden aber kann immerhin, dass »Freiheit« als völlig ungebundene »selbstherrliche Bewegung« zu den Illusionen des Menschen gehört, die dem »Affentum« fremd wären (DzL 304 f.). Ein zweites Textbeispiel sind die <Forschungen eines Hundes>, wo über das »Abirren« der »Urväter« spekuliert wird (NSF II, 456 f.), vor dem »die Hunde [...] noch nicht so hündisch wie heute« gewesen waren (456); der Forscherhund kann so schließen, dass die »Urväter« »das Hundeleben verschuldet« haben (471 f.).

Aus dieser Textgruppe kann hier nur die parabolische Erzählung <Das Stadtwappen> (NSF II, 318 f. u. 323) behandelt werden, die wiederum zum ›Konvolut 1920‹ gehört (August bis Ende 1920).

Verzichtet man auf allegorische Auflösungsversuche (wie etwa die unsinnige Identifizierung der

›Stadt‹ mit Prag) und liest den Text oberflächennah, so fällt seine Deutung nicht schwer. Die Kurzerzählung handelt vom babylonischen Turmbau (weswegen man die Stadt, wenn man das unbedingt will, ›Babel‹ nennen könnte), ist also eine von Kafkas Mythenkontrafakturen. Anders als im jüdisch-christlichen Prätext (und wie schon in der *Chinesischen Mauer*) haftet dem Turmbau nichts Negatives an (wenn man die im Text berichtete historische Entwicklung betrachtet, erschiene er geradezu als das sinnvollere Tun). Und anders als im Mythos wird der Bau des Turmes nicht durch einen göttlichen Eingriff verhindert, sondern allein durch menschliches Handeln. Ähnlich wie in der *Chinesischen Mauer* gilt der Turmbau auch hier als ein absolutes Ziel:

> Das Wesentliche des ganzen Unternehmens ist der Gedanke, einen bis in den Himmel reichenden Turm zu bauen. Neben diesem Gedanken ist alles andere nebensächlich (318).

Mehr wird über den Zwecks des Turmbaus nicht gesagt; man wird sich damit begnügen müssen, in ihm ein absolutes, nicht auf Diesseitig-Materielles gerichtetes Streben zu sehen. Gerade die Größe dieses »Gedankens« führt jedoch dazu, dass es mit dem Bau nicht vorangeht – was den Stadtbewohnern zunächst auch unbedenklich, ja geradezu sinnvoll erscheint: »Das Wissen der Menschheit« wird sich »steigern«, man wird »Fortschritte« machen, spätere Generationen werden den Turm also schneller, »besser« und »haltbarer« bauen (318 f.). Statt ins Vertikale strebt man so lieber ins Horizontale: Man baut die »Arbeiterstadt« und »verschönert« sie ständig (319). Das aber führt zu »Streitigkeiten«, »Neid« und »Kämpfen«, die sich umso mehr verschlimmern, je mehr Wissen und materieller Wohlstand angehäuft werden; so steigert sich mit der »Kunstfertigkeit« immer auch die »Kampfsucht« (319). Das ursprüngliche Ziel des »Himmelsturmbaues« erscheint nun immer sinnloser, »doch war man schon viel zu sehr miteinander verbunden, um die Stadt zu verlassen«. So wird das Zusammenleben zum Fluch, und man sehnt den »prophezeiten Tag« herbei, »an welchem die Stadt von einer Riesenfaust in fünf kurz aufeinander folgenden Schlägen zerschmettert werden wird« (323).

Wie gesagt, eine eigentlich einfache Parabel über die Dialektik des Fortschritts in Kafkas Sicht, die einiges über seine Anthropologie aussagt: ›Gemeinschaft‹ lässt sich für ihn auf einer ausschließlich materialistischen Grundlage offensichtlich nicht begründen. Das heißt allerdings nicht, dass irgendein metaphysisches Ziel je erreichbar gewesen wäre; das mag über Menschenkräfte gehen – vielleicht wäre es nach dem Bau der gemeinschaftskonstituierenden chinesischen Mauer möglich…

Pathographien des modernen Ich

Es bedurfte einiger Anstrengung, die positiven Elemente von Kafkas prä-modernen Lebenswelten herauszuarbeiten – der Autor entwirft sie weder als Idyllen noch als durch planvolle soziale Umgestaltungen hervorzubringende Gegenwelten. Sie sind weder einfach Utopien noch Dystopien – und doch liegt ihr Ort in einem räumlichen wie zeitlichen Nirgendwo. Der für uns Moderne gültigste Weg zur Realisierung symbolischer Welten bleibt so wohl die Literatur – die Homologie zwischen dem symbolischen Denken prä-moderner Gemeinschaften und den symbolischen Welten seiner Texte begründet ja auch die von Kafka konstatierte Affinität zwischen seinem Schreiben und der ›Kabbala‹.

Einfach und klar ist dagegen die Kritik an der Moderne, die Kafka schon allein durch die Gestaltung des Menschentypus ausübt, der in seinem Gesamtwerk am häufigsten vorkommt, vor allem aber das mittlere Werk bestimmt. Sieht man von allen Einzeltext-Besonderheiten ab, so ließe sich dieser *Homo kafkaensis* vielleicht folgendermaßen beschreiben: Er ist sozial gut angepasst, fügt sich problemlos ein in Ordnungen und Konventionen. Immer fleißig und zielstrebig handelnd, scheint er ganz in seinem Beruf aufzugehen, verfügt mitunter auch über beachtliche Durchsetzungsstärke und Aufstiegsenergie und einen ausgeprägten Machtwillen. Freilich hat sein Verhalten auch zwanghafte Züge: Reinlichkeits- und Ordnungsstreben, starres Festhalten an eingefahrenen Ordnungen und Gewohnheiten. Kunst, Literatur, Musik, Religion, geistige Beschäftigungen ganz allgemein interessieren ihn nicht. Seine sozialen Kontakte sind auf ein Minimum beschränkt und ohne gefühlsmäßige Bindung; zwischenmenschliche Empathie gehört überhaupt nicht zu seinen Stärken. Immer wieder wird allerdings auch deutlich, dass es unter dieser angepassten Oberfläche mehr und anderes gibt: Aggressionen, Gewaltphantasien, triebhafte sexuelle Bedürfnisse, Ängste, aber auch Sehnsüchte nach Liebe und Nähe. All dies muss verdrängt werden, um das reibungslose Funktionieren der ›Oberfläche‹ zu garantieren – was besonders im Moment des Erwachens schwierig ist, wie Gregor

Samsas und Josef K.s Schicksal beweist (vgl. zur Charakteristik dieses Subjekttypus auch Robertson 2009, 104–122).

Dass diese Beschreibung so leicht fällt, liegt nicht zuletzt daran, dass der beschriebene hochdefiziente Menschentypus uns wesentlich vertrauter ist als Kafkas prä-moderne Welten. Wir kennen ihn aus soziologischen Schriften (wie etwa aus Max Webers *Protestantische Ethik* von 1905) oder aus der existenzialistischen Kritik an der ›uneigentlichen‹ Existenzweise des ›man‹ (wie etwa in Heideggers *Sein und Zeit* von 1927). Vor allem kennen wir ihn aber aus zahlreichen Texten anderer Autoren der Moderne – etwa, um sehr beliebig einige Beispiele auszuwählen, aus Hugo von Hofmannsthals *Reitergeschichte* (1898), Alfred Döblins *Ermordung einer Butterblume* (1910), Rilkes *Malte Laurids Brigge* (1910), Thomas Manns *Tod in Venedig* (1912), Gottfried Benns Rönne-Prosa (1914–16), Robert Musils *Törleß* (1906) und *Die Portugiesin* (1923). Ganz wie bei Kafka werden auch die Helden dieser Texte gezielt in Situationen gebracht, in denen ihre angepasste Existenzweise zusammenbricht. Allerdings fällt hier, am Punkte der größten Gemeinsamkeit Kafkas mit seinen Zeitgenossen, auch sofort ein wichtiger Unterschied auf: Mindestens punktuell erfahren die Helden der anderen Autoren bei der Zerstörung ihres alten Ich meist ein ›Durchbruchs-Erlebnis‹, stoßen sie zu einem anderen Ich und einem anderen Wirklichkeitsverhältnis vor. Solche Erlebnisse gibt es bei Kafka nur extrem selten – etwa im fragmentarischen Kapitel »Das Haus« (und hier bezeichnenderweise im gestrichenen Schlussteil) aus dem *Process* oder in der Kurzprosa *Ein Traum* aus dem *Landarzt*-Zyklus. Gregor Samsas ›Verwandlung‹ in der gleichnamigen Erzählung könnte solch ein Durchbruchserlebnis sein – doch Gregor bleibt unfähig, sich aus seinem alten Leben zu lösen; im *Landarzt* scheitert die Veränderung wohl am aporetischen Gegeneinander von anarchisch-triebhaftem Individuum und ebenso defizitärer, einengend-dumpfer (familialer) Gemeinschaft.

Die Angst vor dem ›fremden‹ Leben und das Scheitern von Berechnung und Verdrängung: *‹Der Bau›*

In den Texten des mittleren Werkes wird die Genese dieser defizitären Subjektstruktur nicht erklärt – sie ist einfach das Komplement einer defizitären (und dezidiert modernen) Sozialstruktur. Erst ein spätes Erzählfragment Kafkas, der zwischen November 1923 und Ende Januar 1924 verfasste *‹Bau›* (NSF II, 576–632), lässt sich (trotz des ›tierischen‹ Helden) als anthropologische Studie zur Genese des modernen Subjekts lesen, wobei ein historisch-modernitätskritischer Hintergrund nur impliziert wird.

Der »ungeheuere« (NSF II, 577), ständig weiter perfektionierte Bau des Tieres, von dem vor allem der erste Teil der Erzählung handelt, ist das Produkt eines ebenso grenzenlosen wie zwanghaften Strebens nach »Gewißheit« (614) und ›Sicherheit‹ (ein Leitwort des Textes). Durch immer neue Pläne und ›Berechnungen‹ des ›Verstandes‹ (zwei weitere Leitwörter) soll der Bau »so gesichert [werden], wie eben überhaupt auf der Welt etwas gesichert werden kann« (576).

Solches Sicherungsstreben deutet auf Bedrohungen hin – und doch sind im ersten (iterativ erzählten, also die gewohnheitsmäßige Lebenspraxis resümierenden) Teil des Textes keine realen Gefahren zu erkennen. Das Tier imaginiert zwar eine Vielzahl von ›Feinden‹ – »leidenschaftliche Räuber« (577), »unzählige« »Gegner« (578) – außerhalb seines Baus, stößt aber nie auf eine Spur von ihnen. Noch imaginärer erscheinen die Feinde »im Innern der Erde«:

> ich habe sie noch nie gesehn, aber die Sagen erzählen von ihnen und ich glaube fest an sie. Es sind Wesen der innern Erde, nicht einmal die Sage kann sie beschreiben, selbst wer ihr Opfer geworden ist hat sie kaum gesehn, sie kommen, man hört das Kratzen ihrer Krallen knapp unter sich in der Erde, die ihr Element ist, und schon ist man verloren. Hier gilt auch nicht daß man in seinem Haus ist, vielmehr ist man in ihrem Haus (578).

So wird man kaum umhinkönnen, die Bedrohungslogik des Textes in eine Psycho-Logik zu überführen. Offensichtlich liegt hier eine geradezu pathologisch gesteigerte Abwehr alles Fremden, nicht Kontrollier- und Berechenbaren vor. Von den Ängsten davor berichtet der Text immer wieder: Perhorresziert werden das »freie Leben« (590), die/das »Fremde« (589), die »sinnlose Freiheit« (595), die »unzähligen Zufälle des Lebens« (598), das »ungewisse Schicksal« (617), die »Gegnerschaft der Welt«, der »allgemeine Vernichtungskampf« (592) – kurz: all die Bedrohungen, die das (weit zurückliegende, nur noch von fern erinnerte) Leben der Vor-Bau-Zeit bestimmten: »das [...] trostlose Leben [...], das gar keine Sicherheit hatte, das eine einzige ununterscheidbare Fülle von Gefahren war« (594 f.).

Die ›inneren‹ Feinde sind dann wohl als die ›innere Fremde‹ zu verstehen: die vom bewussten Ich nicht kontrollierbaren Triebe und Sehnsüchte. Von solchen Triebgefährdungen weiß der Text durchaus zu berichten. So erzählt das Tier etwa (im Iterativ) von anfallartiger »Überrennung des Verstandes« durch Fress-»Gier‹ (586), der es, ohne Rücksicht auf seine ›Sicherheit‹, »bis zur vollständigen Selbstbetäubung« nachgibt, und resümiert solche Erfahrungen, mit verräterischer Ambivalenz, als »glückliche aber gefährliche Zeiten« (585). Ähnlich eruptiv wird die sonst vorherrschende rationale Selbstkontrolle durch Aggressionsausbrüche und Gewaltphantasien ausgeschaltet, die sich auf den imaginären Gegner richten:

> Damit ich endlich in einem Rasen hinter ihm her, frei von allen Bedenken ihn anspringen könnte, ihn zerbeißen, zerfleischen, zerreißen und austrinken und seinen Kadaver gleich zur andern Beute stopfen könnte (596).

Zu den verdrängten Trieben gehört jedoch auch die Sehnsucht nach »irgendjemandem, dem ich vertrauen könnte« (596 f.) – eine Sehnsucht, die gerade der sichernde Bau unerfüllbar macht:

> Es ist verhältnismäßig leicht jemandem zu vertrauen, wenn man ihn gleichzeitig überwacht oder wenigstens überwachen kann, es ist vielleicht sogar möglich jemandem aus der Ferne zu vertrauen, aber aus dem Innern des Baues, also einer andern Welt heraus, jemandem außerhalb völlig zu vertrauen, ich glaube, das ist unmöglich (597 f.).

Daher wird dieser Wunschtraum auf den Bau selbst übertragen: »die lange Wanderung durch die Gänge […], das ist ein Plaudern mit Freunden, so wie ich es tat in alten Zeiten« (604).

Nicht um rationale Gefahrenabwehr geht es also eigentlich (wie das Tier selbst erkennt; vgl. 600 f.), sondern um die Realisierung eines Ich-Ideals, einer ersehnten absoluten Autonomie, Autarkie, Selbsttransparenz und Selbstkontrolle. Im Bau ist »Frieden«, »beruhigtes Verlangen«, »erreichtes Ziel«, »Hausbesitz« (580); er ist »geschützt, in sich abgeschlossen«, hier kann das Tier glauben, »alleiniger Herr« zu sein (589). Wenn es den Bau von außen betrachtet, ist es ihm

> als stehe ich nicht vor meinem Haus, sondern vor mir selbst, während ich schlafe, und hätte das Glück gleichzeitig tief zu schlafen und dabei mich scharf bewachen zu können. Ich bin gewissermaßen ausgezeichnet, die Gespenster der Nacht nicht nur in der Hilflosigkeit und Vertrauensseligkeit des Schlafes zu sehn, sondern ihnen gleichzeitig in Wirklichkeit bei voller Kraft des Wachseins in ruhiger Urteilsfähigkeit zu begegnen (591).

Wie zwanghaft dieses Glück der erfüllten Eigentümlichkeit ist – das Leben in einer »Burg die auf keine Weise jemandem andern angehören kann und die so sehr mein ist« (601) –, zeigt sich in einem alten, immer wieder erwogenen »Lieblingsplan«:

> den Burgplatz loszulösen von der ihn umgebenden Erde, d. h. seine Wände nur in einer etwa meiner Höhe entsprechenden Dicke zu belassen, darüber hinaus aber rings um den Burgplatz bis auf ein kleines von der Erde leider nicht loslösbares Fundament einen Hohlraum im Ausmaß der Wand zu schaffen. In diesem Hohlraum hatte ich mir immer, und wohl kaum mit Unrecht, den schönsten Aufenthaltsort vorgestellt, den es für mich geben könnte. Auf dieser Rundung hängen, hinauf sich ziehen, hinab zu gleiten, sich überschlagen und wieder Boden unter den Füßen haben und alle diese Spiele förmlich auf dem Körper des Burgplatzes spielen und doch nicht in seinem eigentlichen Raum; den Burgplatz meiden können, die Augen ausruhn lassen können von ihm, die Freude ihn zu sehen auf eine spätere Stunde verschieben und doch ihn nicht entbehren müssen, sondern ihn förmlich fest zwischen den Krallen halten, etwas was unmöglich ist, wenn man nur den einen gewöhnlichen offenen Zugang zu ihm hat; vor allem aber ihn bewachen können, für die Entbehrung seines Anblickes also derart entschädigt werden, daß man gewiß, wenn man zwischen dem Aufenthalt im Burgplatz oder im Hohlraum zu wählen hätte, den Hohlraum wählte für alle Zeit seines Lebens, nur immer dort auf- und abzuwandern und den Burgplatz zu schützen (611).

Das eigentliche Glück des völligen Bei-sich-Seins wird so aufgegeben für die zweifelhaften Beglückungen einer ständigen Selbstbeobachtung und Selbstüberwachung.

Im zweiten Teil des Textes (der vom Iterativ in den Singulativ, also die Erzählung einmaliger Ereignisse, wechselt; ab 605) scheinen die Ängste des Ich sich freilich plötzlich als höchst berechtigt zu erweisen: Im sicher geglaubten Bau ist nun ein Geräusch, ein »Zischen« oder »Pfeifen« (607), zu hören, in dem sich der lang erwartete ›Gegner‹ zu manifestieren scheint.

Doch auch hier gibt es allen Grund für Zweifel: Wie das Tier selbst verwundert konstatiert, weist das Geräusch an allen Stellen des Baus die genau gleiche Stärke auf (609). Anders als der Erzähler können wir daraus leicht erschließen, dass dieser selbst die Ursache des Geräusches sein muss. Dabei, also bei der Konstatierung einer ausschließlich ›inneren‹ Bedrohung, könnte man es als Interpret belassen. Man kann aber auch noch einen Schritt weiter gehen, die Hinweise des Tiers auf sein fortgeschrittenes ›Alter‹ ernst nehmen (vgl. etwa 578, 579, 628) und den biographischen Kontext bedenken, also Kafkas weit

fortgeschrittene Lungenkrankheit und das damit
verbundene pfeifende Atemgeräusch – dann wäre
der innere Feind leicht als nahender Tod zu identifizieren. Das heißt allerdings nicht, dass man bei einer
biographischen Deutung stehen bleiben muss; diese
trifft (wie immer bei Kafka) nur den individuellen
Spezialfall eines viel allgemeineren (Subjekt-)Mo-
dells. Kafka gestaltet die Kritik an der eigenen verfehlten Lebensplanung zugleich als Kritik an seiner
Zeit, als deren ›Vertreter‹ er sich ja versteht. (Nicht
plausibel ist dagegen die in der Forschung gerne versuchte allegorische Auflösung des ›Baues‹ als Metapher für Kafkas Werk. Das belegt schon der erste
Satz: »Ich habe den Bau eingerichtet und er scheint
wohlgelungen« (576) – nie hätte Kafka dies über die
Fragmenten-Baustelle seines Werkes sagen können!)

Was den *<Bau>* von den im Eingangsteil des Kapitels beschriebenen Texten kategorisch unterscheidet,
ist seine Verortung in einem völlig gesellschaftslosen
Raum (das ist hier wohl auch die Funktion der Tier-
Rolle des sprechenden Ich). Als Summe von Kafkas
Subjekt-Pathographie weist die Erzählung so auf die
Priorität der anthropologischen gegenüber jeder
denkbaren soziologischen Erklärungsebene hin.
Dass diese rein psycho-logische Erklärung in einen
historischen Kontext gehört, lässt sich daher nicht
aus dem Text selbst, sondern nur durch die Berücksichtigung von Werk- wie Zeitkontext begründen.
Unübersehbar genau entspricht das Subjekt des
<Bau> ja dem oben beschriebenen *Homo kafkaensis.*
Als präzises Pendant zum sich vor der »Gegnerschaft
der Welt« schützenden Ich des *<Bau>* erweist sich
etwa der an das ›allermodernste‹ New York angepasste, stets selbstdisziplinierte Onkel Karl Roßmanns, der seinen festen »Principien« »alles« verdankt, »was er ist«, und in diesen seinen einzigen
Schutz gegen den »allgemeinen Angriff« der Welt
sieht (V 122).

Nur diese Kontexte erlauben es, in der Pathographie des ›Tieres‹ die Pathographie des modernen
Subjektes wiederzuerkennen, das einer nicht mehr
symbolischen, daher fundamental fremden Welt gegenübersteht und zu deren Kontrolle nur noch über
das Mittel der Rationalität verfügt, die verdrängen
muss, was sie nicht erklären und kontrollieren kann
(vgl. dazu auch Fülleborn 1995 u. 2000 [1980] u.
Schmidt). Diese ›Berechnungen‹ und Verdrängungen aber erweisen sich als ohnmächtig gegenüber
dem äußeren wie inneren ›Fremden‹ – ja man könnte
sagen, dass sie dieses recht eigentlich erst als bedrohlichen ›Gegner‹ konstituieren.

Die letzte Grenze aller Verdrängungen: *<Der Jäger Gracchus>*

Den die Verdrängung des Fremden durchbrechen-
den ›Gegner‹ im *<Bau>* als den Tod zu identifizieren, ist nicht zwingend, aber naheliegend: Von der
Jahrhundertwende bis weit in den Existenzialismus
hinein figuriert der Tod in Literatur wie Philosophie
als das Fremde, rational Unbeherrschbare *katexo-
chen.* Man könnte diese Deutung auch über andere
Texte Kafkas absichern – etwa durch die dem *<Bau>*
in vielem nahe Kurzprosa *Die Sorge des Hausvaters*
aus dem *Landarzt*-Band.

Stattdessen soll hier ein anderer, dem *<Gruftwäch-
ter>* (↗3.2.7) eng verwandter, Textkomplex herangezogen werden, der Modernekritik und Kritik an der
Todesverdrängung in einen direkten Zusammenhang bringt, nämlich die von etwa Mitte Januar bis
April 1917 geschriebene Fragmentenfolge um den
<Jäger Gracchus> (NSF I, 305–313 u. 378–384, T
810 f.; ↗273–276).

Wiederum ist dies, nicht zuletzt in der Vielfalt seiner formal wie inhaltlich stark differierenden Fassungen, ein Textkomplex, der zu schwierig und vielschichtig ist, um hier umfassend interpretiert werden zu können. Die folgende Interpretationsskizze
bleibt daher auf den genannten Aspekt beschränkt
und konzentriert sich vor allem auf die letzte der
Fassungen (Oktavheft D; NSF I, 378–384).

Kafkas *<Jäger Gracchus>* ist keine Mythenkontrafaktur, sondern der Versuch, in einer eklektischen
Mischung (und Entstellung) zahlreicher überliefer-
ter Mythologeme einen eigenen, neuen Mythos zu
dichten. Ein zentraler Aspekt dieses Jäger-Gracchus-
Mythos ist die von der Hauptfigur aufgehobene
Grenze zwischen Leben und Tod – denn auf genau
dieser Grenzlinie befindet sich der Jäger dauerhaft,
ohne sie in der einen oder anderen Richtung verlassen zu können.

Die letzte Fassung des Textes ist als Dialog zwischen dem Jäger und einem namenlosen Besucher
gestaltet, der sich »Geschäfte halber« im Hafen einer
unbenannten ›südlichen‹ Stadt (380) aufhielt, die
»Barke« des Jägers und das zu ihr führende »Lauf-
brett« sah – und offensichtlich spontan hinüberging
(381). Das Gespräch verläuft immer wieder antago-
nistisch und (mindestens im vorliegenden Fragment) für beide Beteiligten unbefriedigend: Der Besucher möchte die ihm völlig unbekannte Geschichte
des Jägers »kurz aber zusammenhängend« erzählt
bekommen (381); der Jäger möchte vom Besucher –

der sich »draußen« »herumtreiben« kann, daher darüber Bescheid wissen sollte – etwas über das Wesen der »Patrone« erfahren, denen seine Barke gehört; deren (momentan?) letzter, ein »Hamburger«, also wohl auch ein Geschäftsmann, ist eben verstorben (380). Beider Fragen bleiben unbeantwortet.

Sehr viel deutlicher als in den früheren Fassungen wird hier mit einer historischen Indexierung gearbeitet: Der Jäger ist (nur hier wird das präzisiert) vor »fünfzehnhundert Jahren« verstorben (378), gehört also den ›alten Zeiten‹ an; da seine Geschichte eine von den »alten, alten Geschichten« (382) ist, könnte der Jäger, so sagt er selbst, »Dolmetscher sein zwischen den Vorfahren und den Heutigen« (379). Ein wichtiger Streitpunkt zwischen den Gesprächspartnern ist das aktuelle Wissen um die Lebensgeschichte des Jägers. Dieser hält sich für einen allgemein bekannten, auch im Denken der Gegenwart noch machtvoll präsenten Mythos:

> ältester Seefahrer, Jäger Gracchus Schutzgeist der Matrosen, Jäger Gracchus angebetet mit gerungenen Händen vom Schiffsjungen, der sich im Mastkorb ängstigt in der Sturmnacht. [...] Alle Bücher sind voll davon, in allen Schulen malen es die Lehrer an die Tafel, die Mutter träumt davon, während das Kind an der Brust trinkt. [...] Frage die Geschichtsschreiber! Sie sehen in ihrer Stube mit offenem Mund das längst Geschehene und beschreiben es unaufhörlich. Gehe zu ihnen und komm dann wieder (378, 382 u. 383).

Der zweite Passus des Zitats war in der ersten Niederschrift noch wesentlich länger; hier hieß es unter anderem auch, Moderne und Vergangenheit verbindend:

> in der Zeitung ist es gedruckt [...] d(as>er) Teleph(on>af) wurde erfunden, damit [die Geschichte] es schneller die Erde umkreist, man gräbt es in verschütteten Städten aus und der Aufzug rast damit zum Dach der Wolkenkratzer, (D>d)ie Passierigiere der Eisenbahnen [rufen] verkünden es aus den Fenstern in den Ländern, die sie durchfahren, aber früher noch heulen es ihnen die Wilden entgegen (NSF I:A, 315).

Dieser Ansicht des Jägers widerspricht der Besucher energisch:

> Nun hat man aber in dem kurzen Menschenleben – das Leben ist nämlich kurz, Gracchus, suche Dir das begreiflich zu machen – in diesem kurzen Leben hat man also alle Hände voll zu tun, um sich und seine Familie hochzubringen. So interessant nun der Jäger Gracchus ist [...] man hat keine Zeit an ihn zu denken, sich nach ihm zu erkundigen oder sich gar Sorgen über ihn zu machen. Vielleicht auf dem Sterbebett, wie Dein Hamburger, das weiß ich nicht. Dort hat vielleicht der fleißige Mann zum erstenmal Zeit sich auszustrecken und durch die müßig-

gängerischen Gedanken streicht dann einmal der grüne Jäger Gracchus. Sonst aber, wie gesagt: ich wußte nichts von Dir. [...] Dir [...] wäre es [...] sehr nützlich, wenn Du Dich einmal in der Welt ein wenig umsehen würdest. So komisch es Dir scheinen mag, hier [also an Bord der Barke] wundere ich mich fast selbst darüber, aber es ist doch so, Du bist <u>nicht</u> der Gegenstand des Stadtgespräches, von wie vielen Dingen man auch spricht, Du bist nicht darunter, die Welt geht ihren Gang, und Du machst Deine Fahrt, aber niemals bis heute habe ich bemerkt, daß Ihr Euch gekreuzt hättet (381 u. 382).

Offensichtlich ist die ›alte Geschichte‹ in der Welt der Moderne also in Vergessenheit geraten, da sie bei der pragmatisch-diesseitigen Lebensführung und ihren ›Geschäften‹ nur stören würde. Allenfalls auf dem ›Sterbebett‹ mögen solche ›müßiggängerischen Gedanken‹ legitim sein. Die fundamentale Differenz der (historisch differenten) Standpunkte zeigt sich besonders deutlich in der (unfreiwilligen) Komik, mit der der Besucher den nun 1525 Jahre alten Jäger ermahnt, die ›Kürze‹ des Lebens zu bedenken.

Vor dem Hintergrund der oben erörterten Gestaltungen historischer Differenz in Kafkas Texten dürfte es plausibel sein, in der unterschiedlichen Haltung zur Grenze zwischen Leben und Tod ein besonders markantes Merkmal der Moderne zu sehen. Und in der Tat gehört es ja zu den konstitutiven Merkmalen modernen Denkens, den Tod nicht mehr für einen Übergang zwischen zwei unterschiedlichen Seinsweisen, sondern für eine End-Grenze des ›kurzen Lebens‹ zu halten. Daher dann die im 20. Jahrhundert so häufig diskutierte Tendenz zur Verdrängung des Todes.

Statt eines Fazits

Wie am Ende des Artikels zu »Kafkas Kunst- und Literaturtheorie« (↗ 496) wäre es auch hier fahrlässig, ein griffiges Fazit zu ziehen. Daher soll hier nicht zusammenfassend *ein* Modernebegriff Kafkas und *eine* Fassung seiner Modernisierungskritik als definitive Position des Autors formuliert werden. Ergänzend sei stattdessen zunächst auf zwei Punkte hingewiesen, in denen auch der vorliegende Beitrag sich unzulässiger Verkürzungen schuldig gemacht hat: (1) Von der Werkgeschichte her wäre eigentlich die (hier aus Darstellungsgründen gewählte) Reihenfolge des dritten und vierten Kapitels zu vertauschen gewesen: Im Zentrum des mittleren Werkes steht die kritische Darstellung des modernen Subjektes; der Entwurf von Gemeinschaften, die auf symbolischen Weltbildern beruhen, wird erst mit dem Winter 1916/17 und vor allem natürlich im Spätwerk zum dominanten Thema. (2) Zwar erwähnt, aber nicht genügend betont wurde der hohe Wert, den die Individualität und ihre freie Entfaltung, trotz Kritik an deren Konsequenzen, für Kafka zeitlebens hatten. Falls sich für ihn ein Idealzustand formulieren lässt, so läge er in der Verbindung von (moderner) Individualität und (prä-moderner) Gemeinschaft.

Deutlich geworden sein sollte jedenfalls Kafkas Skepsis gegenüber einer aufgeklärt-säkularen Weltsicht, die für ihn auf Verdrängungen beruht und sozial desaströse Konsequenzen hat. Diese Skepsis begründet seine Faszination für symbolische Weltbilder, wie sie (unter anderem) auch einer religiös begründeten Weltsicht zugrunde liegen. Zugleich aber weisen solche Weltbilder – auch das ein zentraler Punkt – eine offensichtliche Homologie zu der Form von Literatur auf, die Kafka selbst schreibt. In dieser Parallele ist seine spezifische Form der für zahlreiche Autoren der Moderne werkprägenden ›Kunstmetaphysik‹ begründet (also der Vorstellung, dass in der modernen Welt Kunst und Literatur, mit ausschließlich und dezidiert ästhetischen Mitteln, die Weltbild-prägende Aufgabe übernommen haben, die früher der Religion oder der Philosophie zukam und die die Naturwissenschaften, wenn sie sich selbst treu bleiben, eben nicht leisten können). Nur nebenbei sei angemerkt, dass Kafka eine solche symbolische Weltsicht auch selbst konkret gelebt hat. Das offensichtlichste Beispiel dafür ist seine Deutung der eigenen Tuberkulose, in der er keine physische, sondern eine »geistige Krankheit« sah (An Ottla, 29.8.1917; B14–17 309), ein »Sinnbild der Wunde, deren Entzündung Felice und deren Tiefe Rechtfertigung heißt« (15.9.1917; T 831).

Die existenziellen wie sozialen Vorzüge, die eine symbolische Weltsicht für Kafka gegenüber einer aufgeklärt-rationalen und säkularen hatte, drückt wohl am besten der folgende Aphorismus aus:

Niemand schafft hier mehr als seine geistige Lebensmöglichkeit; daß es den Anschein hat, als arbeite er für seine Ernährung, Kleidung u. s. w. ist nebensächlich, es wird ihm eben mit jedem sichtbaren Bissen auch ein unsichtbarer, mit jedem sichtbaren Kleid auch ein unsichtbares Kleid u. s. f. gereicht. Das ist jedes Menschen Rechtfertigung. Es hat den Anschein als unterbaue er seine Existenz mit nachträglichen Rechtfertigungen, das ist aber nur psychologische Spiegelschrift, tatsächlich errichtet er sein Leben auf seinen Rechtfertigungen. Allerdings muß jeder Mensch sein Leben rechtfertigen können (oder seinen Tod, was dasselbe ist), dieser Aufgabe kann er nicht ausweichen (NSF II, 99).

Alles, was wir empirisch und lebenspraktisch tun, hat so eine zweite, geistige Dimension – nicht im Sinne einer fixen, durch irgendeine Metaphysik garantierten Bedeutung, sondern in der Bedeutung, die es für die ›Rechtfertigung‹ unsres je individuellen Lebens hat. Und auch diese geschieht vor einem inneren Gericht, nicht vor irgendeiner vorgegebenen metaphysischen Instanz. Wer so lebt, wird auf jeden Fall sozialverträglicher leben als ein nur auf Genuss, Machtstreben und materiellen Erfolg fixiertes Subjekt.

Kafkas literarisches Werk thematisiert nicht nur vielfach eine solche symbolische Weltsicht (beziehungsweise die Defizite einer rein rationalistisch-pragmatischen Einstellung), sondern realisiert sie auch in seiner Textgestalt. Alles ist hier bedeutsam – und nichts bedeutet nur Buchstäbliches und Empirisches. Zugleich verwirklichen seine Texte formal das auf ihrer Inhaltsebene fast immer unerreichbare Ideal einer Synthese von sozialer Bindung und individueller Freiheit. Ihren letzten Sinn konstituiert das lesende Individuum, das sich auf das Sprach-Spiel einer symbolischen Weltsicht einlässt.

Das damit entworfene Kafka-Bild entspricht offensichtlich weder den alten, religiösen Deutungen noch den aktuelleren sozialgeschichtlichen und poststrukturalistischen, die eine (im erläuterten Sinne) ›religiöse‹ Thematik in Kafkas Werk kategorisch leugnen – nicht zuletzt wohl deshalb, weil sie mit ihrem aktualisierenden Zugriff unvereinbar ist.

Allerdings könnte es sehr wohl sein, dass gerade unsere Zeit zu Kafkas Problemstellung einen ganz aktuellen Zugang finden kann. Schließlich wird die gegenwärtige Diskussion im ›Konflikt der Kulturen‹ wesentlich von einer Frage bestimmt, für die der Jurist Ernst-Wolfgang Böckenförde eine prägnante Formel geliefert hat: Beruhen moderne Gesellschaften in der Fundierung ihres Wertesystems notwendigerweise auf (prä-modernen) Grundlagen, die sie aus sich nicht hervorbringen können? (Böckenförde 1992; vgl. auch Habermas/Benedikt XVI.) Die kunstmetaphysischen Autoren der Moderne haben diese Frage bejaht und mit literarischen Mitteln eine Kompensation der Defizite versucht, die sie als Folgelasten des Modernisierungsprozesses ansahen. Um Regression in vergangene metaphysische Systeme ging es dabei nicht, wohl aber um bedenkenswerte Einsichten in die Grenzen der Aufklärung.

Forschung

Kafkas Verhältnis zur modernen Welt und zum Prozess der Modernisierung wurde bisher noch nie systematisch untersucht (wichtige Vorüberlegungen liefern vor allem J. Schillemeit 2004 [1985] u. 2004 [1996]). Entweder gehen die Interpreten (vor allem in der älteren Forschung) von der weitgehenden Welt- und Geschichtslosigkeit Kafkascher Texte aus (z. B. Allemann 1998 [1962]) oder sie unterstellen ihm (vor allem in sozialgeschichtlichen und von Foucault geprägten Deutungen) eine kritische Mimesis von Oberflächen bzw. Strukturen der modernen Welt (z. B. Abraham 1990; Dreisbach 2009; Garloff 2005; O. Jahraus 2006). Problematisch daran ist nicht nur, dass dabei Kafka unreflektiert aktuelle Modernitätskonzepte unterschoben werden, sondern, vor allem, dass die Komplexität seiner Verschränkung von Mimesis und Semiotisierung unterschätzt und deren werkgeschichtliche Entwicklung nicht genügend beachtet wird. Eine systematische Untersuchung von Kafkas mittelbarer (und genuin moderner) Mimesis-Konzeption gehört so zu den wichtigsten Desideraten der Forschung.

Ulf Abraham: Rechtsspruch und Machtwort. Zum Verhältnis von Rechtsordnung und Ordnungsmacht bei K. In: Kittler/Neumann (1990), 248–278. – Beda Allemann: Stehender Sturmlauf. Zeit und Geschichte im Werke K.s. [Rundfunkvortrag 1962]. In: B. Allemann (1998), 15–36. – Ders.: K. und die Mythologie. In: Zeitschrift für allgemeine Ästhetik und Kunstwissenschaft 20 (1975), 129–144; wieder in: B. Allemann (1998), 151–168. – P.-A. Alt (2005). – G. Baioni (1994). – Ernst-Wolfgang Böckenförde: Die Entstehung des Staates als Vorgang der Säkularisation. In: Ders.: Recht, Staat, Freiheit. Studien zur Rechtsphilosophie, Staatstheorie und Verfassungsgeschichte. Frankfurt/M. 1992, 92–114. – Jürgen Born: K. als Kritiker der Moderne. In: Deutschlandforschung [Seoul, Korea] 5 (1996) 62–73; wieder in: Ders.: »Daß zwei in mir kämpfen...« und andere Aufsätze. Wuppertal 1988, 2. Aufl. 1993, wieder: Furth im Wald, Prag 2000, 137–146. – Georg Braungart: »Alle Kunst ist symbolisch« – und alle Religion auch. Kunstreligiöse Anmerkungen mit Blick auf K. und Wackenroder. In: Sprache und Literatur 40 (2009), 13–45. – Hildegard Platzer Collins: K.'s Views of Institutions and Traditions. In: GQ 35 (1962), 492–503. – Claude David: K. und die Geschichte. In: C. David (1980), 66–80. – Jens Dreisbach: Disziplin und Moderne. Zu einer kulturellen Konstellation in der deutschsprachigen Literatur von Keller bis K. Berlin 2009, bes. 365–444. – Wilhelm Em-

rich: F.K.s Diagnose des 20. Jahrhunderts. In: Emrich/Goldmann (1985), 11–35. – Manfred Engel: K. und die Poetik der klassischen Moderne. In: Engel/Lamping (2006), 247–262. – Sybille Frank: Stadtwahrnehmung im erzählerischen Werk F.K.s. In: N.A. Chmura (2007), 25–60. – Ulrich Fülleborn: »Die Sprache handelt nur vom Besitz und seinen Beziehungen«: K. In: Ders.: Besitzen als besäße man nicht. Besitzdenken und seine Alternativen in der Literatur. Frankfurt/M. 1995, 279–295. – Ders.: Der Einzelne und die »geistige« Welt. Zu K.s Romanen. In: C. David (1980), 81–100; wieder als: Der Einzelne und die parabolischen Welten in K.s Romanen. In: Ders.: Besitz und Sprache. Offene Strukturen und nicht-possessives Denken in der deutschen Literatur. München 2000, 369–384. – Peter Garloff: Institutionen des Rechts in K.s nicht-amtlichen Schriften. In: Poetica 37 (2005), 179–210. – Jürgen Habermas/Benedikt XVI. (Joseph Ratzinger): Dialektik der Säkularisierung. Über Vernunft und Religion. Bonn 2005. – O. Jahraus (2006). – Frederick Karl: F.K., Representative Man. Prague, Germans, Jews, and the Crisis of Modernism. New York 1991. – A. Kilcher (2008). – Gerhard Kurz: Der neue Advokat. Kulturkritik und literarischer Anspruch bei K. In: W. Schmidt-Dengler (1985), 115–128. – Barry Murnane: »Verkehr mit Gespenstern«. Gothic und Moderne bei F.K. Würzburg 2008. – Claudine Raboin: Die Gestalten an der Grenze. Zu den Erzählungen und Fragmenten 1916–1918. In: C. David (1980), 121–135. – J.M. Rignall: History and Consciousness in Beim Bau der chinesischen Mauer. In: Stern/White (1985), 111–126. – Ritchie Robertson (1988 [1985]). – Ders.: K. als religiöser Denker. In: Lothe/Sandberg (2002), 135–149. – R. Robertson (2009 [2004]). – Jost Schillemeit: »unsere allgemeine und meine besondere Zeit«. Autobiographie und Zeitgenossenschaft in K.s Schreiben. In: Emrich/Goldmann (1985), 329–353; wieder in: J. Schillemeit (2004), 225–244. – Ders.: Zum Wirklichkeitsproblem der K. Interpretation. In: DVjs 40 (1966), 577–596; wieder in: J. Schillemeit (2004), 35–57. – Jochen Schmidt: Am Grenzwert des Denkens. Moderne Rationalitätskritik in K.s später Erzählung Der Bau. In: Carsten Dutt/Roman Luckscheiter (Hg.): Figurationen der literarischen Moderne. Heidelberg 2007, 331–346. – R. Stach (2002). – R. Stach (2008). – Silvio Vietta: Die Modernekritik der ästhetischen Moderne. In: Ders./Dirk Kemper (Hg.): Ästhetische Moderne in Europa. Grundzüge und Problemzusammenhänge seit der Romantik. München 1998, 531–549. – Anselm Weyer: Zwänge der Ökonomie im Werk F.K.s. In: N.A. Chmura (2008), 215–226. – Markus Winkler: Kulturkritik in K.s Der Bau. In: Norbert Oellers/Hartmut Steinecke (Hg.): Zur deutschen Literatur im ersten Drittel des 20. Jahrhunderts. Berlin 1999, 144–164.

Ausgabennachweis und Forschungsliteratur zu *Der Verschollene* in 3.2.3, zu *In der Strafkolonie* in 3.2.5, zu *Beim Bau der chinesischen Mauer* in 3.2.9, zu *<Die Abweisung>, Zur Frage der Gesetze, <Die Truppenaushe-* *bung>* und *<Das Stadtwappen>* in 3.3.7, zu *<Der Bau>* in 3.3.6 und zu *<Der Jäger Gracchus>* in 3.2.10 (jeweils in den Anhangsteilen).

Manfred Engel

Anhang

Ausgaben und Hilfsmittel

Werkausgaben und Editionsgeschichte

Publikationen zu Lebzeiten und Nachlass

Bekanntlich hat Kafka nur wenige seiner Texte selbst veröffentlicht: Der Sammelband *Betrachtung* erschien Ende 1912 (Einzelpublikationen bereits 1908 u. 1912), *Das Urteil* (Buchpublikation: 1916) und *Der Heizer* 1913, *Die Verwandlung* 1915 (Buch: Ende 1915), *In der Strafkolonie* 1919, der Sammelband *Ein Landarzt* 1920 (Einzelpublikationen seit 1915), die von Kafka noch selbst für den Druck vorbereitete Sammlung *Ein Hungerkünstler* postum 1924 (Einzelpublikationen seit 1922). Daneben kamen noch zum Druck: zwei Fragmente aus der *Beschreibung eines Kampfes* (*Gespräch mit dem Beter* und *Gespräch mit dem Betrunkenen*; 1909), *Die Aeroplane in Brescia* (1909), das erste Kapitel aus *Richard und Samuel* (1912), einem aufgegebenen Gemeinschaftsprojekt mit Max Brod, und die ursprünglich für den *Landarzt*-Band vorgesehene Erzählung *Der Kübelreiter* (1921) sowie einige kurze Prosatexte, zumeist Rezensionen. All dies ist heute in der *Kritischen Ausgabe* im Band *Drucke zu Lebzeiten* auf rund 450 Druckseiten zusammengefasst (DzL/KA; vgl. dort das chronologische Verzeichnis der Drucke zu Lebzeiten für vollständige und genaue Angaben, 15–24; vgl. auch Unseld 1982 u. 2008).

Die Buchpublikationen erfolgten in den Verlagen Ernst Rowohlt (*Betrachtung*), Die Schmiede (*Ein Hungerkünstler*) und, vor allem, bei Kurt Wolff – dem ehemaligen Kompagnon Rowohlts, der zum maßgeblichen Verleger der jungen expressionistischen Autorengeneration wurde –, zumeist in dessen berühmtester Buchreihe *Der Jüngste Tag* (zu Kafkas Verlags- und Verlegerbeziehungen vgl. Unseld 1982). Zeitschriften, in denen Kafka publizierte, waren unter anderem: *Bohemia, Prager Tagblatt, Prager Presse, Selbstwehr. Unabhängige jüdische Wochenschrift* (alle: Prag), *Die weißen Blätter. Eine Monatsschrift* (Leipzig; eine der maßgeblichen Zeitschriften des Expressionismus, hg. v. René Schickele), *Marsyas. Eine Zweimonatsschrift* (eine kurzlebige und Expressionismus-lastige Zeitschrift, hg. v. Ferdinand Bruckner [i.e. Theodor Tagger]) und *Der Jude. Eine Monatsschrift* (Berlin, Wien; hg. v. Martin Buber).

Geht man vom Textbestand der *Kritischen Ausgabe* (einschließlich der Tagebücher) aus, blieben rund 90 Prozent aller Schriften Kafkas zu seinen Lebzeiten unveröffentlicht. Da er viele Manuskripte vernichtet hat, ist der tatsächliche Prozentsatz natürlich noch deutlich höher einzuschätzen. Den größten Teil des handschriftlichen Nachlasses hatte Max Brod, vor den in Prag einmarschierenden deutschen Truppen fliehend, nach Tel Aviv gerettet. Beim Ausbruch der Suez-Krise (1956) brachte er die Manuskripte in ein Zürcher Bankfach des Verlegers Salman Schocken (1877–1959). Im Auftrag der Erben transportierte sie 1961 der Germanist Malcolm Pasley (1926–2004) in einer winterlichen Autofahrt von Zürich nach Oxford (Engel/Robertson 2008). Seitdem befindet sich der größte Teil von Kafkas Nachlass in der Bodleian Library (zum Bestand vgl. das in allen Apparat-Bänden der KA abgedruckte Inventar, z. B. NSF I:A, 19–33). Eine zweite wichtige Sammlung – die unter anderem das 1988 angekaufte *Process*-Manuskript enthält – lagert im Deutschen Literaturarchiv Marbach (zum Bestand vgl. Ott, 97–99).

Eine dritte, der Forschung bisher noch nie zur Gänze zugängliche Schriftenkollektion aus dem Nachlass von Ester Hoffe, der Sekretärin und Lebensgefährtin Max Brods, befindet sich teils in Tel Aviv, teils in Zürcher Bankschließfächern; über die Ausführbarkeit aus Israel verhandeln zur Zeit die Gerichte. Die Sammlung umfasst nicht nur den eigenen Nachlass Brods (mit für die Kafka-Forschung wichtigen persönlichen Notizbüchern), sondern auch das Manuskript der *Hochzeitsvorbereitungen* und wahrscheinlich zahlreiche von Kafkas Zeichnungen (Stach 2010).

Die größte verlorene Gruppe von Manuskripten stammt aus Kafkas letzter Lebensphase. Einiges davon hat Dora Diamant, den Bitten des Autors folgend, wohl verbrannt, vieles aber aufbewahrt, darunter, so weit wir wissen, 35 Briefe an sie und 20 kleine Notizhefte Kafkas. Vor Doras Flucht aus Berlin durchsuchte die Gestapo 1933 ihre Wohnung und beschlagnahmte die Manuskripte. Seitdem müssen sie als verschollen gelten. 2008 hat allerdings eine Forschergruppe um Kathi Diamant (mit Dora nicht verwandt) Spuren dieses Konvoluts gefunden, die auf immer noch unzugängliche polnische Archive verweisen (www.kafkaproject.com; 22.2.2010).

Postume Editionen

Der überwältigende Teil des Werkes wurde so erst nach dem Tod des Autors herausgegeben, und zwar zunächst durch Max Brod, Kafkas Freund und Nachlassverwalter, der sich über dessen testamentarische Verfügung hinweggesetzt hatte, alle unpublizierten Schriften »restlos und ungelesen zu verbrennen« (Brod, 107; ↗23). Brods Herausgeberarbeit begann mit den drei Romanen: *Der Process* erschien erstmals 1925, *Das Schloss* 1926, *Der Verschollene* (unter dem Titel: *Amerika*) 1927. Als Abschluss dieser ersten postumen Publikationsphase veröffentlichte Brod (zusammen mit Hans-Joachim Schoeps) 1931 den Sammelband *Beim Bau der Chinesischen Mauer* (BBdCM). Dieser enthält neben der Titelgeschichte 18 weitere Erzähltexte aus dem Nachlass (darunter etwa <*Zur Frage der Gesetze*>, <*Von den Gleichnissen*>, <*Der Jäger Gracchus*>, <*Der Bau*>, <*Forschungen eines Hundes*>) und die beiden Aphorismensammlungen <*Er*> und <*Betrachtungen über Sünde, Leid, Hoffnung und den wahren Weg*> [Zürauer Aphorismen] (zu einer Kurzcharakteristik der Editionen und ihrer Probleme vgl. P.U. Beicken, 359).

Diese Publikationen führten schon in den 20er und frühen 30er Jahren zu einer breiteren Rezeption des Kafkaschen Werkes, die sich bald auch über den deutschsprachigen Raum hinaus ausdehnte – die Romane und der Sammelband wurden von Willa und Edwin Muir schon relativ früh ins Englische übersetzt (*The Castle*, 1930; *The Great Wall of China and Other Pieces*, 1933; *The Trial*, 1937; *America*, 1938), der *Process* erschien bereits 1933 in Frankreich (*Le procès*, übers. v. Alexandre Vialatte).

Die zweite Editionsphase war die der Brodschen Werkausgaben. 1935–37 erschienen die von Max Brod und Heinz Politzer herausgegebenen *Gesammelten Schriften* (GS) in sechs Bänden: die ersten vier im Salman Schocken Verlag, Berlin (1935), die letzten beiden in Lizenz bei Heinrich Mercy Sohn in Prag (1936 u. 1937) – der nationalsozialistischen Zensur und Verfolgung wegen hatte Schocken 1934 nach Palästina emigrieren müssen, außerdem waren Kafkas Schriften im Dritten Reich seit 1935 verboten.

Der erste Band *Erzählungen und kleine Prosa* (Erz/GS) enthält die meisten der zu Lebzeiten veröffentlichten Texte; als Band 2–4 erscheinen die Romane nach Entstehungschronologie (A/GS, P/GS, S/GS). Die wichtigsten Neuerungen der Ausgabe liegen in ihren letzten beiden Bänden: Band 5 *Beschreibung eines Kampfes. Novellen, Skizzen, Aphorismen aus dem Nachlaß* (BeK/GS) ist eine stark erweiterte Neufassung von BBdCM (ergänzt unter anderem um die Titelgeschichte, <*Blumfeld, ein älterer Junggeselle*> und <*Der Gruftwächter*>); Band 6 *Tagebücher und Briefe* (T/GS) enthält Auszüge aus den Tagebüchern, ausgewählte Briefe, rund 30 Seiten bisher unveröffentlichter Fragmente, die <*Betrachtungen über Sünde, Leid, Hoffnung und den wahren Weg*> und sogenannte »Meditationen«, d.i. reflexive Notate aus verschiedenen Notizheften (zu einer Kurzbeschreibung der Ausgabe vgl. P.U. Beicken, 360f.). Eine (leicht ergänzte) zweite Auflage der ersten fünf Bände der Ausgabe (GS2) erschien 1946 in New York im dort neu gegründeten Schocken Verlag (zu den Neuerungen gegenüber der Erstauflage vgl. P.U. Beicken, 361).

Die zweite Werkausgabe sind die, wiederum von Max Brod herausgegebenen, *Gesammelten Werke* in unnummerierten Einzelbänden (GW; 1950–1958), die 1965 um eine erste und noch sehr unzureichende Ausgabe der *Briefe an Milena* (BM/GW, hg. v. Willy Haas), 1967 um die *Briefe an Felice* (BF/GW, hg. v. Erich Heller u. Jürgen Born) und 1974 um *Briefe an Ottla und die Familie* (BO/GW, hg. v. Hartmut Binder u. Klaus Wagenbach) ergänzt wurden.

In GW findet der Leser erstmals eine relativ vollständige, chronologisch geordnete Ausgabe der sogenannten *Tagebücher 1910–1923* (T/GW, 1951), eine umfangreiche Auswahl der *Briefe 1902–1924* (Briefe/GW, 1958) und den Band *Hochzeitsvorbereitungen auf dem Lande und andere Prosa aus dem Nachlaß* (Hzv/GW, 1953). Letzterer bedeutete insofern einen editorischen Neuansatz, als hier mit der Abteilung »Die acht Oktavhefte« dem Leser Notizhefte Kafkas im Zusammenhang (wenn auch keineswegs vollständig und in stark edierter Form) vorgelegt wurden, so dass wenigstens ein erster Eindruck von der tatsächlichen Überlieferungsform des Nachlasses entstehen konnte; in etwas eingeschränkter Form gilt das auch für die fast 200 Seiten der Abteilung »Fragmente aus Heften und losen Blättern«. Außerdem enthielt der Band, neben einem Wiederabdruck der <*Betrachtungen*>, u.a. erstmals die *Hochzeitsvorbereitungen* und den <*Brief an den Vater*> (Kurzcharakteristik der Ausgabe und ihrer Neuerungen wiederum: P.U. Beicken, 361f.).

Alle Ausgaben Brods waren von seiner Absicht bestimmt, Kafka als Autor durchzusetzen. Deswegen veröffentlichte er zuerst die Romane, von denen er sich – durchaus zu Recht – eine größere Publikumswirkung versprach. Und deswegen versuchte er, den Fragmentcharakter aller publizierten Texte möglichst zu verschleiern, sie in möglichst ›fertige‹ und gut lesbare ›Werke‹ zu verwandeln. Brod kontaminierte verschiedene Fassungen – am drastischsten wohl in seinen Versionen der *Beschreibung eines Kampfes* und des ‹*Jäger Gracchus*› –, bezog von Kafka gestrichene Passagen wieder in den Text ein, tilgte fragmentarische Textschlüsse, versah titellose Romankapitel und Texte mit Überschriften (und gab letzteren so oft erst Werkcharakter), tilgte Pragismen, normalisierte Rechtschreibung und Interpunktion. Allerdings lässt sich von Auflage zu Auflage und von Ausgabe zu Ausgabe durchaus eine zunehmende Bemühung um ›Philologisierung‹ beobachten. Brod reichte immer mehr der zunächst wegen ihrer Fragmentarik ausgesparten Textteile in Anhängen nach und ergänzte immer neue Einzelnotate. Ihren Höhepunkt (und ihre Grenze) finden diese Bemühungen im Band Hzv/GW.

Von wenigen Texten abgesehen, für die schon früh zuverlässigere Fassungen erarbeitet wurden – wie für den *Dorfschullehrer* (Martini 1958) oder *Die Beschreibung eines Kampfes* (Dietz, 1969) –, haben Brods Editionen (die auch in zahllosen Taschenbuchausgaben, preiswerten Werk-Kassetten und Auswahlbänden nachgedruckt wurden) das Kafka-Bild für Leser wie Forscher bis in die 90er Jahre hinein geprägt. Vergleichbar verbreitet und einflussreich war allenfalls noch Paul Raabes Edition *Sämtliche Erzählungen* (zuerst 1970), die bei den veröffentlichten Texten – gegen Brods Redaktionen – konsequent auf die Erstdrucke zurückgriff.

Eine dritte Phase der Editionsgeschichte wurde erst mit der *Kritischen Ausgabe* (KA) eröffnet, die 1982 zu erscheinen begann. Die Herausgeber Jürgen Born, Gerhard Neumann, Malcolm Pasley und Jost Schillemeit und die (nicht zu vergessenden!) verdienstvollen Redakteure Hans-Gerd Koch und Michael Müller griffen hier erstmals (relativ) konsequent auf die Handschriften zurück. Die Ausgabe umfasst in je einem Band die Romane (S/KA, 1982; V/KA, 1983; P/KA, 1990) die *Drucke zu Lebzeiten* (DzL/KA, 1996) und die *Tagebücher* (T/KA, 1990) sowie zwei Bände mit dem Verlegenheitstitel *Nachgelassene Schriften und Fragmente* (NSF/KA I/II, 1993 u. 1992). Aufgenommen wurden auch die bereits 1984 von Klaus Hermsdorf in einer ersten Ausgabe edierten *Amtliche Schriften* (AS/KA, 2004; hg. v.

Klaus Hermsdorf u. Benno Wagner). Zu jedem Textband gehört ein Apparatband mit Beschreibungen der Handschriften, Auflistung von editorischen Eingriffen und Variantendarstellung; zum Band *Tagebücher* gibt es auch einen Kommentarband. Die KA ist heute im Wesentlichen abgeschlossen; nur der Band *Hebräisch-Studien* (HS/KA, hg. v. Alfred Bodenheimer) befindet sich noch in Vorbereitung (zu den Briefbänden der KA ↗523).

Die Textteile der KA sind inzwischen auch in diversen preiswerten Ausgaben erhältlich, von denen hier nur die wichtigsten genannt seien: (1) Bereits parallel zur KA erschien eine seitenidentische Ausgabe, die nur die Textbände umfasste. (2) Hans-Gerd Koch edierte eine Taschenbuchversion der KA (ohne AS), die zwar text-, aber leider nicht seitenidentisch ausgefallen ist (KA/Tb) und daher für wissenschaftliche Zwecke nicht als Zitiergrundlage verwendet werden sollte; Tagebuch- und Nachlassteile wurden hier auf jeweils vier Bände verteilt. (3) Seit 2002 ist auch eine preiswerte Paperbackkassette der KA erhältlich, die bis auf AS den Gesamttext des Originals in einer text- und seitenidentischen Version enthält; es wäre dringend wünschenswert, dass diese erschwinglichste ›beste Ausgabe‹ nicht nur eine »limitierte Sonderausgabe« bleibt.

Um den Charakter einer Leseausgabe (nicht zuletzt: als Basis für preiswertere und breitenwirksamere Editionen) zu wahren, sind die Herausgeber der *Kritischen Ausgabe* eine Reihe von – meist durchaus vernünftigen – Kompromissen mit der reinen Lehre der Philologie eingegangen: etwa in der leserfreundlichen, aber natürlich auf Editorenentscheidungen gründenden Gestaltung des Apparates in Überarbeitungsstufen; in der Anordnung vor allem der Nachlasstexte in Textgruppen, die nur im Regelfall der ursprünglichen Manuskriptkonstellation entsprechen; in der Beibehaltung der Brodschen Ausgrenzung von Notizheften mit besonders ausgeprägtem Tagebuchcharakter als eigene Werkgruppe ›Tagebücher‹ (nun aber nicht mehr chronologisch wie bei Brod, sondern nach Überlieferungsträgern geordnet). Weniger nachvollziehbar ist, dass – bei sonstiger (weitgehender) Wahrung von Rechtschreibung und Interpunktion – Kafkas ss-Schreibungen (im Textteil, nicht aber in den Apparatbänden) zu ss/ß aufgelöst wurden, was zu so seltsamen Hybridbildungen wie »Proceß« führte (zur Übersicht über die Editionsprinzipien und zur Erklärung der diakritischen Zeichen vgl. z. B. S/KA 7–11). Auf den Nachweis späterer ›Überlieferungsvarianten‹, die vor

allem die Unterschiede zu den lange rezeptionsprägenden Brodschen Textfassungen dokumentiert hätten, wurde verzichtet.

Noch vor Abschluss der *Kritischen Ausgabe* begann
1995 die vierte und bisher letzte Editionsphase mit
dem Erscheinen des programmatischen Einleitungs-
bandes zur *Historisch-Kritischen Franz Kafka-Ausgabe* (FKA – das »F« wird heute mitunter auch als
»Frankfurter« oder »Faksimile« Kafka-Ausgabe interpretiert), herausgegeben von Roland Reuß und
Peter Staengle. Obwohl man das gelegentlich so lesen kann, war der Grund für den editorischen Neuansatz nicht das Bemühen, den besonderen Eigenheiten von Kafkas Schreiben gerecht zu werden, sondern ein vom Poststrukturalismus und seiner Skepsis
gegenüber den Kategorien von ›Autor‹ und ›Werk‹
inspirierter genereller Paradigmenwechsel in der
Editionstheorie, der seinen ersten Niederschlag bereits in D.E. Sattlers Frankfurter Hölderlin-Ausgabe
(1976 ff.) gefunden hatte.

Die FKA tut, was die KA letztlich nur verspricht:
Sie folgt konsequent der Gestalt der Überlieferungsträger – den Handschriften bzw., wo solche nicht
vorhanden sind, den Erstdrucken –, und zwar indem
sie diese in faksimilierter Form reproduziert. Diesen
Abbildungen ist jeweils eine diplomatische Umschrift der Handschrift gegenübergestellt, die deren
Textgestalt bestmöglich in ein Druckbild zu überführen sucht. Die Erläuterungen der Herausgeber
werden der Edition in eigenen Heften (den sogenannten »Franz Kafka-Heften«) beigegeben; sie enthalten einen Editionsbericht, gesammelte Dokumente zur Entstehungsgeschichte (eine besonders
hilfreiche Ergänzung zur KA), eine kritische Darstellung bisheriger Editionen und eine Beschreibung
der Überlieferungsträger. Außerdem ist den Bänden
jeweils eine CD-ROM mit dem digitalisierten Text-
und Bildbestand beigegeben. Bei Drucklegung dieses
Handbuches lagen sieben Bände der FKA vor (den
Einleitungsband und eine Modelledition für die
Briefe nicht mitgezählt); insgesamt ist die Ausgabe
auf »über 25 Bände« angelegt; ein Gesamt-Editions-
plan scheint bisher nicht zugänglich zu sein (www.
textkritik.de/fka/uebersicht/fka.htm; 23.2.2010).

Zwischen den Anhängern der KA und der FKA ist
inzwischen ein Glaubenskrieg entbrannt (wie einst
schon zwischen den Anhängern der Hölderlin-Edi-
tionen von Beißner und Sattler), der für den Außen-
stehenden schwer verständlich bleiben dürfte. Nüch-

tern betrachtet, bietet gerade das Vorhandensein *beider* Ausgaben eine geradezu ideale Konstellation.
Gerade *weil* es die *Kritische Ausgabe* gibt, ist die im
Entstehen begriffene FKA für alle Kafka-Leser ein so
großer Gewinn. Gäbe es *nur* die wenig leserfreund-
liche FKA, wäre es allerdings um die weitere Verbreitung des Kafkaschen Werkes wohl ziemlich schlecht
bestellt.

Zukünftigen Generationen wird der Editionenstreit doppelt absurd scheinen müssen. Denn schon
bald wird jede historisch-kritische Ausgabe mit
Selbstverständlichkeit auch eine CD mit Faksimiles
der Manuskripte einschließen (bzw. einen Verweis
auf deren Präsentation im Internet). Dass die FKA
dieses Material in einer Druckversion darbietet und
den Leser darüber hinaus auch mit einer diplomati-
schen Umschrift versorgt, ist ein erfreulicher, aber
nicht unbedingt notwendiger Luxus.

Exkurs zum Editionenstreit

Dabei könnte man es belassen, wenn die Anhänger
der FKA den Alleingeltungsanspruch ihrer Ausgabe
nicht mit einer Reihe steiler Thesen zu untermauern
gesucht hätten, die in der Kafka-Forschung einige
Folgen gezeitigt haben. Dass sie dort auf so fruchtba-
ren Boden fielen, liegt wohl an der fatalen Neigung
vieler Kafka-Forscher, ihren Autor bevorzugt als inkommensurablen Solitär zu betrachten, der mit anderen Autoren einfach nicht vergleichbar sei, der
fundamental anders geschrieben habe als andere
und dessen ›Werke‹ (oder besser: ›Schriften‹) daher
auch auf besondere Weise zu edieren seien. Die Ar-
gumentationsgrundlage dafür ist allerdings mindestens ebenso dünn wie die Begründung, die Roland
Reuß für den Sonderstatus seiner Edition gegeben
hat:

> Da der Nachlaß insgesamt von Kafka verworfen wurde,
> hat es keinen Sinn, zwischen weniger oder mehr Ver-
> worfenem zu unterscheiden (d.h. zwischen im Manu-
> skript Nicht-Gestrichenem und Gestrichenem). Desglei-
> chen und aus demselben Grund wird man hinsichtlich
> seiner auch von Emendationen jeder Art Abstand neh-
> men müssen (Reuß 1995a, 129).

Das Argument werden – allein schon wegen der offensichtlichen Vermischung von Basis- und Meta-
ebene – wohl nur wenige nachvollziehen können. Es
gibt einen offensichtlichen Unterschied zwischen
Streichungen in einem Text, der Streichung eines
ganzen Textes (die bei Kafka ohnehin kaum vorkommt) und einer testamentarischen Aufforderung
zur Vernichtung eines schriftstellerischen Nachlas-

ses. Die Maxime, dass in Nachlasstexten nicht emendiert werden sollte, ist allerdings natürlich (unabhängig vom Ausgangsargument) durchaus erwägenswert.

Doch fragen wir zunächst ganz allgemein nach den Problemen, mit denen sich ein Herausgeber beim angeblichen editorischen ›Sonderfall‹ Kafka konfrontiert sieht:

(1) Kafka hat zu Lebzeiten nur wenige seiner Werke veröffentlicht; der Hauptteil der Texte hat also entweder vom Autor (aus welchen Gründen auch immer) kein ›Imprimatur‹ erhalten oder befindet sich außerdem noch in einem fragmentarischen Zustand (oft ist nicht eindeutig zu entscheiden, welcher von beiden Befunden zutrifft). Das ist eine allenfalls quantitativ ungewöhnliche Konstellation (und selbst für die Quantität gibt es Vergleichspunkte – etwa im Falle Hölderlins). Einzeltext-bezogen jedoch gehört der Umgang mit solchen Problemen zu den Alltagsaufgaben fast jedes Herausgebers.

(2) Kafka hat eine besondere Form des Schreibens praktiziert, die extrem inspirationsorientiert war. Ohne Vorplanung und Notizen überließ er sich ganz dem ›Schreibstrom‹, entfaltete seine Texte aus dem Inspirationsschub, der in ihrem Ausgangseinfall enthalten war (↗347–350). Dies erklärt die Unzahl von Erzählanfängen, die nach wenigen Seiten, Absätzen oder gar nur Sätzen abbrechen. Auch eine solche Schreibweise ist *per se* nicht ungewöhnlich. Kreativitätspsychologisch gesehen, lassen sich alle Autoren (und Künstler) auf einer Skala einordnen, die zwischen den Extremen planvollen Kalküls und freier Inspiration liegt (wobei die Extrempole selbst unbesetzt bleiben dürften, da *jeder* Kreativitätsakt auf einem, wie auch immer vereinseitigten, Mischverhältnis beider Größen beruht). Wiederum ist Kafkas Annäherung an einen Pol zwar relativ extrem, aber keineswegs unvergleichbar – Rilke oder die Surrealisten, beispielsweise, haben durchaus ähnlich produziert.

Editionspraktisch gesehen bedeutet ein solcher Schreibprozess einerseits eine große Erleichterung – extreme Inspirationisten sind keine fanatischen Überarbeiter einmal geschriebener Texte; die Variantenzahl fällt also bei ihnen (und in der Tat auch bei Kafka) deutlich geringer aus. Andererseits bedeutet eine solche Schaffensweise eine editorische Erschwerung, da die Zahl unveröffentlichter bzw. fragmentarischer Texte deutlich ansteigt.

Was den Kreativitätsprozess der Autoren tatsächlich antreibt, ist dabei eine editorisch eigentlich belanglose Frage. Auch Kreativitätspsychologen können sie kaum befriedigend beantworten, so dass die Erklärungsform des Musen-Kusses als mythologische Einkleidung eines ›je ne sais quoi‹ durchaus ihren Charme behält. Jedenfalls aber handelt es sich um ein komplexes Ineinander von Faktoren, von denen keiner allein bestimmend ist. Insofern ist die Mystifikation der ›Schrift‹ (und die ihr korrespondierende Fetischisierung des Überlieferungsträgers) zum alleinigen Bestimmungsfaktor, wie sie ganz allgemein von poststrukturalistischen Forschern und im besonderen Fall auch von Anhängern der FKA gepflegt wird, eine unzulässige Vereinfachung. Natürlich spielen Faktoren des – ganz materiellen – Schreibprozesses immer eine wichtige Rolle: das Schreibgerät, die Papierfläche und ihre Grenzen (schon das Umblättern-Müssen kann den Schreibfluss stören, die Papiergröße die Textlänge beeinflussen), die Buchstaben erzeugende Schreibbewegung. Dazu kommen Faktoren, die sich sowohl aus äußeren Einflüssen wie aus einer Reflexion des Schreibvorgangs im Geschriebenen ergeben – ein am Fenster vorbeifliegender Vogel könnte so im Text direkt oder mittelbar (etwa im Wort fliegen oder einer Metapher dafür) wiederkehren, eine Störung des Inspirationsflusses könnte leicht zu einem störenden Vorfall im Text werden (vgl. auch Pasley 1995 [1980]). Oder, um einen bei Kafka tatsächlich vorkommenden Fall zu nennen: Ein beim Schreiben aus dem Fenster auf das gegenüberliegende Flussufer blickender Autor – wie Kafka beim Schreiben des *Urteil* – kann einen Text durchaus damit beginnen, dass er eine auf das gegenüberliegende Flussufer blickende Figur einen Text schreiben lässt (vgl. auch das Beispiel NSF II:A, 117).

Daneben gibt es aber natürlich auch eine Fülle anderer – mentaler, sprachbezogener oder (inter-)textueller – Bestimmungsfaktoren. Alles, was sich im Schreib-Raum – bzw. im Bewusstseinsraum des Schreibenden – ereignet, kann den Schreibprozess beeinflussen bzw. sich in ihm niederschlagen. Dies gilt prinzipiell für jeden Schreibakt – auch für den, aus dem dieser Artikel hervorgeht –, hat aber natürlich, je nach Autor und Text, unterschiedlich starke Konsequenzen. All dies jedoch schließt, auch bei einem maximal ›automatischen‹ Schreibakt, (zusätzliche) bewusste Sinngebungsakte und Sinnbildungsprozesse des Autors keineswegs aus.

Diesen Faktoren nachzugehen, ist kreativitätspsychologisch höchst interessant – es ›erklärt‹ literarische Texte aber ebenso wenig wie die einstige positivistische Erklärungsformel des ›Ererbten, Erlebten und Erlernten‹. Um den Aspekt des Schriftbildes – als quasi emblematisches Sediment *eines* der vielen die Textgenese bestimmenden Faktorenbündel – zu wissen, wie es uns die FKA nun dankenswerterweise ermöglicht, ist zweifellos hilfreich und nützlich, da alles Mehr-Wissen prinzipiell hilfreich und nützlich ist. Für eine Textinterpretation ist dieses Wissen aber nur so bedingt relevant, wie es kreativitätspsychologische Überlegungen ganz grundsätzlich sind.

(3) Ungewöhnlicher und autorenspezifischer als die beiden erstgenannten Faktoren ist schließlich die Kombination zwischen einem primär Fragmente produzierenden (und schließlich sogar deren Vernichtung fordernden) Autor wie Kafka und einem so werkorientierten Herausgeber wie Max Brod. Dieses Spannungsverhältnis externalisiert freilich nur eine Dialektik, die schon das Schreiben Kafkas selbst bestimmt. Denn schon hier mischen sich auf spannungsvolle Weise unbezweifelbares Werk- und Wirkungsstreben einerseits mit einer ebenso unbezweifelbaren Verselbständigung des Schreibaktes und seiner auto-therapeutischen Wirkung andererseits. Man könnte so durchaus sagen, dass Brod mit seinen wenig philologisch-exakten Editionsprinzipien nur einseitig das Werkstreben Kafkas herauspräpariert hat – genauso wie heute die FKA und viele Interpreten einseitig den Schreibakt herauspräparieren.

Kafka-Forscher werden gut daran tun, diese Dialektik immer zu bedenken und zu versuchen, beider ihrer Seiten gerecht zu werden. Editoren sind aber wohl zu einer gewissen Einseitigkeit gezwungen: Sie müssen sich entscheiden. Entscheidungsgrund wird dabei wohl sein, welcher Instanz sie sich letztendlich verpflichtet fühlen. Für Reuß ist dies ganz eindeutig die Schrift, um deren Bewahrung es ihm geht:

> Wer nach den Zerstörungen der letzten 100 Jahre mit ihrer Vernichtung nicht nur von Menschen, sondern auch von Schriften, nicht begriffen hat, daß Edieren die katastrophische Phantasie voraussetzt, sich vorzustellen, die Handschrift könne bereits im nächsten Augenblick verschwunden, zerfallen, verbrannt sein, der hat von dieser Zeit nichts verstanden. Ihr wichtigster, allein verallgemeinerbarer Editionsratschlag: Ediere so, als erlösche mit Deinem Blick aufs Manuskript die Schrift. Motiv der Rettung (R. Reuß 1995a, 142).

Den etwas peinlichen Bezug auf die historischen Großkatastrophen des 20. Jahrhunderts – geht's nicht eine Nummer kleiner? – mag man einem leidenschaftlichen und wahrhaft fundamentalistischen Philologen nachsehen. Jedenfalls aber bedürfte es zur Erfüllung seines editorischen Fundamentalanliegens keines Herausgebers – ein guter Fotoapparat

oder ein Hochleistungsscanner würden vollauf genügen – wobei, wenn die Handschrift schon editorisch ›gerettet‹ werden soll, *farbige* Reproduktionen unverzichtbar wären, da nur sie es ermöglichen würden, den editorisch hochbedeutsamen Unterschied zwischen verschiedenen Tintenfarben zu erkennen (von daher basiert auch die FKA mit ihren Schwarz-Weiß-Abbildungen auf einem – aus ökonomischen Gründen durchaus verständlichen – Kompromiss).

Traditionell haben sich Editoren zwar immer auch als ›Retter‹ ihrer Texte, mindestens ebenso sehr aber auch als deren Vermittler an die Leser verstanden – und waren daher immer bereit, Kompromisse zwischen der reinen Lehre der Philologie und den Ansprüchen des Lesers auf einen lesbaren Text einzugehen. Und sie waren sich ebenfalls bewusst, dass dazu editorische Entscheidungen nötig sind, die auch bei bester Begründung frag-würdig bleiben müssen. Wer dies, wie Reuß, als »autoritäre Konzeption von Edition« denunziert (Reuß 1995a, 131), verkennt ihren Kompromiss- und Vermittlungscharakter. Im Falle Kafkas versucht er zudem, mit der Editionsauch gleich noch die Rezeptionsgeschichte des Kafkaschen Werkes zu revidieren. In der hat Brod aber nun einmal seine Spuren hinterlassen – und damit Kafkas enormen Erfolg bei einer weltweiten Leserschaft überhaupt erst ermöglicht. Wenn man schon Überlieferungsträger fetischisieren will, könnte man ja auch überlegen, ob im Falle Kafkas nicht auch die Textüberlieferung Brods inzwischen ihr eigenes, relatives Recht bekommen hat.

Die enorme Hilfe, die die Existenz der FKA heute für jeden Kafka-Forscher bedeutet, gründet jedoch keineswegs ausschließlich auf den fotografischen Kompetenzen der Herausgeber, sondern, mindestens ebenso sehr, auf ihren ganz traditionell-hermeneutischen Kompetenzen, ihren Fähigkeiten, eine Handschrift zu ›lesen‹. Das sei abschließend an einem kurzen Beispiel erläutert.

Seit dem Vorliegen des Editionsberichtes zum entsprechenden Band der FKA wissen wir, dass im Falle der Fassung A der *Beschreibung eines Kampfes* die Textkonstitution der KA durchaus fragwürdig ausgefallen ist. Denn recht eigentlich würde die Fassung A eher von der Reinschrift repräsentiert werden, von der Kafkas (mit Kopierstift durchgeführter) Überarbeitungsprozess *ausging*. Die KA präsentierte aber die überarbeitete Version der Reinschrift als ›Fassung A‹ – und damit einen Text, der eher eine Übergangsstufe zwischen ›A‹ und ›B‹ darstellt:

Kafka überarbeitete den Text von A zunächst, brach die Überarbeitung dann mit einer längeren Streichung ab (NSF/KA I, 76; BeK/FKA Heft 1, 80 ff.) und begann mit der Niederschrift von Fassung B (BeK/FKA, Beiheft, 7 f.). Dass deswegen die heuristisch sinnvolle Rede von ›Textfassungen‹ generell inadäquat sei, wie Reuß in seinem Herausgeberkommentar dekretiert (6), ist dann freilich wieder eine fundamentalistische Überspitzung. Sehr viel eher hieße es, dass in diesem Fall über die bestmögliche Konstitution einer Fassung erneut nachzudenken wäre.

Synopsen zwischen GW, KA und FKA

Das Nebeneinander von gleich *drei* Editionen macht es zum dringenden Desiderat, einen Text aus GW auch in KA und FKA (und umgekehrt) leicht auffinden zu können. Dazu aber bieten weder KA noch FKA zureichende Hilfen. In der KA sind die Brod-Titel, unter denen zahlreiche Kafka-›Werke‹ Leser wie Forscher zuerst erreicht haben, nur an höchst versteckter Stelle (NSF I, 14 f., II, 14; T 297–301) und zudem unvollständig nachgewiesen (die KA/Tb ist da deutlich hilfreicher). Die FKA bietet zwar ein hervorragendes »Findbuch« zum Vergleich zwischen GW, KA und FKA an, aber leider nur für Internetnutzer:

www.textkritik.de/findbuch/index.htm (20.2.2010)

und, naturgemäß, nur für die bereits in der FKA erschienenen Texte.

Daher bleibt eine Synopse hilfreich, die sich, sehr versteckt, als tabellarischer Anhang in einer Monographie von Gerhard Rieck finden lässt (G. Rieck 2002, 93–135). Diese synoptischen Tabellen ermöglichen es, GW-Texte (mit Brodschen Pseudo-Werktiteln) leicht und zuverlässig in der KA und FKA (natürlich nur in deren vor 2002 erschienenen Bänden) aufzufinden. Eine ähnliche (freilich beschränktere) Hilfsfunktion bietet auch das Werkregister dieses Handbuches, da hier zu Brodschen Herausgebertiteln immer auch KA-Textanfänge und Stellennachweise angegeben werden.

Editionen des Briefwerkes

Die Überlieferungs- und Editionsgeschichte des Briefwerks wurde am Ende des entsprechenden Handbuchbeitrages bereits ausführlich dargestellt (↗ 3.4.3). Hier sei daher nur auf die Ausgabe verwiesen, die sicher auf absehbare Zeit die Standardedition bleiben wird: Die KA enthält auch eine eigene

(von Hans-Gerd Koch herausgegebene) Abteilung zum Briefwerk, in der alle bisher ermittelten Briefe Kafkas ediert werden sollen. Von deren fünf Bänden sind bei Drucklegung dieses Handbuches drei bereits erschienen (B00–12, 1999; B13–14, 2001; B14–17, 2005); die Publikation des vierten steht unmittelbar bevor (B18–20). Kafkas Briefe werden hier in chronologischer Ordnung präsentiert und detailliert kommentiert (wobei der Kommentarteil auch zahlreiche Abbildungen der Textträger enthält). Briefempfänger werden in einem umfangreichen alphabetischen Verzeichnis ausführlich vorgestellt. Die an Kafka gerichteten Briefe sind, soweit erhalten, in einem Anhang abgedruckt.

Von den geplanten Briefbänden der FKA liegt zurzeit nur eine Probeedition vor: der Band *Drei Briefe an Milena Jesenská* (1995), der nicht Teil der FKA zu sein scheint, sondern nur die besonderen Probleme der Briefedition veranschaulichen soll.

Biographien, Bildbände, Lebenszeugnisse

Die Zahl der Kafka-Biographien ist mehr als stattlich; hier sollen nur die vier wichtigsten kurz vorgestellt werden (umfassenderer Überblick bei C. Klein, 21–34).

(1) Die älteste und einflussreichste Biographie stammt natürlich von Max Brod. Sein Buch *Franz Kafka. Eine Biographie. Erinnerungen und Dokumente* erschien erstmals 1937. Es verbindet den offensichtlichen Vorteil persönlicher Bekanntschaft und Zeitgenossenschaft mit dem Nachteil einer unübersehbaren Stilisierungstendenz: Für Brod ist Kafka nun einmal ein jüdischer ›homo religiosus‹ und ein Asket, ja geradezu ein Heiliger und Märtyrer seines Glaubens.

(2) Deutlich nüchterner und faktenorientierter fiel Klaus Wagenbachs Monographie *Franz Kafka. Biographie seiner Jugend* aus, die 1958 erschien und 2006 in einer schön gestalteten und erweiterten Neuausgabe mit vielen Bildern und Dokumenten vorgelegt wurde. Sie behandelt den Lebenszeitraum von der Geburt bis ins Jahr 1912, also die Phase des frühen Werkes, und besticht vor allem durch umfangreiche Informationen zum lokalen und historischen Kontext.

(3) Ebenfalls faktenorientiert – und eben wegen der Fülle gesammelter Informationen immer noch unverzichtbar –, aber stärker psychologisierend (und wesentlich schwerer zu lesen) fiel der umfangreiche

biographische Abriss von Hartmut Binder aus, der im Kafka-Handbuch von 1979 den größten Teil des ersten Bandes füllt (KHb 1979, I, 103–584).

(4) Die aktuellste, umfangreichste und zugleich leserfreundlichste Kafka-Biographie erarbeitet zurzeit Reiner Stach. Ihr zweiter und dritter Band sind bereits erschienen (*Die Jahre der Entscheidungen* [1910–15], 2002; *Die Jahre der Erkenntnis* [1915–24], 2008), der erste steht noch aus (nicht zuletzt wegen der Unzugänglichkeit des als Quelle unverzichtbaren Brodschen Nachlasses). Durch seine intensiven Recherchen hat Stach unser Wissen über Kafka um viele Details bereichert. Eine mindestens ebenso große Leistung stellt jedoch seine originelle Darstellungsweise dar: Stach verbindet Empathie mit Faktengenauigkeit, indem er zwischen »szenischer Vergegenwärtigung«, »situativer Entfaltung« und »historischer Lokalisierung von Kafkas Leben« wechselt (Stach 2002, XXV). Dabei wahrt er erfreuliche Distanz zu vielen sattsam bekannten Klischees der Kafka-Forschung und hält sich, vor allem im zweiten Band, bei Werkdeutungen (die im Kontext einer Biographie allzu leicht biographistisch ausfallen) wohltuend zurück.

Zu nennen sind noch zwei Sonderfälle des Genres Biographie: Peter-André Alts *Franz Kafka. Der ewige Sohn* (2005) und Joachim Unselds *Franz Kafka. Ein Schriftstellerleben* (1982). Das erste Buch ist zugleich eine Werkmonographie, das zweite eine auf Verlags- und Verlegerbeziehungen konzentrierte ›Schriftsteller‹-Biographie. Ein überaus nützliches Hilfs- und Nachschlageinstrument stellt schließlich die knapp gefasste Kafka-Chronik von Roger Hermes u. a. dar (1999).

Auch an hervorragenden Bildbänden zu Kafka gibt es keinen Mangel. Hier seien nur zwei angeführt, die zugleich auch Biographien in nuce sind: Klaus Wagenbachs *Franz Kafka. Bilder aus seinem Leben* (1983, erweiterte Neuauflage 2008), ein schön gemachtes Buch mit bestechender Bildqualität, und Hartmut Binders opulente Bild-Biographie *Kafkas Welt. Eine Lebenschronik in Bildern* (2008) mit umfassendem und höchst informationsreichem Textteil.

Was die Lebenszeugnisse anbelangt, so findet man die wichtigsten Berichte und Aussagen von Freunden und Bekannten über Kafka handlich zusammengestellt in Hans-Gerd Kochs »*Als mir K. entgegenkam...*«. *Erinnerungen an Franz Kafka* (1995, erw. Neuausgabe 2005). Die in der Kafka-Forschung früher gern zitierten Erinnerungen und Gesprächs-

berichte in Gustav Janouchs *Gespräche mit Kafka* (1961 u.ö.) gelten dagegen heute nach allgemeinem Konsens als weitgehend frei erfunden.

Hilfsmittel

Selbstdeutungen Kafkas – zu einzelnen Werken und zu seinem Schreiben überhaupt – wurden 1977 von Erich Heller und Joachim Beug zusammengestellt (natürlich auf der inzwischen überholten Textbasis von GW). Einen gewissen Ersatz dafür werden, wenn vollständig erschienen, die FKA-Bände bieten, da sie Selbstzeugnisse in ihren Beiheften dokumentieren.

Die noch vorhandenen Überreste von *Kafkas Bibliothek* hat 1982 die Forschungsstelle für Prager deutsche Literatur an der Universität Wuppertal angekauft (die auch die KA betreute); 1990 wurden die Bestände von Jürgen Born in einem »beschreibenden Verzeichnis« dokumentiert (dieses ersetzt ein erstes, von Klaus Wagenbach erstelltes und in seine Biographie des jungen Kafka aufgenommenes Bibliotheksverzeichnis; Wagenbach 1958, 251–263). Born listet nicht nur die (noch) vorhandenen Bücher und Zeitschriften (nach Sachgruppen geordnet) auf, sondern auch alle »in Kafkas Schriften erwähnten oder nachweislich von ihm zur Kenntnis gekommenen Bücher und Almanache, Zeitschriften und Zeitschriftenbeiträge« (Born 1990, 11).

Auf der Textbasis der KA haben Heinrich P. Delfosse und Karl J. Skrodzki 1993 und 2003 *Konkordanzen* zu den Romanen und den Nachgelassenen Schriften und Fragmenten erstellt. Heute lässt sich im Internet auch der komplette Textbestand der KA (ohne Amtliche Schriften, Apparat- und Briefbände) leicht durchsuchen (↗526).

Hartmut Binder hat (auf der Textbasis von GW) zwei nützliche Kommentare zum Werk vorgelegt: *Kafka-Kommentar zu sämtlichen Erzählungen* (1975) und *Kafka-Kommentar zu den Romanen, Rezensionen, Aphorismen und zum Brief an den Vater* (1976). Seinem interpretatorischen Ansatz entsprechend, dominiert hier allerdings eine biographische Werkdeutung. Auch die zwei Bände der Auswahlausgabe von Dieter Lamping (↗534) sind mit knappen Kommentaren versehen.

Von den zahlreichen Kafka-*Bibliographien* ist heute nur noch die von Maria Luise Caputo-Mayr und Julius Michael Herz von Bedeutung, die in ihrer erweiterten Auflage von 2000 ein umfassendes (und teilweise kommentiertes) Verzeichnis der Primär-

und Sekundärliteratur bis ca. 1997 bietet (und durch Personen- und Werkregister erschließt). Für die Primärliteratur sind die Bände als immer noch bestes Verzeichnis von Primärdrucken und deren Übersetzungen unverzichtbar; bei der Sekundärliteratur würde man freilich auch seinem ärgsten Feind nicht wünschen wollen, alle hier genannten Titel komplett zur Kenntnis nehmen zu müssen.

Kleinere *Forschungsberichte* gibt es viele; als umfassende Rekonstruktion von Rezeptionsgeschichte und typologisierender Überblick über die wichtigsten Forschungsrichtungen hat jedoch Peter U. Beickens *Franz Kafka. Eine kritische Einführung in die Forschung* (1974) bis heute keinen Nachfolger gefunden.

In der Reihe der *Kafka-Handbücher* ist das hier vorliegende das dritte. Das erste, 1979 von Hartmut Binder in zwei Bänden edierte *Kafka-Handbuch* (KHb 1979) darf – nicht zuletzt dank des vom Verlag großzügig gewährten Umfanges – noch immer als ein wichtiges Standardwerk gelten (das heute natürlich sowohl vom Stand der Textkritik wie vom Forschungsstand her gesehen in vielen Details überholt ist). Bettina von Jagow und Oliver Jahraus haben 2008 ein zweites *Kafka-Handbuch* (KHb 2008) herausgegeben – und Kafka zu seinem 125. Geburtstag geschenkt (KHb 2008, 9). Die (mit rund 160 von insgesamt rund 550 Druckseiten) umfassendste seiner vier Abteilungen – »Franz Kafka. Der Mensch zwischen Leben und Werk«; »Werküberblick«; »Deutungsperspektiven«; »Einzelinterpretationen« – ist den diversen Forschungsansätzen gewidmet. Im etwas knapper ausgefallenen Interpretationsteil werden die von Kafka zu Lebzeiten veröffentlichten Buchpublikationen, die Romane und die »Tier- und Künstlergeschichten« in Einzelbeiträgen behandelt.

Im deutschen Sprachraum immer noch viel zu wenig bekannt ist schließlich die von Richard T. Gray u. a. verfasste *Franz Kafka Encyclopedia* (2005). Dieses eminent hilfreiche *Nachschlagewerk* enthält in alphabetischer Anordnung kurze Artikel zu einzelnen Werken (im Wesentlichen zu allen von Kafka oder Brod betitelten Texten), aber auch zu den wichtigsten fiktiven Charakteren, den Textträgern und Ausgaben, den wichtigsten Personen aus Kafkas Lebensumfeld, seinen Beziehungen zu für ihn prägenden Autoren, Elementen seines Prager Lebensumfeldes und zu für sein Werk wichtigen literaturwissenschaftlichen Termini. Alle Artikel sind mit einem kurzen Literaturverzeichnis versehen.

Institutionen der Kafka-Forschung – Kafka im Internet

Wer bei Google »Kafka« eingibt, bekommt fast 7 Millionen Fundstellen angezeigt. So ist auch die Zahl von Internetseiten, die ausschließlich diesem Autor gewidmet sind, mehr als stattlich. Aus diesem reichen Angebot werden hier nur die Seiten vorgestellt, die einen besonders hohen Nutzwert bieten und eine einigermaßen dauerhafte Webpräsenz haben dürften (letztes Besuchsdatum für alle Links: 27.1.2010).

Zunächst aber sollen die wichtigsten *Institutionen* der Kafka-Forschung über ihre Internetadressen präsentiert werden. Zu nennen sind hier vor allem fünf Kafka-Gesellschaften und zwei Forschungsinstitutionen:

(1) *Kafka Society of America*: 1975 in San Francisco von Maria Luise Caputo-Mayr gegründet und damit die älteste Kafka-Gesellschaft; seit 2001 in New York angesiedelt; gibt seit 1977 das *Journal of the Kafka Society of America* heraus:

www.kafkasocietyofamerica.org

(2) *Österreichische Franz-Kafka-Gesellschaft*: 1979 in Klosterneuburg gegründet, wo sie auch ihren Sitz hat; betreut das Sterbehaus Kafkas in Kierling; verlieh 1979–2001 alle zwei Jahre den Franz-Kafka-Preis (u. a. an Peter Handke, Elias Canetti, Christoph Ransmayr); veranstaltete vor allem in den 80er und 90er Jahren eine Reihe von Kafka-Symposien. Im Internet ist sie nur durch eine Kontaktadresse vertreten:

www.literaturhaus.at/zirkular/archive_institutionen/kafka2/

(3) *Společnost Franze Kafky* (tschechische Franz-Kafka-Gesellschaft): 1990 in Prag gegründet, wo sie ihren Sitz im ›Franz-Kafka-Zentrum‹ hat; mit eigenem Verlag, der u. a. die tschechische Kafka-Werkausgabe publiziert hat; verleiht seit 2001 den Franz-Kafka-Preis (u. a. an Elfriede Jelinek, Harold Pinter, Peter Handke); Homepage in Tschechisch, Englisch und Deutsch:

www.franzkafka-soc.cz

(4) *Nederlandse Franz Kafka-Kring* (Niederländischer Franz-Kafka-Kreis): gegründet 1992; gibt seit 1993 die dreisprachige Zeitschrift *Kafka-Katern* heraus (Inhaltsverzeichnisse auf der Homepage):

www.kafka-kring.nl

(5) *Deutsche Kafka-Gesellschaft* (DKG): Gegründet 2005 in Bonn von Nadine A. Chmura; veranstaltet seit 2007 jährliche Symposien, die in der *Schriftenreihe der Deutschen Kafka-Gesellschaft* erscheinen. Die Homepage bietet u. a. eine Neuerscheinungsliste zu Kafka (seit 2006), die mindestens als Platzhalter für eine dringend benötigte Jahresbibliographie von Neuerscheinungen zum Autor dienen kann:

www.kafka-gesellschaft.de

(6) *Forschungsstelle für Prager deutsche Literatur* (Wuppertal; seit 1974): Diese hat zwar reiche Bestände (u. a. die erhaltenen Bände aus Kafkas Bibliothek) und große Verdienste um die Kafka-Forschung, bisher aber allenfalls den Ansatz zu einer Internetpräsenz:

www.verwaltung.uni-wuppertal.de/forschung/1996/fb4/born.html

(7) *Oxford Kafka Research Centre* (OKRC): Gegründet 2008 von Manfred Engel und Ritchie Robertson; veranstaltet u. a. alle zwei Jahre internationale Symposien, die in der Reihe *Oxford Kafka Studies* (Königshausen & Neumann, Würzburg) erscheinen. Die Homepage informiert über Aktivitäten des OKRC und sammelt Informationen zu aktuellen Kafka-Forschungsprojekten:

www.kafka-research.ox.ac.uk

Von primärem Interesse für Kafka-Forscher sind aber natürlich die Internetseiten, die recherchierbare *Texte ›online‹* präsentieren. Obwohl die im Folgenden aufgeführten Adressen auch jeweils viele und vielfältige andere Informationen enthalten, werden hier nur die besonders forschungsrelevanten Primärressourcen genannt; von den weiteren Vorzügen der Seiten mag sich der Leser bei Besuchen selbst überzeugen:

(1) Durchsuchbarer *Volltext der KA* (noch ohne Briefbände und Amtliche Schriften):

www.kafka.org

(2) Durchsuchbarer *Volltext von Tagebüchern und Briefen* (allerdings noch nach den alten Ausgaben):

homepage.univie.ac.at/werner.haas/

(3) Faksimile der *Kafka-Drucke zu Lebzeiten* in Zeitschriften und Zeitungen und *Synopse zwischen GW, KA und FKA* (»Findbuch«):

www.textkritik.de/kafkazs/kafkadrucke.htm
www.textkritik.de/findbuch/index.htm

(4) Faksimile des *Prager Tagblatt* (1877–1938):

www.anno.onb.ac.at/cgi-content/anno?aid=ptb

(5) Über 100 *jüdische Periodika* aus den Jahren 1806–1938 im Faksimile, darunter auch *Der Jude* (1916–28):

www.compactmemory.de

Abschließend sei noch auf wenigstens zwei von vielen Kafka-Adressen im Netz verwiesen, die aus dem üblichen Angebot herausstechen:

(1) Reiner Stachs Kafka-Seite bietet nicht nur vielfältige Informationen zu Kafkas Leben und Werk, zu Personen aus seinem Lebensumfeld und zur Sekundärliteratur sowie Links zu anderen wichtigen Netzadressen, sondern auch ein »Fundstück des Monats« und eine Rubrik »News«, mit denen der Besucher an aktuellen Funden und am Wissen des Kafka-Biographen teilhaben kann:

www.franzkafka.de

(2) Benno Wagners *Virtuelles Kafka-Bureau* ist ein noch im Aufbau befindliches Projekt.

www.kafkabureau.net/index.html

Hier die Selbstbeschreibung der ersten Projektphase von der Homepage:

> Das Virtuelle Kafka-Bureau zielt darauf ab, den transtextuellen und transmedialen Raum des Kafka'schen Werks auf der Grundlage literatur-, medien- und kulturwissenschaftlicher Konzepte als digitales Arbeitsumfeld für Literatur-, Medien- und Kulturwissenschaftler sowie weitere Nutzergruppen zu erschließen. Das erste Forschungsprojekt […] erschließt und verdatet zunächst das Feld der – intermedial verstandenen – Kafka'schen Lektüren in Form einer relationalen Datenbank (Kafkas Virtuelle Mediathek).

Im Suchbereich »Echotexte« soll im Endstadium eine Datenbank ›Autoren‹ und ihre ›Werke‹ (beides im weitesten Sinne und pluri-medial zu verstehen) mit Belegen zu Kafkas Rezeption derselben und darauf bezogenen Stellen aus ausgewählter Sekundärliteratur vernetzen. Vom gegenwärtigen Stand des Projekts mag der Leser sich durch eigene Such-Versuche überzeugen.

Um unnötige Doppelungen zu vermeiden, werden im Literaturverzeichnis zum Artikel all die Angaben, die sich zusammenhängend und übersichtlich geordnet in der Gesamtbibliographie am Ende des Handbuchs finden, nicht ein zweites Mal präsentiert.

Ausgaben: ↗532–534; Einzelpublikationen zu Lebzeiten sind bei den jeweiligen Texten im Literaturverzeichnis angegeben.
Briefwerk: ↗533 f.
Biographien, Bildbände, Lebenszeugnisse: ↗534–536.
Hilfsmittel: ↗536.
Forschung: Mark M. Anderson: Virtual Zion. The Promised Lands of the New Critical Editions of K. In: Mark H. Gelber (2004), 307–320. – Peter U. Beicken: F.K. Eine kritische Einführung in die Forschung. Frankfurt/M. 1974. – Max Brod: F.K.s Nachlaß. In: Die Weltbühne 20 (1924) 29, 106–109; Faksimile in: U. Ott (s. u.; 1991), 69–72. – Jens Diercksen: K. wörtlich. Zur Kritischen Ausgabe der *Schriften, Tagebücher, Briefe*. In: H.L. Arnold (1994), 299–316. – Ludwig Dietz: Der Text [Nachlass u. Ausgaben]. In: KHb (1979) II, 3–14. – Osman Durrani: Editions, Translations, Adaptations. In: J. Preece (2002), 206–225. – Manfred Engel/Ritchie Robertson: K. in Oxford. Das neue Oxford Kafka Research Centre. In: Jahrbuch des Bundesinstituts für Kultur und Geschichte der Deutschen im östlichen Europa 16 (2008), 195 f. – Wolf Kittler/Gerhard Neumann: K.s *Drucke zu Lebzeiten*. Editorische Technik und hermeneutische Entscheidung. In: Kittler/Neumann (1990), 30–74. – Christian Klein: K.s Biographie und Biographien K.s. In: KHb (2008), 17–36. – Gerhard Neumann: Werk oder Schrift? Vorüberlegungen zur Edition von K.s *Bericht für eine Akademie*. In: Jahrbuch für internationale Germanistik 11 (1981), 154–173. – Ulrich Ott: K.s Nachlaß. In: Marbacher Magazin 52 (1991), 61–99. – Malcolm Pasley: Der Schreibakt und das Geschriebene. Zur Frage der Entstehung von K.s Texten. In: C. David (1980), 9–25; wieder in: M. Pasley (1995), 99–120. – Ders.: Zu K.s Interpunktion. In: Euphorion 75 (1981), 476–483; wieder in: M. Pasley (1995), 121–144. – Roland Reuß: »genug Achtung vor der Schrift«? Zu: F.K., Schriften Tagebücher Briefe. Kritische Ausgabe. In: Text. Kritische Beiträge 1 (1995), 123–152 [1995a]. – Ders.: ~~Lesen, was gestrichen wurde~~. Für eine historisch-kritische K.-Ausgabe. In: E/FKA (1995), 9–24 [1995b]. – Gerhard Rieck: F.K. und die Literaturwissenschaft. Aufsätze zu einem kafkaesken Verhältnis. Anhang: Ordnung fiktionaler Texte K.s nach Texttiteln, Werkausgaben und Datierungen. Würzburg 2002. – Jost Schillemeit: Korrekturen in K.s Manuskripten und ihre Darstellung in der Kritischen Ausgabe. In: Édition et Manuscrits. Probleme der Prosaedition. Jb. für Internationale Germanistik, Reihe A 19 (1987), 93–106; wieder in J. Schillemeit (2004), 257–271 [2004a]. – Ders.: F.K. Werk, Nachlaß, Edition. Versuch eines Überblicks. In: Margit Raders/Luisa Schilling (Hg.): Studien zur deutschen Literatur. Gattungen – Motive – Autoren. Madrid 1995, 73–88; wieder in: J. Schillemeit (2004), 348–364 [2004b]. – Reiner Stach: K.s letztes Geheimnis [Interview v. Peter von Becker]. In: Der Tagesspiegel, 26.1.2010. – Annette Steinich: K.-Editionen. In: Rüdiger Nutt-Kofoth/Bodo Plachta (Hg.): Editionen zu deutschsprachigen Autoren als Spiegel der Editionsgeschichte. Tübingen 2005, 247–262. – Dies.: K.-Editionen: Nachlass und Editionspraxis. In: KHb (2008), 137–149. – Joachim Unseld: F.K. Ein Schriftstellerleben. Die Geschichte seiner Veröffentlichungen. München, Wien 1982. – Ders.: K.s Publikationen zu Lebzeiten. In: KHb (2008), 123–136.

Manfred Engel

Siglen und Abkürzungen

1. Werk- und Briefausgaben

Vorbemerkung: Da die *Kritische Ausgabe* (KA) für dieses Handbuch die Standardausgabe ist, wurde bei allen Seitennachweisen im Text bei den Bandsiglen die Ausgabenkennung /KA weggelassen; statt AS/KA steht also einfach AS, DzL statt DzL/KA usw. Ebenfalls ohne Ausgabenkennung zitiert werden: Briefe (statt: Briefe/GW), und BO statt (BO/GW).

A/GS	Amerika. Roman. Hg. v. Max Brod in Gemeinschaft mit Heinz Politzer. Berlin: Schocken 1935 (Gesammelte Schriften, Bd. 2).
A/GS2	Amerika. Roman. Hg. v. Max Brod. New York: Schocken 1946 (Gesammelte Schriften, 2. Aufl., Bd. 2).
A/GW	Amerika. Roman. Hg. v. Max Brod. Frankfurt/M.: Fischer, Lizenzausgabe von Schocken 1953; – auch: 1966 (Gesammelte Werke).
AS/KA	Amtliche Schriften. Hg. v. Klaus Hermsdorf u. Benno Wagner. Frankfurt/M.: Fischer 2004 (Schriften, Tagebücher, Briefe. Kritische Ausgabe).
B00–12/KA	Briefe 1900–1912. Hg. v. Hans-Gerd Koch. Frankfurt/M.: Fischer 1999 (Schriften, Tagebücher, Briefe. Kritische Ausgabe).
B13–14/KA	Briefe 1913 – März 1914. Hg. v. Hans-Gerd Koch [Text, Kommentar u. Apparat in einem Bd.]. Frankfurt/M.: Fischer 2001 (Schriften, Tagebücher, Briefe. Kritische Ausgabe).
B14–17/KA	Briefe April 1914 – 1917. Hg. v. Hans-Gerd Koch [Text, Kommentar u. Apparat in einem Bd.]. Frankfurt/M.: Fischer 2005 (Schriften, Tagebücher, Briefe. Kritische Ausgabe).
B18–20/KA	Briefe 1918–1920. Hg. v. Hans-Gerd Koch [Text, Kommentar u. Apparat in einem Bd.]. Frankfurt/M.: Fischer in Vorber., angekündigt für 2010 (Schriften, Tagebücher, Briefe. Kritische Ausgabe).
B21–24/KA	Briefe 1921–1924. Hg. v. Hans-Gerd Koch. [Text, Kommentar u. Apparat in einem Bd.]. Frankfurt/M.: Fischer in Vorber. (Schriften, Tagebücher, Briefe. Kritische Ausgabe).
BBdCM	Beim Bau der Chinesischen Mauer. Ungedruckte Erzählungen und Prosa aus dem Nachlaß. Hg. v. Max Brod u. Hans-Joachim Schoeps. Berlin: Kiepenheuer 1931 [2. Aufl.: Köln 1948].
BE	Briefe an die Eltern aus den Jahren 1922–1924. Mit kommentierten Reproduktionen. Hg. v. Josef Čermák u. Martin Svatoš. New York, Frankfurt/M.: Fischer 1990.
BeK/FKA	Beschreibung eines Kampfes/ Gegen zwölf Uhr. Faksimile-Edition. Hg. v. Roland Reuß in Zusammenarb. mit Peter Staengle u. Joachim Unseld. Frankfurt/M., Basel: Stroemfeld/Roter Stern 1999 (Historisch-Kritische Ausgabe sämtlicher Handschriften, Drucke, Typoskripte).
BeK/GS	Beschreibung eines Kampfes. Novellen, Skizzen, Aphorismen aus dem Nachlaß. Hg. v. Max Brod in Gemeinschaft mit Heinz Politzer. Prag: Heinrich Mercy Sohn 1936 (Gesammelte Schriften, Bd. 5).
BeK/GS2	Beschreibung eines Kampfes. Novellen, Skizzen, Aphorismen aus dem Nachlaß. Hg. v. Max Brod. New York: Schocken 1946 (Gesammelte Schriften, 2. Aufl., Bd. 5).
BeK/GW	Beschreibung eines Kampfes. Novellen, Skizzen, Aphorismen aus dem Nachlaß. Hg. v. Max Brod. Frankfurt/M.: Fischer, Lizenzausgabe von Schocken 1954; div. Neuausgaben (Gesammelte Werke).
BF/GW	Briefe an Felice und andere Korrespondenz aus der Verlobungszeit. Hg. v. Erich Heller u. Jürgen Born. Frankfurt/M.: Fischer, Lizenzausgabe von Schocken 1967; div. Neuausgaben (Gesammelte Werke).
BM	Briefe an Milena. Erw. u. neu geordnete Ausg. Hg. v. Jürgen Born u. Michael Müller. New York, Frankfurt/M.: Fischer 1983 [ersetzt: BM/GW 1965 ↗399].
BM/GW	Briefe an Milena. Hg. v. Willy Haas. Frankfurt/M.: Fischer, Lizenzausga-

be von Schocken 1952; div. Neuausgaben (Gesammelte Werke).

BMB Max Brod/Franz Kafka. Eine Freundschaft. Bd. 2: Briefwechsel. Hg. v. Malcolm Pasley. Frankfurt/M.: Fischer 1989.

BO/GW Briefe an Ottla und die Familie. Hg. v. Hartmut Binder u. Klaus Wagenbach. Frankfurt/M.: Fischer, Lizenzausgabe von Schocken 1974; – auch: 1975 (Gesammelte Werke).

Briefe/GW Briefe 1902–1924. Hg. v. Max Brod. Frankfurt/M.: Fischer, Lizenzausgabe von Schocken 1958; div. Neuausgaben (Gesammelte Werke).

DBM Drei Briefe an Milena Jesenská. Faksimile-Edition. Hg. v. KD Wolff, Peter Staengle u. Roland Reuß. Frankfurt/M.: Stroemfeld/Roter Stern 1995.

DzL/KA Drucke zu Lebzeiten. Textbd. Hg. v. Wolf Kittler, Hans-Gerd Koch u. Gerhard Neumann. Frankfurt/M.: Fischer 1996 (Schriften, Tagebücher, Briefe. Kritische Ausgabe).

DzL:A/KA Apparatband zu DzL/KA.

E/FKA Einleitung. Hg. v. Roland Reuß unter Mitarb. v. Peter Staengle, Michel Leiner u. KD Wolff. Frankfurt/M., Basel: Stroemfeld/Roter Stern 1995 (Historisch-Kritische Ausgabe sämtlicher Handschriften, Drucke, Typoskripte).

Erz/GS Erzählungen und kleine Prosa. Hg. v. Max Brod in Gemeinschaft mit Heinz Politzer. Berlin: Schocken 1935 (Gesammelte Schriften, Bd. 1).

Erz/GS2 Erzählungen und kleine Prosa. Hg. v. Max Brod. New York: Schocken 1946 [ergänzt um: Drei Kritiken] (Gesammelte Schriften, 2. Aufl., Bd. 1).

Erz/GW Erzählungen. Hg. v. Max Brod. Frankfurt/M.: Fischer, Lizenzausgabe von Schocken 1952; div. Neuausgaben (Gesammelte Werke).

FKA Historisch-Kritische Franz Kafka-Ausgabe sämtlicher Handschriften, Drucke und Typoskripte. Hg. v. Roland Reuß u. Peter Staengle. Frankfurt/M., Basel: Stroemfeld/Roter Stern 1995 ff. Beilage unter dem Titel: Franz Kafka-Hefte.

GS Gesammelte Schriften. Hg. v. Max Brod in Gemeinschaft mit Heinz Politzer. Bd. 1–4: Berlin: Schocken; Bd. 5/6: Prag: Heinrich Mercy Sohn 1935–37.

GS2 Gesammelte Schriften, 2. Aufl. Hg. v. Max Brod. New York: Schocken 1946.

GW Gesammelte Werke. Hg. v. Max Brod. Frankfurt/M.: Fischer, Lizenzausgabe von Schocken 1950–1974.

HS/KA Hebräisch-Studien. Hg. v. Alfred Bodenheimer. Frankfurt/M.: Fischer in Vorber. (Schriften, Tagebücher, Briefe. Kritische Ausgabe).

Hzv/GW Hochzeitsvorbereitungen auf dem Lande und andere Prosa aus dem Nachlaß. Hg. v. Max Brod. Frankfurt/M.: Fischer, Lizenzausgabe von Schocken 1953; div. Neuausgaben (Gesammelte Werke).

KA Schriften, Tagebücher, Briefe. Kritische Ausgabe. Hg. v. Jürgen Born, Gerhard Neumann, Malcolm Pasley u. Jost Schillemeit. Frankfurt/M.: Fischer 1982 ff.

KA/Tb Gesammelte Werke in 12 Bden. Nach der Kritischen Ausgabe. Hg. v. Hans-Gerd Koch. Frankfurt/M.: Fischer 1994.

LFFE Letters to Friends, Family and Editors. Hg. v. Nahum N. Glatzer u. a., übers. v. Richard u. Clara Winston. New York: Schocken 1977 [Textbestand gegenüber Briefe/GW leicht erweitert; erstmals umfangreicher Kommentar].

NSF I/KA Nachgelassene Schriften und Fragmente I. Textbd. Hg. v. Malcolm Pasley. Frankfurt/M.: Fischer 1993 (Schriften, Tagebücher, Briefe. Kritische Ausgabe).

NSF I:A/KA Apparatband zu NSF I/KA.

NSF II/KA Nachgelassene Schriften und Fragmente II. Textbd. Hg. v. Jost Schillemeit. Frankfurt/M.: Fischer 1992 (Schriften, Tagebücher, Briefe. Kritische Ausgabe).

NSF II:A/KA Apparatband zu NSF II/KA.

OO1&2/FKA Oxforder Oktavhefte 1&2. Faksimile-Edition. Hg. v. Roland Reuß u. Peter

Staengle. Frankfurt/M., Basel:Stroem-
feld/Roter Stern 2006. (Historisch-
Kritische Ausgabe sämtlicher Handschriften, Drucke, Typoskripte).

OO3&4/FKA   Oxforder Oktavhefte 3&4. Faksimile-
Edition. Hg. v. Roland Reuß u. Peter
Staengle. Frankfurt/M., Basel: Stroem-
feld/Roter Stern 2007. (Historisch-
Kritische Ausgabe sämtlicher Hand-
schriften, Drucke, Typoskripte).

OO5&6/FKA   Oxforder Oktavhefte 5&6. Faksi-
mile-Edition. Hg. v. Roland Reuß u.
Peter Staengle. Frankfurt/M., Basel:
Stroemfeld/Roter Stern 2009. (Histo-
risch-Kritische Ausgabe sämtlicher
Handschriften, Drucke, Typoskripte).

OQ1&2/FKA   Oxforder Quarthefte 1&2. Faksi-
mile-Edition. Hg. v. Roland Reuß u.
Peter Staengle. Frankfurt/M., Basel:
Stroemfeld/Roter Stern 2001 (Histo-
risch-Kritische Ausgabe sämtlicher
Handschriften, Drucke, Typoskripte).

OQ17(Vw)/FKA Die Verwandlung. Faksimile-Edi-
tion. Hg. v. Roland Reuß u. Peter
Staengle. Frankfurt/M., Basel:
Stroemfeld/Roter Stern 2003 (Histo-
risch-Kritische Ausgabe sämtlicher
Handschriften, Drucke, Typoskripte).

P/FKA   Der Process. Faksimile-Edition. Hg.
v. Roland Reuß in Zusammenarb.
mit Peter Staengle. Frankfurt/M.,
Basel: Stroemfeld/Roter Stern 1997
(Historisch-Kritische Ausgabe sämtlicher Handschriften, Drucke, Typoskripte).

P/GS   Der Prozeß. Roman. Hg. v. Max Brod
in Gemeinschaft mit Heinz Politzer.
Berlin: Schocken 1935 (Gesammelte
Schriften, Bd. 3).

P/GS2   Der Prozeß. Roman. Hg. v. Max
Brod. New York: Schocken 1946 (Gesammelte Schriften, 2. Aufl., Bd. 3).

P/GW   Der Prozeß. Roman. Hg. v. Max
Brod. Frankfurt/M.: Fischer, Lizenz-
ausgabe von Schocken 1950; div.
Neuausgaben (Gesammelte Werke).

P/KA   Der Proceß. Textbd. Hg. v. Malcolm
Pasley, Redaktion Hans-Gerd Koch.
Frankfurt/M.: Fischer 1990 (Schrif-
ten, Tagebücher, Briefe. Kritische
Ausgabe).

P:A/KA   Apparatband zu P/KA.

RK   Hugo Wetscherek (Hg.): K.s letzter
Freund. Der Nachlass Robert Klop-
stock (1899–1972). Mit kommentierter Erstveröffentlichung v. 38 teils
ungedruckten Briefen F.K.s. Wien:
Inlibris 2003.

RMB   Max Brod/Franz Kafka: Eine Freund-
schaft. Bd. 1: Reiseaufzeichnungen
[RMB]. Hg. von Malcolm Pasley u.
Hannelore Rodlauer. Frankfurt/M.:
Fischer 1987.

S/GS   Das Schloß. Hg. v. Max Brod in Gemeinschaft mit Heinz Politzer. Ber-
lin: Schocken 1935 (Gesammelte
Schriften, Bd. 4).

S/GS2   Das Schloß. Hg. v. Max Brod. New
York: Schocken 1946 (Gesammelte
Schriften, 2. Aufl., Bd. 4).

S/GW   Das Schloß. Roman. Hg. v. Max
Brod. Frankfurt/M.: Fischer, Lizenz-
ausgabe von Schocken 1951; div.
Neuausgaben (Gesammelte Werke).

S/KA   Das Schloß. Textbd. Hg. v. Malcolm
Pasley. Frankfurt/M.: Fischer 1982
(Schriften, Tagebücher, Briefe. Kriti-
sche Ausgabe).

S:A/KA   Apparatband zu S/KA.

T/GS   Tagebücher und Briefe. Hg. v. Max
Brod in Gemeinschaft mit Heinz Politzer. Prag: Heinrich Mercy Sohn
1937 (Gesammelte Schriften, Bd. 6).

T/GW   Tagebücher 1910–1923. Hg. v. Max
Brod. Frankfurt/M.: Fischer, Lizenzausgabe von Schocken 1951; – auch:
1965 (Gesammelte Werke).

T/KA   Tagebücher. Textbd. Hg. v. Hans-
Gerd Koch, Michael Müller u. Malcolm Pasley. Frankfurt/M.: Fischer
1990 (Schriften, Tagebücher, Briefe.
Kritische Ausgabe).

T:A/KA   Apparatband zu T/KA.

T:K/KA   Kommentarband zu T/KA.

V/KA   Der Verschollene. Textbd. Hg. v. Jost
Schillemeit. Frankfurt/M.: Fischer
1983 (Schriften, Tagebücher, Briefe.
Kritische Ausgabe).

V:A/KA   Apparatband zu V/KA.

2. Sekundärliteratur

KHb (1979),	Hartmut Binder (Hg.): Kafka-Handbuch
I/II	in zwei Bden. Bd. I: Der Mensch und seine Zeit; Bd. II: Das Werk und seine Wirkung. Stuttgart 1979.
KHb (2008)	Bettina von Jagow/Oliver Jahraus (Hg.): Kafka-Handbuch. Leben – Werk – Wirkung. Göttingen 2008.

3. Zeitungen und Zeitschriften

Archiv	Archiv für das Studium der Neueren Sprachen und Literaturen
CG	Colloquia Germanica
CL	Comparative Literature
DU	Der Deutschunterricht
DVjs	Deutsche Vierteljahrsschrift für Literaturwissenschaft und Geistesgeschichte
EG	Études Germaniques
FAZ	Frankfurter Allgemeine Zeitung
GLL	German Life and Letters
GQ	German Quarterly
GR	Germanic Review
GRM	Germanisch-Romanische Monatsschrift
IASL	Internationales Archiv für Sozialgeschichte der deutschen Literatur
JDSG	Jahrbuch der Deutschen Schiller-Gesellschaft
JEGPh	Journal of English and Germanic Philology
JFDH	Jahrbuch des Freien Deutschen Hochstifts
KP	KulturPoetik. Zeitschrift für kulturgeschichtliche Literaturwissenschaft
LiLi	Zeitschrift für Literaturwissenschaft und Linguistik
MAL	Modern Austrian Literature
MLN	Modern Language Notes
MLQ	Modern Language Quarterly
MLR	Modern Language Review
Monatshefte	Monatshefte für deutschen Unterricht, deutsche Sprache und Literatur
NDH	Neue Deutsche Hefte
NDL	Neue Deutsche Literatur
PMLA	Publications of the Modern Language Association
WB	Weimarer Beiträge
WW	Wirkendes Wort
ZfdPh	Zeitschrift für deutsche Philologie
ZfG	Zeitschrift für Germanistik

Literaturverzeichnis

1. Ausgaben

1.1 Werk- und Sammelausgaben (Auswahl in chronologischer Folge), kritische Editionen

Beim Bau der Chinesischen Mauer [BBdCM]. Ungedruckte Erzählungen und Prosa aus dem Nachlaß. Hg. v. Max Brod u. Hans-Joachim Schoeps. Berlin: Kiepenheuer 1931, 2. Aufl.: Köln: Kiepenheuer 1948.

Gesammelte Schriften [GS]. Hg. v. Max Brod in Gemeinschaft mit Heinz Politzer. Bd. 1–4: Berlin: Schocken, Bd. 5/6: Prag: Heinrich Mercy Sohn 1935–37.

> Bd. 1: Erzählungen und kleine Prosa [Erz/GS]. 1935 [enthält fast alle von K.s Veröffentlichungen zu Lebzeiten, außer *Der Heizer, Der Kübelreiter, Großer Lärm, Die Aeroplane in Brescia* u. den Rezensionen].
>
> Bd. 2: Amerika. Roman [A/GS]. 1935 [gegenüber der Erstausgabe ergänzt um Fragmente].
>
> Bd. 3: Der Prozeß. Roman [P/GS]. 1935 [gegenüber der Erstausgabe ergänzt um unvollendete Kapitel, gestrichene Stellen, Textkorrekturen K.s].
>
> Bd. 4: Das Schloß [S/GS]. 1935 [gegenüber der Erstausgabe ergänzt um Variante des Romananfangs, gestrichene Stellen u. Fragmente].
>
> Bd. 5: Beschreibung eines Kampfes. Novellen, Skizzen, Aphorismen aus dem Nachlaß [BeK/GS]. 1936.
>
> Bd. 6: Tagebücher und Briefe [T/GS]. 1937 [Auswahl aus den Tagebüchern und div. Fragmente].

Gesammelte Schriften, 2. Aufl. Hg. v. Max Brod. New York: Schocken 1946.

> Bd. 1: Erzählungen und kleine Prosa [Erz/GS2]. 1946 [ergänzt um: Drei Kritiken].
>
> Bd. 2: Amerika. Roman [A/GS2]. 1946.
>
> Bd. 3: Der Prozeß. Roman [P/GS2]. 1946.
>
> Bd. 4: Das Schloß [S/GS2]. 1946.
>
> Bd. 5: Beschreibung eines Kampfes. Novellen, Skizzen, Aphorismen aus dem Nachlaß [BeK/GS2]. 1946 [ergänzt um Fragmente].

Gesammelte Werke [in Einzelbänden] [GW]. Hg. v. Max Brod u.a. Frankfurt/M., New York: Fischer, Lizenzausgabe von Schocken 1950–74.

> [Bd. 1:] Der Prozeß. Roman [P/GW]. Hg. v. Max Brod. 1950.
>
> [Bd. 2:] Das Schloß. Roman [S/GW]. Hg. v. Max Brod. 1951.
>
> [Bd. 3:] Tagebücher 1910–1923 [T/GW]. Hg. v. Max Brod. 1951.
>
> [Bd. 4:] Briefe an Milena [BM/GW]. Hg. v. Willy Haas. 1952.
>
> [Bd. 5:] Erzählungen [Erz/GW]. Hg. v. Max Brod. 1952.
>
> [Bd. 6:] Amerika. Roman [A/GW]. Hg. v. Max Brod. 1953.
>
> [Bd. 7:] Hochzeitsvorbereitungen auf dem Lande und andere Prosa aus dem Nachlaß [Hzv/GW]. Hg. v. Max Brod. 1953.

> [Bd. 8:] Beschreibung eines Kampfes. Novellen, Skizzen, Aphorismen aus dem Nachlaß [BeK/GW]. Hg. v. Max Brod. 1954.
>
> [Bd. 9:] Briefe 1902–1924 [Briefe/GW]. Hg. v. Max Brod. 1958.
>
> [Bd. 10:] Briefe an Milena [BM/GW]. Hg. v. Willy Haas. 1965 [später ersetzt durch: BM 1983].
>
> [Bd. 11:] Briefe an Felice und andere Korrespondenz aus der Verlobungszeit [BF/GW]. Hg. v. Erich Heller u. Jürgen Born. 1967.
>
> [Bd. 12:] Briefe an Ottla und die Familie [BO/GW]. Hg. v. Hartmut Binder u. Klaus Wagenbach. 1974.

[*Der Dorfschullehrer*]: Fritz Martini: Ein Manuskript F.K.s: *Der Dorfschullehrer*. In: JDSG 2 (1958), 266–300 [erste kritische Edition des von Brod als <*Der Riesenmaulwurf*> veröffentlichten Textes].

Beschreibung eines Kampfes. Die zwei Fassungen. Parallelausgabe nach den Handschriften. Hg. v. Max Brod, Textedition v. Ludwig Dietz. Frankfurt/M.: Fischer 1969.

Sämtliche Erzählungen. Hg. v. Paul Raabe. Frankfurt/M.: Fischer 1970 (Fischer Tb 1078) [zahlreiche Neuauflagen].

Gesammelte Werke. Hg. v. Max Brod. Taschenausgabe in 7 Bden. Frankfurt/M.: Fischer 1976 [zahlreiche Neuauflagen]. Enthält die Bde.: [1] Amerika; [2] Der Prozeß; [3] Das Schloß; [4] Erzählungen; [5] Beschreibung eines Kampfes. Novellen, Skizzen, Aphorismen aus dem Nachlaß; [6] Hochzeitsvorbereitungen auf dem Lande und andere Prosa aus dem Nachlaß; [7] Tagebücher 1910–1923.

»Hochlöblicher Verwaltungsausschuß!« Amtliche Schriften. Hg. v. Klaus Hermsdorf unter Mitw. v. Winfried Possner u. Jaromir Louzil. Berlin: Akademie Verlag 1984; wieder: Frankfurt/M.: Luchterhand 1991 [inzwischen ersetzt durch AS/KA].

Schriften, Tagebücher. Kritische Ausgabe [KA]. Hg. v. Jürgen Born, Gerhard Neumann, Malcolm Pasley u. Jost Schillemeit. Frankfurt/M.: Fischer 1982 ff. [parallel zur KA wurde auch eine textidentische Hardcover-Ausgabe ohne die Apparat- u. Kommentarbde. veröffentlicht; 2002 erschien die text- u. seitenidentische, limitierte Taschenbuch-Ausgabe der KA in 15 Bden., m. Kommentar- u. Apparatbden., aber ohne Amtliche Schriften u. Briefbde.]; Bde. nach Erscheinungschronologie:

Das Schloß. Textbd. [S] u. Apparatbd. [S:A]. Hg. v. Malcolm Pasley. 1982.

Der Verschollene. Textbd. [V] u. Apparatbd. [V:A]. Hg. v. Jost Schillemeit. 1983.

Der Proceß. Textbd. [P] u. Apparatbd. [P:A]. Hg. v. Malcolm Pasley, Redaktion Hans-Gerd Koch. 1990.

Tagebücher. Textbd. [T], Apparatbd. [T:A] u. Kommentarbd. [T:K]. Hg. v. Hans-Gerd Koch, Michael Müller u. Malcolm Pasley. 1990.

Nachgelassene Schriften und Fragmente II. Textbd. [NSF II] u. Apparatbd. [NSF II:A]. Hg. v. Jost Schillemeit. 1992.

Nachgelassene Schriften und Fragmente I. Textbd. [NSF I] u. Apparatbd. [NSF I:A]. Hg. v. Malcolm Pasley. 1993.

Drucke zu Lebzeiten. Textbd. [DzL] u. Apparatbd. [DzL:A]. Hg. v. Wolf Kittler, Hans-Gerd Koch u. Gerhard Neumann. 1996.

Amtliche Schriften [AS]. Hg. v. Klaus Hermsdorf u. Benno Wagner. 2004 [beigefügt: CD-ROM: Materialien; AS:CD].

Hebräisch-Studien [HS]. Hg. v. Alfred Bodenheimer. In Vorber.

Briefe 1900–1912 [B00–12]. Hg. v. Hans-Gerd Koch [Text, Kommentar u. Apparat in einem Bd.]. 1999.

Briefe 1913 – März 1914 [B13–14]. Hg. v. Hans-Gerd Koch [Text, Kommentar u. Apparat in einem Bd.]. 2001.

Briefe April 1914 – 1917 [B14–17]. Hg. v. Hans-Gerd Koch [Text, Kommentar u. Apparat in einem Bd]. 2005.

Briefe 1918–1920 [B18–20]. Hg. v. Hans-Gerd Koch [Text, Kommentar u. Apparat in einem Bd.] Angekündigt für 2010.

Briefe 1921–1924 [B21–24]. Hg. v. Hans-Gerd Koch. [Text, Kommentar u. Apparat in einem Bd.]. In Vorber.

Gesammelte Werke in 12 Bden. [KA/Tb]. Nach der Kritischen Ausgabe. Hg. v. Hans-Gerd Koch. Frankfurt/M.: Fischer 1994 [Taschenbuchausgabe des KA-Textes ohne Apparat- u. Kommentarbde.; Nachgelassene Schriften und Tagebücher in jeweils 4 Bde. aufgeteilt; ohne die Briefbde.].

Bd. 1: *Ein Landarzt* und andere Drucke zu Lebzeiten. Hg. v. Jost Schillemeit.

Bd. 2: Der Verschollene. Roman in der Fassung der Handschrift. Hg. v. Jost Schillemeit.

Bd. 3: Der Proceß. Roman in der Fassung der Handschrift. Hg. v. Malcolm Pasley.

Bd. 4: Das Schloß. Roman in der Fassung der Handschrift. Hg. v. Malcolm Pasley.

Bd. 5: *Beschreibung eines Kampfes* und andere Schriften aus dem Nachlaß in der Fassung der Handschrift. Hg. v. Jost Schillemeit.

Bd. 6: *Beim Bau der chinesischen Mauer* und andere Schriften aus dem Nachlaß in der Fassung der Handschrift. Hg. v. Malcolm Pasley.

Bd. 7: *Zur Frage der Gesetze* und andere Schriften aus dem Nachlaß in der Fassung der Handschrift. Hg. v. Jost Schillemeit.

Bd. 8: *Das Ehepaar* und andere Schriften aus dem Nachlaß in der Fassung der Handschrift. Hg. v. Jost Schillemeit.

Bd. 9: Tagebücher Bd. 1: 1909–1912 in der Fassung der Handschrift. Hg. v. Hans-Gerd Koch u. Michael Müller.

Bd. 10: Tagebücher Bd. 2: 1912–1914 in der Fassung der Handschrift. Hg. v. Hans-Gerd Koch u. Michael Müller.

Bd. 11: Tagebücher Bd. 3: 1914–1923 in der Fassung der Handschrift. Hg. v. Hans-Gerd Koch u. Michael Müller.

Bd. 12: Reisetagebücher in der Fassung der Handschrift. Hg. v. Malcolm Pasley u. Hannelore Rodlauer.

Historisch-Kritische Franz Kafka-Ausgabe sämtlicher Handschriften, Drucke und Typoskripte [FKA]. Hg. v. Roland Reuß u. Peter Staengle. Basel, Frankfurt/M.: Stroemfeld/Roter Stern 1995 ff. Beilage unter dem Titel: Franz Kafka Hefte 1997 ff.; Bde. nach Erscheinungschronologie:

Einleitung [E/FKA] [Roland Reuß: ~~Lesen, was gestrichen wurde~~. Für eine historisch-kritische K.-Ausgabe; 2 Editionsbeispiele: Dom-Kapitel aus *Process, Urteil*]. Hg. v. Roland Reuß unter Mitarb. v. Peter Staengle, Michel Leiner u. KD Wolff. 1995.

Der Process [P/FKA]. Faksimile-Edition [16 einzeln geheftete Entwurfs-Kapitel im Schuber zusammen mit Franz Kafka-Heft 1 und CD-ROM]. Hg. v. Roland Reuß in Zusammenarb. mit Peter Staengle. 1997.

Beschreibung eines Kampfes/ Gegen zwölf Uhr [BeK/FKA]. Faksimile-Edition [2 Bde., mit Franz Kafka-Heft 2 u. CD-ROM]. Hg. v. Roland Reuß in Zusammenarb. mit Peter Staengle u. Joachim Unseld. 1999.

Oxforder Quarthefte 1&2 [OQ1&2/FKA]. Faksimile-Edition [2 Bde., mit Franz Kafka-Heft 3 u. CD-ROM]. Hg. v. Roland Reuß u. Peter Staengle. 2001.

Oxforder Quartheft 17 (Die Verwandlung) [OQ17(Vw)/ FKA]. Faksimile-Edition [Oxforder Quartheft 7 mit Franz Kafka-Heft 4 u. CD-ROM]. Hg. v. Roland Reuß und Peter Staengle. 2003 [beigefügt: Faksimile der Erstausgabe].

Oxforder Oktavhefte 1&2 [OO1&2/FKA]. Faksimile-Edition [2 Bde., mit Franz Kafka-Heft 5 u. CD-ROM]. Hg. v. Roland Reuß u. Peter Staengle. 2006 [beigefügt: Faksimile der Erstausgabe des *Landarzt*].

Oxforder Oktavhefte 3&4 [OO3&4/FKA]. Faksimile-Edition [2 Bde., mit Franz Kafka-Heft 6 u. CD-ROM]. Hg. v. Roland Reuß und Peter Staengle. 2007.

Oxforder Oktavhefte 5&6 [OO5&6/FKA]. Faksimile-Edition [2 Bde., mit Franz Kafka-Heft 7 u. CD-ROM]. Hg. v. Roland Reuß und Peter Staengle. 2009.

1.2 Briefe

Gesammelte Schriften. Bd. 6: Tagebücher und Briefe [T/GS]. Hg. v. Max Brod u. Heinz Politzer. Prag 1937.

Gesammelte Werke [in Einzelbden.]:

Briefe 1902–1924 [Briefe/GW]. Hg. v. Max Brod u. Klaus Wagenbach. New York, Frankfurt/M. 1958; div. Neuausgaben.

Briefe an Milena [BM/GW]. Hg. v. Willy Haas. New York, Frankfurt/M. 1965; div. Neuausgaben [ersetzt durch: BM 1983].

Briefe an Felice und andere Korrespondenz aus der Verlobungszeit [BF/GW]. Hg. v. Erich Heller u. Jürgen Born. New York, Frankfurt/M. 1967; div. Neuausgaben.

Briefe an Ottla und die Familie [BO/GW]. Hg. v. Hartmut Binder u. Klaus Wagenbach. New York, Frankfurt/M. 1974.

Letters to Friends, Family and Editors [LFFE]. Hg. v. Nahum N. Glatzer u. a., übers. v. Richard u. Clara Winston. New York: Schocken 1977 [Textbestand gegenüber Briefe/GW leicht erweitert; erstmals umfangreicher Kommentar].

Briefe an Milena [BM]. Erw. u. neu geordnete Ausg. Hg. v. Jürgen Born u. Michael Müller. New York, Frankfurt/M.: Fischer, Lizenzausgabe von Schocken. 1983 [ersetzt: BM/GW 1965].

Max Brod/Franz Kafka: Eine Freundschaft. Bd. 2: Briefwechsel [BMB]. Hg. v. Malcolm Pasley. Frankfurt/M.: Fischer 1989.

Briefe an die Eltern aus den Jahren 1922–1924. Mit kommentierten Reproduktionen [BE]. Hg. v. Josef Čermák u. Martin Svatoš. New York, Frankfurt/M.: Fischer 1990.

Drei Briefe an Milena Jesenská vom Sommer 1920 [DBM]. Faksimile-Edition. Hg. v. KD Wolff, Peter Staengle u. Roland Reuß. Basel, Frankfurt/M.: Stroemfeld/Roter Stern 1995.

Hugo Wetscherek (Hg.): K.s letzter Freund. Der Nachlass Robert Klopstock (1899–1972) [RK]. Mit kommentierter Erstveröffentlichung v. 38 teils ungedruckten Briefen F.K.s. Wien: Inlibris 2003.

Schriften, Tagebücher. Kritische Ausgabe:

Briefe 1900–1912 [B00–12]. Hg. v. Hans-Gerd Koch [Text, Kommentar u. Apparat in einem Bd.]. Frankfurt/M. 1999.

Briefe 1913 – März 1914 [B13–14]. Hg. v. Hans-Gerd Koch [Text, Kommentar u. Apparat in einem Bd.]. Frankfurt/M. 2001.

Briefe April 1914 – 1917 [B14–17]. Hg. v. Hans-Gerd Koch [Text, Kommentar und Apparat in einem Bd]. Frankfurt/M. 2005.

Briefe 1918–1920 [B18–20]. Hg. v. Hans-Gerd Koch [Text, Kommentar u. Apparat in einem Bd.]. Angekündigt für 2010.

Briefe 1921–1924 [B21–24]. Hg. v. Hans-Gerd Koch [Text, Kommentar u. Apparat in einem Bd.]. In Vorber.

1.3 Werkauswahl

Die Romane. Der Proceß – Das Schloß – Der Verschollene. Hg. u. Nachwort v. Dieter Lamping. Anm., Komm. und Zeittafel von Sandra Poppe. Düsseldorf 2007.

Die Erzählungen. Drucke zu Lebzeiten – Aus dem Nachlaß. Hg. u. Nachwort v. Dieter Lamping. Anm., Komm. und Zeittafel von Sandra Poppe. Düsseldorf 2008.

1.4 Das zeichnerische Werk

Niels Bokhove/Marijke van Dorst (Hg.): Einmal ein großer Zeichner. F.K. als bildender Künstler. Prag 2006 [enthält die 40 bisher bekannten Zeichnungen,

jeweils parallelisiert mit eher assoziativ ausgewählten Kafka-Texten; weitere Zeichnungen Kafkas dürften sich im bisher unzugänglichen Nachlass von Max Brod befinden].

2. Biographien, Bildbände, Lebenszeugnisse

(vgl. auch S. 26 f.).

Peter-Andre Alt: F.K. Der ewige Sohn. Eine Biographie. München 2005, 2., durchgesehene Aufl. 2008.

Detlev Arens: F.K. München 2001.

Louis Begley: The Tremendous World I Have Inside My Head. F.K. – A Biographical Essay. New York, London 2008; dt.: Die ungeheure Welt, die ich im Kopfe habe. Über F.K. Dt. v. Christa Krüger. München 2008.

Chris Bezzel: K.-Chronik. Daten zu Leben und Werk. München, Wien 1975 [ersetzt durch Roger Hermes u. a.].

Hartmut Binder: Leben und Persönlichkeit F.K.s. In: KHb (1979) I, 103–584.

– /Jan Parik: K. Ein Leben in Prag. Essen, München 1993.

–: Prag. Literarische Spaziergänge durch die Goldene Stadt. Stuttgart 1997, 2., veränd. Aufl. 1997, 3., durchges. Aufl. 2002, 4., erw. Aufl. 2008.

–: K. in Paris. Historische Spaziergänge mit alten Photographien. München 1999.

–: Wo K. und seine Freunde zu Gast waren. Prag, Furth im Wald 2000.

–: Mit K. in den Süden. Eine historische Bilderreise in die Schweiz und zu den oberitalienischen Seen. Prag, Furth im Wald 2007.

–: K.s Welt. Eine Lebenschronik in Bildern. Reinbek 2008.

Jürgen Born: K.s Bibliothek. Ein beschreibendes Verzeichnis. Mit einem Index aller in K.s Schriften erwähnten Bücher, Zeitschriften und Zeitschriftenbeiträge. Zusammengest. unter Mitarb. v. Michael Antreter, Waltraud John u. Jon Sheperd. Frankfurt/M. 1990.

Max Brod: F.K. Eine Biographie. Erinnerungen und Dokumente. Prag 1937 u.ö.

–: F.K. Glauben und Lehre. K. und Tolstoi. Mit einem Anhang: Felix Weltsch: Religiöser Humor bei F.K. Winterthur 1948 u.ö.

–: Verzweiflung und Erlösung im Werk F.K.s. Frankfurt/M. 1959 u.ö.

–: Streitbares Leben. Eine Autobiographie. München 1960, erw. u. überarb. Neuausgabe: 1969.

–: Über F.K. Frankfurt/M., Hamburg 1966; Neuauflagen 1974, 1976 u. 1977 [enthält: F.K. Eine Biographie (zuerst 1937); F.K. Glauben und Lehre (zuerst 1948); Verzweiflung und Erlösung im Werk F.K.s. (zuerst 1959)].

–: Der Prager Kreis. Frankfurt/M. 1979 [zuerst: Stuttgart 1966].

– /F.K.: Eine Freundschaft.

Bd. 1: Reiseaufzeichnungen [RMB]. Hg. von Malcolm Pasley u. Hannelore Rodlauer. Frankfurt/M. 1987.

Bd. 2: Briefwechsel [BMB]. Hg. v. Malcolm Pasley. Frankfurt/M. 1989.

Margarete Buber-Neumann: K.s Freundin Milena. München 1963.

Pietro Citati: K. Milano 1987; dt.: K. Verwandlungen eines Dichters. Aus dem Ital. v. Sabine Kienlechner. München 1990.

Dora Diamant ↗ Josef P. Hodin u. Marthe Robert

Kathi Diamant: K.'s Last Love. The Mystery of Dora Diamant. New York, London 2003.

Sander Gilman: F.K. London 2005 (Critical Lives).

Nahum N. Glatzer: The Loves of F.K. New York 1986; dt.: Frauen in K.s Leben. Übers. v. Otto Bayer. Zürich 1987.

Rotraut Hackermüller (Hg.): Das Leben, das mich stört. Eine Dokumentation zu K.s letzten Jahren 1917–1925. Wien, Berlin 1985.

–: K.s letzte Jahre. 1917–1924. München 1990.

Ronald Hayman: K. A Biography. New York, London 1981; dt.: K. Sein Leben, seine Welt, sein Werk. Übers. v. Karl A. Klewer. Bern, München 1983.

Erich Heller: F.K. London 1974.

Roger Hermes/Waltraud John/Hans-Gerd Koch/Anita Widera: F.K. Eine Chronik. Berlin 1999 [ersetzt Chris Bezzels K.-Chronik].

Josef P. Hodin: Memories of F.K. [Erinnerungen von Dora Diamant]. In: Horizon. A Revue of Literature and Art (1948), 26–45; dt.: Erinnerungen an F.K. In: Der Monat 1 (1949) 8/9, 89–93; wieder in H.-G. Koch (2005 [1995]), 194–205.

Gustav Janouch: Gespräche mit K. Frankfurt/M. 1961, erw. Aufl. 1968.

–: F.K. und seine Welt. Wien 1965.

Jan Jindra/Judita Matyášová: Na cestách s F.K. Prag 2009 [fotografische Dokumentation sämtlicher Aufenthaltsorte F.K.s; vgl. auch www.franzkafka.info/main.html, 27.2.2010].

Frederick R. Karl: F.K. Representative Man. Prague, Germans, Jews, and the Crisis of Modernism. New York 1991.

Andreas B. Kilcher: F.K. Frankfurt/M. 2008 (Suhrkamp BasisBiographie).

Hans-Gerd Koch (Hg.): »Als mir K. entgegenkam…«. Erinnerungen an F.K. Hamburg 1995, erw. Neuausgabe 2005.

– /Klaus Wagenbach (Hg.): K.s Fabriken. Marbach 2002 (Marbacher Magazin 100), 2. Aufl. 2003.

–: K. in Berlin. Eine historische Stadtreise. Berlin 2008.

Florian Kraiczi: Der Einfluss der Frauen auf K.s Werk. Eine Einführung. Bamberg 2008.

Gérard-Georges Lemaire: F.K. à Prague. Paris 2002; dt.: Auf den Spuren von F.K. in Prag. Übers. v. Silvia Strasser. Hildesheim 2002.

Peter Alden Mailloux: A Hesitation Before Birth. The Life of F.K. Newark 1989.

Nicolas Murray: K. A Biography. London 2004; dt.: K. und die Frauen. Felice Bauer, Milena Jesenská, Dora Diamant. Biographie. Übers. v. Angelika Beck. Düsseldorf 2007.

Bernd Neumann: F.K. Gesellschaftskrieger. Eine Biographie. München 2008.

Anthony Northey: K.s Mischpoche. Berlin 1988.

Reinhard Pabst: K. in Prag. Mit neu entdeckten Texten F.K.s und unbekannten Bildern. Frankfurt/M. 2009.

Ernst Pawel: The Nightmare of Reason. A Life of F.K. New York 1984; dt.: Das Leben F.K.s. Eine Biographie. Übers. v. Michael Müller. München 1990.

Heinz Politzer (Hg.): Das K.-Buch. Eine innere Biographie in Selbstzeugnissen. Frankfurt/M. 1978.

Alois Prinz: Auf der Schwelle zum Glück. Die Lebensgeschichte von F.K. Weinheim, Basel 2005.

Roland Reuß/Peter Staengle (Hg.): K. Beiheft zur Ausstellung F.K. 1883–2008 in der Universitätsbibliothek Heidelberg. Heidelberg 2008.

Marthe Robert: Dora Dymants Erinnerungen an K. In: Merkur 7 (1953), 848–851; wieder in H.-G. Koch (2005 [1995]), 194 ff.

Harald Salfellner: F.K. und Prag. Prag 1996, 6., neubearb. Aufl. Mitterfels 2007.

Carsten Schmidt: K.s fast unbekannter Freund. Leben und Werk von Felix Weltsch. Philosoph, Journalist und Zionist. Würzburg 2010.

Alfons Schweiggert: K. in München. Zwischen Leuchten und Finsternis. München 2008.

Reiner Stach: K. Die Jahre der Entscheidungen. Frankfurt/M. 2002.

–: K. Die Jahre der Erkenntnis. Frankfurt/M. 2008.

Christoph Stölzl: K.s böses Böhmen. Zur Sozialgeschichte eines Prager Juden. München 1975, 2. Aufl. Berlin, München 1989.

Joachim Unseld: F.K. Ein Schriftstellerleben. Die Geschichte seiner Veröffentlichungen. Mit einer Bibliographie sämtlicher Drucke und Ausgaben der Dichtungen F.K.s, 1908–1924. München, Wien 1982 u.ö.

Klaus Wagenbach: F.K. Eine Biographie seiner Jugend 1883–1912. Bern 1958, erw. Neuausgabe: Berlin 2006.

–: F.K. in Selbstzeugnissen und Bilddokumenten. Reinbek 1964, zahlreiche überarb. u. erw. Neuaufl., neueste 2008 (romono).

–: F.K. Bilder aus seinem Leben. Berlin 1983, 2., erw. u. veränd. Aufl. 1994, 3., überarb. u. erw. Aufl. 2008.

Alena Wagnerová: »Im Hauptquartier des Lärms«. Die Familie K. aus Prag. Berlin 1997, wieder Frankfurt/M. 2001.

Felix Weltsch: Religion und Humor im Leben und Werk F.K.s. Berlin 1957 [zuerst in M. Brod (1948)].

3. Hilfsmittel

3.1 Selbstdeutungen

Franz Kafka: Der Dichter über sein Werk. Hg. v. Erich Heller u. Joachim Beug. München 1977.

3.2 Kafkas Bibliothek

Jürgen Born: K.s Bibliothek. Ein beschreibendes Verzeichnis. Mit einem Index aller in K.s Schriften erwähnten Bücher, Zeitschriften und Zeitschriftenbeiträge. Zusammengest. unter Mitarb. v. Michael Antreter, Waltraud John u. Jon Sheperd. Frankfurt/M. 1990.

3.3 Konkordanzen

Heinrich P. Delfosse/Karl J. Skrodzki: Synoptische Konkordanz zu F.K.s Romanen *Der Verschollene – Der Proceß – Das Schloß* [Textbasis: KA]. 3 Bde. Tübingen 1993.

Dies.: Synoptische Konkordanz zu F.K.s Nachgelassenen Schriften und Fragmenten. [Textbasis: KA]. 3 Bde. Tübingen 2003.

3.4 Kommentare

Hartmut Binder: K.-Kommentar zu sämtlichen Erzählungen. München 1975; 2. Aufl. 1977; 3. Aufl. 1982.

–: K.-Kommentar zu den Romanen, Rezensionen, Aphorismen und zum Brief an den Vater. München 1976 [1976a]; 2., bibl. erg. Aufl. München 1982.

3.5 Bibliographien und Forschungsberichte

Peter U. Beicken: F.K. Eine kritische Einführung in die Forschung. Frankfurt/M. 1974.

Jürgen Born: K.s Bibliothek. Ein beschreibendes Verzeichnis. Mit einem Index aller in K.s Schriften erwähnten Bücher, Zeitschriften und Zeitschriftenbei-

träge. Zusammengest. unter Mitarb. v. Michael Antreter, Waltraud John u. Jon Sheperd. Frankfurt/M. 1990.

– /Waltraud John/Jon Shepherd (Hg.): Deutschsprachige Literatur aus Prag und den böhmischen Ländern 1900–1925. Chronologische Übersicht und Bibliographie. München 1991.

Maria Luise Caputo-Mayr/Julius Michael Herz (Hg.): F.K. Internationale Bibliographie der Primär- und Sekundärliteratur. Bd. 1: Bibliographie der Primärliteratur 1908–1997, Bd. 2: Kommentierte Bibliographie der Sekundärliteratur 1955–1997, Teil 1: 1955–1980, Teil 2: 1981–1997 mit Nachträgen zu Teil 1. 2., erw. Aufl. München 2000.

Ludwig Dietz: Drucke F.K.s bis 1924. Eine Bibliographie mit Anmerkungen. In: J. Born (1965), 85–125.

–: F.K. Stuttgart 1975, 2. Aufl. 1990 (Sammlung Metzler 138).

–: F.K. Die Veröffentlichungen zu seinen Lebzeiten (1908–1924). Eine textkritische und kommentierte Bibliographie. Heidelberg 1982.

Rolf J. Goebel: K., der Poststrukturalismus und die Geschichte. Kritische Anmerkungen zur amerikanischen K.forschung. In: Zeitschrift für Germanistik 1 (1991), 70–81.

Andreas Härter: Schutzmann und unendlicher Verkehr. Neuerscheinungen der K.-Forschung. In: Monatshefte 98 (2006), 110–127.

Harry Käev: Die K.-Literatur. Eine Bibliographie. Malmö 1961.

Ulrich Ott: K.s Nachlaß. In: Marbacher Magazin 52 (1990), 61–99.

Ritchie Robertson: In Search of the Historical K. A Selective Review of Research, 1980–92. In: MLR 89 (1994), 107–137.

Joachim Unseld: F.K. Ein Schriftstellerleben. Die Geschichte seiner Veröffentlichungen. Mit einer Bibliographie sämtlicher Drucke und Ausgaben der Dichtungen F.K.s, 1908–1924. München, Wien 1982 u.ö.

3.6 Handbücher und Nachschlagewerke

Hartmut Binder (Hg.): K.-Handbuch in zwei Bden. Bd. I: Der Mensch und seine Zeit [KHb (1979) I]; Bd. II: Das Werk und seine Wirkung [KHb (1979) II]. Stuttgart 1979.

Richard T. Gray/Ruth V. Gross/Rolf J. Goebel/Clayton Koelb: A F.K. Encyclopedia. Westport, London 2005.

Bettina von Jagow/Oliver Jahraus (Hg.): K.-Handbuch. Leben – Werk – Wirkung [KHb (2008)]. Göttingen 2008.

3.7 Ausgewählte Einführungen

Thomas Anz: F.K. München 1989 (Beck'sche Autoren-bücher 15), 2. Aufl. 1992, leicht überarb. u. aktual. Neuaufl. 2009.

Detlev Arens: F.K. München 2001 (dtv portrait).

Susanne Kaul: Einführung in das Werk F.K.s. Darmstadt 2010.

Andreas Kilcher: F.K. Frankfurt/M. 2008 (Suhrkamp BasisBiographie).

Ulrich Plass: F.K. Stuttgart 2009.

Ritchie Robertson: K. A Very Short Introduction. Oxford 2004; dt. F.K. Leben und Schreiben. Übers. v. Josef Billen. Darmstadt 2009.

Hans Dieter Zimmermann: K. für Fortgeschrittene. München 2004.

4. Forschungsliteratur

4.1 Sammelbände

Michael Aichmayr/Friedrich Buchmayr (Hg.): Im Labyrinth. Texte zu K. Stuttgart 1997.

Mark M. Anderson (Hg.): Reading K. Prague, Politics and the Fin de Siècle. New York 1989.

Heinz Ludwig Arnold (Hg.): F.K. Sonderband Text + Kritik. München 1994, 2., überarb. Aufl. 2006.

Friedrich Balke/Joseph Vogl/Benno Wagner (Hg.): »Für alle und keinen«. Lektüre, Schrift und Leben bei Nietzsche und K. Berlin 2008.

Caspar Battegay/Felix Christen/Wolfram Groddeck (Hg.): Schrift und Zeit in F.K.s Oktavheften. Göttingen 2010.

Hansjörg Bay/Christof Hamann (Hg.): Odradeks Lachen. Fremdheit bei K. Freiburg 2006.

Hartmut Binder (Hg.): K.-Handbuch in zwei Bden. Bd. I: Der Mensch und seine Zeit [KHb (1979) I]; Bd. II: Das Werk und seine Wirkung [KHb (1979) II]. Stuttgart 1979.

– (Hg.): F.K. und die Prager deutsche Literatur. Deutungen und Wirkungen. Bonn 1988.

– (Hg.): Prager Profile. Vergessene Autoren im Schatten K.s. Berlin 1991.

Harold Bloom (Hg.): F.K. New York 1986 (Modern Critical Views).

Klaus-Michael Bogdal (Hg.): Neue Literaturtheorie in der Praxis. Textanalysen von K.s Vor dem Gesetz. Köln 1993, 2. Aufl. Göttingen 2005.

Jürgen Born u.a. (Hg.): K.-Symposion. Berlin 1965, wieder München 1969.

Michael Braun: »Hörreste, Sehreste«. Das literarische Fragment bei Büchner, K., Benn und Celan. Köln 2002.

Maria Luise Caputo-Mayr (Hg.): F.K. Eine Aufsatzsammlung nach einem Symposium in Philadelphia. Berlin, Darmstadt 1978.

Nadine A. Chmura (Hg.): K. Schriftenreihe der Deutschen K.-Gesellschaft. Bd. 1. Bonn 2007.

– (Hg.): K. Schriftenreihe der Deutschen K.-Gesellschaft. Bd. 2. Bonn 2008.

Robert G. Collins/Kenneth McRobbie (Hg.): New Views of F.K. Winnipeg 1970.

Claude David (Hg.): F.K. Themen und Probleme. Göttingen 1980.

Barbara Elling (Hg.): K.-Studien. New York u.a. 1985.

Wilhelm Emrich/Bernd Goldmann (Hg.): F.K. Symposium 1983. Akademie der Wissenschaften und der Literatur zu Mainz. Mainz 1985.

Manfred Engel/Dieter Lamping (Hg.): F.K. und die Weltliteratur. Göttingen 2006.

Manfred Engel/Ritchie Robertson (Hg.): K. and Short Modernist Prose. Oxford Kafka Studies 1. Würzburg 2010.

Angel Flores (Hg.): The K. Problem. New York 1946, 2. Aufl. 1963, wieder: 1975.

– /H. Swander (Hg.): F.K. Today. Madison 1958.

Angel Flores (Hg.): The K. Debate. New Perspectives for Our Time. New York 1977.

Mark H. Gelber (Hg.): K., Zionism, and Beyond. Tübingen 2004.

Eduard Goldstücker/František Kautman/Pavel Reiman (Hg.): F.K. Liblická Konference 1963. Prag 1963; dt.: F.K. aus Prager Sicht. Prag 1965, wieder: Berlin 1966.

Eduard Goldstücker (Hg.): Weltfreunde. Konferenz über die Prager deutsche Literatur. Prag 1967.

Richard T. Gray (Hg.): Approaches to Teaching K.'s Short Stories. New York 1995.

Ronald Gray (Hg.): K. A Collection of Critical Essays. Englewood Cliffs 1962.

Ruth V. Gross (Hg.): Critical Essays on F.K. Boston 1990.

Erich Grözinger/Stéphane Mosès/Hans Dieter Zimmermann (Hg.): K. und das Judentum. Frankfurt/M. 1987.

Marie Haller-Nevermann/Dieter Rehwinkel (Hg.): F.K. Visionär der Moderne. Göttingen 2008.

Leo Hamalian (Hg.): F.K. A Collection of Criticism. New York 1974.

Günter Heintz (Hg.): Zu F.K. Stuttgart 1979.

Anne Höcker/Oliver Simons (Hg.): K.s Institutionen. Bielefeld 2007.

Bettina von Jagow/Oliver Jahraus (Hg.): K.-Handbuch. Leben – Werk – Wirkung [KHb (2008)]. Göttingen 2008.

Wolf Kittler/Gerhard Neumann (Hg.): F.K.: Schriftverkehr. Freiburg 1990.

Wolfgang Kraus/Norbert Winkler (Hg.): Das Schuldproblem bei F.K. K.-Symposion 1993, Klosterneuburg. Wien u. a. 1995 (Schriftenreihe der F.-K.-Gesellschaft 6).

Wolfgang Kraus/Norbert Winkler (Hg.): Das Phänomen F.K. Vorträge des Symposions der Österreichischen F.K.-Gesellschaft in Klosterneuburg 1995. Prag 1997 (Schriftenreihe der F-K.-Gesellschaft 7).

Kurt Krolop/Hans Dieter Zimmermann (Hg.): K. und Prag. Berlin 1994.

Franz Kuna (Hg.): On K. Semi-Centenary Perspectives. London 1976.

Gerhard Kurz (Hg.): Der junge K. Frankfurt/M. 1984.

Luc Lamberechts/Jaak de Vos (Hg.): Jenseits der Gleichnisse. K. und sein Werk. Akten des Internationalen K.-Kolloquiums Gent 1983. Bern, Frankfurt/M., New York 1986 (Jahrbuch f. Internationale Germanistik, Reihe A, Bd. 17).

Moshe Lazar/Ronald Gottesman (Hg.): The Dove and the Mole. K.'s Journey into Darkness and Creativity. Malibu 1987.

Claudia Liebrand/Franziska Schößler (Hg.): Textverkehr. F.K. und die Tradition. Würzburg 2004.

Claudia Liebrand (Hg.): F.K. Neue Wege der Forschung. Darmstadt 2006.

Jakob Lothe/Beatrice Sandberg/Ronald Speirs (Hg.): F.K. Narrative, History, Genre. Columbus 2010.

Dennis McCort (Hg.): K. and the East. Symposium 55 (2002) 4 [Themenheft].

Michael Müller (Hg.): F.K. Romane und Erzählungen. Stuttgart 1994, 2., erw. Aufl. 2003.

Marek Nekula/Walter Koschmal (Hg.): Juden zwischen Deutschen und Tschechen. Sprachliche und kulturelle Identitäten in Böhmen 1800–1945. München 2006.

Marek Nekula/Ingrid Fleischmann/Albrecht Greule (Hg.): F.K. im sprachnationalen Kontext seiner Zeit. Sprache und nationale Identität in öffentlichen Institutionen der böhmischen Länder. Köln, Weimar, Wien 2007.

Österreichische F.-K.-Gesellschaft (Hg.): Prager deutschsprachige Literatur zur Zeit K.s. K.-Symposion 1989. Teil 1 u. 2. Wien 1989 u. 1991 (Schriftenreihe der F.-K.-Gesellschaft, Bd. 3 u. 4).

Frank Pilipp (Hg.): The Legacy of K. in Contemporary Austrian Literature. Riverside 1997.

Petra Plättner (Hg.): Die K.-Sammlung Hélène Zylberberg. Hg. v. der Kulturstiftung der Länder in Verb. mit der dt. Schillerges. Marbach 1996.

Heinz Politzer (Hg.): F.K. Darmstadt 1973 (Wege der Forschung 322).

Julian Preece (Hg.): The Cambridge Companion to K. Cambridge, New York 2002.

Claudine Raboin (Hg.): Les critiques de notre temps et K. Paris 1973.

Roland Reuß/Oldřich Tůma (Hg.): K. und die Macht. [Tagung in Liblice 2008; Veröffentlichung geplant].

James Rolleston (Hg.): A Companion to the Works of F.K. New York 2002; wieder: 2006.

Beatrice Sandberg/Jakob Lothe (Hg.): F.K. Zur ethischen und ästhetischen Rechtfertigung. Freiburg 2002.

Rüdiger Sareike (Hg.): »Erst im Chor mag eine gewisse Wahrheit liegen…«. Zur Konstruktion von Fremde und Vielfalt im Werk von F.K. Iserlohn 2003.

Klaus R. Scherpe/Elisabeth Wagner (Hg.): Kontinent K. Mosse-Lectures an der Humboldt-Universität zu Berlin. Berlin 2006.

Isolde Schiffermüller (Hg.): I romanzi di K. Rom 2008.

Wendelin Schmidt-Dengler (Hg.): Was bleibt von F.K.? Positionsbestimmung. K.-Symposion, Wien 1983. Wien 1985 (Schriftenreihe der F.-K.-Gesellschaft 1).

– /Norbert Winkler (Hg): Die Vielfalt in K.s Leben und Werk. Prag 2005.

Hubert Spiegel (Hg.): K.s Sätze. Frankfurt/M. 2009.

Gerd-Dieter Stein (Hg.): K.-Nachlese. Stuttgart 1988.

Joseph Peter Stern (Hg.): The World of F.K. New York 1980.

– /John J. White (Hg.): Paths and Labyrinths. Nine Papers Read at the F.K. Symposium Held at the Institute of Germanic Studies 20/21 October 1983. London 1985.

Roman Struc/John C. Yardley (Hg.): F.K. (1883–1983). His Craft and Thought. Waterloo 1986.

Alan Udoff (Hg.): K.'s Contextuality. New York 1986.

– (Hg.): K. and the Contemporary Critical Performance. Centenary Readings. Bloomington 1987.

Albrecht Weber/Carsten Schlingmann (Hg.): Interpretationen zu K. München 1986.

Norbert Winkler (Hg.): F.K. in der kommunistischen Welt. Wien 1993 (Schriftenreihe der F.-K.-Gesellschaft 5).

Irmgard Wirtz (Hg.): K. verschrieben. Symposium des Schweizerischen Literaturarchivs im Centre Dürrenmatt Neuchâtel 2007. Göttingen 2010.

4.2 Ausgewählte Monographien und Aufsätze

Ulf Abraham: Der verhörte Held. Verhöre, Urteile und die Rede von Recht und Schuld im Werk F.K.s. München 1985.

–: K. und Recht/Justiz. In: KHb (2008), 212–223.

Sylvelie Adamzik: K. Topographie der Macht. Basel, Frankfurt/M. 1992.

Theodor W. Adorno: Aufzeichnungen zu K. In: Ders.: Prismen. Frankfurt/M. 1955, 302–342; wieder in:

Ders.: Gesammelte Schriften. Bd. 10.1: Kulturkritik und Gesellschaft I: Prismen. Ohne Leitbild. Hg. v. Rolf Tiedemann. Frankfurt/M. 1977, 254–287; wieder in C. Liebrand (2006), 21–33.

Beda Allemann: K. und die Mythologie. In: Zeitschrift für allgemeine Ästhetik und Kunstwissenschaft 20 (1975), 129–144; wieder in: B. Allemann (1998), 151–168.

–: Zeit und Geschichte im Werk F.K.s. Hg. v. Diethelm Kaiser u. Nikolaus Lohse. Göttingen 1998.

Peter-André Alt: Doppelte Schrift, Unterbrechung und Grenze. F.K.s Poetik des Unsagbaren im Kontext der Sprachskepsis um 1900. In: JDSG 29 (1985), 455–490.

–: F.K. Der ewige Sohn. München 2005.

–: K. und der Film. Über kinematographisches Erzählen. München 2009.

Günther Anders: K. Pro und contra. Die Prozeßunterlagen. München 1947 u.ö.

Mark Anderson: K.'s Clothes. Ornament and Aestheticism in the Habsburg Fin de Siècle. Oxford 1992.

Thomas Anz: F.K. München 1989 (Beck'sche Autorenbücher 15), 2. Aufl. 1992, leicht überarb. u. aktual. Neuaufl. 2009.

Hannah Arendt: F.K. A Revaluation. In: The Partisan Review 11 (1944), 412–422; dt.: K. In: Dies.: Sechs Essays. Heidelberg 1948, 128–149, wieder in: Dies.: Die verborgene Tradition. Frankfurt/M. 1976, 95–116.

Detlev Arens: F.K. München 2001 (dtv portrait).

Bernd Auerochs: Innehalten vor der Schwelle. K.s Vor dem Gesetz im Kontext der traditionellen Parabel. In: Dorothea Lauterbach/Uwe Spörl/Ulrike Wunderlich (Hg.): Grenzsituationen. Wahrnehmung, Bedeutung und Gestaltung in der neueren Literatur. Göttingen 2002, 131–149.

Giuliano Baioni: K. – letteratura ed ebraismo. Turin 1984; dt.: K. Literatur und Judentum. Übers. v. Gertrud u. Josef Billen. Stuttgart, Weimar 1994.

Hans Bänziger: Schloß – Haus – Bau. Studien zu einem literarischen Motivkomplex von der deutschen Klassik bis zur Moderne. Bern, München 1983.

Roland Barthes: La Réponse de K. In: Ders.: Essais critiques. Paris 1964, 138–142.

Georges Bataille: K. In: Ders.: La littérature et le mal. Emily Brontë, Baudelaire, Michelet, Blake, Sade, Proust, K., Genet. Paris 1957, 171–196.

Walter Bauer-Wabnegg: Zirkus und Artisten in F.K.s Werk. Ein Beitrag über Körper und Literatur im Zeitalter der Technik. Erlangen 1986.

Reinhard Baumgart: Selbstvergessenheit. Drei Wege zum Werk: Thomas Mann, F.K., Bertolt Brecht. München, Wien 1989, wieder: Frankfurt/M. 1993.

Evelyn Torton Beck: K. and the Yiddish Theater. Its Impact on his Work. Madison 1971.

Louis Begley: The Tremendous World I Have Inside My Head. F.K. – A Biographical Essay. New York, London 2008; dt.: Die ungeheure Welt, die ich im Kopfe habe. Über F.K. Dt. v. Christa Krüger. München 2008.

Peter U. Beicken: F.K. Eine kritische Einführung in die Forschung. Frankfurt/M. 1974.

–: F.K. Leben und Werk. Stuttgart 1995.

Friedrich Beißner: Der Erzähler F.K. Stuttgart 1952, 2. Aufl. 1958, 3. Aufl. 1961.

–: Der Erzähler F.K. und andere Vorträge [enthält: Der Erzähler F.K. (1951); K. der Dichter (1957); Der Schacht von Babel. Aus K.s Tagebüchern (1962); K.s Darstellung des »traumhaft inneren Lebens« (1968)]. Mit einer Einf. v. Werner Keller. Frankfurt/M. 1983.

Heather Merle Benbow: »Was auf den Tisch kam, mußte aufgegessen […] werden«. Food, Gender, and Power in K.'s Letters and Stories. In: GQ 79 (2006), 347–365.

Walter Benjamin/Gershom Scholem: Briefwechsel. Hg. v. G.S. Frankfurt/M. 1980.

Walter Benjamin: Über K., Texte, Briefzeugnisse, Aufzeichnungen. Hg. v. Hermann Schweppenhäuser. Frankfurt/M. 1981, 2. Aufl. 1992.

Max Bense: Die Theorie F.K.s. Köln 1952.

Barbara Beutner: Die Bildsprache F.K.s. München 1973.

Christoph Bezzel: Natur bei K. Studie zur Ästhetik des poetischen Zeichens. Nürnberg 1964.

Hartmut Binder: Motiv und Gestaltung bei F.K. Bonn 1966.

–: K.-Kommentar zu sämtlichen Erzählungen. München 1975; 2. Aufl. 1977; 3. Aufl. 1982.

–: K.-Kommentar zu den Romanen, Rezensionen, Aphorismen und zum Brief an den Vater. München 1976 [1976a]; 2., bibl. erg. Aufl. München 1982.

–: K. in neuer Sicht. Mimik, Gestik und Personengefüge als Darstellungsformen des Autobiographischen. Stuttgart 1976 [1976b].

–: K. Der Schaffensprozeß. Frankfurt/M. 1983.

–: Prager Profile. Vergessene Autoren im Schatten K.s. Berlin 1991.

Günter Blamberger: K.s Death Images. In: Bernhard Debatin/Timothy R. Jackson/Daniel Steuer (Hg.): Metaphor and Rational Discourse. Tübingen 1997, 239–250.

Maurice Blanchot: De K. à K. Paris 1981; dt.: Von K. zu K. Übers. v. Elsbeth Dangel. Frankfurt/M. 1993.

Harold Bloom: The Strong Light of the Canonical. K., Freud, and Scholem as Revisionists of Jewish Culture and Thought. New York 1987; dt.: K., Freud und Scholem. Übers. v. Angelika Schweikart. Basel, Frankfurt/M. 1990, wieder als: K. – Freud – Scholem. 3 Essays. Frankfurt/M. 2008.

Elizabeth Boa: K. Gender, Class and Race in the Letters and Fictions. Oxford 1996.

Jürgen Born: »Daß zwei in mir kämpfen...« und andere Aufsätze. Wuppertal 1988, 2. Aufl. 1993, wieder: Furth im Wald, Prag 2000.

–: K.s Bibliothek. Ein beschreibendes Verzeichnis. Mit einem Index aller in K.s Schriften erwähnten Bücher, Zeitschriften und Zeitschriftenbeiträge. Zusammengest. unter Mitarb. v. Michael Antreter, Waltraud John u. Jon Sheperd. Frankfurt/M. 1990.

Michael Braun: »Hörreste, Sehreste«. Das literarische Fragment bei Büchner, K., Benn und Celan. Köln u. a. 2002.

Patrick Bridgwater: K. and Nietzsche. Bonn 1974, 2. Aufl. 1987.

–: K.'s Novels. An Interpretation. Amsterdam, New York 2003 [2003a].

–: K., Gothic and Fairytale. Amsterdam, New York 2003 [2003b].

Max Brod: F.K. Eine Biographie. Erinnerungen und Dokumente. Prag 1937 u.ö.

–: F.K. Glauben und Lehre. K. und Tolstoi. Mit einem Anhang: Felix Weltsch: Religiöser Humor bei F.K. Winterthur 1948 u.ö.

–: Verzweiflung und Erlösung im Werk F.K.s. Frankfurt/M. 1959 u.ö.

–: Streitbares Leben. Eine Autobiographie. München 1960, erw. u. überarb. Neuausgabe: 1969.

–: Über F.K. Frankfurt/M., Hamburg 1966; Neuauflagen 1974, 1976 u. 1977 [enthält: F.K. Eine Biographie (zuerst 1937); F.K. Glauben und Lehre (zuerst 1948); Verzweiflung und Erlösung im Werk F.K.s. (zuerst 1959)].

–: Der Prager Kreis. Frankfurt/M. 1979 [zuerst: Stuttgart 1966].

Martin Buber: Ein Wort über F.K. In: Ders.: Kampf um Israel. Reden und Schriften (1921–1932). Berlin 1933, 213.

–: K. and Judaism. In: R. Gray (1962), 157–162.

Roberto Calasso: K. München, Wien 2006.

Albert Camus: L'espoir et l'absurde dans l'œuvre de F.K. In: Ders.: Le mythe de Sisyphe. Essai sur l'absurde. Paris 1942, 167–185.; dt. z.B. in H. Politzer (1973), 163–174.

Elias Canetti: Der andere Prozeß. K.s Briefe an Felice Bauer. München 1969 u.ö.

Peter Cersowsky: »Mein ganzes Wesen ist auf Literatur gerichtet«. F.K. im Kontext der literarischen Dekadenz. Würzburg 1983 [1983a].

–: Phantastische Literatur im ersten Viertel des 20. Jahrhunderts. Untersuchungen zum Strukturwandel des Genres, seinen geistesgeschichtlichen Voraussetzungen und zur Tradition der »schwarzen Romantik« insbesondere bei Gustav Meyrink, Alfred Kubin und F.K. München 1983 [1983b], 2. Aufl. 1989.

Carolyn Wei Ji Chan: Literary Topos and Topography. The City as Symbol in K. Göttingen 2008.

Pietro Citati: K. Milano 1987; dt.: K. Verwandlungen eines Dichters. Aus dem Ital. v. Sabine Kienlechner. München 1990.

Dorrit Cohn: K. and Hofmannsthal. In: MAL 30 (1997), 1–19.

Stanley Corngold: Restoring the Image of Death. On Death and the Figure of Chiasm in K. In: Journal of the K. Society of America 9 (1985), 49–68.

–: F.K. The Necessity of Form. Ithaca, London 1988.

–: Lambent Traces. F.K. Princeton 2004.

Guido Crespi: K. umorista. Mailand 1983.

Siegfried Dangelmayr: Der Riß im Sein oder die Unmöglichkeit des Menschen. Interpretationen zu K. und Sartre. Frankfurt/M. 1988.

Claude David: F.K. Paris 1989.

Gilles Deleuze/Félix Guattari: K. Pour une littérature mineure. Paris 1975; dt.: K. Für eine kleine Literatur. Übers. v. Burkhart Kroeber. Frankfurt/M. 1976.

Peter Demetz: K., Freud, Husserl. Probleme einer Generation. In: Zeitschrift für Religions- und Geisteswissenschaft 7 (1955), 59–69.

Paul DeNicola: Literature as Pure Mediality. K. and the Scene of Writing. New York 2009.

Michel Dentan: Humour et création littéraire dans l'œuvre de K. Genf 1961.

Jacques Derrida: Préjugés. Vor dem Gesetz. Hg. v. Peter Engelmann, übers. v. Detlef Otto u. Axel Witte. Wien 1992 [aus: Ders.: La faculté de juger. Paris 1985]; Textauszug in: C. Liebrand (2006), 46–61.

Gerhard Michael Dienes: Die Gesetze des Vaters. Problematische Identitätsansprüche: Hans und Otto Gross, Sigmund Freud und F.K. Wien 2003.

Sonja Dierks: Es gibt Gespenster. Betrachtungen zu K.s Erzählungen. Würzburg 2003.

Ludwig Dietz: F.K. Stuttgart 1975, 2., erw. u. verb. Aufl. 1990 (Sammlung Metzler).

–: F.K. Die Veröffentlichungen zu seinen Lebzeiten (1908–1924). Eine textkritische und kommentierte Bibliographie. Heidelberg 1982.

Patrice Djoufack: Der Selbe und der Andere. Formen und Strategien der Erfahrung der Fremde bei F.K. Wiesbaden 2005.

Theo Elm: Problematisierte Hermeneutik. Zur ›Uneigentlichkeit‹ in K.s kleiner Prosa. In: DVjs 50 (1976), 477–510; wieder in: Josef Billen (Hg.): Die deutsche Parabel. Darmstadt 1986, 322–363.

Wilhelm Emrich: F.K. Das Baugesetz seiner Dichtung. Der mündige Mensch jenseits von Nihilismus und

Tradition. Bonn 1957; 2. Aufl. Frankfurt/M., Bonn 1960; 3., durchges. Aufl. Frankfurt/M., Bonn 1964; 6. Aufl. Frankfurt/M., Bonn 1970; 8. Aufl. Wiesbaden 1975; 9. Aufl. Königstein 1981.

Manfred Engel: Außenwelt und Innenwelt. Subjektivitätsentwurf und moderne Romanpoetik in Robert Walsers *Jakob von Gunten* und F.K.s *Der Verschollene*. In: JDSG 30 (1986), 533–570.

–: Literarische Träume und traumhaftes Schreiben bei F.K. Ein Beitrag zur Oneiropoetik der Moderne. In: Bernard Dieterle (Hg.): Träumungen. Traumerzählungen in Literatur und Film. St. Augustin 1998 (Filmstudien 9), 233–262.

–: K. und die Poetik der klassischen Moderne. In: Engel/Lamping (2006), 247–262.

–: F.K.: *Der Process* – Gerichtstag über die Moderne. In: Matthias Luserke-Jaqui/Monika Lippke (Hg.): Deutschsprachige Romane der Klassischen Moderne. Berlin, New York 2008, 211–237.

Christian Eschweiler: K.s Erzählungen und ihr verborgener Hintergrund. Bonn, Berlin 1991.

Janko Ferk: Recht ist ein »Prozeß«. Über K.s Rechtsphilosophie. Wien 1999, 2. Aufl. 2006.

Karl-Heinz Fingerhut: Die Funktion der Tierfiguren im Werke F.K.s. Offene Erzählgerüste und Figurenspiele. Bonn 1969.

–: Kennst du F.K.? Weimar 2007.

Brigitte Flach: K.s Erzählungen. Strukturanalyse und Interpretation. Bonn 1967, 2. Aufl. 1972.

Yvonne M. Fleischmann: War K. Existentialist? Gracchus, Orestes, Sisyphos – literarische, mythologische und philosophische Brücken zu Sartre und Camus. Marburg 2009.

Angel Flores: The K. Problem. New York 1946.

Albert P. Foulkes: The Reluctant Pessimist. A Study of F.K. The Hague, Paris 1967.

–: F.K. Dichtungstheorie und Romanpraxis. In: Reinhold Grimm (Hg.): Deutsche Romantheorien. Frankfurt/M. 2. Aufl. 1974, Bd. 2, 365–390.

Waldemar Fromm: Artistisches Schreiben. F.K.s Poetik zwischen *Proceß* und *Schloß*. München 1998.

Ulrich Fülleborn: Zum Verhältnis von Perspektivismus und Parabolik in der Dichtung K.s. In: Renate v. Heydebrand/Klaus Günther Just (Hg.): Wissenschaft als Dialog. Studien zur Literatur und Kunst seit der Jahrhundertwende. Stuttgart 1969, 289–312 u. 509–513; wieder in: Josef Billen (Hg.): Die deutsche Parabel. Darmstadt 1986, 266–291.

–: »Veränderung«. Zu Rilkes *Malte* und K.s *Schloß*. In: EG 30 (1975), 438–454; wieder in: Ders.: Besitz und Sprache. Offene Strukturen und nicht-possessives Denken in der deutschen Literatur. München 2000, 355–368.

–: Der Einzelne und die »geistige« Welt. Zu K.s Romanen. In: C. David (1980), 81–100; wieder als: Der Einzelne und die parabolischen Welten in K.s Romanen. In: Ders.: Besitz und Sprache. Offene Strukturen und nicht-possessives Denken in der deutschen Literatur. München 2000, 369–384.

–: »Die Sprache handelt nur vom Besitz und seinen Beziehungen«: K. In: Ders.: Besitzen als besäße man nicht. Besitzdenken und seine Alternativen in der Literatur. Frankfurt/M., Leipzig 1995, 279–295.

Claude Gandelman: K. as an Expressionist Draftsman. In: Neohelicon 4 (1974), 237–277.

Sander Gilman: F.K. The Jewish Patient. New York 1995.

–: F.K. London 2005.

Sophie von Glinski: Imaginationsprozesse. Verfahren phantastischen Erzählens in F.K.s Frühwerk. Berlin, New York 2004.

Dušan Glišović: Politik im Werk K.s. Tübingen, Basel 1996.

Rolf J. Goebel: Kritik und Revision. K.s Rezeption mythologischer, biblischer und historischer Traditionen. Frankfurt/M. 1986.

–: Constructing China. K.'s Orientalist Discourse. Columbia 1997.

Maja Goth: F.K. et les lettres françaises (1928–1955). Paris 1956; daraus: Der Surrealismus und F.K. In: H. Politzer (1973), 226–266.

Herwig Gottwald: Wirklichkeit bei K. Methodenkritische Untersuchungen zu ihrer Gestaltung, Funktion und Deutung anhand der Romane *Der Prozeß* und *Das Schloß*. Stuttgart 1990.

Isolde Grabenmeier: Schreiben als Beruf. Zur Poetik F.K.s auf dem Hintergrund der Herrschaftstheorie und Methodenreflexion Max Webers. Freiburg u. a. 2008.

Richard T. Gray/Ruth V. Gross/Rolf J. Goebel/Clayton Koelb: A F.K. Encyclopedia. Westport, London 2005.

Martin Greenberg: The Terror of Art. K. and Modern Literatur. New York 1965.

Felix Greß: Die gefährdete Freiheit. F.K.s späte Texte. Würzburg 1994.

Sieglinde Grimm: Sprache der Existenz. Rilke, K. und die Rettung des Ich im Roman der klassischen Moderne. Tübingen, Basel 2003.

Karl Erich Grözinger: K. und die Kabbala. Das Jüdische im Werk und Denken von F.K. Frankfurt/M. 1992; erweiterte Neuausgabe: Berlin, Wien 2003.

Manuela Günter: Tierische T/Räume. Zu K.s Heterotopien. In: Sigrid Lange (Hg.): Raumkonstruktionen der Moderne. Kultur – Literatur – Film. Bielefeld 2001, 49–73.

Georg Guntermann: Vom Fremdwerden der Dinge beim Schreiben. K.s Tagebücher als literarische Physiognomie des Autors. Tübingen 1991.

Ekkehard W. Haring: »Auf dieses Messers Schneide leben wir ...«. Das Spätwerk F.K.s im Kontext jüdischen Schreibens. Wien 2004.

Dieter Hasselblatt: Zauber und Logik. Eine K.-Studie. Köln 1964.

Sigrid Hauser: K.s Raum im Zeitalter seiner digitalen Überwachbarkeit. Wien 2009.

James Hawes: Excavating K. London 2008; amerik. Ausgabe: Why You Should Read K. before You Waste Your Life. New York 2008.

Claus Hebell: Rechtstheoretische und geistesgeschichtliche Voraussetzungen für das Werk F.K.s. Würzburg 1992.

Axel Hecker: An den Rändern des Lesbaren. Dekonstruktive Lektüren zu F.K.: *Die Verwandlung, In der Strafkolonie* und *Das Urteil*. Wien 1998.

Arnold Heidsieck: The Intellectual Contexts of K.'s Fiction. Philosophy, Law, Religion. Columbia 1994.

Günter Heintz: F.K. Sprachreflexion als dichterische Einbildungskraft. Würzburg 1983.

Erich Heller: F.K. London 1974.

Paul Heller: F.K. Wissenschaft und Wissenschaftskritik. Tübingen 1989.

Klaus Hermsdorf: K. Weltbild und Roman. Berlin [Ost] 1961, 2. Aufl. 1966, 3. Aufl. 1978.

Clemens Heselhaus: K.s Erzählformen. In: DVjs 26 (1952), 353–376.

Hans Helmut Hiebel: Antihermeneutik und Exegese. K.s ästhetische Figur der Unbestimmtheit. In: DVjs 52 (1978), 90–110.

–: Die Zeichen des Gesetzes. Recht und Macht bei F.K. München 1983, 2. Aufl. 1989.

–: F.K.: Form und Bedeutung. Formanalysen und Interpretationen von *Vor dem Gesetz, Das Urteil, Bericht für eine Akademie, Ein Landarzt, Der Bau, Der Steuermann, Prometheus, Der Verschollene, Der Proceß* und ausgewählten Aphorismen. Würzburg 1999.

Heinz Hillmann: F.K. Dichtungstheorie und Dichtungsgestalt. Bonn 1964, 2. Aufl. 1973.

Susanne Hochreiter: F.K.: Raum und Geschlecht. Würzburg 2007.

Klaus Hoffer: Methoden der Verwirrung. Betrachtungen zum Phantastischen bei F.K. Graz 1985.

Werner Hoffmann: »Ansturm gegen die letzte irdische Grenze«. Aphorismen und Spätwerk K.s. Bern. München 1984.

Peter Höfle: Von der Unfähigkeit, historisch zu werden. Die Form der Erzählung und K.s Erzählform. München 1998.

Joachim Hubbert: Metaphysische Sehnsucht, Gottverlassenheit und die Freiheit des Absurden. Untersuchungen zum Werk F.K.s. Bochum 1995.

Uwe Jahnke: Die Erfahrung von Entfremdung. Sozialgeschichtliche Studien zum Werk F.K.s. Stuttgart 1988.

Oliver Jahraus: K. Leben, Schreiben, Machtapparate. Stuttgart 2006.

Hellmuth Kaiser: F.K.s Inferno. Eine psychologische Deutung seiner Strafphantasie. In: Imago. Zeitschrift für Anwendung der Psychoanalyse auf die Natur- und Geisteswissenschaften 18 (1931), 41–103; wieder in: H. Politzer (1973), 69–142.

Frederick R. Karl: F.K. Representative Man. Prague, Germans, Jews, and the Crisis of Modernism. New York 1991.

Roman Karst: Sterben und Tod in K.s Werk. In: W. Schmidt-Dengler (1985), 129–146.

Norbert Kassel: Das Groteske bei F.K. München 1969.

Susanne Kaul: Einführung in das Werk F.K.s. Darmstadt 2010.

Rainer J. Kaus: Literaturpsychologie und literarische Hermeneutik. Sigmund Freud und F.K. Frankfurt/M. 2004.

Elisabeth Kellinghusen: Wir graben den Tunnel zu Babel. Kritik der Totalität – eine subversive Vertiefung der Gedankengänge F.K.s. Wien 1993.

Susanne Kessler: K. – Poetik der sinnlichen Welt. Strukturen sprachkritischen Erzählens. Stuttgart 1983.

Sabina Kienlechner: Negativität der Erkenntnis im Werk F.K.s. Eine Untersuchung zu seinem Denken anhand einiger später Texte. Tübingen 1981.

Andreas B. Kilcher: Dispositive des Vergessens bei K. In: Ashraf Noor (Hg.): Erfahrung und Zäsur. Denkfiguren der deutsch-jüdischen Moderne. Freiburg 1999, 213–252; wieder in: C. Liebrand (2006), 141–154.

–: F.K. Frankfurt/M. 2008 (Suhrkamp BasisBiographie).

Linda Kirchberger: K.'s Use of Law in Fiction. A New Interpretation of *In der Strafkolonie, Der Prozeß*, and *Das Schloß*. New York u. a. 1986.

Wolf Kittler: Der Turmbau zu Babel und das Schweigen der Sirenen. Über das Reden, das Schweigen, die Stimme und die Schrift in vier Texten von F.K. Erlangen 1985.

Reinhard Klatt: Bild und Struktur in der Dichtung F.K.s. Diss. Freiburg 1963.

Malte Kleinwort: K.s Verfahren. Literatur, Individuum und Gesellschaft im Umkreis von K.s Briefen an Milena. Würzburg 2004.

Jörgen Kobs: K. Untersuchungen zu Bewußtsein und Sprache seiner Gestalten. Hg. v. Ursula Brech. Bad Homburg 1970.

Clayton Koelb: K.'s Rhetoric. The Passion of Reading. Ithaca 1989.

Aleksey Komarov: Antike Mythologie in der Kurzprosa von F.K. Saarbrücken 2009.

Peter Köppel: Die Agonie des Subjekts. Das Ende der Aufklärung bei K. und Blanchot. Wien 1991.

Herbert Kraft: K. Wirklichkeit und Perspektive. Bebenhausen 1972, 2. Aufl. Bern 1983.

Werner Kraft: F.K. Durchdringung und Geheimnis. Frankfurt/M. 1968.

Detlef Kremer: K. Die Erotik des Schreibens. Schreiben als Lebensentzug. Bodenheim 1989, 2., erw. Aufl. 1998.

Dietrich Krusche: K. und K.-Deutung. Die problematisierte Interaktion. München 1974.

Bettina Küfer: Mehr Raum als sonst. Zum gelebten Raum im Werk F.K.s. Frankfurt/M. u. a. 1989.

Gerhard Kurz: Traum-Schrecken. K.s literarische Existenzanalyse. Stuttgart 1980.

Hyuck Zoon Kwon: Der Sündenfallmythos bei F.K. Würzburg 2006.

Elisabeth Lack: K.s bewegte Körper. Die Tagebücher und Briefe als Laboratorien der Bewegung. München 2009.

Dieter Lamping: Von K. bis Celan. Jüdischer Diskurs in der deutschen Literatur des 20. Jhs. Göttingen 1998, bes. 17–20 u. 55–68.

Astrid Lange-Kirchheim: Alfred Weber und F.K. In: Eberhard Demm (Hg.): Alfred Weber als Politiker und Gelehrter. Stuttgart 1986, 113–149.

Dorothea Lauterbach: »Unbewaffnet ins Gefecht« – K. im Kontext der Existenzphilosophie. In: Engel/Lamping (2006), 305–325.

Joo-Dong Lee: Taoistische Weltanschauung im Werke F.K.s. Frankfurt/M. 1985.

Vivian Liska: When K. Says »We«. Uncommon Communities in 20th-Century German-Jewish Literature. Bloomington 2009.

Michael Löwy: F.K., rêveur insoumis. Paris 2004.

Christine Lubkoll: Das Lachen in der Literatur. Begegnung mit einem Kulturthema am Beispiel von F.K. In: Didaktik Deutsch 3 (1998) 5, 18–35.

Georg Lukács: F.K. oder Thomas Mann? In: Ders.: Wider den mißverstandenen Realismus. Hamburg 1958, 49–98.

Klaus Mann: Dank für die K.-Ausgabe. In: Die Sammlung. Literarische Monatsschrift 2 (1935), 664; wieder in: H. Politzer (1973), 162.

Günther Mecke: F.K.s offenbares Geheimnis. Eine Psychopathographie. München 1982.

Bettine Menke: Prosopopoiia. Stimme und Text bei Brentano, Hoffmann, Kleist und K. München 2000.

Margarete Mitscherlich-Nielsen: Psychoanalytische Bemerkungen zu F.K. In: Psyche 31 (1977), 60–83.

Frank Möbus: Sünden-Fälle. Die Geschlechtlichkeit in Erzählungen F.K.s. Göttingen 1994.

Burkhard Müller: Trost im Fell des Nachbarn. Zu K.s Tierparabeln. In: Merkur 62 (2008), 277–293.

Klaus Detlef Müller: F.K. Romane. Berlin 2007 (Klassiker Lektüren 9).

Lothar Müller: Die zweite Stimme. Vortragskunst von Goethe bis K. Berlin 2007.

Barry Murnane: »Verkehr mit Gespenstern«. Gothic und Moderne bei F.K. Würzburg 2008.

Bert Nagel: K. und die Weltliteratur. Zusammenhänge und Wechselwirkungen. München 1983.

Peter Neesen: Vom Louvrezirkel zum Prozeß. F.K. und die Psychologie Franz Brentanos. Göppingen 1972.

Marek Nekula: F.K.s Sprachen. »… in einem Stockwerk des innern babylonischen Turmes …«. Tübingen 2003.

Bernd Neumann: F.K.: Aporien der Assimilation. Eine Rekonstruktion seines Romanwerks. München 2007.

–: F.K. Gesellschaftskrieger. Eine Biographie. München 2008.

Gerhard Neumann: Umkehrung und Ablenkung. F.K.s »Gleitendes Paradox«. In: DVjs 42 (1968), 702–744; wieder in: H. Politzer (1973), 459–515.

–: K. und die Musik. In: Freiburger Universitätsblätter 98 (1987), 9–35.

–: F.K. In: Gunter E. Grimm/Frank Rainer Max (Hg.): Deutsche Dichter. Bd. 7: Vom Beginn bis zur Mitte des 20. Jahrhunderts. Stuttgart 1989, 227–258.

–: Traum und Gesetz. K.s Arbeit am Mythos. In: Kraus/Winkler (1997), 15–32.

–: Chinesische Mauer und Schacht von Babel. F.K.s Architekturen. In: DVjs 83 (2009), 452–471.

Daniel Nix: K. als phantastischer Erzähler? (Neo)phantastische Elemente und Realitätssysteme in Texten F.K.s. Wetzlar 2005.

Norbert Oellers: Die Bestrafung der Söhne. Zu K.s Erzählungen Das Urteil, Der Heizer und Die Verwandlung. In: ZfdPh 97 (1978), 70–87.

Cornelia Ortlieb: K.s Tiere. In: ZfdPh 126 (2007), 229–266.

Marko Pajević: K. lesen: Acht Textanalysen. Bonn 2009.

Roy Pascal: K.'s Narrators. A Study of his Stories and Sketches. Cambridge 1982.

Malcolm Pasley: Introduction. In: Ders. (Hg.): F.K. Der Heizer, In der Strafkolonie, Der Bau. Cambridge 1966.

–: »Die Schrift ist unveränderlich …«. Essays zu K. Frankfurt/M. 1995.

Peter Pernthaler: Das Bild des Rechts in drei Werken von F.K. (Amerika, Strafkolonie, Prozeß). In: Michael Fischer u. a. (Hg.): Dimensionen des Rechts. Berlin 1974, 259–281.

Pavel Petr: K.s Spiele. Selbststilisierung und literarische Komik. Heidelberg 1992.

Ulrich Plass: F.K. Stuttgart 2009.

Heinz Politzer: F.K., Parable and Paradox. Ithaca 1962; 2., erw. Aufl. 1966; dt.: F.K., der Künstler [überarb. u. erw. Fassung d. amerik. Ausgabe]. Frankfurt/M. 1965; wieder: Frankfurt/M. 1968 u. 1982.

Elfie Poulain: K. Einbahnstraße zur Hölle. Oder die unmögliche Selbstrechtfertigung des Daseins. Stuttgart 2003.

Paul Raabe: K. und der Expressionismus. In: ZfdPh 86 (1967), 161–175; wieder in: H. Politzer (1973), 386–405.

Elizabeth M. Rajec: Namen und ihre Bedeutung im Werke F.K.s. Ein interpretatorischer Versuch. Bern u. a. 1977.

Klaus Ramm: Reduktion als Erzählprinzip bei K. Frankfurt/M. 1971.

Peter Rehberg: Lachen Lesen. Zur Komik der Moderne bei K. Bielefeld 2007.

Michael L. Rettinger: K.s Berichterstatter. Anthropologische Reflexionen zwischen Irritation und Reaktion, Wirklichkeit und Perspektive. Frankfurt/M. u. a. 2003.

Helmut Richter: F.K. Werk und Entwurf. Berlin 1962.

Peter Richter: Variation als Prinzip. Untersuchungen an F.K.s Romanwerk. Köln 1975.

Gerhard Rieck: K. konkret. Das Trauma ein Leben. Wiederholungsmotive im Werk als Grundlage einer psychologischen Deutung. Würzburg 1999.

–: F.K. und die Literaturwissenschaft. Aufsätze zu einem k.esken Verhältnis. Anhang: Ordnung fiktionaler Texte K.s nach Texttiteln, Werkausgaben und Datierungen. Würzburg 2002.

Wiebrecht Ries: Transzendenz als Terror. Eine religionsgeschichtliche Studie zu F.K. Heidelberg 1977.

–: K. zur Einführung. Hamburg 1993.

–: Nietzsche/K. Zur ästhetischen Wahrnehmung der Moderne. Freiburg 2007.

Stefanie Rinke: »Mein Vater ist noch immer ein Riese« – Versuch einer psychoanalytischen Sicht auf K. In: Haller-Nevermann/Rehwinkel (2008), 123–138.

Marthe Robert: K. Paris 1960.

–: Seul, comme F.K. Paris 1979; dt.: Einsam wie K. Übers. v. Eva Michel-Moldenhauer. Frankfurt/M. 1985, 2. Aufl. 2002.

–: K. zur Einführung. Hamburg 1993.

Ritchie Robertson: K. Judaism, Politics, and Literature. Oxford 1985; dt.: K. Judentum Gesellschaft Literatur. Übers. v. Josef Billen. Stuttgart 1988.

–: K. und das Christentum. In: DU 50 (1998) 5, 60–69.

–: K. als religiöser Denker. In: Lothe/Sandberg (2002), 135–149 [2002a].

–: K. as Anti-Christian. Das Urteil, Die Verwandlung and the Aphorisms. In: J. Rolleston (2002), 101–122 [2002b].

–: K. A Very Short Introduction. Oxford 2004; dt. F.K. Leben und Schreiben. Übers. v. Josef Billen. Darmstadt 2009.

–: The Creative Dialogue Between Brod and K. In: M.H. Gelber (2004), 283–296 [2004a].

Bertram Rohde: »und blätterte ein wenig in der Bibel«. Studien zu F.K.s Bibellektüre und ihren Auswirkungen auf sein Werk. Würzburg 2002.

James Rolleston: K.'s Narrative Theater. University Park 1974.

Sabine Rothemann: Spazierengehen – Verlorengehen. Zum Problem der Wahrnehmung und der Auslegung bei Robert Walser und F.K. Marburg 2000.

Holger Rudloff: Gregor Samsa und seine Brüder. K. – Sacher-Masoch – Thomas Mann. Würzburg 1997.

Urs Ruf: F.K. Das Dilemma der Söhne. Das Ringen um die Versöhnung eines unlösbaren Widerspruchs in den drei Werken Das Urteil, Die Verwandlung und Amerika. Berlin 1974.

Christian Schärf: F.K. Poetischer Text und heilige Schrift. Göttingen 2000.

Jost Schillemeit: K.-Studien. Hg. v. Rosemarie Schillemeit. Göttingen 2004.

Friedrich Schmidt: Text und Interpretation. Zur Deutungsproblematik bei F.K. – dargestellt in einer kritischen Analyse der Türhüterlegende. Würzburg 2007.

Gesa Schneider: Das Andere schreiben. K.s fotografische Poetik. Würzburg 2008.

Hans Joachim Schoeps: Der vergessene Gott. F.K. und die tragische Position des modernen Juden [entstanden ca. 1930]. Hg. u. eingel. v. Andreas Krause-Landt. Berlin 2006.

–: F.K. oder Der Glaube in der tragischen Position. In: Ders.: Gestalten an der Zeitenwende. Burckhardt, Nietzsche, K. Berlin 1936, 54–76.

– /Max Brod: Im Streit um K. und das Judentum. Der Briefwechsel zwischen Max Brod und Hans-Joachim Schoeps. Hg. v. Julius H. Schoeps. Königstein 1985.

Gershom Scholem: ↗ Walter Benjamin.

Ingeborg Scholz: F.K. Motivik und Sprache in exemplarischen Texten seiner Prosaminiaturen. Bonn 2008.

Michael Schreiber: »Ihr sollt euch kein Bild – …«. Untersuchung zur Denkform der negativen Theologie im Werk F.K.s. Frankfurt/M., Bern u. a. 1986.

Annette Schütterle: F.K.s Oktavhefte. Ein Schreibprozeß als »System des Teilbaues«. Freiburg 2002.

Sandra Schwarz: »Verbannung« als Lebensform. Koordinaten eines literarischen Exils in F.K.s »Trilogie der Einsamkeit«. Tübingen 1996.

Robert Sell: Bewegung und Beugung des Sinns. Zur Poetologie des menschlichen Körpers in den Romanen F.K.s. Stuttgart 2002.

Walter H. Sokel: F.K. Tragik und Ironie. Zur Struktur seiner Kunst. München, Wien 1964, wieder: Frankfurt/M. 1976 [zahlreiche weitere Auflagen].

–: The Myth of Power and the Self. Essays on K. Detroit 2002.

Reiner Stach: K.s erotischer Mythos. Eine ästhetische Konstruktion des Weiblichen. Frankfurt/M. 1987.

–: K. Die Jahre der Entscheidungen. Frankfurt/M. 2002.

–: K. Die Jahre der Erkenntnis. Frankfurt/M. 2008.

Jürgen Steffan: Darstellung und Wahrnehmung der Wirklichkeit in K.s Romanen. Nürnberg 1979.

Horst Steinmetz: Suspensive Interpretation. Am Beispiel F.K.s. Göttingen 1977.

Christoph Stölzl: K.s böses Böhmen. Zur Sozialgeschichte eines Prager Juden. München 1975, 2. Aufl. Berlin, München 1989.

Walter A. Strauss: On the Threshold of a New Kabbalah. K.'s Later Tales. New York, Bern 1988.

Joseph P. Strelka: Der Paraboliker F.K. Tübingen 2001.

Jacqueline Sudaka-Bénazéraf: Le regard de F.K. Dessins d'un écrivain. Paris 2001.

Margarete Susman: Das Hiob-Problem bei F.K. In: Der Morgen 5 (1929), 31–49; wieder in: Dies.: Gestalten und Kreise. Stuttgart, Konstanz, Zürich 1954, 348–366; wieder in: H. Politzer (1973), 48–68.

Henry Sussman: F.K. Geometrician of Metaphor. Madison 1979.

Herbert Tauber: F.K. Eine Deutung seiner Werke. Zürich 1941.

Klaus Theweleit: Gespensterposten. Briefverkehr, Liebesverkehr, Eisenbahnverkehr. Der Zug ins Jenseits: Orpheus 1913 in Prag (K). In: Ders.: Buch der Könige I. Orpheus und Eurydike. Frankfurt/M. 1988, 976–1046.

Alan Thiher: F.K. A Study of the Short Fiction. Boston 1990.

Anthony Thorlby: K. A Study. London 1971.

Andreas Töns: »nur mir gegenübergestellt«. Ich-Fragmente im Figurenfeld. Reduktionsstufen des Doppelgängermotivs in Ks. Erzählprosa. Bern u. a. 1998.

Joachim Unseld: F.K. Ein Schriftstellerleben. Die Geschichte seiner Veröffentlichungen. Mit einer Bibliographie sämtlicher Drucke und Ausgaben der Dichtungen F.K.s, 1908–1924. München, Wien 1982 u.ö.

Joseph Vogl: Orte der Gewalt. K.s literarische Ethik. München 1991.

Manfred Voigt: K. und die jüdische Frau. Diskussionen um Erotik und Sexualität im Prager Zionismus. Mit Textmaterialien. Würzburg 2007.

–: Geburt und Teufelsdienst. F.K. als Schriftsteller und als Jude. Würzburg 2008.

Frank D. Wagner: Antike Mythen. K. und Brecht. Würzburg 2006.

Martin Walser: Beschreibung einer Form. Versuch über F.K. München 1961, wieder 1972 u.ö.

Margret Walter-Schneider: Denken als Verdacht. Untersuchungen zum Problem der Wahrnehmung im Werk F.K.s. Zürich 1980.

Lovis M. Wambach: Ahasver und K. Zur Bedeutung der Judenfeindschaft in dessen Leben und Werk. Heidelberg 1993.

Kurt Weinberg: K.s Dichtungen. Die Travestien des Mythos. Bern, München 1963.

Felix Weltsch: Religion und Humor im Leben und Werk F.K.s. Berlin 1957 [zuerst in M. Brod (1948)].

John J. White: The Cyclical Aspect of K.'s Short Story Collections. In: Stern/White (1985), 80–97.

James Whitlark: Behind the Great Wall. A Post-Jungian Approach to K.esque Literature. London 1991.

Angelika Winnen: K.-Rezeption in der Literatur der DDR. Produktive Lektüren von Anna Seghers, Klaus Schlesinger, Gert Neumann und Wolfgang Hilbig. Würzburg 2006.

Christian Winter: Angst und Autorschaft. Umrisse einer Physiognomie des zerquälten Schriftstellers am Beispiel F.K. Marburg 2009.

John Zilcosky: K.'s Travels. Exoticism, Colonialism, and the Traffic of Writing. New York 2003.

Christina Zimmer: Leerkörper. Untersuchung zu F.K.s Entwurf einer medialen Lebensform. Würzburg 2006.

Hans Dieter Zimmermann: Der babylonische Dolmetscher. Zu F.K. und Robert Walser. Frankfurt/M. 1985.

–: K. für Fortgeschrittene. München 2004.

Hanns Zischler: K. geht ins Kino. Reinbek 1996; engl.: K. Goes to the Movies. Chicago, London 2003.

5. Zur Rezeptions- und Wirkungsgeschichte

5.1 Bibliographie

Esther Kraus: Auswahlbibliographie. In: Engel/Lamping (2006), 351–378, bes. 363–778.

5.2 Rezeption in Regionen und bei Autoren

Cor de Back/Niels Bokhove (Hg.): Niederländische Autoren über F.K. (1922–1942). Amsterdam 1993.

Manfred Behn: Auf dem Weg zum Leser. K. in der DDR. In: H.L. Arnold (1994), 317–332.

Peter U. Beicken: Überblick über die K.-Rezeption; Der wiederentdeckte und literarische K. In: Ders.: F.K. Eine kritische Einführung in die Forschung. Frankfurt/M. 1974, 21–51 u. 52–98.

–: Die Aufnahme in den einzelnen Ländern: Vereinigte Staaten von Amerika. In: KHb (1979) II, 776–786.

Ann Thornton Benson: The American Criticism of F.K., 1930–1948. Knoxville 1958.

Hartmut Binder: Frühphasen der Kritik. In: KHb (1979) I, 583–624.

Niels Bokhove: Reiziger in scheerapparaten. K. in Nederland en Vlaanderen. Overzicht, bloemlezing en bibliografie van de receptie van F.K.'s werk in het Nederlandse taalgebied. Amsterdam 1984.

Jürgen Born (Hg.): F.K. Kritik und Rezeption zu seinen Lebzeiten 1912–1924. Frankfurt/M. 1979.

– (Hg.): F.K. Kritik und Rezeption 1924–1938. Frankfurt/M. 1983.

–: K. im Exil. Die K.-Rezeption während der vierziger Jahre in Amerika. In: Kraus/Winkler (1997), 95–105.

Martin Brady/Helen Hughes: K. Adapted to Film. In: J. Preece (2002), 226–241.

Iris Bruce: K. and Popular Culture. In: J. Preece (2002), 242–246.

Oskar Caeiro: Die Aufnahme in den einzelnen Ländern: Hispania. In: KHb (1979) II, 704–721.

Josef Čermák: Die K.-Rezeption in Böhmen (1913–1949). In: Germanoslavica 1 (1994), 127–144.

Nadine A. Chmura (Hg.): K. in der zeitgenössischen Kunst [Ausstellungskatalog]. Bonn 2007.

Stanley Corngold: Adorno's Notes on K. A Critical Reconstruction. In: Monatshefte 94 (2002) 1, 24–42.

Hélène Cusa/Hedwig Cambreleng: Die K.-Rezeption in Frankreich. In: Haller-Nevermann/Rehwinkel (2008), 65–84.

Claude David: Anmerkungen zu F.K.s Schicksal in Frankreich. In: Eckhard Heftrich/Jean-Marie Valentin (Hg.): Gallo-Germanica. Wechselbeziehungen und Parallelen deutscher und französischer Literatur (18.-20. Jahrhundert). Nancy 1986, 307–316.

Dagmar Deuring: »Vergiß das Beste nicht!« Walter Benjamins K.-Essay: Lesen, Schreiben, Erfahrung. Würzburg 1994.

Manfred Engel/Dieter Lamping (Hg.): F.K. und die Weltliteratur. Göttingen 2006 [mit ausführlicher Bibliographie zu Ländern und Autoren].

Karlheinz Fingerhut: Die Verwandlung K.s. Zum Stellenwert der politischen Rezeption K.s bei Autoren der Gegenwart. In: Gerhard Köpf (Hg.): Rezeptionspragmatik. Beiträge zur Praxis des Lesens. München 1981, 177–191.

–: Produktive K.-Rezeption in der DDR. In: Emrich/Goldmann (1983), 277–328.

Kerstin Gernig: Die K.-Rezeption in Frankreich. Ein diachroner Vergleich der französischen Übersetzungen im Kontext der hermeneutischen Übersetzungswissenschaft. Würzburg 1999.

Rolf Goebel: K., der Poststrukturalismus und die Geschichte. Kritische Anmerkungen zur amerikanischen K.forschung. In: Zeitschrift für Germanistik 1 (1991), 70–81.

Maja Goth: K. et les lettres françaises. Basel, Paris 1956; gekürzte dt. Fassung: Der Surrealismus und F.K. In: H. Politzer (1973), 226–266.

Roman Halfmann: Das K.-Problem – Wenn Autoren K. lesen. In: N.A. Chmura (2008), 63–81.

Michael Hamburger: K. in England. In: Ders.: Zwischen den Sprachen. Essays und Gedichte. Frankfurt/M. 1966, 121–136.

Klaus Hermsdorf: K. in der DDR. Erinnerungen eines Beteiligten. Berlin 2007.

John L. Hibberd: »Cet auteur réaliste«. Robbe-Grillet's Reading of K. In: Stern/White (1985), 127–140.

Siegfried Hoefert: K. in der DDR. Ein Bericht. In: Seminar 1 (1966), 43–52.

Johannes Hösle: Die Aufnahme in den einzelnen Ländern: Italien. In: KHb (1979) II, 722–732.

Adrian Hsia (Hg.): K. and China. Bern u. a. 1966.

Dieter Jakob: Das K.-Bild in England. Eine Studie zur Aufnahme des Werkes in der journalistischen Kritik (1928–1966). Darstellung – Dokumente – Bibliographie. 2 Bde. Oxford, Erlangen 1971.

–: Die Aufnahme in den einzelnen Ländern: England. In: KHb (1979) II, 667–678.

–: Englische Leser K.s Werk und Übersetzung, ästhetische Erwartungen und Erfahrungen im Kontext der fremden Sprache. In: Euphorion 82 (1988), 89–103.

Harry Järv: Die Aufnahme in den einzelnen Ländern: Ostblock. In: KHb (1979) II, 762–776.

Hyun Kang Kim: Ästhetik der Paradoxie. K. im Kontext der Philosophie der Moderne. Würzburg 2004.

Anne Klug-Kirschstein (Hg.): Kunst zu K. Ausstellung zum 50. Todestag. Bonn 1974.

Margarete Kohlenbach: K., Critical Theory, Dialectical Theology. Adorno's case against Hans-Joachim Schoeps. In: GLL 63 (2010), 146–165.

Sven Kramer: Rätselfragen und wolkige Stellen. Zu Benjamins K.-Essay. Lüneburg 1991.

Junichi Kroiwa: Die Aufnahme in den einzelnen Ländern: Japan. In: KHb (1979) II, 732–743.

Adam Krzemiński: Die K.-Rezeption in Polen. In: Haller-Nevermann/Rehwinkel (2008), 85–92.

Theodor Langenbruch: Eine Odysee ohne Ende. Aufnahme und Ablehnung K.s in der DDR. In: M.L. Caputo-Mayr (1978), 157–169.

Leopoldo La Rubía de Prado: K.: el maestro absoluto. Presencia de F.K. en la cultura contemporánea. Granada 2002.

Sybille Lewitscharoff/Marie Haller-Nevermann: K.s Kinder – die produktive Rezeption. Ein Gespräch. In: Haller-Nevermann/Rehwinkel (2008), 155–162.

Dusan Ludvik: K. bei den Jugoslawen. In: Eduard Goldstücker (Hg.): F.K. aus Prager Sicht. Prag, Berlin 1966, 229–236.

Kokiel Małgorzata: Transformation der Weltbilder in den polnischen Übersetzungen der Romane von F.K. Opole 2007.

Josef B. Michl: F.K. und die moderne skandinavische Literatur. In: Schweizer Monatshefte 48 (1968/69), 57–71.

Bernd Müller: »Denn es ist noch nichts geschehen«. Walter Benjamins K.-Deutung. Köln 1996.

Ulrich Müller: Vertonungen. In: KHb (1979) II, 851–859.

Bert Nagel/Dietrich Krusche/Dieter Jakob: Die Aufnahme in den einzelnen Ländern: Deutschland. In: KHb (1979) II, 624–666.

Bert Nagel: K. und die Weltliteratur. Zusammenhänge und Wechselwirkungen. München 1983.

Kurt Neff: K.s Schatten. Eine Dokumentation zur Breitenwirkung. In: KHb (1979) II, 872–909.

Frank Pilipp (Hg.): The Legacy of K. in Contemporary Austrian Literature. Riverside 1997.

Michel Reffet: Die Rezeption K.s in der katholischen Literaturkritik. In: Kraus/Winkler (1997), 107–125.

Helmut Richter: Zur Nachfolge K.s in der westdeutschen Literatur. In: Goldstücker (1965), 181–197.

Marthe Robert: K. in Frankreich. In: Akzente 13 (1966), 310–320.

– /Georges Schlocker: Die Aufnahme in den einzelnen Ländern: Frankreich. In: KHb (1979) II, 678–704.

Shimon Sandbank: After K. The Influence of K.'s Fiction. Athens, London 1989.

Beatrice Sandberg: Die Aufnahme in den einzelnen Ländern: Nordeuropa. In: KHb (1979) II, 743–762.

Manfred Schmeling: Das offene Kunstwerk in der Übersetzung. Zur Problematik der französischen K.-Rezeption. In: Arcadia 14 (1979), 22–39.

Wendelin Schmidt-Dengler: Ein Modell der K.-Rezeption: Günther Anders. In: W. Schmidt-Dengler (1985), 185–199.

Monika Schmitz-Emans: K. und die Weltliteratur. In: KHb (2008), 273–292.

Martin Schneider: Kontinuität und Wandel in der sowjetischen K.-Rezeption. In: Arcadia 25 (1990), 304–313.

Sascha Seiler: K. und die populäre Kultur. In: N.A. Chmura (2008), 203–214.

Galili Shahar: K. in Israel. In: Atef Botros (Hg.): Der Nahe Osten – ein Teil Europas? Würzburg 2006, 253–262.

Beate Sommerfeld: K.-Nachwirkungen in der polnischen Literatur. Unter besonderer Berücksichtigung der achtziger und neunziger Jahre des zwanzigsten Jahrhunderts. Frankfurt/M. u. a. 2007.

Alice Staková: Zur tschechischen Rezeption. In: Haller-Nevermann/Rehwinkel (2008), 47–64.

Françoise Tabéry: K. en France. Essai de bibliographie annotée. Paris 1991.

Reinhard Urbach: Aspekte literarischer K.-Rezeption in Österreich. In: W. Schmidt-Dengler (1985), 199–210.

Ren Weidong: K. in China. Rezeptionsgeschichte eines Klassikers der Moderne. Frankfurt/M. u. a. 2002.

Helen Weinberg: The New Novel in America. The K.n Mode in Contemporary Fiction. Ithaca, London 1970.

Norbert Winkler/Wolfgang Kraus (Hg.): F.K. in der kommunistischen Welt. K.-Symposion Klosterneuburg 1991. Wien 1993 (Schriftenreihe der F.-K.-Gesellschaft 5).

Angelika Winnen: K.-Rezeption in der Literatur der DDR. Produktive Lektüren von Anna Seghers, Klaus Schlesinger, Gert Neumann und Wolfgang Hilbig. Würzburg 2006.

Heinke Wunderlich: Dramatisierungen und Verfilmungen. In: KHb (1979) II, 825–841.

Tingfang Ye: Der Weg zur Welt K.s – Die K.-Rezeption in China. In: Kraus/Winkler (1997), 51–58.

5.3 Verfilmungen

(vgl. auch die Einzelbibliographien zu den Werkartikeln)

Martin Brady/Helen Hughes: K. Adapted to Film. In: Preece (2002), 226–241.

Waldemar Fromm/Christina Scherer: Kino nach K. Zu Verfilmungen der Romane F.K.s nach 1960. In: Lothar Blum/Christine Schmitt (Hg.): Kopf-Kino. Gegenwartsliteratur und Medien. Fs. f. Volker Wehdeking zum 65. Geburtstag. Trier 2006, 145–165.

Oliver Jahraus: K. und der Film. In: KHb (2008), 224–236.

Sandra Poppe: Visualität in Literatur und Film. Eine medienkomparatistische Untersuchung moderner Erzähltexte und ihrer Verfilmungen. Göttingen 2007, bes. 191–242.

5.4 Illustrationen, Rezeption in der Bildenden Kunst

Peter Assmann/Johann Lachinger (Hg.): Hans Fronius zu F.K. Bildwerke von 1926 bis 1988. Weitra 1997 (publication PNo 1).

Josef Čermák: F.K. und seine ersten Illustratoren (Karel Votlučka und Wilhelm Wessel). In: Brücken 15 (2007), 71–99.

Nadine A. Chmura (Hg.): K. in der zeitgenössischen Kunst. Bonn 2007.

Johanna Dahm: Indiskrete Blicke. Die Sprachbilder aus F.K.s *Verwandlung* in der Bildsprache der Illustration. Berlin 2003.

Lidija Ejdus: Illustrationen zu K.s Erzählungen und Romanen *Der Prozess, Das Schloss* / Illjustracii k rasskazam i romanam F.K. *Process* i *Zamok* [dt./russ.]. Jerusalem 2003.

Willibald Kramm: K. und die 50er Jahre. Hg. v. Riccardo Dottori [Ausstellungskatalog]. Mailand 1991.

Marta Melničuk: K.-Illustrationen. Der philosophische Gedanke im Bild. Frankfurt/M. 1997.

Wolfgang Rothe: K. in der Kunst. Stuttgart, Zürich 1979.

–: Illustrationen und Porträts. In: KHb (1979) II, 841–851 [1979a].

Monika Schmitz-Emans: K. in European and US Comics. Inter-medial and Inter-Cultural Transfer Processes. In: Revue de Littérature Comparée 132 (2004), 485–505.

Register

Personen

Adler, Alfred 71
Adler, Friedrich 6, *40*, 41, 45
Adler, Hans Günther 47
Adorno, Theodor W. 59, 411
Alighieri, Dante 31
Altenberg, Peter (d.i. Richard Engländer) 31, 112, 114, 449, 461
Amiel, Henri-Frédéric 7
Anders, Günther (d.i. Günther Stern) 59
Anzani, Alessandro 10
Anzenbacher, Albert 398
Arouet, François-Marie ↗ Voltaire
Asch, Schalom 30
Austen, Jane 441
Avenarius, Ferdinand 5

Bab, Julius 136
Bachofen, Johann Jakob 45
Baer, Arthur 25
Bahr, Hermann 97, 255, 259
Bailly, Louise 2
Balázs, Béla 74
Barrett Browning, Elizabeth 391
Bartlett, William Henry 176
Bassermann, Albert 11
Bassewitz, Gerdt von 15
Baudelaire, Charles 42, 114
Bauer, Erna 18, 20, 398
Bauer (verh. Marasse), Felice *15–18, 19–21*, 34, 62, 75 f., 83, 85, 88, 152, *153 f.*, 192, 198, 208, 248, 260, 261, 278, 281, 343, 346, 355, 357, 376, 385 f., *393–395*, 397, 398, 399, 482
Bauer, Ferdinand (Ferry) 17
Baum, Oskar *7*, 37, 41, *42 f.*, 44, 45, 46, 51, 140, 381, 395, 429
Beck, Matthias 3
Beck, Oscar 25
Beckett, Samuel 266
Bécu, Marie-Jeanne, Comtesse du Barry 7, 391
Belzer Rabbi ↗ Issachar Dov
Benjamin, Walter 25, 55, 59, 221, 252, 423, 447, 450, 462 f.
Benn, Gottfried 84, 509
Ben-Tovim, Puah 24, 400
Benyoëtz, Elazar 462
Bergmann, Else 24, 398
Bergmann, Hugo *4 f.*, 13, 18, 24, 43, 44, 51, 52, 398, 400
Bergson, Henri 60, 271, 432
Bethge, Hans 250, 259

Bialik, Chajim Nachman 30
Birnbaum, Nathan 13, 51, 384
Bismarck, Otto Eduard Leopold von 256
Blass, Ernst 43
Blei, Franz 9, 19, 111, 134 f., 136, 165, 400, 429
Blériot, Louis 10, 127 f.
Bleschke, Johanna ↗ Rahel Sanzara
Bloch, Grete *17–19*, 198, 394 f., 398, 399
Bloch, Marc 59
Blüher, Hans 52, 67
Blumenfeld, Kurt 13
Böckenförde, Ernst-Wolfgang 513
Böhm, Adolf 51, 52
Borges, Jorge Luis 463
Borovský, Karel Havlíček 255, 259
Brandeis, Jakob 39
Brecht, Bertolt (d.i. Eugen Berthold Friedrich Brecht) 114
Brenner, Josef Chaim (Chajim) 24, 30
Brentano, Franz Clemens 44, 59, *63*, 64, 98
Brod, Elsa ↗ Elsa Taussig
Brod, Max XVIII f., *6–8*, 10, *11–13*, *14 f.*, 16, 17, *18*, 19, 23, 24, *25*, 29, 32, 34, 37, 38, 40, 41, *42 f.*, 44, 45, 46, 47, 51, 54 f., 65, 66, 83, 91, 92, 100, 102, 112, 127, *130–134*, *137 f.*, 140, 154, 176, 183, 192, 207, 240, 273, 282, 283, *286 f.*, 294, *302 f.*, 308 f., 315, 318, 319, 378, 379, 381, 392, 395, 396, 398, 399, 422, 423, 425, 428, 429, 517, *518 f.*, 523
Brod, Otto 10 f., 127
Browning, Robert 391
Bruckner, Ferdinand (d.i. Theodor Tagger) 517
Buber, Martin *13*, *18*, 19, 20, *44*, *46 f.*, *51*, 52, 54, 213, 218, *231*, 233, 310, 395 f., 398, 400, 499, 517
Buzzati, Dino 266
Byron, George Gordon Lord 391

Calderara, Mario 10, 127
Camus, Albert 59
Canetti, Elias 408, 419
Celan, Paul (d.i. Paul Antschel) 376
Cervantes Saavedra, Miguel de 32, 33, *354–356*
Chaplin, Charles (Charlie) 503
Char, René 461
Claudel, Paul 31
Comenius, Johannes Amos 35
Čuchalová, Anna 2
Curtiss, Glenn Hammond 10, 127 f.

Dallago, Carl 10
D'Annunzio, Gabriele 10, 31, 128
Dante ↗ Dante Alighieri
Darwin, Charles 3, 5
David, Josef 22, 30, 399
Davidová, Ottilie ↗ Ottilie Kafka

Davidová, Věra 23
Dehmel, Richard 391
Deleuze, Gilles 59
Derrida, Jacques 59, 199, 422
Diamant (auch: Dymant, Dimont, Dymand, Diament, Dimant), Dora *24f.*, 52, 88, 327, 353 f., 396, 398, 501, 517
Dickens, Charles 29, 30, 31, 33, 35, 36, *164f.*, 177 f.
Dilthey, Wilhelm 60
Dittmar, Julius 250, 259
Döblin, Alfred 509
Dostojewski (Dostoevskij), Feodor (Fëdor) Michailowitsch 7, 30, *31*, 32, 33, 35, 164, 391, 439
Dov, Issachar (›Belzer Rabbi‹) *326f.*, 395
Dreyfus, Alfred 209
Dubnow, Simon 52
Du Barry, Comtesse ↗ Marie-Jeanne Bécu
Du Camp, Maxime 130
Duchamp, Marcel 495

Eckermann, Johann Peter 7
Edschmid, Kasimir 54
Eduardowa, Jewgenja (Eugenie) 10
Ehrenfels, Christian von 6, 44
Ehrenstein, Albert 16, 17, 43,
Ehrenstein, Carl 17
Ehrentreu, Chanoch Heinrich 13
Ehrlich, Josef Ruben 451
Eichendorff, Joseph Freiherr von 3, *372*
Einstein, Albert 12
Eisenmeier, Josef 44
Eisler, Norbert 43, 44
Eisner, Ernst 8
Eisner, Minze *21*, 23, 76, 396, 397, 399
Eliasberg, Alexander 52
Engländer, Richard ↗ Peter Altenberg
Epstein, Oskar 44
Ernst, Paul 15
Eulenberg, Herbert 12, 391
Eysoldt, Gertrud 11

Fanta (geb. Sohr), Berta 6, *43f.*, 63, 65
Feigl, Anna ↗ Anna Lichtenstern
Feigl, Karl 4
Feinmann, Sigmund 13
Feiwel, Berthold 51
Flaubert, Gustave 7, 11, 15, 29, 30, 31, 32, 33, *34f.*, 36, *37*, 66, 103, 130, 133, 135, 136, 268, 391, 434, 439, 441
Fleischmann, Siegmund 8
Fletcher, Horace 10
Fontane, Theodor 391
Foucault, Michel 184, 213, 389, 408, 421, 504
Frankenberg, Hermann von 258, 259

Franklin, Benjamin 36
Franz Joseph I. (Franz Joseph Karl von Habsburg, Kaiser von Österreich und König von Ungarn) 244, 254
Freud, Sigmund 29, 42, 45, *65f.*, 69 f., 71, 98, 154, 203, 228, 314, 355, 420 f., 469, 471, 472, 474, 484
Freund, Ida 6
Freund, Otto 398
Friedrich von Österreich-Teschen, Erzherzog 244
Frischmann, David 30
Fromer, Jakob 13, 52
Fuchs, Rudolf 10, 22, 43, 44, 45, 46
Fuhrmann, August 74

George, Stefan 31, 114, 371
Gibian, Camill 4
Goethe, Johann Wolfgang von 3, 7, 10, 12, *14f.*, 30, 31, 32, *33f.*, 36, *37*, 39, 40, 42, 133, 135, 138, 371, 379, 391, 434, 439
Gogh, Vincent van 391
Gogol (Gogol'), Nikolai (Nikolaj) W. (V.) 33, 165, 391
Goldfaden, Abraham 13, 30
Gordin, Jakob 13, 30
Gordon, Aaron David 391
Gorion (d.i. Berdyczewski), Micha Josef Bin 35, 52, 308, 334
Gorki (Gor'kij), Maxim (Maksim) 31
Gottwald, Adolf 3, 103
Grab, Hermann 43
Grabbe, Christian Dietrich 7, 391
Graetz, Heinrich 13, 52, 140
Grillparzer, Franz 4, 7, 11, 30, 31, 32, 33
Gross, Hans 6, 20, 67, 208 f.
Gross, Otto 20, 45, *67–70*
Gschwind, Emil 3

Haas, Willy 10, 24, 43, 46, 47, 130, 398, 399, 429
Hadwiger, Viktor 40, 41
Haeckel, Ernst 3
Hagenbeck, Friedrich 235
Hajek, Markus 25
Hamsun, Knut (d.i. Knut Pedersen) 31, 33, 308
Hardt, Ludwig 23, 24
Hartung von Hartungen, Christoph 17
Hasenclever, Walter 15, 44
Hauptmann, Gerhart 12, 14, 32
Hauschner, Auguste 43
Hebbel, Christian Friedrich 7, 30, 391, 461
Hebel, Johann Peter 3, 31, 447
Hecht, Hugo 4
Hegner, Jakob 398
Heidegger, Martin 242, 509
Heilborn, Lydia 17
Heilmann, Hans 250, 259, 371

Heindl, Robert 209
Heller, Leo 40
Hellpach, Willy 65
Herben, Jan 11
Hermann, Felix 22, 397
Hermann, Gabriele ↗ Gabriele Kafka
Hermann, Karl 11, 14, 18, 20, 25, 169, 281
Hermann, Otto 23
Hermann, Paul 14, 18
Herzen, Alexander (Aleksandr) Iwanowitsch (Ivanovič) 11
Herzl, Theodor 52, 258, 259
Hess, Moses 52
Hille, Peter 449
Hiller, Kurt 15, 43
Hitzer [Landvermesser] 308
Hobbes, Thomas 254 f.
Hoffe, Ilse Ester 399, 517
Hoffmann, Hugo 25
Hoffmann, Camill 40, 41
Hoffmann, E.T.A. (Ernst Theodor Amadeus) 33, 96 f., 235, 270, 331
Hofmannsthal, Hugo von 7, 14, 43, 60, 84, 98, 114, 276, 371, 374, 391, 440, 509
Hölderlin, Friedrich 371
Holitscher, Arthur 36, *177*, 180, 188
Hölty, Ludwig Christoph Heinrich 371
Homer 30, 32, *356 f.*

Illový, Rudolf 4

Jaffé, A. 451
James, Henry 441
Janouch, Gustav 22, 23, 25, 39, 47, *397 f.*
Janowitz, Franz 43, 44, 45, 46
Janowitz, Hans 43, 44, 46
Jaques-Dalcroze, Émile 12, 18
Jensen, Johannes Vilhelm (Wilhelm) 66, 165, *177*
Jesenská (verh. Pollak), Milena *21–23*, 76, 88, 182, 282, 283, 314, *346 f.*, 348, 359, 380, 381, 383, *396 f.*, 398, 399, 400
Jesenský, Jan 21
Johnson, Uwe 442
Joyce, James 442
Just, Adolf 15

Kafka, Elli ↗ Gabriele Kafka
Kafka (verh. Hermann), Gabriele (Elli) 2, 11, 16, 18, 19, 22, 24, 207, 386, 397, 398 f.
Kafka, Georg 2
Kafka, Heinrich 2
Kafka, Hermann *1–3*, 4, 23, 25, 50, 154, 156, 160, 219, *293–301*, *385–387*, 396
Kafka, Jakob 50

Kafka (geb. Löwy), Julie *1 f.*, 14, 23, 25, 50, 293, *385–387*, 396, 398
Kafka (verh. Davidová), Ottilie (Ottla) 2, 16, 20, 22, 23, 24, 25, 85, 169, 218, 281, 330, 386, 398 f.
Kafka, Robert 14, 384
Kafka, Valerie (Valli) 2, 16, 18, 375, 386, 398
Kaiser, Georg 23
Kapper, Siegfried 39
Kastil, Alfred 44
Kaufmann, Fritz Mordechai 52
Kayser, Rudolf 24, 398
Kaznelson, Lise ↗ Lise Weltsch
Kaznelson, Siegmund 24, 44
Kellner, Viktor 44
Kerner, Justinus 372
Kerr, Alfred 66
Khol, František 17, 399 f.
Kierkegaard, Søren Aabye *21*, 22, 31, 32, 33, *37*, 59, 60, *62 f.*, *64*, 242, *284*, 286, 308, 391, 396, 461
Kirchner, Margarethe (Grete) 15, 394, 398
Kisch, Egon Erwin 45, 47
Kisch, Paul 4, 6, 391 f., 399
Klaar, Alfred 39 f.
Kleist, Heinrich von 3, 12, 30, 31, 32, 33, 35, 54, 120, 136, 308, 391, 439 f., 444
Klofáč, Václav 11
Klopstock, Robert 22, *24 f.*, 396, 397, 399
Kodym [Arzt an der AUVA] 22
Kohn, Hans 16, 44, 46
Kohn, Salomon 39
Kölwel, Gottfried 20, 371, 396, 399
Kompert, Leopold 39
König, Lucie 75
Kornfeld, Paul 10, 41, 43, 46, 51
Kracauer, Siegfried 309
Krall, Karl 269
Kramář, Karel 11
Kraus, Hugo 24
Kraus, Karl 12, 22, 258, 284, 396, 461
Kraus, Oskar 44
Krojanker, Gustav 52
Kropotkin, Pjotr (Pëtr) Alexejewitsch, Fürst 11
Kubin, Alfred 10, 40, 41, 273, 308
Kügelgen, Wilhelm von 7
Kuh, Anton 20, 45, 46, 47, 54, 68
Kuh, David 39
Kuh, Marianne (Mizzi) 20
Kürnberger, Ferdinand 36

Laforgue, Jules 134
Lahmann, Johann Heinrich 7
Lang, Fritz 503
Langer, Georg (Jiří) Mordechai *19*, 23, 52, 499

La Rochefoucauld, François VI, Duc de 461
Lasker-Schüler, Else 17
Lateiner, Joseph 13, 35
Laurin, Arne 22
Leonhard, Rudolf 398
Leppin, Paul 6, 40, 41, 42, 45, 46
Leskov, Nikolaj S. 447
Lessing, Gotthold Ephraim 456
Lichtenberg, Georg Christoph 461
Lichtenstern (geb. Feigl), Anna 18
Lichtheim, Richard 18, 52
Liliencron, Detlev von (d.i. Friedrich Adolf Axel Frei-
herr von Liliencron) 6
Loos, Adolf 12
Löwy, Alfred 8, 14, 398
Löwy, Jizchak 13, 17, 20, 24, 51, 53, 138, 140, 345, 383 f.,
385, 399, 423, 501
Löwy, Julie [Mutter Kafkas] ↗ Julie Kafka
Löwy, Richard 7
Löwy, Siegfried 5, 8, 24, 25
Lublinski, Samuel 52
Luciani, Luigi 323

Mach, Ernst 98, 103, 112
Maeterlinck, Maurice 241, 269
Maimon, Salomon (d.i. Schlomo ben Joshua) 35
Mann, Heinrich 8
Mann, Thomas 7, 132, 266, 374, 442, 486, 509
Marc Aurel 7, 461
Mareš, Michal 11, 400
Marschner, Robert 8, 17, 20, 402 f., 505
Marty, Anton 6, 44
Masaryk, Tomáš Garrigue 11
Mauthner, Fritz 38, 39, 41, 60, 440
Meyer, Georg Heinrich 393
Meyrink, Gustav (d.i. Gustav Meier) 6, 8, 41, 42,
46
Mikolaschek, Karl 10
Mirbeau, Octave 31, 208
Moissi, Alexander 14
Molière (d.i. Jean-Baptiste Poquelin) 11
Moncher, Guido 127
Mörike, Eduard 3
Mühlstein, Gustav 20
Müller, Jens Peder 10
Müller-Freienfels, Richard 435
Musil, Robert (d.i. Robert Edler von Musil) 18, 31, 45,
84, 112, 165, 176, 193, 396, 398, 400, 447, 449, 509

Napoleon I. (d.i. Napoléon Bonaparte) 24, 255
Nedvědová, Františka 2
Němcová, Božena 33, 35, 308
Nettl, Paul 41
Neumann, Angelo 10

Nietzsche, Friedrich 5, 6, 42, 45, 59, 60–62, 64, 65, 84,
95, 97, 98, 99, 112, 114, 119, 187, 189, 209, 213, 258,
284, 308, 309, 358, 364, 421, 432, 433, 434, 440, 461,
490, 498 f.
Nikolaus II. (d.i. Nikolaj Alexandrowitsch Romanow)
77

Olsen, Regine 61
Osten, Wilhelm von 269

Pascal, Blaise 59, 61, 284
Pascheles, Wolf 39, 52
Perez, Isaak (Jizchak, auch: Jizchok) Loeb (Leib) 52
Perutz, Leo 45
Pestalozzi, Johann Heinrich 391
Pfohl, Eugen 8, 17, 19, 399
Pick, Otto 10, 16, 17, 22, 23, 43, 44, 45, 47, 112, 207,
398
Pilz, Johann 41
Pinès, Meyer (Meir) Isser 13, 52, 140, 141
Pinner, Moses Ephraim 52
Pinthus, Kurt 15, 44
Poe, Edgar Allan 36
Poincaré, Raymond 77
Polgar, Alfred 114
Pollak, Ernst 21, 22, 43, 311, 397, 480
Pollak, Josef 16, 266
Pollak, Oskar 4, 5, 6, 11, 19, 43, 51, 81, 82, 391 f.
Pouzarová, Anna 2
Přibram, Ewald Felix 4, 8, 398
Přibram, Otto 8
Prince, Morton 96
Projsa, Karel 30
Proust, Marcel 442
Puccini, Giacomo 10, 128
Pulver, Max 20, 208

Rabbi von Grodeck (Wunderrabbi) 19, 52, 379, 501
Raschi (Rabbi Schlomo ben Jizchak, auch: Jichzak) 24,
362 f., 501
Rath, Moses 20
Rehberger, Alice 131
Reik, Theodor 66
Reiß, Fanny 19
Renelt, Josef 406
Ribot, Théodule 96
Richter, Moses 13, 36
Rilke, Rainer Maria 38, 41, 42, 45, 84, 114, 142, 208,
271, 373, 447, 486, 492, 509
Rimbaud, Jean Nicolas Arthur 31, 114
Robitschek (geb. Kohn), Selma 5
Rorty, Richard 59
Rosegger, Peter 439
Rosenfeld, Morris 30, 36, 51

Rosenzweig, Franz 310
Rössler, Tile 396, 397
Rougier, Henri 10, 127 f.
Rousseau, Jean-Jacques 61
Rowohlt, Ernst *15*, 112, 136, 517
Russell, Bertrand 351

Sacher-Masoch, Leopold (Ritter) von 170
Sade, Donatien-Alphonse-François, Marquis de 213
Salus, Hugo 6, *40*, 41
Salveter, Emmy 24
Sanzara, Rahel (d.i. Johanna Bleschke) 18, 398
Sartre, Jean-Paul 59
Sauer, August 6
Schaikewitsch, Nahum Meir ↗ Schomer
Scharkansky, Abraham M. 13
Scheerbart, Paul 449
Scheler, Max 345
Schickele, René 165, 399, 517
Schiller, Friedrich [Breslau] 15, 308, 379
Schiller, Friedrich von 3, 39, 42
Schlaf, Johannes 15
Schlippenbach, Albert Graf von *372*
Schnitzer, Moriz 11
Schnitzler, Arthur 10, 11, 14, 25, 66, 439, 440, 451
Schocken, Salman 517
Scholem, Gershom 423
Schomer (d.i. Nahum Meir Schaikewitsch) 30
Schönherr, Karl 11
Schopenhauer, Arthur 6, 7, *20*, 35, 59, *63*, *64*, 65, 84, 95, *209*, 284, 308, 321, 433, 434, 461, *486 f.*, 490, 492
Schreiber, Adolf 68
Schürer, Oskar 40
Schweinburg, Ludwig 7, 103
Seidl, Walter 43
Shakespeare, William 11, 13, 32, 244 f.
Simmel, Georg 60, 444, 445
Sinclair, Upton 31
Soukup, František 11, 13, *177*
Spinoza, Baruch 5
Steiner, Rudolf 12, 44, 378
Steiner-Prag, Hugo 40
Steinitz, Erna 19
Stekel, Wilhelm 65 f.
Sterk, Elvira 2
Stern, Agathe 8
Stern, Günther ↗ Günther Anders
Sternheim, Carl 19, 31, 111, 134
Sternheim, Felix 135 f.
Steuer, Otto 156
Stifter, Adalbert 4, 31
Stoessl, Otto 400
Stoker, Bram (Abraham) 35
Strauss, Ludwig 47

Strindberg, August 30, 31, 32, 33, 439
Succi, Giovanni 323
Swift, Jonathan 22, 33

Tagger, Theodor ↗ Ferdinand Bruckner
Talleyrand-Périgord, Charles-Maurice de 255
Tauber, Joseph Samuel 39
Taussig (verh. Brod), Elsa 16, 140
Teschner, Richard 40, 41
Teweles, Heinrich 40
Theilhaber, Felix Aron 13, 51, 326
Thieberger, Friedrich 23, 44, 52
Thieberger, Nelly 398
Tolstoi (Tolstoj), Leo (Lev) N. Graf 21, *31*, 33, 215
Trakl, Georg 114, 413 f.
Tramer, Hans 47, 48
Trietsch, Davis 13, 51
Tschisik (auch: Tschissik), Amalie *13*, 384
Tucholsky, Kurt 16, 112, 211

Ungar, Hermann 43, 45
Ungrová, Anežka 2
Urzidil, Johannes 41, 43, 45, 47, 48
Utitz, Emil 4, 6

Vauvenargues (d.i. Luc de Clapiers, Marquis de Vauvenargues) 461
Verhaeren, Émile 31
Verlaine, Paul 31
Viertel, Berthold 43
Voltaire (d.i. François-Marie Arouet) 434
Vrchlický, Jaroslav 14, 40

Walden, Herwarth (d.i. Georg Lewin) 46, 134
Walpole, Horace 35
Walser, Robert 54, 112, 114, 116, 131, 178, 449
Walzel, Oskar 176
Wasner, Gertrud 17
Wassermann, Jakob 29, 52
Weber, Alfred 7, 444
Weber, Max 444, 509
Weber, Oskar 391
Wedekind, Frank 8
Weiler, Hedwig 8, 392 f., 398, 399
Weininger, Otto *64*, 326, 477, *478*, 479
Weisel, Georg Leopold 39
Weiskopf, Franz Carl 43
Weiß, Ernst *17*, 18, 23, 24, 35, 43, 45, 398
Weltsch, Felix 6, *7*, 37, 42 f., 44, 45, 46, 47, 48, 51, 65, 130, 395, 398, 400, 429
Weltsch (verh. Kaznelson), Lise 17, 24
Werfel, Franz 10, 17, 20, 22, 23, 24, 29, 32, 38, 41, 43, *44 f.*, 46, 47, 51, 68, 69, 154, 165, 176, 207, *362*, 398, 429

Wernerová, Marie 2
Whitman, Walt 371
Wiegler, Paul 10, 16, 399
Wiener, Oskar 6, 40, 41 f., 47
Wilde, Oscar (d.i. Oscar Fingal O'Flaherty Wills Wilde)
　114
Wilhelm I. (Wilhelm Friedrich Ludwig von Hohen-
　zollern) 256
Willomitzer, Josef 40
Winder, Ludwig 42, 43, 45
Winicky, Ottokar 40, 41
Wohryzek, Julie *21 f.*, 88, 89, *282*, 293, 345, *346*, 348,
　396, 398

Wohryzek, Käthe 396, 400
Wolfenstein, Alfred 23
Wolff, Kurt *15*, 17, 43, 45, 154, *165*, 176, *207 f.*, *218 f.*,
　223, *318*, *393*, 398, *399*, 429, *517*
Woolf, Virgina 440

Zech, Paul 17
Zemach, Julius 334
Zemanová, Marie 2
Zweig, Arnold 47, 52, 67 f.
Zweig, Max 43

Werke Kafkas

Das Werkregister soll nicht nur das vorliegende Handbuch erschließen, sondern auch zwei zusätzliche Aufgaben erfüllen: (1) Es soll dem Leser ermöglichen, Texte mit (zumeist Brodschen) Herausgebertiteln (in Spitzklammern gesetzt) in der *Kritischen Ausgabe* (KA) zu finden. Daher sind titellose Texte auch mit ihrem Anfang aufgeführt und mit einem Querverweis auf den jeweiligen Herausgebertitel versehen. (2) Da die KA für den Benutzer sehr unübersichtlich ist (ein Gesamtregister fehlt noch), wird nach den Titeln jeweils die Fundstelle in der KA angegeben (Nachweis mit den in diesem Handbuch generell verwendeten Bandsiglen und Seitenzahlen). Das dürfte besonders dort hilfreich sein, wo ein Text in der KA mehrfach abgedruckt ist.

Texte aus Sammlungen und Werkgruppen sind unter diesen aufgeführt (aber natürlich auch unter ihren Titeln eingetragen). Besonders wichtige Verweise wurden kursiviert.

»Aber Vergessen ist hier kein richtiges Wort …« (T 118 f.) *149*

»›Ach‹, sagte die Maus …« ↗ <Kleine Fabel>

Ach sie trugen, Larven der Hölle ↗ Gedichte

Ach was wird uns hier bereitet ↗ Gedichte

Also öffne Dich Thor ↗ Gedichte

<Amerika> ↗ Der Verschollene

Amtliche Schriften 8 f., 10, 19, 392, *402–409*

  Beitrags- und Einreihungsrekurs (AS Nr. 19, 540–574) 406

  Deutscher Verein zur Errichtung und Erhaltung einer Krieger- und Volksnervenheilanstalt (AS Nr. 16b, 498–505) 407

  Die Arbeiterunfallversicherung und die Unternehmer (AS Nr. 8b, 254–268) 402, *406 f.*, 408

  Die Arbeiter-Versicherung (AS Nr. 8a, 244–254) 256, *406 f.*

  Die Organisation der Unfallverhütung (AS Nr. 11b, 293–300) 256 f.

  Die Pauschalierung der Versicherungsbeiträge (AS Nr. 3a, 169–176) 404

  Die Unfallverhütung im Rahmen der Unfallversicherung (AS Nr. 11a, 276–293) 256 f.

  Die Unfallverhütung in den Steinbruchbetrieben (AS Nr. 13d, 378–437) 405

  Ein großer Plan der Kriegsfürsorge (AS Nr. 16a, 494–498) 407

  Einbeziehung der privaten Automobilbetriebe (AS Nr. 3b, 177–192) 404

  Kriegsheimkehrerfürsorge (AS Nr. 17, 506–514) 407

  Lohnlistenrekurs Josef Renelt (AS Nr. 20, 575–612) 406

  Maßnahmen zur Unfallverhütung (AS Nr. 6b, 212–241) 402, 405, 408

  Petition der Fachgenossenschaft (AS Nr. 23, 683–720) 406

  Rede zur Amtseinsetzung des Direktors (AS Nr. 2, 167–168) 402, 403

  Umfang der Versicherungspflicht der Baugewerbe (AS Nr. 1, 107–166) 402, *403 f.*

  Unfallverhütungsmaßregel bei Holzhobelmaschinen (AS Nr. 4b, 194–206) 405, 408

Zur Begutachtungspraxis der Gewerbeinspektorate (AS Nr. 22, 653–682) 406, 408

»Anfangs war beim babylonischen Turmbau …« ↗ <Das Stadtwappen>

Aphorismen *281–292*, 451 f., *460–462*, 466

  <Er> (T 847–862; NSF II, 221 f.) 21, 89, *282 f.*, 284, 286, 346, 351, 460, 462

  Zürauer Aphorismen (<Betrachtungen über Sünde, Leid, Hoffnung und den wahren Weg>; NSF II, 29–112 [Oktavheft G u. H] u. 113–140 [Zettelkonvolut]) 21, 31, 59, 88, 89, *281–292*, 344, *345 f.*, 423, *460–462*, 500, 507

Auf dem Dachboden (NSF I, 272 f.) 275

Auf der Galerie ↗ Ein Landarzt. Kleine Erzählungen

Aufgehoben die Reste ↗ Gedichte

Aus dem Grunde/ der Ermattung ↗ Gedichte

Aus Matlárháza (DzL 443) 22, 351

Beim Bau der chinesischen Mauer (NSF I, 337–357) 86, 219, *250–259*, 319, 341, 416, 422, 442, 502, *505–507*

Beitrags- und Einreihungsrekurs ↗ Amtliche Schriften

»Benehmen verdächtig war …« ↗ <Menschenfresser>-Fragment

Beschreibung eines Kampfes (NSF I, 54–169; Fassung A: NSF I, 54–120; Fassung B: 121–169) 7, 60, 81, 82, 83, *84*, 85, *91–102*, 112, 113, 114, 115, 116, 117, 118, 119, 121, 123, 375, 378, 412, 468, 502, 519, 522 f.

  Gespräch mit dem Beter (DzL 387–394; NSF I, 84–95) 10, 91

  Gespräch mit dem Betrunkenen (DzL 395–400; NSF I, 101–197) 10, 91

  Und die Menschen gehn in Kleidern (B00–12 57; NSF I, 54) ↗ Gedichte

Betrachtung (DzL 7–40) 8, 15, 16, 73, 81, 82, 83, *85*, 91, *111–126*, 152, 224, 319, *452–456*, 502

  Das Gassenfenster (DzL 32) 111, 118

  Das Unglück des Junggesellen (DzL 20 f.; T 249 f.) 35, 83, 111, 116, 118, 148, 150, 157, 453

  Der Ausflug ins Gebirge (DzL 20; NSF I, 141 f.) 91, 100, 111, 112, 113, 114, 115, 116, 117, 122, 452, *454*

  Der Fahrgast (DzL 27 f.) 9, 73, 85, 111, 116, 117, *455 f.*

  Der Kaufmann (DzL 21–24) 9, 111, 116, 118, 453, *454*

  Der Nachhauseweg (DzL 25 f.) 111, 116 f., 117, 118, 124, 453

  Der plötzliche Spaziergang (DzL, 17 f.; T 347 f.) 83, 111, 114, 116, 117, 118, *119–121*, 122 f., *126*, 156, 453

  Die Abweisung (DzL 29 f.) 9, 111, 114, 453

  Die Bäume (DzL 33; NSF I, 110 u. 166) 9, 91, 111, 112, 114, *118 f.*, 122, *126*, 452, 453, *454–456*, 460

  Die Vorüberlaufenden (DzL 26 f.) 9, 111, 116, *122–124*, 453

  Entlarvung eines Bauernfängers (DzL 14–17) 111, 114, 118, 452, *454*, 502

  Entschlüsse (DzL 19; T 371 f.) 83, 85, 111, 113, 116, 117, 118, *121 f.*, 123, 453

  Kinder auf der Landstraße (DzL 9–14; NSF I, 145–150) 85, 91, 100, 109, 111, 112, 114, 118, *124 f.*, *126*, 452, *453 f.*, 502

Kleider (DzL 28 f.; NSF I, 114 f.) 9, 73, 91, 111, 112, 113, 116, 452, 453

Unglücklichsein (DzL 33–40; T 107–112) 11, 85, 111, 113, 114, 115, 116, 117, 118, 124, *126*, 378, 452, *454*

Wunsch, Indianer zu werden (DzL 32 f.) 85, 111, 116, 117, 119, 215, *454 f.*

Zerstreutes Hinausschaun (DzL 24 f.) 9, 85, 111, 113, 114, 453

Zum Nachdenken für Herrenreiter (DzL 30 f.) 111, 113, 117, 453

<Betrachtungen über Sünde, Leid, Hoffnung und den wahren Weg> ↗ Aphorismen: Zürauer Aphorismen

»Beweis dessen, daß auch unzulängliche, ja kindische Mittel …« ↗ <Das Schweigen der Sirenen>

Bilder von der Verteidigung eines Hofes (NSF II, 495–504) 352, 353

»›Bin ich nicht Steuermann?‹ …« ↗ <Der Steuermann>

»Blumfeld ein älterer Junggeselle …« ↗ <Blumfeld, ein älterer Junggeselle>

<Blumfeld, ein älterer Junggeselle> (»Blumfeld ein älterer Junggeselle …«; NSF I, 229–266) 19, 29, 35, *77*, 86, 148, 150, *270–272*, *280*, 412, 413

<Brief an den Vater> (»Liebster Vater, Du hast mich letzthin …«; NSF II, 143–217) 21, 22, 53, 68, 70, 88, 89, 144, 153, 154, 160, 161, 162, 243, 283, *293–301*, 345, 346, 385, 396, 397, 399, 400, 420, 423, 469, 518

Briefe 82, 373 f., 377, *390–401*, 402, 517, 518, 523, 526, 534

Briefe an Felice 15–18, 34, 75 f., 355, 359, *393–395*, 397, 399, 400 f., 486 f., 518

Briefe an Milena XVIII, 21 f., 346 f., 388, *396 f.*, 399, 400, 518

Das Ehepaar (NSF II, 534–541) 23, 88, 344, 352, 353, 354, *360 f.*, 369

Das Gassenfenster ↗ Betrachtung

»Das ist ein Anblick …« ↗ Rezensionen: <Über Kleists Anekdoten>

Das Kind und die Stadt [geplante Prosasammlung] 82

Das nächste Dorf ↗ Ein Landarzt. Kleine Erzählungen

Das Schloss (S; vgl. auch NSF II, 421) 23, 35, 68, *77 f.*, 88, 89, 181, 183, 195, 197, 243, 266, 271, 273, 277, 278, *301–317*, 318, 321, 344, 352 f., 360, 380, 412, 413, *416 f.*, 421, 429, 438, 442, *443–446*, *475–477*, *479–482*, 499, 502, 505

<Das Schweigen der Sirenen> (»Beweis dessen, daß auch unzulängliche, ja kindische Mittel …«; NSF II, 40–42) 21, 32, 88, 281, 289 f., 324, 344, 346, 354, *356 f.*, *367*, 456, 482

<Das Stadtwappen> (»Anfangs war beim babylonischen Turmbau …«; NSF II, 318 f. u. 323) 22, 38, 88, 341, 344, 351, 358, *368*, *507 f.*

Das Synagogentier (»In unserer Synagoge …«; NSF II, 405–411, vgl. auch 414) 352, 353, *369*

Das Unglück des Junggesellen ↗ Betrachtung

»Das Unglück des Junggesellen ist für die Umwelt …« (T 279 f.) 150

Das Urteil (DzL 41–61; T 442–460) 16, 17, 29, 43, 45, 66, 70, 71, 81, 82, 83, 86, *87*, 110, 121, 147, 150, *152–163*, 165, 175, 176, 180, 188, 195, 207, 210, 211, 215, 216, 220, 225, 262, 273, 279, 295, 304, 312, 360 f., 379, 391, 393, 394, 412, 414, 415, 419, 420, 421, *425 f.*, 428, *431*, 469, *470 f.*, 473, 521

»Den Kopf hat er zur Seite geneigt …« (NSF II, 347) 349

<Der Aufbruch> (»Ich befahl mein Pferd …«; NSF II, 374 f.) 344, 351, *369*, 456

Der Ausflug ins Gebirge ↗ Betrachtung

<Der Bau> (»Ich habe den Bau eingerichtet …«; NSF II, 576–632) 24, 61, 88, 266, 330, 333, *337–343*, 344, 353, 433, 438, *509–511*

Der Dorfschullehrer (<Der Riesenmaulwurf>; NSF I, 194–216) 86, 192, 261, *266–268*, 269, *280*, 416, 519

Der Fahrgast ↗ Betrachtung

Der Gaukler [nicht erhalten] 4

<Der Geier> (»Es war ein Geier …«; NSF II, 329 f.) 88, 344, *349 f.*, *368 f.*, 456

<Der Gruftwächter> 86, *240–246*, 262, 511

»engste Bühne frei nach oben« (NSF I, 268–270) 241

Erzählung des Großvaters (NSF I, 270–272) 241, 242

»Kammerherr Natürlich wird alles …« (NSF I, 276–289) 241

»Kleines Arbeitszimmer, hohes Fenster …« (NSF I, 290–303) 241

Zerrissener Traum (NSF I, 267 f.) 241

Der Heizer ↗ Der Verschollene

<Der Jäger Gracchus> 17, 86, 241, 243 f., 262, 266, *273–276*, *280*, 360, 380, 382, 419, *511 f.*, 519

»Ich bin der Jäger Gracchus …« (NSF I, 311) 274

»Im kleinen Hafen, wo außer Fischerbooten …« (T 810 f.; vgl. auch 587 f.) 274

»Niemand wird lesen …« (NSF I, 311–313) 274

»Und nun gedenken Sie …« (NSF I, 310 f.) 274

»Wie ist es, Jäger Gracchus …« (NSF I, 378–384) *274 f.*, *511 f.*

»Wir legten an …« (NSF II, 524) 275, 360

»Zwei Knaben saßen auf der Quaimauer …« (NSF I, 305–310) 274

Der Kaufmann ↗ Betrachtung

Der kleine Ruinenbewohner (T 17–28) 12, 83, *145–148*, 378, 382

»Ich überlege es oft …« (T 27 f.) 147

»Oft überlege ich es und immer …« (T 18–20) *145 f.*

»Oft überlege ich es und lasse …« (T 20–23) 146

»Oft überlege ich es und lasse …« (T 23–27) *146 f.*

»Wenn ich es bedenke …« (T 17) 145

»Wenn ich es bedenke …« (T 18) *145 f.*

<Der Kreisel> (»Ein Philosoph trieb sich ...«; NSF II, 361 f.) 59, 88, 344, 351, *359, 369*

Der Kübelreiter (DzL 444–447; NSF I, 313–316) 86, 219, 222, *246–249*, 456

Der Mord [Titel einer Einzelpublikation] ↗ Ein Brudermord

Der Morgen [nicht erhalten] 82

<Der Nachbar> (»Mein Geschäft ruht ...«; NSF I, 370–372) 86

Der Nachhauseweg ↗ Betrachtung

Der neue Advokat ↗ Ein Landarzt. Kleine Erzählungen

Der plötzliche Spaziergang ↗ Betrachtung

Der Process (P; vgl. auch DzL 267–269) 18, 31, 35, 61, *67f.*, 74, 77, 81, 86, 87, 89, 161, 168, 170, 176, 181, 183, 188, *192–207*, 211, 218, 219, 226, 227, 269, 272, 305, 308, 310, 312, 345, 379, 394, 412, 413, 414, 415, *416f.*, 418, 419, 421, 423, 429, 438, 442, 443f., *458f.*, 472, *474f.*, 476, 477, *478f.*, 481, *484–486*, 499, 502, 504, 505, 509

Der Quälgeist (NSF I, 367 f.) 86, 265, *277*

<Der Riesenmaulwurf> ↗ Der Dorfschullehrer

<Der Ritt der Träume> (»Es ist eine schöne und wirkungsvolle Vorführung ...«; NSF II, 383 f.) 352, 353

»Der schamhafte Lange ...« ↗ Geschichte vom schamhaften Langen und vom Unredlichen in seinem Herzen

<Der Schlag ans Hoftor> (»Es war im Sommer ...«; NSF I, 361–363) 86, *276f.*, 280

<Der Steuermann> (»›Bin ich nicht Steuermann?‹ ...«; NSF II, 324) 88, 344, *349f.*, 368, 456

»Der Tatbestand der rücksichtlich des plötzlichen Todes ...« ↗ <Monderry>

Der Unterstaatsanwalt (NSF I, 217–224) 86, 192, *268 f.*

Der Verschollene (<Amerika>; V; T 464–488, 168–191; vgl. auch T 436f. u. 793) 12, 15, 16, 18, 23, 34, 35f., *74, 76*, 83, 86, *87f.*, 129, 164, *175–191*, 192, 193, 195, 207, 262, 379, 421, 422, 440, 442, *443–445, 477f.*, 481, 482, 490, 499, *502–504*

    Der Heizer (DzL 63–111; T 464–488, 168–189; V 7–53) 17, 21, 29, 36, 45, 53, 87, 154, 165, *176*, 177f., 215f., 378f., 382, 428

Deutscher Verein zur Errichtung und Erhaltung einer Krieger- und Volksnervenheilanstalt ↗ Amtliche Schriften

Die Abweisung ↗ Betrachtung

<Die Abweisung> (»Unser Städtchen liegt ...«; NSF II, 261–269; 278 f.) 88, 344, 351, 358, *368*, 505–507

Die Aeroplane in Brescia (DzL 401–412) 10, *127–129*

Die Arbeiterunfallversicherung und die Unternehmer ↗ Amtliche Schriften

Die Arbeiter-Versicherung ↗ Amtliche Schriften

Die Bäume ↗ Betrachtung

Die besitzlose Arbeiterschaft (NSF II, 105–107) 88, 281, 291, 346

<Die Brücke> (»Ich war steif und kalt ...«; NSF I, 304 f.) 86, 265, 266, *272f.*, 274, *280*, 456, *473f.*, 477

Die erste lange Eisenbahnfahrt ↗ Richard und Samuel

Die Organisation der Unfallverhütung ↗ Amtliche Schriften

Die Pauschalierung der Versicherungsbeiträge ↗ Amtliche Schriften

<Die Prüfung> (»Ich bin ein Diener ...«; NSF II, 327–329) 22, 88, 344, *368*, 456

»Die Sage versucht ...« ↗ <Prometheus>

Die Söhne [nicht realisierte Sammelpublikation von *Das Urteil, Der Heizer* und *Die Verwandlung*] 45, *87*, 165, 168, 176, 224

Die Sorge des Hausvaters ↗ Ein Landarzt. Kleine Erzählungen

Die städtische Welt (T 151–158) 12, 83, *152f.*, 154

<Die Truppenaushebung> (»Die Truppenaushebungen ...«; NSF II, 273–277) 88, 344, 351, 358, *368*, *505–507*

»Die Truppenaushebungen ...« ↗ <Die Truppenaushebung>

Die Unfallverhütung im Rahmen der Unfallversicherung ↗ Amtliche Schriften

Die Unfallverhütung in den Steinbruchbetrieben ↗ Amtliche Schriften

Die Verwandlung (DzL 113–200) 16, 17, 19, 45, 61, *76f.*, 81, 86, 87, 105, 154, *164–174*, 175, 176, 180, 183, 186, 188, 195, 207, 210, 211, 215, 220, 295, 321, 360, 379, 400, 414, 421, 428, 438, 469, *471–473*, 481, 490

Die Vorüberlaufenden ↗ Betrachtung

<Die Wahrheit über Sancho Pansa> (»Sancho Pansa, der sich übrigens dessen nie gerühmt hat ...«; NSF II, 38) 32, 88, 281, 289, 344, 346, *354–356, 366f.*

<Don Quijotes Selbstmord> (»Eine der wichtigsten Don Quichotischen Taten ...«; NSF II, 38 f.) *355 f.*

»Ein alltäglicher Vorfall ...« ↗ <Eine alltägliche Verwirrung>

Ein altes Blatt ↗ Ein Landarzt. Kleine Erzählungen

Ein Bericht für eine Akademie ↗ Ein Landarzt. Kleine Erzählungen

Ein Besuch im Bergwerk ↗ Ein Landarzt. Kleine Erzählungen

Ein Brudermord ↗ Ein Landarzt. Kleine Erzählungen

Ein Damenbrevier ↗ Rezensionen

Ein großer Plan der Kriegsfürsorge ↗ Amtliche Schriften

Ein Hungerkünstler ↗ Ein Hungerkünstler. Vier Geschichten

Ein Hungerkünstler. Vier Geschichten (DzL 315–377) 89, *318–329*, 344, 429

  Ein Hungerkünstler (DzL 333–349; NSF II, 384–400, vgl. auch: 646–649) 23, 53, 61, 77 f., 88, 170, 308, 318, 319, 320 f., *322 f.*, 327, *328*, 330, 344, 352, 353, 428, 433, 445, 456, 457, 472, 486, *487–489*, 496

  Eine kleine Frau (DzL 321–333; NSF II, 634–646) 24, 88, 318, *320*, 322, *328*, 337, 342, 344, 353, 445

  Erstes Leid (DzL 317–321) 23, 88, 151, 303, 308, 318, 319, 320, 322, *327 f.*, 330, 335, 344, 352, 353, 445, 486, *487 f.*, 500

  Josefine, die Sängerin oder Das Volk der Mäuse (DzL 350–377; NSF II, 651–678) 24, 53, 61, 81, 89, 235, 318 f., 320, 322, *323–327*, *328 f.*, 330, 344, 353, 413, 415, 416, 424, 434, 445, 482, *493–496*, 497

»Ein junger ehrgeiziger Student …« ↗ <Elberfeld>-Fragment

Ein Kommentar (<Gibs auf!>; NSF II, 530) 23, 88, 344, 352, 353, 360, *361–363*, *369*, 456

Ein Landarzt. Kleine Erzählungen (DzL 249–313) 34, 35, 86, 87, *218–240*, 319, 400, 428

  Auf der Galerie (DzL 262 f.) 20, 114, 119 f., 218, 223, *226*, *238*, 321, 456, 475, 478

  Das nächste Dorf (DzL 280) 20, 218, 220, 222, 223, *238*, 456

  Der neue Advokat (DzL 251–252; NSF I, 326 f., vgl. auch 324–326) 61, 218, *225 f.*, *237*, 442, 456, 457, 502

  Die Sorge des Hausvaters (DzL 282–284) 54, 61, 120, 218, 223, *226 f.*, *238 f.*, 319, 342, 456, 511

  Ein altes Blatt (DzL 263–267; NSF I, 358–361) 20, 218, 219, 220, 225, 226, *238*, 250, *251 f.*, 456, 457

  Ein Bericht für eine Akademie (DzL 299–313; NSF I, 384 f., 385–388 u. 390–399, vgl. auch: 415 f.) 20, 54, 61 f., 218, 222, 223, 226, 227, 230, 231, *233–236*, *239 f.*, 319, 321, 332, 412, 416, 423, 442, 507

  Ein Besuch im Bergwerk (DzL 276–280) 218, 221, 222, *223*, *225*, *238*

  Ein Brudermord (DzL 292–295) 20, 218, 221, 223, *239*

  Ein Landarzt (DzL 252–261) 20, 35, 60, 61, 71, 88, 218, 220, 221, 223, *227–231*, *237 f.*, 247, 248, 249, 276, 361, 375, 412, 445, 456, *457*, 502, 509

  Ein Traum (DzL 295–298) 19, 204, 215, 218, 219, 221, 223, 227, *239*, 487, 509

  Eine kaiserliche Botschaft (DzL 280–282; NSF I, 351 f.) 54, 86, 218, 219, 226, *238*, 252, 253, 256, 325, 456

  Elf Söhne (DzL 284–292) 218, *223*, *225*, *239*, 319

  Schakale und Araber (DzL 270–275; NSF I, 317–322) 20, 35, 54, 61, 88, 216, 218, 223, 224 f., *231–233*, 236, *238*, 423, 424, 502

  Vor dem Gesetz (DzL 267–269; vgl. auch P 292–295) 19, 54, *203 f.*, *206 f.*, 218, 219, 223, 226, 235, 238, 297, 359, 429, 456, *458–460*, 463

»Ein Philosoph trieb sich …« ↗ <Der Kreisel>

Ein Roman der Jugend ↗ Rezensionen

Ein Traum ↗ Ein Landarzt. Kleine Erzählungen

Einbeziehung der privaten Automobilbetriebe ↗ Amtliche Schriften

<Eine alltägliche Verwirrung> (»Ein alltäglicher Vorfall …«; NSF II, 35 f.) 88, 281, 344, 346, 354, *366*

»Eine der wichtigsten Don Quichotischen Taten …« ↗ <Don Quijotes Selbstmord>

Eine entschlafene Zeitschrift ↗ Rezensionen

»Eine heikle Aufgabe, ein Auf-den-Fußspitzen-gehn …« (NSF II, 312) 348

Eine kaiserliche Botschaft ↗ Ein Landarzt. Kleine Erzählungen

Eine kleine Frau ↗ Ein Hungerkünstler. Vier Geschichten

Eine Kreuzung (NSF I, 372–374) 61, 86, *277 f.*, *280*

Einleitungsvortrag über Jargon (<Rede über die jiddische Sprache>; NSF I, 188–193) 13, 53, 83, 134, *140 f.*, *142*, 430

<Elberfeld>-Fragment (»Ein junger ehrgeiziger Student …«; NSF I, 225–228) 86, 192, 260, *270 f.*

Elf Söhne ↗ Ein Landarzt. Kleine Erzählungen

»engste Bühne frei nach oben« ↗ <Der Gruftwächter>

Entkleidet ihn, dann wird er heilen ↗ Gedichte

Entlarvung eines Bauernfängers ↗ Betrachtung

Entschlüsse ↗ Betrachtung

<Er> ↗ Aphorismen

Erinnerungen an die Kaldabahn (T 549–553; 684–694) 18, 86, 176, 192, *266*, *280*, 382

»Ernst Liman kam auf einer Geschäftsreise …« ↗ <Ernst-Liman-Fragment>

<Ernst-Liman-Fragment> (»Ernst Liman kam auf einer Geschäftsreise …«; T 493–499) 86, *265 f.*

Erstes Leid ↗ Ein Hungerkünstler. Vier Geschichten

Erzählung des Großvaters ↗ <Der Gruftwächter>

Es gibt ein Kommen und ein Gehn ↗ Gedichte

»Es ist ein Mandat …« (NSF II, 320 f.) 348

»Es ist eine schöne und wirkungsvolle Vorführung …« ↗ <Der Ritt der Träume>

»Es war ein Geier …« ↗ <Der Geier>

»Es war im Sommer …« ↗ <Der Schlag ans Hoftor>

»Es war sehr unsicher …« ↗ <Fürsprecher>

<Forschungen eines Hundes> (»Wie sich mein Leben …«; NSF II, 423–459 [Hungerkünstlerheft]; 460–482 [Fortsetzung in Tagebuchheft 12]; 485–491 [Beginn einer Reinschrift]) 1, 23, 35, 61, 88, 170, 308, 319, 321, *330–336*, 344, 352, 353, 360, 413, 424, 433 f., 445, *489–493*, 494, 497, 507

<Fürsprecher> (»Es war sehr unsicher …«; NSF II, 377–380) 88, 344, 352, *369*

Gedichte *371–378*

  Ach sie trugen, Larven der Hölle (T 797) 376

  Ach was wird uns hier bereitet (NSF II, 110 f.) *376*

  Also öffne Dich Thor (T 795) 376

  Aufgehoben die Reste (NSF II, 323) 377

Aus dem Grunde/ der Ermattung (T 438) *375f.*

Entkleidet ihn, dann wird er heilen (DzL 259, 261) *375*

Es gibt ein Kommen und ein Gehn (NSF I, 7) 81, *372*

Ich kenne den Inhalt nicht (NSF II, 53) *376*

Ich sprang durch die Gassen (NSF I, 69) *375*

Im trüben Sinn schlägt eine Uhr (T 796) *376*

In dem alten Städtchen stehn (B00–12 30) *373f.*

In der abendlichen Sonne (B00–12 57) *374*

Kleine Seele (NSF I, 181; vgl. auch T 273) *374f., 377*

Kühl und hart ist der heutige Tag (B00–12 30) *373f.*

Langer Zug, langer Zug trägt den Unfertigen (T 797) *376*

Meine Sehnsucht waren die alten Zeiten (NSF II, 339) *376*

Menschen, die über dunkle Brücken gehn (B00–12 31) *373f.*

Tönend erklang in der Ferne der Berge (T 797) *376*

Träume und weine armes Geschlecht (T 797) *376*

Und die Menschen gehn in Kleidern (B00–12 57; NSF I, 54) *374, 375*

<Gemeinschaft> (»Wir sind fünf Freunde …«; NSF II, 313f.) 22, 88, 344, 351, *368*

Georg von Podiebrad [nicht erhalten] 4

Geschichte vom schamhaften Langen und vom Unredlichen in seinem Herzen (»Der schamhafte Lange …«; B00–12 17-19) 5, 81, *151*

Gespräch mit dem Beter ↗ Beschreibung eines Kampfes

Gespräch mit dem Betrunkenen ↗ Beschreibung eines Kampfes

<Gibs auf!> ↗ Ein Kommentar

Großer Lärm (DzL 441f.; T 225f.) 143

<Gustav Blenkelt> (»Gustav Blenkelt war ein einfacher Mann …«; T 462f.) 16, *150*

»Gustav Blenkelt war ein einfacher Mann …« ↗ <Gustav Blenkelt>

<Heimkehr> (»Ich bin zurückgekehrt …«; NSF II, 572f.) 22, 88, 344, 353, 354, *370*

Himmel in engen Gassen [nicht erhalten] 82

Hochzeitsvorbereitungen auf dem Lande (Fassung A: NSF I, 12–42; Fassung B: 43–50; Fassung C: 51–53) 7, 35, 83, *85, 102-111,* 143, 145, 414, 502, 517

<Hyperion>   ↗ Rezensionen: Eine entschlafene Zeitschrift

»Ich befahl mein Pferd …« ↗ <Der Aufbruch>

»Ich bin der Jäger Gracchus …« ↗ <Der Jäger Gracchus>

»Ich bin ein Diener …« ↗ <Die Prüfung>

»Ich bin ja nahe daran. …« (T 125f.) *149f.*

»Ich bin zurückgekehrt …« ↗ <Heimkehr>

»Ich habe den Bau eingerichtet …« ↗ <Der Bau>

»Ich kam einmal im Sommer …« ↗ <Verlockung im Dorf>

»Ich kann meiner Natur ...« ↗ Es ist ein Mandat

Ich kenne den Inhalt nicht ↗ Gedichte

»Ich öffnete die Haustür …« (T 380f.) 109

Ich sprang durch die Gassen ↗ Gedichte

»Ich überlege es oft …« ↗ Der kleine Ruinenbewohner

»Ich war steif und kalt …« ↗ <Die Brücke>

»Ich will ja weg, will die Treppe hinauf …« (T 113–116) *148f.*

»Im kleinen Hafen eines Fischerdorfes …« (T 587f.) 275

»Im kleinen Hafen, wo außer Fischerbooten …« ↗ <Der Jäger Gracchus>

Im trüben Sinn schlägt eine Uhr ↗ Gedichte

»Im Zirkus wird heute eine große Pantomime …« (NSF II, 300) 358

In dem alten Städtchen stehn ↗ Gedichte

In der abendlichen Sonne ↗ Gedichte

»In der Karawanserei …« (NSF II, 355–357) 348

In der Strafkolonie (DzL 201–248; T 822–824, 825–827) 18, 20, 31, 45, 60, 61, 81, 86, 87, 154, 176, 192, *207–217,* 225, 232, 321, 413, 414, 416, 421, 428, 439, 441, 456, 457, 499, 502, *504f.*

»In der vorübereilenden Elektrischen ...« (T 406f.) 109

»In unserer Synagoge ...« ↗ Das Synagogentier

<Jäger Gracchus> ↗ <Der Jäger Gracchus>

»Jeder Mensch ist eigentümlich« (NSF II, 7–13) 145

Josefine, die Sängerin oder Das Volk der Mäuse ↗ Ein Hungerkünstler. Vier Geschichten

»Kammerherr Natürlich wird alles …« ↗ <Der Gruftwächter>

Kinder auf der Landstraße ↗ Betrachtung

Kleider ↗ Betrachtung

<Kleine Fabel> (»›Ach‹, sagte die Maus …«; NSF II, 343) 88, 344, 351, *359f.,* 362, 365, *369, 467–469,* 472

<Kleine Litteraturen> ↗ <Über kleine Litteraturen>

Kleine Seele ↗ Gedichte

»Kleines Arbeitszimmer, hohes Fenster …« ↗ <Der Gruftwächter>

<Konvolut 1920> (NSF II, 223–362) 88, 282, 290, 344, *346–352,* 353, *358–360,* 502, 505, 507

Kriegsheimkehrerfürsorge ↗ Amtliche Schriften

Kühl und hart ist der heutige Tag ↗ Gedichte

Langer Zug, langer Zug trägt den Unfertigen ↗ Gedichte

»Liebster Vater, Du hast mich letzthin …« ↗ <Brief an den Vater>

Lohnlistenrekurs Josef Renelt ↗ Amtliche Schriften

»Man darf nicht sagen …« ↗ <Über ästhetische Apperception> (NSF I, 9–11)

Maßnahmen zur Unfallverhütung ↗ Amtliche Schriften

»Mein Geschäft ruht …« ↗ <Der Nachbar>

Meine Sehnsucht waren die alten Zeiten ↗ Gedichte

Menschen, die über dunkle Brücken gehn ↗ Gedichte

<Menschenfresser>-Fragment (»Benehmen verdächtig
   war …«; NSF II, 646–649) 88, 353

<Monderry> (»Der Tatbestand der rücksichtlich des
   plötzlichen Todes …«; T 746–748) 86, *272*

<Nachts> (»Versunken in die Nacht …«; NSF II, 260 f.)
   22, 88, 315, 344, 351, 358, *368, 496 f.*

»Niemand wird lesen …« ↗ <Der Jäger Gracchus>

»Oft überlege ich es und immer …« ↗ Der kleine Ruinenbewohner

»Oft überlege ich es und lasse …« ↗ Der kleine Ruinenbewohner

Petition der Fachgenossenschaft ↗ Amtliche Schriften

Photographien reden [nicht erhalten] 4

<Poseidon> (»Poseidon saß an seinem Arbeitstisch …«;
   NSF II, 300–302) 88, 344, 351, *358 f., 368*, 456, 502

»Poseidon saß an seinem Arbeitstisch …« ↗ <Posei-
don>

<Prometheus> (»Die Sage versucht …«; NSF II, 69 f.)
   88, 281, 290, 344, 346, 354, *357 f., 367 f.*, 456

<Rede über die jiddische Sprache> ↗ Einleitungsvor-
trag über Jargon

Rede zur Amtseinsetzung des Direktors ↗ Amtliche
Schriften

Rezensionen
   Ein Damenbrevier (DzL 381–383) *134 f.*
   Ein Roman der Jugend (DzL 413–415) *135 f.*
   Eine entschlafene Zeitschrift (DzL 416–418) *136*
      <Über Kleists Anekdoten> (»Das ist ein Anblick …«; NSF I,
      187) *136*
   Richard und Samuel (DzL 419–440) 12, 43, 72 f., *130–
   133*, 378
      Die erste lange Eisenbahnfahrt (DzL 420–440) *130–133*
      <Vorbemerkung zum 1. Kapitel v. Richard und Samuel>
      (DzL 419 f.; NSF I, 183–186) 130

»Sancho Pansa, der sich übrigens dessen nie gerühmt
   hat …« ↗ <Die Wahrheit über Sancho Pansa>

Schakale und Araber ↗ Ein Landarzt. Kleine Erzählungen

Schema zur Charakteristik kleiner Litteraturen ↗ <Über
kleine Litteraturen>

»Sie schläft. Ich wecke sie nicht …« (NSF II, 545)
   354

<Skizze einer Selbstbiographie> ↗ »Jeder Mensch ist ei-
gentümlich«

Strafen [nicht realisierte Sammelpublikation von *Das
Urteil, Die Verwandlung* und *In der Strafkolonie*] 45,
87, 154, 207, 224

Tagebücher (T) *83, 86, 88*, 109, 130, 132 f., *143*, 148,
   152, *260 f.*, 281, 283, *343–345*, 375 f., 377, *378–390*,
   397, 429, 431 f., 518, 519

Tönend erklang in der Ferne der Berge ↗ Gedichte

Träume und weine armes Geschlecht (T 794–797) ↗ Gedichte

Tropische Münchhausiade [Titel für die Lesung in
   München] ↗ In der Strafkolonie

<Über ästhetische Apperception> (»Man darf nicht sa-
   gen …«; NSF I, 9–11) *137 f.*

<Über kleine Litteraturen> (T 312–315; 321 f., 326) 14,
   83, *138–140*, 141, *142, 429 f.*, 439
      Schema zur Charakteristik kleiner Litteraturen (T 326)
      139 f.
      »Was ich durch Löwy …« (T 312–315; 321 f.) 14, *138 f.*

<Über Kleists Anekdoten> ↗ Rezensionen

Umfang der Versicherungspflicht der Baugewerbe
   ↗ Amtliche Schriften

Und die Menschen gehn in Kleidern ↗ Gedichte

»Und nun gedenken Sie …« ↗ <Der Jäger Gracchus>

Unfallverhütungsmaßregel bei Holzhobelmaschinen
   ↗ Amtliche Schriften

Unglücklichsein ↗ Betrachtung

»Unser Städtchen liegt …« ↗ <Die Abweisung>

<Unter meinen Mitschülern> (»Unter meinen Mitschü-
   lern war ich dumm …«; NSF I, 172–176) *143 f.*, 145,
   147 f.

»Unter meinen Mitschülern war ich dumm …« ↗ <Un-
ter meinen Mitschülern>

Verlockung im Dorf (»Ich kam einmal im Sommer …«;
   T 643–656) 86

»Versunken in die Nacht …« ↗ <Nachts>

»Viele beklagten sich …« ↗ <Von den Gleichnissen>

<Vom babylonischen Turmbau> [Titel des postumen
   Erstdruckes] ↗ <Das Stadtwappen>

Vom jüdischen Theater [Text von Jizchak Löwy, von
   Kafka nur korrigiert] (NSF I, 424–426, 430–436) 345

<Von den Gleichnissen> (»Viele beklagten sich …«;
   NSF II, 531 f.) 23, 88, 344, 352, 353, 354, 360, 362,
   363–365, 369 f., 416, *460*

Vor dem Gesetz ↗ Ein Landarzt. Kleine Erzählungen

<Vorbemerkung zum 1. Kapitel v. Richard und Samuel>
   ↗ Richard und Samuel

»Was ich durch Löwy …« ↗ <Über kleine Litteraturen>

»Wenn ich es bedenke …« ↗ Der kleine Ruinenbewohner

»Wie ist es, Jäger Gracchus …« ↗ <Der Jäger Gracchus>

»Wie sich mein Leben …« ↗ <Forschungen eines Hun-
des>

»Wie viel Worte in dem Buche stehn!« (NSF I, 8) 372 f.

»Wir legten an ...« ↗ <Der Jäger Gracchus>
»Wir sind fünf Freunde ...« ↗ <Gemeinschaft>
Wunsch, Indianer zu werden ↗ Betrachtung

Zerrissener Traum ↗ <Der Gruftwächter>
Zerstreutes Hinausschaun ↗ Betrachtung
Zum Nachdenken für Herrenreiter ↗ Betrachtung
Zur Begutachtungspraxis der Gewerbeinspektorate ↗ Amtliche Schriften
Zur Frage der Gesetze (NSF II, 270–273) 88, 344, 351, 358, *368, 505–507*
Zürauer Aphorismen ↗ Aphorismen
»Zwei Knaben saßen auf der Quaimauer ...« ↗ <Der Jäger Gracchus>

Die Autorinnen und Autoren

Thomas Anz: Psychoanalyse (65–72).

Bernd Auerochs: Vorwort (XIII–XVI); Hinweise zur Benutzung (XVII–XVIII); *In der Strafkolonie* (207–217); *Ein Hungerkünstler. Vier Geschichten* (318–329).

Nicolas Berg: *<Forschungen eines Hundes>* (330–336).

Juliane Blank: *Ein Landarzt. Kleine Erzählungen* (218–240).

Elizabeth Boa: Figurenkonstellationen: Väter/Söhne – Alter Egos – Frauen und das Weibliche (467–483).

Bernard Dieterle: *<Der Gruftwächter>* (240–246); Kleine nachgelassene Schriften und Fragmente 2 (260–280).

Carolin Duttlinger: Film und Fotografie (72–79).

Manfred Engel: Vorwort (XIII–XVI); Hinweise zur Benutzung (XVII–XVIII); Drei Werkphasen (81–90); *Der Verschollene* (175–191); *Der Process* (192–207); Züräuer Aphorismen (281–292); Kleine nachgelassene Schriften und Fragmente 3 (343–370); Kafka lesen – Verstehensprobleme und Forschungsparadigmen (411–427); Zu Kafkas Kunst- und Literaturtheorie: Kunst und Künstler im literarischen Werk (483–498); Kafka und die moderne Welt (498–515); Ausgaben und Hilfsmittel (517–527).

Waldemar Fromm: *Das Schloss* (301–317); Schaffensprozess (428–437).

Ekkehard W. Haring: Leben und Persönlichkeit (1–27); Das Briefwerk (390–401).

Jutta Heinz: *Hochzeitsvorbereitungen auf dem Lande* (102–111); Literaturkritische und literaturtheoretische Schriften (134–142); Kleine nachgelassene Schriften und Fragmente 1 (143–151); Gedichte (371–378).

Hans Helmut Hiebel: *Der Kübelreiter* (246–249).

Andreas B. Kilcher: Der ›Prager Kreis‹ und die deutsche Literatur in Prag zu Kafkas Zeit (37–49).

Dieter Lamping: Kafkas Lektüren (29–37).

Gerhard Lauer: Judentum/Zionismus (50–58).

Vivian Liska: *<Der Bau>* (337–343).

Barbara Neymeyr: *Beschreibung eines Kampfes* (99–102); *Betrachtung* (111–126).

Dirk Oschmann: Philosophie (59–64); Kafka als Erzähler (438–449).

Ronald Perlwitz: *Die Aeroplane in Brescia* (127–129); *Richard und Samuel* (130–133).

Sandra Poppe: *Die Verwandlung* (164-174).

Monika Ritzer: *Das Urteil* (152–163).

Philipp Theisohn: Die Tagebücher (378–390).

Benno Wagner: *Beim Bau der chinesischen Mauer* (250–260); Amtliche Schriften (402–409).

Daniel Weidner: *<Brief an den Vater>* (293–301).

Rüdiger Zymner: Kleine Formen: Denkbilder, Parabeln, Aphorismen (449–466).